plurall

CB134576

Parabéns!
Agora você faz parte do **Plurall**, a plataforma digital do seu livro didático!
Acesse e conheça todos os recursos e funcionalidades disponíveis para as suas aulas digitais.

Baixe o aplicativo do **Plurall** para Android e IOS ou acesse **www.plurall.net** e cadastre-se utilizando o seu código de acesso exclusivo:

AASPJSBNF

Este é o seu código de acesso Plurall. Cadastre-se e ative-o para ter acesso aos conteúdos relacionados a esta obra.

@plurallnet

@plurallnetoficial

SOMOS EDUCAÇÃO

LINGUAGENS
E SUAS TECNOLOGIAS

conecte
LIVE

VOLUME ÚNICO

WILLIAM CEREJA

Professor graduado em Português e Linguística e licenciado em Português pela Universidade de São Paulo (USP).

Mestre em Teoria Literária pela Universidade de São Paulo (USP).

Doutor em Linguística Aplicada e Análise do Discurso pela Pontifícia Universidade Católica (PUC-SP).

Professor da rede particular de ensino em São Paulo, capital.

CAROLINA DIAS VIANNA

Professora graduada e licenciada em Português pela Universidade Estadual de Campinas (Unicamp).

Mestre em Linguística Aplicada pela Universidade Estadual de Campinas (Unicamp).

Doutora em Linguística Aplicada pela Universidade Estadual de Campinas (Unicamp).

Professora das redes pública e particular de ensino nos Estados de São Paulo e Minas Gerais.

PARTE I

Língua Portuguesa

Editora Saraiva

Editora Saraiva

Presidência: Mario Ghio Júnior
Direção de soluções educacionais: Camila Montero Vaz Cardoso
Direção editorial: Lidiane Vivaldini Olo
Gerência editorial: Viviane Carpegiani
Gestão de área: Julio Cesar Augustus de Paula Santos
Gestão e coordenação de área: Noé G. Ribeiro
Edição: Daniella Skezo Zerbinatti, Fernanda Carvalho, Mônica Rodrigues de Lima e Paula Junqueira
Planejamento e controle de produção: Flávio Matuguma (ger.), Juliana Batista, Felipe Nogueira, Juliana Gonçalves e Anny Lima
Revisão: Kátia Scaff Marques (coord.), Brenda T. M. Morais, Claudia Virgilio, Daniela Lima, Malvina Tomáz e Ricardo Miyake
Arte: André Gomes Vitale (ger.), Catherine Saori Ishihara (coord.), Fábio Cavalcante (edit. arte)
Diagramação: Type Editores
Iconografia e tratamento de imagem: André Gomes Vitale (ger.), Claudia Bertolazzi e Denise Kremer (coord.), Camila Losimfeldt (pesquisa iconográfica) e Fernanda Crevin (tratamento de imagens)
Licenciamento de conteúdos de terceiros: Roberta Bento (ger.); Jenis Oh (coord.), Liliane Rodrigues, Flávia Zambon e Raísa Maris Reina (analistas de licenciamento)
Ilustrações: Erika Lourenço, Filipe Rocha, Gustavo Ramos, Mariângela Haddad, Nelson Provazi, Rico, Roberto Weigand, Weberson Santiago
Design: Erik Taketa (coord.) e Adilson Casarotti (proj. gráfico e capa)
Foto de capa: ©Casé Cb2Crew/Acervo do artista / Liam Norris/Getty Images / VaLiza/Shutterstock

Avenida Paulista, 901, 6º andar – Bela Vista
São Paulo – SP – CEP 01310-200
http://www.somoseducacao.com.br

Dados Internacionais de Catalogação na Publicação (CIP)

Cereja, William
Conecte live : Língua portuguesa : volume único / William Cereja, Carolina Dias Vianna. -- 1. ed. -- São Paulo : Saraiva, 2020. (Conecte)

ISBN 978-85-4723-730-1 (aluno)
ISBN 978-85-4723-731-8 (professor)

1. Língua portuguesa (Ensino Médio) I. Título II. Vianna, Carolina Dias III. Série

20-2109 CDD 469.07

Angélica Ilacqua CRB-8/7057

2023
Código da obra CL 524977
CAE 726753 (AL) / 726754 (PR)
1ª edição
8ª impressão

Impressão e acabamento: EGB Editora Gráfica Bernardi Ltda.

Uma publicação SOMOS EDUCAÇÃO

APRESENTAÇÃO

Prezado estudante:

No mundo em que vivemos, a linguagem perpassa cada uma de nossas atividades, individuais e coletivas. Verbais, não verbais ou multimodais, as linguagens se cruzam, se completam e se modificam incessantemente, acompanhando o movimento de transformação do ser humano e suas formas de comunicação e organização social.

No mundo da tecnologia da informação em que vivemos, os estudos de linguagem ou de linguagens tornam-se cada vez mais importantes. É por meio das linguagens que interagimos com outras pessoas, próximas ou distantes, informando ou informando-nos, esclarecendo ou defendendo nossos pontos de vista, alterando a opinião de nossos interlocutores ou sendo modificados pela opinião deles. É pela linguagem que é expressa toda forma de opinião, de informação e de ideologia.

No mundo da tecnologia da informação em que vivemos, os estudos de linguagem ou de linguagens tornam-se cada vez mais importantes. É por meio das linguagens que interagimos com outras pessoas, próximas ou distantes, informando ou informando-nos, esclarecendo ou defendendo nossos pontos de vista, alterando a opinião de nossos interlocutores ou sendo modificados pela opinião deles. É pela linguagem que é expressa toda forma de opinião, de informação e de ideologia.

Também é por meio da linguagem ou das linguagens que o homem tem se expressado, no transcorrer da História, registrando o resultado de suas ideias, emoções e inquietações em livros científicos ou filosóficos, nas artes plásticas, na música, na literatura — enfim, nas obras que constituem o rico acervo científico-cultural que temos hoje à disposição.

Esta obra pretende ajudá-lo na desafiante tarefa de resgatar a cultura em língua portuguesa, nos seus aspectos artísticos, históricos e sociais, e, ao mesmo tempo, cruzá-la com outras culturas e artes. Assim, coloca-se o desafio de estabelecer relações e contrastes com o mundo contemporâneo, por meio das diferentes linguagens em circulação — o cinema, a pintura, a música, o teatro, a tevê, o quadrinho, o cartum, a informática, etc. —, e analisar os diálogos que a literatura brasileira estabeleceu com outras literaturas, bem como o diálogo que as literaturas africanas de língua portuguesa têm estabelecido com a literatura brasileira.

Por meio de atividades sistematizadas de leitura, pretende também dar-lhe suporte para a leitura e interpretação de textos não verbais, como o cartum e a pintura, prepará-lo para os desafios do Enem e dos vestibulares e oferecer-lhe condições para que produza, com adequação e segurança, textos verbais, orais e escritos, de diferentes gêneros, como um seminário, um debate, um relatório científico, uma carta argumentativa de reclamação, um poema, um anúncio publicitário, um editorial, um texto dissertativo-argumentativo para o vestibular, etc.

Além disso, tem em vista ajudá-lo a compreender o funcionamento e a fazer o melhor uso possível da língua portuguesa, em suas múltiplas variedades, regionais e sociais, e nas diferentes situações sociais de interação verbal.

Enfim, este livro foi feito para você, jovem sintonizado com a realidade do século XXI, que, dinâmico e interessado, deseja, por meio das linguagens, descobrir, criar, relacionar, pesquisar, transformar... viver intensa e plenamente.

Um abraço,

Os Autores.

Conheça seu livro

Conheça a seguir as três partes que compõem este livro, as seções e os boxes, além do material complementar.

Parte I – LITERATURA

As páginas de abertura são um convite para as descobertas que você fará ao longo da unidade.

Fique ligado! Pesquise!

Na seção **Fique ligado! Pesquise!**, você encontra indicações de filmes, livros, músicas, *sites*, lugares para visitar e assuntos para pesquisar.

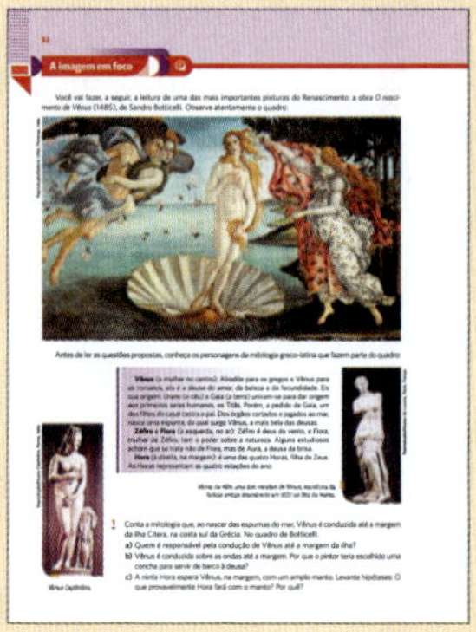

A imagem em foco

A seção **A imagem em foco** propõe a leitura de uma obra de arte da época literária estudada.

Página de abertura de capítulo

A página de abertura de capítulo apresenta uma imagem e um texto relacionado com o conteúdo trabalhado.

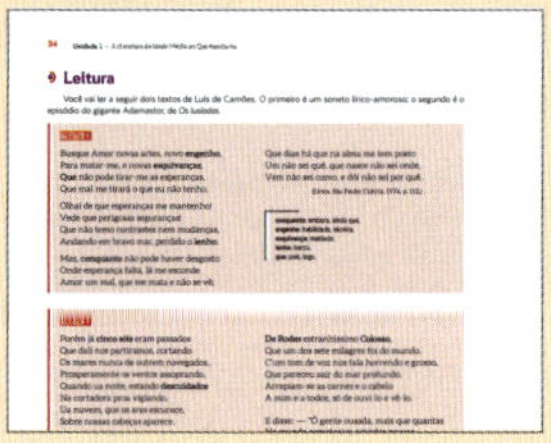

Leitura

Na seção **Leitura**, você vai estudar um ou mais textos representativos dos autores ou do movimento literário abordados.

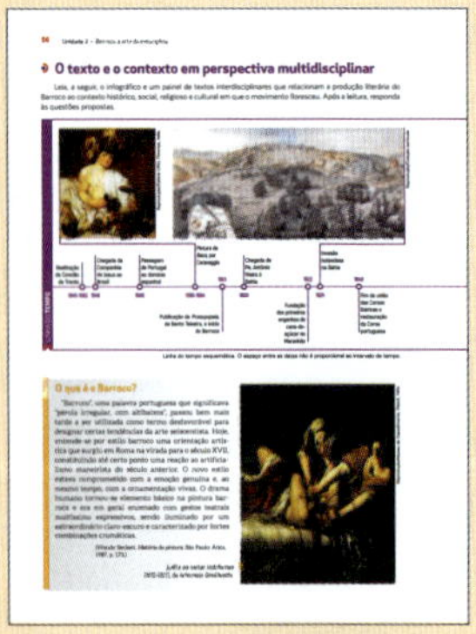

O texto e o contexto em perspectiva multidisciplinar

Esta seção aparece nos capítulos que tratam da linguagem dos movimentos literários e estabelece relações entre o(s) texto(s) literário(s) e o contexto histórico, social e cultural.

Literatura comparada

Esta seção estabelece diálogos entre os textos e autores literários estudados no capítulo e outros textos e autores, nacionais e estrangeiros, da mesma época ou de épocas diferentes, propiciando ricas atividades de intertextualidade e interdiscursividade.

Parte II – ANÁLISE LINGUÍSTICA/SEMIÓTICA

Construindo o conceito

Por meio de atividades, o aluno é levado a construir ou a inferir o conceito estudado.

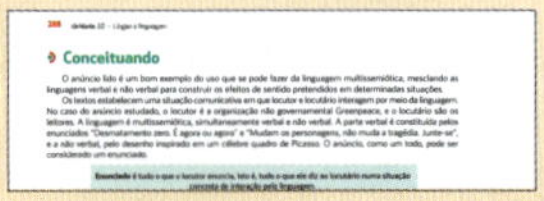

Conceituando

Em **Conceituando**, o conceito é explicitado.

... na construção do texto

Esta seção explora as relações semântico-gramaticais entre a categoria gramatical estudada e a construção do(s) sentido(s) do texto.

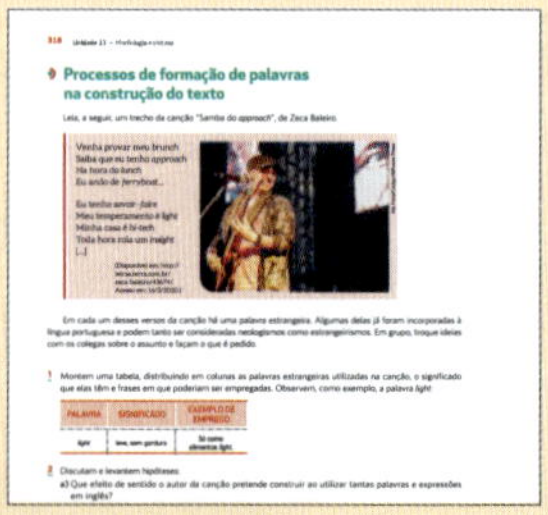

Semântica e discurso

Explora a produção de sentido(s) do texto, levando em conta relações entre elementos linguísticos do texto e elementos enunciativos da situação de produção.

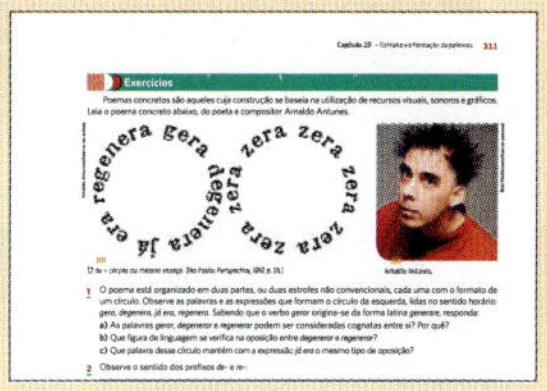

Exercícios

Propõe atividades que contribuem para solidificar o conceito construído.

Parte III – PRODUÇÃO DE TEXTO

Trabalhando o gênero

Esta seção promove a leitura de um texto representativo do gênero textual a ser estudado, explorando as características básicas desse gênero quanto aos seus aspectos constitutivos: tema, estrutura, linguagem, etc.

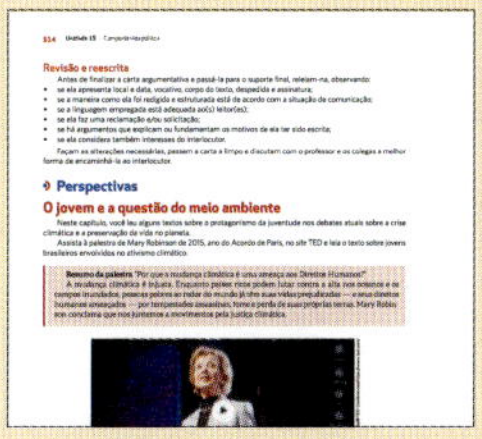

Perspectivas

Esta seção relaciona os temas abordados no capítulo com temas voltados para o mundo do trabalho e projetos de vida, destacados na BNCC.

Planejamento do texto

A seção apresenta orientações sobre como planejar o texto, passo a passo.

Produzindo o(a)...

Nesta seção, o aluno põe em prática a proposta apresentada ou escolhida.

Projeto

Os textos produzidos em cada capítulo têm como propósito o projeto final de cada unidade, que encerra as atividades com a organização de feiras, rodas de discussão, debates, saraus, etc.

Em dia com o Enem e o vestibular

Esta seção reúne questões representativas do Enem e dos últimos vestibulares.

Revisão e reescrita

A seção apresenta orientações que lhe possibilitam avaliar o texto e proceder às alterações necessárias.

MATERIAL COMPLEMENTAR

Acompanha o livro do estudante um caderno de atividades organizado em duas partes (Atividades complementares e Enem e vestibulares) e um caderno de revisão.

Caderno de revisão

Resumo com os principais pontos estudados no livro ao longo do ensino médio.

Enem e vestibulares

Para auxiliar você a se preparar para o Enem e para os principais processos de ingresso ao ensino superior do Brasil.

Atividades complementares

Continue utilizando os conhecimentos e desenvolvendo as habilidades abordadas no livro.

Sumário

LITERATURA

Unidade 11

Morfologia e sintaxe

Unidade 12

Estudos de linguagem e estilística

Unidade 13

Revisão de classes de palavras, análise sintática e questões notacionais da língua

PRODUÇÃO DE TEXTO

Unidade 14

Campo da vida pessoal

Unidade 15

Campo da vida pública

Unidade 16

Campo jornalístico-midiático

Unidade 17

Campo artístico-literário

Unidade 18

Campo das práticas de estudo e pesquisa

Mary Evans Picture Library/Glow Images/Coleção Particular

Mulheres da corte ouvindo música no pomar, produzida por Buonamico Buffalmacco no século XIV.

UNIDADE 1

A literatura da Idade Média ao Quinhentismo

A linguagem é um dos mais importantes patrimônios da humanidade. Por meio dela, interagimos com outras pessoas, traduzindo e expressando nossas experiências e ideias, nossos desejos e sentimentos, nossas opiniões e emoções. Ela também nos permite expressar nossa cultura, nossos valores, as tradições de nosso povo. E, ainda, transmitir, em prosa e verso, as histórias, as canções, os poemas que criamos.

Em épocas remotas, quando ainda não havia a escrita, tudo isso era transmitido de geração em geração oralmente, ou por meio de desenhos, pinturas e outras formas de arte . Na nossa sociedade, a invenção da escrita fornece mais um meio de deixar gravada para as gerações futuras a riqueza cultural de cada povo. Dessa riqueza, destaca-se a literatura, que, além de expressar pela palavra a cultura, os valores e as tradições de um povo, reflete valores universais e atemporais, isto é, valores válidos para pessoas de qualquer época e lugar.

A história das culturas portuguesa e brasileira está associada ao surgimento da língua portuguesa, que ocorreu na Idade Média.

Estudar a literatura portuguesa e a literatura brasileira implica conhecer os diversos textos que as compõem, bem como sua origem, sua história e suas relações socioculturais, além das relações existentes entre elas e outras linguagens e entre elas e o mundo contemporâneo.

Fique ligado! **Pesquise!**

Para estabelecer relações entre a literatura e outras artes e áreas de conhecimento, eis algumas sugestões:

Assista

- *A última legião*, de Doug Lefler; *As brumas de Avalon*, de Uli Edel; *Excalibur*, de John Boorman; *O feitiço de Áquila*, de Richard Donner; *O senhor dos anéis*, de Peter Jackson; *Ex-pajé*, de Luiz Bolognesi; *Vale dos esquecidos*, de Maria Raduan; *Martírio*, de Ernesto de Carvalho e Tita; *Ka'a Zar Ukyze Wà — Os donos da floresta em perigo*, de Flay, Edivan e Erisvan Guajajara; *Piripkura*, de Mariana Oliva, Renata Terra e Bruno Jorge.

Everett Collection/Fotoarena

Leia

- *O mestre das iluminuras*, de Brenda Rickman Vantrease (Sextante); *A dama e o unicórnio*, de Tracy Chevalier (Bertrand do Brasil); *O nome da rosa*, de Umberto Eco (Nova Fronteira); *O cavaleiro inexistente*, de Italo Calvino (Companhia das Letras); *Nos passos de... Rei Artur*, de Claudine Glot (Rocco); *A demanda do Santo Graal* (Ateliê Editorial); *Contos e lendas da Távola Redonda*, de Jaqueline Miranda (Companhia das Letras); *História da pintura*, de Wendy Beckett (Ática); *Uma breve história da música*, de Roy Bennett (Jorge Zahar).

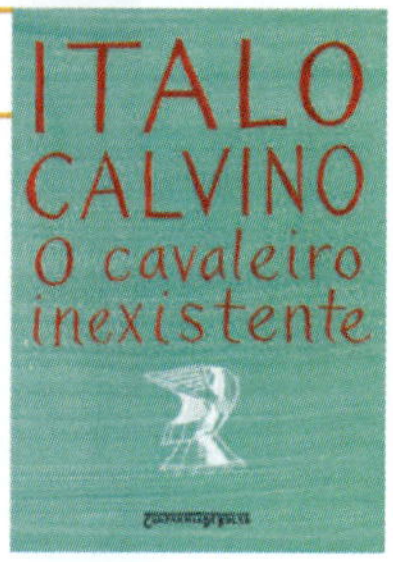

Reprodução/Companhia das Letras

Ouça

- Ouça os discos *Musikantiga I* (que contém músicas medievais) e *Cantigas de amigo*, de La Bataglia; a canção "Love song", do grupo Legião Urbana; os discos de Elomar Figueira de Melo, que apresentam canções inspiradas em cantigas medievais; o CD *Sem mim*, com direção musical de José Miguel Wisnik, que reúne canções de Martim Codax (produzido para o espetáculo homônimo do grupo de dança Corpo), na voz de cantores como Milton Nascimento, Elomar e Caetano Veloso. E também as canções do *rapper* indígena MC Kunumi.

Reprodução/Grupo Corpo

Navegue

- http://cantigas.fcsh.unl.pt/apresentacao.asp
- http://users.isr.ist.utl.pt/~cfb/VdS/camoes.html
- http://www.indiosonline.net/author/case/
- https://ailtonkrenak.blogspot.com/
- https://radioyande.com/
- http://www.elianepotiguara.org.br/
- http://comin.org.br/static/arquivos-publicacao/SemanadosPovosIndigenas2019.pdf

Visite

- Museu da Língua Portuguesa, em São Paulo, capital.

Esta abertura de unidade favorece o desenvolvimento das habilidades

EM13LP28 EM13LP30 EM13LP32 EM13LP51 EM13LGG103

EM13LGG202 EM13LGG601 EM13LGG602 EM13LGG604

CAPÍTULO

1 O que é literatura?

A palavra serve para comunicar e interagir. E também para criar literatura, isto é, criar arte, provocar emoções, produzir efeitos estéticos. Estudar literatura implica não só apropriar-se de alguns dos conceitos básicos dessa arte, mas também deixar o espírito leve e solto, pronto para saltos, voos e decolagens.

Jac Depczyk/Getty Images/Bordeianu Andrei /Alamy/Fotoarena/Fotomontagem: Fernanda Crevin

Este capítulo favorece o desenvolvimento das habilidades

EM13LGG601

EM13LGG602

EM13LP01

EM13LP03

EM13LP06

EM13LP31

EM13LP48

EM13LP50

EM13LP52

A natureza da linguagem literária

Você já deve ter tido contato com uma grande variedade de textos literários: contos, poemas, romances, peças de teatro, novelas, crônicas, etc. E também com textos não literários, como notícias, cartas comerciais, receitas culinárias e manuais de instrução. Mas, afinal, o que é um texto literário? O que distingue um texto literário de um texto não literário?

Você vai ler, a seguir, dois textos. O primeiro faz parte de um *site* português que reúne um conjunto de conceitos; o segundo é um poema de Carlos Drummond de Andrade.

TEXTO 1

Conceito de canção

Barandash Karandashich/Shutterstock

Do latim *cantĭo*, uma canção é aquilo que se canta (produz sons melodiosos). Trata-se de uma composição em verso [...] de forma a poder ser cantada. A palavra canção também permite fazer alusão à própria música/melodia que acompanha essa composição.

Pode-se dizer que a música que oferece a indústria cultural costuma estruturar-se em canções. Os artistas, quer cantem sozinhos (solistas) ou coletivamente (grupos), compõem canções e gravam-nas em vários formatos. Essas canções podem ser comercializadas através de discos ou de tecnologias digitais (por exemplo, descarregando/fazendo download de faixas, álbuns inteiros ou mesmo de discografias na Internet).

Por outro lado, as canções são o principal componente dos concertos ou recitais. Antes de se apresentar ao vivo, o solista ou a banda escolhe no seu reportório quais são as canções que deseja interpretar na presença do público.

Sinônimo de canto e cantiga, trata-se de qualquer composição ou estrofe destinada a ser cantada.

Antigamente, mais precisamente na Idade Média, dava-se o nome de canção ao poema lírico que era composto e cantado pelos trovadores. [...]

(Disponível em: https://conceito.de/cancao. Acesso em: 2/2/2020.)

TEXTO 2

Canção amiga

Bridgeman Images/Fotoarena/The Phillips Collection Washington, EUA.

Eu preparo uma canção
em que minha mãe se reconheça,
todas as mães se reconheçam,
e que fale como dois olhos.

Caminho por uma rua
que passa em muitos países.
Se não me veem, eu vejo
e saúdo velhos amigos.

Eu distribuo um segredo
como quem ama ou sorri.
No jeito mais natural
dois carinhos se procuram.

Minha vida, nossas vidas
formam um só diamante.
Aprendi novas palavras
e tornei outras mais belas.

Eu preparo uma canção
que faça acordar os homens
e adormecer as crianças.

(Carlos Drummond de Andrade. *Reunião*. 10. ed. Rio de Janeiro: José Olympio, 1980. p. 154.)

1 Compare os dois textos e responda: O que eles têm em comum?

2 As diferenças entre os textos estão relacionadas com a situação de produção de cada um, ou seja, quem os produziu, por que e para quem foram produzidos, etc. Responda:

a) Com que finalidade o texto 1 foi produzido? E o texto 2?

b) Em que veículo os textos foram divulgados?

c) Qual é o autor e o interlocutor/leitor previsto em cada um dos textos?

d) A que gênero textual eles pertencem, ou seja, o que são: notícia, música, verbete, poema, reportagem ou entrevista?

3 Para cumprir seu objetivo, o texto 1 adota algumas estratégias. Leia os itens a seguir e indique em que ordem essas estratégias aparecem no texto como forma de desenvolver o tema.

1) exemplos de como as canções podem ser criadas e executadas, isto é, individualmente ou em grupo

2) conceito e etimologia (origem) da palavra *canção*

3) como são produzidas e comercializadas as canções atualmente

4) o que se compreendia por canção na Idade Média

5) novo conceito de canção

Eu lírico: a voz do poema

No poema e na canção, a voz que fala não é necessariamente a do poeta/compositor. O artista pode se colocar no lugar de uma pessoa de idade e sexo diferentes e dar voz a ela. Assim, dizemos que o sujeito que fala num poema ou numa canção é o **eu lírico** ou **eu poético**. Veja, como exemplo, um trecho de uma canção de Chico Buarque, cujo eu lírico é feminino:

Eu cruzei um oceano
Na esperança de casar
Fiz mil bocas pra Solano
Fui beijada por Gaspar

4 Ocorre **metalinguagem** toda vez que se usa a linguagem para falar da própria linguagem, ou a língua para tratar da língua, ou o cinema para falar do cinema, e assim por diante. Pode-se dizer que os textos lidos apresentam metalinguagem? Justifique sua resposta.

5 Para o eu lírico do texto 2, a canção (ou o poema) cumpre um papel social. De acordo com o texto:

a) O que representa a canção na relação do eu lírico com as pessoas em geral? Comprove com elementos do texto.

b) Interprete os dois últimos versos: O que pode ser uma canção "que faça acordar os homens/ e adormecer as crianças"?

6 O formato e a linguagem de cada um dos textos estão relacionados ao gênero e ao papel social que cada um deles cumpre.

a) Como o texto 1 está estruturado: em prosa (a linha vai de margem a margem) ou em verso? E o texto 2?

b) Qual dos textos apresenta linguagem objetiva e clara, com rigor conceitual e finalidade didática?

c) Qual dos textos apresenta uma linguagem expressiva, subjetiva, figurada, emotiva, rica em sentidos e sentimentos?

d) Qual dos textos tem a finalidade de informar ou ensinar? Qual deles tem a finalidade de emocionar e proporcionar uma experiência estética?

e) Que relação existe entre esses formatos e a finalidade de cada texto?

A literatura e suas funções

Você viu, pelos estudos anteriores, que a literatura é uma linguagem especial, carregada de sentidos e capaz de provocar emoções e reflexão no leitor.

Conheça agora o que dizem os teóricos e especialistas em literatura sobre outras funções que ela desempenha no mundo em que vivemos.

nuvolanevicata/Shutterstock

Literatura: prazer e catarse

Para os gregos, a arte tinha também outras duas funções: a *hedonística* e a *catártica*. De acordo com a concepção hedônica (*hedon* = prazer), a arte devia proporcionar *prazer*, retratando o belo. E, para eles, o belo na arte consistia na semelhança entre a obra de arte e a verdade ou a natureza.

A concepção catártica advém do papel que as tragédias desempenhavam no mundo grego. Aristóteles, o primeiro teórico a conceituar a tragédia, define esse tipo de texto por meio de dois conceitos: a *mimese*, ou imitação da palavra e do gesto, que para ser eficaz deve despertar no público os sentimentos de terror e piedade; e a *catarse*, efeito moral e purificador que proporciona o alívio desses sentimentos. Com finais que normalmente culminam em envenenamento, assassinatos e suicídio, as tragédias aliviavam as tensões e os conflitos do mundo grego.

Modernamente, esses conceitos desapareceram, mas a arte ainda cumpre o papel de proporcionar prazer e fruição estética e de aliviar as tensões da alma humana. Ou, na concepção do teórico russo Viktor Chklovski, o papel de provocar um *estranhamento* em face da realidade, como se nos desautomatizássemos e passássemos a ver o mundo com outros olhos.

Literatura: comunicação, interlocução, recriação

Literatura é linguagem e, como tal, cumpre, junto com outras artes, um papel comunicativo na sociedade, podendo tanto influenciar o público quanto ser influenciada por ele.

O leitor de um texto literário ou o contemplador da obra de arte não é um ser passivo, que apenas recebe a comunicação, conforme lembra o pensador russo Mikhail Bakhtin. Apesar de situado em um tempo histórico diferente do tempo de produção da obra, ele a recria e atualiza os seus sentidos com base em suas vivências pessoais e nas referências artísticas e culturais do seu tempo. Entretanto, no momento em que está criando a obra, o artista já é influenciado pelo perfil do público que tem em mente. Isso se reflete nos temas, nos valores e na linguagem que escolhe.

Literatura: a humanização do homem

Conheça a seguir o que o teórico Ely Vieitez Lanes diz sobre o papel que a literatura desempenha no mundo em que vivemos:

> A Literatura é o retrato vivo da alma humana; é a presença do espírito na carne. Para quem, às vezes, se desespera, ela oferece consolo, mostrando que todo ser humano é igual, e que toda dor parece ser a única; é ela que ensina aos homens os múltiplos caminhos do amor, enlaçando-os em risos e lágrimas, no seu sofrer semelhante; ela é que vivifica a cada instante o fato de realmente sermos irmãos do mesmo barro.
>
> (Ely Vieitez Lanes. *Laboratório de literatura*. São Paulo: Estrutural, 1978.)

Literatura: o encontro do individual com o social

Segundo o escritor Guimarães Rosa, literatura é feitiçaria que se faz com o sangue do coração humano. Isso quer dizer que a literatura, entre outras coisas, é também a expressão das emoções e reflexões do ser humano.

Leia, a seguir, um poema do escritor africano José Craveirinha.

Leitura

Grito negro

Eu sou carvão!
E tu arrancas-me brutalmente do chão
e fazes-me tua mina, patrão.
Eu sou carvão!
e tu acendes-me, patrão
para te servir eternamente como força **motriz**
mas eternamente não, patrão.
Eu sou carvão
e tenho que arder, sim
e queimar tudo com a força da minha combustão.
Eu sou carvão
tenho que arder na exploração
arder até às cinzas da maldição
arder vivo como **alcatrão**, meu irmão
até não ser mais a tua mina, patrão.
Eu sou carvão
Tenho que arder
queimar tudo com o fogo da minha combustão.
Sim!
Eu serei o teu carvão, patrão!

(In: Mário de Andrade, org. *Antologia temática de poesia africana*. 3. ed. Lisboa: Instituto Cabo-Verdeano do Livro, 1980. v. 1, p. 180.)

Filipe Rocha/Arquivo da editora

alcatrão: um dos componentes do carvão.
motriz: que se move ou faz mover alguma coisa.

1 O texto lido é um poema, um dos vários gêneros literários. Nos poemas, é comum o eu lírico expor seus sentimentos e pensamentos.

a) Qual é o tema do poema lido?

b) O que predomina nesse poema: aspectos individuais ou sociais?

2 Os poemas geralmente utilizam uma linguagem **plurissignificativa**, isto é, uma linguagem figurada, em que as palavras apresentam mais de um sentido. O eu lírico do poema lido, por exemplo, chama a si mesmo de *carvão*. Que sentidos têm as palavras *carvão* e *mina* no contexto?

3 Para o patrão, o eu lírico é carvão, pois é a força motriz do trabalho e da produção. O eu lírico aceita sua condição de "carvão", mas com um sentido diferente do que tem para o patrão. Releia os versos finais do poema e interprete o último verso.

> Eu sou carvão
> Tenho que arder
> queimar tudo com o fogo da minha combustão.
> Sim!
> Eu serei o teu carvão, patrão!

4 O poema de Craveirinha, além de expressar os sentimentos e as ideias do eu lírico, é uma recriação da realidade. Por meio dessa recriação o poeta denuncia as condições de vida a que eram submetidos os negros em Moçambique antes do processo de independência. Na sua opinião, a literatura pode contribuir para transformar a realidade concreta? Explique.

5 O escritor e educador Rubem Alves afirma que o escritor "escreve para produzir prazer". Em sua opinião, a literatura proporciona prazer ao ser humano, mesmo quando trata de problemas sociais, como ocorre no poema de Craveirinha? Justifique sua resposta.

6 Reúna-se com um colega e, com base na leitura do poema de Craveirinha, montem um quadro com as principais características do texto literário.

Estilos de época: adequação e superação

O ser humano se modifica através dos tempos: muda sua forma de pensar, de sentir e de ver o mundo. Consequentemente, promove mudanças nos valores, nas ideologias, nas religiões, na moral, nos sentimentos. Por isso, é natural que as obras literárias expressem características próprias do momento histórico em que são produzidas. Em certas épocas, por exemplo, determinados temas podem ser mais explorados do que outros; já em outras, os escritores podem estar mais interessados no trabalho formal com os textos do que nas ideias, e assim por diante.

Ao conjunto de textos que apresentam certas características comuns em determinado momento histórico, chamamos **estilo de época** ou **movimento literário**. Ao escrever, o escritor recebe influências e sofre coerções do grupo de escritores do seu tempo, mas isso não quer dizer que ele sempre se limite aos procedimentos comuns àquele grupo. Como a literatura é um organismo vivo e dinâmico, o escritor está em constante diálogo não só com a produção do grupo local, mas também com a produção literária de outros países, com a literatura do passado e, mesmo sem saber, com a do futuro. Por isso, não é difícil os escritores surpreenderem e levarem a literatura a uma situação completamente inusitada. Assim foi com Camões em Portugal, com Cervantes na Espanha e com Machado de Assis e Guimarães Rosa no Brasil.

Diálogos na tradição literária

As relações entre o escritor e o público ou as relações entre o escritor e o seu contexto não podem ser vistas de forma mecânica. Classificar um escritor como participante deste ou daquele estilo de época geralmente é uma preocupação de natureza didática ou científica. Os escritores nem sempre estão preocupados em escrever de acordo com este ou aquele estilo.

Além disso, entre uma época literária e outra, é comum haver uma fase de transição, um período em que o velho e o novo se misturam. Machado de Assis, por exemplo, durante certo tempo foi um escritor com traços românticos; depois os abandonou, dando início ao Realismo em nossa literatura.

Há escritores que não se ligam à tendência literária vigente em sua época, mas produzem obras cuja originalidade chega a despertar, em autores de outras épocas, interesse pelo mesmo projeto. Esses escritores, de épocas diferentes mas com projetos artísticos comuns, não pertencem ao mesmo movimento, mas *perseguem a mesma tradição literária*. Por exemplo, há escritores filiados à tradição gótica no Romantismo, no Simbolismo e na atualidade.

Há ainda a situação de um autor estar muito à frente de seu tempo, o que lhe traz problemas de reconhecimento. É o caso, por exemplo, do poeta Joaquim de Sousa Andrade, mais conhecido por Sousândrade, que, apesar de ter vivido na época do Romantismo, foi precursor daquilo que aconteceria cinquenta anos depois na literatura, ou seja, o Modernismo. Só a partir da década de 70 do século XX, o escritor teve sua importância reconhecida definitivamente.

A partir do capítulo 2 desta unidade, você iniciará o estudo sistematizado da literatura em língua portuguesa. Conhecerá, primeiramente, de forma panorâmica, as origens da literatura em Portugal, uma vez que a literatura brasileira surgiu somente alguns séculos depois.

Eugene Ivanov/Shutterstock

Literatura comparada

Diálogo entre dois textos de épocas diferentes

A seguir, você vai ler e comparar versos de dois poemas: o primeiro é um fragmento do poema "Meus oito anos", de Casimiro de Abreu (1839-1860), poeta romântico que viveu no século XIX; o segundo é um poema de Antônio Cacaso (1944-1987), poeta contemporâneo que viveu na segunda metade do século XX.

TEXTO 1

Meus oito anos

Oh! que saudades que tenho
Da aurora da minha vida,
Da minha infância querida
Que os anos não trazem mais!
Que amor, que sonhos, que flores,
Naquelas tardes fagueiras
À sombra das bananeiras,
Debaixo dos laranjais!
[...]

(*Poesias completas de Casimiro de Abreu*. Rio de Janeiro: Ediouro, s. d. p. 19.)

Filipe Rocha/Arquivo da editora

TEXTO 2

E com vocês a modernidade

Meu verso é profundamente romântico.
Choram cavaquinhos luares se derramam e vai
por aí a longa sombra de rumores e ciganos.
Ai que saudade que tenho de meus negros
[verdes anos!

(Cacaso. *Lero-lero*. Rio de Janeiro: 9 Letras; São Paulo: Cosac & Naify, 2002. p. 113.)

Filipe Rocha/Arquivo da editora

1 Em "Meus oito anos", Casimiro de Abreu aborda a infância como tema.

a) Na condição de adulto, como ele vê a infância?

b) Que elementos são valorizados pelo poeta na descrição de sua infância?

2 O poema "E com vocês a modernidade", de Cacaso, estabelece um diálogo com o poema de Casimiro de Abreu. Que verso evidencia esse diálogo?

3 No poema de Cacaso, as lembranças do passado são diferentes das do poema de Casimiro de Abreu. O passado recordado também é o período da infância? Se não, que elementos mencionados no poema constituem a memória do eu lírico?

4 O verso final do poema de Cacaso quebra a perspectiva ingênua e bem-comportada do poema de Casimiro de Abreu. Dê uma interpretação a esse verso e, com base nela, explique o título do poema: "E com vocês a modernidade".

5 Em ambos os poemas a linguagem é simples. Em qual deles, contudo, a linguagem é mais informal, mais próxima da oralidade e se prende menos às normas da língua escrita?

As diferenças entre os dois textos quanto à linguagem e à visão de mundo evidenciam dois momentos distintos da literatura, ou seja, dois movimentos literários ou estilos de época diferentes. O texto 1 é ligado ao Romantismo, movimento literário do século XIX que, entre outras características, distinguiu-se pela idealização da infância, do amor e da mulher e pelo emprego de uma linguagem elevada, rica em imagens, comparações, inversões, etc. O texto 2 é representante da literatura contemporânea, que se caracteriza pela ironia e pela revisão e destruição de modelos passados.

Além das variações de época, existem também as variações pessoais. Nenhum escritor escreve exatamente igual a outro. Cada um desenvolve um estilo pessoal, que consiste numa forma particular de se expressar fazendo uso da língua.

A literatura na escola

A literatura, bem como outras artes e ciências, independe da escola para sobreviver. Apesar disso, dada sua importância para a língua e a cultura de um país, bem como para a formação de jovens leitores, transformou-se em disciplina escolar em várias partes do mundo.

Na escola, há diferentes possibilidades de abordar e sistematizar o estudo da literatura: por épocas, por temas, por gêneros, por comparações, etc. No Brasil, no último século, a abordagem histórica da literatura, isto é, o estudo da produção literária dos principais escritores e suas obras no transcorrer do tempo, tem sido a mais comum.

Nesta coleção, você vai aprender literatura de uma forma híbrida: por um lado, a leitura de textos literários ganha o centro das atividades, as quais são complementadas com textos que apresentam a contextualização histórico-cultural. Por outro, o trabalho é ampliado com estudos comparados da literatura de uma época com a de outra época, bem como entre a literatura e outras artes e linguagens (música, literatura, cinema) do mundo contemporâneo.

Apresentamos, a seguir, um esquema dos períodos das literaturas portuguesa e brasileira e os séculos correspondentes, para que você tenha uma visão da sequência histórica dos movimentos literários e dos principais escritores de cada período. Volte a esse esquema quando tiver necessidade de situar no tempo um autor ou um estilo de época.

		PERIODIZAÇÃO DAS LITERATURAS PORTUGUESA E BRASILEIRA				
		IDADE MÉDIA		**IDADE MODERNA**		
		Trovadorismo (séc. XII a XIV)	**2ª época medieval (séc. XV e início do XVI)**	**Classicismo (séc. XVI)**	**Barroco (séc. XVII)**	**Arcadismo (séc. XVIII)**
Literatura portuguesa	Marco introdutório	1189(?): "Cantiga da Ribeirinha", de Paio Soares de Taveirós	1434: Criação do cargo de cronista-mor do reino	1527: Volta de Sá de Miranda da Itália	1580: Domínio espanhol e morte de Camões	1756: Fundação da Arcádia Lusitana
	Principais autores	D. Dinis Martim Codax João Garcia de Guilhade Pero da Ponte	Fernão Lopes Gil Vicente Garcia de Resende João-Roiz de Castelo Branco	Luís de Camões Sá de Miranda Bernardim Ribeiro Fernão Mendes Pinto Antônio Ferreira	Pe. Antônio Vieira Pe. Manuel Bernardes D. Francisco Manuel de Melo Antônio José da Silva Sóror Maria Alcoforado	Manuel Maria de Barbosa du Bocage Filinto Elísio Cruz e Silva Correia Garção Cândido Lusitano
Literatura brasileira	Marco introdutório			1500: *Carta*, de Pero Vaz de Caminha	1601: *Prosopopeia*, de Bento Teixeira	1768: *Obras*, de Cláudio Manuel da Costa
	Principais autores			Pero Vaz de Caminha Pero M. Gândavo Gabriel Soares de Sousa José de Anchieta	Gregório de Matos Pe. Antônio Vieira	Cláudio Manuel da Costa Tomás Antônio Gonzaga Silva Alvarenga Alvarenga Peixoto Santa Rita Durão Basílio da Gama
CONTEXTO ARTÍSTICO		Reprodução/Museo dell'Opera del Duomo, Siena, Itália.  *Madona de Crevole* (1284), de Duccio di Buoninsegna.	Reprodução/Capela Arena, Pádua, Itália.  *Joaquim entre os pastores* (1306), de Giotto di Bondone, pintor que estabeleceu a transição entre a arte medieval e a renascentista.	Reprodução/Museu Czartoryski, Cracóvia, Polônia.  *Senhora com um arminho* (1490), de Leonardo da Vinci.	Reprodução/Galleria Uffizi, Florença, Itália.  *Medusa* (1596-1598), de Caravaggio.	 *Cupido e Psiqué* (1817), de Jacques-Louis David. Reprodução/Museu de Arte de Cleveland, Ohio, USA.

IDADE CONTEMPORÂNEA				
Romantismo (séc. XIX)	**Realismo/Naturalismo (séc. XIX)**	**Simbolismo (séc. XIX)**	**Modernismo (séc. XX)**	**Contemporaneidade (séc. XX e XXI)**
1825: Publicação de *Camões*, de Almeida Garrett	1865: Questão Coimbrã	1900: Publicação de *Oaristos*, de Eugênio de Castro	1915: Revista *Orpheu* 1927: Revista *Presença* 1940: Neorrealismo	1975: Revolução dos Cravos
Almeida Garrett Alexandre Herculano Antônio Feliciano de Castilho João de Deus Soares de Passos Camilo Castelo Branco Júlio Dinis	Antero de Quental Eça de Queirós Guerra Junqueiro Cesário Verde Gomes Leal	Camilo Pessanha Eugênio de Castro Antônio Nobre	Fernando Pessoa Mário de Sá-Carneiro Almada Negreiros José Régio Miguel Torga Ferreira de Castro Alves Redol Fernando Namora Vergílio Ferreira	Mário Cesariny de Vasconcelos Jorge de Sena Alexandre O'Neill Agustina Bessa-Luís Sophia de Mello Breyner Andresen David Mourão Ferreira Antônio Ramos Rosa Herberto Helder José Saramago Antônio Lobo Antunes Gonçalo M. Tavares Valter Hugo Mãe
1836: *Suspiros poéticos e saudades*, de Gonçalves de Magalhães	1881: *Memórias póstumas de Brás Cubas*, de Machado de Assis, e *O mulato*, de Aluísio Azevedo	1893: *Missal* e *Broquéis*, de Cruz e Sousa	1922: Semana de Arte Moderna	1944: *Perto do coração selvagem*, de Clarice Lispector
Gonçalves Dias Álvares de Azevedo Casimiro de Abreu Junqueira Freire Fagundes Varela Castro Alves José de Alencar Manuel Antônio de Almeida Joaquim Manuel de Macedo Visconde de Taunay Bernardo Guimarães Franklin Távora	Machado de Assis Aluísio Azevedo Raul Pompeia Olavo Bilac Raimundo Correia Alberto de Oliveira	Cruz e Souza Alphonsus de Guimaraens Pedro Kilkerry	1ª geração Oswald de Andrade Mário de Andrade Manuel Bandeira Antônio de Alcântara Machado 2ª geração Graciliano Ramos José Lins do Rego Rachel de Queiroz Jorge Amado Érico Veríssimo Carlos Drummond de Andrade Murilo Mendes Jorge de Lima Vinícius de Moraes Cecília Meireles	Clarice Lispector Guimarães Rosa João Cabral de Melo Neto Haroldo de Campos Augusto de Campos Décio Pignatari Ferreira Gullar Mário Chamie Mário Faustino Lygia Fagundes Telles Mário Palmério Osman Lins Mário Quintana Fernando Sabino Rubem Braga José J. Veiga Otto Lara Resende Antônio Callado Adonias Filho Autran Dourado Dalton Trevisan João Antônio Ricardo Ramos Sérgio Porto Rubem Fonseca Paulo Leminski Cacaso João Ubaldo Ribeiro José Paulo Paes Adélia Prado Luis Fernando Verissimo Ignácio de Loyola Brandão Nélida Piñon Hilda Hilst Affonso Romano de Sant'Anna Glauco Mattoso Arnaldo Antunes

O ancião dos dias (1794), de William Blake.

Cortadores de pedras (1849), de Gustavo Courbet.

Musa em Pegasus (1900), de Odilon Redon.

Jacqueline com flores (1954), de Picasso.

Marilyn (1967), de Andy Warhol.

CAPÍTULO

2

As origens da literatura portuguesa

A literatura brasileira, em suas primeiras manifestações, prende-se aos modelos literários trazidos pelos colonizadores portugueses. Esses modelos formaram-se em Portugal entre os séculos XII e XVI, ou seja, durante a Baixa Idade Média e o Renascimento.

Reprodução/Museu de Arqueologia Nacional, Saint-Germain-en-Laye, França.

O prestidigitador, de Hieronymus Bosch.

Este capítulo favorece o desenvolvimento das habilidades

- EM13LGG202
- EM13LGG302
- EM13LGG601
- EM13LGG602
- EM13LGG604
- EM13LP01
- EM13LP03
- EM13LP06
- EM13LP46
- EM13LP48
- EM13LP49
- EM13LP52

Antes de estudar as obras e os autores da literatura brasileira, convém conhecer, de forma panorâmica, a literatura produzida em Portugal desde as origens, no século XII, até o século XVI. Essa produção serviu de referência aos escritores brasileiros do período colonial.

Leitura

Leia, a seguir, duas cantigas trovadorescas. A primeira é uma cantiga de amigo de Nuno Fernandes Torneol, trovador do século XIII, e a segunda, uma cantiga de amor de D. Dinis, rei de Portugal que viveu entre 1265 e 1325.

TEXTO 1

Levad', **amigo**, que dormides as manhãas frias; toda-las aves do mundo d'amor dizian: leda m'and'eu.	*Ergue-te, amigo que dormes nas manhãs frias!* *Todas as aves do mundo, de amor, diziam:* *alegre eu ando.*
Levad', amigo, que dormide'-las frias manhãas; toda-las aves do mundo d'amor cantavan: leda m'and'eu.	*Ergue-te, amigo que dormes nas manhãs claras!* *Todas as aves do mundo, de amor, cantavam:* *alegre eu ando.*
Toda-las aves do mundo d'amor dizian; do meu amor e do voss'en ment'avian: leda m'and'eu.	*Todas as aves do mundo, de amor, diziam;* *do meu amor e do teu se lembrariam:* *alegre eu ando.*
Toda-las aves do mundo d'amor cantavan; do meu amor e dos voss'i enmentava: leda m'and'eu.	*Todas as aves do mundo, de amor, cantavam;* *do meu amor e do teu se recordavam:* *alegre eu ando.*
Do meu amor e do voss'en ment'avian; vós lhi tolhestes os ramos en que siian: leda m'and'eu.	*Do meu amor e do teu se lembrariam;* *tu lhes tolheste os ramos em que eu as via:* *alegre eu ando.*
Do meu amor e do voss'i enmentava; vós lhi tolhestes os ramos en que pousavam: leda m'and'eu.	*Do meu amor e do teu se recordavam;* *tu lhes tolheste os ramos em que pousavam:* *alegre eu ando.*
Vós lhi tolhestes os ramos en que siian e lhis secastes as fontes en que bevian: leda m'and'eu.	*Tu lhes tolheste os ramos em que eu as via;* *e lhes secaste as fontes em que bebiam:* *alegre eu ando.*
Vós lhi tolhestes os ramos en que pousavan e lhis secastes as fontes u se banhavam: Leda m'and'eu.	*Tu lhes tolheste os ramos em que pousavam;* *e lhes secaste as fontes que as refrescavam:* *alegre eu ando.*

Tithi Luadthong/Shutterstock

amigo: namorado.

(D. Dinis. *In: Cantares dos trovadores galego-portugueses*. Organização e adaptação da linguagem por Natália Correia. 3. ed. Lisboa: Estampa, 1998. p. 202-203.)

TEXTO 2

Quant'á, senhor, que m'eu de vós parti,
atam muyt'á que nunca vi prazer,
nen pesar, e quero-vos eu dizer
como prazer, nen pesar non er (vi):
perdi o sen e non poss' estremar
o ben do mal, nen prazer do pesar.

E, des que m'eu, senhor, per bõa fé,
de vós parti, creed' agora ben
que non vi prazer, nen pesar de ren
e aquesto direy-vos por que (é):
perdi o sen e non poss' estremar
o ben do mal, nen prazer do pesar.

Ca, mha senhor, ben des aquela vez
que m'eu de vós parti, no coraçon
nunca ar ouv'eu pesar des enton,
nen prazer, e direi-vos que mh-o fez:
perdi o sen e non poss' estremar
o ben do mal, nen prazer do pesar.

Já nem prazer já nem pesar me acodem,
que nunca mais, senhora, algum senti
depois que dos meus olhos vos perdi.
E sem prazer ou sem pesar não podem,
senhora, meus sentidos estremar
o bem do mal, o prazer do pesar.

Por nada mais prazer posso sentir,
ou pesar, se de vós me separei.
E se não mais no mundo os sentirei,
não vejo como possam conseguir,
senhora, meus sentidos estremar
o bem do mal, o prazer do pesar.

Se de vós me afastei e desde então
perdi quer o pesar quer o prazer
que me destes outrora a conhecer;
se ambos perdi, como é que poderão,
senhora, meus sentidos estremar
o bem do mal, o prazer do pesar.

Centro de Estudios Borjanos/dapd/AP Photo/Glow Images

(In: *Cantares dos trovadores galego-portugueses*, cit., p. 224-225.)

1 Nas cantigas de amigo, o eu lírico — ou seja, quem fala no texto — é feminino.

a) Com quem o eu lírico fala?

b) Entre o eu lírico e a pessoa com quem ele fala, há correspondência amorosa ou a mulher se coloca como um ser superior e inacessível?

2 Nas cantigas de amigo, é comum o eu lírico se integrar a elementos da natureza — árvores, lagos, fontes, mar — ou a uma paisagem rural. Que elemento do poema representa a natureza?

3 As cantigas de amigo, na maioria, têm uma estrutura paralelística, isto é, uma construção formal baseada na repetição parcial ou total de versos. Observe que a 1ª e a 2ª estrofe do texto 1 são quase idênticas, com a diferença da troca de *frias* (1º verso da 1ª estrofe) por *claras* (1ª verso da 2ª estrofe). Essas repetições, chamadas **paralelismos de par de estrofes**, também ocorrem entre os pares seguintes. Além desse tipo de paralelismo, ocorre outro, o *leixa-pren* (deixa-toma). Observe o 2º verso da 1ª e da 2ª estrofe.

a) Em que verso da 3ª estrofe o 2º verso da 1ª estrofe se repete?

b) Em que verso da 4ª estrofe o 2º verso da 2ª estrofe se repete?

4 A repetição constante de versos confere maior ritmo e musicalidade ao texto. Por outro lado, é responsável também por uma das seguintes características. Indique-a.

a) Maior profundidade de ideias e sentimentos.

b) Maior superficialidade de ideias e sentimentos.

5 Observe agora o texto 2 e responda:

a) O eu lírico da cantiga é masculino ou feminino? A quem ele se dirige?

b) Qual é a razão de seu sofrimento?

c) Ele demonstra ser ou ter sido correspondido no amor?

d) Apesar do sofrimento, ele pensa em renunciar ao amor que sente pela pessoa amada?

6 Compare os dois textos.

a) O texto 2 também está organizado em estrofes e apresenta rimas?

b) O texto 2 apresenta o paralelismo de par de estrofes e o *leixa-pren*?

c) Qual dos textos apresenta ritmo e musicalidade mais acentuados?

d) E qual deles apresenta maior complexidade e profundidade de ideias?

A primeira época medieval: o Trovadorismo

Bridgeman Images/Fotoarena/Coleção particular.

As duas cantigas que você estudou pertencem ao **Trovadorismo**, que marca o início da literatura portuguesa, no século XII, e integra a primeira fase da chamada Era Medieval, momento em que também se dá a formação do Estado português.

Embora nessa época também tenha havido manifestações literárias na prosa (novelas de cavalaria) e no teatro, foi a poesia que alcançou grande popularidade, tanto entre os nobres das cortes quanto entre as pessoas comuns do povo.

Uma das razões dessa predominância foi o fato de a escrita ser pouco difundida na época, o que favorecia a difusão da poesia, que era memorizada e transmitida oralmente. Os poemas eram sempre cantados e acompanhados de instrumentos musicais e de dança e, por esse motivo, foram denominados *cantigas*. Os autores dessas cantigas eram trovadores (pessoas que faziam trovas, rimas), daí a origem do nome *Trovadorismo*. Esses poetas geralmente pertenciam à nobreza ou ao clero e, além da letra, criavam também a música das composições que apresentavam para o seleto público das cortes. Entre as camadas populares, quem cantava e executava as canções, mas não as criava, eram os jograis. As cantigas chegaram até nós por meio dos *cancioneiros*, coletâneas (reuniões) de poemas de vários tipos, produzidos por muitos autores. Tradicionalmente se tem apontado a "Cantiga da Ribeirinha" ou "Cantiga da Guarvaia", de Paio Soares de Taveirós, de 1189 ou 1198, como a cantiga mais antiga de que se tem registro.

As cantigas foram cultivadas tanto no gênero lírico quanto no satírico. Dependendo de algumas características que apresentam — como o eu lírico, o assunto, a estrutura, a linguagem, etc. —, elas podem ser organizadas em quatro tipos. No gênero lírico: cantigas de amigo e cantigas de amor; no gênero satírico: cantigas de escárnio e cantigas de maldizer.

Cantigas de amigo e cantigas de amor

Os dois tipos de cantigas pertencem ao gênero lírico e foram produzidas por poetas do sexo masculino. Contudo, apresentam diferenças de forma e de conteúdo.

As **cantigas de amigo** têm raízes nas tradições da própria península Ibérica, em suas festas rurais e populares, em sua música e dança, nas quais abundam vestígios da cultura árabe. Apresentam normalmente ambientação rural, linguagem e estrutura simples; seu tema mais frequente é o lamento amoroso da moça cujo namorado partiu para a guerra contra os árabes.

As **cantigas de amor** têm raízes na poesia provençal (de Provença, região do sul da França), nos ambientes finos e aristocráticos das cortes francesas e, portanto, prendem-se a certas convenções de linguagem e de sentimentos.

Como você viu no estudo feito, a cantiga de amigo apresenta forte musicalidade, marcada pelo ritmo, pelas rimas, pelas repetições e pela técnica do paralelismo. Em contrapartida, as ideias costumam se repetir e são menos aprofundadas. Já a cantiga de amor lida apresenta uma nítida intenção argumentativa, uma vez que o eu lírico procura convencer a mulher amada de que ele precisa vê-la e tê-la a seu lado. Assim, os sentimentos e as ideias são mais aprofundados.

O distanciamento e a elevação da mulher a um plano quase inacessível são marcas do *amor cortês*, comum tanto nas cantigas de amor portuguesas quanto nas cantigas provençais, das quais as primeiras se originaram.

Regras do jogo do amor cortês

- Submissão absoluta à dama.
- Vassalagem humilde e paciente.
- Promessa de honrar e servir a dama com fidelidade.
- Prudência para não abalar a reputação da dama, sendo o cavalheiro, por essa razão, proibido de falar diretamente dos sentimentos que tem por ela.
- A amada é vista como a mais bela de todas as mulheres.
- Pela amada o trovador despreza todos os títulos, as riquezas e a posse de todos os impérios.

Como síntese de estudo, observe a diferença entre as cantigas de amigo e as de amor:

CANTIGAS DE AMIGO	CANTIGAS DE AMOR
Eu lírico feminino	Eu lírico masculino
Presença de paralelismos	Ausência do paralelismo de par de estrofes e do *leixa-pren*
Predomínio da musicalidade	Predomínio das ideias
Assunto principal: o lamento da moça cujo namorado partiu	Assunto principal: o sofrimento amoroso do eu lírico perante uma mulher idealizada e distante
Amor natural e espontâneo	Amor cortês; convencionalismo amoroso
Ambientação popular rural ou urbana	Ambientação aristocrática das cortes
Influência da tradição oral ibérica	Forte influência provençal

Cantigas de escárnio e cantigas de maldizer

As *cantigas de escárnio* e as *cantigas de maldizer* constituem a primeira experiência da literatura portuguesa na sátira. Além disso, possuem um importante valor histórico como registro da sociedade medieval portuguesa em seus aspectos culturais, morais, linguísticos, etc.

Menos presas a modelos e convenções do que as cantigas de amigo e de amor, as cantigas satíricas buscaram um caminho poético próprio, explorando diferentes recursos expressivos. Voltavam-se para a crítica de costumes, tendo como alvo diferentes representantes da sociedade medieval portuguesa: clérigos devassos, cavaleiros e nobres covardes na guerra, prostitutas, os próprios trovadores e jograis, etc.

Veja um exemplo de cantiga de maldizer, do poeta Fernão Velho:

Maria Peres se mãefestou
noutro dia, **ca** por **pecador**
se sentiu, e log'a **Nostro Senhor**
pormeteu, pelo mal em que andou,
que tevess'um clérig'a seu poder,
polos pecados que lhi faz fazer
o demo, com que x'ela sempr'andou.

Mãefestou-se, **ca** diz que s'achou
pecador muit'e, porém, rogador
foi log'a Deus, ca teve por melhor
de guardar a El ca o que a guardou.
E **mentre** viva diz que quer teer
um clérigo, com que se defender
possa do demo, que sempre guardou.

E **pois** que bem seus pecados catou,
de sa mort' ouv'ela gram pavor
e **d'esmolnar** ouv'ela gram sabor.
E logo entom um clérigo **filhou**
e deu-lhe a **cama em que sol jazer**.
E diz que o **terrá** mentre viver,
e esta fará; todo por Deus filhou.

E pois que s'este **preito** começou,
antr'eles ambos ouve grand'amor.
Antr'el á sempr'o demo maior
atá que se Balteira confessou.
Mais pois que viu o clérigo **caer**,
antr'eles ambos **ouv'i** a perder
o demo, **dês que** s'ela confessou.

atá: até.
ca: pois.
ca: porque.
caer: cair.
cama em que sol jazer: cama em que dormia só.
d'esmolnar: de esmolar.
dês que: desde que.
filhou: agarrou.
mentre: enquanto.
Nostro Senhor: Nosso Senhor.
ouv'i: teve nisso.
pecador: pecadora.
pois: depois.
polos: pelos.
preito: pacto.
terrá: terá.

(*In*: Fernando V. Peixoto da Fonseca, org. *Cantigas de escárnio e maldizer dos trovadores galego-portugueses.* Lisboa: Livr. Clássica, 1961. p. 76.)

Observe que o nome da pessoa satirizada é identificado: Maria Balteira. Ela tinha sido uma soldadeira — mulher que dançava e cantava durante as apresentações e, por isso, tinha má reputação — que agora se diz "regenerada".

O trovador ironiza a pretensa regeneração da soldadeira, ao fazer um jogo de palavras, insinuando que ela, para combater o mal e as tentações, "teve um clérigo em seu poder". Essa expressão tem duplo sentido: tanto pode significar que ela se aproximou da religião quanto arranjou um padre como amante. O último sentido, evidentemente, é o reforçado pelo autor quando, na 3ª estrofe, afirma que ela deu a cama ao religioso.

Embora as diferenças não sejam rígidas, nas cantigas de escárnio geralmente o nome da pessoa satirizada não é revelado. A linguagem normalmente é carregada de ironia, de sutilezas, trocadilhos e ambiguidades. Já a cantiga de maldizer costuma identificar o nome da pessoa satirizada e fazer-lhe uma crítica direta, em forma de zombaria. A linguagem é mais grosseira, por vezes obscena.

A segunda época medieval

A segunda época medieval (século XV e início do século XVI) foi marcada pela transição do mundo medieval para o mundo moderno, que se inicia com o Renascimento (século XVI). A literatura desse período registra a consolidação da prosa historiográfica e o surgimento da *poesia palaciana*, que se afasta do acompanhamento musical e se enriquece do ponto de vista formal.

No entanto, a principal expressão do período está no surgimento de um teatro leigo, com Gil Vicente. Nos séculos anteriores, o teatro esteve ligado à Igreja e quase sempre era realizado em datas religiosas, ilustrando passagens da Bíblia ou representando a história de santos.

Gil Vicente: um olhar para baixo

Gil Vicente, cuja obra foi difundida em Portugal nas três primeiras décadas do século XVI, representa o passo decisivo nesse processo de laicização da cultura portuguesa.

Voltando-se não para Deus, mas para os homens, para a sociedade portuguesa em sua enorme diversidade de classes e grupos sociais — o fidalgo, o rei, o papa, o clérigo, o burguês comerciante, o médico incompetente, a mulher adúltera, a moça casamenteira, o nobre decadente, o velho devasso, o juiz desonesto, etc. —, Gil Vicente tinha para si uma missão moralizante e reformadora. Não visava atingir as instituições, mas as pessoas inescrupulosas que as compunham.

Embora tenha escrito peças de fundo religioso, elas não almejavam difundir a religião nem converter os pecadores. Seu objetivo era demonstrar como o ser humano — independentemente de classe social, raça, sexo ou religião — é egoísta, falso, mentiroso, orgulhoso e frágil diante dos apelos da carne e do dinheiro.

Da vasta produção de Gil Vicente, destacam-se, entre outras, as obras *Auto das barcas* (*Auto da barca do inferno*, *Auto do purgatório* e *Auto da barca da glória*), *O velho da horta*, *Auto da Índia* e *Farsa de Inês Pereira*.

Gil Vicente representa na corte, de Roque Gameiro.

Gil Vicente vivo

Gil Vicente não é apenas o fundador do teatro português. Suas peças fundaram uma tradição que deu outros frutos em Portugal, em outros países europeus e no Brasil.

Em nosso país, o Pe. Anchieta escreveu autos voltados à catequese dos índios, no século XVI. No século XX, *Morte e vida severina*, de João Cabral de Melo Neto, e *Auto da Compadecida*, de Ariano Suassuna, por exemplo, apresentam vários pontos em comum com os autos vicentinos.

Leitura

Você vai ler, a seguir, um trecho de *O auto da barca do inferno*, uma das peças mais conhecidas de Gil Vicente. As cenas ocorrem à margem de um rio, onde estão ancorados dois barcos: um é dirigido por um anjo e leva as almas que, de acordo com seu julgamento, serão conduzidas ao céu; o outro é dirigido pelo diabo, que levará as almas condenadas ao inferno. Entre o começo e o final da peça, desfila uma verdadeira galeria de tipos sociais — um nobre, um frade, um sapateiro, um judeu, uma alcoviteira, um enforcado, entre outros —, compondo um rico painel das fraquezas humanas. Para o barco do paraíso vão apenas o parvo (um bobo) e um cruzado; todos os demais são condenados ao inferno.

Diabo
[...] entrai! Eu **tangerei**
e faremos um **serão.**
Essa dama é ela vossa?

Frade
Por minha la tenho eu
e sempre a tive de **meu**.

Diabo
Fezestes bem, que é fermosa.
E não vos punham lá **grosa**
no vosso convento santo?

Frade
E eles fazem outro tanto!...

Diabo
Que cousa tão preciosa!
Entrai, padre reverendo!

Frade
Para onde levais gente?

Diabo
Pera aquele fogo ardente,
que nom temeste vivendo.

Frade
Juro a Deus que nom te entendo!
E este hábito nom me **val**?

Diabo
Gentil padre **mundanal**,
a Berzabu vos encomendo!

Frade
Ah corpo de Deus consagrado!
Pela fé de Jesu Cristo
que eu nom posso entender isto!
Eu hei de ser condenado?!
Um padre tão namorado
e tanto dado a virtude!
Assi Deus me dê saúde
que eu estou maravilhado!

Diabo
Nom cureis de mais **detença**!
Embarcai e partiremos.
Tomareis um par de remos.

Frade
Nom ficou isso na **avença**.

Diabo
Pois dada está já a sentença!
[...]

(*Auto da barca do inferno*. São Paulo: Ateliê Editorial, 1996. p. 80-82. Notas de Ivan Teixeira.)

avença: acordo.
detença: não pense em mais atraso.
grosa: lá, no convento, não grosavam (censuravam, proibiam) o fato de você ter uma namorada?
meu: tive-a como coisa minha.
mundanal: mundano.
serão: festa.
tangerei: tocarei.
val: vale. O frade alude ao fato de ele ser da ordem dominicana, muito temida na época. Ou, simplesmente, à sua condição de religioso.

Inferno, obra do século XVI, de autor português desconhecido.

1 O diabo, ao receber o frade, estranha a pessoa que está em sua companhia. Deduza: qual é a causa desse estranhamento?

2 O diálogo revela não apenas a condição moral do frade, mas também a de outros membros da Igreja. Qual é essa condição?

3 Para livrar-se do inferno, o frade apresenta alguns argumentos ao diabo.
a) Identifique dois desses argumentos.
b) Pelas respostas do diabo, deduza: o frade deverá ir para a barca do inferno ou para a barca do céu? Por quê?

4 O julgamento a que são submetidos os mortos que se dirigem ou à barca do inferno ou à do céu é na verdade um julgamento de toda a sociedade. No que se refere ao julgamento do frade, levante hipóteses: a intenção do autor é criticar a Igreja como instituição ou os homens? Justifique sua resposta.

5 Na época de Gil Vicente, o teatro era escrito em versos. Observe o fragmento lido. Que tipo de verso foi utilizado?

O Classicismo

Classicismo ou *Quinhentismo* é o nome que se dá à literatura produzida durante a vigência do Renascimento. Este foi um amplo movimento artístico, cultural e científico que ocorreu no século XVI, inspirado sobretudo nas ideias e nos textos da cultura clássica greco-latina. O interesse pela cultura clássica já vinha ocorrendo desde o final do século XIII, na Itália, onde escritores e intelectuais, chamados humanistas, liam e traduziam autores latinos e gregos. Desse grupo, destacaram-se Dante Alighieri, Petrarca e Boccaccio e, na pintura, Sandro Botticelli.

No século XVI, o Classicismo, em consonância com um contexto histórico de profundas transformações sociais, econômicas, culturais e religiosas, substituiu a fé medieval pela razão, o cristianismo pela mitologia greco-latina e pôs, acima de tudo, o homem como centro de todas as coisas (*antropocentrismo*).

Diferentemente do homem medieval, que se voltava essencialmente para as coisas do espírito, o homem do século XVI se volta para a realidade concreta e acredita em sua capacidade de dominar e transformar o mundo.

As influências da cultura greco-latina e dos humanistas italianos, bem como a imitação de seus modelos, não se limitaram ao século XVI. Estenderam-se até o final do século XVIII, formando uma verdadeira *Era Clássica*, introduzida pelo Classicismo e seguida pelo Barroco e pelo Arcadismo (ou Neoclassicismo). Observe a seguir a sequência dos períodos.

ANTIGUIDADE		IDADE MÉDIA		ERA CLÁSSICA		
Cultura grega (séc. XII a.C.-II a.C.)	Cultura latina (séc. VI a.C.-V d.C.)	Alta Idade Média (séc. V-XI/XII)	Baixa Idade Média (séc. XII-XV)	Classicismo (séc. XVI)	Barroco (séc. XVII)	Arcadismo (séc. XVIII)

O contexto histórico

O Renascimento é a expressão artística e cultural de uma época marcada por fatos decisivos, que acentuaram o declínio da Idade Média e deram origem à Era Moderna. Entre eles, destacam-se:

- as navegações e os descobrimentos, no final do século XV;
- a formação dos Estados modernos;
- a Reforma (1517);
- a Revolução Comercial, iniciada no século XV;
- o fortalecimento da burguesia comercial;
- a teoria heliocêntrica de Copérnico.

egsaz/Shutterstock

A imagem em foco

Você vai fazer, a seguir, a leitura de uma das mais importantes pinturas do Renascimento: a obra *O nascimento de Vênus* (1485), de Sandro Botticelli. Observe atentamente o quadro:

Reprodução/Galleria Uffizi, Florença, Itália

Antes de ler as questões propostas, conheça os personagens da mitologia greco-latina que fazem parte do quadro:

Vênus (a mulher no centro): Afrodite para os gregos e Vênus para os romanos, ela é a deusa do amor, da beleza e da fecundidade. Eis sua origem: Urano (o céu) e Gaia (a terra) uniram-se para dar origem aos primeiros seres humanos, os Titãs. Porém, a pedido de Gaia, um dos filhos do casal castra o pai. Dos órgãos cortados e jogados ao mar, nasce uma espuma, da qual surge Vênus, a mais bela das deusas.

Zéfiro e **Flora** (à esquerda, no ar): Zéfiro é deus do vento, e Flora, mulher de Zéfiro, tem o poder sobre a natureza. Alguns estudiosos acham que se trata não de Flora, mas de Aura, a deusa da brisa.

Hora (à direita, na margem): é uma das quatro Horas, filha de Zeus. As Horas representam as quatro estações do ano.

Reprodução/Museu do Louvre, Paris, França.

Vênus de Milo, uma das versões de Vênus, escultura da Grécia antiga descoberta em 1820 na ilha de Melos.

Reprodução/Museu Capitolino, Roma, Itália

Vênus Capitolina.

1 Conta a mitologia que, ao nascer das espumas do mar, Vênus é conduzida até a margem da ilha Citera, na costa sul da Grécia. No quadro de Botticelli:

a) Quem é responsável pela condução de Vênus até a margem da ilha?

b) Vênus é conduzida sobre as ondas até a margem. Por que o pintor teria escolhido uma concha para servir de barco à deusa?

c) A ninfa Hora espera Vênus, na margem, com um amplo manto. Levante hipóteses: O que provavelmente Hora fará com o manto? Por quê?

2 Observe que o vestido de Hora e o manto que ela tem nas mãos são estampados com desenhos de flores. Sabendo-se que cada uma das Horas representa uma estação do ano, provavelmente qual é a estação que a Hora do quadro representa?

3 À esquerda de Vênus, cai uma chuva de rosas cor-de-rosa. Segundo a mitologia, a rosa teria nascido junto com essa deusa. Além disso, por sua beleza e fragrância, a rosa é símbolo do amor.

a) Na mitologia, a rosa é considerada a flor sagrada de Vênus. Comparando os significados que têm a rosa e Vênus, é coerente esse atributo dado à rosa? Por quê?

b) O amor é um sentimento nobre, encantador; porém, tem momentos difíceis, de dor e sofrimento. Que parte da rosa corresponderia à dor e ao sofrimento?

4 Faça, com uma régua, esta experiência: meça o quadro na vertical e na horizontal e divida essas medidas ao meio, tentando encontrar o ponto médio, o centro do quadro.

a) Onde cai o centro do quadro?

b) Considerando que Vênus é a deusa do amor, da beleza e da fecundidade, você acha que foi intencional o fato de Botticelli ter colocado essa parte do corpo da deusa no centro do quadro? Por quê?

5 O quadro apresenta dois elementos que foram exaustivamente explorados pela arte renascentista: a figura humana (no caso, os deuses) e a natureza. Observe o mar ao fundo, as encostas da ilha e as árvores, à direita. Compare esses elementos ao corpo de Vênus e conclua: Qual era o interesse principal de Botticelli: retratar com perfeição a figura humana ou a natureza? Por quê?

6 A obra de Botticelli é apenas uma das muitas representações de Vênus feitas em pintura ou escultura. Para criar sua Vênus, o pintor italiano se baseou na *Vênus Capitolina*, escultura grega bem mais antiga. Observe-a na página anterior e compare as duas figuras.

a) Que semelhança há entre elas?

b) Que característica típica do Renascimento se verifica nessa relação entre as duas obras?

7 A tela *O nascimento de Vênus* (1485) é considerada por alguns críticos a obra que verdadeiramente deu início ao Renascimento.

a) Observe que Vênus está banhada de luz. Além disso, ela representa a beleza, a harmonia e a sensualidade, valores muito apreciados no Renascimento emergente. Relacionando o nascimento de Vênus ao contexto cultural em que a obra foi produzida, que outro significado a deusa pode assumir?

b) Que características próprias do Renascimento ou do Classicismo (na literatura) você identifica nesse quadro?

Luís de Camões: o grande salto

Entre os séculos XV e XVI, Portugal tornou-se um dos países mais importantes da Europa, em virtude de seu papel de destaque no processo de expansão marítima e comercial. O país amadurecia como Estado, povo, língua e cultura; contudo, faltava aos portugueses uma grande obra literária que fosse capaz de registrar e traduzir o sentimento de euforia e nacionalidade que vinham experimentando.

Luís de Camões (1524-1580), com o poema épico *Os lusíadas*, além da lírica, deu a resposta concreta a esse desejo, projetando a literatura portuguesa entre as mais significativas do cenário europeu nesse momento histórico.

Quem foi Luís de Camões?

Luís de Camões nasceu em Lisboa por volta de 1524 e morreu na mesma cidade, em 1580.

Estudioso da cultura clássica, Camões soube somar à sua formação cultural as ricas experiências pessoais que viveu: a guerra no norte da África, onde perdeu um olho; a prisão motivada por um duelo; e o exílio em que viveu na África e na Ásia (incluindo Índia e China).

Todo o seu conhecimento literário, filosófico, histórico, político e geográfico foi aproveitado como matéria-prima para escrever seus poemas líricos e, principalmente, sua obra épica *Os lusíadas*, a principal expressão do Renascimento português.

Reprodução/Biblioteca Nacional de Portugal, Lisboa.

Leitura

Você vai ler a seguir dois textos de Luís de Camões. O primeiro é um soneto lírico-amoroso; o segundo é o episódio do gigante Adamastor, de *Os lusíadas*.

TEXTO 1

Busque Amor novas artes, novo **engenho**,
Para matar-me, e novas **esquivanças**;
Que não pode tirar-me as esperanças,
Que mal me tirará o que eu não tenho.

Olhai de que esperanças me mantenho!
Vede que perigosas seguranças!
Que não temo contrastes nem mudanças,
Andando em bravo mar, perdido o **lenho**.

Mas, **conquanto** não pode haver desgosto
Onde esperança falta, lá me esconde
Amor um mal, que me mata e não se vê;

Que dias há que na alma me tem posto
Um não sei quê, que nasce não sei onde,
Vem não sei como, e dói não sei por quê.

(*Lírica*. São Paulo: Cultrix, 1976. p. 112.)

conquanto: embora, ainda que.
engenho: habilidade, técnica.
esquivança: maldade.
lenho: barco.
que: pois, logo.

TEXTO 2

Porém já **cinco sóis** eram passados
Que dali nos partíramos, cortando
Os mares nunca de outrem navegados,
Prosperamente os ventos assoprando,
Quando ua noite, estando **descuidados**
Na cortadora proa vigiando,
Ua nuvem, que os ares escurece,
Sobre nossas cabeças aparece.

Tão temerosa vinha e carregada,
Que pôs nos corações um grande medo.
Bramindo, o negro mar de longe **brada**,
Como se desse em vão nalgum rochedo.
— "Ó **Potestade** — disse — sublimada,
Que ameaço divino ou que segredo
Este clima e este mar nos apresenta,
Que **mor** cousa parece que tormenta?"

Não acabava, quando ua figura
Se nos mostra no ar, robusta e válida,
De disforme e grandíssima estatura,
O rosto carregado, a barba **esquálida**,
Os olhos encovados, e a postura
Medonha e má, e a cor terrena e pálida,
Cheios de terra e crespos os cabelos,
A boca negra, os dentes amarelos.

Tão grande era de membros, que bem posso
Certificar-te que este era o segundo
De Rodes estranhíssimo **Colosso**,
Que um dos sete milagres foi do mundo.
C'um tom de voz nos fala horrendo e grosso,
Que pareceu sair do mar profundo.
Arrepiam-se as carnes e o cabelo
A mim e a todos, só de ouvi-lo e vê-lo.

E disse: — "Ó gente ousada, mais que quantas
No mundo cometeram grandes cousas,
Tu, que por guerras cruas, tais e tantas,
E por trabalhos vãos nunca repousas,
Pois os **vedados términos** quebrantas
E navegar meus longos mares ousas,
Que eu tanto tempo há já que guardo e tenho,
Nunca **arados** de estranho ou próprio lenho;
[...]

arados: navegados.
bradar: falar em altas vozes; gritar.
bramir: fazer grandes estrondos; dizer em altos brados.
cinco sóis: cinco dias.
Colosso de Rodes: estátua de bronze do deus Apolo, de 33 metros, construída na ilha grega de Rodes entre 292 e 280 a.C. e destruída por um terremoto em 224 a.C., é considerada uma das sete maravilhas do mundo.
descuidados: distraídos.
esquálido: sujo, desalinhado.
mor: maior.
Potestade: poder, potência.
vedados términos: os pontos mais distantes e desconhecidos.

"Aqui espero tomar, se não me engano,
De quem me descobriu **suma** vingança;
E não se acabará só nisto o dano

De vossa **pertinace** confiança,
Antes em vossas naus vereis cada ano,
Se é verdade o que meu juízo alcança,
Naufrágios, perdições de toda sorte,
Que o menor mal de todos seja a morte.

(*Os lusíadas*, cit., p. 197-198.)

pertinace: pertinaz, firme.
suma: suprema, máxima.

O gigante Adamastor, na interpretação de Lima de Freitas.

1 Na segunda estrofe do texto 1, o eu lírico afirma não temer os perigos do mar. No entanto, mostra-se completamente inseguro em outros assuntos. De acordo com a 1ª e a 2ª estrofe do poema, interprete:

a) Qual a causa da insegurança do eu lírico?
b) Que desafio o eu lírico faz ao Amor?
c) Com base no 4º verso da 1ª estrofe, explique por que o eu lírico julga que será o vencedor desse desafio.

2 Na 3ª e na 4ª estrofe, o eu lírico constrói um raciocínio lógico a partir de uma premissa: não pode haver desgosto onde falta esperança. Interprete: no caso do eu lírico, essa premissa se mostra verdadeira? Justifique sua resposta com elementos do texto.

3 Observe e compare o tipo de verso, o número de versos por estrofe e as rimas dos dois textos.

a) Que tipo de verso foi empregado?
b) Como estão organizadas as estrofes do soneto (texto 1)?
c) No soneto, as rimas apresentam a seguinte disposição: ABBA, ABBA, CDE, CDE. Utilizando letras, indique a disposição das rimas do texto 2.

Gigantes também amam

Nos episódios seguintes aos do texto 2, o gigante Adamastor conta sua história, uma história de amor.

Diz ter sido um dos Titãs que lutaram contra os deuses. Seu destino mudou quando se apaixonou pela deusa Tétis. Certa vez, iludido, ao vê-la nua numa praia, correu ao seu encontro, mas, quando tentou abraçá-la, sentiu-se abraçado e preso a um monte de pedra e, aos poucos, foi também se transformando numa montanha de pedra.

Horrendo, triste e só, distrai-se afugentando todas as naus que se aproximam daqueles "mares nunca dantes navegados".

4 No texto 2, saindo das profundezas do mar, o gigante Adamastor surge inesperadamente diante dos portugueses. Camões criou a figura do monstro para representar o cabo das Tormentas, até então o ponto geográfico mais distante conhecido dos navegantes.

a) O que sentiram os portugueses diante do gigante Adamastor? Que fato, da 4ª estrofe, comprova sua resposta?
b) Reconheça, na 3ª estrofe do texto 2, as características do gigante responsáveis pelo que os portugueses sentiram.

5 Releia a 5ª estrofe do texto 2. Nela, o gigante compara os portugueses a outros povos, que também se lançaram ao mar.

a) Quem o gigante destaca nessa comparação? Por quê?
b) Relacione essa comparação ao momento histórico e ao espírito nacionalista vivido pelos portugueses no século XVI. Qual é a verdadeira intenção do autor ao criar esse obstáculo para a viagem dos portugueses ao Oriente?

6 Os navegantes do século XV acreditavam em lendas antigas, provenientes da Idade Média. Segundo algumas delas, além do cabo das Tormentas havia fenômenos estranhos, como as águas do mar ferverem e rochas magnéticas atraírem os barcos, que se arrebentavam nas pedras. Releia a última estrofe do texto 2.

a) Que previsões tem o Gigante para a ousadia dos portugueses?

b) Em qual dessas lendas Camões se baseou para criar a figura do gigante Adamastor?

Paramount/AF Archive/Alamy/Fotoarena

Cena do filme *1492 – A conquista do paraíso*, de Ridley Scott.

Concluindo

Como conclusão de estudo, observe as principais diferenças entre a poesia do Classicismo e a do Trovadorismo:

TROVADORISMO
Quanto ao conteúdo
• Amor cortês (cantigas de amor)
• Predomínio da emoção
• Cristianismo
• Influência da poesia provençal e das tradições populares da península Ibérica
• Temas profanos, representando uma ruptura em relação à mentalidade teocêntrica da Idade Média
• Ambiente cortês, rural ou marítimo
• Temas relacionados ao amor, à saudade e à crítica de costumes
• Exaltação do ideal cavaleiresco (prosa)
Quanto à forma
• Emprego de formas simples e populares
• Emprego de medida velha
• Estruturas simples, refrão e repetições frequentes, que facilitam a memorização e o canto

CLASSICISMO
Quanto ao conteúdo
• Idealização amorosa, neoplatonismo
• Predomínio da razão
• Paganismo
• Influência da cultura greco-romana
• Antropocentrismo
• Universalismo
• Busca de clareza e equilíbrio de ideias
• Nacionalismo
Quanto à forma
• Gosto pelo soneto; imitação às formas clássicas
• Emprego de medida nova (poesia)
• Busca do equilíbrio formal

Por meio da leitura dos poemas, você conheceu um soneto da lírica camoniana e um fragmento de sua obra épica, *Os lusíadas*. Conheça agora um pouco mais sobre a obra de Camões.

A poesia lírica

Na lírica, Camões cultivou tanto os poemas em medida velha (redondilhas), na tradição da poesia palaciana, quanto os poemas em medida nova (decassílabos), influência direta dos humanistas italianos, especialmente de Petrarca. Os tipos de composição empregados são o *soneto*, as *éclogas*, as *odes*, as *oitavas* e as *elegias*. Os temas mais importantes são o *neoplatonismo amoroso*, a *reflexão filosófica* (sobre os desconcertos do mundo) e a natureza (confidente amoroso do amante que sofre).

Na *lírica amorosa*, o eu lírico nega a realização física do amor por entender que o sexo estraga o verdadeiro Amor (com maiúscula), isto é, o amor como *ideia universal*, como abstração pura e perfeita, acima de todas as experiências individuais. Observe a expressão desse conceito no soneto da página seguinte.

De acordo com as duas primeiras estrofes, o eu lírico manifesta uma concepção segundo a qual a realização amorosa se dá por meio da *imaginação*. Não é preciso ter a pessoa amada fisicamente, basta tê-la em pensamento. E, tendo-a dentro de si, na imaginação, o eu lírico se transforma na pessoa amada, confunde-se com ela e, dessa forma, já a tem.

Contudo, nas duas últimas estrofes o eu lírico abandona o neoplatonismo e, com uma comparação, manifesta seu desejo físico pela mulher amada: do mesmo modo que toda matéria busca uma forma, o seu amor puro, amor-ideia, busca o objeto desse amor, ou seja, a mulher real.

Na *lírica filosófica*, os poemas de Camões revelam um homem descontente com os rumos de seu tempo, insatisfeito com a nova ordem de valores que se instala naquele momento histórico, de transição para o mundo burguês.

> Transforma-se o amador na cousa amada,
> Por virtude do muito imaginar;
> Não tenho logo mais que desejar,
> Pois em mim tenho a parte desejada.
>
> Se nela está minha alma transformada,
> Que mais deseja o corpo de alcançar?
> Em si somente pode descansar,
> Pois consigo tal alma está liada.
>
> Mas esta linda e pura semideia,
> Que, como o acidente em seu sujeito,
> Assim com a alma minha se conforma,
>
> Está no pensamento como ideia;
> [E] o vivo e puro amor de que sou feito,
> Como a matéria simples busca a forma.
>
> (*Lírica*. São Paulo: Cultrix, 1976. p. 109.)

A poesia épica: *Os lusíadas*

A obra *Os lusíadas* foi publicada em 1572 e narra os feitos heroicos dos portugueses que, em 1498, se lançaram ao mar, numa época em que ainda se acreditava em monstros marinhos e abismos.

Liderados por Vasco da Gama, os lusos (os portugueses, daí o nome da obra) ultrapassaram os limites marítimos conhecidos — no caso, o cabo das Tormentas, no sul da África — e chegaram até Calicute, na Índia. Tal façanha uniu o Oriente e o Ocidente pelo mar, deslumbrou o mundo e foi alvo de interesses políticos e econômicos de diversas nações europeias.

Ao mesmo tempo que se volta para fatos históricos relativamente recentes, as aventuras de viagem também são pretexto para narrar a própria história de Portugal, nos momentos decisivos de sua formação, respondendo assim ao anseio nacionalista da época. Entretanto, a obra também revela as inquietações do próprio autor quanto ao sentido da busca desenfreada dos portugueses por riquezas e poder e quanto aos rumos da própria nação portuguesa.

Como *epopeia* — gênero cultivado por escritores gregos e latinos, como Homero, autor da *Odisseia* e da *Ilíada*, e Virgílio, autor de *Eneida* —, a obra *Os lusíadas* segue a estrutura própria do gênero, mas apresenta diferenças significativas. Por exemplo, em vez da figura de um herói com forças sobre-humanas, como ocorre nas epopeias clássicas, a figura de Vasco da Gama, em *Os lusíadas*, é diluída para dar espaço aos portugueses em geral, vistos como herói coletivo.

Outra diferença importante é que, na tradição épica, ocorre o "maravilhoso pagão", isto é, a interferência de deuses da mitologia nas ações humanas. Em *Os lusíadas*, também há a presença de deuses da mitologia clássica, porém o paganismo convive com ideias do cristianismo (o "maravilhoso cristão"), já que essa era a opção religiosa do autor e dos portugueses em geral. Além disso, havia na época a pressão da Inquisição, que controlava as publicações e chegou a pôr em dúvida a edição de *Os lusíadas*, em virtude da presença de paganismo.

A estrutura

A obra de Camões apresenta 1102 estrofes, todas em oitava-rima, organizadas em dez cantos. Cada canto, na epopeia, corresponde a um capítulo das obras em prosa. Seguindo o modelo clássico, *Os lusíadas* apresenta três partes principais:

barões: homens ilustres.

ocidental praia lusitana: Portugal.
Taprobana: ilha do Ceilão, limite oriental do mundo conhecido.

superno: supremo.

1. Introdução

Estende-se pelas dezoito estrofes iniciais do Canto I e subdivide-se em:

- *proposição* (estrofes 1, 2 e 3), em que o poeta apresenta o que vai cantar, ou seja, os feitos heroicos dos ilustres **barões** de Portugal.[1]

> As armas e os barões assinalados
> Que da **ocidental praia lusitana**,
> Por mares nunca dantes navegados
> Passaram ainda além da **Taprobana***

- *invocação* (estrofes 4 e 5), em que o poeta invoca as Tágides, ninfas do rio Tejo, pedindo a elas inspiração para fazer o poema:

> *E vós, Tágides minhas, pois criado*
> *Tendes em mi um novo engenho ardente,*
> ....
> *Dai-me agora um som alto e sublimado,*
> *Um estilo grandíloquo e corrente,*

- *dedicatória* ou *oferecimento* (estrofes 6 a 18), em que o poeta dedica seu poema a D. Sebastião, rei de Portugal:

> Ouvi: vereis o nome engrandecido
> Daqueles de quem sois senhor **superno**
> E julgareis qual é mais excelente,
> Se ser do mundo rei, se de tal gente.

Andre Goncalves/Shutterstock

Monumento ao Descobrimento, em Lisboa.

2. Narração

Na narração (da estrofe 19 do Canto I até a estrofe 144 do Canto X), o poeta relata a viagem propriamente dita dos portugueses ao Oriente. Essa é, portanto, a parte mais longa do relato e vários são os episódios que nela se destacam. A seguir, relacionamos alguns dos mais importantes relatos da obra.

1 Esta e as demais citações de *Os lusíadas* foram extraídas da edição publicada pela Abril Cultural (São Paulo) em 1979.

- No Canto II, depois de terem passado por dificuldades no mar, os portugueses, com o auxílio de Vênus, aportam na África, onde são recebidos pelo rei de Melinde, que pede a Vasco da Gama que conte a história de Portugal. Esse é o pretexto encontrado por Camões para pôr na fala de sua personagem as histórias que envolvem a fundação do Estado português, a Revolução de Avis, a morte de Inês de Castro, o momento da partida dos portugueses para o Oriente.

  Esse relato de Vasco da Gama se estende até o Canto IV, momento em que os portugueses seguem viagem. Nele, três episódios merecem destaque: o de Inês de Castro, amante do príncipe D. Pedro, assassinada a mando do rei (Canto III); o das críticas de um velho que, na praia do Restelo, durante os preparativos da viagem dos navegantes, faz uma série de críticas à cobiça desenfreada dos portugueses e ao abandono a que fica sujeita a nação; o gigante Adamastor.

  Veja um fragmento do episódio do velho do Restelo:

— "Ó glória de mandar! Ó **vã** cobiça
Desta vaidade a quem chamamos fama!
Ó fraudulento gosto que se atiça
Cũa **aura** popular que honra se chama!
Que castigo tamanho e que justiça
Fazes no peito vão que muito te ama!
Que mortes, que perigos, que tormentas,
Que crueldades neles experimentas!
"Dura inquietação d'alma e da vida,
Fonte de desamparos e adultérios,
Sagaz consumidora conhecida
De fazendas, de reinos e de impérios!
Chamam-te ilustre, chamam-te subida,
Sendo digna de infames **vitupérios**;
Chamam-te Fama e Glória soberana,
Nomes com quem se o povo **néscio** engana!
....
"Oh! maldito o primeiro que no mundo
Nas ondas vela pôs em seco lenho!
Digno da eterna pena do **Profundo**,
Se é justa a justa lei que sigo e tenho!

HandmadePictures/Shutterstock

O cabo das Tormentas, também conhecido como cabo da Boa Esperança, na África do Sul.

aura: sopro.
néscio: insensato, ignorante.
Profundo: inferno.
sagaz: perspicaz, astuto.
vã: ilusória, fútil.
vitupério: ato vergonhoso ou criminoso.

- Entre os Cantos VI e IX, os portugueses chegam a Calicute, na Índia, e têm problemas com os mouros. Preparam-se, então, para voltar a Portugal; porém, devido a seus esforços e à sua coragem, são premiados por Vênus, que lhes oferece uma passagem pela Ilha dos Amores, onde podem livremente amar as ninfas, lideradas por Tétis.

3. Epílogo

É a conclusão do poema (estrofes 145 e 156 do Canto X), em que o poeta demonstra cansaço e apresenta certo tom melancólico. Conclui aconselhando ao rei e ao povo português que sejam fiéis à pátria e ao cristianismo.

Não mais, Musa, não mais, que a lira tenho
Destemperada e a voz enrouquecida,
E não do canto, mas de ver que venho
Cantar a gente surda e endurecida.
O favor com que mais se acende o engenho
Não no dá a Pátria, não, que está metida
No gosto da cobiça e na rudeza
Dũa austera, apagada e vil tristeza.

CAPÍTULO

3 O Quinhentismo no Brasil

Você já imaginou o que sentiram os portugueses ao chegar ao Brasil em 1500? O contato com os nativos nus, de língua e costumes estranhos, as belezas naturais, os animais, as plantas e os frutos exóticos, os mistérios da terra descoberta, a possibilidade de encontrar riquezas — tudo isso encantou e assombrou os primeiros europeus que estiveram em nosso continente.

Descoberta do Brasil (1922), de Oscar Pereira da Silva.

Este capítulo favorece o desenvolvimento das habilidades

- EM13LGG102
- EM13LGG202
- EM13LGG601
- EM13LGG602
- EM13LGG604
- EM13LP01
- EM13LP03
- EM13LP06
- EM13LP46
- EM13LP48
- EM13LP52

Abril de 1961. "A Terra é azul!". Essa frase, dita pelo astronauta russo Yuri Gagarin, soou como uma revelação. Jamais havíamos imaginado morar num planeta azul. O azul, de alguma forma, nos dava nossa identidade: terráqueos.

Julho de 1969. O astronauta norte-americano Armstrong prepara-se para pisar o solo lunar. Milhões de pessoas acompanham pela tevê a fantástica aventura. Antes de pôr o pé na Lua, o astronauta diz uma frase histórica: "Um pequeno passo para o homem e um gigantesco salto para a humanidade."

E, antes de voltar para o planeta azul, ele deixou no solo lunar esta inscrição: "Viemos em paz em nome de toda a humanidade." Ao escrever "toda a humanidade", ele esquecia a velha competição entre russos e norte-americanos. Aquele era um momento de união das forças humanas para superar os limites do mundo conhecido.

A emoção desses momentos talvez possa ser comparada ao espanto e ao êxtase vividos pelos espanhóis ao descobrirem a América e pelos portugueses ao chegarem ao Brasil em 1500.

Você já imaginou? O contato com os nativos nus, de língua e costumes estranhos, as belezas naturais, os animais, as plantas e os frutos exóticos, os mistérios da terra descoberta, a possibilidade de encontrar riquezas — tudo isso encantou e assombrou os primeiros europeus que estiveram em nosso continente. Neste capítulo, vamos conhecer alguns dos escritos que registram esses primeiros contatos.

Leitura

Você vai ler, a seguir, três fragmentos da *Carta* de Pero Vaz de Caminha, o primeiro texto oficialmente escrito no Brasil por ocasião da chegada dos navegantes portugueses. Além disso, vai comparar esses textos a uma tira de Nilson e a um cartum de Marcos Müller.

TEXTO 1

Dali houvemos vista de homens que andavam pela praia, cerca de sete ou oito, segundo os navios pequenos disseram, porque chegaram primeiro. Ali lançamos os **batéis e esquifes** à água e vieram logo todos os capitães das naves a esta nau do Capitão-mor e ali conversaram.

E o capitão mandou no batel, à terra, Nicolau Coelho para ver aquele rio; e quando começou a ir para lá acudiram, à praia, homens, aos dois e aos três. Assim, quando o batel chegou à foz do rio estavam ali dezoito ou vinte homens, pardos, todos nus, sem nenhuma roupa que lhes cobrisse suas vergonhas. Traziam arcos nas mãos e suas setas. Vinham todos rijos para o batel e Nicolau Coelho fez-lhes sinal para que deixassem os arcos e eles os pousaram. Mas não pôde ter deles fala nem entendimento que aproveitasse porque o mar quebrava na costa.

batel e esquife: barcos pequenos.

TEXTO 2

Capitão, quando eles vieram, estava sentado em uma cadeira, com uma **alcatifa** aos pés, por estrado, e bem vestido com um colar de ouro muito grande ao pescoço [...] Acenderam-se tochas e entraram; e não fizeram nenhuma menção de cortesia nem de falar ao Capitão nem a ninguém. Mas um deles viu o colar do Capitão e começou a acenar com a mão para a terra e depois para o colar, como a dizer-nos que havia ouro em terra; e também viu um castiçal de prata e da mesma forma acenava para terra e para o castiçal como que havia, também, prata.

Mostraram-lhe um papagaio pardo que o Capitão aqui traz; tomaram-no logo na mão e acenaram para terra, como que os havia ali; mostraram-lhe um carneiro e não fizeram caso dele; mostraram-lhe uma galinha e quase tiveram medo dela e não lhe queriam pôr a mão; e depois a pegaram como que espantados.

alcatifa: tapete grande.

TEXTO 3

De ponta a ponta é toda praia rasa, muito plana e bem formosa. Pelo sertão, pareceu-nos do mar muito grande, porque a estender a vista não podíamos ver senão terra e arvoredos, parecendo-nos terra muito longa. Nela, até agora, não pudemos saber que haja ouro nem prata, nem nenhuma coisa de metal, nem de ferro; nem as vimos. Mas, a terra em si é muito boa de ares, tão frios e temperados, como os de Entre-Douro e Minho, porque, neste tempo de agora, assim os achávamos como os de lá. Águas são muitas e infindas. De tal maneira é graciosa que, querendo aproveitá-la dar-se-á nela tudo por bem das águas que tem. Mas o melhor fruto que nela se pode fazer, me parece que será salvar esta gente; e esta deve ser a principal semente que Vossa Alteza nela deve lançar.

(In: *Cronistas e viajantes*. São Paulo: Abril Educação, 1982. p. 12-23. Literatura Comentada.)

TEXTO 4

(Nilson. *A caravela*. Belo Horizonte: Crisálida, 2000. p. 11.)

TEXTO 5

(Marcos Müller. *Bundas*, nº 44.)

1 Segundo Pero Vaz de Caminha, Nicolau Coelho não conseguiu comunicar-se oralmente com os índios.

a) O que alegou como causa?

b) Qual foi o verdadeiro motivo pelo qual a comunicação oral não se realizou?

2 Caminha descreve o primeiro encontro entre os índios e o Capitão.

a) O que revela a postura do Capitão?

b) Qual foi a atitude dos índios diante do Capitão e o que ela revela?

3 Quais eram as informações acerca da nova terra que mais interessavam aos portugueses?

4 Os portugueses não encontraram na terra recém-descoberta aquilo que mais lhes interessava. Identifique o que Caminha humildemente sugere ao rei nos trechos:

a) "De tal maneira é graciosa que, querendo aproveitá-la dar-se-á nela tudo por bem das águas que tem".

b) "Mas o melhor fruto que nela se pode fazer, me parece que será salvar esta gente".

5 Aponte semelhanças entre os textos lidos e os versos de Camões a seguir, quanto ao ponto de vista do colonizador português sobre os motivos da colonização.

> E também as memórias gloriosas
> Daqueles reis que foram dilatando
> A Fé, o Império, e as terras viciosas
> De África e de Ásia andaram devastando,

6 Compare o texto 4 ao texto 3. Que semelhança há entre eles?

7 No texto 3, Caminha diz ao rei: "Mas o melhor fruto que nela se pode fazer, me parece que será salvar esta gente". Comparando o texto de Caminha ao cartum de Marcos Müller, é possível perceber pontos de vista diferentes sobre a conquista e a colonização do Brasil.

a) De acordo com o ponto de vista do conquistador europeu, o objetivo de "salvar" os índios foi alcançado no transcorrer do tempo? Por quê?

b) Do ponto de vista do cartunista, o que resultou da relação do conquistador com os índios? Por quê?

A produção literária no Brasil-Colônia

Embora a literatura brasileira tenha nascido no período colonial, é difícil precisar o momento em que passou a se configurar como uma produção cultural independente dos vínculos lusitanos.

É preciso lembrar que, durante o período colonial, ainda não eram sólidas as condições essenciais para o florescimento da literatura, tais como existência de um público leitor ativo e influente, grupos de escritores atuantes, vida cultural rica e abundante, sentimento de nacionalidade, liberdade de expressão, imprensa e gráficas. Os livros produzidos por escritores nascidos no Brasil eram então impressos em Portugal e depois trazidos à Colônia.

Por essas razões, alguns historiadores da literatura preferem chamar a literatura aqui produzida até o final do século XVII de *Manifestações literárias ou ecos da literatura no Brasil colonial*. Segundo esse ponto de vista, somente no século XVIII, com a fundação de cidades e o estabelecimento de centros comerciais ligados à extração de ouro, em Minas Gerais, é que se teriam criado algumas das condições necessárias para a formação de uma literatura mais amadurecida, tais como grupo de escritores e público leitor. Isso não impediu, entretanto, que na Bahia do século XVII surgisse uma das principais expressões de nossa literatura: Gregório de Matos.

De qualquer modo, a produção literária do Brasil colonial criou condições para o amadurecimento do espírito de nacionalidade e o nascimento de uma literatura voltada para o espaço, para o homem e para a língua nacionais, o que se deu plenamente somente a partir do século XIX, após a Independência do Brasil (1822).

Brasil colonial

O Brasil foi colônia portuguesa durante mais de três séculos. Os principais eventos de cada um deles podem ser assim sintetizados:

- *Século XVI*: a metrópole procurou garantir o domínio sobre a terra descoberta, organizando-a em capitanias hereditárias e enviando negros da África para trabalhar nelas e jesuítas da Europa para catequizar os índios.
- *Século XVII*: a cidade de Salvador, na Bahia, povoada por aventureiros portugueses, índios, negros e mulatos, tornou-se o centro das decisões políticas e do comércio de açúcar.
- *Século XVIII*: a região de Minas Gerais transformou-se no centro da exploração do ouro e das primeiras revoltas políticas contra a colonização portuguesa, entre as quais se destacou o movimento da Inconfidência Mineira (1789).

A literatura de informação

A *Carta* de Pero Vaz de Caminha, da qual você leu alguns fragmentos neste capítulo, faz parte de um conjunto de textos — cartas de viagem, diários de navegação e tratados descritivos — que formam a chamada *literatura de informação* ou *de expansão*, cultivada em Portugal à época das grandes navegações. A finalidade desses textos, escritos em prosa, era narrar e descrever as viagens e os primeiros contatos com a terra brasileira e seus nativos, informando tudo o que pudesse interessar aos governantes portugueses.

Embora guardem pouco valor literário, esses escritos têm importância hoje principalmente pelo seu significado como documentação histórica, seja como textos fundadores, seja como testemunho do espírito aventureiro da expansão marítima e comercial nos séculos XV e XVI, seja como registro do choque cultural entre colonizadores e colonizados.

Os escritores que produziram a literatura de informação não revelam nenhum sentimento de apego à terra conquistada, concebida como uma espécie de extensão da metrópole, um "Portugal nos trópicos". Apesar disso, essa literatura quinhentista deixou como herança um conjunto inesgotável de sugestões temáticas (os índios, as belezas naturais da terra, nossas origens históricas) exploradas mais tarde por artistas brasileiros em diferentes linguagens, como se vê no cartum de Santiago, abaixo.

Além da *Carta* de Caminha, destacam-se outros textos e autores, como *Diário de navegação*, de Pero Lopes de Sousa (1530), *Tratado da Terra do Brasil* e *História da Província de Santa Cruz a que vulgarmente chamamos Brasil*, de Pero de Magalhães Gândavo (1576), *Duas viagens ao Brasil*, de Hans Staden (1557), e *Viagem à terra do Brasil*, de Jean de Léry (1578).

© Santiago/Acervo do cartunista

Cartum de Santiago no qual é retomado o tema do Brasil cabralino.

(Santiago. *Tinta fresca*. Porto Alegre: L&PM, 2004. p. 8.)

A literatura de catequese: José de Anchieta

José de Anchieta (1534-1597) nasceu nas ilhas Canárias, Espanha, e faleceu em Reritiba, atual Anchieta, no Estado do Espírito Santo. Veio ao Brasil para trabalhar com o padre Manuel da Nóbrega e participou da fundação das cidades de São Paulo e do Rio de Janeiro.

Sua obra representa parte da melhor produção do Quinhentismo brasileiro. Escreveu poesia religiosa, poesia épica (em louvor às ações do terceiro governador-geral, Mem de Sá), além de crônica histórica e uma gramática do tupi, a *Arte de gramática da língua mais usada na costa do Brasil*. Foi também autor de peças teatrais, escritas com a finalidade de ajudar na educação espiritual dos colonos e catequese dos índios, nas quais revela influência dos modelos formais da poesia palaciana e do teatro de Gil Vicente. O auto *Na festa de São Lourenço* foi encenado pela primeira vez no Brasil em 1583.

Ao lado dessa produção, há aquelas de interesse puramente pessoal, que satisfaziam o espírito devoto de Anchieta, como sermões e poemas em latim. O poema a seguir ilustra as preocupações religiosas desse jesuíta e demonstra a influência do modelo literário medieval em sua produção. O emprego da medida velha (a redondilha) comprova a total indiferença do religioso para com o Renascimento, que naquele momento se desenvolvia na Europa.

Em Deus, meu criador

Não há cousa segura.
Tudo quanto se vê
se vai passando.
A vida não tem dura.
O bem se vai gastando.
Toda criatura
passa voando.

Em Deus, meu criador,
está todo meu bem
e esperança
meu gosto e meu amor
e bem-aventurança.
Quem serve a tal Senhor
não faz mudança.

Contente assim, minha alma,
do doce amor de Deus
toda ferida,
o mundo deixa em calma,
buscando a outra vida,
na qual deseja ser
toda absorvida.

Do pé do sacro monte
meus olhos levantando
ao alto cume,
vi estar aberta a fonte
do verdadeiro lume,
que as trevas do meu peito
todas consume.

Correm doces licores
das grandes aberturas
do penedo.
Levantam-se os errores,
levanta-se o degredo
e tira-se a amargura
do fruto azedo!

(*In*: Eduardo Portela, org. *José de Anchieta — Poesia*. Rio de Janeiro: Agir, 2005. p. 34-35.)

Filipe Rocha/Arquivo da editora

José de Anchieta divulgado por *stream*

Em 1997, em comemoração ao IV centenário de José de Anchieta, a etnóloga e compositora Marlui Miranda, que há décadas pesquisa a cultura indígena na Amazônia, produziu um espetáculo com poemas de José de Anchieta cantados em tupi e em português (com tradução de José Paulo Paes). O trabalho foi apresentado no Brasil e em vários países da Europa, como Portugal, Alemanha e Suíça e dele resultou o CD *2 IHU Kewere - Rezar*, com a participação do grupo IHU, da Orquestra Jazz Sinfônica e do Coral Sinfônico do Estado de São Paulo. Você poderá ouvir as canções do CD no *site* https://tratore.com.br/um_cd.php?id=14478 e também na plataforma Spotify.

Reprodução/PAU BRASIL

Literatura comparada

Diálogo entre a literatura quinhentista e a literatura indígena de hoje

Você vai ler, a seguir, um dos textos que compõem a obra *O povo pataxó e suas histórias*, escrita por cinco professores indígenas da tribo pataxó.

Como os Pataxó chegaram a Minas Gerais e como vivem

Nós, Pataxó de Minas Gerais, viemos da Bahia. Foi lá que há muitos anos viveram os nossos ancestrais.

O povo Pataxó habitou quase toda a região do extremo sul da Bahia, por muitos anos. Hoje, ainda existem muitos Pataxó nas terras baianas, mas, infelizmente, eles não vivem felizes, pois, a cada dia que passa, o homem branco vai ocupando o território indígena.

A pequena comunidade de índios Pataxó, que atualmente reside no Posto Indígena Guarani, município de Carmésia, consiste em aproximadamente 220 índios, incluindo alguns **Krenak**.

Krenak: povo indígena falante de uma língua que integra a família linguística dos botocudos.

Os Pataxó, que aqui residem, vieram para cá divididos em pequenos grupos. O objetivo do povo Pataxó em Minas Gerais era encontrar um meio de sobrevivência, pois, na Bahia, as terras já estavam poucas.

Os índios da nação Pataxó foram os primeiros nativos a terem contato com os portugueses. Estes, por sua vez, conquistaram a amizade dos indígenas e, aproveitando-se da ingenuidade deles, tentaram impor-lhes culturas europeias, língua, religião, costumes, hábitos alimentares e outros.

Por causa dos vários massacres que os nossos ancestrais sofreram, perdemos quase toda nossa cultura. Fomos proibidos de falar a nossa língua primitiva, de fazer nossos rituais religiosos e até mesmo de falar quem éramos. Hoje, nós, Pataxó, não habitamos em casas cobertas de palha.

Reprodução/Editora Global

Na região em que vivemos, o clima é frio, faz sentir a necessidade de morar em casa de homem branco.

A casa do homem branco não é a casa do nosso sonho, mas, dentro dela, nos sentimos seguros e protegidos do frio e dos insetos.

Apesar dos cinco longos séculos de opressão, o povo Pataxó é forte e resistente. Para nossa felicidade, com muito sacrifício, preservamos alguns costumes, como as brincadeiras, as danças, os cantos e os hábitos alimentares.

As danças, as brincadeiras e os cantos, geralmente, são realizados na casa de religião, porque esta é uma casa diferente da do branco.

Antigamente, na Terra, só existiam as nações indígenas, os pássaros, os animais, as matas, os rios e as pedras. Por isso que o povo Pataxó vivia livre, assim como os pássaros que voam tranquilamente e, parados no ar, respiram e contemplam a beleza que a natureza lhes oferece.

Hoje, o povo Pataxó não tem mais liberdade. Antes de o homem branco invadir as nossas terras, os nossos ancestrais viviam em perfeita harmonia e eram muito unidos. Por causa das várias culturas europeias impostas ao nosso povo, não vivemos mais tão unidos.

Antigamente, tínhamos muita terra para plantar e rios para pescar, por isso, não passávamos necessidades. Nós não precisávamos comprar alimentos, pois a mãe terra nos dava de tudo, todos os dias.

O índio Pataxó também é um grande conhecedor de valorosos conhecimentos. Um desses conhecimentos é saber como trabalhar a terra. Ele planta, colhe, e não danifica o solo. O índio Pataxó sabe muito preservar a natureza. Acima de tudo, ela é sua própria vida. Sem as matas, sem os rios, sem os pássaros e sem os animais, o índio Pataxó jamais conseguiria sobreviver.

(Angthichay, Arariby, Jassanã, Manguahã, Kanátyo. *O povo pataxó e suas histórias*. São Paulo: Global, 2002. p. 32-33.)

Renato Soares/Pulsar Imagens

1 Segundo o texto, os pataxós têm uma relação histórica direta com os colonizadores portugueses que chegaram à Bahia, em 1500. Explique por quê.

2 O narrador pertence ao grupo pataxó, que deixou a Bahia — local onde viviam e onde grande parte dos pataxós ainda vive hoje — e se mudou para Carmésia, em Minas Gerais. O que levou o grupo a migrar?

3 O texto apresenta, em alguns trechos, o ponto de vista do índio a respeito da colonização. De acordo com o texto:

a) Como o narrador caracteriza a atitude dos pataxós no contato com os conquistadores, durante a colonização?

b) Que prejuízos os conquistadores impuseram à comunidade pataxó?

c) Que diferença cultural e religiosa entre índios e colonizadores é apontada no texto?

d) Que manifestações culturais indígenas resistiram ao domínio do colonizador depois de cinco séculos?

4 Observe algumas das expressões utilizadas no texto para se referir ao povo pataxó: "forte e resistente", "grande conhecedor de valorosos conhecimentos", "saber como trabalhar a terra". Apesar dos problemas enfrentados pelos pataxós, que sentimento o narrador revela ter a respeito de seu povo?

Voz indígena no *rap*

Algumas pessoas pensam que os índios vivem completamente isolados e distantes do mundo dos "brancos". No entanto, isso nem sempre é verdade. Muitos deles têm televisão, telefone celular, internet e conhecem e consomem a cultura veiculada pelos meios de comunicação.

Zanone Fraissat/Folhapress

Um exemplo disso são as canções de protesto criadas por Kunumi, *rapper* indígena da nação guarani, que vive em uma tribo em São Paulo.

5 Compare os fragmentos lidos da *Carta* de Pero Vaz de Caminha com o texto dos autores pataxós.

a) Os interesses que os portugueses manifestaram ao chegar ao Brasil se confirmaram historicamente? Por quê?

b) Caminha escreve na *Carta*: "Mas o melhor fruto que nela [na terra] se pode fazer, me parece que será salvar esta gente".

Com que sentido(s) a palavra *salvar* foi empregada no texto?

c) Tomando como base o texto dos pataxós, pode-se dizer que essa perspectiva se confirmou historicamente?

Mulher segurando balança (1664), de Jan Vermeer van Delft.

UNIDADE 2

Barroco: a arte da indisciplina

O Renascimento deu ao homem o papel de senhor absoluto da terra, dos mares, da ciência e da arte. E o sentimento de que, por meio da razão, ele tudo podia. Mas até onde iria a aventura humanista?

No século XVII, por força de vários acontecimentos religiosos, políticos e sociais, valores religiosos e espirituais ressurgem, passando a conviver com os valores renascentistas.

A expressão artística desse momento de dualismo e contradição é o Barroco. Estudar esse movimento implica conhecer as condições em que vivia o homem da época, tanto na Europa quanto no Brasil-Colônia.

Esta unidade favorece o desenvolvimento das habilidades

EM13LGG103 | EM13LGG202 | EM13LGG601 | EM13LGG602 | EM13LGG604

EM13LP28 | EM13LP30 | EM13LP32 | EM13LP51

Fique ligado! **Pesquise!**

Para estabelecer relações entre a literatura e outras artes e áreas de conhecimento, eis algumas sugestões:

Assista

Everett Collection/Fotoarena

Cena do filme *Moça com brinco de pérola.*

- *Moça com brinco de pérola*, de Peter Webber; *A rainha Margot*, de Patrice Chéreau; *Gregório de Mattos*, de Ana Carolina; *Sermões — A história de Antônio Vieira*, de Julio Bressane; *O Aleijadinho — Paixão, glória e suplício*, de Geraldo Santos Pereira; *Caravaggio*, de Derek Jarman; *O homem da máscara de ferro*, de Randall Wallace; *Mary Stuart — Rainha da Escócia*, de Charles Jarrott; *As bruxas de Salem*, de Nicholas Hytner.

Leia

Reprodução/Companhia das Letras

- *Moça com brinco de pérola*, de Tracy Chevalier (Bertrand Brasil); *As missões*, de Júlio Quevedo (Ática); *Os sermões*, de Pe. Antônio Vieira (Cultrix); *Antologia poética*, de Gregório de Matos (Ediouro); *Melhores poemas*, de Gregório de Matos (Global); *A vida é sonho*, de Calderón de la Barca (Abril Cultural); *Três tragédias — Phedra, Esther e Athalia*, de Corneille (Ediouro); *O avarento* (Ediouro), *Don Juan* (L&PM), *Escola de mulheres* (Nórdica) e *O burguês ridículo*, de Molière (Sete Letras); *O mundo de Sofia*, de Jostein Gaarder (Companhia das Letras); *Barroco tropical*, de José Eduardo Agualusa (Companhia das Letras).

Ouça

Mikael Vaisanen/Getty Images

- Ouça a produção musical dos compositores barrocos Antonio Vivaldi, Johann Sebastian Bach e Georg Friedrich Haendel e os CDs: *Música do Brasil colonial — Compositores mineiros, Padre João de Deus de Castro Lobo — Missa e credo para oito vozes, Sacred Music from 18th century — Brasil* e *Sermão de Santo Antônio aos peixes* (Saulos). Ouça também a canção "Pecado original", de Caetano Veloso, e descubra pontos de contato entre ela e as ideias do Barroco.

Conheça

- O Festival de Música Barroca de Alcântara (MA); o Baroque in Rio, no Rio de Janeiro (RJ); o Festival de Música Antiga de Diamantina (MG); o Festival Internacional de Música Colonial Brasileira, em Juiz de Fora (MG).

Navegue

- www.jornaldepoesia.jor.br/grego.html
- www.bbm.usp.br
- www.publico.pt/1999/10/23/jornal/vidas-lusofonas-125408
- www.academia.org.br/academicos/gregorio-de-matos/biografia

Visite

- Visite as cidades que têm igrejas e museus com obras dos séculos XVII e XVIII, como Ouro Preto, Mariana, São João del-Rei, Sabará, Tiradentes, Diamantina, Salvador, Olinda, Recife, entre outras.

CAPÍTULO 4

A linguagem do Barroco

O Barroco — a arte que predominou no século XVII — registra um momento de crise espiritual na cultura ocidental. Nesse momento histórico, conviviam duas mentalidades, duas formas distintas de ver o mundo: de um lado, o paganismo e o sensualismo do Renascimento, em declínio; de outro, uma forte onda de religiosidade, que lembrava o teocentrismo medieval.

A flagelação de Cristo (c. 1605-1607), de Caravaggio.

No século XVI, o Renascimento representou o retorno à cultura clássica greco-latina e a vitória do antropocentrismo. No século XVII, surgiu o Barroco, um movimento artístico ainda com alguns vínculos com a cultura clássica, mas que buscava caminhos próprios, condizentes com as necessidades de expressão daquele momento.

Este capítulo favorece o desenvolvimento das habilidades

EM13LGG102	EM13LGG202	EM13LGG601	EM13LGG602	EM13LGG604
EM13LP01	EM13LP06	EM13LP46	EM13LP48	EM13LP52

A imagem em foco

Observe o quadro *As vaidades da vida humana* (1645), de Harmen Steenwyck, e responda às questões propostas.

Reprodução/Galeria Nacional, Londres, Inglaterra.

1 O quadro de Steenwyck é considerado uma natureza-morta, um tipo de pintura que retrata objetos e seres inanimados ou mortos: um jarro com flores, uma cesta com frutas ou outros alimentos, etc. Por que o quadro de Steenwyck pode ser considerado natureza-morta?

2 Observe que o centro da tela é ocupado por um crânio humano. Com base no nome do quadro e na posição do crânio, levante hipóteses: Qual é o tema central do quadro?

3 Essa natureza-morta é constituída por símbolos, isto é, elementos que adquiriram certos significados na história de nossa cultura, como a concha vazia, o cronômetro, a espada japonesa, a flauta e a charamela, a lâmpada apagada, o livro, o jarro de vinho (à direita) e o crânio. Conheça, ao lado, o significado de alguns deles.

Fotos: Reprodução/Galeria Nacional, Londres, Inglaterra.

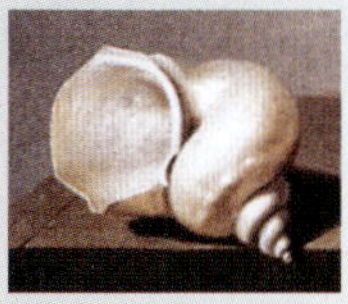

Concha vazia: símbolo da riqueza e da perfeição; como está vazia, também sugere a morte.

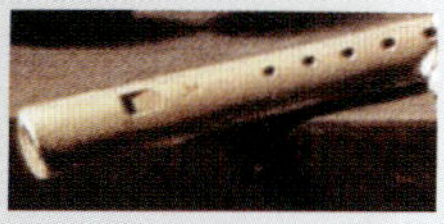

A flauta e a charamela: instrumentos musicais relacionados ao amor; por sua forma alongada, fálica, são elementos que fazem referência ao universo masculino.

O jarro de vinho: relacionado aos prazeres materiais, como a bebida; por baixo da alça, porém, nota-se o perfil de um imperador romano, sugerindo o desejo humano de glória, de poder.

O livro: representa o conhecimento, a sabedoria.

a) Nesses símbolos, estão representados os prazeres e valores do homem da época. Quais são eles?

b) O título do quadro é *As vaidades da vida humana*. A palavra *vaidade* origina-se do latim *vanitas*, que significa "o que é vão, sem valor". Qual é, portanto, a visão do artista sobre esses valores da época?

c) Considerando o significado do crânio e sua posição de destaque no quadro, o que, na visão do artista, estaria acima de todos esses valores?

4 Atrás e acima do crânio, aparece uma lâmpada recém-apagada, conforme sugere o tênue fio de fumaça que sai dela. Considerando que o fogo, a chama e a luz associam-se à ideia de vida, responda:

a) O que a lâmpada apagada representa?

b) Que outros elementos do quadro, além do crânio, apresentam o mesmo significado da lâmpada?

5 Observe que, da parte esquerda e superior do quadro, desce um raio de luz, criando um contraste entre o claro, que vai do centro para a esquerda, e o escuro, que vai do centro para a direita. Na cultura cristã, a luz é um símbolo do divino e do eterno.

a) O fato de a luz, no quadro, incidir primeiramente sobre o crânio, que representa a morte, sugere uma oposição. Qual é o dualismo barroco existente nessa oposição?

b) Por que se pode dizer que esse quadro é uma espécie de advertência ao ser humano?

6 Há, a seguir, um conjunto de elementos essenciais à arte e à literatura barroca, como:

- consciência da efemeridade da vida e do tempo
- concepção trágica da vida
- figuração
- jogo de claro e escuro
- oposição entre o mundo material e o mundo espiritual
- morbidez
- requinte formal

Quais desses elementos podem ser identificados na tela *As vaidades da vida humana*, de Steenwyck?

Granger/Glow Images

Natureza-morta com flores e frutas, de Claude Monet.

Bridgeman Images/Glow Images/Museu do Prado, Madri, Espanha.

Natureza-morta: uma alegoria de vaidades da vida humana, de Harmen Steenwyck.

Leitura

Os dois primeiros textos a seguir são de autoria de Gregório de Matos, o principal poeta barroco brasileiro; o terceiro é de Pe. Antônio Vieira, sermonista renomado e o principal escritor barroco de Portugal. Leia-os e responda às questões propostas.

TEXTO 1

Nasce o Sol, e não dura mais que um dia,
Depois da Luz se segue a noite escura,
Em tristes sombras morre a formosura,
Em contínuas tristezas a alegria.

Porém, se acaba o Sol, por que nascia?
Se é tão formosa a Luz, por que não dura?
Como a beleza assim se transfigura?
Como o gosto da pena assim se fia?

Mas no Sol, e na Luz falte a firmeza,
Na formosura não se dê constância,
E na alegria sinta-se tristeza.

Começa o mundo enfim pela ignorância,
E tem qualquer dos bens por natureza
A firmeza somente na **inconstância**.

(Gregório de Matos. *Poemas escolhidos*. Organização de José Miguel Wisnik. São Paulo: Cultrix, s.d. p. 317.)

inconstância: variabilidade, volubilidade.

TEXTO 2

Carregado de mim ando no mundo,
E o grande peso embarga-me as passadas,
Que como ando por vias desusadas,
Faço o peso crescer, e vou-me ao fundo.

O remédio será seguir o imundo
Caminho, onde dos mais vejo as pisadas,
Que as bestas andam juntas mais ousadas,
Do que anda só o **engenho** mais profundo.

Não é fácil viver entre os **insanos**,
Erra, quem presumir que sabe tudo,
Se o atalho não soube dos seus danos.

O prudente **varão** há de ser mudo,
Que é melhor neste mundo, mar de enganos,
Ser louco **c'os** demais, que só, **sisudo**.

(Gregório de Matos. *In*: *Poemas escolhidos*, *cit.*, p. 253.)

c'os: com os.
engenho: talento, argúcia, capacidade inventiva.
insano: demente, insensato.
sisudo: ajuizado.
varão: homem adulto, respeitável.

Reprodução/Onze Lieve Vrouwkerk.

Descida da cruz, de Rubens.

De Agostini via Getty Images

Beata Ludovica Albertoni, de Bernini.

TEXTO 3

[...]

Duas coisas prega hoje a Igreja a todos os mortais, ambas grandes, ambas tristes, ambas temerosas, ambas certas. Mas uma de tal maneira certa e evidente, que não é necessário entendimento para crer; outra de tal maneira certa e dificultosa, que nenhum entendimento basta para a alcançar. Uma é presente, outra futura, mas a futura veem-na os olhos, a presente não a alcança o entendimento.

E que duas coisas enigmáticas são estas? *Pulvis es, tu in pulverem reverteris*: Sois pó, e em pó vos haveis de converter, — Sois pó, é a presente; em pó vos haveis de converter, é a futura. O pó futuro, o pó em que nos havemos de converter, veem-no os olhos; o pó presente, o pó que somos, nem os olhos o veem, nem o entendimento o alcança.

[...]

(Pe. Antônio Vieira. *In*: *Barroco*. São Paulo: Harbra, 2009. p. 14.)

Carpe diem: aproveita o tempo!

A consciência da efemeridade do tempo já existia na poesia clássica anterior ao Barroco. E ela geralmente levava os poetas ao *carpe diem* (em latim, "colhe o dia", "aproveita o dia"), ou seja, ao desejo de aproveitar a vida enquanto ela dura, o que quase sempre resultava num convite amoroso e sensual à mulher amada.

No Barroco, em virtude do forte sentimento religioso da época, o *carpe diem* também se fez presente, mas quase sempre revestido de culpa e conflito.

O filme *Sociedade dos poetas mortos* introduz brilhantemente o tema do *carpe diem* quando o professor de literatura, representado pelo ator Robin Williams, pergunta a seus alunos: "Estão vendo todos estes alunos das fotos, que parecem fortes, eternos? Estão todos mortos. *Carpe diem*...".

1 No texto 1, o eu lírico aborda o tema da efemeridade ou inconstância das coisas do mundo, que fazia parte das preocupações do homem barroco.

a) Na primeira estrofe, como ele apresenta essa percepção da efemeridade?

b) Das mudanças apontadas, qual afeta o estado de ânimo do eu lírico?

2 O eu lírico do texto 1 não compreende a razão da instabilidade das coisas.

a) Em que estrofe se nota claramente o inconformismo com a instabilidade? Justifique sua resposta.

b) No final do texto, a que conclusão sobre a inconstância das coisas o eu lírico chega?

3 Os dois primeiros poemas apresentam aspectos em comum, como o tipo de composição poética, o tipo de imagens e o tema.

a) Qual é o tipo de composição poética desses textos?

b) No texto 2, que imagem o eu lírico emprega logo no primeiro verso para se referir ao seu modo de estar no mundo?

c) Que outras expressões desse texto têm vínculo semântico com essa imagem?

d) As imagens dos dois textos são auditivas, táteis, olfativas ou visuais?

4 O texto 2 aborda o tema do "desconcerto do mundo", isto é, o sentimento de desagregação e estranhamento do eu lírico em relação ao mundo.

a) Identifique no poema um trecho que exemplifique essa postura do eu lírico.

b) Que imagem, presente na última estrofe do poema, corresponde à concepção de mundo do eu lírico do texto 1?

5 A linguagem barroca geralmente busca expressar estados de conflito espiritual. Por isso, faz uso de inversões, antíteses e paradoxos, entre outros recursos. Identifique nos textos 1 e 2:

a) exemplos de inversão quanto à estrutura sintática;

b) exemplos de antíteses e paradoxos.

6 O texto 3 apresenta uma explicação religiosa para a inconstância mencionada nos textos 1 e 2.

a) Em que consiste essa explicação?

b) Levante hipóteses: Considerando que o autor do texto era um religioso empenhado na conversão das pessoas ao catolicismo, qual seria, para ele, o meio de escapar à inconstância das coisas no mundo?

7 Leia o boxe "Cultismo e conceptismo", na página seguinte, e procure nos textos elementos que se identifiquem com as duas tendências de estilo presentes no Barroco.

Cultismo e conceptismo

Duas tendências de estilo se manifestaram no Barroco. São elas:

- **Cultismo:** gosto pelo rebuscamento formal, caracterizado por jogos de palavras, grande número de figuras de linguagem e vocabulário sofisticado, e pela exploração de efeitos sensoriais, tais como cor, som, forma, volume, sonoridade, imagens violentas e fantasiosas.
- **Conceptismo** (do espanhol *concepto*, "ideia"): jogo de ideias, constituído pelas sutilezas do raciocínio e do pensamento lógico, por analogias, histórias ilustrativas, etc.

Embora seja mais comum a manifestação do cultismo na poesia e a do conceptismo na prosa, é normal ambos aparecerem em um mesmo texto. Além disso, essas tendências não se excluem. Um mesmo escritor tanto pode pender para uma delas quanto apresentar traços de ambas as tendências.

Reprodução/Galleria Uffizi, Florença, Itália.

Medusa (1595-1598), do pintor barroco Caravaggio.

Como síntese do estudo feito até aqui, compare as características do Barroco com as do Classicismo:

BARROCO	CLASSICISMO
Quanto ao conteúdo	
Conflito entre visão antropocêntrica e teocêntrica	Antropocentrismo
Oposição entre o mundo material e o mundo espiritual; visão trágica da vida	Equilíbrio
Conflito entre fé e razão	Racionalismo
Cristianismo	Paganismo
Morbidez	Influência da cultura greco-latina
Idealização amorosa; sensualismo e sentimento de culpa cristão	Idealização amorosa; neoplatonismo; sensualismo
Consciência da efemeridade do tempo	Universalismo
Gosto por raciocínios complexos, intrincados, desenvolvidos em parábolas e narrativas bíblicas	Busca de clareza
Carpe diem	
Quanto à forma	
Gosto pelo soneto	Gosto pelo soneto
Emprego da medida nova (poesia)	Emprego da medida nova (poesia)
Gosto pelas inversões e por construções complexas e raras; emprego frequente de figuras de linguagem como a antítese, o paradoxo, a metáfora, a metonímia, etc.	Busca do equilíbrio formal

O texto e o contexto em perspectiva multidisciplinar

Leia, a seguir, o infográfico e um painel de textos interdisciplinares que relacionam a produção literária do Barroco ao contexto histórico, social, religioso e cultural em que o movimento floresceu. Após a leitura, responda às questões propostas.

Reprodução/Galeria Uffizi, Florença, Itália.

Reprodução/Coleção particular

LINHA DO TEMPO

- 1545-1563 – Realização do Concílio de Trento
- 1549 – Chegada da Companhia de Jesus ao Brasil
- 1580 – Passagem de Portugal ao domínio espanhol
- 1593-1594 – Pintura de *Baco*, por Caravaggio
- 1601 – Publicação de *Prosopopeia*, de Bento Teixeira, e início do Barroco
- 1609 – Chegada de Pe. Antônio Vieira à Bahia
- 1622 – Fundação dos primeiros engenhos de cana-de-açúcar no Maranhão
- 1624 – Invasão holandesa na Bahia
- 1640 – Fim da união das Coroas ibéricas e restauração da Coroa portuguesa

Linha do tempo esquemática. O espaço entre as datas não é proporcional ao intervalo de tempo.

O que é o Barroco?

"Barroco", uma palavra portuguesa que significava "pérola irregular, com altibaixos", passou bem mais tarde a ser utilizada como termo desfavorável para designar certas tendências da arte seiscentista. Hoje, entende-se por estilo barroco uma orientação artística que surgiu em Roma na virada para o século XVII, constituindo até certo ponto uma reação ao artificialismo maneirista do século anterior. O novo estilo estava comprometido com a emoção genuína e, ao mesmo tempo, com a ornamentação vivaz. O drama humano tornou-se elemento básico na pintura barroca e era em geral encenado com gestos teatrais muitíssimo expressivos, sendo iluminado por um extraordinário claro-escuro e caracterizado por fortes combinações cromáticas.

(Wendy Beckett. *História da pintura*. São Paulo: Ática, 1987. p. 173.)

Reprodução/Museu de Capodimonte, Napoli, Itália.

Judite ao matar Holofernes (1612-1621), de Artemisia Gentileschi.

Museu Nacional da Holanda (Rijksmuseum), Amsterdã.

Rubens Chaves/ Pulsar Imagens

1655 — Pregação do "Sermão da sexagésima", por Pe. Antônio Vieira na Capela Real de Lisboa

1658-1660 — Pintura de *A leiteira*, de Vermeer

1683 — Retorno de Gregório de Matos ao Brasil, após estudos em Portugal, e início de sua obra literária

1694 — Exílio de Gregório de Matos, mandado para Angola

1695 — Destruição do Quilombo de Palmares

1711 — Fundação de Vila Rica, hoje Ouro Preto, onde floresceu o Barroco mineiro

1774 — Maturidade de Aleijadinho na produção da arte barroca

Barroco: a expressão ideológica da Contrarreforma

De maneira geral, o Barroco é um estilo identificado com uma ideologia, e sua unidade resulta de atributos morfológicos a traduzir um conteúdo espiritual, uma ideologia.

A ideologia barroca foi fornecida pela Contrarreforma e pelo Concílio de Trento, a que se deve o colorido peculiar da época, em arte, pensamento, religião, concepções sociais e políticas. Se encararmos a Renascença como um movimento de rebelião na arte, filosofia, ciências, literatura — contra os ideais da civilização medieval, ao lado de uma revalorização da Antiguidade clássica, [...] —, podemos compreender o Barroco como uma contrarreação a essas tendências sob a direção da Contrarreforma católica, numa tentativa de reencontrar o fio perdido da tradição cristã, procurando exprimi-la sob novos moldes intelectuais e artísticos. Esse duelo entre o elemento cristão, legado da Idade Média, e o elemento pagão, racionalista e humanista, instaurado pelo renascimento sob o influxo da Antiguidade, enche a Era Moderna, até que no final do século XVIII, por meio do Filosofismo, do Iluminismo e da Revolução Francesa, a corrente racionalista logrou a supremacia. [...] São, por isso, o dualismo, a oposição ou as oposições, contrastes e contradições, o estado de conflito e tensão, oriundos do duelo entre o espírito cristão, antiterreno, teocêntrico, e o espírito secular, racionalista, mundano, que caracterizam a essência do barroco.

(Afrânio Coutinho. *Introdução à literatura no Brasil*. 10. ed. Rio de Janeiro: Civilização Brasileira, 1980. p. 98-99.)

A literatura barroca e a propagação da fé católica

Se o século XVI, ainda renascentista, conseguiu combinar na literatura a visão de mundo cristã, o humanismo da época e o paganismo da literatura greco-romana, o século XVII distinguir-se-á do anterior e do seguinte, na Península Ibérica, por uma visão eminentemente católica. Não mais cristã, simplesmente, mas católica, a partir de uma visão bastante dogmática do cristianismo.

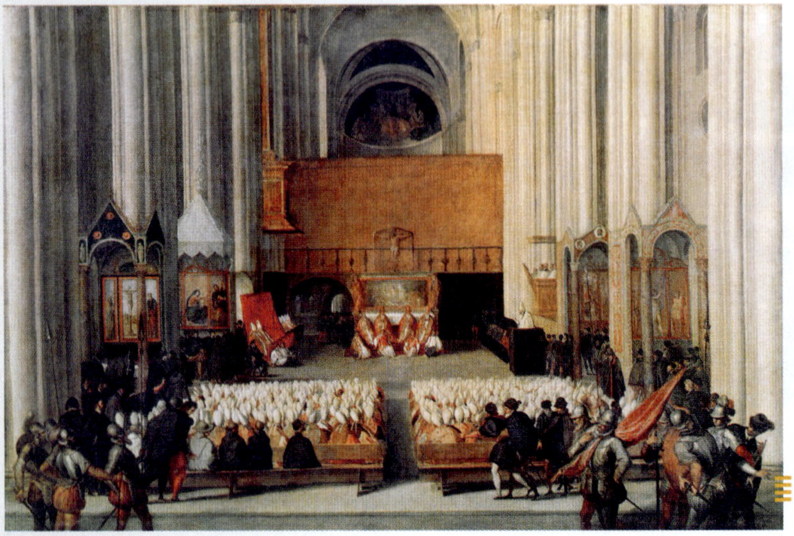

Bridgeman Images/Fotoarena/Museu do Louvre, Paris, França.

Concílio de Trento, em 1563.

O Concílio de Trento, que durou de 1545 a 1563, ligou ainda mais estreitamente a Igreja católica e as monarquias ibéricas, imbricando Igreja e Estado de tal forma que os interesses e funções de ambos muitas vezes se confundiam. Esse casamento durou todo o século XVII, só estremecendo no século XVIII. Como Espanha e Portugal tinham ficado fora das reformas protestantes, foi neles que se concentrou a reação católica. Tratava-se de combater toda e qualquer manifestação que lembrasse algum traço dos movimentos protestantes e, ao mesmo tempo, de formular e difundir uma doutrina oficial católica. Além disso, impunha-se participar da expansão ultramarina ibérica, com a finalidade de expandir também o catolicismo. Desse modo, o empenho doutrinador e a vigilância contra as heresias protestantes, que o clero e as ordens religiosas exerciam nas duas nações ibéricas, estendiam-se aos seus mundos coloniais no Oriente e no Ocidente.

[...] Com isso, mais que agradar e concorrer para aperfeiçoar as relações dos homens entre si, a literatura deveria participar dessa disputa ou dessa guerra [entre catolicismo e protestantismo], afirmando e reproduzindo no plano do sensível tudo aquilo que a Igreja pregava no plano do inteligível. O que não quer dizer que a literatura se tenha reduzido a isso. Mas para sua aceitação e difusão — já que todo livro ou publicação deveria receber a aprovação e licença da Mesa do Santo Ofício da Inquisição para não ser censurado — deveria passar por isso, demonstrar de alguma forma sua adequação às funções de afirmação e propagação da fé católica.

(Luiz Roncari. *Literatura brasileira — Dos primeiros cronistas aos últimos românticos*. 2. ed. São Paulo: Edusp/FDE, 1995. p. 94, 96-97.)

Roteiro de estudo

Reúna-se com seu grupo e, no final da leitura dos textos, vocês deverão:

- Saber explicar, considerando o contexto cultural e artístico em que nasce o Barroco, por que ele recebeu esse nome, em cujo significado está a noção de "pérola imperfeita".
- Saber comentar a afirmação de Afrânio Coutinho de que o Barroco é uma "tentativa de reencontrar o fio perdido da tradição cristã".
- Saber explicar por que o dualismo presente na arte barroca está relacionado com duas concepções diferentes de mundo.
- Compreender por que o Barroco contribuiu para a propagação da fé católica.

CAPÍTULO

5

O Barroco em Portugal e no Brasil

O Barroco português se deu num momento em que o país vivia uma crise de identidade, uma vez que se encontrava sob o domínio político da Espanha. De um lado, os escritores portugueses se esforçavam em preservar sua cultura e sua língua; de outro, sofriam as influências da Contrarreforma, que deram origem a uma ampla produção de caráter religioso. Já, no Brasil, nossos escritores seguiam os modelos portugueses, mas davam os primeiros passos para a construção de uma literatura brasileira.

Zabotnova Inna/Shutterstock

Interior da igreja Madre de Deus, em Lisboa, cujo interior apresenta vários elementos do Barroco português.

Este capítulo favorece o desenvolvimento das habilidades

EM13LGG102

EM13LGG202

EM13LGG601

EM13LGG602

EM13LGG604

EM13LP01

EM13LP02

EM13LP06

EM13LP46

EM13LP48

EM13LP52

O Barroco em Portugal

No ano de 1580, dois fatos significativos marcaram a vida cultural e política de Portugal: a morte de Camões e a passagem do país ao domínio espanhol, em razão de o trono português ter sido herdado por Filipe II, da Espanha, depois do desaparecimento do rei português D. Sebastião, em 1578, na batalha de Alcácer-Quibir, na África.

Durante o domínio espanhol (1580-1640), a literatura e as artes portuguesas foram influenciadas pelas manifestações culturais espanholas, que conheceram nesse período o "século de ouro". Cervantes, Gôngora, Quevedo, Lope de Vega e Calderón de la Barca são alguns dos importantes escritores espanhóis desse período. O florescimento do Barroco em Portugal não se deu, porém, com a mesma intensidade que na Espanha. Os escritores portugueses, como forma de resistência política ao domínio espanhol, procuraram preservar a língua e a cultura lusitanas. Assim, passaram a ter uma atitude saudosista, valorizando os personagens e os escritores do seu passado heroico recente, como D. Sebastião e Camões.

Ao mesmo tempo, o Barroco português ganhou fortes matizes religiosos, por influência da Contrarreforma, que teve ampla penetração nos países ibéricos. A atuação da Companhia de Jesus e do tribunal da Inquisição, instaurado em Portugal em meados do século XVI, completa o quadro cultural lusitano desse período, marcado pela religiosidade e pela austeridade.

A maior expressão da literatura barroca em Portugal foi Pe. Antônio Vieira, que viveu em Portugal e no Brasil e se notabilizou pelos seus sermões.

Pe. Antônio Vieira: a literatura como missão

Embora religioso, Vieira nunca restringiu sua atuação à pregação religiosa. Sempre pôs seus sermões a serviço das causas políticas que abraçava e defendia e, por isso, se indispôs com muita gente: com os pequenos comerciantes, com os colonos que escravizavam índios e até com a Inquisição.

Valendo-se do púlpito — único meio de propagação de ideias às multidões no Nordeste brasileiro do século XVII —, Vieira pregou a índios, brancos e negros, a brasileiros, africanos e portugueses, a dominadores e dominados. Suas ideias políticas foram postas em prática por meio da catequese, da defesa do índio e do domínio português sobre a colônia por ocasião da invasão holandesa.

Embora Vieira defendesse os índios da escravidão, seus sermões não tinham a mesma postura em relação à escravização dos negros. Limitavam-se a descrever a situação a que eram submetidos os negros e apontar-lhes a perspectiva de uma vida pós-morte que compensasse os sofrimentos em vida.

Quem foi Pe. Antônio Vieira?

Reprodução/Coleção Antônio Vieira, Salvador, Bahia.

Antônio Vieira (1608-1697) nasceu em Lisboa e, com 7 anos, mudou-se com a família para o Brasil. Na Bahia, estudou com os jesuítas e espontaneamente ingressou na ordem da Companhia de Jesus, iniciando seu noviciado com apenas 15 anos. A maior parte de sua obra foi escrita no Brasil e está relacionada com as inúmeras atividades que o autor desempenhou como religioso, como conselheiro de D. João IV, rei de Portugal, e como mediador e representante de Portugal em relações econômicas e políticas com outros países.

Por defender algumas ideias proféticas e visionárias, como a ressurreição do rei D. João IV, seu protetor, e por defender os cristãos-novos (judeus convertidos ao cristianismo, por medo de perseguições), foi processado e preso pela Inquisição, que lhe cassou o direito de palavra em Portugal.

Entre seus sermões mais conhecidos estão "Sermão da Sexagésima" e "Sermão de Santo Antônio [aos peixes]".

Leitura

Você vai ler a seguir um fragmento do "Sermão pelo bom sucesso das armas de Portugal contra as de Holanda", pregado por Vieira em Salvador, em 1640. Nesse ano, os holandeses apertaram o cerco à cidade; em todos os templos, fizeram-se preces e sermões exortando baianos e portugueses a defender a terra contra a invasão iminente.

Sermão pelo bom sucesso das armas de Portugal contra as de Holanda

> Levanta-te! Por que dormes, Senhor? Levanta-te e não repilas para sempre. Por que voltas a face? Esqueceste da nossa miséria e da nossa tribulação? Levanta-te, Senhor, ajuda-nos e redime-nos em atenção ao teu nome.
>
> (Salmo XLIII, 23-26.)

Com estas palavras piedosamente resolutas, mais protestando que orando, dá fim o **Profeta Rei** ao Salmo XLIII — Salmo que, desde o princípio até o fim, não parece senão cortado para os tempos e ocasião presente. O Doutor Máximo S. Jerônimo, e depois dele os outros expositores, dizem que se entende à letra de qualquer reino ou província católica, destruída e assolada por inimigos da Fé. Mas entre todos os reinos do Mundo a nenhum lhe quadra melhor, que ao nosso Reino de Portugal; e entre todas as províncias de Portugal a nenhuma vem mais ao justo que à miserável província do Brasil. Vamos lendo todo o Salmo, e em todas as **cláusulas** dele veremos retratadas as da nossa fortuna: o que fomos e o que somos.

[...] "Ouvimos (começa o Profeta) a nossos pais, lemos nossas histórias e ainda os mais velhos viram, em parte, com seus olhos, as obras maravilhosas, as proezas, as vitórias, as conquistas, que por meio dos portugueses obrou em tempos passados vossa onipotência, Senhor." [...] "Vossa mão foi a que venceu e sujeitou tantas nações bárbaras, **belicosas** e **indômitas**, e as despojou do domínio de suas próprias terras para nelas os plantar como plantou com tão bem fundadas raízes; e para nelas o dilatar, como dilatou e estendeu em todas as partes do Mundo, na África, na Ásia, na América." [...]

belicosas: guerreiras, agressivas.
cláusulas: itens, tópicos.
indômitas: indomáveis, selvagens.
Profeta Rei: Davi.

Porém agora, Senhor, vemos tudo isso tão trocado, que já parece que nos deixastes de todo e nos lançastes de vós, porque já não ides diante das nossas bandeiras, nem **capitaniais** como dantes os nossos exércitos. [...]

Considerai, Deus meu — e perdoai-me se falo inconsideradamente — considerai a quem tirais as terras do Brasil e a quem as dais. Tirais estas terras aos portugueses, a quem no princípio as destes [...], tirais estas terras àqueles mesmos portugueses a quem escolhestes entre todas as nações do Mundo para conquistadores da vossa Fé, e a quem destes por armas como **insígnia** e divisa singular vossas próprias **chagas**. E será bem, Supremo Senhor e Governador do Universo, que às sagradas quinas de Portugal e às armas e chagas de Cristo, sucedam as heréticas **listas de Holanda**, rebeldes a seu rei e a Deus?

Cena do filme *Palavra e utopia*, do cineasta português Manoel de Oliveira. Mais do que um filme biográfico, a obra é um documento sobre a arte do dizer e do pensar. O papel de Vieira é feito pelo ator brasileiro Lima Duarte.

[...]

Finjamos, pois, (o que até fingido e imaginado faz horror), finjamos que vem a Bahia e o resto do Brasil à mãos dos holandeses; que é o que há de suceder em tal caso? — Entrarão por esta cidade com fúria de vencedores e de hereges; não perdoarão a estado, a sexo nem a idade; com os fios dos mesmos **alfanjes** medirão a todos; chorarão as mulheres, vendo que se não guarda **decoro** à sua modéstia; chorarão os velhos, vendo que não se guarda respeito a suas **cãs**; chorarão os nobres, vendo que se não guarda cortesia à sua qualidade; chorarão os religiosos e veneráveis sacerdotes, vendo que até as coroas sagradas os não defendem; chorarão finalmente todos, e entre todos mais lastimosamente os inocentes, porque nem a esses perdoará (como em outras ocasiões não perdoou), a desumanidade **herética**. [...]

Enfim, Senhor, despojados assim os templos e derrubados os altares, acabar-se-á no Brasil a cristandade católica; acabar-se-á o culto divino; nascerá erva nas igrejas, como nos campos; não haverá quem entre nelas. Passará um dia de Natal, e não haverá memória de vosso nascimento; passará a Quaresma e a Semana Santa, e não se celebrarão os mistérios de vossa Paixão [...] Não haverá missas, nem altares, nem sacerdotes que as digam; morrerão os católicos sem confissão nem sacramento; pregar-se-ão heresias nestes mesmos púlpitos, e em lugar de São Jerônimo e Santo Agostinho, ouvir-se-ão e alegar-se-ão neles os infames nomes de Calvino e Lutero; beberão a falsa doutrina os inocentes que ficarem, relíquias dos portugueses; e chegaremos a estado que, se perguntarem aos filhos e netos dos que aqui estão: — Menino, de que seita sois? Um responderá: — Eu sou calvinista; outro: — Eu sou luterano.

alfanjes: foices.
capitanear: liderar, comandar.
cãs: cabelos brancos.
chagas: chagas de Cristo, representadas por cinco quinas no brasão português.
decoro: recato, decência.
herética: que professa ideias contrárias às geralmente admitidas pela Igreja católica.
insígnia: brasão português.
listas de Holanda: bandeira holandesa.

Pois isto se há de sofrer, Deus meu? Quando quisestes entregar vossas ovelhas a São Pedro, examinaste-o três vezes se vos amava. E agora as entregais desta maneira, não a pastores, senão aos lobos?! Sois o mesmo ou sois outro? Aos hereges o vosso rebanho? Aos hereges as almas? [...] Já sei, Senhor, que vos haveis de enternecer e arrepender, e que não haveis de ter coração para ver tais lástimas e tais estragos. E se assim é (que assim o estão prometendo vossas entranhas piedosíssimas), se é que há de haver dor, se é que há de haver arrependimento depois, cessem as iras, cessem as execuções agora, que não é justo vos contente antes o que vos há de pesar em algum tempo.

(*In*: Eugênio Gomes, org. *Vieira — Sermões*. São Paulo: Agir, 1963. p. 13-49.)

Igreja da Ordem Terceira de Nossa Senhora do Monte do Carmo (1755), em Salvador, expressão do barroco baiano.

1 Pe. Antônio Vieira, como de hábito, adota como epígrafe para seu sermão uma passagem bíblica. Neste caso, trata-se de uma passagem do salmo XLIII.

a) Quem são os interlocutores nesse salmo?

b) Um dos interlocutores queixa-se ao outro e lhe faz um pedido. Qual é o motivo da queixa? Qual é o pedido?

2 A interpretação do texto bíblico é feita nos três primeiros parágrafos do texto. O pregador o relaciona passo a passo com a situação vivida pela cidade de Salvador naqueles dias de 1640, o que serve ao pregador como base para sua argumentação.

a) Qual é o paralelo que Vieira estabelece entre as palavras do salmo e a situação da colônia?

b) Ao interpretar as palavras de Davi, Vieira deixa transparecer o objetivo principal do sermão. Qual é ele?

3 No quarto parágrafo, na argumentação, a posse do Brasil é considerada direito dos portugueses.

a) Cite pelo menos dois motivos para esse privilégio concedido aos portugueses.

b) De acordo com o texto, qual seria a consequência se, no lugar dos portugueses, os holandeses, favorecidos pela inoperância divina, passassem a ser donos do Brasil?

4 A antecipação de fatos, a reiteração por meio de paralelismos e o exagero são recursos retóricos empregados por Vieira com a finalidade de persuadir o ouvinte quanto à verdade de seus argumentos.

a) No quinto parágrafo, Vieira apresenta uma previsão do que poderá ocorrer caso não se assuma uma posição firme diante da provável invasão holandesa. Para impressionar o ouvinte, ele repete o que sucederá. Qual é a situação reiterada?

b) Identifique no quinto parágrafo também uma passagem em que o uso da hipérbole tem finalidade de persuadir os ouvintes a defender a cidade.

5 Em vários momentos do texto, o orador associa aos holandeses um termo que traduz a visão da Igreja católica a respeito dos protestantes.
   a) Qual é a palavra utilizada no texto para designar os protestantes?
   b) Relacione esse tratamento à postura contrarreformista do jesuíta.

6 Releia o epílogo do sermão em estudo.
   a) Qual é o argumento final utilizado por Vieira? Qual é a antítese aí presente?
   b) O "atrevimento" de Vieira de dirigir-se a Deus de maneira inquisidora constitui, na verdade, uma encenação retórica. Na realidade, ele tem em vista outros interlocutores. Quais são eles?

7 Ao compor esse sermão, Vieira tinha em mira um objetivo bem determinado. Para atingi-lo, ele se valeu de uma das duas tendências estéticas do Barroco, o conceptismo e o cultismo. Qual delas predomina na construção do texto lido? Por quê?

O Barroco no Brasil

Fabio Colombini/Acervo do fotógrafo

Teto da Igreja São Francisco de Assis, em Ouro Preto, pintado por Athayde.

No século XVII, começaram a despontar os primeiros escritores nascidos no Brasil colonial e, com eles, surgiram as primeiras manifestações do sentimento nacional. Vindos de uma pequena elite culta, esses escritores que integraram o Barroco brasileiro tinham como modelo a estética literária cultivada em Portugal e na Espanha, e não contavam com um público consumidor expressivo. Nessa época, a sociedade brasileira organizava-se essencialmente em torno de grandes propriedades rurais e de engenhos de açúcar, vivenciando uma realidade rude e violenta em que se escravizavam os negros e se perseguiam os índios.

Nesse contexto, os escritores do Barroco brasileiro não apenas manifestavam na prosa e na poesia seus sentimentos pessoais mais profundos, mas também criticavam valores e comportamentos da sociedade de seu tempo ou buscavam moralizar a população com princípios religiosos do catolicismo, religião preponderante nesse período de nossa história. Entre 1720 e 1750, a literatura barroca brasileira ganhou impulso com as fundações de várias academias literárias por todo o país. A descoberta do ouro em Minas Gerais viabilizou, ainda que tardiamente, o desenvolvimento da arte barroca, manifesta, sobretudo, no âmbito da arte religiosa produzida durante todo o século XVIII.

Tradicionalmente, o marco inicial do Barroco na literatura é *Prosopopeia* (1601), de Bento Teixeira, um poema que, em diversos aspectos, imita *Os lusíadas*; porém, a expressão mais importante da poesia barroca brasileira é Gregório de Matos. Outros autores de destaque são Botelho de Oliveira e Frei Itaparica, na poesia, e Pe. Antônio Vieira, Sebastião da Rocha Pita e Nuno Marques Pereira, na prosa.

Gregório de Matos: adequação e irreverência

Primando pela irreverência, Gregório de Matos tornou-se conhecido por afrontar a sociedade de sua época com comportamentos considerados indecorosos e por realizar em seus poemas satíricos uma crítica mordaz aos mais diferentes grupos sociais de seu tempo — governantes, religiosos, escravos, aristocratas, reinóis, etc.

Não tendo publicado nenhuma obra em vida, os poemas de Gregório de Matos circularam oralmente na Bahia até meados do século XIX, quando foram reunidos em livro pelo historiador Francisco Adolfo de Varnhagen. Por esse motivo, é comum que seus poemas apresentem variações de vocabulário de uma edição para outra ou que haja controvérsias em relação à autoria de alguns poemas a ele atribuídos. Apesar dessas questões, sua obra é reconhecida como a fundadora da tradição lírica no Brasil.

Quem foi Gregório de Matos?

Nascido em Salvador (BA) no seio de uma família abastada, Gregório de Matos (1636-1695) estudou no Colégio dos Jesuítas, transferindo-se, depois, para Coimbra, Portugal, onde cursou Direito e tornou-se juiz. De volta ao Brasil aos 47 anos, exerceu os cargos de tesoureiro-mor e de vigário-geral, mas foi deposto por não querer completar as ordens eclesiásticas. Devido à sua sátira ferina, foi perseguido pelo governador baiano Antônio de Souza Menezes. O casamento com a viúva Maria dos Povos não aplacou seu lado boêmio e irreverente: continuou a satirizar políticos, religiosos e aristocratas com mordacidade, o que lhe rendeu anos de degredo em Angola, na África. Com permissão de retornar ao Brasil, mas impedido de entrar na Bahia, estabeleceu-se no Recife, onde morreu, aos 59 anos de idade.

Reprodução/Fundação Biblioteca Nacional, Rio de Janeiro, RJ.

A lírica

Gregório de Matos cultivou três vertentes da poesia lírica: a amorosa, a filosófica e a religiosa. Como poeta lírico, adequou-se aos temas e aos procedimentos de linguagem frequentes no Barroco europeu.

A **lírica amorosa** é fortemente marcada pelo dualismo amoroso carne/espírito, que leva normalmente a um sentimento de culpa no plano espiritual.

Na **lírica filosófica**, destacam-se textos que se referem ao desconcerto do mundo (lembrando diretamente Camões) e às frustrações humanas diante da realidade. E também poemas em que predomina a consciência da transitoriedade da vida e do tempo e da instabilidade das coisas do mundo e do homem.

A **lírica religiosa** obedece aos princípios fundamentais do Barroco europeu, fazendo uso de temas como o amor a Deus, a culpa, o arrependimento, o pecado e o perdão. A língua empregada é culta e apresenta inversões e figuras de linguagem abundantes.

Leitura

Ofendi-vos, Meu Deus, bem é verdade;
É verdade, meu Deus, que **hei delinquido**,
Delinquido vos tenho, e ofendido,
Ofendido vos tem minha maldade.

Maldade, que encaminha à vaidade,
Vaidade, que todo me há vencido;
Vencido quero ver-me, e arrependido,
Arrependido a tanta **enormidade**.

Arrependido estou de coração,
De coração vos busco, dai-me abraços,
Abraços, que me rendem vossa luz.

Luz, que claro me mostra a salvação,
A salvação pretendo em tais abraços,
Misericórdia, Amor, Jesus, Jesus.

(*In*: *Antologia da poesia barroca brasileira*, *cit.*, p. 45.)

Fabio Colombini/Acervo do fotógrafo

Escultura de Aleijadinho.

enormidade: ação descabida, absurda; barbaridade.
hei delinquido: tenho cometido delitos; tenho cometido atos ofensivos.

1 No texto, o eu lírico dirige-se diretamente a Cristo, falando de si mesmo.

a) Como o eu lírico se coloca diante de Cristo?

b) Na primeira estrofe, o eu lírico faz um jogo com dois verbos que revelam seu pecado. Quais são os verbos?

c) Que característica pessoal o eu lírico apresenta como causa do seu pecado?

2 Na segunda estrofe, o eu lírico continua sua confissão.

a) Ele se confessa "vencido" e diz que quer "ver-se vencido". Quais são os agentes dessas duas expressões?

b) Que palavra dessa estrofe constitui uma antítese, em relação a *delinquido* ou *ofendido*?

c) Esse compromisso do eu lírico implica um compromisso de Cristo. Qual?

3 Levando em conta a presença do vocativo "Meu Deus", do imperativo "dai-me" e da declaração devocional do último verso, a que gênero textual se assemelha o poema?

4 Leia, a seguir, dois tercetos da lírica religiosa de Gregório de Matos, nos quais o eu lírico também se dirige a Cristo pedindo a salvação:

> Eu sou, Senhor, a ovelha desgarrada,
> Cobrai-a; e não queirais, pastor divino,
> Perder na vossa ovelha a vossa glória.
>
> (In: *Antologia da poesia barroca brasileira*, cit. p. 47.)

> Mui grande é o vosso amor, e meu delito,
> Porém pode ter fim todo o pecar,
> E não o vosso amor, que é infinito.
>
> (In: *Idem*, p. 46.)

O eu lírico busca sua salvação por meio da argumentação.

a) De que argumentos ele lança mão no primeiro fragmento?

b) E no segundo fragmento?

5 No soneto em estudo, é empregada uma figura de linguagem chamada *anadiplose*, que consiste em um encadeamento de palavras, feito de modo que um termo empregado no final de um verso dá início ao verso seguinte. Qual é a importância desse recurso para a argumentação que o eu lírico faz junto a Cristo?

6 Com base no que aprendeu até aqui acerca da linguagem barroca, você diria que o texto é cultista ou conceptista?

A sátira

Conhecido também como "Boca do Inferno", em razão de suas sátiras, Gregório de Matos é um dos principais e mais ferinos representantes da literatura satírica em língua portuguesa. A exemplo de certos trovadores da Idade Média, o poeta não poupou na sua linguagem nem palavrões nem críticas a todas as classes da sociedade baiana de seu tempo. Criticava o governador, o clero, os comerciantes, os negros, os mulatos, etc.

A sátira constitui uma das partes mais originais da poesia de Gregório de Matos, pois foge aos padrões preestabelecidos pelo Barroco português ou ibérico e se volta para a realidade baiana do século XVII. Pode, assim, ser considerada poesia brasileira, e não somente pelos temas escolhidos, mas também pela percepção crítica da exploração colonialista empreendida pelos portugueses na colônia. Além disso, Gregório emprega na sátira uma língua portuguesa diversificada, brasileira, repleta de termos indígenas e africanos (que refletem o bilinguismo ou o trilinguismo da época), de palavrões, gírias e expressões locais.

Por essas razões é que a poesia de Gregório de Matos — ao abrir espaço para a paisagem e a língua do povo — talvez seja a primeira manifestação *nativista* de nossa literatura e represente o início do longo processo de despertar da *consciência crítica* nacional, que levaria ainda um século para abrir os olhos, com os gritos de revolta dos inconfidentes mineiros.

Leitura

Na segunda metade do século XVII, Portugal passava por uma grande crise econômica; diante disso, impôs, progressivamente, uma série de restrições comerciais ao Brasil, visando obter maiores ganhos com sua colônia. Tendo em vista esse contexto, leia o poema satírico de Gregório de Matos abaixo e, a seguir, responda às questões 1 a 3.

Tristes sucessos, casos lastimosos,
Desgraças nunca vistas, nem faladas,
São, ó Bahia! vésperas choradas
De outros que estão por vir mais estranhosos:

Sentimo-nos confusos, e teimosos,
Pois não damos remédios às já passadas,
Nem prevemos tampouco as esperadas,
Como que estamos delas desejosos.

Levou-vos o dinheiro a má **fortuna**,
Ficamos sem **tostão**, **real** nem **branca**,
Macutas, **correão**, novelos, molhos:

Ninguém vê, ninguém fala, nem **impugna**,
E é que, quem o dinheiro nos arranca,
Nos arrancam as mãos, a língua, os olhos.

Filipe Rocha/Arquivo da editora

(*Poemas escolhidos*. Organização de José Miguel Wisnik. São Paulo: Cultrix, s.d. p. 44.)

correão: correia grande e larga feita, geralmente, de couro.
fortuna: destino, sina.
impugnar: opor-se a, contestar.
tostão, real, branca, macuta: moedas, dinheiro de pouco valor.

1 Releia as duas primeiras estrofes do soneto.

> Tristes sucessos, casos lastimosos,
> Desgraças nunca vistas, nem faladas,
> São, ó Bahia! vésperas choradas

a) Que sentido a palavra *sucessos* tem no primeiro verso do poema?

b) Zeugma é uma figura de linguagem que consiste na omissão de palavras ou expressões que já apareceram anteriormente no texto. Identifique as palavras ou expressões omitidas nestes versos:

- "De outros que estão por vir mais estranhosos"
- "Pois não damos remédio às já passadas"

2 Em seus poemas satíricos, Gregório de Matos aborda diversas situações vivenciadas na Bahia do século XVII, época em que Salvador era a capital do Brasil. No poema em estudo:

a) Que realidade econômica se vivenciava na Bahia, naquele momento?

b) Havia expectativa de que a situação viesse a melhorar? Justifique sua resposta com elementos do texto.

c) De que maneira os baianos reagiam a tal situação? Por quê? Justifique com elementos do texto.

3 No poema em estudo, Gregório de Matos expõe criticamente as relações político-econômicas entre metrópole e colônia, isto é, entre Portugal e o Brasil. Tendo em vista essa informação e as respostas da questão anterior, conclua:

a) Que denúncias o poeta baiano realiza nesse texto?

b) O texto manifesta um sentimento de resignação ou um desejo de ruptura entre colônia e metrópole? Justifique sua resposta.

c) É possível afirmar que se manifesta, no poema, o despontar de um sentimento nacional? Justifique sua resposta.

A fundação da poesia brasileira

O "Boca do Inferno" é o primeiro poeta de verdade que se pode, sem hesitação, chamar brasileiro. [...]

Gregório é o nosso primeiro poeta "popular", com audiência certa não só entre intelectuais como em todas as camadas sociais, e consciente aproveitador de temas e de ritmos da poesia e da música populares; o nosso primeiro poeta "participante", no sentido contemporâneo.

(Mário Faustino. *De Anchieta aos concretos*. São Paulo: Companhia das Letras, 2003. p. 61.)

LINGUAGENS E SUAS TECNOLOGIAS

LITERATURA

Detalhe de *Triunfo de Vênus* (1740), de François Boucher.

UNIDADE 3

História social do Arcadismo

Ao observarmos a história da cultura, notamos que cada período novo opõe-se ao anterior. Porém, ao analisarmos o novo, percebemos que muitos de seus elementos são mais antigos que os abandonados. É o velho que, misturado a certas tendências, volta à tona como novidade. Assim ocorreu com a cultura e a arte do século XVIII. Depois da onda de religiosidade e fé que se seguiu à Contrarreforma — cuja expressão artística foi o Barroco —, houve um reflorescimento das tendências artístico-científicas que haviam marcado o Renascimento. E dele resultaram o Iluminismo, na filosofia, o empirismo, na ciência, e o Neoclassicismo ou Arcadismo, na literatura. Compreender o alcance ideológico e estético do Arcadismo implica conhecer suas relações com o quadro de transformações por que passaram as sociedades europeia e brasileira no século XVIII.

Esta unidade favorece o desenvolvimento das habilidades

EM13LGG103 EM13LGG202 EM13LGG601 EM13LGG602 EM13LGG604

EM13LP28 EM13LP30 EM13LP32 EM13LP51

Fique ligado! **Pesquise!**

Para estabelecer relações entre a literatura e outras artes e áreas de conhecimento, eis algumas sugestões:

Assista

- *A revolução em Paris*, de Pierre Schoeller; *Maria Antonieta*, de Sofia Coppola; *Adeus, minha rainha*, de Benoît Jacquot; *Uma nação, um rei*, de Pierre Schoeller; *Danton — O processo da Revolução*, de Andrzej Wajda; *Ligações perigosas*, de Stephen Frears; *Casanova e a Revolução*, de Ettore Scola; *Amadeus*, de Milos Forman; *A missão*, de Roland Joffé; *Os inconfidentes*, de Joaquim Pedro de Andrade; *Xica da Silva*, de Cacá Diegues; *Chico Rei*, de Walter Lima Jr.; *Orgulho e preconceito*, de Joe Wright.

Collection Christophel/Alamy/Fotoarena

A revolução em Paris, de Pierre Schoeller.

Leia

Reprodução/Editora Record

- *As relações perigosas*, de Choderlos de Laclos (Globo); *Moll Flanders*, de Daniel Defoe (Abril Cultural); *Um conto de duas cidades*, de Charles Dickens; *A sombra da guilhotina*, de Hilary Mantel; *O príncipe e o mendigo*, de Mark Twain (Ática); *Emma* (Nova Fronteira), *Orgulho e preconceito* (Ediouro) e *Razão e sensibilidade* (Best Seller), de Jane Austen; *Romanceiro da Inconfidência*, de Cecília Meireles (Nova Fronteira); *Marília de Dirceu*, de Tomás Antônio Gonzaga (Ediouro); *Poemas escolhidos*, de Cláudio Manuel da Costa (Ediouro); *O Iluminismo e os reis filósofos*, de Luiz Salinas (Brasiliense); *Nossos índios*, de Gil Kipper (Kuarup).

Ouça

- Ouça a produção dos compositores clássicos Franz Joseph Haydn e Wolfgang Amadeus Mozart.
- No YouTube, existem várias apresentações de música colonial mineira do século XVIII.

Navegue

- www.jornaldepoesia.jor.br/tomaz.html
- www.jornaldepoesia.jor.br/cmc.html
- www.jornaldepoesia.jor.br/basi01.html
- Baixe as obras de poetas árcades mineiros, acessando o *site* www.dominiopublico.gov.br

Pesquise

Reprodução/Editora Brasiliense

- Pesquise sobre as ideias e as obras dos filósofos iluministas Voltaire, Montesquieu, Rousseau, Diderot e D'Alembert. Procure saber também sobre a *Enciclopédia*, escrita por eles, e sobre o despotismo esclarecido. Pesquise a pintura rococó, cujos representantes principais são Watteau, Boucher, Fragonard e Chardin. E também a pintura neoclássica, especialmente a produzida por Gainsborough, David e Ingres.

Visite

Rubens Chaves/Pulsar Imagens

- Visite o Museu da Inconfidência Mineira, em Ouro Preto, onde se encontram reunidos os mais importantes documentos relacionados com a Inconfidência Mineira, além de livros e objetos que ajudam a reconstituir a vida cultural e política de Minas Gerais no século XVIII.

CAPÍTULO 6

A linguagem do Arcadismo

No século XVIII, as transformações que ocorriam no plano político e social — o fortalecimento político da burguesia, o aparecimento dos filósofos iluministas, o combate à Contrarreforma, entre outras — exigiam dos artistas uma arte que atendesse às necessidades de expressão do ser humano naquele momento. O Neoclassicismo, também conhecido como Arcadismo, foi a resposta artística que a burguesia pôde dar a essa necessidade.

Reprodução/Museu de Arte de Toledo, Ohio, EUA.

A cabra-cega (1769-1770), de Jean-Honoré Fragonard.

Os efeitos da Contrarreforma foram sentidos durante todo o século XVII e manifestaram-se fortemente na arte barroca. No século XVIII, entretanto, os esforços dos artistas e dos intelectuais concentraram-se no combate tanto à mentalidade religiosa quanto às formas de expressão do Barroco. Assim, a arte neoclássica, que no Brasil se manifestou sob a forma do Arcadismo, procura resgatar o racionalismo e o equilíbrio do Classicismo do século XVI como meio de combater a influência do Barroco.

Este capítulo favorece o desenvolvimento das habilidades

EM13LGG102 | EM13LGG202 | EM13LGG601 | EM13LGG602 | EM13LGG604

EM13LP01 | EM13LP06 | EM13LP46 | EM13LP48 | EM13LP52

A imagem em foco

Observe esta pintura:

O juramento dos Horácios (1784), de Jacques-Louis David.

1 Leia o boxe "O contexto da cena". Depois responda:

a) Que traço do Classicismo é retomado por essa tela neoclássica?

b) Quanto ao tema, que mudança essa tela apresenta, se comparada às obras barrocas?

2 O Neoclassicismo contrapõe-se aos excessos do Barroco, presentes no movimento das formas, no detalhismo, no artificialismo, etc. Observe na tela estes elementos:

- os jovens romanos
- as espadas
- as mulheres
- os arcos ao fundo

a) O que esses elementos têm em comum?

b) Que traço clássico ou neoclássico se verifica nesse procedimento?

O contexto da cena

O quadro retrata um tema histórico da Roma antiga. As cidades de Roma e Alba estavam em guerra e um acordo definiu que a disputa seria resolvida por um combate mortal entre três homens de cada lado. Os romanos enviaram os trigêmeos Horácios, e os albanos enviaram os trigêmeos Curiácios.

A cena retrata o momento em que os três irmãos Horácios juram ao pai lealdade à República.

3 Observe os três jovens romanos: a postura, o contorno do físico, a musculatura.

a) Como eles são caracterizados?

b) Que relação essas características têm com a pintura renascentista?

4 A cena pode ser dividida em duas partes. Do lado esquerdo, o mundo masculino; do lado direito, o mundo feminino e infantil.

a) O que os gestos do pai e dos filhos demonstram, sabendo-se que os rapazes poderão voltar sem vida?

b) Em contraposição, o que os gestos das mulheres representam?

5 A filosofia do século XVIII tinha caráter reformador, em oposição ao absolutismo e aos privilégios da aristocracia. A tela foi concluída quatro anos antes da Revolução Francesa. Na sua opinião, esse quadro pode ser visto como contestação ao regime vigente? Por quê?

6 Veja algumas das principais características do Classicismo:

- valorização da cultura clássica greco-latina
- paganismo
- equilíbrio, harmonia
- antropocentrismo
- nacionalismo, heroísmo
- racionalismo

Quais dessas características é possível identificar nessa pintura neoclássica? Explique como se manifestam no quadro essas características identificadas.

Leitura

Você vai ler a seguir três textos. O primeiro é parte de um soneto de Cláudio Manuel da Costa, o fundador do Arcadismo no Brasil; o segundo pertence à obra *Marília de Dirceu*, de Tomás Antônio Gonzaga; o terceiro é um soneto do poeta português Bocage.

TEXTO 1

Já me enfado de ouvir este alarido,
Com que se engana o mundo em seu cuidado;
Quero ver entre as peles, e o **cajado**,
Se melhora a fortuna de **partido**.
[...]
Aquele adore as roupas de alto preço,
Um siga a ostentação, outro a vaidade;
Todos se enganam com igual excesso.
Eu não chamo a isto já felicidade:
Ao campo me recolho, e reconheço,
Que não há maior bem, que a **soledade**.

(Cláudio Manuel da Costa. *In*: Massaud Moisés. *Literatura brasileira através dos textos*. São Paulo: Cultrix, 2000. p. 92.)

cajado: bastão do pastor.
partido: utilidade, vantagem, proveito, ganho.
soledade: solidão.

TEXTO 2

Lira I

Eu, Marília, não sou algum vaqueiro,
que viva de guardar alheio gado,
de tosco trato, de expressões grosseiro,
dos frios gelos e dos sóis queimado.
Tenho próprio **casal** e nele assisto;
dá-me vinho, legume, fruta, azeite;
das brancas ovelhinhas tiro o leite
e mais as finas lãs de que me visto.
Graças, Marília bela,
graças à **minha estrela**!
[...]
Irás a divertir-te na floresta,
sustentada, Marília, no meu braço;
aqui descansarei a quente sesta,
dormindo um leve sono em teu **regaço**;
enquanto a luta jogam os pastores,
e emparelhados correm nas campinas,
toucarei teus cabelos de **boninas**,
nos troncos gravarei os teus louvores.
Graças, Marília bela,
graças à minha estrela!
[...]

(Tomás Antônio Gonzaga. *In*: *Antologia da poesia árcade brasileira*. Organização de Pablo Simpson. São Paulo: Nacional/Lazuli, 2007. p. 83-85.)

Bridgeman Images/Glow Images/Royal Pavilion, Brighton, Inglaterra

Uma cena pastoral (1750), por Francesco Zuccarelli.

bonina: espécie de flor do campo.
casal: sítio, chácara.
minha estrela: sorte, destino.
regaço: colo.
toucar: enfeitar, adornar.

TEXTO 3

Ser prole de varões assinalados,
Que nas asas da fama e da vitória
Ao templo foram da imortal Memória
Pendurar mil troféus ensanguentados:

Ler seus nomes nas páginas gravados
D'alta epopeia, d'elegante história,
Não, não nos serve de esplendor, de glória,
Almas soberbas, corações inchados!

Ouvir com dor o miserável grito
De inocentes, que um bárbaro molesta,
Prezar o sábio, consolar o aflito;

Prender teus voos, ambição funesta,
Ter amor à virtude, ódio ao delito,
Das almas grandes a nobreza é esta.

(Bocage. *Sonetos completos*. São Paulo: Núcleo, 1989. p. 50.)

1 A propósito do texto 1, responda:

a) O eu lírico do poema, na primeira estrofe, emprega metonímias para caracterizar dois ambientes distintos. Quais são as características de um e outro ambiente?

b) A que ambientes correspondem?

c) No campo, a que atividade o eu lírico vai se dedicar?

2 Influenciados pelo poeta latino Horácio, os árcades costumavam reaproveitar dois temas da tradição clássica: *o fugere urbem e o aurea mediocritas*. Leia os boxes laterais e responda:

a) Identifique no texto 1 trechos em que se destacam esses dois temas.

b) Em que o eu lírico se diferencia das demais pessoas?

3 A propósito do texto 2, responda:

a) O eu lírico revela a Marília os bens que possui. Ele aspira à riqueza material ou à simplicidade, representada pelo princípio chamado *aurea mediocritas*?

b) Em que passagem o eu lírico expressa um ideal de autonomia ou independência?

c) É comum haver nos textos árcades a descrição de um *locus amoenus*, isto é, um lugar ameno ou aprazível onde o eu lírico gostaria que sua musa ou pastora estivesse. Identifique uma passagem do texto que apresenta esse tema.

d) Por que, no texto, o tema do *locus amoenus* envolve também o tema do *carpe diem*?

4 A literatura árcade foi bastante influenciada pelas ideias do Iluminismo, movimento filosófico que, entre outras coisas, defendia o uso da razão, a igualdade de direitos entre os cidadãos e a liberdade de expressão. O texto3 apresenta um ponto de vista iluminista ao discutir o conceito de herói.

a) Para o eu lírico, o que é, na verdade, ser herói, ou seja, qual é "a nobreza das almas grandes"?

b) Em que medida o conceito de herói do eu lírico é diferente do que foi estabelecido pela História tradicional?

Fugere urbem e *aurea mediocritas*

Equivalente a *bucolismo*, o *fugere urbem* (fuga da cidade) traduz uma vida simples e natural, no campo, longe dos centros urbanos. Tal princípio era reforçado no século XVIII pelo pensamento do filósofo Jean-Jacques Rousseau, segundo o qual a civilização corrompe os costumes do ser humano, que é bom por natureza.

O *aurea mediocritas* (vida medíocre materialmente, mas rica em realizações espirituais) é a idealização de uma vida pobre e feliz no campo, em oposição à vida luxuosa e triste na cidade.

O convencionalismo amoroso árcade

Nos poemas árcades, o poeta não fala dos seus próprios sentimentos. Ele sempre dá voz a um pastor, que confessa seu amor a uma pastora e a convida para aproveitarem a vida em meio à natureza. Tem-se, porém, a impressão de que se trata sempre do mesmo homem e da mesma mulher. Não há variações emocionais de um poema para outro nem de um poeta para outro. Isso ocorre devido ao convencionalismo amoroso, isto é, os poetas não estavam preocupados em expressar seus reais sentimentos, mas em seguir o modelo da poesia clássica. O distanciamento amoroso que havia entre Petrarca e Laura, ou entre Camões e sua amada, continua a existir entre o poeta árcade Cláudio Manuel da Costa e sua Nise, entre Tomás Antônio Gonzaga e sua Marília.

5 O Neoclassicismo ou Arcadismo é um movimento literário que procurou resgatar os princípios do Classicismo do século XVI. Além dos temas do Classicismo, o Arcadismo também incorpora entidades da mitologia pagã e imita os procedimentos formais daquele período.

a) Identifique nos textos 1 e 2 elementos que são próprios da cultura grega.

b) O texto 3 constitui um tipo de composição criado pelos humanistas italianos. Qual é o nome desse tipo de composição?

c) Os três textos apresentam um tipo de verso também criado pelos humanistas italianos. Faça a escansão de alguns desses versos e responda: Que tipo de verso foi empregado?

6 Para os padrões de hoje, os poetas árcades utilizavam uma linguagem sofisticada, com vocabulário pouco comum. No entanto, é preciso considerar que o Arcadismo, na época, opunha-se ao Barroco. Observe estes versos de Botelho de Oliveira, poeta barroco brasileiro:

> De Anarda o rosto luzia
> No vidro que o retratava,
> E tão belo se ostentava,
> Que animado parecia:
> Mas se em asseios do dia
>
> No rosto o quarto farol
> Vê seu lustroso arrebol;
> Ali pondera meu gosto
> O vidro espelho do rosto,
> O rosto espelho do sol.
>
> (*In*: Antonio Candido e José A. Castello. *Presença da literatura brasileira*. São Paulo: Difel, 1968. v. 1, p., 72.)

Retrato de mulher (1778), de Jens Juel.

Compare os textos árcades (principalmente o de Tomás Antônio Gonzaga) a esses versos barrocos quanto ao vocabulário, à ordem sintática das orações e ao emprego de figuras de linguagem. Qual dos dois estilos de época emprega uma linguagem mais simples?

Como síntese do estudo feito até aqui, compare as características do Arcadismo com as do Barroco:

Arcadismo	Barroco
Quanto ao conteúdo	
Antropocentrismo	Conflito entre visão antropocêntrica e teocêntrica
Racionalismo, busca do equilíbrio	Oposição entre mundo material e mundo espiritual, fé e razão
Paganismo; elementos da cultura greco-latina	Cristianismo
Imitação dos clássicos renascentistas	Restauração da fé religiosa medieval
Idealização amorosa, neoplatonismo, convencionalismo amoroso	Idealização amorosa, sensualismo e sentimento de culpa cristão
Fugere urbem, carpe diem, aurea mediocritas	Consciência trágica da efemeridade do tempo, *carpe diem*
Busca da clareza das ideias	Gosto por raciocínios complexos, intricados, desenvolvidos em parábolas e narrativas bíblicas
Pastoralismo, bucolismo	Morbidez
Universalismo	
Ideias iluministas	Influências da Contrarreforma
Quanto à forma	
Vocabulário simples	Vocabulário culto
Gosto pela ordem direta e pela simplicidade da linguagem	Gosto por inversões e por construções complexas e raras
Gosto pelo soneto e pelo decassílabo	Gosto pelo soneto e pelo decassílabo
Ausência quase total de figuras de linguagem	Linguagem figurada

O texto e o contexto em perspectiva multidisciplinar

Leia, a seguir, o infográfico e um painel de textos interdisciplinares que relacionam a produção literária do Arcadismo ao contexto histórico, social e cultural em que o movimento floresceu.

LINHA DO TEMPO

- **1638-1640** – Introdução do tema da Arcádia na pintura, apontando para a renovação neoclássica, com o quadro *Et in Arcadia ego*, de Nicolas Poussien
- **1746** – Publicação de *Verdadeiro método de estudar*, de Pe. Luís Antônio Verney, em que a arte barroca é condenada
- **1750** – Nomeação do Marquês de Pombal para secretário de Estado, no reinado de D. José I
- **1755** – Terremoto em Lisboa, que levou à reconstrução da cidade
- **1756** – Fundação da Arcádia Lusitana, marco introdutório do Arcadismo em Portugal
- **1759** – Expulsão dos jesuítas de Portugal e do Brasil
- **1768** – Publicação de *Obras poéticas*, de Cláudio Manuel da Costa, marco introdutório do Arcadismo no Brasil
- **1776** – Independência dos Estados Unidos
- **1777** – *A morte do general Warren na batalha de Bunker Hill* (1786), de John Trumbull.
- **1787-1788** – Circulação das *Cartas chilenas* em Vila Rica, atual Ouro Preto
- **1789** – Revolução Francesa e, no Brasil, Inconfidência Mineira; Prisão dos poetas mineiros inconfidentes
- **1792** – Enforcamento de Tiradentes

A morte do general Warren na batalha de Bunker Hill (1786), de John Trumbull.

Reprodução/Museu de Belas Artes, Boston, EUA.

Reprodução/Museu Nacional do Palácio de Versalhes e Trianon, Versalhes, França.

O marquês de Pombal expulsando os jesuítas, de Louis-Michel van Loo e Claude-Joseph Vernet.

Reprodução/Palácio dos Marqueses de Pombal, Oeiras, Portugal

Linha do tempo esquemática. O espaço entre as datas não é proporcional ao intervalo de tempo.

Um olhar para o futuro

A passagem do século XVII para o seguinte, na Europa, representou uma mudança muito grande de mentalidade e cosmovisão; quer dizer, em muitos aspectos o homem abandonou uma visão religiosa do mundo e da vida e adotou uma perspectiva mais terrena para a busca do conhecimento e orientação dos seus esforços. Todos os ganhos do pensamento filosófico do século XVII [...], à medida que foram sendo discutidos, refutados, aceitos, reproduzidos e vulgarizados, foram sendo difundidos e assimilados pelo homem comum, interferindo na sua forma de ver o mundo.

Ao invés de continuar olhando para o passado como sendo a origem e a perfeição das coisas — já que o mundo era uma obra de Deus [...] — o homem do novo século passou a duvidar da legitimidade dos privilégios dos membros da nobreza, justificados por serem considerados os descendentes mais próximos de Adão e Eva. Os valores guerreiros e heroicos aristocráticos foram negados e duvidava-se das verdades proclamadas por autores da Antiguidade que haviam errado sobre tantas coisas e eram contestados pelas novas descobertas, principalmente as realizadas no campo da ciência. Em lugar do passado, os homens invertiam a perspectiva e olhavam para o futuro: o homem, através da razão, com sua capacidade de conhecer e chegar à verdade das coisas, seria capaz de corrigir o que houvesse de errado no mundo e, com isso, construir uma vida mais razoável e mais próxima da vida natural.

(Luiz Roncari. *Literatura brasileira — Dos primeiros cronistas aos últimos românticos*. 2. ed. São Paulo: Edusp/FDE, 1995. p. 180-181.)

Sony Pictures/Everett Collection/Fotoarena

Cena do filme *Maria Antonieta* (2006), de Sofia Coppola, que retrata a vida da aristocracia francesa no século XVIII.

A burguesia e o fim da sociedade feudal

Foi essa classe média, a burguesia, que provocou a Revolução Francesa, e que mais lucrou com ela. A burguesia provocou a Revolução porque tinha de fazê-lo. Se não derrubasse seus opressores, teria sido por eles esmagada. Estava na mesma situação do pinto dentro do ovo que chega a um tamanho em que tem que romper a casca ou morrer. Para a crescente burguesia os regulamentos, restrições e contenções do comércio e indústria, a concessão de monopólios e privilégios a um pequeno grupo, os obstáculos ao progresso criados pelas obsoletas e retrógradas corporações, a distribuição desigual dos impostos continuamente aumentados, a existência de leis antigas e a aprovação de novas sem que a burguesia fosse ouvida, o grande enxame de funcionários governamentais bisbilhoteiros e o crescente volume da dívida governamental — toda essa sociedade feudal decadente e corrupta era a casca que devia ser rompida. Não desejando ser asfixiada até morrer penosamente, a classe média burguesa que surgia tratou de fazer com que a casca se rompesse.

Quem era a burguesia? Eram os escritores, os doutores, os professores, os advogados, os juízes, os funcionários — as classes educadas; eram os mercadores, os fabricantes, os banqueiros — as classes abastadas, que já tinham direitos e queriam mais.

(Leo Huberman. *História da riqueza do homem*. 21. ed. Rio de Janeiro: LTC, 1986. p. 136.)

A liberdade como meta coletiva

O século XVIII é, por diversas razões, um século diferenciado. É nele que muitos processos históricos, cujas origens remontam ao final da Idade Média e início da Idade Moderna (séculos XV e XVI), atingem sua culminância — como a Reforma e a Contrarreforma religiosas ou a destruição do Estado monarquista absoluto. Ao lado desses, outros se originam e, talvez, o mais importante seja o que dá início ao processo de construção do homem comum como sujeito de direitos civis.

É verdade que esse processo de construção tem seus tímidos primórdios nos séculos anteriores, contudo, é no século XVIII, especialmente com as Revoluções Francesa (1789), Americana (1776), e mais a Revolução Industrial, que ele deslancha de maneira decisiva e irá ser estendido pelos séculos XIX e XX, até os dias de hoje.

(Nilo Odalia. *In*: Jaime Pinsky e Carla B. Pinsky, orgs. *História da cidadania*. São Paulo: Contexto, 2003. p. 159.)

A Liberdade guiando o povo (1831), de Delacroix.

Os iluministas e as ideias de liberdade

Fala-se muito nos dias de hoje em direitos do homem. Pois bem: foi no século XVIII — em 1789, precisamente — que uma Assembleia Constituinte [...] produziu e proclamou em Paris, solenemente, a primeira "Declaração dos Direitos do Homem e do Cidadão" de que se tem notícia. Até então era como se o homem não existisse.

É claro que [...] isso não significa que estes direitos sejam respeitados. Às vezes, como ocorre hoje em dia, é sintoma justamente do contrário [...] Se uma "Declaração" como aquela que se produziu durante a grande revolução francesa do século foi possível e se impôs como necessária para um grupo de entusiasmados revolucionários, foi por ter sido preparada por uma mutação no plano das ideias e das mentalidades.

(Luiz R. Salinas Fortes. *O Iluminismo e os reis filósofos*. São Paulo: Brasiliense, 1981. p. 7-8.)

Rousseau, filósofo iluminista, retratado por Maurice Quentin de La Tour.

Roteiro de estudo

Reúna-se com seu grupo e, ao final da leitura dos textos, vocês deverão:

- Saber explicar por que o prestígio da razão e da ciência punha em xeque o sistema de poder e de classe do Absolutismo.
- Saber comentar por que, de acordo com o ponto de vista de Leo Huberman, era inevitável que a burguesia fizesse a Revolução Francesa.
- Reconhecer a importância da Revolução Francesa para os "direitos do cidadão", tão reivindicados nos dias de hoje.
- Saber estabelecer relações entre as opções estéticas do Arcadismo (forma e conteúdo dos textos literários) e as ideias iluministas e explicar por que a arte árcade era uma espécie de grito de protesto da burguesia.

CAPÍTULO

7

O Arcadismo em Portugal e no Brasil

A chegada das ideias iluministas a Portugal, no século XVIII, deu ao país um sopro de renovação e entusiasmou governantes e intelectuais a modernizar nação.

Já, no Brasil, as ideias iluministas levaram nossos intelectuais e escritores a sonhar com a liberdade do Brasil-Colônia, conduzindo-os ao movimento da Inconfidência Mineira, ocorrida em 1789, em Ouro Preto, Minas Gerais.

Julgamento de Felipe dos Santos (1923), por Antônio Parreiras, que retrata a execução do líder da Revolta de Vila Rica (1720), primeira tentativa de libertação do colonialismo português e precursora da Inconfidência Mineira.

Este capítulo favorece o desenvolvimento das habilidades

EM13LGG102
EM13LGG202
EM13LGG601
EM13LGG602
EM13LGG604
EM13LP01
EM13LP06
EM13LP46
EM13LP48
EM13LP52

O Arcadismo em Portugal

Nas primeiras décadas do século XVIII, o desejo de modernizar Portugal à altura das grandes nações europeias levou o rei D. João V e seu sucessor, D. José I, a empreender um projeto de reformas políticas, econômicas, educacionais e culturais, voltado a satisfazer os interesses da burguesia mercantil e colonialista. Nesse projeto, esteve à frente, na condição de ministro e com amplos poderes, o marquês de Pombal, também adepto das ideias iluministas.

No campo da cultura e das artes, Pombal contou com o apoio de artistas, intelectuais e cientistas portugueses, a maioria com formação no exterior. À frente desse grupo estava Luís Antônio Verney, cujo projeto de reforma pedagógica, aplicado parcialmente por Pombal, mudou de modo significativo o cenário científico e artístico português, dando origem a um período de efervescência cultural em Portugal. Como decorrência disso foi fundada a **Arcádia Lusitana**, em 1756, considerada o marco introdutório do Arcadismo em Portugal.

Entre outros escritores, o Arcadismo português contou com as obras de Filinto Elísio, marquesa de Alorna e, principalmente, Manuel Maria du Bocage.

Bocage: o salto da emoção

Bocage é considerado o melhor escritor português do século XVIII e, ao lado de Camões e de Antero de Quental, um dos três maiores sonetistas de toda a literatura portuguesa. Contudo, o título de melhor escritor da época não faz de Bocage o mais perfeito poeta árcade, papel que talvez caiba a Filinto Elísio. A importância conferida à obra de Bocage advém principalmente de nela se encontrar a tradução do momento transitório em que o escritor viveu, um período marcado por mudanças profundas, como a Revolução Francesa (1789) e o florescimento do Romantismo. Assim, a obra de Bocage, em sua totalidade, não é árcade nem romântica. É uma obra de transição, que apresenta simultaneamente aspectos dos dois movimentos literários.

A fase inicial da poesia de Bocage é marcada por formas e temas próprios do Arcadismo: o ambiente bucólico, o *fugere urbem*, o ideal de vida simples e alegre (*aurea mediocritas*), a simplicidade e a clareza das ideias e da linguagem, etc.

Já outro conjunto de poemas do autor, classificados como pré-românticos, contraria os postulados árcades e prenuncia o movimento literário posterior, o Romantismo.

Quem foi Bocage?

Manuel Maria Barbosa du Bocage (1765-1805), também conhecido pelo pseudônimo de Elmano Sadino, nasceu na cidade de Setúbal. Seu pseudônimo é assim formado: Elmano é um anagrama de Manoel, e Sadino é relativo ao rio Sado, que corta sua cidade natal.

Grande admirador de Camões e de sua obra, Bocage seguiu o exemplo de seu mestre, vivendo inúmeras experiências amorosas e aventurando-se nas colônias portuguesas da Índia (Goa) e da China (Macau).

Como o autor de *Os lusíadas*, Bocage também se incorporou em companhias militares, lutou na guerra, naufragou, foi preso e morreu na miséria.

Reprodução/Acervo da editora

Manuel Maria du Bocage, retratado pelo pintor João Elói do Amaral.

Leitura

Você vai ler a seguir dois sonetos de Bocage. Observe as semelhanças e as diferenças entre um e outro quanto à forma e ao conteúdo. Após a leitura, responda às questões propostas.

TEXTO 1

Já o Inverno, espremendo as **cãs nevosas**,
Geme, de horrendas nuvens carregado;
Luz o aéreo fuzil, e o mar inchado
Investe ao Polo em serras escumosas;

Oh benignas manhãs! Tardes saudosas,
Em que folga o pastor, **medrando** o gado,
Em que brincam no **ervoso** e fértil prado
Ninfas e Amores, Zéfiros e Rosas!

Voltai, retrocedei, formosos dias:
Ou antes vem, vem tu, doce beleza
Que noutros campos mil prazeres crias;

E ao ver-te sentirá minh'alma acesa
Os perfumes, o encanto, as alegrias
Da estação, que remoça a Natureza.

(Bocage. *Sonetos completos*. São Paulo: Núcleo, 1989. p. 22.)

Reprodução/Museu Cognacq-Jay, Paris, França

cãs: cabelos brancos.
ervoso: recoberto de erva.
medrar: crescer, fazer crescer, desenvolver.
nevoso: coberto de neve.

Jovem com chapéu de palha (1769), de Jean-Baptiste Huet.

TEXTO 2

O céu, de opacas sombras abafado,
Tornando mais medonha a noite feia;
Mugindo sobre as ondas, que salteia,
O mar, em crespos montes levantado:

Desfeito em furacões o vento irado,
Pelos ares zunindo a solta areia,
O pássaro noturno, que vozeia
No **agoureiro** cipreste além pousado:

Formam quadro terrível, mas aceito,
Mas grato aos olhos meus, grato à **fereza**
Do ciúme, e saudade, a que ando afeito:

Quer no horror igualar-me a Natureza;
Porém cansa-se em vão, que no meu peito
Há mais **escuridade**, há mais tristeza.

(Bocage. *Sonetos completos*, *cit.*, p. 34.)

Thinkstock/Getty Images

agoureiro: agourento, que prevê desgraças.
escuridade: escuridão, obscuridade.
fereza: crueldade, perversidade.

1 Os dois sonetos se iniciam fazendo referências semelhantes ao céu e ao mar.
a) Como o céu e o mar são retratados na primeira estrofe desses textos?
b) Em qual dos textos o cenário se modifica a partir da segunda estrofe?

2 A natureza está presente em ambos os textos.
a) Em qual deles o ambiente retratado na primeira estrofe se mantém?
b) No outro texto, como a natureza passa a ser retratada?
c) Em qual dos sonetos a natureza é apresentada de acordo com a convenção árcade? Justifique sua resposta.

3 Nos dois sonetos, de forma explícita ou implícita, há menção a uma figura feminina.
a) No texto 1, que tipo de sentimento a figura feminina produz no eu lírico?
b) E no texto 2?

4 No texto 2, o eu lírico identifica-se com a natureza tempestuosa, com a noite e pássaros agourentos, sente-se cheio de horror, de tristeza e escuridão. Esse modo de ver o mundo enquadra-se nas características árcades? Por quê?

5 Nos textos árcades, é comum haver referências à mitologia greco-latina. Em qual dos textos se verifica esse traço? Justifique sua resposta com elementos do texto.

6 O Romantismo é o movimento literário que ocorreu no início do século XIX, logo após o Arcadismo. Observe algumas das características desses dois movimentos literários:

Arcadismo	Romantismo
• Amor convencional • Racionalismo • Presença da mitologia greco-latina • Manutenção de formas clássicas e gosto pelo soneto	• Paixão • Predomínio da emoção • Cristianismo • Gosto por formas populares e pelas redondilhas

Considerando essas características, responda:
a) Qual dos dois textos representa a fase árcade de Bocage? Por quê?
b) Qual representa a fase pré-romântica? Por quê?

O Arcadismo no Brasil

Com a extração do ouro em Minas Gerais, no século XVIII, houve uma grande expansão urbana e um significativo dinamismo econômico e cultural nessa região do país. Filhos de famílias abastadas iam fazer seus estudos superiores em Coimbra e retornavam ao Brasil trazendo as ideias iluministas e as novas concepções literárias árcades que fermentavam a vida cultural portuguesa. Foi nesse contexto que, na cidade mineira de Vila Rica, atual Ouro Preto, se originou o Arcadismo brasileiro. Além desse movimento literário, os ideais iluministas trazidos da Europa também motivaram a Inconfidência Mineira, em 1789, da qual participaram os poetas Cláudio Manuel da Costa, Alvarenga Peixoto e Tomás Antônio Gonzaga.

Arcadismo na colônia: entre o local e o universal

Embora os escritores brasileiros do século XVIII se orientassem pelos princípios estabelecidos nas academias literárias portuguesas e se inspirassem em autores clássicos como Camões, Petrarca e Horácio, buscando elevar a literatura colonial ao nível da europeia e, também, conferir a ela maior universalidade, eles não deixaram de manifestar em suas produções literárias peculiaridades locais. Como exemplo, a natureza presente na poesia de Cláudio Manoel da Costa é mais bruta e selvagem do que nos modelos europeus; o mito do "bom selvagem", do filósofo iluminista francês Rousseau, culminou na figura do índio brasileiro, presente nos poemas épicos *O Uraguai*, de Basílio da Gama, e *Caramuru*, de Santa Rita Durão; e a expressão dos sentimentos, em Tomás Antônio Gonzaga e Silva Alvarenga, é mais espontânea e menos convencional do que nos poemas árcades portugueses.

Entre os autores árcades brasileiros, destacam-se: na lírica, Cláudio Manuel da Costa e Tomás Antônio Gonzaga; na épica, Basílio da Gama e Santa Rita Durão.

Tomás Antônio Gonzaga: a renovação árcade

Tomás Antônio Gonzaga é o principal poeta do Arcadismo no Brasil. Escrita antes e durante a fase em que esteve preso devido à sua participação na Inconfidência Mineira, sua poesia contém muito da experiência pessoal; assim, os traços subjetivos, emotivos e espontâneos de seus poemas afastam sua poesia da rigidez e do racionalismo dos princípios árcades. Apresentando-se com o pseudônimo de Dirceu, o poeta canta seu amor por Marília, personagem mais humana e real do que a Nise de Cláudio Manuel da Costa, idealizando uma vida simples e tranquila com ela quando sair da prisão.

Além da poesia lírica, Gonzaga também cultivou a poesia satírica, reunida em *Cartas chilenas*, poema incompleto a ele atribuído. Circulando por Vila Rica entre 1788 e 1789, período de muita tensão política que antecede a Inconfidência Mineira, as *Cartas chilenas* mantiveram-se anônimas devido ao risco de seu conteúdo: o poema satirizava os desmandos e a devastadora corrupção em torno da administração de Luís da Cunha Menezes, governador da capitania de Minas entre 1783 e 1788.

Quem foi Tomás Antônio Gonzaga?

Reprodução/Fundação Biblioteca Nacional, Rio de Janeiro, RJ.

Tomás Antônio Gonzaga nasceu no Porto, em Portugal, em 1744, e morreu em Moçambique, na África, em 1810.

Veio para o Brasil com a família ainda menino e, quando moço, estudou Direito em Coimbra, onde teve contato com as ideias de Pombal e de Verney e com a poesia árcade.

De volta ao Brasil, passou a viver em Vila Rica, onde exerceu a função de ouvidor. Iniciou ali sua atividade literária e sua relação amorosa com Maria Doroteia de Seixas, uma jovem então com 16 anos, cantada em seus versos com o pseudônimo de Marília.

Em 1789, acusado de participar da Inconfidência, Gonzaga foi preso e mandado ao Rio de Janeiro, ondo ficou encarcerado até 1792, quando foi exilado para Moçambique.

Leitura

Leia o texto que segue, de Tomás Antônio Gonzaga, e responda às questões propostas.

Lira 77

Eu, Marília, não fui nenhum vaqueiro
fui honrado pastor da tua aldeia;
vestia finas lãs e tinha sempre
a minha **choça** do preciso cheia.
Tiraram-me o **casal** e o manso gado,
nem tenho a que me encoste um só cajado.

....

Para ter que te dar, é que eu queria
de mor rebanho ainda ser o dono;
prezava o teu semblante, os teus cabelos
ainda muito mais que um grande trono.
Agora que te oferte já não vejo,
além de um puro amor, de um são desejo.

Se o rio levantado me causava,
levando a sementeira, prejuízo,
eu alegre ficava, apenas via
na tua breve boca um ar de riso.
Tudo agora perdi; nem tenho o gosto
de ver-te ao menos compassivo o rosto.

....

Ah! minha bela, se a fortuna volta,
Se o bem, que já perdi, alcanço e provo
por essas brancas mãos, por essas faces
te juro renascer um homem novo,
romper a nuvem que os meus olhos cerra,
amar no céu a **Jove** e a ti na terra!

Se não tivermos lãs e peles finas,
podem mui bem cobrir as carnes nossas
as peles dos cordeiros mal curtidas,
e os panos feitos com as lãs mais grossas.
Mas ao menos será o teu vestido
Por mãos de amor, por minhas mãos **cosido**

....

Nas noites de serão nos sentaremos
cos filhos, se os tivermos, à fogueira:
entre as falsas histórias, que contares,
lhes contarás a minha, verdadeira.
Pasmados te ouvirão; eu, entretanto,
ainda o rosto banharei de pranto.

Quando passarmos juntos pela rua,
nos mostrarão co dedo os mais pastores,
dizendo uns para os outros: — Olha os nossos
exemplos de desgraça e sãos amores.
Contentes viveremos desta sorte,
até que chegue a um dos dois a morte.

(*In*: Antonio Candido e José A. Castello. *Presença da literatura brasileira*. São Paulo: Difel, 1976. v. 1. p. 165-166.)

Reprodução/Museu Kunstpalast, Düsseldorf, Alemanha

Pastores numa paisagem alemã (1844), de Ludwig A. Richter.

casal: sítio, pequena propriedade rural.
choça: habitação humilde.
cosido: costurado.
Jove: pai dos deuses na mitologia romana, conhecido também como Júpiter.

1 O poema pode ser dividido em duas partes: a primeira trata de uma experiência real, vivida no passado ou no presente; a segunda envolve os planos para o futuro.

a) Identifique as estrofes que compõem cada uma das partes.

b) Que tipo de vida levava o eu lírico, na primeira parte? Como se sentia?

c) Que tipo de vida idealiza, na segunda parte?

2 O poema, apesar de apresentar traços diferentes dos prescritos pela orientação árcade, está ligado a essa tradição. Retire do texto exemplos de bucolismo, pastoralismo, *aurea mediocritas* e elementos da cultura greco-latina.

3 O movimento do Arcadismo veicula valores e ideias da classe que o produz e o consome: a burguesia.

a) Destaque do poema os versos relativos a duas situações em que fica clara a preocupação econômica e material do pastor Dirceu, indício da ideologia burguesa.

b) Destaque das duas últimas estrofes valores próprios da moral burguesa da época.

O indianismo árcade na poesia épica

Com influências do Iluminismo, que valorizava a figura do índio como o "bom selvagem", surgiram no Arcadismo brasileiro duas obras épicas com esse mesmo intuito, num claro sinal de *nativismo*, isto é, de apreço por elementos próprios da colônia. Uma delas é *O Uraguai*, de Basílio da Gama, e a outra é *Caramuru*, do frei Santa Rita Durão.

O Uraguai é considerada a melhor realização no gênero épico no Arcadismo brasileiro. Seu tema é um fato histórico: a luta de portugueses e espanhóis contra índios e jesuítas, que, instalados nas missões jesuíticas do atual Rio Grande do Sul, não queriam aceitar as decisões do Tratado de Madri.

Já *Caramuru* conta a história de Diogo Álvares Correia, o "Caramuru", um náufrago português que viveu entre os tupinambás.

O genocídio de Sete Povos das Missões e *O Uraguai*

O Tratado de Madri (1750) determinava uma troca de territórios: os portugueses que se encontravam na colônia de Sacramento (hoje parte do Uruguai) deveriam desocupar a região e instalar-se nos sete povoados, chamados "Sete Povos", pertencentes a Portugal e ocupados por índios. Em troca, a Espanha teria soberania sobre as Tordesilhas. Ocorre que os indígenas que ocupavam esses povoados, provavelmente influenciados pelos jesuítas, não queriam passar ao domínio português. Diante do impasse, os governos português e espanhol uniram-se para intervir militarmente na região, resultando numa guerra sangrenta, que ocasionou a morte de milhares de índios. Parte dessa guerra é narrada em *O Uraguai*, de Basílio da Gama.

Em dia com o Enem e o vestibular

1 (ENEM)

LXXVIII (Camões, 1525?-1580)

Leda serenidade deleitosa,
Que representa em terra um paraíso;
Entre rubis e perlas doce riso;
Debaixo de ouro e neve cor-de-rosa;

Presença moderada e graciosa,
Onde ensinando estão despejo e siso
Que se pode por arte e por aviso,
Como por natureza, ser fermosa;

Fala de quem a morte e a vida pende,
Rara, suave; enfim, Senhora, vossa;
Repouso nela alegre e comedido:

Estas as armas são com que me rende
E me cativa Amor; mas não que possa
Despojar-me da glória de rendido.

CAMÕES, L. *Obra completa*. Rio de Janeiro: Nova Aguilar, 2008.

Reprodução/Enem,2012

SANZIO, R. (1483-1520) A *mulher com o unicórnio*. Roma, Galleria Borghese. Disponível em: www.arquipelagos.pt. Acesso em: 29 fev. 2012. (Foto: Reprodução/Enem)

A pintura e o poema, embora sendo produtos de duas linguagens artísticas diferentes, participaram do mesmo contexto social e cultural de produção pelo fato de ambos

a) apresentarem um retrato realista, evidenciado pelo unicórnio presente na pintura e pelos adjetivos usados no poema.
b) valorizarem o excesso de enfeites na apresentação pessoal e na variação de atitudes da mulher, evidenciadas pelos adjetivos do poema.
c) apresentarem um retrato ideal de mulher marcado pela sobriedade e o equilíbrio, evidenciados pela postura, expressão e vestimenta da moça e os adjetivos usados no poema.
d) desprezarem o conceito medieval da idealização da mulher como base da produção artística, evidenciado pelos adjetivos usados no poema.
e) apresentarem um retrato ideal de mulher marcado pela emotividade e o conflito interior, evidenciados pela expressão da moça e pelos adjetivos do poema.

2 (ENEM)

TEXTO 1

Andaram na praia, quando saímos, oito ou dez deles; e daí a pouco começaram a vir mais. E parece-me que viriam, este dia, à praia, quatrocentos ou quatrocentos e cinquenta. Alguns deles traziam arcos e flechas, que todos trocaram por carapuças ou por qualquer coisa que lhes davam. [...] Andavam todos tão bem-dispostos, tão bem feitos e galantes com suas tinturas que muito agradavam.

CASTRO, S. "A carta de Pero Vaz de Caminha". Porto Alegre: L&PM, 1996 (fragmento).

TEXTO 2

Reprodução/Enem,2013

PORTINARI, C. *O descobrimento do Brasil*. 1956. Óleo sobre tela, 199 × 169 cm.

Pertencentes ao patrimônio cultural brasileiro, a carta de Pero Vaz de Caminha e a obra de Portinari retratam a chegada dos portugueses ao Brasil. Da leitura dos textos, constata-se que

a) a carta de Pero Vaz de Caminha representa uma das primeiras manifestações artísticas dos portugueses em terras brasileiras e preocupa-se apenas com a estética literária.
b) a tela de Portinari retrata indígenas nus com corpos pintados, cuja grande significação é a afirmação da arte acadêmica brasileira e a contestação de uma linguagem moderna.
c) a carta, como testemunho histórico-político, mostra o olhar do colonizador sobre a gente da terra, e a pintura destaca, em primeiro plano, a inquietação dos nativos.

d) as duas produções, embora usem linguagens diferentes — verbal e não verbal —, cumprem a mesma função social e artística.

e) a pintura e a carta de Caminha são manifestações de grupos étnicos diferentes, produzidas em um mesmo momento histórico, retratando a colonização.

3 (UPE - SSA1) Gregório de Matos, poeta baiano, que viveu no século XVI, produziu uma poesia em que satiriza a sociedade de seu tempo. Execrado no passado por seus conterrâneos, hoje é reconhecido como grande poeta, sendo, inclusive, sua poesia satírica fonte de pesquisa histórica.

Leia os poemas e analise as proposições a seguir:

Poema I

Triste Bahia! Oh quão dessemelhante
Estás, e estou do nosso antigo estado!
Pobre te vejo a ti, tu a mi empenhado,
Rica te vejo eu já, tu a mi abundante.

A ti tocou-te a máquina mercante,
Que em tua larga barra tem entrado,
A mim foi-me trocando, e tem trocado
Tanto negócio, e tanto negociante.

Deste em dar tanto açúcar excelente
Pelas drogas inúteis, que abelhuda
Simples aceitas do sagaz Brichote.

Oh se quisera Deus, que de repente
Um dia amanheceras tão sisuda
Que fora de algodão o teu capote
(Gregório de Matos)

Poema II

Horas contando, numerando instantes,
Os sentidos à dor, e à glória atentos,
Cuidados cobro, acuso pensamentos,
Ligeiros à esperança, ao mal constantes.

Quem partes concordou tão dissonantes?
Quem sustentou tão vários sentimentos?
Pois para a glória excedem de tormentos,
Para martírio ao bem são semelhantes.

O prazer com a pena se embaraça;
Porém quando um com outro mais porfia,
O gosto corre, a dor apenas passa.

Vai ao tempo alterando a fantesia,
Mas sempre com vantagem na desgraça,
Horas de inferno, instantes de alegria.
(Gregório de Matos)

I. Além de poeta satírico, o Boca do Inferno também cultivou a poesia lírica, composta por temas diversificados, pois nos legou uma lírica amorosa, erótica e religiosa e até de reflexão sobre o sofrimento, a exemplo do poema II.

II. Considerado tanto poeta cultista quanto conceptista, o autor baiano revela criatividade e capacidade de improvisar, segundo comprovam os versos do poema I, em que realiza a crítica à situação econômica da Bahia, dirigida, na época, por Antônio Luís da Câmara Coutinho.

III. Em Triste Bahia, poema I, musicado por Caetano Veloso, Gregório de Matos identifica-se com a cidade, ao relacionar a situação de decadência em que se encontram tanto ele quanto a cidade onde vive. O poema abandona o tom de zombaria, atenuando a sátira contundente para tornar-se um quase lamento.

IV. Os dois poemas são sonetos, forma fixa herdada do Classicismo, muito pouco utilizada pelo poeta baiano, que desprezou a métrica rígida e criou poesia em versos brancos e livres.

V. Como poeta barroco, fez uso consciente dos recursos estéticos reveladores do conflito do homem da época, como se faz presente na antítese que encerra o II poema: "Horas de inferno, instantes de alegria".

Estão corretas apenas

a) I, II, III e V.
b) I, II e IV.
c) IV e V.
d) I, III e IV.
e) I, IV e V.

4 (UFRS - RS) Leia as afirmações abaixo sobre o Arcadismo brasileiro.

I. Os poetas árcades colocavam-se como pastores para realizarem, dessa forma, o ideal de uma vida simples em contato com a natureza.

II. O Arcadismo brasileiro, embora tenha reproduzido muito dos modelos europeus, apresentou características próprias, como a incorporação do elemento indígena e a sátira política.

III. O tema do "Carpe diem", em que o poeta expressa o desejo de aproveitar intensamente o momento presente, fugaz e passageiro, foi ignorado pelos árcades brasileiros, excessivamente racionalistas.

Quais estão corretas?

a) Apenas I.
b) Apenas III.
c) Apenas I e II.
d) Apenas II e III.
e) I, II e III.

LINGUAGENS E SUAS TECNOLOGIAS
LITERATURA

Album/ZUMA Press/Glow Images/Tate Modern, Londres, Inglaterra.

Chichester Canal (1828), de William Turner, um dos mais importantes pintores do Romantismo europeu.

UNIDADE 4

História social do Romantismo

Você se considera uma pessoa romântica? A palavra *romântico* é frequentemente associada a um conjunto de comportamentos e valores, como dar ou receber flores, gostar de ler ou de escrever poemas e histórias de amor, emocionar-se facilmente, ser gentil e delicado com a pessoa amada.

Esse tipo de romantismo, porém, é diferente do Romantismo na arte. Este também está relacionado aos sentimentos, mas foi muito mais do que isso. Foi um amplo movimento que surgiu no século XIX e representou artisticamente os anseios da burguesia que havia acabado de chegar ao poder na França.

Estudar a literatura do período implica conhecer as transformações então ocorridas e ver de que modo elas acarretaram uma nova forma de ver e sentir o mundo.

Esta unidade favorece o desenvolvimento das habilidades

EM13LP28 EM13LP30 EM13LP32 EM13LP51 EM13LGG103

EM13LGG202 EM13LGG601 EM13LGG602 EM13LGG604

Fique ligado! **Pesquise!**

Para estabelecer relações entre a literatura e outras artes e áreas de conhecimento, eis algumas sugestões:

Assista

- *Sombras de Goya*, de Milos Forman; *Goya*, de Carlos Saura; *Minha amada imortal*, de Bernard Rose; *Razão e sensibilidade*, de Ang Lee; *Danton — O processo da revolução*, de Andrzej Wajda; *Os miseráveis*, de Bille August; *Emma*, de Douglas McGrath; *Carta de uma desconhecida*, de Max Ophüls; *Sinfonia da primavera*, de Peter Shamony; *Afinidades eletivas*, de Paolo e Vittorio Taviani; *O morro dos ventos uivantes*, de Peter Kosminsky; *Independência ou morte*, de Carlos Coimbra; *Carlota Joaquina, princesa do Brasil*, de Carla Camurati; *Frankenstein, o terror das trevas*, de Roger Corman; *Fausto*, de Aleksandr Sokurov; *Senhora*, de Geraldo Vietri.

AF Archive/Alamy/Fotoarena

Cena do filme *Goya*, de Carlos Saura.

Leia

- *Os sofrimentos do jovem Werther*, de Goethe (Martins Fontes); *Eurico, o presbítero*, de Alexandre Herculano (Ática); *Viagens na minha terra*, de Almeida Garrett (Nova Alexandria); *Uma família inglesa*, de Júlio Diniz (Ediouro); *O navio negreiro e outros poemas*, de Castro Alves (Saraiva); *As trevas e outros poemas*, de Lord Byron (Saraiva); *Antologia de poesia brasileira — Romantismo* (Ática); *Pé na estrada*, de Jack Kerouac (L&PM e Ediouro).

Reprodução/Editora Saraiva

Ouça

- O movimento romântico na música erudita estende-se por todo o século XIX. Ouça a música dos compositores Beethoven, Schubert, Schumann, Mendelssohn, Chopin, Berlioz, Liszt, Wagner, Verdi, Brahms, Tchaikovsky, Dvorák e Strauss. Ouça também, da MPB, "Diáspora", de Arnaldo Antunes, Carlinhos Brown e Marisa Monte, que apresenta trechos de poemas de Castro Alves e Sousândrade; "O navio negreiro", canção adaptada da obra de Castro Alves e cantada por Caetano Veloso e Maria Bethânia na forma de *rap*; "Flores do mal", de Frejat; "Românticos", de Vander Lee; "Samba e amor", de Chico Buarque; "Muito romântico", de Caetano Veloso.

Navegue

- Textos de escritores românticos em geral: www.dominiopublico.gov.br/

Visite

- Visite o Museu Paulista, também conhecido como Museu do Ipiranga, em São Paulo, que reúne importante acervo de obras de arte, documentos e objetos relacionados com a Coroa portuguesa em nosso país e o movimento da Independência do Brasil.
- O Museu de Arte de São Paulo (Masp) e a Pinacoteca do Estado de São Paulo também possuem obras do Romantismo europeu e do brasileiro.

CAPÍTULO

8

A linguagem do Romantismo

Apesar de ser, do ponto de vista ideológico, uma arte revolucionária, o Arcadismo era, do ponto de vista estético, uma arte conservadora, pois se limitava fundamentalmente a eliminar os exageros do Barroco e a retomar os modelos do Classicismo do século XVI. Criar uma linguagem verdadeiramente nova, identificada com os padrões mais simples de vida do novo público consumidor, a burguesia, foi tarefa que coube ao Romantismo.

Reprodução/Museu do Louvre, Paris, França.

Francesca da Rimini (1835), de Ary Scheffer.

Este capítulo favorece o desenvolvimento das habilidades

- EM13LGG102
- EM13LGG103
- EM13LGG202
- EM13LGG302
- EM13LGG601
- EM13LGG602
- EM13LGG604
- EM13LP01
- EM13LP06
- EM13LP46
- EM13LP48
- EM13LP49
- EM13LP52

A imagem em foco

Observe atentamente o quadro abaixo, um dos mais importantes da pintura romântica.

Reprodução/Museu do Louvre, Paris, França

A jangada do Medusa (1819), de Théodore Géricault.

1 O quadro de Géricault retrata uma tragédia no mar. Ele difere das obras de outros pintores do Romantismo, sobretudo aqueles da fase inicial do movimento, que incluem em suas telas valores relacionados à Revolução Francesa, como heroísmo, glória e triunfo. Em contraposição a esses valores, o que se vê na tela *A jangada do Medusa*?

2 Considere as seguintes informações sobre a pintura clássica:

- geralmente apresenta poucos personagens, e seus elementos integram-se de forma harmônica, transmitindo a impressão de equilíbrio;
- cada personagem parece viver um drama pessoal, diferente dos dramas dos outros personagens.

Observe o número e a disposição dos personagens do quadro de Géricault e procure identificar o drama que cada um deles vive. Com base nessas observações, responda: O que diferencia o quadro romântico de Géricault dos quadros da pintura clássica?

O que foi o Medusa?

Foi um navio que levava soldados e colonos da França para o Senegal, em 1816, e afundou na costa africana. O capitão e seus oficiais ocuparam o bote salva-vidas e deixaram numa jangada improvisada os outros 149 passageiros, que ficaram doze dias, à deriva, no mar. Sobreviveram apenas quinze tripulantes, e conta-se que, em desespero, eles praticaram a antropofagia.

Reprodução/Museu do Louvre, Paris, França.

3 No Romantismo, a natureza geralmente é acolhedora e integra-se com o homem de modo harmonioso. Observe as ondas do mar e considere a condição dos tripulantes em *A jangada do Medusa*. Essa relação entre homem e natureza também se verifica nesse quadro? Por quê?

4 O quadro opõe vários elementos, entre eles a luz e a sombra. Observe que, à frente e à direita dos homens que estão em pé acenando, vê-se ao longe um navio que pode ser a salvação do grupo.

a) Supondo-se que a luz que se abre no horizonte represente a vida, o que representaria a sombra?

b) Considerando-se que o navio ao longe talvez seja a única possibilidade de salvação do grupo, que efeito de sentido tem no quadro o fato de ele estar tão distante?

c) Observe a direção do vento que sopra sobre a vela. As perspectivas de o grupo ser resgatado são boas? Por quê?

d) Observe que o quadro não apresenta cores vivas, predominando um tom ocre e sombrio. Levante hipóteses: Que relação pode ter esse aspecto cromático com a condição dos tripulantes?

5 A composição do quadro é organizada a partir de duas pirâmides: a primeira é formada pelas cordas que sustentam a vela; a segunda, pelo grupo de tripulantes.

a) Considerando-se que na base da pirâmide humana estão os mortos e, no meio, os moribundos, o que representa o topo da pirâmide?

b) Se você tivesse de atribuir um nome a essa pirâmide, que nome lhe daria?

6 Considerando o contexto revolucionário em que o quadro foi criado, levante hipóteses: Por que, de certa forma, ele faz uma crítica ao governo francês da época?

7 Observe estas características do Romantismo:

- natureza mais real
- predomínio da emoção
- nacionalismo
- subjetivismo
- gosto por ambientes noturnos
- atração pela morte
- sentido trágico da existência
- indianismo

Quais delas estão presentes na tela em estudo?

Reprodução/Museu do Louvre, Paris, França.

Pintores românticos na internet

Visite o Museu do Louvre por meio do *site* www.louvre.fr/moteur-de-rechercheoeuvres e, na janela de pesquisa, digite o nome de pintores românticos como Delacroix, Géricault, Turner e Constable e conheça os trabalhos desses artistas.

Leitura

O texto que segue é um dos poemas mais conhecidos da literatura brasileira. Gonçalves Dias escreveu-o em 1843, quando estava em Coimbra, onde fazia seus estudos universitários. O poeta vivia, então, uma situação de exílio, porém voluntário, e não político.

Leia o poema a seguir.

Canção do exílio

Kennst du das Land, wo die Citronen blühn,
Im dunkeln Laub die Gold-Orangen Glühn,
Kennst du es wohl? — Dahin, dahin!
*Möcht ich... ziehn.**

(Goethe)

Minha terra tem palmeiras,
Onde canta o Sabiá;
As aves, que aqui gorjeiam,
Não gorjeiam como lá.

Nosso Céu tem mais estrelas,
Nossas várzeas têm mais flores,
Nossos bosques têm mais vida,
Nossa vida mais amores.

Em cismar, sozinho, à noite,
Mais prazer encontro eu lá;
Minha terra tem palmeiras,
Onde canta o Sabiá.

Minha terra tem primores,
Que tais não encontro eu cá;
Em cismar — sozinho, à noite —
Mais prazer encontro eu lá;
Minha terra tem palmeiras,
Onde canta o Sabiá.

Não permita Deus que eu morra
Sem que eu volte para lá;
Sem que desfrute os primores
Que não encontro por cá;
Sem qu'inda aviste as palmeiras,
Onde canta o Sabiá.

Vista de Tomada da Costa, perto da Bahia, de Rugendas.

(*In*: *Gonçalves Dias*. São Paulo: Abril Educação, 1982. p. 11-12. Literatura Comentada.)

1 Durante a Era Clássica (compreendida pelo Classicismo, pelo Barroco e pelo Arcadismo), foram bastante utilizados o soneto e o verso decassílabo, considerados recursos de expressão refinados. No Romantismo, passou a existir um interesse muito grande pela cultura popular e suas tradições. Por força desse interesse, os poetas românticos começaram a buscar outras formas de expressão.

a) Faça a escansão destes versos de uma cantiga de roda:

Sete e sete são quatorze,
Com mais sete, vinte e um
Tenho sete namorados
Só posso casar com um
Namorei um garotinho
Do colégio militar
O diabo do garoto
Só queria me beijar

De que tipo são os versos, quanto ao número de sílabas?

b) Agora faça a escansão de alguns versos do poema de Gonçalves Dias. De que tipo eles são, também quanto à métrica?

2 A linguagem empregada nos textos do Barroco e do Arcadismo ainda guardava forte influência do português literário lusitano: o vocabulário era culto, a sintaxe apresentava inversões e não se empregavam palavras de origem tupi ou africana. Observe a linguagem da "Canção do exílio" e responda:

a) A linguagem do poema, escrito há mais de 170 anos, se mostra acessível ou inacessível para o leitor de hoje?

b) Faça uma pesquisa no dicionário: entre as palavras *terra*, *palmeiras*, *sabiá*, *gorjeiam*, qual delas tem origem indígena?

3 O poema apresenta um jeito de falar brasileiro (leia o boxe "O Romantismo e a fala brasileira") e uma forte musicalidade, associada ao emprego de recursos como rimas e ritmo.

a) Que palavras rimam entre si?

* "Conheces o país onde florescem as laranjeiras? Ardem na escura fronde os frutos de ouro. Conhecê-lo? — Para lá quisera eu ir!" (Tradução de Manuel Bandeira.)

b) No 1º verso, o ritmo decorre do fato de serem acentuadas (pronunciadas de maneira forte) a 3ª e a 7ª sílabas. Observe:

Mi/nha/**ter**/ra/tem/pal/**mei**/ras
3ª 7ª

Como se dá o ritmo nos demais versos da mesma estrofe?

O Romantismo e a fala brasileira

Manuel Bandeira, poeta modernista do século XX, notou que a "Canção do exílio" é um dos primeiros poemas brasileiros a apresentar uma prosódia (um jeito de falar) brasileira. Segundo ele, trata-se de "uma poesia cujo encanto verbal desaparece quando traduzida para outra língua. Desaparece mesmo quando dita com a pronúncia portuguesa".

Também vale lembrar que, antes do Romantismo, quase não havia poemas com rimas entre palavras oxítonas. A "Canção do exílio" representa, portanto, uma ruptura com os modelos clássicos de sonoridade poética.

4 O poema de Gonçalves Dias tem como epígrafe alguns versos do escritor romântico alemão Goethe. *Epígrafe* é uma frase ou um trecho de obra de outro autor no qual o escritor se inspira para escrever seu próprio texto.
Leia a nota de tradução dos versos de Goethe e compare os versos do escritor alemão aos do escritor brasileiro.

a) Em que se assemelham?

b) Gonçalves Dias fala de uma natureza generosa, como nos versos de Goethe, mas substitui as laranjeiras dos versos do escritor alemão por palmeiras. Por que você acha que isso acontece?

5 Todo o poema se articula em torno da oposição entre dois espaços: a pátria (o Brasil) e o exílio (Portugal).

a) Que palavras do texto evidenciam essa antítese?

b) Ao descrever o Brasil, o eu lírico destaca que espécies de elementos: culturais, naturais ou sociais? Justifique sua resposta com elementos do texto.

c) Que sentimento a distância da pátria provoca no eu lírico?

6 A natureza, nos textos árcades, não apresentava vida; com um papel secundário, servia apenas como pano de fundo para o idílio amoroso. Além disso, a presença de alguns elementos da paisagem nacional (principalmente mineira) era indício de *nativismo*, e não de *nacionalismo*.

a) No poema romântico de Gonçalves Dias, a natureza brasileira também assume um papel secundário?

b) Levante hipóteses e troque ideias com os colegas: Qual é a diferença entre *sentimento nativista* e *sentimento nacionalista*?

c) No poema de Gonçalves Dias, a natureza brasileira é expressão de sentimento nativista ou de sentimento nacionalista?

7 É comum, nos textos românticos, o eu lírico ou a personagem apresentar um estado de alma melancólico, triste e reflexivo, voltado para seu mundo interior. Identifique no texto ao menos uma situação em que isso ocorre.

8 Um escritor, ao tratar de temas como a pátria, a mulher, a natureza, etc., pode fazê-lo de diferentes modos. Por exemplo, de modo pessoal ou impessoal, objetivo ou subjetivo, sentimental ou racional, em diferentes graus. Como o eu lírico do poema vê a pátria e a natureza brasileira: de modo pessoal ou impessoal? Objetivo ou subjetivo? Racional ou sentimental? Realista ou idealizado?

Como síntese do estudo feito até aqui, compare as características do Romantismo com as do Arcadismo:

Romantismo	Arcadismo
Predomínio da emoção	Predomínio da razão
Subjetivismo	Objetivismo
Nacionalismo	Universalismo; nativismo
Maior liberdade formal	Maior contenção formal
Vocabulário e sintaxe mais brasileiros	Vocabulário e sintaxe com influência lusitana
Gosto pelas redondilhas	Gosto pelo decassílabo e pelo soneto
Valorização da cultura popular	Imitação da cultura clássica greco-latina
Natureza mais real, que interage com o eu lírico	Natureza como pano de fundo para os idílios amorosos
Sentimentalismo; estados de alma tristes e melancólicos	Busca de equilíbrio, racionalismo

On the road: o escapismo do século XX?

O livro *On the road* ou *Pé na estrada*, como foi traduzido no Brasil, é a obra do escritor americano Jack Kerouac (1922-1969), que influenciou a geração *beatnik* nos anos 1960.

Reprodução/Editora L&PM

John Lennon, fã das ideias *beat* desde a fase estudantil, dá o nome "Beatles" à sua banda como clara influência de Kerouac.

Leitura

O romance *Os sofrimentos do jovem Werther*, do escritor alemão Goethe, é um dos marcos fundadores do Romantismo europeu e exerceu grande influência sobre os escritores românticos brasileiros.

A obra tem uma estrutura epistolar, construída a partir de cartas que Werther, um jovem escritor e pintor, escreve a um amigo. Por meio delas, fica-se sabendo da chegada do jovem a um vilarejo alemão e do despertar de sua paixão não correspondida por Carlota. Na sequência, descobre-se que Carlota casa-se com Alberto, e Werther torna-se amigo do casal, o que acentua ainda mais sua frustração amorosa e acaba por levá-lo ao suicídio.

Você vai ler, a seguir, duas cartas: a primeira é escrita pelo protagonista logo após sua chegada ao vilarejo, pouco antes de ele conhecer Carlota e apaixonar-se por ela. A segunda é escrita quando ele já está perdidamente apaixonado por Carlota.

10 de maio

Uma serenidade maravilhosa inundou toda a minha alma, semelhante às doces manhãs primaveris com as quais me delicio de todo coração. Estou só e entrego-me à alegria de estar vivendo nesta região, ideal para almas iguais à minha. Estou tão feliz, meu bom amigo, de tal modo imerso no sentimento de uma existência tranquila, que minha arte está sendo prejudicada. Neste momento não poderia desenhar uma linha sequer, e, no entanto, nunca fui um pintor mais abençoado do que agora. Quando, ao meu redor, os vapores emanam do belo vale, o sol a pino pousa sobre a escuridão indevassável da minha floresta, e apenas alguns raios solitários se insinuam no centro deste santuário; quando, à beira do riacho veloz, deitado na grama alta, descubro rente ao chão a existência de mil plantinhas diferentes; quando sinto mais perto do meu coração o fervilhar do pequeno universo por entre as hastes, as inumeráveis e indecifráveis formas das minhoquinhas e dos pequenos insetos, quando sinto a presença do Todo-Poderoso, que nos criou à Sua imagem, o sopro do Deus Amantíssimo que a todos nós ampara e sustenta em eterna glória — nestes momentos, meu amigo, quando a penumbra invade os meus olhos, o mundo ao meu redor e o céu repousam em minha alma como a imagem da bem-amada, muitas vezes arrebata-me um **anelo** ardente e fico pensando: "Ah, se pudesses expressar tudo isso, se pudesses imprimir no papel tudo aquilo que palpita dentro de ti com tanta plenitude e tanto calor, de tal forma que a obra se tornasse o espelho de tua alma, assim como tua alma é o espelho do Deus infinito!" — Meu amigo! — Mas **soçobrarei**, sucumbo ao poder da grandiosidade destas manifestações.

(J. W. Goethe. *Os sofrimentos do jovem Werther*. 2. ed. Tradução de Marion Fleischer. São Paulo: Martins Fontes, 1998. p. 9-10.)

anelo: desejo intenso, aspiração.
soçobrar: perder a coragem, desanimar, naufragar.

30 de agosto

Infeliz! Não és um tolo? Não te enganas a ti mesmo? Por que te entregas a esta paixão desenfreada, interminável? Todas as minhas preces dirigem-se a ela; na minha imaginação não há outra figura senão a dela, e tudo que me cerca somente tem sentido quando relacionado a ela. E isso me proporciona algumas horas de felicidade — até o momento em que novamente preciso separar-me dela! Ah, Wilhelm!, quantas coisas o meu coração desejaria fazer! Depois de estar junto dela duas ou três horas, deliciando-me com sua presença, suas maneiras, a expressão celestial de suas palavras, e todos os meus sentidos pouco a pouco se tornam

Árvore com corvos, de Caspar David Friedrich.

tensos, de repente uma sombra **turva** meus olhos, mal consigo ouvir, sinto-me sufocado, como se estivesse sendo estrangulado por um assassino, meu coração bate estouvadamente, procurando acalmar os meus sentidos tormentados, mas conseguindo apenas aumentar a perturbação — Wilhelm, muitas vezes nem sei se ainda estou neste mundo!

Em outros momentos — quando a tristeza não me subjuga e Carlota me concede o pequeno conforto de dar livre curso às minhas mágoas, derramando lágrimas abundantes sobre suas mãos — tenho necessidade de afastar-me, de ir para longe, e então ponho-me a **errar** pelos campos. Nessas horas, sinto prazer em escalar uma montanha íngreme, em abrir caminho num bosque cerrado, passando por arbustos que me ferem, por espinhos que me dilaceram a pele! Sinto-me um pouco melhor então. Um pouco! E quando então, cansado e sedento, às vezes fico **prostrado** no caminho, no meio da noite, a lua cheia brilhando sobre minha cabeça, quando na solidão do bosque busco repouso no tronco retorcido de uma árvore, para aliviar meus pés doloridos, e então adormeço na meia-luz, mergulhando num sono inquieto — Ah, Wilhelm!, nestas horas a solidão de uma cela, o **cilício** e o **cíngulo** de espinhos seriam um bálsamo para a minha alma sequiosa! Adeus! Somente o túmulo poderá libertar-me desses tormentos.

(*Idem*, p. 69-70.)

cilício: cinto ou cordão cheio de pontas usado pelos penitentes.
cíngulo: cordão, cinto.
errar: andar sem rumo, vaguear.
prostrado: abatido, desanimado, sem forças.
turvar: tornar opaco; tornar triste.

O primeiro *best-seller*

A explosão de sentimentos do jovem Werther provocou uma forte reação entre a juventude da época. A obra representava uma nova ordem de valores e comportamentos, que se contrapunha frontalmente ao racionalismo do século XVIII. Os jovens começaram a se vestir como o protagonista da obra (com casaca azul e colete amarelo) e a viver paixões desenfreadas como a dele.

Quando Goethe e Napoleão se encontraram, em 1808, a conversa que tiveram foi sobre Werther, e o imperador francês confessou ao escritor ter lido a obra sete vezes. Provavelmente *Os sofrimentos do jovem Werther* foi o primeiro *best-seller* da literatura ocidental.

1 Compare o início das duas cartas.

a) Como Werther se sente na primeira carta? E na segunda?

b) A que se deve a mudança de espírito do personagem?

2 A natureza assume um papel de destaque nos textos românticos. Mais do que mero cenário, ela geralmente interage com personagens, podendo espelhar o estado de espírito deles. Observe o modo como o personagem se refere à natureza nas duas cartas. O que muda na descrição que ele faz da natureza nas duas situações?

3 Durante a Era Clássica, os textos literários faziam referência aos deuses da mitologia greco-latina. No Romantismo, que busca uma aproximação com seu público consumidor — a burguesia —, surgem manifestações de religiosidade cristã. Identifique na primeira carta um exemplo dessas manifestações.

4 Nas obras de ficção do Romantismo, o amor é um tema muito caro. Geralmente os personagens lutam por seu ideal amoroso, contrapondo-se a normas, padrões e conveniências sociais. Diante dos obstáculos, os relacionamentos românticos podem ter dois tipos de desfecho: o final trágico, que leva à morte de pelo menos um dos amantes, ou o final feliz. Nessa obra de Goethe, o final é trágico.

a) Que tipo de obstáculo impede Werther de conquistar o amor de Carlota?

b) Leia a última frase da segunda carta. Que significado tem a morte para Werther nesse contexto?

5 O **escapismo** ou desejo de evasão é uma constante nos textos românticos. Manifesta-se na busca da natureza, na fuga para o passado próximo (a infância) ou distante (a Idade Média), o sonho ou a fantasia e a morte. Identifique, na segunda carta, manifestações de escapismo.

6 Observe o quadro das características românticas (página 89).

a) Identifique nas cartas da obra de Goethe características românticas apresentadas no quadro.

b) Que outras características encontradas na prosa romântica de Goethe você incluiria no quadro?

O texto e o contexto em perspectiva multidisciplinar

Leia, a seguir, o infográfico e um painel de textos interdisciplinares que relacionam a produção literária do Romantismo ao contexto histórico, social e cultural em que o movimento floresceu.

LINHA DO TEMPO

Reprodução/Tate Modern, Londres, Inglaterra.

Pintura de *O naufrágio*, de William Turner

Reprodução/Museu do Prado, Madri, Espanha

Pintura de *Os fuzilamentos de 3 de maio de 1808*, de Goya

1774 – Publicação de *Os sofrimentos do jovem Werther*, de Goethe

1789 – Revolução Francesa

1793 – Julgamento e decapitação, na França, de Luís XVI

1805

1807 – Adesão de Portugal ao Bloqueio Continental, por imposição de Napoleão Bonaparte

1808 – Transferência da corte de D. João VI para o Brasil

1818 – Publicação de *Peregrinação de Childe Harold*, de Lord Byron

Revolução Francesa

H.Godin/Album/Fotoarena

Transferência da corte de D. João VI para o Brasil

Reprodução/Museu Nacional de Belas Artes, Rio de Janeiro, RJ

Liberdade, paixão e emoção

O romantismo foi mais que um programa de ação de um grupo de poetas, romancistas, filósofos ou músicos. Tratou-se de um vasto movimento onde se abrigaram o conservadorismo e o desejo libertário, a inovação formal e a repetição de fórmulas consagradas, o namoro com o poder e a revolta radical: enfim, um conjunto tão díspar de tendências que seria uma ociosa bobagem inconsequente pretender mascarar através de generalizações apresentadas a riqueza e a diversidade que nortearam o movimento romântico. Talvez fosse possível pensar, num esforço didático, que o romantismo foi marcado por algumas preocupações recorrentes, às quais poderíamos aliar um certo anticlassicismo, uma visão individualista, um desejo de romper com a normatividade e com os excessos do racionalismo. Liberdade, paixão e emoção constituem um tripé sobre o qual se assenta boa parte do romantismo.

(Wendy Beckett. *História da pintura*. São Paulo: Ática, 1987. p. 173.)

Reprodução/Coleção particular

A atmosfera romântica na obra *Veneza vista do "Europa"* (1843), de J. M. W. Turner.

Reprodução/Museu Paulista da USP, São Paulo, SP

1822 – Proclamação da independência política do Brasil

Reprodução/Coleção particular

1850 – Proibição do tráfico de escravos para o Brasil

Reprodução/Museu do Louvre, Paris, França

1830 – Pintura de *A Liberdade guiando o povo*, de Delacroix

Maisons de Victor Hugo/Roger-Viollet/ Glow Images

1862 – Publicação de *Os miseráveis*, de Victor Hugo

1820 – Revolução Liberal do Porto

1822 – Proclamação da independência política do Brasil

1825 – Início do Romantismo em Portugal, com a publicação de *Camões*, de Almeida Garrett

1830 – Pintura de *A Liberdade guiando o povo*, de Delacroix

1836 – Introdução do Romantismo no Brasil, com a publicação de *Suspiros poéticos e saudades*, de Gonçalves de Magalhães

1850 – Proibição do tráfico de escravos para o Brasil

1862 – Publicação de *Os miseráveis*, de Victor Hugo

1869 – Publicação de *O navio negreiro*, de Castro Alves

1888 – Abolição da escravatura

1889 – Proclamação da República

O Romantismo e a busca de referências

O olhar voltado para o passado cultivado pelos românticos talvez significasse a busca de um referencial perdido com a industrialização e a Revolução Francesa. Os cenários campestres eram idilicamente representados em oposição à vida agitada e artificial que se levava nas cidades. O Oriente Próximo também exercia um poder de sedução sobre os românticos, fascinados por seu "aspecto selvagem", contrastante com as regras civilizatórias do Ocidente.

O romantismo negava a racionalidade sistematizada do Iluminismo e valorizava a imaginação e a sensibilidade. O filósofo Jean-Jacques Rousseau, apesar de suas ligações com o Iluminismo, é considerado um dos primeiros românticos.

"Para nós, existir é sentir, e nossa sensibilidade é incontestavelmente mais importante do que a nossa razão", dizia ele. Rousseau defendia que o homem era essencialmente bom, sendo corrompido pelo meio civilizado. Por isso, a proximidade com a natureza era evocada como a possibilidade de escapar à corrupção da vida moderna. Nesse sentido, a Idade Média representava para os românticos um período de predomínio das tradições e do heroísmo, no qual a razão não havia sobrepujado o sentimento e a fé humana.

Reprodução/Museu do Louvre, Paris, França.

Detalhe de *A morte de Sardanapalo* (1827), do pintor romântico Eugène Delacroix.

No campo estético da definição do belo, a liberdade de criação artística norteou os românticos. Dando vazão à imaginação, a pintura do período destacou-se por apresentar motivos exóticos, dramáticos, melancólicos ou, ainda, experiências aterradoras. Embora seja considerado um movimento artístico, o romantismo permeou todo o pensamento europeu nas primeiras décadas do século XIX. Escritores como Victor Hugo e Goethe, poetas como Shelley, Keats e Byron, filósofos como Schiller e Schelling e compositores como Beethoven, Schubert, Chopin e Wagner expressaram em suas obras a diversidade de termos e formas presente no romantismo.

(Antônio P. Rezende e Maria T. Didier. *Rumos da História*. São Paulo: Atual, 2001. p. 405-406.)

A Revolução Francesa e o sentimento romântico de desagregação

O poeta romântico é um estranho entre os homens; é melancólico, extremamente sensível, ama a solidão e as **efusões** do sentimento, sobretudo as de um vago desespero no seio da Natureza. Trata-se de uma atitude e de um estado de alma que foram, se não criados, pelo menos poderosamente desenvolvidos pela influência de Rousseau. [...] A história da Revolução e da época subsequente contribuiu em muito para fazer os homens idealistas abandonarem o lado prático e reformador do movimento inaugurado por Rousseau, e os levou a se **aferrar** a seu lirismo solitário [...]. Esperava-se, antes da Revolução, e mesmo no decurso de seu desenvolvimento, poder criar um mundo inteiramente novo, conforme à Natureza, desembaraçado de todos os **entraves** que, segundo se acreditava, o fardo das tradições históricas era o único a opor à felicidade dos homens; e uma profunda decepção, vizinha do desespero, se apoderou das almas delicadas e idealistas quando se viu que, após tantos horrores e sangue derramado, embora fosse verdade que tudo tivesse mudado, o que saíra de todas as catástrofes da Revolução e da época napoleônica não era em absoluto um retorno à Natureza virtuosa e pura, mas novamente uma situação inteiramente histórica, bem mais grosseira, mais brutal e mais feia que a que desaparecera.

(Erich Auerbach. *Introdução aos estudos literários*. São Paulo: Cultrix, 1972. p. 228-229.)

aferrar: prender, segurar.
efusão: saída, derramamento, expansão dos sentimentos.
entrave: obstáculo, impedimento.

Napoleão cruzando os Alpes (1850), de Hippolyte Delaroche.

O Romantismo no Brasil

O último tamoio (1883), de Rodolfo Amoedo.

Na verdade, o Romantismo teve aqui [no Brasil] uma significação bastante diversa da que teve na Europa. Enquanto visão de mundo, ele viverá um processo de ajuste e adaptação. Os nossos autores, os melhores, souberam aproveitar dele os elementos que serviam mais bem aos seus propósitos e deixaram outros de lado. Essa era a primeira tarefa dos nossos estudantes que iam formar-se na Europa e tomavam contato com o que chamavam de "a nova poesia" ou "a poesia moderna". Para nós, o fato político mais **candente** foi a Independência, que mobilizou os homens livres e fez todos se sentirem empenhados na organização da nova nação. Ela isolou os portugueses estabelecidos no Brasil no comércio e na burocracia do Estado, considerados "restauradores" e "absolutistas". Ao mesmo tempo, uniu os que passaram a se considerar "brasileiros" e dispostos a organizar uma nação "livre" e "autônoma" [...]. O Romantismo, na medida em que rejeitava o mundo urbano-burguês e, pela imaginação, idealizava o mundo da natureza e do indígena, deu aos brasileiros os elementos com os quais podiam identificar-se e que era lícito transformar em símbolos da nacionalidade: as matas, os índios, a fauna e a flora. Quem éramos nós senão aqueles que tinham também sangue indígena, que cresceram acostumados às matas e florestas, que se temperaram ouvindo os sabiás e as jandaias, à sombra das mangueiras e palmeiras? Éramos, portanto, muito distintos dos portugueses, até na língua, pois o português falado no Brasil e por brasileiros sofria modificações e não podia ser igual ao que se falava em Portugal. Assim perguntava José de Alencar: "O povo que chupa o caju, a manga, o cambucá e a jabuticaba, pode falar uma língua com igual pronúncia e o mesmo espírito do povo que sorve o figo, a pera, o damasco e a nêspera?".

(Luiz Roncari. *Literatura brasileira — Dos primeiros cronistas aos últimos românticos.* 2. ed. São Paulo: Edusp/FDE, 1995. p. 288-289.)

candente: que está ardendo em brasa.

Roteiro de estudo

Ao final da leitura dos textos, você deverá saber:

- Explicar por que é difícil pretender generalizar e uniformizar as várias tendências existentes no interior do Romantismo; além disso, apontar os três elementos básicos sobre os quais se assenta grande parte das obras românticas.
- Comentar por que a natureza e a Idade Média eram supervalorizadas pelos artistas românticos, em contraposição ao mundo europeu urbano do século XIX.
- Explicar por que a arte romântica, embora seja a expressão artística da burguesia, faz críticas à sociedade burguesa.
- Comentar por que o Romantismo brasileiro apresenta especificidades que o diferenciam do Romantismo europeu.

CAPÍTULO 9

O Romantismo em Portugal

O Romantismo em Portugal teve dois momentos significativos em sua evolução. O primeiro deles representa o esforço de se firmar como movimento literário apoiado na cultura popular, no nacionalismo, na busca das origens medievais do país, enquanto o segundo corresponde a um momento de maturidade e de transição para o Realismo.

AB Historic/Alamy/Fotoarena/Museu do Chiado, Portugal.

A avó (1856), de António José Patrício, obra do Romantismo português que valoriza figuras do povo.

Este capítulo favorece o desenvolvimento das habilidades

EM13LGG102

EM13LG103

EM13LGG202

EM13LGG601

EM13LGG602

EM13LGG604

EM13LP01

EM13LP06

EM13LP46

EM13LP48

EM13LP49

EM13LP52

Como no restante da Europa, o Romantismo surgiu em Portugal em um período de efervescência política — alguns anos após a revolução de 1820, que levou os liberais portugueses ao poder.

Participaram dessa revolução vários setores da burguesia portuguesa, nos quais se incluíam magistrados, comerciantes, militares, professores. Influenciados pelos ideais da Revolução Francesa, esses setores defendiam a reforma das instituições, a elaboração de uma Constituição, a liberdade de comércio, o direito de participação política do cidadão. Lutavam, enfim, pela modernização de Portugal.

A Revolução Liberal, entretanto, só se consumou por volta de 1834, com o confisco dos bens da nobreza, a expulsão de religiosos e a distribuição das terras dos nobres vencidos. Apesar disso, a luta entre liberais e conservadores, com a alternância de ambos no poder, perdurou por muitos anos, provocando o exílio de políticos, intelectuais e artistas.

O contato de artistas portugueses com o Romantismo inglês e francês favoreceu o surgimento de obras inovadoras, como *Camões*, de Almeida Garrett. Considerada o marco inicial do Romantismo em Portugal, essa obra foi publicada em Paris, em 1825, quando o autor se encontrava exilado na França. Outro escritor importante do período é Alexandre Herculano, que em 1831 se exilou na Inglaterra e depois na França, onde tomou contato com o Romantismo e com o romance histórico, do qual foi, mais tarde, a principal expressão na literatura portuguesa.

Assim, o Romantismo português nasceu identificado com o liberalismo burguês e com o espírito de lutas e revolução que envolveu a sociedade portuguesa no século XIX.

O movimento contou com um considerável número de poetas, dramaturgos e prosadores, tradicionalmente organizados em duas gerações.

O plano incestuoso de D. Pedro I

Com a morte de D. João VI, em 1826, D. Pedro I tornou-se rei do Brasil e de Portugal, mas em 1831 abdicou do trono em favor de seu filho e retornou a Portugal para apaziguar a crise política que lá se verificava.

Assumiu o trono português com o título de D. Pedro IV, escreveu uma Constituição liberal e tomou uma atitude inesperada: renunciou ao trono em favor de sua filha mais velha, D. Maria da Glória, então com 7 anos. Impôs, porém, uma condição: ela deveria se casar com o próprio tio, D. Miguel, na época com 24 anos.

O plano incestuoso de D. Pedro tinha uma clara finalidade: apaziguar a crise política que se instalara em Portugal desde a Revolução do Porto, ocorrida em 1820.

Reprodução/Coleção particular

D. Pedro e D. Miguel, em caricatura que satiriza a histórica luta entre liberais e conservadores. D. Pedro, que no Brasil teve posições conservadoras, em Portugal aliou-se aos liberais.

As gerações do Romantismo português

O Romantismo português contou com duas gerações bem-demarcadas. A primeira caracteriza-se pelo empenho de seus integrantes em implantar o Romantismo no país; pelo emprego de alguns procedimentos clássicos ainda não superados; pelo nacionalismo e pelas preocupações históricas e políticas. Outras atitudes, como subjetivismo, medievalismo, idealização da mulher, do amor, da natureza, também se fazem notar, embora não sejam específicas dessa geração romântica. Entre outros, integram essa geração Almeida Garrett, Alexandre Herculano e Antônio Feliciano de Castilho.

A segunda geração, que surge na década de 1860, representa a maturidade do movimento romântico naquele país, ao mesmo tempo em que surgem obras com traços do "mal do século", comportamento fortemente marcado pelo pessimismo, pelo mórbido e pelo sentimentalismo excessivo, como ocorre nas obras de Camilo Castelo Branco. Contudo, em outras obras, esse mesmo autor, junto com Júlio Dinis, aponta a superação do Romantismo e a transição para o Realismo, movimento da segunda metade do século XIX.

Almeida Garrett: em busca das raízes nacionais

Marco inicial do Romantismo português, o poema *Camões* (1825), de Almeida Garrett, inova mais na abordagem temática — a vida de Camões, suas aventuras e seu sofrimento — do que na renovação da linguagem.

Formado pelos ideais iluministas e pela estética árcade, sua adesão ao Romantismo não foi radical, mantendo em suas obras traços da tradição clássica, como o rigor formal, o universalismo e a contenção das emoções.

Quem foi Almeida Garrett?

Escritor engajado na Revolução Liberal e preocupado com os rumos políticos, sociais e culturais de seu país, Almeida Garrett (1799-1854) ocupou cargos públicos, impulsionou o teatro português e empenhou-se na criação de obras que resgatassem o espírito de nacionalidade do povo lusitano.

Produziu prosa de ficção, peças teatrais e poesia. Entre suas obras mais importantes estão *Viagens na minha terra*, *Frei Luís de Sousa*, *Flores sem fruto* e *Folhas caídas*.

Leitura

Você vai ler, a seguir, um dos poemas de *Folhas caídas*, de Almeida Garrett, obra que, junto com *Flores sem fruto*, representa a fase de maturidade romântica do poeta.

São belas — bem o sei, essas estrelas,
Mil cores — divinais têm essas flores;
Mas eu não tenho, amor, olhos para elas:
Em toda a natureza
Não vejo outra beleza
Senão a ti — a ti!
Divina — ai! sim, será a voz que afina
Saudosa — na ramagem densa, **umbrosa**.
Será; mas eu do rouxinol que trina
Não oiço a melodia,
Nem sinto outra harmonia
Senão a ti — a ti!
Respira — n'aura que entre as flores gira,
Celeste — incenso de perfume agreste.
Sei... não sinto, minha alma não aspira,
Não percebe, não toma
Senão o doce aroma
Que vem de ti— de ti!
Formosos — são os **pomos** saborosos,
É um mimo — de néctar o **racimo**:
E eu tenho fome e sede... sequiosos,
Famintos meus desejos
Estão... mas é de beijos,
É só de ti — de ti!
Macia — deve a relva luzidia
Do leito — ser por certo em que me deito.
Mas quem, ao pé de ti, quem poderia
Sentir outras carícias,
Tocar noutras delícias
Senão em ti — em ti!
A ti! ai, a ti só os meus sentidos,
Todos num confundidos,
Sentem, ouvem, respiram,
Em ti, por ti deliram.
Em ti a minha **sorte**,
A minha vida em ti;
E quando venha a morte,
Será morrer por ti.

(Almeida Garrett. *In*: Alexandre Pinheiro Torres, org. *Antologia da poesia portuguesa*. Porto: Lello & Irmão, 1997. v. 2. p. 755-756.)

pomo: fruto.
racimo: cacho ou conjunto de flores ou frutos.
sorte: destino, fim, felicidade, acaso feliz.
umbroso: que produz sombra; copado.

Amor desapontado (1821), de Francis Danby.

1 No poema, ganham destaque os sentidos humanos. Identifique esses sentidos, na ordem em que aparecem no texto.

2 Observe os seguintes elementos do poema, aos quais são associados os sentidos:

- estrelas e flores
- pomos saborosos
- canto do rouxinol
- macia relva luzidia do leito
- perfume agreste

a) O que esses elementos têm em comum?

b) A que(m) eles são comparados?

c) Nessa comparação, o que ou quem sobressai?

3 A exploração dos sentidos humanos associa-se, naturalmente, a uma percepção sensual do mundo. Há referências a *sensualidade* no poema? Justifique sua resposta com elementos do texto.

4 Leia este comentário, do crítico Benedito Nunes:

> Para o poeta romântico, as formas naturais com que ele dialoga, e que falam à sua alma, falam-lhe de alguma outra coisa; falam-lhe do elemento espiritual que se traduz nas coisas [...].
>
> (*Apud* J. Guinsburg, org. *O Romantismo*. São Paulo: Perspectiva, 1978. p. 65.)

Embora o eu lírico fale da natureza, qual é, na verdade, o tema central do poema em estudo?

5 Releia a última estrofe do poema e identifique nela ao menos dois traços nitidamente românticos.

Alexandre Herculano e o romance histórico

Alexandre Herculano (1819-1877) produziu poesia, teatro, contos e, sobretudo, romances históricos, gênero em que deixou sua maior contribuição. Em seus romances históricos, entre os quais *O bobo* (ambientado no século XII), *Eurico, o presbítero* (ambientado no século VIII) e o *Monge de Cister* (ambientado no século XVI), elementos literários, como a trama amorosa e as aventuras cavaleirescas, misturam-se a documentados fatos históricos, criando um enredo intrigante permeado por suas ideias sociais, filosóficas, religiosas e nacionalistas. Com a introdução do romance histórico em Portugal, Alexandre Herculano renovou e revigorou a prosa de ficção portuguesa, desgastada com as novelas de cavalaria e as novelas sentimentais.

Camilo Castelo Branco: o mestre da novela passional

Historic Images/Alamy/Fotoarena

Marcado pela vivência de muitas paixões, aventuras e desgraças, Camilo Castelo Branco (1825-1890) se inspirou em diversas experiências pessoais para criar seus textos literários, num exemplo claro de como, no Romantismo, há uma estreita relação entre autor e obra, entre vida e arte. Tendo na escrita a fonte de sobrevivência para si e toda sua família, Camilo produziu uma obra vasta, porém, de qualidade irregular. O autor escreveu contos, poesia, teatro, crítica literária, romances e, sobretudo, novelas.

Narrador extraordinário, oscila entre o lirismo e o sarcasmo e, comumente, intervém na história para tecer comentários piedosos, indignados ou sarcásticos. Sua linguagem se caracteriza pela concisão e por um rico vocabulário. Na novela passional, gênero em que Camilo Castelo Branco mais se destacou e se tornou referência em Portugal, o amor trágico é tema central, como ocorre em *Amor de perdição* (1863), a mais famosa do gênero, e em *Amor de salvação* (1864). Esse sentimentalismo romântico ameniza-se em suas novelas satíricas, em que a exploração do humorismo permite a caracterização irônica e satírica do burguês rico e dos costumes da sociedade, tal como se vê em *Coração, cabeça e estômago* (1862) e em *A queda de um anjo* (1866). Em sua fase final, a obra camiliana sofre relativa influência do romance naturalista, o que fica evidente em *A brasileira de Prazins* (1882).

A novela passional

Criada durante a Baixa Idade Média, sob a forma de novela de cavalaria, a novela sofreu diversas transformações até o século XIX. Estruturalmente, ela apresenta, em geral, uma única ação central e possui menos personagens do que o romance.

A novela camiliana possui um esquema mais ou menos comum, tendo como protagonista um jovem de vida desregrada que se envolve com uma moça e, a partir daí, é submetido a dois tipos de desfecho: ou a abandona, enfastiado, ou quer se casar com ela e se regenerar, mas o pai da moça não aceita, pois prefere casá-la com um homem mais rico e ajustado socialmente. O triângulo amoroso é outro recurso da novela de Camilo, contando com tipos opostos de mulheres: a angelical (delicada, pura, frágil) e a fatal (mais independente e sedutora), como ocorre em *Amor de salvação*.

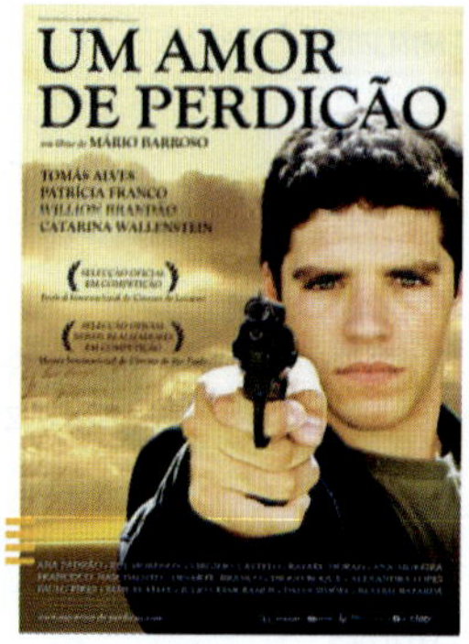

Reprodução/Plateau Produções, Leopardo Filmes

Cartaz do filme *Um amor de perdição* (2008), do cineasta português Mário Barroso, cujo roteiro foi baseado na obra de Camilo Castelo Branco.

CAPÍTULO 10

O Romantismo no Brasil — a poesia

O Romantismo surgiu no Brasil poucos anos depois de nossa independência política (1822). Por isso, as primeiras obras literárias e os primeiros artistas românticos mostravam-se empenhados em definir um perfil da cultura brasileira, no qual o nacionalismo era o traço essencial.

Detalhe de *Beija-flores brasileiros* (1871), de Martin Johnson Heade.

Este capítulo favorece o desenvolvimento das habilidades propostas na BNCC

EM13LGG102
EM13LGG202
EM13LGG203
EM13LGG204
EM13LGG302
EM13LGG303
EM13LGG601
EM13LGG602
EM13LGG604
EM13LP01
EM13LP02
EM13LP03
EM13LP06
EM13LP46
EM13LP48
EM13LP49
EM13LP50
EM13LP52

A história do Romantismo no Brasil confunde-se com a própria história política brasileira da primeira metade do século XIX. Com a invasão de Portugal por Napoleão, a Coroa portuguesa mudou-se para o Brasil em 1808 e elevou a colônia à categoria de Reino Unido, ao lado de Portugal e Algarves. Como decorrência desse fato, a colônia passou por uma série de mudanças, entre as quais a criação de escolas de nível superior, a fundação de museus e bibliotecas públicas, a instalação de tipografias e o surgimento de uma imprensa regular.

A dinamização da vida cultural da colônia e a formação de um público leitor (mesmo que inicialmente só de jornais) criaram algumas das condições necessárias para o surgimento de uma produção literária mais consistente do que as manifestações literárias dos séculos XVII e XVIII.

Com a independência política, ocorrida em 1822, os intelectuais e artistas da época passaram a dedicar-se ao projeto de criar uma cultura brasileira identificada com as raízes históricas, linguísticas e culturais do país.

O Romantismo, além de seu significado primeiro — o de ser uma reação à tradição clássica —, assumiu em nossa literatura a conotação de movimento anticolonialista e antilusitano, ou seja, de rejeição à literatura produzida na época colonial, em virtude do apego dessa produção aos modelos culturais portugueses.

Portanto, um dos traços essenciais de nosso Romantismo é o nacionalismo, que, orientando o movimento, abriu-lhe um rico leque de possibilidades a serem exploradas, entre as quais o indianismo, o regionalismo, a pesquisa histórica, folclórica e linguística, além da crítica aos problemas nacionais — todas posturas comprometidas com o projeto de construção de uma identidade nacional.

A publicação da obra *Suspiros poéticos e saudades* (1836), de Gonçalves de Magalhães, tem sido considerada o marco inicial do Romantismo no Brasil. A importância dessa obra, porém, reside muito mais nas novidades teóricas de seu prólogo, em que Magalhães anuncia a revolução literária romântica, do que propriamente na execução dessas teorias.

Histórias da História do Brasil

Depois que o filme *Carlota Joaquina* (1995), de Carla Camurati, mostrou nas telas como foi a vinda da Coroa portuguesa ao Brasil, em 1808, muitas outras obras têm sido produzidas sobre o assunto. Em *O Chalaça* (1999), por exemplo, o escritor José Roberto Torero une pesquisa histórica e ficção e retrata os bastidores do Império pela ótica de Chalaça, secretário particular de D. Pedro I. Em 2002, a Rede Globo levou ao ar o seriado *O quinto dos infernos*, sobre o mesmo tema.

Em 2007, no contexto da comemoração dos 200 anos da chegada da família real, o escritor Ruy Castro publicou *Era no tempo do rei*. E, em 2012, a historiadora Mary del Priore publicou *A carne e o sangue*, um romance que narra, com base em pesquisa histórica, o triângulo amoroso formado por D. Pedro I, a imperatriz Leopoldina, sua esposa, e a Marquesa de Santos.

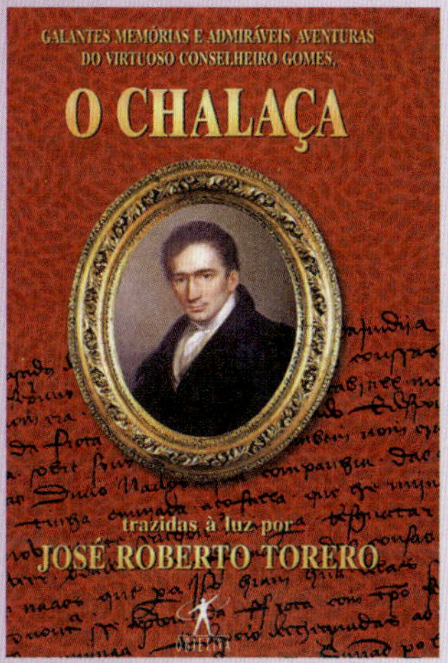

Reprodução/Editora Objetiva

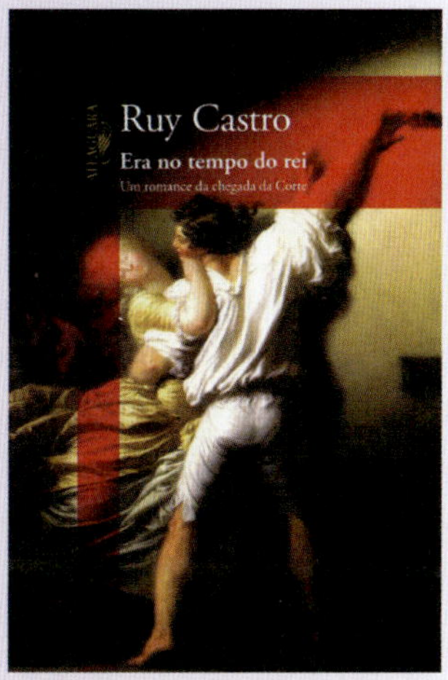

Reprodução/Alfaguara Brasil

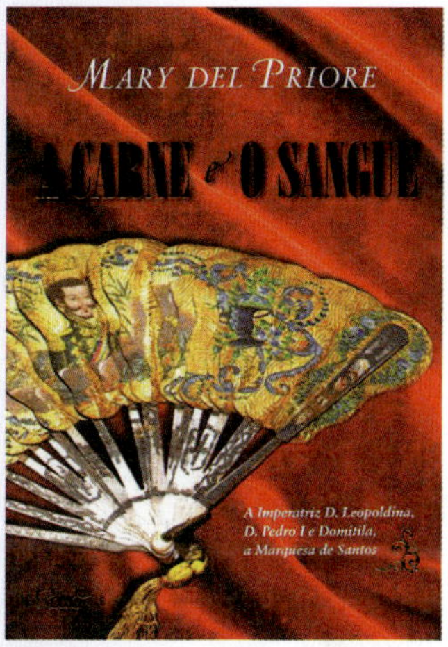

Reprodução/Editora Rocco

As gerações do Romantismo

Tradicionalmente são apontadas três gerações de escritores românticos. Essa divisão, contudo, engloba principalmente os autores de poesia. Os romancistas não se enquadram bem nessa divisão, uma vez que suas obras podem apresentar traços característicos de mais de uma geração.

Assim, as três gerações de *poetas* românticos brasileiros são:

- **Primeira geração:** nacionalista, indianista e religiosa. Nela se destacam Gonçalves Dias e Gonçalves de Magalhães.
- **Segunda geração:** marcada pelo "mal do século", apresenta egocentrismo exacerbado, pessimismo, satanismo e atração pela morte. Seus principais representantes são Álvares de Azevedo, Casimiro de Abreu, Fagundes Varela e Junqueira Freire.
- **Terceira geração:** formada pelo grupo condoreiro, desenvolve uma poesia de cunho político e social. A maior expressão desse grupo é Castro Alves.

Gonçalves Dias: um projeto de cultura brasileira

Embora Gonçalves de Magalhães seja considerado o introdutor do Romantismo no Brasil, na verdade foi Gonçalves Dias quem implantou e solidificou a poesia romântica em nossa literatura. É a primeira expressão da primeira geração romântica e sua obra pode ser considerada a realização de um verdadeiro projeto de construção da cultura brasileira.

Gonçalves Dias, buscando captar a sensibilidade e os sentimentos do nosso povo, criou uma poesia voltada para o índio e para a natureza brasileira, expressa numa linguagem simples e acessível. Seus versos, tais como os de sua "Canção do exílio", são melódicos e exploram métricas e ritmos variados. Cultivou também poemas religiosos, de fundo panteísta, que falam da manifestação de Deus na natureza.

Sua obra poética inclui os gêneros lírico e épico. Na épica, nos poemas "I-Juca Pirama" e "Os timbiras", canta os feitos heroicos de índios valorosos, substitutos da figura do herói medieval europeu. Na lírica, tem como temas mais comuns a pátria, a natureza, Deus, o índio e o amor não correspondido.

Quem foi Gonçalves Dias?

Filho de um português e de uma cafusa, Gonçalves Dias (1823-1864) fez seus primeiros estudos no Maranhão, seu Estado natal, e completou-os em Coimbra, onde cursou Direito.

De volta ao Brasil, em 1845, trouxe na bagagem boa parte de seus escritos. Fixou-se no Rio de Janeiro e ali publicou sua primeira obra, *Primeiros cantos* (1846), seguida por outras publicações, como *Segundos cantos* e *Sextilhas de Frei Antão* (1848), *Últimos cantos* (1851) e *Os timbiras* (1857). Fez várias viagens pelo país, incluindo a Amazônia, e chegou a escrever um *Dicionário da língua tupi*.

Caricatura de Gonçalves Dias.

Leitura

Você vai ler, a seguir, o canto IV de "I-Juca Pirama", de Gonçalves Dias. Aprisionado pela tribo inimiga dos timbiras, o guerreiro tupi é preparado para um cerimonial antropofágico em que serão vingados os mortos timbiras. Ao lhe pedirem, como é próprio do ritual, que cante seus feitos de guerra e que se defenda da morte, o prisioneiro responde aos inimigos:

Meu canto de morte,
Guerreiros, ouvi:
Sou filho das selvas,
Nas selvas cresci;
Guerreiros, descendo
Da tribo tupi.

Da tribo pujante,
Que agora anda errante
Por fado inconstante,
Guerreiros, nasci:
Sou bravo, sou forte,
sou filho do Norte;
Meu canto de morte,
Guerreiros, ouvi.

Já vi cruas brigas
De tribos **imigas**,
E as duras fadigas
Da guerra provei;
Nas ondas **mendaces**
Senti pelas faces
Os **silvos fugaces**
Dos ventos que amei.

Andei longes terras,
Lidei cruas guerras,
Vaguei pelas serras
dos vis Aimorés;
Vi lutas de bravos,
Vi fortes — escravos!
De estranhos **ignavos**
Calcados aos pés.

E os campos **talados**,
E os arcos quebrados,
E os **piagas** coitados
Já sem **maracás**;
E os meigos cantores,
Servindo a senhores,
Que vinham traidores,
Com mostras de paz.

Ao velho coitado
De penas ralado,
Já cego e **quebrado**,
Que resta? — Morrer.
Enquanto descreve
O giro tão breve
Da vida que teve,
Deixai-me viver!

Aos golpes do imigo
Meu último amigo,
Sem lar, sem abrigo
Caiu junto a **mi**!
Com plácido rosto,
Sereno e composto,
O **acerbo** desgosto
Comigo sofri.

Meu pai a meu lado
Já cego e quebrado,
De penas ralado,
Firmava-se em mi:
Nós ambos, mesquinhos,
Por **ínvios** caminhos,
Cobertos d'espinhos
Chegamos aqui!

O velho no entanto
Sofrendo já tanto
De fome e **quebranto**,
Só qu'ria morrer!
Não mais me contenho,
Nas matas me embrenho,
Das **frechas** que tenho
Me quero valer.

Então, forasteiro,
Caí prisioneiro
De um **troço** guerreiro
Com que me encontrei:
O cru dessossego
Do pai fraco e cego,
Enquanto não chego,
Qual seja, — dizei!

Eu era o seu guia
Na noite sombria,
A só alegria
Que Deus lhe deixou:
Em mim se apoiava,
Em mim se firmava,
Em mim descansava,
Que filho lhe sou.

Não **vil**, não ignavo,
Mas forte, mas bravo,
Serei vosso escravo:
Aqui virei ter.
Guerreiro, não coro
Do pranto que choro;
Se a vida **deploro**,
Também sei morrer.

(*Poemas de Gonçalves Dias*. Seleção de Péricles Eugênio da Silva Ramos. Rio de Janeiro: Ediouro, s.d. p. 119-122.)

Marc Ferrez/Acervo Instituto Moreira Salles

Menino índio de Mato Grosso, por Marc Ferrez.

acerbo: doloroso, árduo.
deploro: lamento, choro.
frecha: flecha.
fugace: que foge veloz.
ignavo: covarde.
imiga: inimiga.
ínvio: intransitável.
maracá: chocalho usado pelos índios em solenidades guerreiras ou religiosas.
mendace: mentirosa, traiçoeira.
mi: mim.
piaga: pajé.
quebrado: cansado, frágil.
quebranto: abatimento, fraqueza.
silvo: assobio.
talado: devastado, arrasado.
troço: corpo de tropas.
vil: moralmente baixo, desprezível.

1 Nesse canto do poema, o índio tupi narra a trajetória de sua vida e de sua tribo.

a) Como o índio via a si mesmo, até o momento em que foi aprisionado?

b) Qual é a atual condição de sua tribo?

c) Com quem e por que o índio tupi foge?

2 Na 6ª estrofe do texto, o prisioneiro faz um pedido aos inimigos: "Deixai-me viver!".

a) Que motivos alega, na 10ª e na 11ª estrofes, para que o deixem vivo?

b) Identifique na última estrofe os versos em que o prisioneiro propõe um acordo. Qual é esse acordo?

3 Seguindo os modelos do Romantismo europeu e a atração pelo *medievalismo*, nossos escritores encontraram no índio brasileiro o representante mais direto de nosso passado medieval — único habitante nestas terras antes do Descobrimento. Além disso, vivendo distante da civilização, nosso índio correspondia plenamente à concepção idealizada do "bom selvagem", defendida por Rousseau. Observe o comportamento do índio tupi e indique:

a) uma característica dele que se assemelhe às do cavaleiro medieval;

b) uma atitude dele que reforce o mito do "bom selvagem".

4 Os primeiros versos do poema "I-Juca-Pirama" são estes:

> No meio das tabas de amenos verdores,
> Cercadas de troncos — cobertos de flores,
> Alteiam-se os tetos d'altiva nação.

Gilberto Mendonça Teles, poeta atual, numa clara relação de intertextualidade, escreveu:

Aldeia global

No meio das tabas há menos verdores,
não há gentes brabas nem campos de flores.

No meio das tabas cercadas de insetos,
pensando nas babas dos analfabetos,
vou chamando as tribos dos sertões gerais,
passando recibos nos vãos de Goiás.

Venham os xerentes, craôs e crixás,
bororos doentes e xicriabás.
E os apinajés, os carajás roídos,
e os tapirapés e os inás perdidos.
[...]

(*Os melhores poemas de Gilberto Mendonça Teles*. 3. ed. Seleção de Luís Busatto. São Paulo: Global, 2001. p. 91.)

Fabio Colombini/Acervo do fotógrafo

Tribo indígena kalapalo.

Compare os versos de Gilberto Mendonça Teles aos versos iniciais e a todo o canto IV de "I-Juca-Pirama".

a) Qual é a diferença entre os índios retratados por Gonçalves Dias e os retratados por Gilberto Mendonça Teles?

b) Levante hipóteses: A que se deve essa diferença?

c) Levante hipóteses: Por que Gilberto Mendonça Teles teria escolhido um poema épico romântico para, a partir dele, criar seu poema?

O que há de ser morto

"I-Juca-Pirama", considerado o mais perfeito poema épico-indianista de nossa literatura, narra a história vivida por um índio tupi que cai prisioneiro de uma nação inimiga. O drama do prisioneiro reside nos sentimentos contraditórios provocados por sua prisão: de um lado, deseja morrer lutando, como guerreiro corajoso que sempre fora; de outro, deseja viver para cuidar do pai, doente e cego. O prisioneiro é libertado e afirma que voltará a se entregar quando o pai falecer. Os timbiras não acreditam em seu argumento e acusam-no de covarde. Posteriormente, o índio reencontra o pai, leva-lhe alimento, mas o velho, percebendo o cheiro das tintas e os ornamentos do ritual, descobre-lhe o segredo. Renega então o filho, leva-o de volta à tribo timbira e pede que ele seja sacrificado. O índio luta bravamente, provando que não era covarde. No último canto são afirmadas as qualidades heroicas do guerreiro, que se transforma em mito nas tradições da cultura timbira. O título do poema, extraído da língua tupi, já sugere a sina de seu protagonista: "o que há de ser morto".

A lírica de Gonçalves Dias

A "Canção do exílio", que você leu no capítulo 8, é de autoria de Gonçalves Dias, considerado um dos expoentes da lírica nacional. Empregando com sabedoria recursos que lhe deram formação clássica e lusitana, o poeta cultivou uma lírica de rica construção formal, equilibrada, sem cair nos exageros românticos e sem deixar, por isso, de ser plenamente romântico.

O poeta também tinha em vista atualizar a produção literária brasileira e colocá-la à altura da que se realizava nas grandes nações europeias. Esse empenho devia-se sobretudo à contemporaneidade da Independência e à necessidade que então se impunha de definição de uma cultura brasileira.

O equilíbrio de linguagem e os temas preferidos de Gonçalves Dias — natureza, religião, amor, solidão, pátria, índio, medievalismo — serviram de modelo a muitas gerações de poetas que o sucederam, tanto no Romantismo quanto em outros movimentos literários subsequentes.

Literatura comparada

O indianismo romântico e o indianismo hoje

Você vai ler, a seguir, parte do livro *A queda do céu*, de Davi Kopenawa, uma obra que, em parte, é uma autobiografia e, em parte, uma crítica ao materialismo e ao consumismo exacerbados do homem branco, bem como uma proposta para salvar a floresta e os povos indígenas.

> Antes de os brancos aparecerem na floresta, distribuindo seus nomes a esmo, tínhamos os apelidos que nos davam nossos familiares. [...]
>
> Quando me tornei homem, outros brancos resolveram me dar um nome mais uma vez. Dessa vez, era o pessoal da Funai. Começaram a me chamar de Davi "Xiriana". Mas esse novo nome não me agradou. "Xiriana" é como são chamados os Yanomami que vivem no rio Uraricaá, muito distante de onde eu nasci. Eu não sou um "Xiriana". Minha língua é diferente da dos que vivem naquele rio. Apesar disso, tive de mantê-lo. Tive inclusive de aprender a desenhá-lo quando fui trabalhar para os brancos, porque já o tinham desenhado numa pele de papel.
>
> Meu último nome, Kopenawa, veio a mim muito mais tarde, quando me tornei mesmo um homem. Esse é um verdadeiro nome yanomami. Não é nem nome de criança nem um apelido que outros me deram. É um nome que ganhei por conta própria. Na época, os garimpeiros tinham começado a invadir nossa floresta. Tinham acabado de matar quatro grandes homens yanomami, lá onde começam as terras altas, a **montante** do rio Hero u. A Funai me enviou para lá para encontrar seus corpos na mata, no meio de todos aqueles garimpeiros, que bem teriam gostado de me matar também. Não havia ninguém para me ajudar. Tive medo, mas minha raiva foi mais forte. Foi a partir de então que passei a ter esse novo nome.
>
> Só os espíritos xapiri estavam do meu lado naquele momento. Foram eles que quiseram me nomear. Deram-me esse nome, Kopenawa, em razão da fúria que havia em mim para enfrentar os brancos. O pai de minha esposa, o grande homem de nossa casa de Watoriki, ao pé da montanha do vento, tinha me feito beber o pó que os xamãs tiram da árvore yãkoanahi. Sob efeito do seu poder vi descer em mim os espíritos das vespas kopena. Disseram-me: "Estamos com você e iremos protegê-lo. Por isso você passará a ter esse nome: Kopenawa!". Esse nome vem dos espíritos vespa que beberam o sangue derramado por Arowë, um grande guerreiro do primeiro tempo. Meu sogro fez suas imagens descerem e as deu a mim com seu sopro de vida. Foi então que eu pude ver esses espíritos vespa dançarem pela primeira vez. E quando contemplei também a imagem de Arowë, de quem só tinha ouvido o nome até então, disse a mim mesmo: "Haixopë! Então foi esse antepassado que pôs em nós a coragem guerreira! Esse é o verdadeiro rastro daquele que nos ensinou a bravura!".
>
> (Davi Kopenawa. *A queda do céu*. São Paulo: Companhia das Letras. Edição do Kindle.)

montante: subida da maré, cheia, enchente.

Quem é Davi Kopenawa?

Davi Kopenawa Yanomami é xamã e porta-voz do povo Yanomami, um dos maiores povos indígenas relativamente isolados que vive na floresta Amazônica na fronteira do Brasil com a Venezuela.

Chamado de "Dalai Lama da floresta", Davi é hoje reconhecido internacionalmente como embaixador do seu povo e uma das vozes mais eloquentes e poderosas que se manifesta contra a destruição da floresta Amazônica e dos seus povos.

Por 25 anos ele liderou incansavelmente uma campanha nacional e internacional para garantir os direitos à terra Yanomami, conseguindo, dessa forma, reconhecimento no mundo todo e inclusive no Brasil. Como consequência de sua luta, o território Yanomami foi reconhecido e demarcado pelo governo brasileiro em 1992. A terra indígena Yanomami, que se estende do Brasil à Venezuela, representa a maior área de floresta tropical sob controle indígena em todo o mundo.

(Disponível em: https://www.survivalbrasil.org/davibiografia. Acesso em: 10/3/2020.)

Danilo Verpa/Folhapress

1 De acordo com o relato do autor, ele recebeu mais de um nome em sua vida.

a) Como foram dados os primeiros nomes que recebeu?

b) Por que ele não gostava do nome Davi Xiriana, que recebeu posteriormente dos brancos?

c) Qual é o sentido do nome Kopenawa, que recebeu quando adulto?

d) Que diferença se nota entre o modo como o nome de uma pessoa é definido entre os ianomâmis e o modo como é definido entre os brancos?

2 O texto indiretamente menciona um grave problema vivido pelos índios brasileiros há várias décadas. Qual é esse problema?

3 O indígena está plenamente integrado com a natureza e, de acordo com suas crenças, é natural para ele a comunicação dos vivos com espíritos da floresta e com seus ancestrais. De que modo isso ocorre no texto?

4 Compare o poema "I-Juca Pirama", de Gonçalves Dias, ao relato de Davi Kopenawa.

a) O que os textos apresentam em comum?

b) Que diferenças existem entre eles?

c) Comparando o modo como o índio era visto pela literatura romântica do século XIX e o modo como o próprio índio vê a si mesmo e à sua gente hoje, que mudanças podem ser notadas?

Álvares de Azevedo e o Ultrarromantismo

Álvares de Azevedo é o principal poeta brasileiro da segunda geração do Romantismo, conhecida como Ultrarromantismo ou "mal do século", que surgiu nas décadas de 1850 e 1860. Essa geração de poetas não acreditava nos ideais libertários da Revolução Francesa nem na nova ordem social burguesa. Influenciados pelas obras de Lord Byron e Alfred de Musset, levavam uma vida pessoal desregrada e abordavam, em suas próprias obras, temas como a morte, a noite, o amor impossível, o vício, etc., numa postura profundamente pessimista.

Sua produção poética consiste em duas facetas opostas, que ele mesmo chamou de "a face de Ariel" e "a face de Caliban", as quais representam, respectivamente, o bem e o mal. A primeira mostra um eu lírico casto, sentimental e ingênuo, enquanto a segunda mostra um eu lírico voltado para o lado do mal, ou seja, para a bebida, o vício e o ócio. Esse ambiente também se faz presente em suas obras em prosa, povoadas de personagens como prostitutas, bêbados, viciados, assassinos, etc.

Quem foi Álvares de Azevedo?

Historic Images/Alamy/Fotoarena

Álvares de Azevedo (1831-1852) nasceu em São Paulo, fez os estudos básicos no Rio de Janeiro e cursava o quinto ano de Direito em São Paulo quando sofreu um acidente (queda de cavalo) cujas complicações o levaram à morte, antes de completar 21 anos.

O escritor cultivou a poesia, a prosa e o teatro. Os sete livros, discursos e cartas que produziu foram escritos em apenas quatro anos, período em que era estudante universitário. Por isso, deixou uma obra de qualidade irregular, se considerada no conjunto, mas de grande significado na evolução da poesia nacional.

Na poesia, destaca-se a obra *Lira dos vinte anos*; na prosa, o livro de contos *Noites na taverna* e a peça teatral *Macário*.

Leitura

O poema a seguir integra a obra *Lira dos vinte anos* e representa a face de Ariel da poesia de Álvares de Azevedo.

Soneto

Pálida, à luz da lâmpada sombria,
Sobre o leito de flores reclinada,
Como a lua por noite embalsamada,
Entre as nuvens do amor ela dormia!

Era a virgem do mar! na escuma fria
Pela maré das águas embalada!
Era um anjo entre nuvens d'alvorada
Que em sonhos se banhava e se esquecia!

Era mais bela! o seio palpitando...
Negros olhos as pálpebras abrindo...
Formas nuas no leito resvalando...

Não te rias de mim, meu anjo lindo!
Por ti — as noites eu velei chorando,
Por ti — nos sonhos morrerei sorrindo!

(In: *Álvares de Azevedo*. Seleção de textos de Bárbara Heller, Luís Percival L. Brito e Marisa Lajolo. São Paulo: Abril Educação, 1982. p. 22. Literatura Comentada.)

Filipe Rocha/Arquivo da editora

1 Na primeira estrofe do poema, é feita uma descrição que envolve diversos elementos naturais.
- **a)** Quem é a pessoa descrita?
- **b)** Os elementos naturais empregados contribuem para uma caracterização material ou imaterial da pessoa descrita? Por quê?

2 Da primeira para a segunda estrofe do texto, a luz que circunda a pessoa descrita sofre alteração. Que tipo de alteração ocorre? Justifique com palavras ou expressões do texto.

3 Nos dois tercetos do poema, a luz já é vitoriosa e pode-se ver com maior clareza o objeto da descrição.
- **a)** Que relação há entre o movimento do dia e o movimento da pessoa descrita?
- **b)** Que palavras ou expressões do texto demonstram que essa pessoa se mostra de modo mais corporificado e sensual?

4 Nas duas quadras, a virgem é descrita de modo vago e imaterial; nos tercetos, ela é corporificada e sensual.
- **a)** Que sentidos contraditórios expressa o vocativo: "meu anjo lindo"?
- **b)** Que tipo de relação mantém o eu lírico com a mulher amada?

Literatura comparada

Diálogo entre a poesia de Álvares de Azevedo e a poesia de Lord Byron

A fim de observar um dos diálogos que a poesia romântica brasileira estabeleceu com a poesia romântica europeia, você fará, a seguir, a leitura comparada de dois poemas: o primeiro é do poeta inglês Lord Byron, em tradução de Castro Alves; o segundo é do poeta brasileiro Álvares de Azevedo. Leia-os e responda às questões propostas.

A uma taça feita de um crânio humano

Não recues! De mim não foi-se o espírito...
Em mim verás — pobre caveira fria —
Único crânio que, ao invés dos vivos,
Só derrama alegria.

Vivi! amei! bebi qual tu: Na morte
Arrancaram da terra os ossos meus.
Não me insultes! empina-me!... que a larva
Tem beijos mais sombrios do que os teus.

Mais val guardar o sumo da parreira
Do que ao verme do chão ser pasto vil;
— Taça — levar dos Deuses a bebida,
Que o pasto do reptil.

Que este vaso, onde o espírito brilhava,
Vá nos outros o espírito acender.
Ai! Quando um crânio já não tem mais cérebro
... Podeis de vinho o encher!

Bebe, enquanto inda é tempo! Uma outra raça,
Quando tu e os teus fordes nos fossos,
Pode do abraço te livrar da terra,
E ébria folgando profanar teus ossos.

E por que não? Se no correr da vida
Tanto mal, tanta dor aí repousa?
É bom fugindo à podridão do lodo
Servir na morte enfim p'ra alguma cousa!...

(Lord Byron. *As trevas e outros poemas*. Tradução de Castro Alves. São Paulo: Saraiva, 2007. p. 25.)

Weberson Santiago/Arquivo da editora

Glória moribunda

É uma visão medonha uma caveira?
Não tremas de pavor, ergue-a do lodo.
Foi a cabeça ardente de um poeta,
Outrora à sombra dos cabelos louros,
Quando o reflexo do viver fogoso
Ali dentro animava o pensamento,
Esta fronte era bela. Aqui nas faces
Formosa palidez cobria o rosto;
Nessas órbitas, — ocas, **denegridas**! —
Como era puro seu olhar sombrio!

Agora tudo é cinza. Resta apenas
A caveira que a alma em si guardava,
Como a concha no mar encerra a pérola,
Como a **caçoila** a **mirra** incandescente.
Tu outrora talvez desses-lhe um beijo;
Olha-a comigo! Que espaçosa fronte!

Como a seiva nos ramos do arvoredo!
E a sede em fogo das ideias vivas
Onde está? Onde foi? Essa alma errante
Que um dia no viver passou cantando,
Como canta na treva um vagabundo,

Perdeu-se acaso no sombrio vento,
Como noturna lâmpada apagou-se?
E a centelha da vida, o eletrismo
Que as fibras tremulantes agitava
Morreu para animar futuras vidas?

Sorris? Eu sou um louco. As **utopias**,
Os sonhos da ciência nada valem.
A vida é um **escárnio** sem sentido,
Comédia infame que ensanguenta o lodo. [...]

Levanta-me do chão essa caveira!
Vou cantar-te uma página de vida
De uma alma que penou e já descansa.

(Álvares de Azevedo. *Poesias completas de Álvares de Azevedo*. Rio de Janeiro: Ediouro, s.d. p. 86-87.)

caçoila ou caçoula: recipiente usado para queimar substâncias ou misturas aromáticas.
denegrido: escuro, negro.
escárnio: zombaria, troça; aquilo que é objeto de desdém ou ironia.
mirra: árvore cuja resina serve como incenso ou como unguento.
moribundo: aquele que está agonizando ou morrendo.
utopia: projeto de natureza irrealizável; ideia generosa, porém impraticável; quimera, fantasia.

1 O Ultrarromantismo mostra preferência por elementos contrários à mentalidade materialista e racional da sociedade burguesa. Assim, em lugar da razão, do trabalho, do progresso, etc., os poetas dessa geração preferiam o ócio, o tédio, o prazer, o vício (a bebida e o fumo), a decrepitude, a loucura, o humor negro e, às vezes, a morte como saída para a angústia de viver.
Observe o vocabulário empregado nos dois poemas. Que palavras dos textos são responsáveis pela formação de uma atmosfera noturna, macabra e degradante?

2 Os dois poemas abordam o tema vida/morte.

a) Que elemento representa a morte em cada um dos poemas?

b) De acordo com a visão dos dois textos, o que resta da vida depois que se morre? Comprove sua resposta com elementos da última estrofe do poema de Byron e da 2ª estrofe do poema de Álvares de Azevedo.

c) Em qual dos dois textos a abordagem do tema é feita com sarcasmo e humor negro? Por quê?

3 Compare os dois primeiros versos seguintes, de Lord Byron, aos outros dois, de Álvares de Azevedo:

"[...] Se no correr da vida
Tanto mal, tanta dor aí repousa?"

"A vida é um escárnio sem sentido,
Comédia infame que ensanguenta o lodo."

O que os versos dos dois poetas apresentam em comum quanto à visão de mundo do eu lírico de cada um dos textos?

Album/Fotoarena

Cena de *Noiva cadáver* (2004), animação de Tim Burton que se liga à tradição gótica dos escritores ultrarromânticos do século XIX.

Castro Alves e o Condoreirismo

Castro Alves, "o poeta dos escravos", é o principal poeta da terceira geração, também conhecida como Condoreirismo ou hugoana, corrente que surgiu no final do Romantismo por influência do escritor francês Victor Hugo. Diferentemente dos escritores ultrarromânticos, que negavam o mundo burguês e se afastavam dele, os artistas condoreiros optam pela transformação da sociedade.

Inspirando-se na figura emblemática do condor ou albatroz — ave de voo alto e solitário, capaz de enxergar a grande distância —, os artistas condoreiros supunham-se também dotados dessa capacidade, comprometendo-se a conduzir os homens para os caminhos da justiça e da liberdade.

Desse modo, assim como Victor Hugo denunciava as péssimas condições de vida e de trabalho na Europa, em obras como *Os miseráveis*, no Brasil Castro Alves desenvolvia uma poesia social, abolicionista e liberal, tornando-se o primeiro grande poeta social do país.

Sua obra representa, na evolução da poesia romântica brasileira, um momento de maturidade e de transição. Maturidade em relação a certas atitudes ingênuas das gerações anteriores, como a idealização amorosa e o nacionalismo ufanista, substituídas por posturas mais críticas e realistas; transição, porque a perspectiva mais objetiva e crítica com que via a realidade apontava para o movimento literário subsequente, o Realismo, que, aliás, havia muito predominava na Europa.

Quem foi Castro Alves?

Castro Alves (1847-1871) nasceu em Curralinho, hoje Castro Alves (BA), estudou Direito em Recife e em São Paulo. Como os demais poetas românticos, morreu jovem.

Cultivou a poesia lírica e social, de que são exemplos as obras *Espumas flutuantes* e *A cachoeira de Paulo Afonso*; a poesia épico-social, em *Os escravos*, na qual se destacam os poemas "O navio negreiro" e "Vozes d'África"; e o teatro, em *Gonzaga e a Revolução de Minas*.

Reprodução/Arquivo Nacional, Rio de Janeiro, RJ.

Leitura

A seguir, você vai ler a parte IV do poema "O navio negreiro", que integra a obra *Os escravos*, de Castro Alves. O poema foi escrito em 1868, quando já fazia dezoito anos da instituição da Lei Eusébio de Queirós, que proibia o tráfico de escravos, mas a escravidão no país ainda persistia.

Era um sonho dantesco!... o **tombadilho**,
Que das **luzernas** avermelha o brilho,
Em sangue a se banhar.
Tinir de ferros... estalar de **açoite**...
Legiões de homens negros como a noite,
Horrendos a dançar...

Negras mulheres, suspendendo às tetas
Magras crianças, cujas bocas pretas
Rega o sangue das mães:
Outras, moças, mas nuas e espantadas,
No **turbilhão** de **espectros** arrastadas,
Em ânsia e mágoa **vãs**!

E ri-se a orquestra, irônica, estridente...
E da ronda fantástica a serpente
Faz doudas espirais...
Se o velho **arqueja**, se no chão resvala,
Ouvem-se gritos... o chicote estala.
E voam mais e mais...

Presa nos elos de uma só cadeia,
A multidão faminta cambaleia,
E chora e dança ali!
Um de raiva delira, outro enlouquece,
Outro, que de martírios embrutece,
Cantando, geme e ri!

No entanto o capitão manda a manobra.
E após fitando o céu que se desdobra
Tão puro sobre o mar,
Diz do fumo entre os densos nevoeiros:
"Vibrai rijo o chicote, marinheiros!
Fazei-os mais dançar!..."

E ri-se a orquestra irônica, estridente...
E da ronda fantástica a serpente
Faz doudas espirais...
Qual num sonho **dantesco** as sombras voam!...
Gritos, ais, maldições, preces ressoam!
E ri-se Satanás!...

(*Espumas flutuantes*. Rio de Janeiro: Edições de Ouro, s.d. p. 184-185.)

Marc Ferrez/Acervo do Instituto Moreira Salles

Negra da Bahia (1885), por Marc Ferrez.

açoite: chicote.
arquejar: ofegar.
dantesco: relativo às cenas horríveis narradas por Dante Alighieri em sua obra *Divina comédia*, na parte em que descreve o inferno.
espectro: fantasma.
luzerna: clarão.
tombadilho: alojamento do navio.
turbilhão: redemoinho.
vã: inútil, sem valor.

1 O texto revela grande força expressiva em razão de sua plasticidade, criada a partir das fortes imagens e das sugestões de cor, som e movimento que envolvem a cena. Com relação a esses recursos, responda:

a) A que se referem as metáforas "a orquestra" e "a serpente" na 3ª e na 6ª estrofes?

b) Duas cores são postas em contraste na 1ª e na 2ª estrofes. Quais são elas e o que representam?

c) Observe a 1ª, 3ª, 4ª e 5ª estrofes e identifique nelas palavras ou expressões que sugiram *movimento*.

d) Observe a 1ª e a 3ª estrofes e identifique nelas palavras ou expressões que se associem a *sonoridade*.

***O navio negreiro* em *rap*: o canto dos excluídos**

No CD *Livro* (1998), o baiano Caetano Veloso cria uma música para o poema "O navio negreiro" e canta-o, em estilo *rap*, junto com Maria Bethânia.

Se possível, ouça a canção e observe como Caetano confere atualidade ao poema de Castro Alves ao aproximá-lo do *rap*, gênero musical cultivado geralmente na periferia das grandes cidades por negros e por outros grupos socialmente excluídos.

O cruzamento do poema com o *rap* parece lembrar que os problemas de opressão e miséria social vividos pelos negros no século XIX, com algumas diferenças, continuam os mesmos.

2 Acentuando a plasticidade do texto, por duas vezes o poeta aproxima as ideias de som e movimento, empregando as palavras *orquestra* e *dança*, como se houvesse uma dança dos escravos ao som da orquestra. De acordo com o texto, explique que tipo de dança os escravos realizam.

3 Além de *antíteses*, foram empregadas *hipérboles* nesse poema de Castro Alves. A hipérbole é uma figura de linguagem que se caracteriza pelo exagero na expressão. Identifique na 1ª estrofe três hipérboles e indique que efeito de sentido têm no texto.

4 O poema "O navio negreiro" tem uma finalidade política e social evidente: a erradicação da escravidão no Brasil. De que modo o poeta procura atingir o público e convencê-lo de suas ideias: com argumentos racionais ou com a exploração das emoções? Justifique.

A poesia lírica de Castro Alves

Embora a lírica amorosa de Castro Alves ainda contenha um ou outro vestígio do amor platônico e da idealização da mulher, de modo geral ela representa um avanço decisivo na tradição poética brasileira, por ter abandonado tanto o amor convencional e abstrato dos clássicos quanto o amor cheio de medo e culpa dos românticos.

Em vez de "virgem pálida", a mulher nos poemas de Castro Alves é quase sempre um ser corporificado e, mais que isso, participa ativamente do envolvimento amoroso. E o amor é uma experiência viável, concreta, capaz de trazer tanto a felicidade e o prazer como a dor. Portanto, o conteúdo da lírica do poeta é uma espécie de superação da fase adolescente do amor e o início de uma fase adulta, mais natural, que aponta para uma objetividade maior, prenunciando o Realismo.

Veja, como exemplo, o sensualismo com que Castro Alves relata o relacionamento amoroso entre dois amantes, nestes versos:

Boa noite

Boa noite, Maria! Eu vou-me embora.
A lua nas janelas bate em cheio.
Boa noite, Maria! É tarde... é tarde...
Não me apertes assim contra teu seio.

Boa noite!... E tu dizes — Boa noite,
Mas não mo digas assim por entre beijos...
Mas não mo digas descobrindo o peito,
— Mar de amor onde vagam meus desejos.
[...]

(Castro Alves. *Espumas flutuantes*. Rio de Janeiro: Edições de Ouro, s.d. p. 67-68.)

Literatura comparada

Diálogo entre a poesia contemporânea e a poesia social de Castro Alves

A seguir, você vai fazer a leitura de dois poemas e vai comparar os textos entre si e também com a poesia social de Castro Alves. O primeiro poema é de Adão Ventura, poeta brasileiro da atualidade; o segundo é de Craveirinha (1922-2003), poeta moçambicano do século XX.

TEXTO 1

Negro **forro**

Minha carta de alforria
não me deu fazendas,
nem dinheiro no banco,
nem bigodes retorcidos.

Minha carta de alforria
costurou meus passos
aos corredores da noite
de minha pele.

(Adão Ventura. *In*: Ítalo Moriconi, org. *Cem melhores poemas brasileiros do século*. Rio de Janeiro: Objetiva, 2001. p. 275.)

Mariângela Haddad/Arquivo da editora

forro: liberto da escravidão, alforriado.

TEXTO 2

Na cantiga do negro do **batelão**

Se me visses morrer
Os milhões de vezes que nasci...
Se me visses chorar
Os milhões de vezes que te riste...
Se me visses gritar
Os milhões de vezes que me calei
Se me visses cantar
Os milhões de vezes que morri
E sangrei
Digo-te, irmão europeu
Também tu
Havias de nascer
Havias de chorar
Havias de cantar
Havias de gritar
Havias de morrer
E sangrar...
Milhões de vezes como eu

(Craveirinha. Via Atlântica, n. 5. *Revista do Departamento de Letras Clássicas e Vernáculas da FFLCH da USP*. São Paulo, 2002. p. 100.)

Ilustrações: Mariângela Haddad/Arquivo da editora

batelão: tipo de embarcação.

1 Partindo de sua experiência pessoal, o eu lírico do poema "Negro forro" avalia os efeitos da abolição da escravatura. De acordo com a 1ª estrofe do poema, a abolição não trouxe "fazendas", "dinheiro no banco" nem "bigodes retorcidos".
a) O que esses elementos representam socialmente?
b) A que grupo social os elementos citados estão historicamente associados?

2 Na 2ª estrofe, o eu lírico do poema "Negro forro" trata, em linguagem metafórica, dos efeitos da alforria.
a) Interprete: O que a carta de alforria lhe trouxe?
b) Explique o uso da ironia no título do poema.

3 Observe agora o poema de Craveirinha. Dirigindo-se a um interlocutor, o eu lírico imagina uma situação hipotética — introduzida pela oração condicional "Se me visses..." — que contrapõe duas realidades.
a) Quem é o interlocutor do eu lírico? Identifique no poema a expressão que justifica sua resposta.
b) Quais são as duas realidades contrapostas no poema?

4 Compare o poema do poeta brasileiro Adão Ventura ao do poeta africano Craveirinha. Apesar das diferenças históricas que envolvem o negro africano e o negro brasileiro, o que os textos apresentam em comum?

5 Compare os dois textos lidos ao trecho do poema "O navio negreiro", de Castro Alves, que você leu (p. 110). Embora haja diferenças entre esses textos quanto ao lugar, à época e até à linguagem em que foram produzidos, todos eles apresentam em comum uma visão de qual seja o papel da poesia ou da arte. Qual é esse papel?

Perspectivas

A questão racial e o Brasil que podemos construir

As questões étnico-raciais sempre provocaram muitas discussões e divergências em nosso país. O que você pensa dessas questões?

Leia os textos a seguir, que abordam a questão racial no Brasil:

TEXTO 1

[...]

Seria [...] correto que ninguém mais falasse em raça negra, branca ou amarela. O melhor jeito para acabar com o racismo no Brasil é eliminar o critério de raça. O movimento negro sempre lutou para que os negros se orgulhassem da própria cor. Eu aboliria essa ideia. Aboliria o Dia Nacional da Consciência Negra, a política de cotas, as ações afirmativas. Aboliria também o mito da miscigenação racial brasileira.

Quando se considera toda a história da humanidade, os alemães são tão miscigenados quanto nós. Raça é uma noção arcaica. Não tem base científica. A luta contra o racismo não se dá glorificando a figura de Zumbi nos livros escolares, mas ensinando que os brancos são negros e os negros são brancos.

fizkes/Shutterstock

(Diogo Mainardi. "Fora, Zumbi". *Veja*, n. 1801.)

TEXTO 2

[...]

Assumir uma data para celebrar a negritude vai de encontro ao ideário de embranquecimento, que busca expurgar o sangue negro e limpar a raça brasileira. É a mesma ideologia que cria e sustenta a ilusão de que não existe racismo no Brasil e que serve como base para muitos argumentos que questionam a necessidade e a importância do Dia da Consciência Negra. No fundo, a estratégia de fragmentar sua identidade e dificultar que o povo negro atue enquanto grupo tem sido a consequência mais perversa do mito da democracia racial.

Quando dizem, por exemplo, que "alma não tem cor", "precisamos de consciência humana, não de consciência negra", "a questão é social", percebe-se claramente que não conhecem a dimensão do problema. Mais da metade da população brasileira convive com a exclusão e a vulnerabilidade. Não se trata apenas de denunciar uma situação social gravíssima, mas de reconhecer que é a exclusão e não a presença do negro o fator determinante no entrave e no baixo desenvolvimento do país, ao contrário do que se propagou desde o fim da escravidão.

[...]

Precisamos do Dia da Consciência Negra para que todos os brasileiros possam pensar no país que querem construir. Precisamos deste dia para simplesmente celebrar o orgulho do povo negro: o orgulho de ter sobrevivido!

(*Carta Capital*. "Consciência negra é coisa de preto?". Disponível em: https://www.cartacapital.com.br/blogs/dialogos-da-fe/consciencia-negra-e-coisa-de-preto/. Acesso em: 10/3/2020.)

TEXTO 3

Tenho me esforçado, pessoalmente, para trazer à tona grandes exemplos de negros célebres de nossa história, que foram ofuscados pela narrativa socialista do movimento negro atual, que rejeita o mérito e os modelos inspiradores, os chamando, pejorativamente, de exceção — como se as exceções não fossem fontes de virtude e inspiração. Não estou fazendo isso por preciosismo ou coisa que o valha; mas simplesmente por saber que, da mesma forma que os exemplos foram fundamentais para a minha vida, podem ser para outros jovens negros e pobres da periferia, que sem referências, acabam por sucumbir ao crime — como diz a letra do Racionais MC's: "ele se espelha em quem tá mais perto".

[...]

Há inúmeros exemplos no Brasil, que, infelizmente, foram trocados por um único, lendário e manipulável, chamado Zumbi dos Palmares. Esse é, atualmente, o único exemplo célebre que o movimento negro admite. Todos os outros são recusados por não terem sido revoltados o suficiente, por não terem assumido uma personalidade revolucionária que servisse de trampolim para as narrativas dos políticos que se apossaram da causa do negro brasileiro. Zumbi mantém a chama revolucionária acesa, não para que os jovens negros, que hoje crescem totalmente sem referência, tenham um modelo a seguir, mas tão somente para garantir que os movimentos políticos de esquerda — e toda estrutura de vantagens acadêmicas (bolsas, editais, dinheiro de fundações internacionais) que se criou em torno deles — continuem a se beneficiar do voto negro.

(Paulo Cruz. Disponível em: https://www.gazetadopovo.com.br/vozes/paulo-cruz/o-valor-das-excecoes/. Acesso em: 20/3/2020.)

TEXTO 4

©Angeli/Folha de S. Paulo, 20.11.2006/Fotoarena

Participe, junto com a classe e com o professor, de um debate que discuta as questões propostas a seguir ou outras que julguem importantes.

1 Existe preconceito racial no Brasil? Por quê?

2 A criação de cotas nos concursos públicos e nas universidades é uma medida justa de reparação histórica e de inclusão do negro na vida social e profissional? Por quê?

3 É importante que haja um Dia da Consciência Negra em todo o país? Esse dia deve ser declarado feriado nacional? Justifique sua resposta.

4 Como podemos nos posicionar para não agirmos de forma preconceituosa e com isso sermos capazes de construir um país mais justo?

CAPÍTULO

11 O Romantismo no Brasil — a prosa

A Independência do Brasil (1822) pôs na ordem do dia a seguinte questão: o que é ser brasileiro? Os escritores românticos tomaram para si o compromisso de definir nação, povo, língua e cultura brasileira. O romance, ao surgir nesse contexto, assumiu o papel de um dos principais instrumentos nesse processo de "descoberta" do país e de busca da identidade nacional.

Este capítulo favorece o desenvolvimento das habilidades

EM13LGG102

EM13LGG103

EM13LGG202

EM13LGG302

EM13LGG601

EM13LGG602

EM13LGG604

EM13LP01

EM13LP03

EM13LP06

EM13LP10

EM13LP46

EM13LP48

EM13LP49

EM13LP50

EM13LP52

Christie's Images Ltd./SuperStock/Glow Images/Coleção particular

Reading by the window (século XIX), de Charles James Lewis.

No século XIX, o público consumidor da literatura romântica era eminentemente formado pela burguesia. As origens populares dessa classe não condiziam com o refinamento da arte clássica, cuja compreensão exige conhecimento das culturas grega e latina. A burguesia ansiava por uma literatura que enfocasse seu próprio tempo, seus problemas e sua forma de viver. O romance, por relatar acontecimentos da vida cotidiana e por dar vazão ao gosto burguês pela fantasia e pela aventura, tornou-se o mais importante meio de expressão artística desse público.

O romance brasileiro e a busca do nacional

Nas décadas que sucederam a Independência do Brasil, os romancistas empenharam-se no projeto de construção de uma cultura brasileira autônoma. Esse projeto exigia dos escritores o reconhecimento da identidade de nossa gente, nossa língua, nossas tradições e também das nossas diferenças regionais e culturais. Nessa busca do nacional, surge o romance romântico, que se voltou para os espaços nacionais, identificados como a selva, o campo e a cidade, dando origem, respectivamente, ao **romance indianista** e **histórico** (a vida primitiva), ao **romance regional** (a vida rural) e ao **romance urbano** (a vida citadina). José de Alencar, por exemplo, o maior romancista do nosso Romantismo, escreveu obras que enfocaram esses três aspectos, como *O guarani*, romance histórico-indianista, *O gaúcho*, romance regional, e *Senhora*, romance urbano.

O romance romântico e a telenovela

O romance romântico surgiu na forma de *folhetim*, publicação diária, em jornais, de capítulos de determinada obra literária. Esse procedimento, ao mesmo tempo que formava um público leitor de literatura, ampliava o número de leitores de jornais diários.

Para garantir que o leitor comprasse o jornal no dia seguinte e lesse mais um capítulo do romance, os autores do folhetim valiam-se de certas técnicas, como interromper a narração no momento culminante de uma cena ou sequência de cenas. Essa técnica — a mais explorada — pode ser observada ainda hoje nas telenovelas, herdeiras diretas do romance folhetinesco. Outros ingredientes comuns aos dois tipos de narrativa são o triângulo amoroso, a vitória do bem contra o mal e o final feliz.

João Cotta/Globo

Taís Araújo, Regina Casé e Adriana Esteves em cena da novela Amor de mãe.

José de Alencar e o romance indianista

Enquanto o branco era identificado como o colonizador europeu, e o negro, como o escravo africano, o índio era considerado o único e legítimo representante da América. Assim, o Romantismo brasileiro encontrou no índio uma autêntica expressão de nacionalidade e, por meio do indianismo, alcançou algumas de suas melhores realizações.

Vários fatores contribuíram para a implantação do indianismo em nossa cultura, entre eles a existência de uma *tradição literária indianista* do período colonial — introduzida pela literatura de informação e catequética e retomada pela épica de Basílio da Gama e Santa Rita Durão — e a influência da *teoria do bom selvagem*, de Rousseau, cujo representante mais direto, entre nós, era o índio. Outro fator importante foi a adaptação que os escritores brasileiros românticos fizeram da figura idealizada do herói medieval: como o Brasil não teve Idade Média, seu "herói medieval" passou a ser o índio, o habitante do país no período pré-cabralino.

José de Alencar foi o principal romancista indianista do nosso Romantismo, com sua tríade *O Guarani*, *Iracema* e *Ubirajara*.

Quem foi José de Alencar?

José de Alencar (1829-1877) foi o principal romancista brasileiro da fase romântica. Cearense, cursou Direito em São Paulo e viveu a maior parte de sua vida no Rio de Janeiro. Dedicou-se à carreira de advogado e atuou também como jornalista. Na política foi eleito várias vezes deputado e chegou a ocupar o cargo de ministro da Justiça, que exerceu de 1868 a 1870.

Na literatura, escreveu romances indianistas, históricos, urbanos e regionalistas. Foi também autor de crônicas, críticas e várias peças teatrais.

A produção diversificada de Alencar estava voltada ao projeto de construção da cultura.

Entre suas principais obras, destacam-se *O guarani* (1857), *Iracema* (1865), *Lucíola* (1862) e *Senhora* (1875).

Reprodução/Museu Histórico Nacional, Rio de Janeiro, RJ

José de Alencar por Alberto Henschel.

Literatura comparada

Diálogo entre a prosa romântica indianista brasileira e a poesia angolana contemporânea

A seguir, você vai ler e comparar dois textos: o primeiro é um fragmento do romance indianista *Iracema*, do escritor brasileiro José de Alencar; o segundo, um poema de Antônio Jacinto (1924-1991), escritor angolano do século XX. Após a leitura dos textos, responda às questões propostas.

TEXTO 1

Além, muito além daquela serra, que ainda azula no horizonte, nasceu Iracema.

Iracema, a virgem dos lábios de mel, que tinha os cabelos mais negros que a asa da **graúna**, e mais longos que seu talhe de palmeira.

O favo de **jati** não era doce como seu sorriso; nem a baunilha **recendia** no bosque como seu hálito perfumado.

Mais rápida que a ema selvagem, a morena virgem corria o sertão e as matas de Ipu, onde **campeava** sua guerreira tribo, da grande nação tabajara. O pé grácil e nu, mal roçando, alisava apenas a verde pelúcia que vestia a terra com as primeiras águas.

Um dia, ao pino do sol, ela repousava em um claro da floresta. Banhava-lhe o corpo a sombra da **oiticica**, mais fresca do que o orvalho da noite. Os ramos da acácia silvestre **esparziam** flores sobre os úmidos cabelos. Escondidos na folhagem os pássaros ameigavam o canto.

Iracema saiu do banho: o **aljôfar** d'água ainda a **roreja**, como à doce **mangaba** que corou em manhã de chuva. Enquanto repousa, empluma das penas do **gará** as flechas de seu arco, e concerta com o sabiá da mata, pousado no galho próximo, o canto agreste.

(José de Alencar. *Iracema*. 2. ed. Edição crítica de M. Cavalcanti Proença. Rio de Janeiro: Livros Técnicos e Científicos; São Paulo: Edusp, 1979. p. 12.)

aljôfar: gota d'água, gota de orvalho.
campear: dominar, imperar.
esparzir: espalhar, salpicar, disseminar.
gará: ave de plumagem vermelha e bico longo.
graúna: ave de coloração preta com brilho violáceo e de bico preto.
jati: tipo de abelha.
mangaba: fruto da mangabeira.
oiticica: árvore de até 15 metros de altura, com alternadas folhas e flores amarelas, em espigas.
recender: cheirar, exalar cheiro ou perfume.
rorejar: banhar gota a gota, gotejar, orvalhar.

TEXTO 2

Carta dum contratado

Eu queria escrever-te uma carta
amor,
uma carta que dissesse
deste anseio
de te ver
deste receio de te perder
deste mais que bem querer que sinto
deste mal indefinido que me persegue
desta saudade a que vivo todo entregue...

Eu queria escrever-te uma carta
amor,
uma carta de confidências íntimas
uma carta de lembranças de ti
de ti
dos teus lábios vermelhos como **tacula**
dos teus cabelos negros como **diloa**
dos teus olhos doces como macongue
dos teus seios duros como **maboque**
do teu andar de onça
e dos teus carinhos
que maiores não encontrei por aí...

Eu queria escrever-te uma carta
amor,
que recordasse nossos dias na **capopa**
nossas noites perdidos no capim
que recordasse a sombra que nos caía dos jambos
o luar que se coava das palmeiras sem fim
que recordasse a loucura
da nossa paixão
e a amargura
da nossa separação...

Eu queria escrever-te uma carta
amor,
que a não lesses sem suspirar
que a escondesses de papai Bombo
que a sonegasses de mamãe Kieza
que a relesses sem a frieza
do esquecimento
uma carta que em todo o kilombo
outra a ela não tivesse merecimento...

Eu queria escrever-te uma carta
amor,
uma carta que ta levasse o vento que passa
uma carta que os cajus e cafeeiros
que as hienas e **palancas**
que os jacarés e bagres
pudessem entender
para que se o vento a perdesse no caminho
os bichos e plantas compadecidos de nosso
[**pungente** sofrer
de canto em canto
de lamento em lamento
de farfalhar em farfalhar
te levassem puras e quentes
as palavras ardentes
as palavras magoadas da minha carta
que eu queria escrever-te amor...

Eu queria escrever-te uma carta...

Mas ah meu amor, eu não sei compreender
por que é, por que é, por que é, meu bem
que tu não sabes ler
e eu — oh! Desespero – não sei escrever também.

(Antônio Jacinto. *In: No reino de Caliban — Antologia panorâmica da poesia africana de expressão portuguesa II: Angola, São Tomé e Príncipe*. Organização, seleção, prefácio e notas de Manuel Ferreira. Lisboa: Seara Nova, 1976. p. 133-135.)

PeopleImages/Getty Images

capopa: fonte, curso de água.
contratado: pessoa contratada para trabalhar na monagamba, região agrícola de Angola caracterizada por péssimas condições de vida.
diloa: lodo.
maboque: fruto do tamanho e cor da laranja e de casca dura.
palanca: antílope grande e elegante.
pungente: comovente, agudo.
tacula: árvore nativa de Angola que fornece madeira vermelha.

Oratura na África

Moçambique e Angola foram colônias de Portugal até a década de 1970.

Até essa data, esses países também eram dependentes culturalmente da metrópole e viviam um grave problema de analfabetismo. Isso não quer dizer, entretanto, que neles não havia uma intensa vida cultural e literária.

Havia, sim, e tal era a importância dessa produção transmitida oralmente, que se costuma chamá-la de *oratura*, já que etimologicamente a palavra *literatura* se refere à produção escrita (*littera* = letra, escrita).

Num de seus depoimentos, o escritor Antônio Jacinto conta como foi seu primeiro contato com a poesia:

O meu gosto pela leitura e pela poesia é influência da minha mãe. Na minha infância vivíamos no interior de Angola, numa terra muito pequena, muito isolada, com muito pouco convívio (Cambondo), e a minha mãe contava-me contos infantis, da tradição portuguesa e não só, e também ela conhecia – até de cor – poemas de poetas portugueses, que recitava e muitas vezes também cantava! Daí ficou esse gosto pela poesia e pela literatura.

Iracema na MPB

Assim como Peri, também Iracema tem servido aos nossos compositores da MPB como referência do lado primitivo e selvagem do Brasil. Na canção "Tropicália", por exemplo, Caetano Veloso contrapõe Iracema ao Brasil moderno nos versos "viva Iracema ma ma/ viva Ipanema ma ma ma ma". Chico Buarque chegou a compor a canção "Iracema voou" a partir da personagem de Alencar.

Conheça a canção no *site* do compositor: www.chicobuarque.com.br.

1 O texto 1, extraído das primeiras páginas de *Iracema*, de José de Alencar, descreve Iracema, a protagonista. A caracterização da personagem é feita por meio de comparações. Observe os quatro primeiros parágrafos.

a) A que elementos Iracema é comparada?

b) Nessa comparação, quem se destaca mais: a índia ou esses elementos?

c) Que característica romântica se observa nesse procedimento?

2 José de Alencar foi um dos principais escritores brasileiros empenhados no projeto romântico de construir uma identidade nacional. Por meio da literatura, ele pretendia libertar a cultura brasileira do domínio da cultura portuguesa. De que modo o escritor põe em prática esse projeto, no texto, considerando-se os aspectos da língua e do espaço?

3 No texto 2, o eu lírico, estando distante da mulher amada, manifesta o desejo de escrever uma carta a ela.

a) O que o impossibilita de fazê-lo?

b) O eu lírico não pôde escrever a carta; no entanto, seus sentimentos deram origem a um poema. Na sua opinião, o poema consegue dizer aquilo que o eu lírico deseja dizer na carta?

4 O eu lírico do texto 2, prevendo que talvez a carta não chegasse à mulher amada, pensa numa forma de ela ser transmitida. Releia o boxe "Oratura na África" e responda:

a) Que meios o eu lírico imagina para a transmissão de sua mensagem?

b) Que relação existe entre esses meios e a tradição da "oratura" africana?

5 O romance *Iracema* foi escrito após a independência política do Brasil. O poema de Antônio Jacinto foi escrito no período em que Angola ainda era uma colônia portuguesa. Considerando os contextos de produção dos textos, responda: Que importância têm, no texto de José de Alencar e no poema, as várias referências feitas à fauna e à flora brasileiras e angolanas, respectivamente?

Visconde de Taunay e o romance regionalista

Coube ao romance regionalista, mais do que aos romances indianista, histórico e urbano, a missão nacionalista que o Romantismo se atribuiu de proporcionar ao país uma visão de si mesmo. Estendendo o olhar para os quatro cantos do Brasil, o romance regional buscou compreender e valorizar as características étnicas, linguísticas, sociais e culturais que marcam as regiões brasileiras e diferenciam-nas umas das outras.

Sem apoio em modelos europeus, o romance regionalista romântico teve de abrir sozinho seus próprios caminhos. Portanto, constituiu em nossa literatura uma experiência nova, que exigiu dos escritores pesquisa e senso de observação da realidade. Como resultado desse empenho, os romances regionais românticos deram um passo decisivo no rumo da tão desejada autonomia cultural brasileira.

Desse projeto, participaram vários romancistas, entre eles José de Alencar, com *O gaúcho*, Franklin Távora, com *O cabeleira*, e Visconde de Taunay, com *Inocência*, considerada a obra-prima do regionalismo romântico nacional.

Quem foi Visconde de Taunay?

Alfredo d'Escragnolle Taunay (1843-1899), o Visconde de Taunay, era carioca, fez carreira militar e, aos 20 anos, participou da Guerra do Paraguai.

Na carreira de militar, o que o seduzia era principalmente a possibilidade de viajar e conhecer a diversidade natural do Brasil. Apaixonado pela natureza brasileira, registrava em desenhos espécies da fauna e da flora nacionais e, já no século XIX, protestava contra a destruição das matas na cidade do Rio de Janeiro.

Em suas andanças por Mato Grosso, Taunay colheu experiências para compor suas obras. Ressalta-se nelas a capacidade do escritor de reproduzir com precisão aspectos visuais da paisagem sertaneja, especialmente da fauna e da flora da região.

Reprodução/Acervo da editora

Taunay: pioneiro no despertar da consciência ecológica.

Leitura

Você vai ler, a seguir, um trecho da obra *Inocência*. Trata-se de uma história de amor impossível que envolve Cirino, prático de farmácia que se autopromovera a médico, e uma jovem do sertão de Mato Grosso prometida pelo pai, Pereira, a Manecão, rústico vaqueiro da região.

Estava Cirino fazendo o inventário da sua roupa e já começava a anoitecer, quando Pereira novamente a ele se chegou.

— Doutor, disse o mineiro, pode agora mecê entrar para ver a pequena. Está com o pulso que nem um fio, mas não tem febre de qualidade nenhuma.

— Assim é *bem melhor*[1], respondeu Cirino.

E, arranjando precipitadamente o que havia tirado da canastra, fechou-a e pôs-se de pé.

Antes de sair da sala, deteve Pereira o hóspede com ar de quem precisava tocar em assunto de gravidade e ao mesmo tempo de difícil explicação.

Afinal começou meio hesitante:

— Sr. Cirino, eu cá sou homem muito bom de gênio, muito amigo de todos, muito acomodado e que tenho o coração perto da boca, como vosmecê deve ter visto...

— Por certo, concordou o outro.

— Pois bem, mas... tenho um grande defeito; sou muito desconfiado. Vai o doutor entrar no interior da minha casa e... deve portar-se como...

— Oh, Sr. Pereira! atalhou Cirino com animação, mas sem grande estranheza, pois conhecia o zelo com que os homens do sertão guardam da vista dos profanos os seus aposentos domésticos, posso gabar-me de ter sido recebido no seio de muita família honesta e sei proceder como devo.

Expandiu-se um tanto o rosto do mineiro.

— Vejo, disse ele com algum acanhamento, que o doutor não é nenhum pé-rapado, mas nunca é bom facilitar... E já que não há outro remédio, vou dizer-lhe todos os meus segredos... Não metem vergonha a ninguém, com o favor de Deus; mas em negócios da minha casa não gosto de bater língua... Minha filha Nocência fez 18 anos pelo Natal, e é rapariga que pela feição parece moça de cidade, muito ariscazinha de modos, mas bonita e boa deveras... Coitada, foi criada sem mãe, e aqui nestes *fundões*[2]. [...]

— Ora muito que bem, continuou Pereira caindo aos poucos na habitual **garrulice**, quando vi a menina tomar corpo, tratei logo de casá-la.

— Ah! é casada? perguntou Cirino.

— Isto é, é e não é. A coisa está apalavrada. Por aqui costuma labutar no costeio do gado para São Paulo um homem de mão-cheia, que talvez o Sr. conheça... o Manecão Doca...

....

— Esta obrigação de casar as mulheres é o diabo!... Se não tomam estado, ficam jururus e **fanadinhas**...; se casam podem cair nas mãos de algum marido malvado... E depois, as histórias!... Ih, meu Deus, mulheres numa casa, é coisa de meter medo... São redomas de vidro que tudo pode quebrar... Enfim, minha filha, enquanto solteira, honrou o nome de meus pais... O Manecão que se aguente, quando a tiver por sua... Com gente de saia não há que fiar... Cruz! botam famílias inteiras a perder, enquanto o demo esfrega um olho.

Esta opinião injuriosa sobre as mulheres é, em geral, corrente nos nossos sertões e traz como consequência imediata e prática, além da rigorosa clausura em que são mantidas, não só o casamento convencionado entre parentes muito chegados para filhos de menor idade, mas sobretudo os numerosos crimes cometidos, mal se suspeita possibilidade de qualquer intriga amorosa entre pessoa da família e algum estranho.

....

— Sr. Pereira, replicou Cirino com calma, já lhe disse e torno-lhe a dizer que, como médico, estou há muito tempo acostumado a lidar com famílias e a respeitá-las. É este meu dever, e até hoje, graças a Deus, a minha fama é boa... Quanto às mulheres, não tenho as suas opiniões, nem as acho razoáveis nem de justiça.

Reprodução/Embrafilme/Cinemateca Brasileira

Cena do filme **Inocência**.

Entretanto, é inútil discutirmos porque sei que isso são prevenções vindas de longe, e quem torto nasce, tarde ou nunca se endireita... O Sr. falou-me com toda franqueza, e também com franqueza lhe quero responder. No meu parecer, as mulheres são tão boas como nós, se não melhores: não há, pois, motivo para tanto desconfiar delas e ter os homens em tão boa conta... enfim, essas suas ideias podem quadrar-lhe à vontade, e é costume meu antigo a ninguém contrariar, para viver bem com todos e deles merecer o tratamento que julgo ter direito a receber. Cuide cada qual de si, olhe Deus para todos nós, e ninguém queira arvorar-se em palmatória do mundo.

Tal profissão de fé, expedida em tom dogmático e superior, pareceu impressionar agradavelmente a Pereira, que fora aplaudindo com expressivo movimento de cabeça a sensatez dos conceitos e a fluência da frase.

(*Inocência*. 6. ed. São Paulo: Ática, 1984. p. 29-32.)

Notas do próprio Taunay:
1 Locução muito usual no interior.
2 Sertões.

fanadinhas: murchinha, com pouco viço.
garrulice: tagarelice.

1 A linguagem literária geralmente segue as regras da norma-padrão, ao mesmo tempo que serve como referência para a definição do que seja a norma. Os autores regionalistas, porém, agem de forma diferente porque deliberadamente pretendem se aproximar da linguagem regional, sem abandonar as convenções da norma-padrão. No texto lido, observe a linguagem empregada nas falas de Cirino e de Pereira, bem como a linguagem do narrador e das notas de rodapé, feitas pelo próprio autor. Responda: De que modo Taunay lida com as variedades linguísticas em *Inocência*?

2 Pereira é um típico homem do sertão, com uma mentalidade conservadora. No diálogo entre ele e Cirino, evidencia-se a opinião do primeiro a respeito da mulher e do casamento. De acordo com a visão de Pereira expressa no texto:

a) O que representam as moças em uma família?

b) Que significado tem para um pai o casamento de sua filha?

3 Em certo momento do texto, o narrador interfere na narração para expressar seu ponto de vista a respeito das ideias de Pereira.

a) Identifique o parágrafo em que isso ocorre.

b) Qual é o julgamento do narrador a respeito da opinião expressa por Pereira? Que consequências ele menciona como decorrentes dela?

4 No penúltimo parágrafo do texto, Cirino emite sua opinião, depois de ter ouvido a de Pereira.

a) Existem diferenças entre as ideias de Cirino e as de Pereira? Comente.

b) Identifique no texto uma frase por meio da qual se percebe que Cirino, apesar de discordar, aceita as regras daquela sociedade.

Manuel Antônio de Almeida e o romance urbano

O romance urbano, entre todos os tipos de romance que se produziram na Europa e no Brasil no século XIX, é o mais lido desde o Romantismo até os dias de hoje.

No Brasil, a literatura romântica contou com um número considerável de romances urbanos, entre os quais se destacam *A moreninha*, de Joaquim Manuel de Macedo, *Lucíola* e *Senhora*, de José de Alencar, e *Memórias de um sargento de milícias*, de Manuel Antônio de Almeida.

Memórias de um sargento de milícias difere da maioria dos romances românticos, pois apresenta uma série de procedimentos que fogem ao padrão da prosa romântica. O protagonista não é herói nem vilão, mas um malandro simpático que leva uma vida de pessoa comum; não há idealização da mulher, da natureza ou do amor, sendo reais as situações retratadas; a linguagem aproxima-se da jornalística, deixando de lado a excessiva metaforização que caracteriza a prosa romântica.

As travessuras do personagem Leonardo são o centro da narrativa e servem tanto para a concatenação de outros personagens e ações da obra quanto para a descrição de tipos, ambientes e costumes da sociedade carioca do começo do século XIX.

Leitura

A seguir você lerá dois textos. O primeiro é um fragmento de *Memórias de um sargento de milícias*; o segundo é extraído de *Senhora* e mostra dois episódios do romance: a cena do casamento entre Aurélia e Seixas e a cena da noite de núpcias do casal.

Tejo: rio de Portugal.
derradeiro: último.
enojo: enjoo, náusea.
função: espetáculo.
instar: pedir, solicitar, insistir.
machete: pequeno instrumento musical menor que um cavaquinho e maior que uma viola.
minuete: antiga dança francesa com movimentos delicados e equilibrados.
rabeca: nome antiquado do violino.
rebate: sinal, anúncio.

TEXTO 1

[...] Ao sair do **Tejo**, estando a Maria encostada à borda do navio, o Leonardo fingiu que passava distraído por junto dela, e com o ferrado sapatão assentou-lhe uma valente pisadela no pé direito. A Maria, como se já esperasse por aquilo, sorriu-se como envergonhada do gracejo, e deu-lhe também em ar de disfarce um tremendo beliscão nas costas da mão esquerda. Era isto uma declaração em forma, segundo os usos da terra: levaram o resto do dia de namoro cerrado; ao anoitecer passou-se a mesma cena de pisadela e beliscão, com a diferença de serem desta vez um pouco mais fortes; e no dia seguinte estavam os dois amantes tão extremosos e familiares, que pareciam sê-lo de muitos anos.

Quando saltaram em terra começou a Maria a sentir certos **enojos**; foram os dois morar juntos; e daí a um mês manifestaram-se claramente os efeitos da pisadela e do beliscão; sete meses depois teve a Maria um filho, formidável menino de quase três palmos de comprido, gordo e vermelho, cabeludo, esperneador e chorão; o qual, logo depois que nasceu, mamou duas horas seguidas sem largar o peito. E este nascimento é certamente de tudo o que temos dito o que mais nos interessa, porque o menino de quem falamos é o herói desta história.

Chegou o dia de batizar-se o rapaz: foi madrinha a parteira; sobre o padrinho houve suas dúvidas: o Leonardo queria que fosse o Sr. juiz; porém teve de ceder a instâncias da Maria e da comadre, que queriam que fosse o barbeiro de defronte, que afinal foi adotado. Já se sabe que houve nesse dia **função**: os convidados do dono da casa, que eram todos dalém-mar, cantavam ao desafio, segundo seus costumes; os convidados da comadre, que eram todos da terra, dançavam o fado. O compadre trouxe a **rabeca**, que é, como se sabe, o instrumento favorito da gente do ofício. A princípio, o Leonardo quis que a festa tivesse ares aristocráticos, e propôs que se dançasse o **minuete** da corte. Foi aceita a ideia, ainda que houvesse dificuldade em encontrarem-se pares. Afinal levantaram-se uma gorda e baixa matrona, mulher de um convidado; uma companheira desta, cuja figura era a mais completa antítese da sua; um colega do Leonardo, miudinho, pequenino, e com fumaças de gaiato, e o sacristão da Sé, sujeito alto, magro e com pretensões de elegante. O compadre foi quem tocou o minuete na rabeca; e o afilhadinho, deitado no colo da Maria, acompanhava cada arcada com um guincho e um esperneio. Isto fez com que o compadre perdesse muitas vezes o compasso, e fosse obrigado a recomeçar outras tantas.

Depois do minuete foi desaparecendo a cerimônia, e a brincadeira aferventou, como se dizia naquele tempo. Chegaram uns rapazes de viola e **machete**: o Leonardo, **instado** pelas senhoras, decidiu-se a romper a parte lírica do divertimento. Sentou-se num tamborete, em um lugar isolado da sala, e tomou uma viola. Fazia um belo efeito cômico, vê-lo, em trajes do ofício, de casaca, calção e espadim, acompanhando com um monótono zum-zum nas cordas do instrumento o garganteado de uma modinha pátria. Foi nas saudades da terra natal que ele achou inspiração para o seu canto, e isto era natural a um bom português, que o era ele. [...]

O canto do Leonardo foi o **derradeiro** toque de **rebate** para esquentar-se a brincadeira, foi o adeus às cerimônias. Tudo daí em diante foi burburinho, que depressa passou à gritaria, e ainda mais depressa à algazarra. [...]

(Manuel Antônio de Almeida. *Memórias de um sargento de milícias*. São Paulo: Ática, 1976. p. 9-11.)

D. Pedro I e Leonardo Pataca: entre o real e o imaginário

Fundindo realidade e ficção, Ruy Castro, em *Era no tempo do rei* (Editora Objetiva), aproxima o personagem de ficção Leonardo Pataca da figura histórica de D. Pedro I. No livro, os dois são amigos inseparáveis, inseridos em um enredo cheio de aventuras, política e erotismo.

Eis a explicação do autor sobre como surgiu a ideia de reunir as duas figuras:

A mãe do Leonardo o abandonou e seu pai também logo sumiu. No caso do D. Pedro I, não se esperava que o rei ou a rainha ficassem verificando se o filho estava estudando, conferindo notas. Isso era deixado para os tutores. Então é um tipo de criação parecida entre eles, tanto que se entenderam imediatamente, na ficção. E acho que interiormente eles tinham muitas coisas em comum, como a coragem, o senso de aventura, a curiosidade.

(*Folha de S.Paulo*, 17/11/2007.)

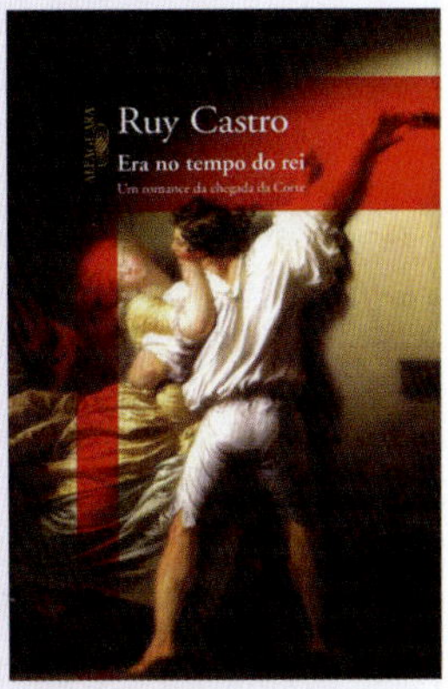

TEXTO 2

Os convidados, que antes lhe admiravam a graça peregrina, essa noite a achavam deslumbrante, e compreendiam que o amor tinha colorido com as tintas de sua palheta inimitável, a já tão feiticeira beleza, envolvendo-a de irresistível fascinação.

— Como ela é feliz! — diziam os homens.

— E tem razão! — acrescentaram as senhoras volvendo os olhos ao noivo.

Também a fisionomia de Seixas se iluminava com o sorriso da felicidade. O orgulho de ser o escolhido daquela encantadora mulher ainda mais lhe ornava o aspecto já de si nobre e gentil.

Efetivamente, no marido de Aurélia podia-se apreciar essa fina flor da suprema distinção, que não se anda assoalhando nos gestos pretensiosos e nos **ademanes** artísticos; mas reverte do íntimo com uma fragrância que a modéstia busca recatar, e **não obstante** exala-se dos seios d'alma.

Depois da cerimônia começaram os parabéns que é de estilo dirigir aos noivos e a seus parentes.

[...]

Para animar a reunião as moças improvisaram quadrilhas, no intervalo das quais um **insigne** pianista, que fora mestre de Aurélia, executava os melhores trechos de óperas então em voga.

Por volta das dez horas despediram-se as famílias convidadas.

[...]

Aurélia ergueu-se impetuosamente.

— Então enganei-me? — exclamou a moça com estranho **arrebatamento**. — O senhor ama-me sinceramente e não se casou comigo por interesse?

Seixas demorou um instante o olhar no semblante da moça, que estava suspensa de seus lábios, para beber-lhe as palavras:

— Não, senhora, não enganou-se, disse afinal com o mesmo tom frio e inflexível. Vendi-me; pertenço-lhe. A senhora teve o mau gosto de comprar um marido **aviltado**; aqui o tem como desejou. Podia ter feito de um caráter, talvez gasto pela educação, um homem de bem, que se enobrecesse com sua afeição; preferiu um escravo branco; estava em seu direito, pagava com seu dinheiro, e pagava generosamente. Esse escravo aqui o tem; é seu marido, porém nada mais do que seu marido!

(José de Alencar. *Senhora*. São Paulo: Saraiva, 2007. p. 75 e 127.)

ademane: aceno, trejeito, qualquer gesto ou comportamento afetado.
arrebatamento: exaltação, arroubo, comportamento precipitado.
aviltado: desonrado, rebaixado, envilecido.
insigne: destacado, famoso, ilustre.
não obstante: apesar disso, contudo.

Alencar e o romance urbano

Além de ter se dedicado ao romance indianista e ao romance regional, José de Alencar foi também um de nossos melhores romancistas urbanos. Suas obras, além de conter os ingredientes próprios do romance urbano romântico — intrigas amorosas, chantagens, amores impossíveis, peripécias —, conseguem analisar com profundidade certos temas delicados daquele contexto social. Em *Senhora* são abordados os temas do casamento por interesse, da independência feminina e da ascensão social a qualquer preço. Em *Lucíola* é discutida a prostituição nas altas camadas sociais e, como em *Senhora*, a oposição entre o amor e o dinheiro.

Malandragem: o "jeitinho brasileiro"?

Segundo o escritor Mário de Andrade, Leonardo Pataca é uma personagem semelhante ao pícaro espanhol, um tipo de malandro simpático e brincalhão que vive à margem da sociedade, sem nenhum vínculo, sempre à procura de novas aventuras.

No século XX, o próprio Mário de Andrade daria continuidade à tradição da malandragem com seu personagem irreverente Macunaíma, na opinião dele o retrato do brasileiro. Em 1978, Chico Buarque de Hollanda resgatou essa tradição com a peça teatral *Ópera do malandro*, que também foi levada ao cinema, sob direção de Ruy Guerra.

Será que a malandragem é mesmo uma característica do jeito brasileiro de ser?

Moacyr Lopes/Folhapress

Ensaio da peça *Ópera do malandro*.

1 Os dois textos apresentam em comum o ambiente urbano do Rio de Janeiro do século XIX e o relacionamento entre homem e mulher.

a) Que classe social cada um dos textos retrata?

b) Que importância ou significado tem o casamento para os personagens do texto 1 e para os do texto 2?

2 Nas duas obras, os personagens — de um lado, Maria das Hortaliças e, de outro, Aurélia e Seixas — transgridem as regras sociais ou as regras do amor romântico.

a) Qual a transgressão de Maria das Hortaliças?

b) Qual é a transgressão de Aurélia e Seixas?

3 Nos dois textos, ocorre uma festa que revela diferenças de comportamento das classes sociais retratadas. Compare as festas e responda:

a) Por que a sugestão de Leonardo de dançar o minuete é inadequada ao seu grupo social?

b) Que diferenças há entre as festas, considerando-se a participação dos convidados?

4 Na segunda parte do texto 2, Aurélia, na noite de núpcias, revela ao marido o desprezo que tem por ele. Interprete e explique estas afirmações de Seixas:

a) "Podia ter feito de um caráter, talvez gasto pela educação, um homem de bem, que se enobrecesse com sua afeição; preferiu um escravo branco"

b) "Esse escravo aqui o tem; é seu marido, porém nada mais do que seu marido!"

5 No texto 2, Aurélia, considerando-se sua condição de mulher e a pouca idade que tinha, apresenta um comportamento raro naquela sociedade.

a) Em que o comportamento de Aurélia difere do das demais moças?

b) A que se deve essa diferença?

6 *Senhora* e *Memórias de um sargento de milícias* são obras consideradas precursoras do Realismo — movimento literário que surgiu na segunda metade do século XIX e se caracteriza pela objetividade e pela crítica ostensiva à sociedade burguesa — em virtude do retrato mais direto, crítico e objetivo que fazem da realidade. Contudo, as duas obras ainda estão presas a certas convenções românticas.

a) Qual dos dois romances foge mais às convenções românticas, tais como linguagem metafórica e idealização do amor e da mulher?

b) Qual dos dois romances aprofunda mais a crítica à sociedade, já apresentando elementos próprios da crítica realista? Justifique.

A prosa gótica

Ao lado da rica produção do romance romântico, que se voltou à descoberta do país, floresceu entre nós um tipo de prosa que, apesar de ter tido pouca repercussão no Brasil da época, estava sintonizada com a obra de importantes escritores estrangeiros, como Edgar Allan Poe, Lord Byron e Charles Baudelaire. Trata-se da *prosa gótica*, cujo principal representante, no Brasil, foi Álvares de Azevedo, autor de *Noite na taverna*.

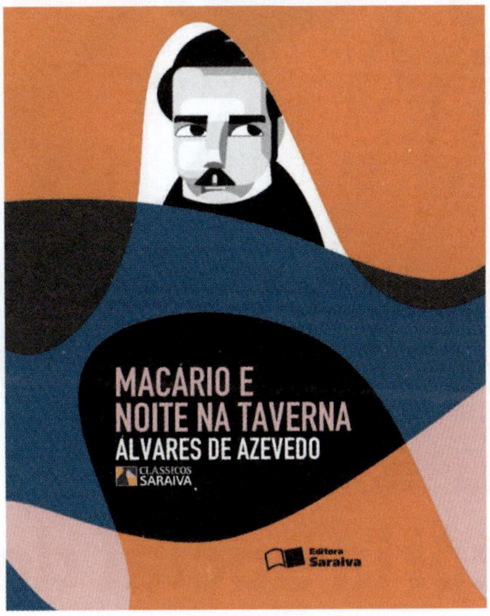

Reprodução/Editora Saraiva

A pouca repercussão dessa literatura à época do Romantismo deve-se à qualificação de "marginal" ou "maldita" que lhe foi atribuída. Em primeiro lugar, porque se colocava à margem dos padrões estabelecidos pelo próprio Romantismo e, em segundo lugar, porque o mundo que retratava também se situava à margem do racionalismo e do materialismo da sociedade capitalista. O sonho, a loucura, o vício, o sexo desenfreado, o macabro e formas de transgressão variadas povoam o universo gótico, que valoriza as zonas escuras e antilógicas do subconsciente, onde se fundem instintos de vida e morte, libido e terror.

Liga-se à tradição gótica literária uma longa produção de contos de mistério ou de terror e uma vasta produção cinematográfica, constituída principalmente de filmes dedicados ao vampirismo. Na música, várias tendências ou subculturas, como o *heavy metal*, o *punk* e o gótico propriamente dito, prestam reverência a essa literatura do século XIX, da qual tomam emprestados temas macabros, satanismo e o mal-estar diante da civilização burguesa.

Autorretrato *O desesperado* (1844-1845), de Gustave Courbet.

UNIDADE 5

História social do Realismo, do Naturalismo e do Parnasianismo

O contexto social, político e cultural da segunda metade do século XIX tornou-se profundamente diferente do que foi a primeira metade. Lutas sociais, tentativas de revolução, novas ideias políticas, científicas... O mundo se agitava, e a literatura não podia mais, como no tempo do Romantismo, viver de idealizações, do culto do eu e da fuga da realidade. Era necessária uma arte mais objetiva, que atendesse ao desejo do momento: o de analisar e compreender cientificamente a realidade e de transformá-la. Como resposta a essa necessidade, surgiriam quase ao mesmo tempo três tendências antirromânticas na literatura, que se entrelaçavam e se influenciavam mutuamente: o Realismo, o Naturalismo e o Parnasianismo.

Esta unidade favorece o desenvolvimento das habilidades

EM13LP28 EM13LP30 EM13LP32 EM13LP51 EM13LGG103

EM13LGG202 EM13LGG601 EM13LGG602 EM13LGG604

Fique ligado! **Pesquise!**

Para estabelecer relações entre a literatura e outras artes e áreas de conhecimento, eis algumas sugestões:

Assista

Pictorial Press/Alamy/Fotoarena

Cena de *Madame Bovary*.

- *Madame Bovary*, de Sophie Barthes; *A sedutora Madame Bovary*, de Vincent Minnelli; *Germinal*, de Claude Berri; *Sacco e Vanzetti*, de Giuliano Montaldo; *Os companheiros*, de Mario Monicelli; *Criação*, de Jon Amiel; *Brás Cubas*, de Júlio Bressane; *O primo Basílio*, de Daniel Filho; *O cortiço*, de Francisco Ramalho Jr.; *Memórias póstumas*, de André Klotzel; *O crime do padre Amaro*, de Carlos Carrera; *Os Maias*, de Luís Fernando Carvalho; *Dom*, de Moacyr Góes.

Leia

Reprodução/Estação Liberdade

- *Madame Bovary*, de Gustave Flaubert (Ediouro); *Ilusões perdidas*, de Honoré de Balzac (Ediouro); *Germinal*, de Émile Zola (Hemus); *O vermelho e o negro*, de Stendhal (Globo); *Os irmãos Karamazov*, de Dostoievski (Ediouro); *Guerra e paz* e *Anna Karenina*, de Leon Tolstói (Itatiaia e Ediouro); *A brasileira dos Prazins*, de Camilo Castelo Branco (Nova Fronteira); *O primo Basílio*, *Os Maias* e *O crime do padre Amaro*, de Eça de Queirós (Ática); *Memórias póstumas de Brás Cubas*, *Dom Casmurro* e *Quincas Borba*, de Machado de Assis (Ática); *Capitu*, de Lygia Fagundes Telles e Paulo Emilio Salles Gomes (Siciliano); *O amor de Capitu*, de Fernando Sabino (Ática); *Capitu — Memórias póstumas*, de Domício Proença Filho (Artium); *O cortiço*, *Casa de pensão* e *O mulato*, de Aluísio Azevedo (Ática); *O missionário*, de Inglês de Souza (Ática); *O Xangô de Baker Street*, de Jô Soares (Companhia das Letras); *Antologia de poesia brasileira — Realismo e Parnasianismo* (Ática).

Pesquise

- Pesquise sobre as relações entre literatura, filosofia e ciência, buscando pontos de contato entre o Realismo e o Naturalismo com o positivismo, de Augusto Comte; o determinismo, de Hipolyte Taine; o evolucionismo, de Charles Darwin; e o socialismo científico, de Marx e Engels.

Navegue

- www.machadodeassis.org.br/
- www.dominiopublico.gov.br/

Visite

Dado Photos/Shutterstock

Pinacoteca de São Paulo.

Para conhecer a pintura brasileira do século XIX, visite:

- no Rio de Janeiro: Museu Histórico Nacional, Museu Nacional de Belas Artes, Museu Nacional da UFRJ;
- em São Paulo: Masp e Pinacoteca do Estado de São Paulo;
- em Porto Alegre: Museu Júlio de Castilho;
- em Juiz de Fora: Museu Mariano Procópio.

CAPÍTULO 12

A linguagem do Realismo, do Naturalismo e do Parnasianismo

Motivados pelas teorias científicas e filosóficas da época, os escritores realistas se empenharam em retratar o homem e a sociedade em conjunto. Não bastava mostrar a face sonhadora e idealizada da vida, como haviam feito os românticos; era preciso mostrar a face do cotidiano massacrante, do casamento por interesse, do amor adúltero, da falsidade e do egoísmo, da impotência do ser humano comum diante dos poderosos.

A roda de fiar (1855), de Jean François Millet, marca o interesse dos realistas e naturalistas pela vida cotidiana dos trabalhadores.

Este capítulo favorece o desenvolvimento das habilidades

- EM13LGG102
- EM13LGG103
- EM13LGG202
- EM13LGG302
- EM13LGG601
- EM13LGG602
- EM13LGG604
- EM13LP01
- EM13LP06
- EM13LP46
- EM13LP48
- EM13LP49
- EM13LP52

Na segunda metade do século XIX, a literatura europeia buscou novas formas de expressão, sintonizadas com as mudanças que ocorriam em diferentes setores: filosófico, científico, político, econômico e cultural. A renovação na literatura manifestou-se na forma de três movimentos literários distintos na França: o Realismo, o Naturalismo e o Parnasianismo. O Realismo teve início com a publicação de *Madame Bovary* (1857), de Gustave Flaubert; o Naturalismo, com a publicação de *Thérèse Raquin* (1867), de Émile Zola; e o Parnasianismo, com a publicação das antologias parnasianas intituladas *Parnasse contemporain* (a partir de 1866).

Embora guardem diferenças formais e ideológicas, essas três tendências apresentam alguns aspectos em comum, que você vai conhecer.

A imagem em foco

Observe atentamente o quadro seguinte, de Gustave Courbet, pintor francês que introduziu o Realismo na pintura.

Gustave Coubert/Museu de Belas Artes, Paris, França.

As peneiradoras de trigo (1854), de Gustave Courbet.

1 A propósito do ambiente retratado no quadro, responda:

a) Como ele se caracteriza?

b) Trata-se de um ambiente próprio da zona rural ou da zona urbana? Justifique sua resposta com elementos do quadro.

2 Observe as personagens que compõem a cena.

a) O que elas estão fazendo?

b) Levante hipóteses: Que vínculos pode haver entre elas?

c) Para elas, o que representa o trigo?

3 As primeiras telas de Courbet escandalizaram os salões de arte parisienses, por causa dos temas que abordavam, até então inéditos.

a) Na hierarquia social, que posição ocupavam as personagens retratadas no quadro?

b) Apesar da condição social das personagens, o quadro desperta algum sentimento de piedade ou compaixão nos espectadores?

4 Certa vez perguntaram a Courbet se ele era capaz de pintar um anjo. E ele respondeu: "Jamais poderei pintar um anjo, porque nunca vi nenhum".

a) Qual é o princípio realista presente nessa resposta do pintor?

b) Na sua opinião, o quadro põe em prática esse princípio realista? Justifique sua resposta.

5 Observe as cores em destaque no quadro. Que relação elas têm com o tema abordado pelo pintor?

6 Em primeiro plano, destaca-se uma moça.

a) O que sugerem os movimentos dela?

b) Interprete: O que a moça representa nesse quadro?

7 Um dos traços do Realismo é a crítica social. Considerando-se o contexto da época, o quadro faz uma crítica à sociedade de então? Justifique sua resposta.

A linguagem da prosa realista

A seguir, você lerá um conto de Machado de Assis, o principal escritor realista brasileiro, por meio do qual será feito o estudo da linguagem da prosa realista.

Leitura

A causa secreta

Pictures Now/Alamy/Fotoarena/Coleção particular

Descanso na colheita, de William Adolphe Bouguereau.

[...]

Garcia tinha-se formado em medicina, no ano anterior, 1861. No ano de 1860, estando ainda na Escola, encontrou-se com Fortunato, pela primeira vez, à porta da Santa Casa; entrava, quando o outro saía. Fez-lhe impressão a figura; mas, ainda assim, tê-la-ia esquecido, se não fosse o segundo encontro, poucos dias depois. Morava na rua de D. Manuel. Uma de suas raras distrações era ir ao teatro de S. Januário, que ficava perto, entre essa rua e a praia; ia uma ou duas vezes por mês, e nunca achava acima de quarenta pessoas. Só os mais **intrépidos** ousavam estender os passos até aquele recanto da cidade. Uma noite, estando nas cadeiras, apareceu ali Fortunato, e sentou-se ao pé dele.

A peça era um dramalhão, cosido a facadas, ouriçado de **imprecações** e remorsos; mas Fortunato ouviu-a com singular interesse. Nos lances dolorosos, a atenção dele redobrava, os olhos iam avidamente de um personagem a outro, a tal ponto que o estudante suspeitou haver na peça reminiscências pessoais do vizinho. No fim do drama veio uma farsa; mas Fortunato não esperou por ela e saiu; Garcia saiu atrás dele. Fortunato foi pelo beco do Cotovelo, rua de S. José, até o largo da Carioca. Ia devagar, cabisbaixo, parando às vezes, para dar uma bengalada em algum cão que dormia; o cão ficava ganindo e ele ia andando. No largo da Carioca entrou num **tílburi**, e seguiu para os lados da praça da Constituição. Garcia voltou para casa sem saber mais nada.

[...]

imprecação: ofensa, xingamento.
intrépido: corajoso.
tílburi: charrete.

Tempos depois, estando já formado, e morando na rua de Matacavalos, perto da do Conde, encontrou Fortunato em uma gôndola, encontrou-o ainda outras vezes, e a frequência trouxe a familiaridade. Um dia Fortunato convidou-o a ir visitá-lo ali perto, em Catumbi.

— Sabe que estou casado?

— Não sabia.

— Casei-me há quatro meses, podia dizer quatro dias. Vá jantar conosco domingo.

— Domingo?

— Não esteja forjando desculpas; não admito desculpas. Vá domingo.

Garcia foi lá no domingo. Fortunato deu-lhe um bom jantar, bons charutos e boa palestra, em companhia da senhora, que era interessante. A figura dele não mudara; os olhos eram as mesmas chapas de estanho, duras e frias; as outras feições não eram mais atraentes que dantes. Os obséquios, porém, se não resgatavam a natureza, davam alguma compensação, e não era pouco. Maria Luísa é que possuía ambos os feitiços, pessoa e modos. Era esbelta, **airosa**, olhos meigos e submissos; tinha vinte e cinco anos e parecia não passar de dezenove. Garcia, à segunda vez que lá foi, percebeu que entre eles havia alguma dissonância de caracteres, pouca ou nenhuma afinidade moral, e da parte da mulher para com o marido uns modos que transcendiam o respeito e confinavam na resignação e no temor. [...]

A comunhão dos interesses apertou os laços da intimidade. Garcia tornou-se familiar na casa; ali jantava quase todos os dias, ali observava a pessoa e a vida de Maria Luísa, cuja solidão moral era evidente. E a solidão como que lhe duplicava o encanto. Garcia começou a sentir que alguma coisa o agitava, quando ela aparecia, quando falava, quando trabalhava, calada, ao canto da janela, ou tocava ao piano umas músicas tristes. Manso e manso, entrou-lhe o amor no coração. Quando deu por ele, quis expeli-lo, para que entre ele e Fortunato não houvesse outro laço que o da amizade; mas não pôde. Pôde apenas trancá-lo; Maria Luísa compreendeu ambas as coisas, a afeição e o silêncio, mas não se deu por achada.

No começo de outubro deu-se um incidente que desvendou ainda mais aos olhos do médico a situação da moça. Fortunato metera-se a estudar anatomia e fisiologia, e ocupava-se nas horas vagas em rasgar e envenenar gatos e cães. Como os guinchos dos animais atordoavam os doentes, mudou o laboratório para casa, e a mulher, **compleição** nervosa, teve de os sofrer. Um dia, porém, não podendo mais, foi ter com o médico e pediu-lhe que, como coisa sua, alcançasse do marido a cessação de tais experiências.

— Mas a senhora mesma...

Maria Luísa acudiu, sorrindo:

— Ele naturalmente achará que sou criança. O que eu queria é que o senhor, como médico, lhe dissesse que isso me faz mal; e creia que faz...

Garcia alcançou prontamente que o outro acabasse com tais estudos. Se os foi fazer em outra parte, ninguém o soube, mas pode ser que sim. Maria Luísa agradeceu ao médico, tanto por ela como pelos animais, que não podia ver padecer. Tossia de quando em quando; Garcia perguntou-lhe se tinha alguma coisa, ela respondeu que nada.

— Deixe ver o pulso.

— Não tenho nada.

airoso: gentil, digno.
compleição: constituição física.

Casamento e traição

No Romantismo, as histórias geralmente terminam em final feliz e em casamento. No Realismo, elas quase sempre começam com o casamento, que, envolto por interesses e contradições, facilmente é seguido de adultério.

O tema do adultério foi tratado por escritores de diferentes épocas posteriores e também já foi abordado na música, no cinema e no teatro. No teatro brasileiro, ele se destaca nos dramas familiares de Nelson Rodrigues. No cinema, um clássico sobre o tema é *A insustentável leveza do ser* (1988), de Philip Kaufman, baseado na obra do escritor checo Milan Kundera. E, mais recentemente, o adultério está em filmes como *Rainha de copas*, de May el-Toukhy; *Testemunha invisível*, de Stefano Mordini, entre outros.

Nordisk Film /Det Danske Filminstitut/ Radio (DR)/ SVT/Album/Fotoarena

Cena do filme *Rainha de copas.*

Não deu o pulso, e retirou-se. Garcia ficou apreensivo. Cuidava, ao contrário, que ela podia ter alguma coisa, que era preciso observá-la e avisar o marido em tempo.

Dois dias depois — exatamente o dia em que os vemos agora —, Garcia foi lá jantar. Na sala disseram-lhe que Fortunato estava no gabinete, e ele caminhou para ali; ia chegando à porta, no momento em que Maria Luísa saía aflita.

— Que é? perguntou-lhe.

— O rato! O rato! exclamou a moça sufocada e afastando-se.

Garcia lembrou-se que, na véspera, ouvira ao Fortunato queixar-se de um rato, que lhe levara um papel importante; mas estava longe de esperar o que viu. Viu Fortunato sentado à mesa, que havia no centro do gabinete, e sobre a qual pusera um prato com **espírito de vinho.** O líquido flamejava. Entre o polegar e o índice da mão esquerda segurava um barbante, de cuja ponta pendia o rato atado pela cauda. Na direita tinha uma tesoura. No momento em que o Garcia entrou, Fortunato cortava ao rato uma das pernas; em seguida desceu o infeliz até à chama, rápido, para não matá-lo, e dispôs-se a fazer o mesmo à terceira, pois já lhe havia cortado a primeira. Garcia estacou horrorizado.

espírito de vinho: álcool.

— Mate-o logo! disse-lhe.

— Já vai.

E com um sorriso único, reflexo de alma satisfeita, alguma coisa que traduzia a delícia íntima das sensações supremas, Fortunato cortou a terceira pata do rato, e fez pela terceira vez o mesmo movimento até a chama. O miserável estorcia-se, guinchando, ensanguentado, chamuscado, e não acabava de morrer. Garcia desviou os olhos, depois voltou-os novamente, e estendeu a mão para impedir que o suplício continuasse, mas não chegou a fazê-lo, porque o diabo do homem impunha medo, com toda aquela serenidade radiosa da fisionomia. Faltava cortar a última pata; Fortunato cortou-a muito devagar, acompanhando a tesoura com os olhos; a pata caiu, e ele ficou olhando para o rato meio cadáver. Ao descê-lo pela quarta vez, até a chama, deu ainda mais rapidez ao gesto, para salvar, se pudesse, alguns farrapos de vida.

Garcia, defronte, conseguia dominar a repugnância do espetáculo para fixar a cara do homem. Nem raiva, nem ódio; tão somente um vasto prazer, quieto e profundo, como daria a outro a audição de uma bela sonata ou a vista de uma estátua divina, alguma coisa parecida com a pura sensação estética. Pareceu-lhe, e era verdade, que Fortunato havia-o inteiramente esquecido. Isto posto, não estaria fingindo, e devia ser aquilo mesmo. A chama ia morrendo, o rato podia ser que tivesse ainda um resíduo de vida, sombra de sombra; Fortunato aproveitou-o para cortar-lhe o focinho e pela última vez chegar a carne ao fogo. Afinal deixou cair o cadáver no prato, e arredou de si toda essa mistura de chamusco e sangue.

Arrufos (1887), do pintor realista brasileiro Belmiro Barbosa de Almeida.

Ao levantar-se deu com o médico e teve um sobressalto. Então, mostrou-se enraivecido contra o animal, que lhe comera o papel; mas a cólera evidentemente era fingida.

— Castiga sem raiva, pensou o médico, pela necessidade de achar uma sensação de prazer, que só a dor alheia lhe pode dar: é o segredo deste homem.

Fortunato encareceu a importância do papel, a perda que lhe trazia, perda de tempo, é certo, mas o tempo agora era-lhe preciosíssimo. Garcia ouvia só, sem dizer nada, nem lhe dar crédito. Relembrava os atos dele, graves e leves, achava a mesma explicação para todos. Era a mesma troca das teclas da sensibilidade, um **diletantismo *sui generis***, uma redução de **Calígula.**

Quando Maria Luísa voltou ao gabinete, daí a pouco, o marido foi ter com ela, rindo, pegou-lhe nas mãos e falou-lhe mansamente:

— Fracalhona!

E voltando-se para o médico:

— Há de crer que quase desmaiou?

Calígula: imperador romano conhecido por ser extravagante e cruel.
diletantismo: amadorismo, gosto.
***sui generis*:** original.

Maria Luísa defendeu-se a medo, disse que era nervosa e mulher; depois foi sentar-se à janela com as suas lãs e agulhas, e os dedos ainda trêmulos, tal qual a vimos no começo desta história. Hão de lembrar-se que, depois de terem falado de outras coisas, ficaram calados os três, o marido sentado e olhando para o teto, o médico estalando as unhas. Pouco depois foram jantar; mas o jantar não foi alegre. Maria Luísa cismava e tossia; o médico indagava de si mesmo se ela não estaria exposta a algum excesso na companhia de tal homem. Era apenas possível; mas o amor trocou-lhe a possibilidade em certeza; tremeu por ela e cuidou de os vigiar.

Ela tossia, tossia, e não se passou muito tempo que a moléstia não tirasse a máscara. Era a **tísica**, velha dama insaciável, que chupa a vida toda, até deixar um bagaço de ossos. Fortunato recebeu a notícia como um golpe; amava deveras a mulher, a seu modo, estava acostumado com ela, custava-lhe perdê-la. Não poupou esforços, médicos, remédios, ares, todos os recursos e todos os paliativos. Mas foi tudo vão. A doença era mortal.

Nos últimos dias, em presença dos tormentos supremos da moça, a índole do marido subjugou qualquer outra afeição. Não a deixou mais; fitou o olho baço e frio naquela decomposição lenta e dolorosa da vida, bebeu uma a uma as aflições da bela criatura, agora magra e transparente, devorada de febre e minada de morte. Egoísmo **aspérrimo**, faminto de sensações, não lhe perdoou um só minuto de agonia, nem lhos pagou com uma só lágrima, pública ou íntima. Só quando ela expirou, é que ele ficou aturdido. Voltando a si, viu que estava outra vez só.

aspérrimo: superlativo de áspero.
tísica: tuberculose

De noite, indo repousar uma parenta de Maria Luísa, que a ajudara a morrer, ficaram na sala Fortunato e Garcia, velando o cadáver, ambos pensativos; mas o próprio marido estava fatigado, o médico disse-lhe que repousasse um pouco.

— Vá descansar, passe pelo sono uma hora ou duas: eu irei depois.

Fortunato saiu, foi deitar-se no sofá da saleta contígua, e adormeceu logo. Vinte minutos depois acordou, quis dormir outra vez, cochilou alguns minutos, até que se levantou e voltou à sala. Caminhava nas pontas dos pés para não acordar a parenta, que dormia perto. Chegando à porta, estacou assombrado.

O herói problemático e a modernidade

Neon/BFA/Alamy/Fotoarena

Cena do filme *Parasita*.

É a partir do Realismo, principalmente, que começa a ter destaque a figura do *herói problemático*, o tipo de herói predominante na literatura, no cinema e no teatro da modernidade. Diferentemente do herói romanesco — aquele cuja ousadia, integridade e coerência estão acima da média entre as pessoas comuns —, o herói problemático normalmente é o ser humano na sua pequenez, cheio de fraquezas, manias e incertezas diante de um mundo no qual se sente deslocado. Filmes como *Parasita*, de Bong Joon Ho; *Coringa*, de Todd Philipps; *Você não estava aqui*, de Ken Loach; *Vida oculta*, de Terrence Malich; *Um dia de chuva em Nova Iorque*, de Woody Allen, apresentam heróis problemáticos.

Garcia tinha-se chegado ao cadáver, levantara o lenço e contemplara por alguns instantes as feições defuntas. Depois, como se a morte espiritualizasse tudo, inclinou-se e beijou-o na testa. Foi nesse momento que Fortunato chegou à porta. Estacou assombrado; não podia ser o beijo da amizade, podia ser o epílogo de um livro adúltero. Não tinha ciúmes, note-se; a natureza compô-lo de maneira que lhe não deu ciúmes nem inveja, mas dera-lhe vaidade, que não é menos cativa ao ressentimento. Olhou assombrado, mordendo os beiços.

Entretanto, Garcia inclinou-se ainda para beijar outra vez o cadáver; mas então não pôde mais. O beijo rebentou em soluços, e os olhos não puderam conter as lágrimas, que vieram em borbotões, lágrimas de amor calado, e irremediável desespero. Fortunato, à porta, onde ficara, saboreou tranquilo essa explosão de dor moral que foi longa, muito longa, deliciosamente longa.

(*50 contos de Machado de Assis*. São Paulo: Companhia das Letras, 2007. p. 368-376.)

1 A descrição é um recurso utilizado tanto na prosa romântica quanto na prosa realista, mas com finalidades diferentes. Compare a seguir duas descrições de personagens femininas: a primeira é de Aurélia, da obra *Senhora*, de José de Alencar, e a segunda, de Maria Luísa, personagem do conto "A causa secreta".

I. "Era uma expressão fria, pausada, inflexível, que jaspeava sua beleza, dando-lhe quase a gelidez da estátua. Mas no lampejo de seus grandes olhos pardos brilhavam as irradiações da inteligência."

II. "Era esbelta, airosa, olhos meigos e submissos; tinha vinte e cinco anos e parecia não passar de dezenove. [...] e da parte da mulher para com o marido uns modos que transcendiam o respeito e confinavam na resignação e no temor."

a) Qual dos dois textos apresenta vocabulário e construções mais sofisticados, em estilo elevado e poético?

b) Ambos os fragmentos, sendo descritivos, servem para caracterizar as personagens. Entre eles, contudo, há uma diferença essencial quanto à finalidade. Observe algumas imagens e adjetivos empregados na caracterização exterior e a caracterização do mundo interior de um e outro personagem:

I. expressão inflexível, gelidez da estátua, lampejo dos olhos / irradiações da inteligência

II. esbelta, airosa / olhos meigos e submissos, modos que confinavam na resignação e no temor

Em qual fragmento a descrição tem a finalidade de:

- elevar e idealizar a personagem?
- retratar a personagem como ela realmente é?

2 Preocupada em retratar a realidade de modo objetivo, quase documental, a prosa realista geralmente é marcada pelo registro do tempo e do espaço. Observe as datas citadas pelo narrador.

a) Quando ocorre o sacrifício do animal realizado por Fortunato?

b) Que outras indicações temporais aparecem no texto?

c) A menção a ruas e trajetos constitui um recurso para dar veracidade aos fatos. Em qual cidade se passa a história? Em qual bairro Fortunato residia?

3 Nos textos em prosa do Realismo, em geral a narrativa flui lentamente. No conto em estudo, para dar ideia do caráter de Fortunato, o narrador enumera as ocasiões em que esse personagem e Garcia haviam se encontrado e descreve em detalhes seu comportamento. Considere estes comportamentos de Fortunato:

- Assiste à peça com interesse e deixa o teatro quando começa a farsa.
- Dedica-se aos estudos de anatomia e fisiologia. Tortura o animal.
- Dedica-se integralmente a Maria Luísa quando esta adoece.

a) De acordo com Garcia, qual era a motivação oculta de Fortunato para essas ações?

b) A que comparação Garcia recorre para se referir ao estado em que imaginava Fortunato nesses momentos?

4 A prosa realista tem como propósito captar o ser humano em sua totalidade, isto é, tanto exterior quanto interiormente. O retrato interior das personagens, isto é, a focalização de seus conflitos, pensamentos, anseios, reflexões, desejos, etc., é chamado de **introspecção psicológica**. Relacione os trechos abaixo à indicação de ação, pensamento ou emoção das personagens.

a) "Fortunato deu-lhe um bom jantar, bons charutos e boa palestra"
b) "Garcia tornou-se familiar na casa"
c) "Garcia, defronte, conseguia dominar a repugnância do espetáculo"
d) "o diabo do homem impunha medo"
e) "Castiga sem raiva [...] pela necessidade de achar uma sensação de prazer"
f) "O beijo rebentou em soluços, e os olhos não puderam conter as lágrimas, que vieram em borbotões"

5 Na prosa realista, é comum a ocorrência do procedimento metalinguístico por meio do qual o narrador deixa claro que está contando uma história. No conto lido, em que situações o narrador se dirige diretamente ao leitor?

6 No conto em estudo, o narrador, embora seja onisciente, assume em grande parte do relato a perspectiva de Garcia, um dos personagens.

a) Por que o narrador assume a perspectiva desse personagem?
b) Em que momento essa perspectiva se modifica?
c) Quando a perspectiva do narrador deixa de ser a de Garcia, que traço de Fortunato volta a se manifestar? Justifique sua resposta com palavras e expressões do texto.

Radiant Films International/Photo 12/Alamy/Fotoarena

Cena do filme *Madame Bovary*, adaptado da obra de Gustave Flaubert.

7 A prosa realista do século XIX denunciou em muitas obras a situação de submissão em que viviam as mulheres e as consequências negativas que dela advinham, como morte, humilhação, solidão. Veja nos textos abaixo, de escritores dessa escola literária, as referências feitas a mulheres:

> Permitam-me, senhores: eu sabia que uma mulher, e ainda mais de dezesseis anos, não pode fazer outra coisa a não ser submeter-se completamente a um homem. Não há originalidade nas mulheres, ou seja, isso é um axioma, e mesmo agora, e ainda hoje, ainda hoje isso é para mim um axioma! O que é então que jaz lá na sala: a verdade é a verdade [...] Uma mulher que ama, ora, uma mulher que ama endeusa até mesmo os vícios, até mesmo os crimes do ser amado. [...]
>
> (F. M. Dostoiévski. *Uma criatura dócil*. São Paulo: Cosac Naify, 2009. p. 35-36.)

> Seu rosto é branco, repousado, calmo. Sua voz é suave e recolhida, suas maneiras são simples. Têm todas as nobrezas da dor, a santidade de uma pessoa que não maculou a alma ao contato do mundo, mas também a rigidez da solteirona e os hábitos mesquinhos que dá a existência estreita da província. Apesar de suas oitocentas mil libras de renda, vive como vivera a pobre Eugénie Grandet, só acende o fogo em seu quarto nos dias em que outrora seu pai lhe permitia acender o fogão da sala, e apaga-o conforme o programa em vigor nos seus jovens anos. Está sempre vestida como se vestia sua mãe. A casa de Saumur, casa sem sol, sem calor, sempre sombria, melancólica, é a imagem de sua vida. [...]
>
> (Honoré de Balzac. *Eugénie Grandet*. São Paulo: Difel, 1961. p. 196.)

a) O que há em comum entre o que é dito sobre as mulheres nos dois textos e o que ocorre com a personagem feminina do conto de Machado de Assis?
b) No conto "A causa secreta", Fortunato teve, na sua opinião, responsabilidade pelo adoecimento e pela morte da mulher?
c) Que pensamento de Garcia levanta a suspeita de que Maria Luísa fosse objeto das experiências do marido?

8 No decorrer do conto, o narrador lança mão tanto do discurso direto quanto do discurso indireto. Veja:

> "[...] e pediu-lhe que, como coisa sua, alcançasse do marido a cessação de tais experiências.
> — Mas a senhora mesma...
> Maria Luísa acudiu, sorrindo:
> — Ele naturalmente achará que sou criança. [...]"
> "Garcia perguntou-lhe se tinha alguma coisa, ela respondeu que nada.
> — Deixe ver o pulso.
> — Não tenho nada."

Como esse recurso contribui:

a) para a fluidez da narrativa?

b) para a ambiguidade das situações e do enredo?

9 A seguir, são relacionadas as características relativas ao amor e ao herói românticos. Elabore um quadro com as características realistas opostas a elas, exemplificando-as com situações encontradas em "A causa secreta".

- A mulher amada é sinônimo de beleza e perfeição.
- O casamento, no Romantismo, normalmente é resultado de um amor profundo e o fim de uma longa trajetória de obstáculos.
- O amor está acima de todos os interesses; é a mola-mestra que impulsiona e purifica as ações humanas.
- O herói romântico geralmente tem caráter forte e nobre e comportamento íntegro e linear, que raramente se altera ao longo da história.
- O herói romântico é um ser especial, dotado de forças ou poderes incomuns.

10 O Romantismo supervaloriza o indivíduo e suas particularidades. Já o Realismo, mesmo trabalhando em profundidade o personagem, tende a buscar nela aquilo que é universal, isto é, comum a cada um de nós e que define a nossa condição humana. É possível dizer que a situação vivida pelos personagens Garcia, Fortunato e Maria Luísa — e toda a carga de emoções e valores que a acompanha — é universal ou particular? Justifique.

Como síntese do estudo feito até aqui, compare as características do Realismo com as do Romantismo:

REALISMO	ROMANTISMO
Objetivismo	Subjetivismo
Descrições e adjetivação objetivas, voltadas a captar o real como ele é	Descrições e adjetivação idealizantes, voltadas a elevar o objeto descrito
Linguagem culta e direta	Linguagem culta, em estilo metafórico e poético
Mulher não idealizada, mostrada com defeitos e qualidades	Mulher idealizada, anjo de pureza e perfeição
Amor e outros sentimentos subordinados aos interesses sociais	Amor sublime e puro, acima de qualquer interesse
Casamento como instituição falida; contrato de interesses e conveniências	Casamento como objetivo maior de relacionamento amoroso
Herói problemático, cheio de fraquezas, manias e incertezas	Herói íntegro, de caráter irrepreensível
Narrativa lenta, acompanhando o tempo psicológico	Narrativa de ação e de aventura
Personagens trabalhadas psicologicamente	Personagens planos, de pensamentos e ações previsíveis
Universalismo	Nacionalismo, regionalismo

A linguagem da prosa naturalista

Você vai ler, a seguir, dois textos: o primeiro é um trecho de *Germinal* (1881), de Émile Zola, uma das mais importantes obras do Naturalismo francês; o segundo é um trecho de *O cortiço* (1890), de Aluísio Azevedo, a mais importante obra naturalista de nossa literatura.

Leitura

No romance *Germinal*, Zola retrata as condições desumanas de vida e de trabalho dos mineiros franceses no século XIX, quando ainda não havia leis que protegessem os direitos dos trabalhadores. No episódio que segue, Etienne, o progatonista da obra, chega pela primeira vez à mina de carvão à procura de emprego. Interessado em ideias de igualdade e justiça social, Etienne se torna, mais tarde, líder dos mineiros num movimento grevista e porta-voz das ideias socialistas que circulavam naquele momento na Europa.

TEXTO 1

Por pouco Etienne não fora esmagado. Seus olhos habituavam-se, já podia ver no ar a corrida dos cabos, mais de trinta metros de fita de aço subiam velozes à torre, onde passavam roldanas para, em seguida, descer a pique no poço e prenderem-se nos elevadores de extração. [...]

Só uma coisa ele compreendia perfeitamente: que o poço engolia **magotes** de vinte e de trinta homens, e com tal facilidade que nem parecia senti-los passar pela goela. Desde as quatro horas os operários começavam a descer; vinham da barraca, descalços, lâmpada na mão, e esperavam em grupos pequenos até formarem número suficiente. Sem ruído, com um pulo macio de animal noturno, o elevador de ferro subia do escuro, enganchava-se nas **aldravas**, com seus quatro andares, cada um contendo dois vagonetes cheios de carvão. Nos diferentes patamares, os carregadores retiravam os vagonetes, substituindo-os por outros vazios ou carregados antecipadamente com madeira em toros. E era nesses carros vazios que se empilhavam os operários, cinco a cinco, até quarenta de uma vez, quando ocupavam todos os compartimentos. Uma ordem partia do porta-voz, um **tartamudear** grosso e indistinto, enquanto a corda, para dar o sinal embaixo, era puxada quatro vezes, convenção que queria dizer "aí vai carne" e que avisava da descida desse carregamento de carne humana. A seguir, depois de um ligeiro solavanco, o elevador afundava silencioso, caía como uma pedra, deixando atrás de si apenas a fuga vibrante do cabo.

— É muito fundo? — perguntou Etienne a um mineiro com ar sonolento que esperava perto dele.

— Quinhentos e cinquenta e quatro metros — respondeu o homem. [...]

(Émile Zola. *Germinal*. 2. ed. São Paulo: Círculo do Livro, 1976. p. 26-28.)

Caude Berri Filme Company/AF Archive/Alamy/Fotoarena

Cena do filme *Germinal*, adaptado do romance de Zola.

aldrava: pequena tranca metálica que fecha a porta.
magote: ajuntamento de coisas ou pessoas; amontoado, porção.
tartamudear: falar com dificuldade, gaguejar, balbuciar.

TEXTO 2

Eram cinco horas da manhã e o cortiço acordava, abrindo, não os olhos, mas a sua infinidade de portas e janelas alinhadas.

Um acordar alegre e farto de quem dormiu **de uma assentada**, sete horas de chumbo. Como que se sentiam ainda na **indolência** de neblina as derradeiras notas da última guitarra da noite antecedente, dissolvendo-se à luz loura e tenra da aurora, que nem um suspiro de saudade perdido em terra alheia.

A roupa lavada, que ficara de véspera nos **coradouros,** umedecia o ar e punha-lhe um **fartum** acre de sabão ordinário. As pedras do chão, esbranquiçadas no lugar da lavagem e em alguns pontos azuladas pelo anil, mostravam uma palidez grisalha e triste, feita de acumulações de espumas secas.

coradouro: o mesmo que quaradouro; lugar onde se põe a roupa para corar ou quarar.
de uma assentada: de uma só vez.
fartum: mau cheiro.
indolência: preguiça.

Entretanto, das portas surgiam cabeças congestionadas de sono; ouviam-se amplos bocejos, fortes como o marulhar das ondas; pigarreava-se grosso por toda a parte; começavam as xícaras a tilintar; o cheiro quente do café aquecia, suplantando todos os outros; trocavam-se de janela para janela as primeiras palavras, os bons-dias; reatavam-se conversas interrompidas à noite; a pequenada cá fora traquinava já, e lá dentro das casas vinham choros abafados de crianças que ainda não andam. No confuso rumo que se formava, destacavam-se risos, sons de vozes que **altercavam,** sem se saber onde, grasnar de marrecos, cantar de galos, cacarejar de galinhas. De alguns quartos saíam mulheres que vinham dependurar cá fora, na parede, a gaiola do papagaio, e os louros, à semelhança dos donos, cumprimentavam-se ruidosamente, espanejando-se à luz nova do dia.

Daí a pouco, em volta das bicas era um zum-zum crescente; uma aglomeração tumultuosa de machos e fêmeas. Uns, após outros, lavavam a cara, incomodamente, debaixo do fio de água que escorria da altura de uns cinco palmos. O chão inundava-se. As mulheres precisavam já prender as saias entre as coxas para não as molhar; via-se-lhes a tostada nudez dos braços e do pescoço, que elas despiam suspendendo o cabelo todo para o alto do **casco;** os homens, esses não se preocupavam em não molhar o pelo, ao contrário metiam a cabeça bem debaixo da água e esfregavam com força as ventas e as barbas, fossando e fungando contra as palmas da mão. As portas das **latrinas** não descansavam, era um abrir e fechar de cada instante, um entrar e sair sem tréguas. Não se demoravam lá dentro e vinham ainda amarrando as calças ou as saias; as crianças não se davam ao trabalho de lá ir, despachavam-se ali mesmo, no capinzal dos fundos, por detrás da estalagem ou no recanto das hortas.

O rumor crescia, condensando-se; o zum-zum de todos os dias acentuava-se; já se não destacavam vozes dispersas, mas um só ruído compacto que enchia todo o cortiço. Começavam a fazer compras na venda; **ensarilhavam-se** discussões e **rezingas;** ouviam-se gargalhadas e pragas; já se não falava, gritava-se. Sentia-se naquela fermentação sanguínea, naquela gula viçosa de plantas rasteiras que mergulham os pés vigorosos na lama preta e nutriente da vida o prazer animal de existir, a triunfante satisfação de respirar sobre a terra.

(Aluísio Azevedo. *O cortiço*. 9. ed. São Paulo: Ática, 1970. p. 28-29.)

Reprodução/Argos Filmes

Cartaz do filme *O Cortiço*, de Francisco Ramalho Jr.

altercar: discutir com ardor.
casco: o couro cabeludo; o conjunto formado pelos ossos do crânio; unha de certos paquidermes e mamíferos.
ensarilhar: emaranhar, enredar.
latrina: recinto da casa com vaso sanitário ou escavação para receber dejetos.
rezinga: discussão, rixa.

1 Um procedimento característico da prosa naturalista é apresentar o ambiente físico e social detalhadamente, como se o narrador estivesse munido de uma máquina fotográfica com lentes do tipo zum, que lhe permitisse compor e decompor os detalhes de cada cena. Compare os dois textos.

a) Que grupo social é retratado em cada uma das obras? O que os dois grupos têm em comum?

b) Que elementos dos dois textos comprovam que as personagens levam uma vida difícil, miserável?

2 A linguagem da prosa naturalista se caracteriza pela adoção de uma postura analítica e científica diante da realidade. Por isso, faz uso frequente da narração impessoal e de descrições minuciosas, com muitas sugestões visuais, olfativas, táteis e auditivas. O uso dessas técnicas constitui o que se chama de "narrativa lenta".

a) Por que o foco narrativo em 3ª pessoa é o mais apropriado para esse fim?

b) Identifique em *Germinal* um exemplo de sugestão visual.

c) Identifique em *O cortiço* exemplos de sensações olfativas, auditivas, táteis e visuais.

d) Identifique em *O cortiço* situações em que a narrativa se apresenta lenta, isto é, com poucas ações.

3 Como vimos, as obras da prosa realista retratam seus personagens por meio de um enfoque individual e psicológico, geralmente em situações de conflito com valores sociais. Compare a prosa realista aos textos naturalistas lidos.

a) A prosa naturalista tem preferência pelo retrato individual das pessoas ou pelo retrato de agrupamentos coletivos?

b) No retrato dos personagens, predomina a abordagem física, psicológica ou social?

c) Que relação têm essas escolhas do Naturalismo com o projeto de explicar cientificamente o comportamento humano?

4 No Naturalismo, homens e mulheres são vistos por uma perspectiva biológica, em que se destaca seu lado físico, instintivo, animal, por vezes até degradante.

a) Identifique no texto um trecho que comprove a animalização dos personagens do cortiço.

b) Há no texto situações de degradação humana? Se sim, identifique-as.

c) Releia esta descrição das mulheres:

> "As mulheres precisavam já prender as saias entre as coxas para não as molhar; via-se-lhes a tostada nudez dos braços e do pescoço, que elas despiam suspendendo o cabelo todo para o alto do casco."

Em que essa descrição difere da descrição da mulher romântica?

d) Um dos sentidos da palavra cortiço é "caixa cilíndrica, de cortiça, na qual as abelhas se criam e fabricam o mel e a cera". Relacione esse sentido da palavra ao trecho "Daí a pouco, em volta das bicas era um zum-zum crescente; uma aglomeração tumultuosa de machos e fêmeas.".

5 Releia estes fragmentos de *Germinal*:

> "[...] o poço engolia magotes de vinte e de trinta homens, e com tal facilidade que nem parecia senti-los passar pela goela."
> "[...] a corda, para dar o sinal embaixo, era puxada quatro vezes, convenção que queria dizer 'aí vai carne' e que avisava da descida desse carregamento de carne humana."

Nesses fragmentos, também notamos o fenômeno da animalização naturalista, mas com diferenças em relação a *O cortiço*. A mina de carvão, em *Germinal*, é que é vista como um grande animal, um monstro devorador.

a) De que se alimenta esse animal?

b) Pode-se dizer que a obra, ao fazer uso de expressões como "carregamento de carne humana", mostra-se engajada, isto é, comprometida em fazer uma denúncia social? Por quê?

Homem: a raça, o meio, o momento histórico

Os naturalistas, baseados nas ideias deterministas de Hippolyte Taine, viam o ser humano como uma máquina guiada pela ação das leis físicas e químicas, pela hereditariedade e pelo meio físico e social. Os personagens aparecem, então, como produtos, como consequências de forças preexistentes que lhes roubam o livre-arbítrio e as tornam, em casos extremos, verdadeiros joguetes.

Hippolyte Taine.

AF Archive/Cinetext/Richter/Mary Evans/Glow Images

Como síntese do estudo que fizemos, observe as principais características do Naturalismo:

NATURALISMO	
Quanto à forma	**Quanto ao conteúdo**
• Linguagem simples • Clareza, equilíbrio e harmonia na composição • Preocupação com minúcias • Presença de palavras regionais • Descrição e narrativa lentas • Impessoalidade	• Determinismo • Objetivismo científico • Temas de patologia social • Observação e análise da realidade • Ser humano descrito sob a ótica do animalesco e do sensual • Despreocupação com a moral • Literatura engajada

A linguagem da poesia parnasiana

Enquanto o Realismo e o Naturalismo tiveram em comum a finalidade de analisar e compreender a realidade, o Parnasianismo foi uma tendência com perspectiva completamente diferente.

Leitura

Você vai ler, a seguir, dois poemas parnasianos. O primeiro, de Olavo Bilac, representa uma espécie de plataforma teórica do Parnasianismo no Brasil e nele pode ser observado o projeto poético de seu autor e dos parnasianos em geral. O segundo é de Alberto de Oliveira, considerado o poeta parnasiano que melhor se enquadrou nas propostas do movimento.

TEXTO 1

Profissão de fé

Invejo o ourives quando escrevo:
Imito o amor
Com que ele, em ouro, o **alto-relevo**
Faz de uma flor.
Imito-o. E, pois nem de **Carrara**
A pedra firo:
O alvo cristal, a pedra rara,
O **ônix** prefiro.
Por isso, corre, por servir-me,
Sobre o papel
A pena, como em prata firme
Corre o **cinzel**.
Corre; desenha, enfeita a imagem,
A ideia veste:
Cinge-lhe ao corpo a ampla roupagem
Azul-celeste.
Torce, aprimora, **alteia**, lima
A frase; e, enfim,
No verso de ouro **engasta** a rima,
Como um **rubim**.

Quero que a estrofe cristalina,
Dobrada ao jeito
Do ourives, saia da oficina
Sem um defeito.
E que o lavor do verso, acaso,
Por tão sutil,
Possa o lavor lembrar de um vaso
De **Becerril**.
E horas sem conta passo, mudo,
O olhar atento,
A trabalhar, longe de tudo
O pensamento.
Porque o escrever — tanta **perícia**
Tanta requer,
Que ofício tal... nem há notícia
De outro qualquer.
Assim procedo. Minha pena
Segue esta norma,
Por te servir, Deusa serena
Serena Forma!

(Olavo Bilac. *Poesia*. Rio de Janeiro: Agir, 1957. p. 39-40.)

Hemera/Thinkstock

altear: elevar, tornar mais alto.
alto-relevo: escultura, impressão ou gravura em que certas partes sobressaem em relação ao fundo.
Becerril: nome de um famoso artesão.
Carrara: cidade italiana famosa pela qualidade do mármore branco que produz.
cinzel: instrumento de corte usado por escultores e gravadores.
engastar: encaixar, inserir.
ônix: tipo de pedra; variedade dura do quartzo.
perícia: habilidade, destreza.
rubim: variante de rubi.

TEXTO 2

Vaso chinês

Estranho mimo, aquele vaso! Vi-o
Casualmente, uma vez, de um perfumado
Contador sobre o mármor luzidio,
Entre um leque e o começo de um bordado.

Fino artista chinês, enamorado,
Nele pusera o coração doentio
Em rubras flores de um sutil lavrado,
Na tinta ardente, de um calor sombrio.

Mas, talvez por contraste à desventura —
Quem o sabe? — de um velho mandarim
Também lá estava a singular figura:

Que arte, em pintá-la! A gente vendo-a
Sentia um não sei quê com aquele chim
De olhos cortados, à feição de amêndoa.

(Alberto de Oliveira. *Poesia*. Rio de Janeiro: Agir, 1959. p. 24.)

Mariângela Haddad/Arquivo da editora

1 Observe a linguagem dos dois poemas, considerando seus aspectos formais: seleção vocabular, métrica, rimas, sintaxe (ordem das orações). Compare a linguagem da poesia parnasiana com a da poesia romântica.

a) Qual delas se mostra mais simples, direta e comunicativa: a romântica ou a parnasiana?

b) Qual delas se mostra mais culta, difícil e sofisticada: a romântica ou a parnasiana?

2 Nas primeiras estrofes do texto 1, o poeta define sua "profissão de fé", isto é, os seus princípios artísticos.

a) A quem o poeta se compara nas duas primeiras estrofes? Por quê?

b) Ao longo do texto, o material do poema (a palavra) é comparado a materiais de escultura e da ourivesaria, como ônix, ouro, rubi, etc. Considerando a qualidade e o tipo de uso desses materiais, que concepção o poeta revela ter a respeito do valor e da função da poesia?

c) De acordo com a 6ª, a 9ª e a 10ª estrofes, qual é o fundamento principal do projeto poético parnasiano?

3 Diferentemente do Realismo e do Naturalismo, que se propunham a descrever, analisar e criticar a realidade, os parnasianos defendiam o princípio da "arte pela arte", isto é, achavam que a poesia devia voltar-se para si mesma, em busca da perfeição formal.

a) Explique por que a 8ª estrofe de "Profissão de fé" pode ser vista como expressão do princípio da "arte pela arte".

b) Leia o boxe "A 'arte sobre a arte'". O poema "Vaso chinês" pode ser considerado um exemplo de "arte sobre a arte"? Por quê?

c) Os escritores românticos tratavam os temas de modo subjetivo, isto é, deixavam-se levar pelas próprias emoções. Observe como o eu lírico de cada um dos poemas aborda o tema enfocado e conclua: O poeta parnasiano tende a ser sentimental e subjetivo ou racional e objetivo no tratamento do tema?

A "arte sobre a arte"

Distanciados dos problemas sociais, alguns parnasianos dedicaram-se a tematizar em seus poemas a própria arte. Por exemplo, descrevem com precisão obras de arte, como vasos, peças de escultura, lápides tumulares, bordados, etc. Com esse procedimento, restringiram ainda mais o princípio da "arte pela arte", que se transformou em "arte sobre a arte".

4 Observe a estrutura formal do poema "Vaso chinês".

a) Que tipo de verso foi empregado?

b) Observe o número de estrofes e o número de versos de cada estrofe. Que tipo de composição poética foi utilizado?

c) Esse tipo de composição e esse tipo de verso se prendem à tradição clássica ou à tradição romântica?

Parnasianismo: resgate da tradição clássica

Os poetas românticos romperam com séculos de tradição da poesia clássica para criar um novo padrão de poesia, centrada no eu, nos sentimentos, na imaginação e na busca de uma língua brasileira. Na opinião dos poetas parnasianos, entretanto, os românticos teriam posto a "boa poesia" a perder, pois teriam deixado de se preocupar com valores importantes da poesia clássica, como equilíbrio, perfeição formal, vocabulário elevado, universalismo, etc. Desse modo, certos temas e procedimentos da poesia clássica — como o cultivo do soneto, a presença da mitologia greco-latina, o racionalismo e o universalismo — voltaram a ser cultivados na poesia parnasiana.

Como síntese do estudo que fizemos, observe as principais características do Parnasianismo:

PARNASIANISMO	
Quanto à forma	**Quanto ao conteúdo**
• Gosto pelo soneto, pelo decassílabo e pelo vocabulário sofisticado • Busca do equilíbrio e da perfeição formais	• Objetivismo • Racionalismo • Contenção dos sentimentos • Universalismo • Presença da mitologia greco-latina • Arte pela arte ou arte sobre a arte • Distanciamento de temas sociais

O texto e o contexto em perspectiva multidisciplinar

Leia, a seguir, o infográfico e um painel de textos interdisciplinares que relacionam a produção literária do Realismo, do Naturalismo e do Parnasianismo ao contexto histórico, social, cultural e científico em que os movimentos floresceram.

LINHA DO TEMPO

Reprodução/Galerie Neue Meister, Dresden, Alemanha.

Britadores de pedra, de Courbet.

Reprodução/Museu Histórico Nacional, Rio de Janeiro, RJ.

Coroação de D. Pedro II como imperador do Brasil.

1841 – Coroação de D. Pedro II como imperador do Brasil.

1848 – Publicação do *Manifesto comunista*, de Karl Marx e Friedrich Engels, e revoltas populares em Paris

1849 – *Britadores de pedra*, de Courbet.

1856 – Publicação de *Madame Bovary*, de Flaubert

Reprodução/Museu de Arte Walters, Baltimore, USA.

O vagão de terceira classe, de Daumier.

1862 – *O vagão de terceira classe*, de Daumier.

1865 – Publicação de *Odes modernas*, de Antero de Quental, e início do Realismo, em Portugal, com a Questão Coimbrã

1866 – Início do Parnasianismo, com a publicação da revista *Parnasse Contemporain*

1867 – Publicação de *Thérèse Raquin*, de Émile Zola

1871 – Fundação da Comuna de Paris

1881 – Publicação de *Memórias póstumas de Brás Cubas*, de Machado de Assis, e de *O mulato*, de Aluísio Azevedo, que dão início, respectivamente, ao Realismo e ao Naturalismo no Brasil

Reprodução/Museu Nacional da Holanda (Rijksmuseum), Amsterdã.

Os comedores de batata, de Van Gogh.

1885 – *Os comedores de batata*, de Van Gogh.

1888 – Abolição da escravatura no Brasil

1889 – Proclamação da República no Brasil.

Reprodução/Arquivo Nacional, Rio de Janeiro, RJ

Proclamação da República no Brasil.

1. Manuel de Araújo Porto-Alegre. *A Sagração de D. Pedro II*, década de 1840/Museu Histórico Nacional, Rio de Janeiro, RJ; **2.** Courbet. *Britadores de pedra*, 1849. Galerie Neue Meister, Dresden, Alemanha; **3.** Honoré Daumier. *O vagão de terceira classe*, 1862/Coleção particular; **4.** Vincent van Gogh. *Os comedores de batata*, 1885/Van Gogh Museum, Amsterdã; **5.** Arquivo Nacional, Rio de Janeiro.

Linha do tempo esquemática. O espaço entre as datas não é proporcional ao intervalo de tempo.

O cientificismo do século XIX

De modo geral, 1870 marca no mundo uma revolução nas ideias e na vida, que levou os homens para o interesse e a devoção pelas coisas materiais.[...] Essa era do materialismo (1870-1900) foi uma continuação do Iluminismo e do Enciclopedismo do século XVIII e da Revolução [Francesa], acreditou no "progresso" indefinido e ascensional e no desenvolvimento constante da civilização mecânica e industrial. [...] A ciência, o espírito de observação e de rigor forneciam os padrões do pensamento e do estilo de vida, desde que se julgava que todos os fenômenos eram explicáveis em termos de matéria e energia, e eram governados por leis matemáticas e mecânicas. O vasto processo de "mecanização do trabalho e do pensamento" (Hayes) refletiu-se tanto na vida material como nas diversas ciências — físicas, naturais, biológicas, sociais. A biologia, com a teoria determinista, e sua promessa de melhoria de saúde e raça, conquistou uma voga dominadora. Problemas de hereditariedade, de embriologia, de estrutura celular, de bacteriologia, seduziram os espíritos. O darwinismo, a evolução e a doutrina da seleção natural imprimiram direção às pesquisas não somente da biologia, mas também da psicologia e das ciências sociais. Outro dado importante foi a ascensão da psicologia científica com seus métodos de laboratório, mais um elo da cadeia de união da biologia com a física, para mostrar a base física do pensamento, da conduta e da afinidade do homem com os animais.

(Afrânio Coutinho. *Introdução à literatura brasileira*. 10. ed. Rio de Janeiro: Civilização Brasileira, 1980. p. 181-182.)

Louis Pasteur (1822-1895), químico e bacteriologista francês, inventor do método da pasteurização.

Não à fuga da realidade!

A predominância da arte realista-naturalista na segunda metade do século XIX é absolutamente um simples sintoma da vitória do ponto de vista científico e do pensamento tecnológico sobre o espírito do idealismo e tradicionalismo.

O realismo-naturalismo vai buscar quase todos os seus critérios de probabilidade no empirismo das ciências naturais. Baseia o seu conceito de verdade psicológica no princípio de causalidade; o desenvolvimento correto do enredo, na eliminação do acaso e dos milagres; sua descrição de ambiente, na ideia de que todo fenômeno natural tem o seu lugar numa cadeia aberta de condições e motivos; sua utilização de pormenores característicos, no método de observação científica em que não se despreza nenhum incidente [...]. Mas a fonte principal da concepção realista-naturalista é a experiência política de 1848 [...]. Depois da falência de todos os ideais, de todas as utopias, a tendência, agora, é manter-se dentro do campo dos fatos e de nada mais do que dos fatos. As origens políticas do realismo-naturalismo explicam, em particular, as suas características antirromânticas e morais: a recusa de fugir à realidade e a exigência de absoluta honestidade na descrição dos fatos; o procurar conservar uma atitude impessoal e impassível como garantias de objetividade e de solidariedade social.

(Arnold Hauser. *História social da literatura e da arte*. 3. ed. São Paulo: Mestre Jou. v. 2. p. 944-945.)

Zola: arte científica e impessoal

[O artista não tem o direito de] expressar a sua opinião sobre coisa alguma, não importando do que se trate. Deus já expressou alguma vez uma opinião... Creio que a grande arte é científica e impessoal... Não quero nem amor nem ódio, nem piedade nem raiva... Já não é tempo de introduzir a justiça na arte? A imparcialidade da descrição tornar-se-ia, então, igual à majestade da lei.

(Émile Zola, em carta a George Sand. *In*: Ernst Fischer. *A necessidade da arte*. 5. ed. Rio de Janeiro: Zahar, 1976. p. 89.)

Émile Zola, o fundador do Naturalismo, por Édouard Manet.

As contradições do século XIX

Sammlung Rauch/Interfoto/Fotoarena

Karl Marx e Friedrich Engels.

Embora as teorias liberais do século XIX, em comparação com as anteriores, representem um avanço em direção às ideias de igualdade, surgem inúmeras contradições. Nem sempre a implantação das ideias liberais consegue conciliar os interesses econômicos aos aspectos éticos e intelectuais que essas mesmas teorias defendem.

Nos grandes centros da Europa, apesar da difusão das ideias democráticas, permanecem sem solução questões econômicas e sociais que afligem a crescente massa de operários: pobreza, jornada de trabalho de quatorze a dezesseis horas, mão de obra mal paga de mulheres e crianças.

[...]

No Brasil, os movimentos liberais naquele período se restringem à luta pela liberalização do comércio que deseja sacudir o jugo do monopólio. Mas permanece ainda a sociedade escravista, a tradição das elites e o analfabetismo, inclusive como condição para a manutenção do tipo de economia agrária.

A contrapartida do discurso liberal será encontrada nas teorias socialistas, representadas inicialmente pelos chamados socialistas utópicos e, depois, pelo socialismo científico de Marx e Engels, que, em 1848, publicaram o Manifesto comunista.

(Maria Lúcia de A. Aranha e Maria Helena P. Martins. *Filosofando — Introdução à filosofia*. 2. ed. São Paulo: Moderna, 1993. p. 231-232.)

Roteiro de estudo

Ao final da leitura dos textos, você deverá saber:

- Explicar por que o cientificismo do século XIX de certa forma dá continuidade ao Iluminismo do século XVIII.
- Comentar o impacto do determinismo e do darwinismo sobre os diversos campos da ciência e sobre a literatura.
- Reconhecer, na citação de Émile Zola, qual é o papel da arte, de acordo com o ponto de vista desse escritor naturalista.
- Comentar por que o liberalismo do século XIX apresentava contradição com as condições políticas e sociais da época e por que as teorias socialistas representavam uma saída àquela contradição.

CAPÍTULO

13 O Realismo em Portugal — O Realismo e o Naturalismo no Brasil

O Realismo em Portugal e no Brasil significou mais que uma renovação na literatura quanto a temas, linguagem e visão de mundo. Nos dois países, representou também uma tentativa de romper com a mentalidade romântico-cristã e modernizar a nação por meio do contato com as novas ideias filosóficas e científicas que circulavam na Europa.

The Picture Art Collection/Alamy/Fotoarena/Coleção particular

Saloias (1886), do pintor realista português Antônio Silva Porto, obra que retrata a gente simples que vive ao redor de Lisboa, para onde ia vender seus produtos.

Este capítulo favorece o desenvolvimento das seguintes habilidades

EM13LGG102 EM13LGG202 EM13LGG203 EM13LGG302 EM13LGG601 EM13LGG602
EM13LGG604 EM13LP01 EM13LP02 EM13LP03 EM13LP06 EM13LP46
EM13LP48 EM13LP49 EM13LP50 EM13LP52

O Realismo em Portugal

Na segunda metade do século XIX, estava finalmente consolidado o liberalismo que havia deposto a monarquia do poder, e Portugal passou a conhecer um período de estabilidade política, de progresso material e de intercâmbio com o resto da Europa. Coimbra, importante centro cultural e universitário da época, ligou-se em 1864 à comunidade europeia por meio da estrada de ferro.

Apesar dessas novidades no cenário político-cultural, a literatura portuguesa ainda se encontrava impregnada das velhas ideias românticas e árcades, situação que só veio a se alterar em 1865, com a **Questão Coimbrã**, que deu início ao Realismo em Portugal.

Esse episódio foi uma polêmica literária ocorrida em Coimbra e que opôs, de um lado, Castilho, conhecido poeta romântico e professor universitário; e, de outro, Teófilo Braga e Antero de Quental, jovens estudantes e escritores.

Entre os principais escritores do Realismo português estão, na poesia, Antero de Quental, Teófilo Braga, Guerra Junqueiro e Cesário Verde. Na prosa, o destaque é Eça de Queirós, um dos principais escritores portugueses de todos os tempos.

Antero de Quental: a eterna procura

A poesia de Antero de Quental é a síntese da trajetória biográfica do autor. Nela podem ser observados alguns núcleos centrais. Um deles aparece em suas primeiras obras, *Raios de extinta luz* e *Primaveras românticas*, em que estão presentes o lirismo amoroso, o erotismo e a religiosidade.

As *Odes modernas* (1865), que motivaram os acontecimentos da Questão Coimbrã, representam outro dos núcleos da poesia de Antero: a poesia realista propriamente dita, de engajamento político-filosófico, de ação social e irreverência.

A obra *Sonetos* (publicada em 1881) segue uma nova direção: a da reflexão metafísica e do pessimismo. Essa fase coincide com o período em que o autor esteve acometido por uma estranha doença, que o acompanhou até o suicídio, e que hoje se supõe tenha sido uma psicose, distúrbio mental pouco conhecido na época.

Quem foi Antero de Quental?

Reprodução/Arquivo da editora

Antero de Quental (1843-1891) foi o líder intelectual da geração que deu início ao Realismo em Portugal. Seus primeiros poemas, publicados em 1861, revelam tendências místicas. Os poemas publicados logo depois já mostram uma evolução para o racionalismo e radicalismo político.

Desejando conhecer de perto o clima revolucionário que se verificava nos meios políticos franceses, Antero viveu em Paris durante algum tempo, regressando depois a Lisboa, onde atuou entre o operariado, defendendo as ideias de Proudhon. Após a década de 1870, o poeta entrou em profunda crise existencial. Cético em relação aos movimentos sociais, passou a cultivar uma poesia de fundo filosófico e espiritual. Suicidou-se em Portugal, em 1891.

Leitura

Hino à Razão

Razão, irmã do Amor e da Justiça,
Mais uma vez escuta a minha prece,
É a voz dum coração que te apetece,
Duma alma livre, só a ti submissa.

Por ti é que a poeira movediça
De astros e sóis e mundos permanece;
E é por ti que a virtude prevalece
E a flor do heroísmo **medra** e **viça**.

Por ti, na arena trágica, as nações
Buscam a liberdade, entre clarões;
E os que olham o futuro e cismam, mudos,

Por ti, podem sofrer e não se abatem,
Mãe de filhos robustos, que combatem
Tendo o seu nome escrito em seus escudos!

(Maria Ema T. Ferreira (org.). *Antologia literária comentada*. 2. ed. Lisboa: Ulisseia, s.d. p. 173.)

Weberson Santiago/Arquivo da editora

medrar: aparecer, fazer crescer.
viçar: desenvolver-se, crescer, alastrar-se.

1 A respeito do poema "Hino à Razão", responda:

a) A quem o eu lírico se dirige, ou seja, quem é o seu interlocutor?

b) Por que as palavras *Razão*, *Amor* e *Justiça* estão grafadas com letras iniciais maiúsculas?

2 "Hino à Razão" é um soneto que se situa entre os poemas de cunho ideológico e político do autor. Releia a 2ª estrofe do poema.

a) Que relação tem a razão com a "poeira movediça de astros e sóis e mundos"?

b) Que novo conceito de heroísmo passa a existir num mundo regido pela razão, e não pela força ou pela violência?

3 Releia as duas últimas estrofes do poema. Nelas, o eu lírico defende um novo tipo de nação e de sociedade.

a) O que é a "arena trágica", da qual as nações do futuro tentam se libertar?

b) Quem são os "filhos robustos" que combatem com "escudos" da razão? Levante hipóteses: O que eles combatem?

4 Leia, a seguir, alguns dos principais traços que podem ser encontrados na poesia de Antero de Quental como um todo:

- pessimismo, reflexão existencial
- crença num mundo melhor, movido pela justiça social
- metafísica, pessimismo
- visão heroica e transformadora da realidade a partir da razão

a) Quais desses traços estão presentes no poema "Hino à Razão"?

b) A qual das fases da obra do poema se liga o poema em estudo?

5 Antero de Quental é considerado um dos melhores sonetistas da língua portuguesa. A fim de constatar a propriedade com que o autor faz uso de recursos técnicos, responda:

a) Qual é o papel da anáfora, isto é, da repetição de palavras, expressões ou partes maiores no início de versos?

b) Além da anáfora, qual é o papel do ritmo e das aliterações (com fonemas oclusivos) no poema "Hino à Razão"?

Eça de Queirós: a ironia cortante

Considerado o mais importante ficcionista do Realismo-Naturalismo português e um dos maiores em língua portuguesa, Eça de Queirós influenciou não apenas escritores de Portugal, mas também do Brasil e da Espanha.

Em publicações na imprensa, a ironia e o agudo senso crítico de Eça em relação aos costumes, à política e às letras se fazem notar antes mesmo da publicação de sua primeira obra de destaque, *O crime do Padre Amaro* (1875). Nessa obra, o autor tece uma crítica violenta à vida social portuguesa, denunciando a corrupção do clero e a hipocrisia dos valores burgueses. Em *O primo Basílio* (1878), romance influenciado por *Madame Bovary*, de Gustave Flaubert, a ironia corrosiva e a crítica mordaz à sociedade se dão em torno de um caso de adultério feminino. Destaca-se, nessa mesma linha, a aclamada obra *Os Maias* (1888); em seus últimos romances, como *A ilustre casa de Ramires* (1900) e, sobretudo, *A cidade e as serras* (1901), alguns críticos notam um afastamento dos ideais realistas.

Quem foi Eça de Queirós?

Reprodução/Arquivo da editora

Eça de Queirós (1845-1900) cursou Direito na Universidade de Coimbra e, depois de formado, participou do *Cenáculo*, grupo influente de jovens intelectuais vindos dessa mesma universidade. Exerceu a advocacia em Lisboa, dirigiu, por curto período, um jornal de oposição ao governo em Évora e, tempos depois, ingressou na carreira diplomática, vivendo principalmente na França e na Inglaterra.

Distante da pátria, pôde julgá-la desapaixonadamente, com rigor, e também manter contato com as grandes correntes de ideias do seu tempo; tal vivência contribuiu para o alargamento da experiência intelectual e amadurecimento literário do autor.

Faleceu na França, aos 54 anos.

Leitura

O primo Basílio narra uma história de traição em um casamento burguês do século XIX. Logo depois que Luísa se casa com Jorge, ela recebe a notícia de que o seu primo e ex-namorado Basílio tinha chegado a Lisboa. Na primeira ausência do marido, ela o trai, seduzida pelo primo. Juliana, sua criada, apodera-se de algumas cartas e a chantageia. Basílio desaparece, deixando Luísa entregue às exigências de Juliana. Sebastião, um amigo da família, consegue reaver as cartas. Jorge regressa. Luísa adoece e morre. Jorge descobre-lhe a infidelidade. No trecho a seguir, é retratado o reencontro de Luísa e Basílio.

Havia doze dias que Jorge tinha partido e, apesar do calor e da poeira, Luísa vestia-se para ir a casa de Leopoldina. Se Jorge soubesse, não havia de gostar, não! Mas estava tão farta de estar só! Aborrecia-se tanto! De manhã, ainda tinha os arranjos, a costura, a toilette, algum romance... Mas de tarde!

À hora em que Jorge costumava voltar do Ministério, a solidão parecia alargar-se em torno dela. Fazia-lhe tanta falta o seu toque de campainha, os seus passos no corredor!...

Ao crepúsculo, ao ver cair o dia, entristecia-se sem razão, caía numa vaga sentimentalidade: sentava-se ao piano, e os fados tristes, as **cavatinas** apaixonadas gemiam instintivamente no teclado, sob os seus dedos preguiçosos, no movimento abandonado dos seus braços moles. O que pensava em tolices então! E à noite, só, na larga cama francesa, sem poder dormir com o calor, vinham-lhe de repente terrores, palpites de viuvez.

....

Luísa desceu o véu branco, calçou devagar as luvas de *peau de suède* claras, deu duas pancadinhas fofas ao espelho na gravata de renda, e abriu a porta da sala. Mas quase recuou, fez "Ah?!", toda **escarlate**. Tinha-o reconhecido logo. Era o primo Basílio.

Houve um *shake-hands* demorado, um pouco trêmulo. Estavam ambos calados: — ela com todo o sangue no rosto, um sorriso vago; ele fitando-a muito, com um olhar admirado. Mas as palavras, as perguntas vieram logo, muito precipitadamente: — Quando tinha ele chegado? Se sabia que ele estava em Lisboa? Como soubera a morada dela?

Chegara na véspera no **paquete** de Bordéus. Perguntara no Ministério: disseram-lhe que Jorge estava no Alentejo, deram-lhe a *adresse*...

— Como tu estás mudada, Santo Deus!

— Velha.

— Bonita!

— Ora!

E ele, que tinha feito? Demorava-se?

Foi abrir uma janela, dar uma luz larga, mais clara. Sentaram-se. Ele no sofá muito languidamente; ela ao pé, pousada de leve à beira duma poltrona, toda nervosa.

Tinha deixado o "degredo" — disse ele. — Viera respirar um pouco à velha Europa. Estivera em Constantinopla, na Terra Santa, em Roma. O último ano passara-o em Paris. Vinha de lá, daquela aldeola de Paris! — Falava devagar, recostado, com um ar íntimo, estendendo sobre o tapete, comodamente, os seus sapatos de verniz.

Luísa olhava-o. Achava-o mais **varonil**, mais **trigueiro**. No cabelo preto anelado havia agora alguns fios brancos: mas o bigode pequeno tinha o antigo ar moço, orgulhoso e intrépido; os olhos, quando ria, a mesma doçura amolecida, banhada num fluido. Reparou na ferradura de pérola da sua gravata de cetim preto, nas pequeninas estrelas brancas bordadas nas suas meias de seda. A Bahia não o vulgarizara. Voltava mais interessante!

Caricatura de Eça de Queirós.

cavatina: composição musical de caráter lírico.
escarlate: vermelho, enrubescido.
paquete: navio, barco.
trigueiro: maduro, moreno.
varonil: viril, forte.

— Mas tu, conta-me de ti — dizia ele com um sorriso, inclinado para ela. — És feliz, tens um pequerrucho...

— Não — exclamou Luísa, rindo. — Não tenho! Quem te disse?

— Tinham-me dito. E teu marido demora-se?

— Três, quatro semanas, creio.

Quatro semanas! Era uma viuvez! Ofereceu-se logo para a vir ver mais vezes, **palrar** um momento pela manhã...

....

Houve um silêncio.

— Mas tu ias sair! — disse Basílio de repente, querendo erguer-se.

— Não! — exclamou. — Não! Estava aborrecida, não tinha nada que fazer, ia tomar ar. Não saio, já.

Ele ainda disse:

— Não te prendas...

— Que tolice! Ia a casa duma amiga passar um momento.

Tirou logo o chapéu; naquele movimento os braços erguidos repuxaram o corpete justo, as formas do seio acusaram-se suavemente.

Basílio torcia a ponta do bigode devagar; e vendo-a descalçar as luvas:

— Era eu antigamente quem te calçava e descalçava as luvas... Lembras-te?... Ainda tenho esse privilégio exclusivo, creio eu...

Ela riu-se.

— Decerto que não...

Basílio disse então, lentamente, fitando o chão:

— Ah! Outros tempos!

Ela via a sua cabeça bem feita, descaída naquela melancolia das felicidades passadas, com uma risca muito fina, e os cabelos brancos — que lhe dera a separação. Sentia também uma vaga saudade encher-lhe o peito; ergueu-se, foi abrir a outra janela, como para dissipar na luz viva e forte aquela perturbação. Perguntou-lhe então pelas viagens, por Paris, por Constantinopla.

Fora sempre o seu desejo viajar — dizia —, ir ao Oriente. Quereria andar em caravanas, balouçada no dorso dos camelos; e não teria medo, nem do deserto, nem das feras...

— Estás muito valente! — disse Basílio. — Tu eras uma maricas, tinhas medo de tudo... Até da adega, na casa do papá, em Almada!

Ela corou. Lembrava-se bem da adega, com a sua frialdade subterrânea que dava arrepios! A candeia de azeite pendurada na parede alumiava com uma luz avermelhada e fumosa as grossas traves cheias de teias de aranha, e a fileira tenebrosa das pipas bojudas. Havia ali às vezes, pelos cantos, beijos furtados...

palrar: conversar.

Eça de Queirós no cinema e na TV

Algumas obras de Eça de Queirós foram adaptadas para o cinema e para a TV. Em 1993, por exemplo, o cineasta brasileiro Helvécio Ratton, adaptando a novela *Alves & Cia.*, de Eça, lança o filme *Amor & Cia.* Em 2002, o cineasta mexicano Carlos Carrera lançou o filme *O crime do padre Amaro*, baseado no romance de Eça. Em 2007, chega aos cinemas o filme *Primo Basílio*, de Daniel Filho. Na TV, fizeram sucesso as minisséries *O primo Basílio* e *Os maias*, ambas baseadas nas obras do autor português.

Nelson Di Rago/Globo

Cena da minissérie *O Primo Basílio* (1988).

— E estiveste então um ano em Paris?

— Um ano divino. Tinha um apartamento lindíssimo, que pertencera a Lord Flamouth, Rue Saint-Florentin, tinha três cavalos...

E recostando-se muito, com as mãos nos bolsos:

— Enfim, fazer este vale de lágrimas o mais confortável possível!... Dize cá, tens algum retrato nesse medalhão?

— O retrato de meu marido.

— Ah! deixa ver!

Luísa abriu o medalhão. Ele debruçou-se; tinha o rosto quase sobre o peito dela. Luísa sentia o aroma fino que vinha de seus cabelos.

— Muito bem, muito bem! — fez Basílio.

Ficaram calados.

— Que calor que está! — disse Luísa. — Abafa-se, hem!

Levantou-se, foi abrir um pouco uma vidraça. O sol deixara a varanda. Uma aragem suave encheu as pregas grossas das **bambinelas**.

— É o calor do Brasil — disse ele. — Sabes que estás mais crescida?

Luísa estava de pé. O olhar de Basílio corria-lhe as linhas do corpo; e com a voz muito íntima, os cotovelos sobre os joelhos, o rosto erguido para ela:

— Mas, francamente, dize cá, pensaste que eu te viria ver?

— Ora essa! Realmente, se não viesses zangava-me. És o meu único parente... O que tenho pena é que meu marido não esteja...

— Eu — acudiu Basílio —, foi justamente por ele não estar...

Luísa fez-se escarlate. Basílio emendou logo, um pouco corado também:

— Quero dizer... talvez ele saiba que houve entre nós...

Ela interrompeu:

— Tolices! Éramos duas crianças. Onde isso vai!

— Eu tinha vinte e sete anos — observou ele, curvando-se.

Ficaram calados, um pouco embaraçados. Basílio cofiava o bigode, olhando vagamente em redor.

A relíquia, de Eça de Queirós, transposta para a linguagem dos quadrinhos por Marcatti Jr.

Bocejou ligeiramente, fitou um momento os seus sapatos muito aguçados, e com um movimento brusco, ergueu-se, tomou o chapéu.

— Já? Onde estás?

— No Hotel Central. E até quando?

— Até quando quiseres. Não disseste que vinhas amanhã com o rosário?

Ele tomou-lhe a mão, curvou-se:

— Já se não pode dar um beijo na mão duma velha prima?

— Por que não?

Pousou-lhe um beijo na mão, muito longo, com uma pressão doce.

— Adeus! — disse.

E à porta, com o **reposteiro** meio erguido, voltando-se:

— Sabes que eu, ao subir as escadas, vinha a perguntar a mim mesmo, como se vai isto passar?

— Isto quê? Vermo-nos outra vez? Mas perfeitamente. Que imaginaste tu?

Ele hesitou, sorriu:

— Imaginei que não eras tão boa rapariga. Adeus. Amanhã, hem?

(Rio de Janeiro: Aguilar, 1970. p. 585-592.)

bambinela: cortina.
reposteiro: cortinado que serve para substituir ou dissimular uma porta.

1 Basílio, ao chegar de Paris, dirige-se à casa da prima, de quem fora namorado no passado.
a) Como Luísa se sentia, após a partida do marido? Como ocupava seu tempo?
b) Por que Luísa se encontrava vulnerável?

2 Basílio é um homem fino, sedutor e experiente. Seu objetivo é conquistar a prima, uma mulher de perfil romântico e inexperiente nos jogos amorosos. Identifique no texto:
a) as atitudes de Luísa que demonstram seu perfil romântico e o quanto ela ainda está envolvida com o primo;
b) o caráter frio e calculista de Basílio.

3 Em suas estratégias, Basílio insiste em falar do passado de ambos. Por quê?

4 Que referências feitas pelo narrador à personalidade de Luísa permitem ao leitor antever o adultério?

O Realismo no Brasil

O marco oficial do Realismo no Brasil é a publicação de *Memórias póstumas de Brás Cubas* (1881), de Machado de Assis, embora essa nova tendência já viesse se esboçando desde os anos 1860 e 1870, no interior da produção literária romântica. Na prosa, descrições mais objetivas e a denúncia de problemas sociais podem ser observadas em obras como *Senhora* e *Lucíola*, de José de Alencar, e *O Cabeleira*, de Franklin Távora, e, na poesia, o enfrentamento da realidade presente na produção de Castro Alves e Fagundes Varela se contrapõe à idealização, ao exotismo ou ao "mal do século", típicos das fases iniciais do Romantismo.

Entre nossos escritores realistas, destacam-se Machado de Assis e Raul Pompeia.

Machado de Assis: o grande salto na ficção brasileira

Em sua extensa e variada obra, composta por poemas, crônicas, crítica literária, peças teatrais, contos e romances, Machado de Assis se destacou como contista e romancista. Em seus primeiros romances, como *A mão e a luva* (1874), *Helena* (1876) e *Iaiá Garcia* (1878), notam-se características que alguns críticos associam à herança romântica. A partir de *Memórias póstumas de Brás Cubas* (1881), inicia-se uma nova fase de sua obra, na qual Machado de Assis se revela um gênio na análise psicológica de personagens. Pertencem a essa fase outros romances célebres do autor, entre os quais *Quincas Borba* (1891), *Dom Casmurro* (1899), *Esaú e Jacó* (1904) e *Memorial de Aires* (1908), além de contos notáveis, como "Teoria do medalhão" (1881), "O alienista" (1882), "O espelho" (1882), "A cartomante" (1884), "A causa secreta" (1885), "Missa do Galo" (1893).

Perspicaz e quase ferino na análise da alma humana, Machado de Assis criou uma obra extremamente inovadora, que permanece viva e atual, gerando polêmicas e conquistando a estima de sucessivas gerações de leitores.

Quem foi Machado de Assis?

Filho de um mulato pintor de paredes e de uma açoriana, Machado de Assis (1839-1908) nasceu no Rio de Janeiro. Embora tenha frequentado apenas a escola primária e trabalhado desde a infância, alcançou alta posição no funcionalismo público e se tornou um dos escritores mais importantes de nossa literatura, tendo obras traduzidas para diversas línguas.

Machado de Assis.

Marc Ferrez/Acervo do Instituto Moreira Salles

Leitura

Memórias póstumas de Brás Cubas é a autobiografia do personagem Brás Cubas, que, depois de morto, resolve escrever suas memórias. Intitulando-se "defunto autor", Brás Cubas propõe-se a fazer a retrospectiva de sua vida, o que realiza com o distanciamento crítico e irônico de quem já não se prende às convenções sociais. Assim, entre os fatos narrados, destacam-se: os amores juvenis de Brás Cubas por Marcela, uma mulher vulgar a quem ele amou e por quem foi amado durante "quinze meses e onze contos de réis"; suas aspirações à vida literária e política; sua amizade com o filósofo Quincas Borba; o caso com Virgília — de quem quase se tornou marido, num casamento arranjado, e de quem mais tarde se tornaria amante; o casamento de Virgília com seu rival Lobo Neves.

Os textos a seguir pertencem ao romance *Memórias póstumas de Brás Cubas* e mostram o reencontro de Brás Cubas e Virgília, ocorrido quando ela chega de São Paulo com Lobo Neves, seu marido.

Capítulo L / Virgília casada

[...]

No dia seguinte, estando na rua do Ouvidor, porta da tipografia do Plancher, vi **assomar**, a distância, uma mulher esplêndida. Era ela; só a reconheci a poucos passos, tão outra estava, a tal ponto a natureza e a arte lhe haviam dado o último apuro. Cortejamo-nos; ela seguiu; entrou com o marido na carruagem, que os esperava um pouco acima; fiquei atônito.

Oito dias depois, encontrei-a num baile; creio que chegamos a trocar duas ou três palavras. Mas noutro baile, dado daí a um mês, em casa de uma senhora, que ornara os salões do primeiro reinado, e não desornava então os do segundo, a aproximação foi maior e mais longa, porque conversamos e valsamos. A valsa é uma deliciosa coisa. Valsamos; não nego que, ao conchegar ao meu corpo aquele corpo flexível e magnífico, tive uma singular sensação, uma sensação de homem roubado.

[...]

Cerca de três semanas depois recebi um convite dele para uma reunião íntima. Fui; Virgília recebeu-me com esta graciosa palavra:

— O senhor hoje há de valsar comigo.

Em verdade, eu tinha fama e era valsista emérito; não admira que ela me preferisse. Valsamos uma vez, e mais outra vez. Um livro perdeu **Francesca**; cá foi a valsa que nos perdeu. Creio que essa noite apertei-lhe a mão com muita força, e ela deixou-a ficar, como esquecida, e eu a abraçá-la, e todos com os olhos em nós, e nos outros que também se abraçavam e giravam... Um delírio.

assomar: aparecer, surgir, mostrar-se.
Francesca: personagem de *A divina comédia*, do escritor italiano Dante Alighieri, que na obra se entrega a seu cunhado depois de lerem juntos passagens amorosas sobre Lancelote, personagem das novelas de cavalaria.

Capítulo LI / *É minha!*

— É minha! — disse eu comigo, logo que a passei a outro cavalheiro; e confesso que durante o resto da noite foi-se-me a ideia entranhando no espírito, não à força de martelo, mas de **verruma**, que é mais insinuativa.

— É minha! — dizia eu ao chegar à porta de casa.

Mas ai, como se o destino ou o acaso, ou o que quer que fosse, se lembrasse de dar algum passo aos meus arroubos possessórios, luziu-me no chão uma coisa redonda e amarela. Abaixei-me; era uma moeda de ouro, uma meia dobra.

— É minha! — repeti eu a rir-me, e meti-a no bolso.

Nessa noite não pensei mais na moeda; mas no dia seguinte, recordando o caso, senti uns repelões da consciência, e uma voz que me perguntava por que diabo seria minha uma moeda que eu não herdara nem ganhara, mas somente achara na rua. Evidentemente não era minha; era de outro, daquele que a perdera, rico ou pobre, e talvez fosse pobre, algum operário que não teria com que dar de comer à mulher e aos filhos; mas, se fosse rico, o meu dever ficava o mesmo. Cumpria restituir a moeda, e o melhor meio, o único meio, era fazê-lo por intermédio de um anúncio ou da polícia. Enviei uma carta

verruma: espécie de broca usada para abrir furos.

ao chefe de polícia, remetendo-lhe o achado, e rogando-lhe que, pelos meios a seu alcance, fizesse devolvê-lo às mãos do verdadeiro dono.

Mandei a carta e almocei tranquilo, posso até dizer que **jubiloso**. Minha consciência valsara tanto na véspera que chegou a ficar sufocada, sem respiração; mas a restituição da meia dobra foi uma janela que se abriu para o outro lado da moral; entrou uma onda de ar puro, e a pobre dama respirou à larga. Ventilai as consciências! Não vos digo mais nada. Todavia, despido de quaisquer outras circunstâncias, o meu ato era bonito, porque exprimia um justo escrúpulo, um sentimento de alma delicada. Era o que me dizia a minha dama interior, com um modo austero e meigo a um tempo; é o que ela me dizia, reclinada ao peitoril da janela aberta.

— Fizeste bem, Cubas; andaste perfeitamente. Este ar não é só puro, é balsâmico, é uma transpiração dos eternos jardins. Queres ver o que fizeste, Cubas?

E a boa dama sacou um espelho e abriu-mo diante dos olhos. Vi, claramente vista, a meia dobra da véspera, redonda, brilhante, multiplicando-se por si mesma — ser dez, depois trinta, depois quinhentas —, exprimindo assim o benefício que me daria na vida e na morte o simples ato da restituição. E eu **espraiava** todo o meu ser na contemplação daquele ato, revia-me nele, achava-me bom, talvez grande. Uma simples moeda, hem? Vejam o que é ter valsado um poucochinho mais.

Assim eu, Brás Cubas, descobri uma lei sublime, a lei da equivalência das janelas, e estabeleci que o modo de compensar uma janela fechada é abrir outra, a fim de que a moral possa arejar continuamente a consciência.

[...]

espraiar: esparramar, lançar, irradiar.
jubiloso: tomado por intensa alegria ou contentamento.

(Porto Alegre: L&PM, 1997. p. 106-108.)

Cartaz do filme *Memórias póstumas de Brás Cubas*, dirigido por André Klotzel.

1 No segundo parágrafo do texto, ao dançar com Virgília, Brás Cubas diz ter a sensação de "homem roubado". E, no baile, ao passar Virgília a outro cavalheiro, pensa: "É minha!".

a) Reconheça e analise os sentimentos de Brás Cubas revelados nas imagens da posse e do roubo.

b) Por que Brás Cubas, com essas imagens, inverte os papéis?

2 Ao chegar à sua casa e encontrar à porta uma moeda de ouro, Brás Cubas também diz:

"É minha!". Essa coincidência de frases ditas por Cubas em diferentes situações cria um paralelo entre a moeda e Virgília.

a) Como você explica o gesto de Brás Cubas de enviar a moeda ao chefe de polícia?

b) De acordo com essa lógica, qual deveria ser a atitude coerente de Brás Cubas em relação a Virgília?

3 Releia este trecho do texto:

Mandei a carta e almocei tranquilo, posso até dizer que jubiloso. Minha consciência valsara tanto na véspera que chegou a ficar sufocada, sem respiração; mas a restituição da meia dobra foi uma janela que se abriu para o outro lado da moral; entrou uma onda de ar puro, e a pobre dama respirou à larga. Ventilai as consciências! Não vos digo mais nada.

a) A quem se refere Brás Cubas com a expressão "a pobre dama"?

b) Considerando o dilema moral do personagem, interprete a frase: "a restituição da meia dobra foi uma janela que se abriu para o outro lado da moral".

4 Interprete a "lei da equivalência das janelas":

a) A que equivale uma "janela fechada"?

b) E a "janela aberta"?

c) Explique o que é, então, a *equivalência* dessa lei.

d) Na sociedade em que vivemos, que atividades ou comportamentos humanos você citaria para exemplificar a atualidade dessa lei?

5 O texto lido é um pequeno exemplo da ironia fina e da crítica cortante que caracterizam a ficção de Machado de Assis. Conclua: Que visão tem o autor a respeito do ser humano, de seu caráter e de suas ações?

O Naturalismo no Brasil

Em paralelo à inclinação realista, alguns autores brasileiros, influenciados pela experiência do escritor francês Émile Zola, cultivaram o *romance de tese*, isto é, o romance naturalista, que procurava provar uma teoria científica a respeito do comportamento humano. Como se a ficção e seus personagens fossem um laboratório de experiências científicas, os escritores naturalistas utilizavam conhecimentos da Biologia, da Psicologia e da Sociologia para explicar casos patológicos individuais, perdendo, muitas vezes, o todo da realidade brasileira.

Apesar de o Naturalismo, em razão de seu determinismo, ser, muitas vezes, estreito e reducionista para lidar com a complexidade dos comportamentos humanos, foi ele que, pela primeira vez, pôs em primeiro plano o pobre, o excluído, o negro e o mulato discriminados, o indivíduo vitimado por doenças físicas e mentais, além de retomar antigos temas, como o celibato, sob a ótica científica da época.

No Brasil, o primeiro romance naturalista publicado foi *O mulato* (1881), de Aluísio Azevedo.

Aluísio Azevedo e a paisagem coletiva

Aluísio Azevedo é a principal expressão da prosa naturalista no Brasil. O ponto alto de seus escritos, principalmente em suas obras de maturidade, *O cortiço* (1890) e *Casa de pensão* (1894), é a maneira como são retratados ambientes, paisagens e cenas coletivas.

Em suas obras, seguindo os princípios deterministas do Naturalismo francês, os personagens são fruto do meio, da raça e da hereditariedade.

Quem foi Aluísio Azevedo?

Aluísio Azevedo (1857-1913) nasceu em São Luís do Maranhão e, em 1881, ano de publicação de *O mulato*, transferiu-se definitivamente para o Rio de Janeiro. Ali trabalhou em jornais como cartunista e jornalista, ao mesmo tempo que escrevia seus romances.

Com a publicação de *O mulato*, alcançou certa popularidade, o que lhe permitiu viver exclusivamente da literatura. Talvez por essa razão, sua obra, no conjunto, apresente altos e baixos do ponto de vista qualitativo.

Acervo Iconographia/Reminiscências

Aluísio Azevedo.

Leitura

O cortiço narra a vida de um grupo de pessoas que habitam o cortiço pertencente ao migrante português João Romão. O espaço da obra é palco dos mais variados tipos humanos: trabalhadores, prostitutas, malandros, lavadeiras, homossexuais, etc. Leia, a seguir, um trecho da obra, no qual se destaca o personagem Libório, uma figura miserável e solitária que, apesar de guardar muito dinheiro embaixo do colchão, vive como mendigo.

Defronte da porta de Rita tinham vindo postar-se diversos moradores do cortiço, jornaleiros de baixo salário, pobre gente miserável, que mal podia matar a fome com o que ganhava. Ainda assim não havia entre eles um só triste. A mulata convidou-os logo a comer um bocado e beber um trago. A proposta foi aceita alegremente.

E a casa dela nunca se esvaziava.

Anoitecia lá.

O velho Libório, que jamais ninguém sabia ao certo onde almoçava ou jantava, surgiu do seu buraco, que nem jabuti quando vê chuva.

Um tipão, o velho Libório! Ocupava o pior canto do cortiço e andava sempre a **fariscar** os **sobejos** alheios, filando aqui, filando ali, pedindo a um e a outro, como um mendigo, chorando misérias eternamente, apanhando pontas de cigarro para fumar no cachimbo, cachimbo que o **sumítico** roubara de um pobre cego decrépito. Na estalagem diziam todavia que Libório tinha dinheiro **aferrolhado**, contra o que ele protestava ressentido, jurando a sua extrema penúria. E era tão feroz o demônio naquela fome de cão sem dono, que as mães recomendavam às suas crianças todo o cuidado com ele, porque o diabo do velho, quando via algum pequeno desacompanhado, punha-se logo a rondá-lo, a cercá-lo de festas e a fazer-lhe **ratices** para o engabelar, até conseguir furtar-lhe o doce ou o vintenzinho que o pobrezito trazia fechado na mão.

Rita fê-lo entrar e deu-lhe de comer e de beber; mas sob condição de que o esfomeado não se socasse demais, para não rebentar ali mesmo.

Cabeça de um homem velho, de Jacob Jordaens.

aferrolhado: guardado, aprisionado.
algibeira: bolso integrado à roupa; sacola.
fariscar: farejar.
farripas: cabelos ou fios curtos ralos.
ratice: coisa engraçada.
sobejos: sobras, restos.
sumítico: egoísta, avarento.

Se queria estourar, fosse estourar para longe!

Ele pôs-se logo a devorar, sofregamente, olhando inquieto para os lados, como se temesse que alguém lhe roubasse a comida da boca. Engolia sem mastigar, empurrando os bocados com o dedo, agarrando-se ao prato e escondendo nas **algibeiras** o que não podia de uma só vez meter para dentro do corpo.

Causava terror aquela sua implacável mandíbula, assanhada e devoradora; aquele enorme queixo, ávido, ossudo e sem um dente, que parecia ir engolir tudo, tudo, principiando pela própria cara, desde a imensa batata vermelha e grelhada que ameaçava já entrar-lhe na boca, até as duas bochechinhas engelhadas, os olhos, as orelhas, a cabeça inteira, inclusive a sua grande calva, lisa como um queijo e guarnecida em redor por uns pelos puídos e ralos como **farripas** de coco.

Firmo propôs embebedá-lo, só para ver a sorte que ele daria. O Alexandre e a mulher opuseram-se, mas rindo muito; nem se podia deixar de rir, apesar do espanto, vendo aquele resto de gente, aquele esqueleto velho, coberto por uma pele seca, a devorar, a devorar sem tréguas, como se quisesse fazer provisão para uma outra vida.

De repente, um pedaço de carne, grande demais para ser ingerido de uma vez, engasgou-o seriamente. Libório começou a tossir, aflito, com os olhos sumidos, a cara tingida de uma vermelhidão apoplética. A Leocádia, que era quem lhe ficava mais perto, soltou-lhe um murro nas costas.

O glutão arrevessou sobre a toalha da mesa o bocado de carne já meio triturado. Foi um nojo geral.

— Porco! gritou Rita, arredando-se.

— Pois se o bruto quer socar tudo ao mesmo tempo! disse Porfiro. Parece que nunca viu comida, este animal!

E notando que ele continuava ainda mais sôfrego por ter perdido um instante: — Espera um pouco, lobo. Que diabo! A comida não foge! Há muito aí com que te fartares por uma vez! Com efeito!

[...]

(São Paulo: OESP/Klick Editora, s.d. p. 58-59.)

1 Com exceção de *Memórias de um sargento de milícias*, de Manuel Antônio de Almeida, a maior parte dos romances românticos urbanos retrata personagens da burguesia carioca do século XIX e geralmente lhes dá um tratamento individual, íntimo, privado. Com base no texto, responda: O que muda em *O cortiço* quanto ao recorte social e ao tratamento dado aos personagens?

2 Apesar de mendigo, Libório realmente guardava dinheiro embaixo do colchão, conforme é revelado no final da obra. Que tipo de problema o autor quer retratar com esse perfil de personagem?

3 Observe a seleção e o emprego de substantivos nestes trechos do texto:

> "— Porco! gritou Rita, arredando-se.
> — Pois se o bruto quer socar tudo [...] este animal!"
> "[...] — Espera um pouco, lobo!"

a) O que há em comum, do ponto de vista semântico, no modo como os personagens do cortiço se referem a Libório?

b) Que outros comportamentos do personagem confirmam sua resposta anterior?

4 Observe o emprego de adjetivos no 9º parágrafo do texto. Qual é a relação entre a adjetivação e o compromisso naturalista de descrição objetiva da realidade?

Literatura comparada

Diálogo entre *O primo Basílio* e *Madame Bovary*

Da obra *Madame Bovary*, do romancista francês Gustave Flaubert, nasceu o bovarismo, tema amplamente explorado por escritores do próprio Realismo e também por escritores posteriores a ele. Você fará, a seguir, a leitura comparada de dois textos que abordam esse tema: o primeiro é um fragmento da própria obra de Flaubert, e o segundo, um fragmento do romance português *O primo Basílio*, de Eça de Queirós.

Ema Bovary é uma mulher sonhadora, que vive em busca do amor ideal. Casa-se com Carlos Bovary, um médico inseguro e acomodado, e, depois de algum tempo, frustra-se com a rotina do casamento. No episódio a ser lido, ela está em vias de ter seu primeiro amante, Rodolfo, um jovem galante e conquistador.

TEXTO 1

E apenas se viu livre de Carlos, subiu e trancou-se no quarto. Primeiro, sentiu-se numa espécie de atordoamento: revia as árvores, os caminhos, as valas, Rodolfo; sentia ainda a pressão de seus braços, enquanto a folhagem tremia e os juncos sibilavam.

Mas, vendo-se no espelho, ficou admirada com o próprio aspecto. Nunca tivera os olhos tão grandes, tão negros, nem assim tão profundos. Alguma coisa de sutil se espalhara por toda ela, transformando-a.

E dizia consigo mesma: — Tenho um amante! Um amante! — deleitando-se com essa ideia, como se fora uma nova puberdade que lhe sobreviesse.

Alchemy/Everett Collection/Fotoarena

Cena de *Madame Bovary*, de Sophie Barthes.

Ia, afinal, possuir as alegrias do amor, a febre da felicidade, de que já desesperara. Entrava em algo de maravilhoso onde tudo era paixão, êxtase, delírio; uma imensidão azulada a envolvia, os **píncaros** do sentimento cintilavam sob a sua imaginação, e a vida cotidiana aparecia-lhe longínqua, distante, na sombra, entre os intervalos daquelas alturas.

Lembrou-se das heroínas dos livros que havia lido e a legião lírica dessas mulheres adúlteras punha-se a cantar em sua lembrança, com vozes de irmãs que a encantavam. Ela mesma se tornara como uma parte verdadeira de tais fantasias e concretizava o longo **devaneio** de sua mocidade, imaginando-se um daqueles tipos amorosos que ela tanto invejara antes. Além disso, Ema experimentava uma sensação de vingança. Pois não sofrera já bastante? Triunfava, todavia, agora, e o amor, por tanto tempo reprimido, explodia todo, com radiosa efervescência. Saboreava sem remorsos, sem inquietação, sem desassossego.

devaneio: sonho, fantasia.
píncaro: auge, ponto mais elevado.

(Gustave Flaubert. *Madame Bovary*. Tradução de Araújo Nabuco. São Paulo: Abril Cultural, 1979. p. 122-123.)

No primeiro dos dois episódios a serem lidos a seguir, Luísa acabara de receber um bilhete de Basílio, no qual o rapaz dizia estar perdidamente apaixonado por ela. No segundo, Luísa se prepara para o primeiro encontro amoroso com Basílio.

TEXTO 2

E Luísa tinha suspirado, tinha beijado o papel devotamente! Era a primeira vez que lhe escreviam aquelas sentimentalidades, e o seu orgulho dilatava-se ao calor amoroso que saía delas, como um corpo ressequido que se estira num banho **tépido**; sentia um acréscimo de estima por si mesma, e parecia-lhe que entrava enfim numa existência superiormente interessante, onde cada hora tinha o seu encanto diferente, cada passo conduzia a um êxtase, e a alma se cobria de um luxo radioso de sensações!

Ergueu-se de um salto, passou rapidamente um roupão, veio levantar os transparentes da janela... Que linda manhã! Era um daqueles dias do fim de agosto em que o estio faz uma pausa; há prematuramente, no calor e na luz, uma certa tranquilidade outonal; o sol cai largo, resplandecente, mas pousa de leve, o ar não tem o embaciado **canicular**, e o azul muito alto reluz com uma nitidez lavada; respira-se mais livremente; e já não se vê na gente que passa o abatimento mole da calma enfraquecedora. Veio-lhe uma alegria: sentia-se ligeira, tinha dormido a noite de um sono são, contínuo, e todas as agitações, as impaciências dos dias passados pareciam ter-se dissipado naquele repouso. Foi-se ver ao espelho; achou a pele mais clara, mais fresca, e um enternecimento úmido no olhar — seria então verdade o que dizia Leopoldina, que não havia como uma maldadezinha para fazer a gente bonita? Tinha um amante, ela!

[...]

Ia encontrar Basílio no ***Paraíso*** pela primeira vez. E estava muito nervosa [...]. Mas ao mesmo tempo uma curiosidade intensa, múltipla, impelia-a, com um estremecimentozinho de prazer. — Ia, enfim, ter ela própria aquela aventura que lera tantas vezes nos romances amorosos! Era uma forma nova do amor que ia experimentar, sensações excepcionais! Havia tudo — a casinha misteriosa, o segredo ilegítimo, todas as palpitações do perigo! Porque o aparato impressionava-a mais que o sentimento; e a casa em si interessava-a, atraía-a mais que Basílio!

(Eça de Queirós. *O primo Basílio e O mandarim*. São Paulo: Scipione, 1994. p. 113 e 123.)

canicular: muito quente.
Paraíso: é o nome dado por Basílio e Luísa à casa que alugaram para os encontros amorosos.
tépido: morno.

O primo Basílio na canção de Marisa Monte

Deixa eu dizer que te amo
Deixa eu pensar em você
Isso me acalma me acolhe a alma
Isso me ajuda a viver

Lembra-se desses versos da canção "Amor, *I love you*", de Marisa Monte e Carlinhos Brown, que ficou conhecida nacionalmente? No meio da canção, a voz grave de Arnaldo Antunes declama um trecho de *O primo Basílio*, exatamente o primeiro parágrafo do texto reproduzido acima. Se possível, ouça a canção e compare o texto reproduzido ao declamado por Arnaldo Antunes.

1 Releia este excerto do texto 1:

> "Ia, afinal, possuir as alegrias do amor, a febre da felicidade, de que já desesperara. Entrava em algo de maravilhoso onde tudo era paixão, êxtase, delírio"

Nesse episódio, Ema Bovary contrapõe duas realidades diferentes.

a) Quais são essas realidades?

b) Que palavra desse trecho demonstra que a personagem já havia algum tempo esperava pela felicidade no casamento, mas sem sucesso?

2 Compare as duas personagens femininas quanto aos sentimentos que lhes despertam os homens que serão seus amantes. Ambas parecem estar entusiasmadas com a nova experiência que se aproxima, a ponto de se sentirem mudadas fisicamente.
Que alterações físicas e psicológicas a paixão provoca nas duas mulheres?

3 Nos dois textos, há referência às leituras que as personagens tinham feito no passado.

a) Que tipo de obras elas tinham lido?

b) Que influência essas obras exerceram sobre as duas personagens?

4 Releia este fragmento do texto 1:

> "Ema experimentava uma sensação de vingança. Pois não sofrera já bastante? Triunfava, todavia, agora, e o amor, por tanto tempo reprimido, explodia todo, com radiosa efervescência. Saboreava sem remorsos, sem inquietação, sem desassossego."

Ema, nesse trecho, justifica o adultério que está em vias de se concretizar.

a) Levante hipóteses: De quem supostamente ela se vinga?

b) Interprete: Por que ela supostamente estaria se "vingando" dessa pessoa?

5 No último trecho do texto 2, lemos:

> "o aparato impressionava-a mais que o sentimento; e a casa em si interessava-a, atraía-a mais que Basílio!"

Por esse trecho, vemos que, além do amor a Basílio, outros motivos levavam Luísa ao adultério. Quais eram esses motivos?

6 Com suas críticas, o Realismo tinha uma missão reformadora, de aprimoramento da sociedade. Contudo, não combatia instituições, e sim pessoas ou grupos sociais. É o caso, por exemplo, de *O crime do padre Amaro*, de Eça de Queirós, cuja crítica recai sobre os maus religiosos, e não sobre a Igreja. Leia o boxe a seguir e, depois, conclua:

a) O que as obras de Flaubert e de Eça de Queirós criticam?

b) Pelo perfil e pelo destino das duas personagens femininas, é possível dizer que essas obras também fazem uma crítica ao Romantismo? Justifique sua resposta.

O adultério e a punição moral

Além do bovarismo, *Madame Bovary* e *O primo Basílio* apresentam outras semelhanças. No final das obras, por exemplo, as duas personagens femininas morrem (Ema, depois de se envenenar, e Luísa, depois de adoecer); os dois maridos descobrem a traição (Carlos, depois que Ema morre, e Jorge, quando Luísa está doente); Ema é vítima de um agiota, e Luísa, das chantagens de Juliana, a empregada que descobre o adultério da patroa.

Seria o destino trágico dessas mulheres uma forma de punição moral diante da sociedade?

CAPÍTULO

14 O Parnasianismo no Brasil

Diferentemente do Realismo e do Naturalismo, que se voltavam para o exame e para a crítica da realidade, o Parnasianismo representou na poesia um retorno ao clássico, com todos os seus ingredientes: o princípio do belo na arte e a busca do equilíbrio e da perfeição formal. Na obra de Olavo Bilac, ainda ganhou traços de sensualidade e patriotismo.

Art Collection 2/Alamy/Fotoarena/Coleção particular

O despertar de Adônis (1899), de Edward Burne-Jones, pintor inglês que à época do Parnasianismo retomou os temas de influência clássica.

Este capítulo favorece o desenvolvimento das habilidades

- EM13LGG103
- EM13LGG601
- EM13LGG602
- EM13LGG604
- EM13LP01
- EM13LP02
- EM13LP06
- EM13LP46
- EM13LP49
- EM13LP52

Se examinarmos a história da arte e da literatura, veremos que ela se constrói em ciclos. O ser humano está sempre rompendo com aquilo que considera ultrapassado e propondo algo "novo". Esse novo, porém, muitas vezes não passa de algo ainda mais velho, só que revestido de uma linguagem diferente.

É o caso do Parnasianismo, movimento de inspiração clássica que ganhou pouco destaque na Europa, mas teve muita repercussão no Brasil a partir da década de 1880. Depois da revolução romântica, que impôs novos parâmetros e novos valores artísticos, formou-se em nosso país um grupo de poetas que desejava restaurar a poesia clássica, desprezada pelos românticos. Propunham uma poesia objetiva, de elevado nível vocabular, racionalista, bem-acabada do ponto de vista formal e voltada para temas universais.

A origem da palavra *parnasianismo* associa-se ao Parnaso grego, segundo a lenda um monte da Fócida, na Grécia central, consagrado a Apolo e às musas. A escolha do nome já comprova o interesse dos parnasianos pela tradição clássica. Acreditavam que, apoiando-se nos modelos clássicos, estariam combatendo os exageros de emoção e fantasia do Romantismo e, ao mesmo tempo, garantindo o equilíbrio que almejavam.

A primeira publicação considerada de fato parnasiana é a obra *Fanfarras* (1882), de Teófilo Dias. Entretanto, caberia a Alberto de Oliveira, Raimundo Correia, Olavo Bilac, Vicente de Carvalho e Francisca Júlia o papel de implantar e solidificar o movimento entre nós, bem como definir melhor os contornos de seu projeto estético.

Olavo Bilac: o ourives da linguagem

Um dos mais lidos e mais populares poetas de seu tempo, Olavo Bilac demonstra desde sua primeira publicação, *Poesias* (1888), plena identificação com as propostas do Parnasianismo. Entretanto, em determinados poemas, sua poesia se afasta dos preceitos parnasianos ao valorizar os sentimentos, lembrando o Romantismo. Além disso, em alguns poemas amorosos, há a presença de forte sensualidade, o que o faz ser lembrado entre os autores brasileiros que cultivaram a poesia erótica.

Quem foi Olavo Bilac?

Nascido no Rio de Janeiro, Olavo Bilac (1865-1918) estudou Medicina e Direito, sem, entretanto, concluir nenhum desses cursos. Foi jornalista e inspetor escolar. Patriota convicto, escreveu a letra do Hino à Bandeira e foi defensor da instrução primária, da educação física e do serviço militar obrigatório.

Entre as obras que Bilac escreveu, destacam-se *Via láctea*, em que a objetividade parnasiana evolui para uma postura mais intimista e subjetiva; *Sarças de fogo*, em que predominam a objetividade e o sensualismo.

Reprodução/Fundação Biblioteca Nacional, Rio de Janeiro, RJ.

Leitura

Você vai ler, a seguir, dois dos mais conhecidos sonetos de Olavo Bilac.

Via láctea

Soneto XIII

"Ora (direis) ouvir estrelas! Certo
Perdeste o senso!" E eu vos direi, no entanto,
Que, para ouvi-las, muita vez desperto
E abro as janelas, pálido de espanto...

E conversamos toda a noite, enquanto
A via láctea, como um pátio aberto,
Cintila. E, ao vir do sol, saudoso e em pranto,
Inda as procuro pelo céu deserto.

Direis agora: "Tresloucado amigo!
Que conversas com elas? Que sentido
Tem o que dizem, quando estão contigo?"

E eu vos direi: "Amai para entendê-las!
Pois só quem ama pode ter ouvido
Capaz de ouvir e de entender estrelas."

(*Melhores poemas de Olavo Bilac*. Seleção de Marisa Lajolo. 4. ed. São Paulo: Global, 2003. p. 44.)

Ilustrações: Mariângela Haddad/Arquivo da editora

Nel mezzo del camin...

Cheguei. Chegaste. Vinhas fatigada
E triste, e triste e fatigado eu vinha.
Tinhas a alma de sonhos povoada,
E a alma de sonhos povoada eu tinha...

E paramos de súbito na estrada
Da vida: longos anos, presa à minha
A tua mão, a vista deslumbrada
Tive da luz que teu olhar continha.

Hoje, segues de novo... Na partida
Nem o pranto os teus olhos umedece,
Nem te comove a dor da despedida.

E eu, solitário, volto a face, e tremo,
Vendo o teu vulto que desaparece
Na extrema curva do caminho extremo.

(*Melhores poemas de Olavo Bilac*. Seleção de Marisa Lajolo. 4. ed. São Paulo: Global, 2003. p. 44.)

Os amantes (1916), de Marc Chagall.

Reprodução/Coleção particular

1 No poema "Via láctea" há um diálogo sugerido pelo emprego de pronomes e verbos e pelo emprego das aspas. Identifique os interlocutores desse diálogo.

2 A propósito desse soneto:

a) Identifique no texto um exemplo de predomínio da emoção sobre a razão.

b) O que é necessário, segundo o eu lírico, para estabelecer comunicação com as estrelas?

3 O poema "Nel mezzo del camin..." apresenta imagens e sugestões cenográficas, como se pudéssemos visualizar as cenas num palco. Considerando a passagem do tempo, marcada pelos tempos verbais, pode-se dividir o texto em duas partes ou em dois momentos de uma caminhada.

a) Qual é a primeira parte? Que tempos verbais predominam nessa parte?

b) Qual é a segunda parte?

c) Levante hipóteses: O que teria provocado a separação?

d) Interprete: O que significa o tremor mencionado na última estrofe?

4 O poema "Nel mezzo del camin..." apresenta várias repetições, algumas delas com inversão. Que efeito de sentido têm as repetições no poema?

5 Ambos os sonetos são muito conhecidos e revelam as qualidades técnicas de Bilac como sonetista. Quando comparados às características exemplares da estética parnasiana, no entanto, é possível perceber que esses sonetos não se encaixam de forma estrita em todas elas, pois sofrem influência de outro movimento literário.

a) Qual é esse outro movimento? Justifique sua resposta.

b) Explique por que é comum que textos considerados de determinada época da literatura contenham características atribuídas a outra(s) época(s).

Raimundo Correia: a pesquisa da linguagem

O maranhense Raimundo Correia (1860-1911) foi um dos poetas que, juntamente com Olavo Bilac e Alberto de Oliveira, formaram a chamada "tríade parnasiana".

Sua poesia, no movimento parnasiano, representa um momento de descontração e de investigação. Nela se verificam pelo menos três fases:

- *a fase romântica*: com influência de Casimiro de Abreu e Fagundes Varela, é representada por *Primeiros sonhos* (1879);
- *a fase parnasiana propriamente dita*: representada pelas obras *Sinfonias* (1883) e *Versos e versões* (1887), é marcada pelo pessimismo de Schopenhauer — pensador alemão que defendia a ideia de que todas as dores e males do mundo provêm da vontade de viver — e por reflexões de ordem moral e social;
- *a fase pré-simbolista*: nela, o pessimismo diante da condição humana busca refúgio na metafísica e na religião, enquanto a linguagem apresenta uma pesquisa em musicalidade e sinestesia.

Acervo Iconographia/Reminiscências

A famosa "tríade parnasiana": Olavo Bilac, à direita, Raimundo Correia, no centro, e Alberto de Oliveira, à esquerda.

Leitura

O texto que segue é um dos mais conhecidos poemas de Raimundo Correia e um bom exemplo das qualidades técnicas do autor como sonetista. Observe como os versos, as imagens e a língua são empregados com fluência e naturalidade.

As pombas

Vai-se a primeira pomba despertada...
Vai-se outra mais... mais outra... enfim dezenas
De pombas vão-se dos pombais, apenas
Raia sanguínea e fresca a madrugada...

E à tarde, quando a rígida nortada
Sopra, aos pombais de novo elas, serenas,
Ruflando as asas, sacudindo as penas,
Voltam todas em bando e em revoada...

Também dos corações onde abotoam,
Os sonhos, um por um, céleres voam,
Como voam as pombas dos pombais;

No azul da adolescência as asas soltam,
Fogem... Mas aos pombais as pombas voltam,
E eles aos corações não voltam mais...

(*In*: Benjamim Abdala Jr. (org.). *Antologia da poesia brasileira — Realismo e Parnasianismo*. São Paulo: Ática, 1985. p. 35.)

Reprodução/Museu de Arte de Utsunomiya, Tochigi, Japão

A grande família (1963), de René Magritte.

1 O soneto está organizado em duas partes. Nas duas quadras, o eu lírico descreve o revoar das pombas; nos tercetos é estabelecida uma comparação.

a) A que é comparado o revoar das pombas?

b) Qual é a diferença essencial, segundo o texto, entre os elementos comparados?

2 De acordo com os termos dessa comparação, identifique a que correspondem, no plano da vida:

a) a madrugada e a tarde;

b) a nortada, que as pombas encontram, à tarde, fora dos pombais.

3 Releia a última estrofe do soneto. Que visão sobre a vida e sobre a condição humana o eu lírico expressa nessa estrofe e no poema como um todo?

4 Destaque do soneto três características que comprovem a filiação do texto ao Parnasianismo.

A esfinge virtuosa (1886), de Gustave Moreau.

UNIDADE 6

História social do Simbolismo

O fato de uma determinada estética literária vigorar em determinado momento histórico não significa que todas as pessoas e grupos sociais daquele momento tenham vivido e pensado da mesma forma. Pode-se dizer que nas épocas históricas há uma *ideologia predominante*, mas não global.

Nas últimas décadas do século XIX, por exemplo, em meio à onda de cientificismo e materialismo que deu origem ao Realismo e ao Naturalismo, surgiu um grupo de artistas e intelectuais que punham em dúvida a capacidade absoluta da ciência de explicar todos os fenômenos relacionados ao homem. Não acreditavam no conhecimento "positivo" e no progresso social prometidos pela ciência.

Pensavam que, assim como a ciência, a linguagem é limitada. A primeira, para traduzir a complexidade humana, e a segunda, para representar a realidade como ela de fato é, podendo, no máximo, sugeri-la.

Estudar a literatura do período implica conhecer a crise espiritual que marcou esse momento histórico e ver de que modo ela acarretou uma nova forma de ver e sentir o mundo e, consequentemente, uma nova forma de expressão artística: a arte simbolista.

Fique ligado! **Pesquise!**

Para estabelecer relações entre a literatura e outras artes e áreas de conhecimento, eis algumas sugestões:

Assista

- *Cruz e Sousa — O poeta do desterro*, de Sylvio Back; *O eclipse de uma paixão*, de Agnieszka Holland; *Camille Claudel*, de Bruno Nuytten. Sobre o pintor impressionista Van Gogh, há uma série de filmes, entre eles *No portal da eternidade*, de Julian Schnabel; *Com amor, Van Gogh*, de Dorota Kobiela e Hugh Welchman; *Vida e obra de um gênio — Vincent e Theo*, de Robert Altman; *Sonhos*, de Akira Kurosawa (coletânea de histórias, entre as quais uma é relacionada ao pintor).

Lifestyle pictures/Alamy/Fotoarena

Cena do filme *Com amor, Van Gogh*.

Leia

- *Vida e obra de Vincent van Gogh*, de Janice Anderson (Ediouro); *O médico e o monstro*, de Robert Louis Stevenson (Nova Fronteira); *O retrato de Dorian Gray*, de Oscar Wilde (Imago); *Flores do mal*, de Charles Baudelaire (Nova Fronteira); *Uma temporada no inferno*, de Arthur Rimbaud (L&PM); *Mallarmé*, de Augusto de Campos, Décio Pignatari e Haroldo de Campos (Perspectiva); *Cartas a Theo*, de Vincent van Gogh (L&PM); *Cruz e Sousa — o negro branco*, de Paulo Leminski (Brasiliense). *Sobre o teatro do século XIX: Judas em sábado de Aleluia* e *O noviço*, de Martins Pena (Ediouro); *Caiu o ministério* e *Como se fazia um deputado*, de França Júnior (Ediouro); *A capital federal* e *O dote*, de Artur Azevedo (Ediouro); *Casa de bonecas*, de Henrik Ibsen (Veredas); *Senhorita Júlia*, de Auguste Strindberg.

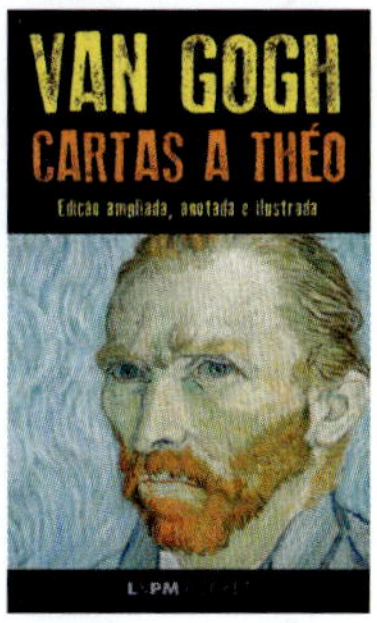

Reprodução/L&PM

Pesquise

- Pesquise as relações entre literatura e filosofia, buscando pontos de contato entre o Simbolismo ou o Decadentismo do fim do século XIX e o pensamento de Nietzsche. Pesquise também as relações entre o Simbolismo e o Romantismo, principalmente quanto à tradição gótica.

Navegue

- Conheça a obra de escritores simbolistas acessando: www.dominiopublico.gov.br/pesquisa/DetalheObraForm.do?select_action=&co_obra=2110.

Visite

- Para conhecer a pintura simbolista e a impressionista, visite o Museu D'Orsay, em Paris, acessando o *site* www.musee-orsay.fr/fr/collections/catalogue-des-oeuvres/resultacollection.html?no_cache=1.

Esta abertura de unidade favorece o desenvolvimento das habilidades

EM13LGG601 EM13LGG602 EM13LGG103 EM13LGG202 EM13LGG604

EM13LP28 EM13LP30 EM13LP32 EM13LP51

CAPÍTULO

15 A linguagem do Simbolismo

Embora acentue sob alguns aspectos o requinte da arte pela arte, o Simbolismo se opõe tanto ao Realismo quanto ao Parnasianismo, situando-se muito próximo das orientações românticas, de que é em parte uma revivescência.

(Antonio Candido e José Aderaldo Castello.)

Este capítulo favorece o desenvolvimento das habilidades

EM13LGG102

EM13LGG103

EM13LGG202

EM13LGG302

EM13LGG601

EM13LGG602

EM13LGG604

EM13LP01

EM13LP03

EM13LP06

EM13LP04

EM13LP46

EM13LP48

EM13LP49

EM13LP50

EM13LP52

O progresso (1910), de Eliseu Visconti, pintor brasileiro que introduziu elementos simbolistas e impressionistas na pintura brasileira no final do século XIX.

A imagem em foco

Observe atentamente a pintura abaixo, de Odilon Redon, um dos principais pintores do Simbolismo.

O homem alado (antes de 1880), também chamado *O anjo perdido*, de Odilon Redon.

1 Observe a figura retratada.

a) Qual é o personagem retratado?

b) O que ele está fazendo?

c) Considerando-se que o personagem tem asas, a ação é compatível com ele? Por quê?

d) O que expressam o semblante do personagem e seu gesto com o braço direito erguido?

2 Observe o espaço em que o personagem se encontra.

a) Como ele é?

b) Você diria que é um espaço que se situa na Terra ou no céu?

3 Algumas correntes artísticas têm mais interesse, e outras menos, em retratar fielmente a realidade. Como essa pintura simbolista retrata a realidade?

4 Odilon Redon era um pintor simbolista que experimentava diferentes efeitos de luz e cor.

a) Que cores predominam no quadro?

b) Em que medida essas cores contribuem para criar a atmosfera simbolista da pintura?

5 Eis alguns dos traços que caracterizam a poesia simbolista em geral:

- subjetivismo
- antimaterialismo
- transcendência
- interesse pelas zonas profundas da mente humana e pela loucura
- linguagem que sugere, em vez de nomear
- onirismo (universo do sonho)
- religiosidade
- dor de existir
- interesse pelo noturno, pelo mistério e pela morte
- atmosfera vaga e fluida

Verifique quais desses traços também podem ser encontrados na pintura de Redon.

6 Observe na legenda os títulos que a tela recebeu. A oscilação quanto ao título tem relação com o personagem retratado?

Leitura

Tanto o Simbolismo francês quanto o brasileiro foram fortemente influenciados pela obra de Charles Baudelaire (1821-1867), poeta pós-romântico francês considerado precursor não apenas do Simbolismo, mas de toda a poesia moderna. Você vai ler, a seguir, três poemas: o primeiro, "Correspondências", é uma das mais conhecidas produções de Baudelaire; o segundo, "Violões que choram...", é de Cruz e Sousa, considerado o principal poeta simbolista brasileiro; e o terceiro, "Sobre um mar de rosas que arde", é do poeta baiano Pedro Kilkerry.

TEXTO 1

Correspondências

A Natureza é um templo onde vivos pilares
Deixam sair às vezes palavras confusas:
Por florestas de símbolos, lá o homem cruza
Observado por olhos ali familiares.

Tal longos ecos longe onde lá se confundem
Dentro de tenebrosa e profunda unidade
Imensa como a noite e como a claridade,
Os perfumes, as cores e os sons se **transfundem**.

Perfumes de frescor tal a carne de infantes,
Doces como o **oboé**, verdes igual ao **prado**,
— Mais outros, corrompidos, ricos, triunfantes,

Possuindo a expansão de um algo inacabado,
Tal como o **âmbar**, **almíscar**, **benjoim** e incenso,
Que cantam o enlevar dos sentidos e o senso.

(Charles Baudelaire. *In*: José Lino Grünewald, org. e trad. *Poetas franceses do século XIX*. Rio de Janeiro: Nova Fronteira, 1991. p. 59.)

almíscar: substância de origem persa, de odor penetrante e persistente, obtida a partir de uma bolsa situada no abdome do almiscareiro macho.
âmbar: aroma, cheiro suave; o que tem cor entre o acastanhado e o amarelado.
benjoim: resina balsâmica, aromática, usada para a fabricação de incensos e cosméticos.
oboé: instrumento de sopro.
prado: campina.
transfundir: transformar-se, converter-se; levar algo a se tornar parte de outra coisa.

TEXTO 2

Violões que choram...

Ah! **plangentes** violões dormentes, mornos,
Soluços ao luar, choros ao vento...
Tristes perfis, os mais vagos contornos,
Bocas murmurejantes de lamento.

Noites de além, remotas, que eu recordo,
Noites da solidão, noites remotas
Que nos azuis da Fantasia bordo,
Vou constelando de visões **ignotas**.

Sutis palpitações à luz da lua,
Anseios dos momentos mais saudosos,
Quando lá choram na deserta rua
As cordas vivas dos violões chorosos.

Quando os sons dos violões vão soluçando,
Quando os sons dos violões nas cordas gemem,
E vão dilacerando e deliciando,
Rasgando as almas que nas sombras tremem.

Harmonias que **pungem**, que **laceram**,
Dedos nervosos e ágeis que percorrem
Cordas e um mundo de **dolências** geram
Gemidos, prantos, que no espaço morrem...

E sons soturnos, suspiradas mágoas,
Mágoas amargas e melancolias,
No sussurro monótono das águas,
Noturnamente, entre ramagens frias.

Vozes veladas, veludosas vozes,
Volúpias dos violões, vozes veladas,
Vagam nos velhos vórtices velozes
Dos ventos, vivas, vãs, vulcanizadas.

Tudo nas cordas dos violões ecoa
E vibra e se contorce no ar, convulso...
Tudo na noite, tudo clama e voa
Sob a febril agitação de um pulso.

Que esses violões nevoentos e tristonhos
São ilhas de degredo atroz, funéreo,
Para onde vão, fatigadas do sonho,
Almas que se abismaram no mistério.

(Cruz e Sousa. *Poesias completas*. Rio de Janeiro: Ediouro, s.d. p. 50-51.)

PLotulitStocker/Shutterstock

dolência: mágoa, dor.
ignoto: ignorado, desconhecido.
lacerar: dilacerar, cortar em pedaços.
plangente: lastimoso, que chora.
pungir: ferir, causar dor.

TEXTO 3

Sobre um mar de rosas que arde

Sobre um mar de rosas que arde
Em ondas **fulvas**, distante,
Erram meus olhos, diamante,
Como as naus dentro da tarde.

Asas no azul, melodias,
E as horas são velas fluidas
Da nau em que, oh! alma, descuidas
Das esperanças tardias.

(Pedro Kilkerry. *In*: Ítalo Moricone. *Os cem melhores poemas brasileiros do século*. São Paulo: Objetiva, 2001.)

fulvo: cor amarelada, alaranjada; amarelo-ouro ou castanho-avermelhado.

De Agostini/Glow Images/Museu Real de Belas Artes, Antuérpia, Bélgica.

Barcos de pesca, de Vincent van Gogh.

1 A linguagem simbolista se organiza de forma a criar uma atmosfera vaga, imprecisa e fluida. Destaque dos três poemas palavras, expressões ou construções que indicam algo indefinido, vago. Em seguida, explique por que elas contribuem para a construção desse sentido de vagueza nos textos.

2 Você já viu que, no Realismo e no Naturalismo, os substantivos e os adjetivos tiveram um papel importante na descrição dos personagens, dos ambientes e das paisagens, como meio de captar a realidade de forma objetiva.

a) Nos textos em estudo, também há abundância dessas duas classes gramaticais?

b) O papel que desempenham na construção dos textos simbolistas é semelhante ao que tinham no Realismo e no Naturalismo? Justifique sua resposta com exemplos dos textos.

3 Em vez de nomear ou explicar objetivamente, a linguagem simbolista procura *sugerir* como forma de dizer o indizível. Com relação ao poema "Violões que choram...":

a) O que sugere a aliteração do fonema /v/ da 7ª estrofe?

b) Com base na 1ª e na 5ª estrofe e no título do poema, indique os sentimentos ou estados de alma que, na visão do eu lírico, os sons dos violões sugerem.

c) Na atribuição de características como "dormentes", "chorosos" e "tristonhos" aos violões, que figura de linguagem se verifica?

4 Para os simbolistas, uma das formas de expressar as sensações interiores por meio da linguagem verbal é a aproximação ou o cruzamento de campos sensoriais diferentes. Esse procedimento, a que se dá o nome de sinestesia, foi inspirado justamente no poema "Correspondências", de Baudelaire.

a) Identifique no poema de Baudelaire o verso em que ele propõe a fusão de campos sensoriais diferentes.

b) Releia as três estrofes iniciais do poema de Cruz e Sousa. Que campos sensoriais o poeta aproxima nessas estrofes?

c) Que campos sensoriais se aproximam na 1ª estrofe do poema de Pedro Kilkerry?

5 O Parnasianismo e o Simbolismo nasceram juntos, na França, com a publicação da revista *Parnasse Contemporain*. Embora esses dois movimentos apresentem propostas artísticas diferentes, eles têm em comum a preocupação com a própria linguagem artística. Por isso, é comum se manifestar entre os simbolistas o princípio da "arte pela arte" ou "arte sobre a arte".

a) Na 1ª estrofe de "Correspondências", Baudelaire faz referência a "palavras confusas" e a "florestas de símbolos". A que tipo de arte ele se refere nesses versos?

b) Em "Violões que choram..." manifesta-se o princípio da "arte pela arte" ou da "arte sobre a arte"? Por quê?

6 Contrapondo-se à visão "positiva" e equilibrada do pensamento científico, os simbolistas manifestam estados de dilaceração da alma e uma profunda "dor de existir". Justifique a presença desses sentimentos no poema "Violões que choram...", tomando por base sua última estrofe.

Bridgeman Images/Glow Images/Museu Petit-Palais, Paris, França.

Reflexão, do pintor simbolista francês Odilon Redon.

7 Outros traços da linguagem simbolista são os estados contemplativos e a sondagem interior, manifestada no interesse pelas zonas profundas da mente (inconsciente e subconsciente), incluindo o sonho e a loucura. Qual desses traços é possível identificar nos seguintes trechos dos textos?

a) "A Natureza é um templo onde vivos pilares / Deixam sair às vezes palavras confusas."

b) "Rasgando as almas que nas sombras tremem", "E sons soturnos, suspiradas mágoas"

c) "Sobre um mar de rosas que arde / Em ondas fulvas, distante, / Erram meus olhos, diamante,"

8 Leia este texto crítico de Isabel Paschoal:

> O Simbolismo é um movimento que atravessa o final do século XIX, e que exprime a tonalidade espiritual de uma época, conciliando o cosmos e a psique. A experiência poética associa-se, então, à meditação metafísica. A beleza torna-se um ideal, com a rejeição lógica da sociedade "burguesa". Há um desencanto generalizado, o mundo entra em crise, o escritor afirma-se "decadente", e refugia-se num universo imaginário, construindo uma filosofia do nada, do aniquilamento, da desesperança e do cepticismo.
>
> (Isabel Pascoal. "Introdução". *In*: Camilo Pessanha. *Clepsidra*. Biblioteca Ulisseia de Autores Portugueses. p. 16.)

Que traços apontados pela crítica podem ser identificados nos poemas em estudo?

Os simbolistas e os góticos

O Simbolismo retoma alguns dos procedimentos românticos, entre eles o subjetivismo, o gosto pelo mistério, pelo macabro e por ambientes noturnos.

Veja o que o simbolista francês Rimbaud escreveu:

> Deveria ter meu inferno pela cólera, meu inferno pelo orgulho, — e o inferno da carícia; um concerto de infernos. Morro de lassidão. É a tumba, vou para os vermes, horror dos horrores! Satã, farsante, queres me diluir com teus feitiços. Me queixo. Me queixo! Um golpe do tridente, uma gota de fogo.
>
> (*Uma temporada no inferno*. Porto Alegre: L&PM, 1997. p. 37.)

Everett/Fotoarena
Rimbaud.

Como síntese, compare as características do Simbolismo com as do Parnasianismo:

SIMBOLISMO	PARNASIANISMO
Subjetivismo	Objetivismo
Linguagem vaga, fluida, que busca sugerir em vez de nomear	Linguagem precisa, objetiva, culta
Abundância de metáforas, comparações, aliterações, assonâncias e sinestesias	Busca do equilíbrio formal
Cultivo do soneto e de outras formas de composição poética	Preferência pelo soneto
Antimaterialismo, antirracionalismo	Materialismo, racionalismo
Misticismo, religiosidade	Paganismo greco-latino
Interesse pelas zonas profundas da mente humana e pela loucura	Racionalismo
Pessimismo, dor de existir	Contenção dos sentimentos
Estados contemplativos; interesse pelo noturno, pelo mistério e pela morte	Interesse por temas universais: a natureza, o amor, objetos de arte, a poesia
Retomada de elementos da tradição romântica	Retomada de elementos da tradição clássica

O texto e o contexto em perspectiva multidisciplinar

Leia, a seguir, o infográfico e o painel de textos interdisciplinares que relacionam a produção literária do Simbolismo ao contexto histórico, social e cultural em que o movimento floresceu.

LINHA DO TEMPO

Reprodução/Museu Gustave Moreau, Paris, França.

1875 – Pintura de *A aparição*, por Gustave Moreau

Reprodução/Acervo da Fundação Maria Luisa e Oscar Americano, São Paulo, SP.

1889 – Proclamação da República no Brasil

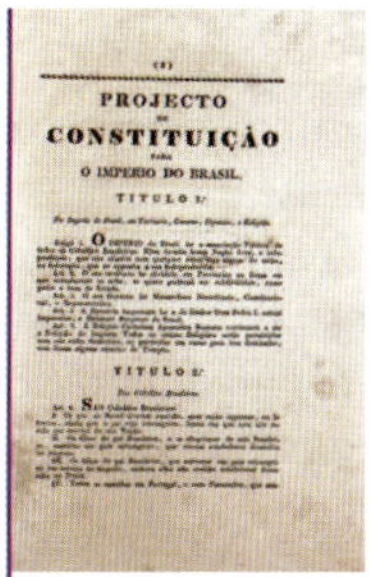
PROJECTO
CONSTITUIÇÃO

Reprodução/Arquivo Nacional, Rio de Janeiro, RJ.

1890-1895 – Promulgação da Constituição dos Estados Unidos do Brasil

1893 – Introdução do Simbolismo no Brasil, com a publicação de dois livros de Cruz e Sousa: *Missal* (poemas em prosa) e *Broquéis* (poemas)

1897 – Fundação da Academia Brasileira de Letras

1866 – Início da publicação, na França, da revista *Le Parnasse Contemporain*, com a participação de poetas que depois deram origem ao Parnasianismo e ao Simbolismo

1888 – Abolição da escravatura no Brasil

Reprodução/Museu Van Gogh, Amsterdã, Holanda.

1890 – Pintura de *Trigal com corvos*, por Van Gogh

Linha do tempo esquemática. O espaço entre as datas não é proporcional ao intervalo de tempo.

Simbolismo e decadentismo

A poesia universal é toda ela na essência simbólica. Os símbolos povoam a literatura desde sempre. [...] Todavia, ao longo da década de 1890, desenvolveu-se em França um movimento estético a princípio apelidado "decadentismo" e depois "Simbolismo". Por muitos aspectos ligados ao Romantismo e tendo tido berço comum com o Parnasianismo, o Simbolismo gerou-se como uma reação contra a fórmula estética parnasiana, que dominara a cena literária durante a década de 1870, ao lado do Realismo e do Naturalismo, defendendo o impessoal, o objetivo, o gosto do detalhe e da precisa representação da natureza [...].

Posto não constituísse uma unidade de métodos, antes de ideais, o Simbolismo procurou instalar um credo estético baseado no subjetivo, no pessoal, na sugestão e no vago, no misterioso e ilógico, na expressão indireta e simbólica. Como pregava Mallarmé, não se devia dar nome ao objeto, nem mostrá-lo diretamente, mas sugeri-lo, evocá-lo pouco a pouco, processo encantatório que caracteriza o símbolo.

(Afrânio Coutinho. *Introdução à literatura no Brasil*. 10. ed. Rio de Janeiro: Civilização Brasileira, 1980. p. 214-215.)

Simbolismo: reação ao racionalismo

Visto à luz da cultura europeia, o Simbolismo reage às correntes analíticas dos meados do século [XIX], assim como o Romantismo reagira à Ilustração [...]. Ambos os movimentos exprimem o desgosto das soluções racionalistas e mecânicas e nestas reconhecem o correlato da burguesia industrial em ascensão; ambos recusam-se a limitar a arte ao objeto, à técnica de produzi-lo, a seu aspecto palpável; ambos, enfim, esperam ir além do **empírico** e tocar, com a sonda da poesia, um fundo comum que susteria os fenômenos, chame-se Natureza, Absoluto, Deus ou Nada.

(Alfredo Bosi. *História concisa da literatura brasileira*. 2. ed. São Paulo: Cultrix, 1975. p. 293.)

empírico: baseado na experiência e na observação.

Reprodução/Museu de Orsay, Paris, França.

Jovens à beira-mar, pintura de Pierre Puvis de Chavannes.

O Simbolismo e o tédio da civilização moderna

Ao mesmo tempo, e em íntima relação com o movimento dos parnasianos, o culto da sensação evolui de outra maneira bem mais interessante; alguns poetas, experimentando conhecidas ou pelo menos inexpressas sensações, sugeridas amiúde pelo tédio da civilização moderna e pelo seu sentimento de expatriação no seio dela, e não encontrando mais, nas formas usuais de linguagem poética, instrumentos capazes de satisfazer sua vontade de expressão, começavam a modificar profundamente a função da palavra em poesia. Essa função é dupla, e o foi em todos os tempos: em poesia, a palavra não é somente o instrumento da compreensão racional, tem outrossim o poder de evocar sensações.

(Erich Auerbach. *Introdução aos estudos literários*. 2. ed. São Paulo: Cultrix, 1972. p. 240-241.)

Simbolismo: a arte de sugerir

Embora acentue sob alguns aspectos o requinte da arte pela arte, o simbolismo se opõe tanto ao realismo quanto ao parnasianismo, situando-se muito próximo das orientações românticas, de que é em parte uma revivescência. Não aceitando a separação entre sujeito e objeto, entre artista e assunto, para ele objetivo e subjetivo se fundem, pois o mundo e a alma têm afinidades misteriosas, e as coisas mais díspares podem revelar um parentesco inesperado. O espírito, portanto, não apreende totalmente nem traça um contorno firme dos objetos, dos seres, das ideias. Cabe-lhe apenas o recurso de aproximar-se da sua realidade oculta por meio de tentativas, que a sugerem sem esgotá-la.

(Antonio Candido e José A. Castello. *Presença da literatura brasileira*: das origens ao Realismo. São Paulo: Difel, 1985. p. 294-295.)

O Simbolismo e a pintura

O simbolismo começou como movimento literário que via na imaginação a mais importante fonte de criatividade. Ele não demorou a infiltrar-se nas artes visuais, sendo outra reação ao limitado mundo representacional do realismo e do impressionismo. Inspirados pela poesia simbolista dos franceses Mallarmé, Verlaine e Rimbaud, os pintores dessa vertente usavam cores emotivas e imagens estilizadas para trazer à consciência do observador os sonhos e os estados de espírito que experimentavam, por vezes pintando cenas exóticas e oníricas.

[...]

Nas obras simbolistas, encontramos às vezes uma tendência lúgubre e algo doentia: a história de *Salomé*, por exemplo, com todas as suas inferências acerca da mulher que destrói o homem, aparece constantemente. A *Salomé* de Moreau é uma das versões mais brincalhonas desse mito funesto, e podemos usufruir-lhe a luz e a cor intensas sem pensarmos demais nos sinistros corolários da história.

[...]

(Wendy Beckett. *História da pintura*. São Paulo: Ática, 1997. p. 321.)

Salomé (1876), de Gustave Moreau.

Roteiro de estudo

Ao final da leitura dos textos você deverá:

- Saber explicar por que os simbolistas representavam os grupos sociais excluídos da onda racionalista que invadiu a Europa, no final do século XIX.
- Com base nos textos de Afrânio Coutinho e Alfredo Bosi, estabelecer paralelos entre o Romantismo e o Simbolismo, apontando suas principais semelhanças.
- Estabelecer diferenças entre o Realismo e o Simbolismo quanto ao papel da arte de retratar a realidade.
- De acordo com o texto de Wendy Beckett, que semelhanças a pintura simbolista tem com a literatura simbolista?

CAPÍTULO 16

O Simbolismo em Portugal e no Brasil

Tanto em Portugal quanto no Brasil, o Simbolismo nasceu do esforço empreendido por alguns escritores com vistas à renovação e à atualização dos códigos literários vigentes, ainda predominantemente realistas, colocando-os em sintonia com a nova tendência literária que, desde 1850, vinha ganhando prestígio na França e se firmaria, nas décadas de 1870 a 1890, com Verlaine, Rimbaud e Mallarmé.

As Ondinas (Heine), 1908, de Adriano de Sousa Lopes, um dos pintores portugueses que dialogam com a estética simbolista.

Este capítulo favorece o desenvolvimento das habilidades

EM13LGG102	EM13LGG202
EM13LGG204	EM13LGG302
EM13LGG601	EM13LGG602
EM13LGG604	EM13LP01
EM13LP02	EM13LP06
EM13LP46	EM13LP48
EM13LP49	EM13LP52

O Simbolismo em Portugal

A obra *Oaristos* (1890), de Eugênio de Castro, tem sido apontada como marco introdutório do movimento simbolista português. Os sentimentos de pessimismo e decadentismo que normalmente se associam ao movimento encontraram boa acolhida em Portugal, dado o sentimento de frustração que vivia o povo português naquele momento, motivado por crises políticas e econômicas e pelas pressões da Inglaterra em relação às possessões portuguesas na África.

Os principais nomes do Simbolismo português são: na poesia: Eugênio de Castro, Antônio Nobre e Camilo Pessanha; no teatro, Júlio Dantas.

Camilo Pessanha: a dor cósmica

A experiência do poeta no Oriente — que resultou no aprendizado da língua e da cultura chinesa e até em traduções do chinês para o português — com certeza influenciou a sua poesia, rica em símbolos, imagens alegóricas e alusões.

Do ponto de vista formal, sua poesia destaca-se pela musicalidade, pela presença de elipses, sinestesias, metáforas, símbolos, ambiguidades, fragmentação e riqueza de imagens auditivas e visuais. Os temas são relacionados à concepção pessimista e cética que o autor tinha diante da vida: a mágoa, a dor e a morte.

A geração de escritores que iria introduzir o Modernismo em Portugal, em 1915, entre eles Fernando Pessoa e Mário de Sá-Carneiro, recebeu influências de Camilo Pessanha e tinha por ele grande admiração.

Quem foi Camilo Pessanha?

Camilo Pessanha (1867-1926) não participou do processo de implantação do Simbolismo em Portugal, uma vez que, naquele momento, vivia em Macau, colônia portuguesa na China. Apesar disso, é considerado o principal representante do Simbolismo português.

Autor de poemas publicados originalmente avulsos, o poeta só passou a ter algum prestígio após a edição de sua única obra, *Clepsidra* (1920).

Reprodução/Acervo da editora

Leitura

O texto que segue é o primeiro soneto de *Clepsidra*. A atmosfera vaga e evanescente do poema dá a medida exata do princípio simbolista de sugerir em vez de falar diretamente, ou, ainda, do desejo de traduzir o impreciso, aquilo a que Verlaine se referia ao dizer "antes de tudo, a música, uma harmonia de sons que faz sonhar".

Caminho

Tenho sonhos cruéis; n'alma doente
Sinto um vago receio prematuro.
Vou a medo na aresta do futuro,
Embebido em saudades do presente...

Saudades desta dor que em vão procuro
Do peito afugentar bem rudemente,
Devendo, ao desmaiar sobre o poente,
Cobrir-me o coração dum véu escuro!...

Porque a dor, esta falta d'harmonia,
Toda a luz desgrenhada que alumia
As almas doidamente, o céu d'agora,

Sem ela o coração é quase nada:
Um sol onde expirasse a madrugada,
Porque é só madrugada quando chora.

Bridgeman Images/Glow Images/Coleção particular

***Profile*, de Odilon Redon.**

(Camilo Pessanha. *Clepsidra*. Biblioteca Ulisseia de Autores Portugueses. p. 37.)

1 O caráter lírico do poema lido advém sobretudo da exposição dos sentimentos do eu lírico. Observe algumas das imagens do poema: "sonhos cruéis", "alma doente", "medo", "saudades do presente", "véu escuro", etc. Como se sente o eu lírico diante da vida e do mundo?

2 O tempo predominante no poema é o presente, como se verifica pelas formas verbais *tenho*, *sinto*, *vou*, *alumia* e outras. No entanto, na primeira estrofe, o eu lírico faz uma projeção para o futuro, nestes versos:

"Vou a medo na aresta do futuro,
Embebido em saudades do presente..."

a) Que contradição reside nas "saudades" sentidas pelo eu lírico?
b) Logo, o futuro representa uma perspectiva para o eu lírico?

3 A dor, a angústia e o sofrimento são elementos constantes na poesia de Camilo Pessanha. Não se trata, contudo, de uma dor de natureza amorosa.

a) Qual é a natureza da dor vivida pelo eu lírico?

b) De acordo com as ideias do poema, que interpretação pode ser dada ao verso "Sem ela [a dor] o coração é quase nada"?

4 A poesia de Camilo Pessanha é valorizada pela riqueza sonora e musical e pela originalidade de suas imagens. Tais qualidades podem ser encontradas também no soneto "Caminho"? Justifique.

Clepsidra: fragilidade e saber humanos

A palavra escolhida para intitular a única obra de Camilo Pessanha, *clepsidra*, já remete a um dos principais temas abordados pelo autor. De origem grega, significa "relógio d'água" — objeto que era utilizado para marcar o tempo de que os oradores dispunham para falar —, o que sugere tanto a fluidez, a liquidez do tempo, quanto a sua irreversibilidade. Outro sentido possível da palavra, apoiado na mitologia, tem relação com Hidra, "serpente gigantesca com inumeráveis cabeças que nascem e se desenvolvem à medida que são cortadas, simbolizando a impotência humana perante o que lhe é exterior e adverso. Desse modo, a clepsidra pode simbolizar a fragilidade da condição e do saber humanos" (Isabel Paschoal).

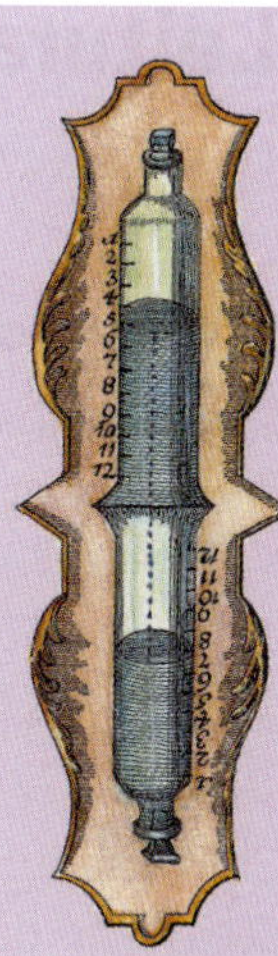

The Granger Collection/Fotoarena

O Simbolismo no Brasil

As primeiras manifestações simbolistas já eram sentidas desde o final da década de 1880. Apesar disso, tem-se apontado como marco introdutório do movimento simbolista brasileiro a publicação, em 1893, das obras *Missal* (prosa) e *Broquéis* (poesia), de nosso maior autor simbolista: Cruz e Sousa.

Além de Cruz e Sousa, destacam-se, entre outros, Alphonsus de Guimaraens e Pedro Kilkerry (recentemente redescoberto pela crítica).

Cruz e Sousa: o cavador do infinito

Cruz e Sousa é considerado o mais importante poeta simbolista brasileiro e um dos maiores poetas nacionais de todos os tempos.

Marcada pela inclinação filosófica e metafísica, sua obra poética apresenta diversidade e riqueza. De um lado, encontram-se aspectos noturnos do Simbolismo, herdados do Romantismo: o culto à noite, certo satanismo, o pessimismo, a morte. De outro, há alguma preocupação formal, que aproxima Cruz e Sousa dos parnasianos: a perfeição formal, o gosto pelo soneto, o verbalismo requintado, a força das imagens. Há, ainda, a inclinação à poesia meditativa e filosófica, que o aproxima da poesia realista portuguesa, principalmente da de Antero de Quental.

Na obra de Cruz e Sousa, o drama da existência revela uma provável influência das ideias pessimistas do filósofo alemão Schopenhauer, que marcaram o final do século XIX. Além disso, certas posturas verificadas em sua poesia — o desejo de fugir da realidade, de transcender a matéria e se integrar espiritualmente no cosmo — parecem se originar não apenas do sentimento de opressão e mal-estar produzido pelo capitalismo, mas também do drama racial e pessoal que o autor vivia.

A trajetória da obra de Cruz e Sousa parte da consciência e da dor de ser negro, em *Broquéis*, e chega à dor de ser homem, em *Faróis* e *Últimos sonetos*, obras póstumas nas quais sobressai a busca da transcendência.

Quem foi Cruz e Sousa?

Acervo Iconographia/Reminiscências

Cruz e Sousa (1861-1898) nasceu em Florianópolis, Santa Catarina. Filho de escravos, foi amparado por uma família aristocrática, que o ajudou nos estudos. Com a morte do protetor, abandonou os estudos e começou a trabalhar na imprensa catarinense, escrevendo crônicas abolicionistas e participando diretamente de campanhas em favor da causa negra. Ele próprio mais de uma vez fora vítima de preconceito racial. Em 1890, transferiu-se para o Rio de Janeiro, onde sobreviveu trabalhando em vários empregos. Morreu aos 36 anos, vítima de tuberculose. Suas únicas obras publicadas em vida são *Missal* e *Broquéis*.

Leitura

Leia, a seguir, dois dos mais representativos poemas de Cruz e Sousa:

imponderável: que não se pode pesar ou avaliar.
inefável: indescritível, encantador.

Cavador do Infinito

Com a lâmpada do Sonho desce aflito
E sobe aos mundos mais **imponderáveis**,
Vai abafando as queixas implacáveis,
Da alma o profundo e soluçado grito.

Ânsias, Desejos, tudo a fogo escrito
Sente, em redor, nos astros **inefáveis**.
Cava nas fundas eras insondáveis
O cavador do trágico Infinito.

E quanto mais pelo Infinito cava
Mais o Infinito se transforma em lava
E o cavador se perde nas distâncias...

Alto levanta a lâmpada do Sonho
E com seu vulto pálido e tristonho
Cava os abismos das eternas ânsias!

(*Poesias completas de Cruz e Sousa*. Rio de Janeiro: Ediouro, s.d. p. 109.)

O Assinalado

Tu és o louco da imortal loucura,
O louco da loucura mais suprema.
A Terra é sempre a tua negra algema,
Prende-te nela a extrema Desventura.

Mas essa mesma algema de amargura,
Mas essa mesma Desventura extrema
Faz que tua alma suplicando gema
E rebente em estrelas de ternura.

Tu és o Poeta, o grande Assinalado
Que povoas o mundo despovoado,
De belezas eternas, pouco a pouco.

Na Natureza prodigiosa e rica
Toda a audácia dos nervos justifica
Os teus espasmos imortais de louco!

(*Idem*, p. 102.)

1 O eu lírico do texto "Cavador do Infinito" vive um drama existencial, representado pela ação de cavar o infinito. A propósito da 1ª estrofe do soneto, responda:

a) Que verbos sugerem a ação de cavar?

b) Que instrumento auxilia o eu lírico em sua escavação do infinito?

2 De acordo com o texto, o eu lírico, enquanto cava, abafa queixas e gritos da alma. Observe que, na escavação do infinito, o eu refere-se a "Sonho", "Ânsias", "Desejos" e, na última estrofe, diz cavar "os abismos das eternas ânsias".

a) O que se supõe ser o "infinito" cavado?

b) O que provavelmente o eu lírico busca encontrar?

c) De acordo com a 3ª estrofe, pode-se dizer que o eu lírico encontrou o que procura?

3 Releia a última estrofe e responda:

a) É possível afirmar que o processo de escavação terminou ou continua? Por quê?

b) Que sentimento acompanha o eu lírico nesse processo?

4 O poema "O Assinalado" põe em destaque a própria criação poética.

a) Qual é a visão do texto acerca do trabalho do poeta? Justifique sua resposta, explicando também o título do poema.

b) Considerando o contexto racionalista e científico do final do século XIX, interprete estes versos:

"Tu és o Poeta, o grande Assinalado
Que povoas o mundo despovoado,
De belezas eternas, pouco a pouco."

5 Compare os dois poemas.

a) Aponte semelhanças entre eles quanto às ideias e à visão de mundo.

b) Aponte diferenças entre os textos quanto à relação do eu lírico (ou do poeta) com o mundo.

Alphonsus de Guimaraens

O conjunto da poesia de Alphonsus de Guimaraens é uniforme e equilibrado. Temas e formas se repetem e se aprofundam no decorrer de quase trinta anos de produção literária, consolidando uma de nossas poéticas mais místicas e espiritualistas.

A exploração do tema da morte abriu ao poeta, por um lado, o vasto campo da literatura gótica ou macabra dos escritores ultrarromânticos, recuperada por alguns simbolistas; por outro lado, possibilitou a criação de uma atmosfera mística e litúrgica, em que abundam referências ao corpo morto, ao esquife, às orações, às cores roxa e negra, ao sepultamento.

Formalmente, embora preferisse o verso decassílabo, Alphonsus chegou a explorar outras métricas, particularmente a redondilha maior, de longa tradição popular, medieval e romântica.

Quem foi Alphonsus de Guimaraens?

Acervo Iconographia/Reminiscências

Alphonsus de Guimaraens (1870-1921) nasceu em Ouro Preto, estudou Direito em São Paulo e durante muitos anos foi juiz em Mariana, cidade histórica vizinha de Ouro Preto.

Marcado ainda muito jovem pela morte da prima Constança, a quem amava e que tinha apenas 17 anos, sua poesia é quase toda voltada para o tema da morte da mulher amada.

Todos os outros temas que explorou, como natureza, arte e religião, estão de alguma forma relacionados ao primeiro.

Entre outras obras, escreveu *Câmara ardente* e *Kiriale*.

Leitura

O poema que segue é o mais popular de Alphonsus de Guimaraens.

Ismália

Quando Ismália enlouqueceu,
Pôs-se na torre a sonhar...
Viu uma lua no céu,
Viu outra lua no mar.

No sonho em que se perdeu,
Banhou-se toda em luar...
Queria subir ao céu,
Queria descer ao mar...

E, no desvario seu,
Na torre pôs-se a cantar...
Estava perto do céu,
Estava longe do mar...

E como um anjo pendeu
As asas para voar...
Queria a lua do céu,
queria a lua do mar...

As asas que Deus lhe deu
Ruflaram de par em par...
Sua alma subiu ao céu,
Seu corpo desceu ao mar...

(*In: Obra completa*. Rio de Janeiro: Aguilar, 1960. p. 467.)

Reprodução/Coleção particular

Visão, de Ismael Nery.

1 Alguns poemas de Alphonsus de Guimaraens ligam-se à tradição medieval. Observe no texto os seguintes aspectos formais: métrica, ritmo e paralelismo.

a) O poema em estudo liga-se ou não a essa tradição? Justifique.

b) Que outro movimento literário perseguiu a mesma tradição medieval?

2 Todo o poema é construído com base em antíteses. As antíteses articulam-se em torno dos desejos contraditórios de Ismália, que se dividem entre a realidade espiritual e a realidade concreta.

a) Identifique dois pares de antíteses no texto.

b) Reconheça o elemento que representa a realidade espiritual e o que representa a realidade concreta.

3 O Simbolismo, por ser um movimento antilógico e antirracional, valoriza os aspectos interiores e pouco conhecidos da alma e da mente humana. Identifique no texto palavras ou expressões que comprovem essa característica simbolista.

4 Tal qual no Barroco e no Romantismo, o poema estabelece oposição entre corpo e alma ou matéria e espírito. Com base no desfecho do poema, responda:

a) De que forma essa oposição se manifesta na última estrofe?

b) Ismália conseguiu realizar o desejo simbolista de transcendência espiritual?

c) Pode-se afirmar que, para os simbolistas, sonho e loucura levam à libertação? Justifique.

Em dia com o Enem e o vestibular

1 (ENEM)

"Já da morte o palor me cobre o rosto,
Nos lábios meus o alento desfalece,
Surda agonia o coração fenece,
E devora meu ser mortal desgosto!

Do leito embalde no macio encosto
Tento o sono reter!... já esmorece
O corpo exausto que o repouso esquece...
Eis o estado em que a mágoa me tem posto!

O adeus, o teu adeus, minha saudade,
Fazem que insano do viver me prive
E tenha os olhos meus na escuridade.

Dá-me a esperança com que o ser mantive!
Volve ao amante os olhos por piedade,
Olhos por quem viveu quem já não vive!"

(AZEVEDO, A. *Obra completa*. Rio de Janeiro: Nova Aguilar, 2000)

O núcleo temático do soneto citado é típico da segunda geração romântica, porém configura um lirismo que o projeta para além desse momento específico. O fundamento desse lirismo é:

a) a angústia alimentada pela constatação da irreversibilidade da morte.
b) a melancolia que frustra a possibilidade de reação diante da perda.
c) o descontrole das emoções provocado pela autopiedade.
d) o desejo de morrer como alívio para a desilusão amorosa.
e) o gosto pela escuridão como solução para o sofrimento.

(UNIFESP-SP) Leia o excerto para responder às questões de números 2 e 3:

Ontem a Serra Leoa,
A guerra, a caça ao leão,
O sono dormido à toa
Sob as tendas d'amplidão!
Hoje... o porão negro, fundo,
Infecto, apertado, imundo,
Tendo a peste por jaguar...
E o sono sempre cortado
Pelo arranco de um finado,
E o baque de um corpo ao mar...

Ontem plena liberdade,
A vonta de por poder...
Hoje... cúm'lo de maldade,
Nem são livres p'ra morrer...
Prende-os a mesma corrente
— Férrea, lúgubre serpente —
Nas roscas da escravidão.
E assim roubados à morte,
Dança a lúgubre coorte
Ao som do açoite... Irrisão!...

(Castro Alves. Fragmento de *O navio negreiro — tragédia no mar*.)

2 Considere as seguintes afirmações.

I. O texto é um exemplo de poesia carregada de dramaticidade, própria de um poeta-condor, que mostra conhecer bem as lições do "mestre" Victor Hugo.

II. Trata-se de um poema típico da terceira fase romântica, voltado para auditórios numerosos, em que se destacam a preocupação social e o tom hiperbólico.

III. É possível reconhecer nesse fragmento de um longo poema de teor abolicionista o gosto romântico por uma poesia de recursos sonoros.

Está correto o que se afirma em:

a) I, apenas.
b) II, apenas.
c) III, apenas.
d) I e II, apenas.
e) I, II e III.

3 Nesse fragmento do poema,

a) o poeta se vale do recurso ao paralelismo de construção apenas na primeira estrofe.
b) o eu-poemático aborda o problema da escravidão segundo um jogo de intensas oposições.
c) os animais evocados — *leão*, *jaguar* e *serpente* — têm, respectivamente, sentidos denotativo, denotativo e metafórico.
d) o tom geral assumido pelo poeta revela um misto de emoção, vigor e resignação diante da escravidão.
e) os versos são constituídos alternadamente por sete e oito sílabas poéticas.

4 (ENEM) No trecho abaixo, o narrador, ao descrever a personagem, critica sutilmente um outro estilo de época: o Romantismo.

> "Naquele tempo contava apenas uns quinze ou dezesseis anos; era talvez a mais atrevida criatura da nossa raça, e, com certeza, a mais voluntariosa. Não digo que já lhe coubesse a primazia da beleza, entre as mocinhas do tempo, porque isto não é romance, em que o autor sobredoura a realidade e fecha os olhos às sardas e espinhas; mas também não digo que lhe maculasse o rosto nenhuma sarda ou espinha, não. Era bonita, fresca, saía das mãos da natureza, cheia daquele feitiço, precário e eterno, que o indivíduo passa a outro indivíduo, para os fins secretos da criação."
>
> (ASSIS, Machado de. *Memórias Póstumas de Brás Cubas*. Rio de Janeiro: Jackson, 1957.)

A frase do texto em que se percebe a crítica do narrador ao romantismo está transcrita na alternativa:

a) "... o autor sobredoura a realidade e fecha os olhos às sardas e espinhas ..."

b) "... era talvez a mais atrevida criatura da nossa raça ..."

c) "Era bonita, fresca, saía das mãos da natureza, cheia daquele feitiço, precário e eterno, ..."

d) "Naquele tempo contava apenas uns quinze ou dezesseis anos ... "

e) "... o indivíduo passa a outro indivíduo, para os fins secretos da criação."

5 (FUVEST-SP)

> — Não entra a polícia! Não deixa entrar! Aguenta! Aguenta!
>
> — Não entra! Não entra! repercutiu a multidão em coro.
>
> E todo o cortiço ferveu que nem uma panela ao fogo.
>
> — Aguenta! Aguenta!
>
> Aluísio Azevedo, *O cortiço*, 1890, parte X.

O fragmento acima mostra a resistência dos moradores de um cortiço à entrada de policiais no local. O romance de Aluísio Azevedo:

a) representa as transformações urbanas do Rio de Janeiro no período posterior à abolição da escravidão e o difícil convívio entre ex-escravos, imigrantes e poder público.

b) defende a monarquia recém-derrubada e demonstra a dificuldade da República brasileira de manter a tranquilidade e a harmonia social após as lutas pela consolidação do novo regime.

c) denuncia a falta de policiamento na então capital brasileira e atribui os problemas sociais existentes ao desprezo da elite paulista cafeicultora em relação ao Rio de Janeiro.

d) valoriza as lutas sociais que se travavam nos morros e na periferia da então capital federal e as considera um exemplo para os demais setores explorados da população brasileira.

e) apresenta a imigração como a principal origem dos males sociais por que o país passava, pois os novos empregados assalariados tiraram o trabalho dos escravos e os marginalizaram.

6 (ENEM)

> **Cárcere das almas**
>
> Ah! Toda a alma num cárcere anda presa,
> Soluçando nas trevas, entre as grades
> Do calabouço olhando imensidades,
> Mares, estrelas, tardes, natureza.
>
> Tudo se veste de uma igual grandeza
> Quando a alma entre grilhões as liberdades
> Sonha e, sonhando, as imortalidades
> Rasga no etéreo o Espaço da Pureza.
>
> Ó almas presas, mudas e fechadas
> Nas prisões colossais e abandonadas,
> Da Dor no calabouço, atroz, funéreo!
>
> Nesses silênciosolitários, graves,
> que chaveiro do Céu possui as chaves
> para abrir-vos as portas do Mistério?!
>
> CRUZ E SOUSA, J. *Poesia completa*. Florianópolis: Fundação Catarinense de Cultura / Fundação Banco do Brasil, 1993.

Os elementos formais e temáticos relacionados ao contexto cultural do Simbolismo encontrados no poema *Cárcere das almas*, de Cruz e Sousa, são:

a) a opção pela abordagem, em linguagem simples e direta, de temas filosóficos.

b) a prevalência do lirismo amoroso e intimista em relação à temática nacionalista.

c) o refinamento estético da forma poética e o tratamento metafísico de temas universais.

d) a evidente preocupação do eu lírico com a realidade social expressa em imagens poéticas inovadoras.

e) a liberdade formal da estrutura poética que dispensa a rima e a métrica tradicionais em favor de temas do cotidiano.

LINGUAGENS E SUAS TECNOLOGIAS
LITERATURA

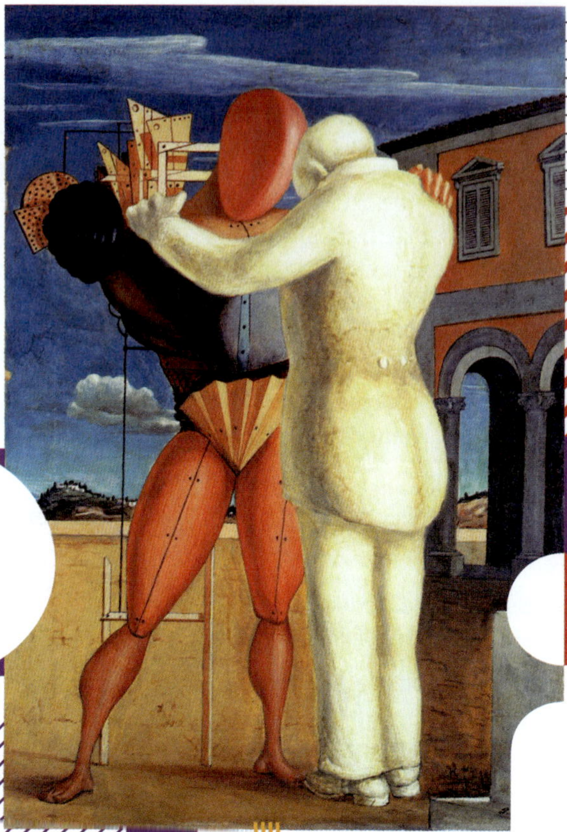

O retorno do filho pródigo (1922), do pintor surrealista grego Giorgio de Chirico.

UNIDADE 7

História social do Modernismo

Tudo o que existe hoje no campo da literatura, das artes plásticas, da música e do cinema está de alguma forma relacionado às propostas e às experiências desenvolvidas pela arte moderna no começo do século XX.

De modo geral, o que marcou o espírito da arte moderna foi o desejo de libertação das amarras do passado e a busca de uma forma de expressão artística nova e sintonizada com a mentalidade do novo século.

Compreender a arte moderna implica conhecer o formidável conjunto de transformações que ocorreram nesse período — desenvolvimento científico e tecnológico, invenções, guerra mundial, revolução comunista, etc. — e a forma de ver e sentir o mundo que delas resultou.

Esta abertura de unidade favorece o desenvolvimento das habilidades

EM13LGG103 EM13LGG202 EM13LGG601 EM13LGG602 EM13LGG604

EM13LP28 EM13LP30 EM13LP32 EM13LP51

Fique ligado! **Pesquise!**

Para saber mais sobre as origens da arte moderna e seu contexto histórico-cultural, sugerimos:

Assista

Atlaspix/Alamy/Fotoarena

Cena do filme *1917*, que retrata momentos da Primeira Guerra Mundial.

- De época: *Tempos modernos*, de Charles Chaplin; *1900*, de Bernardo Bertolucci; *Metrópolis*, de Fritz Lang; *O encouraçado Potemkin*, de Sergei Eisenstein; *Reds*, de Warren Beatty; *Sacco e Vanzetti*, de Giuliano Montaldo; *1917*, de Sam Mendes; a série *Os últimos czares* (Netflix). Surrealistas: *O fantasma da liberdade* e *O discreto charme da burguesia*, de Luis Buñuel. Nacionais: *Paixão e guerra no sertão de Canudos*, de Antônio Olavo; *Policarpo Quaresma, herói do Brasil*, de Paulo Thiago; *Eternamente Pagú*, de Norma Bengell; *Macunaíma*, de Joaquim Pedro de Andrade; *Lição de amor*, de Eduardo Escorel; *O quatrilho*, de Fábio Barreto.

Leia

Reprodução/Editora Cintra

- *Triste fim de Policarpo Quaresma*, de Lima Barreto (Ática); *Urupês*, de Monteiro Lobato (Brasiliense); *Eu e outras poesias*, de Augusto dos Anjos (Martins Fontes); *Mensagem*, de Fernando Pessoa (Moderna); *O ano da morte de Ricardo Reis*, de José Saramago (Companhia das Letras); *A confissão de Lúcio*, de Mário de Sá-Carneiro (Moderna); *Macunaíma*, de Mário de Andrade (Itatiaia); *Poesias reunidas*, de Oswald de Andrade (Civilização Brasileira); *Parque industrial*, de Patrícia Galvão (Linha a linha); *Estrela da vida inteira*, de Manuel Bandeira (Nova Fronteira); *Brás, Bexiga e Barra Funda*, de Antônio de Alcântara Machado (Nova Alexandria); *Monteiro Lobato*, de Marisa Lajolo (Moderna); *Futurismo*, de Richard Humphreys (Cosac & Naify); *Expressionismo*, de Shulamith Behr (Cosac & Naify); *Modernismo*, de Charles Harrison (Cosac & Naify); *Juó Bananére*, de Cristina Fonseca (Editora 34); *Anita Malfatti — Tomei a liberdade de pintar a meu modo*, de Luzia Portinari Greggio (Magma).

Ouça

Acervo Iconographia/Reminiscências

- Ouça a música do compositor francês Claude Debussy e do brasileiro Heitor Villa-Lobos. Ouça também poemas de Augusto dos Anjos, declamados por Othon Bastos, da coleção Poesia Falada (Luz da Cidade). Ouça, na internet, a canção "Viola quebrada", de Heitor Villa-Lobos, com letra de Mário de Andrade, e "Vou-me embora pra Pasárgada", com Paulo Diniz, adaptação de poema de Manuel Bandeira.

Navegue

Conheça mais sobre a Semana de Arte Moderna acessando os *sites*:

- https://enciclopedia.itaucultural.org.br/
- http://www.ieb.usp.br/

Visite

Junior Braz/Shutterstock

- Visite o Museu de Arte de São Paulo (Masp), o Museu de Arte Moderna de São Paulo (MAM) e a Pinacoteca do Estado de São Paulo. As três instituições reúnem um importante acervo de arte modernista, incluindo obras de Anita Malfatti, Tarsila do Amaral e Di Cavalcanti, entre outros. Visite também o Museu Lasar Segall, que reúne o acervo do artista modernista.

CAPÍTULO

17 O Pré-Modernismo

No início do século XX, a literatura brasileira atravessava um período de transição. De um lado, ainda era forte a influência das tendências artísticas da segunda metade do século XIX; de outro, já começava a ser preparada a grande renovação modernista, cujo marco no Brasil é a Semana de Arte Moderna (1922). Esse período de transição, que não chega a constituir um movimento literário, é chamado Pré-Modernismo.

Flávio de Barros/Museu da República, Rio de Janeiro, RJ.

População reunida no início da guerra de Canudos (1896-1897), retratada pela obra *Os sertões*, de Euclides da Cunha.

Este capítulo favorece o desenvolvimento das habilidades

EM13LGG102

EM13LGG202

EM13LGG601

EM13LGG602

EM13LGG604

EM13LP01

EM13LP02

EM13LP06

EM13LP46

EM13LP48

EM13LP49

EM13LP52

As estéticas literárias não são estanques e, muitas vezes, se tocam, se influenciam e se fundem. No início do século XX, por exemplo, vários de nossos escritores do Realismo, Naturalismo, Parnasianismo e Simbolismo ainda estavam vivos, escrevendo e publicando. Ao mesmo tempo, começava a surgir em nosso país um grupo de novos escritores que, embora ainda presos aos movimentos literários do século anterior, apresentavam algumas inovações quanto aos temas e à linguagem. Concomitantemente, já começavam a chegar ao Brasil as primeiras influências dos movimentos artísticos europeus, as chamadas vanguardas europeias, que iriam impulsionar o Modernismo brasileiro.

A esse período, marcado pelo sincretismo de tendências artísticas, costuma-se chamar **Pré-Modernismo**. Sem constituir um movimento literário propriamente dito, o Pré-Modernismo consiste na fase de transição pela qual passou a produção literária brasileira entre o final do século XIX e o movimento modernista.

As novidades

Embora os autores pré-modernistas ainda estivessem presos aos modelos do romance realista-naturalista e da poesia simbolista, duas novidades essenciais podem ser observadas em suas obras:

- **o interesse pela realidade brasileira:** os modelos literários realistas-naturalistas eram essencialmente universalizantes. Tanto a prosa de Machado de Assis e Aluísio Azevedo quanto a poesia dos parnasianos e simbolistas não revelavam interesse em tratar da realidade brasileira. A preocupação central desses autores era abordar o homem universal, sua condição e seus anseios. Aos escritores pré-modernistas, ao contrário, interessavam assuntos do dia a dia dos brasileiros, originando-se, assim, obras de nítido caráter social. Graça Aranha, por exemplo, retrata em seu romance *Canaã* a imigração alemã no Espírito Santo; Euclides da Cunha, em *Os sertões*, aborda o tema da guerra e do messianismo em Canudos, no sertão da Bahia; Lima Barreto detém-se na análise das populações suburbanas do Rio de Janeiro; Monteiro Lobato descreve a miséria do caboclo na região decadente do Vale do Paraíba, no Estado de São Paulo. A exceção está na poesia de Augusto dos Anjos, que foge a esse interesse social.
- **a busca de uma linguagem mais simples e coloquial:** embora não se verifique na obra de todos os pré-modernistas, essa preocupação é explícita na prosa de Lima Barreto e representa um importante passo para a renovação modernista de 1922. Lima Barreto procurou "escrever brasileiro", com simplicidade. Para isso, teve de ignorar muitas vezes as normas gramaticais e de estilo, o que provocou a ira dos meios acadêmicos conservadores e parnasianos.

Euclides da Cunha e *Os sertões*

Reprodução/Bloch Editores S.A.

Euclides da Cunha (1866-1909) retratou em sua obra *Os sertões* a guerra de Canudos, motivada pelo movimento religioso que tinha à frente o líder religioso Antônio Conselheiro e que resultou na morte de 15 mil pessoas.

Com sua obra, não pretendia apenas contar o que presenciara *in loco*. Munido das teorias científicas vigentes — determinismo e positivismo — e com conhecimentos de sociologia e geografia natural e humana, pretendia também compreender e explicar o fenômeno cientificamente. *Os sertões*, portanto, constitui uma experiência única em nossa literatura: é uma obra com estilo literário, de fundo histórico (apesar do fato recente) e de rigor científico.

Adotando o modelo determinista, segundo o qual o meio determina o homem, a obra se organiza em três partes: "A terra", que descreve as condições geográficas do sertão; "O homem", que descreve os costumes do sertanejo; e "A luta", que descreve os ataques a Canudos e sua extinção.

Colocando-se nitidamente a favor do sertanejo, Euclides da Cunha situa o fenômeno de Canudos como um problema social decorrente do isolamento político e econômico do sertão brasileiro em relação ao Brasil cosmopolita, do sul e do litoral. Assim, ele desmonta a versão oficial do Exército, segundo a qual o movimento tinha a finalidade de destruir a República.

Lima Barreto: a história dos vencidos

Atualmente considerado um dos principais romancistas brasileiros, Lima Barreto foi um dos poucos em nossa literatura que combateram o preconceito racial e a discriminação social do negro e do mestiço. Essa abordagem está presente, por exemplo, nos romances *Clara dos Anjos*, *Vida e morte de M. J. Gonzaga de Sá* e no quase autobiográfico *Recordações do escrivão Isaías Caminha*.

Em sua obra, Lima Barreto retratou o cotidiano dos subúrbios, sua gente humilde e seus dramas, criticou a ganância dos políticos e o desejo de ascensão da classe média, bem como registrou diversos acontecimentos da República, tais como a insurreição antiflorianista, a campanha contra a febre amarela e a política de valorização do café.

Quem foi Lima Barreto?

Reprodução/Acervo da editora

Lima Barreto em foto tirada em 1919, quando internado no Hospício Nacional, no Rio de Janeiro.

Nascido no Rio de Janeiro, Lima Barreto (1881-1922) era mestiço e de origem humilde. Foi jornalista e escritor. Orgulhoso de suas origens, ferino e severo em suas críticas, Lima Barreto foi incompreendido pela crítica de seu tempo e alcançou em vida apenas uma relativa popularidade.

Devido ao alcoolismo, foi, por duas vezes, internado em um hospício. Os períodos de internação renderam o inacabado romance *Cemitério dos vivos*.

Triste fim de Policarpo Quaresma: entre o ideal e o real

Principal romance de Lima Barreto, *Triste fim de Policarpo Quaresma* é ambientado no Rio de Janeiro do final do século XIX. A obra narra os ideais e os percalços do funcionário público Policarpo Quaresma, um sonhador e ingênuo nacionalista que se dedica a estudar as riquezas do país. Seus projetos patrióticos, como a introdução do tupi como língua oficial e o cultivo da terra em seu sítio, fracassam totalmente. Com a eclosão da Revolta da Armada, Quaresma participa do conflito como voluntário; porém, no cargo de carcereiro, denuncia as injustiças praticadas contra os prisioneiros e acaba condenado e morto por ordem de seu próprio ídolo, o presidente Floriano Peixoto. Além de traçar o cenário político brasileiro do início da República, a obra também apresenta um rico painel social dos subúrbios cariocas desse período, representando as donas de casa, os mestiços, os músicos e os empregados do comércio, entre outros.

Leitura

O fragmento a seguir situa-se no último capítulo de *Triste fim de Policarpo Quaresma* e mostra Quaresma logo após ter denunciado ao presidente marechal Floriano Peixoto as injustiças feitas aos prisioneiros na cadeia.

Como lhe parecia ilógico com ele mesmo estar ali metido naquele estreito calabouço. Pois ele, o Quaresma plácido, o Quaresma de tão profundos pensamentos patrióticos, merecia aquele triste fim?

[...]

Por que estava preso? Ao certo não sabia; o oficial que o conduzira nada lhe quisera dizer; e, desde que saíra da ilha das Enxadas para a das Cobras, não trocara palavra com ninguém, não vira nenhum conhecido no caminho [...]. Entretanto, ele atribuía a prisão à carta que escrevera ao presidente, protestando contra a cena que presenciara na véspera.

Não se pudera conter. Aquela leva de desgraçados a sair assim, a **desoras**, escolhidos a esmo, para uma carniçaria distante, falara fundo a todos os seus sentimentos; pusera diante dos seus olhos todos os seus princípios morais; desafiara a sua coragem moral e a sua solidariedade humana; e ele escrevera a carta com veemência, com paixão, indignado. Nada omitiu do seu pensamento; falou claro, franca e nitidamente.

Adaptação da obra de Lima Barreto para a linguagem dos quadrinhos.

Devia ser por isso que ele estava ali naquela masmorra, engaiolado, trancafiado, isolado dos seus semelhantes como uma fera, como um criminoso, sepultado na treva, sofrendo umidade, misturado com os seus detritos, quase sem comer... Como acabarei? Como acabarei? E a pergunta lhe vinha, no meio da revoada de pensamentos que aquela angústia provocava pensar. Não havia base para qualquer hipótese. Era de conduta tão irregular e incerta o Governo que tudo ele podia esperar: a liberdade ou a morte, mais esta que aquela.

O tempo estava de morte, de carnificina; todos tinham sede de matar, para afirmar mais a vitória e senti-la bem na consciência cousa sua, própria, e altamente honrosa.

Iria morrer, quem sabe se naquela noite mesmo? E que tinha ele feito de sua vida? Nada. Levara toda ela atrás da miragem de estudar a pátria, por amá-la e querê-la muito, no intuito de contribuir para a sua felicidade e prosperidade. Gastara sua mocidade nisso, a sua virilidade também; e, agora que estava na velhice, como ela o recompensava, como ela o premiava, como ela o condecorava? Matando-o. E o que não deixara de ver, de gozar, de **fruir**, na sua vida? Tudo. Não brincara, não **pandegara**, não amara — todo esse lado da existência que parece fugir um pouco à sua tristeza necessária, ele não vira, ele não provara, ele não experimentara.

Desde dezoito anos que o tal patriotismo lhe absorvia e por ele fizera a tolice de estudar inutilidades. Que lhe importavam os rios? Eram grandes? Pois que fossem... Em que lhe contribuiria para a felicidade saber o nome dos heróis do Brasil? Em nada... O importante é que ele tivesse sido feliz. Foi? Não. Lembrou-se das suas cousas de tupi, do folclore, das suas tentativas agrícolas... Restava disso tudo em sua alma uma satisfação? Nenhuma! Nenhuma!

O tupi encontrou a incredulidade geral, o riso, a **mofa**, o escárnio; e levou-o à loucura. Uma decepção. E a agricultura? Nada. As terras não eram **ferazes** e ela não era fácil como diziam os livros. Outra decepção. E, quando o seu patriotismo se fizera combatente, o que achara? Decepções. Onde estava a doçura de nossa gente? Pois ele não a viu combater como feras? Pois não a via matar prisioneiros, inúmeros? Outra decepção. A sua vida era uma decepção, uma série, melhor, um encadeamento de decepções.

(São Paulo: Saraiva, 2007. p. 199-201.)

desora: tarde da noite, altas horas.
feraz: muito produtivo, fecundo, fértil.
fruir: desfrutar, aproveitar, gozar.
mofa: zombaria, troça.
pandegar: viver em festa.

1 Policarpo Quaresma participava, ao lado de Floriano Peixoto, da Revolta da Armada, quando foi preso. De acordo com as pistas do texto, levante hipóteses:

a) Por que Quaresma foi preso?

b) Levante hipóteses: O que provavelmente ele tinha visto na prisão que o teria levado a agir de tal forma?

c) Como Quaresma supõe que Floriano Peixoto interpretou essa iniciativa dele?

2 Na prisão, Quaresma faz uma retrospectiva e uma avaliação de sua vida, de sua conduta e de seus valores. A que conclusão chega?

3 Observe estes fragmentos do texto:

"e, agora que estava na velhice, como ela [a pátria] o recompensava, como ela o premiava, como ela o condecorava? Matando-o."

"Onde estava a doçura de nossa gente? Pois ele não a viu combater como feras?"

a) Nesses fragmentos, a quem Quaresma atribui a responsabilidade, respectivamente, por sua prisão e pela violência da guerra?

b) Quem, na verdade, tinha responsabilidade por tais ocorrências?

c) Apesar de Quaresma fazer uma autocrítica, que característica do personagem ainda se mantém nesses fragmentos?

4 No texto, é empregado o discurso indireto livre, isto é, uma técnica que consiste em empregar diretamente, em meio à fala do narrador, pensamentos ou falas do personagem sem a indicação de verbos *dicendi*, como *disse*, *falou*, *respondeu*, etc. Identifique um trecho em que tal recurso foi utilizado e explique o efeito de sentido que ele atribui ao texto.

5 No final do texto se lê: "A sua vida era uma decepção, uma série, melhor, um encadeamento de decepções". Explique a diferença de sentido entre "série de decepções" e "encadeamento de decepções".

6 Policarpo Quaresma, muitas vezes associado a D. Quixote, personagem de Miguel de Cervantes, é um típico herói problemático. Explique por quê.

7 Pode-se dizer que o romance *Triste fim de Policarpo Quaresma* faz uma crítica à sociedade da época. Qual é o alvo dessa crítica?

Augusto dos Anjos: o átomo e o cosmos

Augusto dos Anjos produziu textos de grande originalidade. Considerado por alguns um poeta simbolista, ele é na verdade representante de uma experiência única na literatura universal: a união do Simbolismo com o cientificismo naturalista. Por isso, dado o caráter sincrético de sua poesia, convém situá-lo entre os pré-modernistas.

Seus poemas chocam pela agressividade do vocabulário e pela visão dramaticamente angustiante da matéria, da vida e do cosmos. Compõem sua linguagem termos até então considerados antipoéticos, como *escarro*, *verme*, *germe*, etc. Os temas são igualmente inquietantes: a prostituta, as substâncias químicas que compõem o corpo humano, a decrepitude dos cadáveres, os vermes, etc.

Além dessa "camada científica", há na poesia do autor a dor de ser dos simbolistas, marcada por anseios e angústias existenciais, provável influência do pessimismo do filósofo alemão Arthur Schopenhauer.

Para o poeta, não há Deus nem esperança; há apenas a supremacia da ciência. Quanto ao homem, as substâncias e energias do universo que o geraram, compondo a matéria de que ele é feito — carne, sangue, instinto, células —, tudo fatalmente se arrasta para a podridão e para a decomposição, para o mal e para o nada.

Quem é Augusto dos Anjos?

Augusto dos Anjos (1884-1914) nasceu em Pau D'Arco, na Paraíba, estudou Direito em Recife e viveu no Rio de Janeiro e em Minas Gerais. Depois de exercer a profissão de advogado, foi promotor e professor de literatura. Publicou uma única obra: *Eu*.

Reprodução/Bloch Editores S.A.

Leitura

A Ideia

De onde ela vem?! De que matéria bruta
Vem essa luz que sobre as **nebulosas**
Cai de incógnitas **criptas** misteriosas
Como as estalactites duma gruta?!

Vem da **psicogenética** e alta luta
Do feixe de **moléculas** nervosas,
Que, em desintegrações maravilhosas,
Delibera, e depois, quer e executa!

Vem do **encéfalo absconso** que a **constringe**,
Chega em seguida às cordas do laringe,
Tísica, tênue, mínima, raquítica...

Quebra a força **centrípeta** que a amarra,
Mas, de repente, e quase morta, esbarra
No **mulambo** da língua paralítica!

(*Eu e outros poemas*. São Paulo: Ática, 2005. p. 54.)

© Jacopo Brancai/Bridgeman/Fotoarena

Detalhe de uma escultura em um cemitério de Gênova, Itália.

absconso: escondido, secreto; cavidade.
centrípeta: que busca o centro.
constringir: apertar.
cripta: caverna, gruta.
encéfalo: cérebro.
molécula: a menor partícula em que uma substância pode ser dividida sem que ocorra perda de suas propriedades químicas.
mulambo: molambo; farrapo, indivíduo fraco.
nebulosa: nuvem de poeira e gás em suspensão no espaço sideral.
psicogenética: qualidade do que é a origem dos processos mentais ou psicológicos da mente e da personalidade individuais.
tísico: tuberculoso, fraco.

1 A linguagem do poema surpreende e modifica uma tradição poética brasileira, em grande parte construída com base em sentimentalismo, delicadezas, sonhos e fantasias.

a) Destaque do texto vocábulos empregados poeticamente por Augusto dos Anjos e tradicionalmente considerados antipoéticos.

b) De que área do conhecimento humano provêm esses vocábulos?

2 O poema pode ser dividido em duas partes: na primeira, o eu lírico pergunta sobre a origem da Ideia; na segunda, apresenta uma resposta.

a) Na 1ª estrofe, são empregadas uma metáfora e uma comparação para referir-se à Ideia. Quais são?

b) Como é a origem e o percurso da Ideia, conforme a descrição feita pelo eu lírico nas estrofes 2 e 3?

c) Nesse percurso, a Ideia mantém-se como na origem ou sofre perdas?

3 No último terceto, o eu lírico apresenta o momento em que a Ideia adquire forma.

a) Qual é o instrumento responsável por dar forma à Ideia?

b) Nesse estágio, a Ideia é reproduzida em sua plenitude?

4 Segundo a concepção do eu lírico:

a) A Ideia tem uma origem material ou imaterial? Explique.

b) O vocabulário empregado pelo eu lírico está de acordo com essa concepção?

c) Essa concepção retoma uma visão romântica do mundo interior do ser humano ou rompe com ela?

5 Identifique no texto ao menos uma característica simbolista e outra naturalista.

Monteiro Lobato: um dínamo em movimento

Monteiro Lobato (1882-1948), paulista de Taubaté, foi um dos escritores brasileiros de maior prestígio, em consequência de sua atuação como intelectual polêmico e escritor.

Nacionalista, envolveu-se na década de 1930 com a luta pela defesa das reservas naturais brasileiras, que vinham sendo exploradas por grandes empresas multinacionais. Com a publicação de *O escândalo do petróleo* (1936), denunciou o jogo de interesses relacionado com a extração desse recurso. Em 1941, já durante a ditadura de Vargas, foi preso por ataques ao governo.

Como escritor, situa-se entre os autores regionalistas do Pré-Modernismo e destaca-se no gênero *conto*, com obras como *Urupês*, *Negrinha* e *Cidades mortas*, nas quais retrata os vilarejos decadentes do Vale do Paraíba (região paulista entre São Paulo e Rio de Janeiro) na época da crise do plantio do café.

Escritor sem nenhuma pretensão de promover renovação psicológica ou estética, Lobato foi antes de tudo um extraordinário contador de histórias, preso ainda a certos modelos realistas. Criador do imortal personagem "Jeca Tatu", não perdeu oportunidade para criticar certos hábitos brasileiros, como a indolência, a obediência a modelos estrangeiros, a subserviência ao capitalismo internacional, a submissão das massas eleitorais, o nacionalismo ufanista cego, etc.

Do ponto de vista artístico, mostrou-se conservador quando começaram a surgir as primeiras manifestações modernistas em São Paulo. Ficou famoso o seu polêmico artigo intitulado "Paranoia ou mistificação", publicado no jornal *O Estado de S. Paulo* em 1917. Nele Lobato criticava violentamente a exposição de pinturas expressionistas de Anita Malfatti, pintora paulista recém-chegada da Europa, considerando seu trabalho resultado de uma deformação mental.

A literatura infantil

Monteiro Lobato foi também um dos primeiros autores de literatura infantil em nosso país e em toda a América Latina. Personagens como Narizinho, Pedrinho, a boneca Emília, Dona Benta, Tia Nastácia, o Visconde de Sabugosa e o porco Rabicó ficaram conhecidos por inúmeras gerações de crianças de vários países.

Na década de 1970, as histórias da turma foram adaptadas para a TV e levadas ao ar no programa seriado *Sítio do Picapau Amarelo*.

Tal qual no conjunto de suas obras, também na produção infantil Lobato aproveitou para transmitir às crianças valores morais, conhecimentos sobre nosso país, nossas tradições (como o saci) e nossa língua.

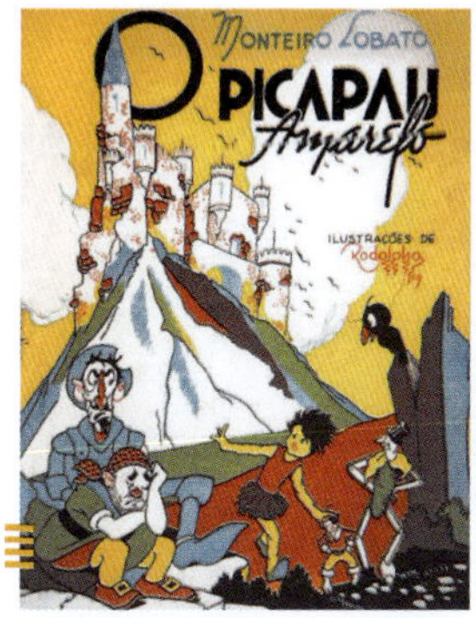

O Picapau Amarelo (1939), de Monteiro Lobato.

CAPÍTULO

18 A linguagem do Modernismo

No início do século XX, uma verdadeira revolução começou a ocorrer nas artes em geral.

Na literatura não foi diferente: envolvidos por um espírito demolidor, os escritores voltaram-se contra o academicismo e romperam com os padrões estéticos vigentes.

Avessos às regras, os modernistas propuseram as "palavras em liberdade".

O barco (1915), de Anita Malfatti, artista que introduziu a pintura modernista no Brasil.

Você vai ler, a seguir, dois poemas: o primeiro é de Mário de Andrade, um dos fundadores do Modernismo brasileiro; o segundo é do poeta brasileiro Oswald de Andrade. Leia e compare os textos, observando a linguagem que apresentam.

Este capítulo favorece o desenvolvimento das habilidades

EM13LGG102 EM13LGG103 EM13LGG202 EM13LGG302 EM13LGG601 EM13LGG602 EM13LGG604 EM13LP01 EM13LP06 EM13LP46 EM13LP48 EM13LP49 EM13LP52

Leitura

TEXTO 1

O domador

Alturas da Avenida. Bonde 3.
Asfaltos. Vastos, altos **repuxos** de poeira
sob o **arlequinal** do céu ouro-rosa-verde...
As sujidades **implexas** do urbanismo.
Filets de manuelino. Calvícies de Pensilvânia.

Gritos de goticismo.
Na frente o ***tram*** da irrigação,
Onde um Sol bruxo se dispersa
Num triunfo persa de esmeraldas, topázios e rubis...
[...]

Mário, paga os duzentos réis.
São cinco no banco: um branco,
Um noite, um ouro,
Um cinzento de tísica e Mário...
Solicitudes! Solicitudes!

Mas... olhai, oh meus olhos saudosos dos ontens
Esse espetáculo encantado da Avenida!
Revivei, oh gaúchos paulistas **ancestremente**!
E oh cavalos de cólera sanguínea!

Laranja da China, laranja da China, laranja da China
Abacate, cambucá e tangerina!
Guardate! Aos aplausos do **esfusiante** clown,
Heroico sucessor da raça **heril** dos bandeirantes,
Passa **galhardo** um filho de imigrante,
Louramente domando um automóvel!

("Pauliceia desvairada". *In*: Mário de Andrade. *Poesias completas*. Belo Horizonte: Itatiaia, 2005. p. 92.)

Reprodução/Bilhet Postal Artistas

Rua São Bento em cruzamento com a rua da Quitanda, São Paulo, em 1929.

arlequinal: próprio de Arlequim.
ancestre: ascendente.
esfusiante: esfuziante; alegre, radiante.
galhardo: garboso, elegante.
guardate: do italiano, "olhai".
heril: senhoril.
implexo: emaranhado, enredado, entrelaçado.
repuxo: jato de água.
***tram*:** do inglês, "bonde".

TEXTO 2

o capoeira

– Qué apanhá sordado?
– O quê?
– Qué apanhá?
Pernas e cabeças na calçada

(Oswald de Andrade. *Poesias reunidas*. 5. ed. Rio de Janeiro: Civilização Brasileira, 1978. p. 94.)

Mark Hannaford/Getty Images

1 À primeira vista, a linguagem modernista causa grande estranhamento, mesmo para o leitor atual. Uma das razões desse estranhamento resulta do uso da técnica da *simultaneidade de imagens*, isto é, a junção de elementos aparentemente sem relação uns com os outros. Essa técnica dá a impressão de fragmentação da realidade, como se uma câmera estivesse captando *flashes*. Explique de que forma cada um dos poemas explora essa técnica.

2 Outro traço de destaque na arte moderna é o *urbanismo* ou a *modernidade* como tema, isto é, a valorização das cidades, do trabalho, das fábricas, da convivência das raças e de situações cotidianas. Na obra de alguns autores, também é valorizada a noção do progresso advindo da industrialização e das máquinas.

a) Em qual (quais) dos poemas é abordado o tema do *urbanismo*?

b) Em qual dos dois poemas se nota de forma mais explícita uma visão positiva a respeito do crescimento das cidades?

3 Outra das propostas dos modernistas é trabalhar com *elementos-surpresa*, insólitos. Há ainda a inclinação para o humor, a piada, a ironia, o sarcasmo, a irreverência.

a) Quais poemas apresentam humor e irreverência?

b) Qual (quais) dos poemas apresenta(m) elementos-surpresa? Justifique sua resposta com elementos do texto.

4 Os poetas modernistas eram contrários a regras. Para criar, propunham as "palavras em liberdade", o que significava não se prender a padrões preconcebidos. No lugar da métrica, propunham o uso do verso livre (sem um número predeterminado de sílabas poéticas); em vez de formas fixas, inventavam novas formas a cada novo poema.

Verso livre: quem é capaz?

Quando o Modernismo propôs o fim do verso regular, muitos acharam que tinha ficado fácil ser poeta, pois qualquer um saberia empregar o verso livre. Com o tempo, entretanto, foi ficando claro que o emprego do verso livre, em certo sentido, é muito mais difícil que o do verso regular. Isso porque, se antes o próprio verso regular definia antecipadamente o momento em que ele devia terminar, com o verso livre isso não acontece. Cada situação exige uma solução diferente e é aí que os bons poetas, criativos e inteligentes, se destacam entre a maioria.

a) Observe a métrica dos versos dos dois poemas. Eles fazem uso do verso regular ou do verso livre?

b) Qual dos poemas é composto em estrofes? As estrofes são regulares, isto é, todas têm o mesmo número de versos?

5 Outra manifestação da proposta de "palavras em liberdade" é o uso diferente da pontuação, de outras regras ortográficas e a busca de uma fala brasileira.

a) Como se dá o uso da pontuação nesses textos?

b) Que regra gramatical é quebrada no modo como se apresenta o título do poema de Oswald de Andrade?

c) Que outros traços modernistas podem ser observados na linguagem do poema de Oswald de Andrade?

6 O modernismo brasileiro recebeu influência de várias correntes artísticas surgidas na Europa no início do século XX; mas, em contrapartida, representou uma retomada do *nacionalismo*, introduzido em nossa literatura pelos românticos. Que elementos do poema de Oswald de Andrade podem ser associados à valorização da cultura brasileira?

Como síntese, compare as características do Modernismo com as do Parnasianismo:

Modernismo	Parnasianismo
Nacionalismo	Universalismo (exceto em alguns poemas de Bilac)
Revisão crítica de nosso passado histórico-cultural	Apego à tradição clássica
Valorização de temas ligados ao cotidiano	Arte pela arte ou arte sobre a arte
Subjetivismo	Objetivismo
Urbanismo	Presença da mitologia greco-latina
Ironia, humor, piada, irreverência	Descritivismo
Versos livres, "palavras em liberdade"	Versos regulares, gosto pelo verso decassílabo e pelo soneto
Síntese na linguagem, fragmentação, *flashes* cinematográficos, elementos-surpresa, livre associação de ideias	Linguagem discursiva, retórica
Busca de uma língua brasileira, mais popular e coloquial	Linguagem de acordo com a norma-padrão formal da língua
Pontuação relativa	Pontuação

O texto e o contexto em perspectiva multidisciplinar

Leia, a seguir, o infográfico e um painel de textos que relacionam a produção literária do Modernismo ao contexto histórico, social e cultural em que o movimento floresceu.

LINHA DO TEMPO

Reprodução/Museu de Arte Contemporânea da Universidade de São Paulo (MAC-USP).

©Tarsila do Amaral Empreendimentos/Museu de Arte Latinoamericano de Buenos Aires, Fundação Costantini, Buenos Aires, Argentina.

- **1907** – Início do Cubismo, com a pintura *Les demoiselles d'Avignon*, de Pablo Picasso
- **1914** – Primeira Guerra Mundial
- **1917** – Exposição de pinturas de Anita Malfatti
- **1918** – Eclosão da Revolução Russa e de greves operárias em São Paulo
- **1922** – Realização da Semana de Arte Moderna, em São Paulo, e publicação de *Pauliceia desvairada*, de Mário de Andrade
- **1922** – Eleição de Artur Bernardes, movimento dos dezoito do Forte de Copacabana e fundação do Partido Comunista
- **1925** – Movimento tenentista e início da Marcha da Coluna Prestes
- **1928** – Pintura de *Abaporu*, por Tarsila do Amaral, lançamento do *Manifesto Antropófago*, de Oswald de Andrade, e publicação de *Macunaíma*, de Mário de Andrade
- **1929** – Quebra da Bolsa de Valores de Nova Iorque
- **1930** – Revolução de 30 e início da era Vargas

Acervo Iconographia/Reminiscências

Os dezoito do Forte de Copacabana, no Rio de Janeiro.

Granger/Fotoarena

Multidão em pânico no mercado de ações de Wall Street, em 1929.

Linha do tempo esquemática. O espaço entre as datas não é proporcional ao intervalo de tempo.

O século XX

O século XX é o momento em que o capitalismo e o modo de vida urbano e industrial alcançaram a plenitude, assumindo diversas e contraditórias faces em todo o planeta. Apesar de seu desenvolvimento, o capitalismo teve que conviver com uma série de adversidades durante toda a primeira metade do século.

Despontaram profundas crises econômicas, como, por exemplo, a crise de 1929; foram armados incríveis confrontos militares em escala quase planetária (as duas guerras mundiais); ideias totalitárias como o nazifascismo avançaram de maneira preocupante; surgiram novidades e superações, principalmente as relacionadas aos meios de comunicação de massas; e, finalmente, os questionamentos tornaram-se mais reais e evidentes, principalmente das correntes socialistas (por exemplo, a Revolução Russa de 1917).

(José Geraldo Vinci de Moraes. *Caminhos das civilizações*. São Paulo: Atual, 1998. p. 386.)

A *belle époque*: luxo, prazeres e lutas sociais

A ciência e a técnica, que já contavam com algumas conquistas desde a segunda metade do século XIX — como o transporte ferroviário, o barco a vapor e a eletricidade —, apresentavam na transição para o século XX conquistas e invenções que dariam maior dinamismo à vida moderna: as transmissões radiofônicas, o aeroplano, o automóvel e o cinematógrafo, entre outras.

Em família, de Gustave Grau.

Bridgeman Images/Glow Images/Museu de Belas Artes, Tourcoing, França.

Muitas dessas conquistas favoreciam diretamente o setor industrial, levando à acumulação de capitais e a novos investimentos, dos quais resultava uma farta produção de artigos manufaturados. Vivia-se nas classes dominantes um clima de euforia e confiança.

As burguesias industrial e financeira e a classe média gozavam os prazeres materiais que a vida moderna lhes podia oferecer. Tinha-se a sensação de conforto e de segurança, como se nada pudesse abalar a "doçura de viver".

Culturalmente, vivia-se a chamada *belle époque*, período caracterizado por uma intensa atividade artística, principalmente em Paris e Viena. Para essas cidades acorriam artistas de toda parte da Europa, atraídos por seu ritmo intenso de vida, pelos modismos, pela vida noturna, pelos bares e cabarés e pelas novidades artísticas introduzidas por correntes de vanguarda.

Contudo, conforme vinha ocorrendo desde a Revolução Industrial, no século XVIII, a classe operária continuava à margem do progresso material. Lutando, então, por melhores condições de vida e de trabalho, os trabalhadores empenhavam-se na defesa de ideias socialistas e anarquistas, fundavam associações e sindicatos, faziam greves.

A ilusão de estabilidade econômica e política vivida pela burguesia durante a *belle époque* teve fim com o início da Primeira Guerra Mundial, em 1914, e com a Revolução Russa, em 1917, que puseram a nu as contradições desse período.

Dois Brasis no início do século XX

O quadro geral da sociedade brasileira dos fins do século [XIX] vai-se transformando graças a processos de urbanização e à vinda de imigrantes europeus em levas cada vez maiores para o centro-sul. Paralelamente, deslocam-se ou marginalizam-se os antigos escravos em vastas áreas do país. Engrossam-se, em consequência, as fileiras da pequena classe média, da classe operária e do subproletariado. Acelera-se ao mesmo tempo o declínio da cultura canavieira no Nordeste, que não pode competir, nem em capitais, nem em mão de obra, com a ascensão do café paulista.

Um olhar, ainda que rápido, para esse conjunto mostra que deviam separar-se cada vez mais os polos da vida pública nacional: de um lado, arranjos políticos manejados pelas oligarquias rurais; de outro, os novos estratos socioeconômicos que o poder oficial não representava.

(Alfredo Bosi. *História concisa da literatura brasileira*. São Paulo: Cultrix, 1975. p. 340.)

O tenentismo e seus desdobramentos

1922 — Eclode nas fileiras do Exército brasileiro, principalmente entre os tenentes, uma rebelião contra a eleição de Artur Bernardes, candidato representante da política do café com leite. Essa rebelião, que levaria à Revolta do Forte de Copacabana, marca o início do tenentismo.

1925 — Os tenentes paulistas, juntando-se a outros revoltosos de várias partes do país, formam a Coluna Prestes, que, com 1 500 homens, marcha pelo país com o objetivo de insuflar as massas contra o governo federal.

1930 — Tem início, no Rio Grande do Sul, um movimento militar que se rebela contra o governo por não aceitar a eleição de Júlio Prestes e que culmina com a Revolução de 1930.

1930-1945 — Transcorre nesse período a era Vargas, que representa uma mudança de orientação na vida política e econômica do país.

Acervo Iconographia/Reminiscências

O movimento tenentista na Revolução de 1924.

O lirismo nas metrópoles

No século XX, a relação da lírica com o mundo apresenta aspectos múltiplos. Porém, o resultado é sempre o mesmo: desvalorização do mundo real. Como no romance, também na lírica o mundo real é esmiuçado em fenômenos isolados, apanhados com meticulosidade em lugar de um todo. [...] Quase não mais existe uma lírica mediadora que, através de coisas ou paisagens, deixe falar uma alma humanamente próxima. [...] Detritos das grandes cidades, bebedeiras, trilhos de bonde, cervejarias, pátios de fábricas, pedaços de jornal e outras coisas semelhantes aparecem, animados, nos bons textos, por aquele "estremecimento galvânico", a que Poe e Baudelaire já tinham aspirado para infundir lirismo ao cotidiano moderno.

(Hugo Friedrich. *Estrutura da lírica moderna*. São Paulo: Duas Cidades, 1978. p. 196.)

O Modernismo brasileiro e o contexto sociopolítico

Uma simples inspeção dos números mostra que o Modernismo se vincula estreitamente a certas transformações da sociedade, determinadas em geral por fenômenos exteriores, que vêm repercutir aqui. 1922 é um ano simbólico do Brasil moderno, coincidindo com o Centenário da Independência. A Guerra Mundial de 1914-1918 influiu no crescimento da nossa indústria e no conjunto da economia, assim como nos costumes e nas relações políticas. Não apenas surge uma mentalidade renovadora na educação e nas artes, como se principia a questionar seriamente a legitimidade do sistema político, dominado pela oligarquia rural. Torna-se visível, principalmente nos Estados do Sul, que dominam a vida econômica e política, a influência da grande leva de imigrantes, que forneceram mão de obra e quadros técnicos depois de 1890, trazendo elementos novos ao panorama material e espiritual.

Emiliano Di Cavalcanti/Coleção Mário de Andrade/IEB/USP

Capa do programa da Semana de Arte Moderna.

Em 1922 irrompe a transformação literária, ocorre o primeiro dos levantes político-militares que acabariam por triunfar com a Revolução de Outubro de 1930, funda-se o Partido Comunista Brasileiro, etapa significativa da política das massas, que se esboçava e que avultaria cada vez mais.

Em 1930, segunda data-chave, sofríamos, como todo o mundo civilizado, os efeitos da grande crise econômica mundial, aberta em 1929, que motivou um decênio de depressão.

Golpeando na base o nosso produto de exportação, o café, ela abalou a oligarquia dirigente, apoiada na economia rural, e permitiu a vitória dos liberais na Revolução de Outubro. Um grande sopro de esperança percorreu o País, criando um clima favorável para as renovações.

A arte e a literatura modernas — antes postas à margem e consideradas capricho de alguns iconoclastas irresponsáveis — são agora reconhecidas como expressão legítima de nossa sensibilidade e da nossa mentalidade; ocorre uma intensa radicalização política, tanto para a esquerda quanto para a direita; e a comoção das velhas estruturas sociais favorece o desejo de descrever e esquadrinhar a realidade social e espiritual do País.

— THEATRO MUNICIPAL —

Semana de ARTE MODERNA

HOJE, 13 de Fevereiro

1.° GRANDE FESTIVAL

A's 20,30 horas

No saguão do Theatro, Exposição de Pintura e Esculptura.

Preços para as 3 récitas: Camarotes e frisas, 186$000; cadeiras e balcões, 20$000.

Bilhetes á venda no Theatro Municipal e na Secretaria do Automovel Club.

Acervo Iconographia/Reminiscências

Anúncio da Semana de Arte Moderna de 1922.

(Antonio Candido e José A. Castello. *Presença da literatura brasileira*. São Paulo/Rio de Janeiro: Difel, 1979. v. 3. p. 7-8.)

Roteiro de estudo

Ao final da leitura dos textos, você deverá:

- Identificar os setores da sociedade europeia dos quais a *belle époque* era expressão artística e cultural.
- Saber comentar a oposição entre a oligarquia rural e a emergente burguesia industrial e os fazendeiros paulistas.
- Reconhecer e explicar a importância do tenentismo no processo de mudança da política do café com leite.
- Comentar, a partir do texto "O lirismo nas metrópoles", de que material é feito o lirismo moderno.
- Estabelecer relações entre as duas datas-chave do Modernismo brasileiro — 1922 e 1930, que dão origem, respectivamente, à primeira e à segunda geração do Modernismo — e os fatos sociais e políticos mais importantes.

As vanguardas europeias

As correntes de vanguarda, que surgiram na Europa no início do século XX, exerceram forte influência sobre os artistas brasileiros. Apresentamos, a seguir, uma visão panorâmica dessas correntes.

O Cubismo

O movimento cubista teve início na França, em 1907, com o quadro *Les demoiselles d'Avignon*, do pintor espanhol Pablo Picasso. A partir de então, em torno de Picasso e do poeta francês Apollinaire formou-se um grupo de artistas que cultivaria as técnicas cubistas até o término da Primeira Guerra Mundial, em 1918.

Os pintores cubistas opõem-se à objetividade e à linearidade da arte renascentista e da realista. Buscando novas experiências com a perspectiva, procuram decompor os objetos representados em diferentes planos geométricos e ângulos retos, com espaços múltiplos e descontínuos, que se interceptam e se sucedem, de tal forma que o espectador, com o seu olhar, possa remontá-los e ter uma visão do todo, de face e de perfil, como se tivesse dado uma volta em torno deles. Outra técnica introduzida pelos cubistas é a colagem, que consiste em montar a obra a partir de diferentes materiais, como figuras, jornais, madeira, etc.

Les demoiselles d'Avignon (1906-1907), de Picasso, obra que, justapondo diferentes planos angulares, deu início ao Cubismo.

Na literatura, essas técnicas da pintura correspondem à fragmentação da realidade, à superposição e simultaneidade de planos — por exemplo, reunir assuntos aparentemente sem nexo, misturar assuntos, espaços e tempos diferentes. Houve também as experiências visuais do poeta Apollinaire, que explorou a disposição espacial e gráfica do poema — técnica que, nas décadas de 1950-60, influenciaria o surgimento do Concretismo no Brasil.

Assim, a literatura cubista apresenta características como ilogismo, humor, anti-intelectualismo, instantaneísmo, simultaneidade, linguagem predominantemente nominal.

As principais expressões do Cubismo europeu foram Picasso, Léger, Braque, Gris e Delaunay, na pintura, e Apollinaire e Blaise Cendrars, na literatura.

O Futurismo

Em 1909, no jornal parisiense *Le Figaro*, o italiano Filippo Tommaso Marinetti publica o *Manifesto Futurista*, que surpreende os meios culturais europeus pelo caráter violento e radical de suas propostas.

Muito mais do que por obras, o movimento futurista difunde-se por meio de manifestos (mais de trinta) e conferências, tendo sempre à frente a figura de seu líder, Marinetti.

Eis algumas das propostas do primeiro manifesto, de 1909:

1. Nós queremos cantar o amor ao perigo, o hábito à energia e à temeridade.
2. Os elementos essenciais de nossa poesia serão a coragem, a audácia e a revolta.
3. Tendo a literatura até aqui **enaltecido** a imobilidade pensativa, o êxtase e o sono, nós queremos exaltar o movimento agressivo, a insônia febril, o passo ginástico, o salto mortal, a bofetada e o soco.
4. Nós declaramos que o esplendor do mundo se enriqueceu com uma beleza nova: a beleza da velocidade. Um automóvel de corrida com seu cofre adornado de grossos tubos como serpentes de fôlego explosivo... um automóvel rugidor, que parece correr sobre a metralha, é mais belo que a *Vitória de Samotrácia*.

(Apud Gilberto Mendonça Teles. *Vanguardas europeias e Modernismo brasileiro*. Petrópolis: Vozes, 1983. p. 91-92.)

enaltecer: engrandecer.

Após o primeiro manifesto, que define o *perfil ideológico do movimento*, Marinetti lança, em 1912, o *Manifesto Técnico da Literatura Futurista*, cujas propostas representam uma verdadeira revolução literária. Entre elas, destacam-se:

- a destruição da sintaxe e a disposição das "palavras em liberdade";
- o emprego de verbos no infinitivo, com vistas à substantivação da linguagem;
- a abolição dos adjetivos e dos advérbios;
- o emprego do substantivo duplo (*praça-funil*, *mulher-golfo*, por exemplo) em lugar do substantivo acompanhado de adjetivo;
- a abolição da pontuação, que seria substituída por sinais da matemática (+, -, :, =, >, <) e pelos sinais musicais;
- a destruição do eu psicologizante.

Ritmo do violinista (1912), de Giacomo Balla, obra futurista que procura captar o movimento das mãos do violinista.

O Expressionismo

No começo do século XX, surge um grupo de pintores chamados *expressionistas*, na Alemanha, e *fauvistas*, na França. Curiosamente, o objetivo dos integrantes desse grupo era combater o Impressionismo, tendência da qual eles provinham.

O Impressionismo consistia em uma corrente da pintura que valorizava a *impressão*, isto é, era uma arte sensorial e subjetiva quanto ao modo de captação da realidade. Na relação entre o artista impressionista e a realidade, o movimento de criação vai do mundo exterior para o mundo interior. Já no Expressionismo ocorre o oposto: o movimento de criação parte da subjetividade do artista, do seu mundo interior, em direção ao mundo exterior. Assim, para o artista expressionista, a obra de arte é reflexo direto de seu mundo interior e toda a atenção é dada à *expressão*, isto é, ao modo como forma e conteúdo livremente se unem para dar vazão às sensações do artista no momento da criação. Essa liberdade da expressão assemelha-se à que os futuristas pregavam com seu lema "palavras em liberdade".

A dança da vida (1899-1900), de Edvard Munch, um dos mais importantes pintores expressionistas.

Durante e depois da Primeira Guerra, o Expressionismo assumiu um caráter mais social e combativo, denunciando os horrores da guerra, as condições de vida desumanas das populações carentes, etc.

Na pintura, destacam-se, entre os artistas ligados ao Expressionismo, Kandinski, Paul Klee, Chagall, Munch.

Na literatura, o Expressionismo geralmente apresenta estas características:

- linguagem fragmentada, elíptica, constituída por frases nominais (basicamente aglomerados de substantivos e adjetivos), às vezes até sem sujeito;
- despreocupação com a organização do texto em estrofes, com o emprego de rimas ou de musicalidade;
- combate à fome, à inércia e aos valores do mundo burguês.

O Dadaísmo: a antiarte

Durante a Primeira Guerra Mundial, a Suíça, mantendo-se neutra no conflito, recebe artistas e intelectuais de todos os pontos da Europa. Abrigando-se em Zurique, alguns desses "fugidos da guerra" reúnem-se no Cabaret Voltaire, ponto de encontro e espaço cultural onde nasce o movimento dadaísta.

Criado a partir do clima de instabilidade, medo e revolta provocado pela guerra, o movimento dadá pretendia ser uma resposta à nítida decadência da civilização representada pelo conflito. Daí provêm a irreverência, o deboche, a agressividade e o ilogismo dos textos e das manifestações dadaístas.

Os dadás entendiam que, com a Europa banhada em sangue, o cultivo da arte não passava de hipocrisia e presunção. Por isso, adotaram a postura de ridicularizá-la, agredi-la, destruí-la.

Muitas foram as atitudes demolidoras dos artistas dadaístas a partir de 1916: noitadas em que predominavam palhaçadas, declamações absurdas, exposições inusitadas, além dos espetáculos-relâmpago que faziam de improviso nas ruas, em meio a urros, vaias, gritos, palavrões e à total incompreensão da plateia.

Quanto às obras artísticas, especificamente, é pequena a produção do Dadaísmo suíço. Mas o movimento foi reforçado pelas montagens e colagens de Max Ernst, que utiliza diferentes materiais, e pela técnica do *ready-made* desenvolvida por Marcel Duchamp, com a qual é satirizado o mito mercantilista da civilização capitalista. A técnica do *ready-made* consiste em extrair um objeto do seu uso cotidiano e, sem nenhuma ou com pequenas alterações, atribuir-lhe um valor. Ficaram famosos certos objetos, como um urinol de porcelana, uma roda de bicicleta enxertada num banco, um rolo de corda, uma ampola de vidro, um suporte para garrafas — todos elevados por Duchamp à condição de objetos de arte.

Roda de bicicleta (1913), de Marcel Duchamp, um exemplo da técnica de *ready-made*.

Na literatura, o Dadaísmo caracteriza-se pela agressividade, pela improvisação, pela desordem, pela rejeição a qualquer tipo de racionalização e equilíbrio, pela livre associação de palavras (técnica da “escrita automática”, que seria mais tarde aproveitada pelo Surrealismo) e pela invenção de palavras com base na exploração apenas de sua sonoridade.

Entre os dadaístas têm destaque também Francis Picabia, Philippe Soupault e André Breton.

O Surrealismo: o combate à razão

O movimento surrealista tem início na França a partir da publicação do *Manifesto do Surrealismo* (1924), de André Breton. Diversos pintores aderem ao movimento, interessados nas propostas de Breton, que, tendo sido psicanalista, procura unir arte e psicanálise.

Duas são as linhas de atuação do Surrealismo em seu início: as experiências criadoras automáticas e o imaginário extraído do sonho.

O Surrealismo tem repercussão em vários domínios da arte. Na literatura, destacam-se André Breton, Louis Aragon, Antonin Artaud; nas artes plásticas, Salvador Dalí, Max Ernst, Joan Miró, Jean Arp. No cinema, a principal expressão é o cineasta espanhol Luis Buñuel, que, com Salvador Dalí, criou o roteiro dos primeiros filmes surrealistas, *O cão andaluz* e *Idade do ouro*, de 1929. Buñuel, que morreu na década de 1970, dirigiu vários filmes marcantes, entre eles *A bela da tarde*, *O discreto charme da burguesia*, *O fantasma da liberdade*, *O anjo exterminador* e *Esse obscuro objeto do desejo*.

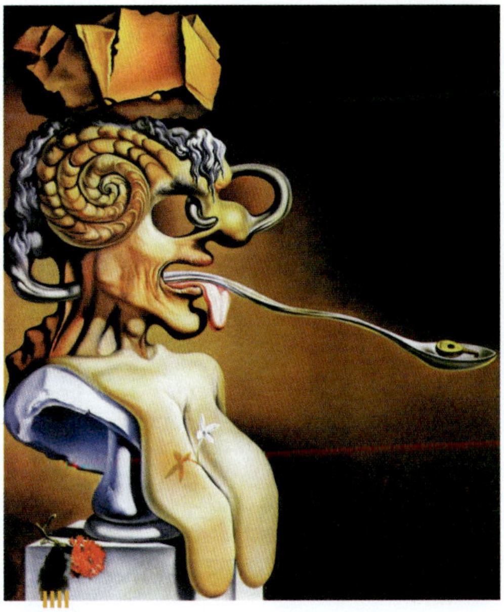

Retrato de Picasso (1947), expressão da arte surrealista de Salvador Dalí.

CAPÍTULO 19

O Modernismo em Portugal — Fernando Pessoa

No início do século XX, Portugal vivia um período de intensa mudança política e cultural. Fim da monarquia, efeitos da guerra, reavivamento do sentimento nacionalista, influências das correntes de vanguarda — tudo isso preparava o cenário para o despertar do Modernismo português e para o surgimento de um dos principais autores da literatura em língua portuguesa: Fernando Pessoa.

Este capítulo favorece o desenvolvimento das habilidades

- EM13LGG102
- EM13LGG202
- EM13LGG302
- EM13LGG601
- EM13LGG602
- EM13LGG604
- EM13LP01
- EM13LP02
- EM13LP06
- EM13LP46
- EM13LP48
- EM13LP49
- EM13LP52

Reprodução/Centro de Arte Moderna/Fundação Calouste Gulbenkian, Lisboa, Portugal

Os óculos do poeta Álvaro de Campos (1980), de Costa Pinheiro.

O Modernismo português surgiu em 1915, com a publicação da revista *Orpheu*, influenciado pelas correntes de vanguarda que começavam a se constituir na Europa e pela Primeira Guerra Mundial, iniciada em 1914. Portugal, nesse momento, atravessava um período conturbado politicamente. O rei D. Carlos e seu filho tinham sido assassinados, o que provocara uma grave crise política, responsável pela proclamação da República em 1910.

Formaram-se, então, duas facções políticas: a republicana, que defendia e fundamentava ideologicamente o golpe de 1910, e a antirrepublicana, que arrebanhava setores conservadores, monarquistas e integralistas. Os integralistas chegaram ao poder em 1926 e, em 1928, Salazar, representante desse grupo, assumiu o governo, dando início a uma ditadura que só teria fim em 1974, com a Revolução dos Cravos.

A primeira geração: as revistas e o espírito de renovação

Reprodução/Acervo da editora

Revistas *A Águia*, em que Fernando Pessoa colaborou como ensaísta crítico, e *Orpheu*, presenças marcantes na vida cultural portuguesa à época do Modernismo.

A repercussão da queda da monarquia e da proclamação da República foi enorme junto ao povo e à cultura portuguesa. Foram retomadas com entusiasmo antigas discussões sobre a grandiosidade da nação portuguesa, perdida depois do declínio da Renascença; o espírito nacionalista e saudosista do povo português foi reacendido; vários artistas e intelectuais se lançaram num projeto de reconstrução da cultura do país.

Um exemplo dessa preocupação é a criação, em 1910, de *A Águia*, revista mensal de literatura, arte, ciência, filosofia e crítica social que se apresentava como porta-voz de um movimento de "renascença portuguesa". Além dela, muitas outras apareceram entre as décadas de 1910 e 1920 em Portugal, entre elas a revista *Orpheu*, tornando o ambiente cultural ainda mais propício a mudanças.

O **orfeísmo**, ou a **primeira geração** do Modernismo português, organizou-se em torno da revista *Orpheu*. Desse grupo, participaram Fernando Pessoa, Mário de Sá-Carneiro, Almada Negreiros, Luís de Montalvor e o brasileiro Ronald de Carvalho.

Fernando Pessoa: o caleidoscópio poético

Fernando Pessoa é o principal escritor do Modernismo português e, ao lado de Camões, um dos principais poetas portugueses de todos os tempos. Não foi apenas criador de obras literárias, mas também um criador de escritores. Em outras palavras, o seu projeto de arte era tão vasto e sua inteligência e capacidade criadora tão amplas, que não lhe bastava criar uma única obra. Por isso, por meio da imaginação, concebeu várias entidades poéticas, conhecidas como *heterônimos*, com biografia, traços físicos, profissão, ideologia e estilo próprios. Ao todo, foram mais de setenta, entre os quais os três heterônimos perfeitos — Alberto Caeiro, Ricardo Reis e Álvaro de Campos —, além do ortônimo, ou seja, o próprio Fernando Pessoa, nome também utilizado na autoria de muitos textos.

Quem foi Fernando Pessoa?

Reprodução/Centro de Estudos Pessoanos

Fernando Pessoa.

Fernando Pessoa (1888-1935) nasceu em Lisboa, ficou órfão de pai aos 5 anos e, em 1895, foi para a África do Sul com a mãe e o padrasto, nomeado cônsul em Durban. De volta a Portugal em 1905, escreveu em língua inglesa ainda durante algum tempo, fase da qual resultou sua primeira obra, *35 sonnets*, publicada em 1918.

Colaborou em várias revistas literárias como crítico e escritor, dedicando-se tanto à poesia quanto à prosa (contos). Em vida, publicou ainda a obra *Mensagem* (1934). Foi também estudioso da astrologia e do ocultismo.

Fernando Pessoa ele-mesmo: a canção de Portugal

É difícil dizer se Fernando Pessoa ortônimo condiz mais com aquilo que, de fato, era e pensava o poeta, ou se vem a constituir mais um heterônimo. A fragmentação do eu em vários eus, em vez de diluir, na verdade compõe um rico painel de Portugal, seja como síntese das mais variadas tendências literárias e filosóficas, seja como síntese de tipos humanos.

Contudo, o ortônimo Fernando Pessoa é portador de certos traços, como o nacionalismo e o saudosismo, que coincidem com os do homem Fernando Pessoa. Por exemplo, em 1912, Pessoa escrevia em *A Águia*: "E a nossa grande Raça partirá em busca de uma Índia nova, que não existe no espaço, em naus que são construídas 'daquilo de que os sonhos são feitos'".

Cantando e declamando Fernando Pessoa

Reprodução/Biscoito Fino

Alguns dos melhores poemas da obra *Mensagem*, de Pessoa, foram musicados pelo compositor André Luiz Oliveira. O resultado está no CD também chamado *Mensagem*, com onze poemas e onze melodias que vale a pena conferir, pois são cantados por Caetano Veloso, Gal Costa, Ney Matogrosso, Gilberto Gil e Zé Ramalho, entre outros.

A cantora Maria Bethânia participa com a professora Cleonice Berardinelli do filme *O vento lá fora*, no qual declamam poemas de Pessoa. Bethânia também faz isso em CDs/DVDs, como *Caderno de poesias*, entre outros. O ator Paulo Autran declama dezessete poemas de Fernando Pessoa no volume 7 da coleção *Poesia Falada* (Luz da Cidade).

É com esse tom visionário e nacionalista que Pessoa ele-mesmo escreveu *Mensagem*, iniciada em 1913 e publicada em 1934. A obra, idealizada pelo poeta como uma versão moderna da epopeia e com o nome de *Portugal*, acabou resultando numa mistura entre o épico e o lírico. É uma obra nacionalista que procura reviver o sonho da grandiosidade da nação, perseguido por vários poetas desde o século XVII.

Mas a parte verdadeiramente lírica de Fernando Pessoa ele-mesmo se acha na obra *Cancioneiro*.

Leitura

O poema que segue integra a obra *Cancioneiro* e é, provavelmente, o mais conhecido de Fernando Pessoa.

Autopsicografia

O poeta é um fingidor.
Finge tão completamente
Que chega a fingir que é dor
A dor que deveras sente.

E os que leem o que escreve,
Na dor lida sentem bem,
Não as duas que ele teve,
Mas só a que eles não têm.

E assim nas **calhas** de roda
Gira, a entreter a razão,
Esse **comboio de corda**
Que se chama o coração.

(*Obra poética*. Rio de Janeiro: Aguilar, 1965. p. 164-165.)

calha: trilho de trem.
comboio de corda: trem de brinquedo.

Em busca do processo de criação artística

Fernando Pessoa pertence a uma galeria de artistas que demonstraram não apenas interesse pela criação de obras de arte, mas também uma verdadeira paixão pelo processo de criação. Dessa galeria fazem parte nomes ilustres, como Leonardo da Vinci, Paul Valéry, T. S. Eliot e João Cabral de Melo Neto.

No quadro de Magritte abaixo, no qual se lê a frase "Isto não é um cachimbo", verifica-se que o pintor tinha pelas questões estéticas o mesmo interesse que Fernando Pessoa.

Os dois mistérios (1966), de René Magritte.

1 O poema apresenta como tema a criação artística, desenvolvendo-o em três planos ou níveis, demarcados pelas estrofes. De que trata cada uma das estrofes?

2 Levando em conta que o poeta é um fingidor, levante hipóteses: Por que, de acordo com a 1ª estrofe, o poeta "chega a fingir que é dor/ A dor que deveras sente"?

3 De acordo com a 2ª estrofe:

a) A que dores se refere o texto no verso "Não as duas que ele teve"?

b) Os leitores não sentem as duas dores do poeta, "Mas só a que eles não têm". Levante hipóteses: Que dor pode ser essa sentida pelos leitores?

4 Na última estrofe, são aproximados dois elementos que, historicamente, são a base da criação artística em todos os tempos, ora com o predomínio de um, ora com o predomínio de outro.

a) Quais são esses elementos?

b) Que importância têm esses elementos no jogo da criação literária?

5 O poema tem como título "Autopsicografia". O termo *psicografia* significa relação mediúnica estabelecida entre dois seres humanos, um morto e um vivo, sendo este o meio pelo qual aquele se manifesta por escrito; o prefixo *auto-* significa "por si mesmo". Levando em conta esses dados e as considerações sobre realidade, imaginação ou fingimento observadas no poema, dê uma interpretação coerente ao título do poema.

Alberto Caeiro: a poesia da sensação

Alberto Caeiro é considerado por Fernando Pessoa o seu mestre, assim como o de Ricardo Reis e Álvaro de Campos. Espécie de poeta-filósofo, que extrai seu pensamento não de livros nem da civilização, mas de seu contato direto com as coisas e com a natureza, Alberto Caeiro crê que o homem complicou demais as coisas com a metafísica, com suas teorias filosóficas e científicas, com suas religiões. Por isso defende a simplicidade da vida e a sensação como único meio válido para a obtenção do conhecimento. As sensações — que são os pensamentos do poeta — são captadas por todos os órgãos de sentido, mas principalmente pela visão.

Integrado às leis do Universo como se fosse uma árvore ou um animal qualquer, Caeiro vive apenas o presente e, com uma postura quase infantil, sem subjetivismo ou idealizações, procura *ver* o real como ele se configura, na sua simplicidade, sem mistérios, porque estes estão na imaginação do homem.

Como nasceram os heterônimos?

Em uma carta a um amigo, Fernando Pessoa conta que ele e o amigo Mário de Sá-Carneiro fizeram uma brincadeira de inventar um poeta bucólico. Não deu certo, mas, tempos depois, em pé diante de uma cômoda, ele escreveu mais de trinta poemas de uma vez, dando origem ao heterônimo Alberto Caeiro. Imediatamente em seguida, escreveu os seis poemas de "Chuva oblíqua", retomando o ortônimo, Fernando Pessoa. Após algum tempo, nasceram também Ricardo Reis e Álvaro de Campos, ambos discípulos de Alberto Caeiro.

Leitura

O poema abaixo é a parte IX de "O guardador de rebanhos", de Alberto Caeiro.

Sou um guardador de rebanhos.
O rebanho é os meus pensamentos.
E os meus pensamentos são todos sensações.
Penso com os olhos e com os ouvidos
E com as mãos e os pés
E com o nariz e a boca.

Pensar uma flor é vê-la e cheirá-la
E comer um fruto é saber-lhe o sentido.

Por isso quando num dia de calor
Me sinto triste de gozá-lo tanto,
E me deito ao comprido na erva,
E fecho os olhos quentes,
Sinto todo o meu corpo deitado na realidade,
Sei a verdade e sou feliz.

(*Obra poética*, cit., p. 212-213.)

1 O eu lírico do texto se diz um "guardador de rebanhos". No entanto, ele não arrebanha bois nem ovelhas. O que arrebanha?

2 Destaque um ou mais versos do texto que ilustrem a atitude de substituir o racionalismo pelo sensacionismo cultivada pelo eu lírico.

3 Releia os dois últimos versos do poema. O que é para o eu lírico:

a) a realidade?

b) a verdade?

c) a felicidade?

4 Como se vê no poema lido, a produção de Alberto Caeiro tende à simplicidade de ideias. Observe agora o poema no plano da expressão, isto é, a estrofação, a métrica dos versos, o vocabulário, o ritmo, a sonoridade em geral, etc. Forma e conteúdo estão em harmonia ou não? Justifique.

Ricardo Reis: o sopro clássico

O heterônimo Ricardo Reis representa a faceta clássica da obra de Fernando Pessoa. De acordo com a biografia que lhe criou o autor, Reis é monarquista, educado em colégio de jesuítas, amante das culturas grega e latina e residente no Brasil.

Como seu mestre Caeiro, também é indiferente à vida social, valoriza a vida campestre e a simplicidade das coisas. Contudo, enquanto Caeiro sente-se feliz, integrado à natureza, Reis se sente o fruto de uma civilização cristã decadente, que caminha fatalmente para a destruição.

No plano individual, há a consciência da passagem do tempo e da inevitabilidade da morte. Nada resta a fazer, pois o destino de cada um já foi traçado pelo fado (fatalidade). Porém, enquanto a morte não chega, convém aproveitar os prazeres que a vida pode oferecer, mas sem excessos.

De acordo com as teorias do filósofo grego Epicuro, o homem deve buscar uma vida de prazeres naturais, de equilíbrio, sem paixões violentas. Ricardo Reis, numa atitude tipicamente epicurista, desconfia da felicidade extrema; por isso a evita ou a controla com a razão.

Enquanto a visão de mundo de Caeiro reside no objeto, nas coisas, a de Reis é extraída das próprias ideias, da abstração filosófica.

Ricardo Reis, enfim, é um neoclássico, por várias razões: pelo espírito grave e estilo elevado; pela busca de perfeição e equilíbrio; pelo intelectualismo e convencionalismo; pela frieza e distanciamento na relação amorosa; pela presença da mitologia pagã.

Leitura

Vem sentar-te comigo, Lídia, à beira do rio.
Sossegadamente fitemos o seu curso e aprendamos
Que a vida passa, e não estamos de mãos enlaçadas.
(Enlacemos as mãos.)

Depois pensemos, crianças adultas, que a vida
Passa e não fica, nada deixa e nunca regressa,
Vai para um mar muito longe, para ao pé do Fado,
Mais longe que os deuses.

Desenlacemos as mãos, porque não vale a pena
[cansarmo-nos.
Quer gozemos, quer não gozemos, passamos
[como o rio.
Mais vale saber passar silenciosamente
E sem desassossegos grandes.

Sem amores, nem ódios, nem paixões que levantem a voz,
Nem invejas que dão movimento demais aos olhos,
Nem cuidados, porque se os tivesse o rio sempre correria,
E sempre iria ter ao mar.

Amemo-nos tranquilamente, pensando que podíamos,
Se quiséssemos, trocar beijos e abraços e carícias,
Mas que mais vale estarmos sentados ao pé um do outro
Ouvindo correr o rio e vendo-o.

Colhamos flores, pega tu nelas e deixa-as
No colo, e que o seu perfume suavize o momento —
Este momento em que sossegadamente não cremos em nada,
Pagãos inocentes da decadência.

Ao menos, se for sombra antes, lembrar-te-ás de mim depois
Sem que a minha lembrança te **arda** ou te fira ou te mova,
Porque nunca **enlaçamos** as mãos, nem nos beijamos
Nem fomos mais do que crianças.

E se antes do que eu levares o **óbolo** ao **barqueiro sombrio**,
Eu nada terei que sofrer ao lembrar-me de ti.
Ser-me-ás suave à memória lembrando-te assim — à beira-rio,
Pagã triste e com flores no **regaço**.

(In: Carlos Felipe Moisés. *Conversa com Fernando Pessoa [entrevista e antologia]*. São Paulo: Ática, 2007. p. 59-60.)

Fernando Pessoa (1978), de José João de Brito.

arder: queimar.
barqueiro sombrio: referência a Caronte, que na mitologia grega é o responsável por transportar os mortos à outra margem do rio Estige, onde poderiam obter o descanso definitivo.
enlaçar: juntar, unir.
óbolo: moeda que os mortos deviam levar sob a língua para dar em pagamento ao barqueiro do rio Estige; caso o morto não tivesse a moeda, ficaria cem anos vagando no limbo.
pagão: adepto da mitologia greco-latina ou de qualquer religião politeísta; aquele que não foi batizado.
regaço: colo.

1 O poema apresenta um conteúdo filosófico. De acordo com a concepção do eu lírico:

a) A que a vida é comparada?

b) O que se leva da vida? Retire do poema um trecho que comprove sua resposta.

2 Ao refletir sobre a vida, o eu lírico acaba por expressar também seu ponto de vista sobre a morte.

a) Qual é o significado da morte para o eu lírico?

b) Usando expressões como "passamos como o rio", "se for sombra antes" e outras, o eu lírico refere-se à morte de modo eufemístico. Por que isso ocorre?

3 Lídia, a quem o eu lírico se dirige, é a mulher amada típica dos poemas filiados à tradição clássica: um ideal feminino vago, incorpóreo, distante. Pode-se dizer que a concepção de amor expressa no texto é epicurista? Justifique sua resposta com trechos do poema.

4 O poema apresenta várias características que podem ser relacionadas com a tradição da cultura clássica greco-latina. Identifique, no poema, atitudes, trechos ou ideias que exemplifiquem as seguintes características da tradição clássica:

a) racionalismo;

b) universalismo;

c) mitologia pagã.

5 Embora o eu lírico siga a tradição da cultura clássica greco-latina, o poema foi escrito no início do século XX. Considerando esse contexto, como você explica o verso "Pagãos inocentes da decadência"?

6 Como já foi visto, quanto ao plano das ideias, o poema se filia à tradição clássica. Observe-o agora no plano da expressão: a estrofação, a métrica, o vocabulário e as construções sintáticas dos versos. Esses aspectos formais estão em sintonia com o plano das ideias? Por quê?

Fernando Pessoa no seu espaço poético (1978-1979), de Costa Pinheiro.

Álvaro de Campos: a energia futurista

Dos três heterônimos, Álvaro de Campos é o mais afinado com a tendência modernista, particularmente com o Futurismo. Engenheiro formado em Glasgow, conforme a biografia que Pessoa criou para ele, Campos é um homem voltado para o *presente*, apesar de trazer consigo saudades do tempo de menino.

Como seu mestre Alberto Caeiro, emprega o verso livre. Seu verso contém, porém, uma energia explosiva, que o difere da quase poesia em prosa de Caeiro. Procurando transmitir o espírito do mundo moderno, um mundo de máquinas, de multidões e de velocidade, a poesia de Álvaro de Campos é solta, às vezes desleixada, febril, verdadeira inspiração sem comando, cheia de gritos que exclamam e interrogam. Como Caeiro, também Campos é sensacionista. Entretanto, o sensacionismo que o caracteriza é moderno, construído a partir das sensações da vida urbana e industrial.

Na poesia de Álvaro de Campos se verificam três fases: a fase decadentista, ligada à poesia do final do século XIX; a futurista, em que se destaca o poema "Ode marítima", publicado com escândalo na revista *Orpheu*; e a fase pessoal, de descontentamento e aridez interior.

A fase final de Campos, em que o poeta aparece como cosmopolita melancólico e devaneador, aproxima-o do ortônimo Fernando Pessoa ele-mesmo, pela presença da saudade da infância e da dor de pensar.

Veja, como exemplo, um fragmento do poema "Tabacaria", que pertence a esta fase.

Tabacaria

Não sou nada.
Nunca serei nada.
Não posso querer ser nada.
À parte isso, tenho em mim todos os sonhos do mundo.

....

Que sei eu do que serei, eu que não sei o que sou?
Ser o que penso? Mas penso ser tanta coisa!
E há tantos que pensam ser a mesma coisa que não pode haver tantos!

....

(Come chocolates, pequena;
Come chocolates!
Olha que não há mais metafísica no mundo senão chocolates.
Olha que as religiões todas não ensinam mais que a confeitaria.
Come, pequena suja, come!
Pudesse eu comer chocolates com a mesma verdade com que comes!
Mas eu penso e, ao tirar o papel de prata, que é de folha de estanho,
Deito tudo para o chão, como tenho deitado a vida.)

....

(*Obra poética*, cit., p. 362-366.)

Filipe Rocha/Arquivo da editora

CAPÍTULO 20

O Modernismo no Brasil: a primeira fase

Com a realização da Semana de Arte Moderna, o Modernismo passa a viver sua "fase heroica", isto é, a fase de divulgação das ideias modernistas em todo o país e de aprofundamento das questões estéticas lançadas pela Semana. Essa fase foi marcada essencialmente por duas tendências: destruição e construção.

©Tarsila do Amaral Empreendimentos/Museu de Arte Latinoamericano de Buenos Aires, Buenos Aires, Fundação Costantini, Buenos Aires, Argentina.

Abaporu (1928), de Tarsila do Amaral, pintora que teve um papel relevante na implantação do Modernismo no Brasil.

Este capítulo favorece o desenvolvimento das seguintes habilidades

- EM13LGG102
- EM13LGG202
- EM13LGG203
- EM13LGG302
- EM13LGG601
- EM13LGG602
- EM13LGG604
- EM13LP01
- EM13LP02
- EM13LP03
- EM13LP06
- EM13LP09
- EM13LP10
- EM13LP46
- EM13LP48
- EM13LP49
- EM13LP50
- EM13LP52

A Semana de Arte Moderna (1922) é considerada o marco inicial do Modernismo brasileiro. Contudo, ela não foi o começo das mudanças, mas o ponto culminante de um processo que se iniciara duas décadas antes, com as tentativas de renovação dos pré-modernistas, passando por vários eventos importantes, como publicações de livros, exposições de pintura, críticas, conferências, etc.

Entre esses eventos, o de maior repercussão foi a exposição da pintora Anita Malfatti, em 1917, que motivou a contundente crítica, já mencionada no capítulo anterior, que Monteiro Lobato — escritor e crítico do jornal *O Estado de S. Paulo* — fez de sua obra. Com o artigo, intitulado "Paranoia ou mistificação?", Lobato insinuava que a pintora, influenciada pelo Expressionismo europeu, fosse paranoica ou estivesse mitificando artistas como Picasso — na opinião de Lobato, um pintor sem nenhum valor. Se, por um lado, a crítica de Lobato acarretou consequências negativas para a vida artística de Anita Malfatti, por outro lado, provocou reações dos modernistas, que se uniram em torno das ideias de renovação, o que resultou, cinco anos depois, na Semana de Arte Moderna.

A Semana de Arte Moderna

A Semana ocorreu entre 13 e 18 de fevereiro de 1922, no Theatro Municipal de São Paulo, com participação de artistas de São Paulo e do Rio de Janeiro. O evento contou com apresentação de conferências, leitura de poemas, dança e música. A mais agitada das noites foi a segunda, na qual houve uma conferência sobre poesia e declamação de poemas. Quando foi lido, por exemplo, o poema "Os sapos", de Manuel Bandeira, a plateia teve uma reação surpreendente, ora vaiando, relinchando e latindo, ora aplaudindo

Acervo Iconographia/Reminiscências

Organizadores da Semana de Arte Moderna. De pé, entre outros, Manuel Bandeira (de óculos e gravata-borboleta); Mário de Andrade e Guilherme de Almeida (atrás das cadeiras); Paulo Prado (de bigode, ao centro); Gofredo Silva Telles (último à direita). Sentado no chão, Oswald de Andrade.

Na época, a Semana não teve grande repercussão na imprensa. Apesar disso, ela foi aos poucos ganhando importância histórica. Primeiro porque representou a confluência das várias tendências de renovação que vinham ocorrendo na arte e na cultura brasileira antes de 1922 e cujo objetivo era combater a arte tradicional. Em segundo lugar porque conseguiu chamar a atenção dos meios artísticos de todo o país e, ao mesmo tempo, aproximar os artistas com ideias modernistas, que até então se encontravam dispersos.

Os reflexos da Semana perduraram durante toda a década de 1920, atravessaram a década de 1930 e, de alguma forma, estão relacionados com a arte que se faz hoje.

A primeira fase do Modernismo

O movimento modernista no Brasil contou com duas fases: a primeira foi de 1922 a 1930 e a segunda, de 1930 a 1945. A primeira fase caracterizou-se pelas tentativas de solidificação do movimento renovador e pela divulgação de obras e ideias modernistas.

Apesar da diversidade de correntes e ideias, pode-se dizer que, de modo geral, os escritores de maior destaque dessa fase defendiam estas propostas: reconstrução da cultura brasileira sobre bases nacionais; promoção de uma revisão crítica de nosso passado histórico e de nossas tradições culturais; eliminação definitiva do nosso complexo de colonizados, apegados a valores estrangeiros. Portanto, todas elas estão relacionadas com a visão nacionalista, porém crítica, da realidade brasileira.

Várias obras e vários grupos, movimentos, revistas e manifestos ganharam o cenário intelectual brasileiro, numa investigação profunda e por vezes radical de novos conteúdos e de novas formas de expressão.

Reprodução/Arquivo da editora

Capa do primeiro número da revista *Klaxon*.

Entre os fatos mais importantes, destacam-se a publicação da revista *Klaxon*, lançada logo após a Semana para dar continuidade ao processo de divulgação das ideias modernistas, e o lançamento de quatro movimentos culturais: o Pau-Brasil, o Verde-Amarelismo, a Antropofagia e o Anta.

Esses quatro movimentos representavam, na verdade, duas tendências ideológicas distintas, duas formas diferentes de expressar o nacionalismo.

Fundado em 1925, o movimento Pau-Brasil defendia a criação de uma poesia primitivista, construída com base na revisão crítica de nosso passado histórico e cultural e na aceitação e valorização das riquezas e contrastes da realidade e da cultura brasileiras. Em 1928, com a Antropofagia, a exemplo dos rituais antropofágicos dos indígenas brasileiros, nos quais eles devoravam seus inimigos para lhes extrair a força, Oswald propõe a devoração simbólica da cultura do colonizador europeu, sem com isso perder nossa identidade cultural.

Oswald de Andrade: o antropófago do Modernismo

A obra de Oswald de Andrade representa um dos cortes mais profundos do Modernismo brasileiro em relação à cultura do passado.

Sua poesia, por exemplo, reúne traços inovadores para a época, como a linguagem sintética, os *flashes* cinematográficos, a fragmentação, o pastiche e a paródia, a ironia, o humor, o verso livre, etc. A prosa também reúne muitos desses traços e é marcada, sobretudo, pela ruptura com as técnicas convencionais de representação da realidade.

Seu conceito de nacionalismo é diferente daquele pregado pelos românticos e mesmo por certos grupos modernistas, como o Verde-Amarelismo e o Anta. Sem ser ingênuo e ufanista, Oswald defende a valorização de nossas origens, de nosso passado histórico e cultural, mas de forma crítica, isto é, recuperando, parodiando, ironizando e atualizando nossa história de colonização. Sua visão de Brasil, ao mesmo tempo que procura captar a natureza e as cores próprias do país, flagra igualmente as contradições moderno-primitivas de nossa realidade, com a convivência do provinciano e do moderno.

Suas ideias lançadas no *Manifesto da Poesia Pau-Brasil* e no *Manifesto Antropófago* tiveram forte repercussão na década de 1960, com o Tropicalismo, que também procurou fazer uma "deglutição" de ritmos brasileiros e do *rock*, unindo o berimbau e as guitarras elétricas.

Quem foi Oswald de Andrade?

Paulista, de família rica, Oswald de Andrade (1890-1954) cursou Direito e ingressou na carreira jornalística. Em 1911, fundou a revista semanal *O Pirralho*, que dirigiu até 1917. Nesse mesmo ano, defendeu Anita Malfatti das críticas de Monteiro Lobato.

Viajava frequentemente à Europa, onde fez várias amizades nos meios artísticos, o que lhe permitiu estar a par das novidades introduzidas pelas correntes de vanguarda e, no Brasil, assumir um papel de liderança.

Em 1926, casou-se com a pintora Tarsila do Amaral. Em 1930, casou-se com a escritora comunista Patrícia Galvão (a Pagu), com a qual militou nos meios operários e, em 1931, ingressou no Partido Comunista, no qual permaneceu até 1945. Desse período são suas obras mais marcadas ideologicamente, como o *Manifesto Antropófago*, o romance *Serafim Ponte Grande* e a peça teatral *O rei da vela*.

Retrato de Oswald de Andrade (1923), de Tarsila do Amaral.

Leitura

Leia, a seguir, quatro poemas de Oswald de Andrade e responda às questões propostas.

TEXTO 1

a transação

O fazendeiro criara filhos
Escravos escravas
Nos terreiros de pitangas e jabuticabas
Mas um dia trocou
O ouro da carne preta e musculosa
As gabirobas e os coqueiros
Os monjolos e os bois
Por terras imaginárias
Onde nasceria a lavoura verde do café

(*Pau-Brasil*. 2. ed. São Paulo: Globo, 2003. p. 123.)

TEXTO 2

3 de maio

Aprendi com meu filho de dez anos
Que a poesia é a descoberta
Das coisas que nunca vi

(*Idem*, p. 141.)

TEXTO 3

pronominais

Dê-me um cigarro
Diz a gramática
Do professor e do aluno
E do mulato sabido
Mas o bom negro e o bom branco
Da Nação Brasileira
Dizem todos os dias
Deixa disso camarada
Me dá um cigarro

(Idem, p. 167.)

TEXTO 4

maturidade

O Sr. e a Sra. Amadeu
Participam a V. Exa.
O feliz nascimento
De sua filha
Gilberta

(*Primeiro caderno do aluno de poesia Oswald de Andrade*. 4. ed. São Paulo: Globo, 2006. p. 50.)

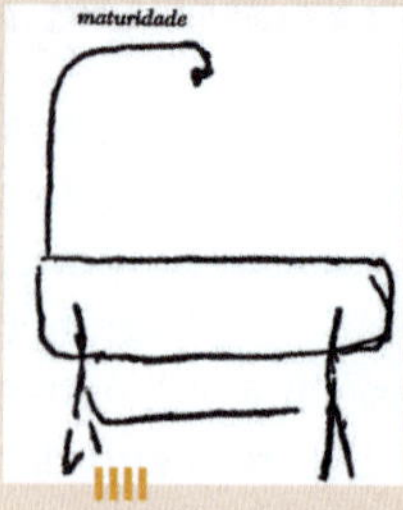

Desenho do próprio Oswald de Andrade para ilustrar seu poema "maturidade".

1 Uma das mais importantes propostas do projeto artístico de Oswald de Andrade é a ruptura com os padrões da língua literária culta e a busca de uma língua brasileira.

a) Em qual dos poemas essa proposta se torna mais evidente? Justifique sua resposta.

b) Quais versos desse poema fazem referência às pessoas que falam essa língua brasileira? Explique por que, no contexto do poema, essas pessoas são descritas de tal forma.

2 Tanto em sua poesia quanto em sua prosa, Oswald de Andrade fez uso de paródias, de colagens e da técnica dadaísta do *ready-made*, isto é, da atribuição de valor artístico a objetos deslocados de seu contexto normal de uso. Observe o poema "maturidade".

a) Com que outro gênero textual o corpo do poema se assemelha?

b) Que novo sentido o texto ganha com o título "maturidade"?

3 Um dos traços da poesia Pau-Brasil, de Oswald de Andrade, são os temas nacionais, vistos por uma perspectiva crítica. Em relação ao poema "a transação":

a) Há, no poema, elementos da paisagem nacional?

b) O poema expressa um momento de profunda transformação vivida pela economia brasileira no início do século XX. Explicite esse momento.

c) Associe os elementos citados no poema aos principais ciclos da economia brasileira.

4 No *Manifesto da poesia Pau-Brasil*, Oswald de Andrade propunha: "Nenhuma fórmula para a contemporânea expressão do mundo. Ver com olhos livres". Associe esse princípio do manifesto ao poema "3 de maio".

a) De acordo com as ideias presentes no poema e no manifesto, em que consiste "ver com olhos livres"?

b) Em que medida o poema "3 de maio" confirma esse pressuposto do manifesto?

5 Observe, nos textos, a métrica dos versos, a pontuação e o modo como os títulos foram escritos. Descreva esses procedimentos formais e situe-os no projeto estético do Modernismo.

Mário de Andrade: vanguarda e tradição

Mário de Andrade teve um papel decisivo na implantação do Modernismo no Brasil. Homem de vasta cultura, pesquisador paciente, Mário soube dar a substância teórica de que necessitava o movimento em algumas ocasiões decisivas: em 1922, meses após a Semana, publicou o seu "Prefácio interessantíssimo", texto teórico que abre *Pauliceia desvairada*, sua primeira obra de poemas

Quem foi Mário de Andrade?

Mário de Andrade (1893-1945) nasceu em São Paulo, cidade que amou intensamente e que retratou em várias de suas obras. Estudou música no Conservatório Musical de São Paulo e cedo iniciou sua carreira como crítico de arte, em jornais e revistas. Com apenas 20 anos e com o pseudônimo de Mário Sobral, publicou seu primeiro livro, *Há uma gota de sangue em cada poema*.

Foi também musicólogo e folclorista, tendo deixado uma grande contribuição às pesquisas de cultura brasileira.

Além de obras de crítica literária, cultivou a poesia, o conto e o romance. Entre suas obras estão *Contos novos*, *Amar, verbo intransitivo*, *Lira paulistana* e *Macunaíma*.

Retrato de Mário de Andrade (1935), de Portinari.

verdadeiramente modernista. Em 1925, quando se articulavam revistas e movimentos por todo o país, Mário lançou o ensaio *A escrava que não é Isaura*, no qual retomava e aprofundava suas considerações iniciais sobre arte moderna.

Entre 1924 e 1927, Mário de Andrade empreendeu uma pesquisa profunda sobre a cultura brasileira — o folclore, as lendas, os ritmos, a dança, os costumes, as variedades linguísticas — cujos resultados contribuíram para a produção de obras decisivas em sua carreira, das quais *Macunaíma* (1928) é o maior exemplo.

Da década de 1930 até 1945, quando de sua morte, Mário cultivou uma poesia que toma duas direções: a poesia intimista e introspectiva e a poesia social, de denúncia da realidade brasileira.

Na prosa, Mário escreveu contos, publicados em *Primeiro andar* (1926) e *Contos novos* (1946), crônicas, reunidas em *Os filhos da Candinha* (1945), o romance *Amar, verbo intransitivo* (1927) e a rapsódia *Macunaíma* (1928). Em quase todas essas obras se destaca a preocupação com a descoberta e a exploração de novas técnicas narrativas e com a sondagem do universo social e psicológico do ser humano das grandes cidades.

Macunaíma: a obra-prima

Das obras em prosa, *Macunaíma* é a obra-prima do autor e, provavelmente, a mais importante realização da primeira fase do Modernismo. A obra representa não apenas o resultado das pesquisas e das qualidades do autor como poeta, prosador, músico e folclorista, mas também a plena realização do projeto nacionalista dos escritores de sua geração.

O ponto de partida para a criação de *Macunaíma* foi a leitura que Mário fez da obra *Vom Roraima zum Orinoco*, do etnógrafo alemão Koch-Grünberg, que colheu na Amazônia (Brasil e Venezuela), entre 1911 e 1913, um ciclo de lendas dos índios taulipangues e arecunás. Mário fez algumas modificações na lenda original, acrescentou-lhe outras, de origens diversas, incluiu anedotas da história brasileira, aspectos da vida urbana e rural do país, introduziu personagens reais e fictícios, sem deixar de fora a feitiçaria, o erotismo e o absurdo surrealista.

Quanto à língua, também se verifica uma verdadeira miscelânea, formada por vocábulos indígenas, africanos, frases feitas, expressões e provérbios populares, gírias, tudo isso formando um estilo narrativo dinâmico e irônico, como num delicioso painel antropofágico da cultura brasileira.

Perseguindo a tradição das canções de gesta, das epopeias, das novelas picarescas e dos contos populares — enfim, perseguindo a tradição oral da literatura —, *Macunaíma* foi com propriedade chamada por Mário de *rapsódia*, nome que, na música, designa composição que envolve uma variedade de motivos populares. Contudo, a designação romance não lhe é de todo inadequada, já que a obra apresenta semelhanças com os romances medievais.

Leitura

O texto a seguir integra o capítulo V de *Macunaíma*. O personagem Macunaíma, após nascer e crescer às margens do rio Uraricoera, em Roraima, parte com os irmãos Maanape e Jiguê em busca de aventuras. Na viagem encontra Ci, Mãe do Mato, rainha das índias amazonas, e, com a ajuda dos irmãos, consegue dominá-la e tê-la como esposa, tornando-se assim o imperador da Mata-Virgem. Com Ci, Macunaíma tem um filho (quebrando, portanto, pela segunda vez, as tradições da tribo das amazonas), que vem a morrer; em seguida Ci também morre e vira estrela.

Antes de morrer, porém, Ci dá a Macunaíma a muiraquitã, um amuleto que vai parar nas mãos do vilão da história, o gigante comedor de gente Venceslau Pietro Pietra.

A exemplo das epopeias, em que o herói é um eterno viajante em busca de um ideal, Macunaíma e seus irmãos dirigem-se a São Paulo, onde mora o gigante.

O episódio que você vai ler a seguir retrata a viagem dos três irmãos rumo a São Paulo em busca da muiraquitã.

V. Piaimã

No outro dia Macunaíma pulou cedo na **ubá** e deu uma chegada até a foz do rio Negro pra deixar a consciência na ilha de Marapatá. Deixou-a bem na ponta dum mandacaru de dez metros, pra não ser comida pelas saúvas. Voltou pro lugar onde os manos esperavam e no pino do dia os três rumaram pra margem esquerda da Sol.

Muitos casos sucederam nessa viagem por caatingas rios corredeiras, gerais, corgos, corredores de tabatinga matos virgens e milagres do sertão. Macunaíma

© Tarsila do Amaral Empreendimentos/ Reprodução/Coleção particular

O batizado de Macunaíma (1956), por Tarsila do Amaral, tela inspirada na obra de Mário de Andrade.

vinha com os dois manos pra São Paulo. Foi o Araguaia que facilitou-lhes a viagem. Por tantas conquistas e tantos feitos passados o herói não ajuntara um vintém só mas os tesouros herdados da **icamiaba** estrela estavam escondidos nas **grunhas** do Roraima lá. Desses tesouros Macunaíma apartou pra viagem nada menos de quarenta vezes quarenta milhões de bagos de cacau, a moeda tradicional. Calculou com eles um dilúvio de embarcações. E ficou lindo trepando pelo Araguaia aquele poder de **igaras** duma em uma duzentas em ajojo que-nem flecha na pele do rio. Na frente Macunaíma vinha de pé, carrancudo, procurando no longe a cidade. Matutava matutava roendo os dedos agora cobertos de berrugas de tanto apontarem Ci estrela. Os manos remavam espantando os mosquitos e cada arranco dos remos repercutindo nas duzentas igaras ligadas, despejava uma batelada de bagos na pele do rio, deixando uma esteira de chocolate onde os camuatás pirapitingas dourados piracanjubas uarus-uarás e bacus se regalavam.

Uma feita a Sol cobrira os três manos duma escaminha de suor e Macunaíma se lembrou de tomar banho. Porém no rio era impossível por causa das piranhas tão vorazes que de quando em quando na luta pra pegar uma naco de irmã espedaçada, pulavam aos cachos pra fora d'água metro e mais. Então Macunaíma enxergou numa **lapa** bem no meio do rio uma cova cheia d'água. E a cova era que-nem a marca dum pé gigante. **Abicaram**. O herói depois de muitos gritos por causa do frio da água entrou na cova e se lavou inteirinho. Mas a água era encantada porque aquele buraco na lapa era marca do pezão do **Sumé**, do tempo em que andava pregando o evangelho de Jesus pra indiada brasileira. Quando o herói saiu do banho estava branco louro e de olhos azuizinhos, água lavara o pretume dele. E ninguém não seria capaz mais de indicar nele um filho da tribo retinta dos Tapanhumas.

Nem bem Jiguê percebeu o milagre, se atirou na marca do pezão do Sumé. Porém a água já estava muito suja da negrura do herói e por mais que Jiguê esfregasse feito maluco atirando água pra todos os lados só conseguiu ficar da cor do bronze novo. Macunaíma teve dó e consolou:

— Olhe, mano Jiguê, branco você ficou não, porém pretume foi-se e antes fanhoso que sem nariz.

Maanape então é que foi se lavar, mas Jiguê esborrifava toda a água encantada para fora da cova. Tinha só um bocado lá no fundo e Maanape conseguiu molhar só a palma dos pés e das mãos. Por isso ficou negro bem filho da tribo dos Tapanhumas. Só que as palmas das mãos e dos pés dele são vermelhas por terem se limpado na água santa. Macunaíma teve dó e consolou:

— Não se avexe, mano Maanape, não se avexe não, mais sofreu nosso tio Judas!

E estava lindíssimo na Sol da lapa os três manos um louro um vermelho outro negro, de pé bem erguidos e nus. Todos os seres do mato espiavam assombrados. O jacareúna o jacaretinga o jacaré-açu o jacaré-ururau de papo amarelo, todos esses jacarés botaram os olhos de rochedo pra fora d'água. Nos ramos das ingazeiras das aningas das mamoramas das embaúbas dos catauaris de beira-rio o macaco-prego o macaco-de-cheiro o guariba o bugio o cuatá o barrigudo o coxiú o cairara, todos os quarenta macacos do Brasil, todos, espiavam babando de inveja. E os sabiás, o sabiacica o sabiapoca o sabiaúna o sabiapiranga o sabiagongá que quando come não me dá, o sabiá-barranco o sabiá-tropeiro o sabiá-laranjeira o sabiá-gute todos esses ficaram pasmos e esqueceram de acabar o trinado, vozeando vozeando com eloquência. Macunaíma teve ódio. Botou as mãos nas ancas e gritou pra natureza:

— Nunca viu não!

Então os seres naturais debandavam vivendo e os três manos seguiram caminho outra vez. Porém entrando nas terras do igarapé Tietê adonde o **burbom** vogava e a moeda tradicional não era mais cacau, em vez, chamava arame contos contecos milréis borós tostão duzentorréis quinhentorréis, cinquenta paus, noventa bagarotes, e pelegas cobres xenxéns caraminguás selos bicos-de-coruja massuni bolada calcáreo gimbra siridó bicha e pataracos, assim, adonde até liga pra meia ninguém comprava nem por vinte mil cacaus. Macunaíma ficou muito contrariado. Ter de **trabucar**, ele, herói... Murmurou desolado:

— Ai! que preguiça!...

(*Macunaíma: o herói sem nenhum caráter*. Ed. crítica de Telê Porto A. Lopez. Rio de Janeiro/São Paulo: Livros Técnicos e Científicos/Secretaria da Cultura, Ciência e Tecnologia. p. 33-34.)

abicar: fazer chegar a proa da embarcação em terra.
burbom: café ou cafeeiro.
grunha: parte côncava nas serras.
icamiaba: referência a Ci, líder das índias icamiabas, com quem Macunaíma se casara e que virou estrela depois de morrer.
igara: canoa escavada em um tronco de árvore.
lapa: grande pedra ou laje; gruta.
Sumé: na mitologia dos índios tupis e guaranis, homem branco, barbado, que teria vivido entre os índios antes da chegada dos portugueses e que lhes havia transmitido uma série de ensinamentos. Os jesuítas associaram essa figura a São Tomé, apóstolo que teria feito pregações ao redor do mundo, inclusive na América.
trabucar: trabalhar, labutar.
ubá: o mesmo que cana-do-rio; planta da família das gramíneas que atinge até 10 metros de altura.

1 Em *Macunaíma*, Mário de Andrade procurou fazer uso de uma "língua brasileira", síntese da fusão do português com dialetos indígenas e africanos, mesclada de inúmeras variações linguísticas, com regionalismos, expressões coloquiais, estrangeirismos, etc. Troque ideias com os colegas e tente descobrir a origem destas palavras e expressões:

a) ubá, Marapatá, mandacaru, tabatinga, igara, pirapitinga.

b) deu uma chegada, que-nem flecha, feito maluco, antes fanhoso que sem nariz, cinquenta paus, bolada.

c) Não se avexe.

d) burbom

2 Antes de escrever *Macunaíma*, Mário de Andrade viajou pelo Brasil, pesquisou e fez anotações relativas a diversos elementos da geografia, da fauna, da flora e da cultura das diferentes regiões do país. De que modo essa pesquisa se revela no trecho lido?

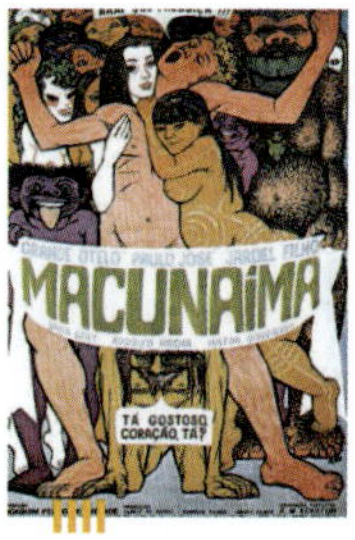

Reprodução/Condor Filmes

Cartaz do filme *Macunaíma*, de Joaquim Pedro de Andrade.

3 Observe o trecho em que os três irmãos se banham na água da cova feita pelo pé de Sumé.

a) O que se explica, nessa cena, de forma folclórica?

b) Apesar de Jiguê ter se lavado, ele "só conseguiu ficar da cor do bronze novo". E Macunaíma lhe diz: "branco você ficou não, porém pretume foi-se e antes fanhoso que sem nariz". Na sua opinião, essa fala de Macunaíma é preconceituosa? Justifique sua resposta.

4 Macunaíma é o imperador da mata virgem. Como tal, imagina chegar a São Paulo com muito cacau — que na floresta equivalia a dinheiro — e liderando uma comitiva de duzentas canoas.

a) Na realidade, com quantas canoas Macunaíma chega à capital paulista?

b) Que valor tinha na cidade o cacau que Macunaíma trouxera?

c) Como se posiciona Macunaíma diante da necessidade de trabalhar?

5 As preocupações reveladas na obra *Macunaíma* quanto à busca dos elementos da paisagem nacional — a fauna, a flora, o homem, a língua e as tradições da cultura brasileira — lembram o projeto nacionalista do Romantismo. Comparando *Macunaíma* às obras indianistas românticas, responda:

a) O personagem Macunaíma pode ser considerado um herói igual aos do Romantismo? Por quê?

b) Como conclusão do estudo feito, responda: O nacionalismo presente em Macunaíma é igual ao das obras do Romantismo? Justifique sua resposta.

Manuel Bandeira: o resgate lírico

Manuel Bandeira compõe com Oswald e Mário de Andrade, a tríade maior da primeira fase modernista, responsável pela divulgação e pela solidificação do movimento em nosso país.

Entre as inúmeras contribuições deixadas pela poesia de Manuel Bandeira, duas se destacam: o seu papel decisivo na solidificação da poesia de orientação modernista, com todas as suas implicações (verso livre, língua coloquial, irreverência, liberdade criadora, etc.), e o alargamento da lírica nacional pela sua capacidade de extrair a poesia das coisas aparentemente banais do cotidiano.

Partindo de temas até então considerados "baixos" para a criação da "grande poesia", tais como a própria doença, o quarto, as ações mecânicas do cotidiano, o jornal, a cultura popular, etc., Bandeira cria uma poesia rica em construção e significação, apesar de sua aparência quase prosaica. Veja, por exemplo, como ele concilia, nos versos da página a seguir, a crítica social e a reflexão filosófica acerca da condição humana com as oposições formais e a coloquialidade linguística.

Quem foi Manuel Bandeira?

Manuel Bandeira (1886-1968) nasceu em Recife, fez os estudos secundários no Rio de Janeiro e iniciou o curso de Arquitetura em São Paulo, mas foi obrigado a abandoná-lo em virtude de uma crise de tuberculose, que nele se manifestara em 1904. Tratou-se em várias cidades do país e na Suíça, entre 1913 e 1914, onde conheceu o jovem e mais tarde famoso escritor dadaísta e surrealista francês Paul Éluard, internado na mesma clínica.

Estúdio Ampla Arena

Caricatura de Manuel Bandeira.

Foi poeta, professor, crítico de arte e historiador literário. Entre outras obras, publicou *Libertinagem*, *Estrela da manhã* e *Lira dos cinquent'anos*.

Poema tirado de uma notícia de jornal

João Gostoso era carregador de feira-livre e morava no
[morro da Babilônia num barracão sem número
Uma noite ele chegou no bar Vinte de Novembro
Bebeu
Cantou
Dançou
Depois se atirou na Lagoa Rodrigo de Freitas e morreu
[afogado.

(*Estrela da vida inteira*. 2. ed. Rio de Janeiro: J. Olympio, 1970. p. 117.)

Retomando certos motivos já explorados por poetas românticos — a saudade, a infância, a solidão — e procurando estreitar os laços entre poesia e cultura popular, Manuel Bandeira mantém, de fato, alguns pontos de contato com o Romantismo, mas é um poeta essencialmente modernista.

Jamais cai, por exemplo, num sentimentalismo piegas ao lembrar-se da infância. A infância que evoca é uma experiência vívida e concreta, não idealizada, que, contrastada com o presente, acentua-lhe a condição trágica.

Literatura comparada

Diálogo entre a poesia de Manuel Bandeira e a literatura africana

A literatura brasileira de diferentes épocas tem sido fonte de inspiração para muitos escritores africanos de língua portuguesa. Leia os poemas a seguir e observe o diálogo entre a poesia do modernista Manuel Bandeira e a do poeta cabo-verdiano Ovídio Martins (1928-1999).

Vou-me embora pra Pasárgada

Vou-me embora pra Pasárgada
Lá sou amigo do rei
Lá tenho a mulher que eu quero
Na cama que escolherei
Vou-me embora pra Pasárgada

Vou-me embora pra Pasárgada
Aqui eu não sou feliz
Lá a existência é uma aventura
De tal modo inconsequente
Que Joana a Louca de Espanha
Rainha e falsa demente
Vem a ser contraparente
Da nora que eu nunca tive

E como farei ginástica
Andarei de bicicleta
Montarei em burro brabo
Subirei no pau de sebo
Tomarei banhos de mar!
E quando estiver cansado
Deito na beira do rio
Mando chamar a mãe-d'água
Pra me contar as histórias
Que no tempo de eu menino
Rosa vinha me contar
Vou-me embora pra Pasárgada

Em Pasárgada tem tudo
É outra civilização
Tem um processo seguro
De impedir a concepção
Tem telefone automático
Tem **alcaloide** à vontade
Tem prostitutas bonitas
Para a gente namorar

E quando eu estiver mais triste
Mas triste de não ter jeito
Quando de noite me der
Vontade de me matar
— Lá sou amigo do rei —
Terei a mulher que eu quero
Na cama que escolherei
Vou-me embora pra Pasárgada

(Manuel Bandeira. *Estrela da vida inteira*, cit., p. 127.)

alcaloide: substância química que é encontrada em plantas e, entre outros fins, é usada na fabricação de drogas.
Rosa: a ama-seca que cuidou de Manuel Bandeira e seus irmãos quando meninos.

Antievasão

Pedirei
Suplicarei
Chorarei

Não vou para Pasárgada

Atirar-me-ei ao chão
e prenderei nas mãos convulsas
ervas e pedras de sangue

Não vou para Pasárgada

Gritarei
Berrarei
Matarei

Não vou para Pasárgada.

(Ovídio Martins. *In*: *Literaturas de língua portuguesa*: marcos e marcas — Cabo Verde. São Paulo: Arte e Ciência, 2007. p. 53.)

Stefan Kolumban/Pulsar Imagens

1 Os versos "Vou-me embora pra Pasárgada / Aqui eu não sou feliz" exprimem o desejo do eu lírico de fugir da realidade concreta e adentrar outro tipo de realidade, sonhada ou idealizada. Esse desejo se associa ao escapismo dos escritores românticos e, aliás, a oposição existente no texto entre o *aqui* e o *lá* faz lembrar diretamente os versos da "Canção do exílio", de Gonçalves Dias. Veja:

> Minha terra tem primores
> Que tais não encontro eu cá;
> Em cismar — sozinho, à noite
> — Mais prazer encontro eu lá;

a) A que espaço se refere o *cá/lá* de cada um dos poemas?

b) Que semelhanças e diferenças há entre o *lá* de Gonçalves Dias e o *lá* de Manuel Bandeira?

2 Pasárgada é o mundo da liberdade, do permitido, da realização plena dos desejos. Opõe-se diretamente, portanto, ao mundo real, cheio de proibições, de regras, de lógica e de moral.

a) Em sua lógica particular, o eu lírico afirma: "Lá sou amigo do rei". Que vantagens há nessa condição?

b) Identifique no texto exemplos de transgressão das normas da considerada "boa conduta social".

c) Os surrealistas consideravam a razão uma verdadeira prisão para a criação artística. Assim, procuravam desenvolver métodos que a driblassem, como o uso de *nonsense* (textos sem nexo), e, desse modo, alcançar a liberdade total. Identifique, no poema, um exemplo de *nonsense*.

3 Na 3ª estrofe, o poema faz menção a um conjunto de ações comuns na infância. Levando em conta os dados biográficos do autor, explique por que essas ações são supervalorizadas.

4 Releia a última estrofe do poema de Bandeira. Nela se percebe que, às vezes, o mundo de prazeres oferecidos por Pasárgada sucumbe.

a) Identifique os versos em que isso ocorre.

b) Com base nos três últimos versos da estrofe, identifique o elemento que se opõe à morte e se configura como saída para o eu lírico.

5 Em relação ao poema de Ovídio Martins:

a) Compare os versos 1, 2 e 3 aos versos 9, 10 e 11. Que tipo de relação há entre eles?

b) Que verso do poema se repete insistentemente?

c) Que papel semântico esses dois recursos desempenham na construção do sentido do texto?

6 Nos jogos interdiscursivos, um texto pode citar outro para afirmá-lo ou para negá-lo.

a) O poema de Ovídio Martins afirma ou nega o poema de Bandeira?

b) Em "Antievasão", Pasárgada tem o mesmo significado que tem no poema de Manuel Bandeira? Justifique sua resposta.

7 Ovídio Martins fez parte de um grupo de escritores militantes que, em Cabo Verde, lutou pela independência política de seu país, combatendo a colonização portuguesa. Por causa disso, chegou a ser preso e exilado. Considerando essas informações, levante hipóteses: Por que o eu lírico insiste na postura "antievasão"?

Pasárgada e outros diálogos com a África

Os escritores cabo-verdianos Osvaldo Alcântara e Baltazar Lopes também escreveram cinco poemas a partir de "Vou-me embora pra Pasárgada". Eis o fragmento de um deles, "Saudade de Pasárgada":

[...]
Na hora que tudo morre,
esta saudade fina de Pasárgada
é um veneno gostoso dentro do meu coração.

(*In*: Maria Aparecida Santilli. *Paralelas e tangentes*. São Paulo: Arte & Ciência, 2003. p. 150.)

Robert Harding World/Getty Images

Cabo Verde, país africano de língua portuguesa.

LINGUAGENS E SUAS TECNOLOGIAS

LITERATURA

Segunda classe (1933), de Tarsila do Amaral, demonstra a inclinação da arte pelos temas sociais na década de 1930.

UNIDADE

5

A segunda fase do Modernismo: a prosa e a poesia

Na década de 1930, enquanto o rádio — o mais moderno meio de comunicação de massa da época — encurtava as distâncias, aproximando o país de ponta a ponta, nossa prosa de ficção, com renovada força criadora, nos punha em contato com um Brasil pouco conhecido, apresentado em sua diversidade regional e cultural, mas com problemas semelhantes em quase todas as regiões: a miséria, a ignorância, a opressão nas relações de trabalho, as forças da natureza sobre o homem desprotegido.

Herdeiros diretos dos modernistas de 1922, os modernistas da segunda geração (1930-1945) também se voltam para a realidade brasileira, mas agora com uma intenção clara de denúncia social e engajamento político. Unindo ideologia e análise sociológica e psicológica a novas técnicas narrativas, o romance de 30 constitui um dos melhores momentos da ficção brasileira.

Esta abertura de unidade favorece o desenvolvimento das habilidades

EM13LGG103 EM13LGG202 EM13LGG601 EM13LGG602 EM13LGG604

EM13LP28 EM13LP30 EM13LP32 EM13LP51

Fique ligado! **Pesquise!**

Para você saber mais sobre a década de 1930 e a produção literária da segunda fase do Modernismo, sugerimos:

Assista

- *O menino do engenho de Zé Lins*, de Vladimir Carvalho; *São Bernardo*, de Leon Hirszman; *Vidas secas* e *Memórias do cárcere*, de Nelson Pereira dos Santos; *Deus e o diabo na terra do sol*, de Glauber Rocha; *Menino de engenho* e *Capitães da Areia*, de Walter Lima Júnior; *Dona Flor e seus dois maridos* e *Gabriela*, de Bruno Barreto; *O quatrilho*, de Fábio Barreto; *Tieta do Agreste*, de Cacá Diegues; *Bela Donna*, de Fábio Barreto; *Vinicius de Moraes*, de Miguel Faria Jr ; *Orfeu*, de Cacá Diegues, baseado na peça teatral *Orfeu da Conceição*, de Vinícius de Moraes; *Poeta de sete faces* e *O vestido*, de Paulo Thiago; *Drummond, poeta do vasto mundo*, de Maria Maia; *Crônica da cidade amada*, de Carlos Hugo Christensen, que reúne onze pequenas histórias tipicamente cariocas, baseadas em crônicas de Drummond, Paulo Mendes Campos, Fernando Sabino e outros.

Reprodução/Paramount

Leia

- *O quinze*, de Rachel de Queiroz (Siciliano); *Vidas secas* e *São Bernardo*, de Graciliano Ramos (Record); *Banguê* e *Fogo morto*, de José Lins do Rego (José Olympio); *Capitães da Areia* e *Terras do sem-fim*, de Jorge Amado (Record); *Ana Terra, Um certo capitão Rodrigo* e *Incidente em Antares*, de Érico Veríssimo (Globo); *Os ratos*, de Dionélio Machado (Ática); *Crônica da casa assassinada*, de Lúcio Cardoso (Ediouro); *Os Corumbas*, de Amando Fontes (José Olympio); *Digo e não peço segredo* (Escrituras) e *Conte lá que eu canto cá* (Vozes), de Patativa do Assaré; *Reunião, Corpo, De notícias & não notícias faz-se a crônica*, de Carlos Drummond de Andrade (José Olympio); *As melhores poesias de Murilo Mendes, As melhores poesias de Cecília Meireles, As melhores poesias de Jorge de Lima* (Global); *Romanceiro da Inconfidência*, de Cecília Meireles (Nova Fronteira); *O poeta noturno*, de José Aderaldo Castelo (Companhia das Letras); *Vinícius de Moraes — Todas as letras* (Companhia das Letras).

Reprodução/Editora José Olympio

Ouça

- Ouça os discos *Carlos Drummond de Andrade — Antologia poética* (Philips, 1979), que contém poemas declamados pelo próprio autor; *Amor poesia* (Som Livre), com poemas de Drummond declamados por Scarlet Moon e trilha sonora de Sacha Amback; *Carlos Drummond de Andrade* (Projeto Luz da Cidade), com poemas declamados por Paulo Autran; e o audiolivro *O Brasil dizendo Drummond* (Projeto Luz da Cidade). Ouça também o disco *O grande circo místico*, de Edu Lobo e Chico Buarque (Som Livre, 1983, e Velas, 1993), inspirado no poema homônimo de Jorge de Lima; CDs de Vinícius de Moraes e Toquinho, com músicas de ambos e poemas de Vinícius declamados por ele próprio.

Pesquise

- Pesquise a história do Brasil na década de 1930: o *crack* da Bolsa de Valores de Nova Iorque (1929) e seus efeitos na economia brasileira, a Revolução de 30, o fim do cangaço, a crise cafeeira, a Intentona Comunista, o Estado Novo, etc.

Navegue

- www.graciliano.com.br
- http://www.conhecendomuseus.com.br/museus/museu-casa-de-graciliano-ramos/
- www.fundacaojorgeamado.com.br
- www.jorgeamado.com.br
- http://www.academia.org.br/academicos/rachel-de-queiroz
- http://www.academia.org.br/academicos/joselins-do-rego
- www.carlosdrummond.com.br
- http://viniciusdemoraes.com.br
- www.poesiaspoemaseversos.com.br/manoel-de-barros-poemas/

CAPÍTULO

21

O romance de 30

Quando a literatura se volta para um retrato mais objetivo da realidade, quase sempre o romance é o gênero que ela privilegia. Nas décadas de 1930 e 1940, período em que o país e o mundo viveram profundas crises, não foi diferente. O romance brasileiro de então, encontrando no regionalismo uma de suas principais vertentes, ganhou matizes ideológicos e se transformou em um importante instrumento de análise e denúncia da realidade brasileira.

Cena gaúcha (1939), de Candido Portinari.

Este capítulo favorece o desenvolvimento das habilidades

- EM13LGG102
- EM13LGG202
- EM13LGG203
- EM13LGG302
- EM13LGG601
- EM13LGG602
- EM13LGG604
- EM13LP01
- EM13LP02
- EM13LP06
- EM13LP10
- EM13LP46
- EM13LP48
- EM13LP49
- EM13LP52

Caminhos da ficção de 1930

O romance de 30 trilhou diferentes caminhos, dos quais o *regionalismo*, especialmente o nordestino, é o mais importante. Com a publicação de *A bagaceira* (1928), de José Américo de Almeida, e, em seguida, *O quinze* (1930), de Rachel de Queiroz, o romance nordestino ganhou destaque, denunciando as agruras da seca e da migração, dos problemas do trabalhador rural, da miséria, da ignorância.

Nos anos seguintes, esse veio literário foi explorado por muitos outros autores, como Amando Fontes, Jorge Amado, José Lins do Rego e Graciliano Ramos, cujas obras trazem temas novos, como o cangaço, o fanatismo religioso, o coronelismo, a luta pela terra, a crise dos engenhos.

O regionalismo também se manifestou no Sul do país, na ficção histórica e épica de *O tempo e o vento*, de Érico Veríssimo, ou no romance de fazenda de Ivan Pedro de Martins, com *Fronteira agreste*. Nessas obras, é ressaltado o homem hostilizado pelo ambiente, pela terra, pela cidade, pelos poderosos, o homem sendo devorado pelos problemas que o meio lhe impõe. Em algumas delas, o romance alcança um perfeito equilíbrio entre a abordagem sociológica e a introspecção psicológica.

Além do regionalismo, os anos 1930 viram florescer outras linhas temáticas no romance. No Rio de Janeiro, surgiu *o romance urbano e psicológico*, representado por Marques Rebelo. Em Minas Gerais, teve vez *o romance poético-metafísico* de Lúcio Cardoso. No Rio Grande do Sul, o romance urbano e psicológico, também cultivado por Érico Veríssimo, alcançou um momento de rara introspecção em *Os ratos*, de Dyonélio Machado. Jorge de Lima, escritor católico militante, publicou no Rio de Janeiro *O anjo*, uma *narrativa surrealista* com matizes ideológicos cristãos e claras referências a reformas sociais.

Rachel de Queiroz: o drama da seca no Nordeste

Rachel de Queiroz (1910-2003) tornou-se conhecida com a publicação de *O quinze* (1930), em que aborda o tema da seca, uma das obras que introduziram o chamado "romance de 30" no Brasil.

Eder Chiodetto/Folhapress

Rachel de Queiroz.

Militou no Partido Comunista e, em 1937, foi presa por defender ideias esquerdistas. Publicou nesse período também os romances *João Miguel, Caminho de pedras* e *As três Marias*. Dedicou-se ao teatro e à crônica jornalística e foi a primeira mulher a ingressar na Academia Brasileira de Letras. Em 1992, depois de mais de cinquenta anos sem se dedicar ao romance, a autora surpreendeu o público com uma nova produção, *Memorial de Maria Moura*.

No conjunto, a prosa de Rachel de Queiroz é enxuta e dinâmica, sobretudo pelos efeitos que a autora extrai da técnica do discurso direto, o que associa sua forma de narrar à tradição da novelística popular. Como consequência, seu texto ganha agilidade, aproxima os fatos narrados e se torna saboroso ao gosto do grande público. Além de as obras da escritora cearense se voltarem para a denúncia da realidade social, seu texto introduz elementos psicológicos, conferindo uma dimensão mais completa e humana aos problemas abordados.

Graciliano Ramos: a prosa nua

De todos os escritores nordestinos que se revelaram na década de 1930, Graciliano Ramos é o romancista que soube exprimir com maior agudeza a dura realidade do habitante dessa região.

Como romancista, alcançou raro equilíbrio ao reunir análise sociológica e psicológica. Como poucos, retratou o universo do sertanejo nordestino, tanto na figura do fazendeiro autoritário quanto na do caboclo comum, o homem de inteligência limitada, vítima das condições do meio natural e social, sem iniciativa, passivo ante os poderosos.

Contudo, em Graciliano o regional não caminha na direção do específico, do particular ou do pitoresco; ao contrário, as especificidades do regional são um meio para alcançar o *universal*, já que seus personagens traduzem uma condição coletiva, a do homem explorado socialmente ou brutalizado pelo meio.

Entre os ficcionistas de sua época, Graciliano destaca-se pelas suas qualidades universalistas e, sobretudo, pela linguagem enxuta, rigorosa e conscientemente trabalhada, no que se mostra o legítimo continuador de Machado de Assis na trajetória do romance brasileiro.

Quem foi Graciliano Ramos?

Arquivo DP/D.A Press

Graciliano Ramos (1892-1953) nasceu em Quebrângulo, Alagoas. Foi contista, romancista, cronista, inspetor de ensino e envolveu-se com a política, chegando a ser prefeito de Palmeiras dos Índios (AL).

Em 1936, foi preso pelo governo de Getúlio Vargas sob a acusação de ser comunista. Anos depois de sua experiência na prisão, nasceria a obra *Memórias do cárcere*.

Entre suas obras mais importantes estão *Vidas secas*, *São Bernardo* e *Angústia*.

Vidas secas

Vidas secas é uma das mais importantes obras de Graciliano Ramos e, provavelmente, a mais conhecida do grande público. Em linguagem enxuta, fazendo uso preciso da introspecção psicológica e da técnica do discurso indireto livre, narra as dificuldades de uma família sertaneja, vitimada pela seca e sujeita a vários tipos de humilhação. A obra é um romance, organizado em capítulos, que também podem ser lidos autonomamente, como se fossem contos.

Leitura

Fabiano ia satisfeito. Sim senhor, arrumara-se. Chegara naquele estado, com a família morrendo de fome, comendo raízes. Caíra no fim do pátio, debaixo de um juazeiro, depois tomara conta da casa deserta. Ele, a mulher e os filhos tinham-se habituado à **camarinha** escura, pareciam ratos — e a lembrança dos sofrimentos passados esmorecera.

Pisou com firmeza no chão **gretado**, puxou a faca de ponta, esgaravatou as unhas sujas. Tirou do **aió** um pedaço de fumo, picou-o, fez um cigarro com palha de milho, acendeu-o ao **binga**, pôs-se a fumar **regalado**.

— Fabiano, você é um homem, exclamou em voz alta.

Uma das fotos que integram a obra *Vidas Secas — 70 anos*, de Evandro Teixeira, publicada em 2008 em comemoração dos 70 anos de publicação de *Vidas secas*.

Conteve-se, notou que os meninos estavam perto, com certeza iam admirar-se ouvindo-o falar só. E, pensando bem, ele não era homem: era apenas um cabra ocupado em guardar coisas dos outros. Vermelho, queimado, tinha os olhos azuis, a barba e os cabelos ruivos; mas como vivia em terra alheia, cuidava de animais alheios, descobria-se, encolhia-se na presença dos brancos e julgava-se cabra.

Olhou em torno, com receio de que, fora os meninos, alguém tivesse percebido a frase imprudente. Corrigiu-a, murmurando:

— Você é um bicho, Fabiano.

Isto para ele era motivo de orgulho. Sim senhor, um bicho, capaz de vencer dificuldades.

Chegara naquela situação medonha — e ali estava, forte, até gordo, fumando o seu cigarro de palha.

Era. Apossara-se da casa porque não tinha onde cair morto, passara uns dias mastigando raiz de imbu e semente de **mucunã**. Viera a trovoada. E, com ela, o fazendeiro, que o expulsara. Fabiano fizera-se desentendido e oferecera os seus préstimos, resmungando, coçando os cotovelos, sorrindo aflito. O jeito que tinha era ficar. E o patrão aceitara-o, entregara-lhe as marcas de ferro.

Agora Fabiano era vaqueiro, e ninguém o tiraria dali. Aparecera como um bicho, entocara-se como um bicho, mas criara raízes, estava plantado. Olhou as **quipás**, os mandacarus e os xiquexiques. Era mais forte que tudo isso, era como as catingueiras e as baraúnas. Ele, Sinhá Vitória, os dois filhos e a cachorra Baleia estavam agarrados à terra.

Chape-chape. As alpercatas batiam no chão rachado. O corpo do vaqueiro **derreava-se**, as pernas faziam dois arcos, os braços moviam-se desengonçados. Parecia um macaco.

Entristeceu. Considerar-se plantado em terra alheia! Engano. A sina dele era correr mundo, andar para cima e para baixo, à toa, como judeu errante. Um vagabundo empurrado pela seca. Achava-se ali de passagem, era hóspede. Sim senhor, hóspede que demorava demais, tomava amizade à casa, ao curral, ao chiqueiro das cabras, ao juazeiro que os tinha abrigado uma noite.

(*Vidas secas*. 27. ed. São Paulo: Martins Fontes, 1970. p. 53-55.)

aió: bolsa usada na caça.
binga: isqueiro.
camarinha: quarto de dormir.
derrear-se: vergar-se, inclinar-se.
gretado: rachado, com fendas.
mucunã: trepadeira de grande porte, comum nas Guianas e em alguns Estados brasileiros.
quipá: planta brasileira da família dos cactos.
regalado: com prazer, satisfeito.

1 Nesse episódio de *Vidas secas*, é possível extrair algumas informações a respeito do personagem Fabiano e de sua família.

a) Que razões teriam levado Fabiano e sua família à fazenda onde ele mora e trabalha como vaqueiro?

b) Portanto, que tipo de problema social é enfocado pela obra?

2 Além de abordar temas ligados à realidade nacional, outro traço do romance de 30 é a busca de uma linguagem brasileira. Observe a linguagem empregada no texto e as referências ao homem e à natureza.

a) Deduza: Que palavras do texto são típicas do português brasileiro e servem para designar elementos da paisagem nacional?

b) Considerando o tema da obra e as descrições de Fabiano e da paisagem, levante hipóteses: Qual é a região brasileira retratada na obra?

c) Predomina, nessa linguagem, uma variedade linguística de acordo com a norma-padrão da língua?

d) Conclua: Como o autor lida com a questão da variação linguística em sua obra?

3 Ao longo do texto, o personagem é caracterizado de formas diferentes. Observe:

- "— Fabiano, você é um homem"
- "— Você é um bicho, Fabiano."
- "Parecia um macaco"

a) A que elementos da natureza Fabiano é comparado no segundo e terceiro fragmentos?

b) Essas comparações lembram procedimentos de outro movimento literário, que também enfocou as relações entre o homem e o meio natural e social. Qual é esse movimento?

c) Em *Vidas secas*, que significado social tem essas comparações?

4 Observe o 2º e o 3º parágrafo do texto. Fabiano, depois de preparar um cigarro de palha, exclama satisfeito: "— Fabiano, você é um homem". Considerando o histórico do personagem, responda: Para Fabiano, o que é se sentir um homem?

Reprodução/Sino Filmes

5 Observe estes dois trechos do texto:

"Agora Fabiano era vaqueiro, e ninguém o tiraria dali. [...] estava plantado."
"Entristeceu. Considerar-se plantado em terra alheia! Engano."

Esses trechos mostram uma mudança no pensamento de Fabiano, como se ele tomasse consciência de sua real condição.

a) De que Fabiano toma consciência?

b) Que tipo de problema social, amplamente denunciado no Brasil, se verifica na base da real condição de Fabiano?

6 Outro traço que caracteriza o romance de 30 é o emprego de novas técnicas narrativas, principalmente aquelas que sustentam a introspecção e a análise psicológica dos personagens. É o caso, por exemplo, do discurso indireto livre, que funde a fala do narrador à fala ou ao pensamento do personagem, sem emprego de verbos *dicendi* (como *perguntou*, *respondeu*, *disse*) e sem sinais de pontuação marcadores de fala, como o travessão ou as aspas.

Observe estes fragmentos do texto:

- "Fabiano ia satisfeito. Sim senhor, arrumara-se."
- "Olhou as quipás, os mandacarus e os xiquexiques. Era mais forte que tudo isso, era como as catingueiras e as baraúnas."

Identifique nesses fragmentos os trechos que correspondem ao pensamento de Fabiano.

7 Com base no estudo feito, conclua: Quais características do romance de 30 podem ser apreendidas da leitura desse texto:

a) quanto aos temas e ao recorte da realidade?

b) quanto à linguagem e às técnicas narrativas?

c) quanto ao trabalho com os personagens?

José Lins do Rego: memória e ficção no engenho

José Lins do Rego (1901-1957) é o escritor regionalista que mais profundamente retratou a decadência dos engenhos de cana nordestinos, no início do século XX.

Muito da obra do escritor concilia ficção com as recordações dos tempos de menino e adolescente, quando vivia na fazenda do avô paterno, junto com tios e primos. Numa linguagem fluida, solta, popular, o escritor capta a vida nordestina por dentro e registra-a num momento em que se operavam no Nordeste transformações de ordem social e econômica profundas, fruto da decadência do engenho, logo substituído pela usina moderna.

Oriundo de uma família rica, neto do então importante coronel José Paulino (transformado em personagem de algumas de suas obras), José Lins, como poucos, capta e transpõe para a literatura o imaginário do povo nordestino, antes dele expresso apenas nas narrativas orais, nos romances cantados e na literatura de cordel.

Segundo o próprio autor, sua obra pode ser dividida em ciclos. São eles:

- **ciclo da cana-de-açúcar:** *Menino de engenho, Doidinho, Banguê, Fogo morto* e *Usina*;
- **ciclo do cangaço, misticismo e seca:** *Pedra Bonita* e *Cangaceiros*;
- **obras independentes:** romances vinculados aos dois ciclos: *Moleque Ricardo, Pureza, Riacho doce*; romances desvinculados dos ciclos: *Água-mãe* e *Eurídice*. A obra *Riacho doce*, depois de ser adaptada pela Rede Globo para a linguagem televisiva, foi também transposta para o cinema.

A mais madura de suas obras, *Fogo morto*, consegue captar, na paisagem e no elemento humano, não só as imagens oriundas de suas lembranças pessoais, mas principalmente a bruta realidade de uma estrutura social em decomposição.

As relações que se estabelecem entre os personagens funcionam como fios que costuram as três partes da narrativa, ao mesmo tempo que ajudam a construir um grande painel da zona açucareira, retratada num momento de profunda transformação social e econômica, que põe fim às centenárias estruturas fundiárias e se abre para a modernização.

A visão nostálgica do autor, marca principal dos outros romances que integram o ciclo da cana-de-açúcar, cede lugar em *Fogo morto* a um profundo sentimento de tristeza e de inconformismo social.

Quem foi José Lins do Rego?

José Lins do Rego (1901-1957) nasceu no município de Pilar, Paraíba. Fez Direito em Recife, onde teve contato com o grupo modernista que ali surgia, formado por Gilberto Freire e José Américo de Almeida, entre outros. Atuou como promotor em Maceió, onde escreveu seus primeiros livros e conviveu com Graciliano Ramos, Jorge de Lima e Rachel de Queiroz.

Loredano/Acervo da editora

Caricatura de José Lins do Rego.

Atuou na imprensa, na vida diplomática e foi eleito para a Academia Brasileira de Letras pouco antes de morrer.

Jorge Amado: lirismo e militância na Bahia

A maior parte das obras de Jorge Amado, principalmente as primeiras que publicou, apresenta preocupação político-social, denunciando, num tom direto, lírico e participante, a miséria e a opressão do trabalhador rural e das classes populares.

Com o tempo, sua força poética voltou-se para os pobres, para a infância abandonada e delinquente, para a miséria do negro, para o cais e os pescadores de sua terra natal, para a seca, o cangaço, a exploração do trabalhador urbano e rural e para a denúncia do coronelismo latifundiário.

Autor de obras de cunho regionalista e de denúncia social no início de sua carreira de escritor, Jorge Amado apresenta diferentes fases, entre elas a da vida rural e urbana da Bahia (*Cacau, Suor*), a dos depoimentos líricos e sentimentais (*Capitães da Areia, Mar morto*), as obras de pregação partidária (*O cavaleiro da esperança*), o ciclo do cacau e as lutas entre coronéis e exportadores (*Terras do sem-fim, São Jorge dos Ilhéus*) e as crônicas de costumes provincianos, suas obras mais conhecidas (*Gabriela, cravo e canela, Dona Flor e seus dois maridos*).

Alguns críticos literários veem pouco valor na obra de Jorge Amado, principalmente nas crônicas de costumes. Outros rejeitam o caráter militante de algumas de suas obras, acusando-as de panfletárias; outros rejeitam sua linguagem despretensiosa e popular, acusando-o de escrever mal; outros desaprovam o apimentado de suas histórias mais populares, recheadas de erotismo. Independentemente da opinião da crítica, porém, Jorge Amado tornou-se um dos mais prestigiados escritores brasileiros no Brasil e no exterior. Suas obras foram traduzidas em 55 países e, no Brasil, venderam 20 milhões de exemplares.

Quem foi Jorge Amado?

Jorge Amado (1912-2001) nasceu em Pirangi (BA). Estudou Direito e trabalhou na imprensa. Em 1931, mudou-se para o Rio de Janeiro e se tornou conhecido com a publicação do romance *O país do carnaval*. Alcançou notoriedade, entretanto, com dois romances publicados logo depois: *Cacau* e *Suor*.

Politicamente comprometido com ideias socialistas, participou da Aliança Nacional Libertadora, movimento de frente popular, e foi preso em 1936. Libertado em 1937, morou em Buenos Aires, onde publicou a biografia de Luís Carlos Prestes. De volta ao Brasil, em 1945, foi eleito deputado federal, mas teve seu mandato político cassado. Deixou novamente o país e residiu na França e na União Soviética, entre outros países, até 1952, quando retornou ao Brasil. Nessa ocasião, já se tornara mundialmente conhecido. Em 1959, ingressou na Academia Brasileira de Letras. Seus livros estão hoje traduzidos para mais de trinta línguas. Foi casado com a escritora Zélia Gattai.

Loredano/Acervo da editora

Caricatura de Jorge Amado.

Capitães da Areia

Capitães da Areia, obra publicada em 1937, explora questões sociais que têm como pano de fundo a cidade de Salvador, mas são, com poucas alterações, as mesmas de muitas outras cidades brasileiras. Seus personagens são dezenas de crianças de rua, de idade entre 8 e 16 anos, que, atiradas à própria sorte, cometem delitos para sobreviver. Detidas, são humilhadas e castigadas.

Lideradas por Pedro Bala, moram num velho trapiche, um armazém abandonado e cercado pela areia no cais de Salvador, a "cidade da Bahia". A relação que mantêm entre si é regida por códigos de lealdade e de solidariedade, e contam com a ajuda de apenas duas pessoas: um padre e uma mãe de santo.

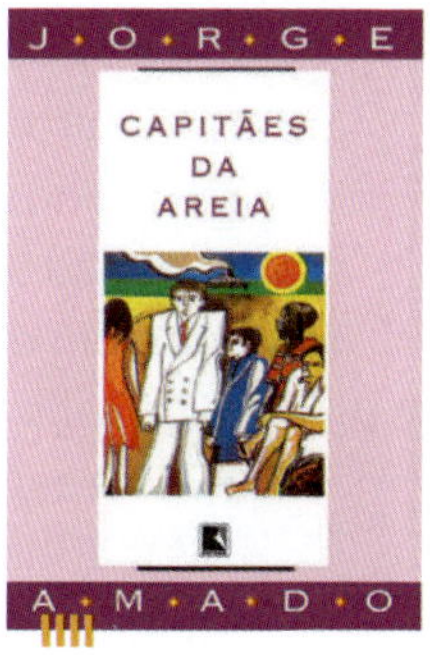

Reprodução/Editora Record

Capa do livro *Capitães da Areia*, de Jorge Amado.

Leitura

No trecho a seguir, os Capitães da Areia, tornados adultos à força, pela necessidade de sobrevivência, deixam aflorar seu lado infantil.

As luzes do carrossel

[...]

— É uma beleza — disse Pedro Bala olhando o velho carrossel armado. E João Grande abria os olhos para ver melhor. Penduradas estavam as lâmpadas azuis, verdes, amarelas, roxas, vermelhas.

É velho e desbotado o carrossel de Nhozinho França. Mas tem a sua beleza. Talvez esteja nas lâmpadas, ou na música da **pianola** (velhas valsas de perdido tempo), ou talvez nos **ginetes** de pau. Entre eles tem um pato que é para sentar dentro os mais pequenos. Tem a sua beleza, sim, porque a opinião unânime dos Capitães da Areia é que ele é maravilhoso. Que importa que seja velho, **roto** e de cores apagadas se agrada às crianças?

Foi uma surpresa quase incrível quando naquela noite o Sem-Pernas chegou ao trapiche dizendo que ele e Volta Seca iam trabalhar uns dias num carrossel. Muitos não acreditaram, pensaram que fosse mais uma **pilhéria** do Sem-Pernas. Então iam perguntar a Volta Seca, que, como sempre, estava metido no seu canto sem falar, examinando um revólver que furtara numa casa de armas. Volta Seca fazia que sim com a cabeça e por vezes dizia:

— Lampião já rodou nele. Lampião é meu padrim...

O Sem-Pernas convidou a todos para irem ver o carrossel na outra noite, quando o acabariam de armar. E saiu para encontrar Nhozinho França. Naquele momento todos os pequenos corações que pulsavam no trapiche invejaram a suprema felicidade do Sem-Pernas. Até mesmo Pirulito, que tinha quadros de santos na sua parede, até mesmo João Grande, que nessa noite iria com o Querido-de-Deus ao candomblé de Procópio, no Matatu, até mesmo o Professor, que lia livros, e quem sabe se também Pedro Bala, que nunca tivera inveja de nenhum porque era o chefe de todos? Todos o invejaram, sim. Como invejaram Volta Seca, que no seu canto, o cabelo mestiço e ralo despenteado, os olhos apertados e a boca rasgada naquele **ríctus** de raiva, apontava o revólver ora para um dos meninos, ora para um rato que passava, ora para as estrelas, que eram muitas no céu.

Na outra noite foram todos com o Sem-Pernas e Volta Seca (estes tinham passado o dia fora, ajudando Nhozinho a armar o carrossel) ver o carrossel armado. E estavam parados diante dele, **extasiados** de beleza, as bocas abertas de admiração. O Sem-Pernas mostrava tudo. Volta Seca levava um por um para mostrar o cavalo que tinha sido cavalgado por seu padrinho Virgulino Ferreira Lampião. Eram quase cem crianças olhando o velho carrossel de Nhozinho França, que a estas horas estava **encornado** num **pifão** tremendo na Porta do Mar.

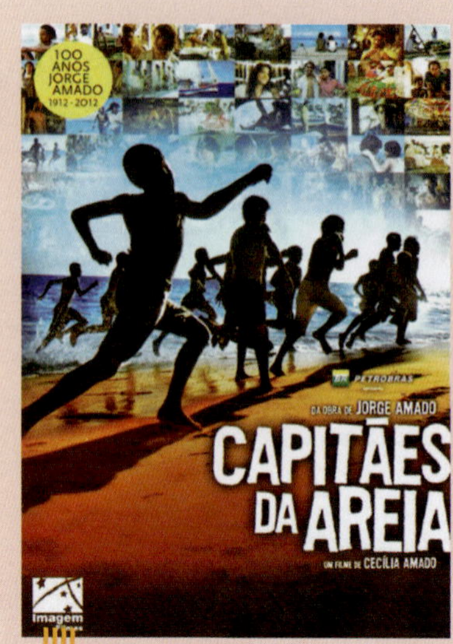

Lagoa Cultural/Instituto do Cinema e do Audiovisual (ICA)/Imagem Filmes

Capa do DVD do filme *Capitães da Areia*.

O Sem-Pernas mostrou a máquina (um pequeno motor que falhava muito) com um orgulho de proprietário. Volta Seca não se desprendia do cavalo onde rodara Lampião. O Sem-Pernas estava muito cuidadoso do carrossel e não deixava que eles o tocassem, que **bulissem** em nada.

Foi quando o Professor perguntou:

— Tu já sabe mover com as máquinas?

— Amanhã é que vou saber... — disse o Sem-Pernas com um certo desgosto.

— Amanhã seu Nhozinho vai me ensinar.

— Então amanhã, quando acabar a função, tu pode botar ele pra rodar só com a gente. Tu bota as coisas pra andar, a gente se **aboleta**.

Pedro Bala apoiou a ideia com entusiasmo. Os outros esperavam a resposta do Sem-Pernas ansiosos. O Sem-Pernas disse que sim, e então muitos bateram palmas, outros gritaram. Foi quando Volta Seca deixou o cavalo onde montara Lampião e veio para eles:

— Quer ver uma coisa bonita?

Todos queriam. O sertanejo trepou no carrossel, deu corda na pianola e começou a música de uma valsa antiga. O rosto sombrio de Volta Seca se abria num sorriso. Espiava a pianola, espiava os meninos envoltos em alegria. Escutavam religiosamente aquela música que saía do **bojo** do carrossel na magia da noite da cidade da Bahia só para os ouvidos aventureiros e pobres dos Capitães da Areia. Todos estavam silenciosos. Um operário que vinha pela rua, vendo a aglomeração de meninos na praça, veio para o lado deles. E ficou também parado, escutando a velha música. Então a luz da lua se estendeu sobre todos, as estrelas brilharam ainda mais no céu, o mar ficou de todo manso (talvez que Iemanjá tivesse vindo também ouvir a música) e a cidade era como que um grande carrossel onde giravam em invisíveis cavalos os Capitães da Areia. Neste momento de música eles sentiram-se donos da cidade. E amaram-se uns aos outros, se sentiram irmãos porque eram todos eles sem carinho e sem conforto e agora tinham o carinho e conforto da música. Volta Seca não pensava com certeza em Lampião neste momento. Pedro Bala não pensava em ser um dia o chefe de todos os malandros da cidade. O Sem-Pernas em se jogar no mar, onde os sonhos são todos belos. Porque a música saía do bojo do velho carrossel só para eles e para o operário que parara. E era uma valsa velha e triste, já esquecida por todos os homens da cidade.

(*Capitães da Areia*. São Paulo: Companhia das Letras, 2008. p. 66-68.)

aboletar: instalar, alojar.
bojo: interior, cerne, âmago.
bulir: mexer, tocar.
encornado: dormindo.
extasiado: assombrado, absorto.
ginete: cavalo fino e adestrado.
pianola: piano mecânico, automático.
pifão: bebedeira.
pilhéria: piada.
ríctus: ricto, contração labial ou facial.
roto: rasgado, esfarrapado.

1 O narrador, ao descrever a admiração dos meninos diante do carrossel, emprega o recurso da repetição de palavras, de frases ou de sinônimos. Veja:

> "É velho e desbotado o carrossel de Nhozinho França. Mas tem a sua beleza. [...] Tem a sua beleza, sim [...] Que importa que seja velho, roto e de cores apagadas [...]?"

a) Cite outras passagens do texto em que esse recurso é empregado.

b) Que efeito esse recurso confere à narrativa?

2 No último parágrafo, o narrador repete várias vezes a palavra *música*.

a) Em que expressões essa palavra é empregada?

b) Que relação pode ser estabelecida entre essa repetição verbal e o momento que o narrador descreve nesse parágrafo?

3 Que sentido mais amplo pode ter a afirmação do narrador, no último parágrafo, de que a música que os garotos e o operário ouviam era "já esquecida por todos os homens da cidade"?

4 A obra *Capitães da Areia* revela o propósito de retratar a coletividade das crianças de rua, conforme se observa na frase "Eram quase cem crianças olhando o velho carrossel", do trecho lido, mas, para isso, ele utiliza o recurso de contar uma história que envolve personagens particulares. No trecho lido, quais personagens se destacam? Quais características, sonhos e preferências eles têm?

5 A história contada em *Capitães da Areia* acontece em Salvador, na Bahia, onde a população é, na maioria, formada por negros. No entanto, no decorrer da narrativa, ficamos sabendo que Pedro Bala, o personagem principal da narrativa, é loiro.

a) Que elementos da cultura negra, típicos da Bahia, são citados no trecho lido?

b) Levante hipóteses: O que pode representar a presença de um personagem loiro em meio a outros personagens negros?

6 Como você viu, os romances de 30 buscam uma linguagem mais brasileira. Observe a linguagem do texto.

a) Como o autor lida com o discurso do narrador e o dos personagens em relação à norma-padrão e às variedades linguísticas?

b) Esse uso da linguagem está de acordo com as propostas do Modernismo da primeira geração? Justifique sua resposta.

Érico Veríssimo: resgate histórico e crítica

A obra do autor costuma ser dividida em três fases. A primeira inicia-se com a publicação de *Clarissa* (1933), que acaba sendo o primeiro de uma série de romances — *Caminhos cruzados*, *Música ao longe*, *Um lugar ao sol*, *Saga* — que têm como traço de união a presença constante de certos personagens, principalmente os pares Vasco e Clarissa e Fernanda e Noel, e completa-se com *Olhai os lírios do campo* e *O resto é silêncio*. Essa primeira fase do romancista se caracteriza pelo registro do cotidiano da vida urbana de Porto Alegre e pela apresentação de certos problemas morais, sociais e humanos decorrentes da vigência de valores degradados. Verdadeiros *best-sellers*, suas obras foram vertidas para diversas línguas.

A segunda fase do escritor corresponde a *O tempo e o vento*, obra cíclica que trata da formação do Rio Grande do Sul. Nessa obra de envergadura épica, Érico Veríssimo demonstra pleno amadurecimento de processos técnicos e expressivos e se firma como um legítimo retratista do povo gaúcho, embora, do ponto de vista do crítico José Hildebrando Dacanal, a obra expresse a ideologia das elites dirigentes que historicamente se instalaram no poder.

Pode-se reconhecer na obra do romancista ainda uma terceira fase, representada por *O prisioneiro*, *O senhor embaixador* e *Incidente em Antares*, caracterizada por uma postura mais universalista, mais crítica e de engajamento social.

Érico Veríssimo dedicou-se também à ficção didática (*Viagem à aurora do mundo*, *Aventuras no mundo da higiene*), à literatura infantil (*Os três porquinhos pobres*) e a obras de caráter memorialista (*Solo de clarineta*).

Quem foi Érico Veríssimo?

Acervo UH/Folhapress

Érico Veríssimo (1905-1975) nasceu no município gaúcho de Cruz Alta. Mesmo sem diplomas, iniciou-se no jornalismo em 1930 e tornou-se professor de literatura nos Estados Unidos. Também dirigiu um dos departamentos culturais da Organização dos Estados Americanos (OEA) — experiência que registrou nos livros *Gato preto em campo de neve* e *A volta do gato preto*.

Sua estreia na literatura ocorreu com *Fantoches*, uma coletânea de contos. O marco inicial de sua popularidade, entretanto, foi a publicação do romance *Clarissa*, no ano seguinte. Entre suas obras mais importantes estão *Olhai os lírios do campo* e *O tempo e o vento*.

É pai do conhecido escritor Luis Fernando Verissimo.

CAPÍTULO

22

A poesia de 30

A poesia da segunda geração modernista foi, essencialmente, uma poesia de questionamento: da existência humana, do sentimento de "estar-no-mundo", das inquietações social, religiosa, filosófica, amorosa. Carlos Drummond de Andrade é o poeta que melhor representa o espírito dessa geração, e sua produção poética constitui um dos pontos mais altos da nossa literatura.

Este capítulo favorece o desenvolvimento das habilidades

- EM13LGG102
- EM13LGG202
- EM13LGG203
- EM13LGG302
- EM13LGG601
- EM13LGG602
- EM13LGG604
- EM13LP01
- EM13LP02
- EM13LP06
- EM13LP46
- EM13LP48
- EM13LP49
- EM13LP50
- EM13LP52

Reprodução/Acervo particular

Visão interna — agonia (1931), de Ismael Nery, pintor e poeta católico que integrou o grupo católico do Rio de Janeiro na década de 1930.

A poesia e o romance de 30 tomaram rumos diferentes, embora tenham conservado algumas características em comum. Os poetas da década de 1930, interessados fundamentalmente no sentido da existência humana, no confronto do homem com a realidade, enfim, no "estar-no-mundo", seguiram caminhos diferentes de seus pares na prosa. Assim, sem desconsiderar o regionalismo, buscaram uma abordagem mais universal, que vai da reflexão filosófico-existencialista ao espiritualismo, da preocupação social e política ao regionalismo, da metalinguagem ao sensualismo.

Em 1930, a primeira geração modernista já se saíra vitoriosa na luta travada contra a cultura acadêmica. Muitas de suas propostas, como o verso livre, a afirmação de uma língua brasileira, a priorização da paisagem nacional e a abordagem de temas ligados ao cotidiano, estavam definitivamente consolidadas em nossa literatura.

A segunda geração modernista, livre do compromisso de combater o passado, manteve muitas das conquistas da geração anterior, mas também se sentia inteiramente à vontade para voltar a cultivar certos recursos poéticos que o radicalismo da primeira geração tornara objeto de desprezo, tais como os versos regulares (metrificados), a estrofação criteriosa e as formas fixas, como o soneto, a balada, o rondó, o madrigal.

Não se trata de uma geração antimodernista no interior do próprio Modernismo. Pelo contrário, esses poetas levaram adiante o projeto de liberdade de expressão dos seus antecessores, a ponto até de se permitirem empregar as formas utilizadas pelos clássicos. Por isso não é de causar espanto que grandes autores do verso livre desse período tenham sido também excelentes sonetistas.

Os principais poetas da segunda geração modernista são: Carlos Drummond de Andrade, Cecília Meireles, Vinícius de Moraes, Jorge de Lima e Murilo Mendes.

Carlos Drummond de Andrade: um bruxo com amor

Carlos Drummond de Andrade desenvolveu uma vasta obra literária, em verso e prosa, durante décadas. Neste capítulo, daremos destaque à sua poesia, que costuma ser organizada em partes ou fases. Se considerarmos os primeiros trinta anos dos 56 de carreira poética do autor, pelo menos quatro fases podem ser identificadas: a fase *gauche* (década de 1930); a fase social (1940-45); a fase do "não" (décadas de 1950 e 1960); e a fase da memória (décadas de 1970 e 1980).

Quem foi Carlos Drummond de Andrade?

Mineiro de Itabira, Drummond (1902-1987) proveio de família ligada às tradições da região, ou seja, de fazendeiros e mineradores. Formou-se em Farmácia, mas nunca exerceu a profissão. Dedicou-se ao jornalismo e ingressou no funcionalismo público, que lhe garantiu a sobrevivência. Em 1925, participou da fundação de *A Revista*, publicação modernista de Belo Horizonte.

Foi poeta, cronista e contista e um dos mais influentes escritores de sua geração. Publicou uma vasta obra, entre elas *José*, *A rosa do povo* e *Amar se aprende amando*.

A fase *gauche*: consciência e isolamento

As obras que representam essa fase são *Alguma poesia* (1930), a primeira publicação de Drummond, e *Brejo das almas* (1934). Nelas, ainda podem ser encontrados certos recursos que se associam à primeira geração modernista, tais como a ironia, o humor, o poema-piada, a síntese, a linguagem coloquial. Veja o poema-pílula ao lado, que lembra os de Oswald de Andrade:

Cota zero

Stop.
A vida parou
ou foi o automóvel?

(*Alguma poesia*. Rio de Janeiro: Record. © Graña Drummond. www.carlosdrummond.com.br.)

Mas o que essencialmente caracteriza essa fase é o *gauchismo* da maioria dos poemas. A palavra *gauche*, de origem francesa, significa "lado esquerdo". Aplicada ao ser humano, significa aquele que se sente às avessas, torto, que não consegue estabelecer uma comunicação com a realidade. São comuns a essa fase da poesia drummondiana certos traços como o *pessimismo*, o *individualismo*, o *isolamento*, a *reflexão existencial*, além de certas atitudes permanentes, que se estenderão por toda a obra, como a ironia e o uso da *metalinguagem*.

Ao gauche não há saídas: nem o amor, nem a morte, nem mesmo o isolamento. Desesperado, ele busca comunicar-se com o mundo por meio do canto, mesmo que seja um canto torto e *gauche*.

Leis alguns versos do "Poema de sete faces", que apresenta o "gauchismo":

Quando nasci, um anjo torto
desses que vivem na sombra
disse: Vai, Carlos! Ser gauche na vida.

[...]

Mundo mundo vasto mundo,
se eu me chamasse Raimundo
seria uma rima, não seria uma solução.
Mundo mundo vasto mundo
mais vasto é meu coração.

(*Reunião*. 10. ed. Rio de Janeiro: José Olympio, 1980.)

A fase social: todo o sentimento do mundo

Sentimento do mundo (1940), o terceiro livro de Drummond, marca uma sensível mudança na orientação da poesia do autor, comentada por ele próprio:

> Meu primeiro livro, *Alguma poesia* (1930), traduz uma grande inexperiência do sofrimento e uma deleitação ingênua com o próprio indivíduo. Já em *Brejo das almas* (1934), alguma coisa se compôs, se organizou; o individualismo será mais exacerbado, mas há também uma consciência crescente de sua precariedade e uma desaprovação tácita da conduta (ou falta de conduta) espiritual do autor. Penso ter resolvido as contradições elementares de minha poesia num terceiro volume, *Sentimento do mundo* (1940).

Quando Drummond afirma que pensa ter resolvido as contradições elementares de sua poesia, refere-se às contradições entre o eu e o mundo — o veio principal da sua obra poética.

Nessa fase, o eu lírico dos poemas manifesta interesse pelos problemas da vida social, da qual estivera isolado até então. Essa mudança de postura diante da realidade relaciona-se, sem dúvida, ao contexto histórico. No período de gestação das três obras que compõem a segunda fase (1935 a 1945) do autor — além de *Sentimento do mundo*, também *José* (1942) e *Rosa do povo* (1945) —, o mundo presenciou a ascensão do nazifascismo, a guerra na Espanha e a Segunda Guerra Mundial; no Brasil, tiveram lugar ainda a Intentona Comunista (1935) e a ditadura de Vargas (1937-1945). Em todo o mundo se verificava o crescimento de uma literatura social, engajada numa causa política.

Essa consciência da debilidade do mundo e da necessidade de transformá-lo levou o poeta a simpatizar com a causa socialista por um tempo. A adesão do poeta aos problemas do seu tempo e o sentimento de solidariedade diante das frustrações e das esperanças humanas resultaram na criação da melhor poesia social brasileira do século XX.

Leitura

A seguir, você vai ler um dos poemas que integram a obra *Sentimento do mundo*.

Mundo grande

Não, meu coração não é maior que o mundo.
É muito menor.
Nele não cabem nem as minhas dores.
Por isso gosto tanto de me contar.
Por isso me dispo.
Por isso me grito,
por isso frequento os jornais, me exponho cruamente nas livrarias:
preciso de todos.

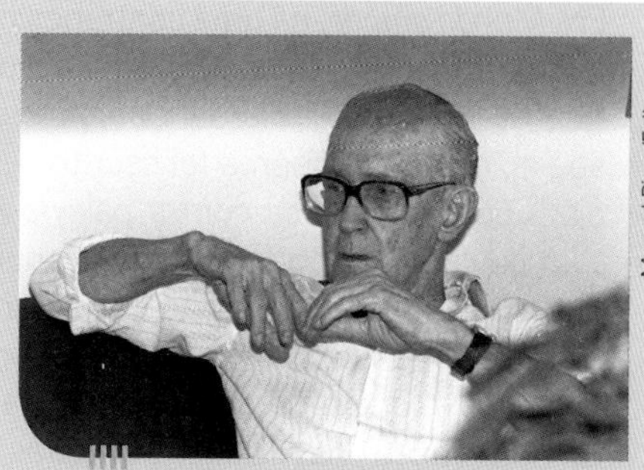

Carlos Drummond de Andrade.

Sim, meu coração é muito pequeno.
Só agora vejo que nele não cabem os homens.
Os homens estão cá fora, estão na rua.
A rua é enorme. Maior, muito maior do que eu esperava.
Mas também a rua não cabe todos os homens.
A rua é menor que o mundo.
O mundo é grande.

Tu sabes como é grande o mundo.
Conheces os navios que levam petróleo e livros, carne e algodão.
Viste as diferentes cores dos homens,
as diferentes dores dos homens,
sabes como é difícil sofrer tudo isso, amontoar tudo isso
num só peito de homem... sem que ele estale.

Fecha os olhos e esquece.
Escuta a água nos vidros,
tão calma. Não anuncia nada.
Entretanto escorre nas mãos,
tão calma! vai' inundando tudo...
Renascerão as cidades submersas?
Os homens submersos — voltarão?
Meu coração não sabe.
Estúpido, ridículo e frágil é meu coração.
Só agora descubro
como é triste ignorar certas coisas.
(Na solidão de indivíduo
desaprendi a linguagem
com que homens se comunicam.)

Outrora escutei os anjos,
as sonatas, os poemas, as confissões patéticas.
Nunca escutei voz de gente.
Em verdade sou muito pobre.

Outrora viajei
países imaginários, fáceis de habitar.
ilhas sem problemas, não obstante exaustivas e convocando ao suicídio.
Meus amigos foram às ilhas.
Ilhas perdem o homem.
Entretanto alguns se salvaram e
trouxeram a notícia
de que o mundo, o grande mundo está crescendo todos os dias,
entre o fogo e o amor.

Então, meu coração também pode crescer.
Entre o amor e o fogo,
entre a vida e o fogo,
meu coração cresce dez metros e explode.
— Ó vida futura! nós te criaremos

(*Reunião*, cit., p. 60-61.)

1 Em *Mundo grande*, há uma contraposição entre duas visões distintas, relacionadas com a trajetória poética de Drummond: a da fase *gauche* e a da fase social, na qual o poema foi escrito.

a) O poema começa com a palavra *não* em "Não, meu coração não é maior que o mundo". Levando em conta o contexto da poesia drummondiana, troque ideias com os colegas e o professor e responda: A que supostamente essa palavra se opõe?

b) Com base nas duas primeiras estrofes do poema, infira qual visão de mundo o eu lírico tinha sobre o mundo? Justifique sua resposta com trechos do poema.

c) Como o eu lírico percebe o mundo agora? Indique um verso do texto que justifica sua resposta.

2 Com base na 2ª, na 4ª e na 5ª estrofes, responda: Que opinião o eu lírico expressa sobre a postura que vinha tendo diante do mundo?

3 A propósito das duas últimas estrofes do poema:

a) O eu lírico diz ter viajado por "ilhas sem problemas"; em seguida, afirma que "Ilhas perdem o homem". O que simbolizam as ilhas, no contexto do poema?

b) "Entretanto alguns se salvaram", diz no verso seguinte. Seria o eu lírico um desses casos de salvação? Justifique.

c) Dê uma interpretação à imagem presente nos versos "de que o mundo, o grande mundo está crescendo todos os dias,/ entre o fogo e o amor", de acordo com a tarefa de construir a "vida futura".

d) O poema é finalizado com o verso "— Ó vida futura! nós te criaremos". De acordo com esse verso e com a última estrofe do poema, a quem cabe a tarefa de construir a "vida futura"?

As fases finais da poesia drummondiana

Na década de 1950, a poesia de Drummond tomou novos rumos. O período crítico de guerras, ditaduras e medo tinha passado. O mundo vivia então a Guerra Fria e o poeta acumulava o desencanto de sua aventura política pela poesia.

A partir de *Claro enigma* (1951), a criação poética de Drummond começou a seguir duas orientações: de um lado, a poesia reflexiva, filosófica e metafísica — em que, com frequência, aparecem os temas da morte e do tempo —; de outro, a poesia nominal, com tendências ao Concretismo, em que ressalta a preocupação com recursos fônicos, visuais e gráficos do texto.

Já nas décadas de 1970 e 1980, que formam a fase final da produção poética do autor, ganha amplo destaque o universo da memória. Nela, ao lado de temas universais, são retomados e aprofundados certos temas que nortearam toda a obra do escritor, tais como a infância, Itabira, o pai, a família, a piada, o humor cotidiano, a autoironia. São dessa fase as obras *Boitempo & a falta que ama*, *As impurezas do branco* e *Corpo*, entre outras. Veja, como exemplo, o poema ao lado, da obra *Corpo*.

Hipótese

E se Deus é canhoto
e criou com a mão esquerda?
Isso explica, talvez, as coisas deste mundo.

(Rio de Janeiro. Record, 1984. p. 61.)

Cecília Meireles: o efêmero e o eterno

A produção literária de Cecília Meireles é ampla. Embora mais conhecida como poetisa, deixou também contribuições no domínio do conto, da crônica, da literatura infantil e do folclore. É dela, por exemplo, um dos livros mais lidos e apreciados da literatura infantil brasileira: *Ou isto ou aquilo*.

A poesia: o neossimbolismo

A rigor, Cecília Meireles nunca esteve filiada a nenhum movimento literário. Apesar disso, as publicações iniciais da escritora evidenciam certa inclinação pelo Simbolismo. Essa tendência é confirmada por sua participação na revista carioca *Festa*, publicação literária de orientação espiritualista que defendia o universalismo e a preservação de certos valores tradicionais da poesia.

A frequente presença de elementos como o vento, a água, o mar, o ar, o tempo, o espaço, a solidão e a música dá à poesia de Cecília Meireles um caráter fluido e etéreo, que confirma a inclinação neossimbolista da autora.

Do ponto de vista formal, a escritora foi das mais habilidosas em nossa poesia moderna, sendo cuidadosa sua seleção vocabular e forte a inclinação para a musicalidade (outro traço associado ao Simbolismo), para o verso curto e para os paralelismos, a exemplo da poesia medieval portuguesa.

Raramente a poesia de Cecília Meireles foge à orientação intimista. Um desses momentos é representado por *Romanceiro da Inconfidência* (1953), que, pelo viés da História, abre importante espaço em sua obra para a reflexão sobre questões de natureza política e social. Fruto de um longo trabalho que envolveu dez anos de pesquisas, *Romanceiro da Inconfidência* é "uma narrativa rimada", segundo a autora, que reconstrói, fundindo história e lenda, os acontecimentos de Vila Rica à época da Inconfidência Mineira (1789).

Quem foi Cecília Meireles?

Cecília Meireles (1901-1964), a primeira grande poetisa da literatura brasileira, nasceu no Rio de Janeiro, onde fez seus primeiros estudos e se formou professora.

Sempre preocupada com a educação de crianças, dedicou-se ao magistério, ao mesmo tempo que desenvolvia uma intensa atividade literária e jornalística, colaborando em quase todos os jornais e revistas cariocas da época.

Em 1919, lançou seu primeiro livro de poemas, *Espectros*, bem recebido pela crítica. A partir da década de 1930, já conhecida e respeitada, passou a lecionar literatura luso-brasileira na Universidade do Distrito Federal e a dar cursos e fazer conferências em vários países, como Portugal e Estados Unidos.

Entre outras obras, publicou *Viagem*, *Vaga música*, *Mar absoluto e outros poemas*, *Romanceiro da Inconfidência* e *Cânticos*.

Reprodução/Bloch Editores S.A.

A efemeridade do tempo

Cecília Meireles cultivou uma poesia essencialmente reflexiva, de fundo filosófico, que aborda, entre outros, temas como a transitoriedade da vida, o tempo, o amor, o infinito, a natureza, a criação artística. Desses temas, os que mais se destacam são a *fugacidade do tempo* e a *efemeridade das coisas*, rico filão explorado por toda a tradição clássica, sobretudo pelo Barroco.

Leitura

Este é o primeiro de uma série de cinco poemas que abordam o tema da efemeridade do tempo, todos intitulados "motivo da rosa", da obra *Mar absoluto*.

1º motivo da rosa

Vejo-te em seda e **nácar**,
e tão de orvalho trêmula,
que penso ver, **efêmera**,
toda a Beleza em lágrimas
por ser bela e ser frágil.

Meus olhos te ofereço:
espelho para a face
que terás, no meu verso,
quando, depois que passes,
jamais ninguém te esqueça.

Então, de seda e nácar,
toda de orvalho trêmula,
serás eterna. E efêmero
o rosto meu, nas lágrimas
do teu orvalho... E frágil.

(*Obra poética*, cit., p. 232.)

efêmero: de pouca duração, passageiro, transitório.
nácar: substância branca, com reflexos irisados, que se encontra no interior das conchas.

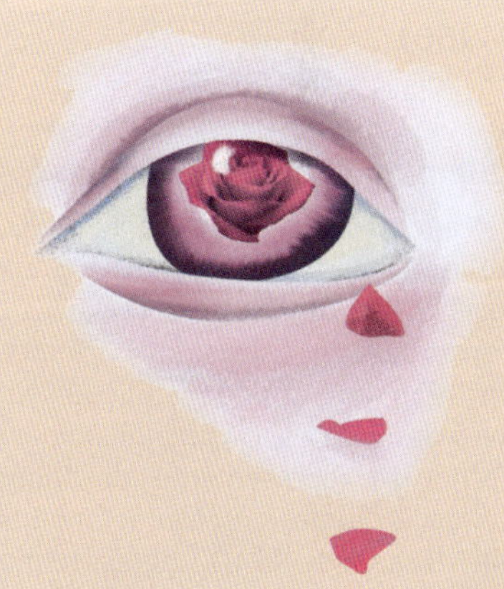

Roberto Weigand/Arquivo da editora

1 Compare a estrutura formal do poema — métrica, seleção vocabular, construção sintática, sonoridade — à dos poemas modernistas da primeira geração. Em que elas se diferenciam?

2 De acordo com a 1ª estrofe do poema de Cecília Meireles, que atributos tem a rosa para simbolizar a efemeridade das coisas?

3 Identificado com a condição da rosa, o eu lírico busca um meio para eternizá-la. Qual é esse meio?

4 A identificação com a condição da rosa revela uma profunda inquietude do eu lírico perante a força avassaladora do tempo.

a) Destaque da última estrofe do poema elementos que comprovem, além da identificação, a transferência dos atributos da rosa para o eu lírico.

b) Se a rosa pode alcançar a imortalidade, levante hipóteses: Por qual meio o eu lírico também pode se eternizar?

Vinícius de Moraes: um canto de poeta e de cantor

Além de ser autor de canções inesquecíveis como, entre outras, "Garota de Ipanema" e "Eu sei que vou te amar", em parceria com Tom Jobim, Vinícius de Moraes integrou também o grupo de poetas religiosos que se formou no Rio de Janeiro entre as décadas de 1930 e 1940.

Em sua *Antologia poética*, publicada em 1955, Vinícius assinalava que sua obra consistia em duas fases: "A primeira, transcendental, frequentemente mística, resultante de sua fase cristã, termina com o poema 'Ariana, a mulher', editado em 1936". Na segunda "estão nitidamente marcados os movimentos de aproximação do mundo material, com a difícil mas consistente repulsa ao idealismo dos primeiros anos".

A poesia sensual e social

Cinco elegias (1943) é a obra que marca, na poesia de Vinícius, a passagem para uma fase de proximidade maior com o mundo material. O poeta torna-se interessado nos temas cotidianos, nas coisas simples da vida, e explora com sensualismo os temas do amor e da mulher. A linguagem também tende à simplicidade: o verso livre passa a ser mais empregado, a comunicação fica mais direta e dinâmica.

Pode-se dizer que, pela primeira vez, Vinícius aderiu às propostas dos modernistas de 1922, embora certa dicção clássica e o gosto pelo soneto sempre tenham feito parte de sua poesia. Contudo, em suas mãos o soneto ganhou uma roupagem diferente, mais moderna e real, fazendo uso de vocábulos do cotidiano, pouco comuns nesse tipo de composição.

Além de ter explorado a poesia sensual, Vinícius também se interessou pela poesia social. O poema "O operário em construção" (1956) é o melhor exemplo desse envolvimento: por meio de uma linguagem simples e direta, quase didática, o poeta manifesta solidariedade às classes oprimidas e almeja atingir a consciência daqueles que o leem ou ouvem. No mesmo ano, publicou a peça teatral *Orfeu da Conceição*, obra que foi adaptada para o cinema duas vezes. Numa das adaptações, o filme, que se intitulou *Orfeu negro*, recebeu o prêmio Palma de Ouro, em Cannes.

Além da poesia, Vinícius também escreveu prosa, em especial crônicas. Dessa produção, destacam-se as obras *Para viver um grande amor* (1962), que também contém alguns poemas, e *Para uma menina com uma flor* (1966).

Quem foi Vinícius de Moraes?

Vinícius de Moraes (1913-1980) nasceu no Rio de Janeiro e, já em 1928, começou a fazer suas primeiras composições musicais. Formou-se em Letras em 1929 e em Direito em 1933, ano em que publicou seu primeiro livro de poemas, *O caminho para a distância*. Tornou-se representante do Ministério da Educação junto à Censura Cinematográfica. Na década de 1940, ingressou na carreira diplomática e também no jornalismo, como cronista e crítico de cinema.

Como diplomata, viveu durante muitos anos no exterior, com alguns intervalos no Brasil. Nesse período, conheceu intelectuais e artistas de todo o mundo. Na década de 1950, interessou-se por música e começou a compor.

A partir daí, passou a se dedicar cada vez mais à atividade de cantor e compositor, compondo e fazendo *shows* com vários parceiros, entre eles Dorival Caymmi, Tom Jobim, Baden Powell, Toquinho e Chico Buarque.

Acervo UH/Folhapress

Vinícius de Moraes e o músico Toquinho.

Leitura

TEXTO 1

Soneto de separação

De repente do riso fez-se o pranto
Silencioso e branco como a bruma
E das bocas unidas fez-se a espuma
E das mãos espalmadas fez-se o espanto.

De repente da calma fez-se o vento
Que dos olhos desfez a última chama
E da paixão fez-se o pressentimento
E do momento imóvel fez-se o drama.

De repente, não mais que de repente
Fez-se de triste o que se fez amante
E de sozinho o que se fez contente.

Fez-se do amigo próximo o distante
Fez-se da vida uma aventura errante
De repente, não mais que de repente.

(*Nova antologia poética de Vinícius de Moraes*, sel. e org. Antonio Cícero e Educanaã Ferraz. São Paulo: Cia. das Letras, Editora Schwarcz Ltda., 2008. p. 100. Autorizado pela VM Empreendimentos Artísticos e Culturais Ltda. © VM e © Cia. das Letras, Editora Schwarcz.)

Banco de imagens/Arquivo da editora

TEXTO 2

Soneto de fidelidade

De tudo, ao meu amor serei atento
Antes, e com tal zelo, e sempre, e tanto
Que mesmo em face do maior encanto
Dele se encante mais meu pensamento.

Quero vivê-lo em cada vão momento
E em seu louvor hei de espalhar meu canto
E rir meu riso e derramar meu pranto
Ao seu pesar ou seu contentamento.

E assim, quando mais tarde me procure
Quem sabe a morte, angústia de quem vive
Quem sabe a solidão, fim de quem ama

Eu possa me dizer do amor (que tive):
Que não seja imortal, posto que é chama
Mas que seja infinito enquanto dure.

(*Idem*, p. 39.)

1 Observe a construção dos textos. Identifique quais aspectos formais dos poemas remetem à tradição clássica.

2 A beleza dos poemas se deve, em grande parte, ao emprego de recursos sonoros e de imagens construídas a partir de comparações, metáforas, antíteses e outras figuras.

a) Destaque da 1ª estrofe do texto 1 um exemplo de aliteração e outro de comparação.

b) Identifique a figura de linguagem a partir da qual, para estabelecer a oposição entre o passado e o presente, é construído todo o texto 1.

c) Destaque do texto 2 um exemplo de polissíndeto e outro de pleonasmo.

3 O texto 1 reitera a oposição entre como era no passado e como é no presente.

a) Caracterize cada um desses momentos.

b) Além da oposição entre passado e presente, por várias vezes é repetida a expressão *de repente*. Com que finalidade essa expressão foi empregada repetidamente?

4 No texto 2, o eu lírico jura fidelidade à pessoa amada, seja nos momentos de dor, seja nos de alegria. A respeito dos tercetos do poema:

a) Qual é a relação entre a morte e a solidão, na perspectiva do eu lírico?

b) Dê uma interpretação coerente ao emprego dos parênteses no verso "Eu possa me dizer do amor (que tive)".

c) Interprete a metáfora presente no verso "Que não seja imortal, posto que é chama".

d) Dê uma interpretação coerente ao paradoxo "que seja infinito enquanto dure", empregado pelo eu lírico para expressar seu conceito de fidelidade.

Bananas (1970), de Antonio Henrique Abreu Amaral.

UNIDADE 9

A literatura contemporânea

Terminada a Segunda Guerra, o Brasil entrou em um novo período de sua história, marcado pelo desenvolvimento econômico, pela democratização política e pelo surgimento de novas tendências artísticas e culturais.

A primeira manifestação de mudança na literatura se deu com a geração de 1940-1950, cujo objetivo era renovar os meios de expressão a partir de uma pesquisa em torno da linguagem. No fim da década de 1950 e início da de 1960, esse movimento conviveu com o Concretismo, que, de certa forma, deu continuidade às pesquisas da geração de 1940-1950, porém acentuando seu aspecto formal. Esse foi o momento em que a Bossa Nova e o Cinema Novo ganharam seu espaço. No final da década de 1960, em meio à efervescência cultural refletida nos festivais de música da TV Record, surgiu o Tropicalismo, que representou a retomada de algumas propostas do Modernismo de 1922.

Com o fechamento político do país imposto pelo AI-5, em 1968, e com a onda de censura, prisões e exílios, a produção artística como um todo sofreu um recuo. A partir daí, houve uma dispersão cultural, que teve como consequência o aparecimento de valores individuais em lugar de movimentos artísticos organizados. Esse quadro tem se mantido até o início do século XXI.

Esta unidade favorece o desenvolvimento das habilidades

EM13LGG103 EM13LGG202 EM13LGG601 EM13LGG602 EM13LP28 EM13LP30 EM13LP32 EM13LP51

Fique ligado! **Pesquise!**

Para saber mais sobre a produção cultural brasileira dos últimos tempos, sugerimos:

Assista

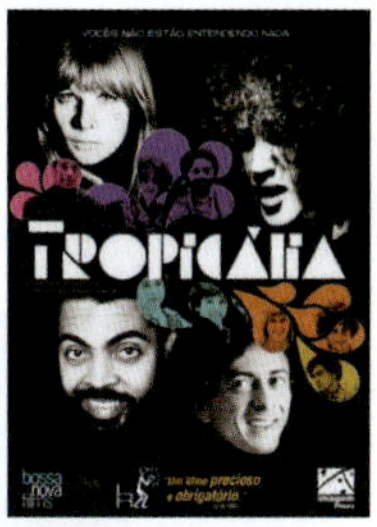

Reprodução/Bossa Nova Films/ Imagem Filmes

- *Meus dois amores*, de Luiz Henrique Rios; *A hora da estrela*, de Suzana Amaral; *Morte e vida severina*, de Walter Avancini; *A terceira margem do rio*, de Nelson Pereira dos Santos; *Outras histórias*, de Pedro Bial; *As meninas*, de Emiliano Pereira; *Lamarca*, de Sérgio Rezende; *O que é isso, companheiro?*, de Bruno Barreto; *Central do Brasil*, de Walter Salles; *Benjamim*, de Monique Gardenberg; *Cidade de Deus* e *Ensaio sobre a cegueira*, de Fernando Meirelles; *Mutum*, de Sandra Kogut; *O pagador de promessas*, de Anselmo Duarte; *Eles não usam black-tie*, de Leon Hirszman; *A história oficial*, de Luís Puenzo; *Tropicália*, de Marcelo Machado.

Leia

Reprodução/Editora Companhia das Letras

- *Laços de família* e *A hora da estrela*, de Clarice Lispector (Rocco); *Sagarana* e *Grande sertão: veredas*, de Guimarães Rosa (Nova Fronteira); *Morte e vida severina* e *A educação pela pedra*, de João Cabral de Melo Neto (Nova Fronteira); *Poesia*, de Mário Quintana (Global); *Poema sujo*, de Ferreira Gullar (Civilização Brasileira); *Sombra de reis barbudos*, de J. J. Veiga (Bertrand); *Sargento Getúlio*, de João Ubaldo Ribeiro (Nova Fronteira); *As meninas*, de Lygia Fagundes Telles (Rocco); *Não verás país nenhum*, de Ignácio de Loyola Brandão (Global); *Poesia concreta* e *Poesia jovem — Anos 70* (coleção Literatura Comentada, Abril Educação); *Vestido de noiva*, de Nelson Rodrigues (Companhia das Letras); *Verdade tropical*, de Caetano Veloso (Companhia das Letras); *Dois ou + corpos no mesmo lugar*, de Arnaldo Antunes (Perspectiva); *Poesia indigesta* (1974-2004), de Glauco Mattoso (Landy); *Na virada do século — Poesia de invenção no Brasil*, organização de Claudio Daniel e Frederico Barbosa (Landy); *Chega de saudade: a história e as histórias da Bossa Nova*, de Ruy Castro (Companhia das Letras); *Noites tropicais*, de Nelson Motta (Objetiva); *Antologia comentada da poesia brasileira do século 21*, de Manuel da Costa Pinto (Publifolha).

Ouça

Reprodução/Som Livre

- Ouça o disco *João Cabral de Melo Neto*, com música de Egberto Gismonti (Som Livre, 1984), e os CDs *7 episódios do Grande sertão: veredas nas vozes de Antonio Candido, Davi Arrigucci Jr. e José Mindlin* (coleção Ler e Ouvir), *João Guimarães Rosa nas vozes dos contadores de estórias de Cordisburgo, com cinco contos de Primeiras estórias* (coleção Ler e Ouvir) e *Clarice Lispector — Contos*, por Aracy Balabanian (Luz da Cidade).

Visite

- Visite o Museu Casa Guimarães Rosa, em Cordisburgo (MG), onde nasceu o escritor. Em Brumadinho (MG), visite Inhotim, o maior museu aberto do mundo, onde se pode ter contato com obras e instalações dos principais artistas plásticos brasileiros contemporâneos.

Navegue

- www.conhecendomuseus.com.br/museus/museu-casa-guimaraes-rosa/
- claricelispectorims.com.br/
- tvcultura.com.br/videos/28492_entrelinhas-joao-cabral-de-melo-neto.html
- Para o Concretismo, acesse o vídeo *Frederico Barbosa — Concretismo — São Paulo na literatura (2004)*, apresentado pelo poeta, professor e crítico Frederico Barbosa: www.youtube.com/watch?v=MafBfT1GELI&feature=related

CAPÍTULO

23 A geração de 45

Durante o período de 1930-1945, tanto a literatura quanto as artes plásticas no Brasil foram, em maior parte, ideológicas, voltadas para a discussão dos problemas brasileiros.

Com o fim da Segunda Guerra Mundial e da ditadura de Vargas, em 1945, entretanto, a literatura e as artes se voltam para a pesquisa estética e a renovação das formas de expressão. Nesse período, a literatura alcança um de seus pontos altos com as obras de Clarice Lispector, Guimarães Rosa e João Cabral de Melo Neto.

Reprodução/Coleção particular

Flor (década de 1950), de Aldemir Martins.

A partir de 1945, o mundo passou a viver a Guerra Fria, e o Brasil, um período democrático e desenvolvimentista, que chegaria à euforia no governo de Juscelino Kubitschek (1956-1961).

Menos exigidos social e politicamente, os artistas empreendiam uma pesquisa estética em busca de novas formas de expressão. Nas artes plásticas, por exemplo, a pintura figurativista, cujo centro é uma figura representativa da realidade, passou a dividir espaço com a pintura abstrata, antifigurativista, que não apresenta relação direta com a realidade.

Na literatura, ao lado de obras que mantinham certa preocupação social e davam continuidade até ao regionalismo, começaram a se destacar produções literárias em que a grande novidade era a pesquisa em torno da própria linguagem literária.

A poesia de 45 trouxe ao cenário das discussões literárias a seguinte questão: *a poesia é a arte da palavra*. Esse princípio implicava a alteração de pontos de vista da poesia de 30, que já tinha sido social, política, religiosa, filosófica.

O *traço formalizante* é, portanto, o que caracteriza essa geração de poetas. Alguns tenderam mais ao estilo culto e elevado, de feição neoparnasiana; outros caminharam na direção da busca de uma linguagem essencial, sintética, precisa, concreta e racional, dando continuidade a algumas experiências feitas nesse sentido por Drummond e Murilo Mendes.

Entre os poetas mais importantes dessa fase, destacam-se: Péricles Eugênio da Silva Ramos, Geir Campos, José Paulo Paes e João Cabral de Melo Neto.

Na prosa, várias obras significativas foram publicadas nesse período, principalmente nos gêneros conto e romance. Parte dessa prosa retoma e aprofunda a sondagem psicológica que já vinha sendo desenvolvida, especialmente por autores como Mário de Andrade e Graciliano Ramos. É o que se verifica, por exemplo, nos contos e romances de Clarice Lispector e Lygia Fagundes Telles.

Entre os autores de maior destaque estão Dalton Trevisan, Carlos Heitor Cony, Lygia Fagundes Telles, Guimarães Rosa e Clarice Lispector.

Este capítulo favorece o desenvolvimento das habilidades

EM13LGG102

EM13LGG202

EM13LGG203

EM13LGG302

EM13LGG601

EM13LGG602

EM13LGG604

EM13LP01

EM13LP02

EM13LP03

EM13LP06

EM13LP10

EM13LP46

EM13LP48

EM13LP49

EM13LP50

EM13LP52

Clarice Lispector: a escritura selvagem

Quando publicou sua primeira obra, *Perto do coração selvagem* (1944), a escritora provocou verdadeiro espanto na crítica e no público. Acostumada a certo tipo de romance, como o de 30, a crítica reconheceu o talento da jovem escritora, mas apontou-lhe inúmeras falhas, sobretudo de construção.

Contudo, o que de fato ocorria é que a escritora introduzia em nossa literatura novas técnicas de expressão, que obrigavam a uma revisão de critérios avaliativos. Sua narrativa, por exemplo, subverte com frequência a estrutura dos tradicionais gêneros narrativos (o conto, a novela, o romance), quebra a sequência "começo, meio e fim", assim como a ordem cronológica, e funde a prosa à poesia ao fazer uso constante de imagens, metáforas, paradoxos, símbolos, sonoridades, etc.

Quem foi Clarice Lispector?

Badaro Braga/A Cigarra/EM/D.A Press

Clarice Lispector (1920-1977) nasceu na Ucrânia e, ainda bebê, mudou-se com a família para o Brasil, naturalizando-se brasileira.

Viveu no Recife (PE) até os 12 anos e, com a morte da mãe, mudou-se para o Rio de Janeiro, onde completou os estudos e ingressou no curso de Direito.

Foi escritora, jornalista e ensaísta e é considerada uma das mais importantes escritoras do século XX.

Entre suas obras mais importantes estão: *Perto do coração selvagem, Laços de família, A paixão segundo G.H.* e *A hora da estrela.*

Fluxo de consciência e epifania

Outro aspecto inovador da prosa de Clarice é o *fluxo de consciência*, uma experiência mais radical do que a introspecção psicológica, já praticada por vários escritores desde o Realismo no século XIX.

A introspecção psicológica tradicional procura desvendar o universo mental do personagem de forma linear, com espaços determinados e com marcadores temporais nítidos. O leitor tem pleno domínio da situação e distingue com facilidade momentos do passado — revividos pelo personagem por meio da memória —, momentos do presente e momentos de imaginação.

O fluxo de consciência quebra esses limites espaçotemporais que tornam a obra verossímil. Por meio dele, presente e passado, realidade e desejo se misturam. Como se fosse um painel de imagens captadas por uma câmera instalada no cérebro de um personagem que deixa o pensamento solto, o fluxo de consciência cruza vários planos narrativos, sem preocupação com a lógica ou com a ordem narrativa. Essas experiências já vinham sendo feitas no exterior por outros escritores e, no Brasil, foi Clarice quem as introduziu.

Muitas vezes, além do fluxo de consciência, os personagens de Clarice vivem também um *processo epifânico*. (O termo *epifania* tem sentido religioso, significando "revelação".) Esse processo pode ser irrompido a partir de fatos banais do cotidiano: um encontrão, um beijo, um olhar, um susto. O personagem, mergulhado num fluxo de consciência, passa a ver o mundo e a si mesmo de outro modo. É como se tivesse tido, de fato, uma revelação e, a partir dela, passasse a ter uma visão mais aprofundada da vida, das pessoas, das relações humanas, etc.

De modo geral, esses momentos epifânicos são dilacerantes e dão origem a rupturas de valores, a questionamentos filosóficos e existenciais, permitindo a aproximação de realidades opostas, tais como nascimento e morte, bem e mal, amor e ódio, matar ou morrer por amor.

Perfis femininos e universalismo

Clarice Lispector nunca aceitou o rótulo de escritora feminista, embora muitos de seus romances e contos tenham como protagonistas personagens femininas, quase sempre urbanas: o ponto de partida da literatura de Clarice é o da experiência pessoal da mulher e o seu ambiente familiar. Contudo, a escritora não se restringe a esse universo. Seus temas, no conjunto, são essencialmente humanos e universais, como as relações entre o eu e o outro, a falsidade das relações humanas, a condição social da mulher, o esvaziamento das relações familiares e, sobretudo, a própria linguagem — única forma de comunicação com o mundo.

Clarice é considerada uma escritora intimista e psicológica, mas, como toda boa literatura, sua produção acaba por envolver outros universos, não deixando de ser também social, filosófica, existencial e metalinguística.

Leitura

O conto que você vai ler a seguir é um dos mais importantes que Clarice Lispector escreveu e integra a obra *Laços de família*.

Os laços de família

A mulher e a mãe acomodaram-se finalmente no táxi que as levaria à Estação. A mãe contava e recontava as duas malas tentando convencer-se de que ambas estavam no carro. A filha, com seus olhos escuros, a que um ligeiro estrabismo dava um contínuo brilho de zombaria e frieza assistia.

— Não esqueci de nada? perguntava pela terceira vez a mãe.

— Não, não, não esqueceu de nada, respondia a filha divertida, com paciência.

Reprodução/Coleção particular

A família (c. 1924), de Ismael Nery.

Ainda estava sob a impressão da cena meio cômica entre sua mãe e seu marido, na hora da despedida. Durante as duas semanas da visita da velha, os dois mal se haviam suportado; os bons-dias e as boas-tardes soavam a cada momento com uma delicadeza cautelosa que a fazia querer rir. Mas eis que na hora da despedida, antes de entrarem no táxi, a mãe se transformara em sogra exemplar e o marido se tornara o bom genro. "Perdoe alguma palavra mal dita", dissera a velha senhora, e Catarina, com alguma alegria, vira Antônio não saber o que fazer das malas nas mãos, a gaguejar — perturbado em ser o bom genro. "Se eu rio, eles pensam que estou louca", pensara Catarina franzindo as sobrancelhas. "Quem casa um filho perde um filho, quem casa uma filha ganha mais um", acrescentara a mãe, e Antônio aproveitara sua gripe para tossir.

Catarina, de pé, observava com malícia o marido, cuja segurança se desvanecera para dar lugar a um homem moreno e miúdo, forçado a ser filho daquela mulherzinha grisalha... Foi então que a vontade de rir tornou-se mais forte. Felizmente nunca precisava rir de fato quando tinha vontade de rir: seus olhos tomavam uma expressão esperta e contida, tornavam-se mais estrábicos — e o riso saía pelos olhos. Sempre doía um pouco ser capaz de rir. Mas nada podia fazer contra: desde pequena rira pelos olhos, desde sempre fora estrábica.

[...]

— Não esqueci de nada..., recomeçou a mãe, quando uma freada súbita do carro lançou-as uma contra a outra e fez despencarem as malas. — Ah! ah! — exclamou a mãe como a um desastre irremediável, ah! dizia balançando a cabeça em surpresa, de repente envelhecida e pobre. E Catarina?

Catarina olhava a mãe, e a mãe olhava a filha, e também a Catarina acontecera um desastre? seus olhos piscaram surpreendidos, ela ajeitava depressa as malas, a bolsa, procurando o mais rapidamente possível remediar a catástrofe. Porque de fato sucedera alguma coisa, seria inútil esconder: Catarina fora lançada contra Severina, numa intimidade de corpo há muito esquecida, vinda do tempo em que se tem pai e mãe. Apesar de que nunca se haviam realmente abraçado ou beijado. Do pai, sim. Catarina sempre fora mais amiga. Quando a mãe enchia-lhes os pratos obrigando-os a comer demais, os dois se olhavam piscando em cumplicidade e a mãe nem notava. Mas depois do choque no táxi e depois de se ajeitarem, não tinham o que falar — por que não chegavam logo à Estação?

— Não esqueci de nada?, perguntou a mãe com voz resignada.

Catarina não queria mais fitá-la nem responder-lhe.

— Tome suas luvas! disse-lhe, recolhendo-as do chão.

— Ah! ah! minhas luvas! exclamava a mãe perplexa. Só se espiaram realmente quando as malas foram dispostas no trem, depois de trocados os beijos: a cabeça da mãe apareceu na janela.

Catarina viu então que sua mãe estava envelhecida e tinha os olhos brilhantes.

O trem não partia e ambas esperavam sem ter o que dizer. A mãe tirou o espelho da bolsa e examinou-se no seu chapéu novo, comprado no mesmo chapeleiro da filha.

Olhava-se compondo um ar excessivamente severo onde não faltava alguma admiração por si mesma. A filha observava divertida. Ninguém mais pode te amar senão eu, pensou a mulher rindo pelos olhos; e o peso da responsabilidade deu-lhe à boca um gosto de sangue. Como se "mãe e filha" fosse vida e repugnância. Não, não se podia dizer que amava sua mãe. Sua mãe lhe doía, era isso. [...]

— ... Não esqueci de nada? perguntou a mãe.

Também a Catarina parecia que haviam esquecido de alguma coisa, e ambas se olhavam atônitas — porque se realmente haviam esquecido, agora era tarde demais. Uma mulher arrastava uma criança, a criança chorava, novamente a campainha da Estação soou... Mamãe, disse a mulher. Que coisa tinham esquecido de dizer uma a outra? e agora era tarde demais. Parecia-lhe que deveriam um dia ter dito assim: sou tua mãe, Catarina. E ela deveria ter respondido: e eu sou tua filha.

— Não vá pegar corrente de ar! gritou Catarina.

— Ora menina, sou lá criança, disse a mãe sem deixar porém de se preocupar com a própria aparência. A mão sardenta, um pouco trêmula, arranjava com delicadeza a aba do chapéu e Catarina teve subitamente vontade de lhe perguntar se fora feliz com seu pai:

— Dê lembranças a titia! gritou.

— Sim, sim!

— Mamãe, disse Catarina porque um longo apito se ouvira e no meio da fumaça as rodas já se moviam.

— Catarina! disse a velha de boca aberta e olhos espantados, e ao primeiro solavanco a filha viu-a levar as mãos ao chapéu: este caíra-lhe até o nariz, deixando aparecer apenas a nova dentadura. O trem já andava e Catarina acenava. O rosto da mãe desapareceu um instante e reapareceu já sem o chapéu, o coque dos cabelos desmanchado caindo em mechas brancas sobre os ombros como as de uma donzela — o rosto estava inclinado sem sorrir, talvez mesmo sem enxergar mais a filha distante.

[...]

O elevador zumbia no calor da praia. Abriu a porta do apartamento enquanto se libertava do chapeuzinho com a outra mão; parecia disposta a usufruir da largueza do mundo inteiro, caminho aberto pela sua mãe que lhe ardia no peito. Antônio mal levantou os olhos do livro. A tarde de sábado sempre fora "sua", e, logo depois da partida de Severina, ele a retomava com prazer, junto à escrivaninha.

— "Ela" foi?

— Foi sim, respondeu Catarina empurrando a porta do quarto de seu filho. Ah, sim, lá estava o menino, pensou com alívio súbito. Seu filho. Magro e nervoso. Desde que se pusera de pé caminhara firme; mas quase aos quatro anos falava como se desconhecesse verbos: constatava as coisas com frieza, não as ligando entre si. Lá estava ele mexendo na toalha molhada, exato e distante.

Thinkstock/Getty Images

A mulher sentia um calor bom e gostaria de prender o menino para sempre a este momento; puxou-lhe a toalha das mãos em censura: este menino!

Mas o menino olhava indiferente para o ar, comunicando-se consigo mesmo. Estava sempre distraído. Ninguém conseguira ainda chamar-lhe verdadeiramente a atenção. A mãe sacudia a toalha no ar e impedia com sua forma a visão do quarto: mamãe, disse o menino.

Catarina voltou-se rápida. Era a primeira vez que ele dizia "mamãe" nesse tom e sem pedir nada. Fora mais que uma constatação: mamãe! A mulher continuou a sacudir a toalha com violência e perguntou-se a quem poderia contar o que sucedera, mas não encontrou ninguém que entendesse o que ela não pudesse explicar. Desamarrotou a toalha com vigor antes de pendurá-la para secar. Talvez pudesse contar, se mudasse a forma. Contaria que o filho dissera: mamãe, quem é Deus. Não, talvez: mamãe, menino quer Deus. Talvez. Só em símbolos a verdade caberia, só em símbolos é que a receberiam.

Com os olhos sorrindo de sua mentira necessária, e sobretudo da própria tolice, fugindo de Severina, a mulher inesperadamente riu de fato para o menino, não só com os olhos: o corpo todo riu quebrado, quebrado um invólucro, e uma aspereza aparecendo como uma rouquidão. Feia, disse então o menino examinando-a.

— Vamos passear! respondeu corando e pegando-o pela mão.

Passou pela sala, sem parar avisou ao marido: vamos sair! e bateu a porta do apartamento.

Antônio mal teve tempo de levantar os olhos do livro — e com surpresa espiava a sala já vazia. Catarina! chamou, mas já se ouvia o ruído do elevador descendo. Aonde foram? perguntou-se inquieto, tossindo e assoando o nariz. Porque sábado era seu, mas ele queria que sua mulher e seu filho estivessem em casa enquanto ele tomava o seu sábado. Catarina! chamou aborrecido embora soubesse que ela não poderia mais ouvi-lo.

[...]

(Rio de Janeiro: Rocco, 1998.)

1 Severina passara quinze dias na casa da filha e do genro. Observe os diálogos entre a sogra e o genro.

a) Como se caracteriza a relação entre eles? Indique um trecho que comprove sua resposta.

b) Na hora da despedida, Catarina sente vontade de rir. Por quê?

2 Nos contos de Clarice Lispector, é comum um fato banal do cotidiano desencadear um processo de epifania, isto é, um processo de revelação, de tomada de consciência do personagem.

a) Que fato desencadeia um processo epifânico no relacionamento entre mãe e filha?

b) A partir desse momento, o que se revela a Catarina quanto ao relacionamento com a mãe? Por quê?

A experiência interior em primeiro plano

Em *Perto do coração selvagem* o modo de apreensão artística da realidade se faz a partir de um centro que é a consciência individual; daí resultam características tais como o monólogo interior, a digressão, a fragmentação de episódios, que caracterizam a ficção moderna em geral, e inclui a totalidade da obra de Clarice Lispector.

Graças à escolha desse centro, a experiência interior passa para o primeiro plano da criação literária e com ela a temática da existência. Ao lado desse tema, a linguagem, a arte e a morte são, via de regra, os acionadores das digressões que retardam a narrativa [...]

(Berta Waldman, *Clarice Lispector*. São Paulo: Brasiliense. p. 25-26.)

3 Releia este fragmento do conto:

© Novaes/Acervo do cartunista

"[...] A mãe tirou o espelho da bolsa e examinou-se no seu chapéu novo, comprado no mesmo chapeleiro da filha. Olhava-se compondo um ar excessivamente severo onde não faltava alguma admiração por si mesma. A filha observava divertida. Ninguém mais pode te amar senão eu, pensou a mulher rindo pelos olhos; e o peso da responsabilidade deu-lhe à boca um gosto de sangue. Como se 'mãe e filha' fosse vida e repugnância. Não, não se podia dizer que amava sua mãe. Sua mãe lhe doía, era isso. [...]"

a) Na prosa de Clarice, é comum o emprego de metáforas ou de antíteses e paradoxos surpreendentes. Identifique nesse trecho um exemplo de um desses recursos.

b) Dê uma interpretação coerente à frase "Sua mãe lhe doía".

4 Há diferentes formas de o narrador inserir os pensamentos dos personagens na narrativa. Ele pode fazê-lo, por exemplo, de modo linear, com o discurso direto, por meio de travessão ou aspas e verbos *dicendi* (*falou*, *pensou*, *imaginou*, etc.); com o discurso indireto, delimitando nitidamente a voz do narrador e a voz ou pensamento dos personagens com o emprego de verbos *dicendi*; e pode também empregar o discurso indireto livre, misturando a fala do narrador com a fala ou com o pensamento dos personagens sem verbos *dicendi*.

a) Quais dessas técnicas são utilizadas na narrativa? Quais predominam?

b) Que efeito o predomínio desse recurso provoca no andamento da narrativa?

c) O que se destaca mais na literatura de Clarice Lispector: o enredo ou a introspecção psicológica dos personagens? Por quê?

5 Os diálogos entre mãe e filha são repetitivos e vazios, evidenciando uma oposição entre o que é dito e o que é pensado.

a) Constantemente, Severina diz "Não esqueci de nada...". Considerando o relacionamento das duas, o que elas realmente poderiam estar esquecendo?

b) Com base em elementos do texto, responda: O que as duas personagens efetivamente gostariam de ter dito? O que as impede de dizer uma à outra o que realmente pensam e sentem?

6 Clarice, em vários de seus contos, retrata a condição da mulher na sociedade, o casamento sem amor e a vida alienada da mulher ao lado do marido. No conto "Os laços de família", o processo epifânico vivido por Catarina faz com que ela chegue a sua casa diferente, mudada. E a palavra que o filho lhe diz parece dar continuidade ao processo epifânico.

a) Que efeito tem sobre o marido a iniciativa de Catarina de sair do apartamento com o filho?

b) Considerando "os laços de família" (título do conto) observados entre Catarina e a mãe, troque ideias com os colegas e dê uma interpretação coerente: Por que Catarina toma a iniciativa de sair do apartamento com o filho?

c) Na sua opinião, Catarina vai voltar?

7 Com base no conto "Os laços de família", responda: Mesmo trabalhando com o universo da consciência individual de personagens, a literatura de Clarice Lispector consegue ser também social? Justifique sua resposta.

Guimarães Rosa: a linguagem reinventada

Reprodução/José Olympio Editora

Guimarães é um dos principais escritores da literatura brasileira. Sua primeira obra, *Sagarana*, surpreendeu a crítica, em virtude da originalidade de sua linguagem e de suas técnicas narrativas, que apontavam uma mudança substancial na velha tradição regionalista, que já tinha contado com José de Alencar, Visconde de Taunay e Euclides da Cunha, entre outros.

A novidade linguística trazida pelo regionalismo de Rosa foi a de recriar, na literatura, a fala do sertanejo não apenas no plano do vocabulário, como outros autores tinham feito, mas também no da sintaxe (a construção das frases) e no da melodia da frase. Resultado de muitos anos de observação, anotações e pesquisa linguística, a língua falada no sertão está presente em toda a obra de Guimarães Rosa, dando voz ao homem do sertão por meio de técnicas como o foco narrativo em 1ª pessoa, o discurso direto, o discurso indireto e o monólogo interior.

Quem foi Guimarães Rosa?

João Guimarães Rosa (1908-1967), mineiro de Cordisburgo, desde cedo mostrou interesse por línguas e pelas coisas da natureza: bichos, plantas, insetos. Formou-se em Medicina e exerceu a profissão clinicando pelo interior de Minas, onde recolheu importante material para as suas obras. Em 1934, ingressou na carreira diplomática. No exercício de cargos diplomáticos, inclusive o de embaixador, viveu em vários países, sempre escrevendo e ampliando seu conhecimento sobre línguas e culturas diferentes. Morreu em 1967, três dias depois de tomar posse na Academia Brasileira de Letras.

Entre suas principais obras estão: *Grande sertão: veredas*, *Primeiras histórias*, *Tutameia — terceiras histórias* e *Manuelzão e Miguilim*.

© Alisson Affonso/Acervo do cartunista

Contudo, a linguagem do escritor não tem a intenção de retratar realisticamente a língua do sertão mineiro. Ela vai além: tomando por base a língua regional, Guimarães recria a própria língua portuguesa, por meio do aproveitamento de termos em desuso, da criação de neologismos, do emprego de palavras tomadas de empréstimo a outras línguas e da exploração de novas estruturas sintáticas.

Além disso, sua narrativa faz uso de recursos mais comuns à poesia, tais como o ritmo, as aliterações, as metáforas e as imagens, obtendo, assim, uma prosa altamente poética, no limite entre a poesia e a prosa.

Outro aspecto de destaque da obra roseana é sua capacidade de transpor os limites do espaço regional, em que quase sempre se situam seus textos, e alcançar uma dimensão universal.

Em *Grande sertão: veredas* o narrador Riobaldo afirma: "o sertão é o mundo". E é com base nesse pressuposto que a narrativa roseana vai nos envolvendo, como se também fôssemos sertanejos e jagunços e fizéssemos parte daquele mundo. Passamos então a lidar com os mais variados temas, conforme vamos nos identificando com as preocupações do homem sertanejo: o bem e o mal, Deus e o diabo, o amor, a violência, a morte, a traição, o sentido e o aprendizado da vida, a descoberta infantil do mundo, etc.

E notamos, então, que essas reflexões não são exclusivas do sertão mineiro; são também nossas, do homem urbano e do homem do campo, do norte e do sul do país. Na verdade, Guimarães Rosa é um escritor universal, que consegue vasculhar com profundidade a alma humana e captar suas inquietações, seus conflitos e anseios, sem, contudo, perder o sabor da psicologia, da língua e dos valores do homem do sertão mineiro.

Enfim, Guimarães Rosa é um desses escritores que representam a síntese de toda uma trajetória de experiências formais e ideológicas da literatura de uma geração e, às vezes, da literatura de um século. Assim foi com Machado de Assis no século XIX; assim é com Guimarães Rosa na prosa brasileira do século XX.

Grande sertão: veredas

Grande sertão: veredas é a obra-prima de Guimarães Rosa e um dos mais importantes romances de nossa literatura. Riobaldo, seu narrador-protagonista, um velho e pacato fazendeiro, faz um relato de sua vida a um interlocutor, um "doutor" que nunca aparece na história, mas cuja fala é sugerida pelas respostas de Riobaldo.

Assim, apesar do diálogo sugerido, a narração é um longo monólogo em que o narrador-personagem traz à tona suas lembranças em torno de lutas sangrentas de jagunços, perseguições e emboscadas nos sertões de Minas, de Goiás e do sul da Bahia, bem como rememora suas aventuras amorosas, entre elas a paixão por Diadorim.

Ao mesmo tempo, Riobaldo vai relatando as preocupações metafísicas que sempre marcaram a sua vida. Nesse ponto, destaca-se a questão da existência ou não do diabo. Pelo que se depreende da obra, ele provavelmente fizera um pacto com o demônio a fim de vencer Hermógenes, chefe do bando inimigo. Portanto, desse fator depende a sua salvação e daí advêm as inquietações do personagem.

Leitura

No fragmento de *Grande sertão: veredas* a seguir, Riobaldo começa a contar sua história e a revelar suas inquietações ao seu interlocutor. Leia-o e responda às questões propostas.

De primeiro, eu fazia e mexia, e pensar não pensava. Não possuía os prazos. Vivi puxando difícil de difícel, peixe vivo no **moquém**: quem mói no asp'ro, não fantaseia. Mas, agora, feita a folga que me vem, e sem pequenos dessossegos, estou de range rede. E me inventei neste gosto, de especular ideias. O diabo existe e não existe? Dou o dito. **Abrenúncio**.

Filipe Rocha/Arquivo da editora

Essas melancolias. O senhor vê: existe cachoeira; e pois? Mas cachoeira é barranco de chão, e água se caindo por ele, retombando; o senhor consome essa água, ou desfaz o barranco, sobra cachoeira alguma? Viver é negócio muito perigoso...

Explico ao senhor: o diabo vige dentro do homem, os crespos do homem — ou é o homem arruinado, ou o homem dos avessos. Solto, por si, cidadão, é que não tem diabo nenhum.

Nenhum! — é o que digo. O senhor aprova? Me declare tudo, franco — é alta mercê que me faz; e pedir posso, encarecido. Este caso — por estúrdio que me vejam — é de minha certa importância. Tomara não fosse...

Mas, não diga que o senhor, **assisado** e instruído, que acredita na pessoa dele?! Não? Lhe agradeço! Sua alta opinião compõe minha valia.

Já sabia, esperava por ela — já o campo! Ah, a gente, na velhice, carece de ter sua aragem de descanso. Lhe agradeço. Tem diabo nenhum. Nem espírito. Nunca vi. Alguém devia de ver, então era eu mesmo, este vosso servidor. Fosse lhe contar... Bem, o diabo regula seu estado preto, nas criaturas, nas mulheres, nos homens. Até: nas crianças — eu digo. Pois não é ditado: "menino — trem do diabo"? E nos usos, nas plantas, nas águas, na terra, no vento... Estrumes. ... *O diabo na rua, no meio do redemunho...*

Hem? Hem? Ah. Figuração minha, de pior pra trás, as certas lembranças. Mal haja-me! Sofro pena de contar não... Melhor, se arrepare: pois num chão, e com igual formato de ramos e folhas, não dá a mandioca mansa, que se come comum, e a mandioca-brava, que mata? Agora, o senhor já viu uma estranhez? A mandioca-doce pode de repente virar azangada — motivos não sei; às vezes se diz que é por replantada no terreno sempre com mudas seguidas, de **manaíbas** — vai em amargando, de tanto em tanto, de si mesma toma **peçonhas**. E, ora veja: a outra, a mandioca-brava, também é que às vezes pode ficar mansa, a esmo de se comer sem nenhum mal. E que isso é? Eh, o senhor já viu, por ver, a feiura de ódio franzido, **carantonho**, nas faces duma cobra cascavel? Observou porco gordo cada dia mais feliz bruto, capaz de, pudesse, roncar e engulir por sua suja comodidade o mundo todo? E gavião, corpo, alguns, as feições deles já representam a precisão de talhar para adiante, rasgar e estraçalhar a bico, parece uma **quicé** muito afiada por ruim desejo. Tudo. Tem até tortas raças de pedras, horrorosas, venenosas — que estragam mortal a água, se estão jazendo em fundo de poço; o diabo dentro delas dorme: são o demo. Se sabe? E o demo — que é só assim o significado dum **azougue** maligno — tem ordem de seguir o caminho dele, tem licença para **campear**?! Arre, ele está misturado em tudo.

Que o que gasta, vai gastando o diabo de dentro da gente, aos pouquinhos, é o razoável sofrer. E a alegria de amor — compadre meu Quelemém diz. Família. Deveras? É, e não é. O senhor ache e não ache. Tudo é e não é... Quase todo mais grave criminoso feroz, sempre é muito bom marido, bom filho, bom pai, e é bom amigo-de-seus-amigos! Sei desses.

Só que tem os depois — e Deus, junto. Vi muitas nuvens.

(15. ed. Rio de Janeiro: J. Olympio, 1982. p. 11-12.)

abrenúncio: do latim *abrenuntio*, interjeição que tem o sentido de "credo", "Deus me livre".
assisado: que tem siso, juízo; ajuizado.
azougue: do árabe, pessoa muito viva e esperta.
campear: andar pelo campo, procurar.
carantonho: cara grande e feia.
manaíba: do tupi, muda de mandioca.
moquém: grelha de varas para secar ou assar carne ou peixe.
peçonha: veneno.
quicé: do tupi, o mesmo que "faca velha".

1 Riobaldo, o narrador, conta sua história a um interlocutor que está presente, mas cuja voz não se manifesta explicitamente na narrativa.

a) Identifique um trecho do texto em que a fala de Riobaldo leva em conta a presença do interlocutor.

b) No trecho "Hem? Hem? Ah. Figuração minha [...]", o que o interlocutor deve ter perguntado a Riobaldo?

2 Riobaldo afirma que, antes, quando era jagunço, não tinha tempo para fantasiar, mas agora, aposentado (de "range rede"), dera para especular ideias. Qual é o assunto que lhe interessa?

3 O excerto lido, embora narrativo, apresenta uma estrutura dissertativo-argumentativa, isto é, o narrador desenvolve uma ideia central com argumentos e, no final, chega a uma conclusão.

a) Qual é a tese ou ideia central — apresentada no 2º parágrafo — que o narrador pretende desenvolver?

b) O exemplo da mandioca fundamenta a tese adequadamente? Por quê?

4 Segundo o 3º parágrafo, o mal está nas coisas: nas aves, nos animais, nas pedras, está misturado em tudo.

a) De acordo com o último parágrafo, o que pode combater o mal?

b) "Tudo é e não é...". Que sentido tem essa frase no contexto? Os argumentos expostos fundamentam essa afirmação?

c) Compare a conclusão com a tese. Há coincidência ou contradição entre elas?

5 Não chega a ficar claro em *Grande sertão: veredas* se Riobaldo fizera ou não um pacto com o demônio. O próprio personagem tem dúvida se houve ou não o pacto.

a) Considerando a etapa da vida em que se encontra Riobaldo, por que essa questão lhe interessa tanto?

b) Pela conclusão a que chega, Riobaldo tem motivos para continuar se preocupando?

c) Na sua opinião, Riobaldo acredita em seus próprios argumentos?

6 A linguagem regionalista de Guimarães Rosa é um dos traços da originalidade de sua obra.

a) O excerto lido é uma narração oral ou escrita? Identifique marcas no texto que justifiquem sua resposta.

b) Com a ajuda do glossário apresentado no final do texto, comente a linguagem do autor, levando em conta a seleção vocabular, a estruturação sintática e a melodia das frases.

Rosa na canção

Por ser considerado um dos reinventores da língua, ao lado de Camões e Fernando Pessoa, Guimarães Rosa já recebeu duas homenagens de Caetano Veloso. A primeira foi na canção "Língua", em que diz "Gosto do Pessoa na pessoa / Da rosa no Rosa". Alguns anos depois, em parceria com Milton Nascimento, Caetano prestou-lhe nova homenagem na canção "A terceira margem do rio", cuja letra é baseada no conto homônimo do escritor mineiro.

João Cabral de Melo Neto: a linguagem objeto

João Cabral de Melo Neto é o mais importante poeta da geração de 45 e um dos principais poetas brasileiros de todos os tempos. Sua poesia dá continuidade a certos traços delineados na poesia de Drummond e Murilo Mendes, tais como a poesia substantiva, a objetividade e a precisão dos vocábulos.

Sua obra inaugural, *Pedra do sono* (1942), já apresentava uma inclinação para a objetividade (o lado "pedra", do título), embora esteja identificada com a orientação surrealista (o lado "sono").

A partir da obra seguinte, *O engenheiro* (1945), verifica-se um afastamento da linha surrealista e uma tendência crescente à geometrização e à exatidão, como se o poeta procurasse ter como exemplo o trabalho de um engenheiro.

Para alguns, a poesia de João Cabral é a primeira a estabelecer um corte profundo entre a poesia romântica e a moderna. Para ele, a poesia não é fruto de inspiração nem de estados emocionais, como o amor, a alegria, etc.; ela resulta de um trabalho racional, árduo, que implica fazer e desfazer várias vezes o texto até que ele atinja sua forma mais adequada.

Quem foi João Cabral de Melo Neto?

Homero Sérgio/Folhapress

João Cabral (1920-1999) nasceu em Recife (Pernambuco), filho e neto de donos de engenho. Desde cedo mostrou interesse pela palavra e pela literatura de cordel nordestina e queria ser crítico literário.

Era primo de Gilberto Freyre e Manuel Bandeira, com os quais teve estreita convivência.

Aos 20 anos já lia no original os grandes poetas da literatura estrangeira, como Apollinaire e Valéry. Em 1942, apenas com o curso secundário concluído, mudou-se para o Rio de Janeiro e, para sobreviver, ingressou no funcionalismo público. Três anos depois, por meio de concurso, transferiu-se para o Itamaraty. Ocupando cargos diplomáticos, viveu a partir de então em várias cidades do mundo, como Barcelona, Londres, Sevilha e Genebra.

Escreveu *Pedra do sono*, *O engenheiro*, *Cão sem plumas*, *Morte e vida severina*, entre outras obras.

Veja, como exemplo, um poema dessa fase, em que se destacam o racionalismo, a exatidão e a economia da linguagem, a presença marcante de substantivos (nominalização) e a metalinguagem, na qual a criação geométrica do engenheiro pode representar a própria criação poética:

O engenheiro

A Antônio B. Baltar

A luz, o sol, o ar livre
envolvem o sonho do engenheiro.
O engenheiro sonha coisas claras:
superfícies, tênis, um copo de água.

O lápis, o esquadro, o papel;
o desenho, o projeto, o número:
o engenheiro pensa o mundo justo,
mundo que nenhum véu encobre.

(Em certas tardes nós subíamos
ao edifício. A cidade diária,
como um jornal que todos liam,
ganhava um pulmão de cimento
[e vidro.)

A água, o vento, a claridade,
de um lado o rio, no alto as nuvens,
situavam na natureza o edifício
crescendo de suas forças simples.

(*O cão sem plumas*. Rio de Janeiro: Alfaguara. © by herdeiros de João Cabral de Melo Neto.)

Album/ZUMA Press/Glow Images/Instituto de Arte de Chicago, Illinois, EUA.

Losango em vermelho, amarelo e azul, de Piet Mondrian. Com a geometrização, Mondrian levou o racionalismo na pintura às últimas consequências. Cabral, admirador de Mondrian, chegou a escrever um ensaio sobre a obra do pintor.

No conjunto da obra de Cabral, destacam-se três tendências fundamentais: a preocupação com a realidade, na qual se destaca seu trabalho mais conhecido, *Morte e vida severina*, a reflexão permanente sobre a criação artística e o aprimoramento da poética da linguagem objeto, isto é, a linguagem que, pela própria construção, procura sugerir o assunto retratado.

Morte e vida severina

Morte e vida severina é a obra mais conhecida de João Cabral e a responsável por sua relativa popularidade. Trata-se de um auto de Natal, que, seguindo a tradição dos autos medievais, faz uso da redondilha, do ritmo e da musicalidade, recursos de agrado popular.

Eis o enredo da peça: Severino, um lavrador do sertão pernambucano, foge da seca e da miséria e parte em busca de trabalho na capital, Recife. Trilha o leito seco do rio Capibaribe e, no caminho, só encontra fome, miséria e mortes, mortes de severinos como ele.

Ao se aproximar do mar, vê campos verdejantes de cana, mas a miséria dos trabalhadores é a mesma. Já na capital, ouve a conversa de dois coveiros, por meio da qual fica sabendo que ali também, na capital, a miséria e a morte são irmãs. O que vê nos manguezais são homens misturados ao barro, vivendo em condições precárias. Desolado, o retirante aproxima-se de um dos cais do Capibaribe e pensa em suicídio. Mas aproxima-se de Severino um morador daquele mangue, "Seu José, mestre carpina", que, com sua sabedoria de muitos anos de vida severina, desperta-lhe alguma esperança.

Logo depois, Seu José é chamado por uma vizinha, que lhe dá a notícia do nascimento do filho que ele aguardava. Severino os acompanha e presencia a homenagem que os vizinhos fazem à criança.

Leitura

A seguir, você vai ler dois fragmentos de *Morte e vida severina*. O primeiro pertence ao início da obra, em que Severino se apresenta. O segundo pertence ao desfecho da obra, momento em que os vizinhos levam presentes humildes à casa de mestre carpina, em razão do nascimento de seu filho.

TEXTO 1

— O meu nome é Severino,
como não tenho outro de pia.
Como há muitos Severinos,
que é santo de romaria,
deram então de me chamar
Severino de Maria
como há muitos Severinos
com mães chamadas Maria,
fiquei sendo o da Maria
do finado Zacarias.
[...]
Somos muitos Severinos
iguais em tudo na vida:
na mesma cabeça grande
que a custo é que se equilibra,
no mesmo ventre crescido
sobre as mesmas pernas finas
e iguais também porque o sangue,
que usamos tem pouca tinta.
E se somos Severinos
iguais em tudo na vida,
morremos de morte igual,
mesma morte severina:
que é a morte de que se morre
de velhice antes dos trinta,
de emboscada antes dos vinte
de fome um pouco por dia
(de fraqueza e de doença
é que a morte severina
ataca em qualquer idade,
e até gente não nascida).

(In: *Poesias completas*. 3. ed. Rio de Janeiro: José Olympio, 1979. p. 203-204.)

TEXTO 2

Falam as duas ciganas que haviam aparecido com os vizinhos:
— Atenção peço, senhores,
para esta breve leitura:
somos ciganas do Egito,
lemos a sorte futura.
Vou dizer todas as coisas
que desde já posso ver
na vida desse menino
acabado de nascer:
aprenderá a engatinhar
por aí, com **aratus**,
aprenderá a caminhar
na lama, com **goiamuns**,
e a correr o ensinarão
os anfíbios caranguejos,
pelo que será anfíbio
como a gente daqui mesmo.
Cedo aprenderá a caçar:
primeiro, com as galinhas,
que é catando pelo chão
tudo o que cheira a comida;
depois, aprenderá com
outras espécies de bichos:
com os porcos nos **monturos**,
com os cachorros no lixo.
Vejo-o, uns anos mais tarde,
na ilha do Maruim,
vestido negro de lama,
voltar de pescar siris;
e vejo-o, ainda maior,
pelo imenso lamarão
fazendo dos dedos iscas
para pescar camarão.
— Atenção peço, senhores,
também para minha leitura:

também venho dos Egitos,
vou completar a figura.
Outras coisas que estou vendo
é necessário que eu diga:
não ficará a pescar
de **jereré** toda a vida.
Minha amiga se esqueceu
de dizer todas as linhas;
não pensem que a vida dele
há de ser sempre daninha.
Enxergo daqui a planura
que é a vida do homem de ofício,
bem mais sadia que os mangues,
tenha embora precipícios.
Não o vejo dentro dos mangues,
vejo-o dentro de uma fábrica:
se está negro não é lama,
é graxa de sua máquina,
coisa mais limpa que a lama
do pescador de maré
que vemos aqui, vestido
de lama da cara ao pé.
E mais: para que não pensem
que em sua vida tudo é triste,
vejo coisa que o trabalho
talvez até lhe conquiste:
que é mudar-se destes mangues
daqui do Capibaribe
para um **mucambo** melhor
nos mangues do Beberibe.

O ***carpina*** *fala com o retirante que esteve de fora, sem tomar parte em nada.*

— Severino retirante,
deixa agora que lhe diga:
eu não sei bem a resposta
da pergunta que fazia,
se não vale mais saltar
fora da ponte e da vida;
nem conheço essa resposta,
se quer mesmo que lhe diga;
é difícil defender,
só com palavras, a vida,
ainda mais quando ela é
esta que vê, severina;
mas se responder não pude
à pergunta que fazia,
ela, a vida, a respondeu
com sua presença viva.
E não há melhor resposta
que o espetáculo da vida:
vê-la desfiar seu fio,
que também se chama vida,
ver a fábrica que ela mesma,
teimosamente, se fabrica,
vê-la brotar como há pouco
em nova vida explodida;
mesmo quando é assim pequena
a explosão, como a ocorrida;
mesmo quando é uma explosão
como a de há pouco, franzina;
mesmo quando é a explosão
de uma vida severina.

(*Poesias completas*, cit., p. 236-241.)

Reprodução/Editora Sabiá

aratu: pequeno caranguejo de cabeça triangular.
carpina: carpinteiro.
goiamum: tipo de crustáceo que vive em lugares lamacentos, em tocas que ele mesmo cava.
jereré: aparelho feito de madeira e rede usado na pesca de siris, camarões e peixes pequenos.
monturo: grande quantidade de lixo.
mucambo: barraco.

1 *Severino* é um substantivo próprio, é o nome do retirante, protagonista da história. No entanto, a palavra *severina* é empregada como adjetivo nas expressões "morte severina" e "vida severina". Interprete: Qual é o sentido da palavra *severina* nessas situações?

2 De origem medieval, os autos são textos teatrais que representam um nascimento, quase sempre o de Cristo, encenado por ocasião das festas do Natal. No fragmento lido de *Morte e vida severina*:

a) A presença de duas personagens confere ambientação mística à cena. Quais são essas personagens?

b) A que personagens da cena do nascimento de Cristo elas correspondem?

c) O que há em comum entre o bebê nascido e Cristo?

3 Ambas as ciganas fazem previsões quanto ao futuro do bebê.

a) Em que se diferenciam as previsões?

b) Em que se assemelham?

4 Na conversa entre Severino e mestre carpina, o retirante pergunta ao mestre "se não vale mais saltar/ fora da ponte e da vida". De acordo com o texto:

a) Quem acaba respondendo a Severino?

b) Qual é a resposta dada?

5 Nos últimos versos, mestre carpina diz:

> mesmo quando é uma explosão
> como a de há pouco, franzina;
> mesmo quando é a explosão
> de uma vida severina.

O texto, no conjunto, faz uma forte crítica social. Contudo, pela ótica que ele apresenta, há esperança?

6 A explosão de mais "uma vida severina" parece dar continuidade a essa corrente de severinos. Eles não estão somente no sertão seco do Nordeste; estão em todo o país, severinamente lutando contra a "morte em vida".

a) Afinal, quem são os severinos deste país?

b) Como se justifica o título da obra: *Morte e vida severina*?

Balanço

Veja o comentário de João Cabral, em balanço de seu trabalho:

Acho que devo muito ao modernismo, como já deixei claro, mas depois de um Drummond, um Murilo, tentei fazer uma poesia construída, sem a espontaneidade do modernismo.

(In: *Cadernos de literatura brasileira — 10 anos*, cit., p. 28.)

CAPÍTULO

24

A literatura portuguesa: da revista *Presença* aos dias de hoje

Depois da primeira fase do Modernismo português, em que se destaca a obra de Fernando Pessoa, a literatura portuguesa passa por diferentes fases, como reflexo das mudanças culturais e políticas ocorridas no país e na Europa durante o século XX: a ditadura salazarista em Portugal, o surgimento do nazifascismo, a Segunda Guerra Mundial, a Guerra Fria, o fim do salazarismo com a Revolução dos Cravos (1974), a guerra e a independência das colônias portuguesas na África. Durante esse período, importantes escritores despontam, entre eles José Saramago, prêmio Nobel de Literatura em 1998.

Fotógrafo: José Manuel Costa Alves/Ana Hatherly/Fundação Calouste Gulbenkian

***As ruas de Lisboa* (1977), da poetisa e artista plástica portuguesa Ana Hatherly.**

Este capítulo favorece o desenvolvimento das habilidades

EM13LGG102
EM13LGG202
EM13LGG302
EM13LGG601
EM13LGG602
EM13LGG604
EM13LP01
EM13LP02
EM13LP06
EM13LP46
EM13LP48
EM13LP49
EM13LP52

A segunda geração do Modernismo português

O presencismo, ou a segunda geração do Modernismo português, articulou-se em torno da revista *Presença*, lançada em 1927. O objetivo central da revista era levar adiante o projeto de modernidade iniciado por *Orpheu* e varrer resquícios de romantismo, historicismo e decadentismo que ainda perduravam na cultura portuguesa. Ao mesmo tempo, influenciados por pensadores e escritores como Bergson, Freud, Gide e Proust, os presencistas queriam trazer à literatura portuguesa uma discussão teórica mais consistente sobre as formas de expressão literária. Entre os presencistas, destacaram-se José Régio e João Gaspar Simões. Também fizeram parte do grupo Adolfo Casais Monteiro, Miguel Torga e Branquinho da Fonseca.

José Régio: a poesia entre Deus e o diabo

José Régio (1901-1969) é dos mais significativos escritores portugueses do século XX e, provavelmente, a principal expressão do grupo formado em torno da revista *Presença*, da qual foi um dos fundadores e diretores. O poeta nasceu em Vila do Conde (Porto), estudou Letras em Coimbra e exerceu o magistério.

Sua vasta produção, iniciada com a publicação de *Poemas de Deus e do diabo*, em 1925, dois anos antes da criação da revista *Presença*, abrange a poesia, o romance, o conto, o teatro e a crítica literária. Seu primeiro romance, *Jogo da cabra cega* (1934), é considerado um dos marcos da prosa contemporânea.

De modo geral, a produção de José Régio caracteriza-se pela abordagem introspectiva e psicanalítica e pela sondagem dos conflitos e das aspirações do homem em sua relação com o mundo. O tema religioso ganha destaque especial porque põe a nu as contradições do ser humano, dividido entre o bem e o mal, entre o espírito e a matéria, entre Deus e o diabo.

Nos poemas de fundo religioso dos primeiros livros de José Régio, costuma haver uma identificação entre o eu lírico e a figura de Cristo, ambos irmanados pela dor, pelo sofrimento e pelo sentimento de inadaptação ao mundo.

José Régio.

Leitura

Cântico negro

"Vem por aqui" — dizem-me alguns com olhos doces,
Estendendo-me os braços, e seguros
De que seria bom que eu os ouvisse
Quando me dizem: "vem por aqui"!
Eu olho-os com olhos **lassos**,
(Há, nos meus olhos, ironias e cansaços)
E cruzo os braços,
E nunca vou por ali...

A minha glória é esta:
Criar desumanidade!
Não acompanhar ninguém.
— Que eu vivo com o mesmo sem-vontade
Com que rasguei o ventre a minha Mãe.
Não, não vou por aí! Só vou por onde
Me levam meus próprios passos...
Se ao que busco saber nenhum de vós responde,
Por que me repetis: "vem por aqui"?
Prefiro escorregar nos becos lamacentos,
Redemoinhar aos ventos,
Como farrapos, arrastar os pés sangrentos,
A ir por aí...

Se vim ao mundo, foi
Só para desflorar florestas virgens,
E desenhar meus próprios pés na areia inexplorada!
O mais que faço não vale nada.
Como, pois, sereis vós
Que me dareis impulsos, ferramentas, e coragem
Para eu derrubar os meus obstáculos?...
Corre, nas vossas veias, sangue velho dos avós,
E vós amais o que é fácil!
Eu amo o Longe e a Miragem,
Amo os abismos, as torrentes, os desertos...

Ilustração do próprio José Régio para o poema "Cântico negro".

lasso: cansado, fatigado.

Ide! tendes estradas,
Tendes jardins, tendes canteiros,
Tendes pátrias, tendes tetos,
E tendes regras, e tratados, e filósofos, e sábios.
Eu tenho a minha Loucura!
Levanto-a, como um facho, a arder na noite escura,
E sinto espuma, e sangue, e cânticos nos lábios...
Deus e o Diabo é que me guiam, mais ninguém.
Todos tiveram pai, todos tiveram mãe;
Mas eu, que nunca principio nem acabo,
Nasci do amor que há entre Deus e o Diabo.

Ah, que ninguém me dê piedosas intenções!
Ninguém me peça definições!
Ninguém me diga: "vem por aqui"!
A minha vida é um vendaval que se soltou.
É uma onda que se alevantou.
É um átomo a mais que se animou...
Não sei por onde vou,
Não sei para onde vou
— Sei que não vou por aí!

(*Poemas de Deus e do diabo*. 8. ed. Porto: Brasília Ed., 1972. p. 57-59.)

1 O eu lírico dirige-se a seus interlocutores, criticando-os por seus valores e por sua visão de mundo. De acordo com o texto:

a) Quem provavelmente são esses interlocutores e qual a sua visão de mundo?

b) De acordo com o poema, os interlocutores do eu lírico optaram por um caminho organizado, preconcebido, com regras próprias e vozes de autoridade que ditam a direção. Em que os valores do eu lírico diferem dos valores de seus interlocutores?

c) Como se sente o eu lírico em sua relação com o mundo?

2 Na penúltima estrofe do poema, é apontada uma causa possível da inadaptação do eu ao mundo. Identifique-a e explique-a.

3 O título do poema é "Cântico negro".

a) Com que sentido(s) a palavra **negro** foi empregada?

b) Dê uma interpretação coerente ao título.

4 Há poemas escritos para serem lidos em silêncio ou em voz baixa e há poemas escritos para serem declamados e até representados, como "O navio negreiro", de Castro Alves, por exemplo, em virtude da força das imagens e da expressividade de alguns versos (seleção vocabular, sonoridades, frases exclamativas, etc.).

a) No poema "Cântigo negro" predomina o tom intimista ou o tom declamatório? Justifique sua resposta com elementos do texto.

b) Que aspectos do poema podem ser associados à representação teatral?

A prosa neorrealista e existencialista

O surgimento do Neorrealismo em Portugal está diretamente relacionado com a resistência à ditadura salazarista, ao antifascismo e à eclosão da Segunda Guerra Mundial (1939-1945).

Os neorrealistas propunham uma literatura engajada, voltada para as discussões dos problemas sociais, opondo-se à literatura dita "descompromissada" da geração presencista. Extrapolando os domínios da literatura, o movimento teve repercussão em diferentes áreas da cultura, como a crítica literária, a historiografia e a linguística.

A literatura engajada

Na década de 1930, com a expansão do nazifascismo, muitos escritores — em grande parte identificados com as ideias socialistas — começaram a produzir uma literatura engajada na defesa de causas sociais e políticas. Em Portugal, por exemplo, o romance *Gaibéus*, de Alves Redol, denuncia a opressão e as precárias condições de vida e trabalho dos camponeses do Norte. No Brasil, *Vidas secas*, de Graciliano Ramos, denuncia as condições sub-humanas dos nordestinos vitimados pela seca.

Ferreira de Castro (1898-1974) é considerado o primeiro neorrealista. Em sua obra, que denuncia a violência e a desumanidade de homens contra homens, destacam-se os romances *Emigrantes* (1928) e *Selva* (1930), nos quais, em uma prosa enxuta e didática, são discutidas a precariedade da vida e a exploração de trabalhadores.

Até meados da década de 1950, o romance neorrealista manteve-se preso à estrutura dos romances realistas tradicionais, como os de Eça de Queirós, e revelava forte intenção documental, resultante também da influência do romance social norte-americano, especialmente de autores como Sinclair Lewis, John Steinbeck e John Dos Passos, e do regionalismo brasileiro representado por Jorge Amado e Graciliano Ramos.

Entre os principais escritores neorrealistas sobressaem Fernando Namora, com *Retalhos da vida de um médico*, Manuel da Fonseca, com *Seara de vento*, e Carlos Oliveira, com *Pequenos burgueses*.

A partir dos anos 1950, por influência do existencialismo, o questionamento sobre a condição humana presente nas obras de alguns desses autores neorrealistas ultrapassou o terreno do discurso engajado e ganhou aspectos de reflexão filosófica. Pensadores existencialistas como o alemão Martin Heidegger e o francês Jean-Paul Sartre tornaram-se, então, referências para a criação de romances de feição existencialista.

A obra do romancista, contista e ensaísta Vergílio Ferreira (1916-1996) é exemplo desse alargamento, no romance português, da discussão social em torno da condição humana. Por meio da análise da sociedade portuguesa e das relações humanas, o autor mostra com mais profundidade o drama existencial do homem moderno. Entre seus livros principais estão *Mudança* (1949), *Aparição* (1959) e *Alegria breve* (1965).

Alves Redol

António Alves Redol (1911-1969) pode ser considerado o autor mais representativo do Neorrealismo português. Atuante na imprensa e filiado ao Partido Comunista Português, nas obras *Gaibéus* (1940), *Marés* (1941) e *Avieiros* (1942) retratou a vida difícil de trabalhadores de diferentes lugares. Em *Barranco de cegos* (1961), conseguiu conciliar os temas sociais com a questão estética e, na obra — que gira em torno dos conflitos de um prepotente latifundiário que tem dificuldade de se adaptar à realidade econômica de seu tempo —, desenvolve uma narrativa não linear, feita a partir de diferentes pontos de vista e em diferentes vozes, e cria uma metáfora da situação do país.

Reprodução/Livraria Portugália-Lisboa

José Cardoso Pires

José Cardoso Pires (1925-1998) é um dos nomes mais importantes da literatura portuguesa. Produziu romances, peças, ensaios e crônicas, mas é nos contos que se encontra o ponto mais alto de sua ficção. As narrativas do autor, em linguagem enxuta e concisa, não perdem de vista a denúncia social; as histórias que conta parecem muitas vezes não ter roteiro, assemelhando-se a quadros cinematográficos. Entre suas obras, destacam-se *Os caminheiros e outros contos* (1946), *História de amor* (1952), *O hóspede de Job* (1964) e *O delfim* (1968).

Reprodução/Editora Biis

A literatura portuguesa contemporânea

Desde a década de 1960, convivem na literatura portuguesa várias tendências, como o Neorrealismo e o Surrealismo. Com a Revolução dos Cravos (1974), a produção literária em Portugal ganhou novos matizes, incorporando a literatura de guerra, o revisionismo histórico e o experimentalismo estético.

A prosa

A Revolução dos Cravos, que pôs fim a 48 anos de salazarismo, deu origem a uma literatura de extração revisionista, que busca reler os fatos históricos sob uma ótica crítica e social, contrapondo-se ao discurso oficial do Estado ditatorial salazarista.

Nessa produção, destacam-se duas linhas: a literatura de guerra, criada por escritores que tiveram participação nos conflitos ocorridos nas colônias portuguesas na África, e a literatura de fundo histórico, que procura resgatar criticamente, de modo explícito ou alegórico, a história de Portugal.

Ao primeiro grupo pertencem escritores como António Lobo Antunes, com o seu *Conhecimento do inferno*; Wanda Ramos, com *Percurso*; Francisco Assis Pacheco, com *Walt*; e Martins Garcia, com *A fome*; no segundo grupo, situam-se, entre outros, José Saramago, com *História sobre o cerco de Lisboa* e *Memorial do convento*; José Cardoso Pires, com *Balada da praia dos cães*; Augusto Abelaira, com *Sem teto, entre ruínas*; e Jorge de Sena, com *Sinais de fogo*.

José Saramago: a utopia e a crítica da realidade

José Saramago é o mais conhecido escritor em língua portuguesa. Estreou na literatura com o romance *Terra do pecado* (1947), mas foi a partir de *Levantado do chão* (1980) que adotou um estilo particular em que, entre os sinais convencionais de pontuação, são utilizados exclusivamente a vírgula e o ponto. Com parágrafos que podem ter páginas inteiras, ele conduz a narrativa às vezes de forma ágil e leve, às vezes de forma lenta e intrincada, conforme sua intenção. A fala do narrador frequentemente se mistura à fala dos personagens, isoladas apenas pela vírgula, o que exige uma leitura muito atenta.

Em seus romances, encontra-se uma reflexão aguda a propósito da legitimidade das instituições oficiais (religiosas, governamentais e militares) e da condição humana no mundo contemporâneo. A proposta revisionista de romances como *Memorial do convento* (1982), *História do cerco de Lisboa* (1989) e *A viagem do elefante* (2008), por exemplo, oferece ao leitor uma análise crítica dos fatos históricos.

Em várias das obras do escritor, há uma atmosfera onírica e surpreendente, que se aproxima das situações insólitas criadas pelo Surrealismo ou pelo realismo fantástico. Em *A jangada de pedra* (1986), por exemplo, a península Ibérica se desprende do continente; em *Ensaio sobre a cegueira* (1995), um surto de cegueira se alastra entre os habitantes de uma cidade.

Assumidamente ateu e de esquerda, Saramago propicia em seus livros profundas reflexões sobre temas universais e atemporais, como a dominação e a manipulação política por parte dos poderosos, a participação do povo na construção da História, as barreiras que se opõem aos mais profundos sentimentos humanos, como o amor e a solidariedade, a falta de consciência do homem, sua incomunicabilidade, a solidão, o sentido da vida e da morte.

Quem foi José Saramago?

Vera Godoy/EM/D.A Press

José Saramago (1922-2010) nasceu na província de Santarém, em Portugal. Filho de camponeses, o autor exerceu profissões como serralheiro, mecânico e desenhista técnico antes de se tornar funcionário público, jornalista e escritor.

Foi romancista, cronista, contista, dramaturgo e poeta e ganhou o prêmio Camões em 1995 e o prêmio Nobel de literatura de 1998. Entre suas dezenas de livros, destacam-se *Levantado do chão*, *Memorial do convento*, *Ensaio sobre a cegueira*, *O ano da morte de Ricardo Reis*.

Leitura

Você vai ler, a seguir, um trecho da obra *Ensaio sobre a cegueira*. Essa obra retrata uma situação surrealista ou própria do fantástico na literatura: certo dia, as pessoas começam a ficar, uma a uma, cegas, criando um cenário de caos e horror. As pessoas já não conseguem sair de casa, corpos se amontoam pela cidade, valores sociais e éticos caem por terra. No trecho, a mulher do médico — a única pessoa da cidade que não perdeu a visão — acaba de ler um livro para o grupo.

RHOMBUS MEDIA/O2 FILMES/BEE VINE PICTURES/ ERMEL, ALEXANDRE/Album/ Fotoarena

Cena do filme *Ensaio sobre a cegueira*.

Nessa noite houve novamente leitura e audição, não tinham outra maneira de se distraírem, lástima que o médico não fosse, por exemplo, violinista amador, que doces serenatas poderiam então ouvir-se neste quinto andar, os vizinhos invejosos diriam, Aqueles, ou lhes corre bem a vida, ou são uns inconscientes e julgam poder fugir à desgraça rindo-se da desgraça dos mais. Agora não há outra música senão a das palavras, e essas, sobretudo as que estão nos livros, são discretas, ainda que a curiosidade trouxesse a escutar à porta alguém do prédio, não ouviria mais do que um murmúrio solitário, este longo fio de som que poderá infinitamente prolongar-se, porque os livros do mundo, todos juntos, são como dizem que é o universo, infinitos. Quando a leitura terminou, noite dentro, o velho da venda preta disse, A isto estamos reduzidos, a ouvir ler, Eu não me queixo, poderia ficar assim para sempre, disse a rapariga dos óculos escuros, Nem eu me estou a queixar, só digo que apenas servimos para isto, para ouvir ler a história de uma humanidade que antes de nós existiu, aproveitamos o acaso de haver aqui ainda uns olhos lúcidos, os últimos que restam, se um dia eles se apagarem, não quero nem pensar, então o fio que nos une a essa humanidade partir-se-á, será como se estivéssemos a afastar-nos uns dos outros no espaço, para sempre, e tão cegos eles como nós, Enquanto puder, disse a rapariga dos óculos escuros, manterei a esperança, a esperança de vir a encontrar os meus pais, a esperança de que a mãe deste rapaz apareça, Esqueceste-te de falar da esperança de todos, Qual, A de recuperar a vista, Há esperanças que é loucura ter, Pois eu digo-te que se não fossem essas já eu teria desistido da vida, Dá-me um exemplo, Voltar a ver, Esse já conhecemos, dá-me outro, Não dou, Porquê, Não te interessa, E como sabes que não me interessa, que julgas tu conhecer de mim para decidires, por tua conta, o que me interessa e o que não me interessa, Não te zangues, não tive intenção de magoar-te, Os homens são todos iguais, pensam que basta ter nascido de uma barriga de mulher para saber tudo de mulheres, Eu de mulheres sei pouco, de ti nada, e quanto a homem, para mim, ao tempo que isso vai, agora sou um velho, E zarolho, além de cego, não tens mais nada para dizeres contra ti, Muito mais, nem tu imaginas quanto a lista negra das autorrecriminações vai crescendo à medida que os anos passam, Nova sou eu, e já estou bem servida, Ainda não fizeste nada de verdadeiramente mau, Como podes sabê-lo, se nunca viveste comigo, Sim, nunca vivi contigo, Por que repetiste nesse tom as minhas palavras, Que tom, Esse, Só disse que nunca vivi contigo, O tom, o tom, não finjas que não compreendes, Não insista, peço-te, Insisto, preciso saber, Voltamos às esperanças, Pois voltemos, O outro exemplo de esperança que me recusei a dar era esse, Esse, qual, A última autorrecriminação da minha lista, Explica-te, por favor, não entendo de charadas, O monstruoso desejo de que não venhamos a recuperar a vista, Porquê, Para continuarmos a viver assim, Queres dizer, todos juntos ou tu comigo, Não me obrigues a responder, Se fosses só um homem poderias fugir à resposta, como todos fazem, mas tu mesmo disseste que és um velho, e um velho, se ter vivido tanto tem algum sentido, não deveria virar a cara à verdade, responde, Eu contigo, E por que queres tu viver comigo, Esperas que o diga diante de todos eles, Fizemos uns diante dos outros as coisas mais sujas, mais feias, mais repugnantes, com certeza não é pior o que tens para dizer-me, Já que o queres, então seja, porque o homem que eu ainda sou gosta da mulher que tu és, Custou assim tanto a fazer a declaração de amor, Na minha idade, o ridículo mete medo, Não foste ridículo, Esqueçamos isto, peço-te, Não tenciono esquecer nem deixar que esqueças, É um disparate, obrigaste-me a falar, e agora, E agora é a minha vez, Não digas nada de que te possas arrepender, lembra-te da lista negra, Se eu estiver a ser sincera hoje, que importa que tenha de arrepender-me amanhã, Cala-te, Tu queres viver comigo e eu quero viver contigo, Estás doida, Passaremos a viver juntos aqui, como um casal, e juntos continuaremos a viver se tivermos de nos separar dos nossos amigos, dois cegos devem poder ver mais do que um, É uma loucura, tu não gostas de mim, Que é isso de gostar, eu nunca gostei de ninguém, só me deitei com homens, Estás a dar-me razão, Não estou, Falaste de sinceridade, responde-me então se é mesmo verdade gostares de mim, Gosto o suficiente para querer estar contigo, e isto é a primeira vez que o digo a alguém, Também não mo dirias a mim se me tivesse encontrado antes por aí, um homem de idade, meio calvo, de cabelos brancos, com uma pala num olho e uma catarata no outro, A mulher que eu então era não o diria, reconheço, quem o disse foi a mulher que sou hoje, Veremos então o que terá para dizer a mulher que serás amanhã, Põe-me à prova, Que ideia, quem seria eu para pôr-te à prova, a vida é que decide essas coisas, Uma já ela decidiu.

(São Paulo: Companhia das Letras, 1995. p. 289-292.)

1 Releia este trecho da narrativa:

> "Quando a leitura terminou, noite dentro, o velho da venda preta disse, A isto estamos reduzidos, a ouvir ler, Eu não me queixo, poderia ficar assim para sempre, disse a rapariga dos óculos escuros".

a) Identifique nesse trecho a fala do narrador e a dos personagens.

b) De que recursos o autor se valeu para delimitar as falas de cada um?

2 No diálogo entre o velho da venda preta e a rapariga dos óculos escuros, o velho, referindo-se aos olhos da mulher do médico, que ainda podem ver, afirma: "se um dia eles se apagarem, não quero nem pensar, então o fio que nos une a essa humanidade partir-se-á, será como se estivéssemos a afastar-nos uns dos outros no espaço, para sempre, e tão cegos eles como nós".

a) Explique essa afirmação do velho.

b) A condição de cegueira absoluta, pela perspectiva do velho, pode ser vista como a era da desrazão? Por quê?

Lobo Antunes

Danilo Verpa/Folhapress

Entre os romancistas portugueses da atualidade, destaca-se Lobo Antunes (1941), que iniciou na literatura com *Memória de elefante*, obra que discute criticamente a situação de Portugal como país colonizador ao longo da história.

Com inovações técnicas da narrativa, suas obras têm foco no contexto urbano e histórico-cultural tanto de Portugal de hoje quanto de toda a Europa.

3 No diálogo dos dois personagens, o velho diz que tem um monstruoso desejo: o de que as pessoas não recuperem a vista. Qual é a razão de tal desejo?

4 A cegueira de que quase todos são vítimas por um lado brutaliza o ser humano, levando-o à condição de animal irracional; por outro, pode aproximar as pessoas. Explique essa afirmação, com base no relacionamento entre o velho e a moça.

5 No final dessa obra, os personagens recuperam a visão, mas estão agora irremediavelmente modificados, pois, depois daquela experiência, já não podem ver o mundo da mesma forma que antes.

a) Ao abrirmos a obra, deparamos com a seguinte epígrafe: "Se podes olhar, vê. Se podes ver, repara". Estabeleça diferenças entre *olhar*, *ver* e *reparar*.

b) A visão que se tem da realidade está associada diretamente à consciência de cada indivíduo. Considerando esse dado, responda: Por que a mulher do médico é a personagem que mais sofre na obra?

c) Os personagens, depois de recuperarem a visão, passam a perceber a realidade de modo diferente. O leitor da obra, por sua vez, é conduzido pelo narrador ao mundo da cegueira para emergir dele com uma visão cada vez mais clara e ampla da realidade. Com qual dos verbos mencionados na epígrafe (*olhar*, *ver* e *reparar*) essa visão se relaciona?

José Luís Peixoto

José Luís Peixoto (1974) é autor de peças de teatro, poemas, contos, textos para musicais, mas é no romance que tem se destacado no panorama mundial, tendo obras já traduzidas para vinte idiomas. Foi professor em várias cidades portuguesas e em Cabo Verde e estreou nas letras com o romance *Morreste-me* (2000). Seus romances *Nenhum olhar* (2000) e *Cemitério de pianos* (2006) são considerados exemplos ímpares da produção portuguesa atual.

Adriano Vizoni/Folhapress

A poesia

O desenvolvimento da poesia portuguesa na segunda metade do século XX resultou em composições de grande diversidade estética, indo da poesia filosófica de Fernando Echevarría à poesia metalinguística de António Ramos Rosa; do experimentalismo de E. M. de Melo e Castro ao lirismo de Ruy Belo. Essa diversidade é a tônica da poesia portuguesa contemporânea.

As publicações coletivas: dos *Cadernos de Poesia* à poesia de 1961

Na década de 1940, escritores que não tinham vínculo nem com o grupo organizado em torno da revista *Presença* — cujo último número foi publicado em 1940 — nem com o grupo neorrealista criaram a revista *Cadernos de Poesia*. Editada até 1952, a revista sustentava o lema "Poesia é uma só" e deixava explícito o compromisso de divulgar "poesia atual sem dependência de escolas ou grupos literários, estéticas ou doutrinas, fórmulas ou programas". Participaram dessa publicação tanto escritores consagrados, vindos da *Presença*, quanto novos escritores, como Tomaz Kim, Jorge de Sena, Sophia de Mello Breyner Andresen e Eugénio de Andrade, que depois se tornaram grandes nomes da poesia portuguesa.

No transcorrer dos anos 1950, começaram a circular em Portugal, em pequenas brochuras, várias publicações de poesia e crítica literária. Desse movimento editorial fizeram parte revistas como *Távola Redonda* (1950-1954), *Árvore* (1951-1953), *Sísifo* (1952), *Graal* (1956-1957) e *Tempo Presente* (1959-1961). Essas publicações foram responsáveis pela revelação de nomes importantes da poesia lusitana atual, entre os quais Egito Gonçalves, António Ramos Rosa, Sebastião Gama e David Mourão-Ferreira.

David Mourão-Ferreira

David Mourão-Ferreira (1927-1996) foi romancista, poeta, crítico e ensaísta.

Sua poesia caracterizou-se por um resgate da tradição lírico-amorosa portuguesa, sem preconceitos em relação a tendências ou ideologias, sempre demonstrando bastante apuro formal. Após a publicação de *A secreta viagem* (1950), seu primeiro livro de poesia, escreveu uma série de poemas para serem cantados como letras de fado pela cantora Amália Rodrigues (1920-1999). Dessa parceria nasceram obras-primas do fado, como as canções "Maria Lisboa", "Madrugada de Alfama", "Primavera" e "Barco negro". Um desses poemas, intitulado "Abandono", composto em 1962, é letra da canção que ficou conhecida como "Fado Peniche" e nele é feita referência à prisão de segurança máxima para onde eram levados os opositores da ditadura de Salazar.

Leitura

O poema que segue integra a obra *A secreta viagem*, de David Mourão-Ferreira.

Prelúdio

Tombam secretas madrugadas
e rios densos de pavor
de tuas pernas devassadas
por meu instinto e meu amor.

Em teus joelhos levantados
tocam as pontas de uma estrela.
(Quaisquer receios de pecados
empalidecem à luz dela...)

E as tuas ancas repousadas,
para que meu corpo se concentre,
esperam, cativas, — que as espadas
de amor se cravem no teu ventre.

(*In*: Maria Alberta Meneres e E. M. de Melo e Castro, org. *Antolologia da novíssima poesia portuguesa*. Lisboa: Círculo de Poesia/Livraria Morais, 1961. p. 98.)

danez/iStockphoto/Getty Images

1 A palavra *prelúdio* tem vários sentidos, entre os quais se destacam: iniciação, primeiros passos, exercício prévio, prenúncio, ensaio da voz ou do instrumento.

a) Identifique qual ou quais desses sentidos a palavra assume no contexto geral do poema. Justifique sua resposta.

b) No contexto, trata-se de um prelúdio de quê?

2 Que versos da segunda estrofe comprovam uma concepção profana do amor?

3 Os poemas de David Mourão-Ferreira são reconhecidos pelo apuro formal e pela elegância das imagens, do ritmo e da sonoridade em geral.

a) Como o poema é construído formalmente? Responda, levando em conta o número de estrofes, a métrica dos versos e as rimas.

b) Como se dá o ritmo desses versos?

c) Retire da última estrofe do poema um exemplo de aliteração.

4 No relacionamento entre os amantes:

a) Qual é a imagem que representa a consumação sexual?

b) No contexto, qual é o sentido da palavra *cativas*?

c) Na visão do eu lírico sobre essa relação amorosa, os amantes estão num plano de igualdade ou há submissão de uma das partes? Justifique sua resposta.

O Surrealismo português e o experimentalismo estético

Em 1948, foi fundado em Portugal o Grupo Surrealista de Lisboa, do qual fizeram parte poetas e artistas plásticos como Alexandre O'Neill, Mário Cesariny, José-Augusto França, António Domingues, Fernando Azevedo, Moniz Pereira e António Pedro. O grupo sustentava ideias antirrealistas e buscava nas propostas de André Breton, como o automatismo psíquico, a escrita automática, a pesquisa em torno do desejo e do inconsciente, as bases para a elaboração de suas produções. A obra paradigmática desse movimento foi o livro *A ampola miraculosa*, de Alexandre O'Neill, publicado em 1941.

Nos anos 1960, procurando ir além das propostas do Surrealismo difundidas na década anterior, muitos poetas se envolveram com experiências formais arrojadas, inspiradas no Concretismo brasileiro. Em 1961, foi lançada a revista *Poesia 61*, que, editada pelos jovens poetas Casimiro de Brito, Luiz Neto Jorge, Fiama Hasse e Maria Teresa Horta, tinha em vista promover a poesia experimental e a exploração da potencialidade do signo como objeto. A partir dessa, outras publicações, como *Cadernos de Hoje* e *Poesia Experimental* (1965-1966), ajudaram a construir a variedade de experiências estéticas que hoje se vê na poesia portuguesa.

Aurora hiante (1942), do pintor surrealista português Cândido da Costa Pinto.

A poesia dos anos 1970 até hoje

A produção dos poetas que surgiriam a partir da década de 1970 revela opções estéticas variadas e muitas vezes pessoais, sem vínculo com plataformas de grupo ou de geração. Nela se fazem presentes desde influências de poetas do Modernismo português, como Fernando Pessoa e Almada Negreiros, e do Surrealismo até o experimentalismo que reúne à palavra elementos próprios da música, das artes plásticas, da teoria da comunicação, do cinema.

Representativos das principais linhas estéticas que compõem a multiplicidade de caminhos vista na poesia portuguesa contemporânea são poetas como Manuel António Pina, António Osório, José Augusto Seabra, Mário Cláudio, Nuno Júdice, Al Berto, Orlando Neves, Margarida Vale de Gato e Filipa Leal.

Nuno Júdice e a reflexão

Poeta, ensaísta, ficcionista e professor, Nuno Júdice (1949) estreou na literatura em 1972, com o livro *A noção do poema*. Em sua obra estão presentes reflexões sobre o fazer poético e a existência do homem contemporâneo, realizadas por meio da abordagem de temas como amor, metafísica, vida, morte, tempo.

O poema a seguir é uma mostra da poesia reflexiva do autor.

Raphael Gaillarde/Gamma-Rapho/Getty Images

Nuno Júdice.

Plano

Trabalho o poema sobre uma hipótese: o amor
que se despeja no copo da vida, até meio, como se
o pudéssemos beber de um trago. No fundo,
como o vinho turvo, deixa um gosto amargo na
boca. Pergunto onde está a transparência do
vidro, a pureza do líquido inicial, a energia
de quem procura esvaziar a garrafa; e a resposta
são estes cacos, que nos cortam as mãos, a mesa
da alma suja de restos, palavras espalhadas
num cansaço de sentidos. Volto, então, à primeira
hipótese. O amor. Mas sem o gastar de uma vez,
esperando que o tempo encha o copo até cima,
para que o possa erguer à luz do teu corpo
e veja, através dele, o teu rosto inteiro.

(Disponível em: www.citador.pt/poemas/plano-nuno-judice. Acesso em: 26/7/2012.)

Filipa Leal e o cotidiano

Filipa Leal (1979) estreou na literatura com *Talvez os lírios compreendam* (2004) e, em 2011, com *A inexistência de Eva* (2009), foi finalista do Prêmio Literário Casino da Póvoa. De sua poesia, que reflete sobre o cotidiano e a vida contemporânea, é exemplo o poema abaixo.

Reprodução/Editora Deriva

Obra de Filipa Leal.

Quarto minguante

Os adolescentes da cidade
deitavam-se cada vez mais cedo.

Faltava-lhes o espaço para a náusea
desse lugar diminuto,
desse tédio
que só no quarto a sós
lhes denunciava a paixão.

Os adultos da cidade
deitavam-se cada vez mais tarde.

Não suportavam a náusea
desse lugar diminuto,
desse tédio
que no quarto só
lhes denunciava a solidão.

(Disponível em: http://quintasdeleitura.blogspot.com.br/2010/03/poesia-de-filipa-leal.html. Acesso em: 26/7/2012.)

CAPÍTULO

25 Tendências da literatura brasileira contemporânea

A literatura das duas primeiras décadas do século XXI se apropria das tradições literárias desenvolvidas a partir da segunda metade do século XX. Metalinguagem, experimentalismo formal, engajamento social e mistura de tendências estéticas são traços que marcam a produção contemporânea.

Monalisa (2019), por Eduardo Kobra, painel de 9 metros feito para a exposição "Leonardo da Vinci – 500 anos de um gênio", em 2020.

Este capítulo favorece o desenvolvimento das habilidades

EM13LGG102
EM13LGG202
EM13LGG203
EM13LGG302
EM13LGG601
EM13LGG602
EM13LGG604
EM13LP01
EM13LP02
EM13LP06
EM13LP46
EM13LP48
EM13LP49
EM13LP52

A poesia

O crítico Manuel da Costa Pinto avalia assim o atual quadro da poesia brasileira:

> Existem duas ideias sobre a poesia brasileira que são consensuais, a ponto de terem virado lugares-comuns. A primeira diz que um de seus traços dominantes é o diálogo cerrado com a tradição. Mas não qualquer tradição. O marco zero, por assim dizer, seria a poesia que emergiu com a Semana de Arte Moderna de 22. A segunda ideia, decorrente da primeira, é que essa linhagem modernista se bifurca em dois eixos principais: uma vertente mais lírica, subjetiva, articulada em torno de Mário de Andrade, Manuel Bandeira e Carlos Drummond de Andrade; e outra mais objetiva, experimental, formalista, representada por Oswald de Andrade, João Cabral de Melo Neto e a poesia concreta.
>
> (*Literatura brasileira hoje*. São Paulo: Publifolha, 2004. p. 14.)

Leitura

Você vai ler a seguir quatro poemas representativos de algumas das tendências da produção poética brasileira das últimas décadas. O texto 1 é de autoria de Ferreira Gullar e é um exemplo da poesia engajada da década de 1960; o texto 2 é de Paulo Miranda, representante da poesia visual da década de 1970; o texto 3 é de Paulo Leminski, poeta que fez parte da poesia marginal dos anos 1970-1980; e o texto 4 é de autoria do poeta contemporâneo Donizete Galvão.

TEXTO 1

Agosto 1964

Entre lojas de flores e de sapatos, bares,
mercados, butiques,
viajo
num ônibus Estrada de Ferro-Leblon
Volto do trabalho, a noite em meio,
fatigado de mentiras.

O ônibus sacoleja. Adeus, Rimbaud,
relógio de lilases, concretismo,
neoconcretismo, ficções da juventude, adeus,
que a vida
eu a compro à vista aos donos do mundo.
Ao peso dos impostos, o verso sufoca,
a poesia agora responde a inquérito policial-militar.

Digo adeus à ilusão
mas não ao mundo. Mas não à vida,
meu reduto e meu reino.
Do salário injusto,
da punição injusta,
da humilhação, da tortura,
do terror,
retiramos algo e com ele construímos um artefato

um poema
uma bandeira

(Ferreira Gullar. *Toda poesia*. Rio de Janeiro: José Olympio, 2001. p. 170.)

TEXTO 2

Soneto 1m40cm

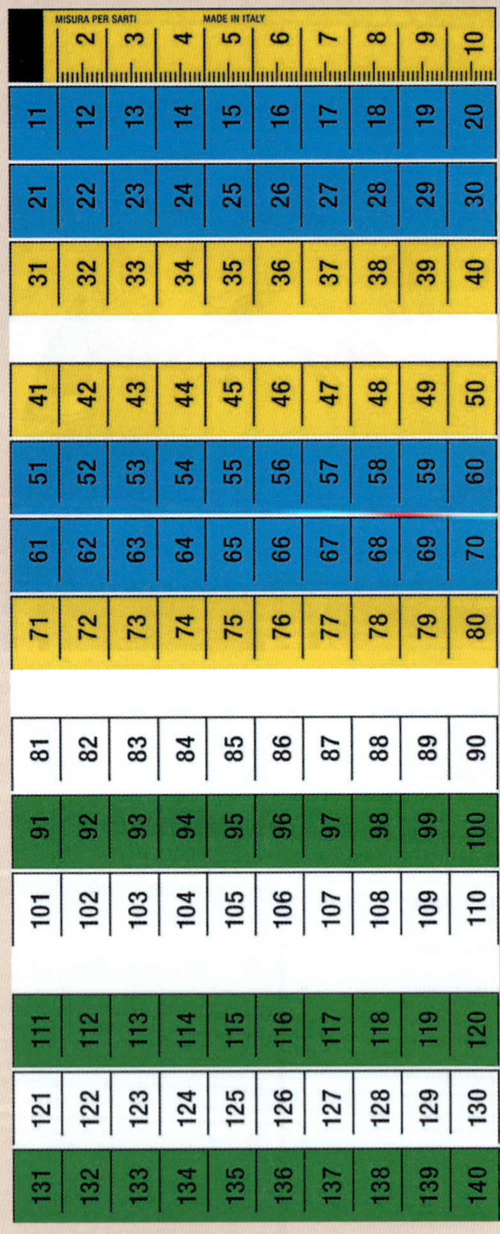

(Paulo Miranda. Disponível em: www.elsonfroes.com.br/sonetario/nsonetario. htm. Acesso em: 20/3/2020.)

TEXTO 3

PRA QUE CARA FEIA?
NA VIDA
NINGUÉM PAGA MEIA.

(Paulo Leminski. Disponível em: http://cultalt.tripod.com/6.htm. Acesso em: 20/3/2020.)

TEXTO 4

Roedor

Parado no trânsito da Marginal
Vi você roendo as unhas com fúria.
Estava encostado no poste de esquina,
Ombros arqueados numa posição frouxa.
Você cuspia os tocos das unhas.
Arrancava lascas de carne dos dedos
E, depois, sugava o sangue dos cantos.
Ah, que triste figura você fazia, amigo!
Você era pouco mais que um rato.

(Donizete Galvão. *A carne e o tempo*. São Paulo: Nankin, 1997. p. 31.)

Ricardo Costa/Alamy/Fotoarena

1 No texto 1, o eu lírico reflete sobre a sua condição e sobre o destino de sua poesia. Levando em conta também o título do poema, responda:

a) Que fato histórico pode ter motivado essas reflexões?
b) O eu lírico se sente derrotado? Justifique.
c) De acordo com os últimos versos, de que modo o eu lírico pode contribuir para que a situação seja alterada?

2 O texto 2 é um exemplo do experimentalismo poético da década de 1970, no qual os poetas integram outras linguagens na construção do poema.

a) Que relação pode ser estabelecida entre o título e a forma como o poema foi construído?
b) Quais são os sentidos que o título traz ao poema?
c) Do ponto de vista formal, o que o corte da fita em catorze partes iguais, cada uma com dez centímetros, sugere?
d) A que se associam as cores utilizadas no poema?
e) Do ponto de vista formal, qual é o significado da distribuição das diferentes cores no poema?

3 O poema "Soneto 1m40 cm" foi publicado em 1976. Considerando essa informação, responda:

a) Qual era a situação política do Brasil nessa época?
b) Que relação pode ser estabelecida entre esse momento histórico brasileiro e o poema?

4 Levando em conta o contexto em que foram produzidos os textos 1 e 2, compare-os e aponte semelhanças e diferenças entre eles.

5 O texto 3, de Paulo Leminski, é inspirado no haicai, forma de poesia japonesa composta de três versos.

a) Quais são as marcas linguísticas e de estilo desse texto?
b) Que recursos empregados no poema podem favorecer sua memorização?
c) Esse texto tem semelhança com *slogans* publicitários? Justifique sua resposta.

6 Em relação ao texto 4, responda:

a) De que tipo é o espaço que ele menciona? Justifique sua resposta.

b) A que é associada a pessoa a quem o eu lírico se dirige? Qual é a relação entre essa associação e o espaço no qual se passa a cena descrita no poema?

c) Tomando a cena retratada, qual é a visão do eu lírico a respeito da vida nas grandes cidades?

7 Com base nos quatro textos estudados, quais características da poesia contemporânea podem ser apreendidas?

O Concretismo: a palavra no espaço

O Concretismo é um movimento de vanguarda tardio, surgido no Brasil em meio à euforia desenvolvimentista da década de 1950. Com foco principal na poesia, o movimento ganhou muita força e tornou-se uma referência importante no Brasil e em todo o mundo. Os experimentos estéticos dessa corrente artística exerceram grande influência sobre sucessivos grupos de poetas, artistas plásticos e compositores das décadas seguintes, o que reforça a ideia de que, em nossa cultura, foi o movimento de vanguarda mais importante.

© Novaes/Acervo do cartunista

Augusto de Campos, Décio Pignatari e Haroldo de Campos em caricatura de Novaes.

As ideias que serviram de base para o Concretismo começaram a ser divulgadas em 1952, na revista-livro *Noigandres*, editada pelos jovens poetas Décio Pignatari e os irmãos Augusto e Haroldo de Campos. Além de poemas de autoria dos integrantes do grupo, a publicação trazia também manifestos e textos teóricos.

Os procedimentos radicais empregados na composição da poesia concreta foram influenciados pelo espírito revolucionário das vanguardas do início do século XX, como o Futurismo e o Cubismo. A proposta principal do Concretismo é a construção de poemas-objeto, trabalho que, à semelhança de um produto fabricado industrialmente, deixa de ter, no processo de sua composição, qualquer relação subjetiva ou psicológica com seu autor. Opondo-se ao que se considera poesia de expressão, os poetas concretos propõem o fim do eu lírico, a exemplo do que já fizera o poeta João Cabral de Melo Neto. Para eles, o poema deve falar por si, apresentando-se ao leitor como um objeto autônomo.

O manifesto Plano Piloto para Poesia Concreta, de 1958, que apresentava as ideias do movimento, estabelecia "o fim do ciclo histórico do verso". Na concepção ali exposta, as palavras devem ocupar o espaço da página e, em detrimento da linearidade, estabelecer uma relação direta com elementos geométricos, gráficos e visuais.

O contexto dos anos 1950-1960

O Brasil viveu da década de 1950 até 1964 um período de euforia política e econômica. Essa foi a época do governo democrático-populista de Juscelino Kubitschek (1956-1961), que empreendeu uma política econômica industrial e desenvolvimentista, abrindo o país para o capital estrangeiro, que aqui instalou suas indústrias, aproveitando-se de nossa mão de obra barata. A construção de Brasília, a geração de novos empregos na indústria e no comércio e a ampliação do consumo criaram uma atmosfera ingênua de euforia entre as pessoas.

A cultura brasileira acompanhava o ritmo das mudanças. Novas ideias surgiam nos diferentes domínios da arte, com a Bossa Nova, o Cinema Novo, o Teatro de Arena, as vanguardas concretas na poesia e nas artes plásticas, os festivais de música transmitidos pela televisão.

Após 1964, quando se iniciou o regime militar, a atividade cultural do país se manteve dinâmica ainda por mais alguns anos. Surgiu o Teatro Oficina, que encenou *O rei da vela*, de Oswald de Andrade; foram criados os CPCs (Centros Populares de Cultura), que visavam levar cultura para as ruas; o Tropicalismo ganhou as rádios e a televisão. Esse período efervescente teve fim com a decretação do AI-5, em 1968, o exílio de políticos e artistas e a instituição de uma censura prévia a eventos culturais.

Os recursos da poesia concreta são os mais variados: vão de experiências sonoras, com aliterações e paronomásias, até o emprego de caracteres tipográficos de diferentes formas e tamanhos; da diagramação do texto na página até a criação de neologismos. O poema assume a forma de cartografia, de cartaz, de cartão, de dobradura, de fotografia, de colagem, enfim, a forma de um objeto qualquer da produção industrial.

Observe estes poemas concretos:

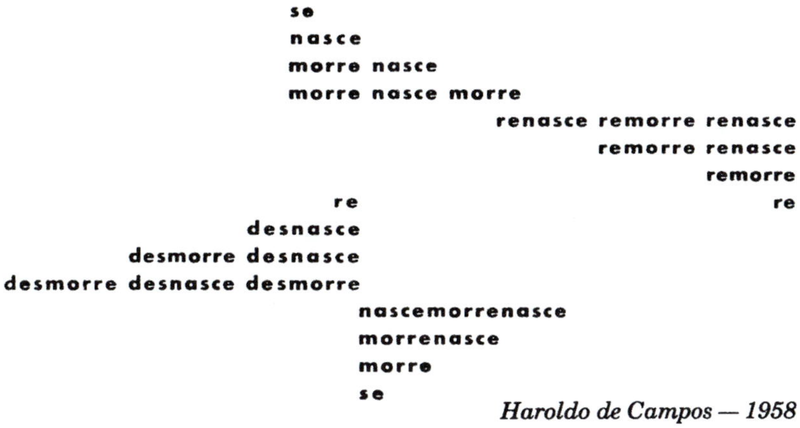

Reprodução/Haroldo de Campos. Nasce/Morre. 1958

nasce/morre (1958), Haroldo de Campos.

Reprodução/Haroldo de Campos

beba coca cola (1957), de Décio Pignatari.

O Concretismo foi o primeiro de vários movimentos de poesia visual no Brasil. A ele se seguiram o Neoconcretismo, com a participação de poetas e artistas plásticos como Ferreira Gullar, Hélio Oiticica e Lygia Clark; o movimento do *poema-processo*, liderado por Wladimir Dias Pinto; o do *poema-práxis*, liderado por Mário Chamie; e também o dos grupos que se dedicaram aos vários tipos de poesia visual nas décadas de 1970 e 1980, entre os quais se destacaram artistas como Philadelpho Menezes, Tadeu Jungle e João Bandeira.

Ferreira Gullar: poesia nos anos de chumbo

O poeta Ferreira Gullar tem uma produção extensa, que compreende, além de poesia, ensaio, dramaturgia, prosa e crítica de arte. Como poeta, foi um dos principais representantes da poesia social e engajada que se fez no Brasil principalmente nas décadas de 1960 e 1970, no contexto do regime militar no país e das ditaduras latino-americanas em geral.

Envolvido com as propostas da poesia concreta, tomou parte da Exposição Nacional de Arte Concreta, realizada em São Paulo e no Rio de Janeiro entre 1956-1957. Em 1959, rompeu com o grupo que fazia a revista *Noigandres* e, com vários artistas, entre os quais Amilcar de Castro e Lygia Clark, fundou o grupo de arte Neoconcreto.

Quem foi Ferreira Gullar?

Adauto Cruz/CB/D.A Press

Ferreira Gullar (1930-2016) nasceu no Maranhão. Aos 21 anos, mudou-se para o Rio de Janeiro, onde trabalhou como revisor de textos e jornalista. Em 1954, publicou sua primeira obra de poemas, *A luta corporal*, iniciando uma carreira de destaque. Em 1969 foi preso e exilado pelo regime militar e viveu na França, no Chile, no Peru e na Argentina. Com a anistia, regressou ao Brasil em 1977.

Recebeu vários prêmios, entre eles o Prêmio Jabuti (em 2007 e 2011) e o Prêmio Camões (2010).

Em 1962, Ferreira Gullar retomou o verso discursivo e, resgatando o uso do eu lírico, voltou a abordar temas de interesse social, como a fome, a Guerra Fria, a corrida atômica, o neocapitalismo, o Terceiro Mundo, etc.

Com a implantação do regime militar no Brasil, em 1964, e o recrudescimento do autoritarismo político em 1968, acentuou-se o engajamento do autor, que, ao lado de outros artistas, criou, a partir de então, uma verdadeira poesia de resistência. São desse período as principais realizações de Ferreira Gullar na poesia: as obras *Dentro da noite veloz* (1975) e *Poema sujo* (1976), esta escrita no exílio, em Buenos Aires. O poema "Agosto 1964", que você estudou no início deste capítulo, ilustra a fase social de sua poesia.

Nos últimos anos, Ferreira Gullar escreveu regularmente artigos para jornais do Rio de Janeiro e de São Paulo e publicou duas importantes obras poéticas: *Muitas vozes* (1999) e *Em alguma parte* (2010).

A poesia marginal de 1970-1980

Os poetas das décadas de 1970-1980, principalmente os que faziam poesia social, tinham poucas opções diante do controle da censura: utilizar uma linguagem indireta, metafórica, e publicar nos meios editoriais convencionais, ou driblar a censura e cuidar eles mesmos da produção, divulgação e distribuição de seu trabalho.

Os que trilharam este último caminho foram chamados de "poetas marginais" e se empenharam na criação de revistas e jornais literários, folhetos mimeografados, pôsteres poéticos, cartazes, caixas de poemas, antologias impressas em pequenas gráficas. Até uma "chuva de poesia" foi produzida em dezembro de 1980: partindo do alto do edifício Itália, papéis impressos tomaram os céus de São Paulo.

Ana Cristina Cesar e os jogos de linguagem

A poetisa, prosadora e tradutora Ana Cristina Cesar (1952-1983) nasceu no Rio de Janeiro. Na década de 1970, escreveu para várias revistas e jornais literários e, em 1979, publicou os livros *Cenas de abril* e *Correspondência completa*.

Sua obra, de traço predominantemente confessional, oferece aos leitores jogos de linguagem em que os poemas, os fragmentos de prosa e as cartas misturam ficção e realidade.

Reprodução/Editora Ática

Um novo perfil de poeta começou a surgir. Deixando de ser um produtor cultural solitário, os poetas foram para as ruas, para os bares, para as portas de cinemas e teatros, onde expunham seu trabalho em forma de declamações, *happenings* e *shows* musicais e promoviam sua venda diretamente ao consumidor.

Na extensa lista de poetas desse período, destacam-se: Waly Salomão, Torquato Neto, Chacal, Roberto Piva, Rodrigo de Haro, Claudio Willer, Sebastião Uchoa Leite, Hilda Hilst.

Paulo Leminski: inovador na prosa e na poesia

O curitibano Paulo Leminski (1944-1989) foi poeta, compositor, professor, tradutor e ensaísta. Parceiro de músicos como Caetano Veloso, Moraes Moreira e Itamar Assumpção, destacou-se como um dos principais poetas brasileiros dos anos 1970-1980. Algumas de suas produções são fundamentais para a literatura brasileira atual, como a prosa experimental do livro *Catatau* (1975) e os poemas dos livros *Caprichos e relaxos* (1983) e *Distraídos venceremos* (1987).

Sua obra é marcada pelo experimentalismo, pelo humor, pela economia verbal e pela objetividade.

Paulo Leminski.

Luiz A. Novaes/Folhapress

Alguns críticos questionam a qualidade estética da produção poética desse período, marcada pela ausência de vínculo com projetos literários específicos. De modo geral, pode-se dizer que a poesia marginal caracteriza-se por um lirismo mais espontâneo e próximo do cotidiano, que, muitas vezes, deixa de lado o trabalho com a palavra, dando lugar à pura expressão. Os modelos literários retomados pelos autores dessa poesia foram os experimentos do Concretismo, os *beatniks* norte-americanos, como Allen Ginsberg e Jack Kerouac, e principalmente os modernistas da geração de 1922 (Bandeira e Oswald, em especial).

Observe, abaixo, a influência do poema-piada de Oswald de Andrade neste poema do poeta contemporâneo Noé Ribeiro:

Paternidade

Quase um ano de idade
e ninguém reivindicou a autoria

(*Coisas da vida*. São Paulo: Estúdio Editores.com, 2017. p. 54.)

A poesia do fim do século XX à atualidade

O grupo de poetas que surgiram nas décadas de 1990 e 2000 revela em sua produção influência tanto da poesia marginal, pela apropriação do lirismo espontâneo, quanto de grandes referências do passado recente da literatura brasileira, como Drummond, João Cabral e Manuel Bandeira. A pesquisa sobre as formas poéticas e o apuro da linguagem conferem uma marca de qualidade à produção de alguns desses poetas, enquanto outros se destacam pela realização de experimentos que envolvem o cruzamento da poesia com outras linguagens, como o vídeo, a fotografia e sobretudo a música.

Poesia e música

Nos dias atuais, cresce o interesse dos poetas pela música popular, em razão de sua penetração entre o grande público. Waly Salomão, Capinam, Torquato Neto, Cacaso, Paulo Leminski, Antonio Cicero e Fabrício Corsaletti, por exemplo, são coautores de composições que fizeram sucesso no rádio e na televisão. E compositores como Caetano Veloso, Chico Buarque, Milton Nascimento, Cazuza, Paulinho Moska, Lenine, Romulo Fróes, Mano Brown, Emicida e Criolo apresentam nas letras de suas canções uma sofisticação que as aproxima do literário.

Lucas Lacaz Ruiz/Folhapress.

Criolo.

Os temas dessa poesia brasileira atual são os mais variados possíveis, indo da vida nos grandes centros urbanos à discussão metalinguística.

Entre os poetas da atualidade, destacam-se Carlito Azevedo, Fernando Paixão, Frederico Barbosa, Tarso de Melo, Antonio Risério, Angélica Freitas, Alberto Martins, Marcos Siscar, Antonio Cicero e Fabrício Carpinejar.

Arnaldo Antunes: poesia multimídia

Nos últimos vinte anos, vários poetas incorporaram em sua produção o uso da tecnologia. O mais conhecido deles é Arnaldo Antunes.

Nascido em São Paulo, em 1960, Arnaldo Antunes ficou famoso por sua participação como letrista e músico na banda Titãs, no período de 1983 a 1992.

Na literatura, o autor encontrou na poesia experimental o seu caminho. Desde suas primeiras produções, faz uso de um cruzamento entre linguagens, resultando em um trabalho que reúne elementos do Concretismo, experimentos com videopoemas e instalações.

Lucas Lacaz Ruiz/Folhapress

Arnaldo Antunes.

Fabrício Corsaletti e a poesia lírica

O poeta, prosador, compositor, editor e articulista Fabrício Corsaletti (1978) nasceu em Santo Anastácio, no Estado de São Paulo. Estreou na literatura em 2001, com o livro *Movediço*, e depois publicou mais sete livros, entre os quais obras de poemas, contos, novela e literatura infantil.

Sua poesia, de tom confessional, faz reflexões sobre a infância, o cotidiano e o amor.

Poema de amor

Agora o meu amor envolve o seu rosto.
Você projeta a cidade de homens livres.
Tento aproximá-la do pássaro branco.
Você só quer que eu me concentre.
Percebo a cidade de homens livres.
Começo a existir e a você me dirijo.
Meus poemas fazem você nascer mais um pouco.
Mas você abandona a cidade de homens livres;
Em direção a porta de saída,
Seu passo aperfeiçoa o amor.

(*In: Estudos para o seu corpo*. São Paulo: Cia. das Letras, 2007. p. 122.)

A prosa

A partir da década de 1960 a ficção brasileira consolidou a tendência, já apontada pela geração de 1940-1950, de abandonar a abordagem realista. A visão de um mundo complexo e fragmentado manifestou-se na prosa de ficção com a ruptura da narrativa linear e totalizante e com a construção de uma narração desordenada, fragmentária, sem um foco narrativo claramente definido.

Nesse período, a crônica e o conto, mais do que a poesia, ganharam novos representantes. A crônica, amplamente difundida em jornais e revistas semanais, revelou ou confirmou autores como Luis Fernando Verissimo, Jô Soares, Marcos Rey, Walcyr Carrasco, Moacyr Scliar, Carlos Heitor Cony, Mario Prata, entre outros. O romance desdobra-se em diferentes linhas, como o romance policial, o psicológico, o histórico e o memorialista.

Luis Fernando Verissimo

Filho de Érico Veríssimo, o escritor gaúcho Luis Fernando Verissimo (1936) é um dos autores brasileiros mais lidos nos últimos tempos. Consagrou-se como cronista explorando com muito humor temas banais do cotidiano, o relacionamento amoroso, a infidelidade conjugal, a culinária, a política, o comportamento de gerações, o preconceito, a desigualdade social, etc.

Autor de obras como *O analista de Bagé* (1981) e *Comédias da vida privada* (1994), Verissimo é, segundo o crítico Manuel da Costa Pinto, "o grande retratista dos absurdos e das irrealidades de nossa realidade cotidiana".

Reprodução/Editora Boa Companhia

Comenta o crítico Manuel da Costa Pinto a respeito da ficção mais recente:

> A ficção brasileira contemporânea está concentrada em solo urbano. E, assim como acontece com as grandes metrópoles, é difícil encontrar um eixo que a defina. Não existe homogeneidade de estilos, no máximo uma afinidade temática — que às vezes pode ser surpreendente. Assim, se os autores da chamada Geração 90 frequentam os mesmos lugares inóspitos que os escritores da periferia — ruas deterioradas, botecos esquálidos, casas traumatizadas pelo desemprego, pela violência e pela loucura —, há uma percepção geral do isolamento e da vulnerabilidade do sujeito moderno (e urbano). Essa percepção pode tomar a forma dos fragmentos de Dalton Trevisan, das narrativas "instáveis" de Bernardo Carvalho e Chico Buarque ou dos nomadismos de João Gilberto Noll. Em todos eles, permanece como experiência de fundo o desenraizamento proporcionado pela cidade.

Reprodução/Planeta

(*Literatura brasileira*, cit., p. 82.)

Leitura

Você vai ler a seguir dois contos. O primeiro é de autoria de Dalton Trevisan, um dos mais importantes escritores da literatura brasileira atual; o segundo, de Fernando Bonassi, escritor revelação dos últimos anos.

TEXTO 1

Sem fôlego, descansa. Fuma um cigarro, delicado. Já é manhã. Pedala devagar para a casa da mãe. Uma garoa fina. Repete o café, três pães, cata as migalhas: "Puxa, que fome." Exausto, desmaia na cama. De tardezinha, dorme ainda, chegam os tiras. Na delegacia bate a cabeça na parede: "... eu amava, sim... ela me traiu... só fiz por amor...".

(Dalton Trevisan. *234*. Rio de Janeiro: Rocco, 1997. p. 99.)

TEXTO 2

094 paisagem com remédios

Na **Baixada do Glicério** um prédio inacabado foi conquistado por sofás velhos, encerados puídos, cachorros e pessoas vira-latas. Muito perto, o entreposto do **Inamps** bafeja uma fumaça de remédios vencidos. Filas e filas de receitas médicas encardidas, empunhadas as orações. Gosmentos de vergonha das suas sujeiras, os engenheiros cobrem o Tamanduateí com placas de concreto. Deixarão correr uma autoestrada moderníssima por cima. Os meninos vão rachar a cabeça nessas pistas lisinhas. Quem viver verá na TV.

(Fernando Bonassi. *Passaporte*. São Paulo: Cosac & Naify, 2001. p. 94.)

Baixada do Glicério: bairro do centro de São Paulo situado às margens do rio Tamanduateí, hoje poluído.
Inamps: sigla do Instituto Nacional de Assistência Médica da Previdência Social, órgão que punha em prática a política pública de saúde que existia antes da criação do SUS; atendia apenas aos trabalhadores que contribuíam com a previdência social.

1 No conto de Dalton Trevisan:

a) Quem é o personagem principal?

b) Levante hipóteses: Qual é o motivo de o personagem ter sido conduzido à delegacia?

c) Considerando as partes do conto tradicional — introdução, complicação (apresentação do conflito), clímax e desfecho —, como se pode situar o conto lido em relação a essa estrutura convencional?

Dalton Trevisan: o lirismo da perversão

Os contos do curitibano Dalton Trevisan (1925) são a síntese do desenvolvimento da prosa urbana na literatura brasileira. Seus personagens, a maioria dos quais em situação de marginalidade, são porta-vozes dos dilemas morais e sociais do homem moderno, e sua narrativa brutal mostra o lado obscuro das cidades.

2 Como pode ser caracterizada a linguagem de Dalton Trevisan no conto lido?

3 No conto de Fernando Bonassi:

a) Que adjetivo é empregado para caracterizar as pessoas? Que efeito de sentido é construído pelo uso desse adjetivo?

b) Por meio do painel de imagens apresentadas no texto, que caracterização é feita do espaço focalizado na narrativa? Justifique sua resposta com elementos do texto.

4 O final do conto apresenta uma situação nova, que estabelece um contraste entre duas realidades diferentes da cidade.

a) Qual é o contraste?

b) O que esse contraste revela sobre a vida em uma cidade grande, como a retratada?

c) Releia as duas últimas frases do texto e conclua: Por que elas quebram a expectativa e provocam certo efeito de humor?

5 Compare os dois contos lidos. O que eles têm em comum quanto à linguagem e ao tema?

O conto

Com a estética modernista, o conto foi submetido a transformações profundas. Do ponto de vista técnico, o relato objetivo e linear, com sua estrutura de começo, meio e fim, e a narrativa em crescendo, mantida pelo suspense, deram, pouco a pouco, lugar à simples evocação, ao instantâneo fotográfico, aos episódios ricos de sugestão, aos flagrantes de atmosferas intensamente poéticas, aos casos densos de significação humana. São representantes do gênero, entre outros, Lygia Fagundes Telles, Osman Lins, Murilo Rubião, Moacyr Scliar, Otto Lara Resende, Dalton Trevisan, José J. Veiga, Rubem Fonseca, João Antônio, Hilda Hilst, Milton Hatoum, Sérgio Sant'Anna, Caio Fernando Abreu, Fernando Bonassi, Marcelino Freire, André Sant'Anna, Veronica Stigger, Geovani Martins.

Reprodução/Editora Companhia das Letras

Geovani Martins, em 2018, surpreende a crítica com *Sol na cabeça*, obra com 13 contos que retratam de forma realista a vida nas favelas cariocas.

Marcelino Freire e o miniconto

Uma das formas narrativas surgidas nos últimos anos é o miniconto. Experiência narrativa difundida na década de 1990, o miniconto propõe ao leitor um instantâneo de uma situação. O escritor Marcelino Freire é um conhecido autor de minicontos. Leia dois deles:

CONTO NANICO NÚMERO 97: Só para o corpo, boiando morto, parou de chover.

CONTO NANICO NÚMERO 99: Subiu aos céus. Depois que o avião caiu.

(Disponível em: www.twitter.com/marcelinofreire. Acesso em: 30/7/2012.)

A crônica

A crônica tem assumido na literatura brasileira um papel cada vez mais relevante, destacando-se como o gênero literário mais lido pelo grande público. Veiculada geralmente em jornais ou em revistas, a crônica foi aos poucos abandonando o caráter exclusivamente jornalístico, voltado apenas para os fatos ocorridos no dia a dia, e penetrando lentamente o universo da ficção.

Hoje, o gênero é diversificado, apresentando feições que vão do comentário do fato jornalístico à ficção, do humor à crítica social, da reflexão filosófica à defesa de ideias, mas tendo sempre como base um olhar crítico sobre a vida presente e cotidiana.

Entre os cronistas que se destacaram nos últimos anos, estão: Fernando Sabino, Luis Fernando Verissimo, Millôr Fernandes, Moacyr Scliar, Carlos Heitor Cony, Fernando Bonassi, Affonso Romano de Sant'Anna, Walcyr Carrasco, Mario Prata, Antonio Prata, Marcelo Rubens Paiva, Ivan Ângelo, Ruy Castro e Xico Sá.

Reprodução/Editora 34

Livro de crônicas de Antonio Prata, um dos principais representantes do gênero em nosso país.

O romance

Em linhas gerais, o romance contemporâneo seguiu as direções mais tradicionais de nossa ficção — a do Realismo, em várias de suas vertentes, e a intimista. Contudo, ganhou novos matizes, representados pela adoção de novos temas, como a violência nas grandes cidades; ou por uma abordagem mais realista e crua de temas já gastos; ou pela introdução de personagens dos chamados grupos marginalizados; ou pela incorporação do fantástico, do simbólico, do absurdo; ou pelo uso de novas técnicas narrativas, originárias tanto da apropriação de técnicas da linguagem cinematográfica e pictórica quanto do resgate de procedimentos narrativos das vanguardas do início do século XX, como os utilizados por James Joyce e Virginia Woolf.

Luiz Ruffato: uma visão realista de São Paulo

O contista e romancista mineiro Luiz Ruffato (1961) é um dos nomes mais celebrados da literatura brasileira contemporânea. Sua estreia na literatura se deu com os livros de contos *Histórias de remorsos e rancores* (1998) e *Os sobreviventes* (2000). Mas foi com o romance *Eles eram muitos cavalos* (2001) que ele ganhou notoriedade. Em uma narrativa estilhaçada, composta de 70 pequenos textos, o escritor dá voz a personagens de rua, trabalhadores, mendigos, donas de casa, empresários, construindo uma visão realista da cidade de São Paulo.

A ficção regionalista, que focaliza principalmente o homem no ambiente das zonas rurais, com os seus problemas geográficos e sociais, é representada por autores como João Ubaldo Ribeiro (*Sargento Getúlio*), Márcio Souza (*Galvez, imperador do Acre*), Francisco Dantas (*Os desvalidos*), José Clemente Pozenato (*O quatrilho*), Nélida Piñon (*A república dos sonhos*), Antônio Callado (*Quarup*), José Cândido de Carvalho (*O coronel e o lobisomem*) e Milton Hatoum (*Cinzas do Norte*).

A ficção intimista desenvolve-se no sentido da indagação interior, da introspecção psicológica, dos problemas da alma, do destino, da consciência, da conduta da personalidade humana diante de si mesma ou diante dos outros homens. Preocupa-se com problemas psicológicos, religiosos, morais, metafísicos, mas também com os de convivência.

Entre outros, integram essa linha: Fernando Sabino (*O encontro marcado*), Aníbal Machado (*João Ternura*), Lygia Fagundes Telles (*As meninas*), Raduan Nassar (*Lavoura arcaica*), Chico Buarque de Hollanda (*Budapeste*), Cristovão Tezza (*O filho eterno*), Bernardo de Carvalho (*O sol se põe em São Paulo*), Ronaldo Correia de Brito (*Galileia*), Daniel Galera (*Mãos de cavalo*), João Gilberto Noll (*Harmada*), Santiago Nazarian (*Feriado em mim mesmo*) e Andrea del Fuego (*Os Malaquias*).

O romance policial é uma vertente bastante difundida na literatura atual. Rubem Fonseca, autor de *O caso Morel* (1973), *A grande arte* (1983), *Bufo & Spallanzani* (1986), é referência obrigatória para os leitores do gênero, fortalecido no Brasil também por obras como *O matador* (1995), de Patrícia Melo, *O silêncio da chuva* (1997), de Luiz Alfredo Garcia-Roza, *Bellini e a esfinge* (1995), *Bellini e o demônio* (1997) e *Bellini e os espíritos* (2007), do escritor e músico Tony Bellotto.

Da década de 1980, há uma vasta produção de romances que misturam ficção com memórias, prosas autobiográficas, relatos de viagem, testemunhos e documentários, dos quais são exemplo *O que é isso, companheiro?* (1979), de Fernando Gabeira, e *Sangue de coca-cola* (1980), de Roberto Drummond. Nos últimos anos, uma nova safra de escritores ligados a essa vertente tem surgido, dando voz aos marginalizados pela sociedade e propondo uma reflexão sobre a vida nas periferias das grandes cidades, sobre os detentos e a situação do sistema penitenciário brasileiro, entre outras. Obras como *Estação Carandiru* (2001), de Drauzio Varella, *Memórias de um sobrevivente* (2001), de Luiz Alberto Mendes, *Abusado* (2003), de Caco Barcellos, *Cabeça de porco* (2005), escrito por Celso Athayde, MV Bill e Luís Eduardo, além de *Cidade de Deus* (1997), de Paulo Lins, e *Capão pecado* (2000), de Ferréz, são representativas desse universo.

No romance histórico têm se destacado escritores como Ana Miranda, com *Boca do inferno*, que narra as aventuras políticas e amorosas de figuras que viveram na Bahia no século XVII; José Roberto Torero, com *O Chalaça*, que retrata os bastidores da vida política brasileira durante o Império; Rubem Fonseca, com *O selvagem da ópera*, que narra a trajetória pessoal e artística do compositor Carlos Gomes; Moacyr Scliar, com *Sonhos tropicais*, que resgata o mundo da medicina no Rio de Janeiro no início do século XX; Fernando Morais, com *Olga*, que conta a vida política dos comunistas brasileiros perseguidos na década de 1930 pelo governo getulista.

Há ainda inúmeros autores cujas obras ora se engajam em uma das linhas mencionadas, ora em outra, como a do realismo fantástico, a do Surrealismo, a do novo romance, a da paródia. Esse é o caso dos escritores Josué Guimarães (*A ferro e fogo*), José J. Veiga (*A hora dos ruminantes*), Osman Lins (*Avalovara*), Ignácio de Loyola Brandão (*Não verás país nenhum*), João Ubaldo Ribeiro (*Viva o povo brasileiro*), Antônio Torres (*Pelo fundo da agulha*), entre outros.

Joca Reiners Terron: novas formas de narrar

O cuiabano Joca Reiners Terron (1968) é poeta, prosador, artista gráfico e editor. Reconhecido como um dos principais talentos de sua geração, estreou na literatura com o livro de poemas *Eletroencefalodrama* (1998). Sua obra apresenta novas formas de narrar, integrando diferentes gêneros. Em *Não há nada lá* (2011), por exemplo, mistura prosa e ensaio, e em *Guias de ruas sem saída* (2012), a narrativa incorpora a linguagem dos quadrinhos.

Milton Hatoum e o universo da cultura amazonense

Nascido em Manaus, em 1952, Milton Hatoum é escritor, crítico, professor e tradutor. Suas obras, como *Relato de um certo Oriente* (1990), *Dois irmãos* (2000), *Cinzas do Norte* (2005) e *Órfãos do Eldorado* (2008), focalizam o universo da cultura amazonense no contexto da exploração econômica e da industrialização dos tempos atuais. O regionalismo livre de excessos descritivos mostrado em sua produção ficcional ajuda a compor um retrato da diversidade cultural brasileira.

Nos últimos anos, vem se dedicando à trilogia "O lugar mais sombrio", que retrata os sonhos da juventude durante o regime militar.

Rubem Fonseca e a marginalidade

O escritor mineiro Rubem Fonseca (1925-2020) situa-se entre os mais influentes autores da literatura brasileira contemporânea. Seus contos e romances retratam, com uma linguagem direta e objetiva, a marginalidade das grandes cidades. Entre seus personagens — detetives, assassinos, ladrões e prostitutas —, Mandrake é um dos mais emblemáticos. Mulherengo e cínico, é um detetive que usa a sagacidade para desvendar os mais misteriosos crimes, em obras como *Lúcia McCartney* (1967) e *Mandrake, a bíblia e a bengala* (2005).

Carvall/Acervo do cartunista

Caricatura de Rubem Fonseca.

Em dia com o Enem e o vestibular

1 (ENEM)

TEXTO I

O meu nome é Severino,
não tenho outro de pia.
Como há muitos Severinos,
que é santo de romaria,
deram então de me chamar
Severino de Maria;
como há muitos Severinos
com mães chamadas Maria,
fiquei sendo o da Maria
do finado Zacarias,
mas isso ainda diz pouco:
há muitos na freguesia,
por causa de um coronel
que se chamou Zacarias
e que foi o mais antigo
senhor desta sesmaria.
Como então dizer quem fala
ora a Vossas Senhorias?

MELO NETO, J. C. *Obra completa*. Rio de Janeiro: Aguilar, 1994 (fragmento).

TEXTO II

João Cabral, que já emprestara sua voz ao rio, transfere-a, aqui, ao retirante Severino, que, como o Capibaribe, também segue no caminho do Recife. A autoapresentação do personagem, na fala inicial do texto, nos mostra um Severino que, quanto mais se define, menos se individualiza, pois seus traços biográficos são sempre partilhados por outros homens.

SECCHIN, A. C. *João Cabral: a poesia do menos*. Rio de Janeiro: Topbooks, 1999 (fragmento).

Com base no trecho de *Morte e Vida Severina* (Texto I) e na análise crítica (Texto II), observa-se que a relação entre o texto poético e o contexto social a que ele faz referência aponta para um problema social expresso literariamente pela pergunta "Como então dizer quem fala/ ora a Vossas Senhorias?". A resposta à pergunta expressa no poema é dada por meio da

a) descrição minuciosa dos traços biográficos do personagem-narrador.

b) construção da figura do retirante nordestino como um homem resignado com a sua situação.

c) representação, na figura do personagem-narrador, de outros Severinos que compartilham sua condição.

d) apresentação do personagem-narrador como uma projeção do próprio poeta, em sua crise existencial.

e) descrição de Severino, que, apesar de humilde, orgulha-se de ser descendente do coronel Zacarias.

2 (ENEM)

> A lavadeira começou a viver como uma serviçal que impõe respeito e não mais como escrava. Mas essa regalia súbita foi efêmera. Meus irmãos, nos frequentes deslizes que adulteravam este novo relacionamento, eram dardejados pelo olhar severo de Emilie; eles nunca suportaram de bom grado que uma índia passasse a comer na mesa da sala, usando os mesmos talheres e pratos, e comprimindo com os lábios o mesmo cristal dos copos e a mesma porcelana das xícaras de café. Uma espécie de asco e repulsa tingia-lhes o rosto, já não comiam com a mesma saciedade e recusavam-se a elogiar os pastéis de picadinho de carneiro, os folheados de nata e tâmara, e o arroz com amêndoas, dourado, exalando um cheiro de cebola tostada. Aquela mulher, sentada e muda, com o rosto rastreado de rugas, era capaz de tirar o sabor e o odor dos alimentos e de suprimir a voz e o gesto como se o seu silêncio ou a sua presença que era só silêncio impedisse o outro de viver.
>
> HATOUM, M. *Relato de um certo Oriente*. São Paulo: Cia. das Letras, 2000.

Ao apresentar uma situação de tensão em família, o narrador destila, nesse fragmento, uma percepção das relações humanas e sociais demarcada pelo

a) predomínio dos estigmas de classe e de raça sobre a intimidade da convivência.
b) discurso da manutenção de uma ética doméstica contra a subversão dos valores.
c) desejo de superação do passado de escassez em prol do presente de abastança.
d) sentimento de insubordinação à autoridade representada pela matriarca da família.
e) rancor com a ingratidão e a hipocrisia geradas pelas mudanças nas regras da casa.

3 (ENEM)

> O homem disse, Está a chover, e depois, Quem é você, Não sou daqui, Anda à procura de comida, Sim, há quatro dias que não comemos, E como sabe que são quatro dias, É um cálculo, Está sozinha, Estou com o meu marido e uns companheiros, Quantos são, Ao todo, sete, Se estão a pensar em ficar conosco, tirem daí o sentido, já somos muitos, Só estamos de passagem, Donde vêm, Estivemos internados desde que a cegueira começou, Ah, sim, a quarentena, não serviu de nada, Por que diz isso, Deixaram-nos sair, Houve um incêndio e nesse momento percebemos que os soldados que nos vigiavam tinham desaparecido, E saíram, Sim, Os vossos soldados devem ter sido dos últimos a cegar, toda a gente está cega, Toda a gente, a cidade toda, o país,
>
> SARAMAGO, J. *Ensaio sobra a cegueira*. São Paulo: Cia. das Letras, 1995.

A cena retrata as experiências das personagens em um país atingido por uma epidemia. No diálogo, a violação de determinadas regras de pontuação

a) revela uma incompatibilidade entre o sistema de pontuação convencional e a produção do gênero romance.

b) provoca uma leitura equivocada das frases interrogativas e prejudica a verossimilhança.

c) singulariza o estilo do autor e auxilia na representação do ambiente caótico.

d) representa uma exceção às regras do sistema de pontuação canônica.

e) colabora para a construção da identidade do narrador pouco escolarizado.

4 (ENEM)

Declaração de amor

Esta é uma confissão de amor: amo a língua portuguesa. Ela não é fácil. Não é maleável. [...] A língua portuguesa é um verdadeiro desafio para quem escreve. Sobretudo para quem escreve tirando das coisas e das pessoas a primeira capa de superficialismo.

Às vezes ela reage diante de um pensamento mais complicado. Às vezes se assusta com o imprevisível de uma frase. Eu gosto de manejá-la — Como gostava de estar montada num cavalo e guiá-lo pelas rédeas, às vezes a galope. Eu queria que a língua portuguesa chegasse ao máximo em minhas mãos. E este desejo todos os que escrevem têm. Um Camões e outros iguais não bastaram para nos dar para sempre uma herança de língua já feita. Todos nós que escrevemos estamos fazendo do túmulo do pensamento alguma coisa que lhe dê vida.

Essas dificuldades, nós as temos. Mas não fale do encantamento de lidar com uma língua que não foi aprofundada. O que recebi de herança não me chega.

Se eu fosse muda e também não pudesse escrever, e me perguntassem a que língua eu queria pertencer, eu diria: inglês, que é preciso e belo. Mas, como não nasci muda e pude escrever, tornou-se absolutamente claro para mim que eu queria mesmo era escrever em português. Eu até queria não ter aprendido outras línguas: só para que a minha abordagem do português fosse virgem e límpida.

LISPECTOR, C. *A descoberta do mundo*. Rio de Janeiro Rocco, 1999 (adaptado).

O trecho em que Clarice Lispector declara seu amor pela língua portuguesa, acentuando seu caráter patrimonial e sua capacidade de renovação, é

a) "A língua portuguesa é um verdadeiro desafio para quem escreve."

b) "Um Camões e outros iguais não bastaram para nos dar para sempre uma herança de língua já feita."

c) "Todos nós que escrevemos estamos fazendo do túmulo do pensamento alguma coisa que lhe dê vida."

d) "Mas não fale do encantamento de lidar com uma língua que não foi aprofundada."

e) "Eu até queria não ter aprendido outras línguas: só para que a minha abordagem do português fosse virgem e límpida."

5 (ENEM)

Contranarciso

em mim
eu vejo o outro
e outro
e outro

enfim dezenas
trens passando
vagões cheios de gente
centenas

o outro
que há em mim
é você
você
e você

assim como
eu estou em você
eu estou nele
em nós
e só quando
estamos em nós
estamos em paz
mesmo que estejamos a sós

Leminsky, P. *Toda poesia*. São Paulo: Cia. das Letras, 2013.

A busca pela identidade constitui uma faceta da tradição literária, redimensionada pelo olhar contemporâneo. No poema, essa nova dimensão revela a

a) ausência de traços identitários.

b) angústia com a solidão em público.

c) valorização da descoberta do "eu" autêntico.

d) percepção da empatia como fator de autoconhecimento.

e) impossibilidade de vivenciar experiências de pertencimento.

6 (UERJ-RJ)

O álbum de músicas Tropicália ou *Panis et circensis* foi lançado em 1968. A fotografia que estampou sua capa foi realizada na casa de Oliver Perroy, fotógrafo da Editora Abril, em São Paulo. Cada um levou seus apetrechos, até um penico, comicamente usado por Rogério Duprat como se fosse uma xícara. A imagem ficou tão famosa que se tornou uma espécie de cartão-postal do movimento tropicalista.

Adaptado de f508.com.br.

patriciafinotti.com.br

No contexto do final da década de 1960, o Tropicalismo, que causou polêmicas com produções como a do álbum citado, tornou-se símbolo de

a) purismo estético

b) extremismo político

c) tradicionalismo artístico

d) experimentalismo cultural

7 (FUVEST-SP) É correto afirmar que no poema dramático *Morte e Vida Severina*, de João Cabral de Melo Neto:

a) A sucessão de frustrações vividas por Severino faz dele um exemplo típico de herói moderno, cuja tragicidade se expressa na rejeição à cultura a que pertence.

b) A cena inicial e a final dialogam de modo a indicar que, no retorno à terra de origem, o retirante estará munido das convicções religiosas que adquiriu com o mestre carpina.

c) O destino que as ciganas preveem para o recém-nascido é o mesmo que Severino já cumprira ao longo de sua vida, marcada pela seca, pela falta de trabalho e pela retirada.

d) O poeta buscou exprimir um aspecto da vida nordestina no estilo dos autos medievais, valendo-se da retórica e da moralidade religiosa que os caracterizam.

e) O "auto de natal" acaba por definir-se não exatamente num sentido religioso, mas enquanto reconhecimento da força afirmativa e renovadora que está na própria natureza.

8 (ENEM)

> Quem é pobre, pouco se apega, é um giro-o-giro no vago dos gerais, que nem os pássaros de rios e lagoas. O senhor vê: o Zé-Zim, o melhor meeiro meu aqui, risonho e habilidoso. Pergunto: — Zé-Zim, por que é que você não cria galinhas-d'angola, como todo o mundo faz? — Quero criar nada não... — me deu resposta: — Eu gosto muito de mudar... [...] Belo um dia, ele tora. Ninguém discrepa. Eu, tantas, mesmo digo. Eu dou proteção. [...] Essa não faltou também à minha mãe, quando eu era menino, no sertãozinho de minha terra. [...] Gente melhor do lugar eram todos dessa família Guedes, Jidião Guedes; quando saíram de lá, nos trouxeram junto, minha mãe e eu. Ficamos existindo em território baixio da Sirga, da outra banda, ali onde o de-Janeiro vai no São Francisco, o senhor sabe.
>
> ROSA, J. G. *Grande Sertão: Veredas*. Rio de Janeiro: José Olympio (fragmento).

Na passagem citada, Riobaldo expõe uma situação decorrente de uma desigualdade social típica das áreas rurais brasileiras marcadas pela concentração de terras e pela relação de dependência entre agregados e fazendeiros. No texto, destaca-se essa relação porque o personagem-narrador

a) relata a seu interlocutor a história de Zé-Zim, demonstrando sua pouca disposição em ajudar seus agregados, uma vez que superou essa condição graças à sua força de trabalho.

b) descreve o processo de transformação de um meeiro — espécie de agregado — em proprietário de terra.

c) denuncia a falta de compromisso e a desocupação dos moradores, que pouco se envolvem no trabalho da terra.

d) mostra como a condição material da vida do sertanejo é dificultada pela sua dupla condição de homem livre e, ao mesmo tempo, dependente.

e) mantém o distanciamento narrativo condizente com sua posição social, de proprietário de terras.

LINGUAGENS
E SUAS TECNOLOGIAS

conecte
LIVE

VOLUME ÚNICO

WILLIAM CEREJA

Professor graduado em Português e Linguística e licenciado em Português pela Universidade de São Paulo (USP).

Mestre em Teoria Literária pela Universidade de São Paulo (USP).

Doutor em Linguística Aplicada e Análise do Discurso pela Pontifícia Universidade Católica (PUC-SP).

Professor da rede particular de ensino em São Paulo, capital.

CAROLINA DIAS VIANNA

Professora graduada e licenciada em Português pela Universidade Estadual de Campinas (Unicamp).

Mestre em Linguística Aplicada pela Universidade Estadual de Campinas (Unicamp).

Doutora em Linguística Aplicada pela Universidade Estadual de Campinas (Unicamp).

Professora das redes pública e particular de ensino nos Estados de São Paulo e Minas Gerais.

PARTE II

Língua Portuguesa

Editora Saraiva

Sumário

ANÁLISE LINGUÍSTICA / SEMIÓTICA

UNIDADE 10

Língua e linguagem

Cienpies Design/Shutterstock

(Disponível em: https://plataforma9.com/congressos/xv-forum-de-partilha-linguistica-novo-prazo.htm. Acesso em: 17/2/2020.)

"Quando estudamos uma gramática (especialmente a gramática da nossa língua), parece que a única vantagem seria preservar a língua — eventualmente, nossa nota e nossa cara.

Mas pode-se estudar gramática como se estuda biologia ou física, e não apenas como se estuda etiqueta — que é o reino mais típico do 'isso pode, isso não pode, isso pega bem, isso é coisa de caipira' [...]

Supomos que as gramáticas têm pouco a ver com as línguas. Se imaginássemos que as línguas são objetos complexos, tanto quanto a genética, ou mais, que estão sempre em construção, são faladas e eventualmente escritas, e que pode ser interessante conhecer como funcionam, compará-las, especular sobre suas relações com o cérebro e mente, por um lado, e com a cultura, por outro, talvez o campo nos parecesse mais interessante."

(Sírio Possenti. *Questões de linguagem: passeio gramatical dirigido*. São Paulo: Parábola Editorial, 2011. p. 21-22.)

CAPÍTULO

26

Linguagem, comunicação e interação

Construindo o conceito

Leia o anúncio publicitário:

Reprodução/Sony

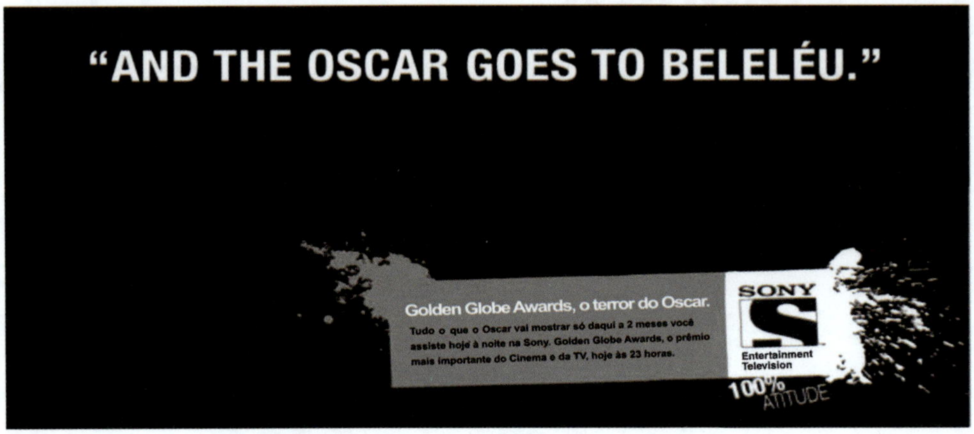

1 Quanto à situação de comunicação relacionada ao anúncio, responda:

a) Quem é o anunciante?

b) A que tipo de público o anúncio se destina?

c) O que o anúncio divulga?

2 Apesar de ter sido veiculado no Brasil, o anúncio tem em seu enunciado principal uma frase em inglês. Levante hipóteses:

a) Por que o anunciante fez essa opção?

b) O público-alvo do anúncio teria dificuldade para ler o enunciado escrito em língua estrangeira?

3 A frase "And the Oscar goes to..." ("E o Oscar vai para...") é tradicionalmente utilizada na noite da cerimônia do Oscar, no anúncio dos vencedores, completada pelo nome do ganhador do prêmio. Que efeito de sentido é criado pela substituição do nome de um vencedor pelo termo *beleléu*?

4 No texto da parte inferior do anúncio, lemos:

"Golden Globe Awards, o terror do Oscar" e "100% atitude".

a) Que relação se pode estabelecer entre o enunciado principal do anúncio e a expressão "Golden Globe Awards, o terror do Oscar"?

b) E entre o enunciado principal e a expressão "100% atitude"?

c) Que imagem de si o locutor pretende construir com esse anúncio?

Este capítulo favorece o desenvolvimento das habilidades

EM13LGG101

EM13LGG102

EM13LGG103

EM13LGG104

EM13LGG202

EM13LGG302

EM13LGG401

EM13LP01

EM13LP02

EM13LP06

Conceituando

No anúncio lido, o canal de TV, apesar de se dirigir a leitores brasileiros, utiliza uma frase em inglês, combinada com uma palavra em português que altera o sentido original do enunciado. Mesmo sendo falante de outro idioma, certamente o público-alvo do anúncio entende o que o texto diz, pois se trata de um enunciado muito conhecido dos espectadores de cinema, a quem o anúncio se dirige. Entretanto, como você viu ao responder às questões, para de fato compreender o anúncio como um todo, é preciso que o leitor não apenas entenda o texto em inglês e conheça a palavra em português, mas perceba como o efeito de sentido é construído ao se associarem todos os elementos que compõem o texto.

Assim, é possível considerar que o anúncio lido estabelece comunicação entre o locutor e o público, mas, para que haja uma comunicação bem-sucedida, é fundamental que os produtores dos textos e seus leitores/ouvintes compartilhem conhecimentos e conheçam as convenções que regem as situações sociais de que participam. Palavras, gestos, expressões corporais e faciais fazem parte da linguagem e têm seus significados convencionados socialmente. Um mesmo gesto, por exemplo, pode ter significados opostos em comunidades diferentes.

Linguagem é um processo comunicativo por meio do qual as pessoas interagem entre si.

Linguagem verbal e linguagem não verbal

Além da **linguagem verbal**, cuja unidade básica é a palavra (falada ou escrita), existem também as **linguagens não verbais**, como a música, a dança, a mímica, a pintura, a fotografia, etc., que possuem outros tipos de unidades — o gesto, o movimento, a imagem, etc. Há, ainda, as **linguagens multimodais ou multissemióticas**, como as histórias em quadrinhos, o cinema, o teatro e os programas de TV, que podem reunir diferentes linguagens, como o desenho, a palavra, o figurino, a música, o cenário, etc.

Com o aparecimento das novas tecnologias da informação e da comunicação, com a internet, os computadores e os *smartphones*, surgiu também a **linguagem digital**, que permite armazenar e transmitir informações em meios eletrônicos.

Durante muito tempo se pensou que a unidade básica dos textos fosse a palavra e que as outras unidades seriam supérfluas, acessórias. Sabemos hoje, entretanto, que todas se complementam na construção de sentidos de um texto, não sendo possível estabelecer uma hierarquia entre elas.

No anúncio lido na abertura deste capítulo, o anunciante prevê seu público-alvo e interage com ele por meio da linguagem, isto é, por meio de signos e construções compartilhadas por ambos (ainda que pertencentes a idiomas diferentes).

Assim, pode-se concluir que a comunicação se estabelece por meio de textos (orais, escritos, verbais, não verbais, etc.) produzidos e lidos por pessoas — os interlocutores do processo comunicativo — que compartilham conhecimentos comuns e que constroem, solidariamente ou não, os sentidos desses textos.

Interlocutores são as pessoas que participam do processo de interação que se dá por meio da linguagem.

Exercícios

Leia os memes a seguir e responda às questões 1 a 3.

(Disponível em: https://pt-br.facebook.com/ArtesDepressao/photos/a.1061435717319192/1380417472087680/?type=3&theater. Acesso em: 11/2/2020.)

(Disponível em: https://www.facebook.com/esteealguem/photos/a.226248820863347/712598995561658/?type=3&theater. Acesso em: 11/2/2020.)

1 Que tipo de linguagem é utilizado nos memes? Justifique sua resposta.

2 O humor dos memes é construído a partir da relação entre diferentes linguagens. Troque ideias com os colegas e o professor:

a) Que adjetivos correspondem às imagens indicadas nos memes?

b) Quais elementos dos memes você levou em consideração para responder ao item **a**?

3 Como você responderia a cada um dos memes? Justifique sua escolha.

Códigos

Código é uma convenção estabelecida por um grupo de pessoas ou por uma comunidade, com base em um conhecimento compartilhado, a fim de que a comunicação ocorra com maior rapidez. Por essa razão, é comum haver códigos em ruas, rodovias, rodoviárias, aeroportos, etc. São códigos os sinais de trânsito, os símbolos, o código Morse, as indicações de locais para estacionamento ou de caixas para clientes preferenciais, etc.

Alexandre Tokitaka/Pulsar Imagens

É comum a concepção da língua como código, uma vez que ela resulta de uma convenção social. Entretanto, trata-se de um código especial, estabelecido ao longo de um processo social e histórico complexo, pois a língua não só permite que seus falantes desenvolvam maneiras de falar do mundo, mas também influi diretamente em como eles se constituem como sujeitos sociais.

A língua

Sabemos que o idioma oficial do nosso país — e também de outros países colonizados por Portugal, como Moçambique, Angola, Cabo Verde, São Tomé e Príncipe, Guiné-Bissau (África) e Timor Leste (Ásia) — é o português, ao qual costumamos também chamar língua portuguesa. Mas em que consiste uma língua? Será que apenas no léxico, ou seja, em um conjunto de palavras?

A língua está presente em todas as interações sociais de que participamos em nosso cotidiano, e por meio dela nos constituímos como sujeitos sociais. A maneira como falamos das coisas influi diretamente nas concepções que temos delas. E, dependendo do meio social e cultural em que uma pessoa vive, a língua se desenvolve de um jeito ou de outro, de forma que os sujeitos sociais e sua linguagem se influenciam mutuamente em sua constituição.

Nas interações sociais de que participamos, podemos, por meio dos usos que fazemos da língua, abrir caminhos, atingir nossos objetivos, conquistar aqueles com quem interagimos ou, pelo contrário, perder oportunidades, ser mal compreendidos, criar inimizades ou antipatias.

A relação entre sociedades e línguas é constatada há muitos séculos. Entretanto, os estudos sobre língua só passaram a ser considerados científicos com o advento da linguística, que vem se firmando desde o início do século XX e tem como um de seus pioneiros o estudioso Ferdinand de Saussure.

A fim de definir o que é língua e analisar seus componentes, Saussure propõe uma separação entre língua e fala e considera como objeto de estudo da linguística apenas a língua.

Segundo a perspectiva adotada por esse estudioso, é possível considerar a língua um sistema de signos, regido por regras socialmente construídas, utilizado pelos falantes em suas interações.

As ideias de Saussure foram importantes para que a linguística moderna se tornasse uma ciência. Entretanto, a reflexão sobre os usos sociais da língua requer que se vá além da dissociação proposta por ele.

O signo linguístico

Para Saussure, o signo linguístico (a palavra) é constituído por dois componentes: o significado e o significante. O primeiro seria o conceito, e o segundo, a imagem acústica desse conceito.

Assim, quando ouvimos ou lemos uma palavra (significante), associamos esse som a um objeto do mundo (significado).

Exercícios

Leia a tira:

(Disponível em: http://depositodocalvin.blogspot.com/2010/01/calvin-haroldo-tirinha-571.html. Acesso em: 11/2/2020.)

1 No primeiro quadrinho, Calvin faz um pedido a sua mãe: "Posso fazer um lanche?". Com base no 3º quadrinho, responda:

a) A quais objetos do mundo a palavra *lanche* remete Calvin?

b) A quais objetos do mundo a palavra *lanche* remete a mãe de Calvin?

2 No último quadrinho, Calvin faz uma afirmação sobre sua comunicação com a mãe. Levante hipóteses: Por que o menino considera que ele e a mãe "não falam a mesma língua"?

3 Você concorda com a afirmação de Calvin? Justifique sua resposta.

A teoria da comunicação

Ao ler a tira e responder às questões, você viu que a palavra *lanche* pode assumir diferentes sentidos para pessoas diferentes, dependendo da posição social que cada uma ocupa. Para Calvin, uma criança, "fazer um lanche" fora do horário das refeições quer dizer comer bolachas, o que comprovamos com a imagem do 3º quadrinho. Já para a mãe do menino, como percebemos por sua fala no mesmo quadrinho, "fazer um lanche" fora do horário das refeições significa comer uma fruta ("uma maçã ou uma laranja").

Assim, percebemos que um mesmo significante pode remeter a significados distintos, dependendo de quem são os sujeitos envolvidos na interação, isto é, quem fala, para quem, com que objetivos, em que contexto. Daí a importância de considerarmos também esses outros elementos, e não só a língua, como um sistema de correspondências entre palavras e representações mentais de objetos no mundo, quando temos a intenção de analisar seus usos sociais.

Uma das tentativas de analisar a língua em uso foi proposta por Roman Jakobson, que sugere, em sua **teoria da comunicação**, que a comunicação humana também é regida por regras e pode, sim, ser analisada, ao contrário do que postulava Saussure.

Numa situação de comunicação, há pelo menos dois interlocutores, que podem alternar os papéis de locutor — aquele que produz o texto, oral ou escrito — e locutário — aquele a quem o texto se dirige.

Exercícios

Leia a tira:

© Renato Machado/Acervo do cartunista

(Disponível em: http://blog.diarinho.com.br/quadrinhos-136. Acesso em: 11/2/2020.)

1 Para que a comunicação aconteça, é importante que os interlocutores se compreendam mutuamente. No 1º quadrinho, o atendente faz uma pergunta ao cliente da padaria. Tendo em vista a situação de comunicação em que os interlocutores estão inseridos, o que se espera que o cliente responda?

2 No 2º quadrinho, percebe-se que o cliente ignora a situação de comunicação em que ele e seu interlocutor estão inseridos e responde considerando outras situações compatíveis com o verbo *desejar*. Com base nos diferentes sentidos que podem ser atribuídos a um mesmo termo, explique como se constrói o efeito de humor da tira.

3 Após ler toda a tira, levante hipóteses: O cliente teve dificuldade para entender a pergunta do garçom? Justifique sua resposta.

Funções da linguagem

Como foi visto, na tira acima os interlocutores participam de uma situação de comunicação. Para descrever e analisar uma situação de comunicação, Jakobson propõe, em sua teoria da comunicação, que se considerem seis elementos essenciais:

- o locutor (emissor): aquele que diz algo a alguém;
- o locutário (receptor): aquele a quem o texto do locutor se dirige;
- a mensagem: o texto produzido pelo locutor;
- o código: a língua, o conjunto de sinais estabelecidos por convenção e que permite compreender a estrutura da mensagem;
- o canal: o meio físico que conduz a mensagem (som, ar, papel, etc.);
- o referente: o contexto, o assunto, os objetos aos quais se refere a mensagem.

referente

locutor (emissor) ——— mensagem ——— locutário (receptor)

canal

código

Tais elementos são representados na teoria da comunicação pelo esquema acima, e a cada um deles corresponde uma **função da linguagem**, dependendo da finalidade principal do texto produzido (expressar emoções, explorar recursos linguísticos, transmitir informações, etc.).

Segundo Jakobson, é possível determinar funções da linguagem com base nas características dos textos e nas intenções do locutor. Assim, a linguagem desempenharia uma ou outra função, de acordo com o elemento da comunicação posto em foco pelo locutor.

Desse modo, a cada um dos elementos da comunicação Jakobson associou uma função da linguagem: emotiva, conativa, referencial, metalinguística, fática e poética.

Função emotiva

O locutor é o foco, ou seja, ele determina as escolhas feitas na construção do texto.

Leia este poema, de Hilda Hilst:

Eu amo Aquele que caminha
Antes do meu passo
É Deus e resiste.

Eu amo a minha morada
A Terra triste.
É sofrida e finita
E sobrevive.

Eu amo o Homem-luz
Que há em mim.
É poeira e paixão
E acredita.
Amo-te, meu ódio-amor
Animal-Vida.
És caça e perseguidor
E recriaste a Poesia
Na minha Casa.

(XXIII. *Cantares de perda e predileção*. São Paulo: Massao Ohno & M. Lydia Pires e Albuquerque, 1983.)

Filipe Rocha/Arquivo da editora

O poema centra-se na expressão dos sentimentos, emoções e opiniões do eu lírico. Esse destaque dado ao eu que enuncia é reforçado pela presença de verbos e pronomes na 1ª pessoa: "Eu amo", "meu passo", "minha morada", "em mim", "meu ódio-amor", "Na minha Casa".

Como se trata de dar destaque às emoções, também é comum nos textos em que predomina esse tipo de função a presença de interjeições, além de, na pontuação, reticências e pontos de exclamação.

Os textos líricos que expressam o estado de alma do locutor são exemplos típicos da predominância da função emotiva.

Função conativa (ou apelativa)

O locutário (receptor) é o foco, ou seja, ele determina as escolhas feitas na construção do texto.

Leia o anúncio:

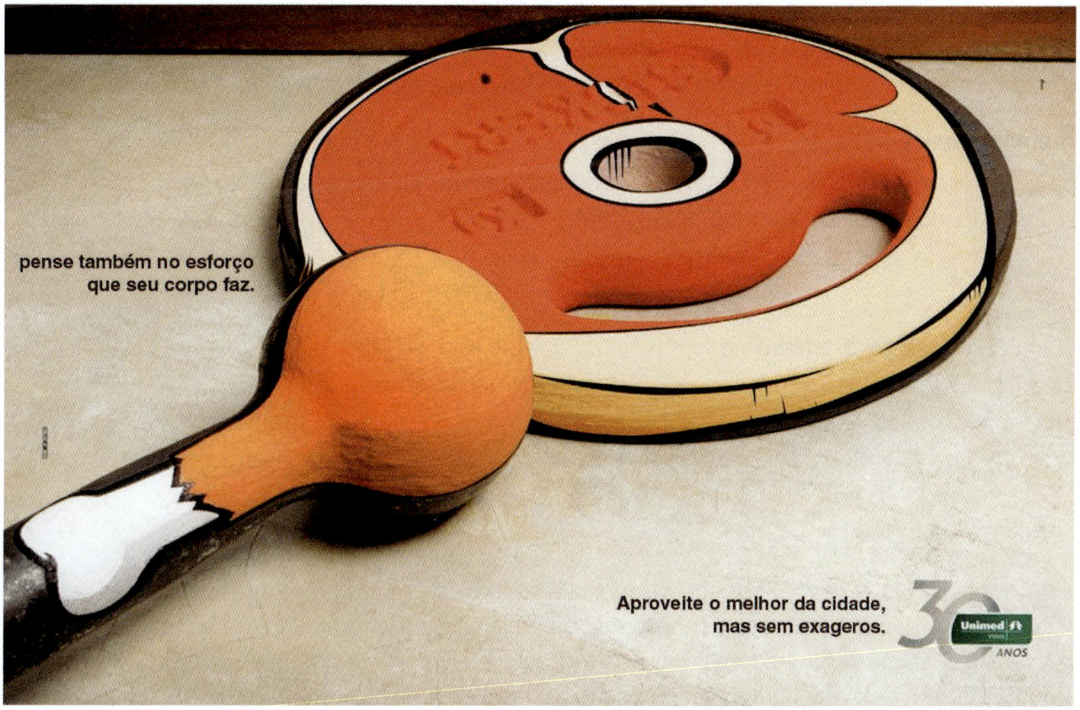

Reprodução/WMO/Unimed

(Disponível em: http://www.mppublicidade.com.br/image.php?url=trabalhos/original/460.jpg&type=img . Acesso em: 11/2/2020.)

É possível considerar que o objetivo principal do anúncio é convencer o interlocutor de que ele deve pensar antes de escolher o cardápio de suas refeições, pois isso afeta sua saúde e seu bem-estar. Para tanto, o anunciante emprega vários recursos. Por exemplo, associa a coxa de frango e o pedaço de carne vermelha a pesos utilizados em academias de ginástica para exercícios de musculação, mostrando que são alimentos pesados e de difícil digestão. Essa ideia é reforçada pela imagem, com os desenhos das carnes pintados em pesos, e pelo enunciado "pense também no esforço que seu corpo faz". Também a frase "Aproveite o melhor da cidade, mas sem exageros" dirige-se ao interlocutor, sugerindo que ele cuide do corpo e não cometa exageros na alimentação.

É comum, nos textos em que a função conativa é predominante, o emprego de verbos no imperativo ("Pense", "Aproveite") e de verbos e pronomes na 2ª ou na 3ª pessoa ("*seu* corpo").

Nesse tipo de função pode ocorrer também a exploração de recursos sonoros. Os textos publicitários são exemplos típicos da predominância da função conativa, pois geralmente têm como objetivo persuadir os interlocutores a aderir a uma ideia ou comprar determinado produto.

Função referencial

O referente é o foco, ou seja, ele determina as escolhas feitas na construção do texto.

Leia o texto:

Há alguma razão para não haver janelas nos banheiros de avião?

Tem sim. E não é para evitar que algum passageiro de outro avião veja você em momentos íntimos. Os banheiros ficam em locais estratégicos — na frente, no fundo e também no meio. Nesses pontos está a junção reforçada da fuselagem da aeronave com o bico, com a cauda e com as asas. Perto dos sistemas hidráulicos e elétricos, essas áreas carregam um peso bem grande. Uma janela ali significaria recortes desnecessários e arriscados na estrutura, que poderiam fragilizar a aeronave e causar acidentes. Ou seja, aquela baita vista na hora do xixi não valeria a pena.

(Disponível em: http://revistagalileu.globo.com/Revista/Common/0,,EMI244164-17798,00-HA+ALGUMA+RAZAO+PARA+NAO+HAVER+JANELAS+NOS+BANHEIROS+DE+AVIAO.html. Acesso em: 11/2/2020.)

A função principal desse texto é informar o leitor. A resposta é direta e precisa ("Tem sim") e a justificativa procura ser objetiva ao descrever e explicar a situação.

Textos jornalísticos, científicos e didáticos são exemplos da predominância da função referencial.

Função metalinguística

O código é o foco, ou seja, ele determina as escolhas feitas na construção do texto.

Leia este texto, de Carlos Drummond de Andrade:

Poesia

Gastei uma hora pensando em um verso
que a pena não quer escrever.
No entanto ele está cá dentro
inquieto, vivo.
Ele está cá dentro
e não quer sair.
Mas a poesia deste momento
inunda minha vida inteira.

(*Alguma poesia*. São Paulo: José Olympio, 1930.)

A começar pelo título, "Poesia", percebe-se que o texto compõe-se de versos que falam sobre poesia. Nesse caso, no qual um poema fala de poesia, a função metalinguística é a predominante no texto.

É possível ainda encontrar a predominância da função metalinguística em, por exemplo, verbetes de dicionário, os quais utilizam palavras para explicar o sentido das palavras; filmes que tematizam o próprio cinema; programas de televisão que discutem a função social da televisão; gramáticas; etc.

Função fática

O canal é o foco, ou seja, ele determina as escolhas feitas na construção do texto.

Observe o diálogo que compõe o texto ao lado.

No diálogo que compõe o texto ao lado, é possível perceber que os interlocutores não se conheciam antes e naquele momento estão iniciando uma conversa. Portanto, não têm ainda um tópico sobre o qual desenvolver suas falas, o que permite considerar que estão testando o canal da comunicação.

Assim, os interlocutores buscam apenas manter a atenção um do outro ao dizerem "Oi.", "Você está esperando alguém?", "Bar legal, hein? Você vem sempre aqui?". No caso desse diálogo, componente de um anúncio que faz propaganda de uma marca de fio dental, a conversa é interrompida por um pequeno acidente, uma folhinha de alface no dente de um dos interlocutores, que acaba afastando o outro.

Exemplos típicos da predominância da função fática da linguagem são os cumprimentos diários ("Bom dia", "Boa tarde", "Oi", "Tudo bem?", "Como vai?"), as conversas de elevador ("Está quente, não?") ou as primeiras palavras de qualquer interação, quando não há ainda um assunto em foco e o objetivo dos interlocutores é começar a conversa.

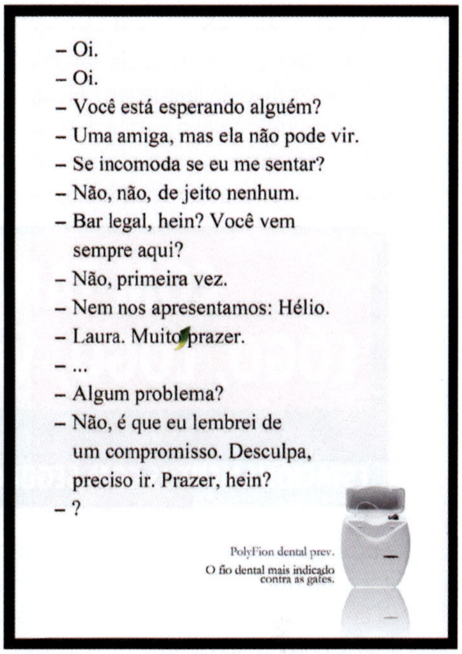

Thinkstock/AlmapBBdo

(Disponível em: http://redacaopp220091.blogspot.com/. Acesso em: 11/2/2020.)

Função poética

A mensagem é o foco, ou seja, ela determina as escolhas feitas na construção do texto.

Leia o poema abaixo, de Augusto de Campos.

fer
ida
sem
ferida
tudo
começa
de novo
a cor
cora
a flor
o ir
vai
o rir
rói
o amor
mói
o céu
cai
a dor
dói

Filipe Rocha/Arquivo da editora

(Ferida. *Não poemas*. São Paulo: Perspectiva, 2003.)

Mais do que falar sobre uma ferida, o poeta busca construir sentidos a partir da exploração semântica de palavras e partes de palavras, bem como da estrutura e do formato visual do texto. Há um trabalho sugestivo com a sonoridade e com as imagens das palavras utilizadas (*ferida, ida, ir / vai, rói, cai, mói*) e ainda com a maneira como elas estão dispostas no papel (no formato de uma ferida, de um corte na pele).

O uso de recursos literários na construção do texto evidencia a predominância da função poética. Os textos literários, tanto em prosa quanto em verso, são exemplos típicos da predominância desse tipo de função da linguagem.

As funções dos textos e a concepção social da linguagem

A teoria da comunicação de Jakobson, embora tenha sido de enorme importância, não considera o processo dinâmico e interativo da linguagem. Nela, os elementos que compõem a comunicação (locutor, locutário, mensagem, etc.) são vistos de maneira estática, separados, o locutor ativo e o locutário passivo, e, com isso, ignora-se o fato de que estes se influenciam mutuamente no processo interativo, antes mesmo do início da interação propriamente dita.

Para entender melhor essa ideia, veja este texto:

Reprodução/Multipark

Se procuramos apenas a "mensagem transmitida" pelo texto, vamos concluir que o locutor tenta convencer o locutário de que será fácil encontrar uma vaga porque muitos carros estão sendo roubados.

No entanto, se consideramos toda a situação de comunicação em que o texto se insere (quem o produziu, para quem, com quais objetivos, em que contexto social), percebemos que, na verdade, seu produtor se apropria de um pensamento do motorista que procura uma vaga na rua (Logo, logo, aparece uma vaga.) para criar um efeito de ironia, isto é, dizer o contrário do que se quer: se a vaga aparecer é porque o carro que estava ali foi roubado. Assim, é melhor o motorista guardar seu veículo no estacionamento "com seguro total" do anunciante, em vez de deixá-lo na rua, sem segurança e exposto a roubo.

Uma leitura que considere esse texto um "incentivo" a quem está procurando uma vaga na rua para seu carro é superficial, pois tal leitura não é capaz de apreender a construção de sentidos proposta pelo produtor do texto no jogo social da linguagem.

É importante salientar, portanto, que compreendemos o conceito de língua sob uma perspectiva que leva em conta os textos associados aos demais elementos da situação de comunicação nos quais eles estão inseridos. Assim:

> **Língua** é um fenômeno simultaneamente social, cultural e cognitivo que resulta da interação verbal entre interlocutores e se manifesta por meio de enunciados concretos.

Por esse motivo, para um falante dominar uma língua não basta que ele conheça suas palavras e suas leis combinatórias, mas é preciso também que ele compreenda os textos levando em conta os diversos fatores socioculturais que os cercam. Daí que, ao analisar um texto (seja ele verbal, não verbal, misto, oral ou escrito), é extremamente importante levar em conta os aspectos da situação de comunicação em que ele foi produzido.

As funções da linguagem na construção do texto

1 Leia o texto:

> **Meu sonho era ser um origami**
>
> Vivi numa resma de papel sobre a enorme mesa de reunião de uma empresa multinacional. Sonhei com uma vida de artista, me tornar um origami, mas veio a decepção: após uma rápida reunião de **board** eu fui amassado e jogado aqui, na sarjeta. Um papel como eu, de origem nobre, não merecia acabar a vida nesse meio-fio, sendo pisado, chutado, esmagado.
>
> (Disponível em: www.putasacada.com.br/rio-eu-amo-eu-cuido-1121/. Acesso em: 12/2/2020.)

a) Qual dos elementos da comunicação propostos por Jakobson está em destaque nesse texto? Justifique sua resposta com palavras e expressões utilizadas no texto.

b) Tendo em vista sua resposta ao item anterior, conclua: Qual é a função da linguagem predominante nesse texto?

2 Agora leia o mesmo texto, porém situado no contexto do qual ele foi extraído:

Reprodução/Plano1 Comunicação

Abaixo do trecho lido na questão 1, lemos o enunciado "Se uma bolinha de papel não merece isso, imagine a cidade mais bonita do mundo".

a) A qual cidade o enunciado se refere? Que elementos do texto, verbais e não verbais, permitem chegar a essa conclusão?

b) Levante hipóteses: A que se refere o pronome *isso* em "não merece isso"?

3 Como é comum nos anúncios publicitários, há um cuidadoso trabalho com as linguagens verbal e não verbal no texto em estudo. Observe a imagem e responda:

a) Qual imagem está em primeiro plano na foto? Qual está em segundo plano?

b) É possível considerar que há uma inversão de foco no destaque dado às imagens da foto? Justifique sua resposta.

c) Qual é o efeito de sentido provocado por essa inversão de foco entre os dois planos da foto?

4 No anúncio, aparece o *slogan* de uma campanha: "Rio: eu amo, eu cuido. Amar é pouco. Cuide". Qual é a função da linguagem em destaque nesse enunciado? Justifique sua resposta.

RIO EU AMO EU CUIDO
Amar é pouco. Cuide.

Reprodução/Plano1 Comunicação

5 Se você confrontar as respostas que deu à questão 1b e à questão 4, verá que um texto pode apresentar mais de uma função da linguagem. Contudo, para identificar qual delas é predominante, é necessário considerar a situação de produção, ou seja, quem são os interlocutores, qual é a finalidade principal do texto, o gênero, etc. Considerando esses elementos, responda:

a) Quem são os destinatários do anúncio?

b) Qual é a finalidade principal dele, como um todo?

c) Conclua: Que função da linguagem predomina no texto?

d) Explique: Que papel cumpre, no texto, o emprego de recursos como a função emotiva da linguagem, a sonoridade do *slogan*, o emprego de verbo no imperativo, a sobreposição de planos visuais e a personificação da bola de papel?

Semântica e discurso

Leia o anúncio a seguir para responder às questões.

Reprodução/Livraria Cultura

(Disponível em: http://www.putasacada.com.br/wp-content/uploads/2018/08/livcultura-meia-noite-em-paris.jpg. Acesso em: 7/5/2020.)

1 O anúncio lido é um texto multissemiótico.

a) Que tipo de linguagem ocupa um espaço maior do anúncio?

b) Quem é o anunciante?

2 Releia a parte verbal do texto.

a) Deduza: O que é *Meia Noite em Paris*?

b) Levante hipóteses: Qual outra frase, subentendida no anúncio, completa o sentido da frase da parte superior?

3 Agora observe a parte não verbal do texto: Quais objetos estão representados pelos retângulos da imagem central?

4 O anúncio como um todo simula um texto relativamente comum nos dias de hoje. Troque ideias com os colegas e o professor e deduza:

a) O que esse anúncio simula?

b) Ele divulga um produto ou uma ideia? Justifique sua resposta.

5 A parte verbal superior interpela diretamente o leitor que "assistiu a Meia Noite em Paris". Considerando a análise feita do anúncio até aqui, conclua: Ele se dirige apenas a esses leitores? Justifique sua resposta.

CAPÍTULO 27

Texto e discurso — Intertexto e interdiscurso

Construindo o conceito

Leia o anúncio:

Este capítulo favorece o desenvolvimento das habilidades

- EM13LGG101
- EM13LGG102
- EM13LGG103
- EM13LGG104
- EM13LGG202
- EM13LGG302
- EM13LP01
- EM13LP02
- EM13LP03
- EM13LP04
- EM13LP06
- EM13LP08
- EM13LP50

Reprodução/Greenpeace/ALMAPBBDO

(Disponível em: http://picasaweb.google.com/lh/photo/wHS4Bqn-6sJ6VlpVG4aG8A. Acesso em: 10/2/2020.)

1 O anúncio tem um claro propósito comunicativo. Em relação a ele, responda:

a) Quem são os interlocutores?

b) Qual é sua finalidade principal?

c) De que tipos de linguagem ele é constituído?

d) Levante hipóteses: Em que veículos ele pode ter circulado?

2 A linguagem não verbal do anúncio é constituída por um desenho que faz referência ao quadro *Guernica*, de Pablo Picasso (abaixo), mundialmente conhecido por retratar os horrores da Guerra Civil Espanhola, ocorrida na década de 1930. Abaixo do desenho, lê-se: "Mudam os personagens, não muda a tragédia. Junte-se".

Guernica (1937), de Picasso, expressa a indignação do artista diante do bombardeio do pequeno povoado de Guernica, na região basca da Espanha, ordenado pelo general Franco. Naquele momento, Franco era apoiado pelo nazismo alemão e pelo fascismo italiano.

Reprodução/Museu Nacional Centro de Arte Rainha Sofia, Madri, Espanha. © Succession Pablo Picasso / AUTVIS, Brasil, 2020

a) Observe novamente o desenho e compare-o ao quadro de Picasso. Que mudança principal pode ser observada em relação aos personagens?

b) Levante hipóteses: Por que, segundo o anúncio, a tragédia "não muda"?

3 Para que um anúncio seja bem-sucedido, é necessário que ele chame a atenção do público e conquiste sua simpatia para aderir à ideia veiculada.

a) Que estratégias de persuasão o anúncio lido utiliza?

b) Na sua opinião, tais estratégias são eficientes? Por quê?

Conceituando

O anúncio lido é um bom exemplo do uso que se pode fazer da linguagem multissemiótica, mesclando as linguagens verbal e não verbal para construir os efeitos de sentido pretendidos em determinadas situações.

Os textos estabelecem uma situação comunicativa em que locutor e locutário interagem por meio da linguagem. No caso do anúncio estudado, o locutor é a organização não governamental Greenpeace, e o locutário são os leitores. A linguagem é multissemiótica, simultaneamente verbal e não verbal. A parte verbal é constituída pelos enunciados "Desmatamento zero. É agora ou agora" e "Mudam os personagens, não muda a tragédia. Junte-se", e a não verbal, pelo desenho inspirado em um célebre quadro de Picasso. O anúncio, como um todo, pode ser considerado um enunciado.

Enunciado é tudo o que o locutor enuncia, isto é, tudo o que ele diz ao locutário numa situação concreta de interação pela linguagem.

Texto verbal é uma unidade linguística concreta que é percebida pela audição (na fala) ou pela visão (na escrita) e tem unidade de sentido e intencionalidade comunicativa.

No anúncio lido, fica evidente que o texto verbal não é o único elemento responsável pela construção do sentido. A utilização de elementos da pintura de Picasso (fundo, cor, disposição, etc.) e de figuras de animais e de uma motosserra constrói o sentido de destruição do meio ambiente. O anúncio tem, portanto, uma intencionalidade clara, que é denunciar a destruição da natureza.

Ao conjunto de fatores que constituem a situação na qual é produzido um texto chamamos *contexto discursivo* ou *situação de produção*. E ao conjunto da atividade comunicativa, ou seja, o texto e o contexto discursivo, reunidos, chamamos **discurso**.

Discurso é a atividade comunicativa capaz de gerar sentido desenvolvida entre interlocutores. Além do enunciado verbal, engloba também elementos extraverbais, isto é, elementos que estão na situação de produção (por exemplo, quem fala, com quem fala, com que finalidade, etc.) e que também participam da construção do sentido do texto.

Vimos que os textos são sempre produzidos em situações e contextos diferentes e cada um deles cumpre uma ou mais finalidade(s) específica(s), tendo em vista os elementos do discurso. Por exemplo, se o objetivo do locutor é instruir seu interlocutor, ele indica passo a passo o que deve ser feito para se obter um bom resultado. Se é expressar sua opinião e defender um ponto de vista sobre determinado assunto, ele produz um texto que se organiza em torno de argumentos. Se é contar fatos reais ou fictícios, ele pode optar por produzir um texto que apresente em sua estrutura os fatos, as pessoas ou os personagens envolvidos, o momento e o lugar em que os fatos ocorreram. Se é transmitir conhecimentos, o locutor deve construir um texto que exponha o conteúdo de forma precisa e direta.

Portanto, quando interagimos com outras pessoas, seja por meio de linguagem verbal, não verbal ou multissemiótica, seja oralmente ou por escrito, produzimos certos textos que se repetem ou variam no conteúdo, no estilo e na estrutura. Esses padrões de texto constituem os chamados **gêneros do discurso**.

Numa situação de interação verbal, a escolha do gênero é feita de acordo com os diferentes elementos que participam do contexto, tais como: quem está produzindo o texto, para quem, com que finalidade, em que momento histórico, etc. Os gêneros discursivos geralmente estão ligados a **esferas de circulação**. Assim, na *esfera jornalística*, por exemplo, são comuns gêneros como notícia, reportagem, editorial, entrevista; na *esfera de divulgação científica*, são comuns gêneros como verbete de dicionário ou de enciclopédia, artigo ou ensaio científico, seminário e conferência. Além disso, um mesmo gênero pode circular em diferentes esferas, sofrendo ou não alterações de acordo com sua finalidade.

Gêneros do discurso são padrões de textos que circulam em determinadas esferas de atividade humana e que, com algumas variações, apresentam conteúdo, estilo e estrutura semelhantes.

Os gêneros são historicamente criados e vão sendo modificados e reconstruídos pelo ser humano ao longo do tempo a fim de atender às necessidades de interação verbal. De acordo com o momento histórico, pode nascer um gênero novo, podem desaparecer gêneros de pouco uso ou, ainda, um gênero pode sofrer mudanças e até transformar sua função original.

O gênero do discurso e a situação de produção

Suponha que você esteja insatisfeito(a) porque sua rua tem sofrido constantes enchentes. Para resolver o problema, é necessário que uma reclamação oficial seja feita. Que gênero discursivo utilizar então?

Você poderia escrever uma **carta argumentativa de reclamação** à prefeitura de sua cidade ou ao governo de seu Estado. Contudo, esse não é um problema só seu. Logo, o documento teria mais força se tivesse o apoio de outros moradores da rua ou do bairro. Nesse caso, vocês poderiam lançar mão de um **abaixo-assinado** ou de uma **carta aberta** dirigida à população e aos governantes. A escolha dependeria de outros fatores, como o número de pessoas que poderiam assinar, se a carta aberta seria divulgada numa assembleia ou manifestação, se haveria cobertura da imprensa, etc.

Observe que a escolha de determinado gênero discursivo depende em grande parte da **situação de produção**, ou seja, a finalidade do texto a ser produzido, quem são o(s) locutor(es) e o(s) interlocutor(es), o meio disponível para veicular o texto, etc.

Exercícios

Leia este texto:

Reprodução/SOS Mata Atlântica

(*32º Anuário do Clube de Criação de São Paulo*, p. 288.)

1 Sobre a situação de comunicação desse texto, responda:

a) Quem é o locutor?

b) No texto do lado direito, na parte de baixo, lê-se: "Exija dos governantes ações concretas contra a destruição do meio ambiente". Conclua: A quem esse texto se destina?

c) Qual é a principal finalidade dele?

2 A parte não verbal do cartaz é constituída principalmente por um cano, uma torneira e uma figura que lembra uma gota de água. Sobre o cano aparecem árvores secas, e da torneira não sai água.

a) O que sugerem os elementos visuais situados no lugar de onde deveria sair água?

b) Que sentido essa parte não verbal constrói no texto?

3 Releia o texto verbal central, que utiliza como estratégia de persuasão a ambiguidade (duplo sentido) e a ironia (dizer o contrário do que se pretende).

a) Ele remete a um episódio bíblico, no qual Pilatos, prefeito da Judeia, literalmente lava as mãos diante da multidão e deixa que o povo decida o destino de Jesus. Que sentido é criado para a expressão *lavar as mãos*, considerando esse contexto?

b) Explique a ambiguidade explorada no texto em estudo.

c) Identifique a frase que contém ironia. Justifique sua resposta e explique o sentido que ela constrói no contexto.

d) Troque ideias com os colegas e o professor e, oralmente, imagine uma situação na qual a mesma frase identificada por você no item *c* seja empregada sem efeito irônico.

Textualidade, coerência e coesão

Um texto não pode ser um punhado de frases soltas sem ligação entre si; ele precisa apresentar conexões, que podem ser gramaticais e/ou de ideias. Compreender essas conexões é essencial para ler e produzir textos com eficiência. Leia o poema a seguir.

Para sempre

Quando você disse que era para sempre,
Eu ri,
Mas acreditei.
Esqueci...
Já vivi esse para sempre outras vezes,
E desiludi.
O para sempre
Sempre para.

∞

(Paula Pimenta. *Confissão*. Belo Horizonte: Gutenberg, 2014.)

Filipe Rocha/Arquivo da editora

1 O primeiro verso se inicia com a palavra *quando*.

a) Entre as opções a seguir, indique que relação é instituída por essa palavra.

- espacial
- causal
- temporal

b) Que ações são colocadas em paralelo nessa relação?

2 O emprego da palavra *mas*, no 3º verso, revela algumas pistas sobre o conteúdo dos versos anteriores e sobre a postura do eu lírico na situação relatada.

a) Entre as opções a seguir, indique que relação é instituída por essa palavra entre os termos do texto que ela conecta.

- conclusão
- oposição
- adição

b) Troque ideias com os colegas e o professor: Que sentimento do eu lírico sobre sua relação com o interlocutor é enfatizado pelo emprego do *mas* nesse verso? Justifique sua resposta.

3 Os versos 4 e 5 também estabelecem relações de sentido entre si e com os versos anterior e posterior, embora não tenham sido empregadas em todos eles palavras que explicitam essas relações.

a) Entre as opções a seguir, indique os termos que cumprem tal papel, considerando os sentidos do texto.

- Acreditei **quando** esqueci **que** já vivi esse para sempre outras vezes.

- Acreditei, mas esqueci **quando** já vivi esse para sempre outras vezes.

- Acreditei **porque** esqueci **que** já vivi esse para sempre outras vezes.

b) Troque ideias com os colegas e o professor e conclua: A ausência de conjunções prejudica o sentido do poema ou o deixa incoerente? Justifique sua resposta.

c) Entre as opções a seguir, indique qual relação é instituída pela conjunção **e** entre os versos que ela conecta.

- conclusão
- oposição
- adição

4 Os versos 3 a 7 retomam por elipse (omissão de um termo facilmente subentendido) um termo mencionado anteriormente.

a) Qual é esse termo?

b) Identifique, em cada um desses versos, quais palavras evidenciam que esse termo está em elipse, justificando sua resposta.

5 Releia duas expressões utilizadas no poema

"esse para sempre"
"o para sempre"

Troque ideias com os colegas e o professor: Qual é a diferença de sentido entre o emprego das palavras *esse* e *o* no contexto do poema em estudo?

6 Releia os dois últimos versos do poema e explique a alteração de sentido provocada pela troca de ordem dos termos *para* e *sempre* no contexto.

Ao responder às questões anteriores, você percebeu que, para ler e compreender um texto, é importante buscar as relações entre suas partes, que podem estar ou não explicitadas por palavras que contribuem para estabelecer as conexões entre as ideias apresentadas (*quando*, *que*, *mas*, *esse*, *e*). Para um texto ter unidade de sentido, para ser um todo coerente, é necessário que apresente **textualidade**, isto é, que apresente conexões gramaticais e articulação de ideias. Em outras palavras, que apresente **coesão** e **coerência** textuais.

Coesão textual são as conexões gramaticais existentes entre palavras, orações, frases, parágrafos e partes maiores de um texto.

As palavras que realizam articulações gramaticais, também chamadas *conectores*, são substantivos, pronomes, conjunções, preposições, etc. São comuns nesse papel palavras como *isso*, *então*, *aliás*, *também*, *isto é*, *entretanto*, *e*, *por isso*, *daí*, *porém*, *mas*, entre outras.

No verso "Já vivi esse para sempre outras vezes", por exemplo, o pronome demonstrativo *esse* é um conector, pois retoma a fala do interlocutor mencionada pelo eu lírico no primeiro verso.

Como os conectores são portadores de sentido, eles também contribuem para construir a coerência de um texto.

Coerência textual é a estruturação lógico-semântica de um texto, isto é, a articulação de ideias que faz com que numa situação discursiva palavras e frases componham um todo significativo para os interlocutores.

Um dos princípios básicos da coerência textual é a *não contradição*, ou seja, as ideias não podem ser contraditórias entre si nem apresentar incoerência em relação à realidade, a não ser que a contradição seja proposital.

Pode haver coerência sem coesão?

Há textos que se organizam por justaposição ou com elipses e, mesmo assim, podem ser considerados textos por seus leitores/ouvintes, pois constituem uma unidade de sentido.

Você viu, no poema de Paula Pimenta analisado anteriormente, que um texto pode ser coerente sem necessariamente explicitar todos os termos que estabelecem coesão entre suas partes.

Outro exemplo é este poema do poeta Paulo Leminski:

sobressalto
esse desenho abstrato
minha sombra no asfalto

A coerência e o contexto discursivo

Além da não contradição e dos conectores, outro aspecto importante para avaliar a coerência de um texto é o *contexto discursivo*. Imagine, por exemplo, as falas seguintes, ditas por uma mãe a seus filhos:

— Está armando uma chuva muito forte. Por isso, ninguém sai de casa!
— Está armando uma chuva muito forte. Por isso, vamos sair de casa!

Os dois enunciados estão estruturalmente bem-formados, pois fazem uso do recurso coesivo *por isso*; portanto, pode-se considerar que ambos apresentam coesão. Entretanto, pelo sentido das falas, tendemos a julgar como coerente apenas o primeiro enunciado, pelo fato de geralmente pressupormos que, se uma chuva muito forte está por vir, as pessoas não devem sair de casa.

Vejamos agora estas duas manchetes de jornal, publicadas na mesma semana e que se referem a um mesmo dia de chuva forte no Estado de São Paulo:

Secretário pede para população não sair de casa por causa da chuva em SP

(Disponível em: https://noticias.uol.com.br/cotidiano/ultimas-noticias/2020/02/10/secretario-pede-para-pessoas-ficarem-em-casa-por-causa-da-chuva-em-sp.htm. Acesso em: 11/2/2020.)

Mais de 1.300 pessoas tiveram que deixar suas casas devido às chuvas no estado de SP

(Disponível em: https://g1.globo.com/sp/sao-paulo/noticia/2020/02/12/mais-de-1300-tiveram-de-deixar-suas-casa-devido-as-chuvas-no-estado-de-sp.ghtml. Acesso em: 11/2/2020.)

Em uma primeira e rápida leitura, as duas manchetes podem parecer contraditórias entre si. Mas uma análise mais cuidadosa comprova que elas são complementares: isso porque, no contexto discursivo da primeira manchete, ficar em casa equivale a segurança (por exemplo, não transitar por ruas alagadas ou que podem alagar), ao passo que, no contexto discursivo da segunda manchete, ficar em casa implica risco (por exemplo, ser soterrado por um desabamento).

Como se vê, coerência e coesão são fatores de textualidade regulados também pelo contexto discursivo e não podem, portanto, ser avaliadas em frases isoladas, desvinculadas dos textos em que estavam originalmente inseridas, desconsiderando-se a situação de comunicação.

Exercícios

Leia o texto:

> Era meia-noite. O Sol brilhava. Pássaros cantavam pulando de galho em galho. O homem cego, sentado à mesa de roupão, esperava que lhe servissem o desjejum. Enquanto esperava, passava a mão na faca sobre a mesa como se a acariciasse tendo ideias, enquanto olhava fixamente a esposa sentada à sua frente. Esta, que lia o jornal, absorta em seus pensamentos, de repente começou a chorar, pois o telegrama lhe trazia a notícia de que o irmão se enforcara num pé de alface. O cego, pelado com a mão no bolso, buscava consolá-la e calado dizia: a Terra é uma bola quadrada que gira parada em torno do Sol. Ela se queixa de que ele ficou impassível, porque não é o irmão dele que vai receber as honrarias. Ele se agasta, olha-a com desdém, agarra a faca, passa manteiga na torrada e lhe oferece, num gesto de amor.
>
> (Este texto reproduz aproximadamente versão ouvida junto a crianças de Araguari – MG.)
>
> (*Apud* Ingedore Villaça Koch e Luiz Carlos Travaglia. *A coerência textual*. 11. ed. São Paulo: Contexto, 2001. p. 49-50.)

1 Observe se no texto há emprego adequado de sinais de pontuação, vocabulário culto e construções de acordo com a norma-padrão. Depois conclua: O autor do texto demonstra ter domínio da linguagem escrita? Justifique sua resposta com elementos do texto.

2 Além do domínio vocabular e sintático da língua, o texto apresenta também marcas de coesão. Identifique no texto:

a) dois exemplos de coesão, nos quais uma palavra (substantivo, pronome, numeral, etc.) retome um termo já expresso;

b) dois exemplos de marcadores temporais, por meio dos quais se tenha ideia de sequência de fatos;

c) um conector que estabeleça uma relação de explicação.

3 Apesar de aparentemente bem-redigido, o texto apresenta sérios problemas de coerência.

a) A narração ocorre à meia-noite. No entanto, certas informações contradizem isso. Quais são essas informações?

b) Cite uma contradição relacionada ao cego e uma contradição relacionada à esposa.

c) Sabe-se que a Terra gira em torno do Sol. Que elementos do texto contrariam essa informação?

4 O texto foi produzido em uma brincadeira de crianças que incluía o relato de uma história absurda. Considerando que o objetivo era produzir humor, conclua: O texto é incoerente ou coerente?

Intertextualidade, interdiscursividade e paródia

Leia este meme:

Reprodução/Artes Depressão/@artesdepressao

(Disponível em: https://twitter.com/artes_depressao/status/677634917552021505. Acesso em: 11/2/2020.)

Você sabe quem é o homem que aparece na imagem? E sabe a qual "música do caminhão de gás" o texto verbal se refere? Para ser capaz de apreender o sentido desse meme é preciso recuperar alguns elementos do contexto de produção: é importante saber que a imagem de fundo é a tela *Beethoven*, do pintor alemão Joseph Karl Stieler, além de ter a informação de que, em muitas cidades brasileiras, o caminhão de gás, para ser facilmente reconhecido, anda pelas ruas tocando uma adaptação de um trecho de "Füer Elise" (Por Elise), célebre obra de Beethoven.

Assim como muitos outros memes, este constrói humor por meio de implícitos e quebra de expectativas. Obviamente, quando compôs "Por Elise", Beethoven não estava pensando que séculos depois ela seria utilizada no caminhão de gás. O leitor do meme que não conhece o homem retratado na tela, nem sabe qual é a música do caminhão do gás, perde esses referenciais e não consegue fazer a leitura completa do texto. Podemos considerar, portanto, que os criadores do meme estabelecem um diálogo com esses outros textos, construindo humor com base neles. Quando um texto dialoga com outro, dizemos que entre eles existe **intertextualidade**.

Intertextualidade é a relação entre dois textos caracterizada por um citar o outro, implícita ou explicitamente.

Há diferentes tipos de intertextualidade. A intertextualidade pode ter uma base *temática*, quando os textos apresentam em comum um tema, determinada ideologia ou visão de mundo; por exemplo, a que ocorre entre a tragédia grega *Medeia*, de Eurípedes, e a peça teatral *Gota d'água*, de Chico Buarque, uma versão moderna desse texto. Também pode ter uma base *estilística*, quando um texto apresenta certos procedimentos muito conhecidos em outro texto, como o emprego de palavras, expressões ou estruturas sintáticas similares.

Dialogismo: a linguagem são no mínimo dois

Segundo o teórico russo Mikhail Bakhtin, a linguagem é, por natureza, *dialógica*, isto é, sempre estabelece um diálogo entre pelo menos dois seres, dois discursos, duas palavras. Diz Bakhtin:

> Os enunciados não são indiferentes uns aos outros, nem autossuficientes; são mutuamente conscientes e refletem um ao outro... Cada enunciado é pleno de ecos e reverberações de outros enunciados, com os quais se relaciona pela comunhão da esfera da comunicação verbal [...]. Cada enunciado refuta, confirma, complementa e depende dos outros; pressupõe que já são conhecidos, e de alguma forma os leva em conta.
>
> (*Estética da criação verbal*. 2. ed. São Paulo: Martins Fontes, 1997. p. 316.)

Um tipo particular de relação entre textos é a paródia. Leia estes dois poemas:

As armas e os barões assinalados
Que, da ocidental praia lusitana,
Por mares nunca dantes navegados
Passaram ainda além da Taprobana,
Em perigos e guerras esforçados
Mais do que prometia a força humana
E entre gente remota edificaram
Novo Reino, que tanto sublimaram.
[...]

(Luís de Camões. *Os lusíadas*. São Paulo: Abril Cultural, 1979.)

As salas e becões assinalados
Da oriental praia paulistana
Partiram em missão desumana
A bater inimigos colorados.
Depois do empate duro e fero
Três a três em pleno alçapão,
Queriam ao menos 1 a 0,
e o sonho manter no coração.
[...]

(José Roberto Torero. *Folha de S. Paulo*, 8/3/2002.)

Os versos de Luís de Camões homenageiam o heroísmo dos navegantes portugueses, que, no século XV, saindo de Portugal (a "ocidental praia lusitana") com suas caravelas, conseguiram ultrapassar a Taprobana (ilha do Ceilão, limite oriental do mundo conhecido na época). O jornalista José Torero, referindo-se a um jogo entre Santos e Internacional, ocorrido em Porto Alegre pela Copa do Brasil, estabelece uma relação intertextual com o poema de Camões, transmitindo assim a noção de grandiosidade do jogo e, ao mesmo tempo, reverenciando os esforços do grupo santista, comparados aos feitos dos navegantes portugueses.

Paródia é um tipo de relação intertextual em que um texto cita outro geralmente com o objetivo de fazer-lhe uma crítica, inverter ou modificar suas ideias.

Leia agora estes versos de dois poetas de épocas diferentes:

Poema de sete faces

Quando nasci, um anjo torto
desses que vivem na sombra
disse: Vai, Carlos! ser ***gauche*** na vida.

[...]

Meu Deus, por que me abandonaste
se sabias que eu não era Deus
se sabias que eu era fraco.

Mundo mundo vasto mundo,
se eu me chamasse Raimundo
seria uma rima, não seria uma solução.
Mundo mundo vasto mundo,
mais vasto é meu coração.

Eu não devia te dizer
mas essa lua
mas esse conhaque
botam a gente comovido como o diabo.

Filipe Rocha/Arquivo da editora

gauche: termo francês que significa esquerdo, canhestro, inseguro, inadequado.

(Carlos Drummond de Andrade. Disponível em: http://www.algumapoesia.com.br/drummond/drummond01.htm. Acesso em: 11/2/2020.

Com licença poética

Quando nasci um anjo esbelto,
desses que tocam trombeta, anunciou:
vai carregar bandeira.
Cargo muito pesado pra mulher,
esta espécie ainda envergonhada.
Aceito os subterfúgios que me cabem,
sem precisar mentir.
Não sou feia que não possa casar,
acho o Rio de Janeiro uma beleza e
ora sim, ora não, creio em parto sem dor.
Mas o que sinto escrevo. Cumpro a sina.
Inauguro linhagens, fundo reinos
— dor não é amargura.
Minha tristeza não tem pedigree,
já a minha vontade de alegria,
sua raiz vai ao meu mil avô.
Vai ser coxo na vida é maldição pra homem.
Mulher é desdobrável. Eu sou.

Filipe Rocha/Arquivo da editora

(Adélia Prado. Disponível em: http://www.releituras.com/aprado_bio.asp. Acesso em: 11/2/2020.)

O primeiro texto é um trecho de um dos poemas mais conhecidos de Carlos Drummond de Andrade e foi publicado em 1930; o segundo é de Adélia Prado e foi publicado em meados da década de 1970. Embora não haja uma citação explícita, desde o título do poema de Adélia Prado, "Com licença poética", já é possível perceber a referência ao texto de Drummond, pois é como se ela pedisse licença para fazer sua própria versão do texto.

Observe, porém, que o segundo texto tem uma visão diferente da apresentada pelo primeiro. Neste, o anjo é torto, vive na sombra e prenuncia ao eu lírico que ele será *gauche* na vida, isto é, uma pessoa diferente, completamente inadequada no mundo. Essa visão é reforçada nas estrofes finais, especialmente nos versos "Meu Deus, por que me abandonaste", "se sabias que eu era fraco.", "mas essa lua/ mas esse conhaque/ botam a gente comovido como o diabo.". Já no segundo poema, o anjo é esbelto, toca trombeta e profecia que o eu lírico "vai carregar bandeira", isto é, vai ter uma causa pela qual lutar e ser referência em seu meio, visão que também se confirma nos versos finais: "[...] Cumpro a sina.", "[...] minha vontade de alegria,/ sua raiz vai ao meu mil avô.", "Mulher é desdobrável. Eu sou.".

Observe que Adélia Prado não apenas cita o poema de Drummond, mas também critica a visão melancólica, introvertida e individualista do eu lírico masculino, contrapondo a ela sua visão feminina corajosa e vanguardista.

Nesse tipo de relação estabelecida entre os textos, não há apenas intertextualidade. Há uma relação mais abrangente, que envolve dois discursos poéticos distintos, os quais, por sua vez, refletem suas respectivas épocas. A de Drummond, um momento histórico entre guerras, de crise econômica, acirramento político e ideológico, de busca de caminhos; e a de Adélia Prado, um momento histórico de continuidade da forte expressão dos movimentos feministas da década de 1960, no qual as mulheres lutavam por se fazer ouvir e pelos direitos de igualdade de gênero. A esse tipo de relação entre discursos, quando se evidenciam os elementos da situação de produção — quem fez, para quê, em que momento histórico, com qual finalidade, etc. —, chamamos **interdiscursividade**.

Interdiscursividade é a relação entre dois discursos caracterizada por um citar o outro, implícita ou explicitamente.

Além da relação de interdiscursividade, é possível considerar o texto de Adélia Prado uma paródia do texto de Drummond.

Exercícios

Leia, a seguir, os versos de uma canção de Chico Buarque e uma charge de Ziraldo, e responda às questões 1 e 2.

Quando o carnaval chegar

Quem me vê sempre parado, distante
Garante que eu não sei sambar
Tou me guardando pra quando o carnaval chegar
Eu tô só vendo, sabendo, sentindo, escutando
E não posso falar
Tou me guardando pra quando o carnaval chegar
[...]

(Disponível em: http://www.chicobuarque.com.br/letras/quandooc.htm. Acesso em: 11/2/2020.)

© Ziraldo Alves Pinto/Acervo do cartunista

(http://ziraldo.blogtv.uol.com.br/achargenotempo)

1 Em ambos os textos o tema é o carnaval.

a) Que sentido tem o carnaval para o eu lírico da canção?

b) E para o personagem da charge?

2 Sabendo que a canção de Chico Buarque foi produzida e divulgada antes da charge de Ziraldo, responda:

a) Que texto estabelece uma relação intertextual com o outro?

b) Essa relação pode ser considerada também interdiscursiva? Por quê?

3 A parte não verbal do texto de Ziraldo instaura um novo sentido para uma das palavras empregadas nos dois textos.

a) Identifique essa palavra.

b) Qual é o sentido dessa palavra na canção de Chico Buarque?

c) Qual outro sentido dessa palavra está no desenho de Ziraldo?

d) Explique como o texto de Ziraldo constrói humor combinando os elementos analisados por você nos itens anteriores.

4 Muitos tipos de intertextualidade implícita ocorrem por meio da substituição de um fonema ou uma palavra, por meio de acréscimo, supressão ou transposição.

Leia os enunciados a seguir e descubra as frases originais com as quais eles mantêm relação intertextual.

a) "Penso, logo hesito."

(Luis Fernando Verissimo, "Mínimas".)

b) "Quem vê cara não vê falsificação."

(Anúncio dos relógios Citizen)

c) "Quem espera nunca alcança."

(Chico Buarque)

d) "O Instituto de Cardiologia não vê cara, só vê coração."

(Propaganda do Instituto de Cardiologia do Rio Grande do Sul)

e) "Para bom entendedor, meia palavra bas."

(Luis Fernando Verissimo, "Mínimas".)

f) Diga-me com quem andas e eu prometo que não digo a mais ninguém.

(internet)

(Frases extraídas do capítulo 1 da obra *Intertextualidade – Diálogos possíveis*, de Ingedore G. Villaça *et alii*.)

A coerência e a coesão na construção do texto

Leia o texto:

Subi a porta e fechei a escada.
Tirei minhas orações e recitei meus sapatos.
Desliguei a cama e deitei-me na luz.
Tudo porque
Ele me deu um beijo de boa noite...

Filipe Rocha/Arquivo da editora

(Anônimo. *In*: Irandé Antunes. *Lutar com palavras – Coesão e coerência*. São Paulo: Parábola, 2005.)

1 Observe se no texto são empregados adequadamente os sinais de pontuação, se há alguma construção própria da linguagem mais culta, se é utilizada alguma conjunção como recurso coesivo. Depois, conclua: O autor demonstra ter domínio da linguagem escrita ou não? Justifique sua resposta com elementos do texto.

2 Releia as três primeiras linhas do texto:

"Subi a porta e fechei a escada.
Tirei minhas orações e recitei meus sapatos.
Desliguei a cama e deitei-me na luz."

a) O trecho não apresenta problemas de escrita ou de pontuação, relativamente à norma-padrão. Entretanto, lido isoladamente, ele pode ser considerado coerente? Justifique sua resposta.

b) Os complementos dos verbos não dão sentido coerente aos enunciados. Indique a correlação lógica entre verbos e complementos:

1. subi	• minhas orações	4. recitei	• a escada
2. fechei	• a luz	5. desliguei	• a porta
3. tirei	• na cama	6. deitei-me	• meus sapatos

3 Nas duas últimas linhas do texto, é revelado um fato que modifica o sentido das três linhas iniciais.

a) Qual é esse fato?

b) Esse fato afeta a coerência do texto como um todo? Justifique sua resposta.

c) O que a construção dos três primeiros versos revela sobre o eu lírico?

d) Qual é a importância dessa construção para o sentido do texto?

4 O texto é incoerente? Por quê?

Semântica e discurso

Leia o anúncio a seguir e responda às questões 1 a 3.

(30º Anuário do Clube de Criação de São Paulo, p. 186.)

1 Identifique a intertextualidade que há no anúncio. Depois responda: De que modo ela é indicada no anúncio?

2 Observe a frase que há na traseira do caminhão.

a) Quais os sentidos do verbo *tomar* nessa frase?

b) Que tipo de sabedoria a frase pretende transmitir?

c) O consumo de bebidas alcoólicas é proibido para quem dirige. Considerando-se esse dado, que outro sentido a frase apresenta?

3 Troque ideias com os colegas e o professor:

a) Quais costumam ser os conteúdos das típicas "frases de caminhão", geralmente pintadas nas traseiras desses veículos pelos motoristas?

b) Por que a frase utilizada no anúncio difere das típicas "frases de caminhão"?

4 Para promover a imagem do produto anunciado, o anunciante utiliza como argumento um valor.

a) Qual é esse valor?

b) Por que a imagem do produto anunciado supostamente melhora quando agregada a esse valor?

CAPÍTULO

28 Variação linguística

Leia, a seguir, a transcrição de um trecho de uma entrevista do escritor Fernando Sabino, do final da década de 1980.

Jornalista: Em 1942 [...] um rapaz de 18 anos recebia na casa dele uma carta que tinha o seguinte remetente, o endereço: Rua Lopes Chaves, número cinco, quatro, meia. Eu queria que cê contasse quem era/quem era/quem lhe enviou a carta e que importância teve essa carta pro/pra tua vida literária.

Fernando Sabino: [...] Talvez tenha sido a/o acontecimento mais importante da minha for/da minha vida literária, porque foi exatamente o início de uma correspondência com o morador desta casa Rua Lopes Chaves, cinco, quatro, meia [...], que é o Mário de Andrade. Eu tinha o quê? Quarenta e dois, eu estava com deze/dezoito anos, tinha acabado de publicá um livro de contos e tinha mandado esse livro pra ele, e ele me respondeu cu'essa carta que foi a... uma coisa fantástica pra minha vida... foi um... um grande acontecimento e a partir daí nós iniciamos u'a correspondência em que ele com u'a paciência bovina, né?, ele aguen/aguentô esse rapazelho, pernóstico e/e desaforado e/e metido e, sabe?, e atrevido e que escrevia perguntanu tudo e ele se dispôs a respondê tudo [...] Foi uma expe/presença absolutamente extraordinária e que jamais se repetirá com ninguém. Hoje eu até sofro um pouco isso porque às veze tem/eu num sô/tem pessoas que me escrevem carta, jovens, esperanu/tendo lido o livro das cartas dele esperanu que eu faça o mesmo papel e eu num sô/primeiro eu não sô Mário de Andrade, eu num tenho competência pra isso, eu ainda tô querenu recebê carta dos otos me ensinando as coisa, agora quem sô eu pra ensiná alguém alguma coisa...

Fernando Sabino no *Roda Viva*, em 1989.

Este capítulo favorece o desenvolvimento das habilidades

EM13LGG101
EM13LGG102
EM13LGG103
EM13LGG104
EM13LGG202
EM13LGG302
EM13LGG401
EM13LP01
EM13LP02
EM13LP06
EM13LP09
EM13LP10

1 O trecho lido corresponde a uma transcrição de falas espontâneas em uma situação relativamente formal — um conhecido programa de entrevistas da TV brasileira — e foi escrito com a finalidade de salientar alguns aspectos típicos da fala. Por esse motivo algumas palavras não estão escritas de acordo com a ortografia padrão.

a) Que palavras ou expressões escritas nessa transcrição de forma não padrão se aproximam da pronúncia cotidiana de muitos brasileiros ainda hoje?

b) A seguir estão descritos alguns fenômenos comuns à fala brasileira que aparecem nas falas da entrevista. Relacione-os aos termos e expressões listados por você no item *a*.

- O apagamento do /r/ final de algumas palavras, especialmente nas formas verbais do infinitivo.
- A terminação *-ndo* dos gerúndios (falando, comendo) é frequentemente pronunciada como "nu".
- A junção, na fala transcrita, de duas palavras em sequência pronunciadas de forma aglutinada.
- Outros tipos de redução de fonemas variados, como regra geral de economia na fala.

2 As colunas a seguir contêm, respectivamente, exemplos extraídos da entrevista e descrições de características típicas da fala. Estabeleça uma correlação entre elas, considerando apenas os termos em destaque.

a) "quem **lhe** enviou a carta e que importância teve essa carta pro/pra **tua** vida literária."

b) "**Eu tinha o quê?** Quarenta e dois, **eu estava com** deze/dezoito anos"

c) "ele com u'a paciência bovina, **né**?"

d) "pernóstico **e/e** desaforado **e/e** metido **e**, sabe?, **e** atrevido **e** que escrevia perguntanu tudo"

e) "Hoje eu até sofro um pouco isso porque **às veze tem/eu num sô/tem pessoas que** me escrevem carta"

f) "Me ensinando **as coisa**"

I. Utilização de termos que marcam a interação com o interlocutor

II. Repetições

III. Retomada do tópico sobre o qual se fala

IV. Marcação do plural apenas no primeiro elemento da expressão pluralizada

V. Emprego simultâneo de pronomes de 2ª e 3ª pessoa em referência ao interlocutor

VI. Correção e reelaboração imediata

3 Imagine que você fosse responsável por publicar esse trecho da entrevista de Fernando Sabino em um jornal escrito.

a) Para planejar sua versão escrita, troque ideias com os colegas e o professor: O que deve ser eliminado e o que pode ser mantido em relação à transcrição da fala?

b) Proponha uma versão escrita para o texto em seu caderno.

c) Compare as versões feitas por você e por seus colegas. Quais são as diferenças?

Carlos Chicarino/Agência Estado

4 Fernando Sabino é um importante escritor brasileiro do final do século XX e faz parte de uma elite intelectual do país. Tomando por base a análise feita por você do trecho de entrevista em estudo, troque ideias com os colegas e o professor e indique, entre as afirmações a seguir, quais são falsas e quais são verdadeiras.

a) Há mais de 30 anos o brasileiro vem falando o português de forma errada, mesmo intelectuais em situações de fala pública.

b) Fala e escrita são modalidades diferentes da língua e, portanto, seguem regras de funcionamento também distintas.

c) Analisar a fala de um grande escritor permite compreender que o fato de determinadas construções serem consideradas erradas ou problemáticas nas falas de pessoas comuns é resultado de preconceito linguístico.

d) Analisar a fala de um grande escritor permite compreender que os intelectuais utilizam a linguagem de uma forma mais correta, com construções mais complexas, ao passo que as pessoas comuns frequentemente incorrem em erros gramaticais ao falar.

5 Combine com o professor e faça, juntamente com seus colegas, gravações de falas de vocês em diferentes situações, menos e mais formais. Em seguida, transcrevam essas falas e concluam:

a) Quais características da fala analisadas neste estudo são também percebidas nas falas de vocês?

b) Há alguma grande diferença? Qual?

Conceituando

Ao analisar um trecho de fala de uma entrevista do escritor Fernando Sabino, você percebeu que há características que são típicas da fala e que não são as mesmas dos textos escritos. Essa diferença entre as regras da fala e da escrita é um exemplo de **variação linguística**, fenômeno comum a todas as línguas, que variam por diversas razões: sociais, regionais, etárias, estilísticas, culturais.

Nascemos em meio a um mundo de linguagem, aprendemos a língua em contato com as pessoas que nos cercam e já estavam inseridas nessa linguagem. Desde bebês produzimos linguagem. Primeiramente alguns sons, que se transformam em palavras, enunciados. Nós nos apropriamos do vocabulário e das leis que regem nossa língua e seus usos ao mesmo tempo em que somos formados e vemos o mundo que nos cerca por meio dessa linguagem. Produzimos e lemos textos orais e escritos, nos comunicamos por gestos, lemos imagens, interpretamos sons.

Em contato com outras pessoas, na rua, na escola, no trabalho, observamos que nem todos falam como nós. Isso ocorre por diferentes razões: nascemos e crescemos em regiões e momentos diferentes; frequentamos a escola por menos ou mais tempo; convivemos em determinados grupos ou classes sociais. Essas diferenças no uso da língua constituem as **variedades linguísticas**. Cada falante tem a sua relação com a língua e um mesmo falante pode fazer uso de variedades distintas, dependendo da situação de comunicação em que se encontra.

Além das variedades que compõem a língua, em suas diversas manifestações concretas, existe também a **norma-padrão**, que não se constitui como uma variante linguística de fato, mas é uma referência abstrata, relacionada com os aspectos históricos, culturais, sociais e políticos de cada país. A norma-padrão é convencionada como tal com base em textos considerados clássicos e em variedades linguísticas das classes que detêm maior poder socioeconômico no momento de sua instituição. Com o passar do tempo, ela vai se tornando cada vez mais distante até mesmo da forma como as pessoas de classes de prestígio falam, pois sabemos que a língua está em constante evolução.

Como você viu no estudo introdutório deste capítulo, mesmo a fala de um grande escritor brasileiro proferida há mais de trinta anos contém construções que seriam consideradas desvios em relação às regras da norma-padrão, o que comprova que ela é fruto de uma abstração que não corresponde à realidade da língua viva e em uso. Portanto, mesmo as **variedades urbanas de prestígio** faladas por essas pessoas se distanciam das regras da norma-padrão.

George Rudy/Shutterstock

Mangostar/Shutterstock

wavebreakmedia/Shutterstock

fizkes/Shutterstock

O preconceito linguístico

Assim como há estigmas sociais, culturais, raciais, há também o estigma linguístico em nossa sociedade, que dá origem a situações de preconceito e discriminação que não podemos admitir.

Ridicularizar ou diminuir uma pessoa pelo modo como ela fala, assim como por suas crenças, por sua maneira de se vestir, pela cor de sua pele, etc. é uma atitude preconceituosa, que revela concepções superficiais do senso comum, sem nenhum embasamento científico. Pelo contrário, o que as pesquisas da Ciência Linguística vêm comprovando é que toda e qualquer variante linguística tem a sua lógica, as suas regras, servindo a contento a seus propósitos comunicativos.

Variedades ou variantes linguísticas: são as variações que uma língua apresenta, de acordo com as condições sociais, culturais, regionais e históricas em que é utilizada.

Norma-padrão: é uma abstração tomada como referência ou modelo a fim de tentar normatizar o uso da língua.

Variedades urbanas de prestígio: também chamadas por alguns de *norma culta*, são as variedades usadas por grupos sociais de centros urbanos que detêm certo prestígio social.

O uso de uma variedade de prestígio ou que busca se aproximar menos ou mais da norma-padrão está diretamente relacionado a diversos fatores: não apenas à origem do falante, mas também à prática social em que os interlocutores estão envolvidos, ao nível de formalidade exigido, aos papéis exercidos por esses sujeitos na situação de comunicação e ao gênero de texto que será produzido. Por exemplo, uma mesma história será contada de formas diferentes por uma mesma pessoa em situações de comunicação diversas: em uma conversa em casa com a família e amigos íntimos; em uma conversa formal, em ambiente de trabalho, com pessoas pouco conhecidas; em um júri popular ou tribunal.

Considerando o destaque que vem sendo dado à gramática normativa e à norma-padrão em algumas avaliações, em exames e concursos, a escola se propõe a ensiná-la a todas as crianças e jovens do país, pois, no atual contexto sociocultural, dominar as principais regras da norma-padrão pode ser uma das exigências para ingressar na vida profissional ou acadêmica.

fizkes /Shutterstock

Flamingo Images/Shutterstock

Dialetos e registros

Há dois tipos básicos de variação linguística: os dialetos e os registros.

Os **dialetos** são variedades originadas das diferenças de região ou território, de idade, de sexo, de classes ou grupos sociais e da própria evolução histórica da língua.

O português das cantigas medievais de Nuno Fernandes Torneol e D. Dinis, que podem ser lidas nas páginas 25 e 26, no capítulo 2 deste livro, mostra exemplos de variação histórica do português. O infográfico ao lado, por sua vez, contém alguns termos e gírias típicos de diferentes países e regiões falantes de português. Leia e veja se você já conhecia algum deles.

Guilherme Lira/Thiago Lyra/Abril Comunicações S.A.

1. É o jeitinho piauiense de reforçar uma colocação
2. É uma expressão cuiabana para indicar indagação
3. É a maneira paulistana de dizer "Você sabe, né?"
4. Em Florianópolis, SC, significa que o João acertou em cheio

5. Quer dizer que a pessoa ouviu rumores
6. É o equivalente a passar uma rasteira
7. Quer dizer que ela se veste bem
8. É um jeito jovem de dizer que bebeu bastante
9. É um convite para o café da manhã
10. Quer dizer que o carro quebrou
11. É o jeito moçambicano de dizer "olha lá"
12. Do suaíli, falado no norte de Moçambique, e significa "sem problemas"

(Disponível em: https://super.abril.com.br/mundo-estranho/quais-as-diferencas-entre-o-portugues-do-brasil-mocambique-e-angola/. Acesso em: 16/2/2020.)

Os **registros** são variações que ocorrem de acordo com o grau de formalidade existente na situação de comunicação. Como já mencionado, uma mesma pessoa pode ser menos ou mais formal em sua linguagem, dependendo dos objetivos que tem, das situações de comunicação em que se encontra e das diferentes esferas da sociedade nas quais circula.

O nível de formalidade pode variar independentemente de os textos produzidos serem orais ou escritos. Assim, pode haver textos orais extremamente formais, como uma conferência proferida em um grande evento, e textos escritos pouco formais, como um bilhete deixado na porta da geladeira de casa para alguém da família. O quadro a seguir mostra que as relações entre formal e informal e entre oral e escrito apresentam uma gradação e que os diversos textos que produzimos em nossa vida social variam desde o mais informal e oral, como o bate-papo e a fofoca, até o mais formal e escrito, como o relatório científico e a tese.

INFORMAL ↓ FORMAL	ORAL ⟶		ESCRITO
	Bate-papo, fofoca Caso, conversa fiada	Bilhete, carta pessoal Diário	Biografia
	Entrevista médica Relato de vivências Reclamação		Entrevista jornalística Notícias Carta de reivindicação
	Debate Palestra Conferência	Carta de leitor	Editorial, ensaio Relatório científico, artigo científico, tese

(Angela Kleiman. *Preciso ensinar o letramento — Não basta ensinar a ler e escrever?*. Campinas, SP: Cefiel/IEL/Unicamp, 2005-2010. p. 46.)

Gíria

A gíria é uma das variedades que uma língua pode apresentar. Quase sempre é criada por um grupo social, como o dos fãs de *rap*, de *funk*, de *heavy metal*, os surfistas, os skatistas, os grafiteiros, os *bikers*, os policiais, etc. Quando restrita a uma profissão, a gíria é chamada de **jargão**. É o caso do jargão dos jornalistas, dos médicos, dos dentistas e de outras profissões.

Veja as gírias de dois desses grupos:

Dos grafiteiros
bomber: grafiteiro que ataca ilegalmente
king: bom grafiteiro, admirado por seu trabalho
old school: grafiteiros antigos
tag: assinatura de grafiteiro
top to bottom: um trem é pintado por inteiro de cima para baixo

Dos surfistas
aê: forma de saudação
back side: manobra em que o surfista fica de costas para a onda
beate: meninas de praia; estão sempre com surfista por interesse
casca-grossa: surfista experiente, que não teme ondas grandes
flat: mar sem ondas; prancha lisa

Fonte: Kárin Fusaro. *Gírias de todas as tribos*. São Paulo: Panda, 2001.

JAVS/Shutterstock

Exercícios

1 Leia o texto:

> Quanto ao nome da Alfaiataria Aguia de Ouro cresci ouvindo meu pai contar que alguém de passagem por uma cidade do interior (nada contra as cidades do interior) e precisando de um alfaiate pediu informações e lhe foi recomendado um logo ali, muito bom. Ao ver a placa da alfaiataria disse ao proprietário lamentar muito, que embora lhe tivessem dito se tratar de um alfaiate de mão cheia, não confiava em alguém que escrevia errado o nome do próprio negócio.
>
> — O acento, o senhor não colocou o acento de águia, Alfaiataria Águia de Ouro.
>
> O alfaiate olha o visitante com estranheza e explica:
>
> — Não, senhor, Aguia [agúia] de Ouro.
>
> (www.iel.unicamp.br/cefiel/alfaletras/biblioteca_professor/arquivos/49Textos%20de%20humor.pdf)

Rico/Arquivo da editora

a) O texto constrói seu efeito de humor com base em elementos relacionados à variação linguística. Quais variedades são colocadas em oposição nessa construção?

b) No final do texto, o alfaiate explica o mal-entendido e mostra que o cliente é que não havia compreendido o texto da placa. Levante hipóteses: A explicação do alfaiate resolve o questionamento do cliente?

c) Qual personagem do texto revela ter uma visão permeada pelo preconceito linguístico? Justifique sua resposta.

2 Leia o trecho de uma carta de amor escrita por Olavo Bilac, poeta brasileiro que viveu entre o final do século XIX e o início do século XX.

> Excelentíssima Senhora. Creio que esta carta não poderá absolutamente surpreendê-la. Deve ser esperada. Porque V. Excia. compreendeu com certeza que, depois de tanta súplica desprezada sem piedade, eu não podia continuar a sofrer o seu desprezo. *Dizem* que V. Excia. me ama. z, porque da boca de V. Excia. nunca me foi dado ouvir essa declaração. Como, porém, se compreende que, amando-me V. Excia., nunca tivesse para mim a menor palavra afetuosa, o mais insignificante carinho, o mais simples olhar comovido? Inúmeras vezes lhe pedi humildemente uma palavra de consolo. Nunca a obtive, porque V. Excia. ou ficava calada ou me respondia com uma ironia cruel. Não posso compreendê-la: perdi toda a esperança de ser amado. Separemo-nos. [...]

bykac/Thinkstock

a) Caracterize a variedade linguística e o grau de formalismo empregados pelo autor do texto.

b) Olavo Bilac viveu no final do século XIX e início do século XX. O texto é um bom exemplo de como as declarações amorosas eram feitas na época, nesse tipo de variedade linguística. Colocando-se no lugar do poeta, reescreva o texto, mantendo o conteúdo mas empregando uma variedade linguística que seria comum entre dois jovens nos dias de hoje. Ao concluir o texto, leia-o para a classe.

As variedades linguísticas na construção do texto

Leia o anúncio:

(Disponível em: http://lapublicidade.com/divulgacao-do-maximidia-%E2%80%9Ceverything-ages-fast%E2%80%9D/. Acesso em: 20/2/2020.)

1 O anúncio divulga um evento que aconteceu no ano de 2010. Entretanto, há no texto elementos que misturam a época atual com outra época, mais antiga.

a) Quais são os elementos não verbais que nos remetem a essa época mais antiga?

b) Quais são os elementos do texto verbal que nos remetem a essa época antiga?

2 Em relação aos termos listados por você no item *b* da questão anterior, responda:

a) Alguns ainda são utilizados hoje em dia? Quais?

b) Em que situações e por quem eles são utilizados?

3 Apesar de o texto da parte esquerda do anúncio ter a caracterização de uma época antiga, sobre que produto ele fala? Trata-se de um produto antigo?

4 No texto à direita do anúncio, lê-se o enunciado: "No mundo de hoje tudo envelhece muito rápido".

a) Quem é o anunciante?

b) A que público o anúncio é dirigido?

c) Com base nesse enunciado e no estudo feito nas questões anteriores, justifique a opção do anúncio por caracterizar o produto anunciado como algo antigo.

Semântica e discurso

1 O programa "Fala, maluco", de uma rádio paulistana, promoveu um concurso de gírias para premiar autores de frases curiosas produzidas no linguajar dos jovens e das ruas.
Leia, a seguir, as frases premiadas e reescreva-as de acordo com a norma-padrão.

I. "Maior corre no meu trampo hoje, mas firmão. Vou colar na minha goma, bater uma xepa e mandar um salve pra galera da minha área."
II. "Aê, tô zarpando fora que fiquei de cruzar com uns camaradas pra colar num pico classe A."
III. "Aê, Tuquinha, se liga, lagarto, que eu vou marcar uma mão pra você devolver minha lupa."
IV. "Dani, para de ser mamadeira e arruma um trampo logo."
V. "Digo, se liga, você é mó talarico. Tentou furá os zoio do maluco da minha área. Se liga, meu!"

Fonte: Revista *Língua Portuguesa*, n. 15.

Agora, troque ideias com os colegas e o professor:

a) Você costuma usar algum desses termos em seu dia a dia?
b) Há alguma palavra cujo significado você desconheça?
c) Estabeleça uma correspondência de sentido entre as frases premiadas e as frases a seguir, que não contêm gírias.
   A. Preste atenção: vou marcar um encontro para você devolver os meus óculos.
   B. Você é muito paquerador. Tentou roubar a namorada de um amigo lá da minha rua. Toma cuidado!
   C. Hoje, o trabalho foi muito corrido, mas está tudo bem. Vou para minha casa jantar e aproveito o espaço para mandar um oi para todo o pessoal da minha rua.
   D. Pare de depender dos outros e arrume logo um trabalho.
   E. Estou indo embora, porque combinei de encontrar alguns amigos para irmos a um lugar alto nível.
d) Como você reconstruiria essas frases empregando as gírias que costuma utilizar em seu dia a dia?

2 Além de palavras, toda língua possui também as **expressões idiomáticas**, ou seja, locuções ou conjuntos de palavras que são geralmente intraduzíveis para outras línguas. Partindo dessas expressões, os fotógrafos Marcelo Zocchio e Everton Ballardin tiveram a ideia de publicar o *Pequeno dicionário ilustrado de expressões idiomáticas*, um livro que reúne 50 fotos inspiradas no sentido literal de expressões idiomáticas do português. Veja como foi o percurso feito pelos fotógrafos para chegar a fotos bem diferentes:

DA FRASE À IMAGEM O CAMINHO QUE TRANSFORMA UMA DADA EXPRESSÃO IDIOMÁTICA EM SEU EQUIVALENTE FOTOGRÁFICO

"Soltar a franga" EXPRESSÃO → Liberar-se, desinibir-se SENTIDO ANALÓGICO → Galinha ouriça-se ao ser solta REFERENTE ANALÓGICO → Mãos soltam galinha FOTOGRAFIA

Marcelo Zocchio e Everton Ballardin

Fonte: Revista *Língua Portuguesa*, n. 15.

Observe as fotos a seguir e escreva a expressão idiomática equivalente a cada uma delas. Depois dê o sentido analógico das expressões.

a) 

b) 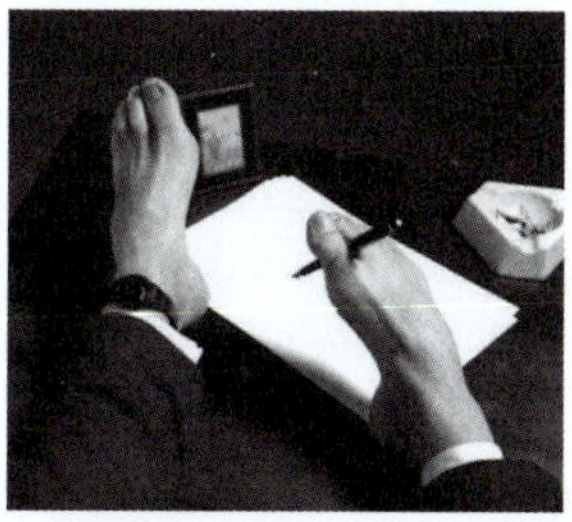

c) 

Fotos: Marcelo Zocchio e Everton Ballardin

LINGUAGENS E SUAS TECNOLOGIAS
ANÁLISE LINGUÍSTICA/SEMIÓTICA

UNIDADE 11

Morfologia e sintaxe

Radachynskyi Serhii/Shutterstock

"É certamente oportuno que, chegando ao final do ensino médio, os nossos alunos tenham uma visão clara do tipo de informações que podem encontrar nos compêndios de gramática, nos dicionários e em outros materiais de consulta, e para isso um conhecimento sistemático de gramática pode ser útil. O problema é que só faz sentido sistematizar aquilo que já se conhece [...].

Num país como o Brasil, a prática da língua traduz-se muitas vezes na capacidade de tomar partido diante das representações correntes dos fenômenos linguísticos, denunciando o preconceito e trabalhando no sentido de entender e resolver problemas que envolvam o uso da linguagem. [...]

O estudo gramatical tem levado as pessoas a preocupar-se com algumas peças dessa máquina que é a linguagem, perdendo de vista como ela funciona e para que serve. [...]"

(Rodolfo Ilari e Renato Basso. *O português da gente:* a língua que estudamos e a língua que falamos. São Paulo: Contexto, 2009. p. 233, 235, 241.)

CAPÍTULO 29

Estrutura e formação de palavras

Estrutura de palavras

Construindo o conceito

Leia o anúncio:

Reprodução/WMO/Brastemp

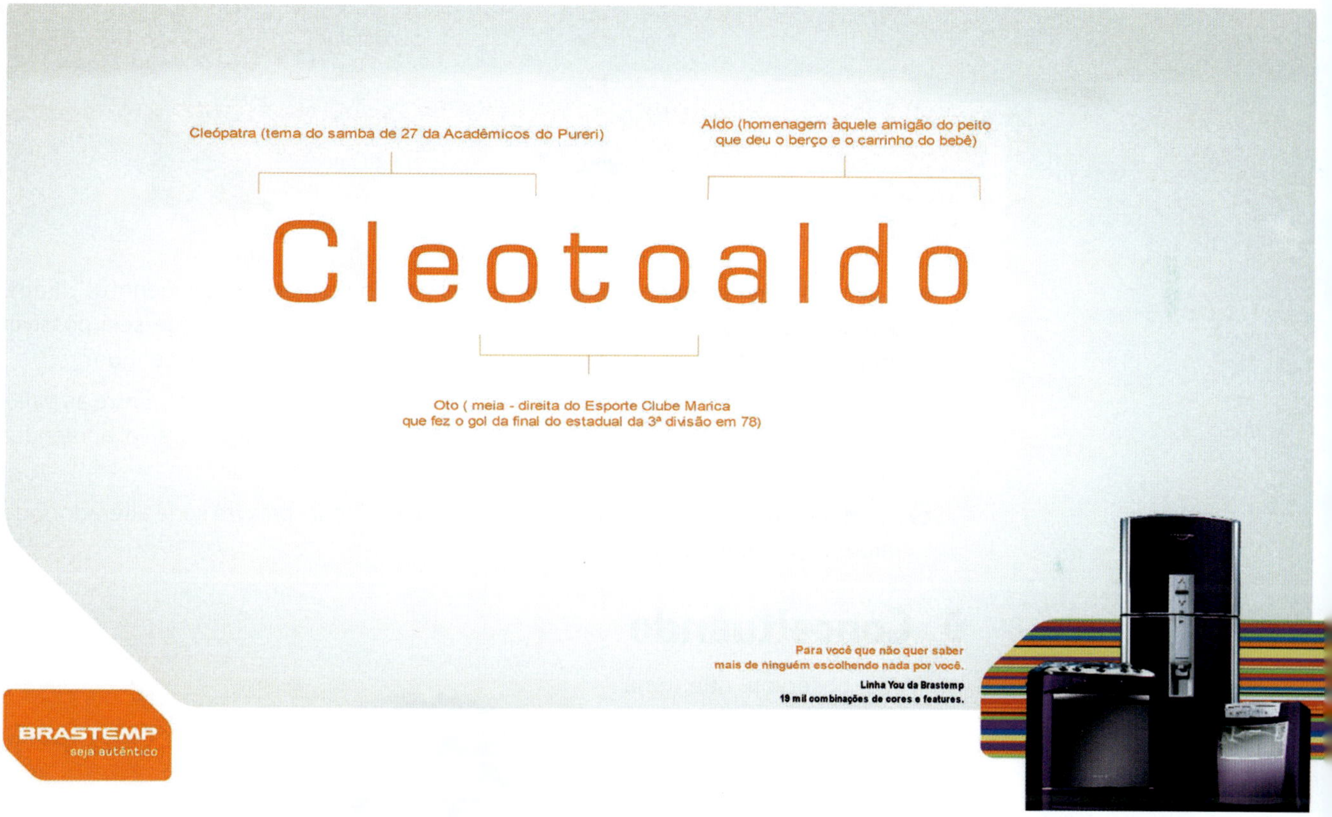

1 O texto do anúncio faz uma brincadeira com a escolha do nome de uma pessoa: *Cleotoaldo*.

a) Qual é o enunciado do texto que permite inferir essa informação?

b) Levante hipóteses: Quem escolheu o nome dessa pessoa? Justifique sua resposta com base no texto.

c) Releia todo o texto e conclua: Como o nome *Cleotoaldo* foi formado?

2 Assim como o nome do anúncio, as palavras da nossa língua também podem ser segmentadas em unidades portadoras de sentido. Observe as palavras abaixo, empregadas no texto:

amigão
carrinho

Ambas podem ser fragmentadas fonologicamente em /a/ /m/ /i/ /g/ /ã/ /w/ e /k/ /a/ /R/ /i/ /ɲ/ /u/, ou em sílabas: a-mi-gão e car-ri-nho. Em uma e outra forma de segmentação, as unidades menores são portadoras de sentido?

Este capítulo favorece o desenvolvimento das habilidades

- EM13LGG103
- EM13LGG602
- EM13LP01
- EM13LP02
- EM13LP06
- EM13LP46
- EM13LP49

3 As palavras *amigão* e *carrinho* também podem ser segmentadas nas seguintes unidades: amig-ão e carr-inh-o. Nesse caso, temos dois elementos mórficos na primeira palavra e três na segunda.

a) Tente formar outras palavras a partir das unidades *amig-* e *carr-*.

b) Deduza: Que sentido contém cada uma dessas unidades?

- amig-
- carr-

4 Observe as unidades *-ão* e *-inh* nestas palavras:

pedaç*ão*	pedac*inho*
cadern*ão*	cadern*inho*
estoj*ão*	estoj*inho*
amig*ão*	amigu*inho*
carr*ão*	carr*inho*

a) A unidade *-inh* geralmente confere às palavras o sentido de "pequeno(a)". Entre as palavras da segunda coluna, identifique ao menos uma em que seja possível apreender também outro sentido para a unidade *-inh*. Qual é esse sentido?

b) A unidade *-ão* geralmente confere às palavras o sentido de "grande". Entre as palavras da primeira coluna, identifique ao menos uma em que seja possível apreender também outro sentido para a unidade *-ão*. Qual é esse sentido?

c) Se em vez de *carrinho* tivéssemos *carrinhos*, o sentido da palavra seria alterado. Que informação é dada pela unidade *-s*?

Conceituando

Pixel-Shot/Shutterstock

Você observou que uma palavra pode ser segmentada em letras e sílabas e que essas unidades não são portadoras de sentido. E também que outra forma de segmentação de palavras possibilita obter unidades portadoras de sentido.

As unidades *amig-* e *carr-*, das palavras *amigão* e *carrinho*, por exemplo, podem aparecer em outras palavras, como *amiguinho*, *amiga*, *amigar*, *amigado* e *carreta*, *carreata*, *carrão*, *carroça*, a primeira delas sempre relacionada com o sentido de "aquele que está junto de", e a segunda, com o sentido de "meio de transporte mecânico". As unidades *-inh* e *-ão* também têm sentido, informando sobre tamanhos. Unidades como essas, portadoras de sentido, chamam-se **morfemas**.

Morfema é a menor unidade portadora de sentido de uma palavra.

Tipos de morfema

Radical

É o morfema que informa sobre o sentido básico da palavra:

Nurlan Mammadzada/ Shutterstock

carr - inh - o	*pequen* - o

Com base no radical, podemos formar outras palavras. Do radical *pequen-*, por exemplo, podemos formar: *pequeninho, pequenez, pequenino, pequenito, pequenice, pequenote, apequenar, apequenado*, etc. O conjunto de palavras que têm um radical comum denomina-se **família de palavras** ou **palavras cognatas**.

Alguns radicais podem apresentar variações. É o caso, por exemplo, do radical *vit/vid*, nas palavras *vital, vitalício, revitalizar, vidinha, vidão, vidaço, vidaça*. Apesar das diferenças de sentido, essas palavras têm um núcleo significativo comum, que é o radical. Por isso, elas são palavras cognatas.

Afixos

São morfemas que se juntam ao radical, modificando seu sentido básico. Quando são colocados antes do radical, chamam-se *prefixos;* quando colocados depois do radical, chamam-se *sufixos*. Veja:

a	pequen	*ar*
prefixo	radical	sufixo

Vogal temática

É a vogal que sucede o radical de verbos e nomes.

Em verbos, indica a conjugação a que eles pertencem.

São vogais temáticas de verbos:

- –**a**, que indica a 1ª conjugação: começ *a* mos
- –**e**, que indica a 2ª conjugação: com *e* ndo
- –**i**, que indica a 3ª conjugação: produz *í* ssemos

> O verbo *pôr* e seus compostos pertencem à 2ª conjugação. Observe, por exemplo, que na forma verbal *pus* **e** *mos* a vogal temática é *e*.

Em nomes, há três vogais temáticas:

- –**a**: cas *a*, folh *a*
- –**e**: dent *e*, pel *e*
- –**o**: med *o*, carr *o*

São chamadas de *atemáticas* as palavras oxítonas terminadas em *a, e, i, o, u*, como *alvará, candomblé, avó, tupi, urubu*, e as palavras terminadas em consoantes, como *feliz, mulher, flor*, que recuperam a vogal temática no plural: *felizes, mulheres, flores*.

Tema

É o radical somado à vogal temática:

tema			tema			tema		
começ	*a*	mos	*com*	*e*	ndo	*produz*	*í*	ssemos
radical	vogal temática		radical	vogal temática		radical	vogal temática	

Desinências

São morfemas que se colocam após os radicais.

As **desinências nominais** informam sobre o *gênero* e o *número* dos nomes:

garot	*a*	*s*
	gênero (feminino)	número (plural)

Nesse caso, de acordo com o gramático Evanildo Bechara, o morfema *a* é desinência nominal de gênero e é, cumulativamente, vogal temática. O mesmo ocorre com o morfema *o* da palavra *garot**o***.

As **desinências verbais** informam sobre o modo, o tempo, o número e a pessoa dos verbos:

começá	*sse*	*mos*
	modo e tempo (imperfeito do subjuntivo)	pessoa e número (1ª pessoa do plural)

> Não só a desinência é portadora de informação. A ausência de desinência também informa: *começasse* (desinência número-pessoal zero: 1ª ou 3ª pessoa do singular); *garoto* (desinência de número zero: singular).

DESINÊNCIAS VERBAIS

Modo-temporais	Número-pessoais
-va/-ia: imperfeito do indicativo (amava, partia) *-ra*: mais-que-perfeito do indicativo (amara) *-sse*: imperfeito do subjuntivo (amasse) *-ria*: futuro do pretérito do indicativo (amaria) *-ra/-re*: futuro do presente do indicativo (amará/amaremos) *-r*: futuro do subjuntivo (quiser) *-a/-e*: presente do subjuntivo (peça, ame) *-u*: pretérito perfeito do indicativo (amou)	1ª pessoa do singular: desinência zero ou *-o* (amo, presente do indicativo) ou *-i* (amei, pretérito perfeito) 2ª pessoa do singular: *-s* (amas) 3ª pessoa do singular: -ϕ (amaϕ) 1ª pessoa do plural: *-mos* (amamos) 2ª pessoa do plural: *-is/-des* (amais/amardes) 3ª pessoa do plural: *-m* (amam)

Observações

1ª) As desinências *-ste* e *-stes* acumulam as funções número-pessoal e modo-temporal no pretérito perfeito do indicativo: quise*ste*, quise*stes*.

2ª) As chamadas formas nominais do verbo, o *infinitivo*, o *gerúndio* e o *particípio*, são marcadas respectivamente pelas desinências verbo-nominais *-r*, *-ndo* e *-do(a)*: senti*r*, chega*ndo*, destaca*do*.

Vogais e consoantes de ligação

São elementos que aparecem no interior dos vocábulos apenas para facilitar a pronúncia ou ligar morfemas. Não constituem morfemas, porque não são portadoras de informações nem modificam o radical.

Existe vogal de ligação em: gas*ô*metro, cafe*i*cultura.

Há consoante de ligação em: mama*d*eira, cha*l*eira.

Exercícios

Poemas concretos são aqueles cuja construção se baseia na utilização de recursos visuais, sonoros e gráficos. Leia o poema concreto abaixo, do poeta e compositor Arnaldo Antunes.

Arnaldo Antunes/Acervo do artista

(*2 ou + corpos no mesmo espaço*. São Paulo: Perspectiva, 1997. p. 55.)

Bob Wolfenson/Acervo pessoal

Arnaldo Antunes.

1 O poema está organizado em duas partes, ou duas estrofes não convencionais, cada uma com o formato de um círculo. Observe as palavras e as expressões que formam o círculo da esquerda, lidas no sentido horário: *gera*, *degenera*, *já era*, *regenera*. Sabendo que o verbo *gerar* origina-se da forma latina *generare*, responda:

a) As palavras *gerar*, *degenerar* e *regenerar* podem ser consideradas cognatas entre si? Por quê?

b) Que figura de linguagem se verifica na oposição entre *degenerar* e *regenerar*?

c) Que palavra desse círculo mantém com a expressão *já era* o mesmo tipo de oposição?

2 Observe o sentido dos prefixos *de-* e *re-*:

> *de-*: movimento de cima para baixo; origem, procedência; afastamento; extração; intensidade; significação contrária
> *re-*: movimento para trás; repetição; intensidade; reciprocidade; mudança de estado

a) Com quais sentidos esses prefixos foram empregados no texto?

b) Entre esses prefixos existe uma relação de oposição ou de semelhança?

3 A expressão *já era* não possui vínculos etimológicos com as demais do círculo da esquerda; no entanto, apresenta sonoridade e sentido que se aproximam dos de outras palavras desse círculo.

a) Que palavra do círculo se aproxima sonoramente da expressão *já era*?

b) E semanticamente?

4 O círculo da direita é formado pela repetição da palavra *zera*, uma forma verbal de *zerar*. Veja alguns dos sentidos da palavra *zero* registrados no *Novo dicionário Aurélio*: "Ponto em que se principiam a contar os graus e que corresponde, em alguns termômetros, à temperatura de gelo fundente; ponto inicial da maioria dos instrumentos de medição; pessoa ou coisa sem valor, sem préstimo".
Comparando as duas estrofes, responda:

a) Visualmente as duas estrofes se igualam ou se diferenciam?

b) Que relação existe entre a palavra *zero* e o círculo formado pela palavra *zera*?

c) Considerando os sentidos da palavra *zero*, aponte semelhanças entre as duas estrofes quanto ao significado.

5 Imagine um corpo se movimentando num círculo: ele só terá completado uma volta inteira quando passar novamente pelo ponto de partida. Nesse sentido, o ponto de partida e o de chegada são o mesmo. Ao empregar palavras como *gera* e *degenera*, o autor trabalha com a oposição entre vida e morte. Considerando essas informações, responda:

a) Por que o autor teria escolhido o círculo como forma para dispor seu poema?

b) Pela perspectiva do texto, a vida se esgota com a morte?

Formação de palavras

Uma sociedade em permanente mudança, que cria a todo instante novas necessidades e novos objetos de consumo, precisa ter também uma linguagem dinâmica, que acompanhe as transformações.

Assim, sempre que for necessário um nome para designar uma ideia ou um objeto novo, o falante de uma língua poderá criar uma palavra a partir de elementos já existentes na língua, importar um termo de uma língua estrangeira ou alterar o significado de uma palavra antiga. Tais palavras são denominadas **neologismos**. Os avanços na área da informática nos últimos tempos, por exemplo, acabaram por incorporar à língua portuguesa inúmeros termos novos.

Há, na língua portuguesa, muitos processos pelos quais se formam palavras. Entre eles, os dois mais comuns são a *derivação* e a *composição*.

Processos de formação de palavras

Derivação

Derivação é o processo pelo qual a partir de uma palavra se formam outras, por meio do acréscimo de elementos que lhe alteram o sentido primitivo ou lhe acrescentam um sentido novo.

A palavra assim formada chama-se *derivada*; a que lhe dá formação é denominada *primitiva*.

As palavras *contrapor*, *arvoredo*, *engarrafar* e *consumo*, por exemplo, originaram-se de outras já existentes na língua, ou seja, são derivadas.

Os processos de derivação são de vários tipos.

- **Derivação prefixal**: ocorre quando há acréscimo de um prefixo a um radical:

contrapor ⟶	*contra-*	+	*por*
	prefixo		radical

- **Derivação sufixal**: ocorre quando há acréscimo de um sufixo a um radical:

arvoredo ⟶	*arvor*	+	*-edo*
	radical		sufixo

- **Derivação parassintética**: ocorre quando há acréscimo simultâneo de um prefixo e de um sufixo a um radical:

engarrafar ⟶	*en-*	+	*garraf*	+	-ar
	prefixo		radical		sufixo

As formas parassintéticas são constituídas por substantivos e adjetivos e podem ser nominais, como *alinhamento*, *embarcação*, *desalmado*, e verbais, como *anoitecer*, *enraivecer*, *endurecer*.

Os prefixos que geralmente são empregados na formação de parassintéticos verbais são *es-*, *em-*, *a-*.

Animalzinho: grau diminutivo ou derivação sufixal?

As gramáticas tradicionais costumam classificar os diminutivos como um dos tipos de flexão (de grau) dos nomes, assim como as flexões de gênero e número.

Os linguistas, entretanto, criticam essa visão, pois entendem que em *animalzinho*, por exemplo, o emprego do sufixo *-zinho* forma uma nova palavra. Para eles, não se trata de flexão da palavra *animal*, e sim de uma nova palavra, derivada de *animal*. Logo, *animalzinho* seria um caso de derivação sufixal.

- **Derivação prefixal e sufixal**: ocorre quando há acréscimo não simultâneo de um prefixo e de um sufixo a um radical:

imperdoável ⟶	*im-*	+	*perdo*	+	*-ável*
	prefixo		radical		sufixo

Observação

Atente para o fato de que a condição para a existência da parassíntese é a *simultaneidade* da anexação do prefixo e do sufixo ao radical. Se eliminarmos, por exemplo, qualquer um dos afixos da palavra *empobrecer*, o que resta não constitui palavra existente na língua:

em/pobrecer ⟶ pobrecer (forma inexistente)
empobr/ecer ⟶ empobr(e) (forma inexistente)

Entretanto, em *imperdoável* não ocorre parassíntese, pois existe *perdoável*.

- **Derivação regressiva**: ocorre quando há eliminação de elementos terminais (sufixos, desinências):

consumir ⟶ consumo

Os derivados regressivos são, em sua maioria, substantivos formados pela junção das vogais temáticas nominais *-a*, *-e*, *-o* ao radical de um verbo. Esses substantivos recebem o nome de *deverbais*.
Observe:

sobrar ⟶ sobra

Alguns substantivos deverbais apresentam, simultaneamente, formas masculinas e femininas:

custar ⟶ custo/custa

- **Derivação imprópria**: ocorre quando há mudança de sentido e de classe gramatical:

Só compramos coisas *baratas* na feira.
adjetivo

Cara, a festa estava um tremendo *barato*.
substantivo

Composição

Leia a tirinha a seguir.

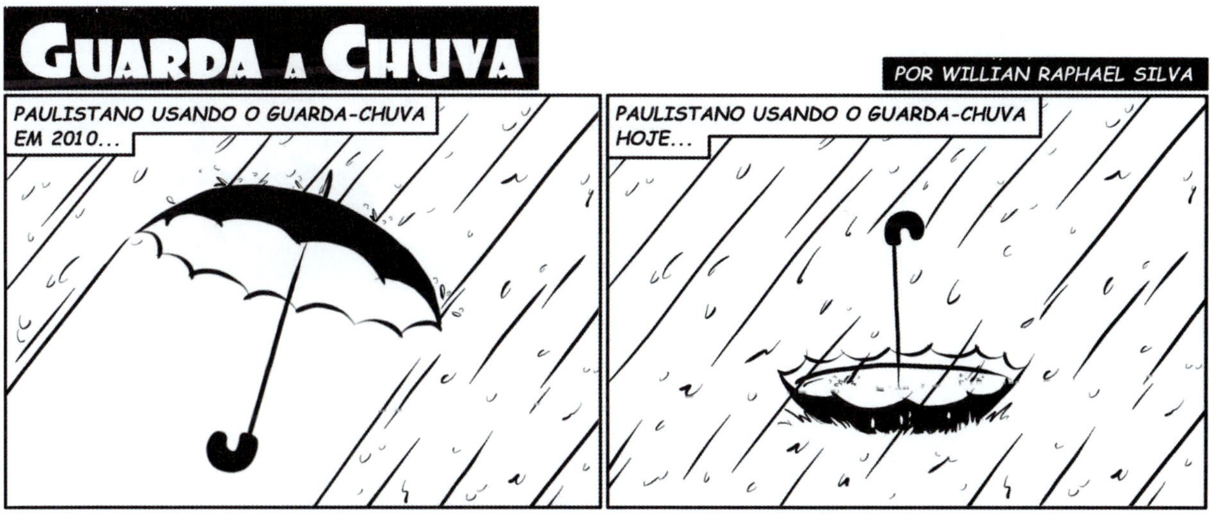

(Disponível em: https://www.humorcomciencia.com/tirinhas/guarda-a-chuva/#http-www-humorcomciencia-com-wp-content-uploads-2015-08-tirinha-guarda-a-chuva-jpg-288977. Acesso em: 16/2/2020.)

Na tira, que ironiza as mudanças climáticas e a falta de água, a palavra *guarda-chuva* é formada por dois radicais, *guard-* e *chuv-*, que isoladamente têm significação própria.

O processo de formação de palavras resultante da união de dois radicais é denominado **composição**.

Conforme o modo como se dá a fusão dos elementos componentes, a composição ocorre por *justaposição* ou por *aglutinação*.

- **Composição por justaposição**: as palavras associadas conservam sua autonomia fonética, isto é, cada componente conserva seu acento tônico e seus fonemas:

pé-de-meia	passatempo

- **Composição por aglutinação**: as palavras associadas se fundem num todo fonético, e o primeiro componente perde alguns elementos, normalmente o acento tônico, as vogais e as consoantes:

planalto (plano + alto)	fidalgo (filho + de + algo)

Hibridismo

Inúmeros radicais gregos e latinos também participam da formação de palavras, como primeiro ou como segundo elemento da composição. Veja a composição destas palavras:

bis + avô > bisavô	crono- + -metro > cronômetro
bis: radical latino	crono-: radical grego; -metro: radical grego

As palavras formadas por elementos provenientes de línguas diferentes denominam-se **hibridismos**:

automóvel (grego + português)
burocracia (francês + grego)

> **Tu hablas portunhol?**
>
> Além dos processos clássicos de formação de palavras, há também neologismos formados a partir do cruzamento de vocábulos. É o que ocorre, por exemplo, em palavras como *chafé* (chá + café), *portunhol* (português + espanhol), *brasiguaio* (brasileiro + uruguaio).

Exercícios

Leia as tiras a seguir, de Bob Thaves:

1 O humor da primeira tira é construído a partir da oposição semântica entre as palavras *fundar* e *afundar*. Ambas as palavras apresentam a mesma origem latina (*fundus*, *fundare*), porém historicamente ganharam sentidos diferentes.

a) Que diferença de sentido há entre essas palavras?

b) Que elemento mórfico é responsável pela oposição de sentido entre as palavras?

2 A palavra *fundador*, empregada na primeira tira, apresenta o sufixo *-dor*. Compare essa palavra a estas outras: vendedor, elevador, catador, fiador, agitador. Que sentido o sufixo *-dor* acrescenta ao radical de todas essas palavras?

3 O humor da segunda tira também está relacionado com o sentido e a origem das palavras.

a) Que palavras, na visão do primeiro monge, estariam ligadas pelo mesmo radical?

b) A que classes de palavras elas pertencem?

c) Que substantivo deu origem à palavra canonizar?

d) Que verbo poderia ser formado a partir da palavra *cano*?

e) Sabendo que várias palavras da língua se formam pelo acréscimo do sufixo *-izar* a um nome (canal + izar = canalizar; humano + izar = humanizar; banal + izar = banalizar), levante hipóteses: Qual foi o raciocínio do monge para chegar à conclusão de que *canonizar* seria "entrar pelo cano"?

4 Observe os elementos mórficos que compõem estas palavras:

fundador
afundar
canonizado
encanar
canalizar

Quais dessas palavras se formaram a partir do acréscimo:

a) de apenas sufixo?

b) de prefixo e sufixo?

Onomatopeia

Leia esta tira, de Nik:

(*Gaturro*. Cotia-SP: Vergara e Riba, 2008. n. 1, p. 34.)

As palavras empregadas nos três primeiros quadrinhos são onomatopeias.

Onomatopeias são palavras criadas com a finalidade de imitar sons e ruídos produzidos por armas de fogo, sinos, campainhas, veículos, instrumentos musicais, vozes de animais, etc. São onomatopeias: *fru-fru*, *pingue-pongue*, *zum-zum* (substantivos), *ciciar*, *tilintar*, *cacarejar*, *ronronar* (verbos), *pá!*, *pow!*, *zás-trás!* (interjeições).

Redução

Um dos processos de formação de palavras consiste em reduzi-las com o objetivo de economizar tempo e espaço na comunicação falada e escrita. São tipos especiais de redução as *siglas*, as *abreviações* e as *abreviaturas*.

- **Siglas**: são empregadas principalmente como redução de nomes de empresas, firmas, organizações internacionais, partidos políticos, serviços públicos, associações estudantis e recreativas:

  Ibope (Instituto Brasileiro de Opinião Pública e Estatística)

  Às vezes, as siglas provêm de outras línguas:

  CD — *compact disc*
  Aids — *acquired immunological deficiency syndrome*

Observação

A sigla pode funcionar como palavra primitiva, tornando-se capaz, portanto, de formar derivados: *petista*, *peemedebista*, *aidético*, etc.

- **Abreviações**: consistem na redução de palavras até limites que não comprometam sua compreensão. Por exemplo: *moto* (motocicleta), *metrô* (metropolitano), *ônibus* (auto-ônibus), *foto* (fotografia), *quilo* (quilograma).
- **Abreviaturas**: consistem na redução principalmente de nomes científicos e gramaticais, de Estados e territórios, profissões, pronomes de tratamento:

  PB (Paraíba) av. (avenida)

Eu vou de refri!

Algumas palavras sofrem um processo de redução chamado *truncamento*. Essa redução ocorre quando há perda de fonemas no final da palavra, como é o caso, por exemplo, de *portuga* (português), *Maraca* (Maracanã), *estranja* (estrangeiro), *refri* (refrigerante).

Empréstimos e gírias

Além dos processos de formação de palavras, outros meios de enriquecimento vocabular muito explorados são os *empréstimos* e as *gírias*.

- **Empréstimos**: são palavras estrangeiras que entram na língua em consequência de contatos entre os povos. Alguns desses empréstimos se aportuguesam, como ocorreu, por exemplo, com *iogurte* (do turco *yoghurt*), *chique* (do francês *chic*); outros mantêm sua grafia original, como, por exemplo, *apartheid*, *diesel*, *shopping center*, *outdoor* e *office boy* (do inglês), *telex*, *bon vivant* e *belle époque* (do francês).
- **Gírias**: são palavras ou expressões de criação popular que nascem em determinados grupos sociais ou profissionais e que, às vezes, por sua expressividade, acabam se estendendo à linguagem de todas as camadas sociais. Uma das características dessa variedade linguística é seu caráter passageiro; algumas não chegam a durar mais do que alguns meses.

Gíria dos skatistas

Baba-egg: pessoa muito bajuladora, tipo puxa-saco.
Chupar uma manguita: se dar mal, cair.
É novas: todo mundo já sabe.
Madonna: manobra radical.
Morcegar: andar de *skate* à noite.
Pleiba: rico que anda de *skate*.
Radical: no *skate*, tudo é radical. Pode ser usado como bom e ruim. Por exemplo: uma manobra radical e uma garota radical de feia.
Tá na *hands*: está tudo certo.
Tem jeito?: tudo bem?

underworld/Shutterstock

(Marcelo Duarte. *O guia dos curiosos*. 3. ed., atualizada. São Paulo: Panda Books, 2005. p. 564.)

Exercícios

Leia a tirinha:

© Moisés Gonçalves/Acervo do cartunista

(www.seventouch.com/2009/11/o-la-cidadaos-trago-uma-tirinha-que.html.)

1 O humor da tira é construído a partir da contraposição dos sentidos de duas palavras. Quais são essas palavras?

2 Sabendo que *teo*, *demo* e *cracia* são radicais gregos, responda:

a) Qual é o processo de formação das palavras cujos sentidos são contrapostos na tira?

b) Qual é o sentido dos radicais *teo*, *demo* e *cracia*? Se necessário, consulte o dicionário.

c) Logo, a definição dada pelo garoto à palavra *teocracia* está correta?

3 Ao atribuir um possível sentido à palavra *democracia*, o garoto levou em conta um processo de formação de palavras. A palavra *demo*, quando empregada sozinha, pode ter os seguintes significados:

> 1 espírito maligno; demônio, diabo
> Derivação: por extensão de sentido.
>
> 2 pessoa de índole maldosa, cruel
> Ex.: *aquele assassino é o d.*
> Derivação: sentido figurado.
>
> 3 indivíduo que age com esperteza, ardil, sagacidade
> Derivação: sentido figurado.
>
> 4 pessoa de comportamento inquieto, turbulento
>
> (*Dicionário eletrônico Houaiss da língua portuguesa* 1.0)

Conclua:

a) Qual é o sentido habitual da palavra *democracia*?

b) Qual foi o sentido provavelmente atribuído pelo garoto ao radical *demo*?

c) Por que motivo o garoto teria ficado preocupado, segundo ele afirma?

Processos de formação de palavras na construção do texto

Leia, a seguir, um trecho da canção "Samba do *approach*", de Zeca Baleiro.

Venha provar meu *brunch*
Saiba que eu tenho *approach*
Na hora do *lunch*
Eu ando de *ferryboat*...

Eu tenho *savoir-faire*
Meu temperamento é *light*
Minha casa é *hi-tech*
Toda hora rola um *insight*
[...]

(Disponível em: http://letras.terra.com.br/zeca-baleiro/43674/. Acesso em: 16/2/2020.)

Ale Frata/Código19/Futura Press

Em cada um desses versos da canção há uma palavra estrangeira. Algumas delas já foram incorporadas à língua portuguesa e podem tanto ser consideradas neologismos como estrangeirismos. Em grupo, troque ideias com os colegas sobre o assunto e façam o que é pedido.

1 Montem uma tabela, distribuindo em colunas as palavras estrangeiras utilizadas na canção, o significado que elas têm e frases em que poderiam ser empregadas. Observem, como exemplo, a palavra *light*:

PALAVRA	SIGNIFICADO	EXEMPLO DE EMPREGO
light	leve, sem gordura	Só como alimentos *light*.

2 Discutam e levantem hipóteses:

a) Que efeito de sentido o autor da canção pretende construir ao utilizar tantas palavras e expressões em inglês?

b) Que explicação pode ser dada para o uso tão frequente de palavras como essas e a sua rápida incorporação ao vocabulário dos usuários da língua portuguesa no Brasil?

3 Alguns estudiosos da língua portuguesa condenam o uso de estrangeirismos, enquanto outros o veem como inevitável. Qual é a opinião do grupo sobre esse uso?

Para que servem os processos de formação de palavras?

Independentemente de o falante de uma língua ter ou não conhecimento deles, os processos de formação de palavras existem e são responsáveis pela criação e pela incorporação de novas palavras à língua.

Num mundo em constante transformação, com objetos e conceitos que surgem a cada dia no campo da tecnologia e da ciência, a língua igualmente se transforma, se recria constantemente, adaptando-se às novas necessidades de comunicação.

Se você fosse inventor, que nome daria, por exemplo, a uma máquina que fosse capaz de trocar lâmpadas sozinha? Conhecer os processos de formação de palavras nos habilita a utilizá-los de forma mais eficiente e criativa.

Semântica e discurso

Leia a tira a seguir, de Laerte, e responda às questões 1 a 3.

1. É possível perceber que a tira retrata uma situação administrativa, em que um funcionário preenche uma ficha com os dados pessoais de um cliente. O cliente compreende claramente as perguntas do funcionário? Justifique sua resposta.

2. O humor da tira é construído a partir de um mal-entendido entre os dois personagens, causado pela dupla possibilidade de segmentação da sequência sonora *assina*.
   a) Como o cliente entendeu o que o funcionário disse?
   b) Qual era a intenção do funcionário?
   c) As palavras *assina* e *sina* têm o mesmo radical?

3. Em qual alternativa os morfemas que compõem as palavras *assina* e *sina* estão segmentados corretamente?
   a) assina → a (prefixo) + ssin (radical) + a (vogal temática)
   sina → sin (prefixo) + a (vogal temática)
   b) assina → a (prefixo) + ssin (radical) + a (sufixo)
   sina → sin (prefixo) + a (sufixo)
   c) assina → assin (radical) + a (vogal temática)
   sina → sin (radical) + a (vogal temática)

CAPÍTULO 30

Concordância verbal e nominal

Construindo o conceito

Leia esta tira:

© Armandinho, de Alexandre Beck/ Acervo do cartunista

(Disponível em: http://www.seuguara.com.br/2013/04/armandinho-personagem-de-hq-ganha-fama.html. Acesso em: 27/2/2020.)

1 Releia a fala do pai de Armandinho no 1º quadrinho.

a) A quem se referem as formas verbais *pedi* e *deixar*, ou seja, qual é o sujeito das ações verbais?

b) Reescreva essa fala, considerando a hipótese de que o pai de Armandinho diga que o pedido foi da mãe do menino, e direcionado não apenas à criança, mas também a ele próprio.

2 Troque ideias com os colegas e o professor sobre o emprego da palavra *copo* na fala do pai de Armandinho.

a) Ela se refere a um copo específico? Justifique sua resposta.

b) Como seria a fala do pai caso ele empregasse essa palavra no plural? Haveria mudança substancial de sentido?

3 A tira constrói humor por meio da fala de Armandinho no último quadrinho. Compare-a com a fala do menino no 1º quadrinho.

a) Com quais termos concordam as formas verbais *foi* e *foram*?

b) Qual é o sentido da palavra *isolado(s)*, no contexto da tira? E com quais termos ela concorda em cada uma de suas ocorrências?

c) Considerando suas respostas aos itens anteriores, explique por que essa fala final, por si só, invalida o argumento de Armandinho, criando um efeito de humor na tira.

Este capítulo favorece o desenvolvimento das habilidades

EM13LGG101
EM13LGG102
EM13LGG103
EM13LGG202
EM13LGG203
EM13LGG401
EM13LP01
EM13LP02
EM13LP09
EM13LP10
EM13LP49

Conceituando

Ao responder às questões anteriores, você observou que as formas verbais *pedi* e *deixar* estão conjugadas, respectivamente, na 1ª e na 3ª pessoa do singular, porque concordam com os pronomes (*eu*) e (*você*), sujeitos desinenciais, implícitos na fala do pai de Armandinho. Viu também que as formas verbais *foi* e *foram* estão conjugadas na 3ª pessoa do singular e do plural porque concordam com seus sujeitos, respectivamente, *um fato* e *doze fatos*. Com esses exemplos, percebemos que, pela regra geral de concordância da norma-padrão, o verbo concorda com o sujeito em número e pessoa.

Ainda no estudo sobre a tirinha, você viu que as formas adjetivas *sujo*, *isolado* e *isolados* concordam com os substantivos que acompanham: *copo*, *fato*, *fatos*. Assim, podemos perceber que, de acordo com as regras de concordância da norma-padrão, os adjetivos são empregados no mesmo gênero e no mesmo número dos substantivos aos quais se referem.

Em todos os casos analisados, a concordância foi feita segundo as regras da norma-padrão. A concordância é o princípio linguístico que orienta a combinação das palavras na frase.

Na língua portuguesa, há dois tipos de concordância: a **verbal** e a **nominal**.

Concordância verbal é a concordância do *verbo* com seu *sujeito*, em número e pessoa.

Concordância nominal é a concordância, em gênero e número, entre o substantivo e seus determinantes: o *adjetivo*, o *pronome adjetivo*, o *artigo*, o *numeral* e o *particípio*.

Concordância verbal

Leia estas frases:

> O grupo de estudantes *pedia* bis ao cantor.
> O grupo de estudantes *pediam* bis ao cantor.

Em qual das frases acima a concordância verbal foi feita de acordo com a norma-padrão? Nas duas frases, pois ambas as formas de concordância são aceitas.

O fato de haver, às vezes, mais de uma possibilidade de concordância entre o verbo e o sujeito pode acarretar algumas dificuldades e, embora existam algumas regras sistematizadas, o aprendizado da concordância verbal depende em grande parte do uso da língua, de nossa intuição linguística e, em caso de dúvida, de consultas constantes a gramáticas especializadas no assunto.

Há, a seguir, alguns exercícios de concordância verbal. Antes de realizá-los, leia os boxes das páginas 323 e 324, que contêm, em resumo, algumas orientações sobre a concordância, de acordo com a norma-padrão, entre o verbo e seu sujeito.

Exercícios

1 Leia o poema de Pablo Neruda e, em dupla, completem os versos com verbos que concordem com os respectivos sujeitos, buscando uma coerência poética textual. Depois, comparem as suas escolhas com as do poeta.

Já não se ☐ meus olhos em teus olhos,
Já não se ☐ doce minha dor a teu lado.
Mas por onde eu ☐ levarei teu olhar
e para onde tu ☐ levarás minha dor.
☐ teu, ☐ minha. Que mais? Juntos fizemos
um desvio na rota
por onde o amor passou.
☐ teu, ☐ minha. Tu ☐ de quem te ☐,
do que corte em teu horto aquilo que eu ☐.
Eu me ☐. ☐ triste: mas eu sempre ☐ triste.
Eu ☐ dos teus braços. Não ☐ para onde ☐.
... Desde o teu coração ☐ adeus um menino,
E eu lhe ☐ adeus.

(*Presente de um poeta*. Tradução de Thiago de Mello. São Paulo: Vergara & Riba, 2001. p. 42-43.)

2 No poema da questão anterior, o eu lírico afirma:

"Juntos fizemos um desvio na rota/ por onde o amor passou".

a) Levante hipóteses: Nessa separação, quem parece sofrer mais é o eu lírico ou a mulher amada? Justifique com um ou mais versos do poema.

b) Que título você daria ao poema?

Leia o anúncio a seguir e responda às questões 3 a 5.

Reprodução/Moma Propaganda

3 Identifique no anúncio os termos com que concordam as formas verbais:

a) saíram

b) voltou

c) deduziu

d) era

4 O texto verbal do anúncio, reescrito com algumas alterações, está reproduzido a seguir. Complete-o com os mesmos verbos do texto original, fazendo a concordância entre cada um deles e seu sujeito de acordo com as regras da norma-padrão.

Um grupo de jurados ☐ para testar a Fat Boy Special e eles ainda não ☐. Aí as pessoas ☐ que essas máquinas ☐ mesmo as melhores.

5 Releia a última frase do anúncio:

"Aí o pessoal deduziu que ela era mesmo a melhor."

Levante hipóteses:

a) Quem é "o pessoal" a que o texto se refere?

b) Observe a expressão *a melhor* destacada no texto original. Qual efeito de sentido esse destaque produz no anúncio?

c) Caso a expressão *a melhor* fosse substituída por *as melhores*, essa mudança traria alterações no sentido do texto? Justifique sua resposta.

Concordância do verbo com o sujeito simples

Quando o sujeito for representado por:

- **substantivo coletivo** → verbo no singular: O povo *aclamou* o candidato.

  Mas se o sujeito coletivo estiver acompanhado de adjunto ou distante do verbo → verbo no singular ou no plural:
  O grupo de estudantes *gritava* (ou *gritavam*) palavras de ordem.

  O elenco se reuniu e, depois de muita discussão, *resolveu* (ou *resolveram*) continuar o espetáculo.

- **nome próprio de lugar ou título de obra no plural** → verbo no plural, se precedido de artigo:
  Os Estados Unidos *concederam* ajuda financeira àquele país.

  Em títulos de obras, com o verbo *ser* e predicativo singular, admite-se também o verbo no singular:
  Os sertões é um livro muito interessante.

  → verbo no singular, se não houver artigo precedendo-o, ou se o artigo estiver no singular:
  Contos novos é uma das obras de Mário de Andrade.

  O Amazonas *nasce* em território peruano.

- **pronome de tratamento** → verbo na 3ª pessoa: Vossa Senhoria *está* melhor agora?

- **pronome relativo *que*** → verbo concorda com o antecedente do pronome:
  Hoje somos nós que *cuidaremos* do almoço.

- **pronome relativo *quem*** → verbo na 3ª pessoa do singular ou concordando com a pessoa do antecedente do pronome:
  Fui eu quem *fez* a pesquisa. / Fui eu quem *fiz* a pesquisa.

- **um dos que** → verbo no plural ou no singular:
  Uma das pessoas que *desconfiavam* (ou *desconfiava*) de nós era João.

Concordância ideológica

Leia a frase a seguir, do escritor Mário de Andrade.

"Eu creio que os modernistas da Semana de Arte Moderna não *devemos* servir de exemplo a ninguém."

Ela parece em desacordo com a norma-padrão?

No caso dessa frase, a concordância é ideológica, ou seja, é feita não com a forma gramatical da palavra, mas com o seu sentido, com a ideia que ela expressa. Trata-se de um caso de *silepse*, palavra de origem grega que significa "ação de reunir, de tomar em conjunto".

Na frase acima, ocorre *silepse de pessoa*, pois seu autor se inclui no sujeito de 3ª pessoa (*os modernistas*), e o verbo fica, por isso, na 1ª pessoa do plural.

Há ainda:

- *silepse de gênero*, como na frase "Senhor presidente, Vossa Excelência é muito *generoso*", em que o adjetivo *generoso* concorda com a ideia de masculino de *Vossa Excelência*, e não com sua forma feminina;
- *silepse de número*, como na frase "Esta equipe está muito bem fisicamente. Correm em campo e não perdem um lance de bola", em que os verbos *correm* e *perdem*, no plural, concordam com a ideia de *vários jogadores* e não com o substantivo coletivo *equipe*.

6 Leia a tira:

© Luis Fernando Verissimo/Acervo do cartunista

a) No 2º quadrinho, o personagem dá uma definição para o termo *vagabundo*. Reescreva a frase, empregando a forma *vagabundos* e fazendo a concordância de acordo com a norma-padrão.

b) Que alteração as formas verbais *é* e *tem* da frase original sofreram na reescrita da frase? Justifique a alteração.

c) A conclusão do personagem baseia-se na definição que ele dá para o termo *vagabundo*. Explique a construção do humor do texto, com base nessa definição.

Expressões que denotam quantidade

Quando o sujeito for representado por expressões, como:

- **parte de**, **a maioria de**, **metade de**, **grande parte de**, **grande parte** seguida de substantivo plural → verbo no singular ou no plural: Uma parte dos funcionários *preferiu* (ou *preferiram*) férias coletivas.
- **cerca de**, **perto de**, **mais de**, **menos de** → verbo concorda com o numeral que o acompanha: Cerca de dez mil pessoas *assistiram* ao campeonato mundial de futebol. / Mais de uma pessoa *correu* em direção à porta de emergência.

Concordância do verbo com o sujeito composto

Se o sujeito composto:

- estiver *anteposto* ao verbo → verbo no plural:
  O fazendeiro e a filha *compareceram* à reunião dos sem-terra.
- estiver *posposto* ao verbo → verbo concorda com o núcleo mais próximo ou com todos, no plural:
  Voltaram (ou *voltou*) muito tarde do *show* o menino e os primos dele.
- for constituído por *pessoas gramaticais diferentes* → verbo no plural. A 1ª pessoa prevalece sobre as demais. Se houver 2ª e 3ª pessoas, o verbo pode ficar na 2ª ou na 3ª pessoa:
  Eu, tu e ele *ficaremos* juntos no grupo de teatro. / Tu e ele *ficareis* juntos. / Tu e *ele* *ficarão* juntos.

Se os núcleos do sujeito composto forem unidos por:

- **ou** → verbo no singular ou no plural, de acordo com o valor semântico da conjunção *ou*:
  João ou Pedro *dirigirá* o carro. (exclusão) / Cinema ou teatro me *agradam*. (adição) / O pai ou os pais dela *virão* falar com você hoje. (retificação)
- **com** → verbo no plural:
  A mulher com as filhas *entraram* apressadamente na loja.
- **tanto... como**, **não só... mas também** → verbo no plural:
  Tanto Emília como (quanto) Leonor *estimam*-no muito.

As expressões:

- **um ou outro**, **nem um nem outro** → verbo no singular:
  Nem um nem outro rapaz *tinha* a intenção de permanecer nesse emprego.
- **um e outro** → verbo no singular ou no plural:
  Um e outro *saiu* (ou *saíram*) constrangido(s) da reunião.

Concordância do verbo *ser*

A concordância do verbo de ligação *ser* costuma variar, ora se fazendo com o sujeito ora com o predicativo. Leia a manchete a seguir:

Tecnologia

Apple lança novos iPhones, mas o melhor são os memes

(Disponível em: https://www.jornalopcao.com.br/ultimas-noticias/apple-lanca-novos-iphones-mas-o-melhor-sao-os-memes-209127/. Acesso em: 26/2/2020.)

Aldeca Productions/Shutterstock

Observe que, na oração "o melhor são os memes", o sujeito é o substantivo *melhor* e o verbo *ser* foi empregado na 3ª pessoa do plural (são), concordando com o predicativo do sujeito. Esse é um dos casos em que o verbo *ser*, em vez de concordar com o sujeito, concorda de preferência com o predicativo.

Há, a seguir, alguns exercícios de concordância do verbo *ser*. Antes de resolvê-los, leia o boxe "Concordância do verbo *ser*", que contém, em resumo, outros casos de concordância desse verbo.

Exercícios

1 Entre as frases a seguir, há uma na qual a concordância do verbo *ser* está em desacordo com a norma-padrão. Reescreva-a, adequando-a.

a) Esqueça, pai, isto já são coisas do passado.

b) Em minha classe, o líder é eu.

2 Reescreva as frases a seguir, trocando as palavras destacadas pelas palavras que estão entre parênteses, refazendo, se necessário, a concordância do verbo *ser*, de acordo com a norma-padrão.

a) Daqui até o muro, é *um* metro. (cinco metros)

b) Aquilo era *um* pedaço de pão. (restos do jantar)

c) Amanhã é *Natal*. (27 de maio)

d) *Livros* são nosso lazer cultural. (teatro)

e) Já é *uma* hora. (seis horas)

f) O responsável pela biblioteca é *você*. (eu)

Concordância do verbo *ser*

Quando o sujeito ou o predicativo for:

- **nome de pessoa** ou **pronome pessoal**, o verbo *ser* concorda com a pessoa gramatical:

  Renato *era* as esperanças do pai. / A esperança dos pais *são* eles, os filhos.

  (Renato: sujeito; eles: predicativo)

- **nome de coisa** e um estiver no singular e o outro no plural, o verbo *ser* concorda preferencialmente com o que estiver no plural:

  Os livros *são* a minha paixão. / A minha paixão *são* esses discos antigos.

  (Os livros: sujeito; esses discos antigos: predicativo)

Quando o verbo *ser* indicar:

- **horas** e **distâncias**, ele concorda com a expressão numérica:

  É uma hora. / *São* duas horas. Daqui até a feira, *é* um quilômetro / *são* dois quilômetros.

- **datas**, ele concorda com a palavra *dia(s)*, que pode estar expressa ou subentendida:

  É (dia) doze de junho. / *São* doze (dias) de junho.

Casos especiais

Leia a tira abaixo e responda às questões 1 e 2.

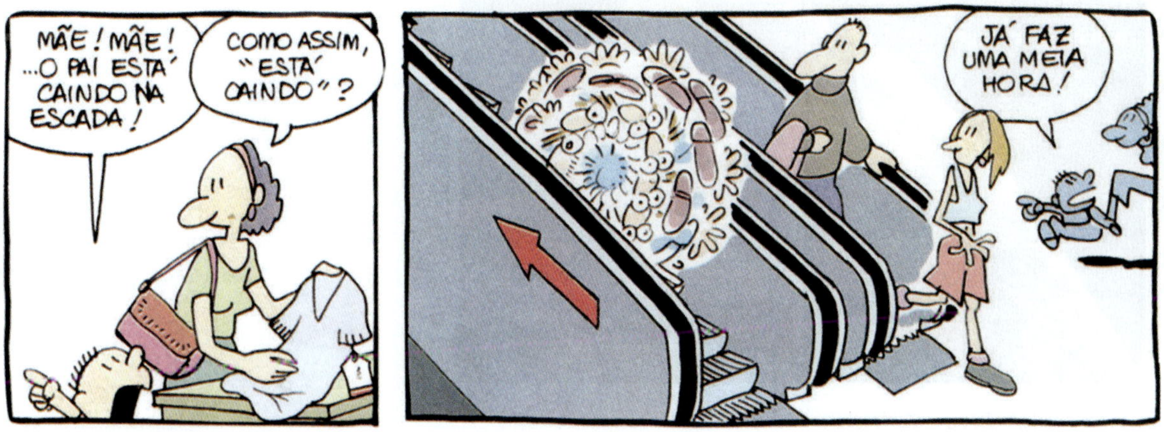

© Laerte/Acervo da cartunista

1 Levante hipóteses:

a) Por que, no 1º quadrinho, a mãe estranha a construção *está caindo* na fala do filho?

b) Por que a explicação dada pelo garoto no 2º quadrinho, associada à imagem, desfaz o estranhamento causado por sua primeira fala?

2 Releia a fala do garoto no 2º quadrinho:

"Já faz *uma meia hora*!"

a) Reescreva a frase, substituindo a expressão uma meia hora por:

- 30 minutos
- mais de meia hora
- algum tempo
- duas horas

b) O verbo *fazer* sofre alteração com as substituições? Justifique sua resposta com base na concordância desse verbo.

Verbo + pronome *se*

- Os **verbos transitivos diretos** ou **transitivos diretos e indiretos**, quando apassivados, concordam com o sujeito:
  Vendem-se casas e terrenos a prazo.
  (Vendem: VTD; casas e terrenos: sujeito)
- Os **verbos de ligação**, **intransitivos** ou **transitivos indiretos**, quando seguidos de *se*, ficam na 3ª pessoa do singular, porque seu sujeito é indeterminado:
  Precisa-se de serventes de pedreiro.
  (Precisa: VTDI)

Verbos impessoais

Ficam na 3ª pessoa do singular (exceto o verbo *ser*). São impessoais os verbos:

- que indicam **fenômenos da natureza**:
  Relampejou a noite toda.
- **haver** no sentido de "existir, acontecer":
  Já houve duas discussões sérias entre nós.
- **haver**, **fazer**, **estar**, **ir**, quando indicam tempo:
  Há meses não o vejo. / *Faz* dois anos que tirei férias. / *Está* frio hoje. / *Vai* em dois anos que viajou.
  Nas locuções verbais, o verbo impessoal transmite sua impessoalidade ao verbo auxiliar. Veja:
  Ainda *deve haver* ingressos para o espetáculo.
  Está fazendo alguns dias que ela esteve aqui.

3 Leia este pensamento de Albert Einstein:

Reprodução/Wilson Houck/Grupo Luminous

(Legrand. *Que seja eterno enquanto dure*. Belo Horizonte: Soler, 2005. p. 104-105.)

a) Na frase: "*Há* duas formas para viver sua vida: uma é acreditar que não existe milagre", o verbo *haver* apresenta qual sentido?

b) Segundo o pensamento de Albert Einstein, há duas maneiras antagônicas de o ser humano viver a vida. Interprete e explique semanticamente cada uma delas.

4 Leia este cartum:

(Santiago. *De papo pro ar*. Porto Alegre: L&PM, 1998. p. 42.)

a) Na 1ª placa, observe que a forma verbal *é* está implícita. Explique por que o adjetivo *proibido* foi empregado no feminino singular.

b) Na 2ª placa, qual destas palavras — *recebido*, *recebida*, *recebidas* — completa adequadamente a frase?

Concordância nominal

Regra geral

Leia este poema, de Mário Quintana:

> **O poema**
>
> Um poema como um gole d'água bebido no escuro.
> Como um pobre animal palpitando ferido.
> Como pequenina moeda de prata perdida para sempre na floresta noturna.
> Um poema sem outra angústia que a sua misteriosa condição de poema.
> Triste.
> Solitário.
> Único.
> Ferido de mortal beleza.
>
> (*Nova antologia poética*. São Paulo: Globo, 2007. p. 86.)

Observe que, no primeiro verso do poema, o adjetivo *bebido* está no masculino singular, concordando com o substantivo *gole* em gênero e número, assim como o artigo *um*, que também se refere a *gole*:

> Um *gole* d'água bebido no escuro.
> artigo — adjetivo

O mesmo ocorre nos demais versos:

Pequenina *moeda* de prata perdida para sempre na *floresta* noturna.

Pequenina: adjetivo; perdida: adjetivo; na: contração prep. + artigo; noturna: adjetivo

Outra *angústia* que a sua misteriosa *condição* de poema.

Outra: pronome adj.; a: artigo; sua: pronome adj.; misteriosa: adjetivo

Como podemos ver, a concordância da norma-padrão determina que adjetivos, artigos, pronomes adjetivos, assim como numerais, particípios e locuções adjetivas, concordem em gênero e número com o substantivo a que se referem.

Da mesma forma, nos quatro últimos versos, os adjetivos se referem ao termo *poema*, pois estão todos no masculino singular, dando continuidade ao sentido dos versos anteriores, que caracterizam e descrevem o poema.

Na concordância do adjetivo com o substantivo a que se refere, há, além da regra geral, alguns casos especiais que merecem atenção. Os exercícios a seguir tratam de alguns deles. Antes de realizá-los, leia as orientações dadas e os boxes, se necessário.

Exercícios

Leia o anúncio a seguir e responda às questões 1 a 4.

(*Folha do Parque*, abril/maio 2009.)

1 Analise, do ponto de vista da concordância nominal, o enunciado da parte inferior do anúncio:

> "Lixo e esgotos são lançados diretamente nos rios brasileiros. Os mesmos de onde é captada a água do seu suco."

Com que palavra concordam os adjetivos:

a) brasileiros?
b) captada?

2 O particípio *lançados* está no masculino e no plural.

a) O que justifica essa forma?
b) Haveria alteração na concordância, caso a palavra *esgotos* estivesse no singular? Por quê?

3 Observe a imagem mostrada no anúncio.

a) De acordo com ela, de onde vem o suco que está no copo?
b) Logo, que tipo de relação há entre a parte verbal e a parte não verbal do texto?

4 No canto direito está identificado o produtor do texto: Ibeasa (Instituto Brasileiro de Estudos e Ações em Saneamento Ambiental).

a) A quem se destina o anúncio?
b) Qual é a finalidade do anúncio, considerando-se o conteúdo verbal e não verbal que ele apresenta?

5 Leia as seguintes regras sobre a concordância do adjetivo que se refere a vários substantivos.

- Adjetivo referente a vários substantivos de gêneros diferentes:

— quando *posposto*, concorda com o mais próximo ou fica no masculino plural:

> Dedicava todo seu tempo ao comércio e à navegação *costeira* (ou costeiros)

— quando *anteposto*, concorda com o mais próximo, se funcionar como adjunto adnominal; se for predicativo (do sujeito ou do objeto), pode concordar com o mais próximo ou ficar no plural:

> Nunca vi *tamanho* desrespeito e ingratidão.
> adjunto adnominal

> Permaneceu *fechada* a janela e o portão. ou Permaneceram fechados a janela e o portão.
> predicativo do sujeito

> Encontrei *abandonados* a sala e o pátio. ou Encontrei abandonada a sala e o pátio.
> predicativo do objeto

- Dois ou mais adjetivos referentes a um substantivo determinado por artigo admitem duas concordâncias:

> Estudo as *línguas* italiana e francesa.
> Estudo a *língua* italiana e a francesa.

Reescreva as frases, fazendo a devida concordância das palavras indicadas entre parênteses:

a) O leitor pulou (longo) capítulos e páginas, porque achou o livro grosso.
b) O poeta escreveu capítulos e páginas (compacto).
c) O advogado considerou (perigoso) o argumento e a decisão.
d) Comprei uma casa e um carro (usado).
e) Os alunos e as alunas (aprovado) pretendem fazer um coquetel e um baile (bastante) agradáveis.

6 A frase a seguir apresenta ambiguidade:

> Após a reunião, a diretora da empresa ficou só na sala.

a) Qual é a palavra responsável pela ambiguidade dessa frase? Por quê?
b) Reescreva a frase de modo a desfazer a ambiguidade, tornando preciso cada um dos sentidos da palavra.

Leia esta tira:

(Fernando Gonsales. *Níquel Náusea — Nem tudo que balança cai!* São Paulo: Devir, 2003. p. 14.)

7 Considerando as regras de concordância da norma-padrão:

a) De acordo com o contexto, qual das formas — *obrigado* ou *obrigada* — completa adequadamente o terceiro balão do 1º quadrinho da tira? Por quê?

b) Se fosse a mãe quem dissesse esse adjetivo — *obrigado* ou *obrigada* —, como deveria empregar a palavra, para que a concordância ficasse de acordo com a norma-padrão da língua?

8 Para criar humor, o autor da tira trabalha com o conhecimento prévio do leitor e com a quebra de expectativa.

a) Por que a resposta do vampiro é inesperada no 1º quadrinho?

b) Por que o comentário do vampiro, no último quadrinho, rompe, mais uma vez, com a expectativa do leitor?

9 A palavra *bastante* tem dois valores gramaticais. Como advérbio, ela equivale a "muito, demais" e é invariável; como adjetivo, equivale a "muito(a), muitos(as)" e é variável. Leia estas frases:

> Ele conhece ☐ países.
> Ele conhece ☐ esses países.

Em qual delas a palavra *bastante* teria o sentido do advérbio e seria, portanto, invariável?

É proibido, é preciso, é bom

Quando se refere a sujeito de sentido genérico, o adjetivo fica sempre no masculino singular:

Fruta é *bom* para a saúde.

Mas, se o sujeito for determinado por artigo ou pronome, a concordância é feita normalmente:

A fruta é *boa* para a saúde.

Bastante, meio, pouco, muito, caro, barato, longe, só

Essas palavras:

- com valor de *adjetivo*, concordam normalmente com o substantivo:

Estas frutas estão *caras*.
Já é *meio*-dia e *meia* (hora).

- com valor de advérbio, são invariáveis:

A porta, *meio* aberta, deixava ver o interior da sala.

Anexo, obrigado, mesmo, próprio, incluso, leso, quite

Esses adjetivos concordam com o substantivo a que se referem:

Seguem *inclusas* as notas promissórias.

Os advérbios *só* (equivalente a *somente*), *menos* e *alerta* e a expressão *em anexo* são sempre invariáveis.

Concordância, variação linguística e preconceito

Você já sabe que fala e escrita são modalidades diferentes da língua e que cada uma tem suas regras próprias, as quais podem variar conforme a finalidade e as situações de comunicação em que os textos, orais ou escritos, estão inseridos.

Você também já viu que a norma-padrão é uma convenção criada com base na variedade linguística das classes de maior prestígio socioeconômico, associada a construções linguísticas encontradas em escritos antigos e livros do cânone literário, cuja linguagem não corresponde mais nem mesmo à atual fala urbana de prestígio. Com as regras de concordância não é diferente!

Portanto, é importante considerar que, especialmente na fala, existem formas diversas de fazer concordância e nem todas elas correspondem ao que é convencionado pela norma-padrão.

Há, por exemplo, variedades que fazem a concordância com base em uma regra de economia, flexionando apenas o primeiro termo da expressão nominal, enquanto a norma-padrão preza pela redundância, uma vez que valoriza a flexão de todos os termos. Veja:

- As menina foi tudo embora tarde ontem e os ônibus (es)tava muito cheio aquela hora. (Apenas os termos *as* e *os* são pluralizados, indicando que se trata de mais de uma menina e mais de um ônibus.)
- As meninas foram todas embora tarde ontem e os ônibus (es)tavam muito cheios aquela hora. (Todos os termos que se referem aos nomes **meninas** e **ônibus** são pluralizados.)

O princípio da concordância está entre os aspectos mais frequentemente vistos de forma preconceituosa quando o falante não segue a norma-padrão. Muitas pessoas, sem base científica, associam as formas de concordar mais econômicas a deficiência intelectual, considerando-as erradas ou inaceitáveis.

Uma observação mais atenta, porém, leva a constatar que esse tipo de construção ocorre na fala de um grande número de pessoas, menos ou mais escolarizadas, e de forma nenhuma está relacionado com inteligência ou capacidade de raciocínio.

A concordância na construção do texto

Leia o texto a seguir, retirado da cartilha *Pelo direito humano à água*, elaborada pelo Instituto Equit.

As mulheres: gestoras cotidianas da água

Particularmente as mulheres, que conhecemos o valor da água para as tarefas cotidianas que ainda continuam sob nossa responsabilidade, sofremos com sua falta e muitas vezes continuamos assumindo o trabalho de carregá-la até as casas, onde a família toda precisa cotidianamente dela para preparar os alimentos, beber, tomar banho, limpar a casa e os sanitários etc. Até em cidades como Manaus, rodeada de água por toda parte, é ainda comum ver mulheres com lata d'água na cabeça, carregando ela para dentro de suas casas!

Por todos esses motivos, as mulheres somos conscientes da importância da preservação das fontes de água e do uso racional da mesma, como também da necessidade de exigir e lutar por políticas públicas que ampliem o acesso à água encanada e ao saneamento básico para todos os moradores da cidade.

Assim, é preciso caminhar todos juntos, e com a maior parte dos países do mundo, na luta contra a mercantilização e a privatização da água que tem avançado consideravelmente.

Reprodução/Instituto Equit

Capa da cartilha *Pelo direito humano à água*.

Um grande êxito de tais lutas foi alcançado em junho de 2010, quando em votação unânime dos países na ONU — Organização das Nações Unidas —, a água foi considerada um Direito Humano Básico, ou seja, seu valor para a vida deve ser prioridade frente a seu valor econômico.

1 Observe os logotipos que aparecem na parte inferior da capa da cartilha. Levando em conta os elementos verbais e não verbais que os compõem e o texto verbal em destaque, levante hipóteses: Qual é a área de atuação do Instituto Equit?

2 Releia os seguintes trechos do texto à esquerda da imagem:

> "Particularmente as mulheres, que conhecemos o valor da água para as tarefas cotidianas, [...] sofremos com sua falta"
> "Por todos esses motivos, as mulheres somos conscientes da importância da preservação das fontes de água"

Tendo em vista a área de atuação do instituto responsável pela elaboração da cartilha, justifique a concordância verbal observada nos trechos.

3 Observe o título do texto.

a) Reescreva-o, passando o termo *mulheres* para o singular e fazendo as devidas alterações, de acordo com as regras de concordância da norma-padrão.

b) Troque ideias com os colegas e o professor: Que diferenças de sentido há entre o título original e a versão que você escreveu no item *a*?

Releia o trecho a seguir e responda às questões 4 e 5.

> "Até em cidades como Manaus, rodeada de água por toda parte, é ainda comum ver mulheres com a lata d'água na cabeça, carregando ela para dentro de suas casas!"

4 Observe o emprego do termo *rodeada*.

a) A que palavra do texto ele se refere? Justifique sua resposta e explique como foi feita essa concordância.

b) Troque ideias com os colegas e o professor: De que outra forma poderia ter sido feita essa concordância? Justifique sua resposta e proponha a reescrita dessa frase inicial.

5 Observe o emprego dos pronomes *ela* e *suas*.

a) Que outras palavras ou expressões do texto cada um deles retoma? Justifique sua resposta com base na concordância.

b) Uma dessas construções está diferente em relação às regras de colocação pronominal da norma-padrão. Explique qual é essa divergência.

c) Levante hipóteses: Esse desvio foi intencional por parte do enunciador? Por quê?

d) Leia as frases a seguir e indique qual forma deve substituir o possessivo *suas* em cada caso, tendo em vista a concordância.

> é ainda comum ver mulheres com a lata d'água na cabeça, carregando ela para dentro de ☐ lares!
> é ainda comum ver mulheres com a lata d'água na cabeça, carregando ela para dentro de ☐ lar!
> é ainda comum me ver com a lata d'água na cabeça, carregando ela para dentro de ☐ casa!

e) Agora conclua, com base em suas respostas ao item *d*: Como é feita a concordância dos pronomes possessivos?

Semântica e discurso

Leia a seguir o trecho de um texto de Antonio Prata.

Amarrado às cordas

Em 2013, fui ao "Programa do Jô". [...] E daí que justo em 2013 certa empresa abria capital na bolsa de Nova York, vendia todas as 70 milhões de ações e rapidamente transformava cada indivíduo do globo numa patusca alcoviteira machadiana: o Twitter. "Véi, esse @antonioprata aí tem mó voz de marreco engarrafado!" — uma das generosas senhoras tuitou.

Eu sempre soube que minhas cordas vocais estavam mais para Rick Moranis do que pra Vicente Celestino: falo meio esganiçado, ceceio (pronuncio os "ésses" como "éfes", tipo o Romário — maf fem a compenfafão futebolíftica), engulo sílabas quando nervoso e berro quando empolgado. O que eu não sabia é que o conjunto destas virtudes poderia ser tão bem resumido por "voz de marreco engarrafado". Fiquei #chateado. Ele tinha #razão. [...]

Apesar de "marreco engarrafado" ter calado fundo em minh'alma, nunca entendi exatamente o significado. Estará o marreco preso num engarrafamento — gritando, esbaforido? — ou será o engarrafamento dentro do marreco? Tratar-se-ia de um marreco constipado? [...] uma última interpretação da trolada: o marreco engarrafado é um marreco dentro de uma garrafa, com seu "qué qué qué" sendo abafado pelo vidro.

(Disponível em: https://www1.folha.uol.com.br/colunas/antonioprata/2020/01/amarrado-as-cordas.shtml. Acesso em: 27/2/2020.)

1 Observe o título do texto.

a) Levante hipóteses: Que sentido(s) esse título pode ter para quem ainda não leu o texto?

b) Que sentidos os termos do título passam a ter após a leitura do texto?

c) A quem se refere o termo *amarrado*? Justifique sua resposta com base na concordância.

2 Observe as formas verbais empregadas no texto.

a) Ele foi escrito em qual pessoa? Justifique sua resposta.

b) Com que termos do texto concordam as formas verbais *abria*, *vendia*, *transformava* e *tuitou*, do primeiro parágrafo?

3 Releia e observe o 1º parágrafo quanto ao uso da linguagem.

a) Relacionando a linguagem e o conteúdo do comentário citado entre aspas por Antonio Prata, indique, entre as opções a seguir, qual o descreve melhor.

- Utiliza uma linguagem formal, sem gírias, e tem conteúdo gentil.
- Utiliza uma linguagem formal, com gírias, e tem conteúdo gentil.
- Utiliza uma linguagem informal, com gírias e tem conteúdo afrontoso.
- Utiliza uma linguagem informal, com palavras de baixo calão e conteúdo extremamente ofensivo.

b) Justifique sua escolha no item *a* com trechos do comentário.

4 No 1º parágrafo, o autor afirma que o Twitter transformou "cada indivíduo do globo" em uma "patusca alcoviteira machadiana".

a) Troque ideias com os colegas e o professor e explique o sentido dessa expressão no contexto. Se julgar necessário, consulte um dicionário.

b) Que expressão retoma *patusca alcoviteira machadiana*, ainda no 1º parágrafo? A quem ela se refere?

c) Identifique, no 2º parágrafo, a palavra utilizada por Antonio Prata para se referir a essa mesma pessoa.

d) Conclua: A palavra identificada por você no item *c* concorda com as expressões analisadas nos itens *a* e *b*? Justifique sua resposta.

5 Considerando suas respostas às questões 3 e 4, identifique a expressão utilizada por Antonio Prata que pode ser considerada irônica. Justifique sua resposta.

6 Observe a expressão *minh'alma*, empregada no 3º parágrafo.

a) Explique como ela é formada.

b) Reescreva-a, substituindo a palavra *alma* pela palavra *âmago*. É possível utilizar o mesmo recurso de formação? Justifique sua resposta levando em consideração a concordância.

7 Ao final do texto, Prata se refere ao comentário como uma "trolada". Releia a última interpretação proposta por ele.

a) Reescreva-a, substituindo as palavras *marreco* por *ave* e *qué qué qué* por *voz*. Justifique as demais alterações necessárias, tendo em vista a concordância da norma-padrão.

b) Como foi feita a concordância do termo *qué qué qué* no texto? Levante hipóteses: Por que isso ocorre?

c) Qual é a relação do termo *trolada* com o conteúdo do texto?

CAPÍTULO

31 Pontuação

Este capítulo favorece o desenvolvimento das habilidades

EM13LGG101 EM13LP01 EM13LP03 EM13LP49 EM13LGG103 EM13LP02 EM13LP08

Construindo o conceito

Leia o texto a seguir, observando os diferentes sinais de pontuação utilizados para organizar as ideias e construir os sentidos pretendidos.

Empresas só têm a perder ao desprezar profissionais mais maduros

ESB Professional/Shutterstock

Em 2017, a Pesquisa Nacional por Amostra de Domicílios Contínua (Pnad Contínua), realizada pelo **IBGE**, mostrou que o Brasil chegou a 30,2 milhões de "**idosos**". A Organização Mundial da Saúde estimava até então que o país fosse alcançar esse número somente em 2025. Em cinco anos aumentou em 18% a parcela de pessoas com 60 anos ou mais, e pelo ritmo atual o Brasil ganhará 1 milhão de "idosos" anualmente daqui em diante.

Escrevi a palavra idosos entre aspas porque não conheço ninguém com idade entre 60 e 70 anos que se considere idoso. Esse termo carrega o estereótipo daquele símbolo de vaga para idosos em que há uma pessoa com bengala — o que está longe da realidade da maioria dos que estão nessa faixa etária.

Na década de 80, quando eu nasci, quem tinha 60 anos era considerado um velhinho. Hoje em dia a coisa é bem diferente. Dizem que os 60 anos são os novos 40. E a pessoa com 50, então? É e se sente (e normalmente está mesmo) jovem, cheia de energia e de planos.

[...]

Há quatro anos pesquisando sobre preconceito etário na MaturiJobs, percebi que, especialmente nos cargos mais baixos, fora das posições de gerência ou direção, já se torna difícil conseguir um emprego no Brasil (sobretudo para as mulheres) após os 40 anos. Quando se avança nos 50, fica praticamente impossível. [...]

Os 50+ — atualmente mais de 25% da população brasileira —, que enfrentam tanta dificuldade em se recolocar, devem por sua vez buscar continuamente atualização (já ouviu falar do *Lifelong learning*, o aprendizado pela vida toda?). As capacitações técnica e comportamental são essenciais, assim como o autoconhecimento, o networking, a integração com os mais jovens e a procura por novos caminhos profissionais como o empreendedorismo, além da manutenção da autoestima, para aproveitar o conhecimento e não temer processos seletivos com jovens nem ter receio de lidar com um chefe mais novo.

Hoje em dia há vários caminhos a ser percorridos e é preciso pensar "fora da caixa" para ir além daquele formato tradicional de trabalho que se aprendeu vinte ou trinta anos atrás. O próprio setor voltado para os 50+, em seus mais diversos segmentos, carece de muitos serviços e melhor atendimento, e essa é uma grande oportunidade para os maduros — que "sentem na pele" essa realidade — perceberem e criarem oportunidades de negócio.

[...]

Há muitas oportunidades que os trabalhadores que passaram dos 50 anos e as empresas poderão desfrutar, a partir do momento em que começarmos a entender que a soma da idade não subtrai, só multiplica, e criarmos uma consciência social em torno disso, como diz a espanhola Raquel Roca, pesquisadora desse tema.

Que tal então revermos nossos conceitos a respeito da idade, já que todos nós seremos "idosos"?

(Disponível em: https://veja.abril.com.br/economia/empresas-so-tem-a-perder-ao-desprezar-profissionais-mais-maduros/. Acesso em: 27/2/2020.)

1 O texto aborda a situação do mercado de trabalho para pessoas com idade superior a 50 anos.

a) Qual é a percepção do autor do texto sobre o mercado de trabalho para essas pessoas?

b) E quais atitudes ele recomenda, no texto, para essas pessoas?

c) Explique o sentido da frase "a soma da idade não subtrai, só multiplica", no contexto.

2 Ao desenvolver sua argumentação, o autor do texto faz referência explícita ao uso de um sinal de pontuação.

a) Qual é o sinal?

b) Identifique a referência feita no texto e justifique o uso desse sinal.

c) Há no texto outras ocorrências desse mesmo sinal. Quais são elas?

d) Compare os usos e os sentidos desse sinal no texto em estudo. Em seguida, explique a diferença, se houver.

3 Observe o emprego de pontos de interrogação ao longo do texto e correlacione suas ocorrências a cada uma das descrições a seguir.

a) Inserção de uma questão que contém um convite à reflexão para o leitor.

b) Inserção de uma questão retórica, isto é, como uma pergunta para lançar uma discussão a ser desenvolvida no texto.

c) Inserção de uma questão para se aproximar do leitor, interagindo com ele.

4 Observe os empregos dos sinais de parênteses e travessões e conclua: Qual das opções seguintes descreve melhor a função deles no texto em estudo?

- Separar termos de mesma função sintática.
- Fazer um comentário ou dar uma explicação sobre o tópico em pauta.
- Indicar a fonte de onde a informação imediatamente anterior foi extraída.

5 As vírgulas são empregadas no texto com diferentes funções. Faça uma associação entre as colunas a seguir, deduzindo qual descritor da função da vírgula se enquadra em cada trecho extraído do texto.

I. Isolar locução/expressão/oração adverbial.	**a)** "Na década de 80, quando eu nasci, quem tinha 60 anos era considerado um velhinho."
II. Separar elementos de mesmo valor enumerados em sequência.	**b)** "assim como o autoconhecimento, o networking, a integração com os mais jovens e a procura por novos caminhos profissionais"
III. Isolar aposto.	**c)** "O próprio setor voltado para os 50+ [...] carece de muitos serviços e melhor atendimento, e essa é uma grande oportunidade para os maduros"
IV. Separar orações coordenadas ligadas pela conjunção *e*, com sujeitos diferentes.	**d)** "como diz a espanhola Raquel Roca, pesquisadora desse tema."

Conceituando

No estudo de abertura, você observou que a pontuação organiza e contribui para a construção de sentidos de um texto. Em muitos casos, a escolha da pontuação depende da intenção e do estilo do enunciador. Assim, os sinais de pontuação estão diretamente relacionados à situação de comunicação, ao interlocutor e à finalidade do texto. Servem para marcar as pausas e as entonações e também podem indicar componentes específicos da língua falada, como os gestos e a expressão facial. Desse modo, facilitam a leitura e tornam o texto mais claro e preciso.

A **pontuação** marca, na escrita, a coesão entre palavras e partes do texto, tornando mais preciso seu sentido. Além disso, pode apontar diferenças de entonação na leitura.

Embora haja casos nos quais os sinais de pontuação podem ser empregados de acordo com o estilo e as intenções do enunciador, há regras que indicam determinados empregos de alguns sinais de pontuação em situações específicas. Veja algumas delas.

A entonação

Na fala, a frase é marcada pela entonação, isto é, pelo tom que o falante dá à voz para expressar sua intenção. Na escrita, o uso de alguns sinais de pontuação, indicando pausas, altura de voz, ênfase, etc., juntamente com o conteúdo dos textos, contribui para, na leitura, sermos capazes de aproximar o texto escrito da fala.

(Disponível em: https://br.pinterest.com/pin/836965911974520206/?d=t&mt=signup. Acesso em: 28/2/2020.)

Observe que, se quisermos expressar a intenção de Susie nos três primeiros quadrinhos, devemos ler sua fala com um tom de voz mais alto e que revele irritação. Já no último quadrinho, o mesmo ponto de exclamação deve ser lido com um tom de voz que expresse surpresa e satisfação na fala dos dois personagens.

Vírgula

A vírgula entre os termos da oração

Emprega-se a vírgula:

- para separar termos que exercem a mesma função sintática — *sujeito composto, complementos, adjuntos* —, quando não vêm unidos por *e*, *ou* e *nem*:

> Deu-me *livros, revistas de arte, discos antigos e CDs.*
> (*livros, revistas de arte, discos antigos e CDs*: objeto direto)

- para isolar o *aposto*:

> O resto, *as louças, os cristais, os talheres*, irá nas caixas menores.

- para isolar o *vocativo*:

> Você ouviu, *Maria*, que notícia estranha?

- para isolar o *adjunto adverbial*, quando ele é extenso ou quando se quer destacá-lo:

> *À noite*, faço um curso de inglês intensivo.

- para isolar expressões explicativas como *isto é, por exemplo, ou melhor, a saber, ou seja*, etc.

> Entregaram-me a encomenda, *isto é*, os móveis e as cadeiras, com um mês de atraso.

- para isolar o *nome de um lugar* anteposto à data:

> *Recife*, 20 de dezembro de 2020.

Quando não empregar a vírgula

Não se recomenda empregar a vírgula entre o sujeito e o predicado e entre o verbo e seus complementos, a não ser que haja termo ou oração intercalados. Assim, no anúncio abaixo, no enunciado "Um bom conteúdo perde muito sem um bom papel", não se separa por vírgula o sujeito *Um bom conteúdo* do predicado *perde muito sem um bom papel*.

Reprodução/Carillo Pastore Euro RSCG

A vírgula entre as orações

Coordenadas

Emprega-se a vírgula para separar:

- as orações *coordenadas assindéticas*:

> Foi à porta, espiou, correu para dentro assustada.

- as orações *coordenadas sindéticas*, com exceção das introduzidas pela conjunção *e*:

> Talvez seja engano meu, mas acho-a agora mais serena.

Observação

As orações coordenadas sindéticas unidas pela conjunção e podem vir separadas por vírgulas quando:

- têm sujeitos diferentes: "A criatura desviou-se, e ao cabo de um minuto as linhas moveram-se [...]" (Graciliano Ramos)
- a conjunção é repetida várias vezes: Queria não ver, e abaixava os olhos, e tapava-os com as mãos, e sentia-se fechar em si mesma.

Etc.

Considerando que *etc.* é abreviatura da expressão latina *et coetera*, que significa "e outras coisas", o emprego da vírgula antes dele seria dispensável. Entretanto, o acordo ortográfico em vigor no Brasil exige que empreguemos *etc.* precedido de vírgula. Veja o exemplo:

Trouxe nesta pasta as fotografias, as cartas, os documentos, etc.

Subordinadas substantivas

Somente as orações *subordinadas substantivas apositivas* devem ser separadas por vírgula (ou dois-pontos) da oração principal; as demais substantivas, não.

Ele só pensava numa coisa, *que não cederia.*

Subordinadas adjetivas

Somente as orações *subordinadas adjetivas explicativas* devem ser separadas por vírgula da oração principal; as *restritivas*, não.

Nem ele, *que é o melhor da turma*, quis jogar.

Subordinadas adverbiais

As orações *subordinadas adverbiais* são separadas por vírgula:

- opcionalmente, se vierem *após* a oração principal:

or. principal — or. subord. adverbial temporal

Ouvia histórias macabras deste lugar, quando eu era menino.

vírgula optativa

- obrigatoriamente, se vierem *antepostas* ou *intercaladas* à oração principal:

or. subord. adv. condicional — or. principal

Se tudo der certo, voltarei hoje.

vírgula obrigatória

or. principal — or. subord. adverbial conformativa

Esses fatos, conforme informamos, são falsos.

vírgula obrigatória — vírgula obrigatória

- obrigatoriamente, quando forem reduzidas de gerúndio, particípio e infinitivo:

or. subord. adverbial condicional reduzida de gerúndio — or. principal

Agindo impensadamente, jamais conseguirá o apoio de seus pais.

vírgula obrigatória

Observe que, no balão do 1º quadrinho, a oração subordinada adverbial temporal *Depois que troquei o violão pela flauta* vem anteposta à oração principal *as formigas passaram a gostar de mim*. Nesse caso, para separar as orações, a vírgula é obrigatória.

© Fernando Gonsales/Acervo do cartunista

(Fernando Gonsales. *Níquel Náusea — Em boca fechada não entra mosca*. São Paulo: Devir, 2008. p. 17.)

Ponto e vírgula

Emprega-se o ponto e vírgula:

- antes das orações sindéticas adversativas e conclusivas, quando apresentarem a conjunção deslocada:

> Os alunos pretendiam montar um pequeno laboratório de ciências; o dinheiro arrecadado, entretanto, não foi o suficiente.
> Você já recebeu dois convites; deve, portanto, comparecer à cerimônia.

Observe que, nesse caso, a conjunção vem entre vírgulas.

- para separar orações, desde que a segunda contenha zeugma:

> Vocês anseiam pela violência; nós, pela paz.

- para separar os itens dos enunciados enumerativos:

> As águas das chuvas provocam sérios problemas à rede de esgotos. Evite problemas, procedendo da seguinte forma:
> **a)** não ligue ralos de fundo de quintais às redes de esgoto;
> **b)** tampe as caixas de inspeção e limpe-as a cada três meses;
> **c)** não jogue nos vasos sanitários fraldas descartáveis, absorventes higiênicos, plásticos, estopas, panos e produtos similares.

Ponto

Emprega-se no final de frases *declarativas*: Os livros foram danificados pelas traças.

Ponto de interrogação

Emprega-se no final de frases *interrogativas diretas*:

> E eu? O que devo fazer?

Ponto de exclamação

Emprega-se no final de frases exclamativas, com a finalidade de indicar estados emocionais, como espanto, surpresa, dor, alegria, súplica, etc.:

Saia daqui já!

Observe os sinais de pontuação empregados na tira. No 1º quadrinho, o sinal de interrogação conota a fala irônica do personagem de óculos; na resposta de seu interlocutor, a exclamação indica indignação; já no segundo quadrinho, a exclamação indica ênfase, certeza.

© Fernando Gonsales/Acervo do cartunista

(Fernando Gonsales. *Folha de S.Paulo*, 23/7/2004.)

Dois-pontos

É usado para introduzir palavras, expressões, orações ou citações que servem para enumerar ou esclarecer o que se afirmou anteriormente:

"Lembrei-me do nome e do tipo: era João Francisco Gregório, caboclo robusto, desconfiado..."
(Graciliano Ramos)

Aspas

São usadas no início e no final de citações para destacar palavras estrangeiras, neologismos, gírias; para marcar ironia; para indicar mudança de interlocutor nos diálogos; para evidenciar que o termo não é muito preciso para o contexto. Observe o anúncio a seguir, do jornal *Metro*, que utiliza uma conhecida citação de John Lennon, atribuindo-a a Martin Luther King, acompanhada da foto de Nelson Mandela, a fim de satirizar e chamar a atenção para a onda de *fakenews* que assola a internet.

Reprodução/https://www.metrojornal.com.br/

(Disponível em: http://www.putasacada.com.br/wp-content/uploads/2014/05/mandela_jornalmetro.jpg. Acesso em: 25/2/2020.)

Parênteses

São empregados para separar palavras ou frases explicativas e nas indicações bibliográficas:

> "Depois do jantar (mal servido) Seu Dagoberto saiu do Grande Hotel e Pensão do Sol (Familiar) palitando os dentes caninos."
>
> (Alcântara Machado)

Travessão

É utilizado:

- para indicar a mudança de interlocutor nos diálogos:

> — Quer saber de uma coisa? O melhor é nós terminarmos.
> — Terminarmos?
> Ele sentiu um frio.
> — Não combinamos mais mesmo.
>
> (Luiz Vilela)

- para isolar a fala do personagem da fala do narrador:

> — Que deseja agora? — gritou-lhe afinal, a voz transtornada. — Já não lhe disse que não tenho nada a ver com suas histórias?
>
> (Fernando Sabino)

- para destacar ou isolar palavras ou expressões no interior de frases:

> Grande futuro? Talvez naturalista, literato, arqueólogo, banqueiro, político, ou até bispo — bispo que fosse —, uma vez que fosse um cargo...
>
> (Machado de Assis)

Reticências

Indicam a interrupção da frase, feita com a finalidade de sugerir:

- dúvida, hesitação, surpresa:

> Não quero sair porque... porque não quero vê-la.
> Qualquer dia destes, embarco... pra China!

- prolongamento da frase:

> Naquele jardim havia de tudo: dálias, rosas, crisântemos, violetas...

- interrupção do pensamento ou sugestão para que o leitor complete o raciocínio:

> Depois de tantos anos, finalmente nos encontramos e...

- destaque a uma palavra ou expressão:

> De todas as minhas experiências, nada equivaleu a... ser pai!

- supressão de trecho em textos:

> "A democratização dos estudos trouxe para as escolas de ensino médio alunos que outrora ingressavam diretamente na vida ativa. [...] No ensino médio, os estabelecimentos escolares recebem alunos muito heterogêneos no que tange à relação com o saber."
>
> (Philippe Perrenoud)

Exercícios

Leia o poema a seguir, de Mário Quintana, e responda às questões 1 e 2:

O gato

O gato chega à porta do quarto onde escrevo.
Entrepara... hesita... avança...
Fita-me.
Fitamo-nos.
Olhos nos olhos...
Quase com terror!
Como duas criaturas incomunicáveis e solitárias
Que fossem feitas cada uma por um Deus diferente.

(*Preparativos de viagem*. São Paulo: Globo, 1997. p. 25.)

raulcoca/Shutterstock

1 Considerando que a pontuação marca na escrita as diferenças de entonação, contribuindo para tornar mais preciso o sentido que se quer dar ao texto, analise semanticamente o emprego da pontuação no poema "O gato" e justifique:

a) o emprego do ponto e das reticências na primeira estrofe:

> "O gato chega à porta do quarto onde escrevo.
> Entrepara... hesita... avança..."

b) o emprego do ponto na segunda estrofe:

> "Fita-me.
> Fitamo-nos."

c) O emprego das reticências e do ponto de exclamação na terceira estrofe:

> "Olhos nos olhos...
> Quase com terror!"

2 Analise e interprete os últimos versos do poema:

> "Como duas criaturas incomunicáveis e solitárias
> Que fossem feitas cada uma por um Deus diferente."

A pontuação na construção do texto

Leia o texto a seguir e responda às questões 1 a 3.

Rico/Arquivo da editora

eu estava ali deitado olhando através da vidraça as roseiras no jardim, fustigadas pelo vento que zunia lá fora e nas venezianas do meu quarto e de repente cessava e tudo ficava tão quieto tão triste e de repente recomeçava e as roseiras frágeis e assustadas irrompiam na vidraça e eu estava ali o tempo todo olhando estava em minha cama com a minha blusa de lã as mãos enfiadas nos bolsos os braços colados ao corpo as pernas juntas estava de sapatos Mamãe não gostava que eu deitasse de sapatos deixe de preguiça menino! mas dessa vez eu estava deitado de sapatos e ela viu e não falou nada ela sentou-se na beirada da cama e pousou a mão em meu joelho e falou você não quer mesmo almoçar?

eu falei que não não quer comer nada? eu falei que não nem uma carninha assada daquelas que você gosta? com uma cebolinha de folha lá da horta um limãozinho uma pimentinha? ela sorriu e deu uma palmadinha no meu joelho e eu também sorri mas falei que não não estava com a menor fome nem uma coisinha meu filho? uma coisinha só? eu falei que não e então ela ficou me olhando e então ela saiu do quarto eu estava de sapatos e ela não falou nada ela não falaria nada meus sapatos engraxados bonitos brilhantes

ele não quer comer nada? escutei papai perguntando e mamãe decerto só balançou a cabeça porque não escutei ela responder e agora eles estavam comendo em silêncio os dois sozinhos lá na mesa em silêncio o barulho dos garfos a casa quieta e fria e triste o vento zunindo lá fora e nas venezianas de meu quarto.

[...]

(Luiz Vilela. "Eu estava ali deitado". *No bar*. São Paulo: Ática, 1984. Disponível em: http://literaturanoallyrio.blogspot.com.br/2010/12/eu-estava-ali-deitado.html. Acesso em: 22/2/2020.)

1 Com base na leitura do texto, responda:

a) O narrador participa da história? Justifique sua resposta com base em elementos do texto.

b) Quais personagens aparecem no trecho lido?

c) De que trata a narrativa?

2 Há poucos sinais de pontuação no texto lido. Reescreva os trechos abaixo, pontuando-os segundo as regras de uso dos sinais de pontuação.

a) "e eu estava ali o tempo todo olhando estava em minha cama com a minha blusa de lã as mãos enfiadas nos bolsos os braços colados ao corpo as pernas juntas"

b) "ela sentou-se na beirada da cama e pousou a mão em meu joelho e falou você não quer mesmo almoçar?"

c) "ele não quer comer nada? escutei papai perguntando e mamãe decerto só balançou a cabeça porque não escutei ela responder"

3 Levante hipóteses: Que efeito de sentido o autor pretendeu construir ao optar por escrever o texto com tão poucos sinais de pontuação?

Para que serve a pontuação?

Diferentemente da fala, que, além da palavra, conta com vários outros recursos para a construção de sentido — expressão facial, entonação, gestos, postura corporal, ambiente, etc. —, a linguagem escrita dispõe apenas de recursos gráficos. Entre esses recursos, a pontuação é um dos mais importantes, pois ajuda a organizar sintaticamente o texto, a evitar ambiguidades, a enfatizar um termo da oração e a tornar as ideias do texto mais claras e precisas.

Semântica e discurso

Leia o anúncio abaixo.

Reprodução/Associação Brasileira de Imprensa

1 Segundo o anúncio, "Uma vírgula muda tudo". Analise semanticamente o emprego da vírgula nas frases destacadas em cada uma das situações a seguir e interprete a diferença entre os enunciados.

a) "A vírgula pode ser uma pausa, ou não.
Não, espere.
Não espere."

b) "A vírgula pode criar heróis.
Isso só, ele resolve.
Isso, só ele resolve."

c) "Ela pode forçar o que você não quer.
Aceito, obrigado.
Aceito obrigado."

d) "Pode acusar a pessoa errada.
Esse, juiz, é corrupto.
Esse juiz é corrupto."

e) "A vírgula pode mudar uma opinião.
Não quero ler.
Não, quero ler."

2 Observe o texto verbal e a imagem na parte inferior do anúncio e o logotipo na parte superior, em verde.

a) Quem é o locutor do texto?

b) Levante hipóteses: Onde, provavelmente, foi veiculado o anúncio? Justifique sua resposta.

c) Explique qual é a finalidade do anúncio.

d) A quem se dirige esse discurso?

3 Considerando o discurso como um todo, ou seja, o texto, o contexto, os interlocutores, a intencionalidade:

a) O que pode agregar semanticamente ao discurso a cor preta da vírgula, a cor vermelha das vírgulas menores e a cor branca das palavras?

b) Analise a ambiguidade da expressão em destaque:

"ABI. 100 anos lutando para que ninguém mude *nem uma vírgula* da sua informação."

c) Considerando-se o passado histórico brasileiro de repressão à liberdade de expressão, qual é a mensagem implícita do discurso?

d) O fundo preto do texto forma uma grande vírgula. Interprete: Por que a vírgula, sendo um sinal gráfico tão pequeno, foi escrita com esse tamanho?

CAPÍTULO

32

Regência verbal e regência nominal

Construindo o conceito

Leia o texto a seguir.

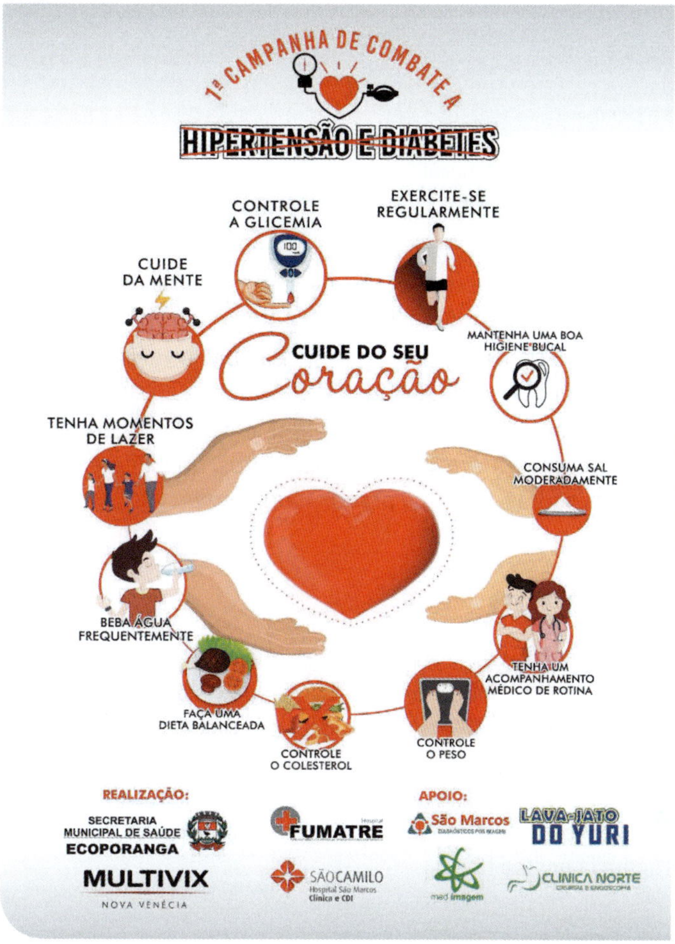

Reprodução/Assessoria de Comunicação da Prefeitura de Ecoporanga – ASCOM-PME

(Disponível em: http://www.ecoporanga.es.gov.br/noticia/ler/136157/prefeitura-de-ecoporanga-e-secretaria-de-saude-realizara-a-1-campanha-de-combate-a-hipertensao-e-diabetes. Acesso em: 21/5/2019.)

Na língua portuguesa, para construir sentido nos enunciados que produzimos, os verbos e os nomes ligam-se a outros termos de diferentes formas.

Este capítulo favorece o desenvolvimento das habilidades

EM13LGG101

EM13LGG103

EM13LGG401

EM13LP01

EM13LP02

EM13LP09

EM13LP10

EM13LP49

1 Troque ideias com os colegas e o professor:

a) Qual é a função principal desse texto?

b) A quem ele se dirige?

c) Em que meios ele pode ter sido veiculado?

2 Releia o texto verbal superior: "1ª campanha de combate a hipertensão e diabetes".

a) O nome *combate*, nesse trecho, está ligado a outros termos que completam seu sentido no contexto. Quais são esses termos?

b) Essa ligação entre o nome *combate* e os demais termos identificados por você no item *a* é feita diretamente ou por uma preposição?

c) Reescreva o texto empregando artigos definidos antes dos termos que se conectam ao nome *combate*.

3 Observe o texto central.

a) Identifique as formas verbais presentes nos círculos que compõem o círculo maior.

b) É possível considerar que as formas verbais indicadas por você no item *a* têm a finalidade de:

- construir hipóteses sobre os efeitos da hipertensão e do diabetes.
- orientar o leitor a se prevenir contra a hipertensão e o diabetes.
- informar as causas da hipertensão e do diabetes.

4 Releia as frases a seguir.

Controle o peso
Cuide da mente
Mantenha uma boa higiene bucal
Consuma sal moderadamente

a) Quais das formas verbais em destaque se conectam diretamente a seus complementos e qual necessita de uma preposição para se conectar a seu complemento?

b) Reescreva cada um dos trechos, substituindo a forma verbal pelo nome correspondente e fazendo as alterações necessárias.

c) Troque ideias com os colegas e o professor e conclua: Comparando a ligação entre os nomes e seus complementos e os verbos e seus complementos, qual diferença gramatical você observa entre as frases originais e as reescritas que você produziu no item *b*?

Conceituando

Ao responder às questões anteriores, você certamente observou que há termos que exigem a presença de outro termo para construir sentido, como é o caso dos verbos *controlar*, *cuidar* e *consumir* e do substantivo *combate*. No texto analisado, *controlar* precisou do termo *o peso; cuidar*, do termo *da mente; consumir*, do termo *sal; combate*, do termo *a hipertensão e diabetes.*

Quando um termo — verbo ou nome — exige a presença de outro, ele se chama *regente* ou *subordinante*; os que completam a sua significação chamam-se *regidos* ou *subordinados*.

Observe a regência nestas frases:

Cuide	da mente
VTI	OI
termo regente	termo regido

combate	a hipertensão e diabetes
substantivo	termo regido
termo regente	

No primeiro exemplo, o termo *da mente* completa o sentido do verbo *cuidar*. No segundo exemplo, a *hipertensão e diabetes* completa o sentido do nome (substantivo) *combate*.

Assim:

Quando o termo regente é um *verbo*, ocorre **regência verbal**.

Quando o termo regente é um *nome* — substantivo, adjetivo, advérbio —, ocorre **regência nominal**.

Regência verbal

Ao longo dos seus estudos sobre língua e linguagem neste livro, você vem aprendendo que a língua está em constante evolução e que é natural que a forma de empregar e combinar as palavras mude com o tempo. Novos hábitos, tecnologias e práticas sociais interferem diretamente nesses usos, e há casos nos quais formas utilizadas antigamente não são mais encontradas hoje em dia, nem mesmo em textos escritos.

Essa evolução também acontece com as regras de regência verbal e por isso é comum que atualmente os dicionários e gramáticas contemporâneos registrem não apenas as regras da norma-padrão, mas também as regras de uso corrente. Por exemplo, no Brasil, o mais comum não é dizer "Vamos ao cinema assistir ao filme que ganhou o Oscar", tal como impõe a gramática normativa, mas sim "Vamos no/para o/pro cinema assistir o filme que ganhou o Oscar".

Essas diferenças de regência, grande parte das vezes, passam despercebidas no uso cotidiano, mas dependendo da situação podem resultar em alterações de sentido. Vamos conhecer algumas das diferentes possibilidades de alguns verbos e os sentidos que a presença ou ausência de preposição pode atribuir a eles. Convém também lembrar que em determinados contextos, como em exames, concursos e avaliações institucionais, é recomendável seguir as regras da gramática normativa, uma vez que elas costumam ser exigidas nesses casos.

Quando houver dúvida sobre a indicação da norma-padrão, é sempre bom consultar um dicionário comum ou específico de regência. Veja, a seguir, as regências de alguns verbos, segundo a gramática normativa, e os usos que fogem à prescrição.

VERBO	REGÊNCIA/ PREPOSIÇÃO	SENTIDO(S) — USOS — EXEMPLOS
aspirar	VTD	• sorver, respirar. Os turistas **aspiravam** *o ar puro do campo.*
	VTI (a)	• pretender, desejar: O funcionário **aspirava** *a um cargo mais alto na empresa.* Entretanto, o uso corrente varia: O funcionário **aspirava** *(a) um cargo mais alto na empresa.*
assistir	VTD	• acompanhar, prestar assistência: Os médicos **assistiram** *o acidentado.*
	VTI (a)	• ver, presenciar: Ontem **assistimos** *a um clássico do cinema.* Entretanto, o uso corrente é este: Ontem **assistimos** *um clássico do cinema.*
	VTI (em)	• residir, morar: Meu tio atualmente **assiste** *em Fortaleza.*
chegar e **ir**	VI	• lugar: **Chegou** *à casa* da infância. **Chegou** *a Brasília* ontem. **Vou** *ao centro* da cidade. Entretanto, o uso corrente varia: **Chegou** *na casa* da infância. **Chegou** *em Brasília* ontem. **Vou** *no centro* da cidade. **Vou** *para o centro* da cidade.
esquecer/ esquecer-se e **lembrar/ lembrar-se**	VTD e VTI (de)	• não reter/reter na memória (são transitivos diretos quando não pronominais e transitivos indiretos quando pronominais): **Esqueci** *o compromisso.* **Lembrou** que havia reunião. Entretanto, o uso corrente varia: **Esqueci(-me)/Lembrei(-me)** *do compromisso.* **Esqueci/Lembrei** *o compromisso.* **Esqueceu(-se)/Lembrou(-se)** *de ligar para a mãe.* **Esqueceu-se/Lembrou-se** *(de) que havia reunião.*
implicar	VTDI (em)	• envolver alguém ou a si mesmo em complicação: O relacionamento com os envolvidos **implicou-o** *no crime.*
	VTI (com)	• demonstrar antipatia, hostilizar: **Implicou(-se)** *com as amigas da filha sem motivo.*
	VTD	• ter como consequência, acarretar: Toda escolha **implica** *perdas e ganhos.* Entretanto, o uso corrente varia: Toda escolha **implica** *(em) perdas e ganhos.*

obedecer e **desobedecer**	VTI (a)	• fazer/não fazer o que é ordenado: Sempre **obedece** *ao pai.* Entretanto, o uso corrente é este: Sempre **desobedece** *o pai.*
preferir	VTDI	• escolher entre duas ou várias coisas: **Prefiro** *ter felicidade a ter dinheiro.* Entretanto, o uso corrente é este: **Prefiro** *felicidade do que dinheiro.* **Prefiro** *ter felicidade do que (ter) dinheiro.*
simpatizar e **antipatizar**	VTI (com)	• ter simpatia ou antipatia: Eu **simpatizo** *com o seu projeto.* Ela **antipatizou** *com ele desde a primeira vez que o viu.*
visar	VTD	• mirar O atirador **visou** *o alvo*, mas não acertou. • pôr visto: Não posso viajar, pois não **visei** *o passaporte.*
	VTI (a)	• ter como objetivo, pretender: Está se aperfeiçoando, porque **visa** *a uma promoção.* Entretanto, o uso corrente é este: Está se aperfeiçoando, porque **visa** *(a) uma promoção.*

Regência nominal

Leia o cartaz:

A água é um bem renovável, mas não dura para sempre. Isto quer dizer que, se não for bem cuidada, ela pode acabar. De toda a água do planeta, apenas 1% pode ser usada para o consumo e até mesmo o Brasil, que possui a maior reserva deste recurso, já enfrenta problemas. Reverter este quadro é muito mais do que um ato de cidadania, é uma questão de vida. A Campanha Água para a Vida, Água para Todos é uma iniciativa do WWF-Brasil para promover a preservação e a recuperação dos mananciais — fontes de água usadas para o abastecimento, alertar sobre a necessidade do uso racional da água e sobre os riscos que a poluição e a devastação das florestas podem trazer para a vida no planeta. Para participar desta campanha, acesse: wwf.org.br/agua

Na frase principal do cartaz, "Se o mau uso das fontes de água do Brasil continuar", observe que o substantivo *uso* exige o termo *das fontes de água* para completar seu sentido. Observe também que a relação entre o nome *uso* e seu complemento é estabelecida pela preposição *de*.

No texto da direita, o nome *usada* é completado por *para o consumo; reserva*, por *deste recurso; preservação e recuperação*, por *dos mananciais; necessidade*, por *do uso racional; poluição e devastação*, por *das florestas*.

Veja, a seguir, um quadro com alguns nomes e preposições que comumente os complementam.

REGÊNCIAS DE ALGUNS NOMES	
a	acessível, adequado, alheio, análogo, apto, avesso, benéfico, cego, conforme, contíguo, desatento, desfavorável, desleal, equivalente, fiel, grato, guerra, hostil, idêntico, inacessível, inerente, indiferente, infiel, insensível, nocivo, obediente, odioso, oposto, peculiar, pernicioso, próximo (de), superior, surdo (de), visível
de	amante, amigo, ansioso, ávido, capaz, cobiçoso, comum, contemporâneo, curioso, devoto, diferente, digno, dessemelhante, dotado, duro, estreito, fértil, fraco, incerto, indigno, inocente, menor, natural, nobre, orgulhoso, pálido, passível, pobre, pródigo (em), temeroso, vazio, vizinho
com	afável, amoroso, aparentado, compatível, conforme, cruel, cuidadoso, descontente, furioso (de), inconsequente, ingrato, intolerante, liberal, misericordioso, orgulhoso, parecido(a), rente (a, de)
contra	desrespeito, manifestação, queixa
em	constante, cúmplice, diligente, entendido, erudito, exato, fecundo, fértil, fraco, forte, hábil, impossibilidade (de), incansável, incerto, inconstante, indeciso, lento, morador, parco (de), perito, prático, sábio, sito, último (de, a), único
entre	convênio, união
para	apto, bom, diligente, disposição, essencial, idôneo, incapaz, inútil, odioso, pronto (em), próprio (de), útil
para com	afável, amoroso, capaz, cruel, intolerante, orgulhoso
por	ansioso, querido (de), responsável, respeito (a, de)
sobre	dúvida, influência, triunfo

Exercícios

Leia esta tira:

(Disponível em: https://www1.folha.uol.com.br/colunas/quebracabeca/2015/03/1609137-voce-sente-vergonha-de-que.shtml?origin=folha. Acesso em: 2/3/2020.)

1 Observe a parte não verbal da tira.

a) Para onde Armandinho está olhando em cada um dos quadrinhos?

b) E como está a sua expressão facial nos três quadrinhos?

2 Releia as falas de Armandinho no 1º e no 3º quadrinho.

a) Que termos complementam as formas verbais *tenho* e *vejo*?

b) Que termo complementa o nome *vergonha*?

3 A fala de Armandinho no 3º quadrinho instaura um novo sentido para a fala do 1º.

a) Observe a resposta do pai no 2º quadrinho e explique qual sentido ele compreendeu da primeira fala do filho.

b) Qual novo sentido é colocado em cena pela fala final de Armandinho?

c) Sugira duas reescritas para a fala inicial de Armandinho, explicitando os dois sentidos explorados na tira.

Crase

A tira que você acabou de analisar na seção anterior contém a expressão *às vezes*, com o acento grave da crase. Isso ocorre porque houve a fusão da preposição *a* com o artigo *as*, determinante do nome feminino *vezes*, compondo a locução adverbial de tempo, cujo significado é "por vezes", "em determinadas circunstâncias".

Agora leia o cartaz abaixo.

Reprodução/MP Publicidade

Compare estas duas frases do cartaz, observando as palavras destacadas:

> "É assim que o mosquito da dengue vê *a* água parada."
> "Dia Nacional de Combate *à* Dengue."

Na primeira frase, é empregado o verbo *ver* (transitivo direto), que tem como objeto direto o termo *a água parada*. Como o verbo *ver* não exige preposição, a palavra *a* que precede o substantivo feminino *água* é artigo feminino.

Na segunda frase, o substantivo *combate* tem como complemento o termo *à dengue*, que é seu complemento nominal. O substantivo *combate* rege a preposição *a*, e o substantivo feminino *dengue* admite o artigo feminino *a*:

combate *a a* dengue
preposição artigo

A preposição *a* e o artigo *a* se fundem em um único *a*, dando origem ao fenômeno chamado *crase*. Na escrita, marcamos a crase com o acento grave:

combate *à* dengue
a + a

Assim:

Crase é a fusão de duas vogais idênticas.

A palavra *crase* nomeia a contração ou fusão da preposição *a* exigida pela regência de um verbo ou um nome (substantivo, adjetivo ou advérbio) com:

- o artigo feminino *a(s)*:

> Exceto para quem é alérgico *à* qualidade.

- os pronomes demonstrativos *aquele(s)*, *aquela(s)*, *aquilo*:

> Por favor, encaminhe-se *àquele* balcão.

- o pronome demonstrativo *a(s)*:

> Nossos atletas estão em condições semelhantes *às* dos americanos.

Portanto, excluindo-se os casos dos demonstrativos, *a crase ocorre apenas antes de palavra feminina*. Como a crase é um fenômeno fonético, ou seja, próprio da língua falada, o *acento grave* o assinala na escrita nos três casos.

Quando a crase é possível?

Diante de palavras femininas. Observe que, na frase do anúncio abaixo, por exemplo, ocorre crase porque o nome *alérgico* exige a preposição *a* e o substantivo *qualidade* é feminino e exige o artigo *a*.

Reprodução/Calazans/W. Impar

(*Casa Claudia*, ano 23, n. 6.)

Exercícios

Leia, a seguir, o trecho de uma reportagem.

metamorworks/Shutterstock

> [...] Embora a TV aberta continue sendo campeã de audiência no Brasil, o tempo que o brasileiro passa **assistindo** a vídeos na Internet vem crescendo em maiores proporções, segundo um estudo de 2016 apresentado pelo YouTube em parceria com o *site Meio&Mensagem* e a consultoria Provokers. "Os brasileiros são consumidores compulsivos de conteúdo em vídeo", diz Cerávolo.
>
> Os números da enquete revelam inclusive que o conteúdo da Internet já é mais procurado que o da televisão a cabo: enquanto 82 milhões de brasileiros, 42% da população, têm costume de **assistir** a vídeos na rede, os que **assistem** a TV por assinatura representam 37%. A pesquisa, que ouviu 1.500 pessoas entre 14 e 55 anos, das classes A, B e C, revela também que entre os adolescentes a televisão recebe cada vez menos atenção: 89% declarou estar conectado enquanto está diante da tela tradicional. [...]
>
> (Disponível em: https://brasil.elpais.com/brasil/2017/08/13/tecnologia/1502578288_835104.html. Acesso em: 3/3/2020.)

1 Observe as três ocorrências do verbo *assistir* em destaque no texto.

a) Descreva como foi feita a regência em cada uma delas: como verbo intransitivo, como transitivo direto ou como transitivo indireto?

b) Troque ideias com os colegas e o professor e explique por que uma das construções com o verbo em destaque pode ser lida com duas regências distintas.

c) Proponha uma reescrita que elimine a ambiguidade analisada por você no item *b*.

2 Há diversos nomes com complementos no texto.

a) Identifique os termos do texto que complementam os nomes a seguir.

- campeã ☐
- apresentado ☐
- parceria ☐ *site*
- consumidores ☐
- conteúdo ☐
- conteúdo ☐
- diante ☐

b) Troque ideias com os colegas e o professor: Qual é a diferença de sentido, no contexto, entre as duas preposições diferentes que completam o termo *conteúdo*?

3 Reescreva as frases a seguir, completando-as com *a*, *à*, *as* ou *às*.

a) O supermercado vende ☐ atacadistas ☐ vista e ☐ prazo e ainda faz entrega em domicílio ☐ pedido do freguês.

b) Saboreamos um tutu ☐ mineira, num restaurante aconchegante ☐ pouca distância do hotel, mais ou menos ☐ sete horas.

c) Sentou-se ☐ máquina e pôs-se ☐ reescrever uma ☐ uma ☐ páginas do relatório.

d) Sua objeção ☐ contratação do novo funcionário restringia-se ☐ exigências salariais do candidato, e não ☐ sua capacidade profissional.

e) Garanto ☐ você que compete ☐ ela, pelo menos ☐ meu ver, tomar ☐ providências para resolver o caso, pois ☐ qualquer hora estará ☐ entrada do prédio ☐ comissão parlamentar.

4 Reescreva as frases a seguir, completando-as com *aquele(s)*, *aquela(s)*, *aquilo*, *àquele(s)*, *àquela(s)*, *àquilo*.

a) Preferimos isto ☐.

b) Precisamos verificar se temos ou não direito ☐ abono.

c) ☐ hora, sua atitude só agradou ☐ que não visavam ao lucro.

d) Abra, por favor, ☐ janelas: o calor está insuportável.

e) Seu espírito agressivo levou-o ☐ atitude extrema.

Em caso de dúvida...

Existem dois procedimentos que auxiliam na identificação da crase:

- Verifique se a palavra admite o artigo *a*, colocando-a depois de um verbo que exige uma preposição diferente de *a*:

Vim *da* Itália. → Vou *à Itália*.
Vim *de* Recife. → Vou *a Recife*.

- Substitua a palavra feminina por uma masculina e observe se ocorre a combinação *ao* antes do nome masculino:

Seu discurso não fez referência *aos* candidatos. → Seu discurso não fez referência *às* candidatas.

Casos especiais

Ocorre crase:

- em *locuções adverbiais* e *prepositivas* formadas por substantivos femininos:
  À direita ficava a sala.

A rigor, não ocorre crase nas locuções adverbiais que indicam instrumento: bordar *a mão*, cortar *a faca*, escrever *a máquina*. Entretanto, alguns gramáticos defendem o uso do acento nessas expressões para assegurar maior clareza.

- antes de nomes de lugares determinados pelo artigo:
  O papa regressou *à Itália*.

Os nomes de lugar que normalmente não admitem artigo passam a exigi-lo se seguidos de um termo especificador. Compare:
Fiz uma excursão *a Roma*.
Fiz uma excursão *à Roma de meus avós*.

- nas expressões proporcionais *à medida que*, *à proporção que*:
  À proporção que se aproximava o dia da entrega do prêmio, mais ansiosos ficavam os atores.
- antes da palavra *casa*, se ela for determinada:
  Voltamos *à antiga casa de nossos pais* um dia destes.

Quando indica residência, lar, morada, a palavra *casa* não admite artigo e, portanto, não ocorre crase. Compare:
Vou a casa depois da aula de ginástica.
Venho de casa.
Estou em casa.

- antes da palavra *Terra*:
  A nave espacial russa já voltou *à Terra*.

Quando se opõe a *bordo*, a palavra *terra* não admite artigo e, portanto, não ocorre crase:
Os marinheiros, assim que o navio atracou no cais, desceram *a terra*.

- quando estão subentendidas as expressões *à moda de*, *à maneira de* ou palavras como *faculdade*, *empresa*, *companhia*, mesmo que seja diante de palavras masculinas:
  Refiro-me *à UFRJ*. (*à universidade*)

A regência na construção do texto

Demora

Espero o dia
Que você me chegue
E me beije o beijo
De quem vai chegar
Sem pressa
E me amar sem planos
De ir embora.
E que você se apresse
Somente em chegar,
Pois, quanto mais
Eu te espero,
Mais o dia
Que você me chega
Se demora.

(Lucão. *Telegramas*. São Paulo: Saraiva, 2016. p. 73.)

Filipe Rocha/Arquivo da editora

1 A palavra *demora* está no título do poema e é também com ela que ele se encerra. Qual é o sentido dessa palavra em cada uma dessas ocorrências?

2 Levante hipóteses: Qual é a relação entre o eu lírico e o seu interlocutor? Justifique sua resposta com elementos do texto.

3 Há no poema verbos empregados com regências pouco usuais.

a) Descreva a diferença entre os complementos do verbo *chegar* no 2º e no 4º versos. Em seguida, identifique em outro verso a mesma construção do segundo.

b) Quais são os complementos da forma verbal *beije* no 2º verso?

c) Troque ideias com os colegas e o professor e explique o efeito de sentido que as construções analisadas por você nos itens anteriores conferem aos versos.

Releia estes dois versos e responda às questões 4 e 5.

> "E me amar sem planos
> De ir embora."

4 Há neles uma ocorrência de regência nominal.

a) Identifique-a.

b) Explique a relação de sentido entre o termo regente e seu complemento.

5 O 2º verso não apenas completa o 1º, mas também modifica o seu sentido.

a) Qual é o sentido do 1º verso, se lido como uma frase isolada?

b) Explique de que forma o 2º verso modifica o sentido do 1º.

6 Regência verbal e nominal são relações que um termo (verbo ou nome) estabelece com outro(s), que complementa(m) o seu sentido. Indique, entre as afirmações a seguir, qual descreve corretamente a relação entre o emprego da regência e as ideias do poema estudado.

I. No poema, o eu lírico acredita que nunca mais vai encontrar a pessoa amada e, por isso, lamenta a distância que existe entre eles utilizando as regências para acentuar essa impossibilidade do encontro.

II. No poema, o eu lírico age ativamente para minimizar a distância entre ele e a pessoa amada, e o uso incomum da regência chama a atenção para essas suas atitudes.

III. No poema, o eu lírico aguarda a chegada da pessoa amada a fim de que possa se completar no outro; o uso incomum da regência no texto chama a atenção sobre essas relações entre forma e conteúdo.

Semântica e discurso

Leia o aviso de elevador ao lado e responda às questões 1 a 3.

1 Identifique no texto do aviso:

a) a única forma verbal que ele apresenta;

b) a voz em que essa forma está.

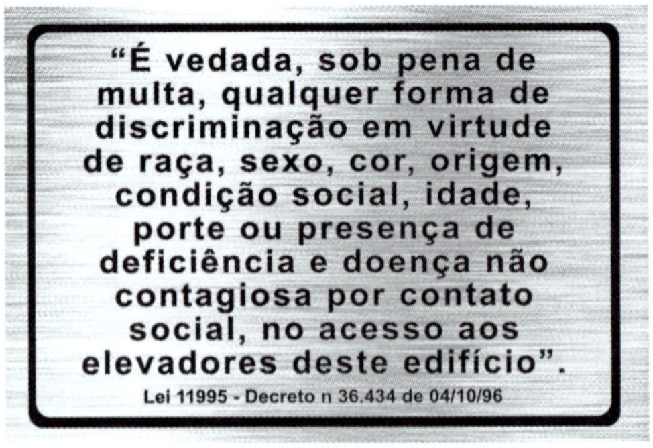

WMO/Thinkstock

2 Apesar de conter apenas uma única forma verbal, o texto do aviso faz referência a ações diversas.

a) Quais são essas ações?

b) De que forma essas ações são referidas no texto?

3 A nominalização e a voz passiva são recursos muito utilizados para conferir maior impessoalidade aos textos.

a) Reescreva o texto do aviso, transformando em verbos os nomes *vedada*, *discriminação*, *porte*, *presença* e *acesso*. Faça a adaptação dos termos regidos por esses nomes.

b) Levante hipóteses: Por que o aviso adota o tom impessoal?

CAPÍTULO 33

A colocação — Colocação pronominal

Construindo o conceito

Leia o anúncio:

Reprodução/WWF Brasil

(34º *Anuário do Clube de Criação de São Paulo*, p. 117.)

1 Observe o seguinte texto verbal do anúncio e os logotipos que o acompanham:

> Reprodução/WWF Brasil
>
> WWF Brasil
>
> Saiba como diminuir o impacto ambiental da sua empresa em wwf.org.br e afilie-se já. Ainda dá tempo de salvar o planeta.

a) Quem é locutor do anúncio?
b) A quem o anúncio é dirigido?
c) O que é oferecido ao destinatário?

2 Observe agora a parte não verbal do anúncio.
a) Que elementos a compõem?
b) Associe a imagem mostrada no anúncio ao enunciado principal: "Na natureza esta empresa ainda vai durar uns 100 anos". Que efeito de sentido resulta dessa associação?
c) No contexto, o pronome *esta* tem a função de identificar um objeto no espaço. Qual é esse objeto?
d) No enunciado principal do anúncio, foi empregada uma *metonímia*, figura de linguagem que consiste na substituição de uma palavra por outra em razão de haver entre elas uma relação de interdependência, de inclusão ou implicação. Explique como se dá, no anúncio, essa relação metonímica.

Reprodução/WWF Brasil

e) Por que o locutor do texto afirma que na natureza a empresa "ainda vai durar uns 100 anos"?

Este capítulo favorece o desenvolvimento das habilidades

EM13LGG101
EM13LGG102
EM13LGG103
EM13LGG202
EM13LGG203
EM13LGG401
EM13LP01
EM13LP02
EM13LP08
EM13LP09
EM13LP10
EM13LP26
EM13LP49

3 Compare estes enunciados:

> "Na natureza esta empresa ainda vai durar uns 100 anos."
> Esta empresa ainda vai durar uns 100 anos na natureza.

a) Que diferença de sentido há entre os enunciados?

b) Qual é a função sintática do termo *na natureza* em cada um dos enunciados?

c) No primeiro enunciado, os termos não estão empregados na ordem direta. Levante hipóteses: Por que o locutor optou por uma ordem diferente da direta?

Conceituando

Em todo enunciado, seja em texto de linguagem verbal, seja em texto de linguagem não verbal, há intenções argumentativas, explícitas ou implícitas. No anúncio, ressaltam-se elementos ambientais — parte da mata, tronco de árvore, vegetação —, um logotipo com a imagem de um urso panda (símbolo do problema da extinção animal) e outro com as cores da bandeira brasileira e o desenho de um coração. Todos esses elementos funcionam como argumentos de sensibilização e persuasão para convencer o leitor da importância de diminuir os impactos ambientais provocados pela ação de empresas. Na linguagem verbal, quando se quer dar um destaque a um termo ou atribuir um sentido diferente à oração, coloca-se esse termo em primeiro plano, como ocorre com a expressão *na natureza*, que, ao ser colocada no início da frase, é intencionalmente destacada no enunciado principal do anúncio estudado.

Na língua portuguesa, chamamos de **ordem direta** aquela em que os termos da oração se dispõem na sequência sujeito + verbo + complemento (objeto direto, indireto), predicativo, adjuntos, etc. Quando ocorre uma alteração nessa disposição dos termos, dizemos que a oração está na **ordem inversa**.

> **Colocação** é o modo de dispor, na ordem direta ou inversa, os termos que compõem a oração.

Embora certas colocações sejam consagradas pelo uso, como o emprego do sujeito posposto ao verbo na voz passiva pronominal, na língua portuguesa a estrutura da oração admite bastante liberdade de colocação. Observe:

> **I.** Uns 100 anos esta empresa ainda vai durar na natureza.
> **II.** Ainda vai durar uns 100 anos na natureza esta empresa.
> **III.** Esta empresa vai durar ainda uns 100 anos na natureza.
> **IV.** 100 anos esta ainda vai natureza durar na empresa uns.
> **V.** Esta empresa 100 durar anos uns vai natureza na ainda.

As frases I, II e III, assim como as construções analisadas por você na questão 3 no estudo de abertura deste capítulo, são todas compreensíveis e aceitáveis em língua portuguesa. Já nas frases IV e V as palavras estão colocadas de forma aleatória e, portanto, elas não são construções possíveis em português, não têm sentido e jamais seriam ditas ou escritas por um falante brasileiro. Isso porque a colocação também segue determinadas regras e nem todas as palavras podem ser colocadas em qualquer lugar. Um dos princípios clássicos de colocação é a colocação pronominal, que estudaremos a seguir.

Colocação pronominal

Os pronomes pessoais oblíquos átonos *me*, *te*, *se*, *lhe(s)*, *o(s)*, *a(s)*, *nos* e *vos* podem estar em três posições em relação ao verbo ao qual se ligam.

Leia o cartum a seguir e observe a colocação do pronome oblíquo.

(Laerte. *Folha de S.Paulo*, 13/3/2006.)

No cartum, foi empregado o pronome pessoal oblíquo átono *me*. Observe que ele está colocado depois do verbo. Nesse caso, dizemos que há **ênclise**. Se estivesse colocado antes do verbo, "me chute", seria um caso de **próclise**.

O pronome oblíquo átono pode estar também no meio do verbo, colocação que é denominada **mesóclise**. Veja o exemplo:

> Para um resultado mais exato, far-*se*-á necessário um novo cálculo.

Em resumo, os princípios básicos da colocação pronominal, de acordo com a norma-padrão, são os seguintes.

- **Ênclise**: o pronome é colocado **depois** do verbo quando se inicia uma frase e após vírgula.
- **Próclise**: o pronome é colocado **antes** do verbo quando há determinadas palavras que favorecem a ocorrência dessa construção (indicadas no boxe "Emprego da próclise", na página seguinte).
- **Mesóclise**: o pronome é colocado no **meio** do verbo quando este se encontra conjugado no futuro do presente ou no futuro do pretérito do modo indicativo, desde que não haja condição de próclise.

Atualmente, no Brasil, a próclise é a forma mais encontrada na grande maioria das situações de colocação do pronome oblíquo átono. Isso ocorre porque, na fala brasileira, o pronome oblíquo átono, embora seja classificado como tal, tem uma pronúncia tônica. Para perceber isso, você pode fazer um breve teste com seus colegas, tentando pronunciar o *me* ou o *te* de forma átona em posição de próclise, o que gera um som impronunciável, algo como "m'chute", "m'chame". Por ser amplamente difundida na fala brasileira, essa tendência à próclise pode ser observada também em alguns textos escritos, especialmente naqueles que contêm uma linguagem menos formal ou que pretendem reproduzir a fala. Em situações de escrita formal, tal como exames, concursos ou avaliações institucionais, convém ainda seguir a colocação prevista pelas regras da norma-padrão.

Veremos, a seguir, algumas das regras para a ocorrência de próclise, em frases nas quais há palavras e expressões que favorecem essa construção. Ao resolver os exercícios, leia o boxe que trata do assunto.

Exercícios

Leia o poema a seguir, de Mário Quintana, e responda às questões 1 a 4:

A letra e a música

Quando nos encontramos
Dizemo-nos sempre as mesmas palavras que todos os amantes dizem...
Mas que nos importa que as nossas palavras sejam as mesmas de sempre?
A música é outra!

(*A cor do invisível*. Organização de Tania Franco Carvalhal. São Paulo: Globo, 2005. p. 13.)

1 O poema aborda o amor de forma metafórica. A que é comparado o amor?

2 O eu lírico afirma que todos os amantes dizem sempre as mesmas palavras. O que diferencia, então, as situações amorosas?

3 Interprete: Nessa "canção de amor", a que corresponde:
a) a letra da canção?
b) a música?

4 Observe o emprego dos pronomes oblíquos átonos no poema. A colocação deles está de acordo com a norma-padrão? Justifique sua resposta.

5 Indique as frases em que a colocação pronominal está em desacordo com a norma-padrão. Em seguida, reescreva-as, adequando a colocação pronominal.
a) Nunca soubemos quem roubava-nos.
b) Pouco se sabe sobre este caso.
c) Que Deus acompanhe-te!
d) Agora, se ajeite e durma bem.
e) Contaria-me tudo, se eu quisesse.
f) Em se tratando de conhecimentos de arte, podemos contar com ele.

Emprego da próclise

Exercem atração sobre o pronome:

- palavra negativa (*não, nem, nunca, ninguém, nenhum, nada, jamais*, etc.) não seguida de pausa:
  Nunca *nos* revelou sua verdadeira identidade.
- advérbio não seguido de vírgula:
  Depois *me* dirigi ao balcão de informações.
  Havendo vírgula depois de palavra negativa ou de advérbio, usa-se ênclise:
  Não, disse-*me* ele, não me deve mais nada.
  Em seguida, despediu-*se* de todos gentilmente.
- pronomes relativos e indefinidos:
  O rapaz que *me* procurou vendia enciclopédias.
  Quem *te* acompanhou até aqui?
- conjunção subordinativa:
  Pensei que *lhe* dariam o emprego.

Ocorre próclise também quando houver:

- preposição seguida de gerúndio:
  Em *se* tratando de brigas familiares, não me meto.
- infinitivo pessoal precedido de preposição:
  Para *se* desculparem, enviaram à menina flores e bombons.
- orações exclamativas e interrogativas diretas:
  Quanto *me* enganei!
  Quando *me* devolverás o livro?
- orações optativas, exclamativas ou interrogativas diretas:
  Deus *lhe* pague, moço!
  Que *me* importa sua opinião?

Havendo entre o pronome oblíquo e a palavra que exerce atração um termo ou oração intercalados, a próclise continua sendo necessária:
Nunca, é bom saberem, *lhe* pedi dinheiro.

A colocação pronominal em relação aos tempos compostos e às locuções verbais

De acordo com a norma-padrão, o pronome oblíquo pode estar:

- enclítico em relação ao verbo principal se este estiver no infinitivo ou no gerúndio; *nunca* se estiver no particípio;
- proclítico ou enclítico em relação ao verbo auxiliar;
- mesoclítico em relação ao verbo auxiliar se este estiver no futuro do presente ou no futuro do pretérito.

Observe as posições do pronome nas frases:

Eu quero contar-*lhe* a verdade.
Eu *lhe* quero contar a verdade.
Eu quero-*lhe* contar a verdade.

Eu *lhe* tinha contado a verdade.
Eu tinha-*lhe* contado a verdade.
Ter-*lhe*-ia contado a verdade, se a soubesse.

Se houver fator de próclise, teremos:

Disse que *lhe* quero contar a verdade.
Disse que quero contar-*lhe* a verdade.
Já *lhe* estou contando a verdade.

Já estou contando-*lhe* a verdade.
Já *lhe* tinha contado a verdade.

No Brasil, a preferência é por construções em que o pronome oblíquo aparece solto entre as formas verbais. Veja:

Quero *lhe* dizer o que sei.
Ele já tinha *me* decepcionado.
Estou *lhe* enviando notícias.

A colocação pronominal no português do Brasil e no português lusitano

Leia os textos abaixo. O primeiro é uma notícia de um jornal português; o segundo, uma tira do quadrinista brasileiro Caco Galhardo.

"O meu neto morreu-me nos braços de hipotermia"

A noite de 27 de fevereiro de 2010 **mudou-lhes** a vida para sempre. [...]

A tempestade "Xynthia" atingiu a costa atlântica francesa. [...]

Dez anos depois, Elisabeth Tabary **lembra-se** dessa noite como se fosse ontem:

"O vento estava forte e por volta das 3h15 da manhã ouvi barulho. A água chegou a grande velocidade e subiu até ao metro e meio. O meu marido veio **procurar-me** mais tarde mas morreu logo de seguida. O meu neto **morreu-me** nos braços de hipotermia. Quis **afogar-me** porque percebi que já não havia nada a fazer."

(Disponível em: https://pt.euronews.com/2020/02/28/dez-anos-depois-de-xynthia. Acesso em: 2/3/2020.)

(Caco Galhardo. *Folha de S.Paulo*, 26/6/2012.)

A diferença de colocação pronominal decorre das diferenças eufônicas entre o português de Portugal e o do Brasil, porque o falante português, diferentemente do brasileiro, de fato pronuncia os pronomes oblíquos átonos de forma átona, daí a necessidade de se integrarem ao verbo anterior para serem pronunciados: *mudou-lhes*, *lembra-se*, *procurar-me*, etc. Já para o falante brasileiro, que pronuncia os pronomes de forma tônica, é mais natural dizer e ouvir: *me dê*.

Exercícios

Leia o trecho de uma reportagem:

A história da menina que sobreviveu ao câncer e mobilizou time amador em Gravataí

Diagnosticada com um tumor cerebral aos 13 anos, em 2014, Isadora Ribeiro recebeu força de onde poucos imaginavam para vencer a doença: no futebol amador de **Gravataí**, cidade onde mora. Seu desejo após a primeira cirurgia foi ir ao campo do time do coração, o Grêmio Esportivo Três Estrelas, de onde tiraria energia para reiniciar a vida, mesmo contrariando a recomendação médica de permanecer em casa. Foi recebida como um troféu de Copa do Mundo: entrou nos braços de um jogador, virou mascote do time e música que não sai da cabeça dos torcedores.

LAURO ALVES/AGENCIA RBS

"Dá-lhe ô, dá-lhe ô, Isadora, dá-lhe ô", cantava o grupo Bicho Papão, torcida organizada do Três Estrelas, com as batidas graves do bumbo e secas do tarol compondo a trilha sonora.

A menina entrou em campo com 32 pontos na cabeça, máscara cirúrgica, toucas e luva. Um ano depois do episódio que uniu clube, comunidade, família e a menina, o diagnóstico médico foi de que a doença foi controlada. Foi assim que nasceu a história que ficou conhecida na região como "a lenda de Isadora". [...]

— Eles me deram toda a força que precisava. Foi de onde eu tirei coragem para acreditar que eu poderia vencer — resume a garota. [...]

O campo, aos finais de semana, se torna ponto de referência do bairro [...].

O objetivo da mãe, Angélica Ribeiro, 35 anos, é não deixar que seja esquecida "a lenda de Isadora":

— O amor cura e o carinho consola. Foi realmente isso que aconteceu. A semana toda os jogadores passavam nos ajudando, com roupa, comida. Agora podemos ajudar a outras pessoas.

(Disponível em: https://gauchazh.clicrbs.com.br/porto-alegre/noticia/2019/08/a-historia-da-menina-que-sobreviveu-ao-cancer-e-mobilizou-time-amador-em-gravatai-cjyuf9e8r018d01msvtmew571.html. Acesso em: 2/3/2020.)

1 No texto, há ênclise e próclise.

a) Identifique-as.

b) Compare as construções identificadas por você no item *a* às regras de colocação pronominal da norma-padrão. Há alguma diferença? Em caso afirmativo, qual(quais)?

2 Troque ideias com os colegas e o professor e levante hipóteses: Por que os pronomes foram colocados dessa forma no texto lido?

3 Embora a próclise seja a ocorrência mais habitual no Brasil, há construções da fala brasileira cotidiana que ainda utilizam o pronome em colocação enclítica, conforme o exemplo visto no texto em estudo. Indique outras dessas construções.

A colocação pronominal na construção do texto

Leia a seguir seis artigos do Estatuto da Criança e do Adolescente.

> Art. 2º Considera-se criança, para os efeitos desta Lei, a pessoa até doze anos de idade incompletos, e adolescente aquela entre doze e dezoito anos de idade.
>
> Parágrafo único. Nos casos expressos em lei, aplica-se excepcionalmente este Estatuto às pessoas entre dezoito e vinte e um anos de idade.
>
> Art. 3º A criança e o adolescente gozam de todos os direitos fundamentais inerentes à pessoa humana, sem prejuízo da proteção integral de que trata esta Lei, assegurando-se-lhes, por lei ou por outros meios, todas as oportunidades e facilidades, a fim de lhes facultar o desenvolvimento físico, mental, moral, espiritual e social, em condições de liberdade e de dignidade.
>
> Parágrafo único. Os direitos enunciados nesta Lei aplicam-se a todas as crianças e adolescentes, sem discriminação de nascimento, situação familiar, idade, sexo, raça, etnia ou cor, religião ou crença, deficiência, condição pessoal de desenvolvimento e aprendizagem, condição econômica, ambiente social, região e local de moradia ou outra condição que diferencie as pessoas, as famílias ou a comunidade em que vivem. (incluído pela Lei nº 13.257, de 2016)
>
> [...]
>
> Art. 57. O poder público estimulará pesquisas, experiências e novas propostas relativas a calendário, seriação, currículo, metodologia, didática e avaliação, com vistas à inserção de crianças e adolescentes excluídos do ensino fundamental obrigatório.
>
> Art. 58. No processo educacional, respeitar-se-ão os valores culturais, artísticos e históricos próprios do contexto social da criança e do adolescente, garantindo-se a estes a liberdade da criação e o acesso às fontes de cultura.
>
> Art. 59. Os municípios, com apoio dos estados e da União, estimularão e facilitarão a destinação de recursos e espaços para programações culturais, esportivas e de lazer voltadas para a infância e a juventude.
>
> (Disponível em: http://www.planalto.gov.br/ccivil_03/leis/l8069.htm. Acesso em: 5/3/2020.)

1 Segundo o texto:

a) Quais pessoas são consideradas crianças e adolescentes?

b) A quais pessoas o documento pode se estender, excepcionalmente?

c) Há alguma criança ou adolescente que não é protegido por essa lei? Justifique sua resposta com trechos do texto.

2 Há no texto ocorrências de pronomes oblíquos em próclise, ênclise e mesóclise. Releia os termos a seguir.

I. aplica-se

II. assegurando-se-lhes

III. lhes facultar

IV. respeitar-se-ão

a) Identifique o tipo de colocação pronominal em cada um deles.

b) Analise os contextos dos termos indicados por você e justifique a colocação pronominal empregada, tendo em vista as regras da norma-padrão.

c) Troque ideias com os colegas e o professor: Essas formas são de uso cotidiano ou ocorrem em textos específicos? Justifique sua resposta, considerando a situação de produção do Estatuto da Criança e do Adolescente.

Africa Studio/Shutterstock

Sergey Novikov/Shutterstock

3 Releia os seguintes trechos:

> **I.** "O poder público *estimulará* pesquisas, experiências e novas propostas"
> **II.** "No processo educacional *respeitar-se-ão* os valores culturais, artísticos e históricos"
> **III.** "Os municípios, com apoio dos estados e da União, *estimularão* e *facilitarão* a destinação de recursos"

a) Analise a estrutura dos trechos lidos e conclua: Qual deles está na voz passiva? Justifique sua resposta.
b) Identifique os sujeitos das formas verbais em destaque em cada um dos trechos.

Semântica e discurso

1 Certas orações fora da ordem direta só podem ser compreendidas em contexto. Leia as frases a seguir.

> • Comanda o povo o governo.
> • Mordeu o bebê a priminha.
> • Não entende a mãe a filha.

a) Troque ideias com os colegas e o professor e imagine diferentes contextos e sentidos para as três frases.
b) Fazendo uso de preposições, torne o sentido dessas frases mais preciso.

2 Certas palavras, dependendo da posição que ocupam na oração, podem mudar de significado. Dê o significado das palavras destacadas nos pares de frases a seguir.
a) Você tem que ir lá no dia *certo*.
Certo dia, eis que meu filho chega sem avisar.
b) Dinheiro *algum* o fez mudar de ideia.
É bom ter sempre *algum* dinheiro de reserva.

Leia a tira a seguir, de Laerte, e responda às questões 3 a 5.

(*Folha de S.Paulo*, 28/2/2012.)

3 Observe a colocação dos pronomes oblíquos na tira:

> "Procurei-vos..."
> "Explicar-mo-íeis?"
> "Banqueteamo-nos"

a) Em que posição os pronomes foram empregados?
b) Essa colocação está de acordo com a norma-padrão?
c) O que justifica o emprego de *mo* na posição em que se encontra?

4 A linguagem empregada nos quadrinhos revela indícios de que se trata de um português antigo. A palavra *debalde*, por exemplo, é rara no português moderno, e a forma pronominal *mo* — originada da contração dos pronomes oblíquos átonos *me* e *o* — só se encontra em textos literários antigos.
a) O que significa *debalde*?
b) A que se refere o pronome *o*, da contração *mo*?

5 As formas de tratamento e o nível de linguagem usados pelos personagens não são comuns no gênero história em quadrinhos. Considerando a finalidade principal da tira, o que justifica o emprego desses recursos linguísticos?

Em dia com o Enem e o vestibular

1 (ENEM)

Disponível em: http://jconlineinteratividade.ne10.uol.com.br. Acesso em: 17 set. 2015.

Ao relacionar o problema da seca à inclusão digital, essa charge faz uma crítica a respeito da

a) dificuldade na distribuição de computadores nas áreas rurais.
b) capacidade das tecnologias em aproximar realidades distantes.
c) possibilidade de uso do computador como solução de problemas sociais.
d) ausência de políticas públicas para o acesso da população a computadores.
e) escolha das prioridades no atendimento às reais necessidades da população.

2 (ENEM)

Irerê, meu passarinho do sertão do Cariri,
Irerê, meu companheiro,
Cadê viola? Cadê meu bem? Cadê Maria?
Ai triste sorte a do violeiro cantadô!
Ah! Sem a viola em que cantava o seu amô,
Ah! Seu assobio é tua flauta de irerê:
Que tua flauta do sertão quando assobia,
Ah! A gente sofre sem querê!
Ah! Teu canto chega lá no fundo do sertão,
Ah! Como uma brisa amolecendo o coração,
Ah! Ah!
Irerê, solta teu canto!
Canta mais! Canta mais!
Prá alembrá o Cariri!

VILLA-LOBOS, H. Bachianas Brasileiras n. 5 para soprano e oito violoncelos (1938-1945). Disponível em: http://euterpe.blog.br. Acesso em: 23 abr. 2019.

Nesses versos, há uma exaltação ao sertão do Cariri em uma ambientação linguisticamente apoiada no(a)

a) uso recorrente de pronomes.
b) variedade popular da língua portuguesa.
c) referência ao conjunto da fauna nordestina.
d) exploração de instrumentos musicais eruditos.
e) predomínio de regionalismos lexicais nordestinos.

3 (ENEM)

O Instituto de Arte de Chicago disponibilizou para visualização on-line, compartilhamento ou download (sob licença *Creative Cornmons*), 44 mil imagens de obras de arte em altíssima resolução, além de livros, estudos e pesquisas sobre a história da arte.

Para o historiador da arte, Bendor Grosvenor, o sucesso das colações on-line de acesso aberto, além de democratizar a arte, vem ajudando a formar um novo público museológico. Grosvenor acredita que quanto mais pessoas forem expostas à arte on-line, mais visitas pessoais acontecerão aos museus.

A coleção está disponível em seis categorias: paisagens urbanas, impressionismo, essenciais, arte africana, moda e animais. Também é possível pesquisar pelo nome da obra, estilo, autor ou período. Para navegar pela imagem em alta definição, basta clicar sobre ela e utilizar a ferramenta de zoom. Para fazer o download, disponível para obras de domínio público, é preciso utilizar a seta localizada do lado inferior direito da Imagem.

Disponível em www.revistabula.com. Acesso em 5 dez 2018 (adaptado).

A função da linguagem que predomina nesse texto se caracteriza por

a) evidenciar a subjetividade da reportagem com base na fala do historiador de arte.
b) convencer o leitor a fazer o acesso on-line, levando-o a conhecer as obras de arte.
c) informar sobre o acesso às imagens por meio da descrição do modo como acessá-las.
d) estabelecer interlocução com o leitor, orientando-o a fazer o download das obras de arte
e) enaltecer a arte, buscando popularizá-la por meio da possibilidade de visualização on-line.

4 (FUVEST - SP)

> O Twitter é uma das redes sociais mais importantes no Brasil e no mundo. (...) Um estudo identificou que as fake news são 70% mais propensas a serem retweetadas do que fatos verdadeiros. (...) Outra conclusão importante do trabalho diz respeito aos famosos bots: ao contrário do que muitos pensam, esses robôs não são os grandes responsáveis por disseminar notícias falsas. Nem mesmo comparando com outros robozinhos: tanto os que espalham informações mentirosas quanto aqueles que divulgam dados verdadeiros alcançaram o mesmo número de pessoas.
>
> *Super Interessante*, "No Twitter, *fake news* se espalham 6 vezes mais rápido que notícias verdadeiras". Maio/2019.

No período "Nem mesmo comparando com outros robozinhos: tanto os que espalham informações mentirosas quanto aqueles que divulgam dados verdadeiros alcançaram o mesmo número de pessoas.", os dois-pontos são utilizados para introduzir uma

a) conclusão.
b) concessão.
c) explicação.
d) contradição.
e) condição.

5 (UNICAMP - SP)

TEXTO 1

> Os idiomas e suas regras são coisas vivas, que vão se modificando de maneira dinâmica, de acordo com o momento em que a sociedade vive. Um exemplo disso é a adoção do termo "maratonar", quando os telespectadores podem assistir a vários ou a todos os episódios de uma série de uma só vez. Contudo, ao que parece, a plataforma Netflix não quer mais estar associada à "maratona" de séries. A maior razão seria a tendência atual que as gigantes da tecnologia têm seguido para evitar o consumo excessivo e melhorar a saúde dos usuários.
>
> (Adaptado de Claudio Yuge, "Você notou? Netflix parece estar evitando o termo 'maratonar'." Disponível em https://www.tecmundo.com.br/ internet/133690-voce-notou-net flix-pareceevitando-termo-maratonar.htm. Acessado em 01/06/2019.)

TEXTO 2

Reprodução/Unicamp, 2020.

(Disponível em: http://www.willtirando.com.br/anesia-417/. Acessado em 01/06/2019.)

Embora os dois textos tratem do termo "maratonar" a partir de perspectivas distintas, é possível afirmar que o Texto II retoma aspectos apresentados no Texto I porque

a) esclarece o significado do neologismo "maratonar" como esforço físico exaustivo, derivado de "maratona".
b) deprecia a definição de "maratona" como ação contínua de superação de dificuldades e melhoria da saúde.
c) reflete sobre o impacto que a falta de exercícios físicos e a permanência em casa provocam na saúde.
d) menospreza o uso do termo "maratonar" relacionado a um estilo de vida sedentário, antagônico a maratona.

6 (UNICAMP - SP)

> — Pela milionésima vez, por favor, "se amostrar" não existe.
> Não pega bem usar uma expressão incorreta como essa.
> — Ora veja, incorreto para mim é o que não faz sentido, "se amostrar" faz sentido para boa parte do país.
> — Por que você não usa um sinônimo mais simples da palavra? Que tal "exibido"? Todo mundo conhece.
> — Não dá, porque quem se exibe é exibido, quem se amostra é amostrado. Por exemplo: quando os vendedores de *shopping* olham com desprezo para os meninos dos rolezinhos e moram no mesmo bairro deles, são exibidos. Eles acham que a roupa de vendedor faz deles seres superiores. Por outro lado, as meninas e os meninos dos rolezinhos vão para os *shoppings* para se amostrar uns para outros, e são, portanto, amostrados. Percebeu a sutileza da diferença?
> — Entendo, mas está errado.
> — Como é que está errado se você entende? Você não aceita a inventividade linguística do povo. "Amostrar" é verbo torto no manual das conjugações e "amostrado" é particípio de amostra grátis! Captou?
>
> (Adaptado de Cidinha da Silva, *Absurdada*. Disponível em http://notarodape. blogspot. com/ search/label/Cotidiano. Acessado em 22/05/2019.)

Considerando que a comparação entre modos de falar pode ser fonte de preconceito, o exemplo citado por uma das personagens da crônica

a) reforça o preconceito em relação às turmas de jovens de um mesmo bairro, com base nos significados de "amostrado" e "exibido".
b) explicita o preconceito, valendo-se de "amostrado" e "exibido" para distinguir dois grupos de jovens do mesmo bairro.
c) dissimula o preconceito e reconhece que "se amostrar" é, de fato, um verbo que não está de acordo com as normas gramaticais.
d) refuta o preconceito e confirma o desconhecimento da regra de formação do particípio passado do verbo "se amostrar".

7 (ENEM)

Reprodução/ENEM,2019

Disponível em: www.acnur.org. Acesso em: 11. dez. 2018.

Nesse cartaz, o uso da imagem do calçado aliada ao texto verbal tem o objetivo de

a) criticar as difíceis condições de vida dos refugiados.
b) revelar a longa trajetória percorrida pelos refugiados.
c) incentivar a campanha de doações para os refugiados.
d) denunciar a situação de carência vivida pelos refugiados.
e) simbolizar a necessidade de adesão à causa dos refugiados.

LINGUAGENS E SUAS TECNOLOGIAS

ANÁLISE LINGUÍSTICA/SEMIÓTICA

UNIDADE 12

Estudos de linguagem e estilística

Lucas Vallecillos/Agefotostock/AGB Photo Library

"Uma das características que empobrecem o ensino médio da língua materna é a pouca atenção reservada ao estudo da significação. O tempo dedicado a esse tema é insignificante, comparado àquele que se gasta com 'problemas' como a ortografia, a acentuação, a assimilação de regras gramaticais de concordância e regência, e tantos outros, que deveriam dar aos alunos um verniz de 'usuário culto da língua'. Esse descompasso é problemático quando se pensa na importância que as questões da significação têm, desde sempre, para a vida de todos os dias, e no peso que lhe atribuem hoje, com razão, em alguns instrumentos de avaliação importantes, tais como o Exame Nacional do Ensino Médio, os vestibulares que exigem interpretação de textos e o Exame Nacional de Cursos."

(Rodolfo Ilari. *Introdução à semântica — Brincando com a gramática*. São Paulo: Contexto, 2010. p. 11.)

CAPÍTULO 34

Introdução à semântica

Construindo o conceito

O texto a seguir é parte de um conto de Marina Colasanti, intitulado "Quase tão leve". Leia-o.

> Não precisou andar muito para chegar ao grande carvalho que se erguia perto do mosteiro. Ali, em fins de tarde, tantos e tão ruidosos eram os pássaros, que cada folha parecia ter asas. O velho olhou longamente os pássaros, àquela hora ocupados com suas crias, seus ninhos, sua interminável caça de insetos. Parecia justo e fácil que se movessem no ar. Talvez sejam mais puros, pensou. E querendo pôr à prova a pureza do seu próprio corpo, permaneceu por longo tempo de pé, debaixo da copa, até ter ombros e cabeça cobertos de excrementos das aves.
>
> Porém aquele corpo magro e pequeno, aquele corpo quase tão leve quanto o de um pássaro, negava-se a dar-lhe a felicidade do voo. E o velho recomeçou a andar.
>
> Caminhando, olhava o céu ao qual sentia não mais pertencer. Ouviu o grito do gavião e o viu abater-se, altivo e feroz, sobre uma presa. Até ele, que agride os mais fracos, tem o direito que eu não mereço, pensou contrito. E mais andou. Viu o azul cortado por um bando de patos selvagens em migração. Lá se vão, de uma terra a outra, de um a outro continente, disse em silêncio o velho, enquanto eu não sou digno nem de mínimas distâncias. E mais andou. E viu as andorinhas e viu o melro e viu o corvo e viu o pintassilgo, e a todos saudou, e a todos prestou reverência.
>
> [...] Mas aos poucos a paz iluminava intensíssima sua alma porque, do seu corpo, delgadas e pálidas como se extensão da própria pele, raízes brotavam, logo mergulhando chão adentro. Seu tempo de ar havia acabado. Começava agora para ele o tempo da terra, daquela terra que em breve o acolheria.
>
> (*23 histórias de um viajante*. São Paulo: Global, 2005. p. 150-151.)

Este capítulo favorece o desenvolvimento das habilidades

- EM13LGG101
- EM13LGG103
- EM13LGG602
- EM13LP02
- EM13LP06
- EM13LP08
- EM13LP46
- EM13LP49

Lilian_GZ/Shutterstock

1 Leia os pares de frases a seguir, observando o emprego dos verbos *ser*, *estar* e *parecer*.

- "Ali, em fins de tarde, tantos e tão ruidosos *eram* os pássaros"
  tão ruidosos *estavam* os pássaros
- *Era* justo e fácil que se movessem
  "*Parecia* justo e fácil que se movessem"

Considerando o contexto em que os verbos estão empregados, responda:

a) Que diferença de sentido há entre as duas primeiras frases?

b) Que diferença de sentido há entre as duas últimas frases?

2 Leia as frases, observando os verbos destacados:

- "*permaneceu* por longo tempo de pé"
  Observou os pássaros e *ficou* triste.

Nas duas frases, é indiferente, para o sentido delas, empregar um verbo ou outro? Por quê?

3 Leia as frases a seguir, observando as palavras destacadas:

"Ouviu o grito do *gavião*"
"Viu o azul cortado por um bando de *patos* selvagens"
"E viu as *andorinhas* e viu o *melro* e viu o *corvo* e viu o *pintassilgo*"

Levando em conta que todo pássaro é uma ave, mas que nem toda ave é um pássaro, responda:

a) Na terceira frase, qual dos elementos não poderia fazer parte do grupo de pássaros?

b) Nas duas primeiras frases, *gavião* e *patos* poderiam ser substituídos por aves ou por pássaros?

4 Observe o emprego da palavra *terra* nestes trechos do texto:

"Lá se vão, de uma *terra* a outra, de um a outro continente"
"daquela *terra* que em breve o acolheria"

a) Qual é a diferença de sentido entre a palavra *terra* no primeiro e no segundo trechos?

b) No texto, há outras palavras cujo significado se aproxima do que tem a palavra *terra* nos trechos acima. Quais são elas?

Conceituando

As palavras têm sentidos que podem variar, dependendo do contexto em que são empregadas. É o caso, por exemplo, da palavra *terra*, que pode assumir sentidos diferentes, de acordo com o contexto. Esse e outros aspectos relacionados ao sentido das palavras são estudados pela **semântica**.

Semântica é a parte da gramática que estuda os aspectos relacionados ao sentido de palavras e enunciados.

Algumas das propriedades das palavras tratadas pela semântica são: sinonímia, antonímia, campo semântico, hiponímia, hiperonímia e polissemia.

Sinonímia e antonímia

Você viu que, na frase "permaneceu por longo tempo de pé", é possível substituir o verbo *permanecer* por *ficar* sem que haja uma alteração de sentido significativa.

Quando em alguns contextos uma palavra pode ser substituída por outra, dizemos que as duas palavras são **sinônimas**.

Sinônimos são palavras de sentidos aproximados que podem, em alguns contextos, ser trocadas uma pela outra.

Sabe-se, entretanto, que não existem sinônimos perfeitos. Veja a seguir um poema de Mário Quintana sobre esse assunto.

Sinônimos

Esses que pensam que existem sinônimos
desconfio que não sabem distinguir as diferentes
nuanças de uma cor.

(*Poesia completa em um volume*. Rio de Janeiro: Nova Aguilar, 2005. p. 316.)

Nelson Provazi/Arquivo da editora

A escolha entre dois sinônimos acaba, na realidade, dependendo de vários fatores. Em discursos mais técnicos, as diferenças de sentido entre palavras sinônimas podem ter grande importância. Na linguagem cotidiana, as palavras *furto* e *roubo*, por exemplo, significam a mesma coisa; em linguagem jurídica, porém, *roubo* se aplica à situação em que a vítima sofre também algum tipo de violência.

Releia outro trecho do texto e observe o sentido das palavras nele destacadas:

"aquele corpo *magro* e *pequeno*, aquele corpo quase tão *leve* quanto o de um pássaro"

Imagine que a autora tivesse escrito:

aquele corpo *gordo* e *grande*, aquele corpo quase tão *pesado* quanto o de um leão

Nos dois trechos, há três pares de palavras que se opõem quanto ao sentido — *magro* e *gordo*, *pequeno* e *grande*, *leve* e *pesado* — e, por isso, são antônimas.

Antônimos são palavras de sentidos contrários.

Há palavras antônimas que se opõem ou se excluem, como, por exemplo, *esquerdo* e *direito* (braço *esquerdo*, braço *direito*).

Tão difícil quanto existir um par perfeito de sinônimos é haver um par perfeito de antônimos. Em alguns casos, é mais adequado falar em grau de antonímia. Observe estes pares de antônimos:

velho - novo   bom - mau

Um objeto velho, por exemplo, pode ser o oposto de um objeto novo. Porém, dizer que um objeto é *menos velho*, em certos casos, pode ser equivalente a dizer que ele é *mais novo*, o que torna relativa a antonímia entre *novo* e *velho*. O mesmo ocorre com o par *bom/mau*.

Além disso, nesses dois casos, a avaliação é sempre subjetiva. Uma pessoa pode ser caracterizada como velha ou nova, por exemplo, dependendo da idade de quem se refere a ela. Da mesma forma, algo que é bom para um pode ser ruim para outro.

Veja este outro caso curioso de antonímia:

emigrante - imigrante

Aparentemente são antônimos perfeitos, já que a primeira palavra se refere àqueles que saem de determinado lugar (cidade, Estado, país) e a segunda, àqueles que entram. Contudo, o emigrante, no momento em que chega a outro lugar, não passa a ser também, obrigatoriamente, um imigrante?

Campo semântico, hiponímia e hiperonímia

Releia este trecho do texto:

"[...] Ouviu o grito do gavião e o viu abater-se, altivo e feroz, sobre uma presa. Até ele, que agride os mais fracos, tem o direito que eu não mereço, pensou contrito. E mais andou. Viu o azul cortado por um bando de patos selvagens em migração. Lá se vão, de uma terra a outra, de um a outro continente, disse em silêncio o velho, enquanto eu não sou digno nem de mínimas distâncias. E mais andou. E viu as andorinhas e viu o melro e viu o corvo e viu o pintassilgo, e a todos saudou, e a todos prestou reverência."

Nelson Provazi/Arquivo da editora

Observe que as palavras *gavião*, *patos*, *andorinhas*, *melro*, *corvo* e *pintassilgo* apresentam certa familiaridade de sentido pelo fato de pertencerem ao mesmo **campo semântico**, ou seja, ao universo relacionado à classe das aves. Já a palavra *ave* tem um sentido mais amplo, que engloba todas as outras. Dizemos, então, que *gavião*, *patos*, *andorinhas*, *melro*, *corvo* e *pintassilgo* são **hipônimos** de *aves*. *Aves*, por sua vez, é **hiperônimo** das outras palavras.

Hipônimos e **hiperônimos** são palavras pertencentes a um mesmo campo semântico, sendo o hipônimo uma palavra de sentido mais específico e o hiperônimo uma palavra de sentido mais genérico.

Polissemia

Compare estes trechos do texto:

- "Lá se vão, de uma *terra* a outra, de um a outro continente"
- "daquela *terra* que em breve o acolheria"

Observe que a palavra *terra* apresenta sentidos diferentes nos dois trechos: "região, território", no primeiro trecho, e "chão", no segundo. Apesar disso, há um sentido da palavra que se aplica às duas situações, que é "parte sólida da superfície do globo terrestre". Quando uma palavra tem mais de um sentido, dizemos que ela é polissêmica.

Polissemia é a propriedade que uma palavra tem de apresentar vários sentidos.

Exercícios

1 Há, na língua portuguesa, inúmeras palavras que se referem a *dinheiro*. Por exemplo, quando o Estado é o beneficiário do dinheiro do contribuinte (indivíduos ou instituições), esse dinheiro recebe o nome de *imposto* ou *tributo*.

Identifique no quadro abaixo o beneficiário do dinheiro designado por estes termos:

a) honorários
b) mesada
c) pró-labore
d) anuidade
e) gorjeta
f) juros
g) indenização
h) salário
i) dote
j) lucro
k) renda
l) pensão

garçons, noivas, autores, escolas, agiotas, proprietários, comerciantes, queixosos, bancos, mendigos, sócios, filhos, advogados, pensionistas, empregados em geral

2 Cite as palavras de linguagem popular que você conhece usadas com o significado de dinheiro.

3 Para não pronunciar o nome *diabo*, muitas pessoas o substituem por outros nomes ou expressões, como *capeta*, *anjo mau*, *cão*, *diacho*, etc. Cite outras palavras e expressões da linguagem popular que você conhece usadas para designar essa figura.

(Exercícios adaptados de: Rodolfo Ilari. *Introdução ao estudo do léxico — Brincando com as palavras*. São Paulo: Contexto, 2002.)

A ambiguidade

Observe esta tira:

(Bob Thaves. Frank & Ernest. *O Estado de S. Paulo*, 22/1/2012.)

Na tira aparece uma vitrine, talvez de uma clínica para tratamento de pessoas com dificuldade para dormir. No entanto, a atividade da clínica foi mal compreendida pela personagem. Em vez de "aprendizagem *para* o sono", ela leu a informação do letreiro como "aprendizagem *durante* o sono", o que deu margem ao comentário no qual revela ter sido um aluno muito sonolento.

Para criar humor, o autor da tira partiu de um texto — o letreiro da vitrine — propositalmente ambíguo.

Ambiguidade é a duplicidade de sentidos que pode haver em um texto, verbal ou não verbal.

Quando empregada intencionalmente, a ambiguidade pode ser um importante recurso de expressão. Quando, porém, é resultado da má organização das ideias, do emprego inadequado de certas palavras ou, ainda, da inadequação do texto ao contexto discursivo, ela provoca falhas na comunicação.

A ambiguidade como recurso de construção

A ambiguidade é utilizada com frequência como recurso de expressão em textos poéticos, publicitários e humorísticos, em quadrinhos e anedotas.

Em tiras, como a vista anteriormente, por exemplo, é comum o uso da ambiguidade como recurso para uma comunicação mais descontraída e divertida.

A ambiguidade como problema de construção

Leia a manchete a seguir.

> **Globo pagará indenização à vítima de pegadinha morta em 2015**
>
> (Disponível em: https://www.metropoles.com/entretenimento/televisao/globo-pagara-indenizacao-a-vitima-de-pegadinha-morta-em-2015. Acesso em: 3/3/2020.)

Apenas pela leitura da manchete, há mais de uma possibilidade de compreensão: a vítima foi morta pela pegadinha em 2015 ou a vítima participou da pegadinha em um ano não informado e morreu depois, em 2015, por outra causa? Isso ocorre porque a correlação entre os termos que compõem a manchete não está clara para o leitor. Seria necessário, portanto, ler a notícia completa para conseguir compreender a situação descrita.

Assim, para evitar mal-entendidos como esse e não produzir enunciados ambíguos não intencionais, é importante observar a forma como construímos nossas frases e conectamos os termos em nossos textos, a fim de que eles sejam claros e precisos tanto quanto possível.

1 No texto que segue há uma ambiguidade. Identifique-a e refaça o trecho, procurando desfazê-la.

> Gastou mais de 12 milhões de dólares herdados do pai, cuja família fez fortuna no ramo de construção de estradas de ferro, com festas, viagens, bebidas e mulheres.
>
> (*Veja*, 10/3/2004.)

2 A frase a seguir foi título de uma matéria jornalística publicada na revista *Veja* de 10/3/2004:

> O que faz uma boa metrópole

Observe que a frase admite duas interpretações. Reescreva-a de duas formas diferentes, de modo que fique bem claro cada um dos sentidos.

3 As frases a seguir são ambíguas. Reescreva-as de modo a desfazer a ambiguidade.

a) Trouxe o remédio para seu pai que está doente neste frasco.

b) Durante o namoro, Tiago pediu a Helena que se casasse com ele muitas vezes.

A ambiguidade na construção do texto

Leia este poema, de Mário Quintana:

Jardim interior

Todos os jardins deviam ser fechados,
com altos muros de um cinza muito pálido,
onde uma fonte
pudesse cantar
sozinha
entre o vermelho dos cravos.
O que mata um jardim não é mesmo
alguma ausência
nem o abandono...
O que mata um jardim é esse olhar vazio
de quem por eles passa indiferente.

(*Quintana de bolso*. Porto Alegre: L&PM, 2011. p. 132.)

Nelson Frovazi/Arquivo da editora

1 Ao lermos o poema, notamos que a palavra *jardim* foi empregada de forma ambígua, possibilitando mais de um significado e mais de uma leitura para o texto.

a) Que elementos do texto aproximam a palavra *jardim* de seu sentido literal, denotativo?

b) Que versos quebram o sentido literal de *jardim*, gerando a ambiguidade?

2 Reveja o título do poema e explique quais sentidos ele pode ter, considerando a ambiguidade explorada nos versos.

3 De acordo com o eu lírico, o que é que mata tanto o jardim real quanto o outro jardim do qual ele fala também?

Semântica e discurso

1 Leia a tira:

(Laerte. *Classificados*. São Paulo: Devir, 2002. v. 2, p. 57.)

O humor da tira é construído em torno do duplo sentido que uma palavra adquire no contexto.

a) Qual é essa palavra?

b) Como o dono da casa compreendia essa palavra?

c) Como o afinador de piano compreendia a mesma palavra?

2 O termo *grosso*, empregado na fala do último quadrinho, dialoga diretamente com a ambiguidade identificada por você na questão anterior.

a) Qual é o sentido da palavra *grosso*, nesse contexto?

b) Identifique o sentido da palavra *grosso(a)* em cada uma das expressões a seguir.

- Vocês fizeram um caldo muito grosso pra essa sopa.
- O cano é muito grosso, não cabe nessa parede.
- Olha como o meu pé está grosso!
- Ele está com uma voz grossa!
- Ganhou uma grossa quantia de dinheiro no sorteio.

3 Quando alguém pergunta se uma determinada piscina é rasa ou funda, está querendo saber da fundura da piscina (e não da rasura). O que se quer saber em cada uma das perguntas a seguir?

a) Este carro é barato ou caro?

b) Sua casa fica longe ou perto daqui?

c) Este prato culinário é doce ou salgado?

d) O tecido escolhido é liso ou áspero?

e) Esse documento é legítimo ou falso?

f) Esse muro é branco ou colorido?

g) Esse filme é próprio para menores de 18 anos?

h) Seu namorado é fiel ou infiel?

(Exercício adaptado de: Rodolfo Ilari. *Introdução ao estudo do léxico — Brincando com as palavras*. São Paulo: Contexto, 2002.)

4 Como você sabe, as palavras *pequeno* e *grande* são antônimas. No enunciado a seguir, ambas estão empregadas para caracterizar o mesmo ser. Esse emprego é possível?

Um elefante pequeno é um animal grande.

5 Compare estes dois enunciados:

Paulo não tem dinheiro.
Dinheiro Paulo não tem.

As duas frases são construídas pelos mesmos componentes. Apesar disso, diferem quanto ao sentido. Que alteração de sentido a inversão da palavra *dinheiro* provoca?

Figuras de linguagem

CAPÍTULO 35

Construindo o conceito

Leia esta tira:

Clara Gomes/http://bichinhosdejardim.com/

(Disponível em: http://bichinhosdejardim.com/o-que-e/. Acesso em: 9/3/2020.)

1 A minhoca Mauro faz algumas perguntas ao caracol Caramelo.

a) A que Caramelo compara todos os sentimentos?

b) As definições dadas por ele são objetivas ou subjetivas? Justifique sua resposta.

c) Considerando as respostas de Caramelo, qual (quais) desses sentimentos é (são) ruim (ruins) e qual (quais) é (são) bom (bons)?

2 Observe as partes verbal e não verbal da tira.

a) Descreva as paisagens e as feições dos personagens nos três primeiros quadrinhos.

b) Agora descreva a paisagem e as feições dos personagens no último quadrinho.

c) Conclua: Qual é a relação entre os desenhos e o conteúdo das falas na tira em estudo?

3 Leia as frases a seguir.

I. Mágoa e raiva são sentimentos humanos.
II. A mágoa é tipo uma nuvem, densa e sombria.
III. A raiva é um estrondo de trovões ameaçadores.
IV. Hoje o céu está repleto de nuvens densas e sombrias e já ouvi um estrondo de trovões.

Troque ideias com os colegas e o professor:

a) Em quais delas as palavras estão empregadas em uma linguagem mais direta, com seu sentido mais habitual?

b) Em quais delas as palavras foram empregadas com uma linguagem mais poética, subjetiva, por meio da qual as palavras compõem imagens e ganham novos sentidos?

c) O que permitiu a Caramelo, nos dois primeiros quadrinhos, aproximar mágoa a nuvem densa e sombria e raiva a estrondo de trovões ameaçadores?

d) Qual das frases lidas contém uma comparação explícita? E qual delas contrapõe dois elementos sem explicitar a comparação? Justifique sua resposta.

4 O efeito de humor da tira se constrói na contraposição entre as imagens que Caramelo cria com suas falas nos três primeiros quadrinhos e a imagem que ele cria com sua fala no quadrinho final.

a) Explique por que é possível considerar que Caramelo personifica o amor em sua fala do último quadrinho.

b) Quais itens da fala de Caramelo permitem relacionar o amor aos sentimentos expressos anteriormente e como se dá essa relação?

5 Considerando quem são os personagens da tira e o contexto no qual elas vivem, conclua: Que efeito a linguagem utilizada por Caramelo confere às respostas dadas por ele a Mauro?

Este capítulo favorece o desenvolvimento das habilidades

EM13LGG102

EM13LGG103

EM13LGG602

EM13LP01

EM13LP02

EM13LP06

EM13LP08

EM13LP46

EM13LP49

Conceituando

Quando dizemos "A raiva é um sentimento humano", estamos empregando a palavra *raiva* com o sentido que lhe é comum, corriqueiro. Entretanto, na tira estudada, quando o caracol Caramelo diz "A raiva é um estrondo de trovões ameaçadores", ele não descreve objetivamente o que é a *raiva* e constrói outro sentido, uma imagem, uma analogia que expressa, com sensibilidade, a visão que ele próprio tem sobre esse sentimento. O mesmo ocorre quando ele compara a mágoa a "uma nuvem, densa e sombria", ou quando diz que "o amor sai toda manhã com um suéter e um guarda-chuva".

Como se observa, palavras e expressões são empregadas na tira com um sentido novo, figurado, constituindo, assim, construções compostas de **figuras de linguagem**.

> **Figura de linguagem** é uma forma de expressão que consiste no emprego de palavras em sentido figurado, isto é, em um sentido diferente daquele em que convencionalmente são empregadas.

As figuras de linguagem são normalmente utilizadas para tornar mais expressivo o que queremos dizer. Empregadas tanto na língua escrita quanto na língua falada, ampliam o significado de uma palavra, suprem a falta de termos adequados, criam significados diferentes.

Neste capítulo, você vai estudar algumas figuras de linguagem.

Comparação e metáfora

Leia estes versos, de Fernando Pessoa:

> Minha alma é como um pastor,
> Conhece o vento e o sol
> E anda pela mão das Estações
> A seguir e a olhar.
>
> (*Obra poética*. Rio de Janeiro: Aguilar, 1965. p. 203.)

Observe que o eu lírico compara o termo *alma a pastor*, aproximando-os pela sua semelhança, de modo que as características de *pastor* sejam atribuídas a *alma*. Note também que nos versos há uma **comparação** feita de modo explícito, por meio de um elemento comparativo expresso, que é *como*.

Eliminando a comparação e empregando o segundo termo (*pastor*) com o valor do primeiro (*alma*), temos uma **metáfora**:

> Minha alma é um pastor.

Nessa construção, há uma comparação implícita entre os dois seres, pois o elemento comparativo fica subentendido. Alma é pastor em virtude de certa semelhança entre os dois elementos: na situação dos versos, relacionada ao fato de ambos conhecerem o sol e o vento e andarem em todas as estações, a seguir e a olhar.

Há também outro tipo de metáfora: o que ocorre com a supressão de um termo e o emprego de outro no lugar dele. Observe nos seguintes versos a presença desse tipo de metáfora, constituída pelo emprego da expressão *mar azul* em sentido figurado.

> Beber a água
> do mar azul
> dos teus olhos.
> Taí uma coisa difícil.
>
> (João Claudio Arendt. In: Vera Aguiar, coord. *Poesia fora da estante*. Porto Alegre: Projeto, 2002. v. 2, p. 80.)

> **Comparação** é a figura de linguagem que consiste em aproximar dois seres em razão de alguma semelhança existente entre eles, de modo que as características de um sejam atribuídas ao outro, e sempre por meio de um elemento comparativo expresso: *como*, *tal qual*, *semelhante a*, *que nem*, etc.

Metáfora é a figura de linguagem que consiste no emprego de uma palavra em um sentido que não lhe é comum ou próprio, sendo esse novo sentido resultante de uma relação de *semelhança*, de *intersecção* entre dois termos.

Metonímia

Leia estes versos:

> Que tarde!
> Além do calor e da prova,
> aquela minissaia
> sentada bem ao meu lado!
>
> Assim não há memória
> que resista...
>
> (Carlos Queiroz Telles. *Sementes de sol.* São Paulo: Moderna, 2003. p. 16.)

Observe que, no 3º verso, o eu lírico, em vez de empregar a palavra *garota*, utiliza a palavra *minissaia*, que tem com a garota uma relação de interdependência, de implicação, pois são as garotas que geralmente usam minissaia. Temos, assim, uma **metonímia**.

Metonímia é a figura de linguagem que consiste na substituição de uma palavra por outra em razão de haver entre elas uma relação de *interdependência*, de *inclusão*, de *implicação*.

A metonímia ocorre quando substituímos:

- o efeito pela causa, e vice-versa:
  Pedro é alérgico a poeira e a *cigarro*. (fumaça)
- o nome do autor pelo nome da obra:
  Nas horas vagas, ouvíamos *Mozart*. (a música)
- o continente (o que está fora) pelo conteúdo:
  O nenê comeu dois *pratos*. (alimento)
- a marca pelo produto:
  Menino, você quer um *chiclete*? (goma de mascar)
- o concreto pelo abstrato:
  Só ele tem *cabeça* para resolver isso. (inteligência, sagacidade)
- o lugar pelo produto característico de determinado local:
  A mulher foi ao *correio*. (serviço está por lugar)
- a parte pelo todo:
  Mil *olhos* apreensivos seguiam a partida de futebol. (pessoas, torcedores)
- o singular pelo plural:
  O *brasileiro* é bem-humorado. (os brasileiros)
- a matéria pelo objeto:
  A um sinal do maestro, os *metais* iniciaram o concerto. (instrumentos de sopro feitos de metal)

Metonímias visuais

Os sistemas de pictogramas (imagens ou grupos de imagens que integram uma escrita sintética, resumida) costumam empregar a metonímia como recurso para orientar usuários em guias turísticos, terminais de transportes, postos rodoviários, ginásios de esportes, etc. Assim, uma cesta e uma bola podem ser usadas para representar o basquete; talheres, para representar um restaurante; uma cama, para representar hospedagem; uma mamadeira, para indicar o berçário, etc.

Superintendência Municipal de Transporte e Trânsito/Ascom

A metáfora e a metonímia na mídia

Os recursos mais empregados na mídia brasileira, seja em anúncios, seja em capas de revistas, são a metáfora e a metonímia. Observe, no anúncio do Greenpeace (uma organização não governamental), ao lado, a presença de metonímia. A figura de um palito de fósforo com graduação sugere metonimicamente um termômetro, que se relaciona com a temperatura ambiente. Como o palito está parcialmente queimado, a figura sugere calor, que, por sua vez, remete ao aquecimento global, fenômeno ambiental que vem sendo fortemente combatido pela entidade por meio de campanhas e anúncios.

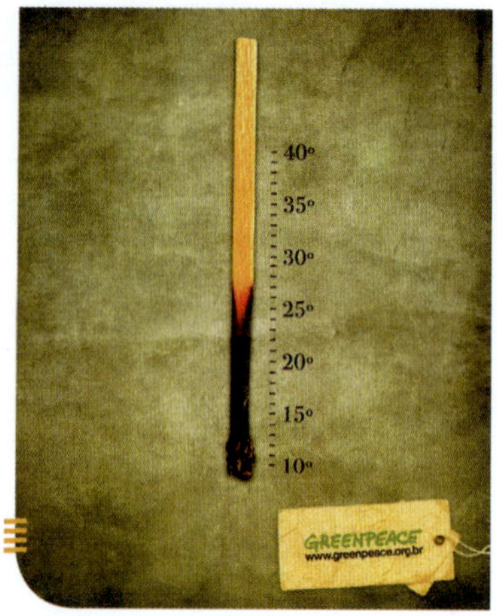

Reprodução/Greenpeace

(Revista *Greenpeace*, abril-maio-junho 2011.)

Antítese

Leia os versos a seguir, de Vinícius de Moraes.

> Maior amor nem mais estranho existe
> que o meu — que não sossega a coisa amada
> e quando a sente alegre, fica triste,
> E se a vê descontente, dá risada.
>
> ("Soneto do amor maior". *In: Nova antologia poética de Vinicius de Moraes*. Seleção e organização: Antonio Cícero e Eucanaã Ferraz. São Paulo: Cia. das Letras, Editora Schwarcz, 2008. p. 64. VM Empreendimentos Artísticos e Culturais Ltda.)

Observe que o eu lírico emprega palavras e expressões que se opõem quanto ao sentido: *alegre* se opõe a *triste*; *descontente*, a *dar risada*. Temos, nesses casos, **antíteses**.

Antítese é a figura de linguagem que consiste no emprego de palavras que se opõem quanto ao sentido.

Paradoxo

Leia estes versos, de Fernando Pessoa:

> Sempre que olho para as cousas e penso no que os
> [homens pensam delas,
> Rio como um regato que soa fresco numa pedra.
> Porque o único sentido oculto das cousas
> É elas não terem sentido oculto nenhum.
>
> (*Obra poética*. cit., p. 223.)

Os dois últimos versos apresentam elementos que, apesar de se excluírem mutuamente, se fundem, constituindo afirmações aparentemente sem lógica. Temos, assim, um **paradoxo**.

Paradoxo é a figura de linguagem que consiste no emprego de palavras ou expressões que, embora opostas quanto ao sentido, se fundem em um enunciado.

Personificação ou prosopopeia

Leia os versos a seguir, de Castro Alves:

> Já viste às vezes, quando o sol de maio
> Inunda o vale, o matagal, a **veiga**?
> Murmura a relva: "Que suave raio!"
> Responde o ramo: "Como a luz é meiga!"
>
> (*Poesias completas de Castro Alves*. Rio de Janeiro: Edições de Ouro. p. 58.)
>
> **veiga:** planície fértil e cultivada, várzea.

No 3º e no 4º verso da estrofe, a relva e o ramo aparecem personificados, pois a eles são atribuídas ações — murmurar e responder — próprias dos seres humanos. Temos, nesse caso, situações de **personificação**.

Nas fábulas, a personificação é abundante, uma vez que nelas os animais ganham características humanas: falam, pensam, brigam, têm sentimentos, desejos.

> **Personificação** ou **prosopopeia** é a figura de linguagem que consiste em atribuir linguagem, sentimentos e ações próprias dos seres humanos a seres inanimados ou irracionais.

Hipérbole

Leia os versos a seguir, de Vinícius de Moraes.

> Pois há menos peixinhos a nadar no mar
> Do que os beijinhos que darei
> Na sua boca
>
> (Disponível em: http://letras.terra.com.br/vinicius-de-moraes/87381. Acesso em: 9/3/2020.)

Observe que o eu lírico, com a intenção de impressionar seu (sua) amado(a), exagera ao dizer o número de beijos que dará. Temos, nesse caso, uma **hipérbole**.

> **Hipérbole** é a figura de linguagem que consiste em expressar uma ideia com exagero.

Eufemismo

Certas palavras, quando empregadas em determinados contextos, são consideradas desagradáveis, ou por apresentarem uma ideia muito negativa ou por chocarem quem ouve. Por isso, muitas pessoas as substituem por palavras ou expressões mais suaves, mais delicadas, que, embora tenham o mesmo sentido, causam menor impacto. É o caso, por exemplo, do emprego de *falecer*, *entregar a alma a Deus*, *descansar*, etc. no lugar de *morrer*.

Leia estes versos, de Camões:

> Alma minha gentil que te partiste
> Tão cedo desta vida [...]

Nos versos de Camões, o eu lírico refere-se a *morrer*, empregando o verbo *partir*. Temos, nesse caso, um **eufemismo**.

> **Eufemismo** é a figura de linguagem que consiste no emprego de uma palavra ou expressão no lugar de outra palavra ou expressão considerada desagradável ou chocante.

Ironia

Leia estes versos, de Mário de Andrade:

> Moça linda bem tratada,
> Três séculos de família
> Burra como uma porta:
> Um amor.
>
> (Disponível em: https://www.escritas.org/pt/t/4639/moca-linda-bem-tratada. Acesso em: 9/3/2020.)

Observe que o eu lírico é irônico nesses versos quando resume, na expressão *um amor*, a beleza, a fineza, a tradição familiar e a "inteligência" da moça. Temos, nesse caso, **ironia**.

Ironia é a figura de linguagem que consiste em afirmar o contrário do que se quer dizer.

A ironia em outras linguagens

A ironia não é específica da linguagem verbal e pode se dar em diferentes situações. A base desse recurso de linguagem é o deslocamento contextual em determinada situação, em que se espera um tipo de comportamento e acaba ocorrendo outro. Observe um exemplo na tira abaixo. A expressão "*Super* obrigado", do último quadrinho, é irônica porque o comandante, ao ser interrompido por uma pergunta banal de seu subalterno e com isso perder uma conta que já passava do número 4 mil, se sentiu furioso, e não agradecido. Portanto, ele expressa o oposto do que está pensando e sentindo.

© Laerte/Acervo da cartunista

(Disponível em: https://www.portallos.com.br/2009/08/27/hq-mais-tiras-do-minotauro-laerte/. Acesso em: 9/3/2020.)

Exercícios

Leia o texto a seguir, que promove uma campanha do agasalho.

Reprodução/Avenida Tênis Clube

(Disponível em: http://atc.esp.br/campanha-do-agasalho-do-atc-ja-esta-recebendo-doacoes/. Acesso em: 9/3/2020.)

1 A metonímia é empregada como recurso em várias partes do texto.

a) O que representa a mão segurando um coração à esquerda?

b) Identifique outras duas imagens que constroem relações metonímicas com termos verbais nesse texto.

2 Releia a frase central do texto:

"Tire a solidariedade do armário!"

a) Explique a metonímia contida nela.

b) Identifique, entre as frases a seguir, extraídas de outras campanhas do agasalho, aquelas que empregam esse mesmo recurso:

- Aqueça o coração de alguém.
- Aqueça o corpo de alguém.
- Doe um agasalho.
- Faça um inverno mais quente.
- Deposite as roupas doadas em um dos locais cadastrados.
- Aquecendo vidas, vestindo corações.

3 Leia a seguir quatro poemas de Noé Ribeiro. Identifique e explique quais das figuras de linguagem listadas a seguir são utilizadas em cada um.

metáfora paradoxo antítese metonímia personificação hipérbole eufemismo ironia

a)

Companheiros de viagem

Nelson Provazi/Arquivo da editora

Quando estavam vivos,
Mal nos víamos.
Agora que já se foram,
Somos inseparáveis.

(*Múltiplas vozes*. São Paulo: Estúdio Editores.com, 2017. p. 68.)

b)

Luminosidade

São teus olhos azuis
Que iluminam o quarto

(*Múltiplas vozes*. São Paulo: Estúdio Editores.com, 2017. p. 61.)

c)

Pra que pressa?

Nelson Provazi/Arquivo da editora

O fim do caminho é o abismo.
O que vale é o percurso.

(*Múltiplas vozes*. São Paulo: Estúdio Editores.com, 2017. p. 49.)

d)

Excelência

Colecionou insucessos a vida inteira
Agora só falta o reconhecimento

(*Coisas da vida*. São Paulo: Estúdio Editores.com, 2017. p. 20.)

Leia a tira a seguir e responda às questões 4 a 6.

© Luis Fernando Verissimo/Acervo do cartunista

(Luis Fernando Verissimo. *As cobras em: Se Deus existe que eu seja atingido por um raio*. Porto Alegre: L&PM, 1997. p. 38.)

4 As cobras estão tomando sol.

a) Que fato se opõe ao desfrute desse prazer?

b) Que palavra da fala do 2º quadrinho indica essa oposição?

5 O humor da tira está no 3º quadrinho. Depois que o lemos, a frase do 2º quadrinho adquire duplo significado.

a) Que palavra do 2º quadrinho é responsável por isso?

b) Qual é o significado dessa palavra antes e depois da leitura do 3º quadrinho?

6 O humor da fala do 3º quadrinho se sustenta também na dupla significação de uma palavra.

a) Que palavra é essa?

b) Que significado ela tem, considerando-se apenas o contexto do 2º quadrinho? E no contexto do 3º quadrinho?

c) Em qual dos contextos essa palavra é tomada no sentido metafórico?

Há algumas figuras de linguagem que estão essencialmente ligadas à sintaxe dos enunciados, isto é, à forma como eles são construídos. Conheça algumas delas.

Elipse e zeugma

Leia este poema, de Chacal:

Anatomia

pego a palavra no ar
no pulo paro
vejo aparo burilo
no papel reparo
e sigo compondo o verso

(*Tudo (e mais um pouco)*. São Paulo: Ed. 34, 2016. p. 201.)

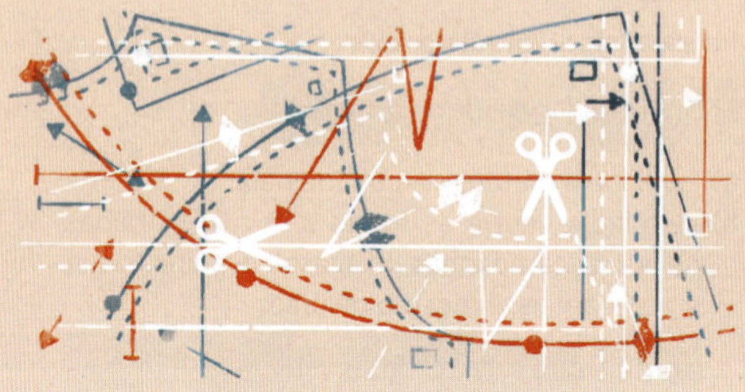

Nelson Provazi/Arquivo da editora

Observe que nenhuma das formas verbais conjugadas na 1ª pessoa do singular tem o sujeito (eu) explícito, embora ele possa ser facilmente apreendido no contexto do poema. Esse é um exemplo de **elipse**. Já o complemento das formas verbais *vejo*, *aparo* e *burilo* é a expressão *a palavra*, já mencionada anteriormente, no primeiro verso. Trata-se, nesse caso, de **zeugma**.

Elipse é a figura de linguagem que consiste na omissão de um termo facilmente identificável, seja pelo contexto, seja pela estrutura da frase.

Zeugma é um tipo particular de elipse, na qual o termo omitido já foi expresso anteriormente.

Inversão ou hipérbato

Ainda no poema de Chacal, é possível observar, no 2º e no 4º verso, duas frases compostas em uma ordenação diferente daquela que conhecemos como ordem direta do português, sujeito + verbo + complemento. Perceba que, nesses dois casos, o verbo vem no final da frase — "no pulo paro" e "no papel reparo" —, que, na ordem direta, seriam "(eu) paro no pulo" e "(eu) reparo no papel". Esse recurso é conhecido como **inversão** ou **hipérbato**.

Inversão ou **hipérbato** é a figura de linguagem que consiste na construção da frase com os termos em uma sequência diferente da chamada ordem direta do português (sujeito + verbo + complementos).

Assíndeto

Leia os versos a seguir, de Roseana Murray.

Metade de mim é fada,
a outra metade é bruxa.
[...]
Uma é séria; a outra sorri;
uma voa, a outra é pesada.
Uma sonha dormindo,
a outra sonha acordada.

(*Pera, uva ou maçã?*. São Paulo: Scipione, 2005. p. 52.)

Nelson Provazi/Arquivo da editora

Observe que o eu lírico descreve a si mesmo como um ser contraditório. E emprega orações justapostas, separadas por vírgula ou por ponto e vírgula, sem usar conjunções coordenativas, que, pelo contexto, seriam *e* ou *mas*. Temos, nesse caso, um **assíndeto**.

Assíndeto é a figura de linguagem que consiste no emprego de orações coordenadas justapostas, isto é, sem o uso de conjunções.

Polissíndeto

Leia estes versos, de Vinícius de Moraes:

E o olhar estaria ansioso esperando
E a cabeça ao sabor da mágoa balançando
E o coração fugindo e o coração voltando
E os minutos passando e os minutos
[passando...

(*Nova antologia poética*. São Paulo: Companhia das Letras, 2009. p. 16.)

O eu lírico sugere, com uma sequência de ações ininterruptas, expressas por meio de orações iniciadas pela conjunção *e*, o estado de ânimo de uma pessoa que espera por alguém ou alguma coisa. Temos, nesse caso, um **polissíndeto**.

Aliteração, assonância e paronomásia

Há três recursos poéticos que também são considerados figuras de linguagem: a aliteração, a assonância e a paronomásia. A aliteração consiste na repetição de fonemas consonantais, como ocorre nos versos de Vinícius de Moraes com a repetição do fonema /s/; a assonância consiste na repetição de fonemas vocálicos; e a paronomásia, no emprego de palavras semelhantes na forma ou no som próximas umas das outras.

Polissíndeto é a figura de linguagem que consiste na repetição, com finalidade enfática, de uma conjunção coordenativa.

Anáfora

Leia os versos abaixo, de Castro Alves.

Depois o areal extenso...
Depois o oceano de pó...
Depois no horizonte imenso
Desertos... desertos só...

(Alberto da Costa e Silva. *Castro Alves — Um poeta sempre jovem*. São Paulo: Companhia das Letras, 2006. p. 108.)

Jurik Peter/Shutterstock

A repetição da palavra *depois* no início dos versos produz um efeito de sentido especial: leva o olhar do leitor a estender-se por um deserto interminável. Esse tipo de repetição é chamado de **anáfora**.

Anáfora é a figura de linguagem que consiste na repetição intencional de palavras no início de períodos, frases ou versos.

Gradação

Leia este fragmento de texto, de Marina Colasanti:

> [...] E num estalar de juntas que se soltam, de amarras que se desfazem, o guerreiro moveu-se, levantou a cabeça, ergueu o tronco, pôs-se de pé. [...]
>
> (*23 histórias de um viajante*. São Paulo: Global, 2005. p. 47.)

O emprego de verbos correspondentes a ações que aumentam gradativamente de intensidade contribui, no fragmento, para dar ideia da recuperação física da personagem. Temos, nesse caso, uma **gradação**.

Gradação é a figura de linguagem que consiste na disposição de palavras ou expressões em uma sequência que dá ideia de progressão.

Exercícios

Leia o anúncio a seguir, de uma marca de canetas, e responda às questões 1 e 2.

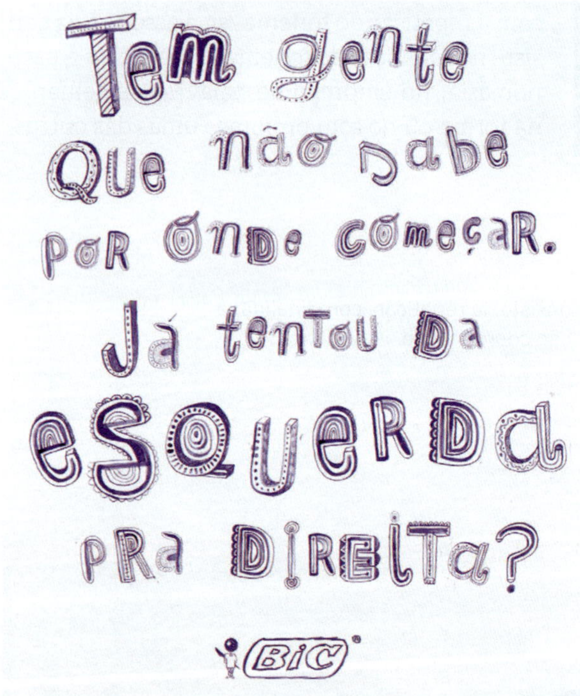

(Disponível em: http://www.putasacada.com.br/galeria/propaganda-149-escoladecriativosrefinaria-use_bic. Acesso em: 10/3/2020.)

1 O enunciado central do anúncio é composto de duas frases.

a) Há uma forma verbal implícita na 2ª oração. Identifique-a.

b) Qual é a figura de linguagem em que essa omissão consiste? Justifique sua resposta.

c) Explique o sentido das preferências apontadas por esse enunciado no contexto do anúncio.

2 Troque ideias com os colegas e o professor e, considerando todo o contexto, explique a metonímia visual contida nesse anúncio.

3 Leia o poema a seguir, de Noé Ribeiro.

Despreparado

Mesmo com tanto velório,
mesmo com tanto exemplo,
mesmo com tanto ensaio,
ainda não aprendi a morrer

(*Coisas da vida*. São Paulo: Estúdio Editores.com, 2017. p. 23.)

a) Identifique duas figuras de linguagem, relacionadas especificamente à estrutura dos versos, empregadas no poema em estudo.

b) Troque ideias com os colegas e o professor: Que efeito de sentido é construído no poema pela repetição empregada nos três primeiros versos, associada ao termo *ainda* com o qual começa o último verso?

c) Observe o título do poema: A quem ele se refere? Justifique sua resposta e explique a relação entre o título e o conteúdo dos versos.

d) É possível considerar que há certo humor no poema em estudo. Justifique essa afirmação.

Leia a tira a seguir e responda às questões 4 a 7.

©Angeli/Folha de S.Paulo 31.07.2007/Fotoarena

(Disponível em: http://sem-angeli-chiclete-com-banana.blogspot.com/search?updated-max=2012-01-01T18:25:00-08:00&max-results=100. Acesso em: 10/3/2020.)

4 No 1º quadrinho, Luke diz que vai criar um *blog*.

a) Qual será a finalidade desse *blog* para ela?

b) Explique a crítica existente na tira sobre os usos que algumas pessoas fazem da internet.

5 Identifique, na tira, as seguintes figuras de linguagem. Justifique suas respostas.

a) gradação

b) metáfora

c) elipse

d) zeugma

6 O humor da tira é construído também com base na fala da personagem no último quadrinho.

a) O que há em comum entre a expressão *esvaziar a bexiga* e as demais ações mencionadas por Luke nos quadrinhos anteriores?

b) Por que é possível considerar que essa fala rompe com a expectativa do leitor?

7 Considerando suas respostas às questões 4 e 5, conclua: Como algumas das figuras de linguagem exploradas na tira contribuem para a construção do humor?

As figuras de linguagem na construção do texto

O anúncio ao lado divulga a inauguração de salas de cinema em um luxuoso *shopping center* de São Paulo.

Leia-o e responda às questões.

1 Há duas figuras em destaque no anúncio: pipocas e diamantes.

a) Que relação existe entre pipoca e cinema?

b) Logo, que figura de linguagem corresponde a essa relação?

2 No enunciado verbal se lê: "Nesse filme, você é o convidado principal".

a) No meio cinematográfico, o que é normalmente um "convidado especial"?

b) Que relação existe entre os diamantes, o perfil do *shopping* e a expressão "convidado especial"?

c) A que figura de linguagem os diamantes correspondem, visualmente?

Reprodução/Cinemark Iguatemi

Semântica e discurso

Leia o anúncio a seguir e responda às questões 1 a 3.

(Disponível em: http://www.putasacada.com.br/galeria/pecas/2019/bangboo-rentabilidade_3.jpg. Acesso em: 9/3/2020.)

1 A expressão *Pagamento de sobras* corresponde à divisão de lucros feita pelas cooperativas aos produtores rurais a elas filiados. Considere os elementos da situação de comunicação e responda:

a) Quem é a instituição responsável pelo anúncio?

b) Deduza: Qual é o ramo de atuação dessa instituição? Justifique sua resposta com elementos do texto.

c) O anúncio se dirige a algum público específico? Justifique sua resposta.

d) Qual é a finalidade desse anúncio?

e) Com base em qual figura de linguagem se dá a formação da expressão *pagamento de sobras*?

2 Observe as partes verbal e não verbal do texto.

a) Que objeto o desenho em pontilhado branco representa?

b) Com quais palavras do texto verbal esse desenho tem correspondência direta? Justifique sua resposta.

c) Explique a relação desse desenho com a fotografia sobre a qual ele foi desenhado.

d) Que figura de linguagem pode ser identificada na relação desse desenho com os demais elementos do anúncio analisados nos itens anteriores?

3 Releia a frase central do anúncio:

> "O cooperado investe no campo e o campo responde com rentabilidade."

a) Identifique e explique a personificação contida nessa frase.

b) Troque ideias com os colegas e o professor e explique de que forma o uso dessa figura de linguagem contribui para o caráter persuasivo do anúncio.

CAPÍTULO 36

Modalização e impessoalização da linguagem

Construindo o conceito

Leia as manchetes de jornal a seguir e seus respectivos subtítulos.

I. Prêmio Jabuti **anuncia** mudanças e homenagem a Conceição Evaristo
Categorias Infantil e Juvenil **foram** separadas e de formação de novos leitores foi ampliada

(Disponível em: https://veja.abril.com.br/blog/meus-livros/premio-jabuti-anuncia-mudancas-e-homenagem-a-conceicao-evaristo/. Acesso em: 19/3/2020.)

II. Conceição Evaristo e Fernanda Young **estão** entre os destaques do Prêmio Jabuti
Confira a lista com os ganhadores da 61ª edição

(Disponível em: https://www.uai.com.br/app/noticia/artes-e-livros/2019/11/29/noticias-artes-e-livros,253666/conceicao-evaristo-e-fernanda-young-estao-entre-os-destaques-do-premio.shtml. Acesso em: 19/3/2020.)

III. Escritora Conceição Evaristo **será** homenageada no Prêmio Jabuti
A mineira Conceição Evaristo **é** um ícone do movimento negro brasileiro

(Disponível em: https://www.correiobraziliense.com.br/app/noticia/diversao-e-arte/2019/11/02/interna_diversao_arte,803098/escritora-conceicao-evaristo-sera-homenageada-no-premio-jabuti.shtml. Acesso em: 19/3/2020.)

IV. 'FICO FELIZ QUE MINHA VISIBILIDADE **SIRVA** COMO UM MOMENTO DE PENSAR A VISIBILIDADE PARA A AUTORIA NEGRA'
Conceição Evaristo é a grande homenageada do Prêmio Jabuti, no próximo dia 28 de novembro

(Disponível em: https://www.estadao.com.br/infograficos/brasil,fico-feliz-que-minha-visibilidade-sirva-como-um-momento-de-pensar-a-visibilidade-para-a-autoria-negra,1056564. Acesso em: 19/3/2020.)

Este capítulo favorece o desenvolvimento das habilidades

EM13LGG102
EM13LGG202
EM13LGG203
EM13LGG502
EM13LGG602
EM13LP01
EM13LP02
EM13LP03
EM13LP04
EM13LP05
EM13LP06
EM13LP07
EM13LP38

1 Todas as manchetes se referem a um mesmo fato.

a) Qual é esse fato?

b) Deduza: Quais das manchetes são de notícias anteriores ao fato e qual é de uma notícia posterior? Justifique sua resposta com termos dos textos.

2 Observe as formas verbais em destaque nas manchetes.

a) Identifique aquelas que constroem um efeito de sentido de certeza, de verdade incontestável. Em seguida, levante hipóteses: Qual é a importância desse efeito para uma manchete de jornal?

b) Qual delas foi empregada no presente, mas faz referência a um fato passado? Justifique sua resposta.

c) Qual delas evidencia explicitamente o ponto de vista do enunciador? Justifique sua resposta.

d) Qual delas interpela diretamente o leitor? Justifique sua resposta.

Gabriel Colombara/Divulgação CBL

3 Observe a estrutura de cada uma das manchetes.

a) Explique o emprego do sinal de aspas na manchete IV.

b) Qual das manchetes está na voz passiva? Troque ideias com os colegas e o professor: O agente da ação verbal está explicitado? Justifique sua resposta.

c) Estabeleça a correspondência entre as manchetes e os itens que melhor descrevem cada uma delas:

- Dá destaque à premiação e a suas categorias.
- Dá destaque à visão da pessoa homenageada.
- Dá destaque ao nome da pessoa homenageada.
- Dá destaque ao que ocorreu na premiação.

Reynesson Damasceno/Futura Press

A escritora Conceição Evaristo recebendo o Prêmio Jabuti.

4 Há algumas palavras utilizadas nas manchetes que evidenciam um posicionamento dos seus autores em relação ao fato mencionado.

a) As manchetes I e II explicitam quem é Conceição Evaristo? Troque ideias com os colegas e o professor: É possível inferir, pelo contexto, quem seja ela?

b) Que termos são utilizados pelas manchetes III e IV para descrever Conceição Evaristo? Esses termos indicam que o enunciador tem uma visão positiva ou negativa da homenageada? Justifique sua resposta.

c) As manchetes III e IV fornecem uma informação sobre a homenageada que não pode ser identificada nas manchetes I e II. Identifique essa informação e explique a relevância dela no contexto.

5 Observe as manchetes a seguir.

- Prêmio Jabuti anuncia duas mudanças nas categorias de premiação e uma homenagem a Conceição Evaristo.
- Prêmio Jabuti anuncia que vai mudar duas categorias de premiação e homenagear Conceição Evaristo.

Troque ideias com os colegas e o professor:

a) Essas manchetes são propostas de reescrita de qual das manchetes em estudo?

b) Que diferença de sentido as substituições geram na manchete em cada um dos casos?

6 Releia as construções a seguir.

- "Categorias Infantil e Juvenil foram separadas"
- "Conceição Evaristo é a grande homenageada"
- "um momento de pensar a visibilidade para a autoria negra"

a) Identifique os adjetivos utilizados em cada uma delas.

b) Compare as funções dos adjetivos identificados por você em cada uma delas e conclua: Qual deles evidencia um ponto de vista do enunciador sobre a palavra a que se refere? Justifique sua resposta.

c) Qual é a função dos adjetivos nas demais ocorrências?

7 Algumas das manchetes lidas são mais impessoais, outras são mais pessoais. Considerando suas respostas às questões anteriores, troque ideias com os colegas e o professor e estabeleça uma relação entre as manchetes lidas, da mais pessoal para a mais impessoal. Justifique sua resposta.

Lawrey/Shutterstock

Conceituando

Sempre que produzimos um texto, oral ou escrito, menos ou mais formal, manifestamos, de forma explícita ou não, o nosso ponto de vista em relação ao tópico sobre o qual falamos. Até mesmo a seleção das palavras e a combinação delas em nossos textos dão indícios da nossa avaliação pessoal sobre os assuntos abordados e do quanto entendemos deles ou desejamos construí-los como certos e verdadeiros, mesmo que todas essas escolhas não sejam conscientes ou propositais.

O uso de recursos linguísticos para construir o grau de comprometimento do falante com aquilo que diz, bem como sua avaliação sobre o conteúdo do que diz, é chamado de **modalização**.

Modalização são as marcas que evidenciam o ponto de vista assumido pelo falante sobre o conteúdo de seu enunciado, seu grau de comprometimento com o que diz e sua relação com os interlocutores.
O grau de comprometimento está relacionado ao valor de verdade e ao grau de certeza que o locutor mostra ter em relação ao conteúdo do texto produzido.

Nas manchetes lidas, a escolha das formas verbais e dos termos utilizados para fazer referência à homenageada contribui para construir não só as imagens do prêmio e da homenageada, mas também a avaliação que o autor do texto tem sobre eles. Ao afirmar, por exemplo, "Prêmio Jabuti anuncia mudanças", a manchete I deixa transparecer a avaliação do enunciador sobre o prêmio como algo grandioso (seria diferente se, em vez da forma verbal *anuncia*, ela usasse *divulga* ou *indica*) e trata o fato como uma verdade dada e incontestável (seria diferente se dissesse "Prêmio Jabuti deve anunciar mudanças" ou "Prêmio Jabuti pode anunciar mudanças").

Da mesma forma, no subtítulo "Conceição Evaristo é a grande homenageada do Prêmio Jabuti", a forma verbal *é* constrói a afirmação como uma verdade, e o adjetivo *grande* define a avaliação do autor sobre a importância da homenagem.

Nessas manchetes, foram empregados dois tipos de modalização. A **modalização apreciativa**, que se refere ao uso, principalmente, de adjetivos, locuções adjetivas, advérbios, locuções adverbiais, orações adjetivas e adverbiais, que caracterizam e especificam objetos do discurso e mostram a avaliação do falante a seu respeito, como a expressão *grande homenageada*, usada na manchete IV. Já a **modalização epistêmica** se refere à construção do valor de verdade e às condições de verdade de uma proposição. O uso do modo presente do indicativo na maioria das formas verbais das manchetes lidas constrói um valor de verdade e de certeza para os fatos noticiados. Já o uso do modo subjuntivo em "que minha visibilidade sirva" (assim como o do futuro do pretérito do indicativo) constrói a ideia de possibilidade, de dúvida, de uma expectativa da enunciadora.

Há ainda a chamada **modalização deôntica**, por meio da qual o enunciador indica o conteúdo do seu discurso como algo que tem (ou não) obrigatoriedade de ocorrer. Observe estes exemplos:

- A premiação homenageia a escritora. (certeza)
- Talvez a premiação homenageie a escritora. (possibilidade)
- Será que a premiação vai homenagear a escritora? (dúvida)
- A premiação precisa homenagear a escritora. (obrigatoriedade)

Além das estratégias de modalização, você também pôde observar, no estudo de abertura deste capítulo, que há determinadas construções linguísticas e escolhas lexicais que contribuem para a *impessoalização* da linguagem de um texto.

Quando um texto não contém marcas da 1ª pessoa do singular e aparentemente descreve fatos e situações de forma mais objetiva, sem imprimir de forma explícita o envolvimento pessoal do autor do texto e sem estabelecer um diálogo direto com o leitor, consideramos que se trata de uma linguagem que tende à impessoalidade. É o que se vê na maioria das manchetes, em construções como "Categorias Infantil e Juvenil foram separadas" e "Conceição Evaristo e Fernanda Young estão entre os destaques". Construções na voz passiva, como "Escritora Conceição Evaristo será homenageada no Prêmio Jabuti", também imprimem um caráter impessoal ao texto, uma vez que omitem o responsável pela ação verbal. Isso também ocorre por meio do emprego de nominalizações e artigos definidos ou palavras determinantes, como em "Prêmio Jabuti anuncia mudanças e homenagem a Conceição Evaristo". Já o emprego da 1ª pessoa do singular, por sua vez, denota uma visão subjetiva do referido fato, tal como se vê na construção "Fico feliz".

Estratégias de impessoalização da linguagem são recursos linguísticos que contribuem para minimizar, no texto, o envolvimento do enunciador em relação ao conteúdo do que enuncia.

Entre esses recursos, podemos citar:

- o emprego da voz passiva, de verbos no infinitivo e de construções com sujeito indeterminado que possibilitam a omissão do responsável pela ação verbal;
- nominalizações e ausência de artigos definidos, que permitem maior generalização;
- o uso do presente do indicativo, que constrói a ideia de verdade atemporal, sem que o autor precise explicitamente se comprometer com as informações do texto;
- a referência a vozes de autoridade, que dão credibilidade ao que é dito.

Essas estratégias, ao construir a ideia de impessoalização e generalização, contribuem para que o texto se destine a um público leitor mais amplo e que seu conteúdo seja interpretado como uma verdade permanente ou como um conhecimento compartilhado por todos.

Exercícios

Leia a tira a seguir e responda às questões 1 e 2.

(Disponível em: http://www.willtirando.com.br/anesia-482/. Acesso em: 20/3/2020.)

1 Na tira, Anésia telefona para sua amiga Dolores. Releia as falas das duas personagens nos três primeiros quadrinhos.

a) Identifique a forma verbal utilizada por Anésia no 1º quadrinho e explique qual é o sentido dela no contexto.

b) No 2º quadrinho, Anésia faz um comentário e uma pergunta a Dolores. Que palavra da resposta de Dolores, no 3º quadrinho, indica que ela se mostrou surpresa com a fala de Anésia? Que elemento não verbal do quadrinho confirma essa informação?

c) Em sua fala, Dolores revela certeza ou dúvida? Justifique sua resposta com termos do texto.

d) A resposta de Dolores evidencia uma interpretação particular da fala de Anésia no 2º quadrinho. Conclua: De que forma Dolores compreendeu a fala da amiga? Justifique sua resposta.

2 Anésia é uma personagem de tirinha ranzinza e antissocial, que vive tentando se livrar de Dolores, sua fiel amiga de infância. Como é comum nas tiras, nesta também a construção do humor se revela no último quadrinho.

a) Onde Anésia se encontra nesse quadrinho e o que ela está fazendo?

b) O termo *um* está em destaque na fala de Anésia. Justifique esse destaque e indique a qual outro termo da tira ele está em oposição direta.

c) O efeito de humor é construído com base nas diferentes possibilidades de interpretação da fala de Anésia do 2º quadrinho. Considerando a atitude da personagem nesse último quadrinho, conclua: Qual era a intenção dela ao telefonar para Dolores? Que elemento não verbal do 2º quadrinho reforça essa ideia?

Leia os memes a seguir e responda às questões 3 e 4.

I.

Reprodução/https://me.me/

(Disponível em: https://me.me/i/queria-convidar-as-pessoas-pra-sair-mas-n%C3%A3o-sei-se-92e4851cf2ce496e824fd11e5b4eb817. Acesso em: 20/3/2020.)

II.

Reprodução/https://catracalivre.com.br/

(Disponível em: https://catracalivre.com.br/entretenimento/entenda-o-que-e-um-relacionamento-toxico-por-memes/. Acesso em: 20/3/2020.)

III.

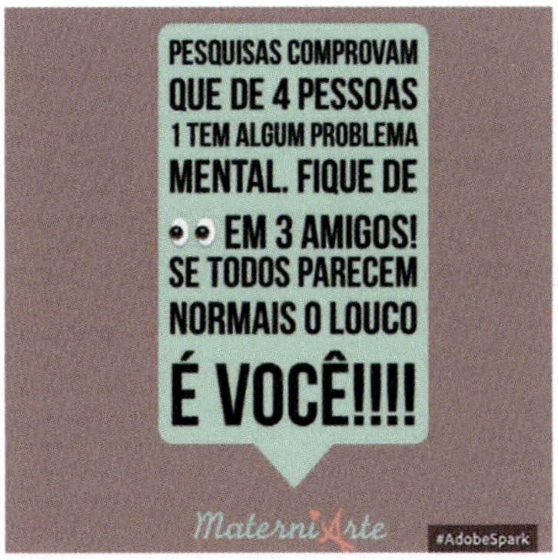

Reprodução/https://www.materniarte.com.br

(Disponível em: https://m.imagemwhats.com.br/91-memes-brasileiros-frases-imagens-memes-engracados-prints-de-mensagens-engracados-colecao-703/. Acesso em: 20/3/2020.)

3 Um desses textos simula uma linguagem impessoal, científica, para construir humor.

a) Qual é ele? Identifique o trecho com essa linguagem.

b) Deduza: Quais são os indícios de que se trata de uma simulação e não necessariamente de uma afirmação confiável?

c) Explique de que forma o meme constrói efeito de humor com base nessa afirmação.

d) Quais características dos outros dois memes indicam que eles têm uma linguagem mais pessoal?

4 Observe as formas verbais utilizadas no texto I.

a) Qual é o tempo verbal da forma *queria convidar* e o que seu emprego sugere no contexto?

b) Explique por que o texto inferior quebra a expectativa criada pelo emprego do tempo verbal indicado por você no item *a*, construindo o efeito de humor do texto.

As estratégias de modalização e impessoalização na construção do texto

Leia, a seguir, dois textos que abordam um mesmo fato.

TEXTO 1

Cartilha polêmica pede que homens não se vistam de mulher no carnaval; saiba mais

Fonte: Da redação, com informações do UOL

O Conselho Municipal de Promoção de Igualdade Racial (Compir) de Belo Horizonte tem sido alvo de ataque após lançar uma cartilha nesta última quinta-feira (13/2). Publicada no Diário Oficial do Município (DOM) da capital mineira, a cartilha polêmica demanda práticas não racistas na folia momesca. O texto traz uma série de orientações para a adoção de ações não discriminatórias durante a folia, que passam pelas fantasias, marchinhas e, claro, atitudes.

Agora, por exemplo, não se poderá mais: se vestir de índio. De cigano, também não. Nega maluca e enfermeira sensual? Nem pensar. Iemanjá, de jeito nenhum. Neste ano, homem vestido de mulher também entra na lista de fantasias que devem ser evitadas pelos foliões. Em meio ao alerta, o politicamente correto disputa espaço com a irreverência dos blocos, e o debate divide opinião.

Em entrevista ao jornal O Dia, a secretária executiva do Compir, Cássia Cristina da Silva, ressalta que a medida foi tomada após uma série de denúncias feitas por pessoas que se sentiram ofendidas com algumas representações. "Não estamos moldando o comportamento de ninguém. Não é uma ordem, é uma orientação para que todos possam se divertir e não discriminar ninguém. Os anos estão mudando e essa é uma ótima oportunidade para se aprender e se desconstruir".

(Disponível em: https://aratuon.com.br/noticias/cartilha-polemica-pede-que-homens-nao-se-vistam-de-mulher-no-carnaval-saiba-mais/. Acesso em: 20/3/2020.)

TEXTO 2

Cartilha orienta homens a não se vestirem de mulher no Carnaval

Material chama atenção dos foliões para práticas não discriminatórias nas fantasias, nas marchinhas ou nas atitudes

RANYELLE ANDRADE
ranyelle.andrade@metropoles.com
14/02/2020 20:33,
ATUALIZADO 14/02/2020 21:32

A. PAES/Shutterstock

Apesar de ser uma das maiores expressões da cultura brasileira, o Carnaval já foi sinônimo de constrangimento para boa parte da população. No entanto, músicas e fantasias que perpetuam comportamentos machistas, racistas, misóginos ou considerados **apropriação cultural** não são mais tolerados, tanto pelos que promovem quanto pelos que curtem o festim.

Em Belo Horizonte, por exemplo, a própria prefeitura lançou, neste ano, uma cartilha de práticas não racistas para esse período. O texto traz uma série de orientações para a adoção de ações não discriminatórias durante a folia, que passam **pelas fantasias**, marchinhas e, claro, atitudes.

Entre as recomendações, está a de não se **vestir de mulher**, especialmente direcionada a homens cis.

"Além de ser machista e desrespeitoso com as mulheres", a fantasia é "preconceituosa com as pessoas trans e apenas reforça os estereótipos de gênero", explica a publicação.

O material também chama atenção para a prática de *blackface*, quando pessoas brancas são pintadas de preto para caricaturar a população negra; uso de trajes que desconsiderem a história da cultura cigana; e pede respeito à **comunidade LGBTI** e às mulheres.

"Toda forma de desrespeito e depreciação vai contra princípios dos direitos regidos pela Constituição e pelo Estatuto da Igualdade Racial", diz o material.

De acordo com a prefeitura, a nota veiculada no Diário Oficial do Município (DOM) visa fomentar um ambiente de respeito e sem práticas racistas. Além da publicação oficial, o texto será compartilhado **com os blocos** e demais parceiros no Carnaval mineiro.

(Disponível em: https://www.metropoles.com/vida-e-estilo/comportamento/cartilha-orienta-homens-a-nao-se-vestirem-de-mulher-no-carnaval. Acesso em: 20/3/2020.)

1 Qual é o principal fato abordado pelos dois textos?

2 Compare os títulos dos dois textos.

a) Qual deles explicita o ponto de vista do autor sobre a cartilha? Justifique sua resposta.

b) Identifique e explique as diferenças nas formas verbais utilizadas em cada título, quanto ao tempo e ao modo verbal de cada uma.

c) Troque ideias com os colegas e o professor: Que efeito de sentido a escolha de cada uma das formas verbais identificadas por você no item *b* constrói em cada título?

3 Releia o 1º parágrafo de cada texto. Qual deles dá indícios de que o autor concorda com a regulamentação das fantasias no carnaval? Justifique sua resposta com termos do texto.

4 Compare o 2º parágrafo do segundo texto ao 1º parágrafo do primeiro texto e observe que há um trecho idêntico nos dois textos. Identifique-o e levante hipóteses: Por que isso ocorre, uma vez que os autores dos dois textos são diferentes?

A.PAES/Shutterstock

5 Ambos os textos comentam algumas das orientações da cartilha.

a) Observe as formas de introdução dessas orientações utilizadas pelos dois textos:

- "Agora, por exemplo, não se poderá mais: [...]"
- "Entre as recomendações, está [...]"

Troque ideias com os colegas e o professor: Qual delas é objetiva e direta ao tratar das informações e qual delas parece ter um tom mais pessoal e passional? Justifique sua resposta com base nos trechos.

b) Agora compare a forma como cada um dos textos descreve as orientações da cartilha e responda: Essa descrição mantém o tom de linguagem utilizado na introdução? Justifique sua resposta.

6 Observe o uso das aspas nos dois textos.

a) Qual é a função desse sinal de pontuação em cada um deles?

b) Troque ideias com os colegas e o professor e explique a construção do grau de comprometimento do autor do texto com as afirmações publicadas entre aspas.

c) Tendo em vista os pontos de vista de cada texto como um todo, deduza: Seus autores concordam com o conteúdo das afirmações entre aspas ou discordam dele?

Semântica e discurso

Os quadrinhos a seguir constroem o efeito de humor com base na relação entre as partes verbal e não verbal. Leia-os e responda às questões 1 a 3.

© Will Leite/Acervo do cartunista

(Disponível em: http://www.willtirando.com.br/nova-pasta-kibe-loco/. Acesso em: 20/3/2020.)

1 Observe as frases da parte superior dos quadrinhos.

a) Deduza: Que tipo de situação social elas simulam?

b) Por que as frases estão entre aspas?

c) Considerando apenas as frases dessa parte superior do 2º e do 4º quadrinho, isoladamente, qual parece ser a relação do enunciador com seu próprio discurso?

- dúvida
- projeção futura
- afirmação
- possibilidade
- negação
- certeza

2 As partes verbal e não verbal no fundo branco dos quadrinhos podem ser consideradas uma representação metafórica do sentimento de uma das pessoas que participam do diálogo. Com base em qual ação, de qual área do conhecimento, essa representação foi construída?

3 No último quadrinho foram empregadas gírias.

a) Identifique-as e comente o sentido delas no contexto.

b) Que sentido é construído no texto com o uso dessa variedade?

4 Agora relacione o conteúdo do fundo amarelo com o conteúdo do fundo branco em cada quadrinho.

a) Qual das opções a seguir descreve melhor a relação existente entre eles?

- Acordo e conciliação.
- Contradição e oposição.
- Complementaridade e concordância.
- Fragmentação e discordância.

b) Conclua: Que relação do enunciador com suas falas da parte amarela no 2º e no 4º quadrinho é evidenciada pela combinação de todos os elementos que compõem o texto?

5 Leia os avisos a seguir.

I.

Loja Viária/https://www.lojaviaria.com.br/

II.

Rio Placas/https://www.rioplacas.com.br/

III.

Alumistamp/https://alumistamp.com.br/

IV.

Grupo Splash/https://www.placasprontas.com.br/

V.

Reprodução/https://www.encartale.com.br/

a) Deduza: Onde eles devem ter sido colocados e qual é a sua finalidade?

b) Quais deles interpelam diretamente o interlocutor? Justifique sua resposta com termos do aviso.

c) Qual deles utiliza uma forma infinitiva com valor de imperativo? Justifique sua resposta.

d) Troque ideias com os colegas e o professor e sugiram uma organização dessas placas entre aquela que dá a ordem mais direta e imperativa e a que modaliza mais a ordem, isto é, que o faz de forma mais indireta e polida.

CAPÍTULO

37

Coerência e coesão textual

No capítulo 27 deste livro, você aprendeu os conceitos de coerência e coesão. Vamos agora aprofundar o assunto, observando alguns tipos específicos de coesão textual.

Coesão sequencial e referencial

Construindo o conceito

Leia esta fábula, de Millôr Fernandes:

O dinheiro não traz felicidade

© Millôr Fernandes/Acervo do cartunista

Só e triste vivia o pobre marceneiro José dos Andrajos. Sem parentes, ele morava na sua loja humilde, trabalhando dia e noite para ganhar o que mal e mal lhe bastava para sustentar-se (era como qualquer um).

Mesmo assim, porém, conseguia economizar cinquenta cruzeiros cada mês. No fim do ano, com seiscentos **cruzeiros** juntos, lá ia ele para o "**Fasanelo**... e nada mais", e comprava um bilhete inteiro.

Os que sabiam de sua mania riam dele, mas ele acreditava que era através da loteria e não do trabalho que iria fazer-se independente. E assim foi.

No quinto ano de sua insistência junto à loteria ("insista, não desista."), esta lhe deu cem mil contos. Surgiram fotógrafos e repórteres dos jornais, surgiram os amigos para participar do jantar que ele deu para comemorar sua sorte.

José fechou imediatamente a loja e, daí em diante, sua vida foi uma festa contínua. Saía em passeios de lancha pela manhã, à tarde ia para os bares, à noite para as boates e cabarés, sempre cercado por amigos entusiasmados e senhoras entusiasmadíssimas.

Mas, está visto, no meio de tanta efusão, o dinheiro não durou um ano. E, certo dia, vestido de novo com suas roupas humildes, o nosso marceneiro voltou a abrir sua humilde loja para cair outra vez em seu trabalho estafante e monótono. Tornou a economizar seus cinquenta cruzeiros por mês, aparentemente mais por hábito do que pelo desejo de voltar a tirar a sorte grande, o que, aliás, parecia impossível.

Os conhecidos continuavam zombando dele, agora afirmando-lhe que a oportunidade não bate duas vezes (a oportunidade só bate uma vez. Quem bate inúmeras vezes são as visitas chatas.).

No caso de nosso marceneiro, porém, ela abriu uma exceção. Pois no terceiro ano em que comprava o bilhete, novamente foi assaltado pelos amigos e repórteres que, numa algazarra incrível, festejavam sua estupenda sorte.

Mas, desta vez, o marceneiro não ficou contente como quando foi sorteado pela primeira vez. Olhou para os amigos e jornalistas com ar triste e murmurou: "— Deus do céu; vou ter que passar por tudo aquilo outra vez!?"

MORAL: Para muita gente dá um certo cansaço ter que comparecer à festa da vida.

(Disponível em: https://www.facebook.com/millorfernandes/posts/1060924023979157/. Acesso em: 25/3/2020.)

cruzeiro: moeda usada no Brasil anteriormente ao real.
Fasanelo: nome de lotérica muito conhecida no Rio de Janeiro no passado.

Este capítulo favorece o desenvolvimento das habilidades

EM13LGG102

EM13LGG103

EM13LGG602

EM13LP02

EM13LP06

EM13LP08

EM13LP49

1 Observe o 1º parágrafo do texto.

a) Nele é apresentado o personagem principal da narrativa. Como ele é retratado?

b) Há, nesse parágrafo, uma palavra que faz referência ao marceneiro. Qual é essa palavra?

c) Na frase "Sem parentes, ele morava na sua loja humilde", o pronome *sua* indica posse. No contexto, *sua* se refere à posse de quem?

2 O 2º parágrafo tem com o 1º uma relação de oposição.

a) Que palavra do 2º parágrafo é responsável por marcar essa oposição?

b) Em que outros parágrafos se observa o mesmo tipo de relação? Que palavras marcam essa oposição entre parágrafos?

3 Releia estes três fragmentos do texto:

"trabalhando dia e noite para ganhar o que mal e mal lhe bastava para sustentar-se".

"No quinto ano de sua insistência junto à loteria ('insista, não desista.'), esta lhe deu cem mil contos."

"agora afirmando-lhe que a oportunidade não bate duas vezes"

a) A que ou a quem se refere o pronome *lhe* em cada um dos fragmentos?

b) A que se refere o pronome *esta*, no segundo fragmento?

4 O texto apresenta os fatos em sequência e de acordo com uma relação de causa e efeito. Além disso, situa-os em relação ao tempo e ao espaço.

a) O tempo verbal é um importante recurso na organização do texto. Que tempo verbal predomina? Justifique sua resposta.

b) Identifique no texto alguns indicadores temporais, isto é, palavras e expressões que marcam a passagem do tempo.

5 Como foi observado, há no texto palavras que retomam outras, expressas anteriormente. Esse procedimento de retomada tem o objetivo de tornar o texto mais dinâmico, evitando repetições.

a) Que expressão foi usada no último parágrafo para retomar a ideia de exploração e frustração apresentada na história?

b) Na sua opinião, a atitude do marceneiro ao ganhar novamente na loteria foi coerente? Justifique sua resposta.

c) Troque ideias com os colegas e o professor: Se quisesse de fato conquistar sua independência financeira, que atitude seria a mais coerente por parte do marceneiro?

6 Releia a moral da história.

a) A qual personagem do texto se refere a expressão *muita gente*?

b) A que se refere a expressão *festa da vida*?

c) Identifique a ironia presente na moral da história.

d) A moral da história é coerente com a abordagem realizada pelo autor? Por quê?

Conceituando

Ao responder às questões anteriores, você observou que a conexão entre palavras e ideias no interior das frases, no interior dos parágrafos e entre um parágrafo e outro é feita por outras palavras ou por algumas expressões.

Como você já estudou, essas conexões, que podem ser feitas entre palavras, frases, parágrafos e partes maiores, configuram o que chamamos de **coesão textual**, costurando as partes do texto como se ele fosse um tecido para formar um todo com sentido completo e coerente. A coesão textual pode ser sequencial ou referencial.

No texto estudado, diferentes palavras e expressões foram utilizadas para fazer referência ao personagem principal: *pobre marceneiro José dos Andrajos; ele; José; nosso marceneiro; o marceneiro*. Você viu, por exemplo, no estudo realizado, que as palavras *ele* e *lhe* retomam a palavra *marceneiro*, empregada no 1º parágrafo. Em "ele morava na *sua* loja", o pronome possessivo *sua* estabelece uma relação de posse entre o marceneiro e a loja. Em diversos momentos do texto, apenas a forma verbal indica que se trata do personagem, que fica implícito. Esse recurso é denominado *elipse*, e pode ser visto em trechos como "*Saía* em passeios de lancha pela manhã, à tarde *ia* para os bares", "no terceiro ano em que *comprava* o bilhete, novamente foi *assaltado* pelos amigos e repórteres", entre outros. Você viu também que o pronome demonstrativo *esta*, em "*esta* lhe deu cem mil contos", retoma o substantivo *loteria*, expresso anteriormente. As conjunções *mas* e *porém* (2º, 6º, 8º e 9º parágrafos) estabelecem uma oposição entre parágrafos. Além disso, o emprego dos verbos no passado está relacionado com a sequência de fatos que aconteceram no tempo.

Chamamos de *referente* o elemento retomado ou anunciado ao longo dos textos. Tais elementos são retomados ou anunciados para que o texto tenha progressão e continuidade. Essa retomada, conforme você viu, pode ser feita por repetição, substituição (por pronomes, palavras com valor de sinônimo ou hiperônimos) ou por elipse.

Substituição	Sinônimo – palavra com sentido próximo: marceneiro, carpinteiro.
	Hiperônimo – palavra com sentido mais amplo ou genérico, que engloba outras (loja: marcenaria, padaria, loteria).
Elipse	Ausência do termo, que fica pressuposto e pode ser inferido pelo interlocutor: "O pobre marceneiro trabalhava muito, mas ganhava pouco".

Esses diferentes tipos de conexão — repetições, uso de certos pronomes e conjunções, correlação entre os tempos verbais — são responsáveis pela articulação do texto tanto no nível gramatical, em seus aspectos sintáticos (como regência e concordância), quanto no nível semântico. As retomadas são ainda importantes para que o texto possa ter continuidade e progressão de ideias.

Além de analisar os elementos coesivos presentes no texto, ao estudar a fábula "O dinheiro não traz felicidade", você também buscou encontrar coerência na atitude do marceneiro, assim como analisou a coerência entre a moral do texto e o conteúdo dele. Como você já estudou, coerência é a articulação de ideias que permite aos interlocutores, em determinada situação discursiva, aprender o todo significativo que é o texto. A coerência de um texto depende não apenas da presença ou ausência de elementos coesivos, mas também do contexto discursivo no qual os textos estão inseridos. Assim, na fábula estudada, embora a atitude do marceneiro parecesse, a princípio, incoerente, ela é coerente no contexto, visto que é utilizada para ilustrar uma crítica social feita pelo autor do texto.

Concluímos, portanto, que:

Coerência textual é a conexão entre as ideias de um texto, e **coesão textual** são as conexões gramaticais que ligam palavras, frases e partes de um texto.

Coesão sequencial corresponde aos mecanismos linguísticos utilizados para estabelecer sentido entre as partes de um texto.

Coesão referencial é aquela em que os termos do texto remetem e retomam um ao outro, dando fluência e continuidade ao texto.

Exercícios

Leia a seguinte anedota para responder às questões 1 a 3.

Um rapaz possuía dois passarinhos: um que cantava demais e outro que não cantava nada... Certo dia, o rapaz resolveu vendê-los em uma feira; colocou-os expostos para que todos os vissem, e então um dos passarinhos começou a cantar sem parar, enquanto o outro ficava constantemente calado.

Um senhor chegou para o rapaz e perguntou:

— Quanto custam as avezinhas, meu jovem?

O rapaz respondeu:

— Esse que tá cantando custa cinquenta reais e o calado custa cem...

O senhor estranhou:

— Ué! Por que o passarinho que está calado custa mais do que o que está cantando?

— Porque o que tá calado é o compositor.

Jótah/Arquivo da editora

(Donaldo Buchweitz, org. *Piadas para você morrer de rir*. Belo Horizonte: Leitura, 2001. p. 74.)

1 Observe o 1º parágrafo do texto.

a) Que palavras retomam e especificam a expressão *dois passarinhos* na sequência após o dois-pontos?

b) Na primeira frase, a palavra *rapaz* vem acompanhada pelo artigo *um*; na segunda, pelo artigo *o*. Explique por quê.

c) A quem se refere o pronome *os* nas expressões *vendê-los*, *colocou-os*, *os vissem*?

d) Levante hipóteses: Qual é a função da palavra *então* na sequência da narrativa?

e) O que sugere a palavra *enquanto* e para que é usada?

2 No texto, as expressões *um rapaz* e *dois passarinhos* são retomadas mais de uma vez. Identifique as palavras e expressões que as retomam.

3 Observe as formas verbais empregadas no texto.

a) Que tempos verbais são usados nos trechos correspondentes ao discurso do narrador? E no discurso dos personagens?

b) Que efeito de sentido resulta do emprego desses tempos verbais?

Leia, a seguir, o trecho inicial de uma crônica de Antonio Prata e responda às questões 4 a 6.

Filipe Rocha/Arquivo da editora

Na TV, pela milionésima vez, Cinderela brinca com a mãe. No sofá, minha filha abre um sorriso, mas logo seu rosto se turva e ela salta pro meu colo. "Eu sei por que você quis colo", digo, tentando consolá-la. "Porque você lembrou que a mãe da Cinderela vai morrer e ficou triste." Ela me olha pasma, como se eu tivesse lido os seus pensamentos.

Explico que não preciso ser mágico para entender como uma menina de seis anos se sente a respeito de uma filha que perde a mãe. Ela diz que fica muito, muito, muito triste sempre que chega a parte em que a mãe da Cinderela morre. Comento que é triste, mesmo, mas que depois fica tudo bem, ela consegue fazer o vestido com a ajuda dos ratinhos, a fada madrinha os transforma em cavalos da carruagem de abóbora, ela vai ao baile, se apaixona pelo príncipe, se livra da madrasta e das irmãs malvadas e acaba tendo uma vida feliz. Enquanto ouve, minha filha fita o chão e vai desnublando: consigo ver o brilho do sapato de cristal dentro da sua cabeça. Ela sorri e se aconchega no meu colo.

("Debaixo de sete chaves". *In*: https://www1.folha.uol.com.br/colunas/antonioprata/2020/01/debaixo-de-sete-chaves.shtml. Acesso em: 16/3/2020.)

4 Releia o 1º parágrafo.

a) Que palavras e expressões são empregadas pelo autor para fazer referência à filha?

b) Troque ideias com os colegas e o professor: Qual é a diferença entre os termos utilizados para fazer referência à filha nas falas reproduzidas entre aspas e na voz do autor como narrador da situação vivida? Justifique essa diferença.

5 Observe as ocorrências do pronome *ela* no 2º parágrafo.

a) Quais são os seus referentes no contexto? Como é possível recuperar esse referente em cada uma das ocorrências?

b) Identifique outros termos empregados pelo autor nesse parágrafo para fazer referência aos elementos citados por você no item *a*, especificando seus respectivos referentes.

6 Releia este trecho:

"Comento que é triste, mesmo, **mas** que depois fica tudo bem, ☐ ela consegue fazer o vestido com a ajuda dos ratinhos, a fada madrinha os transforma em cavalos da carruagem de abóbora, ☐ ela vai ao baile, se apaixona pelo príncipe, se livra da madrasta **e** das irmãs malvadas e acaba tendo uma vida feliz."

a) Que relação é estabelecida pela palavra *mas* entre os trechos que ela conecta? Justifique sua resposta com base no sentido do texto.

b) E que relação é estabelecida pela palavra *e* no final do texto? Por quais palavras e expressões ela poderia ser substituída, nesse contexto?

c) Entre as opções a seguir, quais palavras poderiam ser utilizadas para explicitar as relações entre as ideias do trecho, substituindo os símbolos ☐, na ordem em que aparecem:

- depois, porque
- porque, contudo
- porque, depois
- entretanto, porque

A coesão e a coerência na construção do texto

Leia o texto a seguir.

Posologia e contraindicações: vide bula

Hill Creek Pictures/Getty Images

O riso, antes restrito a piadas, comédias e conversas informais, tornou-se "assunto sério", material de pesquisa. E, depois de muitos estudos acerca desse tema, comprovou-se a estreita ligação entre o senso de humor e a vida harmônica da sociedade: aquele que mantém o sorriso no rosto está mais apto a lidar com seus próprios problemas e a se relacionar com os outros.

Primeiramente, o bom humor afasta o desespero trazido pelos obstáculos cotidianos que a vida impõe. Frente a situações difíceis e penosas, é comum que as pessoas tenham reações incoerentes e descontroladas, como considerar tudo incontornável. Nesses casos, o riso funciona como uma luz que clareia a questão e aponta bons caminhos. Enfim, os dotados de senso de humor se mostram menos rígidos e mais proativos na resolução dos problemas do dia a dia.

A segunda capacidade importante desse estado de espírito é plenamente notada nas relações interpessoais. O riso, por constituir uma linguagem universal, já representa um forte fator de aproximação, enquanto o bom humor tem papel essencial na manutenção de qualquer amizade ou "coleguismo". Devido ao poder de flexibilidade que essa característica concede, aqueles que a possuem também costumam tolerar mais as diferenças e lidar melhor com as pessoas.

Há, contudo, limites para o humor; não se deve confundir risos descontraídos com gargalhadas maníacas e constantes. Muitas pessoas veem a vida como uma piada eterna, na tentativa de escapar dos obstáculos encontrados, e têm dificuldades para distinguir os momentos em que é preciso manter uma postura séria e lutar pelo que se deseja.

Tanto nas questões individuais quanto nas interpessoais, o bom humor tornou-se pré-requisito, pois traz consigo uma gama enorme de qualidades indispensáveis para a vida em sociedade. Deve-se apenas atentar ao "vício do riso" para não o transformar em obsessão. Em todos os outros casos, rir é mesmo o melhor remédio e não tem contraindicações.

(*Guia do Estudante — Redação vestibular 2008*. São Paulo: Abril, 2008. p. 44.)

1 O texto inicia-se com uma afirmação.

a) Que nova ideia é introduzida depois a respeito dessa afirmação?

b) Que palavra retoma a palavra *riso* no 1º parágrafo?

2 O 2º parágrafo do texto inicia-se com a expressão *Primeiramente*. Qual é o papel dessa expressão nesse parágrafo? Indique a resposta correta.

a) Dar continuidade ao texto, retomando a ideia apresentada no 1º parágrafo.

b) Introduzir um exemplo, dando progressão ao texto.

c) Mudar de assunto, introduzindo um exemplo.

3 No 3º parágrafo do texto:

a) Que expressão retoma a ideia apresentada no 2º parágrafo, mostrando, através da enumeração, que haverá uma continuidade do que foi dito nele?

b) Considerando-se os parágrafos anteriores, há informações novas nesse parágrafo? Justifique.

4 A sequência de um texto se constrói com um duplo movimento: um de retomada (continuidade) e outro de acréscimo de novas informações (progressão). Releia o 4º parágrafo.

a) Que palavra faz uma ressalva ao que foi discutido nos parágrafos anteriores?

b) Que informação nova é acrescentada ao texto, garantindo sua progressão?

c) Levante hipóteses: Por que o autor, tendo defendido o riso nos parágrafos anteriores, resolve fazer uma ressalva em relação a ele?

5 Observe o parágrafo final. Qual é o papel dele no texto?

Semântica e discurso

Leia a tira a seguir.

Clara Gomes/http://bichinhosdejardim.com/

(Disponível em: http://bichinhosdejardim.com/wp-content/uploads/2020/02/bdj-190729-web.jpg. Acesso em: 27/3/2020.)

1 Observe a expressão facial da joaninha nos quadrinhos e indique quais sentimentos ela manifesta em cada um deles.

2 Em sua fala em todos os quadrinhos, a joaninha vai enumerando vários elementos que, na visão dela, estão presentes na vida das pessoas.

a) O que esses elementos têm em comum?

b) Quais desses elementos têm caráter positivo e quais têm caráter negativo?

c) No contexto, esses termos têm entre si uma relação de sinonímia ou de antonímia?

3 A palavra *mas* é utilizada no 2º e no 4º quadrinhos.

a) Qual é o sentido usualmente estabelecido por essa palavra entre os termos que conecta em um texto?

b) Na tira, a palavra *mas* desempenha a função que você indicou no item *a*? Justifique sua resposta.

4 Troque ideias com os colegas e o professor:

a) Qual é o sentido da palavra *coach*, empregada no último quadrinho? Se necessário, faça uma pesquisa.

b) O que sugere o ponto de interrogação no final da fala da joaninha no último quadrinho?

5 Com base em suas respostas às questões anteriores, conclua:

a) Por que, no contexto, a joaninha é considerada "a pior coach do mundo"?

b) De que forma o emprego da conjunção *mas* duas vezes na tira contribui para a construção do humor?

6 Considerando o uso da palavra *mas* como recurso coesivo e a coerência da tirinha como um todo, responda:

a) O emprego da palavra *mas* pela joaninha cria um problema de coerência, no discurso da personagem? Justifique sua resposta.

b) Considerando a tira como um todo, o emprego da palavra *mas* cria um problema de coerência textual? Justifique sua resposta.

LINGUAGENS E SUAS TECNOLOGIAS
ANÁLISE LINGUÍSTICA/SEMIÓTICA

UNIDADE 13

Revisão de classes de palavras, análise sintática e questões notacionais da língua

Dzianis_Rakhuba/Shutterstock

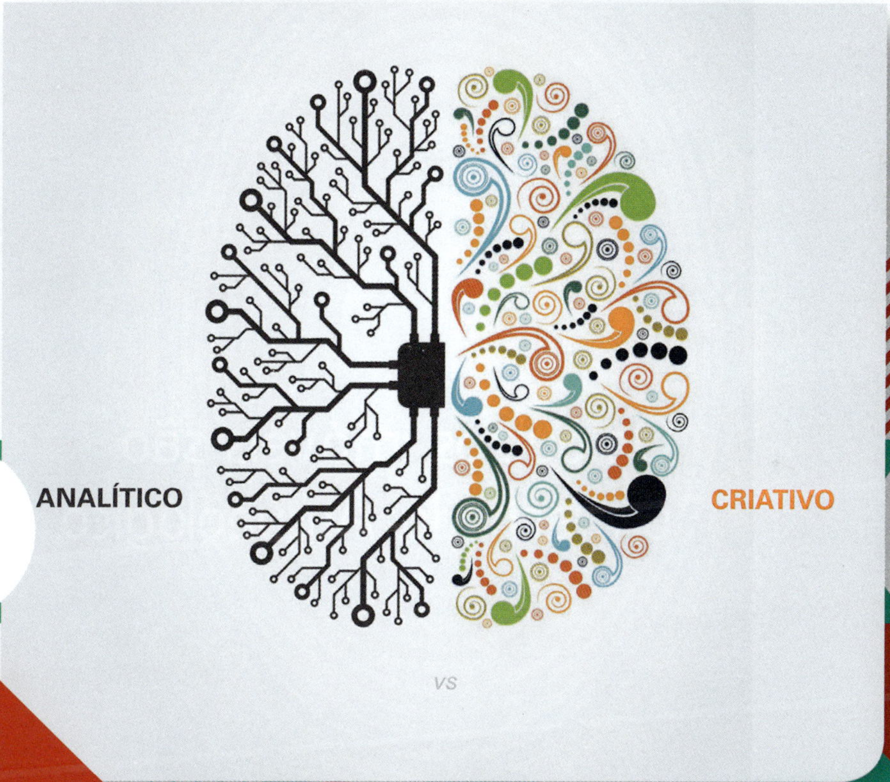

(Disponível em: www.shutterstock.com/pt/image-illustration/left-right-brain-functions-concept-analytical-303976172. Acesso em: 17/4/2020.)

"É tudo muito distante das certezas que costumeiramente carregamos quando nos pomos diante da tarefa de falar sobre a gramática da língua. [...] uma lição de gramática [...] há de respeitar a complexidade do fazer da linguagem e há de manter-se imune às tentações das receitas e dos rótulos prontos, das compartimentações rígidas, e, por isso mesmo, falsas.

Pode até parecer que tais receitas e tais rótulos simplifiquem as ações, mas, na verdade, não dando conta da produção dos efeitos de sentido, eles não respondem às próprias intuições dos usuários da língua, e, assim, baralham e complicam o processo de apreensão das reais operações linguísticas e de seus mecanismos."

(Maria Helena de Moura Neves. *A gramática passada a limpo – Conceitos, análises e parâmetros*. São Paulo: Parábola Editorial, 2012. p. 180.)

CAPÍTULO 38

Classes de palavras

Substantivo, adjetivo, artigo e numeral

Este capítulo favorece o desenvolvimento das habilidades

EM13LGG102

EM13LP01

EM13LP02

EM13LP06

EM13LP09

Ativando os conceitos

Leia o anúncio:

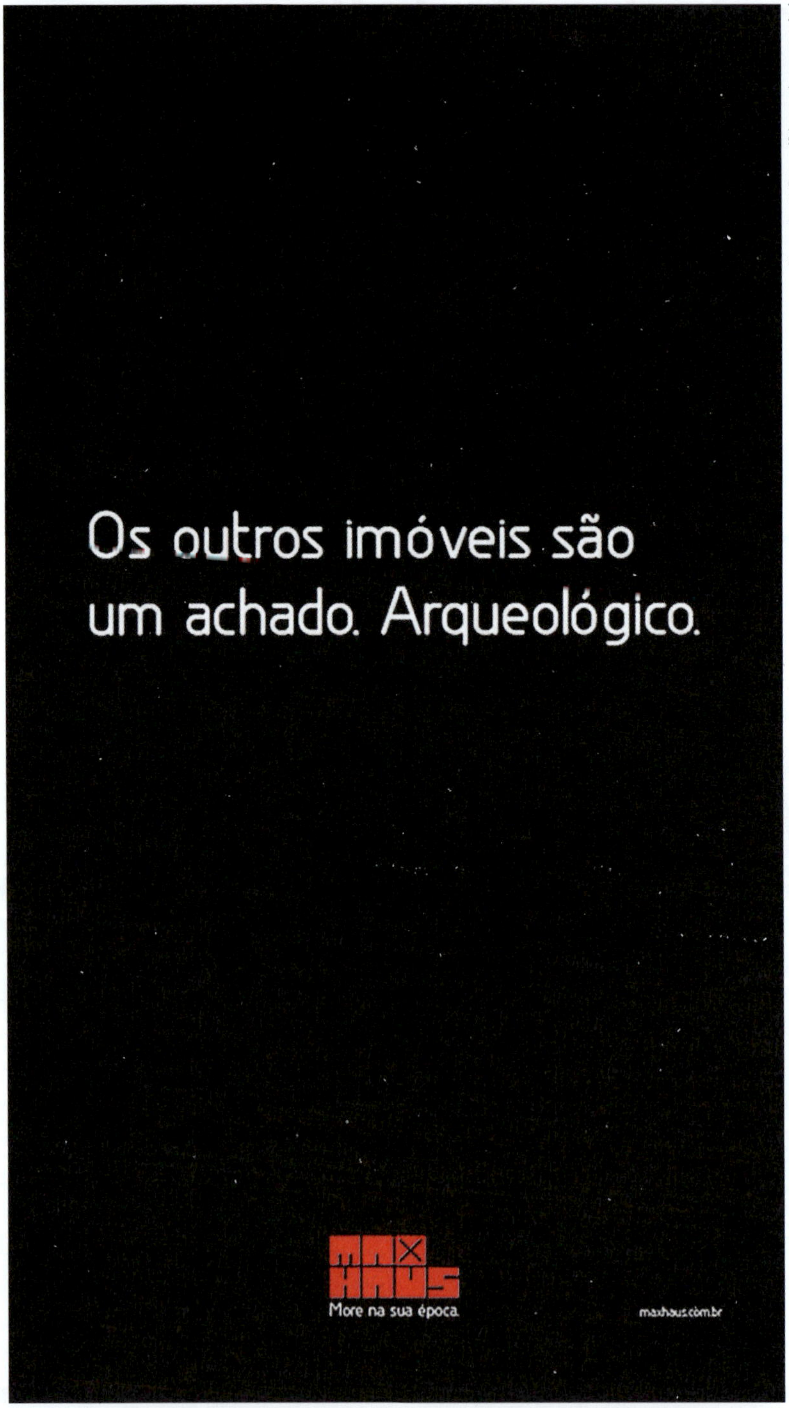

Reprodução/https://blx.maxhaus.com.br/

1 Sobre a situação de comunicação na qual o anúncio circulou, responda:

a) Quem é o anunciante e qual é a sua área de atuação?

b) A quem ele se dirige?

c) Qual é o produto anunciado?

2 Releia a primeira frase do enunciado central.

a) Troque ideias com os colegas e o professor: Qual é o sentido da palavra *achado*, nessa primeira frase, se lida isoladamente?

b) Quais são "os outros imóveis" a que o anunciante se refere? Explique o sentido dessa primeira frase lida isoladamente.

c) Reescreva-a:

- colocando a palavra *imóveis* no singular e fazendo as alterações necessárias, de acordo com as regras da norma-padrão.
- substituindo a palavra *imóveis* pela palavra *casas* e fazendo as alterações necessárias, de acordo com as regras da norma-padrão.

d) Conclua: Quais outras palavras concordam com a palavra *imóveis* nessa frase? Justifique sua resposta.

3 Agora observe a palavra que compõe a segunda frase do enunciado central.

a) A qual outra palavra da frase anterior ela se refere? Justifique sua resposta com base na forma das palavras do anúncio.

b) Reescreva todo o enunciado central em uma única frase, colocando a palavra *achado* no plural e fazendo as alterações necessárias, de acordo com as regras da norma-padrão.

c) Compare o texto do anúncio à frase escrita por você no item *b*, troque ideias com os colegas e o professor e explique por que o isolamento da palavra *arqueológico* em outra frase contribui para construir certo efeito de humor no contexto do anúncio.

4 Leia as frases a seguir:

I. **Imóveis** são um achado.
II. **Os imóveis** são um achado.
III. **Uns imóveis** são um achado.
IV. **Imóvel** é um achado.
V. **O imóvel** é um achado.
VI. **Um imóvel** é um achado.
VII. **Um imóvel** é um achado. Dois, então, nem se fala.

Troque ideias com os colegas e o professor:

a) Levante hipóteses: Em quais contextos essas frases poderiam ser ditas, por quem, para quem, com qual intenção?

b) Considerando os termos em destaque, agrupe as frases segundo os seguintes critérios:

- Faz(em) uso de artigo definido, apontando para um ou mais elementos específicos do mundo ou generalizando o sentido do referente:
- Faz(em) uso de artigo indefinido, sem referência a um elemento específico do mundo.
- Não faz(em) uso de nenhum determinante, priorizando um sentido genérico.
- Faz(em) uso de numeral, quantificando o referente.

5 Leia as manchetes de jornal a seguir.

> **"Melhor que isso, só dinheiro achado"**
>
> (Disponível em: www.pocosja.com.br/2019/01/07/melhor-do-que-isso-so-dinheiro-achado/. Acesso em: 17/4/2020.)

> **"Registros de apropriação de coisa achada revela falta de civilidade"**
>
> (Disponível em: https://amazonasatual.com.br/registros-de-apropriacao-de-coisa-achada-revela-falta-de-civilidade/. Acesso em: 17/4/2020.)

a) Qual é o sentido da palavra *achado/achada* nessas duas manchetes?

b) Explique por que, na primeira manchete, ela foi empregada no masculino e, na segunda, no feminino.

c) Compare o emprego das palavras *achado/achada* nas manchetes e no anúncio e explique a diferença entre elas.

Revisando os conceitos

Ao responder às questões anteriores, você viu que há palavras que designam coisas, seres, ações. Essas palavras são os *substantivos*. Você viu, ainda, que há outras palavras que se ligam ao substantivo para determiná-lo, indeterminá-lo, especificá-lo, generalizá-lo, particularizá-lo, diferenciá-lo. Essas palavras podem ser *artigos*, *numerais* e *adjetivos*.

Substantivos são palavras que designam seres — visíveis ou não, animados ou não —, objetos, lugares, ações, estados, sentimentos, desejos, ideias.

Adjetivos são palavras que designam condição ou estado, provisórios ou permanentes, caracterizando e particularizando os seres. Podem expressar fatos ou percepções subjetivas. Referem-se sempre a um substantivo explícito ou subentendido na frase, com o qual concordam em gênero e número.

Artigo é a palavra que antecede o substantivo, definindo-o ou indefinindo-o.

Numeral é a palavra que expressa quantidade exata de pessoas ou coisas, ou o lugar que elas ocupam em determinada sequência.

Exercícios

Leia esta tira, de Quino, e responda às questões 1 a 3.

(Disponível em: http://dropsculturais.wordpress.com/2012/03/15/parabens-mafalda/. Acesso em: 12/4/2012.)

1 A tira mostra claramente a diferença entre as duas personagens quanto a valores. Qual é essa diferença?

2 Contrapondo-se aos valores de Mafalda, Susanita argumenta: "Se você sair na rua sem cultura, a polícia te prende? Experimenta sair sem vestido". Uma das classificações que o substantivo recebe é de *concreto* (que nomeia entes de existência própria, de existência independente) e *abstrato* (que nomeia ações, estados, sentimentos; aquilo que existe por meio da existência de outros). A argumentação de Susanita baseia-se em algo concreto: vestidos. Explique como a classificação morfológica de *cultura* contribui para a construção do humor do texto.

3 Observe os seguintes substantivos empregados na tira:

vestidos   cultura   rua   polícia   vestido   razão

a) Quais deles foram empregados com artigo e quais foram empregados sem artigo?

b) Troque ideias com os colegas e o professor: Que efeitos de sentido a ausência e a presença dos artigos constroem nessa tira?

Leia este texto e responda às questões 4 a 7.

A maratona do herói

Aleksandr Fostic/Shutterstock

A maratona é a mais longa, difícil e emocionante prova olímpica. Desde 1908, seu percurso é de 42.195 m. Tudo começou no ano de 490 a.C., quando soldados gregos e persas travaram uma batalha que se desenrolou entre a cidade de Maratona e o mar Egeu.

A luta estava difícil para os gregos. Comandados por Dario, os persas avançaram seu exército em direção a Maratona. Milcíades, o comandante grego, resolveu pedir reforço. Chamou Fidípides, um de seus valentes soldados. Ótimo corredor, ele levou o apelo de cidade em cidade até chegar em Atenas, 40 km distante. Voltou com 10 mil soldados e os gregos venceram a batalha, matando 6.400 persas.

Entusiasmado com a vitória, Milcíades ordenou que Fidípides fosse correndo até Atenas outra vez para informar que eles tinham vencido a batalha. Fidípides foi de novo, sem parar. Quando chegou ao seu destino, só teve forças para dizer uma palavra: "Vencemos!". E caiu morto. Em 1896, durante os primeiros Jogos Olímpicos da era moderna, Fidípides foi homenageado com a criação da prova. No início, a distância a ser percorrida era de 40 km, a mesma que separava Maratona de Atenas.

(Marcelo Duarte. *O guia dos curiosos*. 3. ed. São Paulo: Panda Books, 2005. p. 245.)

4 Quais adjetivos são utilizados no texto para caracterizar a prova olímpica da maratona?

5 Observe estas frases:

"soldados **gregos** e **persas** travaram uma batalha"
"os **persas** avançaram"
"os **gregos** venceram a batalha"

Os termos destacados nas frases são substantivos ou adjetivos? Justifique sua resposta.

6 Os adjetivos podem ser empregados em diferentes graus, que exprimem quantidade e intensidade.

a) Deduza: Quais adjetivos do primeiro parágrafo do texto estão no grau superlativo relativo de superioridade e qual expressão indica esse grau?

b) Identifique no segundo parágrafo o uso de uma variação do grau do adjetivo *bom*.

c) Troque ideias com os colegas e o professor: Que efeito de sentido as construções observadas por você nos item *a* e *b* constroem no texto?

7 Releia os seguintes trechos:

I. "soldados gregos e persas travaram **uma** batalha"
II. "só teve forças para dizer **uma** palavra"

a) Em qual deles a palavra *uma* é empregada como numeral? E em qual ela é empregada como artigo indefinido? Justifique sua resposta.

b) Perceba que, no trecho I, a expressão *soldados gregos e persas* é empregada sem artigos. Identifique os termos que retomam esses nomes no segundo parágrafo.

c) Discuta com os colegas e o professor os sentidos das diferentes expressões observadas por você no item *b*. Explique a diferença de sentido no emprego dessas diferentes formas no texto.

Pronome

Ativando os conceitos

Releia o enunciado central do anúncio que você analisou ao estudar o substantivo, o adjetivo, o artigo e o numeral:

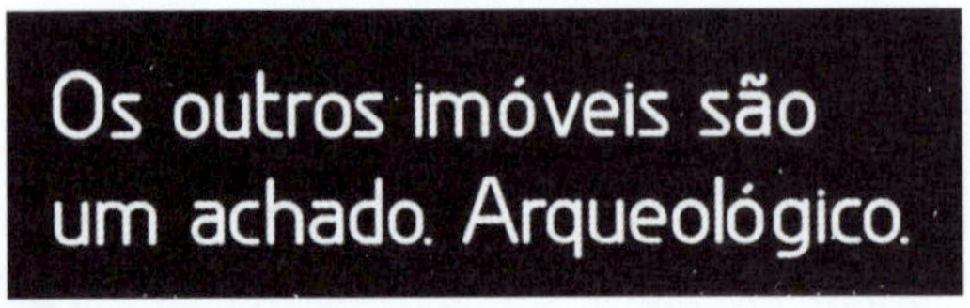

Reprodução/https://blix.maxhaus.com.br/

1 Troque ideias com os colegas e o professor:

a) Qual palavra desse enunciado indica que a empresa anunciante se refere aos imóveis da concorrência? Justifique sua resposta.

b) Entre as opções a seguir, indique qual termo poderia ser utilizado em oposição ao apontado por você no item *a*.

- aqueles
- nossos
- todos
- seus

2 Observe a frase contida na parte inferior do anúncio, junto ao logotipo da empresa:

Reprodução/https://blix.maxhaus.com.br/

a) Quais palavras dessa frase indicam que o anunciante se dirige ao leitor? Por quê?

b) Deduza: Qual é a forma de tratamento utilizada pelo enunciador para se referir ao leitor? Justifique sua resposta e levante hipóteses: Qual efeito de sentido essa escolha constrói no texto?

c) Reescreva essa frase, fazendo as alterações necessárias e:

- substituindo a palavra *época* pela palavra *tempo;*
- substituindo a forma verbal *more* pela forma *eu moro.*

d) Considerando suas respostas ao item *c*, conclua: Como se fez a concordância da palavra *sua* e das demais que a substituíram nas reescritas? Que sentido elas constroem entre os termos que conectam, no contexto?

Revisando os conceitos

No estudo do anúncio, você viu que o enunciador utiliza a palavra *outros* para fazer uma referência imprecisa e depreciativa dos imóveis concorrentes e emprega a forma *sua* ao se dirigir diretamente a seu leitor. Além disso, ao analisar o anúncio, foi possível perceber ainda que as formas *eu* e *você* fazem referência às pessoas do discurso, isto é, quem fala e com quem se fala.

As palavras *outros* e *sua*, assim como *eu*, *você*, *seu* e *minha*, são pronomes.

Pronomes são palavras que substituem ou acompanham outras palavras, principalmente substantivos, fazendo referência às pessoas do discurso. Podem também remeter a palavras, orações e frases expressas anteriormente.

Existem diferentes tipos de pronome, cuja classificação varia de acordo com sua função e seu sentido nos enunciados. São eles: pronomes pessoais, pronomes de tratamento, pronomes possessivos, pronomes demonstrativos, pronomes indefinidos, pronomes interrogativos e pronomes relativos.

Pronomes pessoais, pronomes de tratamento e pronomes possessivos

Leia a seguir trechos de três textos de Vinícius de Moraes.

Miragem

Não direi que a tua visão desapareceu dos meus olhos sem vida
Nem que a tua presença se diluiu na névoa que veio.
Busquei inutilmente acorrentar-te a um passado de dores
Inutilmente.
Vieste — tua sombra sem carne me acompanha
Como o tédio da última volúpia.
Vieste — e contigo um vago desejo de uma volta inútil
E contigo uma vaga saudade...
És qualquer coisa que ficará na minha vida sem termo
Como uma aflição para todas as minhas alegrias.
Tu és a agonia de todas as posses
És o frio de toda a nudez
E vã será toda a tentativa de me libertar da tua lembrança.

[...]

Orfeu da Conceição

[...]

ORFEU (as mãos sobre os olhos, como ofuscado)
Quem sois vós? Quem sois vós, Senhora Dama?

A DAMA NEGRA
Eu sou a Dama Negra. Não me chamo.
Vivo na escuridão. Vim porque ouvi
Alguém que me chamava.

[...]

Acervo/Folhapress

Estúdio Ampla Arena/Arquivo da editora

Mensagem a Rubem Braga

A meu amigo Rubem Braga
Digam que vou, que vamos bem: só não tenho é coragem de escrever
Mas digam-lhe. Digam-lhe que é Natal, que os sinos
Estão batendo, e estamos no Cavalão: o Menino vai nascer
Entre as lágrimas do tempo. Digam-lhe que os tempos estão duros
Falta água, falta carne, falta às vezes o ar: há uma angústia
Mas fora isso vai-se vivendo. Digam-lhe que é verão no Rio
[...]

(Disponível em: www.viniciusdemoraes.com.br/site/. Acesso em: 2/4/2020.)

1 Há, nos textos, palavras que se referem às três pessoas do discurso, isto é, quem fala (1ª pessoa), com quem se fala (2ª pessoa) e de que se fala (3ª pessoa).

a) Quais palavras e expressões o poeta empregou para se referir a cada uma das três pessoas do discurso?

b) Troque ideias com os colegas e o professor e explique os efeitos de sentido construídos pelas diferentes escolhas.

2 Entre as palavras indicadas por você no item *a* da questão anterior, há algumas que são utilizadas com a função de interpelar o interlocutor.

a) Identifique-as.

b) Embora todas elas se dirijam à 2ª pessoa do discurso, nem todas são usadas na 2ª pessoa. Explique essa afirmação.

3 Releia estes versos:

- "A *meu* amigo Rubem Braga"
- "*Tua* visão desapareceu dos *meus* olhos sem vida"
- "És qualquer coisa que ficará na *minha* vida"

a) Indique, em cada verso, os elementos que são colocados em relação pelas palavras *meu*, *tua*, *meus*, *minha*.

b) Troque ideias com os colegas e o professor: Quais relações essas palavras estabelecem entre os dois elementos que conectam em cada situação.

Como você viu ao responder às questões sobre os poemas de Vinícius de Moraes, os pronomes pessoais designam as pessoas do discurso; os pronomes de tratamento são utilizados por quem fala para se dirigir a seu interlocutor; e os pronomes possessivos estabelecem algum tipo de relação entre os elementos que conectam (entre elas, a de posse, daí o nome *possessivo*).

Pronomes pessoais são aqueles que indicam as três pessoas do discurso.

Pronomes de tratamento são palavras e expressões empregadas para tratar de modo familiar ou cerimonioso o interlocutor.

Pronomes possessivos são aqueles que indicam relações diversas, tais como a de posse, entre os elementos por eles conectados.

O sistema de pronomes pessoais do português brasileiro vem sofrendo mudanças há muito tempo e já é descrito pelos linguistas de modo diferente do da gramática normativa. Os pronomes *você* e *(o) senhor/(a) senhora*, por exemplo, tradicionalmente classificados como pronomes de tratamento, são com frequência empregados como pronomes pessoais.

Veja, a seguir, um quadro que contrapõe a classificação dos pronomes pessoais segundo a norma-padrão e segundo as pesquisas linguísticas.

Número	Pessoa	Segundo a gramática normativa/norma-padrão *[Português brasileiro formal]**			Português brasileiro informal	
		Retos/Sujeitos	Oblíquos/Complementos		Sujeitos	Complementos
			Usados sem preposição (átonos)	Usados com preposição (tônicos)		
singular	1ª	eu	me	mim, comigo	eu, a gente	eu, me, mim, prep. + eu, mim
	2ª	tu [*você, o senhor, a senhora*]	te	ti, contigo [*prep. + o senhor, com a senhora*]	você/ocê/cê, tu	você/ocê/cê, te, ti, prep. + você/ocê
	3ª	ele, ela	o, a, lhe, se	si, ele, ela, consigo	ele/ei, ela	ele/ei, ela, lhe, prep. + ele/ei, ela
plural	1ª	nós	nos	nós, conosco	a gente	a gente, prep. + a gente
	2ª	vós [*os senhores, as senhoras*]	vos	vos, convosco [*prep. + os senhores, as senhoras*]	vocês/ocês/cês	vocês/ocês/cês, prep. + vocês/ocês
	3ª	eles, elas	os, as, lhes, se	si, eles, elas, consigo	eles/eis, elas	eles/eis, elas, prep. + eles/eis, elas

* As formas indicadas no quadro entre colchetes são amplamente utilizadas no português brasileiro, mesmo em situações formais e em textos escritos, embora ainda não tenham sido incorporadas pelo quadro clássico da norma-padrão.

(Quadro elaborado com base em: Ataliba T. de Castilho. *Nova gramática do português brasileiro*. São Paulo: Contexto, 2010. p. 477.)

Agora veja o quadro dos pronomes de tratamento e seus usos.

Formas de tratamento		
Tratamento	**Abreviatura**	**Usado para**
você	V.	pessoas com quem temos intimidade
Vossa Alteza	V. A.	príncipes, duques
Vossa Eminência	V. Emª	cardeais
Vossa Excelência	V. Exª	altas autoridades do governo e das forças armadas
Vossa Magnificência	V. Magª	reitores de universidades
Vossa Majestade	V. M.	reis, imperadores
Vossa Santidade	V. S.	papa
Vossa Senhoria	V. Sª	funcionários públicos graduados, oficiais (até coronel) e pessoas de cerimônia
senhor, senhora	sr., sra.	geralmente pessoas mais velhas que nós ou a quem queremos tratar com distanciamento e respeito; a forma *senhorita*, já caindo em desuso, é empregada para moças solteiras

Eis o quadro dos pronomes possessivos, referentes às três pessoas do discurso:

Pronomes possessivos					
		Singular		Plural	
Número	Pessoa	Masculino	Feminino	Masculino	Feminino
Singular	1ª	Meu	Minha	Meus	Minhas
	2ª	Teu	Tua	Teus	Tuas
	3ª	Seu	Sua	Seus	Suas
Plural	1ª	Nosso	Nossa	Nossos	Nossas
	2ª	Vosso	Vossa	Vossos	Vossas
	3ª	Seu	Sua	Seus	Suas

Pronomes demonstrativos, indefinidos e interrogativos

Leia este anúncio:

Reprodução/ANER/ABERT/ANJ/Agência África

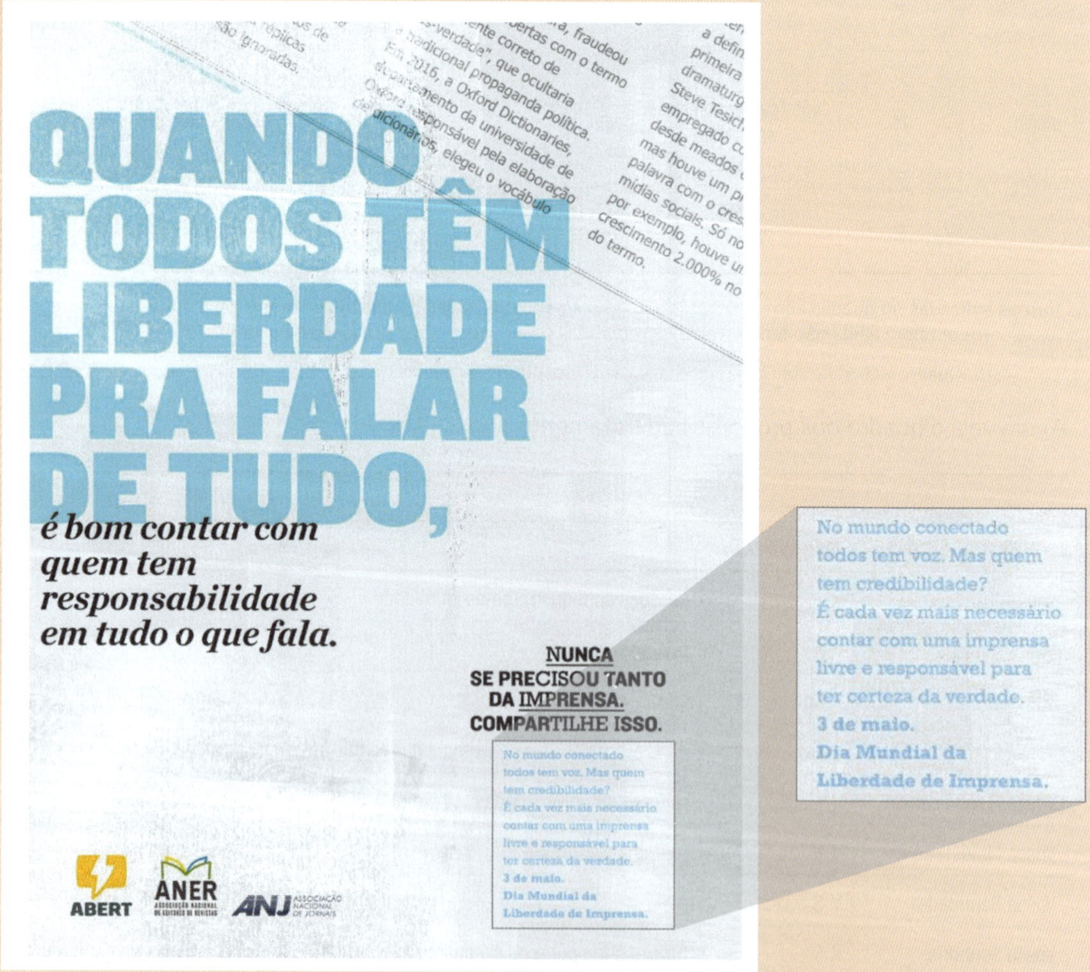

(Disponível em: https://aner.org.br/wp-institucional/wp-content/uploads/2017/05/boletim-aner-maio-17.pdf. Acesso em: 16/4/2020.)

1 No enunciado central, em letras azuis e pretas, o anúncio emprega as palavras *todos*, *tudo* e *quem*. Troque ideias com os colegas e o professor:

a) É possível identificar a quem exatamente esses termos se referem? Justifique sua resposta.

b) Quais outros trechos do anúncio dão indícios sobre os referentes dessas palavras no mundo?

2 Observe o termo *isso*, empregado no enunciado inferior do anúncio. A que ele se refere, no contexto?

As palavras que você analisou nas questões anteriores também são pronomes: *isso* é um pronome demonstrativo e *todos*, *tudo* e *quem* são pronomes indefinidos.

Pronomes demonstrativos são aqueles que situam pessoas ou coisas em relação às três pessoas do discurso. Essa localização pode se dar no tempo, no espaço ou no próprio texto.

Pronomes indefinidos são aqueles que fazem referências vagas, imprecisas e genéricas a substantivos.

Os pronomes demonstrativos podem ser utilizados para retomar textualmente outras palavras, frases ou ideias, assim como podem ser utilizados para fazer referências temporais ou espaciais. Veja a seguir um quadro que resume o emprego do pronome demonstrativo de acordo com as regras da norma-padrão.

Pronomes demonstrativos				
Formas masculina, feminina e invariável	**Pessoa**	**Relação espacial**	**Relação temporal**	**Relação textual**
este, esta, isto	1ª	Próximo de quem fala: Este celular que está na minha mão é o seu?	Presente, tempo atual: Esta semana estamos muito atarefados.	Referência ao que ainda não foi mencionado (catáfora): Este é o meu *hobby* favorito: costurar!
esse, essa, isso	2ª	Próximo da pessoa com quem se fala: Esse celular que está na sua mão é o meu?	Ideia de passado relativamente próximo ou de futuro distante: Eu me lembro desse dia em que fomos ao parque. Ainda vai chegar esse dia em que viajaremos juntos.	Referência ao que acabou de ser mencionado (anáfora): Costurar, esse é o meu *hobby* favorito!
aquele, aquela, aquilo	3ª	Distante de ambos: Aquele celular em cima da mesa é o meu?	Ideia de passado remoto: Eu me lembro daquele dia em que fomos ao parque.	Contraposição entre um elemento distante no texto e outro imediatamente anterior referido por *este(a)(s)*: Aos finais de semana, costumo ficar na cozinha e na costura. Esta, faço por *hobby*; aquela, por obrigação.

Veja, a seguir, os quadros dos pronomes indefinidos.

Pronomes indefinidos	
Variáveis	**Invariáveis**
algum, nenhum, todo, outro, muito, pouco, certo, vário, tanto, quanto, qualquer, qual	alguém, ninguém, tudo, outrem, nada, cada, algo, que, quem

O pronome *quem*, analisado anteriormente, também pode ser empregado em perguntas, por exemplo: "Quem veicula notícias com responsabilidade?". Outros pronomes indefinidos têm essa mesma possibilidade, entre eles: "[O] Que as pessoas falam na internet?", "Quanta(s) informação(ões) não é/são verdadeira(s)?", "Quero saber quais informações não são verdadeiras.". Nesses casos, *quem*, *[o] que*, *quanta*, *quantas* e *quais* são pronomes interrogativos.

Pronomes interrogativos são os pronomes indefinidos *quem*, *que*, *qual* e *quanto* (e variações), quando empregados em perguntas, diretas ou indiretas.

Eis o quadro dos pronomes interrogativos:

Pronomes interrogativos	
Variáveis	**Invariáveis**
Qual, quanto	Que, quem

Exercícios

Leia estas tiras:

(Fernando Gonsales, *Folha de S.Paulo*, 30/6/2008.)

(Laerte, *Folha de S.Paulo*, 25/2/2012.)

1 Observe a situação de comunicação retratada em cada tira.

a) Em qual delas existe maior formalidade no discurso? Justifique sua resposta.

b) Levante hipóteses: A que você atribui essa formalidade?

2 Observe o emprego do pronome demonstrativo no 1º balão da primeira tira e no 2º balão da segunda tira.

a) O uso desses pronomes está de acordo com a norma-padrão? Por quê?

b) Considerando o emprego dos pronomes segundo as regras da norma-padrão, é possível afirmar que há incoerência em uma das tiras lidas. Explique qual é essa incoerência.

c) Troque ideias com os colegas e o professor e levante hipóteses: Considerando todo o contexto, por que a tira apontada por você no item *b* foi escrita com essas formas pronominais?

Pronomes demonstrativos: um sistema em mudança

A maior parte dos falantes brasileiros, mesmo aqueles que utilizam variedades urbanas de prestígio, não faz uma distinção rigorosa entre os demonstrativos de 1ª e 2ª pessoas, principalmente em textos orais.

Para alguns linguistas, isso é sinal de que o sistema ternário desses pronomes está se transformando em um sistema binário. Essa constatação quer dizer que, na prática, os pronomes estão sendo utilizados do seguinte modo: de um lado, os pronomes de 1ª ou 2ª pessoa; de outro, os pronomes de 3ª pessoa. Assim, um falante tende a dizer, indiferentemente, *Nesse momento* ou *Neste momento*, e o que vai determinar se ele se refere ao momento presente ou a um momento anterior ao enunciado no discurso é o contexto.

Apesar dessa tendência da língua, em muitos textos escritos essa distinção ainda é feita e, especialmente em situações de avaliação, tais como concursos e exames, tende a ser considerada.

3 Na segunda tira, um dos personagens emprega uma forma pronominal em desuso na língua atual: "*vo-lo* trouxesse". Em relação à forma *vo-lo*, responda:

a) Como é constituída essa forma pronominal?

b) A que ou a quem ela se refere?

4 Compare as tiras. O que elas têm em comum quanto ao conteúdo?

5 Identifique uma ocorrência de pronome interrogativo nas tiras e justifique o uso.

Leia os quadrinhos a seguir e responda às questões 6 a 10.

(Disponível em: http://chadameianoite.blogspot.com.br/2010/11/calvin-and-hobbes.html. Acesso em: 16/4/2020.)

6 Na tira, Calvin conversa com as flores e utiliza alguns pronomes para se referir a si mesmo.

a) Explique a diferença de emprego entre os pronomes pessoais *eu* e *mim* nas falas de Calvin, considerando a classificação e os usos desses pronomes segundo as regras da norma-padrão.

b) Quais entes são colocados em relação pela forma pronominal *minhas*? Classifique-a e indique o tipo de relação que ela estabelece entre esses termos.

c) Se no 1º quadrinho Calvin fosse usar um pronome demonstrativo para se referir ao regador, qual seria, considerando as regras da norma-padrão? Justifique.

7 Observe os pronomes empregados no 2º quadrinho para fazer referência às flores.

a) Qual forma de tratamento Calvin utiliza para se referir a suas interlocutoras?

b) Quais outros pronomes ele utiliza em referência às flores?

c) Identifique os termos que são colocados em relação pelas formas pronominais indicadas por você no item *b*.

d) Os pronomes empregados por Calvin em referência a suas interlocutoras são de 2ª ou 3ª pessoa? Justifique sua resposta e o emprego desses pronomes no contexto da tira.

8 Agora observe o pronome *quem* utilizado por Calvin no 2º quadrinho.

a) Qual é a classificação desse pronome na tira?

b) A quem ele se refere nesse contexto?

c) Reescreva a fala de Calvin, sem alterar substancialmente o sentido, empregando essa mesma palavra como pronome interrogativo.

9 Calvin estabelece uma situação de relação direta entre ele e suas interlocutoras, as flores.

a) Na relação com as flores, Calvin se coloca em posição de superioridade ou igualdade? Por que ele se coloca assim?

b) Tendo em vista o que acontece no último quadrinho, conclua: A afirmação feita por Calvin era verdadeira?

10 Observe as falas e as fisionomias de Calvin. É possível considerar que há uma gradação no comportamento do garoto nos três primeiros quadrinhos, interrompida por um desfecho inesperado no 4º quadrinho.

a) Descreva sucintamente a gradação na fisionomia de Calvin nos três quadrinhos iniciais.

b) No último quadrinho, qual sentimento é explicitado na fisionomia de Calvin?

c) Com humor, o autor da tira retrata e ironiza uma característica que não é exclusiva do personagem. Qual é essa característica?

Pronomes relativos

Leia a tira a seguir.

(*Folha de S.Paulo*, 21/2/2003.)

1 No 2º e no 3º quadrinho, Jon e Garfield empregam alguns pronomes em suas falas.

a) Qual forma pronominal acompanha o substantivo *garotas* na fala de Jon no 2º quadrinho? Dê a classificação dela e indique qual pronome do mesmo tipo foi empregado no 3º quadrinho. Em seguida, justifique o emprego dessas formas no contexto.

b) E quais pronomes são utilizados por Garfield? Identifique o referente de cada um deles no contexto.

c) Troque ideias com os colegas e o professor e explique de que forma as falas de Garfield nesses quadrinhos contribuem para a construção do humor do texto.

2 Observe as frases a seguir:

- Liguei para todas as garotas — conheço *todas as garotas*
- Até para algumas — não conheço *algumas*

a) Deduza: Qual palavra utilizada nas falas de Jon no 2º e no 3º quadrinho foi empregada para substituir os termos em destaque na segunda frase de cada par?

b) Una as frases a seguir utilizando essa mesma palavra ou outra que cumpra o mesmo papel.

- Vamos visitar nossos amigos — não vemos nossos amigos há muito tempo.
- Visitei a casa — minha mãe morou na casa quando criança.
- Veja o livro — comprei o livro ontem.

c) Troque ideias com os colegas e o professor e explique a função das palavras utilizadas por você no item *b*.

Quando substitui uma palavra ou expressão antecedente, isto é, já mencionada, a palavra *que* é um pronome relativo.

O pronome *que*, analisado por você na questão 2, é um *pronome relativo*.

Pronome relativo é aquele que liga orações e se refere a um termo anterior — o antecedente.

Eis o quadro dos pronomes relativos:

Pronomes relativos				
Variáveis				Invariáveis
Masculino		Feminino		
Singular	Plural	Singular	Plural	
o qual	os quais	a qual	as quais	que
cujo	cujos	cuja	cujas	quem
quanto	quantos	–	quantas	onde

Verbo e advérbio

Ativando os conceitos

Leia o anúncio a seguir.

(Disponível em: https://exame.abril.com.br/marketing/globo-news-lanca-campanha-do-seu-novo-on-air/. Acesso em: 16/4/2020.)

1 Sobre o contexto de circulação do anúncio, responda:
- a) Quem é o anunciante e a quem ele se dirige?
- b) Qual é a área de atuação do anunciante?

2 Observe a parte não verbal do anúncio.
- a) É possível considerar que ela é ambígua, isto é, pode ser lida e interpretada de duas formas. Indique quais são essas duas formas.
- b) Relacione as duas possibilidades de leitura indicadas por você no item *a* com o anúncio e explique o que cada uma delas representa no contexto.

3 Agora releia a parte verbal do anúncio. Observe que ela enumera várias ações.
- a) Identifique as palavras que indicam essas ações.
- b) Levante hipóteses: No contexto do anúncio, quem é o responsável por essas ações? Justifique sua resposta.
- c) A palavra *nunca* se repete diversas vezes. Indique, entre as opções a seguir, qual sentido ela acrescenta às palavras que acompanha:
  - dúvida
  - lugar
  - tempo
  - modo

4 Compare as palavras que indicam ação do texto da esquerda com a palavra que indica ação na frase da direita do anúncio. Troque ideias com os colegas e o professor:
- a) Qual é a diferença na forma como cada uma delas termina?
- b) Qual é a diferença de sentido entre elas? Justifique sua resposta.

5 Releia as três últimas linhas do texto da esquerda.
- a) Quais delas indicam circunstância de tempo?
- b) Qual delas indica circunstância de modo?
- c) Construa frases nas quais essas expressões poderiam ser utilizadas, tendo em vista o sentido do anúncio como um todo.

6 Levando em conta a análise feita nas questões anteriores, conclua: Que imagem o anunciante constrói de si mesmo ao associar tais palavras entre si e o texto verbal à imagem?

Revisando os conceitos

Verbo

Ao analisar o anúncio na seção anterior, você viu que há palavras que indicam ações atribuídas a um sujeito, tais como *ignorar*, *deixar*, *desistir*, *escolher*, *intimidar*, *desligar*, atribuídas à empresa anunciante. Tais palavras são verbos.

Verbos são palavras que exprimem ação, estado, mudança de estado e fenômenos meteorológicos, sempre em relação a um determinado tempo.

A seguir você vai ver um quadro-resumo com as conjugações dos tempos verbais de acordo com a norma-padrão do português brasileiro.

Modo	Tempo	1ª conjugação (terminação *-ar*)	2ª conjugação (terminação *-er* + pôr e derivados)	3ª conjugação (terminação *-ir*)
Indicativo	Presente	ignoro, ignoras, ignora, ignoramos, ignorais, ignoram	escolho, escolhes, escolhe, escolhemos, escolheis, escolhem	desisto, desistes, desiste, desistimos, desistis, desistem
	Pretérito perfeito	ignorei, ignoraste, ignorou, ignoramos, ignorastes, ignoraram	escolhi, escolheste, escolheu, escolhemos, escolhestes, escolheram	desisti, desististe, desistiu, desistimos, desististes, desistiram
	Pretérito imperfeito	ignorava, ignoravas, ignorava, ignorávamos, ignoráveis, ignoravam	escolhia, escolhias, escolhia, escolhíamos, escolhíeis, escolhiam	desistia, desistias, desistia, desistíamos, desistíeis, desistiam
	Pretérito mais-que-perfeito	ignorara, ignoraras, ignorara, ignoráramos, ignoráreis, ignoraram	escolhera, escolheras, escolhera, escolhêramos, escolhêreis, escolheram	desistira, desistiras, desistira, desistíramos, desistíreis, desistiram
	Futuro do presente	ignorarei, ignorarás, ignorará, ignoraremos, ignorareis, ignorarão	escolherei, escolherás, escolherá, escolheremos, escolhereis, escolherão	desistirei, desistirás, desistirá, desistiremos, desistireis, desistirão
	Futuro do pretérito	ignoraria, ignorarias, ignoraria, ignoraríamos, ignoraríeis, ignorariam	escolheria, escolherias, escolheria, escolheríamos, escolheríeis, escolheriam	desistiria, desistirias, desistiria, desistiríamos, desistiríeis, desistiriam
Subjuntivo	Presente	ignore, ignores, ignore, ignoremos, ignorei, ignorem	escolha, escolhas, escolha, escolhamos, escolhais, escolham	desista, desistas, desista, desistamos, desistais, desistam
	Pretérito imperfeito	ignorasse, ignorasses, ignorasse, ignorássemos, ignorásseis, ignorassem	escolhesse, escolhesses, escolhêssemos, escolhêsseis, escolhessem	desistisse, desistisses, desistisse, desistíssemos, desistísseis, desistissem
	Futuro	ignorar, ignorares, ignorar, ignorarmos, ignorardes, ignorarem	escolher, escolheres, escolher, escolhermos, escolherdes, escolherem	desistir, desistires, desistir, desistirmos, desistirdes, desistirem
Imperativo	Afirmativo	–, ignora, ignore, ignoremos, ignorai, ignorem	–, escolhe, escolha, escolhamos, escolhei, escolham	–, desiste, desista, desistamos, desisti, desistam
	Negativo	–, não ignores, não ignore, não ignoremos, não ignoreis, não ignorem	–, não escolhas, não escolha, não escolhamos, não escolhais, não escolham	–, não desistas, não desista, não desistamos, não desistais, não desistam
Formas nominais	Infinitivo	ignorar	escolher	desistir
	Gerúndio	ignorando	escolhendo	desistindo
	Particípio	ignorado	escolhido	desistido

Exercícios

Leia, ao lado, um anúncio que divulga um jornal de TV.

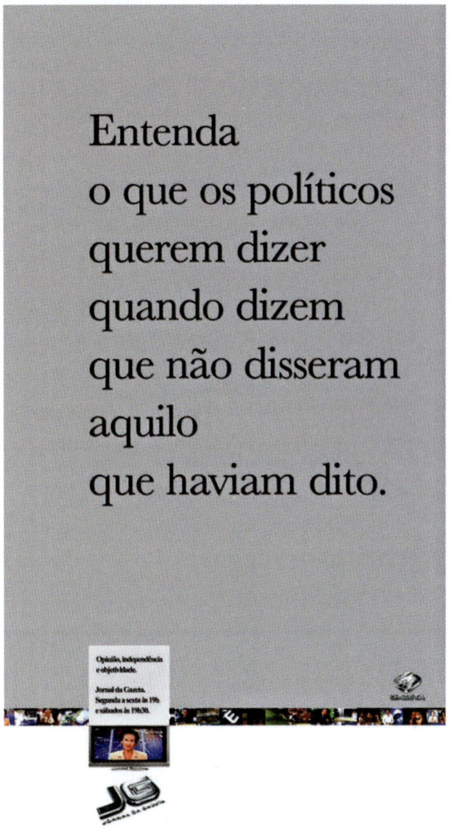

Reprodução/TV Gazeta

1 Releia o enunciado principal do anúncio:

> "Entenda o que os políticos *querem dizer* quando *dizem* que *não disseram* aquilo que *haviam dito*."

Associe as colunas, relacionando as formas verbais destacadas no enunciado ao sentido que pode ser atribuído a cada uma:

a) querem dizer	**1.** a fala dos políticos
b) dizem	**2.** a verdadeira intenção dos políticos
c) não disseram	**3.** as falsas promessas dos políticos
d) haviam dito	**4.** o assunto do discurso dos políticos

2 O anúncio sugere que o jornal divulgado por ele pode ajudar seus telespectadores.

a) Em que, segundo ele, consiste essa ajuda?

b) O que é sugerido pelo anúncio sobre a fala dos políticos?

3 Na parte inferior do anúncio, lê-se: "Opinião, independência e objetividade. Jornal da Gazeta. Segunda a sexta às 19h e sábados às 19h30".

a) A que ou a quem dizem respeito os substantivos *opinião*, *independência* e *objetividade*?

b) Que relação há entre esses substantivos e a ideia veiculada pelo anúncio?

4 Observe as formas verbais *disseram* e *haviam dito*.

a) Em que tempo e modo elas estão?

b) *Haviam dito* é uma forma verbal composta. A qual forma simples ela equivale?

c) Leia novamente o anúncio em estudo e levante hipóteses: Por que, no enunciado principal, foi feita a opção pela forma composta *haviam dito* e não pela simples equivalente a ela?

5 Os verbos *entender* e *dizer* têm papel fundamental na construção de sentidos no anúncio.

a) O que a repetição do verbo *dizer* sugere quanto ao discurso da maioria dos políticos?

b) Por que o verbo *entender* foi empregado uma única vez?

6 Troque ideias com seus colegas e o professor: é possível um jornal impresso ou de TV veicular notícias com absoluta imparcialidade?

Leia a anedota a seguir e responda às questões 7 a 9.

> Dois camaradas se encontram quando estão passeando com seus cachorros na rua. Um deles, muito convencido, diz:
>
> — O meu cachorro consegue ler!
>
> O outro, mais convencido ainda:
>
> — Eu já sabia. O meu me contou!
>
> (Amir Mattos (org.). *Brincadeiras, pegadinhas e piadas da Internet*. Belo Horizonte: Leitura, 2001. p. 12.)

7 Reconheça o tempo em que estão as formas verbais sublinhadas na anedota.

8 Uma locução verbal corresponde ao uso de dois verbos para indicar uma única ação. Nas locuções verbais, conjuga-se apenas o verbo auxiliar, pois o verbo principal vem sempre numa das formas nominais: infinitivo, gerúndio ou particípio. Os verbos auxiliares de uso mais frequente são *ter*, *haver*, *ser*, *estar* e *ir*. Identifique a locução verbal que aparece na anedota e substitua-a por uma forma verbal simples de sentido equivalente.

9 Uma mesma anedota pode ser contada de diferentes formas.

a) Reescreva a anedota em estudo, passando as formas verbais para o passado e o diálogo para o discurso indireto. Escolha os tempos verbais que julgar mais adequados.

b) Troque ideias com os colegas e o professor e comente as diferenças de sentido entre a versão original e a versão escrita por você no item *a*, relacionando essas diferenças ao emprego dos diferentes tempos verbais.

10 Leia as frases a seguir.

I. Não esqueçamos nossas obrigações e sejamos bons alunos.
II. Sê íntegro, cumpre suas promessas.
III. Vá, mas não demore para voltar.
IV. Empreste-me seu lápis, Augusto.
V. Ouçamos o que eles têm a dizer e sigamos à risca as instruções.

a) Alguma delas soa estranha para você?

b) Troque ideias com os colegas e o professor: Alguma delas está em desacordo com a norma-padrão?

c) Imagine contextos do dia a dia nos quais essas frases poderiam ser ditas e troque ideias com os colegas e o professor: Como você falaria caso fosse o enunciador?

Advérbio

Além das formas verbais *ignorar*, *escolher* e *desistir*, você observou, na análise do anúncio da p. 415, que a palavra *nunca* acrescenta uma circunstância de tempo a essas ações, alterando o seu sentido. A palavra *nunca* é um advérbio.

> **Advérbios** são palavras que indicam principalmente as circunstâncias em que se dá a ação verbal.

Exercícios

Leia o poema a seguir, de Mário Quintana, e responda às questões 1 a 4.

Quem ama inventa

Quem ama inventa as coisas que ama...
Talvez chegaste quando eu te sonhava.
Então de súbito acendeu-se a chama!
Era a brasa dormida que acordava...
E era um revoo sobre a ruinaria,
No ar atônito bimbalhavam sinos,
Tangidos por uns anjos peregrinos
Cujo dom é fazer ressurreições...
Um ritmo divino? Oh! Simplesmente
O palpitar de nossos corações
Batendo juntos e festivamente,
Ou sozinhos, num ritmo tristonho...
Oh! meu pobre, meu grande amor distante,
Nem sabes tu o bem que faz à gente
Haver sonhado... e ter vivido o sonho!

(*A cor do invisível*. São Paulo: Global, 2005. p. 58.)

Erika Lourenço/Arquivo da editora

1 Numere os versos do poema e observe o tempo, o modo e a pessoa em que estão os verbos, em especial os que aparecem nos versos 2 e 14.

a) A quem se dirige o eu lírico?

b) Em que pessoa verbal o eu lírico trata seu interlocutor?

c) O eu lírico mantém coerência nesse tratamento que dá ao seu interlocutor? Por quê?

2 As formas verbais *chegaste* e *sabes* estão, respectivamente:

a) no pretérito perfeito do indicativo e no imperativo negativo.

b) no pretérito imperfeito do indicativo e no presente do indicativo.

c) no pretérito perfeito do indicativo e no presente do indicativo.

3 Alguns advérbios foram empregados no poema.

a) Identifique os advérbios utilizados nos três primeiros versos e dê o valor semântico deles no contexto.

b) Deduza: A qual forma verbal empregada anteriormente no poema se refere o advérbio *simplesmente*, no 9º verso? Qual é o valor semântico desse advérbio no contexto?

c) Identifique no poema outro advérbio de mesmo valor semântico, indicando qual forma verbal ele modifica.

d) Encontre a locução adverbial que, no poema, está em contraposição ao advérbio apontado por você no item *c*, modificando a mesma forma verbal. Justifique sua resposta considerando o sentido do poema.

4 Dê uma interpretação para o título do poema.

Conjunção, preposição e interjeição

Ativando os conceitos

Leia a seguir um trecho do texto "Se essa bolha fosse minha", de Gregório Duvivier.

Erika Lourenço/Arquivo da editora

A frase que mais ouvi nos últimos anos depois de "crédito ou débito" foi "o problema é que a gente só fala com quem tá dentro da bolha", geralmente dita pra quem tá dentro da bolha, por quem tá dentro da bolha. Fala-se muito da tal bolha: essa redoma de segurança que a internet cria, e graças a algoritmos complicados eis que de repente "boom", todas as pessoas pensam igual a você, e você fica feliz e querido e recompensado, porque você acha que o mundo inteiro te ama e pensa igual a você, mas na verdade não é o mundo, é só a famosa bolha.

Se você nunca sentiu isso, fica tranquilo que eu também não. Tô só repetindo o que me explicaram. [...]

Na minha bolha seria banido o beijo no coração, e o coração com as mãos, mesmo ironicamente, e toda sobremesa seria de chocolate, pra acabar com essa palhaçada de abacaxi com raspa de limão, e todos se locomoveriam de bicicleta e saberiam fazer pão de fermentação natural e shiatsu, e fariam ambos assim que solicitados. [...] Todos torceriam pro Fluminense. Os outros times existiriam, claro, mas só pra perder, por pouquinho, e sempre de surpresa. "Que milagre! Achei que era hoje que o Fluminense perdia, mas não. Ufa". "Ufa", eu diria. [...] "Passa lá em casa que tô fazendo um pão". "**Sourdough**?". "Ób-vio".

Sourdough: denominação inglesa para o pão feito com leveduras selvagens.

(Disponível em: www1.folha.uol.com.br/colunas/gregorioduvivier/2017/09/1921435-se-essa-bolha-fosse-minha.shtml. Acesso em: 15/4/2020.)

1 É possível considerar que o texto foi escrito em uma linguagem informal.

a) Identifique termos e expressões do texto que justifiquem essa afirmação.

b) Troque ideias com os colegas e o professor: Que efeito é construído no texto pelo uso dessa linguagem?

2 Observe as ocorrências das formas verbais dos verbos *falar* e *dizer* em destaque no trecho. Indique os termos que acompanham essas formas verbais:

a) cumprindo o papel do agente da ação verbal;

b) cumprindo o papel de destinatário da ação verbal;

c) cumprindo o papel de conteúdo da ação verbal.

3 Agora leia os pares a seguir:

- A frase que mais ouvi — "crédito ou débito"
- redoma — segurança
- todas as pessoas pensam igual — algoritmos complicados
- igual — você
- o beijo — coração
- o coração — as mãos
- locomoveriam — bicicleta
- pão — fermentação natural

a) Volte ao texto e identifique a palavra ou expressão que conecta cada um desses pares entre si.

b) Três desses pares são conectados por uma mesma palavra. Quais são eles?

c) Troque ideias com os colegas e o professor: A relação semântica que essa palavra estabelece entre os termos que conecta é a mesma nos três pares? Justifique sua resposta.

4 Releia este trecho:

"todas as pessoas pensam igual a você, e você fica feliz e querido e recompensado, porque você acha que o mundo inteiro te ama e pensa igual a você."

a) A palavra e é empregada diversas vezes nesse pequeno trecho. Troque ideias com os colegas e o professor: Que efeito essa repetição cria no texto?

b) Indique em quais trechos a palavra *e*:

- conecta termos em paralelo na frase;
- estabelece relação de adição entre duas orações.

c) Identifique outros trechos do texto em que o e tem as mesmas funções indicadas por você no item *b*.

d) Entre as opções a seguir, qual corresponde à relação construída pela palavra *porque* ao conectar as orações?

- proporção
- causa
- conformidade
- condição

5 Estabeleça a correlação entre as colunas a seguir, considerando a relação que a palavra em destaque estabelece entre as duas orações que ela conecta.

a) "você acha que o mundo inteiro te ama e pensa igual a você, *mas* na verdade não é o mundo, é só a famosa bolha."

b) "*Se* você nunca sentiu isso, fica tranquilo"

c) "toda sobremesa seria de chocolate, *pra* acabar com essa palhaçada de abacaxi com raspa de limão"

d) "Passa lá em casa *que* tô fazendo um pão"

I. condição

II. finalidade

III. explicação

IV. oposição, contraste

6 No final do texto foram empregados vários trechos e palavras entre aspas.

a) Qual é a função das aspas no contexto?

b) Levante hipóteses: Por que a palavra *ób-vio* foi escrita dessa forma, com a marcação da separação silábica?

c) Identifique, entre esses trechos, palavras ou expressões que expressam estas emoções:

- surpresa:
- alívio:
- concordância:

Revisando os conceitos

Ao analisar o texto de Gregório Duvivier na seção anterior, você observou que há palavras e expressões que têm a função de estabelecer determinadas relações de sentido entre outras palavras, expressões e orações. Essas palavras são chamadas de *palavras relacionais* e se dividem entre *preposições* e *conjunções*.

Conforme você pôde observar em expressões como *redoma de segurança*, *igual a você*, *o coração com as mãos*, as *preposições* destacadas cumprem o papel de colocar dois termos em relação, de forma que um complemente, explique ou especifique o sentido do outro.

Já as *conjunções* relacionam duas orações ou dois termos semelhantes de uma mesma oração, como você viu em "você fica feliz e querido e recompensado, *porque* você acha que o mundo inteiro te ama e pensa igual a você". Concluímos, portanto, que:

Preposição é a palavra que coloca dois termos em relação, de forma que um complemente, explique ou especifique o sentido do outro.

Conjunção é a palavra que relaciona duas orações ou dois termos de mesmo valor sintático.

As relações estabelecidas pelas preposições e conjunções contribuem para que um texto apresente textualidade, isto é, seja coerente e coeso, e não apenas uma sequência de palavras ou frases sem sentido.

Ainda no estudo realizado na seção anterior, você analisou palavras e expressões cuja função principal no texto era exprimir uma emoção, tais como "Que milagre!", "Ufa" e "Ób-vio". As palavras e expressões que desempenham esse papel denominam-se *interjeições*.

Interjeição é a palavra que expressa emoções, apelos, sentimentos, sensações, estados de espírito.

Exercícios

Leia este poema, de Roseana Murray:

Chão

Meu universo é um chão de terra,
aí fermentam as palavras,
os símbolos, os sons
com que me unto
todos os dias para atravessar
a ponte entre a poesia e as horas.

(*Poemas para ler na escola*. Rio de Janeiro: Objetiva, 2011. p. 40.)

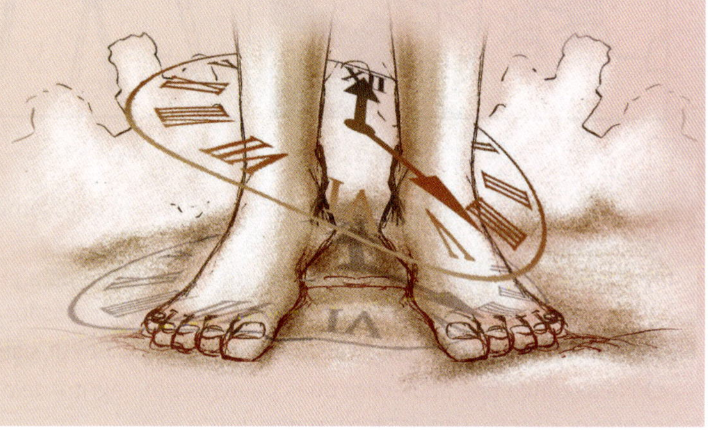

Paulo Ricardo Dantas/Arquivo da editora

1 A que atividade o eu lírico do poema se dedica diariamente?

2 Identifique as preposições empregadas no poema e o valor semântico de cada uma delas no contexto.

3 A preposição *para*, além do valor semântico de finalidade, também pode expressar:

- movimento em direção a um ponto;
- lugar a que se é mandado;
- lugar para onde se vai com a intenção de permanecer;
- direção ou sentido;
- objetivo, utilidade;
- tempo em que algo será feito.

O que a preposição *para* destacada em cada uma das frases a seguir expressa?

a) Prestou concurso *para* juiz.
b) O poeta foi degredado *para* a África.
c) Partiu *para* os Estados Unidos.
d) Deixou as tarefas *para* o dia seguinte.
e) Olhou *para* os lados.
f) Encaminhou-se *para* a porta.

Leia as tiras a seguir e responda à questão 4.

(Fernando Gonsales. *Níquel Náusea — Com mil demônios*. São Paulo: Devir, 2002. p. 20.)

(Fernando Gonsales. *Níquel Náusea — Nem tudo que balança cai*. São Paulo: Devir, 2003. p. 20.)

4 O humor de ambas as tiras é construído com base na polissemia, isto é, nas múltiplas possibilidades de sentido, da preposição *de*.

a) A risada do garoto no 2º quadrinho da primeira tira dá a entender que, em sua fala no 1º quadrinho, ele já contava com uma possível ambiguidade dessa expressão. Explique qual é essa ambiguidade.

b) Qual é o valor semântico da palavra *de* em cada um dos sentidos apontados por você no item *a*?

c) Na segunda tira, aparecem duas palavras em negrito: *de* e *do*. No contexto, qual é a diferença de sentido provocada pelo uso das formas *de* e *do* (de + o)?

d) O esclarecimento feito pelo rato da segunda tira poderia também ser aplicado à expressão da primeira tira? Justifique sua resposta, considerando a ambiguidade indicada por você no item *a*.

Valores semânticos das conjunções coordenativas e subordinativas

No quadro a seguir há um resumo com as classificações e os sentidos mais usuais das conjunções. Utilize-o para fins de consulta.

Conjunções coordenativas		**Aditivas:** ligam dois termos ou duas orações, estabelecendo entre eles uma relação de adição: *e, nem* (*e não*), *que, não só... mas também*, etc. Ex.: Ele não respondeu às minhas cartas *nem* me telefonou.
		Adversativas: ligam dois termos ou duas orações, estabelecendo entre eles uma relação de oposição, contraste, ressalva: *mas, porém, todavia, contudo, no entanto, entretanto*, etc. Ex.: A mulher chamou imediatamente o médico, *porém* não foi atendida.
		Alternativas: ligam palavras ou orações, estabelecendo entre elas uma relação de separação ou exclusão: *ou, ou... ou, já... já, ora... ora, quer... quer*, etc. Ex.: O mecânico *ora* limpava o motor do carro, *ora* juntava outras peças espalhadas pelo chão.
		Conclusivas: ligam duas orações de modo que a segunda exprime conclusão em relação ao que se afirmou na primeira: *logo, pois* (no meio ou no fim da oração), *portanto, por conseguinte, por isso, assim*, etc. Ex.: Meu irmão estudou muito o ano inteiro; *logo*, deve ir bem nos exames.
		Explicativas: ligam duas orações de modo que a segunda justifica ou explica o que se afirmou na primeira: *que, porque, porquanto, pois* (no início da oração). Ex.: Vá rápido, *pois* já está começando a chover.
Conjunções subordinativas		**Integrantes:** são as conjunções *que* e *se* quando introduzem orações que funcionam como sujeito, objeto direto, objeto indireto, predicativo, complemento nominal ou aposto da oração principal. Ex.: Acredito *que* ele terá sucesso em Paris. / Não sei *se* chegarei a tempo./ Tinha receio de *que* chegasse tarde demais ao espetáculo./ O problema é *que* estamos atrasados.
	Adverbiais	**Causais:** iniciam oração que indica a causa, o motivo, a razão do efeito expresso na oração principal: *que* (= porque), *porque, como, visto que, já que, uma vez que*, etc. Ex.: Pediu ajuda aos advogados, *porque* não conhecia aquela lei.
		Comparativas: iniciam oração que estabelece uma comparação em relação a um elemento da oração principal: *como, que, do que* (depois de *mais, menos, maior, menor, melhor, pior*), *qual* (depois de *tal*), *quanto* (depois de *tanto* ou *tão*), *assim como, bem como*. Ex.: Maria é *tão* inteligente *quanto* Ana.
		Concessivas: iniciam oração que indica um fato contrário ao expresso na oração principal, mas insuficiente para impedir sua realização: *embora, conquanto, ainda que, mesmo que, se bem que, por mais que*, etc. Ex.: Ele vai levar a ideia até o fim, *por mais que* você tente convencê-lo a mudar.
		Condicionais: iniciam oração que expressa uma condição para que ocorra o fato expresso na oração principal: *se, caso, contanto que, salvo se, a menos que*, etc. Ex.: *Se* eu tivesse companhia, iria hoje ao teatro.
		Conformativas: iniciam oração que estabelece uma ideia de conformidade em relação ao fato expresso na oração principal: *conforme, como, segundo*, etc. Ex.: Fizemos a pesquisa, *conforme* a orientação do professor de Ciências.
		Consecutivas: iniciam a oração que indica uma consequência, um efeito do fato expresso na oração principal: *que* (precedido dos advérbios de intensidade *tal, tão, tanto, tamanho*), *de forma que, de modo que*, etc. Ex.: Trabalhei tanto hoje, *que* estou morto de cansaço.
		Finais: iniciam oração que apresenta uma finalidade em relação ao fato expresso na oração principal: *para que, a fim de que, porque* (= *para que*), *que*, etc. Ex.: Chegue mais cedo *a fim de que* possamos preparar a pauta da reunião.
		Proporcionais: iniciam oração que indica concomitância, simultaneidade ou proporção em relação a outro fato: *à proporção que, à medida que, enquanto*, etc. Ex.: O medo das pessoas crescia, *à medida que* o temporal aumentava.
		Temporais: iniciam oração que indica o momento, a época da ocorrência de certo fato: *quando, antes que, depois que, até que, logo que, desde que*, etc. Ex.: *Enquanto* a mãe preparava o lanche, o filho arrumava a mesa.

Exercícios

Leia o poema a seguir, do poeta contemporâneo Antonio Cicero, e responda às questões.

Maresia

O meu amor me deixou
levou minha identidade
não sei mais bem onde estou
nem onde a realidade.

Ah, se eu fosse marinheiro
era eu quem tinha partido
mas meu coração ligeiro
não se teria partido

ou se partisse colava
com cola de maresia
eu amava e desamava
sem peso e com poesia.

Ah, se eu fosse marinheiro
seria doce meu lar
não só o Rio de Janeiro
a imensidão e o mar

leste oeste norte sul
onde um homem se situa
quando o Sol sobre o azul
ou quando no mar a Lua

não buscaria conforto
nem juntaria dinheiro
um amor em cada porto
ah, se eu fosse marinheiro.

(*A lua no cinema e outros poemas*. São Paulo: Cia. das Letras, 2011. p. 62.)

Laerte Silvino/Arquivo da editora

1 Na 1ª estrofe, o eu lírico se refere a como ficou após uma decepção amorosa.

a) Qual é o sentido, no contexto, de "levou minha identidade"?

b) Relacione os versos 3 e 4 à resposta que você deu no item anterior.

2 Para deixar de sofrer por amor, o eu lírico refugia-se em uma situação hipotética.

a) Qual é essa situação hipotética?

b) Por que essa situação seria uma solução para o mal de amor?

c) Por que, nessa situação, o amor seria mais leve?

3 O poema pode ser dividido em duas partes: A primeira parte, formada pelas estrofes 1, 2 e 3; e a segunda, pelas estrofes 4, 5 e 6. Observe as formas verbais empregadas nas duas partes e, considerando a norma-padrão, responda:

a) Na primeira parte, as formas verbais do pretérito imperfeito do indicativo estão em correlação com as formas *fosse* e *partisse*, do pretérito imperfeito do subjuntivo?

b) Na segunda parte, os tempos e modos verbais estão correlacionados?

c) Como o eu lírico imagina sua vida na segunda parte?

4 Compare as duas partes do poema.

a) Qual delas se refere a ideias impossíveis de realizar?

b) Qual se refere a ideias possíveis de realizar?

c) As formas verbais empregadas no poema têm relação com a possibilidade e impossibilidade de realização?

5 Diante da frustração que vive no plano real, o eu lírico procura se situar em um plano hipotético, da imaginação.

a) Nas estrofes 2 a 6, que conjunção se destaca?

b) Qual dos seguintes valores semânticos essa conjunção expressa?

- causa
- condição
- tempo
- consequência
- concessão

c) Que papel essa conjunção desempenha na construção de sentido no poema, considerando-se o desejo do eu lírico?

6 Identifique a interjeição empregada na canção e indique qual sentimento ela exprime no contexto.

Leia a tira:

© Fernando Gonsales/Acervo do cartunista

7 No 1º quadrinho, a ratinha faz uma pergunta a Níquel Náusea.

a) Descreva a reação que o ratinho tem quando ouve a pergunta.

b) Tendo em vista a reação do ratinho, deduza: Qual é o significado da fala "Hum", nesse quadrinho?

8 Releia a fala de Níquel no 2º quadrinho e levante hipóteses: Qual é a relação entre o que diz e o aparente desconforto em que fica com a pergunta inicial?

9 No 3º quadrinho, a ratinha diz a Níquel: "Puxa!! Obrigada!". Que sentimentos as palavras da ratinha expressam no contexto?

10 Observe a fisionomia de Níquel no 3º quadrinho.

a) A reação da ratinha foi a que ele esperava? Justifique sua resposta.

b) Que reação ele esperava que a ratinha tivesse?

c) Caso o que a ratinha disse atendesse à expectativa de Níquel, que palavras ou expressões ela provavelmente teria usado?

11 Observe as palavras *hum*, *puxa* e *obrigada*, na tira. Retomando o estudo feito nas questões anteriores, identifique entre os itens a seguir o que se refere adequadamente à função dessas palavras na tira.

- Expressam alegria e satisfação, tanto por parte do enunciador como por parte do destinatário.
- Caracterizam psicologicamente os personagens da tira, uma vez que se referem a emoções que eles têm.
- Expressam sensações e sentimentos, prevendo e provocando certas reações no interlocutor.
- Apontam seres e objetos que participam da história e/ou compõem o cenário da tira.

CAPÍTULO 39

Análise sintática

Sujeito e predicado

Ativando os conceitos

Leia o anúncio ao lado.

Observe estas orações do texto:

"Desculpas engordam."
"Eu começo na segunda."

Gustavo Victorino/DM9DDB

(Disponível em: https://firmacom.wordpress.com/2012/03/02/cia-athletica-desculpas-engordam/. Acesso em: 4/5/2020.)

a) Qual é o assunto principal de cada uma das orações, isto é, sobre o que cada uma delas fala?

b) Com quais termos das orações as formas verbais *engordam* e *começo* concordam, respectivamente?

c) Reescreva as duas frases, mantendo os mesmos verbos e substituindo os termos *desculpas* e *eu*:

- Uma simples desculpa ☐.
- Nós ☐ na segunda.

Conclua: Qual alteração as formas verbais utilizadas nas frases sofreram?

d) Complete a oração a seguir com um artigo e um substantivo, tendo em vista o contexto do anúncio.

- Eu começo ☐ na segunda.

Revisando os conceitos

Este capítulo favorece o desenvolvimento das habilidades

EM13LGG102
EM13LGG402
EM13LGG602
EM13LP01
EM13LP02
EM13LP06
EM13LP08
EM13LP09
EM13LP46

Conforme você observou, as substituições, nas orações "Desculpas engordam" e "Eu começo na segunda", do substantivo *desculpas* pela sua forma no singular e do pronome pessoal da 1ª pessoa do singular *eu* pelo da 1ª pessoa do plural *nós* provocaram alterações nos verbos. A parte das orações que, ao ser alterada quanto a singular/plural, leva o verbo à mesma alteração, é chamada de **sujeito**; o restante da oração é chamado de **predicado**.

O sujeito de uma oração pode ser identificado com base em características semânticas ou sintáticas, ou seja, relacionadas ao sentido ou à posição dos termos na oração. De acordo com o critério semântico, *sujeito é aquilo de que se fala*, ou seja, o assunto, ou o agente da ação verbal. De acordo com o critério sintático, o *sujeito é o termo da oração que concorda com o verbo*.

Nas orações "Desculpas engordam" ou "A academia é bem-equipada", não podemos considerar *desculpas* e *academia* como agentes das formas verbais *engordam* e *é*, respectivamente, mas inferimos com certa facilidade que são o assunto, aquilo de que se fala.

Assim, concluímos:

Sujeito é o termo da oração que:

- concorda com o verbo;
- pode constituir o assunto de que se fala;
- pode ser o agente da ação verbal;
- normalmente apresenta como núcleo um substantivo, um pronome ou uma palavra substantivada.

Predicado é o termo da oração que:

- geralmente apresenta um verbo;
- pode dizer algo a respeito do sujeito.

O sujeito nem sempre inicia a oração. Veja:

Soou na escuridão *uma pancada seca.*

Na oração sem sujeito (impessoal), o predicado é a citação pura de um fato:

Choveu fininho ontem à noite.

Identificado o sujeito, o restante da oração constitui o predicado. Observe:

Todas as noites, depois do jantar (predicado), *eu e minha família* (sujeito) assistimos à televisão (predicado).

Mais importante do que identificar o sujeito e o predicado de uma oração é analisar como essas categorias sintáticas constituem os enunciados e, dependendo das construções, reconhecer os efeitos de sentido que podem proporcionar.

Exercícios

Leia a tira:

(Disponível em: www.sempretops.com/diversao/tirinhas-da-mafalda/attachment/mafalda/. Acesso em: 24/4/2020.)

1 Nos dois primeiros quadrinhos, o homem carrega uma placa com a frase "Não funciona". Descreva a estrutura dessa frase.

2 O sujeito ao qual o predicado *não funciona* se refere não pode ser identificado nos dois primeiros quadrinhos.

a) Qual é a relação entre a omissão do sujeito na frase da placa nos dois quadrinhos iniciais e o comportamento de Mafalda ao longo da tira?

b) No 3º quadrinho, é revelado o sujeito ao qual o predicado *não funciona* se refere. Reescreva a frase, empregando a estrutura sujeito + predicado.

3 Observe a fisionomia de Mafalda no último quadrinho.

a) Que sentimento ela expressa?

b) Levante hipóteses: Por que a menina tem essa reação?

A predicação

Ativando os conceitos

Leia este poema de Mário Quintana:

Os degraus

Não desças os degraus do sonho
Para não despertar os monstros.
Não subas aos sótãos — onde
Os deuses, por trás das suas máscaras,
Ocultam o próprio enigma.
Não desças, não subas, fica.
O mistério está é na tua vida!
E é um sonho louco este nosso mundo...

(*Rua dos cataventos e outros poemas*. Porto Alegre: L&PM, 2008. p. 95.)

Erika Lourenço/Arquivo da editora

1 O eu lírico se dirige diretamente a um interlocutor, a quem trata por *tu*, como se pode verificar pelas formas verbais e pronominais empregadas na 2ª pessoa do singular.

a) Levante hipóteses: No contexto do poema, quais são os sentidos das expressões "descer os degraus do sonho" e "subir aos sótãos"?

b) Explique o emprego do modo e da pessoa verbal das formas *não desças*, *não subas* e *fica*, no contexto do poema.

c) Qual é a justificativa que o eu lírico dá a seu interlocutor para explicar seu ponto de vista? Em quais versos essa justificativa se encontra?

2 Releia os seguintes versos.

I. Não **desças** os degraus dos sonhos
II. Não **subas** aos sótãos
III. Não **desças**, não **subas**, **fica**.
IV. E **é** um sonho louco este nosso mundo...

a) Identifique o sujeito de cada uma das formas verbais em destaque.

b) Quais dessas formas verbais se referem a ações do sujeito e não têm nenhum complemento?

c) Deduza: Qual dessas formas verbais não expressa uma ação do sujeito, mas o conecta a um atributo dele?

d) Identifique os termos que completam as demais formas verbais.

Revisando os conceitos

Ao responder às perguntas, você percebeu que há predicados que informam ações do sujeito, ao passo que outros indicam características e atributos do sujeito.

Predicado é o tipo de relação que o verbo mantém com o sujeito da oração. De acordo com essa relação, há dois grupos: os **de estado** ou **de ligação** e os **significativos** ou **nocionais**.

Você viu, no estudo do poema, que há verbos que ligam o sujeito às suas características, ao seu estado ou às suas qualidades: são os chamados **verbos de estado** ou **de ligação**. Também analisou verbos que indicam ação: esses verbos, assim como os que indicam fenômenos meteorológicos, são chamados de **verbos significativos** ou **nocionais**. Assim:

Verbo de ligação é aquele que serve como elemento de ligação entre o sujeito e seu atributo, denominado **predicativo**.

Transitividade verbal é a necessidade que alguns verbos apresentam de ter outras palavras como complemento. A esses verbos que exigem complemento chamamos de **transitivos** e aos que não exigem complemento chamamos de **intransitivos**.

Exercícios

Leia a tira a seguir.

Clara Gomes/http://bichinhosdejardim.com/

(Disponível em: http://bichinhosdejardim.com/espelho-da-alma/. Acesso em: 24/4/2010.)

1 Observe as formas verbais *revela* e *exercem* nas falas da borboleta nos dois primeiros quadrinhos.

a) Qual é o sujeito de cada uma? Justifique sua resposta.

b) Qual termo complementa cada uma delas no contexto?

2 Agora observe a fala da joaninha nos dois primeiros quadrinhos.

a) Qual é o sentido da fala dela no 1º quadrinho?

b) Identifique o sujeito da forma verbal *vem*. Em seguida, reescreva a fala do 1º quadrinho, colocando a frase na ordem direta, e troque ideias com os colegas e o professor: O sentido se mantém? Justifique sua resposta.

c) Deduza: Qual forma verbal está implícita na oração "apenas dois tracinhos no meio da cara!"?

d) Quais são os complementos das formas verbais utilizadas pela joaninha nas falas desses dois quadrinhos? Conclua: Trata-se de formas verbais transitivas ou intransitivas?

e) Levante hipóteses: As falas da joaninha nesses quadrinhos sugerem que ela tem qual visão sobre as ideias da borboleta?

3 Releia o 3º quadrinho e, com base em elementos verbais e não verbais, explique por que a reação da joaninha nesse quadrinho quebra a expectativa que vinha sendo construída na tira.

4 O 4º quadrinho é responsável pelo desfecho do efeito de humor da tira em estudo.

a) Qual forma verbal a joaninha utiliza em sua fala? Explique a função dessa forma verbal, assim como das palavras e expressões que são conectadas por ela.

b) Dê a classificação da forma verbal indicada por você no item *a*.

c) Explique de que forma essa fala da joaninha constrói humor no texto.

Termos ligados ao verbo: objetos direto e indireto e adjunto adverbial

Ativando os conceitos

Leia este anúncio:

Reprodução/Agência África

1 Observe as frases abaixo:

"Dê uma banana para a cidade."
Dê uma banana para o mico-leão.

a) Quais são os termos que se ligam ao verbo *dar* nas duas frases, complementando-o?
b) Com que sentidos o verbo *dar* foi empregado?
c) Entre as opções a seguir, qual circunstância a palavra *depois* acrescenta à frase que ela acompanha?
- lugar
- condição
- tempo
- negação

d) Levante hipóteses: Que tipo de lugar é representado, no anúncio, pelo mico-leão? Em que sentido esse lugar se contrapõe à cidade?

2 Tendo em vista o duplo sentido da expressão *dar uma banana*, levante hipóteses:
a) Ao explorar esses dois sentidos da expressão, quais características do carro o anúncio ressalta?
b) E do seu público-alvo?

Revisando os conceitos

Você observou que, no contexto do anúncio estudado, o verbo *dar* é transitivo, pois é empregado com complementos. Nas orações "Dê uma banana para a cidade" e "Dê uma banana para o mico-leão", *uma banana* liga-se ao verbo diretamente, sem preposição, e *para a cidade* e *para o mico-leão* ligam-se ao verbo por meio de uma preposição (*para*). Nesse caso, dizemos que o verbo é **transitivo direto e indireto** e seus complementos se chamam, respectivamente, **objeto direto** e **objeto indireto**.

Objeto direto é o termo que se liga diretamente, isto é, sem preposição, a um verbo transitivo.

Objeto indireto é o termo que se liga indiretamente, isto é, por meio de uma preposição, a um verbo transitivo.

Há ainda dois outros tipos de verbos transitivos. O verbo **transitivo direto**, que é complementado por um **objeto direto**, e o verbo **transitivo indireto**, que é complementado por um **objeto indireto**. Veja:

O motorista aventureiro *gosta* desse carro.
(gosta: VTI; desse carro: OI)

O motorista aventureiro *compra* esse carro.
(compra: VTD; esse carro: OD)

Você também viu, ao estudar o anúncio, que o termo *depois* expressa uma circunstância de tempo em relação à ação indicada pelo verbo *dar*. Esse termo é, sintaticamente, chamado de **adjunto adverbial**.

Adjunto adverbial é o termo que indica as circunstâncias em que se dá a ação verbal.

Exercícios

Leia este texto:

Por que todo mundo usava peruca na Europa dos séculos XVII e XVIII?

Não era todo mundo, apenas os aristocratas. A moda começou com Luís XIV (1638-1715), rei da França. Durante seu governo, o monarca adotou a peruca pelo mesmo motivo que muita gente usa o acessório ainda hoje: para esconder a calvície.

O resto da nobreza gostou da ideia e o costume pegou.

[...]

Mas, por mais elegante que parecesse ao pessoal da época, a moda das perucas também era nojenta: "proliferava todo tipo de bicho, de baratas, de camundongos, nesses cabelos postiços", afirma o estilista João Braga, professor de História da Moda das Faculdades Senac, em São Paulo.

Em 1789, com a Revolução Francesa, veio a guilhotina, que extirpou a maioria das cabeças com perucas. Símbolo de uma nobreza que se desejava exterminar, elas logo caíram em desuso. [...]

(*Mundo Estranho*, nº 3.)

1 Releia o título do texto.

a) Identifique a forma verbal nele contida e os termos ligados a ela.

b) Qual desses termos é um complemento verbal? Classifique-o.

c) Entre as opções a seguir, quais correspondem às circunstâncias evidenciadas pelo outro termo?

- negação e dúvida
- modo e condição
- lugar e tempo

d) Troque ideias com os colegas e o professor e levante hipóteses: Por que é relevante inserir essas circunstâncias no título?

2 No 1º parágrafo foi utilizada a forma verbal *adotou*.

a) Qual é o sentido desse verbo no contexto?

b) Encontre um sinônimo dessa forma verbal no mesmo parágrafo.

c) Quais termos complementam o sentido dessas duas formas verbais e como eles são classificados no contexto?

3 Observe as frases a seguir.

I. "o costume pegou."
II. "proliferava todo tipo de bicho"
III. "veio a guilhotina"

a) Como se classificam todas essas formas verbais?

b) Reescreva-as, acrescentando a cada uma delas um adjunto adverbial coerente com o sentido do texto.

4 Ao longo de todo o texto foram empregados adjuntos adverbiais com diferentes valores semânticos. Identifique no texto adjuntos adverbiais indicadores de circunstâncias de:

- negação;
- tempo;
- lugar.

Termos ligados ao nome: adjunto adnominal e complemento nominal

Ativando os conceitos

Leia esta tira, de Bill Watterson:

(*Há monstros debaixo da cama?* Lisboa: Gradiva, 2002. p. 123.)

1 Leia estas frases da tira:

> "Tem um ar nojento."
> "É comida vegetariana."

a) Nessas frases, o sujeito está implícito. Qual é ele?

b) A que termos se referem as palavras *nojento* e *vegetariana*?

c) A que classe gramatical essas palavras pertencem?

2 Leia a seguinte frase da tira.

> "(Comida vegetariana) faz bem à saúde."

Observe que o termo *bem* é um complemento da forma verbal *faz*; é um *objeto direto*.

a) O termo *à saúde* é complemento de que palavra?

b) Esse termo é regido de preposição?

3 Calvin manifesta, diante da comida que sua mãe lhe oferece, uma preferência comum entre as crianças. Qual é ela?

Revisando os conceitos

Ao identificar o núcleo do objeto direto da oração "Tem um ar nojento", da tira estudada, você observou que há palavras que se referem a ele:

- *um* é artigo indefinido que indefine *ar*,
- *nojento* é adjetivo que caracteriza *ar*.

Quando modificam um núcleo (qualquer que seja sua função sintática: sujeito, objeto direto, objeto indireto, adjunto adverbial, etc.), palavras como os artigos e os adjetivos exercem a função de **adjunto adnominal**.

Concluindo:

> **Adjunto adnominal** é o termo da oração que modifica um substantivo, qualquer que seja sua função sintática, qualificando-o, especificando-o, determinando-o ou indeterminando-o.

Você viu também que, assim como há palavras que complementam verbos, há palavras que complementam nomes. Compare:

Tem	**um ar nojento**.
VTD	OD

Faz	bem	**à saúde**.
VTD	OD	CN

Na 1ª frase, o termo *um ar nojento* complementa o verbo *ter*; como *ter* é um verbo transitivo direto, o termo *um ar nojento* é objeto direto.

Na 2ª frase, o termo *bem* complementa o verbo *fazer*; como *fazer* é um verbo transitivo direto, o termo *bem* é objeto direto. Da mesma forma, *à saúde* complementa o substantivo *bem* e, como o substantivo *bem* é um nome, dizemos que o termo *à saúde* é **complemento nominal**. O complemento nominal é normalmente regido de preposição.

> **Complemento nominal** é o termo sintático que complementa nomes, isto é, substantivos, adjetivos e advérbios.

Exercícios

Leia a tira a seguir e responda às questões 1 a 3.

(*Folha de S.Paulo*, 2/10/2011.)

1 Observe, na frase dita pelo personagem, os termos *na mesa do escritório* e *o emprego dos meus sonhos*.

a) Ambos os termos estão relacionados às locuções verbais *vivo dormindo* e *(vivo) sonhando*, respectivamente. No entanto, cada um deles cumpre um papel diferente. Que informação cada um desses termos acrescenta à respectiva locução verbal?

b) Classifique sintaticamente esses termos.

c) Como se classificam sintaticamente as palavras *a* e *o*, do termo *na mesa do escritório*, e as palavras *o*, *os* e *meus*, do termo *o emprego dos meus sonhos*?

2 Quais são, na frase dita pelo personagem, os adjuntos adnominais que modificam os substantivos *mesa* e *emprego*?

3 Na fala do personagem há, ao mesmo tempo, um jogo de palavras e uma aparente contradição. Em que consistem esse jogo de palavras e essa aparente contradição?

4 Transforme em substantivos os verbos transitivos destacados. Veja o exemplo:

> *Gostar* dos estudos
> O *gosto* pelos estudos

Observe que os termos que completam os verbos (os objetos) tornam-se, com a transformação, complementos nominais, porque passam a complementar substantivos.

a) *Combater* contra a tirania

b) *Confiar* em Deus

c) *Desagradar* aos pais

d) *Responder* pelos atos praticados

e) *Investir* em educação e saúde

5 Reescreva as frases a seguir, transformando o verbo destacado em substantivo. Depois identifique o complemento nominal. Veja um exemplo:

> A instituição de caridade *necessita* de agasalhos para doação.
> A instituição de caridade tem *necessidade* de agasalhos para doação. / CN: de agasalhos

a) Ele *conhece* o assunto.

b) Ela *requereu* afastamento por motivo de doença.

c) Na reunião, o diretor *referiu-se* ao relatório anual da empresa.

d) O advogado *expôs* seus argumentos ao juiz.

Predicativo do sujeito, predicativo do objeto e tipos de predicado

Ativando os conceitos

Leia esta tira, de Caco Galhardo:

(*Folha de S.Paulo*, 25/11/2011.)

1 Lili sente muita raiva de seu ex-marido, Reginaldo. De acordo com o balão do 1º quadrinho:

a) Que característica ela atribui ao estado como se sente?

b) Que característica ela atribui às próprias energias?

c) Qual é a função sintática do termo *minhas energias*?

2 Releia a fala da amiga de Lili no 2º quadrinho.

a) Ela supõe que Lili esteja se sentindo bem por qual motivo?

b) Identifique e classifique a forma verbal utilizada por ela em sua fala, bem como seu sujeito e seus objetos, caso haja.

3 Observe a forma verbal utilizada por Lili no 3º quadrinho.

a) Identifique, pelo contexto, o sujeito dessa ação, bem como a transitividade dessa forma verbal.

b) Da forma como está escrita, essa palavra não está de acordo com a norma-padrão. Consulte um dicionário e reescreva-a, adequando-a à norma.

c) Troque ideias com os colegas e o professor e levante hipóteses: O que pode ter levado a essa escrita na tira?

Revisando os conceitos

Você aprendeu que o **predicado** é o termo da oração que afirma alguma coisa sobre o sujeito e apresenta um verbo que normalmente concorda com o sujeito em número e pessoa.

Na tira, na oração "hoje [eu] estou ótima", observamos que ao sujeito, *eu* (elíptico), é atribuída uma característica, qualidade ou estado: *ótima*. A esse atributo do sujeito chamamos **predicativo do sujeito** e a esse predicado chamamos **predicado nominal**, uma vez que seu núcleo é o predicativo e não o verbo.

Já na oração "sinto minhas energias renovadas", a característica *renovadas* é atribuída ao objeto direto *minhas energias*. A esse atributo do objeto chamamos **predicativo do objeto** e a esse tipo de predicado chamamos **predicado verbo-nominal**, uma vez que ele contém dois núcleos: o verbo e o predicativo.

Já as orações "Passou então a raiva do Reginaldo?" e "Quadriplicou!", por conterem verbos significativos (intransitivos), são compostas de um tipo de predicado chamado **predicado verbal**, uma vez que seu núcleo corresponde ao próprio verbo.

Concluindo:

Predicativo do sujeito é o termo que atribui características, qualidade ou estado ao sujeito.

Predicativo do objeto é o termo que atribui características, qualidade ou estado ao objeto direto ou ao objeto indireto.

Predicado verbal é aquele que apresenta como núcleo um verbo significativo (VI, VTD, VTI ou VTDI).

Predicado nominal é aquele que apresenta como núcleo um predicativo do sujeito, que se liga ao sujeito por meio de um verbo de ligação.

Predicado verbo-nominal é aquele que apresenta dois núcleos: um verbo significativo e um predicativo (do sujeito ou do objeto).

Exercícios

Leia esta tira, de Fernando Gonsales:

(*Folha de S.Paulo*, 14/11/2007.)

1 Observe a fala da barata no 1º quadrinho.

a) Qual característica da joaninha é mencionada pela barata? De quem é esse ponto de vista, segundo a barata?

b) Reescreva essa fala, substituindo a palavra *joaninha* pela palavra *barata* e o adjetivo *simpático* por outro que você julgar mais adequado ao contexto, tendo em vista o seu conhecimento de mundo.

c) Qual é a função sintática do termo *um inseto simpático*?

2 A opinião da barata no 2º quadrinho é explicada pelo comportamento da joaninha no último quadrinho.

a) Qual é o sentido da forma verbal *extrapolou* na fala da barata?

b) Com base em elementos verbais e não verbais do texto, identifique as características da joaninha que justificam o ponto de vista da barata.

3 Classifique os predicados das falas da barata e da joaninha nos três quadrinhos, justificando sua resposta.

4 Com base em suas respostas anteriores, conclua: Por que o fato de a personagem que fala da joaninha ser uma barata contribui para a construção do humor da tira?

Tipos de sujeito

Ativando os conceitos

Leia a seguir o trecho de um texto de Tati Bernardi.

> Encontrei ontem, fazendo uma limpa no computador, um arquivo com o título: "Coisas ridículas para roteiros". [...]
>
> Um dia, na rua da escola, um motoqueiro se acidentou e ficamos todos impressionados com aquele jovem estendido no chão, esperando a ambulância. Parecia descaso. Foi quando o professor Claudio, de biologia, abdicou da lição sobre mitocôndrias para nos explicar a importância de jamais mexer no corpo de um acidentado.
>
> Pois bem, no fim de semana seguinte, eu caí da bicicleta e fiquei totalmente imóvel, dura, sem abrir os olhos nem responder à minha mãe que gritava: "Pelo amor de Deus, fala comigo!". Chamaram uma ambulância, e eu só tinha ralado o joelho. [...]
>
> "Doce avariado" era sobre um paquera de internet que pegou mais de 14 horas de ônibus vindo do interior do Espírito Santo para me pedir em namoro e me trazer um doce caseiro feito pela avó.
>
> Quando me viu, disse que me achou diferente da foto e que agora não sabia o que fazer com a compota da vovó, que estragaria em 12 horas. [...] Preferiu jogar a iguaria fora a ter que me dar.
>
> (Disponível em: www1.folha.uol.com.br/colunas/tatibernardi/2019/08/coisas-ridiculas-para-roteiros.shtml. Acesso em: 24/4/2020.)

Erika Lourenço/Arquivo da editora

1 No trecho lido, a autora, que também é roteirista, conta duas situações que, em sua opinião, poderiam ser utilizadas em roteiros.

a) Quais são essas situações?

b) Identifique no trecho termos e expressões que comprovam que a autora é também personagem das histórias narradas.

c) Há outros personagens nas histórias contadas por ela. Quem são eles?

2 Releia a seguinte parte do texto: "ficamos todos impressionados com aquele jovem estendido no chão".

a) Em qual pessoa está conjugada a forma verbal dessa frase?

b) A autora do texto se insere como agente dessa forma verbal?

c) Embora isso não esteja explicitado no texto, é possível inferir a quem ela se refere no contexto. Identifique esse referente.

3 Observe as frases a seguir:

- Havia crianças no local do acidente.
- Não se mexe no corpo de um acidentado.
- "Chamaram uma ambulância".
- Choveu durante toda a viagem.
- Faz mais de vinte anos que isso aconteceu.

Troque ideias com os colegas e o professor e, com base nos conceitos de sujeito e predicado já estudados por você neste capítulo, deduza: Em quais dessas frases o sujeito é indeterminado e em quais delas não há sujeito?

Revisando os conceitos

Conforme você viu ao responder às questões anteriores, as orações podem ter ou não um sujeito e este pode ser simples, composto, desinencial ou indeterminado. Relembre, na tabela a seguir, essas diferentes classificações.

Sujeito simples	Explícito na frase, contém apenas um núcleo: "*eu* caí da bicicleta" "*O professor Claudio* [...] abdicou da lição sobre mitocôndrias"
Sujeito composto	Explícito na frase, contém mais de um núcleo: *Os alunos e os funcionários da escola* ficaram impressionados com o acidente.
Sujeito desinencial	Está implícito na desinência do verbo empregado na frase: "ficamos todos impressionados com aquele jovem estendido no chão" "Encontrei ontem [...] um arquivo"
Sujeito indeterminado	Não é explicitado na oração (verbo na 3ª pessoa do plural sem referência determinada; verbos intransitivos, transitivos indiretos ou de ligação com a partícula *se*): "Chamaram uma ambulância" Não se mexe no corpo de um acidentado.
Oração sem sujeito	O predicado constitui uma declaração que não se refere a um ser específico, mas à citação pura de um fato (verbos impessoais: os que indicam fenômenos da natureza; *haver* com sentido de existir; *fazer*, *haver* e *ir* quando indicam tempo decorrido; *ser* na indicação de tempo em geral): Choveu durante toda a viagem. Havia crianças no local do acidente. Faz mais de vinte anos que isso aconteceu. Era madrugada quando abri o arquivo.

Exercícios

Leia a tira a seguir e responda às questões 1 a 3.

(Fernando Gonsales. *Níquel Náusea — A vaca foi pro brejo atrás do carro na frente dos bois*. São Paulo: Devir, 2010. p. 38.)

1 No 1º quadrinho, uma das falas do personagem consiste em uma oração com sujeito indeterminado.

a) Qual é essa oração?

b) Em que pessoa está o verbo dessa oração?

c) Levante hipóteses: Caso o personagem quisesse determinar um sujeito, como ficaria a frase?

2 Que outros tipos de sujeito há na tira?

3 O humor das tiras geralmente resulta de uma quebra de expectativa. Esse procedimento ocorre nessa tira? Por quê?

Aposto e vocativo

Ativando os conceitos

Leia esta tira, de Quino.

(Quino. *Mafalda 2*. São Paulo: Martins Fontes, 1998. p. 14.)

1 Colocando-se no papel da mãe, Mafalda consegue imaginar um bom presente para ela no Dia das Mães. Explique a dificuldade que Filipe tem para lidar com papéis sociais.

2 Para se dirigir ao amigo, Mafalda chama-o duas vezes. Que palavra ela utiliza para chamá-lo?

3 No 2º quadrinho, Mafalda diz: "Já sei o que vou dar para a minha mãe". A palavra *o*, nesse contexto, é um pronome demonstrativo, equivalente a *aquilo*. Que palavra ou expressão desse quadrinho esclarece o sentido da palavra *o*?

Revisando os conceitos

Você notou que, no 2º quadrinho, Mafalda emprega a expressão *um livro* com a finalidade de identificar o presente que escolheu para dar à sua mãe, já que o pronome *o* não esclarece qual é o presente. Quando isso ocorre, temos um **aposto**. Você também viu que, no 1º quadrinho, Mafalda diz *Filipe! Filipe!*, evidenciando, desse modo, seu interlocutor. Esse termo recebe o nome de **vocativo**.

> **Aposto** é o termo da oração que se refere a um substantivo, a um pronome ou a uma oração para explicá-los, ampliá-los, resumi-los ou identificá-los.

> **Vocativo** é o termo da oração por meio do qual chamamos ou interpelamos nosso interlocutor, real ou imaginário.

Exercícios

1 O aposto pode ser empregado para:

1. enumerar ou recapitular; pode vir precedido pelas expressões *a saber*, *por exemplo*, *isto é*, ou ser representado por um pronome indefinido, como *tudo*, *nada*, *ninguém*, *qualquer*, etc.;
2. marcar uma distribuição, por meio de *um e outro*, *este e aquele*, etc.;
3. marcar uma especificação, uma individualização; pode vir ou não preposicionado;
4. explicar, resumir ou identificar.

Indique com qual desses casos os apostos destacados a seguir se identificam.

a) O poema "*Vou-me embora pra Pasárgada*" é do grande poeta *Manuel Bandeira*.

b) Só jantava comidas leves: *uma salada, uma sopa de legumes, um caldo de carne*.

c) Greystoke, *a lenda de Tarzã, o rei da selva*.

d) Os rapazes eram dois bons profissionais, *um em informática e o outro em engenharia*.

2 Considerando o contexto, compare os termos sublinhados nas frases seguintes e explique por que o da 1ª é aposto e o da 2ª é adjunto adnominal.

- O escritor <u>Machado de Assis</u> trabalhou como funcionário público.
- Os romances <u>de Machado de Assis</u> aprofundam a análise psicológica dos personagens.

3 Leia os versos e a tira a seguir.

> Ó, meu amigo, meu herói
> Ó, como dói
> Saber que a ti também corrói
> A dor da solidão
> [...]
>
> (Gilberto Gil. "Meu amigo, meu herói". Disponível em: http://letras.terra.com.br/gilberto-gil/46220/. Acesso em: 26/6/2020.)

© Fernando Gonsales/Acervo do cartunista

(*Folha de S.Paulo*, 23/2/2010.)

a) Identifique um aposto e um vocativo nesses textos.

b) Levante hipóteses: O que justifica, no 2º quadrinho da tira, o emprego do ponto de exclamação, em vez de vírgula, depois de "a viúva-negra"?

4 Leia esta frase:

> Nosso mais novo funcionário, Fernando, demitiu-se ontem.

Dependendo da situação e da entonação dada à frase, ela pode apresentar dois sentidos.

a) Quais são esses sentidos?

b) Que função sintática o termo *Fernando* desempenha em cada um dos sentidos?

c) Dê à frase uma redação na qual *Fernando* só possa ser vocativo.

d) Dê à frase uma redação na qual *Fernando* só possa ser aposto.

Período composto por coordenação: as orações coordenadas

Ativando os conceitos

Leia este anúncio:

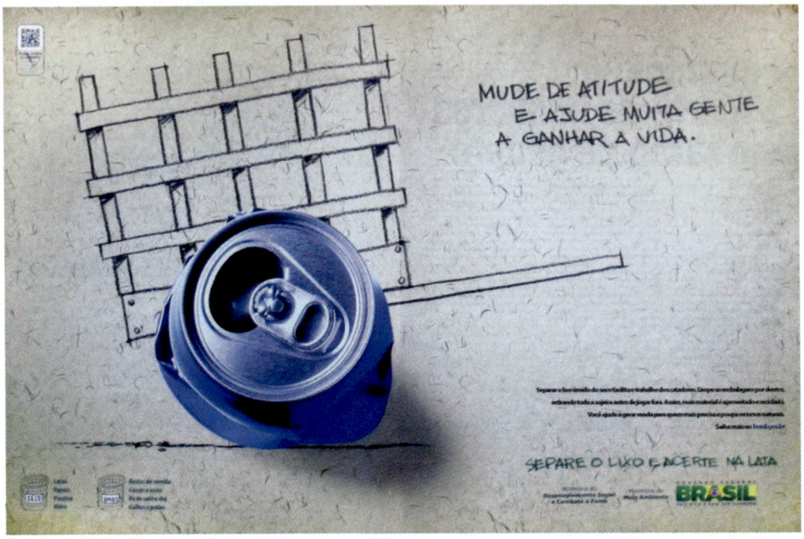

(*Fórum*, nº 100, p. 26-27.)

1 Um anúncio tem a finalidade de persuadir as pessoas, sensibilizando-as e chamando sua atenção para determinado produto ou ideia. Ele pode ainda passar informações sobre o tema que aborda. Observe a parte inferior do anúncio em estudo:

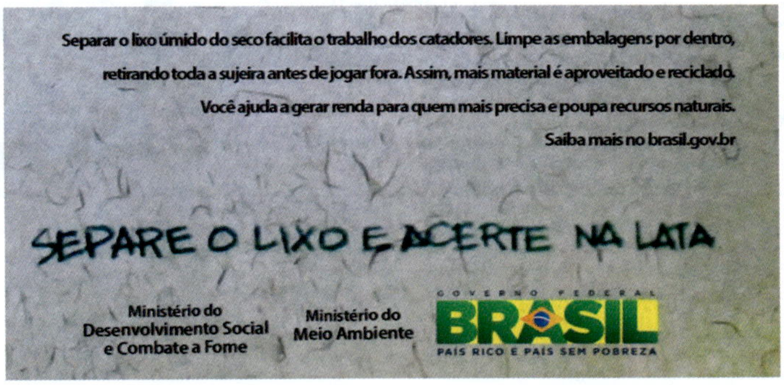

a) Quem é o anunciante? E o destinatário?

b) Qual é a finalidade do anúncio?

2 Observe a parte verbal do anúncio.

a) O enunciado "Separe o lixo e acerte na lata" apresenta ambiguidade, ou seja, duplo sentido. Explique em que consiste essa ambiguidade.

b) Nos três enunciados que compõem a parte verbal do anúncio, predominam formas verbais do imperativo: *mude, ajude, limpe, separe, acerte*. Deduza: Por que o anunciante deu preferência a esse modo verbal?

3 Observe a parte não verbal do anúncio.

a) Que imagem aparece em destaque?

b) Que relação há entre a parte verbal e a parte não verbal do anúncio?

4 Observe estes períodos:

Mude de atitude e ajude muita gente
1ª oração | 2ª oração

Separe o lixo e acerte na lata.
1ª oração | 2ª oração

a) Há duas orações em cada período. Entre elas existe relação de dependência sintática? Justifique sua resposta.

b) As orações de cada período são conectadas por uma conjunção. Que conjunção estabelece a ligação entre elas?

c) Que tipo de relação essa conjunção estabelece entre as orações?

- oposição
- alternância
- explicação
- conclusão
- adição

d) Como é classificada a conjunção que estabelece esse tipo de relação?

Revisando os conceitos

Você notou que, nos períodos "Mude de atitude e ajude muita gente" e "Separe o lixo e acerte na lata", as orações são ligadas pela conjunção coordenativa aditiva e e são independentes sintaticamente. Como nenhuma funciona como termo da outra, elas constituem **orações coordenadas**, formando períodos compostos por coordenação.

A 1ª oração de cada período não se inicia com conjunção; por isso, é **coordenada assindética** (*síndeto* = conjunção coordenativa). Já a 2ª oração de cada período é introduzida por conjunção; por isso, é **coordenada sindética**.

Oração coordenada sindética é aquela que é introduzida por conjunção coordenativa.

Oração coordenada assindética é aquela que não é introduzida por conjunção.

Veja, a seguir, um quadro que mostra o valor semântico das orações coordenadas. Perceba que o sentido das orações coordenadas é determinado pelo valor semântico das conjunções que as introduzem, já estudadas por você no capítulo 38.

Orações coordenadas sindéticas	
	Aditivas: estabelecem em relação à oração anterior uma noção de acréscimo, adição: Separe o lixo e acerte na lata. São introduzidas pelas conjunções coordenativas aditivas: *e*, *nem* (*e não*), *que*, *não só... mas também*, etc.
	Adversativas: estabelecem em relação à oração anterior uma noção de oposição, contraste, ressalva: Separou todo o lixo, mas a coleta não passou. São introduzidas pelas conjunções coordenativas adversativas: *mas*, *porém*, *todavia*, *contudo*, *no entanto*, *entretanto*, etc.
	Alternativas: expressam alternância, ligando orações que indicam ideias que se excluem: Neste cesto, ou você joga o lixo úmido, ou joga o lixo seco. São introduzidas pelas conjunções coordenativas alternativas: *ou*, *ou... ou*, *já... já*, *ora... ora*, *quer... quer*, etc.
	Conclusivas: expressam ideia de conclusão relativa à declaração feita na oração anterior: Todos estão separando o lixo; portanto, mais material será aproveitado e reciclado. São introduzidas pelas conjunções coordenativas conclusivas: *logo*, *pois* (no meio ou no fim da oração), *portanto*, *por conseguinte*, *por isso*, *assim*, etc.
	Explicativas: expressam ideia de explicação relativa à declaração feita na oração anterior: Vamos reaproveitar e reciclar, pois o tempo do desperdício já se foi. São introduzidas pelas conjunções coordenativas explicativas: *que*, *porque*, *porquanto*, *pois* (no início da oração).

Exercícios

1 Leia o anúncio:

Reprodução/Governo do Estado de São Paulo

(*Veja São Paulo*, ano 44, nº 12, p. 61.)

a) No enunciado principal do anúncio, embora haja um ponto separando as orações, há entre elas uma relação de coordenação. Classifique as orações.

b) No contexto, que relação semântica há entre a oração sindética e a oração anterior?

c) Normalmente, as orações dos períodos compostos são separadas por vírgulas. Nesse caso, qual a finalidade do anunciante ao colocar um ponto entre as orações?

2 Observe a parte não verbal do anúncio.

a) De que a imagem é constituída?

b) Que relação há entre a linguagem verbal e a linguagem não verbal do texto?

3 Leia as orações dos itens a seguir, observando o tipo de relação semântica existente entre elas. Depois, reescreva-as, ligando-as com uma conjunção coordenativa que faça o período ficar coerente.

a) O garoto não estava bem. Chorava. Gemia baixinho.

b) Havia muito serviço ainda na cozinha. De raiva, ninguém trabalhava. Ninguém falava.

c) Siga o roteiro proposto. Abandone a competição.

d) Façam silêncio. Há gente doente.

e) Ele é seu pai. Respeite-lhe a vontade pelo menos desta vez.

f) Dormi tarde. Acordei cedo.

g) Li. Reli seu texto. Não o entendi.

Período composto por subordinação: as orações substantivas

Ativando os conceitos

Reprodução/MPM Propaganda

(*34º Anuário do Clube de Criação de São Paulo*, p. 137.)

1 A respeito do anúncio, responda:

a) Qual é a sua finalidade?

b) A quem ele é dirigido, principalmente?

c) A cédula rasgada que se vê é dinheiro de que país?

d) Que relação há entre a cédula rasgada e o enunciado verbal em destaque?

2 O enunciado verbal em destaque no anúncio consiste em um período composto, formado por duas orações, ligadas pela conjunção *que*. Veja:

> Só o SulAmérica Saúde evita | que você faça isso com os recursos da sua empresa.
> 1ª oração — 2ª oração

a) Qual é a predicação do verbo *evitar*?

b) Qual das duas orações é a principal? Qual é a subordinada?

c) Observe esta correspondência:

> Só o SulAmérica Saúde evita | que você faça isso com os recursos da sua empresa.
> Só o SulAmérica evita | isso.
> VTD — OD

Com base na correspondência que você observou, deduza: Qual é a função sintática da oração *que você faça isso com os recursos da sua empresa*?

Revisando os conceitos

Como você pôde observar, a oração *que você faça isso com os recursos da sua empresa* funciona como objeto direto do verbo *evitar* da oração principal. Por isso, recebe o nome de **oração objetiva direta**. Como equivale a um substantivo ou a um pronome substantivo, denomina-se **oração substantiva**. Além disso, por ser sintaticamente dependente da oração principal — *Só o SulAmérica Saúde evita* —, uma vez que é o objeto direto do verbo *evitar*, é denominada **oração subordinada**.

Assim:

Oração subordinada substantiva é aquela que tem valor de substantivo e exerce, em relação a outra oração, a função de *sujeito*, *objeto direto*, *objeto indireto*, *predicativo*, *complemento nominal* ou *aposto*.

Que ou se?

Em relação ao emprego das conjunções integrantes, utilizamos *que* quando o verbo exprime uma certeza e *se* quando exprime uma incerteza. Exemplos: "Já sei *que* você não vai participar" e "Não sei *se* ele vai participar".

As orações substantivas são normalmente introduzidas pelas conjunções subordinativas integrantes *que* e *se*. Podem também, em alguns casos, ser introduzidas por um pronome indefinido, por um pronome ou advérbio interrogativo ou exclamativo. Veja:

Não sabemos	(por) quanto	**vendeu sua motocicleta seminova**
	quem	
	por que	
	como	
	quando	
	onde	

© Claudius/Acervo do cartunista

A oração subordinada "quando você traz trabalho para casa" é introduzida pelo advérbio *quando*.

A oração substantiva é classificada de acordo com sua função em relação à oração à qual é subordinada. Relembre, no quadro a seguir, as funções e as classificações dessas orações.

Orações subordinadas substantivas

Subjetiva: exerce a função de sujeito da oração de que depende ou na qual se insere:

Parece | que o seguro de saúde auxiliará algumas empresas.
(Parece = or. principal; que o seguro de saúde auxiliará algumas empresas = or. subord. substantiva subjetiva)

Objetiva direta: exerce a função de objeto direto do verbo da oração principal:

O seguro (suj.) evita (VTD) | que você desperdice recursos da sua empresa.
(O seguro evita = or. principal; que você desperdice recursos da sua empresa = or. subord. substantiva objetiva direta)

Objetiva indireta: exerce a função de objeto indireto do verbo da oração principal:

O anúncio (suj.) convence (VTDI) os empresários (OD) | de que é vantagem contratar o seguro saúde.
(O anúncio convence os empresários = or. principal; de que é vantagem contratar o seguro saúde = or. subord. substantiva objetiva indireta)

Predicativa: exerce a função de predicativo de um termo que é sujeito da oração principal:

O problema (suj.) é (VL) | que a empresa já tem muitos outros gastos.
(O problema é = or. principal; que a empresa já tem muitos outros gastos = or. subord. substantiva predicativa)

Completiva nominal: exerce a função de complemento nominal de um substantivo ou adjetivo da oração principal:

Estou (VL) convencida (predicativo) | de que o seguro saúde será bom para a empresa.
(Estou convencida = or. principal; de que o seguro saúde será bom para a empresa = or. subord. substantiva completiva nominal)

Apositiva: exerce a função de aposto de um nome da oração principal:

Dei (VTDI)-lhe (OI) um conselho (OD): | (que) contrate o seguro saúde.
(Dei-lhe um conselho = or. principal; (que) contrate o seguro saúde = or. subord. substantiva apositiva)

Exercícios

Leia a tira a seguir.

© Armandinho, de Alexandre Beck/Acervo do cartunista

1 A fala de Armandinho no 1º quadrinho é formada de duas orações, ligadas pela conjunção *que*.

a) Esse período é composto por coordenação ou por subordinação?

b) Reescreva um trecho das falas de Armandinho dos outros dois quadrinhos que contenha uma construção similar a essa.

2 O verbo *dizer* foi empregado duas vezes na tira.

a) Qual é a transitividade desse verbo em cada uma dessas ocorrências?

b) Quais são os objetos desse verbo em cada um dos períodos analisados por você na questão 1?

c) Troque ideias com os colegas e o professor: Em qual das ocorrências ele foi empregado com sentido figurado? Justifique sua resposta com base na tira.

3 As falas de Armandinho nos três quadrinhos estão entre aspas. Explique o uso desse sinal gráfico no contexto e justifique sua resposta com elementos do texto.

4 O 2º quadrinho começa com a conjunção *mas*.

a) Quais ideias são colocadas em relação por essa conjunção?

b) Explique que tipo de relação essa conjunção constrói na tira.

No texto ao lado há uma pergunta de um leitor e a resposta que a pesquisadora Sonia Maciel da Rosa Osman dá a ela. Leia o texto e responda às questões 5 a 7.

5 Há, no texto, quatro orações subordinadas substantivas. Identifique-as.

6 Das quatro orações subordinadas, três desempenham a mesma função.

a) Quais são elas?

b) Que função desempenham?

c) Quais delas são reduzidas de infinitivo?

7 Como se classifica a oração subordinada substantiva que tem função diferente das outras três?

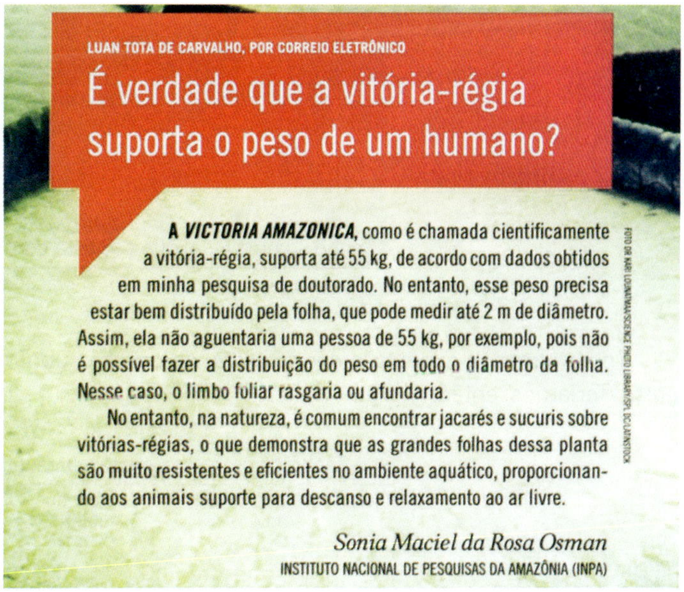

LUAN TOTA DE CARVALHO, POR CORREIO ELETRÔNICO

É verdade que a vitória-régia suporta o peso de um humano?

A *VICTORIA AMAZONICA*, como é chamada cientificamente a vitória-régia, suporta até 55 kg, de acordo com dados obtidos em minha pesquisa de doutorado. No entanto, esse peso precisa estar bem distribuído pela folha, que pode medir até 2 m de diâmetro. Assim, ela não aguentaria uma pessoa de 55 kg, por exemplo, pois não é possível fazer a distribuição do peso em todo o diâmetro da folha. Nesse caso, o limbo foliar rasgaria ou afundaria.

No entanto, na natureza, é comum encontrar jacarés e sucuris sobre vitórias-régias, o que demonstra que as grandes folhas dessa planta são muito resistentes e eficientes no ambiente aquático, proporcionando aos animais suporte para descanso e relaxamento ao ar livre.

Sonia Maciel da Rosa Osman
INSTITUTO NACIONAL DE PESQUISAS DA AMAZÔNIA (INPA)

(*Ciência Hoje*, nº 283, p. 5.)

Reprodução/INPA

Período composto por subordinação: as orações adjetivas

Ativando os conceitos

kodartcha/Shutterstock

Leia os dois primeiros versos do poema "Perde e ganha", de Ferreira Gullar:

> Vida tenho uma só
> que se gasta com a sola do meu sapato

1 Nesses versos há um período composto por subordinação. Observe:

> "Vida tenho uma só que se gasta com a sola do meu sapato"

A oração *que se gasta com a sola do meu sapato* está subordinada à oração anterior por meio do conectivo *que*, um pronome relativo.

a) Que palavras, expressas anteriormente, esse conectivo retoma e substitui?

b) Substitua o pronome relativo *que* pelas palavras que são retomadas por ele. Que função sintática essas palavras desempenham na oração *que se gasta com a sola do meu sapato*?

2 O período composto analisado na questão anterior também poderia ter sido construído assim:

> Tenho só uma vida, *gasta/gastável* com a sola do meu sapato.

a) Nesse período, qual é a classe gramatical da palavra *gasta/gastável*?

b) Que função sintática ela desempenha?

Revisando os conceitos

Você observou que, nos versos lidos, há um período composto por subordinação, que pode ser desmembrado assim:

Vida tenho uma só	que se gasta com a sola do meu sapato
oração principal	oração subordinada

Ou, na ordem direta:

Tenho só uma vida,	que se gasta com a sola do meu sapato
oração principal	oração subordinada

Como vimos, a expressão *que se gasta*, da oração subordinada, poderia ser expressa por meio do adjetivo *gasta*. Teríamos, então:

(eu)	Tenho	só	uma vida,	gasta/gastável	com a sola do meu sapato
sujeito		adj. adv.	OD	pred. do objeto	complemento nominal

A oração *que se gasta com a sola do meu sapato* tem o mesmo papel que o adjetivo *gasta*, que é o de modificar o substantivo *vida*. A oração que cumpre esse papel é chamada de **oração subordinada adjetiva**.

Observe também que a oração *que se gasta com a sola do meu sapato* tem com a anterior (*Vida tenho uma só*) uma relação de dependência, de subordinação.

Concluindo:

> **Oração subordinada adjetiva** é aquela que tem valor de adjetivo, pois cumpre papel de determinar um substantivo (nome ou pronome) antecedente.

As orações subordinadas adjetivas são introduzidas pelos pronomes relativos *que*, *quem*, *onde*, *o qual* (*a qual*, *os quais*, *as quais*), *cujo* (*cuja*, *cujos*, *cujas*).

As orações subordinadas adjetivas são classificadas em:

- **restritivas**: são as que delimitam, restringem ou particularizam o sentido de um nome (substantivo ou pronome) antecedente. Na escrita, ligam-se ao antecedente diretamente, sem vírgulas:

> Manuela convidou para a festa os amigos com quem tinha mais afinidade. (convidou não todos os amigos, mas parte deles, apenas aqueles com os quais tinha mais afinidade)

- **explicativas**: são as que acrescentam ao antecedente uma informação que já é do conhecimento do interlocutor; assim, generalizam ou universalizam o sentido do antecedente. Na escrita, aparecem entre vírgulas:

> Manuela convidou para a festa os amigos, com quem tinha mais afinidade. (convidou todos os amigos para a festa, que eram as pessoas com quem ela tinha mais afinidade — e não familiares, vizinhos, conhecidos, etc.)

Exercícios

Leia o anúncio a seguir e responda às questões 1 a 3.

Reprodução/Greenpeace

Em português, o texto do anúncio é "Não é só uma árvore que está sendo cortada".

(Disponível em: http://capuccinobrain.blogspot.com.br/. Acesso em: 15/4/2020.)

1 O anúncio foi publicado pelo Greenpeace, uma ONG (organização não governamental) que luta em defesa do meio ambiente. Observe a imagem e o enunciado verbal do anúncio.

a) Como é o ambiente retratado na imagem? Descreva-o.

b) A figura em destaque na imagem representa uma simbiose entre dois seres vivos. Quais são eles?

c) Por que, no anúncio, a figura em destaque na imagem e o enunciado verbal se complementam?

d) Que interpretação pode ser dada ao anúncio como um todo?

2 No enunciado verbal do anúncio, há duas orações. Identifique e classifique cada uma delas.

3 Empregando uma ou mais orações adjetivas — restritivas ou explicativas —, crie outro enunciado verbal que explicite a ideia principal do anúncio.

Leia os versos a seguir, de Carlos Drummond de Andrade, e responda às questões 4 e 5.

Rengim/Thinkstock

Canção amiga

Eu preparo uma canção
em que minha mãe se reconheça,
todas as mães se reconheçam,
e que fale como dois olhos.
[...]

(*Reunião*. 10. ed. Rio de Janeiro: José Olympio, 1980. p. 154.)

4 Identifique e classifique as orações subordinadas adjetivas presentes no versos.

5 O que justifica o emprego da conjunção *e* antes da oração "que fale como dois olhos"?

6 Compare, quanto ao sentido, estes enunciados:

> O mico-leão-dourado que está em extinção vive no Sudeste do país.
> O mico-leão-dourado, que está em extinção, vive no Sudeste do país.

a) Que diferença de sentido há entre os enunciados?
b) Como se classificam as orações subordinadas desses enunciados?
c) Levando em conta as informações que você tem sobre a fauna brasileira, qual dos enunciados você considera mais coerente com a realidade? Por quê?

Período composto por subordinação: as orações adverbiais

Ativando os conceitos

Abaixo estão reproduzidas as páginas de abertura de uma reportagem sobre hábitos alimentares. Leia-as.

Reprodução/Editora Globo

(*Galileu*, nº 251, p. 46-47.)

1 A imagem de um brigadeiro riscado por um X é ilustrativa das afirmações feitas nos enunciados verbais que iniciam a reportagem.
a) No contexto, o que representa o X no brigadeiro?
b) Que palavra ou expressão do título da página da esquerda corresponde a esse sinal?

2 Nos enunciados dispostos acima e abaixo da imagem do brigadeiro, há palavras e expressões adverbiais indicativas de tempo.

a) Identifique-as.

b) Que relação semântica há entre essas palavras e expressões e as palavras *hábitos* e *rotina* empregadas nos enunciados da página da esquerda?

3 No período "Quando [você] sobe na balança, sempre se arrepende", da página da direita, há duas orações. Veja:

Quando [você] sobe na balança, | sempre se arrepende.

Observe o tipo de relação que há entre as duas orações e responda:

a) Qual das orações é a principal? Qual é a subordinada?

b) Que palavra faz conexão entre as orações? Qual é o valor semântico expresso por ela?

c) Conclua: Que tipo de circunstância relativa ao verbo da oração principal a oração subordinada expressa?

Revisando os conceitos

Ao responder às questões anteriores, você notou que o enunciado "Quando [você] sobe na balança, sempre se arrepende" constitui um período composto, formado por duas orações, uma das quais (a subordinada) complementa o sentido da outra (a principal). Veja:

Quando [você] sobe na balança, (oração subordinada) sempre se arrepende. (oração principal)

A oração subordinada *quando [você] sobe na balança* poderia ser substituída por uma palavra, por exemplo, *depois*, que desempenharia a função de adjunto adverbial.

Veja a correspondência entre a oração *quando [você] sobe na balança* e a palavra que poderia substituí-la:

Depois (adjunto adverbial) sempre se arrepende.

Quando [você] sobe na balança, (oração subordinada adverbial) sempre se arrepende.

Observe que:

- a oração *quando [você] sobe na balança* é dependente sintaticamente da oração principal, porque equivale a um adjunto adverbial; por isso, é uma **oração subordinada adverbial**.
- a oração *quando [você] sobe na balança* corresponde a um adjunto adverbial de tempo — *depois*, por exemplo — e, assim, exerce a mesma função que este; por isso, é denominada **oração subordinada adverbial temporal**.

Concluindo:

Oração subordinada adverbial é aquela que tem valor de advérbio (ou de locução adverbial) e, por isso, exerce em relação ao verbo da oração principal a função de adjunto adverbial.

As orações adverbias se relacionam com a oração principal exprimindo diversas circunstâncias. Relembre, no quadro a seguir, as funções e as classificações dessas orações.

Orações subordinadas adverbiais	
	Causais: indicam a causa, o motivo, a razão do efeito expresso na oração principal: Arrependeu-se *porque* comeu muito doce. São introduzidas pelas conjunções subordinativas causais: *que* (= *porque*), *porque*, *como*, *visto que*, *já que*, *uma vez que*, etc.
	Comparativas: estabelecem uma comparação em relação a um elemento da oração principal: O brigadeiro de banana é *tão* gostoso *quanto* o de chocolate. São introduzidas pelas conjunções subordinativas comparativas: *como*, *que*, *do que* (depois de *mais*, *menos*, *maior*, *menor*, *melhor*, *pior*), *qual* (depois de *tal*), *quanto* (depois de *tanto* ou *tão*), *assim como*, *bem como*.
	Concessivas: indicam um fato contrário ao expresso na oração principal, mas insuficiente para impedir sua realização: Ele continua magro, *por mais que* coma doces. São introduzidas pelas conjunções subordinativas concessivas: *embora*, *conquanto*, *ainda que*, *mesmo que*, *se bem que*, *por mais que*, etc.

Orações subordinadas adverbiais	**Condicionais**: expressam uma hipótese ou condição para que ocorra o fato expresso na oração principal: *Se* eu tivesse comido o brigadeiro, teria engordado mais ainda. São introduzidas pelas conjunções subordinativas condicionais: *se, caso, contanto que, salvo se, a menos que*, etc.
	Conformativas: estabelecem uma ideia de concordância, de conformidade entre um fato nelas mencionado e outro expresso na oração principal: Fizemos o brigadeiro *conforme* as orientações da receita. São introduzidas pelas conjunções subordinativas conformativas: *conforme, como, segundo*, etc.
	Consecutivas: expressam uma consequência, um efeito do fato mencionado na oração principal: Comi *tanto* no almoço, *que* dispensei a sobremesa. São introduzidas pelas conjunções subordinativas consecutivas: *que* (precedido dos advérbios de intensidade *tal, tão, tanto, tamanho*), *de forma que, de modo que*, etc.
	Finais: indicam uma finalidade relativa ao fato expresso na oração principal: Coma alimentos mais saudáveis *a fim de que* tenha uma melhor qualidade de vida. São introduzidas pelas conjunções subordinativas finais: *para que, a fim de que, porque* (= *para que*), *que*, etc.
	Proporcionais: indicam uma proporção, uma concomitância, simultaneidade em relação ao fato expresso na oração principal: A saúde das pessoas melhora, *à medida que* se alimentam de forma mais saudável. São introduzidas pelas conjunções subordinativas proporcionais: *à proporção que, à medida que, enquanto*, etc.
	Temporais: indicam o momento, a época, o tempo de ocorrência do fato expresso na oração principal: *Quando* sobe na balança, sempre se arrepende. São introduzidas pelas conjunções subordinativas temporais: *quando, antes que, depois que, até que, logo que, desde que*, etc.

Exercícios

1 Leia o seguinte texto de campanha:

Reprodução/Acervo do Governo Federal

(*Superinteressante*, nº 289, p. 28-92.)

Observe estes enunciados do texto:

- "Se você agir, podemos evitar."
- "Se você tiver febre alta com dor de cabeça, dor atrás dos olhos, no corpo e nas juntas, vá imediatamente a uma unidade de saúde."

a) Os dois enunciados constituem períodos compostos em que há uma oração subordinada adverbial. Identifique e classifique essas orações subordinadas adverbiais.

b) Considerando a situação de comunicação, justifique o emprego do tipo de oração subordinada adverbial presente nos enunciados.

c) Como ficariam os enunciados caso as orações subordinadas que eles representam fossem transformadas em orações reduzidas?

2 Leia este poema:

Razão de ser

Escrevo. E pronto.
Escrevo porque preciso,
preciso porque estou tonto.
Ninguém tem nada com isso.
Escrevo porque amanhece,
e as estrelas lá no céu
lembram letras no papel,
quando o poema me anoitece.
A aranha tece teias.
O peixe beija e morde o que vê.
Eu escrevo apenas.
Tem que ter por quê?

(Paulo Leminski. *Melhores poemas*. 6. ed. Seleção de Fred Góes, Álvaro Martins. São Paulo: Global, 2002. p. 133.)

intueri/Shutterstock

Há, no poema, dois tipos de oração subordinada adverbial.

a) Quais são eles? Cite uma oração de cada tipo.

b) Considerando o tema e o título do poema, por que há predomínio de um desses tipos de oração subordinada adverbial?

Leia a tira a seguir e responda às questões 3 e 4.

©Angeli/Folha de S.Paulo 01.03.1999/Fotoarena

(Angeli. *Luke e Tantra — Sangue bom*. São Paulo: Devir/Jacarandá, 2000. p. 11.)

3 No 1º quadrinho da tira, na fala da personagem Luke, há um período composto. Nesse período, a oração *vendo os meninos bonitos do colégio* é subordinada reduzida. Desenvolva-a e classifique-a.

4 Observe, no 2º quadrinho da tira, a frase dita pela personagem Luke. Trata-se de um período composto de duas orações. Que tipo de relação semântica existe entre elas?

Orações reduzidas

As orações subordinadas substantivas, adjetivas e adverbiais podem também ocorrer em sua forma reduzida, sem a presença da conjunção subordinativa e com o verbo em uma das formas nominais, originando orações subordinadas reduzidas de infinitivo, de gerúndio e de particípio. Veja a seguir alguns exemplos:

É fácil *pensar dessa forma* (= que se pense dessa forma).
or. subord. subst. subjetiva reduzida de infinitivo

Havia alunos *querendo ir embora* (= que queriam ir embora).
or. subord. adjetiva reduzida de gerúndio

Fizemos a compra *on-line para não ir até a loja* (= a fim de que não fôssemos até a loja).
or. subord. adverbial final reduzida de infinitivo

CAPÍTULO 40

Acentuação, ortografia e outras questões notacionais

Acentuação gráfica

Ativando os conceitos

Leia este poema, de Arnaldo Antunes:

Reprodução/Arnaldo Antunes

(Disponível em: http://arnaldoantunes.blogspot.com/2010/08/o-que.html. Acesso em: 6/5/2020.)

Este capítulo favorece o desenvolvimento das habilidades

- EM13LGG102
- EM13LGG602
- EM13LP01
- EM13LP02
- EM13LP06
- EM13LP09

1 O poema é composto por duas palavras. Que diferenças elas apresentam entre si quanto:

a) aos fonemas que as constituem?

b) à sílaba tônica de cada uma?

2 Se retirarmos os acentos das duas palavras, elas continuam sendo termos da língua portuguesa.

a) Desenhe em seu caderno uma tabela como a seguinte e distribua nela as palavras *mascara*, *rasgará* e *rasgara*, levando em conta os critérios de tonicidade das sílabas e classificação morfológica. Veja, como modelo, a classificação da palavra *máscara*.

	Posição da sílaba tônica	Classe morfológica
máscara	proparoxítona	substantivo simples comum

b) Embora as palavras *máscara*, *mascara*, *rasgará* e *rasgara* tenham três sílabas e terminem em *a*, elas variam quanto à acentuação e à posição da sílaba tônica. A partir da tabela que você montou, tente deduzir algumas regras de acentuação.

3 Observe novamente o poema.

a) De que material são constituídas as letras que compõem as palavras?

b) Levante hipóteses: Ao associar as palavras *máscara* e *rasgará*, da maneira como estão formadas, que sentido o poema constrói?

Revisando os conceitos

Ao ler o poema e responder às questões sobre ele, você deve ter observado que:

- algumas palavras têm *acento gráfico* e outras não;
- na pronúncia das palavras, ora se dá maior *intensidade sonora* a uma sílaba, ora a outra.

Assim, as palavras da nossa língua têm dois tipos de acento: o tônico e o gráfico.

O **acento tônico** corresponde à maior intensidade sonora com que se pronuncia uma das sílabas das palavras, a sílaba tônica.

O **acento gráfico** é um sinal utilizado para indicar a sílaba tônica de certas palavras.

No estudo do poema, você viu a oposição entre *máscara* e *mascara*. Na fala, essas palavras distinguem-se pela maior intensidade sonora com que se pronuncia a sílaba tônica. Na escrita, como as palavras têm a mesma grafia, a distinção é feita por meio do acento gráfico. O papel do acento gráfico é, assim, evitar, na escrita, possíveis confusões quanto à leitura e à compreensão de certas palavras.

As regras de acentuação gráfica

1. Acentuam-se os monossílabos tônicos terminados em *a(s)*, *e(s)*, *o(s)* e em ditongos abertos *éi(s)*, *éu(s)* e *ói(s)*:

pá - pás	méis
pé - pés	céu - véus
pó - pós	mói - sóis

2. Acentuam-se as palavras **oxítonas** terminadas em *a(s)*, *e(s)*, *o(s)* e *em(ens)* e nos ditongos abertos *éi(s)*, *éu(s)*, *ói(s)*:

Amapá	capô	anéis
babás	paletós	chapéu(s)
até	também	herói(s)
vocês	armazéns	

3. Acentuam-se as **paroxítonas** terminadas em *l*, *n*, *r*, *x*, *ã(s)*, *ão(s)*, *i(s)*, *ei(s)*, *um(uns)*, *us*, *ps*:

dócil	ímã(s)	álbum
hífen	órfão(s)	álbuns
açúcar	júri(s)	vírus
ônix	jóquei(s)	bíceps

4. Acentuam-se todas as palavras **proparoxítonas**:

lâmpada	cédula	público

5. Acentuam-se as vogais *i* e *u* tônicas dos hiatos, seguidas ou não de *s*, nas palavras oxítonas e paroxítonas:

aí	baú	sanduíche	graúdo	país

Exceção: Quando seguida de *nh* na sílaba seguinte, a vogal *i* tônica não é acentuada: *rainha*, *bainha*, *tainha*.

O que são monossílabos tônicos e monossílabos átonos?

1. Chamam-se *monossílabos tônicos* as palavras de uma única sílaba que têm intensidade sonora forte. Os *monossílabos átonos*, por terem intensidade sonora fraca, acabam por apoiar-se em outras palavras tônicas. Além do aspecto fonético, diferenciam-se também pelo significado: os monossílabos tônicos têm significação própria, enquanto os monossílabos átonos só assumem significado quando estabelecem relação entre outras palavras.
2. Os monossílabos que pertencem às classes dos substantivos, adjetivos, advérbios, além de alguns pronomes, etc., são *tônicos*. Por exemplo: *flor*, *má*, *dá*, *três*.
3. São monossílabos átonos as preposições, as conjunções, os artigos e alguns pronomes oblíquos, como *me*, *nos*, *lhe*, *mas*, *de*, *o*.

Ditongos e hiatos

Ditongo é o encontro formado por uma vogal (pronunciada com mais intensidade) e uma semivogal (pronunciada com menor intensidade), como em: *p**ei**xe*, *fr**ou**xo*, *c**ai**xa*, *r**ei***. O ditongo é indivisível silabicamente.

Hiato é o encontro de duas vogais, cada uma numa sílaba diferente. Exemplo: *s**aí**da*, *cont**eú**do*, *r**ai**z*, *l**ee**m*.

Acento diferencial

O verbo *pôr* é acentuado para diferenciar-se da preposição *por*:

> Vou *pôr* a mesa imediatamente.
> A sobremesa foi feita *por* mim.

A forma verbal *pôde* (pretérito perfeito) diferencia-se de *pode* (presente do indicativo) por meio do acento circunflexo:

> Ontem ele não *pôde* assinar os documentos.

Vem ou vêm? Tem ou têm? Intervém ou intervêm?

1. Os verbos **vir** e **ter** na 3ª pessoa do plural do presente do indicativo, apesar de serem monossílabos tônicos terminados em *-em*, recebem o acento circunflexo para diferenciarem-se da 3ª pessoa do singular:

   ele vem – eles vêm   ele tem – eles têm

   Os verbos derivados de *ter* e *vir*, como **deter**, **manter**, **reter**, **intervir**, **convir**, etc., por não serem monossílabos, obedecem à regra das oxítonas. Na 3ª pessoa do plural, entretanto, usa-se o acento circunflexo para a diferenciação:

   ele intervém – eles intervêm   ele mantém – eles mantêm

2. Não se deve confundir o plural dos verbos citados com o dos verbos **crer**, **ler**, **ver** e **dar**:

   ele crê – eles creem   ele lê – eles leem
   ele vê – eles veem   ele dê – eles deem

Exercícios

Leia as placas a seguir e responda às questões 1 e 2.

Reprodução/José Eduardo Camargo/Panda Books

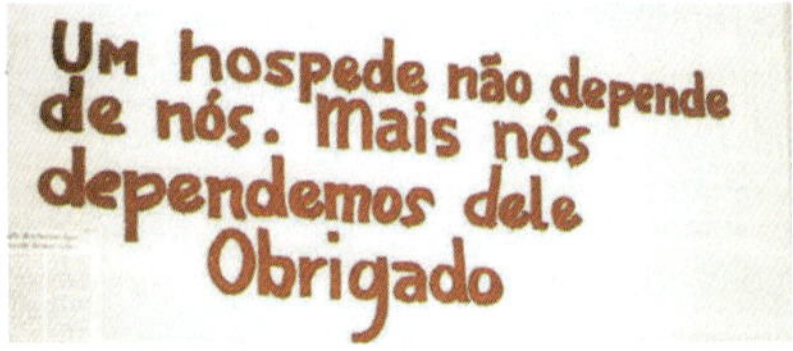

(Disponível em: http://noticias.r7.com/ vestibular-e-concursos/fotos/r7-corrigeplacas-com-erros-de-portugues-pelobrasil-20110620-23.html. Acesso em: 4/4/2012.)

Reprodução/Acervo da editora

(Disponível em: http://caraguablog.blogspot.com/2010_11_01_archive.html. Acesso em: 4/4/2012.)

Reprodução/José Eduardo Camargo/Panda Books

(Disponível em: http://noticias.r7.com/vestibulare-concursos/fotos/r7-corrige-placascom-erros-deportugues-pelobrasil-20110620-1.html#fotos. Acesso em: 4/4/2012.)

1 Identifique as palavras que foram grafadas inadequadamente e, em seu caderno, construa uma tabela, identificando os desvios quanto à acentuação e a regra que não foi levada em conta. Veja, como modelo, a palavra *hóspede*:

Palavra na placa	Grafia padrão	Regra de acentuação não respeitada
hospede	hóspede	Todas as proparoxítonas são acentuadas.

2 Entre as palavras da tabela que você construiu, há uma que pode ser escrita da maneira como aparece na placa, porém com outro significado. Identifique essa palavra e descreva a diferença morfológica e semântica entre a forma com acento e a forma sem acento.

Leia a tira a seguir e responda às questões 3 a 6.

© Adão Iturrusgarai/Acervo do cartunista

(*O Estado de S.Paulo*, 22/1/2005.)

3 O personagem da tira é um dos membros da Família Bíceps, inventada pelo cartunista Adão Iturrusgarai.
a) Considerando-se o contexto e essa informação, como provavelmente se caracterizam os membros dessa família?
b) Por que motivo provavelmente Marcel está internado numa clínica para viciados em ginástica?

4 Marcel foi submetido a uma "dieta sedentária".
a) O que foi feito para ele se tornar sedentário?
b) A dieta alimentar prescrita para Marcel é a que se considera adequada a um doente? Por quê?

5 No 2º quadrinho, parece que a dieta prescrita estava dando os resultados esperados.
a) A que campo semântico pertencem as palavras *bíceps*, *tríceps* e *quadríceps*?
b) Por que essas palavras são acentuadas?

6 No último quadrinho, vê-se o resultado da dieta prescrita: um músculo se desenvolveu — o pânceps.
a) Essa palavra existe na língua portuguesa?
b) A partir de que palavras ela foi criada?
c) *Bíceps*, *tríceps* e *quadríceps* referem-se a determinados músculos que têm, respectivamente, dois, três e quatro feixes fibrosos. Explique por que, de acordo com o contexto, o emprego de *pânceps* provoca humor.

Ortografia

Ativando os conceitos

Leia a placa ao lado:

José Eduardo Camargo/Acervo do autor

(José Eduardo Rodrigues Camargo. *O Brasil das placas.* São Paulo: Panda Books, 2007.)

1 Observe a parte verbal da foto. Troque ideias com os colegas e responda: Qual é o texto escrito em toda a parede da borracharia?

2 Comparando a palavra da parte superior da parede, acima da porta, e o texto à direita da porta, notamos níveis diferentes de domínio da língua escrita. Levante hipóteses:
a) O que pode explicar essa diferença?
b) E o que pode explicar a presença de letras com cor diferente em *conserto*?

3 Observe o texto escrito à direita da porta.
a) Que aspectos e palavras do texto não estão de acordo com as normas da língua escrita?
b) Os elementos que você apontou no item anterior dificultam a leitura do texto? Se sim, qual deles compromete mais a leitura?

Revisando os conceitos

O texto que você examinou na foto não segue algumas *regras ortográficas* da língua portuguesa, daí causar estranhamento ou dificuldade na leitura.

> **Ortografia**, da combinação dos elementos de origem grega *orto-* (reto, direito, correto) + *-grafia* (representação escrita de uma palavra), é o sistema de escrita adotado na língua portuguesa.

O sistema de escrita do português origina-se, em grande parte, do latim. Por essa razão, a grafia das palavras é estabelecida com base na *etimologia* (origem) das palavras.

Por exemplo, a palavra *liso* é escrita com *s* porque provém da forma latina *lisus*. Da mesma forma, palavras derivadas de *liso*, como *alisar*, *alisante*, *alisável*, devem ser escritas com *s*.

São poucas as regras ortográficas; por isso, convém conhecê-las ou revisá-las. Contudo, em ortografia, são essenciais a memória visual, o treino e a consulta ao dicionário sempre que houver necessidade.

> **O tira-teima**
>
> Se o dicionário deixar dúvida quanto à ortografia de determinada palavra, pode-se consultar, ainda, o *Vocabulário ortográfico da língua portuguesa* (Volp), elaborado pela Academia Brasileira de Letras (ABL). Essa é uma obra de referência até mesmo para a criação de dicionários, pois traz a grafia atualizada das palavras (sem o significado).
>
> Na internet, o Volp encontra-se no endereço: www.academia.org.br/.

Casos principais

Emprego de *j* ou *g*

Emprega-se a letra **j**:

- nas palavras de origem árabe, africana e indígena: pa*j*é, *j*iboia, bi*j*u;
- nas palavras derivadas de outras que já possuem **j** em seu radical: laran*j*eira (laran*j*a), su*j*eira (su*j*o).

Emprega-se a letra **g**:

- nas terminações *-ágio*, *-égio*, *-ígio*, *-ógio*, *-úgio*: prestí*gio*, refú*gio*;
- geralmente nas terminações *-agem*, *-igem*, *-ugem*: gar*agem*, ferr*ugem* (exceções: pa*j*em; lambu*j*em).

Emprego de *x* ou *ch*

Emprega-se a letra **x**:

- normalmente depois de ditongo: caixa, peixe, trouxa (exceções: cau*ch*o, recau*ch*utar, recau*ch*utagem);
- depois de *me-* inicial: mexer, mexilhão (exceção: me*ch*a e seus derivados);
- depois de *en-* inicial: enxurrada, enxaqueca (exceções: en*ch*er, en*ch*arcar, en*ch*umaçar e seus derivados).

Emprego de *s* ou *z*

Emprega-se a letra **s**:

- nos sufixos **-ês**, **-esa** e **-isa**, usados na formação de palavras que indicam nacionalidade, profissão, estado social, títulos honoríficos: chin*ês*, chin*esa*, burgu*ês*, burgu*esa*, poet*isa*;
- nos sufixos **-oso** e **-osa** (que indicam "cheio de"), usados na formação de adjetivos: delici*oso*, gelatin*osa*.

Emprega-se a letra **z**:

- nos sufixos **-ez**, **-eza**, usados para formar substantivos abstratos derivados de adjetivos: rigid*ez* (rígido), riqu*eza* (rico);
- quando um verbo é formado a partir da soma de nome (substantivo ou adjetivo) + sufixo **-izar**: animal + *-izar* = animal*izar*;
- quando o verbo é formado a partir de nome + o sufixo **-ar**, mantém-se a grafia do radical. Exemplo: análise + ar = analisar; a+ juiz+ ar = ajuizar.

Exercícios

1 Suponha que você tenha que escrever uma lista de compras com os itens que seguem. Escreva-os em seu caderno, completando-os adequadamente. Se necessário, consulte o dicionário.

□en□ibre	can□ica	□abuticaba
□ersal	□elatina	□iló
□er□elim	al□icida para piscinas	espon□a de aço
semente de □irassol	tira-manchas de ferru□em	
laran□a	□elo	

2 Fazendo as adaptações necessárias, forme adjetivos acrescentando *-oso* ao final destes substantivos: *preconceito, número, mistério, capricho, cobiça, valor, assombro, malícia*. Em seguida, escolha um adjetivo ou um substantivo e forme uma frase.

3 Considerando que se emprega *s* nas formas dos verbos *pôr* e *querer* e seus compostos, reescreva as frases a seguir, completando-as adequadamente com o verbo indicado entre parênteses.

a) Se vocês □, podem sair para o recreio agora. (querer)

b) Ele não □ ficar para jantar, porque já tinha um compromisso. (querer)

c) Não seria melhor se nós □ o estoque agora e depois fôssemos almoçar? (repor)

d) Se você □ a mesa enquanto eu preparo os sanduíches, poderemos lanchar imediatamente. (pôr)

4 Fazendo as adaptações necessárias, acrescente os sufixos *-ar* ou *-izar* às palavras a seguir. Atenção: emprega-se o sufixo *-ar* nos verbos derivados de palavras cujo radical contém *-s*. Caso contrário, emprega-se *-izar*. Por exemplo: eterno ⟶ eternizar.

ameno	raso	bis	real	estéril
polar	catálise	hospital	liso	fértil
vulgar	paralisia	nacional	institucional	

5 No texto a seguir faltam certas letras de algumas palavras. Reescreva essas palavras, completando-as com *ss, ç, ch, x, s* ou *z*, de acordo com as normas ortográficas da língua portuguesa.

Um tenista pode ser expulso durante uma partida?

[...] No tênis, é mais correto falar descla□ifica□ão e não e□pul□ão, pois o jogador é eliminado do torneio, e não apenas da partida. É uma puni□ão pe□ada, geralmente usada como último recur□o contra os esquentadinhos. "Antes de ser descla□ificado, um tenista recebe várias penalidades, como advertên□ias verbais, perda de pontos e de games", afirma o árbitro Ricardo Reis. Os tenistas que têm mais chan□es de ser mandados para o chuveiro são os que violam o código de conduta dos torneios. Essa lei proíbe, por exemplo, agre□ões, palavrões e "abu□o" de raquete — o popular □ilique, quando o jogador fica todo nervo□inho e arreme□a a própria raquete no chão. [...]

(Guilherme Castellar. *Mundo Estranho*, n. 44.)

Rubens Chaves/Futura Press

6 Das duas formas entre parênteses, indique aquela que substitui corretamente a lacuna.

a) Você sempre gosta de □ as coisas. (dramatizar — dramatisar)

b) Os jesuítas vieram ao Brasil para □ os índios. (catequizar — catequisar)

c) A isenção do imposto certamente vai □ o crescimento da economia. (catalizar — catalisar)

d) Iniciativas como essa vão □ a população. (aterrorizar — aterrorisar)

Leia a tira a seguir, de Angeli, e responda às questões 7 e 8.

Angeli/Fotoarena

(*Folha de S.Paulo*, 12/4/2007.)

7 Na tira, Moska afirma que antes não reconheceria a importância do ócio em sua vida.

a) O que quer dizer *ócio*?

b) As ações do personagem são compatíveis com o sentido dessa palavra? Por quê?

8 Moska diz que antes supunha que a palavra *ócio* fosse escrita com dois *s*.

a) Com que outra palavra *ócio* se assemelharia, caso fosse escrita desse modo?

b) Esse desconhecimento das normas da língua escrita confirma ou nega a familiaridade do personagem com o ócio? Justifique sua resposta.

Outras questões notacionais da língua

Angeli/Fotoarena

a fim de / afim

- **a fim de:** indica finalidade: Não estou *a fim* de sair hoje.
- **afim:** semelhante, com afinidade: Sempre tivemos ideias *afins*.

ao invés de / em vez de

- **ao invés de:** ao contrário de: Ao *invés* de sair, entrou.
- **em vez de:** em lugar de: *Em vez de* reclamar, ajude-nos.

debaixo / de baixo

- **debaixo:** em posição ou em situação inferior:
  Saiu emburrado, com os cadernos *debaixo* do braço.
- **de baixo:** indica origem e significa "a partir de baixo":
  O vento vinha *de baixo* e subia até o telhado da casa.

há / a

Emprega-se **há**:

- com referência a tempo passado: Não o vejo *há* muitos anos.
- quando se trata de forma do verbo *haver*: *Há* um artigo interessante nesta revista.

Emprega-se **a**:

- com referência a tempo futuro:
  A dois minutos da peça, o ator ainda retocava a maquilagem.
- com referência a distância:
  Morava *a* cinco quadras daqui.

mal / mau

Na dúvida, convém adotar esta regra prática: **mal** é oposto de *bem*; **mau** é oposto de *bom*.
Observe a substituição: *mal-humorada* (*bem-humorada*), *mal-estar* (*bem-estar*), *mau agouro* (*bom agouro*).
Mau é adjetivo e, portanto, modifica um substantivo:
Ele é um *mau* companheiro.
Nesse caso, ocorre variação de gênero: *má companheira*, *má-criação*.
Mal pode ser:

- substantivo:
  Não há *mal* que sempre dure.
  Nesse caso, ocorre variação de número: *males*.
- advérbio:
  O jogador comportou-se *mal*.
- conjunção (corresponde a *quando*):
  Mal cheguei, ele saiu.
- prefixo: *mal-educado*, *malcriado*.

Nesse caso, há exigência de hífen quando à palavra segue-se outra iniciada por *vogal* e *h*: *mal*-agradecido, *mal*-humorado; nos demais casos: *mal*feito, *mal*passado.

mas / mais

- **mas**: porém, contudo, todavia:
  Gostaria de ir, *mas* não posso.
- **mais**: indica quantidade; é o contrário de *menos*:
  Gostaria de ficar *mais* com você, mas não posso.

meio / meia

Meio é advérbio quando equivalente a *mais ou menos*, *um pouco*:
A janela *meio* aberta deixava ver o interior da casa.
Meia é adjetivo quando equivalente a *metade*. Nesse caso é variável:
Comprei *meio* quilo de carne e *meia* dúzia de ovos.
Já é *meio*-dia e *meia* (hora).

Exercícios

Leia estas tiras:

(Alexandre Beck. Disponível em: https://tirasarmandinho.tumblr.com/. Acesso em: 6/5/2020.)

DAIQUIRI CACO GALHARDO

Caco Galhardo/Folhapress

(Caco Galhardo. *Folha de S.Paulo*, 21/11/2011.)

1 Observe, nas duas tiras, o emprego da palavra *há*.

a) Em ambos os casos, a grafia dessa palavra está de acordo com a norma-padrão? Se não, qual(quais) delas foge(m) às normas ortográficas da língua?

b) Se você fosse um(a) revisor(a), faria alguma mudança em uma das tiras ? Em caso afirmativo, qual?

c) Em qual delas a forma *há* pode ser substituída por outro verbo? Qual seria esse verbo?

2 Quando se faz referência a tempo passado, a gramática normativa recomenda não empregar o advérbio *atrás*, para evitar redundância. Nesse caso, recomenda apenas o emprego de *atrás* ou apenas da forma verbal *há*.

a) Leia o texto a seguir e depois, considerando essa informação, indique como ficaria a primeira frase, se o narrador tivesse optado pelo emprego de *há*.

> Alguns anos atrás, um iogue indiano chamado Rao chocou o mundo ao dizer que iria fazer uma demonstração pública de como andar sobre a água. Na presença de 600 testemunhas ao redor de uma piscina de 2 metros de profundidade em Mumbai, na Índia, ele entoou mantras, pôs o pé direito na água, depois o esquerdo... e afundou imediatamente.
>
> (Adaptado de "54 histórias inacreditáveis". In: *Mundo Estranho*, nº 53.)

b) Troque ideias com os seus colegas e o professor: O uso de uma forma redundante é necessariamente ruim? Que efeito de sentido o emprego da redundância pode conferir a um texto?

3 Reescreva as frases a seguir, completando-as com *mal* ou *mau*, conforme convier. Na dúvida, adote esta regra prática: *mal* é oposto de *bem*; *mau* é oposto de *bom*.

a) O jogador caiu de ☐ jeito.

b) Hoje me levantei ☐-humorado.

c) Ele é ☐-educado e ☐ criado.

d) O muro ruiu, porque foi ☐ construído.

4 Leia esta tira, de Fernando Gonsales:

© Fernando Gonsales/Acervo do cartunista

(*Folha de S.Paulo*, 7/1/2010.)

No 2º quadrinho, que palavra ou expressão completa adequadamente a frase do primeiro balão: *debaixo* ou *de baixo*?

5 Use uma das formas indicadas entre parênteses, conforme convier. Se necessário, consulte o dicionário.

a) A matemática e a física são ciências □. (a fim/afim)

b) Cheguei mais cedo à escola, □ de preparar a sala de vídeo. (a fim/afim)

c) Procure conversar menos e trabalhar □. (mais/mas)

d) Ele pretendia apoiá-la em seu projeto, □ na hora desistiu. (mais/mas)

e) □ baixar, o preço dos legumes subiu nesta semana. (Em vez de/Ao invés de)

f) □ ir para a praia, foi para a casa dos tios em Minas. (Em vez de/Ao invés de)

g) Ela está □ aborrecida com isso tudo. (meio/meia)

h) Rápido, Ana, já é □-dia e □. (meio/meia)

Emprego da palavra *porque*

Usa-se **por que**:

- nas interrogativas diretas e indiretas:
  Por que você demorou tanto?
  Quero saber *por que* meu dinheiro está valendo menos.
- sempre que estiverem expressas ou subentendidas as palavras *motivo*, *razão*:
  Não sei *por que* ele se ofendeu.
  Eis *por que* não lhe escrevi antes.
- quando a expressão puder ser substituída por *para que* ou *pelo qual*, *pela qual*, *pelos quais*, *pelas quais*:
  A estrada *por que* passei está esburacada.
- em títulos:
  Por que o governo substituiu o ministro da Economia

Usa-se **por quê**:

- quando a expressão aparecer em final de frase ou sozinha:
  Ria, ria, sem saber *por quê*.
  Brigou de novo? *Por quê*?

Usa-se **porque**:

- quando a expressão equivaler a *pois*, *uma vez que*, *para que*:
  Não responda, *porque* ele está com a razão.

Usa-se **porquê**:

- quando a expressão for substantivada, situação em que é sinônimo de *motivo*, *razão*:
  O diretor negou-se a explicar o *porquê* de sua decisão.

Exercícios

1 Leia esta tira de Caco Galhardo:

(*Folha de S.Paulo*, 12/2/2017.)

a) Na parte superior da tira, há duas legendas nas quais foi empregada a forma *por que*. Esse emprego está de acordo com as normas ortográficas da língua? Justifique.

b) Que outra redação poderia ser dada às legendas, utilizando outra forma da palavra *porque* e mantendo o sentido e a correção ortográfica?

2 Observe, agora, os balões da tira. Neles, foi empregada a palavra *porque*. Esse emprego está de acordo com as regras ortográficas? Justifique sua resposta.

3 Reescreva as frases, completando-as com *por que*, *por quê*, *porque* ou *porquê*:

a) Eles resolveram partir ☐ já era muito tarde.

b) Retiraram-se da assembleia sem dizer ☐.

c) Você fala demais. Eis ☐ não entende o que o professor explica.

d) O diretor gostaria de saber ☐ vocês sempre chegam atrasados às quartas-feiras.

e) O título da reportagem é: ☐ o novo Código de Trânsito tem falhas.

f) Não sei ☐ estou tão aborrecida hoje.

g) Ela não tem consciência do ☐ de sua atitude.

h) Você é contra a liberdade de imprensa? ☐?

Parônimos e homônimos

Algumas palavras, como *infringir* e *infligir*, podem nos deixar em dúvida quando escrevemos textos, porque, embora tenham sentidos diferentes, apresentam semelhança na grafia e na pronúncia — palavras **parônimas** — ou diferença na grafia e semelhança na pronúncia — palavras **homônimas**.

As palavras desse tipo empregadas com mais frequência são:

acender: pôr fogo a
ascender: subir

acento: inflexão da voz; sinal gráfico
assento: lugar em que se assenta

acético: relativo ao vinagre
ascético: relativo ao ascetismo
asséptico: relativo à assepsia

caçar: perseguir a caça
cassar: anular

censo: recenseamento
senso: juízo claro

cé(p)tico: que ou quem duvida
sé(p)tico: que causa infecção

cessão: ato de ceder; doação
seção ou secção: corte; divisão
sessão: reunião; assembleia

comprimento: extensão
cumprimento: saudação

concertar: harmonizar; combinar
consertar: remendar; reparar

coser: costurar
cozer: cozinhar

delatar: denunciar
dilatar: estender; retardar

descrição: representação
discrição: ato de ser discreto; reserva

descriminar: inocentar
discriminar: distinguir

discente: relativo a alunos
docente: relativo a professores

emergir: vir à tona
imergir: mergulhar

emigrante: que sai do próprio país
imigrante: que entra em país estrangeiro

eminente: alto; excelente
iminente: que está prestes a ocorrer

empoçar: formar poça
empossar: dar posse a

espiar: espreitar
expiar: sofrer pena ou castigo

espirar: soprar; respirar; estar vivo
expirar: expelir o ar dos pulmões; morrer; terminar

estada: ato de estar, permanecer ou demorar (sempre em referência a pessoas e a animais)
estadia: tempo de permanência de veículos em garagem ou estacionamento

estrato: camada sedimentar; tipo de nuvem
extrato: o que foi tirado de dentro; fragmento

flagrante: ato de ser surpreendido em alguma situação; evidente; patente
fragrante: perfumado

infligir: aplicar (pena, repreensão)
infringir: violar; transgredir; desrespeitar

intenção ou tenção: propósito
intensão ou tensão: intensidade

intercessão: rogo; súplica
interse(c)ção: ponto em que duas linhas se cortam

mandado: ordem judicial
mandato: período de missão política

prescrição: ordem expressa
proscrição: eliminação, expulsão

ratificar: confirmar
retificar: corrigir

tachar: censurar; notar defeito em
taxar: estabelecer o preço ou imposto

tráfego: movimento, trânsito
tráfico: comércio ilegal e clandestino

vultoso: volumoso
vultuoso: atacado de vultuosidade (congestão da face)

Exercícios

1 Leia esta tira:

POLITICOPATAS CJ

(*Folha de S.Paulo*, 4/11/2017.)

A tira contrapõe duas palavras que apresentam semelhança na grafia e sentidos diferentes: *legar* e *legal*. Na tira:

a) Qual é o sentido da palavra *legar*?

b) E o sentido da palavra *legal*?

2 Há, no texto, uma palavra que é da mesma família de *legar*.

a) Qual é essa palavra?

b) Com que sentido ela foi empregada pela garota no 1º quadrinho?

c) Considerando sua resposta ao item *b*, por que a fala do menino, no último quadrinho, é responsável pelo humor da tira?

3 Empregue uma das formas indicadas entre parênteses:

a) Sejam educados! Usem de ☐. (descrição/discrição)

b) A empresa gastou uma soma ☐ em lazer para seus funcionários. (vultuosa/vultosa)

c) Em minha última viagem à costa brasileira, a ☐ do navio em Salvador permitiu que se prolongasse nossa ☐ naquela magnífica cidade. (estadia/estada)

d) A Câmara ☐ os direitos políticos de muitos deputados. (cassou/caçou)

e) Durante o assalto, os ladrões foram presos em ☐. (flagrante/fragrante)

f) Pedro trabalha na ☐ de secos e molhados. (cessão/sessão/seção)

g) Gosto de ir ao cinema na ☐ das dez. (cessão/sessão/seção)

h) Palmas para o nadador que acaba de ☐ e já acena para o público! (emergir/imergir)

i) O motoqueiro ☐ as leis de trânsito e o guarda ☐ a ele uma multa bem pesada. (infringiu/infligiu)

Em dia com o Enem e o vestibular

1 (FUVEST-SP)

> O Twitter é uma das redes sociais mais importantes no Brasil e no mundo. (...) Um estudo identificou que as fake news são 70% mais propensas a serem retweetadas do que fatos verdadeiros. (...) Outra conclusão importante do trabalho diz respeito aos famosos bots: ao contrário do que muitos pensam, esses robôs não são os grandes responsáveis por disseminar notícias falsas. Nem mesmo comparando com outros robozinhos: tanto os que espalham informações mentirosas quanto aqueles que divulgam dados verdadeiros alcançaram o mesmo número de pessoas.
>
> Super Interessante, "No Twitter, fake news se espalham 6 vezes mais rápido que notícias verdadeiras". Maio/2019.

No período "Nem mesmo comparando com outros robozinhos: tanto os que espalham informações mentirosas quanto aqueles que divulgam dados verdadeiros alcançaram o mesmo número de pessoas.", os dois-pontos são utilizados para introduzir uma

a) conclusão.
b) concessão.
c) explicação.
d) contradição.
e) condição.

2 (FUVEST-SP)

Leia o trecho extraído de uma notícia veiculada na internet:

> "O carro furou o pneu e bateu no meio fio, então eles foram obrigados a parar. O refém conseguiu acionar a população, que depois pegou dois dos três indivíduos e tentaram linchar eles. O outro conseguiu fugir, mas foi preso momentos depois por uma viatura do 5º BPM", afirmou o major.
>
> Disponível em https://www.gp1.com.br/.

No português do Brasil, a função sintática do sujeito não possui, necessariamente, uma natureza de agente, ainda que o verbo esteja na voz ativa, tal como encontrado em:

a) "O carro furou o pneu".
b) "e bateu no meio fio".
c) "O refém conseguiu acionar a população".
d) "tentaram linchar eles".
e) "afirmou o major".

3 (ENEM)

> Toca a sirene na fábrica,
> e o apito como um chicote
> bate na manhã nascente
> e bate na tua cama
> no sono da madrugada.
> Ternuras da áspera lona
> pelo corpo adolescente.
> É o trabalho que te chama.
> Às pressas tomas o banho,
> tomas teu café com pão,
> tomas teu lugar no bote
> no cais do Capibaribe.
> Deixas chorando na esteira
> teu filho de mãe solteira.
> Levas ao lado a marmita,
> contendo a mesma ração
> do meio de todo o dia,
> a carne-seca e o feijão.
> De tudo quanto ele pede
> dás só bom-dia ao patrão,
> e recomeças a luta
> na engrenagem da fiação.
>
> MOTA, M. **Canto ao meio**. Rio de Janeiro: Civilização Brasileira, 1964.

Nesse texto, a mobilização do uso padrão das formas verbais e pronominais

a) ajuda a localizar o enredo num ambiente estático.
b) auxilia na caracterização física do personagem principal.
c) acrescenta informações modificadoras às ações dos personagens.
d) alterna os tempos da narrativa, fazendo progredir as ideias do texto.
e) está a serviço do projeto poético, auxiliando na distinção dos referentes.

4 (FGV-SP)

> Ainda que endureçamos os nossos corações diante da vergonha e da desgraça experimentadas pelas vítimas, o ônus do analfabetismo é muito alto para todos os demais.

A locução *ainda que* e o advérbio *muito* estabelecem, nesse enunciado, relações de sentido, respectivamente, de

a) restrição e quantidade.
b) causa e modo.
c) tempo e meio.
d) concessão e intensidade.
e) condição e especificação.

5 (FGV-SP)

Assinale a alternativa em que o advérbio *não* é empregado de modo enfático, sem o sentido negativo que lhe é próprio.

a) Na época não existia internet nem computadores, o mundo era totalmente diferente.

b) Não que eu seja contra livros, muito pelo contrário.

c) Quase metade das descobertas científicas surgiu não da lógica [...], mas da simples observação.

d) Quantas vezes não participamos de uma reunião e alguém diz "vamos parar de discutir" [...]?

e) Quantas vezes a gente simplesmente não "enxerga" a questão?

6 (ENEM)

Slow Food

A favor da alimentação com prazer e da responsabilidade socioambiental, o *slow food* é um movimento que vai contra o ritmo acelerado de vida da maioria das pessoas hoje: o ritmo fast-food, que valoriza a rapidez e não a qualidade. Traduzido na alimentação, o fast-food está nos produtos artificiais, que, apesar de práticos, são péssimos à saúde: muito processados e muito distantes da sua natureza — como os lanches cheios de gorduras, os salgadinhos e biscoitos convencionais etc. etc.

Agora, vamos deixar de lado o fast e entender melhor o *slow food*. Segundo esse movimento, o alimento deve ser:

- bom: tão gostoso que merece ser saboreado com calma, fazendo de cada refeição uma pausa especial do dia;
- limpo: bom à saúde do consumidor e dos produtores, sem prejudicar o meio ambiente nem os animais;
- justo: produzido com transparência e honestidade social e, de preferência, de produtores locais.

Deu pra ver que o *slow food* traz muita coisa interessante para o nosso dia a dia. Ele resgata valores tão importantes, mas que muitas vezes passam despercebidos. Não é à toa que ele já está contagiando o mundo todo, inclusive o nosso país.

Disponível em: www.maeterra.com.br.
Acesso em: 5 ago. 2017.

Algumas palavras funcionam como marcadores textuais, atuando na organização dos textos e fazendo-os progredir. No segundo parágrafo desse texto, o marcador "agora"

a) define o momento em que se realiza o fato descrito na frase.

b) sinaliza a mudança de foco no tema que se vinha discutindo.

c) promove uma comparação que se dá entre dois elementos do texto.

d) indica uma oposição que se verifica entre o trecho anterior e o seguinte.

e) delimita o resultado de uma ação que foi apresentada no trecho anterior.

7 (ITA-SP)

A conjunção em destaque na frase "Não se trata de apologia da solidão, **mas** de encarar um dado da realidade contemporânea:..." possui a função semântica de

a) retificação.

b) compensação.

c) complementação.

d) separação.

e) acréscimo.

8 (ITA-SP)

Marque a alternativa em que o verbo destacado está classificado corretamente quanto à transitividade.

VTD — verbo transitivo direto

VTI — verbo transitivo indireto

VI — verbo intransitivo

a) [...] devemos **duvidar** (ou ao menos manter certa ressalva) de proposições imediatistas e aparentemente fáceis. — VTD

b) Na maioria das vezes, o discurso midiático **perde** seu significado original na controversa relação emissor/receptor. — VTI

c) A mídia é apenas um, entre vários quadros ou grupos de referência, aos quais um indivíduo **recorre** como argumento para formular suas opiniões. — VTI

d) Nesse sentido, **competem** com os veículos de comunicação como quadros ou grupos de referência fatores subjetivos/psicológicos [...] — VTD

e) Evidentemente, o peso de cada quadro de referência **tende** a variar de acordo com a realidade individual. — VI

9 (ITA-SP)

Observe a tirinha a seguir.

Reprodução/ITA, 2017.

(Disponível: http://bp.blogspot.com/_wBWh8NQAZ78/TBWEMQ8147I/AAAA AAAAA-CE/zmfW9c8uAKk/s1600/Tirinha_Sensacionalismo.jpg. Acesso em: 12/05/2016.)

Os dois primeiros quadros da tirinha criam no leitor uma expectativa de desfecho que não se concretiza, gerando daí o efeito de humor. Nesse contexto, a conjunção **e** estabelece a relação de

a) conclusão. **b)** explicação. **c)** oposição. **d)** consequência. **e)** alternância.

10 (UNICAMP-SP)

Leia o texto a seguir.

> O telejornalismo é um dos principais produtos televisivos. Sejam as notícias boas ou ruins, ele precisa garantir uma experiência esteticamente agradável para o espectador. Em suma, ser um "infotenimento", para atrair prestígio, anunciante e rentabilidade. Porém, a atmosfera pesada do início do ano baixou nos telejornais: Brumadinho, jovens atletas mortos no incêndio do CT do Flamengo, notícias diárias de feminicídios, de valentões armados matando em brigas de trânsito e supermercados. Conjunções adversativas e adjuntos adverbiais já não dão mais conta de neutralizar o *tsunami* de tragédias e violência, e de amenizar as más notícias para garantir o "infotenimento". No jornal, é apresentada matéria sobre uma mulher brutalmente espancada, internada com diversas fraturas no rosto. Em frente ao hospital, uma repórter fala: "mas a boa notícia é que ela saiu da UTI e não precisará mais de cirurgia reparadora na face...". Agora, repórteres repetem a expressão "a boa notícia é que...", buscando alguma brecha de esperança no "outro lado" das más notícias.
>
> (Adaptado de Wilson R. V. Ferreira, Globo adota "a boa notícia é que..." para tentar se salvar do baixo astral nacional. Disponível em https://cinegnose. Blogs pot.com/2019/02/globo-adotaboa-noticia-e-que-para.html. Acessado em 01/03 /2019.)

Considerando a matéria apresentada no jornal, o uso da conjunção adversativa seguido da expressão "a boa notícia é que" permite ao jornalista

a) apontar a gravidade da notícia e compensá-la.
b) expor a neutralidade da notícia e reforçá-la.
c) minimizar a relevância da notícia e acentuá-la.
d) revelar a importância da notícia e enfatizá-la.

11 (UNICAMP-SP)

> Há dois tipos de palavras: as proparoxítonas e o resto. As proparoxítonas são o ápice da cadeia alimentar do léxico.
>
> As palavras mais pernósticas são sempre proparoxítonas. Para pronunciá-las, há que ter ânimo, falar com ímpeto — e, despóticas, ainda exigem acento na sílaba tônica! Sob qualquer ângulo, a proparoxítona tem mais crédito. É inequívoca a diferença entre o arruaceiro e o vândalo. Uma coisa é estar na ponta — outra, no vértice. Ser artesão não é nada, perto de ser artífice.
>
> Legal ser eleito Papa, mas bom mesmo é ser Pontífice.
>
> (Adaptado de Eduardo Affonso, "Há dois tipos de palavras: as proparoxítonas e o resto". Disponível em www.facebook.com/eduardo22affonso/.)

Segundo o texto, as proparoxítonas são palavras que

a) garantem sua pronúncia graças à exigência de uma sílaba tônica.
b) conferem nobreza ao léxico da língua graças à facilidade de sua pronúncia.
c) revelam mais prestígio em função de seu pouco uso e de sua dupla acentuação.
d) exibem sempre sua prepotência, além de imporem a obrigatoriedade da acentuação.

LINGUAGENS E SUAS TECNOLOGIAS

conecte LIVE

VOLUME ÚNICO

WILLIAM CEREJA

Professor graduado em Português e Linguística e licenciado em Português pela Universidade de São Paulo (USP).

Mestre em Teoria Literária pela Universidade de São Paulo (USP).

Doutor em Linguística Aplicada e Análise do Discurso pela Pontifícia Universidade Católica (PUC-SP).

Professor da rede particular de ensino em São Paulo, capital.

CAROLINA DIAS VIANNA

Professora graduada e licenciada em Português pela Universidade Estadual de Campinas (Unicamp).

Mestre em Linguística Aplicada pela Universidade Estadual de Campinas (Unicamp).

Doutora em Linguística Aplicada pela Universidade Estadual de Campinas (Unicamp).

Professora das redes pública e particular de ensino nos Estados de São Paulo e Minas Gerais.

PARTE III

Língua Portuguesa

Editora Saraiva

Sumário

PRODUÇÃO DE TEXTO

LINGUAGENS E SUAS TECNOLOGIAS
PRODUÇÃO DE TEXTO

UNIDADE 14

Campo da vida pessoal

Jacob Lund/Shutterstock

"No Ensino Médio, os jovens intensificam o conhecimento sobre seus sentimentos, interesses, capacidades intelectuais e expressivas; ampliam e aprofundam vínculos sociais e afetivos; e refletem sobre a vida e o trabalho que gostariam de ter. Encontram-se diante de questionamentos sobre si próprios e seus projetos de vida, vivendo juventudes marcadas por contextos socioculturais diversos."

(*Base Nacional Comum Curricular*)

E para você, o que representa esse momento que está vivendo? Uma nova etapa de vida? A descoberta de novas experiências? Uma transição para a fase adulta? Uma definição para a vida profissional? A possibilidade de expressar suas opiniões e se fazer ouvir? Ou será tudo isso junto e algo mais? Caso alguém lhe peça para se apresentar, o que você diria de si mesmo(a)?

CAPÍTULO

41

Biodata, currículo e videocurrículo

A biodata

Trabalhando o gênero

Os textos que você vai ler a seguir estão disponíveis na seção "Comunidade" do *site* do Centro de Educação Transdisciplinar (Cetrans). Leia-os e depois responda ao que se pede.

Lista de membros (biodata)

Alessandro Faria

Membro do CETRANS

Roman Rybaleov/Shutterstock

Alessandro Faria é desenhista e fabricante de coisas desde a infância. Estudou Design na FAAP e atuou no desenvolvimento de produtos e serviços no Brasil e na Inglaterra. Em 2005 inicia a carreira na Universidade Federal da Bahia | UFBA. Desenvolveu seu Mestrado na Escola de Belas Artes da UFBA e seu doutorado foi projetado no Instituto de Arte da UNICAMP. Profissional com muito interesse nos aspectos teóricos e práticos do desenvolvimento de produtos, serviços e modelagem de negócios. Desde 2010 aproxima o Design Thinking de instituições públicas, privadas, fundações e ONGs.

[...]

Cleo Busatto

Uma artista da palavra

Cléo Busatto é uma artista da palavra. Membro do Cetrans desde sua formação, em O Pensamento Transdisciplinar (2002), Mestre em Teoria Literária, UFSC (2005). Autora de mais de 25 obras, muitas selecionadas para programas de governo e catálogos internacionais, como o da Feira do Livro Infantil de Bolonha — IT (2010). Em 2016, seu livro *A fofa do terceiro andar* foi finalista ao Prêmio Jabuti, na categoria juvenil. Desenvolve projetos de mediação de leitura literária, no Brasil e no exterior.

[...]

Denise Lagrotta

Membro do CETRANS

Formada em Direito pela Universidade Presbiteriana Mackenzie em 1985, exerci a profissão em diversas áreas e escritórios até 2007. A partir daí, fui em busca de novos caminhos. Livrarias eram meu segundo lar e terapias diversas me davam suporte. Fiz cursos de teatro e paisagismo, mergulhei no campo das Ciências Noéticas, estudei Administração de Organizações do Terceiro Setor na Fundação Getúlio Vargas, integrei a 5ª Turma na Formação Holística de Base na Unipaz, me capacitei como mediadora de conflitos pelo Instituto Mediativa. Recentemente, participei do Programa de Protagonismo Criativo da Escola Polifonia, onde abriu-se uma fenda para ressignificar minha expressão profissional, que pode ser vista no *site*: http://www.deniselagrotta.com.br.

[...]

(Disponível em: http://cetrans.com.br/site/comunidade/biodata/. Acesso em: 10/2/2020.)

Este capítulo favorece o desenvolvimento das habilidades

EM13LGG101

EM13LGG103

EM13LGG104

EM13LGG105

EM13LGG202

EM13LGG301

EM13LGG701

EM13LP01

EM13LP02

EM13LP03

EM13LP06

EM13LP11

EM13LP13

EM13LP14

EM13LP15

EM13LP17

EM13LP18

EM13LP19

1 Os três textos apresentam similaridades entre si.

a) Qual é o título dado à reunião dos textos?

b) A palavra *biodata* vem da junção do radical grego *bio*, "vida", ao radical latino *data*, "dados". Qual é a finalidade das biodatas lidas?

c) Que outros gêneros também têm por objetivo apresentar a vida ou parte da vida de uma pessoa?

d) Quem são os produtores dos textos? E seus leitores?

2 Os textos lidos trazem informações da vida de três pessoas.

a) Qual é o principal tipo de informação selecionada para compor as biodatas? Por que isso acontece?

b) Observe os trechos "Alessandro Faria é desenhista e fabricante de coisas desde a infância" e "Livrarias eram meu segundo lar e terapias diversas me davam suporte". Que tipo de informação complementar esses trechos trazem sobre os biodatados? Qual é o efeito de sentido construído ao relacionar esses trechos com as informações da trajetória profissional?

3 Nos textos, são citados nomes de instituições, prêmios e programas, além de datas.

a) Quais são as instituições citadas? Por que elas são citadas pelos autores das biodatas?

b) Que tipo de data é selecionada pelos autores para compor seus textos?

> **Filiação institucional**
>
> A expressão "membro do CETRANS", nas biodatas lidas, identifica a filiação dos biodatados. Filiação, em contextos profissionais, se refere à instituição em que a pessoa atua, estuda ou trabalha.

4 Sobre a estrutura dos textos, responda:

a) Como cada texto se inicia?

b) Em quantos parágrafos os textos estão escritos?

c) Os períodos são longos ou breves?

d) Levante hipóteses: Por que, em dois textos, está escrito, abaixo dos nomes próprios, "Membro do CETRANS" e, em um texto, está escrito "Uma artista da palavra"?

5 Observe a pessoa do discurso em que os textos foram escritos.

a) Em que pessoa cada um dos textos está escrito?

b) Qual é o efeito de sentido que a pessoa do discurso atribui a cada um dos textos?

c) Troque ideias com os colegas e o professor: Há uma pessoa do discurso que seja menos ou mais adequada?

6 A passagem do tempo é importante para a escrita de uma biodata. Quais são os tempos verbais encontrados nesse gênero? Com qual função cada tempo é utilizado?

Pressmaster/Shutterstock

7 A biodata de Denise Lagrotta apresenta algumas características que a diferenciam das outras biodatas. Analise-a e assinale as afirmativas verdadeiras:

- A terceira biodata apresenta segmentos mais narrativos do que descritivos.
- A biodatada se apresenta de maneira mais pessoal e próxima do leitor.
- A biodatada não cita seus gostos e preferências pessoais.
- A linguagem utilizada é mais objetiva.
- A biodatada utiliza linguagem figurada em trechos como "mergulhei no campo", "abriu-se uma fenda".
- A biodatada atua na área em que fez a graduação.
- A biodatada fornece datas exatas dos principais fatos de sua biodata.

8 Em sua opinião, as biodatas escritas constroem a ideia de que os biodatados têm uma trajetória interessante ou importante? Justifique sua resposta.

9 Reúna-se com seus colegas de grupo e, juntos, concluam: Quais são as características básicas da biodata? Ao responder, considerem os seguintes critérios: finalidade do gênero, perfil dos interlocutores, suporte e veículo, tema, estrutura, linguagem.

O gênero *biodata* pode ser definido como uma breve biografia profissional, comumente solicitada a artistas, escritores, cientistas, entre outros, em situações em que seus trabalhos serão expostos de alguma maneira. Biodatas variam em alguns aspectos: podem ser mais descritivas ou mais narrativas, ser escritas em 3ª ou 1ª pessoa, podem incluir fatos mais gerais da vida da pessoa, além das principais experiências profissionais, bem como suas opiniões, valores, atitudes e outros tipos de experiência.

Produzindo a biodata

No próximo capítulo, você produzirá um **fanzine** ou um ***e-zine*** (um tipo de revista que você conhecerá melhor em breve). Para apresentar aos leitores os produtores da revista, escrevam suas biodatas. Os fanzines vão compor o projeto **Nossos projetos de vida**, uma feira de profissões, aptidões e trajetórias de vida.

Planejamento do texto

- Selecione os fatos e as experiências que você pretende destacar em seu texto.
- Decida se irá incluir aspectos de sua personalidade, seus gostos e suas aptidões.
- Anote o ano em que ocorreram os fatos selecionados.
- Mencione instituições que você considere relevantes em sua trajetória, como escola, centro de estudos, de cursos ou de esportes; participação em projetos sociais, ONGs, etc.
- Decida se seu texto será escrito em 1ª ou 3ª pessoa do singular.
- Inicie o texto pelo seu nome e identifique-se como aluno do ensino médio de sua escola.
- Escreva um texto breve, de apenas um parágrafo.

Revisão e reescrita

Troque seu texto com o de um colega e façam a revisão deles mutuamente, observando se a biodata:

- é iniciada pelo nome e filiação institucional do biodatado;
- apresenta fatos relevantes da trajetória do biodatado;
- contém os fatos identificados por ano;
- está escrita coerentemente em 1ª ou 3ª pessoa do singular;
- é breve e é composta de apenas um parágrafo;
- constrói a trajetória do biodatado de forma que ela se torne interessante ao leitor.

Passe seu texto a limpo e guarde-o para inseri-lo no fanzine.

O currículo

Trabalhando o gênero

Outro gênero comum para se apresentar em contextos profissionais é o currículo ou *curriculum vitae*. Leia um modelo de currículo sugerido na internet para pessoas que buscam estágio ou o primeiro emprego:

VEJA EXEMPLOS DE MODELOS DE CURRÍCULO

MODELO 1 – INDICADO PARA ESTÁGIO, PRIMEIRO EMPREGO, APRENDIZ

Nome do candidato
Nacionalidade, estado civil e idade
Endereço – Bairro – Região (se necessário) - Cidade
Telefone residencial e celular
E-mail

Objetivo
No início da vida profissional não é necessário ter um objetivo totalmente definido. Os candidatos podem apenas citar a área de interesse.
Exemplo: Área financeira

Formação Acadêmica
Curso: Ciências Atuariais
Faculdade: (Nome da universidade)
Previsão de graduação: Jan/2010 – Dez/2015

Idiomas
Inglês Avançado
Espanhol Intermediário

Informática
Pacote Office, Internet

Experiência Profissional
Candidatos também podem colocar trabalho eventual ou em empresa júnior, do centro acadêmico da faculdade.

Nome da empresa

Cargo: Estagiário
Período: Fevereiro/2013 – Atual

Atribuições: Programar e controlar as reservas financeiras dos clientes, a fim de garantir o pagamento dos compromissos assumidos com os segurados; elaboração de planilhas e cálculos financeiros.

Outras atividades
Se o candidato faz trabalhos voluntários é importante descrever. O recrutador pode avaliar as habilidades através deles.

Exemplo: Trabalho voluntário na Paróquia Santo Antônio desde março de 2009.
Arrecadação de fundos para a paróquia, aulas de catequese, campanhas beneficentes para a comunidade.

(Disponível em: http://g1.globo.com/concursos-e-emprego/modelos-de-curriculo.html. Acesso em: 10/2/2020.)

1 Em que situações sociais o currículo costuma ser escrito?

2 Quem escreve e quem lê currículos?

3 Quais são as primeiras informações que devem aparecer em um currículo pelo modelo apresentado? Levante hipóteses: Por que essas informações estão no início e em destaque?

4 Observe a estrutura do modelo de currículo.

a) Ele está escrito em qual estrutura: parágrafos ou tópicos?

b) O texto é longo ou breve? Os períodos são longos ou curtos?

c) Levante hipóteses: Qual é a relação dessas características com as situações em que o currículo circula?

5 No currículo, são apresentadas algumas datas.

a) Como elas foram digitadas no modelo de currículo? Em que ordem?

b) Por que essas datas são importantes no gênero?

6 Reúna-se com seus colegas de grupo e, juntos, concluam: Quais são as características básicas do currículo? Ao responder, considerem os seguintes critérios: finalidade do gênero, perfil dos interlocutores, suporte e veículo, tema, estrutura, linguagem.

Produzindo o currículo

Reflita sobre como você poderia preencher o modelo de currículo lido e para que área profissional você gostaria de se candidatar. Para isso, leia as dicas a seguir:

Primeiro emprego? Saiba como montar o seu currículo

Precisa montar o seu currículo, mas ainda não sabe como começar? Nós te ajudamos nessa missão!

25 MAIO 2017

Por Redação

FG Trade/Getty Images

Quero trabalhar! Se esta é a frase que você mais repete toda vez que pede dinheiro aos seus pais, talvez seja a hora de correr atrás da sua independência financeira. E como você vai consegui-la? Arrumando um emprego, claro! Mas, calma, você não está sozinha, a Atrê a ajuda nesta missão e mostra que ela não é tão assustadora quanto parece!

Antes de sair à procura do emprego é importante investir um tempinho para se autoconhecer: quais são as suas habilidades, do que mais gosta... Daí, buscar uma vaga será mais fácil. Com isso em mente, bastará preparar o seu currículo. Segundo Heloisa Machado, diretora de comunicação da Associação Brasileira de Recursos Humanos (ABRH), no documento devem estar indicados dados gerais; formação, que inclui o ano que está cursando e o nome da escola; competências específicas, tais como idiomas estrangeiros e informática; e, por fim, interesses e habilidades, como hobbies, capacidade para comunicação e trabalho em grupo. *"O importante é que as informações sejam verdadeiras. Escrever dados que não correspondem à realidade será negativo quando se derem conta da mentira"*, afirma a especialista. Para mandar bem, você pode pedir ajuda aos seus pais ou alguém que já tenha experiência no mercado ou um orientador profissional. [...]

(Disponível em: https://www.atrevida.com.br/na-real/comportamento/primeiro-emprego-saiba-como-montar-o-seu-curriculo. Acesso em: 10/2/2020.)

Planejamento do texto

- Reflita sobre seus projetos de vida e pense em um tipo de empresa ou instituição em que gostaria de atuar.
- Pesquise ocupações nesse tipo de instituição para as quais você poderia se candidatar.
- Releia o modelo apresentado e veja se os tópicos sugeridos nele contemplam o seu perfil.
- Pesquise outros modelos e escolha um para seguir.
- Anote experiências que podem compor seu currículo.
- Anote os períodos em que cada experiência ocorreu.
- Preencha seu currículo.

Revisão e reescrita

Releia seu currículo, observando:

- se ele é iniciado com seu nome e suas informações pessoais;
- se seus dados para contato estão corretos e disponíveis de maneira clara;
- se o texto está organizado em tópicos e com períodos breves;
- se suas experiências apresentam data.

Os currículos serão a base de videocurrículos e integrarão, junto com os fanzines e os *e-zines*, o projeto **Nossos projetos de vida**, uma feira de profissões, aptidões e trajetórias de vida.

O videocurrículo

Atualmente, os currículos estão sendo produzidos em outros formatos e mídias, como os videocurrículos. Você conhece esse gênero? Geralmente, é um vídeo curto, de 1,5 a 2 minutos, solicitado por empresas como uma das etapas de seleção.

franz12/Shutterstock

Pesquise alguns videocurrículos na internet ou assista a alguns selecionados pelo professor. Depois, debata com os colegas e com o professor estas questões:

- Levante hipóteses: Qual é a função de um videocurrículo como uma das etapas de seleção de uma empresa?
- Qual é a relação entre o currículo e o videocurrículo?
- O que constitui a parte não verbal do vídeo: Candidato, cenário, elementos que se relacionam à profissão?
- O que é possível afirmar sobre a fala do candidato: A linguagem utilizada é formal ou informal? O candidato parece falar espontaneamente, de improviso ou deve ter usado um roteiro? Quais são os principais conteúdos abordados pelo candidato ao falar de si?

Leia seu currículo e monte um roteiro para gravar seu videocurrículo. O roteiro pode ser organizado da seguinte maneira:

- Saudação: como vai se referir ao público? Exemplo: "Olá, eu sou o(a)...".
- Apresentação profissional: Sou estudante do ensino médio e busco meu primeiro emprego, um estágio, etc.
- Apresentação das principais experiências.
- Apresentação de aptidões e interesses pessoais.
- Despedida e disponibilização de dados para contato.

Concluído o roteiro, siga estas indicações:

- Procure ensaiar em grupo. Um dos componentes pode filmar os ensaios, de forma que todos tenham a oportunidade de assistir à apresentação e aprimorá-la até que o resultado fique bom.
- Fale diretamente para a câmera, imaginando que está conversando com uma pessoa que está dentro dela.
- Ao chegar a uma boa versão, troque a gravação com outros colegas, de modo que cada um possa opinar sobre o trabalho do outro.
- Faça a edição do material gravado para chegar à versão final do vídeo.

CAPÍTULO

42 Resenha crítica, *vid* e mapa de profissões

Trabalhando o gênero

Leia esta resenha:

Minha História – Michelle Obama

Reprodução/Editora Objetiva

Por Yasmine Evaristo *em* 23 de Maio de 2019 • 19:06

Minha História – Michelle Obama (Confidential #2)
Tradução: Denise Bottmann, Débora Landsberg e Renato Marques
Capa: Christopher Brand
Páginas: 464
Acabamento: Brochura
Lançamento: 13/11/2018
Selo: Objetiva

Ao fim do mandato da presidência dos Estados Unidos, a ex-primeira-dama, **Michelle Obama**, se vê diante de uma calmaria que não pertencia à sua vida há tempos. Ela pode se mover por sua casa sem ser impedida por empregados, pode caminhar na rua sem o assédio constante dos paparazzi e até mesmo se mudou para uma casa "normal". Em **"Minha História — Michelle Obama"**, a autora nos leva por uma retrospectiva sobre sua vida até os tempos atuais.

Acompanhamos nesse livro como a garota de South Side, Chicago, se tornou porta-voz de mulheres e meninas do mundo. Primeira afro-americana a ocupar a posição de primeira-dama dos EUA — assim como seu marido, Barack Obama, primeiro homem negro eleito presidente pelo país —, Michelle precisou lidar com a não aprovação da mídia e da população, movida pelo racismo estrutural; racismo esse que desde o início de sua vida a tachava de incapaz. Diante das oportunidades que surgiram ao longo de sua vida, Obama ascendeu na carreira de advogada e, além de se destacar como profissional do Direito, conheceu por meio da profissão seu marido.

> *"A forma mais fácil de desmerecer a voz de uma mulher é resumi-la a uma pessoa rabugenta."*

De maneira descontraída Michelle Obama rompe a barreira de primeira-dama inalcançável (vamos combinar que essa barreira não era tão rígida assim) e relata de maneira leve sua trajetória. Sua escrita é encantadora, despojada e às vezes irreverente. A sensação ao avançar no livro é de que você está passando férias na casa de uma tia muito amada e ela está contando "causos" da vida.

Não há como não se encantar com a doçura de Michelle com as filhas, com seu amor pelo marido (lindamente correspondido) ou se emocionar com as dificuldades enfrentadas para que ela fosse valorizada por sua capacidade intelectual. A autobiografia é excelente por mostrar parte do cotidiano de uma mulher negra estadunidense e os caminhos que sua vida leva, por nos injetar ânimo e mostrar que há, para alguns, meios de ultrapassar esses limites impostos pelo preconceito, mas também para fazer-nos refletir sobre o porquê de uma história dessa só estar sendo contada agora.

"Minha História — Michelle Obama" é leitura obrigatória para quem busca conhecer mais sobre a diversidade de mulheres que nos servem de exemplos para um mundo melhor.

(Disponível em: https://www.entrandonumafria.com.br/resenha-minha-historia-michelle-obama/. Acesso em: 17/2/2020.)

Este capítulo favorece o desenvolvimento das habilidades

EM13LP01
EM13LGG102
EM13LGG103
EM13LGG104
EM13LGG301
EM13LGG302
EM13LGG402
EM13LGG602
EM13LGG701
EM13LGG703
EM13LGG704
EM13LP02
EM13LP13
EM13LP14
EM13LP16
EM13LP20
EM13LP21
EM13LP22
EM13LP29
EM13LP30
EM13LP33
EM13LP34
EM13LP38
EM13LP45
EM13LP51
EM13LP53

1 A resenha, também chamada de crítica, é um gênero textual geralmente publicado em jornais, revistas ou *blogs*, e trata de um objeto cultural: um filme, uma peça de teatro, um livro, um *show* de música, um festival, uma exposição de arte, etc.

a) Qual é o objeto cultural tratado na resenha lida?

b) Qual é a finalidade do texto lido?

2 A resenha foi extraída de um *blog* chamado "Entrando numa fria" e identificado da seguinte maneira: Há 12 anos a fonte de suas notícias literárias e cinematográficas".

a) Levante hipóteses: Quem geralmente escreve uma resenha?

b) A quem ela se destina?

3 A resenha em estudo não se inicia com uma apresentação direta do livro resenhado. Qual é a estratégia da autora da resenha para iniciar seu texto? Qual é o efeito de sentido dessa apresentação?

4 A resenha apresenta uma ficha técnica do livro.

a) Que tipo de informação consta nessa ficha?

b) Qual é a função dessa ficha em uma resenha?

5 A resenha tem uma estrutura relativamente livre e pode variar muito dependendo de seu autor, do público e do veículo em que é publicada. Apesar disso, apresenta alguns elementos essenciais, como a descrição do objeto cultural em exame e a opinião do autor da resenha sobre a qualidade da obra. Em relação à resenha lida, responda:

a) Em que parágrafos há uma breve descrição da obra?

b) Em que parágrafos a autora da resenha explicita sua avaliação sobre o livro?

6 Nas resenhas, é comum serem destacadas as qualidades e apresentados os possíveis defeitos do objeto cultural em análise. Na resenha lida:

a) Apontam-se defeitos do livro analisado?

b) Como a escrita da autora do livro é caracterizada?

c) É possível construir uma imagem da autobiografada pela leitura da resenha? Se sim, qual imagem?

7 No terceiro parágrafo, a autora afirma que a sensação ao ler a autobiografia de Michelle Obama é a de estar escutando "causos" contados por ela.

a) Por que a palavra *causos* está entre aspas?

b) Essa sensação provocada pela leitura é avaliada de maneira positiva ou negativa pela autora da resenha? O que comprova sua resposta?

8 A autora seleciona algum trecho da autobiografia para compor sua resenha? Se sim, qual é ele e qual recurso linguístico é utilizado para integrá-lo à resenha?

9 Observe a linguagem utilizada na resenha em estudo.

a) Que variedade linguística foi empregada?

b) Em que tempo estão predominantemente as formas verbais do parágrafo em que o livro é descrito?

c) E em que tempo estão predominantemente as formas verbais dos outros parágrafos?

d) Explique qual efeito de sentido essa diferença no emprego dos tempos verbais constrói na resenha.

10 Uma resenha expressa a opinião do crítico que avalia o objeto cultural. Assim, esse gênero pode ser mais pessoal, o que ocorre quando seu autor se coloca no texto de forma explícita, empregando expressões como *A meu ver*, *Eu acho que*, *Eu penso que*, *para mim*, etc., ou pode ser impessoal, o que acontece quando o autor se coloca de forma indireta, empregando recursos como a 3ª pessoa ou a 1ª pessoa do plural e a voz passiva.

a) Com base nesses dados, pode-se dizer que a crítica em estudo tende à pessoalidade ou à impessoalidade?

b) Que trechos comprovam sua resposta?

c) Independentemente do tom menos ou mais pessoal, a opinião da autora a respeito da obra é claramente explicitada no texto? Esse ponto de vista é favorável ou desfavorável? Comprove sua resposta com elementos do texto.

11 Sobre a resenha lida:

a) A qual tipo de público a autora recomenda o livro?

b) Pela resenha lida, você se interessou pelo livro? Por quê?

12 Troque ideias com os colegas e, juntos, concluam: Quais são as características básicas da resenha?

Produzindo a resenha

No **Projeto**, você vai reunir, em uma feira de profissões, aptidões e trajetórias de vida, textos escritos pela turma em um fanzine ou *e-zine*. Para compor as revistas, escrevam resenhas de livros, quadrinhos, filmes, peças de teatro que possam ser classificados como biográficos ou autobiográficos. A intenção é conhecer as trajetórias de vida de pessoas diferentes com o objetivo de inspirar o público da feira a refletir sobre seus próprios projetos de vida.

Planejamento do texto

- Selecione o objeto cultural sobre o qual você deseja escrever. Lembre-se de selecionar um objeto cultural que traga uma trajetória de vida que possa interessar a você, a seus colegas e ao público da feira.
- Pense no público para o qual vai escrever, ou seja, outros colegas da escola, professores e familiares que vão visitar a feira.
- Antes de iniciar a produção do texto, procure conhecer bem o objeto cultural que será abordado na resenha. Para isso, assista à peça, ao filme, leia o livro ou a história em quadrinhos, ouça o disco e busque mais informações a respeito do objeto resenhado. Você pode selecionar um objeto que já conheça.
- Anote os dados técnicos do objeto cultural: título, autor(es), diretor(es), atores e outros dados que julgar importantes.
- Faça também outras anotações que possam ajudar na descrição do objeto resenhado. Por exemplo, caso se trate de livro, anote trechos interessantes, pensando na possibilidade de citá-los. Para estar coerente com o tema da feira, busque destacar aspectos da trajetória de vida do biografado relacionados à sua profissão ou a suas aptidões pessoais.
- Com base nos dados coletados e sem perder de vista o público-alvo, escreva uma resenha que estimule o leitor a conhecer ou consumir o objeto analisado.
- Procure destacar aspectos da trajetória de vida do autor do objeto resenhado, sua profissão, mudanças em sua vida, momentos de dúvida e de superação, passagens que possam gerar identificações em jovens como você.
- Procure ajustar a linguagem de seu texto ao suporte, ao perfil dos interlocutores e à situação.
- Combine o texto verbal com imagens (fotografias, ilustrações, reproduções) que o complementem, avalie a necessidade de identificar cada uma com legenda e mencione referências sobre sua autoria e sobre a obra ou o *site* de onde ela foi extraída.

Revisão e reescrita

Antes de finalizar a resenha e passá-la para o suporte final, releia seu texto, observando se ele:

- apresenta uma descrição do objeto cultural analisado e se destaca seus pontos positivos e/ou negativos;
- estimula o leitor a conhecer ou consumir o objeto analisado;
- emprega os verbos predominantemente no presente do indicativo;
- apresenta e destaca aspectos da trajetória de vida do autor do objeto resenhado, principalmente relacionados a profissão;
- contém uma ficha técnica que identifica a obra;
- utiliza linguagem adequada ao gênero, ao veículo e ao público em vista;
- contém imagens identificadas e acompanhadas por legendas;
- faz uso de imagens que estabelecem uma relação de complementaridade com o conteúdo do texto verbal.

Faça as alterações necessárias e guarde as resenhas para a publicação no fanzine ou no *e-zine* da turma.

A resenha nas mídias digitais

Você já assistiu a algum vídeo em canais da internet que resumem e comentam objetos culturais, como livros, filmes, exposições, etc.? Que tal transformar as resenhas escritas por vocês num *booktube*, ou seja, numa resenha em vídeo?

Transforme a resenha que vocês produziram neste capítulo em resenha audiovisual. Mas, atenção! Para tanto, a resenha não deve ser simplesmente lida: é preciso transformar o texto escrito em um texto oral, realizando as adaptações necessárias. Veja algumas dicas:

- Pesquise resenhas audiovisuais na internet. Há muitos *booktubers e youtubers* com canais especializados em comentar diferentes objetos culturais.
- Escolha um tom para o vídeo: mais cômico e engraçado, mais sério e engajado ou, ainda, irônico, sarcástico. Com base nessa escolha inicial, defina se a linguagem será mais informal e descontraída ou mais formal e comedida.
- Escolha um cenário que se relacione ao objeto cultural da resenha: por exemplo, uma biblioteca é um local interessante, caso seu objeto seja um livro. O cenário também pode estar relacionado ao personagem biografado: por exemplo, um local com CDs, discos e instrumentos musicais no caso de um astro do *rock* ou de um compositor.
- Elabore um roteiro: planeje como vai saudar e cumprimentar seus espectadores, como vai apresentar os dados técnicos do objeto cultural (título, autor, data, editora, etc.), se vai mostrar elementos relacionados ao objeto cultural (o próprio livro, o cartaz do filme ou da peça teatral).

- Não dê *spoiler*! Não conte a seu público todo o conteúdo do objeto selecionado e se esforce para criar certo suspense a fim de aumentar o interesse do público em conferir o objeto na íntegra.
- Selecione trechos do livro para ler ou ainda um trecho do *trailer* do filme.
- Planeje como vai encerrar o vídeo e se despedir dos espectadores.

Para a produção de um vídeo, observe estas instruções:

- Escreva o roteiro, baseado em sua resenha escrita.
- Faça um ensaio do vídeo antes da primeira gravação.
- Faça um teste da gravação e assista ao que foi gravado, conferindo o volume de voz, o posicionamento em frente à câmera, a iluminação e a relação com o roteiro planejado.
- Grave sua resenha em vídeo.

Após a checagem final, salve o trabalho e o converta para o formato de vídeo. Depois, providencie sua gravação em DVD ou *pendrive* ou ainda o *upload* para a nuvem.

Vídeo de *youtuber* ou *booktuber*

Os vídeos produzidos para internet são geralmente hospedados em *sites* como o youtube.com. Os *vloggers* ou *youtubers* podem tratar de vários temas, desde os mais específicos a uma área — ciências, arte, esporte — até temas do cotidiano. As postagens em vídeo costumam ter alguma frequência (semanais, quinzenais ou mensais).

A produção costuma ser bem simples, o que torna a possibilidade de criação mais acessível. Basta um tema, uma opinião, uma câmera e um canal no YouTube ou algum *site* similar. Há também produtoras e empresas jornalísticas e artísticas profissionais que criam vídeos mais elaborados e obtêm retorno financeiro com isso, já que vídeos com muitos acessos acabam por atrair anunciantes e consequentemente pagamentos por anúncios.

Um(a) *booktuber* faz vídeos dedicados à literatura e ao hábito de ler, principalmente com resenhas. Há canais especializados em *cinema* ou em *música*, com resenhas de filmes, *shows* e álbuns musicais.

Reprodução/Vivian Sipriano

Foto da blogueira Vivian Sipriano comentando o livro de Michele Obama. Em: https://www.youtube.com/watch?v=_KjMd-b6yGY.

Perspectivas

Mapa de profissões e as profissões do futuro

Com a revolução tecnológica, o mundo do trabalho tem mudado drasticamente. Além das ocupações que deixam de existir devido à automação, algumas profissões tradicionais sofrem grandes transformações e novas profissões surgem. Pessoas que hoje estudam para determinada profissão talvez tenham de lidar com demandas muito diferentes das pressupostas em sua formação quando chegarem ao mercado de trabalho.

Automação, globalização, carreiras mais colaborativas e empreendedorismo são algumas das características do atual mundo do trabalho. Mas quais são as novas profissões, ainda pouco conhecidas pela maioria das pessoas? E quais serão as profissões do futuro que nem existem ainda? Leia o seguinte mapa de profissões, que aborda algumas delas:

Montagem Arte Fernanda Crevin

(Disponível em: https://br.pinterest.com/pin/404831453975599750/. Acesso em: 18/2/2020.)

Vocês já devem ter refletido sobre possíveis profissões que querem seguir! Para compor a feira de profissões, aptidões e trajetórias de vida a ser produzida no **Projeto**, façam um mapa de profissões coletivo, que reúna as profissões e aptidões de interesse dos alunos da turma. Para isso, façam um primeiro levantamento de profissões e áreas de interesse de todos e pesquisem mais sobre elas. Leiam sobre as profissões selecionadas, discutindo possíveis aptidões e habilidades necessárias.

Em seguida, informem-se sobre as possíveis transformações relacionadas às profissões que selecionaram, tais como: Será que essa profissão continuará a existir no futuro? Será que está sofrendo grandes transformações na atualidade? Qual é a formação necessária para atuar em determinada área? Quais são as novas profissões ou novas demandas dessa área de atuação?

Após as pesquisas, construam o mapa. Os mapas partem de um título central, para, então, relacionar as profissões por área e especialização. Além disso, os mapas podem trazer as aptidões ou habilidades relacionadas às profissões que os compõem de maneira sempre bastante breve e objetiva.

O mapa de profissões é um objeto visual: cores, linhas, negritos constroem o sentido dos elementos e das relações entre eles; não são escolhas aleatórias. Para inspirá-los, pesquisem outros tipos de mapas conceituais.

Façam uma primeira versão do mapa: decidam o título do mapa; estabeleçam o primeiro nível de ramificação após o título; reflitam sobre quais são as relações entre as profissões para fazer as novas linhas e caixas de texto e preencher o mapa. Escolham cores diferentes para identificar diferentes níveis e relações no mapa.

Antes de registrar o mapa de profissões em sua versão final, releiam-no e observem se:

- o título está em destaque;
- os níveis do mapa são facilmente identificados;
- o mapa traz informações suficientes, de maneira breve e clara, sobre as profissões selecionadas;
- as cores foram usadas para marcar as diferenças de níveis e as relações entre eles;
- os exemplos estão registrados de maneira clara.

O mapa pode compor um cartaz e permanecer afixado na feira ou configurar-se em um mapa interativo, a ser explorado digitalmente.

Projeto

Nossos projetos de vida — Feira de profissões, aptidões e trajetórias de vida

O que desejo para meu futuro? Quais cursos de ensino superior podem ter a ver comigo? Que profissão seguir? Essa profissão parece ser coerente com o que desejo para minha vida pessoal e para o mundo em que vivo? Já posso ou quero começar a trabalhar durante o ensino médio?

Você provavelmente já se fez essas perguntas ou alguma outra similar, assim como seus colegas de escola.

Neste projeto você vai reunir sua produção textual dos capítulos 41 e 42 em um fanzine ou *e-zine*. Além disso, junto com seu grupo e com a classe, vai montar uma feira voltada à discussão de projetos de vida, o que inclui abordar profissões, aptidões e trajetórias de vida dos jovens do ensino médio.

Convidem para participar da feira colegas de outros anos, professores de outras disciplinas e funcionários da escola, bem como familiares e amigos. Divulguem amplamente o evento, por meio de folhetos, cartazes e faixas distribuídas pela escola.

Este capítulo favorece o desenvolvimento das habilidades

EM13LGG104 EM13LGG105 EM13LGG201 EM13LGG301 EM13LGG302 EM13LGG303
EM13LGG402 EM13LGG603 EM13LGG703 EM13LP01 EM13LP05 EM13LP15
EM13LP16 EM13LP18 EM13LP19 EM13LP21 EM13LP25 EM13LP54

1. Montando o **fanzine** ou ***e-zine***

Iza Guedes/Fotoarena

Olena Yakobchuk/Shutterstock

badahos/Getty Images

O nome *fanzine* é originado de duas palavras de origem inglesa: *fan* (fã) e *magazine* (revista). Os fanzines surgiram na década de 1940 e são revistas simples, não profissionais, de produção artesanal, que reúnem textos diversos para admiradores ou interessados em um assunto específico, principalmente sobre algum fenômeno cultural (ficção científica, quadrinhos, séries de televisão, jogos, personagens ou algum gênero musical). Com o advento das mídias digitais, o gênero migrou para o computador e para a internet, surgindo os *e-zines*: revistas "caseiras" geralmente no formato PDF.

Para conhecer mais sobre esse tipo de publicação, pesquise na internet imagens e vídeos a respeito.

O fanzine da turma terá como tema "profissões e trajetórias de vida". Vocês podem se dividir em grupos e produzir alguns fanzines temáticos, considerando os interesses, as áreas, as aptidões da classe. Podem ainda optar por produzir uma publicação artesanal, escrita e ilustrada à mão, ou utilizar o computador para digitalizar textos e imagens.

Reúnam as resenhas escritas por vocês. Decidam a ordem em que vão aparecer na revista e como serão divididas (por tipo de objeto cultural — resenhas de livros, depois de cinema, por exemplo — ou por profissão — resenhas que abordem pessoas da área da saúde, depois artistas, etc.). Reúnam também as biodatas. Ao final da revista, façam uma lista de biodatas do grupo para o público leitor conhecê-los.

Selecionem outros textos que se relacionem ao tema e que possam compor a revista: obras de arte, entrevistas sobre a trajetória de vida de diferentes personalidades, matérias jornalísticas sobre escolha da profissão, etc. Lembrem-se de sempre identificar a fonte do texto reproduzido.

Caso optem por um *e-zine*, além das resenhas e biodatas escritas, disponibilizem os videocurrículos e as resenhas audiovisuais. Outros gêneros digitais, como *gifs*, charges animadas, videoclipes, *playlists*, podem ser incluídos, sempre acompanhados das fontes de onde foram copiados.

2. Planejando palestras e mesas-redondas

Convidem psicólogos especializados em orientação vocacional, profissionais de diferentes áreas e coordenadores de cursos de graduação para realizarem palestras e participar de mesas-redondas no evento. Professores e coordenadores da escola e pais de alunos também podem ser convidados. A ideia é conhecer o que se estuda em alguns cursos de graduação, o que fazem profissionais em seu dia a dia, qual é a relação entre suas ocupações atuais e sua formação, etc., ajudando o público da feira a pensar sobre seus projetos de vida. Por isso, é interessante ter uma variedade de áreas contempladas nas palestras e mesas-redondas.

Após terem o aceite do convite, organizem uma programação para o evento, registrando as datas, os horários e os locais para cada atividade.

3. Planejando uma roda de conversa

Michelle Bennett/Getty Images

Promovam uma roda de conversa entre alunos, professores e coordenadores sobre projetos de vida. Selecionem algumas questões para serem debatidas pelo grupo e que podem guiar a escolha profissional. Vejam alguns exemplos: "Como escolher uma profissão?", "O que gosto de fazer?", "Quais competências considerar nessa escolha?", "Como gostos e aptidões podem guiar um projeto de futuro?", "Em que locais me imagino trabalhando?", "Que áreas do conhecimento me interessam?", "Sobre que assuntos tenho curiosidade?", "Com que tipo de artefatos, ferramentas, instrumentos me imagino lidando no trabalho?", "O que quero ou posso fazer pelo mundo?".

4. Preparando o espaço

Divulguem a feira com faixas, cartazes e convites. Afixem os mapas de profissões nos ambientes selecionados para a realização da feira. Providenciem uma televisão ou um computador para deixar os videocurrículos à disposição do público da feira, chamando a atenção e identificando esse ponto com um cartaz, como: "Conheça nossos videocurrículos!". As resenhas audiovisuais podem ser exibidas em outro ponto da feira, a fim de que a turma busque inspirar o público com as trajetórias de vida dos biografados, acompanhadas por imagens das capas de livros e cartazes dos filmes resenhados.

Organizem os espaços que serão utilizados para cada atividade: um local para o lançamento do fanzine ou do *e-zine*, salas para a realização das palestras, mesas-redondas e roda de conversa, todos devidamente identificados.

LINGUAGENS E SUAS TECNOLOGIAS
PRODUÇÃO DE TEXTO

UNIDADE 15

Campo da vida pública

hpoliveira/Shutterstock

"[...] é fundamental que sejam garantidas aos estudantes oportunidades de experienciar fazeres cada vez mais próximos das práticas da vida acadêmica, profissional, pública, cultural e pessoal e situações que demandem a articulação de conhecimentos, o planejamento de ações, a auto-organização e a negociação em relação a metas. [...]

No cerne do campo de atuação na vida pública estão a ampliação da participação em diferentes instâncias da vida pública, a defesa dos direitos, o domínio básico de textos legais e a discussão e o debate de ideias, propostas e projetos."

(Base Nacional Comum Curricular)

Há documentos legais que regulam os direitos de todo ser humano, os direitos do cidadão brasileiro e até mesmo os direitos específicos do jovem brasileiro. Você conhece esses documentos e sabe se eles são respeitados no contexto em que você vive e atua? Em quais situações sociais você, como jovem, pode se fazer ouvir, opinar e intervir, de maneira respeitosa e ética, para construir um mundo mais justo? Como você pode agir para que direitos sejam cada vez mais conhecidos e respeitados?

CAPÍTULO 43

Hipertexto e gêneros digitais: o *blog* e o comentário

Com o surgimento e a popularização da internet, alteraram-se profundamente os papéis de produtor e leitor de textos, bem como as formas de ler. Na internet, o processo de ler ou escrever um texto deixou de ser linear, ou seja, da esquerda para a direita e de cima para baixo, um procedimento de cada vez. O internauta pode, enquanto lê um texto, acessar *links*, ler outros textos, ouvir música, examinar imagens e planilhas, redigir *e-mails* e, finalmente, voltar a ler o texto que foi o ponto de partida para uma série de operações e de interações na internet.

A essas múltiplas possibilidades oferecidas pelo texto digital, que envolve uma nova forma de acessar, produzir e interpretar informações, chamamos *hipertexto*. Assim, **hipertexto** exprime a ideia de leitura e escrita não linear de texto, em um contexto tecnológico, mediado pelo computador e pela internet.

A internet permite ainda que os internautas, além de fazerem facilmente leituras simultâneas e não lineares, produzam e disponibilizem seus próprios textos na rede para serem acessados por outros usuários. Assim, todos podem expressar seus pontos de vista, postando textos, vídeos e fotos em *sites* diversos: páginas de grandes jornais do país, YouTube, fóruns de discussão, páginas pessoais, como os *blogs*, ou perfis de redes sociais, como o Facebook, o Twitter e o Instagram.

Entre os gêneros textuais que são produzidos e circulam na internet, estão o *e-mail*, o *blog* e o comentário.

GoodStudio/Shutterstock

Este capítulo favorece o desenvolvimento das habilidades

- EM13LGG102
- EM13LGG204
- EM13LGG302
- EM13LGG402
- EM13LGG701
- EM13LGG702
- EM13LGG703
- EM13LP01
- EM13LP09
- EM13LP13
- EM13LP23
- EM13LP25

O *blog*

Trabalhando o gênero

NetPhotos/Alamy/Fotoarena

O ***weblog***, mais conhecido como *blog*, era, no princípio, uma espécie de diário virtual, usado quase exclusivamente por jovens interessados em relatar fatos de seu cotidiano, pensamentos, observações, opiniões e em se relacionar com outros internautas. Com o tempo, os *blogs* foram se tornando a ferramenta ideal não só para a divulgação de ideias pessoais, mas também de notícias, textos sobre política e cultura, pesquisas, negócios, debates, publicidade, etc. Enquanto montar um *site* exige ter conhecimento de programação de computadores ou pagar por essa assessoria, criar uma página na rede é simples e rápido. Há diversos programas de hospedagem de *blogs* disponíveis gratuitamente na internet. Um dos mais acessíveis e bastante procurado pelos iniciantes é o Blogger (blogger.com). Depois de acessá-lo, o usuário preenche um formulário com nome, *e-mail* e contatos, escolhe um visual para a página e lhe dá um nome. Quinze minutos depois, já pode publicar seus textos na internet. Além dos textos, os *blogs* comportam fotos e, em alguns casos, vídeos. Além dos *blogs* individuais, que são mais comuns, existem também os *blogs* comunitários, nos quais todos os membros de determinado grupo podem editar textos e participar deles como autores.

Os *blogs* possibilitam aos leitores fazer comentários sobre os *posts* dos autores, manifestando concordância, discordância, acrescentando informações, fazendo sugestões de tópicos para novos *posts*, etc.

Blog: história sem fim

Os *blogs* levam às últimas consequências dois princípios da Internet. Um deles é a interatividade. Cada texto postado num *blog* vem acompanhado de uma janela para que os leitores façam comentários, o que torna essas páginas espaços de debate por excelência. O outro é a formação de comunidades que vão se ampliando e se sobrepondo. Os *blogs* são interligados uns aos outros por meio de *links* — os atalhos que permitem ao usuário saltar entre as páginas da Internet. Assim, um texto publicado num *blog* que isoladamente não atrai grande número de leitores pode de repente se espalhar de maneira exponencial. Quanto mais um *blog* é recomendado pelos similares, mais ganha *status*. Da mesma forma, o blogueiro que participa das discussões em páginas de terceiros acaba, por tabela, divulgando a sua própria. [...]

(*Veja*, n. 1 907.)

Leia este texto, extraído de um *blog*:

BLOG DO JAIRO BOUER

Educação e cidadania digital para um jovem cada vez mais conectado

17/02/2020 04h06

Na última semana uma série de acontecimentos reforçou a importância de se incluir o tema da educação digital ou, ainda melhor, da cidadania digital, tanto no currículo das escolas como no diálogo dentro de casa.

De um lado, viralizou uma "brincadeira" potencialmente perigosa, em que dois jovens passam uma rasteira em um terceiro desavisado, que acaba caindo ao chão, correndo o risco de machucar cabeça e coluna vertebral. Do outro lado, o Reino Unido anunciou que vai apertar o cerco sobre as plataformas digitais, responsabilizando-as por conteúdos nocivos. E aqui no Brasil um menor foi condenado por postar "nudes" de uma ex-namorada, e seus pais terão que pagar uma indenização.

Rawpixel.com/Shutterstock

Não é novidade que o jovem passa hoje cada vez mais tempo conectado nas redes sociais. Lá, ele acaba sendo exposto a desafios, brincadeiras, jogos e toda sorte de conteúdos que podem ser construtivos, educativos e agregadores, mas também podem ter um potencial que vai no sentido contrário: destrutivo, agressivo, preconceituoso e antissocial.

E esse intenso trânsito digital é 100% de mão dupla, ou seja, o jovem não é apenas receptor dessas informações e conteúdos, ele é também ativo nas postagens, convites e propostas. As motivações tanto para a recepção como para a produção de posts, imagens e vídeos são diversas (fazer parte do grupo, ser curtido, ser aceito, ser admirado, melhorar a autoestima, ganhar notoriedade e fama e por aí vai).

Não se pode perder de foco que essa é uma fase da vida em que tudo muda com velocidade assustadora (talvez ainda mais acelerada na era digital). Assim, existe uma espécie de "vulnerabilidade" para diversos níveis de risco. Tanto do ponto de vista emocional como do ponto de vista neurológico (se é que é possível fazer essa distinção), o jovem é mais impulsivo, pesa menos o impacto que suas ações presentes terão no seu futuro, desliga com maior facilidade os controles racionais, entre outros mecanismos que fazem com que ele possa se expor ou expor seus pares a situações complicadas, arriscadas, perigosas, difíceis.

Se essa realidade está tão real e presente em nosso cotidiano, como garantir nos dias de hoje a liberdade e a construção da autonomia do jovem? Talvez a melhor alternativa seja, em casa, os pais exercerem o papel de pais, olhando, observando, ensinando, controlando o uso (dos menores) e mediando a relação com as tecnologias (dos maiores) para que eles entendam seus limites, suas responsabilidades e seu papel de cidadãos. Em paralelo, as escolas têm que se ocupar também desse trabalho, já que sua condição de facilitadora das relações sociais (para além dos aprendizados formais) ganha hoje uma extensão quase sem limites e sem fronteiras no mundo digital.

Em um cenário ideal, em que família e escola dialogassem com essa realidade, o jovem entenderia essa cidadania digital como parte de seu papel no mundo. Um aprendizado que seria central para uma melhor relação com os outros, e para uma melhor percepção das armadilhas trazidas por "fakenews", "jogos de risco" e atitudes antissociais.

Esse trabalho pedagógico e preventivo talvez conseguisse diminuir a necessidade de regulações externas, como as pressões crescentes sobre as plataformas digitais (para que elas reconheçam riscos e bloqueiem ações nocivas o mais rápido possível), o que em teoria pode ser bastante útil, mas que, do ponto de vista prático, torna-se muitas vezes de difícil aplicação, dado o volume brutal de informações postadas nas redes e a velocidade de propagação de algumas delas.

É claro que nenhum pai ou mãe deseja ver o filho exposto ou expondo os outros a situações vexatórias, discriminatórias, perigosas ou agressivas. As telas não deveriam provocar refrações nos conceitos de ética e cidadania. O comportamento deveria ser um só, dentro ou fora das redes sociais. Se isso faz sentido para você, está mais do que na hora de começar a agir, de preferência antes da próxima brincadeira "bombar" no celular do seu filho ou do seu aluno!

**** Este texto não reflete, necessariamente, a opinião do UOL**

(Disponível em: https://doutorjairo.blogosfera.uol.com.br/2020/02/17/educacao-e-cidadania-digital-para-um-jovem-cada-vez-mais-conectado/. Acesso em: 3/3/2020.)

1 O autor do *blog*, Jairo Bouer, é médico psiquiatra.

a) Levante hipóteses: Quais temas são tratados nesse *blog*?

b) O tema tratado no texto lido apresenta qual relação com a profissão e a especialidade de seu autor?

2 Sobre o texto lido:

a) Qual é seu público-alvo? Copie trechos do texto que comprovam sua resposta.

b) Logo no início, o autor apresenta motivos para abordar o tema no *blog*. Quais são esses motivos?

3 No 1º parágrafo, o autor defende uma proposta.

a) Qual é essa proposta?

b) Quais argumentos são apresentados pelo autor para defendê-la?

c) Em que parágrafo o autor detalha o que é e como se ensina cidadania digital?

d) Quais são os benefícios que o autor supõe que essa educação traria?

4 Releia o seguinte trecho do texto:

> "[...] o jovem é mais impulsivo, pesa menos o impacto que suas ações presentes terão no seu futuro, desliga com maior facilidade os controles racionais, entre outros mecanismos que fazem com que ele possa se expor ou expor seus pares a situações complicadas, arriscadas, perigosas, difíceis."

a) Essa caracterização que o autor faz do jovem é uma opinião dele? Justifique sua resposta.

b) Qual é a sua opinião sobre essa caracterização do jovem?

5 Alguns termos e expressões estão entre aspas no texto.

a) Identifique todos os termos com esse sinal de pontuação.

b) Discuta com a classe e com o professor: Que novo sentido as aspas atribuem a essas palavras, no contexto?

6 Alguns trechos no início do texto estão destacados com a cor azul e sublinhados.

a) Quais são os trechos destacados?

b) Considerando o contexto no qual o texto em estudo foi publicado, deduza: Por que os trechos em questão estão destacados?

c) Que outros recursos — cores, formatação, tipo de letra — usados para a mesma função você reconhece em páginas da internet?

7 A respeito dos *hiperlinks* no texto lido e nos textos em geral, responda:

a) Qual é a função dos *hiperlinks* em *blogs* e *sites* em geral?

b) Você considera que os *hiperlinks* no texto lido são importantes? Você se interessou em clicar em algum deles?

8 Na conclusão, o autor afirma que "As telas não deveriam provocar refrações nos conceitos de ética e cidadania.".

a) Nesse contexto, qual é o sentido da palavra *refrações*?

b) Levante hipóteses: Por que, ao agir em plataformas digitais, algumas pessoas mudam seu comportamento mais cotidiano?

9 Você vai ler a seguir alguns artigos da Declaração Universal dos Direitos Humanos.

Monkey Business Images/Shutterstock

Artigo 12º

Ninguém sofrerá intromissões arbitrárias na sua vida privada, na sua família, no seu domicílio ou na sua correspondência, nem ataques à sua honra e reputação. Contra tais intromissões ou ataques toda a pessoa tem direito à proteção da lei.

Artigo 19º

Todo o indivíduo tem direito à liberdade de opinião e de expressão, o que implica o direito de não ser inquietado pelas suas opiniões e o de procurar, receber e difundir, sem consideração de fronteiras, informações e ideias por qualquer meio de expressão.

Artigo 29º

1. O indivíduo tem deveres para com a comunidade, fora da qual não é possível o livre e pleno desenvolvimento da sua personalidade.
2. No exercício deste direito e no gozo destas liberdades ninguém está sujeito senão às limitações estabelecidas pela lei com vista exclusivamente a promover o reconhecimento e o respeito dos direitos e liberdades dos outros e a fim de satisfazer as justas exigências da moral, da ordem pública e do bem-estar numa sociedade democrática.
3. Em caso algum estes direitos e liberdades poderão ser exercidos contrariamente e aos fins e aos princípios das Nações Unidas.

(Disponível em: https://www.ohchr.org/EN/UDHR/Pages/Language.aspx?LangID=por. Acesso em: 3/3/2020.)

Relacione os artigos lidos à discussão sobre cidadania digital abordada no texto de Jairo Bauer. Depois, discuta com a classe:

- Em que medida ações comuns na internet e nas redes sociais desrespeitam esses artigos?
- Que atitudes podemos tomar para colocar tais direitos em prática e difundi-los?

Produzindo o *blog*

Um *blog* pode ser usado para publicar textos de uma infinidade de gêneros do discurso e não há um formato fixo e rígido a ser seguido. Um artigo de opinião, como o que foi lido no início do capítulo, é comum em *blogs* de especialistas para comentar temas e acontecimentos relacionados a sua área de atuação.

Há *blogs* que publicam textos cuja autoria não é do(s) proprietário(s) do *blog*. Esses textos podem ser copiados, com a fonte devidamente citada, ou ter seus *links* compartilhados, com um breve comentário geral do(s) autor(es) do *blog* sobre o texto, explicando por que o estão divulgando em seu espaço virtual e o que pensam sobre ele.

Loucos por *blogs*

Reprodução/ESIC

Se você gosta de *blogs* e quer se aprofundar no assunto, sugerimos a leitura do livro *Blogs — Revolucionando os meios de comunicação*, de Octavio I. Rojas Orduña e outros (editora Thomson), que mostra as oportunidades oferecidas pela blogosfera, tanto no plano pessoal quanto no plano profissional.

E, para acesso, os *sites*:

- www1.folha.uol.com.br/colunaseblogs/
- www.estadao.com.br/blogs/
- blogs.oglobo.globo.com/

Com o apoio do professor de informática ou robótica, ou de outra pessoa com conhecimentos no mundo digital, criem um *blog* em grupo para postar textos relacionados ao tema "Direitos humanos e juventude", foco da campanha a ser produzida por vocês no capítulo **Projeto**. O *blog* será um dos recursos utilizados para convencer o público a aderir à campanha. Nesse momento, vocês vão postar textos que não são de sua autoria. Depois, alimentarão o *blog* com os textos produzidos ao longo desta unidade.

Vocês podem optar por criar um único *blog* para toda a classe ou um *blog* para cada grupo de alunos. Sigam estas orientações:

- Escolham um nome para o *blog* tendo em vista o objetivo da turma: postar conteúdo relacionado aos direitos humanos e aos jovens contemporâneos.
- Criem o *blog*. Existem vários *sites* e provedores da internet que orientam, passo a passo, como montar um *blog*. Eis algumas sugestões:
  — blogger.com
  — www.blog.com.br
  — https://br.wordpress.com/create-blog/
- Planejem a organização interna do *blog*, a ordem e os critérios de publicação, o uso de imagens, etc.
- Selecionem alguns textos na internet (artigos de opinião, notícias, reportagens escritas ou em vídeo) para iniciar o *blog*, relacionados ao tema "Direitos humanos e juventude".
- Redijam breves textos introdutórios aos textos selecionados para a reprodução, explicando ao público-alvo do *blog* e da campanha (outros alunos, pais, professores e funcionários da escola) por que esses textos são relevantes para a discussão a ser realizada no **Projeto**.
- Postem por meio de *links* ou copiem os textos e forneçam a fonte de onde foi extraído o texto. Vocês podem postar o texto lido sobre cidadania digital e a Declaração Universal dos Direitos Humanos, por exemplo.
- Divulguem o *blog* na escola. Se a escola já tiver uma página, o *link* para o *blog* pode ser divulgado lá também.

O comentário

Trabalhando o gênero

Muitos veículos de comunicação indicam ou contêm *blogs* em seus portais. E é comum que nesses canais os leitores possam falar diretamente com os autores dos *blogs* por meio da ferramenta *comentários*. O comentário é um texto muito comum na internet e é encontrado não só em *blogs*, mas também em *sites*.

O *blog* de onde foi retirado o texto que você leu no início deste capítulo disponibiliza caixas de comentários ao final da publicação. Leia os comentários feitos em uma outra publicação do *Blog* do Jairo Bouer, também sobre cidadania digital, em que o autor comenta uma polêmica gerada pelo compartilhamento em rede social de um vídeo em que uma criança norte-americana é ridicularizada por um cantor de *funk*, ou MC, quando viajou para os Estados Unidos.

Observe que em alguns casos há respostas aos comentários, as quais contribuem para dar prosseguimento à discussão.

Comentários

A. C. 25/10/2019 09h01

Esse cara precisa em primeiro lugar ter educação. A educação que você tem é a mesma que deve usar na internet. Não precisa aprender cidadania digital. Essa geração perdida que ouve esse cidadão é como ele e gosta de gozar de tudo, tudo liberado, faz o que quer. A falta de família, a falta de limites e a falta de instrução levam o cara a fazer o que fez.... Nós brasileiros lamentamos o que ele fez com a menina americana!!!

1 | Responder | Respostas 1

vo2o273q5zmr 25/10/2019 16h26

Você quer dizer: nós brasileiros que não passamos a mão na cabeça de idiotas, né? Porque estou vendo muitos comentários aqui minimizando o erro do "artista". Pra esses só a corrupção dos políticos é condenável. Os nossos erros são só enganos bem intencionados...

0

e@gmail.com 25/10/2019 01h26
Eu tiraria o "digital" do título. Precisa aprender cidadania. Ponto.
👍 2 | ↩ Responder | ⚐

---

c. s. 25/10/2019 01h26
É SÉRIO, FORMADO NA USP E FICA FAZENDO MATÉRIAS DESSES FUNKEIROS, TÁ FEIA A COISA EM AMIGO.
👍 1 | Responder | Respostas 1 ▲ | ⚐

> **vo2o273q5zmr25** /10/2019 16h44
> A matéria é sobre comportamento, não sobre funk.
> 👍 0 | ⚐

C. 25/10/2019 00h14
Jairo, ótimas colocações. A família tem seu peso sim no caráter do indivíduo, assim como a escola para corrigir "o que escapulir". Por aqui só se dá luz às vitimas quando os agressores (e suas famílias) é quem deveriam ser mostrados e reeducados. E para aqueles que realmente não entenderem o que é empatia, profissional nele.
👍 2 | ↩ Responder | ⚐

C. S. 25/10/2019 08h42
Engraçado que tudo tem que partir da escola. Agora além de ensinar os conteúdos, tem que ensinar a ser educado. Na escola passamos conhecimento, educação vem da família. Parem de querer tudo da escola. A família serve pra que então??
👍 3 | Responder | Respostas 1 ▲ | ⚐

> **vo2o273q5zmr** 25/10/2019 16h28
> Não foi nada disso que ele disse no texto. Mas a escola é o lugar onde aprendemos a viver como um grupo, fora do ambiente familiar.
> 👍 0 | ⚐

P. 27/10/2019 14h41
Fica a lição para aqueles que queiram publicar suas bobagens cotidianas para "lacrar"! O "menino" com a mente ainda em formação está aprendendo "na carne" como uma pessoa que possui certa influência no mundo digital deve se comportar! Errou feio? Sim! Claro! Infelizmente está pagando muito caro pela ação de "moleque "! Paciência, Gui! Essa você PERDEU!!!!
👍 0 | ⚐

_L.C_ 25/10/2019 09h51
O MC errou e se desculpou........Acho também muito preocupante a reação exagerada de ódio contra ele........O rapaz foi linchado virtualmente e ameaçado de morte.........Como se esses linchadores nunca tivessem cometidos erros na vida,,,,,,,Hipócritas!
👍 1 | ↩ Responder | ⚐

(Disponível em: https://doutorjairo.blogosfera.uol.com.br/2019/10/24/mc-gui-onde-se-aprende-cidadania-digital/. Acesso em: 3/3/2020.)

1 Alguns comentários enfocam o comportamento do cantor ao ridicularizar uma menina. Outros enfocam o conteúdo do texto postado por Jairo Bouer. Identifique:

a) comentários que condenam diretamente a atitude do cantor;

b) comentários que relativizam a atitude do cantor e condenam os julgamentos feitos na internet;

c) comentários que criticam o texto do *blog*;

d) comentários que elogiam explicitamente o texto do *blog*.

Gorodenkoff/Shutterstock

2 A maioria dos comentários visam debater o tema proposto pelo autor do texto. Apenas um comentário enfoca o próprio autor do texto.

a) Qual é esse comentário?

b) Debata com os colegas: Comentários como esse contribuem para o diálogo sobre questões polêmicas?

3 Um dos comentários, de C.S., enfoca a função da escola na formação para a cidadania digital, defendida por Jairo Bouer.

a) Qual é o posicionamento do leitor que faz o comentário?

b) Um outro leitor responde a esse comentário. Qual é seu posicionamento?

c) Reflita sobre o debate entre os leitores e responda: Qual é a função da escola sobre o tema abordado?

Note que os leitores apresentam seus pontos de vista e procuram dialogar com base nas informações contidas no texto do *blog*. Há, também, leitores que respondem a comentários de outros leitores. Ou seja, os comentários em *sites*, *blogs* e redes sociais podem possibilitar um debate sobre temas cotidianos. E, caso esse debate se fundamente em defesa de pontos de vista diferentes, sustentados por argumentos consistentes, essa discussão pode ser enriquecedora para aqueles que dela participam.

Você tem o hábito de fazer comentários em *sites* da internet? Quais *sites*? Troque informações com seus colegas sobre os tipos de comentários que vocês costumam escrever.

Com a orientação do professor, participe de uma pesquisa na classe: Quantos alunos têm um *blog* próprio? Quantos alunos acompanham algum *blog* e indicariam sua leitura? Quantos alunos comentam outros *blogs*? Quantos alunos costumam deixar comentários na internet? Em quais *sites*?

Produzindo o comentário

Reúna-se com seus colegas de grupo e, seguindo indicações do professor, escolham um *blog* ou *site* da internet que apresente a ferramenta *comentários* e produzam um comentário a propósito de um assunto do interesse de todos. Depois acessem o *blog* ou *site* e enviem o comentário.

Comentem também as postagens já realizadas no *blog* da turma. Vocês podem, ainda, visitar o Blog do Jairo Bouer e comentar o texto que vocês leram no início do capítulo, com base no que foi discutido em classe.

Planejamento do texto

Discutam o texto do *blog* escolhido e o ponto de vista que ele apresenta sobre o assunto.

- Ao escrever, procurem manter uma relação direta com o texto original e situar com clareza o alvo do comentário.
- Procurem debater ideias, trazer argumentos que embasem seu posicionamento.
- Escrevam um texto claro e breve.

Revisão e reescrita

Antes de enviar o comentário, releiam-no, observando:

- se ele consiste em um texto curto, uma vez que nesse gênero a síntese é desejável;
- se o ponto de vista do grupo está bem-fundamentado, com base em dados e referências consistentes, especialmente se ele for contrário ao ponto de vista apresentado no texto original.

Para o capítulo **Projeto**, você e seus colegas produzirão uma campanha de conscientização sobre direitos humanos e juventude. Ao longo da unidade, alimentem o *blog* da turma e o divulguem pela escola para que outros leitores possam comentar as postagens. Além disso, vocês podem *linkar*, ou seja, relacionar diretamente os textos escritos e selecionados por vocês. Veja como produzir *links*:

- Identifiquem possíveis diálogos e complementações entre os textos produzidos e lidos.
- Ao organizar o *blog*, planejem uma maneira de fazer os *hiperlinks*: vocês podem utilizar a expressão *veja também* ou *clique aqui* ou, ainda, usando cor diferente, fazer o *link* em um termo ou trecho selecionado.
- Veja algumas instruções para adicionar um *link* a um texto do *blog*:

  1. Abra o editor de *posts* do *blog*.
  2. Marque o texto que você gostaria de *linkar*.
  3. Clique no ícone de *link* 🔗.
  4. Selecione o tipo de *link*.
  5. Insira os detalhes do *link*.
  6. Clique em OK.

CAPÍTULO

44

O debate regrado e o debate deliberativo

O debate regrado

Trabalhando o gênero

No trabalho, nas conversas com familiares, professores, vizinhos e amigos, assim como em outras situações cotidianas, temos a oportunidade de opinar sobre certos assuntos. Muitas vezes há divergência entre o que pensamos e o que nosso interlocutor pensa. Então, somos compelidos a defender nosso ponto de vista, a fim de mostrar que temos razão, ou a apresentar um ponto de vista mais adequado àquela situação comunicativa.

Além dessas situações, em que a argumentação oral ocorre espontaneamente, existem aquelas em que duas ou mais pessoas participam de uma discussão que envolve um tema de interesse coletivo. Nesses casos, a discussão se dá em torno de um confronto de ideias, e os participantes obedecem a certas regras preestabelecidas. É então utilizado o gênero argumentativo oral chamado **debate regrado público**, mais conhecido como **debate**, simplesmente.

Leia a seguir a transcrição do trecho de um debate entre chapas concorrentes ao Grêmio Estudantil de um colégio. Se possível, acesse o *link* e assista ao vídeo completo.

Este capítulo favorece o desenvolvimento das habilidades

EM13LGG104
EM13LGG202
EM13LGG203
EM13LGG204
EM13LGG301
EM13LGG302
EM13LGG303
EM13LGG304
EM13LGG305
EM13LGG402
EM13LP05
EM13LP06
EM13LP16
EM13LP23
EM13LP24
EM13LP25
EM13LP26

Monkey Business Images/Shutterstock

Presidente atual do Grêmio Estudantil: Senhoras e senhores, declaro aberta agora a primeira sessão do debate entre as chapas inscritas ao processo eletivo do grêmio estudantil Loyola. Eu sou o J. G., atual presidente do grêmio Loyola, e representante da chapa Ômega, que encerra seu mandato no próximo mês. Conduzirei o debate na tarde de hoje e conto com a colaboração dos senhores para que este ocorra da melhor maneira possível. [...] O debate terá cinco blocos.

No primeiro, serão feitas perguntas na mesa para as chapas; no segundo e no terceiro blocos, as perguntas virão da plateia; no quarto e quinto blocos as chapas irão perguntar sobre os assuntos que quiserem, as chapas se alternam nos questionamentos. As chapas terão 30 segundos para a pergunta, um minuto e meio para a resposta, 50 segundos para a réplica e 50 segundos para a tréplica. As regras não permitem ofensas pessoais e acusações que atinjam a honra e a dignidade dos adversários. Se uma chapa citar de forma ofensiva o adversário, a chapa que se sentir ofendida poderá solicitar o direito de resposta. O pedido será avaliado pela coordenação do debate. As regras também não permitem que uma chapa fale fora de hora. Nosso objetivo aqui é mais uma vez oferecer uma discussão sobre as propostas e as ideias que ajudem na escolha do eleitor [...]. Chapa da Mente pergunta então, 30 segundos.

Aluna 1 (Chapa da Mente): As duas chapas estão falando sobre inovação e bláblábláblá. A gente tem várias propostas de inovação. Como vocês pretendem inovar, não somente na área do descontraído, mas também na área acadêmica da escola?

Aluno 2 (Chapa da Mente): Não só na área acadêmica, mas vendo o Instagram da Chapa da Mente você consegue ver que tudo de lá tem um âmbito meio solidário. Então, nessa parte, o que vocês propõem?

Presidente: Obrigado pelo perfeito uso do tempo. Um minuto e meio para resposta.

Aluna 3 (Chapa Atômica): Bom, primeiro eu vou falar sobre a solidariedade. O Colégio ele tem a Ronda Noturna, só que eu acho que às vezes fica um pouco limitado de inscrição e tudo mais, as pessoas não têm acesso tanto assim. Então, a gente tem uma ideia semelhante a essa que é pra pra assim... habilitar as pessoas a fazerem isso, entendeu? E não necessariamente à noite, e não necessariamente em um dia específico, entendeu? A gente pode combinar aí de uma maneira diferente, porque essa é uma das coisas que eu mais concordo na nossa chapa.

Aluno 4 (Chapa Atômica): Essa proposta chama Voluntariado Independente. É justamente para que tenha mais rondas, não só noturnas, mas para poder fazer o que a ronda noturna já faz com mais gente. E sobre inovação, nós temos uma proposta, inclusive voltando à sua pergunta [olha para uma aluna da plateia], que é o diploma de inovação e criatividade. Esse diploma, entre aspas, é um certificado que o nosso grêmio vai transmitir pra vocês, pra qualquer aluno que tenha uma boa ideia nesse âmbito, né, de inovação, empreendedorismo e criatividade, para a gente poder reconhecer esse aluno e mostrar pra escola "Olha, esse aluno tem uma ideia boa, essa aqui é uma ideia que a gente acha que pode aplicar". Em qualquer campo, acadêmico, o lúdico, todos os campos. É essa a proposta.

Aluna 5 (Chapa Atômica): E uma outra coisa, os clubes que vai ter, igual o clube do debate que vai ter que a gente já citou hoje, vai ter o clube do livro, o clube de Física, então, por exemplo, quem se interessa... de Arte, de Ciências, de Matemática, de Português, de Redação, tem muita coisa na escola, por exemplo, eu gosto muito de Física, só que a gente é muito limitado, então se a gente quiser aprender sobre, sei lá, o universo, vai ter isso.

Presidente: Tempo encerrado. 50 segundos para réplica da Chapa da Mente.

Aluno 2 (Chapa da Mente): É que eu tenho uma dúvida sobre, não é, não tô questionando, tipo, por um lado negativo nem nada, mas tipo assim... eu li o Instagram de vocês e está escrito Voluntariado Independente, só que eu pensei comigo mesmo "ué, independente então a pessoa não precisa do grêmio pra ir, ela vai sozinha, ou seja, sem o grêmio, ou seja, eu posso fazer voluntariado se eu quiser". Aí eu vi lá que vocês falaram que seriam mais vagas ou oportunidades disponíveis, ou seja, vocês vão abranger para todos os anos? Eu não entendi, não ficou muito claro.

Aluna 6 (Chapa da Mente): Eu só queria falar que vocês falaram do Voluntariado Independente, fazer mais rondas e tal, mas eu queria falar que é inviável, porque o pessoal da Formação Cristã não tem esse tempo pra ficar saindo com os alunos mais do que eles já fazem porque já tem voluntariado pra todos os anos.

Aluna 1 (Chapa da Mente): E o colégio não permite sem a Formação.

Presidente: 50 segundos para a tréplica.

Aluno 4 (Chapa Atômica): Esse voluntariado independente, como ele acabou de falar, é independente e o grêmio, como em todas as nossas propostas, age como mediador. Nós queremos que os alunos tomem partido, tomem iniciativa para fazer as coisas e não tem nada a ver o Colégio não permitir sem a Formação Cristã. Se algum grupo de alunos se juntar e perguntar: "a gente queria fazer uma visita ali numa creche que o colégio não atende" e o colégio achar viável, que tem um adulto ali, que pode inclusive ser um pai, eu não vejo problema nenhum, isso vai ser conversado com a Direção. E o Voluntariado Independente é justamente por causa disso, os alunos, com o grêmio de mediador, apenas para ajudar ali a organizar, dar umas ideias, vai estar ali. Os alunos que desejarem fazer isso vão poder fazer. Nossa chapa quer que os alunos tomem atitude, que os alunos façam as coisas, não a gente por eles.

Aluna 3 (Chapa Atômica): Rapidão, o colégio fala muito do bem comum, então óbvio que ele vai apoiar isso.

Presidente: Tempo encerrado, muito obrigado.

(Disponível em: https://www.youtube.com/watch?v=OANuXxnmlxk. Acesso em: 9/3/2020.)

1 Em relação aos participantes desse debate, responda:
a) Quem atua como moderador?
b) Quais são as funções do moderador do debate?
c) Quem são os integrantes do debate? Como estão divididos?

2 No começo da fala do moderador, ele expõe as regras do debate. Sobre elas, responda:
a) A qual bloco o trecho transcrito pertence? Justifique sua resposta.
b) No tempo destinado à pergunta, à resposta, à réplica e à tréplica, quantos alunos podem se manifestar?
c) No total, a cada pergunta, quanto tempo o interlocutor tem para responder? Justifique sua resposta.

3 Analise a pergunta feita pela Chapa da Mente:
a) Qual é o objetivo da pergunta realizada pela aluna 1?
b) Por que o aluno 2 também se manifesta?
c) Além de fazer uma pergunta, os alunos 1 e 2 comentam algo sobre a própria chapa. O que eles comentam? Por que eles se utilizam do tempo da pergunta para falar da própria chapa?

Monkey Business Images/Shutterstock

4 Na resposta, três alunos da Chapa Atômica se manifestam.
a) Sobre o que cada um responde?
b) Levante hipóteses: Por que ocorreu essa divisão entre alunos na resposta?

5 Na réplica, a Chapa da Mente levanta alguns argumentos contra a proposta da Chapa Atômica.
a) Qual proposta é criticada?
b) Quais são os argumentos dos alunos contra a proposta da chapa concorrente?

6 Analise a tréplica da Chapa Atômica:
a) O aluno 4 utiliza a estratégia de retomar a fala do adversário para contra-argumentar. Qual é a fala retomada?
b) Quais são os contra-argumentos utilizados pelo aluno 4?
c) A aluna 3 se utiliza de uma voz de autoridade em sua contra-argumentação. Explique a estratégia utilizada por ela.

7 A que público o debate regrado analisado se destina?

8 Nos debates regrados, é comum os debatedores fazerem afirmações como "Eu concordo com fulano", "Eu discordo de fulano" ou, ainda, "Eu concordo em parte com fulano". Também pode ocorrer de a referência ser feita implicitamente, como quando o debatedor, por exemplo, cita uma parte do discurso de outro. No trecho transcrito do debate em estudo, aparecem expressões desse tipo? Ocorrem concordâncias ou discordâncias implícitas? Dê exemplos.

9 Os debates públicos podem utilizar variedades linguísticas que se aproximam ou se distanciam da norma-padrão, e o tratamento entre os participantes pode se dar de forma menos ou mais formal, dependendo do perfil sociocultural deles: idade, hábitos linguísticos, grau de escolaridade, profissão, grau de intimidade que têm entre si, etc. Observe a linguagem empregada pelos participantes no debate lido.

a) O que se pode afirmar sobre a relação entre formalidade/informalidade da situação e sobre a variedade linguística utilizada pelos participantes do debate?

b) Identifique um trecho mais formal.

c) Identifique marcas de informalidade nas falas dos participantes.

10 O texto que você leu é transcrição de um trecho de debate. Embora em debates regrados públicos se faça uso de anotações escritas, o gênero é essencialmente oral, e o debate em estudo apresenta algumas marcas de oralidade. Releia este trecho:

> "E uma outra coisa, os clubes que vai ter, igual o clube do debate que vai ter que a gente já citou hoje, vai ter o clube do livro, o clube de Física, então, por exemplo, quem se interessa... de Arte, de Ciências, de Matemática, de Português, de Redação, tem muita coisa na escola, por exemplo, eu gosto muito de Física, só que a gente é muito limitado, então se a gente quiser aprender sobre, sei lá, o universo, vai ter isso."

Nessa parte, há expressões que são típicas da fala.

a) Identifique quais são essas expressões.

b) Imagine que você é do jornal da escola e que essa fala será publicada por escrito em uma reportagem sobre o debate. Que nova redação poderia ser dada ao trecho para a publicação?

11 Reúna-se com seus colegas de grupo e, juntos, concluam: Quais são as características básicas do debate regrado? Ao responder, considerem os seguintes critérios: finalidade do gênero, perfil dos interlocutores, suporte e veículo, tema, estrutura, linguagem.

Produzindo o debate regrado

O texto a seguir aborda o tema da participação do jovem na política. Leia-o com atenção.

Experiência em grêmio escolar abre caminho para a participação cidadã

Estudante conta como o envolvimento em atividades da escola incentivaram sua atuação em causas em prol do meio ambiente e da defesa dos direitos humanos

por Marina Lopes 7 de agosto de 2017

Myke Sena/Fotoarena

Em 2013, no mesmo ano em que milhões de jovens brasileiros foram às ruas para defenderem seus direitos, Sávio Campos de Souza, 15, viu crescer dentro da escola um movimento de protagonismo e participação dos estudantes. Atendendo prontamente ao convite de cartazes espalhados pela Escola Municipal de Ensino

Fundamental Desembargador Amorim Lima, em São Paulo (SP), ele se juntou a outros colegas para reativar o grêmio escolar.

Quando estava no sexto ano, mesmo sem ainda saber como funcionava um grêmio, Sávio decidiu abraçar a ideia de três estudantes do oitavo ano e começou a frequentar as reuniões. "No começo, estava todo mundo que nem eu. Ninguém sabia o que era de fato montar um grêmio", lembra.

A insegurança durou pouco tempo, até um professor se oferecer para ajudar a estruturar o grupo, que era composto por cerca de vinte alunos. "Fizemos várias atividades e tentamos nos organizar como ele tinha sugerido. Tinha presidente, secretário, tesoureiro, ministro do esporte, entre outros. Mas, na verdade, percebemos que tudo isso não tinha nada a ver. Isso dava uma ideia de hierarquia, mas nós queríamos que todo mundo tivesse no mesmo nível."

A primeira atividade do grêmio surgiu após uma consulta escolar. Sávio e os colegas fizeram uma caixa e pediram para os estudantes colocarem sugestões de melhorias. Entre ideias variadas, que foram da instalação de uma piscina até a construção de uma casa na árvore, eles identificaram propostas que poderiam ser colocadas em prática. Foi aí que surgiu a demanda de organizar o período do intervalo.

Com a pesquisa, eles perceberam que muitos colegas reclamavam de não conseguir usar a quadra durante o recreio. "O que acontecia era que os alunos do nono ano dominavam a quadra para jogar futebol todos os dias. Então chamamos o pessoal e discutimos como seria essa divisão. Também tinha gente que queria jogar outras coisas, como basquete ou vôlei", explica, ao contar que o grêmio também ajudou a arrecadar recursos para comprar novas bolas para a escola.

[...] "Naquela época, estava sendo debatida a redução da maioridade penal. Começamos a levar essas discussões para dentro da escola, mas percebemos que poucos alunos conheciam o ECA (Estatuto da Criança e do Adolescente). Passamos de sala em sala para falar sobre isso e organizamos muitas rodas de conversa."

Com os estudantes mais mobilizados, o grêmio também começou a ocupar espaços de representação dentro da escola. Marcando presença em reuniões do Conselho Escolar, eles chegaram até a sugerir mudanças em atividades, como a tradicional festa da cultura, que a pedido dos alunos teve cinema como um dos seus temas. "Eu comecei muito tímido. Tinha bastante dificuldade para falar, porque não era muito normal discutir com os adultos", diz o jovem, ao relembrar das suas primeiras experiências como representante discente nas reuniões do conselho.

Envolvidos com fóruns e espaços de debate, Sávio conta que ele e os colegas começaram a perceber que outras escolas da região não tinham tanta representatividade dos jovens. "Poucas tinham participação dos estudantes e um conselho escolar ativo. Pensando nisso, tivemos a ideia de fazer um fórum estudantil para ajudar a fundar grêmios em outras escolas", conta.

Com a ajuda de professores, eles entraram em contato com outras escolas do bairro e chegaram a reunir representantes de cerca de dez delas em uma primeira reunião. "Nosso objetivo era ampliar a participação dos estudantes na região e discutir o Estatuto da Criança e do Adolescente. No decorrer das reuniões, surgiram projetos com várias escolas, todas colaborando para conseguir recursos de forma coletiva."

[...] Hoje, no segundo ano do ensino médio, Sávio diz perceber que também pode se envolver na mudança de outras instâncias de participação fora da escola. Como exemplo, ele cita a construção do Plano Estadual de Educação em Direitos Humanos de São Paulo, a qual está acompanhando as audiências públicas. "Nesses espaços costuma só ter eu de jovem. Isso é meio complicado", lamenta, ao desejar que mais estudantes possam se envolver na mudança da educação.

(Disponível em: https://porvir.org/experiencia-em-gremio-escolar-abre-caminho-para-participacao-cidada/. Acesso em: 4/3/2020.)

Debata com os colegas o seguinte tema: **Qual é a importância do envolvimento do jovem na vida política e cidadã de seu entorno?** ou **Como o jovem pode se envolver na vida política e cidadã de seu entorno?**.

Ao tratar do tema, considerem suas experiências e pesquisem a respeito das possibilidades de ação cidadã do jovem atualmente.

Prepare-se para debater o tema lendo também o quadro "Planejamento do debate regrado público". Em seguida, com os colegas, elejam o moderador, definam as regras e iniciem o debate.

PLANEJAMENTO DO DEBATE REGRADO PÚBLICO	
Preparação da sala	**O moderador**
• Não há uma disposição obrigatória da sala para a realização do debate. Se o número de participantes for pequeno, é possível que todos se sentem em círculo. Se, entretanto, forem muitos os participantes (debatedores e/ou público), as pessoas devem ocupar as cadeiras normalmente, conforme a disposição original da sala.	• Posicione-se em pé na sala, numa posição central, de modo que possa ver e ser visto por todos. • Inicie os trabalhos cumprimentando o público e apresentando o tema a ser debatido. Faça algumas considerações sobre o tema ou sobre a importância daquele debate e lembre as regras previamente estabelecidas. • Se julgar necessário, indique uma pessoa para secretariar os trabalhos, fazendo as inscrições das pessoas que desejam falar. • Ao passar a palavra a um debatedor, utilize expressões como: *Vamos ouvir a opinião de fulano*, ou *Fulano, sua vez*. • Faça sinais para os debatedores alguns segundos antes do término da fala (por exemplo, 10 ou 15 segundos), a fim de alertá-los sobre o tempo. • Interfira no debate ao perceber que o debatedor está apresentando um argumento pouco claro ou superficial, fazendo perguntas como *Por quê?*, pedindo que dê exemplo ou que explique melhor determinada afirmação. • Interfira sempre que houver na sala ruídos ou conversas paralelas que atrapalhem o andamento dos trabalhos.

OS DEBATEDORES			
Tempo	**Procedimento**	**Expressão**	**Uso da língua**
• Os debatedores devem ter igualdade de condições e de tempo para expor suas ideias. • Não se alongue com informações secundárias ou supérfluas, pois corre o risco de não concluir o pensamento por falta de tempo. • Vá ao ponto principal logo no início da fala e, se possível, use o restante do tempo com exemplos. • Durante a fala de outro debatedor, anote o nome dele e o argumento que ele apresentou. Posteriormente, se for retomar ou combater esse argumento, consulte suas anotações.	• Nunca leve as discussões para o terreno pessoal. O que está em avaliação são as ideias, não as pessoas. • Fale livremente; é seu direito não sofrer interrupções e não ser alvo de zombaria. Porém, manifeste-se apenas quando chegar a sua vez. • Respeite as regras estabelecidas; caso contrário, porá em risco o andamento e o sucesso de todo o debate.	• Fale alto, de modo claro e articulado. Se necessário, fale em pé para ser ouvido por todos. • Olhe diretamente nos olhos do moderador ou dos demais participantes; assim passará a impressão de firmeza e segurança. • Se fizer uso de anotações durante a fala, leia-as de forma rápida e sutil, sem interromper o fluxo da fala e do pensamento. Evite abaixar a cabeça e o tom da fala. • Evite gesticulação excessiva, que possa distrair a atenção dos ouvintes.	• Use a norma culta, menos ou mais formal, de acordo com o perfil dos participantes. • Evite o uso reiterado de palavras e expressões como *né?*, *tipo*, *tipo assim*, etc., pois atrapalham o fluxo das ideias e dispersam a atenção dos ouvintes. • Faça referência à fala de outro debatedor, com expressões como *Conforme disse fulano...*, *Concordo com a opinião de fulano...*, *Discordo em parte do ponto de vista de fulano...*, *Gostaria de acrescentar ao comentário de fulano que...*

Filmando o debate

Filmem o debate para que, posteriormente, todos possam assistir a algumas partes dele, ou a todo ele, a fim de observar aspectos positivos e negativos e aprimorar o próximo debate.

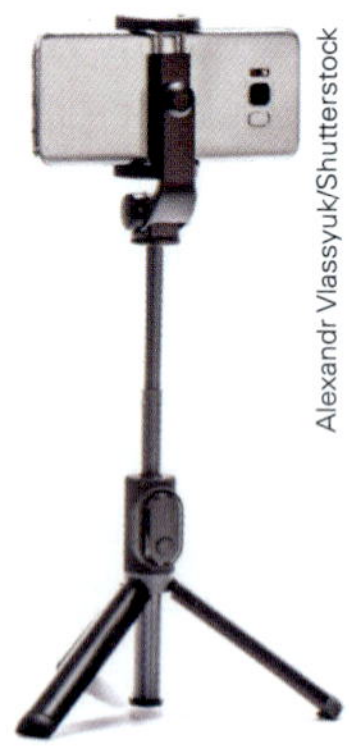

Alexandr Vlassyuk/Shutterstock

Revisão e avaliação

Depois de realizado o debate, avaliem-no, levando em conta as orientações apresentadas no quadro "Planejamento do debate regrado público". Verifiquem:

- se houve respeito às regras estabelecidas;
- se o moderador cumpriu bem o seu papel de coordenador;
- se o tempo foi respeitado;
- se houve riqueza de ideias e argumentos;
- se o desempenho dos participantes foi bom;
- se houve respeito entre os participantes;
- se a linguagem empregada pelos participantes estava adequada ao contexto formal do debate, ainda que com alguns traços de informalidade;
- se os participantes utilizaram gírias ou expressões típicas de variedades linguísticas adolescentes, como "tipo", "tipo assim", "tá ligado", entre outras.

Se necessário, assistam novamente a alguns trechos do debate gravado para observar detalhes, confirmar impressões ou tirar dúvidas.

O debate deliberativo

O debate deliberativo, assim como o debate regrado público, tem por finalidade a discussão de um ou mais temas por um grupo de pessoas; também é composto por um moderador e debatedores e apresenta regras de tempo de fala e respeito aos participantes. Então, qual é a diferença entre esses tipos de debate?

O debate deliberativo tem como objetivo principal chegar a uma deliberação, ou seja, a uma decisão ou a um conjunto de decisões a serem tomadas com base na discussão sobre a questão ou problema a ser resolvido.

No capítulo **Projeto**, você e seus colegas realizarão uma **Campanha de conscientização da juventude pelos direitos humanos**. Seguem duas propostas de produção de debates deliberativos relacionados à realização da campanha.

1. Organize, com os colegas da classe, um debate deliberativo para definir quais ações serão necessárias para realizar a campanha e como será a distribuição de tarefas entre os grupos. Na pauta da discussão, incluam:

- período da campanha;
- ações a serem realizadas na campanha;
- textos já produzidos e a serem produzidos para a campanha;
- locais e datas de cada ação;
- tarefa pela qual cada grupo ficará responsável;
- público-alvo;
- título da campanha;
- divulgação;
- organização dos espaços;
- outros pontos que vocês julgarem importantes, tendo em vista o perfil da campanha.

Feel good studio/Shutterstock

Organizem o debate juntamente com o professor. É importante que vocês argumentem a favor de seus pontos de vista, justificando e fundamentando suas perspectivas com fatos e argumentos. Após cada aluno inscrito fazer a sua ponderação, deverá ser realizada uma votação a fim de deliberar sobre a decisão coletiva.

2. Organizem um debate deliberativo com o objetivo de propor a criação de um grêmio ou outra forma de representação discente em sua escola, caso não exista. Entre outras questões, vocês poderão discutir o seguinte:

- A escola precisa de um grêmio? Por quê?
- O que um grêmio poderia fazer pelos alunos e pela escola?
- Como a direção da escola vê a formação de um grêmio?
- Como e de que forma poderia ser organizada a criação de um grêmio?
- Que pessoas ou grupos poderiam levar adiante as propostas aprovadas?

Organizem a pauta, debatam e, ao final da discussão, votem pela criação ou não de um grêmio estudantil em sua escola.

Planejamento do debate deliberativo

Retomem as orientações para o planejamento do debate regrado público. Além delas, considerem as seguintes recomendações:

- Definam os pontos da pauta.
- Além do moderador, escolham alguém para assessorá-lo. O assessor ficará responsável por inscrever o nome de quem quer falar e informar ao moderador o momento de passar a palavra a outra pessoa.
- Anotem as propostas que surgirem durante o debate. Se necessário, antes da votação, revejam as propostas, fundindo-as ou eliminando algumas, de modo que elas traduzam o pensamento e o desejo dos participantes.
- Organizem a votação das propostas.
- Reforcem o compromisso de as propostas serem levadas adiante pelos grupos ou comissões responsáveis.
- Filmem o debate para depois poderem avaliá-lo.

Revisão e avaliação

Assistam ao debate gravado e, além dos pontos avaliados sobre o debate regrado, também observem se:

- os tópicos da pauta foram todos discutidos e as decisões foram tomadas;
- o resultado das votações se deu em decorrência da apresentação, pelos debatedores, de argumentos fortes e convincentes ou por outras razões.

Ao final dos debates e após a avaliação, disponibilizem-nos no *blog* da turma.

CAPÍTULO

45 O cartaz e o texto de campanha

O cartaz

Trabalhando o gênero

Leia o cartaz abaixo, de Ziraldo.

© Ziraldo Alves Pinto/Acervo do cartunista

(Ricardo Leite. *Ziraldo em cartaz*. Rio de Janeiro: Senac, 2009. p. 106.)

Este capítulo favorece o desenvolvimento das habilidades

EM13LGG103
EM13LGG104
EM13LGG105
EM13LGG204
EM13LGG301
EM13LGG304
EM13LGG701
EM13LGG703
EM13LP01
EM13LP02
EM13LP03
EM13LP06
EM13LP13
EM13LP14
EM13LP15
EM13LP16
EM13LP17
EM13LP23
EM13LP25
EM13LP26
EM13LP27

1 O cartaz é um gênero textual que tem a finalidade de informar as pessoas, sensibilizá-las, convencê-las ou conscientizá-las sobre determinado assunto. O cartaz em estudo foi criado pelo cartunista Ziraldo, a pedido da Prefeitura do Rio de Janeiro.
a) Qual é a finalidade desse cartaz?
b) Que tipo de público esse cartaz pretende atingir?

2 Os cartazes geralmente são afixados em lugares públicos, em paredes ou murais. Considerando a entidade responsável pelo cartaz lido e a finalidade que se tem em vista com ele, levante hipóteses: Onde você acha que o cartaz foi afixado?

3 Os cartazes geralmente apresentam linguagem verbal e linguagem visual. Quanto ao cartaz em estudo, explique a relação existente entre a ilustração e o texto verbal.

4 O texto verbal dos cartazes normalmente é curto e em linguagem direta e simples. Pode haver o emprego de frases de efeito, expressões de comando, verbos no modo imperativo, ambiguidades, exploração da sonoridade, etc. No cartaz em estudo:
a) Que sentidos apresenta o enunciado "Quem faz a sua cabeça é você"?
b) Que variedade linguística foi empregada no texto?
c) Por que foi usada a expressão "não a droga", quando geralmente se utiliza "não à droga"?

5 Reúna-se com os colegas de grupo e, juntos, concluam: Quais são as características básicas do cartaz? Respondam, considerando os seguintes critérios: finalidade do gênero, perfil dos interlocutores, suporte ou veículo, tema, estrutura, linguagem.

Produzindo o cartaz

Ao final desta unidade, você irá produzir, com os colegas da classe, uma campanha pelo respeito aos direitos humanos e à juventude. Produzam cartazes que possam ser afixados nas paredes da escola durante a campanha. Vocês também podem fazer versões digitais para postar no *blog* da turma.

Os cartazes serão sobre os direitos previstos no Estatuto da Juventude, denominação dada à Lei nº 12.852, de 5 de agosto de 2013. Essa lei dispõe sobre os direitos dos jovens e os princípios e as diretrizes que orientam as políticas públicas relativas à juventude. Ao todo, são onze os direitos previstos no Estatuto da Juventude:

- direito à diversidade e à igualdade;
- direito ao desporto e ao lazer;
- direito à comunicação e à liberdade de expressão;
- direito à cultura;
- direito ao território e à mobilidade;
- direito à segurança pública e ao acesso à justiça;
- direito à cidadania, à participação social e política e à representação juvenil;
- direito à profissionalização, ao trabalho e à renda;
- direito à saúde;
- direito à educação;
- direito à sustentabilidade e ao meio ambiente.

Leia, na íntegra, a lei e escolha um dos direitos para compor seu cartaz. Acesse o *site*: http://www.planalto.gov.br/ccivil_03/_Ato2011-2014/2013/Lei/L12852.htm.

Saiba mais sobre o tema, assistindo ao programa "Conheça o Estatuto da Juventude — Conexão — Canal Futura", disponível no *site*: https://www.youtube.com/watch?v=Y9ulfJPBgul.

Planejamento do texto

- Decida com os colegas e o professor o veículo em que os cartazes irão circular. Eles poderão, por exemplo, ser dispostos nas paredes de toda a escola ou em um mural situado em local estratégico.
- Pensem no perfil dos leitores, lembrando que podem ser jovens, como vocês, e adultos.
- Planejem a parte verbal e a parte não verbal do cartaz, tendo em vista o objetivo de atrair os leitores e conscientizá-los.
- Empreguem uma linguagem de acordo com a norma-padrão, menos ou mais formal, simples, direta e acessível ao perfil do público leitor.
- Criem um título chamativo, que ressalte a intenção do cartaz.

Revisão e reescrita

Antes de passar o texto para o suporte final, releiam-no, observando:

- se o enunciado principal atrai a atenção dos leitores;
- se fica claro o objetivo do cartaz: o que ele informa ou procura estimular, a quem se dirige, o que deve ser feito, etc.;
- se a linguagem é simples e direta, de acordo com a norma-padrão e adequada ao público a que se destina.

Façam as alterações necessárias e montem o cartaz. Numa folha de cartolina, disponham o texto verbal e imagens (fotos, ilustrações, colagens) que sirvam de apoio e estímulo à leitura. Deixem espaço entre as imagens e o texto verbal e usem letras de diferentes tipos e tamanhos.

O texto de campanha

Trabalhando o gênero

As campanhas podem ser bastante variadas e ter objetivos muito diversos: há campanhas comerciais, que buscam vender produtos; há campanhas sociais, que visam convencer as pessoas a contribuir com uma causa; e campanhas políticas, que objetivam convencer eleitores a votar em um candidato.

Nessas campanhas, há inúmeros gêneros e suportes que podem ser produzidos com o mesmo *slogan*, com informações e objetivos complementares e com um mesmo projeto gráfico (cores, desenhos, tipos de letra, etc.): cartazes, anúncios (impressos, digitais, para TV ou para rádio), fôlderes, panfletos, etc.

Leia o texto de campanha social a seguir.

Verso **Capa**

Reprodução/Centro de Hematologia e Hemoterapia do Ceará

Parte interna

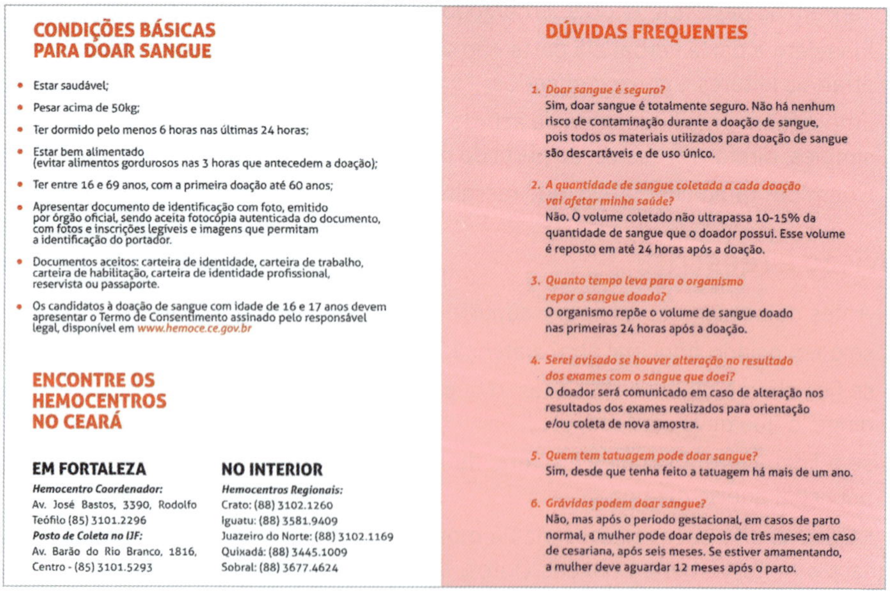

CONDIÇÕES BÁSICAS PARA DOAR SANGUE

- Estar saudável;
- Pesar acima de 50kg;
- Ter dormido pelo menos 6 horas nas últimas 24 horas;
- Estar bem alimentado (evitar alimentos gordurosos nas 3 horas que antecedem a doação);
- Ter entre 16 e 69 anos, com a primeira doação até 60 anos;
- Apresentar documento de identificação com foto, emitido por órgão oficial, sendo aceita fotocópia autenticada do documento, com fotos e inscrições legíveis e imagens que permitam a identificação do portador.
- Documentos aceitos: carteira de identidade, carteira de trabalho, carteira de habilitação, carteira de identidade profissional, reservista ou passaporte.
- Os candidatos à doação de sangue com idade de 16 e 17 anos devem apresentar o Termo de Consentimento assinado pelo responsável legal, disponível em *www.hemoce.ce.gov.br*

ENCONTRE OS HEMOCENTROS NO CEARÁ

EM FORTALEZA

Hemocentro Coordenador:
Av. José Bastos, 3390, Rodolfo Teófilo (85) 3101.2296
Posto de Coleta no IJF:
Av. Barão do Rio Branco, 1816, Centro - (85) 3101.5293

NO INTERIOR

Hemocentros Regionais:
Crato: (88) 3102.1260
Iguatu: (88) 3581.9409
Juazeiro do Norte: (88) 3102.1169
Quixadá: (88) 3445.1009
Sobral: (88) 3677.4624

DÚVIDAS FREQUENTES

1. *Doar sangue é seguro?*
   Sim, doar sangue é totalmente seguro. Não há nenhum risco de contaminação durante a doação de sangue, pois todos os materiais utilizados para doação de sangue são descartáveis e de uso único.
2. *A quantidade de sangue coletada a cada doação vai afetar minha saúde?*
   Não. O volume coletado não ultrapassa 10-15% da quantidade de sangue que o doador possui. Esse volume é reposto em até 24 horas após a doação.
3. *Quanto tempo leva para o organismo repor o sangue doado?*
   O organismo repõe o volume de sangue doado nas primeiras 24 horas após a doação.
4. *Serei avisado se houver alteração no resultado dos exames com o sangue que doei?*
   O doador será comunicado em caso de alteração nos resultados dos exames realizados para orientação e/ou coleta de nova amostra.
5. *Quem tem tatuagem pode doar sangue?*
   Sim, desde que tenha feito a tatuagem há mais de um ano.
6. *Grávidas podem doar sangue?*
   Não, mas após o período gestacional, em casos de parto normal, a mulher pode doar depois de três meses; em caso de cesariana, após seis meses. Se estiver amamentando, a mulher deve aguardar 12 meses após o parto.

Reprodução/Centro de Hematologia e Hemoterapia do Ceará

(Disponível em: http://www.hemoce.ce.gov.br/images/PDF/hemoce_folder_semanadoador2018.pdf. Acesso em: 4/4/2020.)

1 O texto é um fôlder.

a) Qual é seu objetivo?

b) Quem é o público-alvo?

c) Quem é o responsável por sua produção? Como são identificados?

2 O fôlder lido é parte de uma campanha.

a) Qual é ela?

b) Qual é o *slogan* da campanha?

3 Observe o projeto gráfico do fôlder.

a) Que imagem é formada na capa?

b) Que imagens são formadas no verso do fôlder?

c) Qual é a relação entre essas imagens e o *slogan* da campanha?

4 As cores também apresentam função no projeto gráfico do fôlder.

a) Quais são as cores?

b) Alguns trechos estão escritos em vermelho e em negrito. Qual o efeito de sentido dessa escolha?

5 O interior do fôlder é composto de duas partes.

a) Qual é o objetivo da primeira página do interior do fôlder?

b) E qual é o objetivo da segunda página?

c) Releia as três primeiras perguntas da segunda página e suas respectivas respostas. O que elas pressupõem sobre o público-alvo do fôlder?

6 Agora veja outra peça que compõe a mesma campanha:

(Disponível em: http://www.hemoce.ce.gov.br/images/PDF/hemoce_folder_semanadoador2018.pdf. Acesso em: 4/4/2020.)

a) De qual(quais) das partes do fôlder essa outra peça é composta?

b) Compare a parte do fôlder indicada por você no item *a* e esse texto e indique quais são as semelhanças e as diferenças.

c) Troque ideias com os colegas e o professor e levante hipóteses: Em qual formato essa outra peça pode ter circulado?

d) Levando em consideração suas respostas aos itens anteriores, explique por que há diferenças entre esse texto e o texto do fôlder.

7 O fôlder é um gênero originalmente produzido para ser distribuído às pessoas. Tendo em vista as recomendações do texto lido, discuta com os colegas e responda: Quais as vantagens de se publicar tal conteúdo nesse formato e não em um cartaz, por exemplo?

Diferença entre panfleto, *flyer* e fôlder

Para o público em geral, é difícil identificar as diferenças entre esses gêneros, já que sua função é bastante semelhante: chegar às mãos das pessoas para informar, vender ou conscientizar. Mas há diferenças, principalmente relacionadas ao formato e à estrutura de cada um. Um **panfleto**, geralmente, é mais simples: tem dimensões pequenas, é impresso apenas na frente, em papel comum, quase sempre em preto e branco, e utiliza poucos recursos gráficos. Um ***flyer*** é um material impresso para "voar" (vem de *fly*, *voar* em inglês). Ele tem dimensões reduzidas, geralmente impresso dos dois lados e com mais recursos gráficos, utilizando mais cores, em um papel de melhor qualidade. Já o fôlder é um material com dobras (*fold* significa *dobra* em inglês), normalmente uma ou duas, na vertical ou horizontal. Por isso, apresenta capa, contracapa e interior. Assim, o fôlder comporta uma quantidade maior de informações. Também costuma apresentar um trabalho mais elaborado com recursos gráficos.

8 Observe a linguagem utilizada no fôlder e responda:

a) Podemos afirmar que a linguagem é detalhada e prolixa, ou direta e objetiva? Indique características do formato do texto que justifiquem sua resposta.

b) Qual é a variedade linguística utilizada?

c) Releia os seguintes trechos: "Multiplique afeto/vidas", "Saiba o que é necessário", "Doe sangue!". Em que modo estão as formas verbais empregadas? Por que esse modo é utilizado?

9 Reúna-se com seus colegas de grupo e, juntos, concluam: Quais são as características básicas do texto de campanha social? Respondam, levando em conta os critérios a seguir: finalidade do gênero, perfil dos interlocutores, suporte/veículo, tema, estrutura, linguagem.

Produzindo o texto de campanha

Você e seus colegas estão preparando uma campanha de conscientização sobre respeito aos direitos humanos e à juventude. Para colocar a campanha em prática e torná-la abrangente e persuasiva, há muitos textos que podem ser produzidos.

A seguir, apresentamos três propostas de produção relacionadas ao objetivo do projeto. A classe pode realizar as três ou selecionar uma delas. Em todas as propostas, os textos de campanha podem ter diferentes formatos: impresso, vídeo, áudio.

1. Texto de campanha social para conseguir ajuda para garantir os direitos do jovem.

Para a produção do cartaz, você conheceu os direitos do jovem presentes no Estatuto da Juventude. Para que esses direitos sejam garantidos, em alguns casos, é interessante pedir a contribuição da população. Por exemplo, para garantir o direito à profissionalização, ao trabalho e à renda, é possível fazer uma campanha "Contrate um jovem". Para garantir o direito ao desporto e ao lazer, é possível realizar uma campanha de estímulo à prática esportiva e pedir contribuições financeiras ou de materiais esportivos ou ainda de disponibilização de espaços (quadras poliesportivas, praças, pistas) para os jovens praticarem esportes e usarem para o lazer.

Com base nesses direitos, é possível produzir campanha social que traga contribuições à vida do jovem.

2. Texto de campanha social para pedir contribuições a fim de resolver problemas atuais de seu bairro, de sua cidade ou de seu país.

Pense em problemas de seu entorno. Há alguma causa com a qual você e seus colegas podem contribuir ao realizar uma campanha? Doação de roupas, doação de materiais escolares, de alimentos, de itens de higiene, etc. Reflitam sobre suas realidades e proponham uma campanha social na escola.

3. Texto de campanha política para o grêmio estudantil.

Vocês e seus colegas assistiram a um debate entre chapas concorrentes a um grêmio estudantil e realizaram debates regrados e deliberativos, tendo como tema a participação política dos jovens na sociedade. Que tal formar chapas e organizar uma campanha política para o grêmio da escola?

Planejamento do texto

- Planejem os textos, pensando em argumentos que possam convencer os destinatários sobre a importância da causa defendida ou do voto para o grêmio.
- Pensem no perfil do interlocutor: alunos, professores e funcionários da escola, familiares, amigos e pessoas da comunidade.
- Escolham qual gênero e quais suportes serão utilizados para compor a campanha.
- Criem um enunciado principal curto e chamativo, capaz de expressar a ideia central (um *slogan*), e que preferencialmente seja composto de uma frase com ambiguidades, trocadilhos, sonoridades, ironias, metáforas, etc.
- Se necessário, criem um texto complementar, explicando os objetivos da campanha e a importância de aderir a ela.
- No caso do texto de campanha social, enumerem breves instruções ou orientações aos interlocutores sobre como contribuir.
- No caso da campanha política, enumerem as principais propostas da chapa.
- Empreguem uma linguagem clara, direta e objetiva, de acordo com a norma-padrão ou com variações conforme o perfil do público da campanha e seu objetivo.
- Utilizem o modo imperativo para interpelar diretamente o leitor.
- Utilizem uma ou mais imagens lembrando que o texto verbal, as imagens e os recursos gráficos devem se complementar para construir o sentido pretendido.

Para vídeos e *podcasts*

Caso vocês optem por produzir vídeos para a campanha, que poderão ser veiculados no *blog* da turma, façam um roteiro antes de gravar as cenas: pensem quais cenas vão compor o vídeo, a ordem em que vão aparecer, se haverá personagens conversando entre si ou com o público, ou se haverá um locutor.

Para as gravações, escolham os locais e os visitem antes para checar a disponibilidade e se estão de acordo com o planejado.

Caso optem por fazer textos de campanha em áudio, em *podcasts*, planejem o texto previamente. Pensem no modo de se dirigir ao público, na linguagem mais adequada, nos argumentos a serem utilizados e como vão se referir à campanha da classe.

Ensaiem antes, tanto as cenas do vídeo quanto as falas para o áudio.

Façam a edição do vídeo e do áudio.

Revisão e reescrita

Antes de finalizar os textos, observem se o texto de campanha de vocês:

- tem um objetivo claro;
- apresenta um *slogan* atraente e um enunciado principal criativo;
- apresenta imagens e recursos gráficos adequados aos objetivos de cada um dos textos, complementando a parte verbal;
- contém argumentos convincentes e dá orientações sobre como participar da campanha;
- emprega os verbos principalmente no modo imperativo ou no infinitivo com intenção de orientar o destinatário;
- utiliza uma linguagem clara, objetiva, direta e persuasiva, considerando os interlocutores e os objetivos de cada texto.

CAPÍTULO 46

O abaixo-assinado

Trabalhando o gênero

Leia o texto:

Queremos um #BusãoTransparente em Mogi!

Juventude Cidadã/https://www.change.org/

Aqui em **Mogi das Cruzes** nós temos uma das passagens **mais caras do país**, a mais cara da região do Alto Tietê e um serviço de **baixa qualidade**. Em uma cidade com mais de 700 km², o serviço de transporte público **não atende a todos como deveria**. Ônibus **atrasam** e **quebram**, pontos e terminais em **péssimo estado**, motorista fazendo o serviço de cobrador e **nenhuma** integração com novas tecnologias para melhor atender ao cidadão. **Todos perdem com isso!**

Chega de reclamar, nós agora **estamos nos mobilizando** para mudar essa situação. Todo ano é a mesma história: no comecinho do ano, o prefeito vai lá e autoriza o aumento da passagem pra um serviço de baixa qualidade. O **Juventude Cidadã** está cavando caminhos para melhorar o nosso transporte público e você pode ajudar.

Queremos total **transparência** na composição do valor da passagem. Queremos saber **para onde vai os R$ 4,50** que pagamos por esse serviço. Quanto desse valor vai para pagar o salário do motorista? Para a manutenção e renovação da frota de ônibus da cidade? Para expansão de linhas e novas tecnologias? Para cobrir as gratuidades? Quanto vai para a compra de combustíveis? E, principalmente, quanto desse valor vai para o lucro das empresas que fazem a exploração desse serviço na cidade de Mogi das Cruzes? Tendo acesso a esses dados, vamos fiscalizar e cobrar melhorias no sistema de transporte público.

Nos ajude a pressionar o Poder Público a tomar uma atitude! Assine este abaixo-assinado e compartilhe com seus amigos. Fique por dentro da campanha e compartilhe também pelo **Facebook** e **Instagram**.

Nós podemos fazer a diferença!

Juventude Cidadã

(Disponível em: https://www.change.org/p/c%C3%A2mara-municipal-de-mogi-das-cruzes-queremos-um-bus%C3%A3otransparente-em-mogi-f22607d9-eb59-42a5-90cd-3708a6e6cf6e. Acesso em: 29/2/2020.)

Este capítulo favorece o desenvolvimento das habilidades

EM13LGG101

EM13LGG204

EM13LGG304

EM13LGG402

EM13LGG701

EM13LP05

EM13LP13

EM13LP25

EM13LP26

1 O abaixo-assinado é um gênero textual que apresenta e encaminha uma reivindicação. No início, geralmente contextualiza o problema em questão e, em seguida, apresenta uma proposta para solucioná-lo ou pede providências aos responsáveis para sua solução.

a) Qual é o problema apresentado pelo abaixo-assinado?

b) O texto apresenta informações que servem como argumento para justificar a reivindicação. Quais são essas informações?

c) Qual é a proposta do abaixo-assinado?

2 Sobre o abaixo-assinado lido:

a) Qual é o objetivo principal dele?

b) A quem ele se destina?

c) Quem é o responsável por ele? Levante hipóteses: Qual é a função social de quem assina esse abaixo-assinado?

3 No terceiro parágrafo, há uma reclamação sobre a falta de "transparência" do serviço de transporte público na cidade de Mogi das Cruzes.

a) Que estratégia é utilizada para esclarecer ao leitor o que seria essa transparência?

b) Qual é o argumento do texto para defender essa transparência?

4 Releia os seguintes trechos do texto:

- "Chega de reclamar, nós agora **estamos nos mobilizando** para mudar essa situação."
- "Nós podemos fazer a diferença!"

a) Em ambos os trechos, há um pressuposto comum no que se refere a problemas em serviços públicos. Qual é esse pressuposto?

b) Discuta com os colegas: O que é possível ser feito para se mobilizar e fazer a diferença em relação a problemas sociais diversos, como é afirmado no texto?

5 Observe a linguagem utilizada no texto.

a) Em que pessoa do discurso ele está majoritariamente escrito? Levante hipóteses: Por que essa pessoa é utilizada?

Fábio Guinalz/Fotoarena

b) O texto está escrito em que variedade linguística?

6 Observe os trechos:

- "BusãoTransparente"
- "Aqui em **Mogi das Cruzes**"
- "[...] o prefeito vai lá e autoriza o aumento da passagem pra um serviço de baixa qualidade."
- "Queremos saber **para onde vai os R$ 4,50** que pagamos por esse serviço."

a) No abaixo-assinado em estudo, os termos *aqui* e *lá* se referem a lugares. Tais usos são característicos de contextos mais formais ou mais informais?

b) Os trechos estão de acordo com a norma-padrão? Justifique sua resposta.

c) Os aspectos que você observou no item anterior prejudicam de alguma maneira a finalidade do abaixo-assinado?

d) Há pessoas que tentam desqualificar o mérito de um texto ou daqueles que o produziram, caso ele apresente desvios em relação à norma-padrão. Essa desqualificação procede? Troque ideias com os colegas a respeito dessa questão.

O abaixo-assinado digital

O abaixo-assinado tem sido um dos gêneros de reivindicação mais utilizados na internet, dada a facilidade e a rapidez com que as mensagens são enviadas a um grande número de pessoas.

Entretanto, o uso desse suporte digital tem provocado algumas modificações no gênero. Por exemplo, não costuma aparecer a indicação da cidade e da data, pois podem "assinar" o documento pessoas dos mais diferentes pontos do país e até do exterior, dependendo do tipo de reivindicação. Além disso, as pessoas não assinam propriamente o nome. Geralmente, o ato da assinatura consiste em preencher um formulário com os dados pessoais, inclusive o *e-mail*, e dar *enter* ou clicar *ok*. Outra diferença é que o documento não é encaminhado de uma só vez às autoridades. Cada internauta envia "seu" abaixo-assinado ao *e-mail* do interlocutor.

Se os abaixo-assinados pela internet oferecem vantagens, como angariar assinaturas em curto tempo, por outro lado trazem desvantagens, como a falta do contato pessoal e de encontros e discussões, que também são práticas sociais importantes para o processo de conscientização política das pessoas.

metamorworks/Shutterstock

7 Qual é a função da *hashtag* (#) no título do abaixo-assinado: "#BusãoTransparente"?

8 Além de pedir a assinatura, o que mais o texto solicita ao leitor? Por quê?

9 Nos abaixo-assinados físicos, manuscritos ou impressos, as pessoas assinam folhas anexas ao texto principal. Troque ideias com os colegas: No caso de um abaixo-assinado digital, o que é preciso fazer para participar da ação?

10 Reúna-se com seus colegas de grupo e, juntos, concluam: Quais são as características básicas do abaixo-assinado? Respondam, considerando os seguintes critérios: finalidade do gênero, perfil dos interlocutores, suporte ou veículo, tema, estrutura, linguagem.

Produzindo o abaixo-assinado

Você sabia que o direito de reunião e associação consta na Declaração Universal dos Direitos Humanos? Leia o artigo XX da Declaração:

> Artigo XX
> 1. Todo ser humano tem direito à liberdade de reunião e associação pacífica.
> 2. Ninguém pode ser obrigado a fazer parte de uma associação.
>
> (Disponível em: https://nacoesunidas.org/wp-content/uploads/2018/10/DUDH.pdf. Acesso em: 29/2/2020.)

Produzam um abaixo-assinado coletivo para uma das seguintes causas:

- Criação de um coletivo jovem, conselho de classe ou grêmio estudantil na escola.
- Criação de um grupo em defesa dos direitos humanos na escola.
- Criação de um grupo de resolução de conflitos, que promova o respeito à diversidade e à liberdade de expressão na escola.
- Criação de um programa pela saúde do jovem na escola.
- Criação de um programa pela sustentabilidade na escola.

Com a orientação do professor, obtenham o maior número possível de assinaturas para o abaixo-assinado. Vocês também podem propor um abaixo-assinado sobre alguma situação problemática que atinja ou preocupe você e seus colegas atualmente, relacionada a sua escola, bairro, cidade, Estado ou país.

Planejamento do texto

- Escolham um tema para o abaixo-assinado.
- Apresentem ao leitor o problema e o contextualize.
- Exponham argumentos que convençam o leitor sobre a importância da causa defendida.
- Exponham claramente o objetivo do abaixo-assinado.
- Peçam diretamente o apoio do leitor.
- Assinem o abaixo-assinado.

Revisão e reescrita

Antes de disponibilizar o abaixo-assinado em algum *site* ou passá-lo ao suporte final para angariar assinaturas, releiam o textos e chequem se:

- o objetivo do abaixo-assinado está claramente anunciado no texto;
- há argumentos capazes de convencer o público a assiná-lo;
- os benefícios a serem alcançados pela mobilização estão expostos;
- há um local para assinar o texto.

CAPÍTULO

47

As cartas argumentativas

Carta de leitor

Trabalhando o gênero

As cartas de leitor a seguir foram todas publicadas em um mesmo número da revista *IstoÉ* e comentam a publicação da semana anterior. Leia-as.

Meia-idade

Excelente a matéria "Crise da meia-idade" (ISTOÉ 1894). Ótimo texto, dicas de leitura, exemplos de superação. Valeu! A reportagem me ajudou muito. Parabéns aos repórteres Camilo, Cláudia e Juliana.

Silvana F. R. C.
São Joaquim da Barra – SP

Sou fã da revista ISTOÉ desde 1987 (ISTOÉ Senhor). Com certeza vocês devem ter escolhido sabiamente um diretor editorial substituto à altura do anterior. Posso ratificar, como leitor assíduo, que a revista continuará "ajudando a construir a grande nação que os brasileiros merecem", pois, não fora a intrepidez, a isenção e a responsabilidade, que lhes é peculiar, o Brasil de hoje seria menor em termos de informação fidedigna. "Carta ao leitor" (ISTOÉ 1893).

Valmor da L.
Correia Pinto – SC

ISTOÉ

Adorei o novo projeto gráfico da ISTOÉ. Como publicitário, ficava incomodado com o antigo, na minha opinião, excessivamente tradicional. Parabéns, o excelente conteúdo agora tem uma embalagem à altura.

Roberto R.
Contagem – MG

FHC

A ética está sendo vilipendiada em todos os campos. No campo político, a frequência é maior. Governam com interesse partidário e desinteresse social. A conveniência dá o tom comportamental. No vale-tudo, vale de tudo um pouco, desde críticas severas a barganhas políticas. O objetivo é sempre minar o inimigo. Para a população fica o desprezo e os maus exemplos de comportamento. O pior: tudo em nome da ética, da moral. "FHC atira primeiro" (ISTOÉ 1894).

Fábio M. da S.
Belo Horizonte – MG

Games

Os pais devem saber que não é apenas nas férias que devem se preocupar com os horários que seus filhos ficam na internet, no videogame ou em qualquer outro meio de entretenimento e sim durante todo o ano. Porque, afinal, contrariando a opinião de alguns pais, a escola apenas ensina os alunos, mas são os pais que os educam. Portanto, não é a escola que fará com que as crianças saiam da frente desses meios de entretenimento, mas, sim, os pais. "O fim do zap" (ISTOÉ 1894).

Felipe L.
São Paulo – SP

(Disponível em: https://istoe.com.br/16931_CARTAS/. Acesso em: 18/6/2020.)

Este capítulo favorece o desenvolvimento das habilidades

EM13LGG101
EM13LGG202
EM13LGG204
EM13LGG301
EM13LGG303
EM13LGG304
EM13LGG305
EM13LGG704
EM13LP01
EM13LP02
EM13LP05
EM13LP06
EM13LP07
EM13LP11
EM13LP12
EM13LP15
EM13LP16
EM13LP23
EM13LP25
EM13LP26
EM13LP27
EM13LP32

JGI/Jamie Grill/Blend Images/Getty Images

1 A carta de leitor é um gênero textual que permite o diálogo dos leitores com o editor de jornais e revistas ou entre leitores. É geralmente publicada numa seção de cartas de jornais ou revistas, como Painel do Leitor, Fórum dos Leitores, Cartas de Leitores.

a) Observando os assuntos a que se referem as cartas de leitores lidas, responda: De modo geral, qual é a finalidade da carta de leitor?

b) Na sua opinião, a carta de leitor constitui uma forma de exercício da cidadania? Por quê?

2 Faça um exame do conteúdo de cada carta lida e responda:

a) Qual ou quais delas fazem elogio? O que elogiam?

b) Quais delas comentam matérias publicadas pelo jornal ou pela revista?

3 Das cartas em estudo:

a) Quais abordam problemas nacionais?

b) Qual ou quais têm como interlocutor o público da revista em geral?

c) E qual ou quais se dirigem diretamente ao editor da revista?

4 Observe a linguagem empregada pelos autores das cartas lidas.

a) Que variedade linguística predomina?

b) Considerando o veículo em que as cartas foram publicadas, levante hipóteses: Por que essa variedade foi empregada?

5 A carta de leitor tem estrutura semelhante à da carta pessoal, pois contém vários elementos desta última como local e data, vocativo, assunto, expressão cordial de despedida e assinatura. Além disso, não apresenta título. As cartas lidas, porém, não se mostram de acordo com esse padrão.

a) Deduza: Por que alguns desses elementos das cartas foram suprimidos?

b) Troque ideias com os colegas e o professor: As partes suprimidas das cartas originais podem modificar o sentido, ou seja, a ideia do leitor a respeito do assunto?

c) As cartas geralmente não apresentam títulos. Levante hipóteses: Por que as cartas de leitor, publicadas em seções específicas para isso, costumam vir intituladas?

6 Reúna-se com os colegas de grupo e, juntos, concluam: Quais são as características básicas da carta de leitor? Respondam, levando em conta os critérios a seguir: finalidade do gênero, perfil dos interlocutores, suporte/veículo, tema, estrutura e linguagem.

Carta de leitor eletrônica

As facilidades de uso da internet e da comunicação eletrônica têm modificado o perfil das cartas de leitor. Antes, o leitor enviava a carta pelo correio, acondicionada num envelope, e podia levar dias até sua correspondência chegar ao jornal. Hoje, os jornais começam a receber cartas de leitor no mesmo dia da publicação da notícia comentada pelas cartas. Além disso, a estrutura composicional do gênero também tem sofrido alterações.

Algumas cartas são enviadas por *e-mail* e outras são produzidas na própria página de internet do jornal, preenchendo-se um formulário com dados pessoais e deixando-se a mensagem num espaço reservado.

Produzindo a carta de leitor

Há, a seguir, duas propostas de produção de carta de leitor. Se possível, desenvolva as duas.

Leia o texto:

'Vamos lutar por um futuro', diz ativista brasileira em greve pelo clima

A terceira edição do evento global mobilizou protestos em mais de 150 países; no Brasil, em torno de 50 cidades devem contar com atos

Por Jennifer Ann Thomas – Publicado em 20 set 2019, 14h25

Alexandros Michailidis/Shutterstock

Nesta sexta-feira, 20, milhares de pessoas saíram às ruas em mais de 150 países para protestar por ações contra as mudanças climáticas. Esta é a terceira greve global pelo clima, movimento conhecido como Fridays For Future (sextas-feiras pelo futuro), que teve início com a sueca **Greta Thunberg**, de 16 anos.

Em 20 de agosto do ano passado, Greta começou a matar aula sozinha, semanalmente, às sextas-feiras, para se sentar em frente ao Parlamento e reclamar da falta de ações políticas para conter o avanço das mudanças climáticas. No Brasil, a primeira manifestação aconteceu em 15 de março deste ano. Naquela data, quando o grupo brasileiro de jovens ativistas ainda estava aprendendo a se organizar, com um planejamento de apenas quatro dias para se articularem, 24 cidades participaram da primeira greve nacional pelo clima. Quase seis meses depois, a expectativa é que mais de 50 municípios registrem ações no terceiro movimento global.

Entre os primeiros que se mobilizaram no Brasil, Nayara Almeida, de 21 anos, acredita que a manifestação será maior do que a estimada. "Nem todos os ativistas climáticos pelo país entram em contato antes do ato", explicou. Para ela, às vésperas da cúpula do clima que acontecerá em Nova York na próxima segunda-feira, 23, o objetivo é mostrar para o mundo que a juventude brasileira também quer mudanças. "A gente espera que o nosso ato seja grande o suficiente para comprovar o que nós queremos. Precisamos de políticas climáticas mais rígidas, ambiciosas e efetivas e, em especial, dentro do nosso país. Estamos passando por uma situação delicada. Houve corte de verbas para o combate à mudança do clima e já sabemos que estamos em uma crise climática", afirmou.

Além disso, Nayara acredita que essa é uma forma de os jovens aprenderem a valorizar um espaço de fala que foi conquistado nas ruas e com as redes sociais. "A gente não tem muita representatividade política, como jovens. E a verdade é que nós não escolhemos ser ativistas climáticos, somos forçados a fazer isso porque a geração anterior falhou em evitar que esse problema acontecesse. Agora temos que valorizar o espaço que conquistamos. Estamos nas ruas porque temos que garantir o nosso futuro. Se não fizermos isso, quem fará? Não podemos contar com a geração anterior", declarou.

Em julho, Greta Thunberg, o rosto das manifestações ambientalistas ao redor do planeta, concedeu uma entrevista com exclusividade a VEJA. Ao pensar sobre o risco que alguns manifestantes correm em diferentes países, principalmente no Brasil, onde 57 ambientalistas foram assassinados em 2017, ela reconheceu o esforço coletivo. "Há países em que os manifestantes podem ser presos, ou pior. Admiro muito os jovens que mesmo assim protestam sob essas condições. Fico triste em saber que esses colegas não têm garantida a mesma liberdade que eu tenho na Suécia. Esse é mais um motivo pelo qual nós, cidadãos de países ricos, onde há essa liberdade, temos o dever de nos posicionar. Farei tudo o que posso para também ser uma voz para aqueles que não podem falar", declarou então.

(Disponível em: https://veja.abril.com.br/ciencia/vamos-lutar-por-um-futuro-diz-ativista-brasileira-em-greve-pelo-clima/. Acesso em: 10/3/2020.)

1. Imagine que você tenha lido essa reportagem na revista e queira se manifestar em relação a ela ou a alguma informação que lhe tenha chamado a atenção. Como fizeram os leitores que tiveram seus comentários publicados, escreva uma carta para o editor da revista, expondo seu ponto de vista sobre o tema abordado, ou sobre a qualidade da reportagem, ou fazendo críticas ou sugestões, etc.
2. Reúna-se com seus colegas de grupo e, juntos, escolham um jornal ou uma revista para leitura. Pode ser um jornal do bairro, da escola, da cidade, do Estado ou uma revista que trate de música, esportes, cinema, etc., impressos ou digitais. Selecionem na publicação escolhida uma matéria ou reportagem que seja interessante e que, do ponto de vista de vocês, mereça comentários, quer positivos, quer negativos, ou ainda dos dois tipos. Escrevam então uma carta ao jornal ou à revista, comentando a matéria ou reportagem. Na assinatura da carta, pode constar o nome dos integrantes do grupo e a identificação da turma e da escola.

Planejamento do texto

- Leiam mais de uma vez a matéria ou reportagem a que a carta irá se referir e certifiquem-se da pertinência das críticas que pretendem fazer, observando se estão diretamente relacionadas ao teor do texto.
- Deixem claro, desde o início, a data e a edição em que a matéria ou reportagem foi publicada. Identifiquem a matéria ou reportagem pelo título e/ou pelo nome do jornalista que a assinou.
- Desenvolvam seus argumentos e, para enriquecê-los, exemplifiquem, citem fatos, notícias, autoridades e especialistas no assunto.
- Se optaram por fazer comentários negativos, procurem considerar também pontos positivos da matéria ou reportagem, a fim de não passar a ideia de que estão sendo motivados pela intenção de "falar mal".
- Se optaram por fazer comentários positivos, procurem considerar também pontos fracos da matéria ou reportagem e relativizá-los, a fim de não passar a ideia de que estão sendo motivados pela intenção de "bajular".
- Tentem introduzir opiniões contrárias ao ponto de vista de vocês, fazendo ressalvas a ele e já mobilizando contra-argumentos para fortalecer a argumentação.
- Pensem no leitor da sua carta. Ela será lida por um editor ou diretor de redação, isto é, um profissional responsável pela área de jornalismo do jornal ou da revista selecionada, e, se publicada, também pelos leitores da publicação.

Revisão e reescrita

Antes de finalizar a carta de leitor e passá-la para o suporte final, releiam-na, observando:

- se ela está redigida e estruturada de acordo com a situação de comunicação;
- se a linguagem empregada está adequada aos leitores;
- se ela apresenta local e data, vocativo, assunto, expressão cordial de despedida e assinatura;
- se o ponto de vista do grupo sobre o assunto abordado na matéria ou reportagem está claro e bem-fundamentado;
- se elogios e críticas estão bem dosados no texto, com menção não apenas a pontos positivos ou a pontos negativos;
- se são feitas ressalvas e ponderações em relação ao ponto de vista defendido no texto.

Modifiquem o que for necessário e leiam a carta para os outros grupos. Ouçam opiniões dos colegas e, se as considerarem procedentes, façam novas modificações no texto.

Passem a carta a limpo em papel de carta e enviem-na para a redação do jornal ou da revista, tomando o cuidado de preencher corretamente o envelope. Se preferirem, enviem a carta pela internet, para o endereço de *e-mail* do jornal ou da revista. Depois, acompanhem os números subsequentes da publicação, a fim de observar se ela foi publicada.

Por fim, postem as cartas escritas no *blog* da turma. Vocês também podem veicular as cartas de leitor relacionadas ao tema **Direitos humanos e juventude** em cartazes a serem afixados na escola durante a campanha de conscientização a ser produzida no capítulo **Projeto**.

Carta aberta

Trabalhando o gênero

Leia esta carta aberta:

Nós, jovens, não aceitaremos uma vida com medo e devastação

Carta aberta da juventude pelo clima exige justiça para as vítimas das mudanças climáticas e agenda protestos globais contra os "tomadores de decisão do mundo" em 15 de março

Nós, os jovens, estamos profundamente preocupados com o nosso futuro. A humanidade está, atualmente, causando a sexta extinção em massa de espécies e o sistema climático global está à beira de uma crise catastrófica. Seus impactos devastadores já são sentidos por milhões de pessoas em todo o mundo. No entanto, estamos longe de alcançar as metas do **Acordo de Paris**.

Nós, jovens, somos mais da metade da população global. Nossa geração cresceu com a crise climática e teremos que lidar com isso pelo resto de nossas vidas. Apesar disso, a maioria de nós não está incluída no processo decisório local e global. Nós somos o futuro sem voz da humanidade.

Nós não aceitaremos mais essa injustiça. Nós exigimos justiça climática! Exigimos justiça para todas as vítimas passadas, atuais e futuras da crise climática. Por isso estamos lutando! Milhares de jovens tomaram as ruas, nas últimas semanas, em todo o mundo. Agora vamos fazer nossas vozes serem ouvidas. No dia 15 de março, protestaremos em cada continente.

Temos que, finalmente, tratar a crise climática como uma crise. É a maior ameaça na história da humanidade e não aceitaremos a nossa extinção. Nós não aceitaremos uma vida com medo e devastação. Temos o direito de viver nossos sonhos e esperanças. As mudanças climáticas já acontecem. Pessoas morreram, estão morrendo e vão morrer por causa disso, mas podemos e vamos parar com essa loucura.

Nós, os jovens, começamos a nos mobilizar. Nós vamos mudar o destino da humanidade, quer você goste ou não. Unidos vamos nos levantar no dia 15 de março e muitas vezes mais, até vermos a justiça climática. Exigimos que os tomadores de decisão do mundo assumam a responsabilidade e resolvam essa crise ou renunciem.

Vocês nos falharam no passado. Se vocês continuarem nos falhando no futuro, nós, os jovens, faremos a mudança acontecer por nós mesmos. A juventude deste mundo começou a se mobilizar e não vamos parar!

Carta aberta escrita pela liderança do grupo de coordenação global da Juventude pelo Clima.

(Disponível em: https://brasil.elpais.com/brasil/2019/03/06/internacional/1551894693_275567.html. Acesso em: 11/3/2020.)

Acordo de Paris é um tratado no âmbito da ONU (Organização das Nações Unidas), que rege medidas de redução de emissão de gases de efeito estufa a partir de 2020, a fim de conter o aquecimento global abaixo de 2 °C, preferencialmente em 1,5 °C. O acordo foi negociado em Paris e aprovado em 12 de dezembro de 2015.

1 A carta aberta apresenta características próprias ao gênero carta.

a) Quem é o remetente da carta lida?

b) Quem são os destinatários?

2 A carta aberta é um gênero que pode ter por objetivo protestar contra uma situação, alertar um grupo ou a população em geral, ou conscientizar a população.

Valmedia/Shutterstock

a) Qual é o objetivo da carta lida?

b) Qual é a injustiça que a carta busca combater?

3 A carta foi divulgada em um *site* de um jornal na internet. Levante hipóteses:

a) A carta foi enviada apenas a esse jornal que a publicou?

b) Em quais meios a carta aberta normalmente é divulgada?

4 Em cartas abertas, é importante haver um título mencionando o assunto ou os interlocutores envolvidos na situação de comunicação em que elas circulam. Na carta aberta lida, o que o título menciona?

5 Releia o subtítulo do texto.
a) Em que pessoa do discurso ele está escrito?
b) Por que as aspas são usadas no trecho?
c) Conclua: Quem escreveu o subtítulo da carta?

6 Nessa carta, não há local nem data. Tendo em vista seus interlocutores e o fato de ela ter sido publicada em uma página da internet, levante hipóteses: Por que isso acontece? Caso essa carta tivesse o formato de uma carta pessoal, como seriam apresentados o local e a data?

7 Uma das estratégias argumentativas da carta lida é contrapor o perfil dos destinatários ao perfil dos remetentes.
a) Em que pessoa está escrita a carta: na 1ª ou na 3ª pessoa? Justifique sua resposta com elementos do texto.
b) Identifique os pronomes usados para se referir a cada um dos interlocutores. Depois, reflita e responda: Qual é o efeito de sentido desse uso?

8 A carta aberta é um gênero argumentativo e, por isso, deve apresentar diferentes tipos de argumento. Que argumentos são usados para:
a) evidenciar a urgência do problema?
b) mostrar que se sustentam em vozes de autoridade?
c) comprovar que os atuais líderes não estão agindo para resolver o problema?
d) defender a legitimidade de sua posição como jovem?

9 A carta lida tem um tom de indignação, urgência e de embate.
a) Selecione termos e expressões usados para construir o sentido de indignação e urgência.
b) Selecione termos e expressões usados para construir o sentido de embate.
c) Tendo em vista que a carta aberta é divulgada publicamente, deduza: O que esse tom pretende provocar em seus leitores? Qual é o objetivo dos autores ao utilizá-lo?

10 A carta aberta é um gênero que tem uma estrutura relativamente livre. Geralmente, ela contém um título e se inicia por uma *introdução*, que situa o problema a ser tratado na carta; em seguida, há o *desenvolvimento*, isto é, a análise do problema e a apresentação dos argumentos; e, por último, uma *conclusão*, na qual se pede uma solução para o problema ou se propõe uma resolução.
a) Que parágrafos da carta correspondem a cada uma das três partes mencionadas, além do título?
b) Na conclusão, há alguma proposta de solução ou solicitação de mudança aos destinatários?

11 Observe a linguagem empregada na carta em estudo.
a) Em que tempo estão, predominantemente, as formas verbais do modo indicativo?
b) Em qual variedade linguística a carta foi escrita?

12 Reúna-se com os colegas e, juntos, concluam: Quais são as características básicas da carta aberta?

Às vezes queremos ou precisamos nos posicionar publicamente sobre algum assunto, respondendo a alguma situação ou pedindo que outras pessoas envolvidas tomem providências. Para isso, podemos utilizar a **carta aberta**. A carta aberta é uma carta argumentativa, direcionada ao grande público, mesmo que haja um destinatário específico (podendo este ser coletivo). Geralmente são veiculadas nos meios de comunicação (televisão, rádio, internet, etc.) e abordam assuntos relacionados a algum problema social, demanda da comunidade, apoio a uma causa, entre outros.

Produzindo a carta aberta

Produzam uma carta aberta coletiva — de toda a classe ou de grupos de alunos da classe — sobre a condição de ser jovem hoje na sociedade e os direitos da juventude. Façam um levantamento de subtemas que se relacionem ao tema mais amplo e que possam ser discutidos na carta aberta. Vejam alguns exemplos:

- Oportunidades de estudo e trabalho para a juventude.
- Direito à vida: preservação do meio ambiente.
- Direito ao lazer: opções gratuitas, culturais e seguras para a juventude.
- Direito à saúde: condições para prática de esporte e para manter uma alimentação saudável.
- Direito à vida: combate à violência urbana.

fizkes/Shutterstock

A carta será publicada no *blog* da turma e pode ser veiculada em cartazes durante a campanha de conscientização sobre direitos humanos e juventude, a ser produzida por você no capítulo **Projeto**.

Planejamento do texto

- Decidam o objetivo da carta.
- Ao iniciar a carta, exponham de forma objetiva qual é o assunto dela e quem é o destinatário.
- Justifiquem o uso da carta aberta, ou seja, deixem claro por que decidiram tornar público o conteúdo dela.
- Expliquem para os leitores que o assunto tem relação também com o bem comum.
- Selecionem argumentos objetivos e concretos, mencionando fatos, autoridades, situações do cotidiano.
- Caso vocês optem por apresentar relatos de fatos de sua experiência pessoal, como exemplos para fundamentar sua argumentação, mostrem que a experiência é válida para pensar o bem comum.
- Procurem adequar a linguagem ao assunto e aos interlocutores, empregando, conforme for conveniente, linguagem menos ou mais formal.
- Deem um título chamativo ao texto, relacionado aos interlocutores ou ao assunto da carta.

Revisão e reescrita

Antes de fazer a versão final do texto, releiam-no, observando:

- se a finalidade da carta é apresentada de maneira clara e objetiva;
- se o assunto e o destinatário estão claros e são apresentados logo no início da carta;
- se há uma justificativa para tornar o assunto público em uma carta aberta;
- se os argumentos são convincentes e bem-fundamentados;
- se há o esclarecimento de que o interesse dos argumentos levantados é o bem comum;
- se a linguagem está adequada ao público que vocês pretendem atingir;
- se o título é chamativo e adequado ao conteúdo e aos destinatários da carta.

Carta de reclamação e de solicitação

Trabalhando o gênero

Leia esta carta:

Insatisfação quanto ao serviço prestado pela [...] em especial a linha 909 (Guarujá-Cubatão)

Guarujá - SP 05/06/15 às 21h57

Conduta inconstitucional

Venho por meio desta reclamação demonstrar intensa insatisfação quanto ao serviço prestado pela [...], em especial a linha 909 (Guarujá-Cubatão), em que encontramos diversos transtornos já mencionados tanto neste site como na ouvidoria da EMTU, Ministério Público, ouvidoria da PMG, Procon Guarujá, site G1 (tv tribuna) e abaixo-assinados. Até hoje não obtivemos respostas, muito menos soluções. Sabemos que tudo quanto foi pontuado a respeito é inteiramente inconstitucional, ferindo os princípios da administração pública. Estes transtornos estão gerando doenças, riscos à vida, afastamentos, danos com relação a desconto de horas, entre outros. Podemos pontuar como algumas condutas de desrespeito ao cidadão que utiliza a linha: atrasos constantes, mudanças de itinerário sem informar os usuários, quebras e gambiarras nos equipamentos no coletivo, superlotação em rodovia (ferindo o código de trânsito), falta de bom atendimento por parte do SAC, etc.

Solicito que esta situação seja resolvida, pois está inflamando ódio por parte dos usuários. Acho engraçado que, quando os cidadãos recorrem à justiça, são simplesmente ridicularizados por ela, e, quando se faz justiça com as próprias mãos, está praticando a violência, sendo que esta violência é praticada todos os dias pelo estado contra nós e simplesmente não se faz nada para sanar os problemas.

(Adaptado de: https://www.reclameaqui.com.br/translitoral/venho-por-meio-desta-reclamacao-demonstrar-intensa-insatisfacao-quanto-ao-s_13316158/. Acesso em: 9/3/2020.)

1 A carta argumentativa lida pode ser compreendida como, simultaneamente, uma carta de reclamação e de solicitação.

a) Quem faz a reclamação e a solicitação?

b) Do que a pessoa reclama?

c) Qual é a solicitação realizada?

2 A carta argumentativa de reclamação apresenta, como o nome sugere, uma reclamação a respeito de algum problema enfrentado pelo remetente. Essas cartas são normalmente endereçadas a órgãos públicos, como ministérios, secretarias, Procon ou *sites* especializados em divulgar reclamações. Considerando que a carta lida foi publicada em um desses *sites*, responda:

a) Qual é a função social de veículos como esse, que permitem aos cidadãos reclamar de um problema que estejam enfrentando?

b) Você já utilizou ou conhece alguém que tenha utilizado algum desses meios para fazer uma reclamação? Houve alguma resposta?

Ricardo Borges/Folhapress

3 As cartas em geral costumam ser datadas e registram o local de envio.

a) Como a carta lida registra local e data?

b) Levante hipóteses: Por que a data e o local não constam em um cabeçalho, como nas cartas manuscritas?

4 A carta lida é a primeira tentativa de comunicação com a empresa?

5 Geralmente, para construir a argumentação, uma carta argumentativa de reclamação e/ou solicitação costuma mostrar que o problema está afetando o bem comum, e não só o remetente da carta.

a) Essa estratégia está presente na carta? Comprove com trechos do texto.

b) Que argumento de autoridade é usado na carta?

6 Ao final da carta, o remetente fala em justiça.

a) Qual é a postura da justiça, segundo ele?

b) O remetente fala em "justiça com as próprias mãos". Debata com os colegas: ameaçar o destinatário é uma boa estratégia argumentativa?

7 Cartas de reclamação e/ou de solicitação costumam apresentar a seguinte estrutura: cabeçalho com local e data, saudação ao(s) destinatário(s), corpo do texto, despedida, assinatura.

a) Quais desses itens aparecem na carta lida?

b) Quais itens, que não são comuns em cartas, aparecem no texto lido? Por que isso acontece?

8 Observe a linguagem utilizada pelo autor da carta.

a) Que tipo de variedade linguística foi empregada?

b) Em que pessoa do discurso ela foi escrita?

9 Reúna-se em grupo com seus colegas e, juntos, concluam: Quais são as características básicas das cartas argumentativas de reclamação e de solicitação? Respondam, levando em conta os critérios a seguir: finalidade do gênero, perfil dos interlocutores, suporte/veículo, tema, estrutura, linguagem.

Cartas de solicitação

Há cartas que têm por objetivo apenas realizar uma solicitação, sem registrar nenhuma reclamação. As cartas de solicitação fazem um pedido a alguém ou a uma instituição. Esse pedido pode estar relacionado à resolução de um problema enfrentado pelo remetente ou pode ter o objetivo de conseguir algum benefício para o próprio remetente ou para o grupo que ele representa. Essas cartas são geralmente endereçadas a entidades que teriam poder para atender à solicitação.

Diferentemente das cartas de reclamação, as cartas de solicitação não costumam ser publicadas em espaços públicos, pois tratam de pedidos particulares de uma pessoa ou de um grupo; assim, não há motivo para divulgar de antemão para um público amplo o nome da empresa à qual é feita a solicitação. Geralmente, elas são veiculadas pelos correios, por *e-mails* particulares, ou os próprios portadores levam a carta ao destinatário.

Produzindo as cartas argumentativas de reclamação e de solicitação

1. Você já passou por um problema que poderia ter sido amenizado com uma carta de reclamação? Discuta com os colegas e o professor sobre problemas que atualmente estejam afligindo diretamente a comunidade escolar ou o bairro, e que deveriam receber maior atenção dos responsáveis. Vocês podem pensar, por exemplo, em problemas relacionados a:

- Falta de parques e de áreas de lazer no município.
- Falta de bibliotecas públicas no bairro.
- Pouca ou nenhuma manutenção das praças públicas.
- Falta de segurança nas imediações da escola ou no bairro.
- Má qualidade do transporte coletivo.
- Indisponibilidade de *wi-fi* gratuito na escola ou em lugares públicos do bairro ou da cidade.
- Falta de cursos oferecidos gratuitamente pela prefeitura à comunidade para promover a inclusão digital de jovens e idosos.
- Ausência de equipamento de informática na escola ou dificuldade de acesso a ele.

Renata Mello/Pulsar Imagens

Escolham um dos temas e, em pequenos grupos, produzam uma carta argumentativa de reclamação ou de solicitação. Depois, enviem-na, por meio digital ou impresso, à direção da escola ou ao órgão público competente.

2. Para realizar a campanha de conscientização, vocês precisam solicitar autorização para uso de espaços comuns na escola e em suas imediações, assim como solicitar materiais diversos. Escrevam cartas de solicitação aos responsáveis na escola — direção, coordenação, almoxarifado — pedindo:

- autorização para colar cartazes nas paredes da escola;
- autorização para que as outras turmas possam participar da campanha no período de sua vigência;
- materiais — cartolinas, canetas, tintas, computadores, impressoras — para a produção dos cartazes, panfletos, faixas da campanha;
- apoio aos familiares de alunos para aderirem à campanha e contribuírem para sua produção;
- o atendimento de outras necessidades identificadas pela turma.

Planejamento do texto

- Procurem ter clareza quanto a qual será o problema focalizado na reclamação e/ou o pedido feito na solicitação.
- Considerando o problema ou pedido que será tema da carta, decidam quanto ao gênero mais adequado: uma carta argumentativa de reclamação, uma carta argumentativa de solicitação, ou uma carta argumentativa de reclamação e solicitação.
- Definam qual será o principal objetivo da carta. No caso de reclamação, o objetivo é a solução de um problema ou a sua divulgação? No caso de solicitação, esta será relativa a um interesse pessoal, particular, ou a um interesse coletivo?
- Levem também em conta os interesses do interlocutor e de outras pessoas envolvidas com o fato abordado.
- Desenvolvam argumentos e, para enriquecê-los, escolham exemplos que os fundamentem.
- Ao redigir, empreguem a estrutura própria do gênero, as formas de tratamento adequadas e apresentem com clareza o problema e/ou pedido.
- Tenham em mente o leitor da carta. Ela poderá ser lida pela pessoa responsável por resolver o problema ou atender à solicitação e, se publicada em um *site*, pelo público internauta.

Revisão e reescrita

Antes de finalizar a carta argumentativa e passá-la para o suporte final, releiam-na, observando:

- se ela apresenta local e data, vocativo, corpo do texto, despedida e assinatura;
- se a maneira como ela foi redigida e estruturada está de acordo com a situação de comunicação;
- se a linguagem empregada está adequada ao(s) leitor(es);
- se ela faz uma reclamação e/ou solicitação;
- se há argumentos que explicam ou fundamentam os motivos de ela ter sido escrita;
- se ela considera também interesses do interlocutor.

Façam as alterações necessárias, passem a carta a limpo e discutam com o professor e os colegas a melhor forma de encaminhá-la ao interlocutor.

Perspectivas

O jovem e a questão do meio ambiente

Neste capítulo, você leu alguns textos sobre o protagonismo da juventude nos debates atuais sobre a crise climática e a preservação da vida no planeta.

Assista à palestra de Mary Robinson de 2015, ano do Acordo de Paris, no *site* TED e leia o texto sobre jovens brasileiros envolvidos no ativismo climático.

Resumo da palestra "Por que a mudança climática é uma ameaça aos Direitos Humanos?"

A mudança climática é injusta. Enquanto países ricos podem lutar contra a alta nos oceanos e os campos inundados, pessoas pobres ao redor do mundo já têm suas vidas prejudicadas — e seus direitos humanos ameaçados — por tempestades assassinas, fome e perda de suas próprias terras. Mary Robinson conclama que nos juntemos a movimentos pela justiça climática.

Mary Robinson foi presidente da Irlanda de 1990 a 1997 e alta-comissária pelos Direitos Humanos da ONU. Hoje ela lidera uma fundação pela justiça climática.

O que é TED?

TED é uma organização sem fins lucrativos que defende o lema "ideias que merecem ser compartilhadas". Em uma conferência TED, pessoas de todo o mundo são convidadas a dar a melhor palestra de suas vidas em 18 minutos ou menos. O TED conta com um *site* (TED.com), no qual novas palestras são postadas diariamente. As palestras, chamadas de "TED Talks", já foram traduzidas em mais de 90 idiomas.

(Disponível em: https://www.ted.com/talks/mary_robinson_why_climate_change_is_a_threat_to_human_rights#t-419613. Acesso em: 9/9/2020.)

Jovens debatem crise climática e protagonismo

O que Andréia, Marianna, Nayara e Rebeca têm em comum? Elas são jovens mulheres engajadas no combate à crise climática e, juntas, participaram do painel Jovens Lideranças pelo Clima, organizado pelo Conselho Empresarial Brasileiro para o Desenvolvimento Sustentável (CEBDS), durante a Virada Sustentável do Rio de Janeiro. O protagonismo jovem ganhou popularidade em 2018 com a atuação da sueca Greta Thunberg, que iniciou um movimento de greve escolar para alertar sobre os impactos da crise climática no planeta. Na última edição global da greve, jovens de mais de 150 países aderiram ao movimento.

Representando o Engajamundo e a Fridays for Future Brasil (movimento nacional inspirado em Greta), Nayara Almeida reforça a importância da educação para o combate à crise climática. "A Greta é resultado de uma educação de ponta e inclusiva. Ela é uma privilegiada por morar em um país que prioriza a educação. O que podemos destacar é que ela utilizou os privilégios para construir uma narrativa que fez com que a crise climática caísse na boca do povo. Ela levou o assunto que anteriormente só era discutido em conferências fechadas e fez com que a juventude e as ruas se manifestassem sobre", destaca a jovem estudante e ativista climática.

Tony Tallec/Alamy/Fotoarena

Líder de Engajamento do Centro Brasil no Clima e doutoranda em Ciência Política, Marianna Albuquerque encara a sala de aula com dois olhares: aluna e professora. Para ela, é necessário incluir o tema das mudanças climáticas nas aulas.

"Para todos que trabalham com educação, temos que pensar o aluno como um aprendiz. Precisamos capacitar os jovens para que eles ocupem os espaços de tomadores de decisão e sejam capazes de falar sobre suas vivências. Ninguém fala melhor sobre o que precisamos do que nós mesmos".

Crise climática e desigualdade social

Moderadora do painel e coordenadora de comunicação do Instituto Clima e Sociedade (iCS), Andréia Coutinho lembrou o impacto da desigualdade social como uma das dificuldades de engajar a sociedade no tema. Para a jornalista, a dificuldade de dar voz aos principais impactados pela crise climática parte de uma priorização de necessidades que precisam ser resolvidas. "Como comunicar a crise climática para pessoas que precisam enfrentar diariamente problemas como desemprego e violência? As pessoas mais vulneráveis são também as principais vítimas das mudanças climáticas e são alienadas do debate", defende. [...]

Protagonismo

O protagonismo juvenil carece de apoio de informações na análise de Nayara. Para ela, os principais documentos ainda são em inglês, o que dificulta o consumo da informação. Entretanto, a barreira pode ser furada com a formação de grupos, estudo em casa e engajamento dos professores.

"Vocês, enquanto jovens que têm interesse em abordar o tema, plantem essa semente. Conversem com os professores e com a diretoria. E não só isso, entendam que tem como entender mais sobre clima por conta própria".

O twitter e sites como Engajamundo, 350.org e Observatório do Clima também são algumas boas fontes de informação, segundo a ativista. A crise climática não é algo que atingirá somente ursos polares ou calotas de gelo. Ela impactará a todos. Um bom exemplo de narrativa é o documentário 'O Amanhã é Hoje', que acompanha a rotina de cinco pessoas atingidas pelas mudanças climáticas", recomenda.

(Matheus Zanon. Disponível em: https://cebds.org/jovens-debatem-crise-climatica-e-protagonismo/#.XmfUNahKiUI. Acesso em: 9/3/2020.)

Em grupos, pesquisem o que tem sido feito pelas nações, pelas empresas e pelas pessoas ao redor do mundo para seguir o Acordo de Paris e para diminuir os impactos das mudanças climáticas no mundo. Busquem relatórios oficiais da ONU, de governos e de ONGs relacionados ao clima e à preservação ambiental, bem como documentos produzidos por coletivos de defesa do meio ambiente.

Apresentem os resultados da pesquisa à classe e debatam: **Como jovens no mundo atual, o que podemos fazer a fim de contribuir para que o mundo respeite nosso próprio direito à vida e à justiça climática?**.

Projeto

“Direitos humanos e juventude”: campanha de conscientização da juventude pelos direitos humanos

Ao longo desta unidade, você leu e produziu textos relacionados a questões que interessam aos jovens, que os afligem e os convocam a agir. A proposta deste **Projeto** é divulgar à comunidade escolar as ideias e os temas debatidos pela classe, buscando conscientizar o público sobre a importância de conhecer os direitos humanos e lutar por sua garantia a todos, de forma geral, e pelos direitos dos jovens, especificamente.

Organizem uma **Campanha de conscientização da juventude pelos direitos humanos**. Além de reunir os textos já produzidos por vocês, pensem nas melhores formas de chamar o público à reflexão e à ação.

Black Salmon/Shutterstock

Kyodo News/Getty Images

Ricardo Borges/Folhapress

Este capítulo favorece o desenvolvimento das habilidades

EM13LGG104 EM13LGG105 EM13LGG202 EM13LGG204 EM13LGG301 EM13LGG303 EM13LGG304

EM13LGG305 EM13LP15 EM13LP16 EM13LP24 EM13LP25 EM13LP26 EM13LP27

1. Alimentando e divulgando o *blog* da campanha

O *blog* da classe para a campanha foi criado no capítulo 43. Retomem as produções realizadas durante toda a unidade e postem-nas no *blog*. Postem os cartazes e os anúncios publicitários, o abaixo-assinado, as gravações em vídeo dos debates e as cartas argumentativas produzidas.

Caso considerem interessante, postem também os textos pesquisados por vocês ao longo da unidade relacionados ao tema da campanha, sempre com as devidas informações sobre a fonte do texto.

É interessante que vocês criem categorias para cada tipo de publicação feita no *blog*, a fim de organizá-lo e facilitar a navegação pelos textos de vocês. Além disso, quando for pertinente, as postagens podem ser acompanhadas de textos explicativos introdutórios, relacionando-as ao objetivo principal da campanha de conscientização.

Visitem o *blog*, comentem as postagens e divulguem o endereço em toda a escola para que os alunos das outras classes, os professores, os funcionários e os responsáveis pelos alunos possam visitá-lo e também comentar as postagens.

2. Preparando os materiais para a campanha

Revisem e preparem os cartazes e os anúncios publicitários em tamanhos grandes para serem afixados nas paredes da escola ou carregados pelos alunos no dia de lançamento da campanha. Produzam faixas e fôlderes e reproduzam as cartas argumentativas de vocês em outros cartazes, que podem ser afixados nas paredes da escola. A carta aberta pode ser lida em voz alta no momento de lançar a campanha a toda a comunidade escolar.

Vocês ainda podem reproduzir, também em cartazes, trechos da Declaração Universal dos Direitos Humanos, do Estatuto da Juventude, do Acordo de Paris e outros documentos que considerarem importantes.

Marquem um dia para o lançamento da campanha. Divulguem a data em convites e no *blog* da classe.

3. Ato de lançamento da campanha de conscientização "Direitos humanos e juventude"

Escolham um dia para lançar a campanha. Geralmente, as campanhas de conscientização têm um período de vigência, em que diferentes ações acontecem. Nesse primeiro dia, promovam um **ato** na escola. Um dos alunos deve explicar ao público presente os objetivos da campanha. Distribuam folhetos, conversem com os outros alunos, professores e funcionários e mostrem como eles também podem participar da campanha.

4. Debatendo com a comunidade escolar

Planejem ações ao longo da semana. Uma das atividades pode ser a organização de debates regrados com outras classes sobre os direitos humanos e o papel do jovem no mundo atual.

Outra opção é promover um debate sobre a possibilidade de criação de um grêmio estudantil na escola (caso ainda não haja) e sobre a participação política dos jovens da escola no bairro, na cidade ou mesmo no país e no mundo.

Aproveitem para finalizar a produção do abaixo-assinado da turma: busquem assinaturas e enviem-no às autoridades responsáveis.

Andrey_Popov/Shutterstock

UNIDADE 16

Campo jornalístico-midiático

"Trata-se de ampliar as possibilidades de participação dos jovens nas práticas relativas ao trato com a informação e opinião, as quais estão no centro da esfera jornalística/midiática. Para além de consolidar habilidades envolvidas na escuta, leitura e produção de textos que circulam no campo, o que se pretende é propiciar experiências que mantenham os jovens interessados pelos fatos que acontecem na sua comunidade, na sua cidade e no mundo e que afetam as vidas das pessoas."

(*Base Nacional Comum Curricular*.)

Nos dias atuais, uma infinidade de informações, locais e globais, nos chegam na velocidade de um toque na tela do celular. Também chegam a nós opiniões diversas sobre fatos públicos em textos produzidos por jornalistas profissionais, por intelectuais, por celebridades, por políticos e por pessoas comuns. Como participar do campo jornalístico-midiático de maneira crítica, engajada e bem-informada, em tempos de internet e de *fake news*? Qual é a importância de saber o que ocorre com as pessoas de sua comunidade, de seu bairro, mas também sobre fatos ocorridos em outros Estados e em outros países? O que é divulgar informações de maneira ética e responsável? Como podemos contribuir para o debate público sobre fatos que ganham repercussão na mídia?

CAPÍTULO

48

A notícia

Trabalhando o gênero

Este capítulo favorece o desenvolvimento das habilidades

EM13LGG104

EM13LGG105

EM13LGG201

EM13LGG301

EM3LGG402

EM13LGG703

EM13LP01

EM13LP02

EM13LP07

EM13LP11

EM13LP12

EM13LP13

EM13LP14

EM13LP15

EM13LP16

EM13LP17

EM13LP36

EM13LP37

EM13LP42

EM13LP44

Navio negreiro naufragado no século XVIII é encontrado na África do Sul

A embarcação deixou a África em 1794 com até 500 escravos que trabalhariam nos engenhos do Maranhão, mas afundou após 24 dias de viagem

Por **Da Redação** — 1º jun. 2015 [segunda-feira], 16h52

Pesquisadores encontraram no Cabo da Boa Esperança, região costeira da África do Sul, os vestígios de um navio negreiro português que naufragou com até 500 escravos a bordo. Nesta terça-feira, os membros do Museu de História e Cultura Afro-americanas da fundação Smithsonian, dos Estados Unidos, e do Museu Iziko, da África do Sul, realizarão uma cerimônia para confirmar a descoberta e honrar a memória dos 212 homens que morreram no acidente. Segundo os registros históricos, a embarcação havia partido de Moçambique no dia 3 de dezembro de 1794 rumo ao Estado do Maranhão, onde os negros cativos deveriam ser vendidos para trabalhar nos engenhos de açúcar. O barco, cujo nome era São José Paquete África, naufragou após 24 dias de viagem.

O achado, segundo o jornal *The New York Times*, é fruto de mais de uma década de trabalho de pesquisadores que almejavam encontrar restos de qualquer navio negreiro que pudessem ajudar a contar melhor a história das mais de 12 milhões de pessoas que foram capturadas no continente africano e vendidas como escravas nas colônias europeias. Após anos de pesquisas, a descoberta começou a tomar forma em 2011, quando foram encontrados arquivos em que o capitão português Manuel João detalhava o que havia acontecido com a embarcação. O documento mostra que o navio tentou se aproximar da costa sul-africana para fugir de fortes ventos em alto-mar, mas se chocou contra pedras e ficou preso entre dois corais. A tripulação, ciente de como escravos eram valiosos na época, tentou salvá-los, mas somente a metade foi retirada com vida do navio.

Iziko Museums-Smithsonian/AP Photo/Glow Images

Barras de ferro encontradas no naufrágio de navio negreiro.

akg-images/Album/Fotoarena

(Disponível em: https://veja.abril.com.br/mundo/navio-negreiro-naufragado-no-seculo-xviii-e-encontrado-na-africa-do-sul/. Acesso em: 11/3/2020.)

1 A notícia, assim como a entrevista, a reportagem e o editorial, é um gênero jornalístico.

a) Qual é o objetivo de uma notícia?

b) A que tipo de público uma notícia se dirige?

2 Entre os gêneros jornalísticos, há os que priorizam a informação e os que priorizam o comentário. Os textos que priorizam a informação se ocupam de divulgar um fato novo, um acontecimento; os textos que priorizam o comentário se ocupam de expressar uma opinião, um julgamento.

a) De que a notícia se ocupa: de informação ou de comentário?

b) A notícia em estudo confirma sua resposta à questão anterior?

3 Uma notícia geralmente compõe-se de duas partes: *lead* (lê-se "lide") e corpo. O *lead* consiste normalmente no primeiro parágrafo da notícia e é a parte que apresenta um resumo feito em poucas linhas, no qual são fornecidas respostas às questões fundamentais do jornalismo: **o quê** (fatos), **quem** (personagens/pessoas), **quando** (tempo), **onde** (lugar), **como** e **por quê**. Na notícia em estudo, identifique no primeiro parágrafo:

a) o fato principal;

b) as pessoas ou instituições envolvidas;

c) quando;

d) onde;

e) por que o fato aconteceu.

4 O corpo da notícia é a parte que apresenta o detalhamento do *lead*, fornecendo ao leitor novas informações em ordem cronológica ou de importância. Na notícia em estudo:

a) Que parágrafo constitui o corpo da notícia?

b) Que detalhes o corpo da notícia apresenta em relação a:

- tempo e finalidade da pesquisa?
- documentos de apoio?

5 Para ampliar o enfoque sobre o fato relatado, os jornalistas costumam entrevistar pessoas ou reproduzir informações de outras fontes. Na notícia em estudo:

a) Qual é a fonte utilizada pelo jornalista para dar a notícia?

b) O texto cita a informação de sua fonte de forma direta ou indireta? Com qual recurso de linguagem?

c) Qual é o papel do discurso citado nas notícias e nos textos jornalísticos em geral?

6 Observe a linguagem empregada no texto.

a) Que características ela apresenta? Escreva em seu caderno o item que a caracteriza melhor.

- impessoal, clara, objetiva, acessível ao leitor
- pessoal, indireta, emprega palavras de uso não corrente na língua
- coloquial e com o uso de gírias

b) Em que variedade linguística ela está?

c) Nas formas verbais, que tempo predomina?

7 Observe o título e o subtítulo da notícia em estudo.

a) Eles anunciam o assunto que será desenvolvido?

b) Qual é o enfoque dado, respectivamente, pelo título e pelo subtítulo na notícia em estudo?

c) Eles são objetivos ou subjetivos?

d) As palavras empregadas são fáceis de serem compreendidas pela maioria dos leitores?

e) Em que tempo e modo encontram-se os verbos empregados no título e no subtítulo?

8 Reúna-se com os colegas de grupo e, juntos, concluam: Quais são as características básicas da notícia? Respondam, considerando os seguintes critérios: finalidade do gênero, perfil dos interlocutores, suporte ou veículo, tema, estrutura, linguagem.

A linguagem jornalística: o mínimo de palavras e o máximo de informação

A linguagem jornalística adota a norma-padrão da língua, sem, contudo, perder de vista o universo vocabular do leitor. Exige o emprego do mínimo de palavras e do máximo de informação, correção, clareza e exatidão.

Para uma boa redação de textos jornalísticos:

- construa períodos curtos, evitando frases intercaladas ou ordem inversa desnecessária;
- adote como norma a ordem direta, elaborando frases cuja estrutura seja sujeito, verbo e complemento;
- empregue o vocabulário usual. Adote esta regra prática: nunca escreva o que você não diria. Termos técnicos ou difíceis devem ser evitados; se tiver que escrevê-los, coloque seu significado entre parênteses. Os termos coloquiais ou as gírias devem ser usados com parcimônia, apenas em casos especiais;
- nunca use duas palavras se puder usar uma só;
- evite os superlativos e os adjetivos desnecessários;
- empregue verbos de ação e prefira a voz ativa, que dinamizam mais a frase e estimulam o leitor.

(Adaptado de: Eduardo Martins. *Manual de redação e estilo de O Estado de S. Paulo*. São Paulo: Moderna, 1997.)

Estudar a notícia em tempo de *fake news*

Você certamente já ouviu falar em *fake news*, termo que, traduzido literalmente para o português, teria como equivalente a expressão *notícias falsas*. Embora receba esse nome, uma *fake news* não tem necessariamente o formato do gênero notícia, tal como você está estudando neste capítulo. Pelo contrário, geralmente notícias falsas têm tom alarmista e pouco objetivo, apesar de tentarem utilizar algumas características do texto da grande imprensa para conseguir alguma credibilidade. Pode ser, por exemplo, que algumas delas contenham nomes ou supostas falas de especialistas no assunto, ou ainda números de dados de pesquisas (ainda que sem menção a uma fonte exata), entre outros. Fique atento! Além do tom alarmista e das fontes imprecisas, é típico das *fake news* apresentar informações desencontradas, desvios de regras da norma-padrão em geral seguidas pela grande imprensa (como correção ortográfica ou concordância padrão), nomes de especialistas escritos de forma errada, menção a funções profissionais equivocadas, entre diversas outras características que indicam falta de correção, revisão e cuidado por parte de quem produziu o texto. As *fake news* são um fenômeno do mundo atual, têm um alto índice de circulação, pois são rapidamente replicadas em série pelos usuários das redes sociais, especialmente quando relacionadas a temas que despertam muita paixão e polêmica entre a população. Assim, por mais que nos identifiquemos com uma suposta notícia recebida pelas redes sociais, é extremamente importante verificar, em fontes confiáveis, a veracidade das informações antes de repassar esse tipo de conteúdo.

Produzindo a notícia

No final da unidade, no **Projeto**, você vai montar com os colegas um jornal escolar para compor esse jornal, vocês vão produzir algumas notícias neste capítulo. Escolha ao menos uma das seguintes propostas para produzir sua notícia.

1. Escreva uma notícia sobre um fato ocorrido recentemente no Brasil ou no mundo. Ela pode se referir a um fato relacionado à política nacional ou internacional, à economia, ao meio ambiente, à saúde, à educação, aos esportes, às artes em geral, aos jovens, à violência urbana, etc.
2. Escreva uma notícia sobre um fato ocorrido recentemente em seu bairro ou em sua escola. Um fato referente ao bairro pode ser, por exemplo, uma campanha de entidade filantrópica, um movimento cultural, um passeio ciclístico, um evento promovido por uma sociedade de amigos de bairro, a inauguração de um centro esportivo ou cultural, a abertura de um estabelecimento comercial, uma festa de rua, etc. Um fato referente à escola pode ser uma formatura de alunos, uma campanha, uma feira de livros, uma mostra de cinema, uma feira científica, uma apresentação teatral, uma comemoração cívica, um campeonato esportivo, a aquisição de jornais, revistas ou livros para a biblioteca, uma festa beneficente, uma excursão, etc.

©Open Road Films/Courtesy Everett Collection/Fotoarena

Cena do filme *Spotlight – Segredos revelados*, que aborda o jornalismo.

Loucos por notícias e jornais

Para aqueles que são aficionados dos gêneros jornalísticos ou pretendem adotar o jornalismo por profissão, sugerimos a leitura de: *A arte de fazer um jornal diário*, de Ricardo Noblat (Contexto); *Jornal, história e técnica — História da imprensa brasileira* e *Jornal, história e técnica — As técnicas do jornalismo*, de Juarez Bahia (Ática); *O texto da reportagem impressa — um curso sobre sua estrutura*, de Oswaldo Coimbra (Ática). Leia também os poemas "Poema tirado de uma notícia de jornal", de Manuel Bandeira, e "Jornal, longe", de Cecília Meireles. E ouça a canção "Notícia de jornal", de Luís Reis e Haroldo Barbosa, cantada por Chico Buarque (CD *Chico Buarque & Maria Bethânia ao vivo*).

Planejamento do texto

- Leia jornais e revistas; depois, converse com seus pais, professores, colegas e vizinhos sobre o assunto escolhido, procurando obter o maior número possível de informações.
- Escreva com simplicidade, na ordem direta (sujeito, verbo e complemento); sempre que possível, empregue uma palavra em vez de duas ou mais; use frases curtas, com duas ou três linhas no máximo, e parágrafos com poucas frases; empregue um vocabulário acessível; evite palavras difíceis, termos coloquiais, gírias, superlativos e adjetivos desnecessários; procure responder às perguntas que um leitor faria: "o quê?, quem?, quando?, onde?, como?, por quê?".
- Pense no perfil dos leitores — outros alunos, professores e funcionários da escola — e empregue uma linguagem adequada ao gênero e a esse público.
- Comece seu texto pela informação que considerar a mais interessante ou esclarecedora para o leitor; use no relato verbos em 3ª pessoa; limite-se a informar, não dando sua opinião sobre o fato, e empregue a norma-padrão da língua. Dê a sua notícia um título curto e sugestivo e que sirva para anunciar ao leitor o assunto que será desenvolvido.

Revisão e reescrita

Antes de fazer a versão final da notícia que você escreveu, releia-a, observando:

- se ela apresenta título, *lead* e corpo;
- se o *lead* menciona a maior parte das informações essenciais relacionadas ao fato ocorrido: *o quê, quem, quando, onde, como* e *por quê*;
- se o corpo contém o detalhamento do *lead*;
- se a linguagem empregada é impessoal e segue a norma-padrão.

Faça as alterações necessárias e passe o texto a limpo.

A notícia em várias mídias: notícias em áudio e audiovisuais

O jornal impresso foi o primeiro suporte de notícias, surgido no século XIX. Hoje, os gêneros jornalísticos são produzidos para diferentes mídias: jornal impresso, portal de notícias na internet, jornal radiofônico, jornal televisivo. Com a internet, os textos da esfera jornalística transitam em diferentes suportes: uma mesma notícia publicada no jornal impresso também aparece no *site* do jornal ou em seu aplicativo; uma notícia produzida para ir ao ar em uma estação de rádio vai para a internet em formato de *podcast*; uma notícia que vai ao ar no jornal televisivo depois é postada nas redes sociais da emissora ou em seu *site* oficial.

Assim, as notícias são lidas, ouvidas e vistas na palma da mão, em *tablets* e *smartphones*. Além de acelerar a divulgação de acontecimentos do mundo todo em diferentes formatos, as novas tecnologias também disseminam mais facilmente os boatos ou as *fake news*, o que torna o jornalismo profissional de qualidade cada vez mais relevante em nossa sociedade.

Em grupos, analisem uma notícia de jornal televisivo e uma notícia de jornal radiofônico. Você pode ter acesso a elas pela TV e pelo rádio ou acessar os *sites* de emissoras de televisão e de estações de rádio para poder revê-las ou escutá-las novamente.

Roteiro de estudo de notícia em jornal televisivo

- Qual é o título da notícia? Quem anuncia o título?
- Qual é o principal fato noticiado?
- Informações que costumam constar no *lead* são ditas no início da notícia?
- Quais são as imagens que constituem a notícia?

— Cenas em que o repórter aparece, falando parte do texto?

— Cenas de locais, pessoas, objetos relacionados ao assunto da notícia, acompanhadas de narração do repórter?

— Cenas de pessoas entrevistadas, com trechos do que disseram?

DW labs Incorporated/Shutterstock

— Há imagens de gráficos, tabelas e outros recursos imagéticos e gráficos? Que tipo de informação esses recursos veiculam?

— Caracterize a imagem dos jornalistas no que se refere a: postura corporal, movimentos e gestualidade, expressão facial.

— Detalhe quais são as imagens que compõem a notícia audiovisual, quem são os entrevistados e sua relação com o fato noticiado.

- Examine o texto oral da notícia:

— Caracterize a fala do repórter e do âncora no que diz respeito a: altura, intensidade e ritmo da voz; mudanças no tom de voz; respiração; entonação.

— O texto parece espontâneo ou soa como um texto planejado?

— O texto da notícia é iniciado com *lead* e depois o fato é detalhado, exemplificado e ampliado?

— A linguagem utilizada segue a norma-padrão?

— A linguagem é semelhante à da notícia escrita, ou seja, com características como: concisão, objetividade, impessoalidade? Se não, em que diferem?

Roteiro de estudo de notícia em jornal radiofônico

- Qual é o título da notícia? Quem anuncia o título?
- Qual é o principal fato noticiado?
- Informações que costumam constar no *lead* são ditas no início da notícia?
- O jornalista que narra a notícia entrevista outras pessoas? Se sim, quem? Qual é a relação dos entrevistados com o fato noticiado?
- Examine o texto oral da notícia:

— O texto parece espontâneo ou soa como um texto planejado?

— O texto da notícia é iniciado com *lead* e depois o fato é detalhado e ampliado?

— A linguagem utilizada segue a norma-padrão?

— A linguagem é semelhante à da notícia escrita, ou seja, com características como: concisão, objetividade, impessoalidade? Se não, em que diferem?

— Caracterize a fala do repórter e do âncora quanto a: altura, intensidade e ritmo da voz; mudanças no tom de voz; respiração; entonação.

Produzindo a notícia em *podcast* e em vídeo

Transformem as notícias produzidas por vocês em notícias em formato de áudio — um *podcast* — e em formato audiovisual. Para isso, a notícia escrita não deve ser simplesmente lida, e sim adaptada ao novo formato.

Michael Dechev/Shutterstock

Organizem um roteiro para os diferentes formatos. No caso da notícia em vídeo, ao elaborar o roteiro, considerem as seguintes questões e orientações:

- Haverá âncora?
- Quais partes do texto serão ditas pelo âncora?
- Onde serão gravadas as cenas? Sempre relacionem os ambientes ao fato noticiado.
- Quem será entrevistado? Quais perguntas serão feitas?
- Qual será a ordem das cenas? A cada cena, qual trecho do texto será gravado em áudio?
- Haverá o uso de outros recursos gráficos, como esquemas, gráficos, infográficos, fotografias, mapas?
- Revisem os textos para que estejam de acordo com as características básicas da notícia.
- Planejem também a entonação e o ritmo da fala.
- Planejem o posicionamento dos alunos que aparecerão nas cenas e sua gesticulação.
- Gravem as cenas; confiram se o áudio está com qualidade suficiente para ser bem ouvido pelos espectadores.
- Façam a edição das cenas, dos recursos gráficos e dos áudios, ordenando-os conforme o roteiro.
- Planejem também o figurino dos alunos que atuarão como âncoras e repórteres.

No caso da notícia em áudio, sigam as mesmas orientações, com exceção dos pontos sobre cenas, gestos, figurinos e recursos gráficos.

CAPÍTULO

49

A entrevista

Trabalhando o gênero

Leia esta entrevista feita com o cantor e compositor Martinho da Vila:

Samba da lusofonia

Martinho da Vila fala da paixão pelos países lusófonos e da carreira de escritor

Por **Guilherme Bryan**

Marcello Dias/Futura Press — Agatha Gameiro/Futura Press

Martinho da Vila é autor vulcânico. Seus 11 livros, de infantojuvenis a romances, são para ele tão vitais quanto os 48 discos lançados desde os anos 60. Garante que costuma criar um álbum de canções como se escrevesse um livro e recomenda que todo mundo tire um dia da semana para ouvir as faixas de um bom CD só para ler as letras.

Martinho da Vila é compositor da **lusofonia**. Fez um disco, Rosa do Povo, só com os poemas do livro homônimo de Carlos Drummond de Andrade. E transita por países africanos de fala portuguesa a pesquisar raízes e falares com que alimenta sua obra. Tem em Vila Isabel sua sede. O bairro carioca deve a Noel Rosa a fama **cosmopolita** de seu samba. [...]

Martinho José Ferreira nasceu na cidade fluminense de Duas Barras, em 12 de fevereiro de 1938. Foi para a capital aos 4 anos. Chamou a atenção do público em 1967, no III Festival da Record, com "Menina Moça". Mas o primeiro sucesso veio no ano seguinte, com "Casa de Bamba". Ele é bamba. Sua relação com a escola de samba Unidos de Vila Isabel é de 1965. Criou o samba-enredo "Kizomba: a Festa da Raça", de 1988, para os cem anos da Lei Áurea. Dez anos depois, retomaria o tema no romance autobiográfico *Kizombas, Andanças e Festanças*. Nesta entrevista, Martinho comenta a relação do samba com a língua portuguesa, seu carinho pela lusofonia e seu processo criativo de carpintaria literária.

Qual a importância de ter a obra revisitada por artistas tão variados?

Para um compositor, é uma honraria muito grande e gostei mais do projeto, sinceramente, porque é muito importante para o samba e não só para mim. Em quase todos os projetos do gênero, em geral se faz algo muito transado, mas o samba sempre fica para o final. O samba nunca teve um produto como esse, tão bem-feito, tão bem-armado.

O samba carioca tem uma maneira própria de lidar com o uso das palavras?

A letra do samba é como poesia. Naturalmente, está bem ligada às palavras. O compositor que é bem-cuidado prima pela língua. Enriquece a língua, porque, quando vai compor, fica buscando palavras para não ficar repetitivo. Fazer letra é mais difícil do que a música, inclusive. Volta e meia, o poeta, o compositor redescobre uma palavra e até cria palavras. Esse é o caso de "requenguela" e "kizomba", que estão na minha obra. Não existiam no dicionário brasileiro.

cosmopolita: cidadão do mundo, internacional.
lusofonia: o conjunto de povos e países de língua portuguesa.
lusófono: pessoa que fala português.

Este capítulo favorece o desenvolvimento das habilidades

EM13LGG104
EM13LGG105
EM13LGG201
EM13LGG301
EM13LGG701
EM13LGG703
EM13LP01
EM13LP12
EM13LP13
EM13LP14
EM13LP15
EM13LP16
EM13LP17
EM13LP44

Como compõe? Primeiro cria a melodia?

Parto principalmente do tema para criar uma música. Preciso ter uma motivação do que vou falar. Então, descubro um assunto. Se já foi muito comentado, busco outra maneira de tratar dele. Ou me concentro numa frase e começo a desenvolver, criando a letra. Depois faço a música. Outras vezes, ocorre uma célula musical na cabeça, começo a repeti-la, desenvolvê-la e crio a música. Depois penso numa temática para criar a letra. Com os parceiros, com alguns fiz melodia, com outros, a letra. [...]

Há liberdade maior no manejo da língua ao se escrever letra de música do que um livro?

Nas canções é mais complicado, porque temos de resumir uma ideia e um tema. Para fazer um samba-enredo, há um tema e é preciso resumir aquilo em poucas linhas. Ele não pode ser demasiadamente grande. A música tem um limite já determinado. Não há uma canção de duas folhas, de 30 linhas (risos). Na literatura, há mais liberdade. O livro não tem um limite. Pode escrever um pouco, voltar, reescrever, trocar. É muito mais trabalhoso. Mas há responsabilidade maior com a literatura. Na música, embora o compositor tenha um compromisso com a língua, com a ideia, com a verdade e a cultura — há muita responsabilidade —, ela é vista como algo de artista, para ser cantada. Às vezes, a pessoa não gosta muito da letra, mas da melodia. O livro não. O compromisso do escritor é muito grande, porque é algo que fica para sempre e que será consultado e reeditado. É complicada a literatura. É dolorido escrever (risos).

É dolorido fazer música?

A música é chata, dolorida, porque começo a fazer uma melodia e fico com ela o dia inteiro na cabeça. Às vezes, dou entrevista, e aquela música ali, na minha cabeça (risos). É algo terrível.

Ao cantar, você se preocupa com a dicção?

Isso é muito importante. Antigamente, não articulava muito bem. Eu me preocupava mais com o som apenas. Hoje, como me sinto mais cantor, procuro articular melhor as palavras, para ficar bem inteligível e claro. Mas a gente também tem de usar a articulação de maneira que não fique pedante. Às vezes, é muito melhor o "pra" do que o "para" (risos).

Devagar, devagarinho é o seu tratado de dicção?

Nela, a palavra certa não é "devagarinho", mas "devagarzinho". Só que "devagar, devagarzinho" não soa bem no meu ouvido. "Devagarinho" é muito mais tranquilo. Às vezes, a gente prefere não usar a palavra exatamente como ela é escrita ou deveria ser pronunciada, por causa do resultado. Nós temos uma liberdade poética. É algo permitido. E também, com o uso, a palavra vai sendo aceita de duas maneiras, tanto "devagarzinho", quanto "devagarinho", assim como "butiquim". "Botequim" é complicado (risos). "Fui ao botequim" na música não fica bonito.

[...]

Você encara um disco como se fosse um livro?

A maioria das pessoas só escuta música que toca no rádio ou é divulgada, mas há muita gente que pega um disco, bota para ouvir, pega as letras e aí entende que é como se estivesse lendo um livro. Todo mundo devia tirar um dia ou uma hora pelo menos por semana para ouvir música. Pegar um disco, começar a ouvir e ler as letras todas. É um hábito muito bom, mas quase ninguém tem.

Você fez um disco para Noel. Vê semelhanças entre a sua obra e a dele?

Noel Rosa é importante para o samba, até na postura. Tudo o que ele fez é tão forte que ninguém supera. O samba deve muito a ele, mas nunca fui muito um pesquisador do Noel, não. Como todo mundo em Vila Isabel é Noel Rosa fanático (risos), quando cheguei lá tratei de entender um pouco mais dele e ver sua grandeza. Sempre há coisas que nos identificam, mas ele viveu numa época diferente demais.

Morreu num ano e eu nasci no outro. Para Vila Isabel, a importância dele é ter divulgado o bairro. Para mim, é mais a escola de samba Unidos de Vila Isabel, que, no tempo dele, não existia. Se existisse, ele seria um grande compositor de samba-enredo.

Por que musicou poemas de Drummond?

Num ano, a Unidos de Vila Isabel escolheu como tema-enredo não a vida do Carlos Drummond de Andrade, mas uma poesia dele, "Sonho de um Sonho". É difícil fazer enredo e samba por uma poesia, mas consegui. O Drummond achou muito interessante e falou comigo. Como essa poesia está no livro

Rosa do Povo, eu o li inteiro, fiquei encantado e resolvi fazer um disco com esse título. No meu samba-enredo, traduzi o poema; no disco, o livro. A música "João e José" eu fiz com João Nogueira. É um dos meus discos mais interessantes. Há quem diga que é o melhor (risos).

Sua relação com o folclore é forte. Por quê?

Fiz um disco todo baseado no folclore, *O Canto das Lavadeiras*, de 1989. A literatura brasileira, de maneira geral, está envolvida pelo folclore. Há músicos eruditos que abominam o popular e o folclore. Estão errados, porque tudo vem daí.

Você é autor do livro Os Lusófonos. O que o atrai nos países de língua portuguesa?

Portugal é minha outra pátria. Lá eu sou como aqui. As pessoas me tratam como aqui e há uma identificação muito grande. Já fui muitas vezes a Portugal. Em todos os anos, eu vou uma ou duas vezes. Gosto muito da música portuguesa. Já gravei fados à minha moda e eles gostam muito. A minha música é muito difundida por lá. Às vezes, há uma identificação com um país e o porquê a gente não sabe muito bem. Mas é um país lindo de que gosto muito. Todo brasileiro que puder fazer uma viagem internacional tem de ser a Portugal.

Interessa a você o modo como nossa língua é falada em outros países?

Cada um deve falar o português à sua maneira, mas creio que o jeito brasileiro acabará predominando, porque somos um país grande e com muito mais gente. Vamos acabar dominando ou influenciando na maneira de falar dos países africanos de língua portuguesa.

(*Língua Portuguesa*, ano 8, n. 93.)

Reprodução/Fundação Biblioteca Nacional, Rio de Janeiro, RJ.

Noel Rosa, também conhecido como "o poeta da Vila", foi a grande expressão musical da Vila Isabel, antes de Martinho da Vila.

1 As entrevistas publicadas em jornais e revistas apresentam diferentes objetivos, dependendo do tipo de informação que veiculam e do público que pretendem atingir. A entrevista em estudo foi publicada na revista *Língua Portuguesa*. Com que tipo de pessoa e com que finalidade a entrevista foi feita? Responda em seu caderno.

a) Foi entrevistada uma autoridade (reitor, delegado, general, ministro, etc.) conhecida do público da revista, com o fim de obter sua opinião sobre um fato em destaque no momento.

b) Foi entrevistado um especialista (pesquisador, professor, médico, psicólogo, etc.) em certo assunto, com o objetivo de explicar um fato de interesse científico, suscetível de descrição ou explicação. O especialista é desconhecido do público em geral e, por esse motivo, antes da entrevista propriamente dita há um texto introdutório que o apresenta.

c) Foi entrevistada uma pessoa pública (político, ator ou atriz, músico, cineasta, figura de destaque na sociedade e na mídia, etc.), com o objetivo de apresentar suas ideias, promovê-la (ou ao grupo ou entidade que ela representa) ou levar o público da revista a conhecê-la melhor.

2 Em toda entrevista, uma (ou mais de uma) pessoa faz perguntas, e outra (ou outras) responde. Na entrevista em estudo, quem é o entrevistado?

3 Embora conste nas entrevistas (no início ou no fim) o nome de quem fez as perguntas, raramente ele é usado no corpo do texto. Algumas publicações usam o próprio nome antes das perguntas, em vez do nome do entrevistador. Outras diferenciam perguntas e respostas por meio de recursos gráficos (como, por exemplo, negrito ou itálico), sem identificar explicitamente os participantes. Na entrevista que você leu:

a) Em que parte aparece o nome do jornalista que a realizou, isto é, o crédito do entrevistador? Qual é o nome dele?

b) Como são diferenciadas as falas do entrevistador e do entrevistado?

c) Levante hipóteses: Qual seria a razão da não identificação de entrevistador e entrevistado?

4 Observe o título da entrevista. Considerando que a revista *Língua Portuguesa* é dirigida principalmente a um público com acesso a produtos culturais, mais especificamente com interesse no estudo de nosso idioma, responda:

a) A escolha do título está relacionada ao perfil do público-alvo?

b) O que, à primeira vista, o título sugere?

c) Qual é, de fato, o assunto da entrevista?

5 Antes da entrevista propriamente dita, abaixo do subtítulo, há um texto que a introduz. Qual é a finalidade desse texto introdutório?

6 Observe o modo como o entrevistador faz as perguntas a Martinho da Vila.

a) Há, nas perguntas, indícios de que o entrevistador as preparou previamente? Por quê?

b) Considerando-se que o público leitor da revista é formado por pessoas interessadas em cultura e em língua portuguesa, o modo como o entrevistador conduziu as perguntas foi apropriado?

7 Observe as respostas do entrevistado.

a) Elas revelam segurança em relação ao assunto?

b) As respostas dele são direcionadas exclusivamente a um público especializado no assunto tratado? Justifique sua resposta.

8 Numa entrevista, quem controla a interação entre os participantes é o entrevistador, uma vez que cabe a ele fazer as perguntas. O entrevistado, porém, pode enfatizar um aspecto da pergunta e ignorar outros ou dar à resposta um rumo que lhe seja mais conveniente. Identifique, na entrevista lida, trechos em que se verificam iniciativas como essas.

9 Observe a linguagem empregada pelo entrevistador e pelo entrevistado.

a) Que variedade linguística foi empregada por eles?

b) Que forma de tratamento foi usada pelo entrevistador para dirigir-se ao entrevistado?

c) Essa forma de tratamento proporciona maior ou menor formalidade à interação entre entrevistador e entrevistado?

10 Quando falamos, é comum suspendermos o pensamento, deixando frases incompletas, assim como empregarmos gestos no lugar de frases, rirmos de alguma ideia engraçada, usarmos expressões que retomam ideias anteriores, como *então*, *aí* ou *como eu dizia*, etc., ou expressões como *né*, *hum*, *pois é*, etc.

a) Na entrevista lida, há alguma marca de oralidade desse tipo?

b) Deduza: Por que isso acontece?

11 Reúna-se com os colegas de grupo e, juntos, concluam: Quais são as características básicas da entrevista? Respondam, considerando os critérios a seguir: finalidade do gênero, perfil dos interlocutores, suporte ou veículo, tema, estrutura, linguagem.

Produzindo a entrevista

No **Projeto** desta unidade, você vai montar com os colegas um jornal. Para compor o jornal, você vai produzir também entrevistas. Reúna-se com seus colegas de grupo para, juntos, produzirem uma entrevista. A pessoa a ser entrevistada pode ser um profissional de uma área pela qual alguns de vocês têm interesse, uma pessoa conhecida na cidade, um diretor de uma ONG, um empresário, um comerciante, um escritor, um professor, um jornalista, um atleta, um ex-aluno da escola, um colecionador de selos ou de revistas em quadrinhos, um músico, um ator, um *youtuber*, etc. Como o jornal a ser produzido no **Projeto** será destinado à comunidade escolar, selecionem um entrevistado com um papel social que possa ser do interesse do público-alvo. Da mesma forma, procurem fazer um recorte temático para a entrevista, selecionando um tópico também relevante para o público.

O que é um "papel social"?

Papel social é como um personagem que encarnamos ao atuarmos em diferentes contextos sociais em nosso dia a dia. O diretor da escola, por exemplo, exerce esse papel na escola. Em casa, pode exercer o papel social de marido, filho, pai, dono de casa. No estádio de futebol, é o torcedor. Na cidade, é cidadão; no trânsito, motorista, pedestre ou usuário do transporte público.

Planejamento do texto

Preparando e realizando a entrevista

- Procurem conhecer a pessoa que será entrevistada e o assunto que será o foco da entrevista. Assim, se a pessoa for, por exemplo, um profissional de uma área pela qual o grupo tem interesse, procurem informações sobre ele, onde trabalha, há quanto tempo, se participa de alguma entidade filantrópica, etc.
- Considerando esse suporte, pensem no perfil dos leitores — lembrando que podem ser jovens como vocês e adultos — e empreguem uma linguagem adequada ao gênero e a esse público.
- Façam um roteiro de perguntas. Se o escolhido para ser entrevistado for um profissional, vocês podem perguntar, por exemplo, que pessoas ou fatos tiveram influência na sua escolha profissional; qual foi o processo de escolha da profissão; que fator teve mais influência na escolha: o lado econômico ou a realização profissional;

qual a importância de ser ou não realizado profissionalmente; quais os prós e os contras da profissão escolhida; que importância a atualização constante tem na formação profissional; que conselhos daria para um jovem indeciso quanto à escolha profissional, etc.

- Façam perguntas curtas e objetivas. Procurem prever possíveis respostas e preparem novas perguntas considerando essas possíveis respostas.
- Ao entrevistar, não confiem na memória: levem um gravador ou uma câmera de vídeo.
- Apresentem uma pergunta de cada vez e saibam ouvir. Fiquem atentos às respostas, pois vocês podem aproveitar um comentário do entrevistado e improvisar uma pergunta que resulte numa resposta interessante.

Transcrevendo a entrevista

- Com a gravação em mãos, transcrevam a entrevista, passando-a para o papel.
- Escolham uma frase significativa do entrevistado para servir de título ou criem um título com base no assunto tratado.
- Escrevam uma introdução, apresentando o entrevistado e o assunto da entrevista.
- Coloquem o nome do entrevistador (ou o nome do grupo ou do jornal) antes de cada pergunta e o nome do entrevistado antes das respostas. Ou, para diferenciar as perguntas das respostas, empreguem recursos gráficos.
- Reproduzam o diálogo mantendo a linguagem empregada pelo entrevistado, mas evitando as marcas da linguagem oral.

Revisão e reescrita

Antes de fazer a versão final da entrevista, releiam-na, observando:

- se ela veicula informações suficientes a respeito do assunto abordado;
- se a sequência de perguntas e respostas flui com naturalidade;
- se há título e texto de apresentação;
- se o nome do entrevistador (ou do grupo ou do jornal) e o nome do entrevistado estão colocados, respectivamente, antes das perguntas e das respostas, ou se as falas de um e outro são diferenciadas por meio de recursos gráficos;
- se a linguagem está adequada ao perfil dos leitores e ao gênero.

Façam as alterações necessárias e passem o texto para um suporte e formato adequados à situação de leitura em que ele será lido.

Entrevistas nas diversas mídias

Entrevistas podem ser feitas de diferentes maneiras e divulgadas em vários formatos: algumas entrevistas são realizadas a distância — o entrevistador envia perguntas por *e-mail* e as recebe respondidas pelo entrevistado, publicando-as por escrito; há programas de entrevista na televisão, em que entrevistador e entrevistado estão frente a frente e sua interação é vista e ouvida pelos telespectadores; há programas jornalísticos em que o entrevistado interage por meio de ferramentas de conversa pela internet (como Skype, FaceTime ou GoogleTalk); em aplicativos para *smartphone*, é possível ouvir entrevistas em *podcasts*, realizadas por pessoas que se reúnem para gravá-las ou que as fazem por telefone. Em canais de vídeo na internet, também podemos assistir a entrevistas audiovisuais. Em alguns *sites*, trechos da entrevista transcrita e adaptada são combinados a trechos em vídeo.

Fábio Rocha/Globo

Dividam-se em grupos e pesquisem entrevistas em diferentes formatos. Vejam algumas sugestões:

- programa de entrevistas na televisão, do tipo *talkshow*;
- programa de entrevistas em estação de rádio;
- vídeo de canal de entrevistas no YouTube;
- programa de entrevista em *podcast*;
- *sites* em que são combinados trechos transcritos e trechos em vídeo.

ESB Professional/Shutterstock

Em cada um dos casos, procurem analisar as entrevistas a partir do seguinte roteiro:

1. Quem é o entrevistador? Qual papel social dele é colocado em destaque na entrevista?
2. Quem é o entrevistado? Qual papel social dele é colocado em destaque na entrevista?
3. Qual é o tema ou o motivo da entrevista?
4. Qual é o público-alvo da entrevista?
5. Onde a entrevista foi publicada ou como foi divulgada?
6. Há título e subtítulo? Se sim, qual(quais)?
7. Como a entrevista é iniciada? Há uma apresentação do entrevistado ou do motivo da entrevista?
8. O entrevistador parece seguir um roteiro de perguntas ou parece improvisar no momento de realizar os questionamentos?
9. Que variedade linguística é utilizada? Há marcas de oralidade?
10. A linguagem adotada por entrevistado e entrevistador é mais formal ou mais informal? Dê exemplos de trechos e expressões que comprovem sua resposta.
11. Há o uso de termos técnicos ou expressões especializadas? Qual é a relação desse uso com o papel social do entrevistado?
12. Como a entrevista é encerrada?

Após a análise, apresentem para a turma as características básicas da entrevista no formato escolhido por seu grupo. Vocês poderão escolher alguns desses formatos para realizar e divulgar entrevistas no jornal da classe, a ser produzido no **Projeto**.

CAPÍTULO

50 O artigo de opinião

Trabalhando o gênero

No mundo em que vivemos, com frequência temos de nos posicionar sobre certos temas polêmicos que circulam socialmente. Por exemplo: Os médicos têm o direito de interromper o tratamento de um paciente em estado terminal? Os conteúdos dos programas de televisão devem ser submetidos a algum tipo de controle? Os governos têm o direito de invadir a privacidade dos internautas com o pretexto de fazer investigações policiais?

Para responder a essas e a outras questões, são publicados em jornais, revistas e em *sites* **artigos de opinião**, nos quais os autores expressam seu ponto de vista sobre certos temas.

Leia este artigo de opinião:

Este capítulo favorece o desenvolvimento das habilidades

EM13LGG102
EM13LGG202
EM13LGG302
EM13LGG303
EM13LGG701
EM13LGG703
EM13LP01
EM13LP03
EM13LP04
EM13LP05
EM13LP06
EM13LP07
EM13LP12
EM13LP15
EM13LP32
EM13LP43
EM13LP44
EM13LP45

Quantos likes vale a revolta?

Prender-se somente ao que agrada fragiliza e esvazia o discurso

Rawpixel.com/Shutterstock

Nos últimos anos temos nos deparado com um esvaziamento de conceitos transformadores.

Há uma tentativa de tornar superficial para que se retire o potencial revolucionário de lutas importantes. Por exemplo, em vez de se dizer que empoderamento é organização coletiva para transformação social, vemos propagandas vendendo empoderamento ligando-o ao consumo.

Não quero ser aquela pessoa que dita as coisas, nem a chata nostálgica. Entendo que é preciso, para muitos, ganhar dinheiro com as redes. Porém é preciso conhecer o caminho percorrido por aquelas que nos antecederam. Aprender com mulheres que desafiaram seu tempo e construíram um legado e chão batido para que outras pudessem caminhar. Com as redes sociais, muitas pessoas querem falar sobre tudo, sem necessariamente ter compromisso ou base para isso. Daí vemos o movimento feminista ser uma espécie de "lifestyle": ativistas comprando seguidores, temas importantes sendo tratados de forma superficial. Do mesmo modo, não há espaço para o diálogo e a criticidade, mas para frases feitas, concordância absoluta sob o risco de "cancelamento", ofensas e hostilidade.

Com isso, podemos cair num discurso raso que tende somente a agradar, mesmo quando pretendíamos falar sobre assuntos espinhosos. A preocupação com curtidas se torna maior do que o compromisso com a verdade. Em "Erguer a Voz" (ed. Elefante, 376 págs.), a feminista negra Bell Hooks traz um alerta muito importante sobre a necessidade de estabelecer diálogos com o público com o qual se fala — falar com, e não falar para. Ao ouvir as respostas, segundo Hooks, é possível compreender se nossas palavras agem para resistir, transformar e realmente mudar.

"Em uma cultura consumista na qual somos todos levados a acreditar que o valor de nossa voz não é determinado pela sua capacidade de desafiar ou possibilitar uma reflexão crítica, mas pelo nível em que é apreciada (às vezes até por nós), é difícil manter uma mensagem libertadora. É difícil manter um senso de direção, uma estratégia para a fala libertadora, se não desafiamos constantemente esses padrões de valorização", afirma Hooks.

Prender-se somente ao que agrada, para não perder seguidores, fragiliza e esvazia o discurso. Há também aqueles que falam de temas pretensamente transformadores, mas que em nada incomodam o *status quo*. Geralmente, essas pessoas usam muitos pontos de exclamação na frase, falam com muita ênfase pseudorrevoltada, mas o conteúdo em si não desafia; ao contrário, só serve para inflar o ego. É uma espécie de firula, uma revolta enganadora que pode impressionar os desatentos.

[...]

O movimento feminista [...] é um movimento político por libertação. Como afirma Amelinha Teles, ser feminista é assumir uma postura incômoda. Lembro de ter sido agredida verbalmente muitas vezes por apresentar pontos discordantes de uma questão e provocar o dissenso. Já me irritei muito com isso, até internalizar que "é preciso entender que a voz libertadora irá necessariamente confrontar, incomodar, exigir que ouvintes até modifiquem as maneiras de ouvir e de ser".

Só a partir de uma reflexão crítica honesta e profunda sobre a sociedade, a relação entre dominados e subalternizados e as estruturas de opressão, é que podemos avançar para uma prática transformadora. Por mais que precisemos pagar nossas contas, não podemos perder a coerência política.

"É importante para aqueles que permanecem em solidariedade conosco compreender que encontrar uma voz é parte essencial da luta libertadora — um ponto de partida necessário para o oprimido, o explorado —, uma mudança em direção à liberdade. Aquela conversa que nos identifica como descompromissados, sem consciência crítica — que significa uma condição de opressão e exploração —, é absolutamente transformada quando nos engajamos em uma reflexão crítica e quando agimos para enfrentar a dominação. Só estamos preparados para lutar pela liberdade quando essa base está estabelecida."

Djamila Ribeiro

Mestre em filosofia política pela Unifesp e coordenadora da coleção de livros Feminismos Plurais.

(Disponível em: https://www1.folha.uol.com.br/colunas/djamila-ribeiro/2020/03/quantos-likes-vale-a-revolta.shtml. Acesso em: 5/4/2020.)

1 Após o texto do artigo de opinião, há informações a respeito da autora.

a) Qual é a relação entre essas informações e o tema abordado no artigo?

b) Troque ideias com os colegas e o professor: Qual é a relevância de termos informações pessoais e profissionais do autor de um texto de opinião?

2 A autora introduz o tema e seu ponto de vista sobre ele por meio de uma apresentação breve e direta.

a) Qual é o tema do artigo de opinião lido?

b) Qual é o ponto de vista da autora sobre o tema?

3 Para defender seu ponto de vista e iniciar sua argumentação, a autora apresenta um exemplo no segundo parágrafo e, no terceiro parágrafo, refuta um possível contra-argumento ao exemplo dado.

a) Qual é o exemplo?

b) Qual é o contra-argumento que a própria autora levanta a respeito de seu posicionamento?

c) Como a autora refuta esse contra-argumento?

4 A articulista, para desenvolver sua argumentação, se apoia nas ideias de uma obra específica.

a) Qual é a obra e quem é a autora?

b) Qual é a principal tese da obra citada, segundo a articulista?

c) Qual é a importância, para a construção do texto, de citar as ideias dessa autora?

5 Num texto de opinião, o autor geralmente fundamenta seu ponto de vista em verdades e opiniões (leia o boxe "Fato, verdade e opinião"). Identifique no texto:

a) exemplos de fatos que podem ser facilmente comprovados;

b) opiniões da autora.

Fato, verdade e opinião

Nos gêneros argumentativos em geral, o autor sempre tem a intenção de convencer seus interlocutores. Para isso, precisa apresentar bons argumentos: fatos relevantes que estão acontecendo ou já tenham acontecido, exemplos particulares que sejam passíveis de alguma generalização, afirmações que sejam consensualmente consideradas verdades irrefutáveis e opiniões de pessoas que sejam referência no assunto (pesquisadores, estudiosos, cientistas, profissionais da área, etc.).

Consideram-se fatos situações que estão ocorrendo ou sendo noticiadas pela grande imprensa (por exemplo, publicidades de marcas comerciais que utilizam conceitos feministas, ou uma pandemia que leva milhares de pessoas à morte). Verdades irrefutáveis são afirmações universalmente aceitas porque já foram comprovadas ao longo da história (por exemplo: a Terra gira em torno do Sol, a poluição prejudica o meio ambiente e a saúde humana) e dados científicos em geral (como estatísticas, resultados de pesquisas sociais ou de laboratório). Já as opiniões são fundamentadas em impressões pessoais do autor do texto e, por isso, são mais fáceis de contestar.

Os bons textos argumentativos geralmente fazem um uso equilibrado dos três tipos de argumento.

6 Releia estes trechos do texto:

- "Daí vemos o movimento feminista ser uma espécie de "lifestyle": ativistas comprando seguidores, temas importantes sendo tratados de forma superficial."
- "Com isso, podemos cair num discurso raso que tende somente a agradar, mesmo quando pretendíamos falar sobre assuntos espinhosos. A preocupação com curtidas se torna maior do que o compromisso com a verdade."
- "Prender-se somente ao que agrada, para não perder seguidores, fragiliza e esvazia o discurso. Há também aqueles que falam de temas pretensamente transformadores, mas que em nada incomodam o *status quo*."

a) Identifique as estratégias de impessoalização utilizadas pela autora nesses trechos.

b) Que efeito esses recursos têm sobre o texto e sobre o seu propósito de ser convincente?

Valdir Oliveira/Fotoarena

A filósofa Djamila Ribeiro, autora do texto e também de obras como *Lugar de fala (feminismos plurais)* e *Pequeno manual antirracista*.

7 Num texto de opinião, a ideia principal defendida pelo autor precisa ser fundamentada com bons **argumentos**, isto é, com razões ou explicações.

a) Que argumento de causa e consequência a autora usa para convencer o leitor de seu posicionamento a respeito do tratamento de alguns conceitos nas redes sociais?

b) Um dos argumentos contrasta noções de diálogo. Explique as duas noções e a conclusão a que chega a autora com esse argumento.

c) A articulista usa sua experiência pessoal como argumento. Qual é essa experiência?

8 Releia o seguinte trecho:

"Há também aqueles que falam de temas pretensamente transformadores, mas que em nada incomodam o *status quo*. Geralmente, essas pessoas usam muitos pontos de exclamação na frase, falam com muita ênfase pseudorrevoltada, mas o conteúdo em si não desafia; ao contrário, só serve para inflar o ego. É uma espécie de firula, uma revolta enganadora que pode impressionar os desatentos."

a) Quais são os motivos, apontados pela autora, que esvaziam discursos transformadores?

b) Justifique o título do artigo de opinião com base nesse trecho.

9 A conclusão é apresentada nos dois últimos parágrafos do texto.

a) De quem é a voz em cada um dos parágrafos?

b) Qual é o argumento que fecha o penúltimo parágrafo? Qual é a origem desse argumento: fato, verdade ou opinião?

c) Que estratégia a autora utiliza na construção do último parágrafo do texto?

10 Observe a linguagem do texto.

a) Que variedade linguística foi empregada?

b) Considerando-se o tema, o veículo em que o texto foi publicado e o perfil do público leitor, pode-se considerar que a escolha dessa variedade linguística foi adequada? Por quê?

11 Reúna-se com os colegas de grupo e, juntos, concluam: Quais são as características básicas do artigo de opinião? Respondam, considerando os seguintes critérios: finalidade do gênero, perfil dos interlocutores, suporte ou veículo, tema, estrutura, linguagem.

Produzindo o artigo de opinião

E você, o que pensa das discussões via redes sociais na internet? É possível construir diálogos construtivos ou tudo se resume a ganhar ou perder seguidores?

Prepare-se para produzir um artigo de opinião sobre nossos comportamentos em redes sociais. Os artigos serão publicados no jornal que a classe irá produzir no **Projeto**. Para isso, leia o painel de textos a seguir e confronte-os quanto às ideias, pois eles servirão de base para você aguçar sua reflexão sobre o tema.

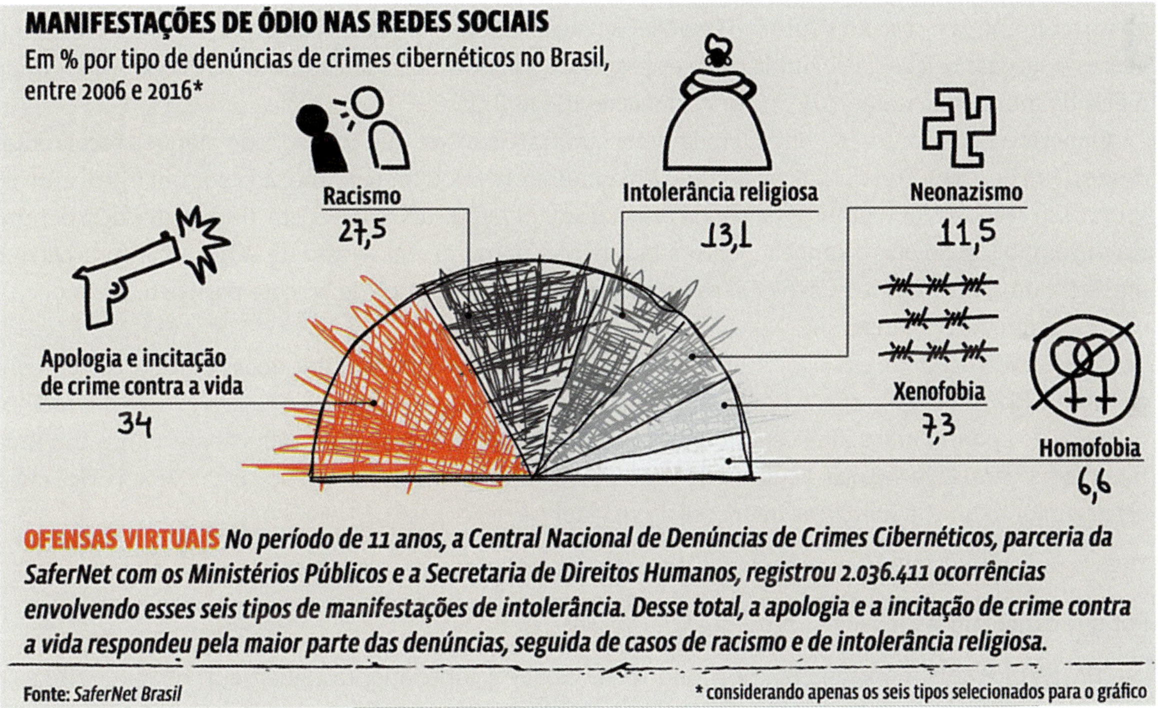

(Disponível em: https://abrilguiadoestudante.files.wordpress.com/2018/06/ge-info-2.png. Acesso em: 5/4/2020.)

Todo mundo está de mal: o que a cultura do cancelamento diz sobre nós

Luiza Pollo — Da agência Eder Content, colaboração para o TAB, em São Paulo
20/09/2019 04h00

[...]

As redes sociais cancelam pessoas a valer. Anitta, Taylor Swift e Nego do Borel já foram alvo da chamada cultura do cancelamento. O termo se refere ao boicote a um artista ou celebridade que tenha dito ou feito algo considerado moralmente errado — ou politicamente incorreto — pelos padrões de determinado grupo.

[...]

É fácil achar um novo cancelado por dia, mesmo que sejam figuras de nicho, como cantores de K-Pop ou youtubers. Depois de um ou dois dias em alta no Twitter, as hashtags costumam perder força e os cancelados seguem suas vidas e carreiras.

magic pictures/Shutterstock

Essa é uma das grandes críticas nas redes à cultura do cancelamento: ela não parece surtir tanto efeito assim. Veja o caso do youtuber PewDiePie: mesmo depois de fazer comentários racistas em seus vídeos e ser "cancelado" (a segunda onda está apenas começando), seu canal no YouTube é o segundo maior do mundo em número de inscritos, mais de 101 milhões.

O mesmo não aconteceu com a banda brasileira Carne Doce, que tem sofrido ataques recorrentes desde o fim de 2018. Tudo começou quando uma mulher revelou ter sido abusada por um integrante do grupo. Em resposta, os membros da banda afirmaram ter expulsado o baterista ainda antes de a denúncia vir a público. Só que o cancelamento à banda não parou aí: em agosto de 2019, a cantora Letrux, que faria uma turnê com o Carne Doce, decidiu atender aos pedidos de boicote por parte do público e cancelou a turnê conjunta.

A especialista em direitos da mulher Loretta Ross não é contra apontar ações e discursos preconceituosos. Ela só acredita que o linchamento virtual (antigamente, público e figurado) não é a melhor maneira de apontar erros alheios. Em um texto de opinião intitulado (em tradução livre) "Eu sou uma feminista negra. Eu acho que a cultura do cancelamento é tóxica", publicado no jornal New York Times, ela argumenta que há maneiras melhores de se fazer justiça social.

[...]

Por que cancelamos

"Em termos de comportamento de grupo, toda vez que a gente aponta alguém e a coloca em situação de evidência, despersonaliza essa pessoa", afirma Fabiane Friedrich Schütz, doutora em psicologia pela Universidade Federal do Rio Grande do Sul [...]. Expor e xingar alguém em massa seria, portanto, um reflexo disso. Esquecemos que aquela figura pública é, no fim das contas, gente como a gente, e temos mais dificuldade de empatizar.

Essa prática vem desde antes da internet, como observa Loretta, mas é ampliada pelas novas formas de participação nas discussões sociais, avalia André Luiz Maranhão de Souza Leão, professor e pesquisador do programa de pós-graduação em Administração da Universidade Federal de Pernambuco e coordenador do grupo de pesquisa Círculo de Estudos de Fãs, Mídia e Entretenimento.

"O ser humano, em toda a sua história, sempre usou pessoas públicas e renomadas como uma referência de comportamento", observa. "Você soma o fato de a vida social ser mais participativa e engajada a um relacionamento diferente com as celebridades. Nas redes sociais elas se colocam de forma mais próxima do público, mais vulnerável", avalia Leão.

[...]

Em defesa do cancelamento

Se por um lado prolifera o movimento contra o cancelamento sob o pretexto de que ele não serve para educar alguém que fez um comentário preconceituoso, há quem defenda que a prática é importante para estabelecer limites publicamente.

"É inevitável que a redenção chegará para o cancelado. Mas, antes disso, a melhor ferramenta continua sendo que a corte da opinião pública exija um pedido de desculpas e use as redes sociais para cobrar responsabilidade, criando um exemplo para as pessoas do entretenimento que realmente se importam com as comunidades que consomem seu conteúdo", escreve a autora Shamira Ibrahim na Vice, no texto "Em defesa da cultura do cancelamento". Em outras palavras, ela acredita que o puxão de orelha em público ajuda a prevenir futuros deslizes de outras celebridades.

Leão, da UFPE, concorda com esse ponto. "Gera uma situação de cuidado com certas opiniões que são emitidas, coisas que falamos às vezes por impulso e no fundo revelam certos princípios e valores que nem sempre vão ao encontro de certos grupos que precisam ser respeitados."

"Por outro lado, me preocupa a tendência do oba-oba. Quando a coisa é feita com base numa reflexão, numa discussão, quando se trata do levantamento de uma agenda importante em termos de representatividade, acho que é relevante. Mas às vezes a pessoa simplesmente falou algo que não agrada e se cria esse cavalo de batalha", avalia o professor. Entre "cancelar o cancelamento" ou manter tudo como está, há espaço para questionar atitudes preconceituosas e gerar debates construtivos.

(Disponível em: https://tab.uol.com.br/noticias/redacao/2019/09/20/todo-mundo-ta-de-mal-o-que-a-cultura-do-cancelamento-diz-sobre-nos.htm. Acesso em: 5/4/2020.)

Charge publicada na *Folha*, em 17 de outubro de 2018, em alusão à polarização política mais raivosa presente no país.

(Disponível em: https://domtotal.com/charge/1869/2017/04/a-polarizacao-no-brasil/. Acesso em: 5/4/2020.)

Planejamento do texto

- Pense no perfil do seu leitor: você vai escrever para jovens como você e para adultos da comunidade escolar, que terão acesso ao jornal da classe. A linguagem deve estar, portanto, adequada ao gênero e ao perfil desse público leitor.
- Selecione um tema relacionado aos textos lidos anteriormente. Veja algumas sugestões:
  — As redes sociais têm aumentado ou diminuído as possibilidades de diálogo?
  — Nas redes sociais, convivemos com a diversidade ou criamos bolhas de opinião?
  — A busca por *likes* e por seguidores é uma maneira de criar vínculos, fornecer informações e gerar renda ou uma redução do diálogo e uma busca inconsequente por lucro?
  — É possível encontrar, em redes sociais, informações confiáveis e perfis que buscam a verdade?
  — O "cancelamento" é uma maneira de chamar as pessoas a suas responsabilidades sobre o que postam ou é uma nova maneira de realizar linchamentos?
- Anote as ideias e os argumentos dos textos lidos que podem ser úteis para fundamentar o ponto de vista que você pretende desenvolver.
- Pense em um enunciado (uma ou mais frases) que possa cumprir o papel de introduzir o texto e, ao mesmo tempo, expressar a ideia principal que pretende defender (a síntese de seu ponto de vista) e anote-o.
- Entre os argumentos que anotou, escolha aqueles que podem fundamentar de modo mais consistente a ideia principal do texto. Prefira qualidade e profundidade à quantidade dos argumentos. Se achar conveniente, acrescente novos argumentos.
- Pense na melhor forma de concluir seu texto: retomando o que foi exposto, confirmando a ideia principal ou fazendo uma citação de algum escritor ou alguém importante na área do tema debatido. Não introduza ideias novas (não discutidas ao longo do texto) no último parágrafo.
- Dê ao texto um título que desperte a curiosidade do leitor.
- Lembre-se de que o artigo de opinião tem uma estrutura convencional e linguagem objetiva, de acordo com a norma-padrão.
- Se digitar o texto, formate-o em colunas. Faça as alterações necessárias e passe seu artigo de opinião para o suporte final.

Revisão e reescrita

Antes de fazer a versão final do seu artigo de opinião, releia-o, observando:

- se seu posicionamento sobre o tema está claro;
- se o texto apresenta uma ideia principal que resume seu ponto de vista;
- se a ideia principal é fundamentada com argumentos claros e consistentes;
- se os argumentos estão bem-desenvolvidos;
- se a conclusão retoma e confirma o ponto de vista defendido;
- se o título dado ao texto é, além de atraente, coerente com as ideias desenvolvidas;
- se o texto como um todo é persuasivo;
- se a linguagem está de acordo com a norma-padrão da língua e com um grau de formalidade adequado ao público-alvo e ao veículo em que será publicado.

CAPÍTULO

51 O editorial

Trabalhando o gênero

Leia este editorial:

A velha mácula das "fake news"

Escrito por **Redação**, 25 de outubro de 2018.

gguy/Shutterstock

O País está às vésperas de encerrar mais uma disputa eleitoral — como todas as demais, importantíssima nas condições de baliza da democracia e de fator da determinação das vontades do povo. Mas essa, em especial, traz a mácula das notícias falsas, ou "fakenews", expressão em inglês já consagrada para designar um preocupante fenômeno da comunicação que se estende para a política.

É válido, primeiramente, lembrar que as *fake news* permeiam a história mundial. Podem ser identificadas desde o Império Romano, passando pela Primeira e pela Segunda Grande Guerra, pela Guerra Fria e pelas turbulências e inovações dos anos 1960 e 1970 na Europa e na América Latina. Estiveram também nos tempos do Brasil Império, do Estado Novo, do regime militar e da redemocratização.

Atualmente, porém, encontraram na tecnologia da Internet e dos telefones móveis espetaculares campos de disseminação. E, nesse cenário, ganharam uma perigosíssima dimensão, capaz de abalar as estruturas da democracia a partir da deformação de fatos ou mesmo da criação de mentiras.

Mas que ninguém se engane ou se dê por vencido pela característica endêmica das fake news. Essas permanência e persistência não lhes podem servir como autorização ou, no limite da análise, como simples justificativa para existirem. Afinal, são crimes e como crimes devem ser repudiados, combatidos e exemplarmente punidos. É preciso, à frente de tudo, ter recursos que as previnam.

Este capítulo favorece o desenvolvimento das habilidades

- EM13LGG101
- EM13LGG102
- EM13LGG103
- EM13LGG104
- EM13LGG302
- EM13LGG303
- EM13LP01
- EM13LP02
- EM13LP05
- EM13LP06
- EM13LP07
- EM13LP12
- EM13LP15
- EM13LP35
- EM13LP36
- EM13LP38
- EM13LP39
- EM13LP40

É necessário destacar que não são exclusivamente os pleiteantes de cargos públicos os atingidos. As instituições públicas também terminam vitimadas — o que também se pode dizer dos interesses do cidadão em dispor de mecanismos eficientes para a distribuição de informações e opiniões bem apuradas e, por isso, confiáveis.

A sociedade civil, a partir de seus mecanismos de organização e de seus instrumentos de funcionamento, finda igualmente fragilizada. Há um "efeito dominó" extremamente negativo que alcança a tudo e a todos.

A Imprensa, ao final, se torna refém, uma vez que restam desconsideradas as mais legítimas ferramentas de apuração de fatos, documentos e declarações, todas aprimoradas ao longo de séculos pela experiência e pelos meios acadêmicos.

Vale, nesse sentido, ter como referência a sequência de ataques que o Poder Judiciário e os magistrados têm sofrido, golpes que vêm acusando repetidamente. Não são apenas análises ou repercussões que extrapolariam as fronteiras, mas ameaças covardes e notícias falsas que, grosso modo, visam a sustentar a argumentação **deletéria**.

A hostilidade tenta pôr em xeque até mesmo a eficiência do sistema de urnas eletrônicas, o qual vem funcionando sem sobressaltos há 22 anos e assegurando à democracia brasileira a vanguarda na captação e na apuração de votos. Sobre isso, o presidente do Supremo Tribunal Federal precisou se manifestar: "As urnas eletrônicas são totalmente confiáveis. Os sistemas são abertos para auditagem, a todos os partidos políticos", explicou o ministro Dias Toffoli, deixando escapar uma farpa de ironia em direção aos que questionam as urnas. "Tem gente que acredita em Saci Pererê".

Costuma-se, enfim, atribuir ao político alemão Joseph Goebels (1897-1945), ministro da Propaganda de Adolf Hitler, uma frase tão desprovida de caráter quanto de moral ou ética, posto que se revela como um ensinamento contrário à tão necessária verdade: "Uma mentira repetida mil vezes torna-se verdade". Em pleno século XXI, deve-se avaliar com extrema apreensão que o mau instinto nazista, condenável sob quaisquer aspectos, emerge em meio à modernidade da tecnologia.

(Disponível em: https://diariodonordeste.verdesmares.com.br/editorias/opiniao/editorial-a-velha-macula-das-fake-news-1.2017419. Acesso em: 25/3/2020.)

deletéria: prejudicial; que causa destruição; que é nocivo; degradante; que leva ao que é imoral ou corrupto; que corrompe.

1 Os editoriais geralmente abordam um tema do momento, que está em discussão na sociedade.

a) Qual é o tema abordado pelo editorial em estudo?

b) Por que esse tema estava sendo debatido no Brasil no momento da publicação do editorial?

2 Por meio dos editoriais, os jornais e as revistas expressam seu ponto de vista sobre o tema abordado, seja para fazer uma crítica ou um elogio a algo ou a alguém, seja para fazer sugestões ou estimular a reflexão. No editorial lido, qual é o posicionamento do jornal em relação ao tema abordado?

3 O texto procura demonstrar de que forma as *fake news* afetam diferentes setores da sociedade.

a) Segundo o texto, quais setores são prejudicados pelas *fake news*?

b) Por que o texto associa os efeitos das *fake news* a um "efeito dominó"?

c) Por que a imprensa é profundamente prejudicada com as *fake news*?

F22design/Shutterstock

4 Os editoriais quase sempre seguem uma estrutura padrão: a *ideia principal* (tese), que expressa no(s) primeiro(s) parágrafo(s) o ponto de vista do jornal ou revista sobre o tema; o *desenvolvimento*, constituído por parágrafos que fundamentam a ideia principal; e a *conclusão*, geralmente formulada no último parágrafo do texto.

a) Observe os três parágrafos iniciais do texto. Que relação há entre eles?

b) Em qual deles a ideia principal é explicitamente apresentada?

5 O editorial é um texto que pertence ao grupo dos gêneros argumentativos, ou seja, aqueles que têm a finalidade de persuadir o leitor e, portanto, precisam apresentar argumentos consistentes, como relações de causa e consequência, comparações, exemplificação, depoimentos de autoridades, dados estatísticos de pesquisa, etc. Identifique no desenvolvimento do editorial lido:

a) relações de causa e consequência;
b) vozes de autoridade;
c) exemplificação.

6 Nos editoriais, a conclusão geralmente ocorre no último parágrafo e costuma apresentar uma síntese das ideias expostas ou uma sugestão ou proposta para a solução do problema abordado. De que tipo é a conclusão do editorial lido?

7 Com editoriais, as empresas jornalísticas buscam participar do debate social sobre temas relevantes e atuais. Você tem o hábito de ler o editorial de algum veículo de comunicação? Converse com os colegas e o professor sobre o assunto abordado no editorial em estudo. Qual é a sua maneira de se informar sobre fatos do Brasil e do mundo? Você acha que já recebeu e disseminou *fake news*? Você já usou serviços de checagem de informação? Se sim, compartilhe com a turma quais ferramentas ou *sites* checadores de informação você utilizou.

8 Observe a linguagem empregada no texto, inclusive os verbos e os pronomes. Como os editoriais expressam um ponto de vista institucional do jornal ou revista, e não a opinião pessoal de um jornalista em particular (como ocorre em um artigo de opinião), é comum não haver neles a identificação de quem os escreveu. Além disso, esse gênero privilegia a impessoalidade, isto é, o autor aborda o tema de modo distanciado, sem colocar explicitamente a sua voz no texto. No editorial lido:

a) Que pessoa verbal predomina? O uso dessa pessoa contribui para impessoalizar o texto? Por quê?
b) Em que tempo estão as formas verbais, predominantemente? Qual é o efeito de sentido que resulta do emprego desse tempo verbal?
c) Foi empregada uma variedade linguística de acordo com a norma-padrão? O registro é mais formal ou mais informal? Essa variedade linguística está de acordo com o suporte/veículo do texto e com a situação? Por quê?

9 Reúna-se com os colegas de grupo e, juntos, concluam: Quais são as características básicas do editorial? Respondam, considerando os seguintes critérios: finalidade do gênero, perfil dos interlocutores, suporte ou veículo, tema, estrutura, linguagem.

Produzindo o editorial

A seguir, você vai ler três textos que abordam a (des)valorização da ciência nos dias atuais, tema do editorial a ser produzido neste capítulo.

Em meio a campanhas de desinformação, a escola precisa defender a ciência

Professores devem seguir a base nacional curricular e reforçar importância dos estudos científicos

29 jan. 2020

ProStockStudio/Shutterstock

Em 2019, o jovem norte-americano Jerome Kunkel, 18, ganhou as manchetes do noticiário mundo afora quando decidiu processar a escola onde estudava. O motivo: ele havia sido suspenso por se recusar a tomar vacina contra catapora. Em meio a um surto do vírus na região, o adolescente de Walton, estado de Kentucky (EUA), afirmou que o procedimento de imunização iria contra as suas convicções religiosas.

Um mês depois de ter entrado com a ação judicial (que foi indeferida), como uma piada de mau gosto do destino, Kunkel contraiu catapora. Mesmo assim, ele afirmou não ter mudado de posicionamento: segundo sua crença, as vacinas derivariam de "fetos abortados".

O episódio reflete, dentro do ambiente escolar, a adesão crescente aos movimentos antivacinas, considerados pela Organização Mundial de Saúde (OMS) uma das principais ameaças à saúde global no ano passado.

De acordo com números da própria entidade, os casos de sarampo, doença outrora erradicada em diversas localidades, aumentaram em 300% no mundo nos primeiros três meses de 2019 em comparação ao mesmo período de 2018.

É sabido que o descrédito na eficácia dos processos de imunização não é novidade, mas a proporção que o tema tomou com as redes sociais é imensurável, uma vez que essas plataformas propiciaram a organização de indivíduos e grupos que defendem tais ideias e, consequentemente, facilitaram a disseminação desses boatos em escala exponencial.

Em tempos de pós-verdade, a questão específica da vacinação enquadra-se em um contexto muito mais amplo: o da deslegitimação da ciência. Não se trata de críticas ou questionamentos, e sim da desqualificação de tudo aquilo que se baseia em métodos, leis, teorias e pesquisas científicas, desenvolvidos ao longo dos séculos.

O desprezo pelo saber acumulado e organizado pela humanidade, conhecimento muitas vezes incompreensível para quem não é cientista, soma-se a crenças próprias, opiniões pessoais e argumentos simplórios, sem comprovação alguma, mas que parecem fazer sentido. As suposições em torno do aquecimento global, da teoria da evolução humana e da esfericidade do planeta são outros exemplos de temas ***sub judice*** do achismo das redes sociais.

[...]

Se não há confiança sobre as conclusões da ciência, então esses consensos universais testados e comprovados podem ser facilmente trocados por crenças populares e posicionamentos pessoais — e, mesmo a curto prazo, as consequências desse processo podem ser irreversíveis.

A escola precisa combater essa tendência, mostrando que o conhecimento científico traz, além de explicações sobre o mundo, inúmeros benefícios para vida individual e coletiva, que não podem ser destruídos por meras opiniões postadas na internet.

Isabella Galante
Jornalista do Instituto Palavra Aberta
Mariana Mandelli
Coordenadora de comunicação do Instituto Palavra Aberta

sub judice: o que se encontra sob a análise de um juiz ou de um tribunal; o que está aguardando julgamento.

(Disponível em: https://www1.folha.uol.com.br/educacao/2020/01/em-meio-a-campanhas-de-desinformacao-a-escola-precisa-defender-a-ciencia.shtml. Acesso em: 25/3/2020.)

Os cientistas no imaginário dos brasileiros

Como mudou a percepção das pessoas sobre os pesquisadores na última década no país

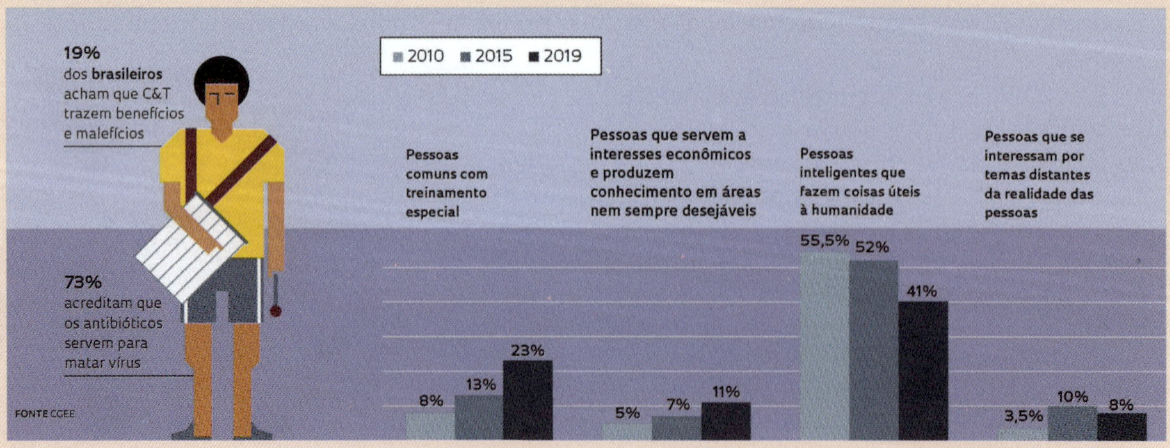

Alexandre Affonso/Pesquisa Fapesp

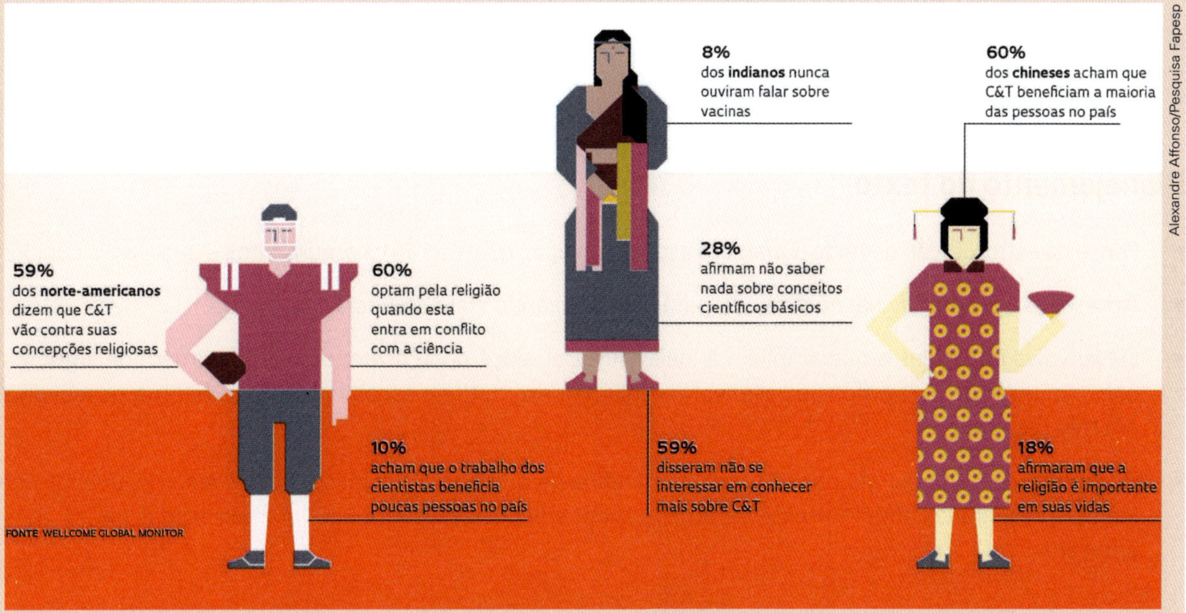

(Disponível em: https://revistapesquisa.fapesp.br/2019/10/04/resistencia-a-ciencia/. Acesso em: 25/3/2020.)

C&T: Ciência e Tecnologia.

Perguntas para Sabine Righetti, Pesquisadora da Unicamp em cultura científica

Que fatos mostram a força da produção científica brasileira?

O Brasil está entre os 15 países que mais produzem ciência no mundo. No ano passado, foram em média 230 novos artigos científicos por dia e 170 capítulos de livro. Isso é muita coisa. São 400 novos achados por dia de nossos cientistas, em todas as áreas do conhecimento. Se a gente considerar que nossas instituições que fazem pesquisa são extremamente jovens, esse número fica ainda mais impressionante. A USP, nossa melhor universidade, é de 1934. Os cientistas da USP "competem" internacionalmente com cientistas de universidades centenárias com orçamentos milionários. E, mesmo assim, temos trabalhos de impacto mundial.

[...]

Como uma possível recuperação da economia pode ajudar a fortalecer a ciência no Brasil?

Temos áreas com excelência nas quais o Brasil se destaca e são essenciais para o desenvolvimento econômico do País, como o agronegócio. Dou como exemplo uma pesquisa relacionada à soja, feita pela pesquisadora Johanna Döbereiner, que sozinha elaborou um projeto que fixou o nitrogênio na planta e rende R$ 20 bilhões por ano ao Brasil. Não podemos esperar que a economia se desenvolva para colocar dinheiro em pesquisas em áreas como essa, pois elas "alavancam" o País. A lógica é: se queremos que a economia se recupere, devemos colocar dinheiro na ciência. Do contrário, não conseguiremos desenvolver medicamentos e tecnologias e teremos de importar tudo.

(Disponível em: https://educacao.estadao.com.br/noticias/geral,um-futuro-para-se-viver-da-ciencia,70003124272. Acesso em: 25/3/2020.)

Como você já sabe, ao final desta unidade você e os colegas vão produzir um jornal. É importante, portanto, que vocês escrevam um editorial com o posicionamento do jornal sobre um tema relevante da atualidade. Para ajudá-los na escrita/nesta produção, após ler os textos, discuta as questões a seguir com os colegas e o professor e, depois, com base nas informações dos textos e nas ideias discutidas, produzam o editorial.

- Estamos vivendo um processo de desconfiança de descobertas da ciência?
- Por que os conhecimentos científicos não são acessíveis à sociedade em geral?
- De que modo a sociedade deve agir para preservar direitos e conquistas alcançados com base na ciência?

Planejamento do texto

- Pense na estruturação do texto: Qual será a ideia principal, quais serão os argumentos e qual será a conclusão.
- Apresente a ideia principal no primeiro parágrafo, deixando claro seu ponto de vista.
- Desenvolva argumentos que ampliem a ideia principal. Você pode fazer coincidir o número de argumentos com o número de parágrafos do desenvolvimento. Por exemplo, se escolher três argumentos, desenvolva-os em três parágrafos.
- Reserve o último parágrafo para a conclusão. Defina de que tipo ela será: se do tipo resumo, que retoma as ideias apresentadas anteriormente, se do tipo proposta, que apresenta uma ou mais saídas para a questão enfocada.

Revisão e reescrita

Antes de finalizar seu editorial e passá-lo para o suporte final, releia-o, observando:

- se ele expressa com clareza a opinião da classe a respeito da questão abordada;
- se ele é capaz de convencer o leitor por meio de bons argumentos;
- se ele apresenta uma ideia principal e fundamenta-a com argumentos consistentes;
- se ele contém uma ou mais voz(es) de autoridade para fundamentar suas afirmações;
- se ele apresenta uma conclusão coerente com a ideia principal e com o desenvolvimento;
- se os verbos estão predominantemente no presente do indicativo;
- se a linguagem é impessoal, se segue a norma-padrão e está adequada ao suporte e ao perfil do público.

Faça as alterações necessárias e publique o editorial no jornal da classe.

CAPÍTULO

52 A reportagem e a fotorreportagem

A reportagem

Trabalhando o gênero

Leia o texto a seguir.

Este capítulo favorece o desenvolvimento das habilidades

EM13LGG101
EM13LGG102
EM13LGG103
EM13LGG104
EM13LGG105
EM13LGG201
EM13LGG202
EM13LGG301
EM13LGG302
EM13LGG701
EM13LGG703
EM13LP01
EM13LP02
EM13LP04
EM13LP05
EM13LP07
EM13LP12
EM13LP14
EM13LP15
EM13LP16
EM13LP18
EM13LP36
EM13LP37
EM13LP39
EM13LP41
EM13LP45

SMARTPHONE: O NOVO CIGARRO

4 bilhões de pessoas têm um — e o tiram do bolso mais de 200 vezes por dia. Não por acaso. Entenda como as gigantes da tecnologia usam estratégias da psicologia, da neurologia e até dos cassinos para transformar o celular no objeto mais viciante que já existiu.

Rawpixel.com/Shutterstock

Texto: Bruno Garattoni e Eduardo Szklarz | Design: Yasmin Ayumi | Ilustrações: Denis Freitas

Fumar era normal. As pessoas acendiam o primeiro cigarro logo ao acordar, e repetiam o gesto dezenas de vezes durante o dia, em absolutamente todos os lugares: lojas, restaurantes, escritórios, consultórios, aviões (tinha gente que fumava até no chuveiro). Ficar sem cigarro, nem pensar — tanto que ir sozinho comprar um maço para o pai ou a mãe, na padaria da esquina, era um rito de passagem para muitas crianças.

O cigarro estava na TV, nos filmes, na música, na propaganda (nos EUA, ficou famoso um anúncio que dizia: "Os médicos preferem Camel"). 30% a 40% da população, dependendo do país, fumava. O cigarro foi, em termos absolutos, a coisa mais viciante que a humanidade já inventou. Hoje ele é execrado, com razão, e cenários assim são difíceis até de imaginar. Olhamos para trás e nos surpreendemos ao perceber como as pessoas se deixavam escravizar, aos bilhões, por algo tão nocivo. Enquanto fazemos isso, porém, vamos sendo dominados por um vício ainda mais onipresente: o smartphone.

Quatro bilhões de pessoas, ou 51,9% da população global, têm um, de acordo com uma estimativa da empresa sueca Ericsson. E o pegam em média 221 vezes por dia, segundo uma pesquisa feita pela consultoria inglesa Tecmark. O número de toques diários no aparelho é ainda mais impressionante: são 2.600, segundo a empresa de pesquisa Dscout Research.

O smartphone já vicia mais gente, e de forma mais intensa, do que o cigarro. Vivemos grudados em nossos smartphones porque eles são úteis e divertidos. Mas o que pouca gente sabe é o seguinte: por trás dos ícones coloridos e apps de nomes engraçadinhos, as gigantes da tecnologia fazem um esforço consciente para nos manipular, usando recursos da psicologia, da neurologia e até dos cassinos. "O smartphone é tão viciante quanto uma máquina caça-níqueis", diz o americano Tristan Harris. E o caça-níqueis, destaca ele, é o jogo que mais causa dependência: vicia três a quatro vezes mais rápido que outros tipos de aposta.

Harris trabalhou quase cinco anos no Google, primeiro como programador e depois como "especialista em ética de design": a pessoa encarregada de garantir que os apps e serviços do Google não fossem manipulativos ou viciantes. Em 2016, saiu da empresa para criar uma ONG, que se chama Center for Human Technology e reúne programadores alarmados com o impacto da indústria da tecnologia. "Estamos colocando toda a humanidade no maior experimento psicológico já feito, sem nenhum controle. A internet é a maior máquina de persuasão e vício já construída", diz o programador Aza Raskin.

Yasmin Ayumi/Denis Freitas/© Abril Comunicações S.A.

O celular mostra 63,5 notificações por dia, em média. A maioria não tem importância – mas mexe com o cérebro.

Você provavelmente nunca ouviu falar dele, mas Raskin é famoso no Vale do Silício. Isso porque, em 2006, ele inventou o que viria a se tornar um dos elementos mais fundamentais (e viciantes) dos smartphones: a "rolagem infinita". Sabe quando você vai descendo pela tela e o conteúdo nunca termina, pois vai aparecendo mais? Trata-se da rolagem infinita, que torna mais prático o uso do smartphone — mas também mexe com a sua cabeça. "Se você não dá tempo para o seu cérebro acompanhar os seus impulsos, simplesmente continua rolando para baixo", diz Raskin.

Ele não imaginava o poder viciante de sua criação, e hoje se arrepende dela — tanto que é um dos fundadores do Center for Human Technology. "A pergunta que nós nos fazemos no Vale do Silício é: estamos programando apps ou pessoas?", diz. [...]

Você deve estar pensando: será que não tem um certo exagero nisso? Afinal, você controla o uso que faz do smartphone, e pode tranquilamente deixá-lo de lado, certo? Mais ou menos. Primeiro, você provavelmente é bem mais dependente dele do que imagina [...]. Segundo, na prática é difícil conter o uso do celular. Foi o que constatou uma pesquisa feita pela consultoria Deloitte com 2 mil brasileiros. 30% das pessoas disseram que têm problemas com o uso excessivo do smartphone, como dificuldade de concentração ou insônia, e 32% já tentaram maneirar — sem sucesso. Uma pesquisa do Hospital Samaritano de São Paulo revelou que oito em cada dez motoristas usam celular enquanto dirigem, embora 93% deles reconheçam que isso é perigoso.

É por isso que boa parte das pessoas está sempre com a cara enterrada na tela, mesmo nos momentos mais impróprios para isso: atravessando a rua, na praia, num show, etc. "Está havendo um sequestro da atenção, da consciência, da perspectiva de você se conectar com o mundo à sua volta. Uma epidemia da distração", diz o psicólogo Cristiano Nabuco de Abreu, coordenador do Grupo de Dependência Tecnológica do Hospital das Clínicas (USP). Estudos mostram que o uso excessivo de smartphone está ligado ao aumento das taxas de ansiedade, depressão e déficit de atenção, inclusive com alterações na estrutura do cérebro. Os sintomas começam a se manifestar quando a pessoa gasta mais de três horas por dia no celular, e nós já passamos disso: o brasileiro gasta em média 3h10 diárias nessa atividade, segundo o relatório *State of Mobile 2019*, da empresa americana App Annie.

A chave de tudo isso está na chamada *user experience* ("experiência do usuário"), ou simplesmente UX. Essa área, que cuida da interação das pessoas com apps, sites e plataformas digitais, explodiu nos últimos anos: 87% das empresas, segundo uma pesquisa feita pela Adobe, pretendem contratar mais especialistas em UX — carreira que paga os maiores salários do setor de software. [...]

Recompensa variável

Burrhus Frederic Skinner era um sujeito espertinho. Na faculdade que ele entrou, a Hamilton College, em Nova York, o trote universitário consistia em amarrar o calouro a um poste e deixá-lo lá durante a noite. "B.F.", como se tornaria conhecido, teve a ideia de esconder uma gilete dentro do sapato, que usou para cortar a corda. Ele queria ser escritor, mas acabou se formando em psicologia e virou professor da Universidade Harvard. Skinner acreditava que todos os pensamentos e comportamentos de um indivíduo, sem exceção, são determinados pelas experiências que ele já teve — e, portanto, podem ser condicionados. Para tentar provar isso, Skinner fez uma série de experiências com ratos de laboratório nos anos 1950. Colocou ratos em gaiolas com uma alavanca que, quando pressionada, liberava comida.

Mas havia um porém. Ao acionar a alavanca, os animais às vezes ganhavam um prêmio grande, ou seja, várias guloseimas. Às vezes ganhavam um prêmio mixuruca (pouca comida), e às vezes não ganhavam nada. Skinner fez vários ajustes nessa proporção, para tentar entender como ela influenciava o comportamento de vários grupos de ratos. E aí veio a descoberta: os ratos que tocavam a alavanca com mais avidez não eram aqueles que mais ganhavam guloseimas, e sim aqueles que recebiam o prêmio de forma inconstante. Quanto mais variável a programação, e mais incerto o prêmio, maior era a compulsão. Skinner batizou o fenômeno de "programação variável de recompensas".

As máquinas de caça-níqueis funcionam exatamente assim. A pessoa puxa a alavanca e às vezes ganha moedas, outras vezes nada. Isso aumenta o desejo de continuar jogando. Com o smartphone, a lógica é a mesma: porque você nunca sabe ao certo quantas unidades de conteúdo (posts, fotos, likes etc.) irá receber. "Para maximizar o vício, tudo o que os designers de apps precisam fazer é vincular uma ação do usuário a uma recompensa variável", diz Tristan Harris.

Quando você entra no Instagram, por exemplo, pode receber várias fotos novas dos seus amigos; ou nenhuma. No Facebook, pode encontrar novos likes e comentários naquele seu post... ou nada. Essa alternância maximiza a dependência. "Quando desbloqueamos o celular e deslizamos o dedo para atualizar nosso e-mail ou ver a foto seguinte numa rede social, estamos jogando caça-níqueis com o smartphone", afirma Harris.

"As recompensas variáveis parecem manter o cérebro ocupado, desarmando suas defesas e criando uma oportunidade para plantar as sementes de novos hábitos. Estranhamente, nós percebemos esse estado de transe como divertido", diz o desenvolvedor Nir Eyal no livro Hooked: How to Build Habit-Forming Products ("Fisgado: como construir produtos que formam hábitos", inédito no Brasil). "Isso acontece porque nosso cérebro está programado para procurar incessantemente pela próxima recompensa." [...].

Daqui a alguns anos, talvez olhemos para nosso uso do smartphone com a mesma incredulidade que hoje dedicamos ao tabagismo desenfreado de antigamente ("sério que as pessoas faziam *isso*?"). Mas não é garantido. Pode ser que tudo continue como está. E vivamos como o Sísifo da mitologia grega, condenado pelos deuses a rolar uma pedra até o alto da montanha (assim que ele chegava ao topo, a pedra caía, obrigando-o a recomeçar a tarefa). Hoje, essa pedra é a telinha que você leva no bolso. Uma tela eterna, cuja rolagem nunca termina.

Adendo: como se defender

Podemos estar viciados em nossos smartphones, mas não somos escravos deles; veja o que fazer para retomar o controle.

A. Desligue as notificações

Vale a pena manter as notificações do Gmail, do WhatsApp e dos aplicativos de táxi e comida. Mas dá tranquilamente para desativar todas as demais. Não fazem falta.

Yasmin Ayumi/Denis Freitas/Abril Comunicações S.A.

Yasmin Ayumi/Denis Freitas/Abril Comunicações S.A.

B. Use outras ferramentas do celular

Em suas versões mais recentes, tanto o iOS quanto o Android oferecem recursos para você ver quanto tempo está passando no smartphone — e, se for o caso, restringir isso.

Yasmin Ayumi/Denis Freitas/Abril Comunicações S.A.

(Disponível em: https://super.abril.com.br/especiais/smartphone-o-novo-cigarro/. Acesso em: 10/4/2020.)

1 Como a notícia, a reportagem também é um gênero jornalístico. Em que suportes você observa a ocorrência de reportagens?

2 Diferentemente da notícia, o título da reportagem não busca resumir o principal fato noticiado e informar o leitor.

a) Qual é o título da reportagem lida?

b) Que efeito um título como esse causa sobre o leitor?

c) Releia o subtítulo da reportagem. Qual é a relação entre as informações do subtítulo, o título e o corpo do texto?

3 Os itens que seguem apresentam alguns dos objetivos das reportagens em geral. Identifique, na reportagem lida, trechos e situações correspondentes a cada um.

a) Tratar do fato com mais profundidade, apresentando pesquisas, dados estatísticos e pontos de vista de especialistas (vozes de autoridade) a respeito do assunto.

b) Ampliar o enfoque dado ao fato apresentando conteúdo não verbal complementar, como mapas, gráficos, infográficos, fotografias com legendas, etc.

c) Dar a conhecer o ponto de vista que o autor da reportagem tem sobre o fato.

4 Como vimos anteriormente, entre os gêneros jornalísticos há aqueles que priorizam a informação e os que priorizam o comentário. Quanto à reportagem, ela é considerada um gênero que se ocupa desses dois aspectos. Localize na reportagem lida:

a) trechos nos quais a informação é privilegiada;

b) trechos nos quais comentários do autor e de outras pessoas citadas no texto ganham destaque.

5 Para informar o leitor de maneira mais aprofundada e dar maior credibilidade ao conteúdo, a reportagem costuma trazer a voz de especialistas no assunto abordado.

a) Quais especialistas foram consultados e qual é a relação deles com o assunto abordado?

b) Os especialistas Harris e Raskin saíram de seus trabalhos para fundar a ONG Center for Human Technology. Levante hipóteses: Qual deve ser o objetivo da ONG?

6 A reportagem também busca explicar termos técnicos e conceitos ao público em geral. Encontre exemplos no texto das seguintes estratégias para explicar conceitos.

- Usar a experiência pessoal do leitor.
- Traduzir e explicar o termo técnico.
- Exemplificar.

Notícia ou reportagem?

No texto a seguir, o estudioso Juarez Bahia comenta as diferenças entre notícia e reportagem. Veja quais são elas.

Enquanto a notícia nos diz no mesmo dia ou no seguinte se o acontecimento entrou para a história, a reportagem nos mostra como é que isso se deu. Tomada como método de registro, a notícia se esgota no anúncio; a reportagem, porém, só se esgota no desdobramento, na pormenorização, no amplo relato dos fatos.

O salto da notícia para a reportagem se dá no momento em que é preciso ir além da notificação — em que a notícia deixa de ser sinônimo de nota — e se situa no detalhamento, no questionamento de causa e efeito, na interpretação e no impacto, adquirindo uma nova dimensão narrativa e ética.

Porque com essa ampliação de âmbito a reportagem atribui à notícia um conteúdo que privilegia a versão. Se a nota é geralmente a história de uma só versão [...], a reportagem é por dever e método a soma das diferentes versões de um mesmo acontecimento.

[...] É fundamental ouvir todas as versões de um fato para que a verdade apurada não seja apenas a verdade que se pensa que é e sim a verdade que se demonstra e tanto que possível se comprova.

(*Jornal, história e técnica – As técnicas do jornalismo*. 4. ed. São Paulo: Ática, 1990. v. 2, p. 49-50.)

7 Além de informar o leitor, uma reportagem também pode apresentar sugestões para solucionar um problema ou enfrentar uma situação.

a) A reportagem apresenta alguma sugestão? Qual é ela?

b) Qual recurso é utilizado na reportagem para orientar o leitor?

c) No adendo, o autor afirma "Podemos estar viciados em nossos smartphones, mas não somos escravos deles". O que está pressuposto nessa afirmação sobre o uso de *smartphones* pelos leitores?

8 A reportagem termina com uma comparação entre o uso do *smartphone* e um mito grego. Explique a relação entre o tema da reportagem e o personagem da mitologia grega.

9 Em alguns momentos, o autor da reportagem se dirige diretamente ao leitor.

a) Identifique trechos em que isso acontece.

b) Qual é o efeito de sentido desse recurso linguístico?

10 Observe a linguagem empregada na reportagem em estudo.

a) Entre as opções a seguir, indique, em seu caderno, a que reúne características apresentadas por ela.

- Clara, objetiva, direta, impessoal e visando à neutralidade jornalística.
- Pessoal e extremamente coloquial, com uso de gírias e expressões típicas de determinado grupo social, com o posicionamento exclusivo da revista.
- Clara, objetiva, direta, pessoal, com abertura para a presença de diferentes vozes e pontos de vista e acessível à maioria dos leitores.
- Poética, com uso de alegorias e emprego de palavras pouco usuais na língua, sem um posicionamento claro a respeito do tema abordado.

b) Que variedade linguística ela adota?

c) Em que pessoa estão as formas verbais empregadas pelo autor da reportagem?

d) Levante hipóteses: Por que essa pessoa gramatical predominou na reportagem lida?

11 Reúna-se com os colegas de grupo e, juntos, concluam: Quais são as características básicas da reportagem? Respondam, levando em conta os seguintes critérios: finalidade do gênero, perfil dos interlocutores, suporte ou veículo, tema, estrutura, linguagem.

Produzindo a reportagem

Ao final desta unidade, você e sua classe produzirão um jornal. Por isso, neste capítulo escreverão reportagens e fotorreportagens que vão compor esse jornal. Escolha, junto com seus colegas de grupo, um dos seguintes assuntos, ou outro, para produzirem uma reportagem.

- Um grande evento nacional ou internacional, como eleições, Copa do Mundo, Olimpíadas, etc.
- As bandas musicais e os estilos de música apreciados pela população jovem.
- As formas de lazer dos jovens da sua cidade.
- O primeiro emprego.
- As profissões do momento.
- O vestibular na vida dos alunos do ensino médio.
- Violência urbana.
- Internet.

Planejamento do texto

- Façam uma reunião para decidir a divisão de tarefas entre os integrantes do grupo. Essas tarefas consistirão em: entrevistar pessoas que possam falar ou opinar a respeito do assunto; procurar e reunir informações, textos, curiosidades, dados estatísticos, fotos, etc.
- Organizem o material obtido e selecionem o que avaliarem como mais importante.
- Considerando o espaço que o jornal deverá ocupar, façam um esboço da reportagem, decidindo se haverá subtítulos ou divisões, boxes, tabelas, gráficos, etc.
- Decidam se o texto será mais objetivo ou se vocês querem expressar pontos de vista do grupo, mas lembrem-se de apresentar o assunto sob diferentes perspectivas.
- Ao escrever, procurem empregar uma linguagem adequada ao gênero, ao suporte, ao perfil dos interlocutores e à situação.

Revisão e reescrita

Dean Mitchell/Thinkstock

Antes de finalizar a reportagem e passá-la para o suporte final, revejam o material que o grupo produziu e reuniu, observando:

- se o texto está redigido e estruturado de acordo com a situação de comunicação;
- se a linguagem está adequada ao perfil dos leitores e ao gênero;
- se o texto apresenta diferentes pontos de vista sobre o assunto;
- se a escolha quanto a maior ou menor objetividade na linguagem foi mantida ao longo do texto;
- se as imagens estão identificadas e acompanhadas por legendas;
- se as imagens, gráficos, tabelas e boxes contribuem para enriquecer o conteúdo da reportagem, complementando as ideias nela apresentadas, e trazem informações corretas, de acordo com as que são apresentadas no texto.

Refaçam o que for necessário e organizem o material, deixando-o pronto para ser publicado no jornal.

A fotorreportagem

Trabalhando o gênero

Leia a fotorreportagem a seguir.

Em parceria com Pulitzer, A Lente apresenta "A guerra invisível na Amazônia"

23 de março de 2020

Seringueiros e indígenas resistem às margens do Rio Roosevelt contra a devastação da floresta

Texto: Ahmad Jarrah e Juliana Palmo
Fotos: Ahmad Jarrah
Fotos Aéreas: Caio Mota

Há um suspense que escapa à narrativa jornalística e se esconde por debaixo das árvores da Amazônia, um duelo entre o medo e a bravura. Ao largo dos noticiários policiais que registram eventualmente os grandes massacres na região norte de Mato Grosso, na tríplice fronteira com Amazonas e Rondônia, coberta pelas matas amazônicas, existe a luta para preservar e converter a floresta.

Ahmad Jarrah/A Lente

Cachoeiras Dardanelos e Salto das Andorinhas, onde está instalada uma hidrelétrica em Aripuanã-MT. O local era terra indígena da etnia Cinta Larga. Foto: Ahmad Jarrah.

O início dessa jornada é Aripuanã, um fértil e rico local, onde já é possível dimensionarmos a vegetação nativa da região amazônica e nos deslumbrarmos com a grandeza de seus recursos naturais. Além das belezas, na cidade é possível percebermos como a cobiça do capitalismo predatório leva a um enredo de mortes e destruição.

Ahmad Jarrah/A Lente

Cachoeira Dardanelos, em Aripuanã-MT. Um dos locais sagrados para a etnia indígena Cinta Larga, expulsa do território para instalação de uma hidrelétrica. Foto: Ahmad Jarrah.

[...] Depois de anos de embate, uma hidrelétrica e uma pequena central hidrelétrica (PCH) tomaram por completo a antiga terra indígena, deslocando o povo Cinta Larga para casas improvisadas na cidade. Desde então, os Cinta Larga não retornam mais para as cachoeiras. Seus antigos cemitérios acabaram dinamitados durante a construção dos projetos de geração de energia e agora sua mitologia sagrada cedeu lugar a uma guarita.

Caio Mota/Proteja Amazônia

Vista aérea da PCH instalada na cachoeira Dardanelos. Foto: Caio Mota.

Ahmad Jarrah/A Lente

Criança Cinta Larga em frente à sua casa, no município de Aripuanã. A etnia teve sua terra indígena tomada com a instalação da PCH Dardanelos. Foto: Ahmad Jarrah.

Ahmad Jarrah/A Lente

Caminhão transporta troncos de árvores pela avenida principal do Distrito de Guariba. A região é dominada por madeiras e pela retirada e comércio, legal e ilegal, de madeira. Foto: Ahmad Jarrah.

[...] As terras sob jurisdição do Estado Brasileiro também estão sob outros ataques. A máquina do desmatamento torna as derrubadas na região duplamente lucrativas. Por um lado, os grandes troncos de madeira são vendidos em um mercado bastante valorizado. Já o que sobra na terra é queimado para dar lugar ao pasto ou ao plantio de soja transgênica.

Ahmad Jarrah/A Lente

Área desmatada recentemente dentro da reserva extrativista Guariba Roosevelt. Foto: Ahmad Jarrah.

Ahmad Jarrah/A Lente

Castanheira solitária sobreviveu ao desmatamento pela proibição legal. Ao seu redor, apenas soja seca uniformemente com agrotóxico que acelera a colheita, próximo a Colniza-MT. Foto: Ahmad Jarrah.

(Disponível em: http://alente.com.br/2020/03/23/guerra-invisivel-na-amazonia/. Acesso em: 7/5/2020.)

1 As fotorreportagens, assim como as reportagens, apresentam um tema principal, título e subtítulo.

a) Qual é o tema da fotorreportagem?

b) Sabendo que "A Lente" é o nome de um *site* que reúne produções de fotógrafos e documentaristas do Brasil, privilegiando as imagens como linguagem, e Pulitzer é uma instituição norte-americana relacionada ao jornalismo, explique o título da fotorreportagem.

c) Qual é a relação do subtítulo com o título da reportagem?

2 Observe os nomes e as funções dos autores da fotorreportagem.

a) Qual é a função de cada um deles na produção do texto?

b) Levante hipóteses: Por que a função de cada um é explicitada na fotorreportagem?

3 Como você estudou, a reportagem retrata, de maneira mais detalhada, os desdobramentos de fatos de interesse público.

a) Qual história real é contada na fotorreportagem?

b) A ordem em que as fotografias foram publicadas contribui para contar a história ou a ordem é aleatória? Justifique sua resposta.

c) Compare as duas primeiras fotografias com as demais. O que é possível afirmar sobre elas?

Planos e ângulos em fotografias

Os planos fotográficos são baseados na distância entre a câmera e a cena fotografada. Em uma mesma fotografia, podemos ter elementos em diferentes planos, porém ela será classificada no plano em que está o assunto principal.

- *Grande plano geral*: utilizado para evidenciar um cenário como elemento principal. A área enquadrada é preenchida pelo ambiente.
- *Plano geral*: o objeto ocupa a maior parte da imagem. O objeto aparece em sua totalidade; o espaço também aparece, com menor destaque.
- *Plano médio*: geralmente utilizado para fotografar pessoas, esse enquadramento engloba desde os pés até a cabeça, podendo variar até o enquadramento cuja linha inferior da fotografia faz um corte na cintura da pessoa. Nesse caso, o assunto ocupa a maior parte da área enquadrada.
- *Primeiro plano*: utilizado para destacar expressões, semblantes, gestos, fisionomias e emoções. A pessoa fotografada é enfocada, sem importar o ambiente em que se encontra. Popularmente chamado de *close*.
- *Plano de detalhe*: utilizado para enfocar os detalhes do assunto — parte do rosto ou corpo (mãos, olhos), ou mesmo partes de objetos ou itens da natureza.

Os chamados *ângulos* têm a ver com o nível do fotógrafo em relação ao assunto ou objeto. Os ângulos da câmera são subdivididos em: baixo, nível dos olhos e alto. Cada um deles oferece aspectos distintos e perspectivas diferentes para as suas fotos.

- *Ângulo baixo*: a câmera é posicionada em um nível abaixo do centro do objeto.
- *Ângulo ao nível dos olhos*: o espectador é colocado na mesma altura do tema principal da foto.
- *Ângulo alto*: a foto é tirada em um nível mais elevado do que o assunto.

4 A opção por registrar um assunto por meio de fotografias não é aleatória. Observe a fotografia do caminhão levando troncos de árvores.

a) Descreva a fotografia, detalhando tudo o que aparece na imagem, o que é enfocado e de que maneira.

b) Qual é o efeito de sentido da composição descrita?

5 Observe a foto da menina em frente à sua casa.

a) O fotógrafo optou por mostrar uma parte da frente da casa e a menina (e não somente a menina, ou somente a casa). Que sentido é construído pela composição mostrada?

b) Levante hipóteses: Por que a menina é registrada sozinha, encolhida, tampando o próprio rosto?

6 Algumas informações estão em texto verbal, em parágrafos e legendas.

a) Releia o primeiro parágrafo. O que ele informa ao leitor?

b) Que tipo de informação é fornecida pelos parágrafos escritos?

c) Qual é o papel das legendas na fotorreportagem?

7 Em cada uma das duas últimas fotos, podemos observar duas paisagens diferentes em contato.

a) Quais são essas paisagens?

b) Qual é o sentido construído pelas fotografias ao registrarem as duas paisagens juntas e nesses planos?

8 Na última foto, a legenda caracteriza a plantação que faz parte da paisagem.

a) Por que a legenda se inicia com a expressão *castanheira solitária*? Que relação essa expressão tem com a foto como um todo.

b) Copie o trecho em que a plantação é caracterizada.

c) Por que essas informações são relevantes para contar a história enfocada na reportagem?

9 A fotorreportagem apresenta um posicionamento em relação ao desmatamento e à expulsão do povo Cinta Larga de seu local de origem, ou apresenta os fatos de maneira neutra e imparcial? Justifique sua resposta com termos e expressões do texto.

10 Reúna-se com os colegas de grupo e, juntos, concluam: Quais são as características básicas da fotorreportagem? Respondam, levando em conta os seguintes critérios: finalidade do gênero, perfil dos interlocutores, suporte ou veículo, tema, estrutura, linguagem.

Produzindo a fotorreportagem

Além das reportagens, o jornal da classe organizado por vocês no **Projeto** pode conter também fotorreportagens. Para produzi-las, retorne ao grupo formado anteriormente na escrita das reportagens. Vocês podem abordar o mesmo tema ou outro tema de interesse do grupo.

Planejamento do texto

- Delimitem o tema, escolhendo os aspectos que querem desenvolver.
- Pensem em que locais, pessoas, objetos, etc., relacionados ao tema, poderiam ser registrados nas imagens.
- Planejem os locais e horários em que realizarão as fotografias. Procurem tirá-las durante o dia ou em locais bem-iluminados porque a iluminação é muito importante para a qualidade das imagens.
- Chequem os recursos disponíveis para a realização das fotografias: câmeras fotográficas, câmeras de aparelhos celulares, equipamentos de iluminação, *flash*.
- Procurem pensar na relação das imagens com o tema e na relação das imagens entre si, para que cada uma mostre um aspecto relevante do fato ou da história retratada, contribuindo de forma mais eficaz para complementar a narrativa.
- Procurem tirar mais de uma fotografia de cada cena planejada para selecionar a melhor. Pensem no melhor tipo de plano e de ângulo para cada situação.

- Tenham em mente o leitor da fotorreportagem — colegas, professores e funcionários da escola, familiares e amigos.
- Montem a fotorreportagem, decidindo sobre a ordem mais adequada em que as fotografias devem aparecer para contar a história em foco.
- Escrevam as legendas de maneira clara, objetiva e breve, complementando a imagem com informações essenciais para a compreensão do leitor.
- Deem um título atraente à fotorreportagem. Se necessário, criem também subtítulos.

Revisão e reescrita

Concluída a produção da fotorreportagem, releiam-na, observando:

- se ela apresenta imagens que mostram diferentes aspectos do tema e se eles correspondem à finalidade principal da fotorreportagem, ou seja, denunciar, divulgar, homenagear, etc.;
- se há conexão entre as imagens e os textos verbais, entre as próprias imagens e entre esse conjunto e o tema;
- se os planos escolhidos para cada imagem mostram elementos suficientes para a compreensão da ação ou da cena retratada;
- se as legendas e os subtítulos estabelecem uma relação de complementação com as imagens e estão escritos de maneira clara e objetiva;
- se o título é atraente.

Guardem a versão final da fotorreportagem para publicar no portal de notícias digital da classe, que será produzido junto com o jornal no **Projeto**.

A reportagem em diferentes mídias

As reportagens podem ser produzidas, assim como as notícias, em diferentes formatos e veiculadas em diferentes mídias. Além da reportagem escrita e da televisiva, as reportagens multimídia — com uma combinação de texto escrito, vídeo, fotografias, infográficos — disponíveis em *sites* se tornam cada vez mais comuns. Outro formato é a reportagem em *podcast*. Semelhante às reportagens radiofônicas, são produzidas em áudio e disponibilizadas em aplicativos. Veja um exemplo de busca do termo *reportagem* em um aplicativo de música e *podcast*:

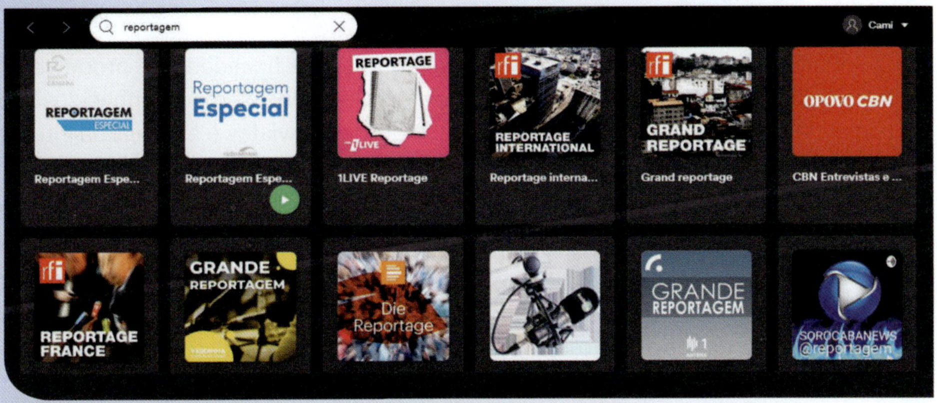

Reprodução/https://www.spotify.com/br/

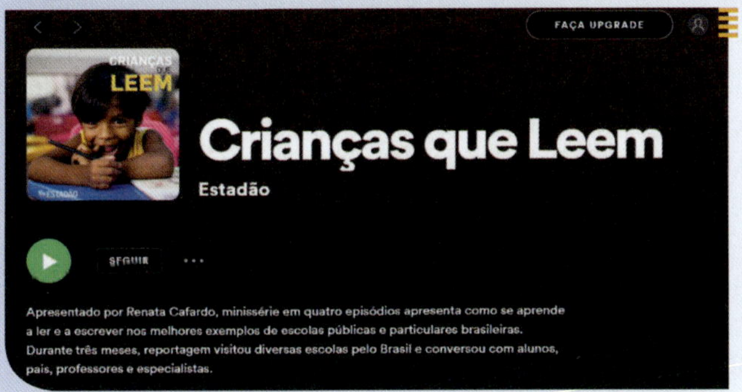

Reprodução/Estadão/https://www.spotify.com/br/

"Crianças que leem" é uma reportagem em áudio postada pelo jornal *Estadão*, descrita da seguinte maneira: "Apresentada por Renata Cafardo, minissérie em quatro episódios apresenta como se aprende a ler e a escrever nos melhores exemplos de escolas públicas e particulares brasileiras. Durante três meses, a reportagem visitou diversas escolas pelo Brasil e conversou com alunos, pais, professores e especialistas".

CAPÍTULO 53

O anúncio publicitário

Trabalhando o gênero

Leia o anúncio publicitário abaixo.

(35º Anuário da Criação Publicitária, p. 158.)

Este capítulo favorece o desenvolvimento das habilidades

EM13LGG103
EM13LGG104
EM13LGG105
EM13LGG204
EM13LGG301
EM13LGG304
EM13LGG305
EM13LGG701
EM13LGG703
EM13LP01
EM13LP02
EM13LP05
EM13LP06
EM13LP13
EM13LP14
EM13LP15
EM13LP17
EM13LP18

1 O anúncio publicitário é um gênero textual que tem a finalidade de promover uma ideia, a marca de um produto ou uma empresa. Os anúncios mais conhecidos são os comerciais, que circulam na TV, no rádio, em jornais, revistas e em *sites* da internet.

a) O anúncio lido promove uma ideia ou a marca de um produto? Qual?

b) Quem é o locutor?

2 O anúncio publicitário geralmente é constituído de linguagem verbal e de linguagem não verbal. Que relação há entre a imagem e o enunciado verbal do anúncio?

3 O anúncio publicitário é um texto que pertence ao grupo dos gêneros argumentativos, pois tem a finalidade de convencer o leitor a consumir determinado produto ou aderir a uma ideia.

a) Qual é o principal argumento utilizado para convencer o leitor?

b) Na sua opinião, esse argumento é suficientemente forte para persuadir o leitor?

4 O anúncio publicitário não tem uma estrutura rígida. Contudo, geralmente apresenta um **título**, às vezes seguido de um **subtítulo**, o **corpo do texto**, que amplia o argumento do título, e a **assinatura**, **logotipo** ou **marca** do anunciante.

a) O anúncio em estudo não apresenta alguns desses elementos. Quais?

b) No anúncio lido, o enunciado verbal disposto sobre a imagem constitui o corpo do texto. Qual é a função desse enunciado?

5 O anúncio cita efeitos ambientais catastróficos e sugere a necessidade de medidas urgentes. Troque ideias com a classe:

a) Sua região já sofre esses efeitos?

b) A quem cabe tomar providências?

6 Leia o que o publicitário Jairo Lima, em entrevista, comenta sobre os recursos da linguagem publicitária:

> A campanha pode ser pensada em termos de hipérbole, pleonasmo, metonímia ou metáfora. Após a escolha, sigo o caminho traçado: o do exagero ou da repetição, ou da parte pelo todo, ou da simbologia. Quanto à escolha do vocabulário, a nível dos signos, deve ser simples, com os termos conhecidos e corriqueiros. O que vai valorizá-los e ampliá-los será as relações que se estabelecem: a polissemia, a oposição, o duplo sentido ou, às vezes, um novo sentido para um termo bastante conhecido.
>
> (In: Nelly de Carvalho. *Publicidade – A linguagem da sedução*. São Paulo: Ática, 1996. p. 29.)

a) A parte verbal do anúncio corresponde ao que o publicitário afirma quanto à escolha do vocabulário?

b) Na parte visual, qual recurso foi empregado no anúncio: o exagero, a parte pelo todo ou o contraste?

7 No anúncio publicitário, a linguagem geralmente se adapta ao perfil do público e frequentemente apresenta verbos no imperativo e no presente do indicativo.

a) No anúncio em estudo, que variedade linguística foi empregada?

b) O texto usa as formas verbais *estão avançando*, *forem* e *serão*. O que explica o emprego das formas do futuro, respectivamente do subjuntivo e do indicativo, *forem* e *serão*?

c) Como se explica a ausência de verbos no imperativo?

8 Reúna-se com os colegas de grupo e, juntos, concluam: Quais são as principais características do anúncio publicitário? Respondam, considerando os seguintes critérios: finalidade do gênero, perfil dos interlocutores, suporte ou veículo, tema, estrutura, linguagem.

Produzindo o anúncio publicitário

Leia os textos a seguir.

16 pequenas ações para mudar o mundo

Como dizem por aí: A mudança começa por cada um de nós!

Por **Colaboração: Isa Bruder, ex-Galera CAPRICHO**

Publicado em 12 ago 2016, 11h40

Todos os dias você, provavelmente, escuta alguém reclamando do mundo. É violência sem limites, políticos corruptos, preconceito, desperdício, crueldade... Realmente, há muita coisa a ser mudada. Algumas delas fogem do controle, mas outras podem ser feitas por cada um, no dia a dia, e a diferença vai começando a acontecer. Você mesma pode mudar alguns hábitos e ações que têm impacto, quer ver?

1. Adotar um animal

Ao invés de comprar um cachorro ou gato, que tal salvar uma vida? Existem muitos bichinhos precisando de um lugar para morar, além de comida e, é claro, cuidado e carinho. Lembrando que cuidar de uma vida é muita responsabilidade! Se você tem interesse em adotar, existem muitas ONGs, como a *Amigos de São Francisco*, que trabalham com essas fofuras! É só pesquisar a mais próxima de você!

VILevi/Shutterstock

2. Diminuir seu consumo de carne

Você sabia que, de acordo com a *Water Footprint Network*, para produzir um quilo de carne bovina são necessários 15.400 litros de água? Muitos optam por consumir menos carne pelo seu impacto ambiental, benefícios à saúde e questões morais. Não precisa nem virar vegetariana, mas você já tentou passar um dia da semana sem carne? Já faz uma bela diferença.

3. Usar frente e verso das folhas do caderno

Parece bobo, mas são as pequenas ações. Já imaginou quanto papel você economizaria se usasse frente e verso? É basicamente duplicar o uso de cada folha! Escrever no verso pode não ser tão legal quanto escrever em uma nova folha limpinha e sem dobras, mas é o correto.

4. Tomar banhos mais rápidos

Nosso suprimento de água é finito, gente, e precisamos de água para viver. Muitas cidades já conheceram e ainda conhecem o que é racionamento. Economizar para não faltar, hein?

5. Fazer uma gentileza ou ajudar pelo menos uma pessoa por dia

Pessoas mais felizes, um mundo mais tolerante. Imagina quantas guerras, quantas doenças mentais, quanta tristeza pode ser evitada com mais gentileza?! É simples e não custa nada.

6. Não usar cosméticos testados em animais

Teste em animais é algo bem controverso, mas vamos combinar que, pelo menos, para maquiagem, algo completamente desnecessário para nossa saúde, usar animais não é necessário. Procure comprar de marcas *cruelty-free*. Há muitas opções!

7. Fechar a torneira quando escovar os dentes

Esse é de deixar qualquer pessoa louca! Água limpa descendo pelo ralo? Aaaah, nããão!

8. Se informar sobre assuntos antes de discutir sobre eles

Ser mais informada e culta não faz mal a ninguém, mas imagina as brigas desnecessárias que você evita fazendo isso.

9. Não jogar lixo na rua

Por favor, né? Não tem uma lixeira por perto? Pergunte a alguém onde é o lixo mais próximo ou guarde a sua sujeirinha até chegar em casa ou achar um lugar de descarte. Ah! Vale a pena lembrar que contribuir para a reciclagem e jogar lixo tóxico em lugares apropriados é essencial.

Aleksandra Suzi/Shutterstock

10. Demonstrar preocupação com seus amigos

Às vezes, é bom perguntar: "E aí, como você está?". Todos passamos por momentos difíceis e precisamos de carinho. Quando estamos nos sentindo mal, muitas vezes, não sabemos como falar isso para alguém. Inicie a conversa, vai que você descobre algo que não sabia antes sobre seu amigo que parecia bem?

11. Oferecer seu assento e lugar na fila para uma pessoa mais velha, grávida ou deficiente

Educação e cortesia, minha gente! Não somente porque é o certo a fazer, mas porque um dia você também será alguém precisando de um lugar para sentar e descansar! Já pensou nisso?

12. Dizer "por favor" e "obrigada"

Seja grato, isso muda não somente seu olhar, mas sua relação com pessoas!

13. Ler um livro para uma criança

Como uma pessoa mais velha, você serve de exemplo para muitas crianças. Seja um exemplo positivo, traga cultura e a magia das palavras para a vida dos pequenos. Por que não?

14. Fazer elogios honestos

Porque o mundo precisa de mais autenticidade e amor! Sem ficar mentindo, sendo "fofa falsa". Elogie quando você realmente acredita no que está falando — e elogie mesmo! Afinal, quem não gosta de receber um elogio?

15. Procurar entender o ponto de vista dos outros

Se você não concorda, respeite a cultura e opinião dos outros. Menos intolerância mudaria tanta coisa neste mundão...

16. Fazer algo que você ama

Quando uma pessoa ama muito o que faz, esse amor é perceptível e encoraja os outros a fazer o mesmo! É lindo ver os olhos de alguém brilhar quando fala sobre suas paixões. A partir do momento em que pessoas começarem a fazer coisas por amor ao invés de razões mais superficiais, com certeza todos serão mais felizes. Tipo um efeito dominó da felicidade! hehe

Claro, uma lista de coisas boas nunca será definitiva. **São inúmeras ações que fazem toda a diferença, mas começar por essas 16 já é ótimo**. Sua idade, seu sexo, sua situação financeira, onde você mora? Nada disso importa. Você tem o poder de fazer o mundo melhor!

(Disponível em: https://capricho.abril.com.br/vida-real/16-pequenas-acoes-para-mudar-o-mundo/. Acesso em: 4/4/2020.)

Reprodução/Instituto Akatu

(Disponível em: https://catracalivre.com.br/cidadania/7-atitudes-aquecimento-global/. Acesso em: 4/4/2020.)

Que tal você e os colegas produzirem anúncios publicitários para promover ideias que contribuam para um mundo melhor? Selecionem atitudes do dia a dia que podem ser adotadas pelas pessoas em geral, dividam-se em grupos e produzam os anúncios para divulgar as ideias. Os temas são variados. Por exemplo, vocês podem produzir anúncios de combate às *fake news*, de redução de lixo plástico ou de promoção da gentileza, os quais serão veiculados no jornal da classe. Além de um anúncio manuscrito ou impresso, criem também um anúncio audiovisual, para ser postado como vídeo no *blog* da turma, que vai virar um portal de notícias.

Planejamento do texto

- Pensem no perfil dos leitores, lembrando que podem ser jovens, como vocês, e adultos.
- Criem um título ou uma frase interessante e, a seguir, o corpo do anúncio. Explicitem o que está sendo promovido, com que finalidade, de que modo participar, etc. Informem um número de telefone ou um endereço para contato.
- Empreguem uma linguagem adequada ao tema e ao perfil do público. Recursos como ambiguidades, trocadilhos, sonoridades, metáforas, metonímias, oposições, etc. são bem-vindos nesse gênero textual.
- Avaliem a conveniência de empregar ou não verbos no imperativo, considerando o objetivo e o perfil dos leitores.
- Criem ou pesquisem uma imagem que possa dar sustentação ao texto verbal.
- Criem um logotipo (com ou sem palavras) que identifique o grupo responsável pelo anúncio.

Revisão e reescrita

Antes de concluir o anúncio, releiam o texto verbal e examinem a imagem, observando:

- se fica claro quem é o locutor;
- se há um título ou uma frase principal que atrai a atenção dos leitores;
- se fica claro o objetivo do anúncio: o que ele promove, a quem se dirige, as informações complementares, etc.;
- se a linguagem é adequada ao perfil do público e ao tema do anúncio;
- se a linguagem verbal e a linguagem não verbal se complementam.

Façam as alterações necessárias e montem o anúncio.

Gravando o anúncio audiovisual

Com uma montagem de imagens e textos, combinada a uma narração, vocês podem produzir anúncios publicitários em vídeos. Vejam duas opções:

- Gravar anúncio publicitário com os alunos sendo os atores do vídeo e em algum cenário montado pela turma.

SDI Productions/Getty Images

— Nesse caso, planejem um roteiro para o anúncio, com as falas detalhadas de cada ator, seus posicionamentos e movimentações. As falas, o posicionamento dos corpos e seus movimentos devem estar relacionados ao objetivo do anúncio.

— O anúncio deve ser um vídeo curto, de 30 segundos a 1 minuto de duração.

— Escolham ou montem um cenário que tenha relação com o tema do anúncio: um muro com grafite ao fundo ou ainda a sala de aula ou algum outro espaço escolar.

— Ensaiem antes de gravar.

— É interessante que haja mais de uma câmera (que pode ser de celular) para fazer diferentes tomadas dos atores e depois editar.

— Após a gravação, assistam ao vídeo e chequem a qualidade das imagens e do áudio.

— Usem programas de edição para fazer a versão final do anúncio publicitário audiovisual.

- Fazer uma animação ou montagem de imagens. Vocês podem fazer um vídeo com animação simples em programas de computador — como o Power Point, o Photoshop, o Pivot Animator e o Canva — ou ainda baixar aplicativos de animação pelo celular.

— Assistam a tutoriais sobre como fazer vídeos com animação com programas de computador ou aplicativos de celular.

— Elaborem um roteiro, planejando o que o anúncio deve conter e lembrando que o vídeo deve ser curto.

— Escolham imagens que possam ser usadas no vídeo ou produzam as imagens que serão utilizadas.

— Digitem os textos que vão compor o anúncio.

— Façam a animação de acordo com o roteiro.

Projeto

Tempo de notícia e opinião

Nos capítulos desta unidade, você leu e produziu textos do campo jornalístico-midiático — fotorreportagens, textos informativos, opinativos e publicitários — a fim de compor um jornal da classe. Agora chegou a hora de reunir esse material e construir o jornal. Para produzir o jornal da classe, você e seus colegas também deverão fazer curadoria de informação, isto é, pesquisar e selecionar textos que possam alimentar a publicação de vocês, que pode ter uma periodicidade determinada.

Organizem uma versão do jornal impressa e uma versão digital, semelhante aos grandes portais de notícia.

GoodStudio/Shutterstock

Este capítulo favorece o desenvolvimento das habilidades

EM13LGG103 EM13LGG104 EM13LGG201 EM13LGG202 EM13LGG203 EM13LGG301 EM13LGG302 EM13LGG603 EM13LGG701 EM13LGG702 EM13LGG703 EM13LGG704 EM13LP11 EM13LP12 EM13LP15 EM13LP16 EM13LP18 EB13LP32 EM13LP35 EM13LP36 EM13LP37 EM13LP38 EM13LP39 EM13LP40 EM13LP41 EM13LP42 EM13LP43 EM13LP44 EM13LP45

1. Reunindo e organizando os textos

Geralmente, jornais são organizados por cadernos: cadernos de notícias locais e globais; de notícias sobre economia, esporte, cultura. Também há uma seção para os textos de opinião: editoriais, artigos e charges. As fotorreportagens muitas vezes ganham um caderno especial. Analisem alguns jornais impressos e digitais e escolham como irão categorizar e organizar os textos produzidos pela classe.

Decidam também o nome do jornal.

2. Selecionando mais textos jornalísticos de interesse da escola

Para alimentar o jornal da classe e o portal de notícias, é possível buscar e selecionar textos de interesse do público leitor: alunos, professores, funcionários da escola e familiares dos alunos. Além de jornalistas, vocês atuarão como curadores de informação (leiam o boxe "Curadoria de informação").

Busquem textos jornalísticos na internet que possam compor o jornal. Além dos gêneros estudados, vocês podem incluir resenhas, charges, ou outro que julgarem pertinente.

Ao pesquisar textos, analisem e discutam como a mídia cobriu dado acontecimento, comparando diferentes enfoques e perspectivas para, então, selecionar aqueles considerados confiáveis e adequados à finalidade do jornal escolar. A classe pode se dividir em grupos para selecionar textos jornalísticos, cada grupo com um tema: política, economia, esportes, arte e cultura, cotidiano, saúde, meio ambiente, etc. Lembrem-se de checar se os textos contêm informações verdadeiras, verificando o veículo em que foram publicados, data e local da publicação, autoria, URL (endereço em que se encontra um arquivo ou dispositivo de computador), formatação (usem ferramentas e *sites* checadores de informação, etc.), para evitar a proliferação de *fake news*. Também registrem sempre a fonte dos textos reproduzidos no jornal que não sejam da autoria dos próprios alunos.

Curadoria de informação

As tecnologias digitais nos proporcionam um acesso cada vez mais fácil e constante a informações. Mas essa grande quantidade de conteúdo que nos chega, principalmente por meio dos *smartphones*, precisa de uma leitura atenta e de uma seleção criteriosa. O curador de conteúdos ou curador de informações, humano ou automático, oferece um percurso de leitura ao usuário/leitor ao hierarquizar, priorizar e localizar o que de fato é de seu interesse. O curador de conteúdo tenta encontrar, entre a vasta quantidade de informações da internet, aquela que é realmente relevante aos usuários/leitores.

3. Diagramação do jornal impresso

Busquem editores de texto para diagramar e organizar os textos no jornal impresso. Alguns já apresentam opções direcionadas para a confecção de jornais. Os textos de jornal geralmente são dispostos em colunas abaixo do título.

Sol de Zuasnabar Brebbia/Getty Images

Escolham uma identidade visual para o jornal: que estilo de letra será usado no nome do jornal, se haverá cor, logotipo, etc.

Caso não haja a possibilidade de imprimir o jornal, façam um jornal mural: em um amplo cartaz, colem os textos produzidos por vocês. Com alguma periodicidade (diário, semanal, quinzenal), troquem os textos. Nesta opção, os textos devem ser impressos ou escritos com letras em tamanho maior para que o leitor possa visualizar com facilidade.

4. Criação do portal de notícias

Ao longo da unidade, você produziu textos jornalísticos e publicitários em diferentes formatos e mídias: textos escritos, vídeos, áudios, imagens. Para reunir esses textos, criem um portal de notícias da turma. Para isso, uma ferramenta de criação de *blog* pode ser usada. Caso haja possibilidade, a classe pode criar um *site* próprio.

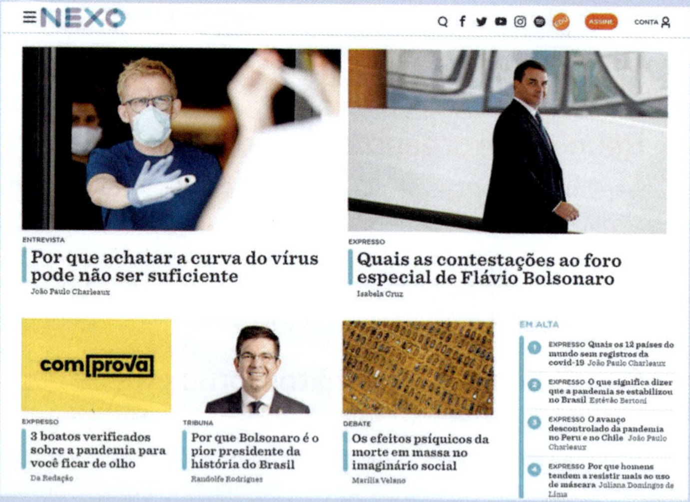

Reprodução/https://www.nexojornal.com.br

Analisem grandes portais de notícias brasileiros (como UOL, G1, Terra, R7, entre outros) para planejarem como será o portal da turma. Pensem nas seções do portal, o que estará em destaque, o que será fixo, o que será renovado de tempos em tempos. Utilizem no portal a mesma identidade visual que vocês criaram para o jornal impresso, fazendo as adaptações e os acréscimos necessários.

Além dos textos produzidos por vocês, selecionem conteúdos interessantes da internet para disponibilizar ao público leitor, lembrando-se sempre de indicar a fonte completa de onde eles foram extraídos. Antes de publicar conteúdos da internet, sempre façam uma análise atenta. No caso de conteúdos das páginas de redes sociais, observem o *feed* do perfil encontrado, comparando-o a outros com a mesma finalidade e trazendo diversidade de pontos de vista ao portal.

Divulguem o endereço virtual do portal de notícias em toda a escola. O portal de notícias pode, assim como os jornais de grande circulação, apresentar perfil de rede social. Planejem como construir um *feed* de um perfil de empresa jornalística. Analisem alguns *feeds* e iniciem as postagens do jornal da classe.

Em dia com o Enem e o vestibular

1 (UNICAMP - SP)

Considere a seguinte situação: uma postagem recente em uma rede social de uma mensagem de ódio contra os nordestinos foi foco de intensa discussão. Dada a repercussão do caso, o jornal de maior circulação de sua cidade resolveu fazer um caderno especial sobre o tema "Liberdade de Expressão". Leitores de diferentes perfis foram convidados a se manifestar e você foi o estudante escolhido. Para atender a esse convite, você deverá escrever um artigo de opinião em que discutirá a seguinte questão: "Há limite para a liberdade de expressão?".

No seu artigo de opinião, você deve:

a) identificar e explicitar os **dois** principais posicionamentos sobre a questão tratada;

b) assumir **um** desses dois posicionamentos e sustentá-lo com argumentos.

Seu texto deverá considerar as seguintes citações:

"Liberdade de expressão é a possibilidade de as pessoas se manifestarem sobre fatos e ideias sem interferências externas, sobretudo do Estado. Discurso de ódio é uma tentativa de desqualificar e excluir do debate grupos historicamente vulneráveis, seja por religião, cor da pele, gênero, orientação sexual ou qualquer traço utilizado com o objetivo de inferiorizar pessoa ou grupo." (Luís Roberto Barroso, Ministro do STF.)

"A frase 'eu discordo do que dizes, mas defenderei até a morte o teu direito de dizê-lo' talvez seja a melhor definição para a liberdade de expressão. Afinal, é muito fácil conceder a liberdade de expressão às ideias com que concordamos; muito mais difícil é aceitar a manifestação de ideias que desgostamos. O que se tem visto no Brasil nos últimos tempos, no entanto, é uma crescente vontade de reprimir formas de expressão que sejam consideradas desrespeitosas e preconceituosas. A iniciativa, embora tenha como pano de fundo uma intenção nobre, tem gerado situações desproporcionais, limitando o direito à livre expressão e violando a Constituição Federal." (Bruno de Oliveira Carreirão, advogado.)

"Liberdade de expressão é poder se manifestar sobre aquilo que não ofenda ou ataque o sentimento íntimo das pessoas. Discurso de ódio é o que tem por objetivo incitar, criar beligerância e promover animosidades contra esses sentimentos pessoais." (Marcelo Itagiba, ex-deputado.)

"As grandes sociedades se caracterizam pela pluralidade de valores, alguns excludentes. A liberdade de expressão é ligada à liberdade em si, mas há o valor da luta contra o preconceito. Como lidar com o conflito de valores? Os EUA optaram pela liberdade de expressão. O Brasil optou por uma legislação protetiva. Isso guarda um certo paternalismo, mas expressa respeito. (Fernando Schüler, cientista político.)

"É necessário entender a ideia de identidade e de alteridade. Por uma questão de sobrevivência, nos sentimos seguros quando próximos de algo com que nos identificamos. Queremos sempre que o outro seja igual a nós e, se não for, talvez tenhamos que destruí-lo. Este é um pressuposto fundamental para o surgimento do discurso de ódio." (Izidoro Blikstein, professor da FGV e especialista em Análise do Discurso.)

"Liberdade de expressão é o direito de expor a opinião e exercitar a divergência sem ser perseguido ou condenado. O discurso de ódio é um conceito um tanto abstrato e elástico. Para uns, é a expressão da verdade desnuda do politicamente correto; para outros, é a tentativa abjeta de difamar seu interlocutor." (Rachel Sheherazade, jornalista e apresentadora de TV.)

"O discurso de ódio aparece quando você acha que seu modo de ser e estar no mundo deve ser um modelo com o qual outras pessoas têm que se conformar. Se isso não acontecer, o discurso de ódio vem para deslegitimar a sua vivência, para fazer com que pareça que sua vida não merece ser vivida." (Linn da Quebrada, cantora.)

"Liberdade de expressão não é um direito absoluto, nem pode ser. As pessoas têm dificuldade de entender que vivem em sociedade, que existem regras e que a gente precisa delas, sobretudo no que diz respeito à vida do outro." (Djamila Ribeiro, ativista dos movimentos negro e feminista e ex-Secretária Adjunta de Direitos Humanos da prefeitura de São Paulo.)

(Adaptado de http://temas.folha.uol.com.br/liberdade-de-opiniao-x-discurso-de-odio/o-que-e-o-que-e/personalidades-discutem-o-que-e-liberdade-de-opiniao-e-discurso-de-odio.shtml. Acessado em 13/11/2017.)

2 (UNICAMP - SP)

REDAÇÃO

Você é um(a) estudante do Ensino Médio na rede pública estadual e soube de um acontecimento revoltante na sua escola: sua professora de Filosofia recebeu ofensas e ameaças anônimas por suposta tentativa de doutrinação política, ao ter iniciado o curso sobre as origens da Cidadania e dos Direitos Humanos modernos com o texto a seguir:

Teócrito e o pensamento

A ninguém, nem aos deuses nem aos demônios, nem às tiranias da terra nem às tiranias do céu, foi dado o poder de impedir aos homens o exercício daquele que é o primeiro e o maior de seus atributos: o exercício do pensamento.

Podem amarrar as mãos de um homem, impedindo-lhe o gesto. Podem atar-lhe os pés, impedindo-lhe o andar. Podem vazar-lhe os olhos, impedindo a vista. Podem cortar-lhe a língua, impedindo a fala. O direito de pensar, o poder de pensar, porém, estão acima de todas as violências e de todas as repressões, que nada podem contra seu exercício. (...) Parece claro que não há abuso mais abominável que o de tentar impor limitações ao pensamento de qualquer pessoa.

Pretender suprimir o pensamento de quem quer que seja é o maior dos crimes. Pois não é apenas um crime contra uma pessoa, mas contra a própria espécie humana, uma vez que o pensamento é o atributo que distingue o ser humano dos demais seres criados sobre a face da terra. (...)

Na vida na cidade, se um homem neutraliza dentro de si o direito de pensar, a cidade pode ser tomada e dominada pela ferocidade de um tirano, cujo despotismo levará o povo à morte pela fome, pela crueldade ou por outras formas de injustiça e prepotência. E se não o povo todo, pelo menos uma parte do povo, certamente, será arrastada à opressão, à tortura, ao cárcere ou a qualquer outra forma de perdição. Os tiranos não gostam que as pessoas pensem.

(Teócrito de Corinto, filósofo grego, século II d.C.)

A direção da escola ainda não se manifestou publicamente sobre o episódio. Indignado(a) com a tentativa de censura que a professora sofreu por propor aos alunos reflexões fundamentais à formação cidadã, você decidiu escrever o texto de um abaixo-assinado encaminhado à direção da escola, em nome dos estudantes, no qual deve: a) reivindicar que a escola se posicione publicamente em defesa da professora; b) reivindicar a manutenção de aulas de Filosofia que tematizem os Direitos Humanos; e c) justificar suas reivindicações. Para tanto, você deve levar em conta tanto o texto acima quanto os excertos abaixo.

1. A instrução será orientada no sentido do pleno desenvolvimento da personalidade humana e do fortalecimento do respeito pelos direitos humanos e pelas liberdades fundamentais. A instrução promoverá a compreensão, a tolerância e a amizade entre todas as nações e grupos raciais ou religiosos, e coadjuvará as atividades das Nações Unidas em prol da manutenção da paz.

(*Declaração Universal dos Direitos Humanos*, Artigo XXVI, item 2, 1948.)

2.

(Alexandre Beck. Disponível em pa.unicamp.br/direitos-humanos-armandinho-na-upa. Acessado em 24/11/2018.)

3. No que toca aos direitos humanos, a filósofa Hannah Arendt identificou na ruptura trazida pela experiência totalitária do nazismo e do stalinismo a inauguração do *tudo é possível*, que levou pessoas a serem tratadas como supérfluas e descartáveis. Tal fato contrariou os valores consagrados da Justiça e do Direito, voltados a evitar a punição desproporcional e a distribuição não equitativa de bens e situações. Arendt propõe assegurar um mundo comum, marcado pela pluralidade e pela diversidade, o qual, através do exercício da liberdade, impediria o ressurgimento de um novo estado totalitário de natureza. No mundo contemporâneo, continuam a persistir situações sociais, políticas e econômicas que, mesmo depois do término dos regimes totalitários, contribuem para tornar os homens supérfluos e sem lugar num mundo comum, como a ubiquidade da pobreza e da miséria, a ameaça do holocausto nuclear, a irrupção da violência, os surtos terroristas, a limpeza étnica, os fundamentalismos excludentes e intolerantes.

(Adaptado de Celso Lafer, A reconstrução dos direitos humanos: a contribuição de Hannah Arendt. *Estudos Avançados*, v. 11, n. 30, São Paulo, p. 55-65, maio/ago. 1997.)

4. O bicho está pegando na educação. Fico pensando em que mundo vivem os que acham que as escolas brasileiras sofrem de "contaminação político-ideológica" comandada por "um exército organizado de militantes travestidos de professores". É uma baita contradição para quem diz defender a "pluralidade", e é o caminho oposto dos países de alto desempenho em educação: Estados Unidos (em que alguns Estados oferecem educação sexual desde o século XIX), Nova Zelândia, Suécia, Finlândia e França. No Brasil, querem interditar o debate. Mesma coisa com os estudos indígenas e africanos, classificados aqui como porta de entrada para favorecer "movimentos sociais". Já na Noruega, o currículo é generoso com o povo sami, habitantes originais do norte da Escandinávia. "Doutrinação", por lá, chama-se respeito à diversidade e às raízes da história do país. Para piorar, o principal evangelista dessa "Bíblia do Mal" seria Paulo Freire. Justo ele, pacifista convicto e obcecado pela ideia de que as pessoas deveriam pensar livremente. Presos na cortina de fumaça da suposta doutrinação, empobrecemos um pouco mais o debate sobre educação.

(*Adaptado de Blog do Sakamoto*. Disponível em https://blogdosakamoto.blogosfera.uol.com.br. Acessado em 05/07/2018.)

REDAÇÃO

Sua professora de Geografia abriu um fórum no ambiente virtual da disciplina para discutir o tópico "IDH e crescimento do PIB como indicadores de desenvolvimento" e propôs as seguintes questões: a) Observe a classificação do Brasil nos *rankings* apresentados nos gráficos 1 e 2; b) Interprete os textos 3, 4 e 5; e c) Indique se haveria diferenças no desenvolvimento social do Brasil caso o país optasse por uma política econômica que tenha como consequência uma melhor classificação no ranking do IDH ou no *ranking* do crescimento do PIB.

Publique uma postagem nesse fórum, na qual, a partir da leitura dos textos indicados abaixo, você deve: a) apontar em qual *ranking* o Brasil subiria se privilegiasse os aspectos qualidade de vida e igualdade no desenvolvimento social; b) apresentar as consequências de priorizar o consumo para o desenvolvimento social; e c) argumentar em favor do seu ponto de vista.

1.

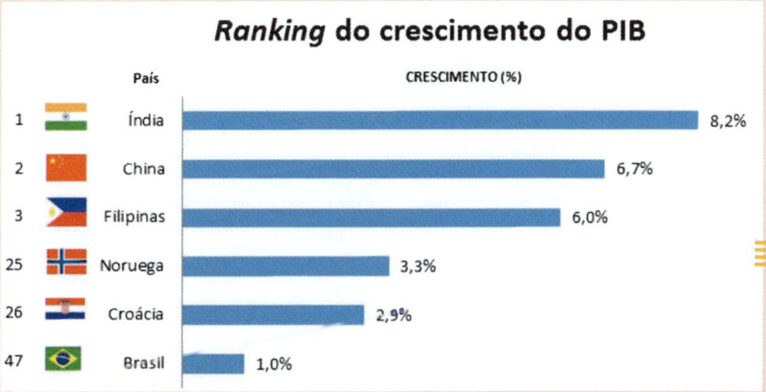

PIB significa Produto Interno Bruto, medida que representa a soma, em valores monetários, de todos os bens e serviços finais produzidos numa determinada região, durante um determinado período.

(Dados disponíveis em https://economia.estadao.com.br/noticias/geral,brasil-fica-em-ultimo-em-ranking-de-crescimento-com-47-paises,70002481872. Acessado em 28/06/2018.)

2.

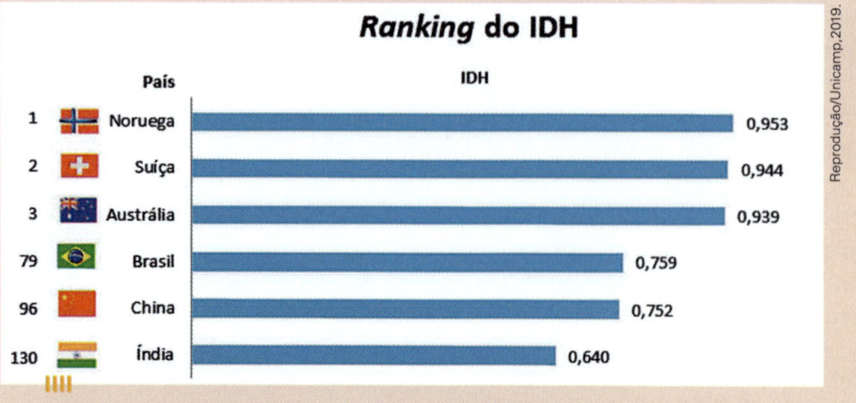

IDH significa Índice de Desenvolvimento Humano, medida concebida pela ONU (Organização das Nações Unidas) para avaliar a qualidade de vida e o desenvolvimento econômico de uma população.

(Fonte: PNUD, ed. 14 de setembro de 2018. *Human Development Indices and Indicators* – 2018 Statistical Update.)

3. Um breve conjunto de informações para nos fazer repensar as relações de consumo:

- A indústria da moda é a segunda maior consumidora de água no mundo. Só perde para a do petróleo.
- Estima-se que 17% a 20% da poluição da água industrial vem de tingimento e tratamento têxtil.
- Cerca de 15% a 20% de tecido é desperdiçado a cada peça cortada. E tecido não é reciclável.
- Estima-se que 10% das emissões de gases de efeito estufa provêm da indústria da moda.
- As fábricas de moda consomem mais de 130 milhões de toneladas de carvão/ano para gerar energia.
- Para suprir a demanda do consumo, quase toda matéria-prima utilizada na moda resulta em problema: do algodão, cheio de pesticidas, ao poliéster, oriundo da exploração do petróleo.
- Operários da indústria têxtil em países como China, Índia e Bangladesh trabalham mais de 12 horas por dia e ganham menos do que 100 dólares por mês.
- Cerca de 80% da mão de obra deste mercado são mulheres. E menos de 2% ganham o suficiente para viver em condições dignas. Para ganhar mais, elas chegam a trabalhar mais de 75 horas por semana.

E tem quem ache que o consumismo é um problema individual que só diz respeito à própria conta bancária...

(Adaptado de Nina Guimarães, O consumismo destrói o meio ambiente e incentiva o trabalho escravo. Metrópoles, 19/04/2017.)

4. As principais redes de varejo de moda do país associadas à ABVTEX (Associação Brasileira do Varejo Têxtil) já notam a melhora no ânimo dos consumidores. "O cenário é mais favorável, a partir do momento em que há maior disponibilidade de crédito; a inflação está abaixo do esperado, com aumento no poder de compra; e há uma leve redução do desemprego. Esses fatores somados ajudam a elevar a intenção de compra", aponta Lima, diretor executivo da ABVTEX. A FGV estima que, em 2018, o PIB cresça 2,5%. Esse crescimento deve permanecer liderado pelo consumo.

(Adaptado de Em 2018, crescimento permanecerá liderado pelo consumo, diz FGV. Disponível em http://www.abvtex.org.br/. Acessado em 04/05/ 2018.)

5. Pelo 12º ano consecutivo, só deu ela: a Noruega foi novamente eleita pela ONU como o melhor país do mundo para se viver. Segundo Jens Wandel, diretor do departamento administrativo do Programa de Desenvolvimento da ONU, o sucesso do país consiste em combinar o crescimento de renda com um elevado nível de igualdade. "Ao longo do tempo, a Noruega conseguiu aumentar sua renda e, ao mesmo tempo, garantir que os rendimentos sejam distribuídos de modo uniforme".

(Adaptado de Índice de Desenvolvimento Humano: o que faz da Noruega o melhor lugar para se viver? *Huffpost Brasil*, 17/12/2015.)

3 (UNICAMP - SP)

Coloque-se na posição de um **jornalista** que, com base na leitura do texto abaixo, deverá escrever um **editorial**, isto é, um artigo jornalístico opinativo, para um importante jornal do país, discutindo o **crescimento do e-lixo** no Brasil. Seu texto deverá, necessariamente:

- abordar **dois dos problemas** relacionados ao crescimento do e-lixo no Brasil levantados pelo texto abaixo;

e

- apontar **uma forma** possível de enfrentar esse crescimento.

Atenção: Por se tratar de um editorial, você deverá atribuir um título ao seu texto. Lembre-se de que não deverá recorrer à mera colagem de trechos do texto lido.

Aumento na geração de e-lixo e responsabilidade compartilhada

Quando você descarta um equipamento eletrônico, você está gerando o que se conhece como "e-lixo". São materiais tais como pilhas, baterias, celulares, computadores, televisores, DVD's, CD's, rádios, lâmpadas fluorescentes e muitos outros que, se não tiverem uma destinação adequada, vão parar em aterros comuns e contaminar o solo e as águas, trazendo danos para o meio ambiente e para a saúde humana. Com a rápida modernização das tecnologias, os aparelhos tornam-se ultrapassados em uma velocidade assustadora. Na composição dos equipamentos eletrônicos existem substâncias tóxicas como mercúrio, chumbo, cádmio, belírio e arsênio — altamente perigosos à saúde humana.

A Organização das Nações Unidas (ONU) pediu em 22 de fevereiro de 2010 medidas urgentes contra o crescimento exponencial do lixo de origem eletrônica em países emergentes como o Brasil. O Programa das Nações Unidas para o Meio Ambiente (Pnuma) apresentou um relatório que ressalta a urgência de estabelecer um processo ambicioso e regulado de coleta e gestão adequada do lixo eletrônico uma vez que a geração desse lixo cresce mundialmente a uma taxa de cerca de 40 milhões de toneladas por ano.

Casemiro Tércio Carvalho, coordenador de planejamento ambiental da Secretaria do Meio Ambiente de São Paulo, credita a posição do Brasil à ampliação da inclusão digital no país e ao aumento do poder aquisitivo das classes C, D e E. Para o professor Fernando S. Meirelles, da FGV (Fundação Getúlio Vargas), a questão do lixo eletrônico no Brasil não é necessariamente um problema de governo. "É um fator cultural. O mercado de reciclados ainda é muito incipiente e não há coletores suficientes."

Embora ainda tramite no Senado o projeto de lei da Política Nacional de Resíduos Sólidos — PNRS (aprovado pela Câmara dos Deputados em março de 2010 após 19 anos de tramitação), é possível fazer alguns comentários sobre o conjunto de obrigações legais que estruturarão juridicamente, no Brasil, a Logística Reversa (o retorno do equipamento usado para o fabricante ou comerciante), que tem como implicação a Responsabilidade Compartilhada entre os Produtores/Fabricantes, os Comerciantes e Distribuidores, e os Consumidores. Está visto que não adianta a boa vontade dos consumidores se não existir uma infraestrutura de recolha do lixo eletrônico. É essa falta de estrutura que representa o grande entrave na política de gestão prevista na PNRS. Não podemos ignorar que a nossa cultura de gestão de resíduos é "zero". Daí porque o planejamento de política pública é o ponto inicial para qualquer medida que pretenda ser eficaz nessa área.

(Adaptado das seguintes fontes: http://www.e-lixo.org/elixo.html (acessado em abril de 2010), www.uol.com.br por Juan Palop (publicada em 22.02.2010) e http://lixoeletronico.org por Diogo Guanabara (publicado em 20.04.2010))

4 (UENP - PR)

Produza um *artigo de opinião*, assumindo o papel social de um leitor de jornal que intenciona publicar seu ponto de vista em relação à questão: *Até que ponto pequenos atos, como assinar a lista de presença para o colega que faltou ou colar em avaliações, devem ser considerados corruptos e corruptíveis? Há um limite entre o que é considerado tradicionalmente como corrupção — por exemplo aquela praticada por políticos — e o famoso "jeitinho brasileiro"?*

Não se esqueça de que o artigo de opinião é um texto argumentativo, por isso, além de se posicionar frente à questão exposta, é preciso selecionar bons argumentos para a defesa da sua tese.

Os textos/trechos textuais a seguir discorrem sobre a questão apresentada. Mas lembre-se de que eles podem ser usados apenas como suportes para a sua argumentação e nunca copiados deliberadamente. Você será avaliado pelo grau de autoria do texto!

TEXTO 1

Corrupção (cor.rup.ção)

sf.

1. Ação ou resultado de corromper(-se).

2. Adulteração das características originais de algo; DESVIRTUAÇÃO; DETURPAÇÃO: *corrupção do sentido de uma frase*. [Antôn.: conservação, manutenção.]

3. Decomposição orgânica; DETERIORAÇÃO; PUTREFAÇÃO [Antôn.: conservação, preservação.]

(AULETE DIGITAL. *Corrupção*. Disponível em: <http://www.aulete.com.br/corrupcao>. Acesso em: 29 set. 2015.)

TEXTO 2

Origem da palavra "Corrupção"

Antes de designar a venda ilegal de favores por representantes do poder público, corrupção é deterioração, decomposição física, apodrecimento. "Corrupto" vem do latim corruptus, particípio de "corromper": é o corrompido, o podre, o que se deixou estragar.

(DICIONÁRIO ETIMOLÓGICO: origem das palavras. *Origem da palavra corrupção*. Disponível em: <http://www.dicionarioetimologico.com.br/corrupcao/>. Acesso em: 29 set. 2015.)

LINGUAGENS E SUAS TECNOLOGIAS
PRODUÇÃO DE TEXTO

UNIDADE 17

Campo artístico-literário

"O campo artístico é o espaço de circulação das manifestações artísticas em geral, contribuindo para a construção da apreciação estética, significativa para a constituição de identidades, a vivência de processos criativos, o reconhecimento da diversidade e da multiculturalidade e a expressão de sentimentos e emoções. Possibilita aos estudantes, portanto, reconhecer, valorizar, fruir e produzir tais manifestações, com base em critérios estéticos e no exercício da sensibilidade."

(*Base Nacional Comum Curricular*)

A arte está a nossa volta em diferentes manifestações: no grafite da parede de um prédio; na capoeira e na dança do *hip-hop*; nas competições poéticas de *slam*; no cordel, na embolada e no coco do Nordeste; nas pinturas e esculturas do museu; nos quadrinhos e nos mangás; nos romances, contos e poema da literatura; no teatro, na TV e no cinema; na música popular brasileira; na arquitetura e no paisagismo da cidade...

Além de ter com a arte uma relação de *apreciador(a)*, você pode também ter com ela uma relação de *produtor(a)*. Que tal? Aceita o desafio?

santypan/Shutterstock

CAPÍTULO 54

O poema, o haicai, a paródia, o cordel e o videopoema

O poema

Trabalhando o gênero

Leia este poema:

Sou do gueto

sou rebelde
ressentido
retraído
sou do gueto

sou do canto
obscuro
sou escuro
sou do gueto

tenho mano
em todo bairro
tenho mina
sou do gueto

ando armado
de esperanças
sou amado
sou do gueto

sou ousado
e sou tímido
abusado
sou do gueto

faço a grana
tenho a sorte
tenho ginga
sou do gueto

tenho fibra
tenho raça
sou de briga
sou do gueto

e sou forte
e sou preto
sou do mundo
sou do gueto

(Márcio Barbosa. *In*: Luiz C. dos Santos, Maria Galas e Ulisses Tavares, orgs. *O negro em versos*. São Paulo: Moderna, 2005. p. 96-97.)

Nelson Provazi/Arquivo da editora

Este capítulo favorece o desenvolvimento das habilidades

EM13LGG101
EM13LGG104
EM13LGG105
EM13LGG201
EM13LGG203
EM13LGG301
EM13LGG402
EM13LGG602
EM13LGG603
EM13LGG701
EM13LGG703
EM13LP01
EM13LP02
EM13LP03
EM13LP06
EM13LP15
EM13LP17
EM13LP18
EM13LP49
EM13LP50
EM13LP54

1 O título do poema é "Sou do gueto". Veja os sentidos da palavra *gueto* no dicionário:

> **1** na maioria das cidades europeias, bairro onde todo judeu era obrigado a residir **2** *p.ext.* bairro de uma cidade onde vivem os membros de uma etnia ou outro grupo minoritário, freq. devido a injunções, pressões ou circunstâncias econômicas ou sociais **3** *p.ext.* todo estilo de vida ou tipo de existência resultante de tratamento discriminativo <*vou morar num g. para a terceira idade*> [...]
>
> (Dicionário eletrônico Houaiss da Língua Portuguesa 1.0)

a) Quem é o eu lírico, ou seja, de quem é a voz que fala no poema? Justifique sua resposta.

b) Que sentido tem a palavra *gueto* no poema?

c) Que efeito de sentido tem a repetição do verso "sou do gueto" no poema?

d) Troque ideias com os colegas: Sendo do gueto, o eu lírico se sente excluído da vida social? Justifique sua resposta com elementos do poema.

2 Observe estes versos:

> "sou rebelde
> ressentido
> [...]
> ando armado
> de esperanças
> [...]
> tenho fibra
> tenho raça
> sou de briga"

a) Levante hipóteses: Qual é a origem do ressentimento mencionado pelo texto?

b) Como o eu lírico se sente para enfrentar as adversidades?

c) O eu lírico tem expectativa de que essa situação mude? Justifique sua resposta.

3 O poema apresenta uma rica sonoridade, resultante principalmente do ritmo dos versos.

a) Observe os versos da 1ª estrofe. Divida cada verso em sílabas e numere as sílabas de cada um. Qual é a sílaba mais forte de cada verso?

b) Faça uma experiência: bata numa mesa com qualquer instrumento (uma caneta, por exemplo) o número de vezes equivalente ao número de sílabas de cada verso. Bata mais forte quando a batida equivaler à(s) sílaba(s) mais forte(s) do verso. Qual é o resultado sonoro? Troque ideias com os colegas.

Quem é Márcio Barbosa?

Reprodução/Acervo pessoal

Márcio Barbosa nasceu em São Paulo em 1959. É escritor, pesquisador e participa de entidades do movimento negro desde 1976. Formado em Filosofia pela USP, atua profissionalmente no mercado editorial. É um dos coordenadores do coletivo Quilombhoje e coorganizador da série *Cadernos negros*. Autor da novela *Paixões crioulas*, fez as entrevistas e os textos do livro *Frente negra brasileira*, além de conceber o livro e videodocumentário *Bailes — Soul, samba-rock, hip hop e identidade em São Paulo*, para o qual também fez as entrevistas e os textos.

4 Observe que o poema é organizado em partes ou estrofes.

a) Quantas estrofes há no poema?

b) Verso é cada linha do poema. Quantos versos há em cada estrofe? E em todo o poema?

5 As rimas também cumprem um papel importante na construção da sonoridade do poema.

a) Em quais estrofes ocorrem as rimas? Em cada estrofe, quais versos rimam entre si?

b) Encontre no poema um exemplo de rima perfeita (com correspondência total dos sons finais) e um de rima toante (só entre as vogais).

6 A linguagem do poema pode apresentar muitas variações, podendo estar ou não de acordo com a norma-padrão e ser menos ou mais formal, dependendo de quem é o autor, da época em que vive ou viveu, de seu público, do suporte em que o texto é divulgado, etc. Observe a linguagem do poema e responda:

a) Ela está de acordo com a norma-padrão? Apresenta-se mais formal ou informal? Justifique sua resposta com elementos do texto.

b) A variedade linguística indicada por você é coerente com a identidade do eu lírico? Por quê?

7 A linguagem do poema costuma ser figurada, isto é, apresenta palavras e expressões com um sentido diferente do convencional ou que têm mais de um sentido. Releia esta estrofe:

> "faço a grana
> tenho a sorte
> tenho ginga"

Explique, no contexto do poema, o sentido das expressões *fazer a grana*, *ter sorte* e *ter ginga*.

8 Reúna-se com os colegas de seu grupo e concluam: Quais são as características básicas do poema? Ao responder, considerem os seguintes critérios: finalidade do gênero, perfil dos interlocutores, suporte ou veículo, tema, estrutura, linguagem.

Os versos e seus recursos musicais

Segundo o poeta Carlos Drummond de Andrade, "entre coisas e palavras — principalmente entre palavras — circulamos". As palavras, entretanto, não circulam entre nós como folhas soltas no ar. Elas são organizadas em textos, por meio dos quais podem criar significados capazes de transmitir ideias, sentimentos, desejos, emoções.

Muitas delas se combinam de tal forma que fica evidente terem sido selecionadas com a finalidade de compor imagens, sugerir formas, cores, odores, sons, permitindo múltiplas sensações, leituras e interpretações. Isso é o que observamos quando lemos, ouvimos ou vemos um poema, forma de composição que se destaca também por uma espécie de melodia e de ritmo que emanam do modo como as palavras são arranjadas.

O **poema** é um gênero textual que se constrói não apenas com ideias e sentimentos, mas também por meio do emprego do verso e de seus recursos musicais — a sonoridade e o ritmo das palavras — e de palavras com sentido figurado, conotativo.

A musicalidade que caracteriza os textos poéticos é resultado da utilização de recursos presentes na poesia de todos os tempos, tais como a métrica, o ritmo, a rima, a aliteração e a assonância.

O verso e a estrofe

O poema "Sou do gueto" apresenta 32 versos.

Verso é uma sucessão de sílabas ou fonemas que formam uma unidade rítmica e melódica, correspondente, em geral, a uma linha do poema.

Os versos organizam-se em estrofes. No poema estudado, por exemplo, os versos organizam-se em oito estrofes.

Estrofe ou **estância** é um agrupamento de versos.

O número de versos agrupados em cada estrofe pode variar. O poema lido é formado por quadras (4 versos). Já o poema de Mário Quintana, a seguir, é formado por um **dístico**, isto é, uma estrofe de dois versos. Veja:

Viajante

Eu, sempre que parti, fiquei nas gares
Olhando, triste, para mim...

(Mário Quintana. *Apontamentos de história sobrenatural*. São Paulo: Globo. By Helena Quintana.)

Ricardo Dantas/Arquivo da editora

Veja como se chamam outros tipos de estrofe:

- **terceto**: três versos;
- **quadra** ou **quarteto**: quatro versos;
- **quintilha**: cinco versos;
- **sexteto** ou **sextilha**: seis versos;
- **sétima** ou **septilha**: sete versos;
- **oitava**: oito versos;
- **nona**: nove versos;
- **décima**: dez versos.

O que é poesia?

Talvez ninguém consiga dar uma resposta definitiva a essa pergunta. Entretanto, a poesia está em toda parte: nas canções de ninar, nas cantigas de roda, nos trava-línguas, nas parlendas, nos provérbios, nas quadrinhas populares, nas propagandas, nas letras de música, nos livros, etc.

O conceito de poesia varia de acordo com a época, com o movimento literário e também de escritor para escritor.

O poeta francês Mallarmé, por exemplo, definiu poesia como a "suprema forma da beleza". Para o americano Edgar Allan Poe, a poesia é a "criação rítmica da beleza". Cassiano Ricardo diz: "Pouco importa, contudo, definir o que seja poesia. O que importa, literariamente, é que ela encontre o seu núcleo no poema, feito e trabalhado precisamente para consegui-la. Ela é indefinível, porém definidora".

As formas fixas

Uma das composições de forma fixa mais conhecidas é o **soneto**, em que os versos são agrupados em duas quadras e dois tercetos. O soneto geralmente desenvolve uma ideia até o penúltimo verso, e no último, considerado *chave de ouro*, apresenta uma síntese do que foi desenvolvido.

Na língua portuguesa, destacam-se como sonetistas Camões, Antero de Quental, Bocage e Vinícius de Moraes.

Outros poemas de forma fixa são, por exemplo, a **balada** (três oitavas e uma quadra), o **vilancete** (um terceto e outros tipos de estrofe, à escolha do poeta), o **rondó** (apenas quadras, ou então quadras combinadas com oitavas).

Um tipo curioso de forma fixa é o **haicai**, poema de origem japonesa. Constituído por uma estrofe de três versos, ele deve ter 17 sílabas, distribuídas do seguinte modo: 1º verso: 5 sílabas; 2º verso: 7 sílabas; 3º verso: 5 sílabas.

Métrica

A **métrica** é a medida dos versos, isto é, o número de sílabas poéticas apresentadas por eles.

Para determinar a medida de um verso, nós o dividimos em sílabas poéticas. Esse procedimento tem o nome de **escansão**.

Em razão de ter por base a oralidade — fala ou canto —, a divisão silábica poética obedece a princípios diferentes dos que orientam a divisão silábica gramatical: as vogais átonas são agrupadas numa única sílaba, e a contagem das sílabas deve ser feita até a última tônica.

Compare a divisão silábica gramatical à divisão silábica poética de dois versos do poema de Márcio Barbosa:

Divisão silábica gramatical
an | do | ar | ma | do
1 2 3 4 5

Divisão silábica poética
an | do ar | ma
1 2 3

Divisão silábica gramatical
de | es | pe | ran | ças
1 2 3 4 5

Divisão silábica poética
de es | pe | ran
1 2 3

Na divisão silábica poética, conforme você pode observar, a 2ª sílaba do 1º verso e a 1ª do 2º verso são formadas pela união das sílabas *do* e *ar*, *de* e *es*, respectivamente. Isso ocorre sempre que há o encontro de duas vogais átonas no final de uma palavra e no início de outra. Além disso, na divisão silábica poética, a contagem encerra-se na sílaba tônica da última palavra do verso; nesse caso, na sílaba *ma* da palavra *armado*, no 1º verso, e na sílaba *ran* da palavra *esperanças*, no 2º verso.

De acordo com o número de sílabas poéticas, os versos recebem as seguintes denominações: *monossílabo* (uma sílaba), *dissílabo* (duas sílabas), *trissílabo* (três sílabas), *redondilha menor* ou *pentassílabo* (cinco sílabas), *redondilha maior* ou *heptassílabo* (sete sílabas), *octossílabo* (oito sílabas), *decassílabo* (dez sílabas), *alexandrino* (doze sílabas), etc.

O verso cuja métrica se repete é chamado de *verso regular*. No século XX, os poetas modernos criaram o *verso livre*, que não obedece a uma regularidade métrica. Assim, os poemas apresentam versos de tamanhos variados, como no poema abaixo, de Cacaso.

Happy end

o meu amor e eu
nascemos um para o outro
agora só falta quem nos apresente

(Cacaso. *Lero-lero*. Rio de Janeiro: 7 Letras; São Paulo: Cosac & Naify, 2002. p. 114.)

Ricardo Dantas/Arquivo da editora

Ritmo

Ao ouvirmos uma melodia qualquer, percebemos que ela foi composta em determinado ritmo. Um poema também tem seu ritmo, que lhe é dado pela alternância de sílabas acentuadas e não acentuadas, isto é, sílabas que apresentam maior ou menor intensidade quando pronunciadas. O conceito poético de sílaba acentuada nem sempre coincide com o conceito gramatical de sílaba tônica, pois a acentuação de uma sílaba poética é determinada pela sequência melódica em que ela se insere.

Observe o ritmo dos seguintes versos de Camões. As sílabas acentuadas estão destacadas.

> Amor é fogo *que ar*de sem se *ver*;
> É ferida que *dói* e não se *sen*te;
> É um contenta*men*to descon*ten*te;
> É dor que desa*ti*na sem do*er*
>
> (*In*: Vera Aguiar, coord. *Poesia fora da estante*. Porto Alegre: Projeto, 2002. v. 2, p. 83.)

Você deve ter notado nesse trecho que o ritmo decorre da incidência de acentuação na 6ª e na 10ª sílaba de cada verso.

O ritmo em outras linguagens

O ritmo não é exclusividade da poesia. Ele existe também na música, na arquitetura e em outras artes visuais, desde que haja uma repetição regular de determinado elemento. Na fotografia ao lado, o ritmo é criado pela recorrência regular das formas no espaço.

Brastock/Shutterstock

Rima

A **rima** é um recurso musical baseado na semelhança sonora de palavras no final de versos (rima externa) e, às vezes, no interior de versos (rima interna).

Observe como, nestes versos, Fernando Pessoa explora tanto a rima externa quanto a rima interna:

> TUDO QUE FAÇO ou medito
> Fica sempre na metade.
> Querendo, quero o infinito.
> Fazendo, nada é verdade.
>
> Que nojo de mim me fica
> Ao olhar para o que faço!
> Minha alma é lúcida e rica,
> E eu sou um mar de sargaço
> [...]
>
> (*Obra poética*. Rio de Janeiro: Aguilar, 1965. p. 172.)

As rimas externas classificam-se como *interpoladas* (ou *intercaladas*), *alternadas* e *emparelhadas* segundo sua organização em esquemas ABBA, ABAB e AABB, respectivamente.

Os versos de Fernando Pessoa fazem uso das rimas alternadas. Observe a incidência de rimas emparelhadas e sua organização em esquema nestes versos do grupo musical Racionais.

> Quatro minutos se passaram e ninguém **viu**
> O monstro que nasceu em algum lugar do **Brasil**
> Talvez o mano que trampa debaixo do carro sujo de **óleo**
> Que enquadra o carro-forte na febre com sangue nos **olhos**
> O mano que entrega envelope o dia inteiro no **sol**
> Ou o que vende chocolate de farol em **farol**
> [...]
>
> (Racionais MC's. *Sobrevivendo no inferno*. Companhia das Letras. Edição do Kindle.)

Os versos que não apresentam rimas entre si são chamados de *versos brancos*. Veja esse tipo de verso neste poema de Rubem Braga:

> Não quero ser Deus, nem Pai nem Mãe de Deus,
> Não quero nem lírios nem mundos
> Sou pobre e superficial como a Rua do Catete.
> Quero a pequena e amada agitação,
> A inquieta esquina, aves e ovos, pensões,
> Os bondes e tinturarias, os postes,
> Os transeuntes, o ônibus Laranjeiras,
> Único no mundo que tem a honra de pisar na Rua do Catete.
>
> (*Livro de versos*. 3. ed. Rio de Janeiro: Record, 1998. p. 5.)

Weberson Santiago/Arquivo da editora

Outros recursos sonoros

Aliteração

É a repetição constante de um mesmo fonema consonantal. No poema de Márcio Barbosa, há aliteração do fonema /R/ na 1ª estrofe, nas palavras *rebelde*, *ressentido*, *retraído*.

Observe também como o poeta Castro Alves alitera o fonema /b/ nestes versos:

> Auriverde pendão de minha terra
> Que a *b*risa do *B*rasil *b*eija e *b*alança

Assonância

É a repetição constante de um mesmo fonema vocálico. Observe a assonância do fonema vocálico /a/ neste verso de Cruz e Souza:

> Ó Form*a*s *a*lv*a*s, br*a*nc*a*s, Form*a*s cl*a*r*a*s

Paronomásia

É o emprego de palavras semelhantes na forma ou no som, mas de sentidos diferentes, próximas umas das outras. Veja:

> Trocando em miúdos, pode guardar
> As *sobras* de tudo que chamam lar
> As *sombras* de tudo que fomos nós
>
> (Chico Buarque. *In*: Adélia Bezerra de Menezes Bolle, org., *op. cit*., p. 45.)
>
> Ah pregadores! Os de cá achar-vos-eis com mais *paço*; os de lá, com mais *passos*.
>
> (Pe. Antônio Vieira.)

O poema e a canção

O poema e a canção têm em comum a organização textual, isto é, geralmente se estruturam em versos, estrofes e rimas e fazem uso de imagens e recursos sonoros.

Apesar disso, são gêneros diferentes, pois têm objetivos e públicos distintos. Além disso, a letra de uma canção é produzida para se unir a uma melodia e, juntas, serem cantadas. Já o poema é produzido para ser lido individualmente ou declamado para um público que aprecia poesia.

Paralelismo

É a repetição de palavras ou estruturas sintáticas maiores (frases, orações, etc.) que se correspondem quanto ao sentido. Observe, abaixo, o paralelismo nos versos da canção "Sem fantasia", de Chico Buarque.

> Vem que eu te quero fraco
> Vem que eu te quero tolo
> Vem que eu te quero todo meu.
>
> (*In*: Adélia Bezerra de Menezes Bolle, org., *op. cit.*, p. 23.)

Leia a tira a seguir, de Laerte, e responda às questões 1 e 2.

(*Folha de S.Paulo*, 26/2/2012.)

1 Reescreva as falas do personagem, dispondo-as em versos.

a) Quantos versos você obteve?

b) Que critérios você utilizou para dispor as falas em versos?

2 Observe o esquema de rimas e de ritmo do poema.

a) De que tipo são as rimas?

b) Em que sílabas poéticas, pela ordem, incidem as sílabas tônicas?

c) Que nome é dado ao tipo de verso utilizado?

3 Identifique a seguir, o(s) recurso(s) sonoro(s) empregado(s) nos versos de Chico Buarque.

a)

> E a própria vida
> Ainda vai sentar sentida
> Vendo a vida mais vivida
> Que vem lá da televisão
>
> (Chico Buarque. *In*: Adélia Bezerra de Menezes Bolle, org., *op. cit.*, p. 21. by Marola Edições Musicais Ltda.)

b)

> Você vai me trair
> Você vem me beijar
> Você vai me cegar
> E eu vou consentir
>
> (*Idem*, p. 55. by Marola Edições Musicais Ltda.)

O haicai

O haicai é um poema de origem japonesa criado no século XVI que se caracteriza pela síntese. Geralmente leve e humorístico, ganhou adeptos em todo o mundo, em virtude de sua densidade poética.

O haicai tem um número específico de versos — três — e, tradicionalmente, apresenta um número fixo de sílabas poéticas — 17 —, sendo 5 delas no primeiro e no último verso e 7 no segundo verso. Essa métrica foi alterada ao longo dos anos pelos poetas, que incorporaram outros elementos à forma do haicai. No Brasil, Guilherme de Almeida foi um dos primeiros a cultivar essa forma poética e introduziu rimas no 1º e no 3º verso e uma rima interna no 2º verso. Originalmente, entretanto, o haicai japonês não tem rimas.

Outros importantes escritores brasileiros, como Millôr Fernandes, Luis Fernando Verissimo e Paulo Leminski, também escreveram haicais.

Leia, a seguir, três haicais. O primeiro é de Issa, poeta japonês do século XVIII, o segundo, de Cyro Armando Catta Preta, e o terceiro, de Millôr Fernandes (1923-2012), escritores contemporâneos.

Em nosso universo
Breve, passa, com pressa! e
Graça, a borboleta.

(Issa. *In*: 31 poetas. 214 poemas. *Do Rig-veda e Safo a Apolinaire*. São Paulo: Companhia das Letras, 1996. p. 78.)

Moenda dos olhos

Olhos. Arte. Amor.
Atento, pinça o momento
Que foge! Ei-lo: flor...

(*Moenda dos olhos*. São Paulo: Atual, 1986. p. 1.)

Prometer
E não cumprir:
Taí viver.

(Disponível em: https://www1.folha.uol.com.br/livrariadafolha/2015/03/1608564-leia-haicais-de-millor-fernandes.shtml. Acesso em: 24/4/2020.)

Gustavo Ramos/
Arquivo da editora

1 Observe a parte formal dos haicais e responda:

a) Os três haicais apresentam o número de versos tradicional do haicai japonês?

b) Os poemas apresentam a métrica tradicional do haicai, ou seja, o primeiro e o último verso com cinco sílabas poéticas e o segundo verso com sete sílabas poéticas?

c) Eles apresentam rima? Se sim, como são as rimas?

2 Os haicais tradicionalmente abordam temas relacionados à natureza e apresentam certo tom filosófico e reflexivo.

a) Algum deles aborda o tema da natureza?

b) Algum deles apresenta um caráter filosófico e reflexivo? Que tema desenvolve?

3 A palavra *haicai* é formada pelos termos *hai* (brincadeira, gracejo) e *kai* (harmonia, realização), ou seja, representa um poema humorístico ou divertido. Qual dos haicais lidos também apresenta um traço humorístico?

4 Não é comum o haicai apresentar título. Os haicais de Cyro Catta Preta, entretanto, normalmente apresentam título. "Moenda dos olhos" é o título do poema e também do livro do qual ele foi extraído.

a) O que significa *moenda*? E *moenda dos olhos*, no contexto do poema?

b) Considerando que o haicai é um poema cuja característica central é a síntese, comente a vantagem de incluir um título no poema.

O poema visual: a palavra no espaço

Além de trabalhar com a sonoridade, com a rima, com o ritmo e com as imagens, o poeta também pode fazer uso de outros recursos, como os visuais e os gráficos.

Isso quer dizer que o poeta pode organizar seus versos de uma maneira incomum, de modo que mostrem, por exemplo, o formato de alguma coisa, ou explorar diferentes tipos de letra, criando novos sentidos.

Muitos poemas do nosso tempo não são feitos apenas para serem lidos, mas também para serem vistos, como uma fotografia, uma pintura, um cartaz. Por meio de um trabalho com letras, com palavras e seu significado, procuram transmitir, além de emoções e sentimentos, movimento, cor, forma, etc.

Os poemas que utilizam esses recursos são chamados **poemas concretos**. Veja (e leia) os poemas a seguir, observando como os poetas incorporam aspectos visuais à poesia.

Reprodução/Paulo Leminski

(Paulo Leminski. *In*: Fred Góes e Álvaro Marins, orgs. *Melhores poemas de Paulo Leminski*. 6. ed. São Paulo: Global, 2002. p. 88.)

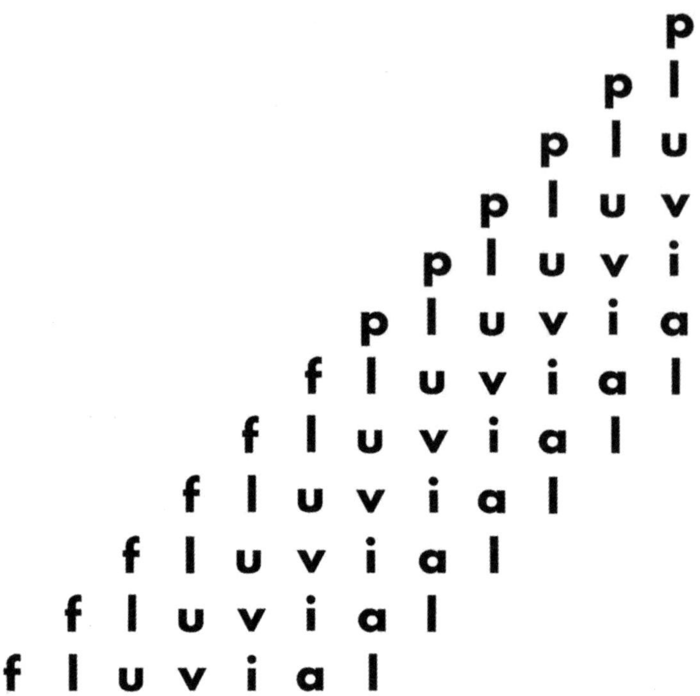

Augusto de Campos/Acervo do artista

(Augusto de Campos. www.algumapoesia.com.br/poesia/poesianet066.htm. Acesso em: 2/7/2020.)

Arnaldo Antunes/Acervo do artista

(Arnaldo Antunes. *Dois ou mais corpos no mesmo espaço*. São Paulo: Perspectiva, 1997. p. 55.)

Intertextualidade e paródia

Leia e compare os poemas a seguir. O primeiro é parte da conhecida "Canção do exílio", de Gonçalves Dias, poeta romântico do século XIX. O outro texto é parte de um poema de Eduardo Alves da Costa, poeta do século XX.

Canção do exílio

Minha terra tem palmeiras,
Onde canta o Sabiá;
As aves, que aqui gorjeiam,
Não gorjeiam como lá.

Nosso Céu tem mais estrelas,
Nossas várzeas têm mais flores,
Nossos bosques têm mais vida,
Nossa vida mais amores.

Em cismar, sozinho, à noite,
Mais prazer encontro eu lá;
Minha terra tem palmeiras,
Onde canta o Sabiá.

[...]

(*In*: *Gonçalves Dias*. São Paulo: Abril Educação, 1982. p. 11-12. Literatura Comentada.)

Ilustrações: Filipe Rocha/Arquivo da editora

Outra canção do exílio

Minha terra tem Palmeiras
Corinthians e outros times
De copas exuberantes
Que ocultam muitos crimes.

Em cismar sozinho, ao relento,
Sob o céu poluído, sem estrelas,
Nenhum prazer tenho eu cá.
Porque me lembro do tempo
Em que livre na campina
Pulsara meu coração, voava,
Como livre sabiá;
[...]

(Eduardo Alves da Costa. *In*: Ingedore G. Villaça Koch e outros. *Intertextualidade — Diálogos possíveis*. São Paulo: Cortez, 2007. p. 42.)

A "Canção do exílio" foi escrita por Gonçalves Dias em 1843, quando ele se encontrava em Portugal, estudando Direito; já o poema de Eduardo Alves da Costa foi publicado no século XX.

Como se nota já no primeiro verso, o segundo poema cita o de Gonçalves Dias e, tal como o poema original, estrutura-se em redondilhas maiores. Assim, "Outra canção do exílio" refere-se ao poema de Gonçalves Dias, estabelecendo com ele uma relação intertextual tanto pelo conteúdo quanto pela forma.

Intertextualidade é a relação entre dois textos caracterizada por um fazer referência, menos ou mais explícita, a outro texto.

Na "Canção do exílio", o eu lírico se lamenta por estar distante de seu país e menciona, de forma idealizada, vários aspectos da natureza brasileira (palmeiras, sabiá, bosques, flores, etc.), como meio de enaltecer a pátria. No poema "Outra canção do exílio", entretanto, o eu lírico vê sua pátria por uma perspectiva crítica, mencionando crimes e céu poluído, em contraste com o país da sua infância.

Escrito mais de um século depois, o poema de Eduardo Alves da Costa desconstrói a visão idealizada do poema de Gonçalves Dias, estabelecendo com ele uma relação de subversão e crítica. A esse tipo de relação intertextual chamamos **paródia**.

Paródia é um tipo de relação intertextual em que um texto remete a outro geralmente com o objetivo de subverter, criticar, ironizar ou criar humor a partir das ideias do texto de referência.

A poesia de tradição oral: o cordel

Na poesia popular brasileira de tradição oral, destaca-se a literatura de cordel, um tipo de poesia que nasceu no Nordeste brasileiro e é muito apreciado em todo o país.

De maneira geral, o poema de cordel é produzido oralmente e depois impresso em pequenos folhetos, ilustrados com xilogravura. O nome desse tipo de poesia se deve ao modo tradicional de expor os folhetos, isto é, pendurados em cordel (corda fina) ou barbante.

A estrutura da poesia de cordel não é rígida, porém a forma mais comum são estrofes de seis ou sete versos, geralmente redondilhas maiores (sete sílabas). As rimas costumam acontecer em versos alternados. Veja, como exemplo, os versos a seguir, do poeta José Antônio dos Santos, que conta, em sua *História da literatura de cordel*, como surgiu o cordel no Brasil. Aproveite para observar a métrica (redondilhas) e as rimas no 2º, no 4º e no 6º verso.

[...]

Na Europa medieval
Surgiram os menestréis
Por serem bons trovadores
Às musas eram fiéis
E prendiam seus livrinhos
Pendurados em cordéis.

Pois a palavra cordel
Significa cordão
Onde o Cordel era exposto
No meio da multidão
O trovador andarilho
Fazia declamação.

E o povo gostava
De poemas de bravezas
Contando muitas histórias
De encantadas princesas
Também de príncipes valentes
E suas grandes proezas.

[...]

Eis a origem da nossa
Poesia Popular
Pro Brasil, os portugueses
Trouxeram algum exemplar
E pras novas gerações
Puderam repassar.

[...]

(*História da literatura de cordel*. Fortaleza: Tupynanquim, maio 2007. p. 2-3.)

Reprodução/Gonçalo Ferreira da Silva

Gonçalo F. da Silva/Academia Brasileira de Literatura de Cordel

Receita para cordel

O verso para cordel
Fica bem em septilha,
Mas faltando ingrediente
Pode ser feito em sextilha,
Faça por essa receita
Que fica uma maravilha.

Não esqueça de botar
Um pouco de alegria,
Humor é fundamental
Para a boa poesia,
Se o colega duvidar
Confirme com Zé Maria.

[...]

Desenvolva seu cordel
Com humildade e amor,
Coloque tempero bom
Para agradar o leitor,
Pois ele é quem avalia
A receita do autor.

[...]

Uma pitada de rima
Você tem que acrescentar,
Métrica se faz relevante
Para o verso não quebrar,
Na cobertura uma capa
Para melhor ilustrar.

(Mundim do Vale. http://mundocordel.blogspot.com/2007/12/poetas-em-mundocordel.html.) Acesso em: 2/7/2020.

Cordel: do varal à internet

Se você quiser conhecer mais poemas de cordel, acesse:

- www.camarabrasileira.com/cordel.htm
- www.secrel.com.br/jpoesia/cordel.html
- http://mundocordel.blogspot.com/2007/12/poetas-em-mundocordel.html

Produzindo o poema

Ao final desta unidade, você participará com seus colegas do sarau **Palavra, som e imagem**, que envolve o lançamento de um *e-zine*, além da apresentação de *podcasts* e videopoemas, declamações, leitura dramática e encenação de texto teatral.

Os poemas farão parte do *e-zine*. Há, a seguir, cinco propostas de produção de poemas. Desenvolva algumas dessas propostas, conforme a orientação de seu professor.

1. Partindo dos versos a seguir, crie um ou mais versos para compor poemas. Tente manter o ritmo presente no verso inicial, se possível. Você poderá decidir livremente sobre o tipo de verso que pretende usar, se vai empregar rimas e outros recursos.
   a) "Nenhum desejo neste domingo" ("Poema que aconteceu", Carlos Drummond de Andrade)
   b) "Eu não tinha este rosto de hoje" ("Retrato", Cecília Meireles)
   c) "Oh! Que saudades que tenho" ("Meus oito anos", Casimiro de Abreu)
   d) "Mandei a palavra rimar" (Paulo Leminski)
2. Produza um poema livremente a partir de um tema de sua escolha. Se quiser, poderá explorar no texto suas reflexões sobre o mundo atual; ou seus sentimentos em relação à sociedade e ao contexto em que vive; ou projetar-se num mundo dos sonhos; ou ainda falar de seus sentimentos amorosos; etc.
3. Explorando as letras, o significado das palavras e a disposição delas no papel, crie dois ou mais poemas concretos a partir dos temas a seguir ou outros de sua preferência: *encontro, engarrafamento, liberdade, fotografia, primeiro amor*.
4. Escreva algumas estrofes (sextilhas) de cordel, fazendo uso dos recursos básicos desse tipo de poesia, como a redondilha e as rimas intercaladas. Como sugestão, escreva sobre o tema "Meu canto" ou outro que prefira. Procure dar ritmo ao poema, como fazem os cordelistas.
5. Escolha um poema ou uma canção conhecidos da cultura brasileira e, a partir deles, crie um poema ou a letra de uma canção que seja uma *paródia* do outro texto. Se quiser, poderá procurar os textos citados na proposta 1 e criar sua paródia com base neles.

Planejamento do texto

Ao redigir seus poemas, leve em conta as orientações a seguir.

- Perfil do leitor — No **Projeto**, que será desenvolvido no final da unidade, você terá a oportunidade de expor seus textos em um varal de poesia ou declamá-los em um sarau poético para colegas da turma e de outras classes, professores, funcionários da escola e outros convidados para o evento.
- Veículo e suporte em que o texto será divulgado — Procure empregar uma variedade linguística adequada ao perfil dos interlocutores e à situação.

- Características do gênero a serem observadas — Lembre-se dos recursos sonoros e visuais do poema. Decida previamente se os versos serão regulares ou livres, se terão ritmo, rimas e outras sonoridades.

Revisão e reescrita

Faça primeiramente um rascunho de seu texto. Depois, releia-o, observando se ele apresenta as características básicas do gênero, o perfil dos leitores, a adequação da linguagem, o suporte e o veículo. Faça as alterações necessárias e passe-o a limpo.

O videopoema

Videopoema é a fusão de poema com vídeo. Pode ser, por exemplo, um vídeo em que um poema é declamado (com a imagem do declamador ou não) enquanto imagens e música dialogam com os versos; ou um vídeo em que os versos vão surgindo como legenda na tela à medida que imagens e música vão se desenrolando, entre outras possibilidades.

Neste capítulo, você vai produzir videopoemas com seus colegas. Se nunca viu um videopoema, sugerimos assistir a alguns no YouTube, entre eles os vídeos *Boletim do mundo mágico*, de Roberto Piva (por Amanda Vital); *Carnaval — Arnaldo Antunes* (Nome), de Arnaldo Antunes; *Ausencia de ti*, de Arturo Sodoma.

ESB Professional/Shutterstock

Produzindo o videopoema

Que tal fazer videopoemas a partir dos poemas que você criou neste capítulo?

Primeiramente, forme um grupo com seus colegas e definam quais poemas, dentre os produzidos neste capítulo, serão transformados em videopoemas.

Vários programas podem ser usados para a criação de um videopoema, entre eles o PowerPoint. Com a tela aberta do PowerPoint, cola-se o poema num *slide*, insere-se uma imagem como fundo e adiciona-se um fundo musical previamente escolhido. Escolhem-se a cor e os efeitos de animação visual, que são adicionados à apresentação. Definem-se a velocidade e a forma de transição de *slides* (recomenda-se a transição automática com tempo de cinco segundos). Disponha o poema no número de *slides* que julgar melhor. O trabalho vai ganhar animação com a ajuda do programa Adobe Flash Player, com adição de música.

Se necessário, peçam ajuda ao técnico ou ao professor de Informática ou Robótica da escola.

Planejamento do videopoema

Planeje a produção de seu videopoema, decidindo previamente:

- se haverá música de fundo;
- se os versos serão introduzidos aos poucos ou de uma vez;
- se haverá voz de um locutor que declama os versos, à medida que eles vão surgindo na tela, ou apenas o texto digitado;
- se vai aparecer o rosto do locutor, caso o texto seja declamado;
- se haverá um conjunto de imagens que vão sendo apresentadas, ou vídeos, ou se uma imagem fixa de fundo.

Revisão do videopoema

Concluídos os videopoemas, promovam uma apresentação para toda a classe. Ao assistirem, avaliem:

- se a leitura oral e/ou a apresentação escrita do poema são acessíveis ao espectador;
- se o andamento da apresentação está adequado ou se precisa ser corrigido;
- se as imagens estão bem-distribuídas e se dialogam adequadamente com o texto verbal;
- se a música (se houver) contribui para criar ou consolidar uma atmosfera poética adequada;
- se o vídeo como um todo é uma experiência poética convidativa e marcante.

Finalizados os videopoemas, troquem ideias com os colegas, com o professor e, eventualmente, com o professor de Informática, sobre a possibilidade de publicar os videopoemas do grupo no YouTube.

Se quiserem, poderão também, em data marcada e divulgada, fazer uma sessão especial para apresentar os videopoemas aos alunos de toda a escola e a familiares convidados.

CAPÍTULO

55 A crônica — A crônica em *podcast*

Trabalhando o gênero

Leia esta crônica, de Antonio Prata:

Modelo em Milão

Numa aula de matemática, na **5ª série**, a Marina espirrou, voou um monte de meleca na mesa dela e a classe inteira caiu na gargalhada. Até o fim do 3º **colegial** ela ainda era conhecida pelo carinhoso apelido de Marina Catarrão. Voltando de ônibus escolar, na 2ª série, Raquel teve uma dor de barriga. Pediu ao motorista que parasse num bar, para ir ao banheiro. As outras crianças não perdoaram. Um ano depois, Raquel mudou-se de escola porque não aguentava mais as "brincadeiras". Na 8ª série, Nina era uma menina magrinha, quieta, de óculos e aparelho. Nenhum menino queria ficar com ela. Durante o colegial, Nina foi mudando, ficando mesmo muito bonita e interessante, mas ninguém queria saber. Aos olhos viciados de seus colegas, ela continuava a mesma.

As imagens que temos na escola são muito cristalizadas e difíceis de serem desfeitas. Fulano é O Nerd, [...] outro é O Engraçado e temos a sensação de que para sempre serão (e seremos) assim. No auge da nossa angústia, lá pelos 13, 15, 17 anos, quando as coisas não saem conforme queríamos, muitas vezes pensamos; pronto, é isso [...] ou eu sou gorda; ou nunca sei as coisas certas para dizer nas horas certas! Dá uma sensação de que todo mundo se enquadra perfeitamente no mundo, menos você. Calma! Em primeiro lugar, queria lhe dizer, de experiência própria, que o mundo social da escola não é um retrato de como

5ª série: A crônica foi inicialmente publicada na revista *Capricho*, lida por adolescentes, numa época em que o ensino fundamental tinha oito séries. Como o ensino fundamental passou a ter 9 anos, a 5ª série equivale hoje ao 6º ano.
colegial: Era o nome dado ao ensino médio, antes da reforma de 1996.

Este capítulo favorece o desenvolvimento das habilidades

EM13LGG101
EM13LGG104
EM13LGG105
EM13LGG201
EM13LGG301
EM13LGG402
EM13LGG602
EM13LGG603
EM13LGG701
EM13LGG703
EM13LP01
EM13LP02
EM13LP06
EM13LP15
EM13LP16
EM13LP18
EM13LP46
EM13LP49
EM13LP54

Gustavo Ramos/Arquivo da editora

serão as pessoas lá fora. Nina, a menina magrinha, hoje é toda moderna, tem um cabelo laranja muito louco e todo mundo quer ficar com ela. Marina, que foi estudar na USP, onde ninguém sabia do espirro, é uma bióloga bem-sucedida e tem um labrador chamado Citoplasma. Raquel nem precisou esperar a idade adulta: já na outra escola ela ficou mais tranquila, fez amigas e amigos.

Mais interessante ainda é encontrar, hoje, os caras e as meninas que eram os "importantes" na 8ª., no 1º colegial. Muitas vezes estão totalmente decadentes, barrigudos e carecas, perdidos na vida, trabalhando com um tio em algum emprego cinzento e tedioso. Não quero dizer que quem é zoado vai se dar bem e quem se dá bem vai ficar careca e trabalhar com um tio chato. Só quero, e espero, fazer com que aquelas pessoas que estão infelizes com seus papéis na vida escolar, com a maneira que se veem e são vistas, percebam que a escola não é o fim do mundo. Pelo contrário. A vida nos leva para lugares aonde jamais pensávamos ir. E, quando não nos leva, também podemos tentar levá-la, na marra, para onde queremos. Nem sempre dá certo, mas vale a pena tentar. Nina, a magrinha de óculos, atualmente modelo em Milão, que o diga.

(*Adulterado*. São Paulo: Moderna, 2009. p. 68-69.)

1 Como nos demais gêneros narrativos ficcionais, o cronista pode narrar o seu texto em 3ª pessoa (quando é apenas um observador dos fatos) ou em 1ª pessoa (quando também é personagem). E, neste último caso, pode se colocar menos ou mais diretamente no texto, às vezes confundindo-se com a figura do narrador.

a) Em que pessoa é narrada a crônica? Justifique sua resposta com elementos do texto.

b) O cronista coloca-se diretamente no texto? Justifique sua resposta com elementos do texto.

2 Observe o tempo dos verbos empregados.

a) Que tempo(s) verbal(is) predomina(m) no texto?

b) O que justifica a presença desse(s) tempo(s) verbal(is)?

3 A crônica normalmente é construída a partir de fatos cotidianos ou de experiências e reflexões comuns, que todos nós temos ou já tivemos um dia. Qual é o tema central da crônica em estudo?

4 A crônica lida foi primeiramente publicada numa revista adolescente.

a) Além de entreter ou divertir, que outro propósito parece ter a crônica lida?

b) Qual das frases a seguir justifica sua resposta anterior?

- "As outras crianças não perdoaram."
- "Muitas vezes estão totalmente decadentes, barrigudos e carecas"
- "o mundo social da escola não é um retrato de como serão as pessoas lá fora"

Quem é Antonio Prata?

Flavio Moraes/Fotoarena

Antonio Prata nasceu em São Paulo, em 1977. Filho do escritor Mario Prata, vem se destacando no gênero crônica, como o pai.

Cursou filosofia, cinema e ciências sociais, mas não chegou a concluir nenhum dos cursos. Descobriu sua verdadeira vocação na literatura e já publicou vários livros, entre eles *As pernas da tia Corália*, *Inferno atrás da pia*, *Adulterado*, *Meio intelectual, meio de esquerda*, *Trinta e poucos* e *Nu, de botas*. Atualmente também vem se dedicando ao romance e ao cinema.

Foi cronista da revista *Capricho*, do jornal *O Estado de S. Paulo* e, atualmente, publica suas crônicas no jornal *Folha de S.Paulo*.

A crônica: gênero jornalístico ou literário?

Gênero híbrido que oscila entre a literatura e o jornalismo, a crônica é o resultado da visão pessoal, subjetiva, do cronista diante de um fato qualquer, colhido no noticiário do jornal ou no cotidiano. Quase sempre explora o humor; às vezes, diz as coisas mais sérias por meio de uma aparente conversa fiada; outras vezes, despretensiosamente, faz poesia da coisa mais banal e insignificante.

Registrando o circunstancial do nosso cotidiano mais simples, acrescentando, aqui e ali, fortes doses de humor, sensibilidade, ironia, crítica e poesia, o cronista, com graça e leveza, proporciona ao leitor uma visão mais abrangente, que vai além do fato; mostra-lhe, de outros ângulos, os sinais de vida que diariamente deixamos escapar da nossa observação.

5 A crônica refere-se a dois momentos diferentes: o tempo da escola, no ensino fundamental, e o tempo de hoje, depois que todos se tornaram adultos.

a) De modo geral, como se caracterizava o relacionamento entre as crianças naquela época?

b) Esse tipo de relacionamento causava sofrimento às crianças? Justifique sua resposta com um exemplo.

c) No 1º parágrafo, o cronista retrata o tempo da escola com distanciamento crítico e com certa ironia — figura de linguagem que consiste em dizer algo com a intenção de construir um efeito de sentido contrário. Identifique nesse parágrafo dois exemplos que mostrem essa atitude por parte do cronista.

6 O narrador cita alguns exemplos de colegas para mostrar o "antes" e o "depois".

a) Depois de muitos anos, o que ocorreu com Marina, que era chamada de Marina Catarrão?

b) E com Raquel, que tinha tido uma dor de barriga no ônibus?

c) E com Nina, a menina magrinha, de óculos e aparelho?

d) E com muitos dos estudantes que eram os mais "importantes" no passado?

e) Desses casos, qual parece ter impressionado mais o narrador? Justifique sua resposta.

Gustavo Ramos/Arquivo da editora

7 No trecho "Durante o colegial, Nina foi mudando, ficando mesmo muito bonita [...]. Aos olhos viciados de seus colegas, ela continuava a mesma", o que o narrador critica?

8 O narrador não se inclui entre os exemplos. Contudo, é possível inferir que ele também acabou tendo um destino diferente daquele que se podia imaginar? Justifique sua resposta.

9 Releia o final da crônica:

> "A vida nos leva para lugares aonde jamais pensávamos ir. E, quando não nos leva, também podemos tentar levá-la, na marra, para onde queremos. Nem sempre dá certo, mas vale a pena tentar. Nina, a magrinha de óculos, atualmente modelo em Milão, que o diga."

a) De acordo com esse trecho, pode-se dizer que o narrador acredita que apenas o destino ou a sorte são responsáveis pelos acontecimentos da vida? Justifique sua resposta.

b) É possível depreender da última frase do trecho uma avaliação por parte do autor a respeito do rumo da vida de Nina? Se sim, como é essa avaliação: positiva ou negativa? Justifique sua resposta.

10 Dependendo do autor, do público e do veículo, a linguagem da crônica pode variar bastante, podendo ser menos ou mais formal e estar ou não de acordo com a norma-padrão.

a) Que tipo de variedade linguística é utilizada na crônica? Ela caracteriza-se como sendo menos ou mais formal? Justifique sua resposta com exemplos do texto.

b) A linguagem utilizada no texto estava de acordo com o veículo e o público a que se destinava a crônica, quando de sua primeira publicação?

c) Qual é o efeito da escolha dessa variedade linguística junto ao público leitor?

11 Reúna-se com seus colegas de grupo e, juntos, concluam: Quais são as características básicas da crônica? Respondam, levando em conta os seguintes critérios: finalidade do gênero, perfil dos interlocutores, suporte ou veículo, tema, estrutura e linguagem.

Produzindo a crônica

Ao final desta unidade, você participará com seus colegas do sarau **Palavra, som e imagem**, que envolve o lançamento de um *e-zine*, além da apresentação de *podcasts* e videopoemas, declamações, leitura dramática e encenação de texto teatral.

As crônicas farão parte do *e-zine*. Há, a seguir, três propostas de crônica. De acordo com as instruções do professor, desenvolva ao menos duas, se possível.

1 O texto que segue é o início de outra crônica de Antonio Prata. Leia-a:

> Desde que o homem desceu das árvores e passou a escrever cartas de amor, dançar balalaica e usar fio-dental, foi acometido por uma série de dúvidas terríveis: será que viverá bastante? Me casarei com a Gisele Bündchen? Vai chover no domingo? Diante de tanto questionamento, não é de se admirar que todos os povos tenham tido seus gurus e feiticeiros, gente que se dizia capaz de prever o dia de amanhã, o dia de depois de amanhã e inclusive o de depois de amanhã daqui a vinte e sete anos e dois meses.
>
> Cada cultura criou seu método: os negros vindos da África trouxeram os búzios, os judeus estudavam a cabala, os ciganos liam as mãos e os gregos cortavam a barriga de uma pomba ou de um bezerro e, de acordo com o "caimento" das vísceras, prediziam a sorte de alguém.
>
> Chegamos ao século 21.
>
> ("Bruxaria Ltda.". *In: Adulterado, cit.*)

Nelson Provazi/Arquivo da editora

Dê continuidade à crônica, discorrendo, irônica ou criticamente, sobre os métodos atuais de previsão de futuro.

2 Leia esta crônica, de Fernando Sabino:

> **Notícia de jornal**
>
> Leio no jornal a notícia de que um homem morreu de fome. Um homem de cor branca, 30 anos presumíveis, pobremente vestido, morreu de fome, sem socorros, em pleno centro da cidade, permanecendo deitado na calçada durante 72 horas, para finalmente morrer de fome.
>
> Morreu de fome. Depois de insistentes pedidos e comentários, uma ambulância do Pronto Socorro e uma radiopatrulha foram ao local, mas regressaram sem prestar auxílio ao homem, que acabou morrendo de fome.
>
> Um homem que morreu de fome. O comissário de plantão (um homem) afirmou que o caso (morrer de fome) era da alçada da Delegacia de Mendicância, especialista em homens que morrem de fome. E o homem morreu de fome.
>
> O corpo do homem que morreu de fome foi recolhido ao Instituto Anatômico sem ser identificado. Nada se sabe dele, senão que morreu de fome.

Roberto Weigand/Arquivo da editora

> Um homem morre de fome em plena rua, entre centenas de passantes. Um homem caído na rua. Um bêbado. Um vagabundo. Um mendigo, um anormal, um tarado, um pária, um marginal, um proscrito, um bicho, uma coisa — não é um homem. E os outros homens cumprem seu destino de passantes, que é o de passar. Durante setenta e duas horas todos passam, ao lado do homem que morre de fome, com um olhar de nojo, desdém, inquietação e até mesmo piedade, ou sem olhar nenhum. Passam, e o homem continua morrendo de fome, sozinho, isolado, perdido entre os homens, sem socorro e sem perdão.
>
> Não é da alçada do comissário, nem do hospital, nem da radiopatrulha, por que haveria de ser da minha alçada? Que é que eu tenho com isso? Deixa o homem morrer de fome.
>
> E o homem morre de fome. De 30 anos presumíveis. Pobremente vestido. Morreu de fome, diz o jornal. Louve-se a insistência dos comerciantes, que jamais morrerão de fome, pedindo providências às autoridades. As autoridades nada mais puderam fazer senão remover o corpo do homem. Deviam deixar que apodrecesse, para escarmento dos outros homens. Nada mais puderam fazer senão esperar que morresse de fome.
>
> E ontem, depois de setenta e duas horas de inanição, tombado em plena rua, no centro mais movimentado da cidade do Rio de Janeiro, Estado da Guanabara, um homem morreu de fome.
>
> Morreu de fome.
>
> (*As melhores crônicas de Fernando Sabino*. 2. ed. Rio de Janeiro: Best Bolso, 2008. p. 46-47.)

Leia um jornal do dia e, a partir de uma notícia sobre o cotidiano da sua cidade, escreva, a exemplo de Fernando Sabino, uma crônica que procure despertar a atenção das pessoas para uma situação normalmente vista como banal. Dê ao texto um tom irônico, ou crítico, ou poético.

3 Pense em uma situação do cotidiano que tenha sido vivida por você, ou por um familiar ou amigo seu, e escreva uma crônica sobre ela. Por exemplo: uma brincadeira de infância, uma festa de aniversário, um episódio engraçado, um encontro inesperado, um momento constrangedor, um amor não correspondido, um episódio relacionado a conflito de gerações, a colocar ou não colocar *piercing*, a fazer ou não uma tatuagem, a sua "tribo", a sua participação num campeonato esportivo ou como integrante de uma banda ou como ator ou atriz de uma peça de teatro, etc.

Planejamento do texto

- Antes de escrever sua crônica, pense no perfil dos leitores, que serão colegas de escola, professores, amigos e outros internautas.
- Considere o que pretende com sua crônica: divertir o leitor, sensibilizá-lo, fazer com que ele reflita criticamente sobre alguma situação ou sobre o mundo em que vivemos.
- Planeje o modo de construir a narrativa de sua crônica. Você pode escrever uma história que revele sua visão pessoal do acontecimento ou uma história que mostre o ponto de vista de uma das pessoas envolvidas no episódio.
- Aborde o fato ou a situação escolhida procurando ir além do que aconteceu, narrando com sensibilidade, ou visão crítica ou, ainda, com humor.
- Como sua crônica será uma narrativa, lembre-se de incluir os elementos fundamentais, como apresentar os personagens e situá-los no tempo e no espaço.

- Se quiser dar mais dinamismo à narrativa, utilize o discurso direto. Procure contar o fato de uma forma que envolva o leitor, despertando nele o interesse pela narração e a vontade de ler o texto até o final.
- Se possível, reserve uma surpresa para o fim, de modo a fazer o leitor refletir, emocionar-se ou achar graça.
- Empregue uma variedade linguística de acordo com o perfil do narrador e/ou de seus personagens, assim como do público leitor.

Revisão e reescrita

Antes de passar sua crônica para o suporte final, releia-a, observando:

- se o fato do cotidiano no qual ela se baseia é abordado por meio de uma visão pessoal (poética, irônica, crítica, etc.) que procura despertar nos leitores uma percepção diferente da realidade;
- se ela apresenta os elementos narrativos básicos;
- se apresenta tempo e espaço limitados;
- se a narrativa é curta e leve;
- se o texto diverte e/ou promove uma reflexão sobre o assunto;
- se a linguagem está adequada ao perfil do narrador e/ou dos personagens.

Faça as alterações necessárias, deixando o texto pronto para ser publicado no *e-zine*.

A crônica em *podcasts*

Uma nova forma de produzir e divulgar as crônicas atualmente é o *podcast*, ou seja, um arquivo em áudio que permite ouvir a crônica. Normalmente, os *podcasts* de crônicas e contos são disponibilizados em *sites* e *blogs* de literatura e podem ser baixados pelos internautas e ouvidos nos momentos que julgarem mais adequados.

Para fazer um *podcast* de crônica, é preciso ter em mãos uma crônica, um gravador (usar, por exemplo, o do celular) e um locutor disposto a fazer uma leitura expressiva do texto.

Conheça alguns exemplos de crônicas em *podcasts* nos seguintes endereços:

- "A peste negra", em https://escribacafe.com/.
- "Nas frestas, o mundo de quarentena", em https://podcasts.google.com/?feed=aHR0cHM6Ly9yc3Mud2hvb3Noa2FhLmNvbS9yc3MvcG9kY2FzdC9pZC8xMTAzOA&episode=MzQ5NzQyYTEtOWJkNi00ODYyLTkwMDItZmIzMTAyMDJlOGQx&hl=pt-BR&ved=2ahUKEwig2M--iozpAhUMHbkGHQXaDxYQjrkEegQICRAE&ep=6.

Transformando a crônica escrita em *podcast*

Individualmente ou em pequenos grupos, conforme a orientação do professor, siga estas orientações:

- Faça uma leitura prévia da crônica e marque o texto com algum tipo de sinal (um traço, por exemplo) onde deve ser feita uma pausa de vírgula e com outro sinal (dois traços, por exemplo) para indicar o ponto.
- Ensaie várias vezes a leitura, procurando buscar ritmo, entonação, a modulação e a altura de voz, respiração e dicção mais adequados, de modo que a leitura se mostre fluente e agradável. Mostre a um ou mais colegas, procurando aprimorar a narração.

- Quando julgar que a narração está boa, inicie a gravação num lugar silencioso, utilizando celulares ou computador com microfone.
- Depois, se quiser produzir uma vinheta de abertura e/ou de fechamento, grave a vinheta.
- Se quiser incluir efeitos especiais sonoros (por exemplo, barulho de carros passando, de trovões, de vozes, etc.), capte ou grave esses efeitos.
- Utilize um programa de edição de *podcast*, como o Audacity, que é gratuito, ou outro de sua preferência, para juntar as partes que vão compor o áudio.

Revisando o *podcast*

Antes de disponibilizar o *podcast* de crônica para o público, verifique:

- se ele no conjunto é atraente e prende a atenção dos ouvintes;
- se o fluxo da narração é agradável em vários aspectos: ritmo, pausas, modulação e altura de voz, dicção, etc.;
- se a edição agregou corretamente a narração central a vinhetas e efeitos, caso existam;
- se não há ruídos e outras interferências sonoras que prejudiquem a qualidade do trabalho.

Concluído o trabalho, você e seu grupo precisarão hospedar o *podcast*. O programa Player de Podcast Mix ajudará você a construir o *podcast* e a hospedá-lo num *site*, que pode ser o da classe ou o da escola, por exemplo. Se sua escola tiver um professor de Informática ou de Robótica, peça ajuda a ele.

fstop123/Getty Images

CAPÍTULO

56 O conto, o miniconto e o videoconto

O conto

Trabalhando o gênero

Leia este conto, de Lygia Fagundes Telles:

As cerejas

Aquela gente teria mesmo existido? Madrinha tecendo a cortina de **filé** com um anjinho a esvoaçar por entre rosas, a pobre Madrinha sempre afobada, piscando os olhinhos estrábicos, "vocês não viram onde deixei meus óculos?". A preta Dionísia a bater as claras de ovos em ponto de neve, a voz ácida "esta receita é nova...". Tia Olívia **enfastiada** e **lânguida**, abanando-se com uma ventarola chinesa, a voz pesada indo e vindo ao embalo da rede, "fico exausta no calor...".

Marcelo muito louro — Por que não me lembro da voz dele? — agarrado à crina do cavalo, agarrado à cabeleira de tia Olívia, os dois tombando lividamente azuis sobre o divã. "Você levou as velas à tia Olívia?", perguntou Madrinha lá debaixo. O relâmpago apagou-se. E no escuro que se fez, veio como resposta o ruído das cerejas se despencando no chão.

A casa em meio do arvoredo, o rio, as tardes como que suspensas na poeira do ar — desapareceu tudo sem deixar vestígios. Ficaram as cerejas, só elas resistiram com sua vermelhidão de loucura. Basta abrir a gaveta: algumas foram roídas por alguma barata e nessas o algodão estoura, empelotado, não, tia Olívia, não eram de cera, eram de algodão suas cerejas vermelhas.

enfastiado: entediado, enfadado.
filé: uma espécie de renda feita artesanalmente.
lânguido: langoroso, fraco, abatido.

Bridgeman/Fotoarena/Galeria Johnny van Haeften, Londres, Reino Unido.

Este capítulo favorece o desenvolvimento das habilidades

EM13LGG101

EM13LGG104

EM13LGG105

EM13LGG201

EM13LGG301

EM13LGG402

EM13LGG602

EM13LGG603

EM13LGG701

EM13LGG703

EM13LP01

EM13LP02

EM13LP06

EM13LP14

EM13LP15

EM13LP16

EM13LP17

EM13LP18

EM13LP46

EM13LP49

EM13LP54

Ela chegou inesperadamente. Um cavaleiro trouxe o recado do chefe da estação pedindo a charrete para a visita que acabara de desembarcar.

— É Olívia! — exclamou Madrinha. — É a prima! Alberto escreveu dizendo que ela viria, mas não disse quando, ficou de avisar. Eu ia mudar as cortinas, bordar umas fronhas e agora!... Justo Olívia. Vocês não podem fazer ideia, ela é de tanto luxo e a casa aqui é tão simples, não estou preparada, meus céus! O que é que eu faço, Dionísia, me diga agora o que é que eu faço!

Dionísia folheava tranquilamente um livro de receitas. Tirou um lápis da **carapinha tosada** e marcou a página com uma cruz.

— Como se já não bastasse esse menino, que também chegou sem aviso...

O menino era Marcelo. Tinha apenas dois anos mais do que eu mas era tão alto e parecia tão adulto com suas belas roupas de montaria, que tive vontade de entrar debaixo do armário quando o vi pela primeira vez.

— Um calor na viagem! — gemeu tia Olívia em meio de uma onda de perfumes e malas. — E quem é este rapazinho?

— Pois este é o Marcelo, filho do Romeu — disse Madrinha. — Você não se lembra do Romeu? Primo-irmão do Alberto...

Tia Olívia desprendeu do chapeuzinho preto dois grandes alfinetes de pérola em formato de pera. O galho de cerejas estremeceu no vértice do decote da blusa transparente. Desabotoou o casaco.

— Ah, minha querida, Alberto tem tantos parentes, uma família enorme! Imagine se vou me lembrar de todos com esta minha memória. Ele veio passar as férias aqui?

Por um breve instante Marcelo deteve em tia Olívia o olhar frio. Chegou a esboçar um sorriso, aquele mesmo sorriso que tivera quando Madrinha, na sua ingênua excitação, nos apresentou a ambos, "pronto, Marcelo, aí está sua priminha, agora vocês poderão brincar juntos". Ele então apertou um pouco os olhos. E sorriu.

— Não estranhe, Olívia, que ele é por demais arisco — segredou Madrinha ao ver que Marcelo saía abruptamente da sala. — Se trocou comigo meia dúzia de palavras, foi muito. Aliás, toda a gente de Romeu é assim mesmo, são todos muito esquisitos. Esquisitíssimos!

Tia Olívia ajeitou com as mãos em concha o farto coque preso na nuca. Umedeceu os lábios com a ponta da língua.

— Tem *charme*...

Aproximei-me fascinada. Nunca tinha visto ninguém como tia Olívia, ninguém com aqueles olhos pintados de verde e com aquele decote assim fundo.

— É de cera? — perguntei tocando-lhe uma das cerejas.

Ela acariciou-me a cabeça com um gesto distraído. Senti bem de perto seu perfume.

— Acho que sim, querida. Por quê? Você nunca viu cerejas?

— Só na folhinha.

Ela teve um risinho **cascateante**. No rosto muito branco a boca parecia um largo talho aberto, com o mesmo brilho das cerejas.

— Na Europa são tão carnudas, tão frescas.

Marcelo também tinha estado na Europa com o avô. Seria isso? Seria isso que os fazia infinitamente superiores a nós? Pareciam feitos de outra carne e pertencer a um outro mundo tão acima do nosso, ah! como éramos pobres e feios. Diante de Marcelo e tia Olívia, só diante dos dois é que eu pude avaliar como éramos pequenos: eu, de unhas roídas e vestidos feitos por Dionísia, vestidos que pareciam as camisolas das bonecas de jornal que Simão recortava com a tesoura do jardim. Madrinha, completamente estrábica e tonta em meio de suas rendas e filés. Dionísia, tão preta quanto **enfatuada** com as tais receitas secretas.

carapinha: cabelo crespo, pixaim.
cascateante: com som de cascata.
enfatuado: presumido, vaidoso.
tosado: tosquiado, aparado.

— Não quero é dar trabalho — murmurou tia Olívia dirigindo-se ao quarto. Falava devagar, andava devagar. Sua voz foi se afastando com a mansidão de um gato subindo a escada. — Cansei-me muito, querida. Preciso apenas de um pouco de sossego...

Agora só se ouvia a voz de Madrinha que tagarelava sem parar: a chácara era modesta, modestíssima, mas ela haveria de gostar, por que não? O clima era uma maravilha e o pomar nessa época do ano estava coalhado de mangas. Ela não gostava de mangas? Não?... Tinha também bons cavalos se quisesse montar, Marcelo poderia acompanhá-la, era um ótimo cavaleiro, vivia galopando dia e noite. Ah, o médico proibira? Bem, os passeios a pé também eram lindos, havia no fim do caminho dos bambus um lugar ideal para piqueniques, ela não achava graça num piquenique?

Fui para a varanda e fiquei vendo as estrelas por entre a folhagem da paineira. Tia Olívia devia estar sorrindo, a umedecer com a ponta da língua os lábios brilhantes. Na Europa eram tão carnudas... Na Europa.

Universal History Archive/UIG/Bridgeman/Fotoarena

Abri a caixa de sabonete escondida sob o tufo de samambaia. O escorpião foi saindo penosamente de dentro. Deixei-o caminhar um bom pedaço e só quando ele atingiu o centro da varanda é que me decidi a despejar a gasolina. As chamas azuis subiram num círculo fechado. O escorpião rodou sobre si mesmo, erguendo-se nas patas traseiras, procurando uma saída. A cauda contraiu-se desesperadamente. Encolheu-se. Investiu e recuou em meio das chamas que se apertavam mais.

— Será que você não se envergonha de fazer uma maldade dessas?

Voltei-me. Marcelo cravou em mim o olhar feroz. Em seguida, avançando para o fogo, esmagou o escorpião no **tacão** da bota.

— Diz que ele se suicida, Marcelo...

— Era capaz mesmo quando descobrisse que o mundo está cheio de gente como você.

Tive vontade de atirar-lhe a gasolina na cara. Tapei o vidro.

— E não adianta ficar furiosa, vamos, olhe para mim. Sua boba. Pare de chorar e prometa que não vai mais judiar dos bichos.

Encarei-o. Através das lágrimas ele pareceu-me naquele instante tão belo quanto um deus, um deus de cabelos dourados e botas, todo banhado de luar. Fechei os olhos, já não me envergonhava das lágrimas, já não me envergonhava de mais nada. Um dia ele iria embora do mesmo modo imprevisto como chegara, um dia ele sairia sem se despedir e desapareceria para sempre. Mas isso também já não tinha importância. Marcelo, Marcelo!, chamei. E só meu coração ouviu.

Quando ele me tomou pelo braço e entrou comigo na sala, parecia completamente esquecido do escorpião e do meu pranto. Voltou-lhe o sorriso.

— Então é essa a famosa tia Olívia? Ah, ah, ah.

Enxuguei depressa os olhos na barra da saia.

— Ela é bonita, não?

Ele bocejou.

tacão: salto.

Anton_Sokolov/Thinkstock

— Usa um perfume muito forte. E aquele galho de cerejas dependurado no peito. Tão vulgar.

— Vulgar?

Fiquei chocada. E contestei; mas, em meio da paixão com que a defendi, senti uma obscura alegria ao perceber que estava sendo derrotada.

— E, além do mais, não é meu tipo — concluiu ele voltando o olhar indiferente para o trabalho de filé que Madrinha deixara desdobrado na cadeira. Apontou para o anjinho esvoaçando entre grinaldas. — Um anjinho cego.

— Por que cego? — protestou Madrinha descendo a escada. Foi nessa noite que perdeu os óculos. — Cada ideia, Marcelo!

Ele debruçara-se na janela e parecia agora pensar em outra coisa.

— Tem dois buracos em lugar dos olhos.

— Mas filé é assim mesmo, menino! No lugar de cada olho deve ficar uma casa vazia — esclareceu ela sem muita convicção. Examinou o trabalho. E voltou-se nervosamente para mim: — Por que não vai buscar o dominó para jogarem uma partida? E vê se encontra meus óculos que deixei por aí.

Quando voltei com o dominó, Marcelo já não estava na sala. Fiz um castelo com as pedras. E soprei-o com força. Perdia-o sempre, sempre. Passava as manhãs galopando como louco. Almoçava rapidamente e mal terminava o almoço, fechava-se no quarto e só reaparecia no lanche, pronto para sair outra vez. Restava-me correr ao alpendre para vê-lo seguir em direção à estrada, cavalo e cavaleiro tão colados um ao outro que pareciam formar um corpo só.

Como um corpo só os dois tombaram no divã, tão rápido o relâmpago e tão longa a imagem, ele tão grande, tão poderoso, com aquela mesma expressão com que galopava como que agarrado à crina do cavalo, arfando doloridamente na reta final.

Foram dias de calor atroz os que antecederam à tempestade. A ansiedade estava no ar. Dionísia ficou mais **casmurra**. Madrinha ficou mais falante, procurando disfarçadamente os óculos nas latas de biscoito ou nos potes de folhagens, esgotada a busca em gavetas e armários. Marcelo pareceu-me mais esquivo, mais **crispado**. Só tia Olívia continuava igual, sonolenta e lânguida no seu **negligê** branco. Estendia-se na rede. Desatava a cabeleira. E, com um movimento brando, ia se abanando com a ventarola. Às vezes vinha com as cerejas que se esparramavam no colo polvilhado de talco. Uma ou outra cereja resvalava por entre o rego dos seios e era então engolida pelo decote.

— Sofro tanto com o calor...

Madrinha tentava animá-la:

— Chovendo, Olívia, chovendo você verá como vai refrescar.

Ela sorria umedecendo os lábios com a ponta da língua.

— Você acha que vai chover?

— Mas claro, as nuvens estão baixando, a chuva já está aí. E vai ser um temporal daqueles, só tenho medo é que apanhe esse menino lá fora. Você já viu menino mais esquisito, Olívia? Tão fechado, não? E sempre com aquele arzinho de desprezo.

— É da idade, querida. É da idade.

— Parecido com o pai. Romeu também tinha essa mesma mania com cavalo.

— Ele monta tão bem. Tão elegante.

Defendia-o sempre enquanto ele a atacava, **mordaz**, implacável: "É afetada, esnobe. E como representa, parece que está sempre no palco". Eu contestava, mas de tal forma que o incitava a prosseguir atacando.

Lembro-me de que as primeiras gotas de chuva caíram ao entardecer, mas a tempestade continuava ainda em suspenso, fazendo com que o jantar se desenrolasse numa atmosfera abafada. Densa. Pretextando dor de cabeça, tia Olívia recolheu-se mais cedo. Marcelo, silencioso como de costume, comeu de cabeça baixa. Duas vezes deixou cair o garfo.

casmurro: teimoso, implicante.
crispado: contraído.
negligê: roupão fino.

Bridgeman/Fotoarena/Galeria Johnny van Haeften, Londres, UK.

— Vou ler um pouco — despediu-se assim que nos levantamos.

Fui com Madrinha para a saleta. Um raio estalou de repente: como se esperasse por esse sinal, a casa ficou completamente às escuras enquanto a tempestade desabava.

— Queimou o fusível! — gemeu Madrinha. — Vai, filha, vai depressa buscar o maço de velas, mas leva primeiro ao quarto de tia Olívia. E fósforos, não esqueça os fósforos!

Subi a escada. A escuridão era tão viscosa, que se eu estendesse a mão, poderia senti-la amoitada como um bicho por entre os degraus. Tentei acender a vela mas o vento me envolveu. Escancarou-se a porta do quarto. E em meio do relâmpago que rasgou a treva, vi os dois corpos completamente azuis, tombando enlaçados no divã.

Afastei-me cambaleando. Agora as cerejas se despencavam sonoras como enormes bagas de chuva caindo de uma goteira. Fechei os olhos. Mas a casa continuava a rodopiar **desgrenhada** e lívida com os dois corpos rolando na ventania.

— Levou as velas para tia Olívia? — perguntou Madrinha.

Desabei num canto, fugindo da luz do castiçal aceso em cima da mesa.

— Ninguém respondeu, ela deve estar dormindo.

— E Marcelo?

— Não sei, deve estar dormindo também.

Madrinha aproximou-se com o castiçal:

— Mas que é que você tem, menina? Está doente? Não está com febre? Hem?! Sua testa está queimando... Dionísia, traga uma aspirina, esta menina está com um febrão, olha aí!

Até hoje não sei quantos dias me debati esbraseada, a cara vermelha, os olhos vermelhos, escondendo-me debaixo das cobertas para não ver por entre clarões de fogo milhares de cerejas e escorpiões em brasa, estourando no chão.

— Foi um sarampo tão forte — disse Madrinha ao entrar certa manhã no quarto. — E como você chorava, dava pena ver como você chorava! Nunca vi um sarampo doer tanto assim.

Sentei-me na cama e fiquei olhando uma borboleta branca pousada no pote de avencas da janela. Voltei-me em seguida para o céu límpido. Havia um passarinho cantando na paineira. Madrinha então disse:

— Marcelo foi-se embora ontem à noite, quando vi, já estava de mala pronta, sabe como ele é. Veio até aqui se despedir, mas você estava dormindo tão profundamente.

Dois dias depois, tia Olívia partia também. Trazia o costume preto e o chapeuzinho com os alfinetes de pérola espetados na capa. Na blusa branca, bem no vértice do decote, o galho de cerejas.

Sentou-se na beirada da minha cama:

— Que susto você nos deu, querida — começou com sua voz pesada. — Pensei que fosse alguma doença grave. Agora está boazinha, não está?

Prendi a respiração para não sentir seu perfume.

— Estou.

— Ótimo! Não te beijo porque ainda não tive sarampo — disse ela calçando as luvas. Riu o risinho cascateante. — E tem graça eu pegar nesta altura doença de criança?

Cravei o olhar nas cerejas que se entrechocavam sonoras, rindo também entre os seios. Ela desprendeu-as rapidamente:

— Já vi que você gosta, pronto, uma lembrança minha.

— Mas ficam tão lindas aí — lamentou Madrinha. — Ela nem vai poder usar, bobagem, Olívia, leve suas cerejas!

— Comprarei outras.

Durante o dia seu perfume ainda pairou pelo quarto. Ao anoitecer, Dionísia abriu as janelas. E só ficou o perfume delicado da noite.

desgrenhado: despenteado.
mordaz: satírico, crítico.

— Tão encantadora a Olívia — suspirou Madrinha sentando-se ao meu lado com sua cesta de costura. — Vou sentir falta dela, um encanto de criatura. O mesmo já não posso dizer daquele menino. Romeu também era assim mesmo, o filho saiu igual. E só às voltas com cavalos, montando em pelo, feito índio. Eu quase tinha um enfarte quando via ele galopar.

Exatamente um ano depois ela repetiria, num outro tom, esse mesmo comentário ao receber a carta onde Romeu comunicava que Marcelo tinha morrido de uma queda de cavalo.

— Anjinho cego, que ideia! — prosseguiu ela desdobrando o filé nos joelhos. — Já estou com saudades de Olívia, mas dele?

Sorriu alisando o filé com as pontas dos dedos. Tinha encontrado os óculos.

(*As cerejas*. São Paulo: Atual, 1992. p. 4-15.)

Quem é Lygia Fagundes Telles?

Bruno Poletti/Folhapress

A escritora nasceu em São Paulo, em 1923. Formou-se em Direito e cedo iniciou na carreira literária. Sua primeira publicação, o romance *Ciranda de pedra* (1954), foi muito bem-recebida pela crítica e depois dela seguiram vários outros romances e livros de contos, como *Antes do baile verde*, *Verão no aquário*, *As meninas*, além de *Capitu*, um roteiro de cinema escrito em parceria com Paulo Emílio Sales Gomes. Ganhou dezenas de prêmios e ocupa hoje uma cadeira da Academia Brasileira de Letras.

1 O conto é um texto que pertence ao grupo dos gêneros narrativos ficcionais. Caracteriza-se por ser condensado, isto é, apresentar poucos personagens, poucas ações e tempo e espaço reduzidos. No conto "As cerejas", a ação se desenrola em uma chácara.

a) Quais personagens viviam na chácara?

b) Quais estavam ali a passeio?

c) Como você imagina a narradora do conto?

d) Que parentesco havia entre a narradora e Marcelo? E entre ela e Olívia?

2 Em relação ao espaço do conto, responda:

a) Em que lugar da chácara ocorrem os fatos?

b) O tempo é indicado de forma precisa? Quanto tempo você supõe que transcorreu desde a chegada até a partida de Olívia?

c) A narração se dá muito tempo depois da ocorrência dos fatos. Que fala da narradora deixa isso explícito?

d) Que elemento material restou da experiência narrada?

3 A frase "Aquela gente teria mesmo existido?" dá início à apresentação do conto, na qual são evocadas imagens situadas na memória da narradora. A partir de que parágrafo se inicia propriamente a narração dos fatos?

Quem conta um conto

Um conto é uma narrativa curta. Não faz rodeios: vai direto ao assunto.

No conto tudo importa: cada palavra é uma pista. Em uma descrição, as informações são valiosas; cada adjetivo é insubstituível; cada vírgula, cada ponto, cada espaço — tudo está cheio de significado.

Já se disse que o conto está para o romance assim como a fotografia está para o cinema: tanto o contista quanto o fotógrafo devem selecionar uma situação e tentar extrair dela o máximo. Escritores, estudiosos e amantes da literatura em geral vêm há muito tempo tentando definir o que é, afinal, o conto — mas esse debate, pelo jeito, está longe de acabar...

Enquanto isso, os contos vão sendo escritos. O Brasil tem uma lista extensa de grandes contistas: Mário de Andrade, Murilo Rubião, Guimarães Rosa, Rubem Braga, Clarice Lispector, Rubem Fonseca, Dalton Trevisan, Otto Lara Resende e inúmeros outros [...].

(*In*: Antônio de Alcântara Machado *et alii*. *De conto em conto*. São Paulo: Ática, 2003. p. 103.)

Nana Moraes/Acervo da editora

Otto Lara Resende.

4 Nos gêneros narrativos, a sequência de fatos que mantêm entre si uma relação de causa e efeito constitui o **enredo**. Um dos elementos mais importantes do enredo é o **conflito** ou **complicação**, geralmente apresentado no seu desenvolvimento. O conflito consiste em uma oposição de interesses que cria uma tensão em torno da qual se organizam os fatos narrados. É ele que faz a história caminhar e prende a atenção do leitor ou ouvinte. No conto em estudo, que fato novo dá início a uma complicação e introduz o conflito?

5 Observe estes trechos do texto:

- "Fiquei chocada. E contestei; mas, em meio da paixão com que a defendi, senti uma obscura alegria ao perceber que estava sendo derrotada."
- "Eu contestava, mas de tal forma que o incitava a prosseguir atacando."

O que explica os sentimentos contraditórios da narradora em relação a Olívia? Justifique sua resposta com elementos do texto.

6 Nos contos, o **clímax** constitui a parte de maior tensão da narrativa. Em que momento se dá o clímax no conto lido?

7 Após o clímax, momento no qual o conflito é superado, o enredo caminha para o **desfecho**. Normalmente, no desfecho as ações retornam à situação de equilíbrio inicial. No conto lido, após o clímax, a narradora fica doente. Quando desperta, percebe ao seu redor elementos naturais anunciadores de paz. Quais são esses elementos?

8 O adoecimento da personagem pode ser visto como um rito de passagem, isto é, um momento de transformação, no qual a narradora deixa para trás sua condição de menina e se torna mulher. Explique a relação entre o sofrimento físico e emocional da personagem e o seu renascimento.

9 Nos contos, a narração pode ser feita em 1ª ou em 3ª pessoa. No primeiro caso, o narrador participa da história e, no segundo caso, ele observa e narra os fatos, sem participar deles. Observe estes trechos do conto lido:

- "O relâmpago apagou-se. E no escuro que se fez, veio como resposta o ruído das cerejas se despencando no chão."
- "Aproximei-me fascinada. Nunca tinha visto ninguém como tia Olívia, ninguém com aqueles olhos pintados de verde e com aquele decote assim fundo."

Em que pessoa é feita a narração?

10 No enredo dos contos, ocorrem fatos aparentemente sem importância, mas que podem contribuir para a construção do sentido geral do texto. Indique possíveis interpretações para os seguintes aspectos ou passagens do conto lido:

- A palavra *cerejas* dá título ao conto e aparece em vários momentos da narrativa.
- A menina tenta matar o escorpião com fogo logo após a chegada de tia Olívia.
- A menina faz um castelo com as peças do dominó e sopra-o com força.
- Há menção a anjinho cego, figura que se via na renda feita por Madrinha.
- Madrinha perde os óculos e só aparece usando-os de novo no final.

11 Observe a linguagem do conto lido.

a) Que variedade linguística foi empregada?

b) Que tempo verbal predomina?

12 Reúna-se com seus colegas de grupo e, juntos, concluam: Quais são as características básicas do conto? Respondam, considerando os seguintes critérios: finalidade do gênero, perfil dos interlocutores, suporte ou veículo, tema, estrutura e linguagem.

O miniconto

No século XX, sobretudo a partir da década de 1940, o conto passou a sofrer algumas alterações formais que puseram em xeque a estrutura convencional do gênero, dando origem ao *conto contemporâneo*, que não respeita rigidamente essa estrutura.

Entre as várias experiências feitas, na década de 1960 nasceu o conto curto com o escritor brasileiro Dalton Trevisan, que já escrevia contos com até 500 palavras. Em 1994, o autor avança em suas experiências e cria os minicontos, também conhecidos como microcontos, geralmente compostos de 3 a 4 linhas.

Em 2004, o escritor Marcelino Freire fez um desafio a 100 escritores brasileiros para que escrevessem minicontos de até 50 letras. O resultado dessa experiência foi a publicação da antologia *Os cem menores contos brasileiros do século*, que se tornou uma referência para o gênero.

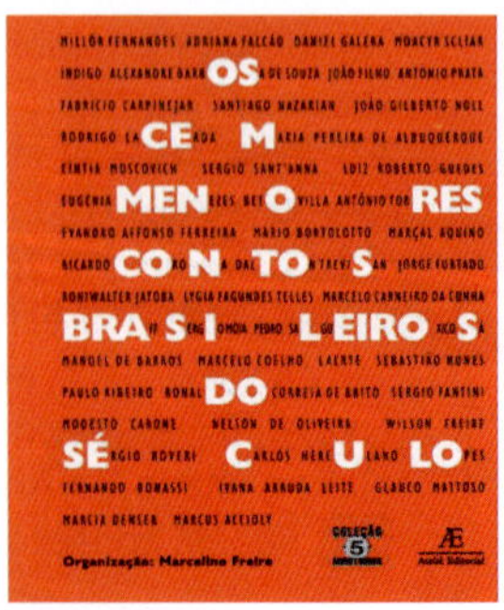

Reprodução/Ateliê Editorial

Você vai ler, a seguir, quatro minicontos. O primeiro é o mais famoso miniconto do mundo, escrito pelo escritor hondurenho Augusto Monterroso; o segundo é de Dalton Trevisan, criador do gênero no Brasil; e os outros dois integram a antologia *Os cem menores contos brasileiros do século*.

Dinossauro

Quando ele acordou, o dinossauro ainda estava lá.

(Augusto Monterroso. Disponível em: https://www.recantodasletras.com.br/resenhas/3436313. Acesso em: 24/4/2020.)

01

Domingo inteiro em pijama, coça o umbigo. Diverte-se com os pequenos anúncios. Em sossego na poltrona, entende as borbulhas do gelo no copo de bebida. Uma velhice tranquila, regando suas malvas à janela, em manga de camisa. Única dúvida: ganhará o concurso de palavras cruzadas?

(Dalton Trevisan. *Ah, é?*. Disponível em: http://www.releituras.com/daltontrevisan_ahe.asp. Acesso em: 24/4/2020.)

Vigília

Pronto nos olhos,
o pranto só espera a notícia.

(João Anzanello Carrascoza. *In*: Marcelino Freire, org. *Os cem menores contos brasileiros do século*. Cotia-SP: Ateliê, 2004. p. 38.)

Atriz no divã

— Doutor, o senhor já me viu representar?
— Fora daqui?

(Livia Garcia-Roza. *Idem*, p. 48.)

Nelson Provazi/Arquivo da editora

1 Compare os quatro textos quanto à forma.

a) O que eles apresentam em comum?

b) Cite ao menos uma diferença entre eles.

2 O miniconto "O dinossauro" contém uma atmosfera surrealista ou fantástica, pois apresenta uma situação inusitada, próxima da imaginação ou do sonho. Explique por quê.

3 Grande parte dos minicontos retrata *flashes* de uma história ou "pedaços da vida". Quais dos minicontos apresentam essa característica?

4 Um dos traços que caracterizam o miniconto é a presença de um subtexto, isto é, de uma história ou de personagens que não estão explicitados, mas podem ser subentendidos.

a) No conto "Vigília", qual é a notícia que vai chegar?

b) Nos minicontos, o título pode ser uma importante pista de leitura. Levante uma hipótese interpretativa para o título do conto "Vigília".

5 A respeito do subtexto do miniconto “Atriz no divã”, responda:

a) Onde provavelmente se passa a história? Justifique sua resposta.

b) Quem são os interlocutores no diálogo apresentado?

c) Como se caracteriza a mulher?

d) O título do miniconto é ambíguo. Que sentidos ele apresenta?

Nelson Provazi/Arquivo da editora

6 A respeito do conto de Dalton Trevisan:

a) Note que não há referência a outros personagens. O que esse dado pode informar a respeito do personagem?

b) Levante hipóteses: Que tipo de reflexão a respeito da vida e da velhice o texto provoca?

7 Tomando como referência o conto lido “As cerejas”, de Lygia Fagundes Telles, como um conto de estrutura convencional, defina as características básicas do miniconto quanto aos seguintes aspectos:

a) estrutura narrativa tradicional do conto;

b) número de personagens;

c) tempo e o espaço;

d) trabalho com os personagens;

e) presença de diálogo;

f) presença de títulos.

Produzindo o conto

Ao final desta unidade, você participará com seus colegas do sarau **Palavra, som e imagem**, que envolve a produção de um *e-zine* e a leitura dramática ou encenação de um texto teatral. Os contos e minicontos também são textos interessantes para compor o *e-zine*.

Há, a seguir, três propostas para a produção de contos e duas propostas para a produção de minicontos. Escolha ao menos uma de cada gênero e desenvolva-as, tendo em vista a produção final da classe.

1 Escolha um assunto e desenvolva-o em um conto com um destes títulos:

- A guitarra mágica
- Morangos mofados
- Visão desfocada
- A rosa traída
- Escorpião em círculo de fogo

2 A seguir são reproduzidos trechos de dois contos de escritores brasileiros. Leia-os e escolha um deles para fazer parte de uma narrativa. Você pode usar o trecho escolhido como introdução, clímax ou desfecho do conto.

a)

> Uma noite, voltando de metrô para casa, como fazia cinco vezes por semana, onze meses por ano, ele ouviu uma voz. Estava exausto, com o nó da gravata frouxo no pescoço, o colarinho desabotoado, a cabeça jogada para trás, o walkman a todo o volume e os fones enterrados nos ouvidos. De repente, antes mesmo de poder perceber a interrupção, a música que vinha ouvindo cessou sem explicações e, ao cabo de um breve silêncio, no lugar dela surgiu uma voz que ele não sabia nem como, nem de quem, nem de onde. Ergueu a cabeça. Olhou para os lados, para os outros passageiros. Mas era só ele que a ouvia.
>
> (Bernardo Carvalho. A vida de um homem normal. *In*: Moacyr Scliar *et alii*. *Boa companhia — contos*. São Paulo: Companhia das Letras, 2003. p. 11.)

Nelson Provazi/Arquivo da editora

b)

> Zero Manivela deu meia-volta e embarafustou ladeira abaixo. Ezequiel não queria correr atrás dele, mas quando percebeu já estava correndo. Passaram por duas ruas, chegaram perto da avenida e nem perceberam. Alguém deu um berro, mas eles não ouviram, estavam surdos de raiva.
>
> (Pedro Cavalcanti. Olho por olho. *In*: Moacyr Scliar *et alii*. *Boa companhia — contos*, cit., p. 88.)

3 Escreva livremente um conto sobre o tema que quiser. Você poderá, por exemplo, se basear em fatos de sua experiência pessoal, como ponto de partida, ou inventar livremente sua história, de teor social e crítico, psicológico, divertido, etc.

4 Transforme o conto que você produziu, entre as propostas 1 a 3, num miniconto, mantendo apenas os personagens e os momentos mais importantes da história. Se quiser, use o título como elemento de apoio ao enredo.

5 Crie um miniconto livremente a partir de um tema de sua escolha. Você poderá retratar uma situação vivida ou inventada. Poderá também, a exemplo de Augusto Monterroso, criar uma situação inusitada, que se aproxime do fantástico ou do Surrealismo.

Planejamento do texto

- Tenha em vista o seu público: leitores de um *e-zine* que será criado por você e seus colegas ao final desta unidade. O público, portanto, será basicamente formado por jovens como você e por adultos.
- A linguagem deve estar de acordo com o perfil do narrador e dos personagens, bem como com o perfil do *e-zine* e do público leitor, podendo haver emprego de diferentes registros e de mais de uma variedade linguística.
- Imagine o conflito da história, ou seja, a situação problemática que os personagens viverão, e como ocorrerá sua superação. Depois, no conto, planeje a organização dos fatos, isto é, a estruturação do enredo em introdução, complicação, clímax e desfecho, ou uma maneira interessante de subverter essa estrutura. No miniconto, decida sobre a parte da estrutura que será escolhida para contar a história.

Revisão e reescrita

Antes de fazer a versão final do seu conto, reveja-o, observando:

- se o texto consiste em uma narrativa ficcional curta;
- se apresenta poucos personagens, poucas ações e tempo e espaço reduzidos;
- se o enredo está estruturado em introdução, complicação, clímax e desfecho ou se essa estrutura é subvertida intencionalmente;
- se a linguagem está de acordo com a norma-padrão ou com o perfil do narrador e dos personagens;
- se, no caso do miniconto, ele apresenta uma situação que permite inferir um subtexto, isto é, uma história maior da qual a cena mostrada faz parte, sendo representativa e impactante.

Faça as alterações necessárias e prepare o seu texto para integrar o *e-zine* que será criado ao final desta unidade.

O videoconto

Além da versão impressa, os contos e minicontos poderão ser recriados em formato de vídeo. Para isso, reúna-se em grupo com os colegas e sigam as instruções.

Planejamento do videoconto

- Releiam os contos produzidos neste capítulo pelos membros do grupo e escolham aquele que será a base do vídeo.
- Definam funções para cada integrante, considerando que vocês podem e devem trabalhar juntos; entretanto, é conveniente que cada um se especialize e fique responsável por uma função específica, como roteirista, câmera, narrador, atores, dubladores, sonoplasta, locutor e editor.

Videocontos na internet

Há muitos videocontos na internet. Para que conheça o gênero, sugerimos acessar:

- "Em busca de um sonho": https://www.youtube.com/watch?v=xjsKGpAG2hY&feature=youtu.be.
- "Yemanjá, a deusa do mar": https://www.youtube.com/watch?v=Usgydp-tjqU.
- "A mão": https://www.youtube.com/watch?v=Y3fIJQYYU7k.

- Pesquisem videocontos na internet para terem ideia de como irão produzir o seu.
- Escrevam um roteiro para orientar o encaminhamento das gravações ou montagens, descrevendo as cenas detalhadamente, na ordem em que querem que elas apareçam.
- Pesquisem músicas e efeitos sonoros para integrarem o vídeo, sincronizando-os com as gravações.

Seleção, gravação e remixagem

Ao preparar o vídeo, selecionar imagens e músicas, filmar cenas ou gravar vídeos, lembrem-se de:

- conferir o roteiro a fim de selecionar ou captar todas as cenas planejadas;
- escolher cenários adequados e locações em que não haja barulho externo, para não prejudicar o som da filmagem;
- anotar os textos, vídeos, músicas e outras fontes utilizadas no vídeo para compor os créditos da produção.

Ao editar os vídeos e os áudios

Ao editar os vídeos e os áudios, lembrem-se de:

- escolher programas de edição de vídeo e áudio. Vocês poderão usar o Windows MovieMaker ou o iMovie (da Apple) ou outro de sua preferência;
- assistir a todas as cenas que foram gravadas e rever a ordem em que vão aparecer no vídeo;
- reler o roteiro de montagem do vídeo para saber a ordem em que querem que as cenas apareçam, sincronizando com trechos da música. Se necessário, há tutoriais na internet sobre como usá-los.

Undrey/Shutterstock

Revisão do vídeo

Antes de concluir a edição do vídeo, verifique:

- se as cenas previstas no roteiro estão todas presentes e na sequência planejada;
- se o som está uniforme, sem trechos excessivamente baixos ou altos;
- se a história narrada no vídeo consegue se sustentar e produz os sentidos desejados sem o conhecimento do conto de base.

Após a checagem final, salvem o trabalho e o convertam para o formato de vídeo. Depois, providenciem sua gravação em DVD ou *pendrive* ou façam o *upload* para a nuvem. O videoconto deverá integrar o *e-zine* que será criado por você e os colegas ao final desta unidade.

CAPÍTULO 57

O texto teatral escrito

Divulgação/Foto:João Caldas Filho

Denise Fraga no papel principal da peça *Galileu Galilei*, em 2016, baseada na peça *A vida de Galileu*, de Bertolt Brecht.

Trabalhando o gênero

O texto a seguir é um trecho da peça teatral *A vida de Galileu*, do poeta e teatrólogo alemão Bertolt Brecht.

A peça narra uma parte da vida do sábio italiano Galileu, e a história começa com o cientista vivendo em Pádua, onde lhe davam liberdade para pesquisar, mas lhe pagavam baixo salário. Apropriando-se de uma luneta, instrumento ainda desconhecido na Itália, e tido como o inventor dela, ele é recebido em Florença, onde começa a residir. As observações que faz sobre o Sistema Solar levam-no a reconsiderar como verdadeira a concepção de Copérnico segundo a qual a Terra e os astros girariam em torno do Sol. A Igreja católica, na época, defendia a concepção de Ptolomeu, para quem a Terra seria o centro do Universo.

O trecho faz parte da cena em que Galileu, servindo-se da luneta, confirma a seu amigo Sagredo o sistema copernicano e é advertido por ele das possíveis consequências de sua pesquisa.

Este capítulo favorece o desenvolvimento das habilidades

EM13LGG101 EM13LGG103 EM13LGG104 EM13LGG201 EM13LGG301 EM13LGG402 EM13LGG602 EM13LGG603 EM13LP01 EM13LP02 EM13LP06 EM13LP15 EM13LP16 EM13LP17 EM13LP49

Quarto de estudos de Galileu, em Pádua.

Noite. Galileu e Sagredo, metidos em grossos capotes, olham pelo telescópio.

Photo Researchers RM/Getty Images

Galileu Galilei (1564-1642).

SAGREDO (*Olhando pelo telescópio, à meia-voz*) – Os bordos do crescente estão irregulares, denteados e rugosos. Na parte escura, perto da faixa luminosa, há pontos de luz. Vão aparecendo, um depois do outro. A partir deles a luz se espraia, ocupa superfícies sempre maiores, onde conflui com a parte luminosa principal.

GALILEU – Como se explicam esses pontos luminosos?

SAGREDO – Não pode ser.

GALILEU – Pode, são montanhas.

SAGREDO – Numa estrela?

GALILEU – Montanhas enormes. Os cimos são dourados pelo sol nascente, enquanto a noite cobre os abismos em volta. Você está vendo a luz baixar dos picos mais altos aos vales.

SAGREDO – Mas isto contradiz a astronomia inteira de dois mil anos.

GALILEU – É. O que você está vendo, homem nenhum viu, além de mim. Você é o segundo.

SAGREDO – Mas a Lua não pode ser uma terra, com montanhas e vales, assim como a Terra não pode ser uma estrela.

GALILEU – A Lua pode ser uma terra com montanhas e vales e a Terra pode ser uma estrela. Um corpo celeste qualquer, um entre milhares. Olhe outra vez. A parte escura da Lua é inteiramente escura?

SAGREDO – Não, olhando bem eu vejo uma luz fraca, cinzenta.

GALILEU – Essa luz o que é?

SAGREDO – ?

GALILEU – É da Terra.

SAGREDO – Não, isso é absurdo. Como pode a Terra emitir luz, com suas montanhas, suas águas e matas, e sendo um corpo frio?

GALILEU – Do mesmo modo que a Lua. Porque as duas são iluminadas pelo Sol e é por isso que elas brilham. O que a Lua é para nós, nós somos para a Lua. Ela nos vê ora como crescente, ora como semicírculo, ora como Terra cheia e ora não nos vê.

SAGREDO – Portanto, não há diferença entre Lua e Terra?

GALILEU – Pelo visto, não.

SAGREDO – Não faz dez anos que, em Roma, um homem subia à fogueira. Chamava-se Giordano Bruno e afirmava exatamente isso.

GALILEU – Claro. E agora estamos vendo. Não pare de olhar, Sagredo. O que você vê é que não há diferença entre céu e Terra. Hoje, dez de janeiro de 1610, a humanidade registra em seu diário: aboliu-se o céu.

SAGREDO – É terrível!

GALILEU – E ainda descobri outra coisa, quem sabe mais espantosa.

[...]

SAGREDO (*hesita, antes de voltar ao telescópio*) – O que eu sinto é quase como medo, Galileu.

GALILEU – Vou lhe mostrar uma das nebulosas brancas e brilhantes da Via Láctea. Me diga do que ela é feita!

SAGREDO – São estrelas, incontáveis.

GALILEU – Só na constelação de Órion são quinhentas estrelas fixas. São os muitos mundos, os incontáveis outros mundos, as estrelas distantes de que falava o queimado-vivo, que ele não chegou a ver, mas que ele esperava!

SAGREDO – Mas, mesmo que esta terra seja uma estrela, há muita distância até as afirmações de Copérnico, de que ela gira em volta do Sol. Não há estrela no céu que tenha outra girando à sua volta. Mas, em torno da Terra, gira sempre a Lua.

GALILEU – Eu duvido, Sagredo. Desde anteontem que eu duvido. Olhe Júpiter (*acerta o telescópio*), junto dele estão quatro estrelas menores, que só se veem pelo telescópio. Eu as vi na segunda-feira, mas não fiz muito caso da sua posição. Ontem, olhei outra vez.

Eu jurava que todas as quatro tinham mudado de lugar. Eu tomei nota. Estão diferentes outra vez. O que é isso? Se eu vi quatro! (*Agitado.*) Olhe você!

SAGREDO – Eu vejo três.

GALILEU – A quarta onde está? Olhe as tabelas. Vamos calcular o movimento que elas possam ter feito. (*Excitados, sentam-se e trabalham. O palco escurece, mas no horizonte continua-se a ver Júpiter e seus satélites. Quando o palco clareia, ainda estão sentados, usando capotes de inverno.*)

GALILEU – Está provado. A quarta só pode ter ido para trás de Júpiter, onde ela não é vista. Está aí uma estrela que tem outra girando à sua volta.

SAGREDO – Mas e a esfera de cristal, em que Júpiter está fixado?

GALILEU – De fato, onde é que ela ficou? Como pode Júpiter ficar fixado, se há estrelas girando em volta dele? Não há suporte no céu, não há ponto fixo no universo! É outro sol!

SAGREDO – Calma, você pensa depressa demais!

GALILEU – Que depressa nada! Acorda, rapaz! O que você está vendo nunca ninguém viu. Eles tinham razão.

SAGREDO – Quem, os copernicanos?

GALILEU – E o outro! O mundo estava contra eles e eles tinham razão. [...]

SAGREDO (*gritando*) – A mesma fala do queimado-vivo?

GALILEU – A mesma fala do queimado-vivo!

SAGREDO – Por isso ele foi queimado! Não faz dez anos!

GALILEU – Porque ele não podia provar nada! Porque ele só afirmava! [...]

SAGREDO – Galileu, eu sempre o conheci como homem de juízo. Durante dezessete anos em Pádua, e durante três anos em Pisa, pacientemente, você ensinou a centenas de alunos o sistema de Ptolomeu, que é adotado pela Igreja e é confirmado pelas Escrituras, na qual a Igreja repousa. Você, na linha de Copérnico, achava errado, mas você ensinava, não obstante.

GALILEU – Porque eu não podia provar nada.

SAGREDO (*incrédulo*) – E você acha que isso faz alguma diferença?

GALILEU – Faz toda a diferença. Veja aqui, Sagredo! Eu acredito no homem, e isto quer dizer que acredito na sua razão! Sem esta fé eu não teria força de sair da cama pela manhã.

(São Paulo: Abril Cultural, 1977. p. 47-58.)

1 O texto teatral tem semelhanças com o texto narrativo: apresenta fatos, personagens, tempo e lugar.

a) Onde ocorre a cena?

b) Quando ela acontece?

2 Comparando a estrutura do texto teatral com a dos gêneros narrativos, como a crônica e o conto, por exemplo, observamos que ele se constrói de forma diferente.

a) Há no texto teatral lido um narrador que conta a história?

b) O texto nos possibilita ter uma visão acerca dos personagens. Que ideia você faz de Galileu e de Sagredo?

c) De que forma as características de cada personagem nos são reveladas no texto lido?

Espetáculo *Galileu Galilei* com Denise Fraga

3 Em outros gêneros narrativos, como no conto, a fala dos personagens é introduzida geralmente por verbos como *dizer*, *perguntar*, *exclamar*, *afirmar*, chamados *dicendi*. No texto teatral escrito, as falas dos personagens são introduzidas de forma diferente.

a) No texto teatral lido, como o leitor sabe quem está falando?

b) A fala dos personagens é reproduzida pelo discurso direto ou pelo discurso indireto?

4 Sagredo adverte Galileu sobre as possíveis consequências de sua pesquisa.

a) Quais poderiam ser elas?

b) Baseado em que Galileu se mostra determinado a desafiar os dogmas da Igreja na época?

5 O texto teatral apresenta trechos em letra de tipo diferente — no texto lido, o itálico. Veja estes exemplos:

> SAGREDO (*Olhando pelo telescópio, à meia-voz*)
> SAGREDO (*gritando*)
> GALILEU ... (*Agitado.*)

Esses trechos são chamados de rubricas. Qual é a função das rubricas?

6 Que tipo de variedade linguística foi empregado pelos personagens?

7 Quando um texto teatral é lido, o leitor é o interlocutor da história vivida pelos personagens. Quando o texto teatral é encenado, quem é o interlocutor?

8 Qual é o suporte do texto teatral escrito, isto é, como ele é veiculado para atingir o público a que se destina?

9 Reúna-se com os colegas de seu grupo e concluam: Quais são as características básicas do texto teatral escrito? Ao responder, considerem os seguintes critérios: finalidade do gênero, perfil dos interlocutores, suporte ou veículo, tema, estrutura, linguagem.

A função do teatro

O teatro nasceu entre os gregos, na Antiguidade. A principal alteração que tem experimentado, desde então, é quanto à sua função: tem servido para divertir, satirizar a classe política, refletir sobre os problemas sociais, conscientizar politicamente os oprimidos, fazer refletir sobre a própria condição humana. Para o dramaturgo alemão Bertolt Brecht, a principal função da atividade teatral, entretanto, é a de proporcionar prazer. Um prazer que educa, conscientiza e diverte.

O texto estudado é uma cena de uma peça de teatro. É, portanto, uma parte de um texto dramático, isto é, um texto que serve para a representação teatral.

Imagine essa cena se desenvolvendo num palco: haveria um cenário (o quarto de estudos de Galileu), e o diálogo entre os personagens Galileu e Sagredo não seria contado por um narrador, mas mostrado pelos atores, que, *representando* os personagens, se movimentariam no palco e falariam. O diálogo, portanto, constitui o elemento dominante e essencial no texto teatral.

No diálogo, manifestam-se uma oposição e uma luta de vontades que caracterizam o conflito, elemento essencial para possibilitar que o leitor ou a plateia crie expectativa em relação aos fatos que lê ou vê. No texto em estudo, a determinação de Galileu em provar a teoria sobre o sistema solar defendida por Copérnico opõe-se ao temor de Sagredo em revelá-la, pois isso despertaria a ira da Igreja. O *conflito* é, portanto, uma oposição que acontece entre os elementos da história, criando uma tensão que organiza os fatos narrados/mostrados e, consequentemente, prende a atenção do leitor ou da plateia.

Quando é encenado, o texto teatral exige outros elementos, como cenário, música, luz, figurino, maquiagem, gestos, movimentos, etc.

No texto teatral escrito, esses elementos estão indicados nas **rubricas**, que são trechos em letra de tipo diferente (no texto estudado, em itálico) e indicam como os personagens devem falar (rubricas de interpretação) e se movimentar em cena (rubricas de movimento). Quando lemos um texto teatral, as rubricas cênicas procuram nos dar informações sobre aquilo que, na montagem, se vê no palco.

Ator, texto e público

Não há fenômeno teatral sem a conjunção da tríade ator, texto e público. Um *ator* interpreta um *texto* para o *público*. E entre ator e público é estabelecida uma cumplicidade: ambos sabem que se trata de um jogo, de uma representação. Por meio da razão e da emoção, estabelece-se um diálogo vivo entre ator e público. Proporcionando prazer, o teatro age diretamente sobre as pessoas. Ele ensina, provoca, faz refletir.

Quando a peça teatral é longa, ela costuma ser dividida em partes, que são chamadas de **atos**.

Teatro: o encontro das artes

Além da presença física do ator, o teatro conta com a colaboração de outras artes: a arquitetura, a pintura, a música, a indumentária (o figurino), a iluminação e o mobiliário. E conta também com a arte literária, pois o autor comunica-se com o público principalmente por meio da palavra, que, para sua interpretação, precisa também de pausas, gestos, mímicas, além da postura, do olhar e do movimento que compõem a expressão corporal do ator. O teatro exige ainda outros componentes, como maquiagem, sonoplastia, contrarregra.

A coordenação de todos esses elementos na realização de um espetáculo é feita pelo encenador ou diretor. O dramaturgo é o autor do texto, e o diretor, o autor do espetáculo.

A literatura dramática fica documentada em livros; os cenários e os figurinos ficam documentados em fotografias e desenhos. O teatro, porém, é efêmero: só se realiza integralmente enquanto dura o espetáculo. Talvez esteja nessa peculiaridade todo o fascínio e a grandeza da arte teatral.

Produzindo o texto teatral

Ao final desta unidade, você participará com seus colegas do sarau **Palavra, som e imagem**, que envolve o lançamento de um *e-zine*, além da apresentação de *podcasts* e videopoemas, declamações, leitura dramática e encenação de texto teatral.

Para tanto, vocês produzirão o texto teatral a ser apresentado. Reúna-se com os colegas de grupo e escolham uma das propostas de produção de esquete teatral.

Esquete

Esquete é um texto teatral de curta duração, produzido para um único ato (parte) e único cenário, com poucos personagens. Embora não seja obrigatório, geralmente tem um caráter cômico.

1 Partindo do cenário descrito a seguir, escrevam um esquete que desenvolva o texto. Imaginem outros personagens e diálogos.

A ação se passa na sala e na biblioteca de um apartamento classe média. Ambas são visíveis ao público, separadas por uma porta. As outras portas são a da entrada social, a do lavabo, além das passagens que levam à cozinha e aos quartos.

É final de tarde.

Inês, vinda da porta que dá acesso aos quartos, entra esbaforida na sala, pronta para sair. Afobada e atrasada, procura pelas chaves do carro e verifica tudo para ter certeza de que não se esqueceu de nada.

(Marcos Caruso. *Trair e coçar é só começar*. São Paulo: Benvirá, 2011. p. 17.)

Vania Delpoio/Folhapress

2 Escrevam um esquete a partir dos fatos, personagens, tempo e lugar sugeridos a seguir. Se quiserem, acrescentem outros elementos.

- **Fatos**: cinco amigos se reúnem para preparar uma festa pró-formatura. Um dos participantes é pessimista e atrapalhado, e todas as ideias são criticadas e desestimuladas por ele.
- **Personagens**: cinco amigos, vestidos de forma bem descontraída.
- **Lugar**: pátio da escola, em cujas paredes há desenhos e quadros de avisos.
- **Tempo**: época atual, começo da noite.

3 Criem livremente um esquete a partir de uma situação cotidiana, em lugares comuns do dia a dia, identificados como "no elevador", "na fila", "no trânsito", "no metrô", "na casa do(a) namorado(a)","no trabalho", "na sala do chefe", etc. Criem o texto com o número de personagens igual ao número de participantes do grupo. Poderão dar ao esquete um caráter reflexivo ou um caráter cômico, a exemplo de grupos como o Porta dos Fundos.

Esquetes humorísticos na internet

Atualmente há diversos canais no YouTube muito divulgados no Brasil, como Porta dos Fundos, Parafernalha, Ixi, Fiado, que produzem periodicamente esquetes humorísticos e somam vultosos números na plataforma, com bilhões de visualizações. O Porta dos Fundos, por exemplo, foi o primeiro canal brasileiro a conquistar a marca de 10 milhões de inscritos, no ano de 2015.

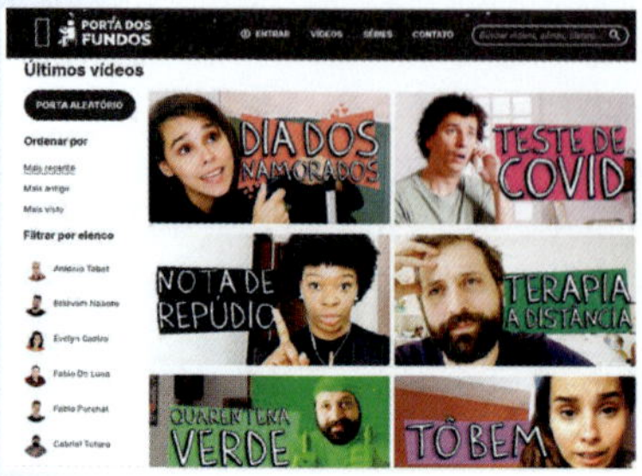

Reprodução/https://www.portadosfundos.com.br/

Planejamento do texto

Ao redigir um esquete, levem em conta as orientações a seguir.

- Discutam a caracterização de cada personagem (modo de falar, temperamento, tiques, etc.) e do lugar.
- Planejem o que vão escrever. Pensem no(s) fato(s) que comporá(ão) o texto e como as ações vão se encaminhar para criar um conflito entre os personagens. Discutam como prender a atenção da plateia e como encaminhar a(s) cena(s) para um desfecho cômico ou reflexivo.
- Ao escrever, lembrem-se de indicar o nome dos personagens antes de suas falas, adequar a linguagem aos personagens e ao contexto, fazer as indicações de cenário, de figurino, etc. e inserir as rubricas de movimento e de interpretação. Procurem dar dinamismo ao diálogo, criando uma tensão crescente entre os personagens.
- Deem nome ao esquete.

Revisão e reescrita

Depois de feita a primeira versão do esquete, releiam-no, observando se ele:

- mostra o desenvolvimento das ações;
- evidencia um conflito que possa prender a atenção da plateia;
- apresenta rubricas indicativas do cenário e da movimentação dos atores no palco e se elas estão em letra de tipo diferente;
- apresenta uma linguagem condizente com os personagens e o contexto;
- atinge o objetivo do grupo: promover entretenimento e ao mesmo tempo proporcionar diversão ou reflexão.

Façam as alterações necessárias e passem o texto a limpo.

Para fazer a leitura dramática e a encenação do texto

O texto teatral sempre é escrito para ser representado. No sarau **Palavra, som e imagem**, que a classe desenvolverá no final da unidade, vocês terão a oportunidade de fazer a leitura dramática do texto produzido ou a encenação dele.

Definida a data do sarau com o professor, decida com seu grupo se vocês pretendem apresentar no evento apenas a leitura dramática do texto ou encenar a peça. Combine com o grupo momentos de ensaio para, em primeiro lugar, fazerem a leitura dramática do texto e, num segundo momento, para os grupos que optarem por também fazer a representação do texto, iniciarem os ensaios completos da peça.

Sigam estas orientações.

Leitura dramática

1. Formem um grupo com um número de integrantes igual ao número de personagens do texto. Cada componente do grupo deve ler o texto individualmente pelo menos uma vez.
2. Façam, em grupo, uma segunda leitura do texto, em voz alta, com cada aluno lendo as falas de um personagem. Leiam procurando uma compreensão mais ampla do texto e um domínio maior da história.
3. A partir da terceira leitura, comecem a buscar a representação, isto é, comecem a transformar a leitura em ação. Lembrem-se: o ator é um fingidor, alguém que cria ilusões.
   a) Para uma boa interpretação, analisem e debatam o comportamento psicológico de cada personagem: quais são seus desejos; que fatos ou que personagem se contrapõem a eles; como eles reagem, etc.
   b) Em seguida, cada um deve buscar a melhor forma de interpretar seu personagem.
   c) Considerem a pontuação do texto e as rubricas de interpretação.
   d) Não deixem cair a entonação no final das frases. Observem como falam os locutores de rádio e televisão e procurem imitá-los.
   e) Se julgarem necessário, marquem o texto com pausas para respiração e destaquem os verbos das frases para dar um apoio maior à inflexão da voz.
   f) Para ajudar no volume da voz, imaginem — como fazem no meio teatral — que na última fileira do teatro há uma idosa que não escuta muito bem e que vocês devem representar para ela.
4. Depois que cada um dos integrantes do grupo tiver encontrado a expressão própria de seu personagem, façam a leitura do texto dramático para a classe.

Encenação

1. Cada um deve decorar as falas de seu personagem, imaginando-se nas situações vividas por ele, e considerando o cenário e os outros personagens que contracenam com ele.
2. Além das rubricas de interpretação, vocês devem, agora, observar também as de movimento.
3. Criem o cenário, a sonoplastia (o som que acompanha o texto), os figurinos. Para isso, contem com a criatividade individual e do grupo e envolvam outros colegas na montagem.
4. Ensaiem quantas vezes forem necessárias. Coloquem-se naturalmente no lugar dos personagens e vivam-nos, ou seja, comecem a fazer teatro.

Nastasic/Getty Images

5. Caso algum integrante do grupo se esqueça de uma parte do texto durante os ensaios ou na apresentação, improvisem uma saída, ou recorram ao ponto. *Ponto* é uma pessoa que, no teatro, vai lendo o que os atores devem dizer para ajudar na memorização das falas.
6. Tudo pronto, apresentem o espetáculo para a classe.
7. Caso gostem muito desta atividade, formem um grupo de teatro com outros colegas e, seguindo as mesmas orientações, encenem outros textos e, se possível, uma peça de teatro completa.

Projeto

Palavra, som e imagem

Participe com a classe da produção de um **sarau literário**, que vai contar com o lançamento de um *e-zine* de textos literários, com declamações, apresentação de videocontos e de *podcasts* de crônicas, além de leituras dramáticas e espetáculos teatrais.

Convidem os professores de Arte e de Teatro (se houver) para participar do projeto. Combinem previamente com os professores o melhor momento para a realização do sarau, de modo que participem alunos de outras turmas, amigos, professores, funcionários e familiares. Se possível, realizem o sarau num ambiente especial, como o auditório da escola.

Jonas Petrovas/Shutterstock

Este capítulo favorece o desenvolvimento das habilidades

EM13LGG101 EM13LGG103 EM13LGG104 EM13LGG105 EM13LGG201 EM13LGG202 EM13LGG301
EM13LGG305 EM13LGG402 EM13LGG601 EM13LGG602 EM13LGG603 EM13LGG701 EM13LGG703
EM13LP11 EM13LP15 EM13LP16 EM13LP17 EM13LP18 EM13LP20 EM13LP21
EM13LP46 EM3LP47 EM13LP53 EM13LP54

1. Montando o *e-zine*

Fabio Principe/Shutterstock

Reúnam todo o material produzido — poemas, poemas concretos, cordéis, haicais, paródias, crônicas, contos, minicontos e roteiros de esquetes teatrais — e organizem-no a partir de um critério: por exemplo, por autor (em ordem alfabética) ou por gênero. Separem imagens ou ilustrações que acompanharão os textos.

Usando um editor de texto, diagramem o *e-zine* com um formato jovem e descontraído. Há, na internet, vários tutoriais de como editá-lo com ferramentas simples. Vejam, por exemplo, os *sites* http://ptcomputador.com/Software/desktop-publishing/116604.html e https://www.flipsnack.com/bp/ezine.

Durante a montagem, criem *links* para os *podcasts* de crônicas e os videopoemas que produziram nesta unidade e façam chamadas no *e-zine* para destacá-los, a fim de que o público internauta possa interagir com esses objetos digitais.

Se quiserem, poderão fazer algumas cópias impressas do *e-zine* (que, nesse caso, se transforma em fanzine) para que o público possa manuseá-las durante o sarau.

Se gostarem da experiência com o *e-zine*, poderão mantê-lo com publicações periódicas: mensal, bimestral ou semestralmente, por exemplo.

2. Finalizando os ensaios para a leitura dramática e a representação teatral

Façam os últimos ensaios para a leitura dramática ou a representação teatral dos esquetes que criaram no capítulo 57.

Finalizem os preparativos dos figurinos, do cenário, dos efeitos sonoros ou musicais, da iluminação e façam o ensaio final com todos esses elementos.

Filmem os ensaios e, depois, assistam a eles, observando se ainda precisam fazer alguma correção.

3. Realizando o sarau

Discutam e definam a programação do evento. Pode ser o que segue, por exemplo, ou em outra ordem que prefiram:

- Apresentação do *e-zine* ao público em um telão.
- Declamação individual de poemas, haicais, cordéis e paródias.
- Apresentação de *podcasts* de crônicas, poemas visuais, videopoemas e videocontos com equipamentos de áudio e vídeo.
- Leituras dramáticas.
- Representações teatrais.

Pavel L Photo and Video/Shutterstock

Sob a coordenação do professor, escolham um aluno para ser o mestre de cerimônias, isto é, o apresentador do sarau. É ele quem vai fazer a abertura do evento, agradecendo ao público e aos participantes, e chamar e apresentar, um a um, os alunos que vão declamar e os grupos que vão se apresentar. Ele também será responsável por encerrar o sarau, reafirmando o agradecimento ao público pela presença e aos demais envolvidos pela colaboração.

4. Filmando as representações teatrais

Filmem as apresentações e, se quiserem, poderão, posteriormente, criar no YouTube um canal da classe ou da escola e ali divulgar os esquetes produzidos e representados. Na internet, há tutoriais que explicam como criar o canal e fazer o *upload* dos vídeos.

Eric Lysenko/Shutterstock

UNIDADE 18

Campo das práticas de estudo e pesquisa

"Trata-se de ampliar e qualificar a participação dos estudantes nas práticas relativas ao estudo e à pesquisa, de forma significativa e na articulação com outras áreas e com os projetos e escolhas pessoais dos jovens. A proposta é fomentar a curiosidade intelectual e o desenvolvimento de uma autonomia de estudo e de pensamento."

(*Base Nacional Comum Curricular*)

ALPA PROD/Shutterstock

Para estudar e pesquisar, dentro e fora da escola, precisamos desenvolver algumas habilidades e aprender a realizar certos procedimentos sobre os quais nem sempre temos clareza. É comum considerarmos o estudo e a pesquisa como atividades de finalidade puramente escolar: precisamos aprender o conteúdo para tirar boas notas. Mas habilidades como análise, síntese, reflexão, seleção de informações, escolha de metodologias e socialização de resultados são necessárias não apenas na escola e na continuidade dos estudos no ensino superior; podem também ser essenciais para a vida em sociedade, principalmente no mundo contemporâneo, em que a enorme quantidade de conhecimentos disponíveis na internet demanda uma visão crítica e uma pesquisa atenta. Desenvolver essas habilidades também ajuda você a descobrir questões que despertam seu interesse e a buscar formas de dar resposta a elas, tornando sua prática de estudo mais instigante, produtiva e criativa.

CAPÍTULO

58

O resumo e a resenha

O resumo

Trabalhando o gênero

Leia os textos a seguir.

TEXTO 1

Terça-feira, 17 de dezembro

Boa noite! Aqui estão as notícias para você terminar o dia bem-informado.

17/12/2019

[...]

Pangfolio.com/Shutterstock

Gordura zero

A Anvisa determinou a **eliminação da gordura trans** dos alimentos industrializados no Brasil, e definiu um prazo para isso. A partir de 2023, o uso do ingrediente será proibido definitivamente, mas as empresas terão que reduzir a utilização até julho de 2021.

A gordura trans está em alimentos como biscoitos salgados, doces e outros alimentos assados, pipoca de micro-ondas e margarina em barra. Para a OMS, a eliminação global desse ingrediente pode evitar 500 mil mortes por ano. A gordura trans eleva o colesterol ruim, reduz o colesterol bom e aumenta o risco de infarto e AVC.

[...]

Flamengo na final

O Flamengo derrotou hoje o Al Hilal de virada em Doha, no Catar, e está na final do Mundial de Clubes. Arrascaeta, Bruno Henrique e Al-Bulayhi (contra) marcaram gols do rubro-negro, que agora espera o vencedor de Liverpool × Monterrey para decidir o título no sábado.

(Disponível em: https://g1.globo.com/resumo-do-dia/noticia/2019/12/17/terca-feira-17-de-dezembro.ghtml. Acesso em: 24/4/2020.)

Este capítulo favorece o desenvolvimento das habilidades

EM13LGG103
EM13LGG201
EM13LGG301
EM13LGG302
EM13LGG401
EM13LGG402
EM13LGG704
EM13LP01
EM13LP06
EM13LP07
EM13LP10
EM13LP15
EM13LP28
EM13LP29
EM13LP31
EM13LP34

TEXTO 2

DISCURSOS SOBRE INFÂNCIA, JUVENTUDE E RELAÇÕES RACIAIS

ARIANE DA SILVA (VIC/Voluntário) — CARMEM LUCIA SUSSEL MARIANO (Orientador) — Instituto de Ciências Humanas e Sociais CUR/Rondonópolis

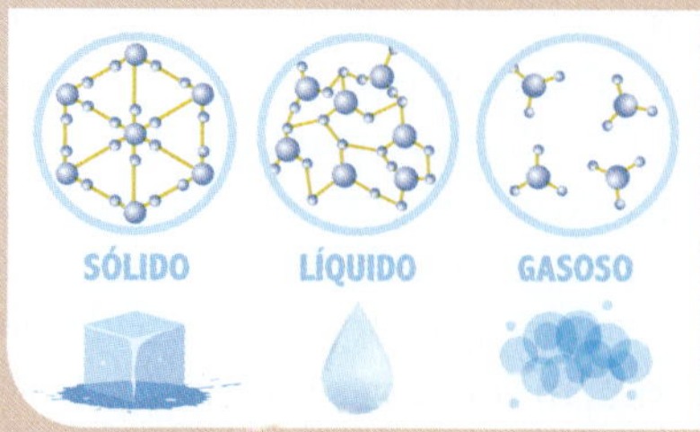

Andrii Symonenko/Shutterstock

A literatura acadêmica é fundamental na disputa de relações de poder, pois contribui na manutenção, criação ou desmitificação de sensos comuns no que tange às disputas simbólicas. Deste modo, este estudo visa compreender narrativas sobre a criança e o jovem, privilegiando questões de raça, gênero e mídia que participam da construção social da infância e da juventude na contemporaneidade investigando ressonâncias de tais representações no contexto educativo. Partindo de uma perspectiva da Psicologia Social Crítica, a metodologia utilizada foi a revisão narrativa de estudos que investigam o papel da mídia na construção e sustentação de representações sobre a infância e juventude, tais como Andrade (2001), Bizzo (2008), Freitas (2004), Mariano (2010), articulando com os estudos de autores que são emblemáticos nos avanços das discussões raciais no Brasil, como Nascimento (1987); Bento (2002); Souza (1983); Piza e Rosemberg (2002); Carvalho (2004); dentre outros. Os estudos demonstram que as narrativas construídas sobre a infância e juventude, principalmente veiculadas pela mídia, são sensacionalistas e estigmatizadoras de crianças, jovens pobres e suas famílias, sustentando relações de dominação raça, classe e gênero. Identificamos que a questão racial foi diluída na questão de classe, ou seja, usa-se do eufemismo "pobre" quando a maioria do grupo atingido é a população negra. Deste modo, os estereótipos construídos sobre a pobreza são, na realidade, estereótipos construídos sobre a população negra, mantendo, assim, a estrutura racista. Portanto, o estudo destaca a urgência em racializar as pesquisas que tenha como foco a infância e juventude, de modo que a produção de conhecimento sobre a infância e juventude contribua efetivamente com o avanço da consciência negra da população brasileira acometida pelo falso discurso de democracia racial.

Palavras-chave: infância e juventude, educação, relações raciais.

XXV Seminário de Iniciação Científica — UFMT

(Disponível em: https://www1.ufmt.br/ufmt/unidade/userfiles/publicacoes/78591c2ff265f1709fdba11543e3cceb.pdf. Acesso em: 24/4/2020.)

TEXTO 3

Estados físicos da matéria

QUÍMICA

Evgeny Karandaev/Shutterstock

A matéria é composta por pequenas partículas e, de acordo com o maior ou menor grau de agregação entre elas, pode ser encontrada em três estados: sólido, líquido e gasoso. O volume, a densidade e a forma de um composto podem variar com a temperatura, sendo assim, os compostos apresentam características de acordo com o estado físico em que se encontram, veja as características de cada um:

Estado Sólido: as moléculas da matéria se encontram muito próximas, sendo assim possuem forma fixa, volume fixo e não sofrem compressão. Por exemplo: em um cubo de gelo as moléculas estão muito próximas e não se deslocam.

Estado Líquido: as moléculas estão mais afastadas do que no estado sólido e os elementos que se encontram nesse estado possuem forma variada, mas volume constante. Além dessas características, possui facilidade de escoamento e adquirem a forma do recipiente que os contém.

Estado Gasoso: a movimentação das moléculas nesse estado é bem maior que no estado líquido ou sólido. Se variarmos a pressão exercida sobre um gás podemos aumentar ou diminuir o volume dele, sendo assim, pode-se dizer que sofre compressão e expansão facilmente. Os elementos gasosos tomam a forma do recipiente que os contém.

Essas características obedecem a fatores como a Força de Coesão (faz com que as moléculas se aproximem umas das outras) e a Força de Repulsão (as moléculas se afastem umas das outras). No estado gasoso a Força de Repulsão predomina, enquanto no estado sólido é a Força de Coesão.

Assim, quando uma substância muda de estado físico, sofre alterações nas suas características microscópicas (arranjo das partículas) e macroscópicas (volume, forma), sendo que a composição continua a mesma.

Por Líria Alves
Graduada em Química

(Disponível em: https://brasilescola.uol.com.br/quimica/estados-fisicos-materia.htm. Acesso em: 24/4/2020.)

1 Os três textos são resumos. Com base em sua leitura, indique a afirmação correta:

a) Resumir um texto consiste em recortar quaisquer informações do texto original.

b) Resumir um texto consiste em condensar de modo coerente as informações mais importantes do texto original.

c) Resumir um texto consiste em enumerar os principais pontos do texto original, acrescentando a eles o ponto de vista do autor do resumo.

d) Resumir um texto consiste em extrair e condensar informações dos primeiros parágrafos de um texto e produzir um texto escrito breve.

2 Relacione cada item aos textos 1, 2 e 3:

a) Resumo de artigo científico

b) Resumo de notícias

c) Resumo de matéria escolar

3 As situações de comunicação e os objetivos de produção de cada um dos resumos são diferentes. Analise-os e responda:

a) Qual é o objetivo de cada um dos textos?

b) Quem é o locutor de cada um dos textos?

c) Qual é o público-alvo de cada um dos textos?

4 Levante hipóteses: Qual (Quais) é (são) o(s) texto(s) que serviu (serviram) de base para cada um dos resumos?

5 Um resumo pode ser incluído em textos de outro gênero textual, como *e-mails* ou *blogs*, assim como em reportagens, resenhas, contracapas de livros, artigos científicos, etc. O resumo pode ser escrito pelo próprio autor do texto-base ou por outro autor. Dos textos lidos:

a) Qual (Quais) é (são) escrito(s) pelo mesmo autor do texto-base?

b) Qual (Quais) é (são) escrito(s) por um autor diferente daquele que escreveu o texto-base?

6 No universo escolar, a presença do resumo é muito frequente. Nesse ambiente:

a) Que textos são geralmente resumidos?

b) Quem geralmente é o locutor desse gênero textual? E o locutário?

c) Quais são a finalidade e o suporte desse gênero?

d) Qual dos três textos deve ter sido escrito para fins escolares?

7 Para resumir um texto, é necessário trabalhar com um processo mental chamado *sumarização*. Esse processo consiste em eliminar informações secundárias, ou seja, aquelas que explicam, exemplificam ou reforçam informações já dadas. Releia, no texto 1, o resumo da notícia sobre o time de futebol masculino Flamengo:

a) Pelo resumo da notícia sobre o jogo de futebol do Flamengo, quais informações são escolhidas como mais importantes?

b) Levante hipóteses: Quais informações relacionadas a uma partida de futebol não aparecem no resumo e que, provavelmente, compõem a notícia completa?

8 Leia a comparação entre o resumo "Gordura zero", do texto 1, e a notícia que serviu como texto-base para o resumo.

Anvisa decide banir gordura trans dos alimentos industrializados a partir de 2023

Mudança será feita com redução gradual. Ingrediente também é conhecido como 'gordura vegetal hidrogenada' e é usado para melhorar aparência e validade dos produtos.

Por Rafaella Vianna, TV Globo

A Agência Nacional de Vigilância Sanitária (**Anvisa**) aprovou nesta terça-feira (17), por unanimidade, uma resolução que determina a eliminação da gordura trans nos alimentos industrializados no Brasil. As empresas terão que reduzir a utilização até julho de 2021, e não poderão mais usá-la definitivamente a partir de 2023.

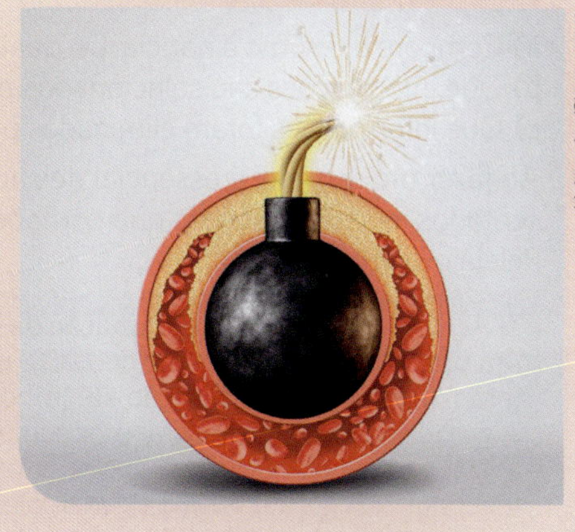

Lightspring/Shutterstock

A gordura trans também é conhecida como gordura vegetal hidrogenada. É usada para melhorar o aspecto e também aumentar o prazo de validade de alimentos industrializados. Ela é formada através de um processo químico: óleos vegetais líquidos, como o óleo de soja, são transformados em gordura sólida com o uso de hidrogênio. Quanto mais hidrogenada, mais consistente a gordura fica.

Ela também aparece durante o aquecimento de óleos para a fritura doméstica ou industrial em processos que envolvem altas temperaturas por longos períodos.

Para a Organização Mundial da Saúde (OMS), a **eliminação global desse ingrediente** pode evitar 500 mil mortes por ano. A gordura trans eleva o colesterol ruim, reduz o colesterol bom e aumenta o risco de infarto e AVC.

A gordura trans está em alimentos como:

- Biscoitos salgados, doces e outros alimentos assados
- Pipoca de micro-ondas
- Pizzas e salgados congelados
- Manteiga vegetal e margarina em barra
- Creme para café
- Glacê pronto para uso
- entre outros

Eliminação em etapas

A decisão da diretoria colegiada do órgão estabeleceu que o processo ocorrerá em duas etapas:

1) a adequação da indústria alimentícia ao limite de até 2% de gorduras trans sobre a quantidade total de gorduras do alimento produzido, o que deve ocorrer até 1 de julho de 2021;
2) a eliminação total de ácidos graxos trans da composição de produtos até 1º de janeiro de 2023.

Atualmente não há quantidade máxima definida pela agência. Os produtos importados também precisarão seguir essas regras.

Para os óleos refinados, como os de soja e canola, por exemplo, os ácidos graxos trans não serão banidos. A Anvisa decidiu estabelecer um limite diferente para esse grupo de produtos, levando em conta que os óleos vegetais passam por altas temperaturas no processo de refinamento, o que acaba produzindo a gordura trans, que não é adicionada de forma proposital.

O objetivo da Anvisa com as mudanças é reduzir a ingestão de gordura trans a menos de 1% do Valor Energético Total (VET) ingerido pela população diariamente, como recomenda a Organização Mundial da Saúde (OMS). De acordo com a agência, essa ingestão hoje chega a quase 2% entre os adolescentes, por exemplo.

"Dependendo do recorte populacional que você faz, essa quantidade é bem mais alta. A gente tem grupos mais vulneráveis na população. Como a gordura trans tem um preço mais barato que os substitutos, as populações mais vulneráveis, que têm menor poder aquisitivo, acabam sendo mais expostas a esses alimentos com maior teor", explica a Gerente Geral de Alimentos da Anvisa, Thalita Lima. [...]

(Disponível em: https://g1.globo.com/ciencia-e-saude/noticia/2019/12/17/anvisa-decide-banir-gordura-trans-dos-alimentos-industrializados-ate-2023.ghtml. Acesso em: 24/4/2020.)

a) Compare o resumo à notícia. De quais parágrafos foram retiradas as informações que constam no resumo?
b) Que informações são selecionadas para compor o resumo?
c) Que informações foram eliminadas para compor o resumo?

9 Ao fazer um resumo, é essencial deixar clara a procedência das informações e os pontos de vista nele apresentados, ou seja, as vozes que compõem o texto (leia, na página seguinte, o boxe "As vozes de um texto"). Releia o seguinte trecho:

A Anvisa determinou a **eliminação da gordura trans** dos alimentos industrializados no Brasil, e definiu um prazo para isso. A partir de 2023, o uso do ingrediente será proibido definitivamente, mas as empresas terão que reduzir a utilização até julho de 2021.
A gordura trans está em alimentos como biscoitos salgados, doces e outros alimentos assados, pipoca de micro-ondas e margarina em barra. Para a OMS, a eliminação global desse ingrediente pode evitar 500 mil mortes por ano. A gordura trans eleva o colesterol ruim, reduz o colesterol bom e aumenta o risco de infarto e AVC.

a) Identifique no resumo trechos relativos à voz da Anvisa, da OMS e do autor do resumo.

b) As vozes da Anvisa e da OMS constituem o resumo por meio do discurso direto ou indireto?

c) Que expressões são utilizadas pelo autor do resumo para informar a procedência das informações?

10 Sobre o texto 2:

a) Copie trechos em que o autor do resumo utiliza vozes de outros autores.

b) Nesse resumo, a maneira de citar os nomes de outros autores é específica do campo acadêmico-científico. Descreva como são feitas essas menções.

c) Há uma palavra entre aspas no resumo. Por que essa palavra está marcada com esse recurso gráfico?

> **As vozes de um texto**
>
> Um texto sempre tem autoria: uma ou mais pessoas são responsáveis por produzi-lo. Para isso, os autores se baseiam em outros textos, mesmo que não diretamente. Esses textos formam nosso conhecimento de mundo, nosso conhecimento linguístico e nosso conhecimento especializado. Em alguns gêneros, essa convivência com outros textos é direta e, então, é necessário saber diferenciar a voz do autor do texto da voz dos autores dos textos usados como base. No resumo e na resenha, como o objetivo desses gêneros é sintetizar outro texto, sempre será preciso lançar mão de estratégias para essa diferenciação, deixando claro quando quem "fala" é o autor da resenha ou resumo e quando quem "fala" é o autor do texto-base.

11 Observe a linguagem utilizada nos resumos.

a) De modo geral, os períodos são curtos ou longos?

b) Em que pessoa estão os verbos empregados nos resumos?

c) A linguagem utilizada nos resumos mostra-se objetiva e direta ou subjetiva e pessoal?

d) Que variedade linguística ela adota?

12 Reúna-se com os colegas de grupo e, juntos, concluam: Quais são as características básicas do resumo? Ao responder, considerem os seguintes critérios: finalidade do gênero, perfil dos interlocutores, suporte e veículo, tema, estrutura, linguagem.

Produzindo o resumo

Ao final desta unidade, no **Projeto**, vocês vão produzir uma revista de divulgação científica e uma enciclopédia colaborativa. Ambas terão como tema a saúde, que será abordada de maneira interdisciplinar. A revista e a enciclopédia serão divulgadas para outros alunos, para seus familiares, para professores e funcionários da escola.

G-Stock Studio/Shutterstock

Para compor a revista serão necessários diversos textos, entre eles o resumo: como primeiro passo da produção desses textos, vocês devem pesquisar assuntos de seu interesse de alguma área do conhecimento científico. Veja algumas sugestões:

1. Utilizar pesquisas e trabalhos já realizados para outras disciplinas relacionados à saúde.
2. Escolher um tema que esteja em debate na atualidade, como:
   - Vacinas e movimentos antivacina
   - Lixo plástico e a saúde de animais e humanos
   - Saúde mental e redes sociais
   - O que é saúde em diferentes culturas do mundo
   - Saúde física, saúde mental e exercício físico
   - Vida nas cidades, ultraurbanização e saúde
   - Saúde do jovem contemporâneo
   - O que era ser saudável em diferentes períodos históricos

Definido o tema, busque um texto de divulgação científica sobre ele, leia-o e faça um resumo, que será usado em suas próximas produções para o projeto.

Planejamento do texto

- O resumo será utilizado por você e pelos colegas para a produção de outros textos de divulgação científica. Pense no perfil dos leitores e seus objetivos para produzir o resumo.
- Leia o texto-base a ser resumido e anote: sua compreensão global do texto; principais informações; procedência das informações selecionadas como relevantes; relação entre essas informações.
- Faça a sumarização, isto é, a sintetização, por meio da seleção de algumas informações e da exclusão de outras.
- Organize as vozes do texto, deixando claro para o leitor quando é a sua voz, como autor do resumo, quando se trata da voz do autor do texto-base ou, ainda, quando são vozes de terceiros, citadas pelo texto-base.

Revisão e reescrita

Antes de fazer a versão final de seu resumo, releia-o, observando:

- se a fonte do texto original foi mencionada;
- se seu texto apresenta as ideias ou as informações principais do texto original;
- se as relações entre as ideias do texto original são explicitadas por conectivos adequados;
- se está claro de quem são as vozes presentes no texto, isto é, se a responsabilidade pelas informações ali expostas está devidamente atribuída ao seu autor;
- se seu texto pode ser compreendido por alguém que não leu o texto original.

Faça as alterações necessárias e passe o texto a limpo.

A resenha de texto científico

Trabalhando o gênero

No capítulo 42, você já estudou a resenha crítica. Neste capítulo, vamos retomar o gênero e examinar a resenha crítica de textos científicos.

Leia o texto a seguir.

Os impactos da humanidade no meio ambiente.

Paulo Artaxo.

O livro *A espiral da morte — Como a humanidade alterou a máquina do clima* é um relato dinâmico, quase pessoal, de como um jornalista que cobre a área científica vivenciou, ao longo dos últimos anos, a evolução da ciência do clima em conjunto com suas observações em nosso planeta. O jornalista Claudio Angelo conversou com políticos, moradores de zonas críticas, cientistas, ativistas ambientais e negacionistas das mudanças climáticas para gerar um amplo panorama de uma das questões mais importantes com que a humanidade já teve que lidar. É muito interessante acompanhar os relatos de viagens a locais estratégicos do ponto de vista de mudanças globais (Antártida, Groenlândia, Ártico etc.) e ver o balanço entre observação local e ciência global. Vale ressaltar a importância, para o avanço dos debates sobre o tema, de um jornalista compartilhar as suas dúvidas com as dos cientistas que ainda não entendem em sua totalidade a complexidade do sistema climático global.

Capa do livro *A espiral da morte – Como a humanidade alterou a máquina do clima.*

O resultado dessa epopeia é um trabalho de fôlego, mas fácil e divertido de ler. Claudio Angelo discute não só o impacto de nossa sociedade no planeta, mas também as implicações sociais, geopolíticas, culturais e econômicas. As diferentes escalas temporais e espaciais são abordadas com o cuidado necessário. O autor convida o leitor a refletir sobre questões importantes relacionadas ao derretimento acelerado de geleiras observado na Groenlândia e ao degelo no oceano Ártico, e como esses eventos afetam as populações. Também aborda as possibilidades para sair dessa armadilha que a estrutura socioeconômica que mantém a sociedade de hoje nos impôs.

Em sua primeira componente (chamada de "Norte"), o autor narra em detalhes as fortes alterações no ecossistema Ártico e como isso impacta seus habitantes remotos. O relato do que acontece na Groenlândia e em Svalbard (Noruega) é fascinante. Questões científicas complexas, como a alteração do albedo de superfície e os hidratos de metano, são explicadas didaticamente. A exploração de petróleo no Ártico com seus riscos inerentes ao meio ambiente é destacada.

A componente "Sul" explora as questões associadas ao meio ambiente antártico, em particular na estação brasileira Comandante Ferraz, visitada pelo autor em 2001 e 2014. Discussões interessantes tanto sobre o "buraco de ozônio" na Antártida quanto sobre os pinguins colocam as fragilidades do meio físico e biológico naquela região. O forte aquecimento de 3 graus observado na península Antártica desde 1950 é testemunho da rapidez e força com que as mudanças globais chegaram àquele ambiente. O clima de nosso planeta é totalmente integrado e isso transparece na discussão sobre o efeito da Antártida no clima brasileiro, especialmente nas regiões Sul e Sudeste.

O autor diz que um dos objetivos do livro é explicar como chegamos a essa situação, mas é exatamente este tópico que, acredito, poderia ter sido mais explorado. Os detalhados relatos de impactos não discutem com profundidade as reais razões pelas quais o planeta está passando por esse sufoco ambiental. A exploração inesgotável dos recursos naturais está sufocando rapidamente a vida na Terra. A busca pelo lucro sem limites coloca nosso planeta em risco e a questão fundamental é saber como sairemos dessa situação, em que, além do lucro, a sustentabilidade a longo prazo também seja uma variável a ser integrada ao sistema.

Claro que o livro não chega a "soluções", pois elas ainda não existem, embora a COP-21, que selou o Acordo de Paris, aponte para o caminho de reduzir fortemente as emissões de gases de efeito estufa com compromissos voluntários dos países. O livro traz críticas importantes: "O avanço do Acordo de Paris é ele existir, independentemente de ser bom ou ruim. Ele é ruim, na verdade, porque deixa tudo nas mãos dos países. Mas é um avanço político e geopolítico significativo". Esta crítica sobre a questão da governança planetária é certamente o problema principal do Acordo de Paris e um enorme desafio para as próximas décadas. Todos vivemos no mesmo planeta, não em países isolados uns dos outros. Portanto, um sistema de governança global terá que ser implantado, se quisermos um planeta com clima estável ao longo das próximas décadas e séculos.

Paulo Artaxo é professor titular e pesquisador do Instituto de Física da USP.

(Disponível em: https://revistapesquisa.fapesp.br/wp-content/uploads/2016/05/095_Resenhas.pdf. Acesso em: 24/4/2020.)

1 A resenha, assim como o resumo, é um texto produzido diretamente sobre outro texto.

a) Qual é o texto-base da resenha lida e qual é o assunto tratado por ele?

b) Qual é a finalidade da resenha lida?

2 Sabendo que Fapesp é a agência de fomento à pesquisa do Estado de São Paulo, responda:

a) Qual é a área de atuação do veículo no qual a resenha foi publicada?

b) Qual é a profissão do autor da resenha? Por que sua profissão e filiação institucional são explicitadas ao final do texto?

c) Levante hipóteses: A quem a resenha se destina?

3 No capítulo 42, você estudou a resenha da autobiografia de Michelle Obama, publicada em um *blog*. Comparando as duas resenhas, responda:

a) Qual é a semelhança em relação ao objeto resenhado?

b) Qual é a diferença entre os dois objetos resenhados?

c) Analise as afirmações a seguir sobre as duas resenhas lidas e assinale V para cada afirmação verdadeira e F para as afirmações falsas:

- Nos dois casos, a formação acadêmica dos autores das resenhas é essencial para legitimá-los como autores da resenha.
- Na resenha sobre a autobiografia de Michelle Obama, há trechos com uma linguagem mais informal, mais próxima do leitor, o que se relaciona ao veículo em que a resenha foi publicada e ao tipo de livro resenhado.
- O público leitor da resenha publicada no *blog* é amplo; já o público leitor da resenha publicada na *Revista Fapesp* é especializado e interessado em estudo e pesquisa.
- Assim como a resenha estudada anteriormente, a resenha publicada na *Revista Fapesp* tem um tom mais pessoal, pois ela foi escrita em 1ª pessoa.
- Ambas as resenhas estudadas empregam uma variedade linguística urbana de prestígio, que se aproxima da norma-padrão.

4 O livro resenhado por Paulo Artaxo apresenta uma divisão interna. Qual é ela? Como ela é apresentada na resenha?

5 Uma resenha sintetiza o conteúdo de outro texto e o avalia, posicionando-se a respeito do texto-base de maneira menos ou mais explícita.

a) Quais parágrafos apresentam o livro resenhado e seu autor?

b) Quais são os parágrafos em que o conteúdo do livro é resumido?

6 A avaliação do autor sobre o livro resenhado não se concentra em apenas um parágrafo; ela está distribuída ao longo do texto.

a) Logo no primeiro parágrafo, quais palavras e expressões apresentam uma avaliação do autor da resenha sobre o livro?

b) Identifique um trecho em que o autor avalia positivamente a obra.

c) Identifique um trecho em que o autor avalia negativamente a obra.

d) De maneira geral, o texto é mais elogioso ou crítico ao livro resenhado? Qual é o comentário de avaliação conclusivo do autor da resenha sobre o livro?

Lightspring/Shutterstock

7 Assim como no resumo, na resenha também é importante diferenciar a voz do autor da resenha da voz do autor do objeto resenhado. Encontre, no texto, expressões usadas pelo autor da resenha para explicitar a voz do autor do livro.

8 Numa resenha, o autor pode deixar clara sua posição a respeito do texto examinado. Releia este trecho da resenha:

> "Esta crítica sobre a questão da governança planetária é certamente o problema principal do Acordo de Paris e um enorme desafio para as próximas décadas."

a) Reescreva o trecho, retirando o advérbio *certamente* e trocando a forma verbal *é*, no presente do indicativo, pela forma verbal do futuro do pretérito, *seria*.

b) Qual das duas redações é mais assertiva, expressando claramente a posição do autor da resenha a respeito das escolhas da obra original? Justifique sua resposta com termos do texto.

9 Para avaliar o objeto resenhado, o autor da resenha pode se colocar no texto de maneira explícita, empregando expressões como *A meu ver*, *Eu acho que*, *Eu penso que*, *para mim*, etc., ou pode ser impessoal, o que acontece quando o autor se coloca de forma indireta, empregando recursos como a 3ª pessoa ou a 1ª pessoa do plural e a voz passiva.

a) Em que pessoa a resenha está escrita?

b) Com base nesses dados, pode-se dizer que a crítica em estudo tende à pessoalidade ou à impessoalidade?

c) Que trechos comprovam sua resposta?

10 Observe a linguagem utilizada na resenha em estudo.

a) Que variedade linguística foi empregada?

b) Em que tempo está a maioria das formas verbais empregadas no texto?

c) Qual é o efeito de sentido decorrente do uso desse tempo verbal?

11 Releia suas respostas dadas à questão 12 no capítulo 42, página 474, troque ideias com os colegas e responda: Que diferenças existem entre uma resenha comum e a resenha de um texto ou de uma obra científica?

Reprodução/Editora Avantis

Produzindo a resenha

No capítulo **Projeto**, você e seus colegas produzirão uma revista de divulgação científica e uma enciclopédia sobre saúde.

Além de conter resumos, a revista científica de vocês também será composta de resenhas de textos/obras que vocês recomendem — ou não — aos seus leitores. Para tanto, retome a área de conhecimento e o tema que você escolheu para pesquisar antes da produção do resumo. Busque mais um texto de divulgação científica com o mesmo tema e faça a sua resenha. Pode ser um livro, uma reportagem ou um artigo de revistas de divulgação científica, de cadernos de divulgação científica de jornais, palestras e aulas disponíveis na internet, etc.

Planejamento do texto

- Selecione o texto que será objeto da resenha.
- A resenha será publicada na revista de divulgação científica da classe. Pense no público para o qual vão escrever: estudantes, professores, funcionários e familiares dos alunos.
- Anote os dados técnicos do objeto cultural: título, autor(es), editora, data e outros dados que julgar importantes.
- Apresente o autor do texto.
- Faça também outras anotações que possam ajudar na descrição do objeto resenhado. Por exemplo, caso se trate de livro, anote trechos interessantes, pensando na possibilidade de citá-los.
- Com base nos dados coletados e sem perder de vista o público-alvo, escreva uma resenha que estimule o leitor a conhecer ou consumir o objeto analisado.
- Ao realizar a avaliação sobre o objeto resenhado, adote critérios técnicos e racionais (e não preferências pessoais).
- Procure ajustar a linguagem de seu texto ao suporte, ao perfil dos interlocutores e à situação.

Revisão e reescrita

Antes de finalizar a resenha e passá-la para o suporte final, releia seu texto, observando se ele:

- apresenta uma descrição do objeto cultural analisado e se destaca seus pontos positivos e/ou negativos;
- fornece parâmetros para que o leitor decida conhecer ou consumir o objeto analisado;
- emprega os verbos predominantemente no presente do indicativo;
- contém uma ficha técnica que identifica a obra;
- fundamenta-se em bases técnicas e não apenas em preferências pessoais;
- utiliza linguagem adequada ao gênero, ao veículo e ao público em vista.

Faça as alterações necessárias e guarde as resenhas para preparação dos textos de divulgação científica que serão produzidos nos próximos capítulos.

CAPÍTULO 59

O seminário

Trabalhando o gênero

Monkey Business Images/Shutterstock

Nos meios escolares, acadêmicos, científicos e técnicos, são comuns as situações em que uma pessoa ou um grupo de pessoas desenvolvem uma pesquisa e apresentam os resultados a um público. O texto produzido nessa situação, oral e publicamente, é chamado de **seminário** e, tal como o texto de apresentação científica, o relatório, o texto didático, a mesa-redonda, isto é, gêneros que se prestam à transmissão de saberes historicamente construídos pela humanidade, pertence à família dos **gêneros expositivos**.

Como o seminário é um gênero oral, só se realiza plenamente quando é apresentado em uma situação concreta de interação. Neste capítulo, você vai trabalhar o gênero seminário, participando diretamente de um.

Este capítulo favorece o desenvolvimento das habilidades

EM13LGG103
EM13LGG104
EM13LGG201
EM13LGG301
EM13LGG302
EM13LGG402
EM13LGG704
EM13LP01
EM13LP02
EM13LP06
EM13LP12
EM13LP15
EM13LP16
EM13LP28
EM13LP29
EM13LP30
EM13LP31
EM13LP34
EM13LP35

Produzindo o seminário

Planejamento e preparação de um seminário

Para a produção de um seminário, é necessária uma organização prévia, que envolve várias etapas.

Pesquisa, tomada de notas e produção de roteiro

Como a finalidade do seminário é transmitir para os ouvintes conhecimentos sobre o assunto pesquisado, o apresentador deve se colocar na posição de um especialista. Isso quer dizer que ele deve demonstrar conhecer o tema mais do que os ouvintes, pois é essa condição que lhe confere autoridade para discorrer sobre o assunto com segurança.

Para conquistar a condição de especialista no assunto e ganhar respeito do público, o apresentador deve adotar os seguintes procedimentos:

1. Pesquisar em bibliotecas, na internet e em plataformas de *streaming* quais livros, jornais, revistas especializadas, enciclopédias, vídeos, etc. poderão servir de fontes de informação sobre o tema.
2. Tomar notas, resumir ou reproduzir textos verbais e não verbais que possam ser úteis. Esse trabalho tem em vista a produção de um roteiro próprio do apresentador e consiste em anotar dados históricos ou estatísticos, citações, comparações, exemplos, etc.

YanLev/Shutterstock

A pesquisa é uma etapa fundamental para a produção de um seminário.

3. Selecionar e organizar as informações, tendo em vista os passos da exposição:
   - como introduzir, desenvolver e concluir a exposição;
   - quais subtemas serão abordados no desenvolvimento;
   - quais exemplos ou apoios (gráficos, dados estatísticos) serão utilizados para fundamentar a exposição;
   - que materiais e recursos audiovisuais (cartazes, apostilas, lousa, retroprojetor, *datashow*, microfone, etc.) serão necessários.

   Nesse planejamento, devem ser levadas em conta as características do público-alvo, como faixa etária, interesse, expectativas e conhecimentos prévios em relação ao tema abordado, etc. Convém planejar um encaminhamento motivador para a exposição, como intercalar o uso da voz com o uso de recursos audiovisuais.
4. Redigir um **roteiro** que permita visualizar não apenas o conjunto das informações que serão apresentadas, mas também a sequência em que isso vai ocorrer. Esse roteiro deve conter algumas informações-chave que orientem o pensamento do apresentador durante a exposição, indicações de recursos audiovisuais, se for o caso, textos de autoridades ou especialistas que serão citados pelo apresentador, etc. Atenção: o roteiro não deve ser lido integralmente durante o seminário. Antes da exposição, ele serve para organizar as ideias do apresentador; durante a exposição, serve de apoio para que o apresentador se lembre de informações e tópicos básicos, além do andamento da apresentação.

Como apresentar um seminário

Durante a exposição, podem ocorrer fatos não previstos. Por exemplo, o público pode não compreender bem o conteúdo da exposição; um aparelho audiovisual pode não funcionar; um integrante do grupo pode faltar ou ficar nervoso e esquecer o texto; uma cartolina pode cair da parede; etc. Por isso, é preciso estar atento a vários aspectos simultaneamente e, de acordo com a necessidade, introduzir modificações e improvisar soluções a fim de alcançar o melhor resultado possível.

ColorBlind Images/Getty Images

A seguir, relacionamos alguns dos aspectos que devem ser observados.

Sequência e andamento da exposição

1. Abertura: alguém (geralmente o professor) faz uma breve apresentação inicial e dá a palavra ao apresentador. Para isso, usa frases como "Vocês agora vão assistir ao seminário preparado por fulano...".
2. Tomada da palavra e cumprimentos: o apresentador deve, primeiramente, colocar-se à frente da plateia e cumprimentá-la, tomando a palavra.
3. Apresentação do tema: o apresentador diz qual é o tema, fala da importância de abordá-lo nos dias de hoje, esclarece o ponto de vista sob o qual irá abordá-lo e, no caso de se tratar de um tema amplo, delimita-o, isto é, indica qual aspecto dele será enfocado. Por exemplo, se o tema é a poluição do meio ambiente, a delimitação pode consistir em enfocar apenas a poluição dos rios. Esse momento do seminário tem em vista despertar na plateia curiosidade sobre o tema.
4. Exposição: o apresentador segue o roteiro traçado, expondo cada uma das partes, sem atropelos. Ao término de cada uma, deve perguntar se alguém quer fazer alguma pergunta ou se pode ir adiante. Na passagem de uma parte para a outra, deve dar a entender que não há ruptura, e sim uma ampliação do tema. Para isso, deve fazer uso de certos recursos linguísticos, como "Outro aspecto que vamos abordar...", "Se há esses aspectos negativos, vamos ver agora os aspectos positivos...".
5. Conclusão e encerramento: o apresentador retoma os principais pontos abordados, fazendo uma síntese deles; se quiser, pode mencionar aspectos do tema que merecem ser aprofundados em outro seminário; pode também deixar uma mensagem final, algo que traduza o seu pensamento ou o pensamento do grupo ou de um autor especial. No final, agradece a atenção do público e passa a palavra a outra pessoa.
6. Tempo: o apresentador deve estar atento ao tempo previsto e, de acordo com o andamento do seminário, ser capaz de introduzir ou eliminar exemplos e aspectos secundários, caso haja necessidade, a fim de se ajustar ao tempo estipulado.

Postura do apresentador

1. O apresentador deve preferencialmente falar em pé, com o roteiro nas mãos, olhando para todo o público. Sua presença deve expressar segurança e confiança.
2. A fala do apresentador deve ser alta, clara, bem-articulada, com palavras bem pronunciadas e variações de entonação, a fim de que a exposição não fique monótona.
3. Ao olhar para o roteiro, o apresentador deve fazê-lo de modo rápido e sutil, sem que seja necessário interromper o fluxo da fala ou do pensamento. Além disso, ao olhar o roteiro, não deve abaixar demasiadamente a cabeça, a fim de que a voz não se volte para o chão. O roteiro deve ser rapidamente olhado, e não lido (a não ser no caso de leitura de uma citação), pois tal procedimento geralmente torna a exposição enfadonha.
4. O apresentador nunca deve falar de costas para a plateia, mesmo que esteja escrevendo na lousa ou trocando *slides* ou transparência no projetor. Nessas situações, deve ficar de lado e falar com a cabeça virada na direção do público, a fim de que sua voz seja ouvida por todos.
5. O apresentador deve se mostrar simpático ao público e receptivo a participações da plateia.

Linguagem

Nos seminários, predominam variedades urbanas de prestígio, com construções que se aproximam da norma-padrão da língua, embora possa haver maior ou menor grau de formalidade, dependendo da intimidade entre os interlocutores. Assim:

1. O apresentador deve evitar certos hábitos da linguagem oral, como a repetição constante de expressões como *tipo*, *né?*, *tá?* e *ahnn...*, pois elas prejudicam a fluência da exposição.
2. O apresentador deve estar atento ao emprego de vocábulos e conceitos específicos da área pesquisada e explicar ao público seu significado sempre que houver necessidade.
3. Durante a exposição, o apresentador deve fazer uso de *expressões de reformulação*, isto é, aquelas que permitem explicar de outra forma uma palavra, um conceito ou uma ideia complexa. As mais comuns são: *isto é*, *quer dizer*, *como*, *por exemplo*, *em outras palavras*, *vocês sabem o que é isso?*. Deve também fazer uso de expressões que confiram *continuidade* ao texto, como *além disso*, *por outro lado*, *outro aspecto*, *apesar disso*, etc.

Ferramentas de apoio

Nos seminários, é comum a utilização de ferramentas de apoio a apresentações orais (leia o boxe ao lado). Ao planejar o seminário, prepare os recursos que serão utilizados como suporte, tais como:

- cartazes;
- transparências para retroprojetor;
- *slides* a serem apresentados com *datashow*;
- trechos de vídeos ou áudios variados.

Os recursos a serem utilizados devem ser elaborados considerando-se sua boa visualização por parte do público: em um cartaz ou em *slides*, textos escritos devem ser breves e topicalizados; imagens, gráficos, tabelas, formas e elementos gráficos devem estar em tamanho suficiente para a visualização do público e dispostos de uma maneira organizada, relacionada ao conteúdo da fala e à ordem da apresentação.

Enriquecendo o seminário com recursos audiovisuais

A principal linguagem de um seminário é a verbal. Contudo, o uso de recursos audiovisuais, como cartazes, transparências em retroprojetor, filmes, *slides*, *datashow*, etc., pode tornar o seminário mais agradável ou facilitar a transmissão de um volume maior de informações.

Alexander A. Kataytsev/Shutterstock

O uso desses recursos exige, porém, certos cuidados:

1. O equipamento deve ser testado previamente, para prevenir a ocorrência de falhas técnicas durante a exposição.
2. O apresentador deve lembrar que tais recursos têm a finalidade de servir de apoio à exposição oral e, portanto, não a substituem. Assim, ao fazer uso de um PowerPoint, por exemplo, ele deve aproveitá-lo para reunir ou esquematizar as informações que vem apresentando, em vez de simplesmente ler o que está escrito nele.

A alternância de exposição oral com uso de recursos audiovisuais geralmente dá leveza a um seminário.

Como apresentar um seminário em grupo

Além das orientações dadas anteriormente, a exposição em grupo exige atenção quanto a mais alguns aspectos específicos.

E+/Getty Images

Seminário em grupo.

1. Cada integrante do grupo pode ficar responsável pela apresentação de uma das partes do seminário. Entretanto, entre a exposição de um participante e a de outro deve haver coesão, isto é, não pode haver contradição entre as exposições nem ficar a impressão de que uma fala é independente de outra. Cada exposição deve retomar o que já foi desenvolvido e acrescentar, ampliar. Além disso, devem ser empregados elementos linguísticos de coesão, como "*Além* das causas que fulano comentou, *vejamos agora* outras causas menos conhecidas...", "Vocês viram as consequências desse problema no meio urbano; *agora*, vão conhecer as consequências do mesmo problema no meio rural...".
2. O grupo todo deve se "especializar" no assunto em foco. Além de conferir maior segurança às exposições individuais, isso permite também que todos respondam com tranquilidade a qualquer pergunta feita pelo público.
3. Devem ser evitadas atitudes que desviem a atenção do apresentador, como conversas entre os membros do grupo, conversas entre um membro do grupo e uma pessoa da plateia, movimentos, ruídos ou brincadeiras que atrapalhem a exposição. Não há obrigatoriedade de que todos fiquem em pé enquanto um dos integrantes do grupo faz sua apresentação.
4. Enquanto um dos apresentadores expõe, os outros podem contribuir manuseando os equipamentos (transparências, vídeo), trocando cartazes, apagando a lousa ou simplesmente ouvindo.

Propostas para a produção de seminários

A alimentação está diretamente relacionada à saúde. Contudo, o que pode ser considerado alimentação saudável hoje em dia não está claro: a cada nova dieta da moda, alguns alimentos são banidos e outros, exaltados. Novos produtos alimentícios sem lactose, sem glúten, *diet* ou *light* enchem as prateleiras dos mercados. Além do debate sobre o que faz bem à saúde, a alimentação também é uma prática cultural, social e histórica (sociedades de diferentes locais, com recursos desiguais e em diferentes épocas se alimentam diferentemente). Outro fator relacionado à produção e ao consumo de alimentos central na atualidade é a preservação do meio ambiente: nossa saúde está conectada à saúde do planeta. Muitas questões para pensar antes da primeira mordida. Por isso, a classe pode organizar seminários com temas relacionados à saúde e à alimentação, abarcando os variados aspectos do assunto.

Para começar, leia o painel de textos a seguir.

Carlos Monteiro: "Não podemos nos informar sobre ultraprocessados pela publicidade"

Em entrevista à GALILEU, o professor da USP fala sobre os impactos à saúde e ao meio ambiente dos alimentos ultraprocessados, tema de sua nova pesquisa, que busca 200 mil voluntários

LARISSA LOPES

18 FEV 2020 — 19H18 ATUALIZADO EM 06 MAR 2020 — 11H40

Há uma década, um novo conceito alimentar tem gerado discussões acerca de seus impactos na **saúde** e no **meio ambiente**: os **alimentos ultraprocessados**. Com um espaço cada vez maior no **cardápio do brasileiro**, eles se tornaram objeto de estudo de Carlos Monteiro, médico e professor titular do Departamento de Nutrição (NUPENS) da Faculdade de Saúde Pública da Universidade de São Paulo (USP).

[...]

Em entrevista à **GALILEU** durante o evento FRUTO, que aconteceu em São Paulo no último dia 24 de janeiro, o professor da USP explica por que devemos evitar esse tipo de alimento e fala sobre como podemos nos tornar mais conscientes sobre a nossa **alimentação**. Confira:

Como surgiu a ideia de criar uma nova classificação alimentar, que também leva em consideração seu propósito de processamento?

A classificação NOVA foi proposta em 2019 pelo Nupens, porque o sistema alimentar tem sofrido muitas mudanças. De alguma forma, a maior parte dos alimentos que consumimos são processados. Isso se deve ao surgimento de grandes corporações na área de alimentos que, graças à tecnologia e à **globalização da economia**, modificaram a natureza do processamento deles.

No Nupens, começamos a perceber que uma parte dos alimentos processados era muito diferente de outros, os ultraprocessados, embora essa diferença não parecesse ser percebida pelo **consumidor**. Uma das distinções entre os dois é que os alimentos ultraprocessados não são feitos com base em um alimento integral, como os processados. Eles constituem um grupo de produtos que não têm um alimento importante em sua receita, mas sim ingredientes como o **açúcar**, o óleo, os **carboidratos**, as fibras, as **proteínas** e os **aditivos**. Por isso percebemos a necessidade de caracterizar este grupo de alimentos e separá-lo dos demais.

Primeiro, estávamos estudando esse processo aqui no Brasil, depois, vimos que o mesmo está acontecendo no mundo todo também. Há umas quatro décadas, ele já tinha acontecido de forma muito intensa nos Estados Unidos.

[...]

A partir de que momento a indústria passou a extrapolar da produção de ultraprocessados?

Africa Studio/Shutterstock

A indústria de aromatizantes foi fundamental. Hoje, ela tem mais de 2 mil aromas — de qualquer coisa que você imaginar —, permitindo que a indústria reúna ingredientes baratos como carboidratos, proteínas e gorduras. Toda a parte sensorial dele é obtida com os aditivos. Eu diria que esse grande salto dos alimentos ultraprocessados se deu com o avanço da tecnologia de alimentos e, em particular, com o desenvolvimento dessa indústria de aditivos e aromatizantes que é altamente sofisticada.

Com a substituição do ingrediente principal pelo aroma, seja de pistache ou amêndoas, por exemplo, você reduz o custo da produção do seu produto. Outro ponto importante é a globalização da economia, que permitiu a criação de commodities, como o óleo de palma, e alimenta toda uma industrialização da agricultura que prejudica o **meio ambiente**.

Eu diria que os ultraprocessados surgem com o avanço da **tecnologia** dos alimentos, sobretudo os aditivos; a globalização da economia, que permitiu a compra de ingredientes ultraprocessados a preços muito baixos; e toda a globalização das vendas. Isso tornou os ultraprocessados extremamente lucrativos e competitivos. Todas essas variáveis — e a falta de política regulatória — explicam por que o consumo de alimentos ultraprocessados é cada vez maior.

Quais consequências do consumo de ultraprocessados já foram observadas na nossa saúde?

Tudo o que você encontra no ultraprocessado é favorável à obesidade: baixa saciedade, poucos nutrientes, poucas proteínas. As pessoas comem mais porque não encontram os compostos necessários para se satisfazer. Além da composição, a palatabilidade, a propaganda e o preço também influenciam numa maior taxa de **obesidade** e, com isso, há uma série de doenças relacionadas, como diabetes, vários **tipos de câncer**, **artrite**, **hipertensão** e síndrome metabólica.

Precisamos de mais pesquisas sobre o assunto, que é recente [*o conceito de ultraprocessados surgiu há cerca de uma década*], mas as que temos já são suficientes para que sejam feitas políticas de redução do consumo desses alimentos ultraprocessados.

O que as pessoas podem fazer individualmente até que políticas regulatórias sejam instituídas?

Não podemos nos informar sobre os ultraprocessados pela propaganda, que infelizmente é [a] única fonte de informação para muitas pessoas. É necessário encontrar novas **fontes de informação** e, com isso, dedicar mais tempo pensando no que ela vai comer, em qual é a importância de ela fazer esse tipo de escolha, além de questionar, por exemplo, quem produziu o alimento. "Consumindo esse alimento eu estou estimulando quem? Eu estou **gerando emprego**? Eu estou gerando distribuição ou **concentração de renda**? O produtor está agravando as questões ambientais?"

As pessoas precisam se conscientizar sobre o mundo em que vivem hoje. O sistema alimentar também mudou, não é mais o mesmo da geração de seus avós e bisavôs. Com o Guia Alimentar, que é uma via de informação, procuramos empoderar as pessoas para que elas possam fazer **escolhas mais saudáveis**.

O que há de particular na situação brasileira?

O que é interessante é que, no caso do Brasil, você tem dois sistemas alimentares convivendo juntos. Além da indústria dos ultraprocessados, ainda temos **agricultores** produzindo arroz, feijão, hortaliças; e produtores fazendo queijo, **pão** e conservas simplesmente processadas.

[...]

(Disponível em: https://revistagalileu.globo.com/Ciencia/Saude/noticia/2020/02/carlos-monteiro-nao-podemos-nos-informar-sobre-ultraprocessados-pela-publicidade.html. Acesso em: 4/5/2020.)

(Disponível em: https://www.wwf.org.br/informacoes/bliblioteca/agricultura_e_meio_ambiente/?uNewsID=59882#. Acesso em: 4/5/2020.)

Como era nossa alimentação há 100 anos?

Era mais difícil consumir alimentos frescos e, sem a geladeira, as formas de conserva não eram nada saudáveis

Por **Vinícius Giba**

Um trabalho a menos

As prateleiras dos mercadinhos tinham menos opções que hoje. Mas a Revolução Industrial já havia se consolidado e disseminado alguns "produtos intermediários": aqueles processados, mas ainda não prontos para o consumo ou que apenas integram outras receitas. Era o caso do leite em pó, do leite condensado, do açúcar e dos enlatados. Ninguém mais precisava moer farinha em casa!

Variando o cardápio

A Revolução Industrial também aumentou a produção, aperfeiçoou a conservação e facilitou o transporte da comida. Ou seja: nunca houve tanto alimento circulando pelo mundo. Navios rápidos e refrigerados, por exemplo, permitiram a exportação de frutas tropicais e carnes da América do Sul para a do Norte e Europa. O interior do Brasil começou a consumir peixes marinhos frescos.

Mais saudável? Que nada!

É claro que não havia fast-foods, preservantes químicos e bobagens pré-prontas. Mas, por outro lado, era comum fritar com banha animal, que é gordura pura. Carnes eram guardadas no sal ou no óleo, péssimos para o coração e circulação. A contaminação por doenças era comum. A ciência ainda não sabia muito sobre vitaminas ou os efeitos da comida sobre nossa saúde.

Raspando o prato

Até a popularização da geladeira, a partir dos anos 50, conservar a comida em casa era um problemão. Era mais difícil consumir alimentos frescos — rolavam mais legumes enlatados e leite sob forma de queijo e iogurte, por exemplo. Também para evitar o desperdício, era comum comer tudo que fosse posto à mesa, criando refeições mais calóricas e menos balanceadas.

E como será daqui a 100 anos?

Carnívoros, chorem

Criar gado exige espaço, água e ração (que, por sua vez, demanda ainda mais espaço e água). Como nada disso será abundante no futuro, esse alimento será cada vez mais caro. Uma alternativa será a carne desenvolvida em laboratório. Ela é 100% natural, apenas cresce fora da vaca. A tecnologia já existe, mas é dispendiosa: o primeiro hambúrguer feito desse material custou cerca de R$ 770 mil.

Mato do mar

A pesca nos oceanos chegou ao limite de produção em 2004. A solução deve ser a aquacultura, que permite criar peixes, moluscos e crustáceos tanto no alto-mar como em viveiros em terra firme. Algas serão muito produzidas: além de alimento, servem para fazer ração, biocombustíveis e plásticos. Nosso menu também passará a incluir bizarrices como o pepino-do-mar.

Gafanhoto à milanesa

Em algumas culturas, insetos já são comida. No futuro, todos teremos que encará-los dessa maneira. Faz sentido: enquanto 10 kg de ração geram só 1 kg de carne bovina, a mesma quantidade gera 8 kg de carne de insetos. Não precisa ficar com nojo. Eles poderão ser consumidos na forma de uma farinha rica em proteína ou de carne processada, como os atuais nuggets de frango.

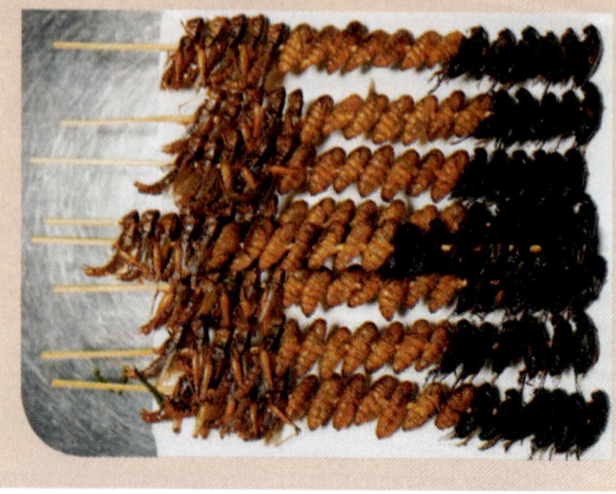

Guidemiu/Shutterstock

Salada de DNA

Atualmente, cultivamos só 7 mil tipos de vegetais, mas pesquisas indicam que há mais de 125 mil espécies comestíveis. Certamente abriremos espaço para elas no nosso cardápio — especialmente se forem mais nutritivas ou fáceis de plantar. É possível até que nós mesmos as criemos, com intervenções genéticas. Os alimentos transgênicos serão mais seguros e perderão a má fama que têm atualmente.

Horta em casa

O aquecimento global será uma pedra no sapato. Mas terá ao menos um aspecto positivo: as mudanças no clima permitirão plantações de certas espécies em áreas antes consideradas inadequadas. E, como o combustível para transporte ficará cada vez mais caro, o cultivo migrará da zona rural para as grandes cidades, em estufas privadas, em grandes prédios-fazenda ou no telhado das casas.

(Disponível em: https://super.abril.com.br/mundo-estranho/como-era-nossa-alimentacao-ha-100-anos/. Acesso em: 4/5/2020.)

Sugestão: Assista a um episódio da série *Viva sem veneno*.

Viva Sem Veneno/https://www.vivasemveneno.com.br/

Episódio 4 – "Comer é um ato político". *Websérie Viva Sem Veneno*. (Disponível em: https://www.youtube.com/watch?v=YsAmoaWbABg. Acesso em: 4/5/2020.)

Reúna-se com seus colegas de grupo e, com a orientação do professor, escolham o tema para a realização de um seminário. Apresentamos a seguir algumas sugestões de temas, mas, se preferirem, poderão pensar em outros que se relacionem com o assunto alimentação e saúde.

- Doenças relacionadas com a má alimentação: bulimia, anorexia, hipertensão, colesterol alto, diabetes, etc.
- Hábitos alimentares e preservação do planeta.
- Agrotóxicos: são realmente necessários à produção de alimentos para a população?
- A televisão e os alimentos processados e ultraprocessados.
- Alimentação pelo mundo: quais são os diferentes hábitos alimentares em diferentes culturas?

Sugestões de fontes de pesquisa sobre alimentação

Revistas

- *Saúde* e *Boa Forma*, publicadas pela Editora Abril.

Livros

- *O peso das dietas — emagreça de forma sustentável dizendo não às dietas!*, de Sophie Deram (Sextante).
- *Em defesa da comida*, de Michael Pollan (Intrínseca).
- *A natureza cura — Segredos para conservação e recuperação da saúde*, de Juan Alfonso Yépez (Vozes).
- *100 receitas de saúde — Segredos da dieta perfeita*, de Anna Selby (Publifolha).
- *A alimentação que previne doenças*, de Jocelem Mastrodi Salgado (Madras).
- *Alimentação natural*, de Jane Gould (Gaia).
- *A arte da cura pela alimentação*, de Gilberto Pereira (Mauad).

Sites

- https://www.sophiederam.com/br/blog/
- http://www.fsp.usp.br/nupens/
- https://drauziovarella.uol.com.br/
- https://www.panelinha.com.br/blog/alimentacaosaudavel

Dividam as tarefas para a realização da pesquisa. Coletem materiais, reúnam-se e discutam a produção do roteiro para um seminário em grupo. Depois, de acordo com as orientações fornecidas no item "Como apresentar um seminário em grupo", exponham para a classe o resultado da pesquisa.

Preparação da sala e dos recursos

No dia combinado para a apresentação do seminário, preparem o local com antecedência: iluminação, disposição das cadeiras e dos recursos audiovisuais. Organizem e disponham sobre a mesa os materiais que serão utilizados durante a exposição. Procurem servir-se de modo equilibrado e harmônico dos recursos audiovisuais disponíveis, como cartazes, transparências para retroprojetor, filmes, músicas, *slides*, *datashow*, a fim de tornar o evento mais agradável e facilitar a transmissão de um volume grande de informações.

Filmando o seminário

Se possível, filmem o seminário para que, posteriormente, todos possam assistir a algumas partes dele ou a ele todo, a fim de observar aspectos positivos e negativos e aprimorar um próximo seminário.

Revisão e avaliação dos seminários

Depois da apresentação, os seminários devem ser revistos e avaliados, levando-se em conta aspectos como os apontados no quadro abaixo. Caso os seminários sejam filmados, convém assistir a alguns trechos deles para confirmar impressões ou tirar dúvidas. E, com base nas observações feitas, estabelecer metas e compromissos com vistas à realização de um próximo seminário.

Critérios para a avaliação do seminário				
Posicionamento do apresentador	**Fala e voz**	**Linguagem**	**Olhar**	**Tempo**
Verifique se o apresentador: • falou em pé, com o roteiro nas mãos; • demonstrou domínio do conteúdo; • nunca deu as costas ao público ao usar os recursos audiovisuais; • ficou bem posicionado e movimentou-se entre o público (se possível).	Verifique se o apresentador: • falou alto e claro e variou a entonação, evitando monotonia; • explorou pausas e velocidade em determinadas falas para ressaltar pontos importantes.	Verifique se o apresentador: • utilizou uma variedade de acordo com a norma-padrão, com grau de formalidade adequado ao perfil dos interlocutores; • evitou palavras de baixo calão, gírias e expressões da linguagem oral; • empregou e explicou adequadamente vocábulos e conceitos específicos da área pesquisada; • fez uso de expressões de reformulação, isto é, aquelas que permitem explicar de outra forma uma palavra, um conceito, uma ideia complexa.	Verifique se o apresentador: • olhou para o público, observando reações positivas e negativas; • olhou para todas as pessoas uniformemente, sem privilegiar um único interlocutor; • usou adequadamente o roteiro, fazendo consultas rápidas, sem interromper o pensamento e sem abaixar o tom da voz.	Verifique se o apresentador: • controlou e organizou bem o tempo, sendo capaz de ajustar a exposição ao tempo estipulado.

CAPÍTULO

60

Artigo de divulgação científica e verbete de enciclopédia colaborativa

Artigo de divulgação científica

Trabalhando o gênero

Leia o texto a seguir.

Este capítulo favorece o desenvolvimento das habilidades

EM13LGG103
EM13LGG104
EM13LGG201
EM13LGG301
EM13LGG402
EM13LGG701
EM13LGG703
EM13LGG704
EM13LP01
EM13LP02
EM13LP04
EM13LP05
EM13LP06
EM13LP10
EM13LP11
EM13LP15
EM13LP16
EM13LP18
EM13LP27
EM13LP28
EM13LP29
EM13LP30
EM13LP31
EF13LP34

Poluição e demência | Artigo

Drauzio Varella

A relação entre poluição e demência fica cada vez mais bem estabelecida.

aslysun/Shutterstock

Quanto mais velhos ficamos, maior o risco de declínio cognitivo. A perda progressiva de memória pode chegar ao ponto de não reconhecermos pessoas queridas, a casa em que vivemos e o mundo que nos cerca, e de perdermos a noção de quem somos, incapacidades que nos roubam a condição humana.

Como a faixa etária que mais cresce na população do Brasil e de muitos países é a que está acima dos sessenta anos, o número de pessoas com demência aumenta sem parar. Começa a ficar difícil encontrar uma família que não tenha um caso.

Os fatores que aumentam o risco de demência têm sido muito estudados. Embora sobrem dúvidas e detalhes obscuros, os mais importantes parecem ser as propensões genéticas, a falta de escolaridade, os traumatismos, os acidentes vasculares cerebrais, a vida sedentária e o fumo.

Há farta literatura a demonstrar que a inalação de partículas finas e ultrafinas aumenta a incidência de asma, câncer de pulmão e doenças cardiovasculares. Estudos recentes, no entanto, levantam a suspeita de que possa também acelerar o declínio cognitivo.

Com os equipamentos modernos conseguimos detectar no ambiente até partículas ultrafinas, 200 vezes menores do que um fio de cabelo. Com eles, é possível calcular as concentrações de sulfato, nitrato, amônia, carbono e metais pesados no ar das cidades. Esse particulado ultrafino cai na categoria dos poluentes classificados como PM2,5.

Níveis altos de partículas PM2,5 nos tecidos humanos provocam estresse oxidativo, caracterizado pela produção de substâncias quimicamente ativas — como os peróxidos — que podem danificar o DNA e outras estruturas celulares.

A primeira suspeita de que a poluição seria fator de risco para demência veio quando Lilian Garcidueñas mostrou que cachorros idosos das áreas mais poluídas da Cidade do México apresentavam perda de memória, desorientação e dificuldade para reconhecer seus donos.

Nas autópsias, a neurocientista encontrou no tecido cerebral placas da proteína beta-amiloide, as mesmas da doença de Alzheimer.

Achados semelhantes foram documentados em cérebros de ratos mantidos em ambientes poluídos: maior número de placas, atrofia de neurônios e perda de sinapses.

Um grupo da Universidade da Carolina do Sul acaba de publicar uma pesquisa em que os participantes foram acompanhados durante 11 anos. As mulheres mais velhas que moravam em lugares nos quais os índices de poluição eram mais altos do que o limite máximo estabelecido pela EPA — a agência de proteção ambiental — apresentaram o dobro do número de casos de demência.

Se esses dados puderem ser extrapolados para o restante da população americana, a poluição seria responsável por 21% dos diagnósticos da doença.

Em artigo publicado na revista "The Lancet", pesquisadores da Universidade de Toronto acompanharam 6,6 milhões de habitantes da província de Ontário. Os que viviam a menos de 50 metros de grandes rodovias apresentaram risco de demência 21% mais elevado do que aqueles com casas a mais de 200 metros.

Os dados mostraram que residências a menos de 50 metros de uma rodovia expõem os moradores a concentrações de poluentes 10 vezes maiores do que aquelas a 150 metros de distância.

Um inquérito realizado entre 19 mil enfermeiras americanas aposentadas confirmou que, quanto maior a concentração de partículas PM2,5 na vizinhança, mais rápido o declínio cognitivo. Para cada aumento de 10 microgramas dessas partículas por metro cúbico de ar, a performance nos testes de atenção e memória declinou como se as participantes fossem dois anos mais velhas.

Fatores genéticos podem proteger ou aumentar o risco de demência. Portadores do gene APOE4 — ligado ao risco de Alzheimer — são especialmente sensíveis aos ambientes poluídos.

Segundo a Organização Mundial da Saúde, o fumo é responsável por cerca de 14% dos casos de Alzheimer. Vários especialistas têm se dedicado a estudar de que forma a poluição potencializa os efeitos das partículas ultrafinas suspensas na fumaça do cigarro.

Um dos pesquisadores com mais experiência nesse campo, Caleb Finch, afirma: "A poluição do ar deve ser entendida como a fumaça do cigarro: não existe limite de segurança".

Drauzio Varella é médico cancerologista e escritor. Foi um dos pioneiros no tratamento da aids no Brasil. Entre seus livros de maior sucesso estão Estação Carandiru, Por um Fio e O Médico Doente.

Caio Rocha/Fotoarena

O médico Drauzio Varella.

(Disponível em: ttps://drauziovarella.uol.com.br/drauzio/artigos/poluicao-e-demencia-artigo/. Acesso em: 19/5/2020.)

1 O texto lido é um artigo de divulgação científica. Releia o título e o subtítulo e responda:

a) Qual é o assunto tratado no texto?

b) A relação abordada no artigo é um consenso científico antigo ou é uma descoberta recente? Que expressão comprova sua resposta?

2 Sobre o artigo de divulgação científica lido, responda:

a) Qual é a principal finalidade do texto: expor um conteúdo científico de forma clara e objetiva ou persuadir o leitor, levando-o a adotar o ponto de vista do autor?

b) Quem é o autor? Qual é a sua área de atuação?

c) Por que, ao final do artigo, há detalhamentos sobre a vida profissional do autor?

3 No 1º parágrafo, o autor explica o que é demência.

a) Qual expressão é usada como sinônimo de demência?

b) Como o autor explica no segundo período do 1º parágrafo o que é demência?

4 Qual é a estratégia utilizada pelo autor, no 2º parágrafo, para mostrar a relevância do tema tratado no texto?

5 No 3º e no 4º parágrafo, o autor aborda as causas da demência e doenças relacionadas à poluição do ar. Como ele aproxima os dois elementos da relação proposta no artigo?

6 Releia as seguintes expressões usadas no texto:

DNA / Alzheimer / sinapses / PM2,5 / estresse oxidativo / proteína beta-amiloide / EPA / gene APOE4

a) Os termos empregados são especializados ou são utilizados cotidianamente em conversas comuns?

b) De que área do conhecimento são os termos destacados?

c) Alguns desses termos são definidos no próprio texto e outros não. Troque ideias com os colegas e o professor e levante hipóteses: Por que isso ocorre?

d) Explique o sentido de cada um desses termos, com base no artigo em estudo.

e) Considerando suas respostas às questões anteriores, responda: Quem é o público leitor do texto: apenas especialistas da área de saúde ou leitores em geral?

7 A estrutura de um artigo de divulgação científica não é rígida, pois depende do assunto e de outros fatores da situação, como: quem produz o texto, para quem, com que finalidade. Apesar disso, normalmente o autor apresenta uma ideia principal ou tese, isto é, um conceito ou um ponto de vista sobre um conceito, e procura fundamentá-lo com provas ou evidências, isto é, exemplos, comparações, resultados de experiências, dados estatísticos, relações de causa e efeito, etc. No artigo "Poluição e demência": Qual é a frase do 4º parágrafo que explicita a ideia principal do texto?

8 Para provar a relação entre a poluição e o desenvolvimento de perdas cognitivas, como a perda da memória, o autor cita vozes de outro autores e instituições como estratégia argumentativa.

a) Identifique trechos em que o autor cita:

- vozes de cientistas;
- vozes de instituições renomadas na área;
- nomes de publicações científicas.

b) Identifique verbos e expressões que diferenciam a voz do autor do texto das vozes citadas. Em seguida, indique qual sinal gráfico é usado para citar diretamente vozes diferentes da do autor do texto.

c) Você estudou no capítulo 58 o gênero resumo e as estratégias de sumarização. Levante hipóteses: Quais são os outros textos que Drauzio Varella leu e sumarizou?

9 O autor também utiliza como estratégia argumentativa a citação de dados numéricos para provar a relação entre poluição e demência. Identifique em que parágrafos esses dados são utilizados e responda: Qual é o efeito de sentido construído pelo emprego desses dados?

10 Observe a imagem que acompanha o texto.

a) Que relação ela estabelece com o conteúdo abordado?

b) A escolha dessa imagem dá destaque a qual elemento da discussão?

c) Identifique com que partes do texto se relaciona cada imagem a seguir.

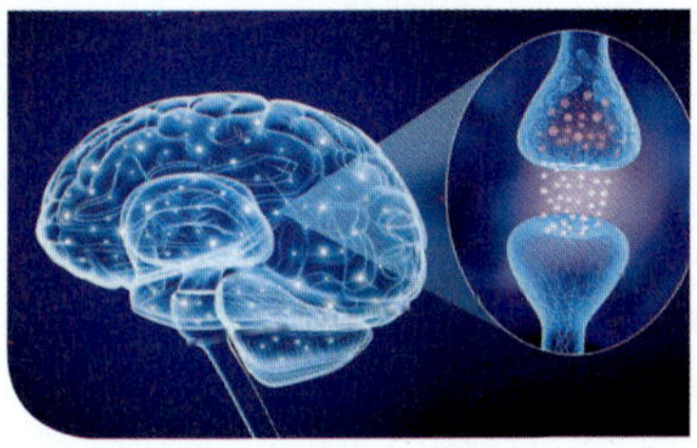
Alex Mit/Shutterstock

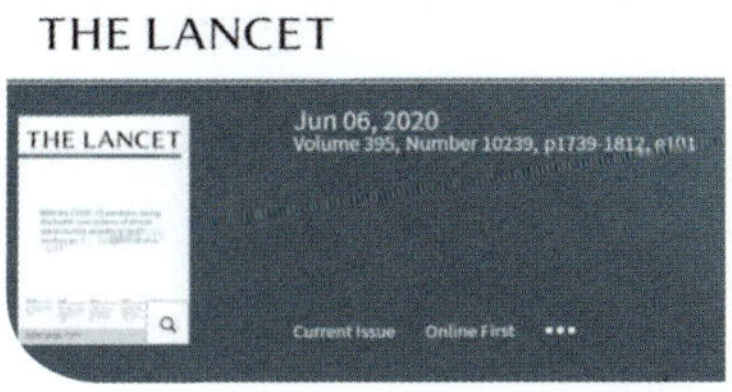

Reprodução/https://www.thelancet.com/

bonandbon/Shutterstock

d) Troque ideias com os colegas e o professor: Quais outras imagens poderiam ser utilizadas no texto e quais partes ganhariam destaque em cada caso?

11 Observe a linguagem empregada no texto e responda:

a) Que tempo e modo verbais predominam quando a voz é do autor do artigo?

b) Que tempo e modo verbais predominam quando o autor relata estudos e pesquisas?

c) Em que pessoa estão os verbos empregados no artigo?

d) A linguagem revela preocupação com a expressividade e a emotividade ou é clara, objetiva e tende à impessoalidade?

e) Que variedade linguística é adotada no texto?

12 Reúna-se com seus colegas de grupo e, juntos, concluam: Quais são as características básicas do artigo de divulgação científica? Ao responder, considerem os seguintes critérios: finalidade do gênero, perfil dos interlocutores, suporte e veículo, tema, estrutura e linguagem.

Produzindo o artigo de divulgação científica

Ao final desta unidade, no **Projeto**, você e seus colegas vão produzir uma revista de divulgação científica e uma enciclopédia colaborativa. Ambas terão como tema a *saúde*, abordada de maneira interdisciplinar. Os artigos de divulgação científica terão papel essencial na composição da revista; portanto, vocês irão produzi-los neste capítulo. Retomem os temas escolhidos para a produção de resumos no capítulo 58 e escrevam um artigo de divulgação científica sobre o mesmo tema. O resumo produzido poderá ser utilizado para compor o texto, além de outras fontes que vocês devem pesquisar sobre o tema.

1. Com base no tema escolhido no capítulo 58, reúnam-se em grupos de interesse.
2. Façam um recorte do tema, ou seja, procurem torná-lo mais específico. Para isso, pesquisem a respeito, conversem com professores de disciplinas relacionadas à área e pensem em um subtema para tratar no artigo. Por exemplo, no tema "O que é saúde em diferentes culturas do mundo", o grupo pode investigar a aiurveda, medicina tradicional indiana, ou a acupuntura, medicina tradicional chinesa.

Rawpixel.com/Shutterstock

3. Escolhido o subtema, peçam ajuda ao professor da disciplina à qual o assunto diz respeito e façam pesquisas na internet, em livros, enciclopédias, jornais, revistas, etc.
4. Produzam um texto de divulgação científica relacionado ao tema *saúde*, de acordo com as orientações a seguir.

Planejamento do texto

Para produzir os textos de divulgação científica, tomem como base estas orientações:

- Decidam se vão incluir um ponto de vista do grupo sobre o tema abordado no texto ou se vão procurar dar a ele um tratamento apenas impessoal.
- Mencionem fatos, exemplos, dados e estatísticas que possibilitem desenvolver o assunto e, caso tenham optado por expressar também um ponto de vista do grupo, apresentem argumentos que o sustentem.
- Citem vozes de autoridade e especialistas no assunto.
- Utilizem imagens que chamem a atenção e, se julgarem necessário, criem para elas legendas sucintas e interessantes.
- Se for conveniente, recorram a analogias, comparações e metáforas, a fim de facilitar a compreensão de conceitos científicos.
- Procurem empregar uma linguagem de acordo com a norma-padrão e adequada ao público leitor da revista: outros estudantes, seus familiares, professores e funcionários da escola, com o cuidado de não incorrer em erros conceituais.

Revisão e reescrita

Antes de finalizar o texto, releiam-no, observando:

- se ele está redigido e estruturado de acordo com a situação de comunicação;
- se a linguagem empregada está de acordo com a norma-padrão e adequada aos possíveis leitores;
- se o assunto está exposto com clareza e as ideias são apoiadas em exemplos, comparações, relações de causa e efeito, dados estatísticos, etc.;
- se há vozes de autoridades e especialistas no assunto;
- se o texto ficou leve e atraente para leitura e se as imagens escolhidas despertam o interesse do leitor;
- se a estruturação do texto em parágrafos está bem-feita;
- se a linguagem apresenta terminologia científica acessível, mas sem erros conceituais.

Verbete de enciclopédia

Trabalhando o gênero

Leia o verbete a seguir, que integra uma enciclopédia virtual produzida em Portugal chamada Medipédia.

Vírus

por Medipédia

[...]

Generalidades

Motortion Films/Shutterstock

A definição exacta de vírus é muito complexa, visto que, como têm uma estrutura subcelular, são tão rudimentares que não podem ser realmente considerados como organismos vivos independentes, poli, não têm os elementos necessários para os processos vitais essenciais, como trocar substâncias com o meio externo, desenvolver um metabolismo que lhes permita obter energia e reproduzir-se pelos seus próprios meios. De facto, um vírus é uma espécie de aglomeração de partículas moleculares aparentemente inerte, absolutamente incapaz de se multiplicar, a menos que se encontre no interior de uma célula viva. Nesse caso, o vírus pode desenvolver o seu potencial, pois actua como um parasita que utiliza os recursos metabólicos da célula invadida para se reproduzir por si mesmo, embora destrua a original, o que constitui o principal perigo dos vírus, já que a sua "sobrevivência" é prejudicial para as células que utilizam para se multiplicarem, podendo até provocar a sua morte.

Como existem milhares de vírus diferentes, estes podem ser classificados em várias famílias ou grupos consoante vários critérios, como o tipo de ácido nucleico de que são compostos, as suas dimensões e forma, os organismos que infectam, entre outros. Contudo, deve-se referir que praticamente todos os vírus são específicos e apenas actuam como parasitas intracelulares de determinados seres vivos, independentemente de serem bactérias (nesse caso, designam-se bacteriófagos), de vegetais ou de animais (insectos, moluscos, vertebrados). No total, só algumas centenas é que são patogénicas para o ser humano e a maioria apenas provoca infecções assintomáticas, ou seja, sem manifestação de sinais ou sintomas. Todavia, os restantes podem provocar alterações orgânicas evidentes e originar doenças que evoluem com manifestações típicas consoante o caso, algumas banais e outras muito graves.

[...]

Defesas contra os vírus

Quando um vírus entra, pela primeira vez, em contacto com uma pessoa, o sistema imunitário detecta-o e desencadeia uma resposta defensiva, de modo a neutralizar a sua acção patogénica. Caso contrário, o vírus iria invadindo e destruindo indefinidamente as células do organismo para se reproduzir, o que iria perturbar a saúde do paciente e eventualmente colocar a sua vida em risco. Em primeiro lugar, algumas células imunitárias especializadas "exploram" o vírus e determinam a forma das proteínas estranhas que constituem o seu revestimento, consideradas geneticamente como antigénios. Em seguida, transmitem essa informação a outras células imunitárias especializadas que, com base nestas informações, começam a fabricar proteínas específicas (imunoglobulinas) que agem como anticorpos, tendo a tendência para se unirem especificamente às proteínas que constituem os antigénios virais. Embora, por vezes, esta acção seja suficiente para alterar as características dos vírus e neutralizar a sua acção patogénica, por exemplo ao impedir a invasão de novas células, noutros casos, serve para assinalar a presença do vírus para que outros elementos defensivos possam reconhecê-los e destruí-los.

Todo este processo leva um certo tempo, durante o qual o vírus não encontra obstáculos para desenvolver a sua acção patogénica, sendo o período ao longo do qual a infecção se manifesta. Todavia, a partir do momento em que o sistema imunitário se encontra a 100%, normalmente costuma desactivar o vírus e, na maioria dos casos, acaba por eliminá-lo do organismo, o que conduz à cura da infecção. Para além disso, o sistema de defesa fica igualmente em permanente estado de alerta, já que existem algumas células imunitárias que "memorizam" o vírus e que, em caso de nova invasão, desencadeiam os mecanismos destinados a combatê-lo antes que exista tempo para a produção de uma infecção. Este mecanismo justifica o facto de existirem várias doenças virais, como por exemplo o sarampo, que apenas se manifestam uma vez na vida. Esta é igualmente a estratégia das vacinas, através das quais se administra uma pequena quantidade de um vírus, previamente desactivado ou enfraquecido, para que não tenha uma evolução patogénica, de modo a que o sistema imunitário reconheça os seus antigénios e se prepare para um eventual contacto posterior, impedindo a produção da doença. Infelizmente este recurso não é útil contra todos os vírus, porque alguns passam por mutações que alteram as suas características, o que faz com que o sistema defensivo não os reconheça.

Informações adicionais

Mecanismos de contágio

Embora existam várias vias para o contágio viral, a maioria dos contágios de vírus patogénicos para o ser humano efectua-se através de um contacto directo ou muito próximo com pessoas infectadas. Por exemplo, o contágio pode produzir-se quando a pessoa entra em contacto com secreções corporais contaminadas, como a saliva (a partir de beijos, como costuma acontecer na mononucleose infecciosa) ou o sémen (transmissão sexual, muito significativa no contágio do vírus causador da SIDA) e, obviamente, a partir das lesões superficiais provocadas pela própria infecção (por exemplo, varicela). O contágio pode igualmente produzir-se através das pequenas gotas de saliva que as pessoas infectadas expelem ao espirrar, ao tossir ou simplesmente ao falar ou ainda através das que se encontram a flutuar no ar, pois podem penetrar nas vias respiratórias das pessoas que se encontram por perto, sendo este o mecanismo envolvido na difusão de várias doenças virais muito comuns, como a constipação, a gripe, o sarampo ou a rubéola. Os vírus podem igualmente entrar no organismo por via digestiva, através do consumo de líquidos ou alimentos contaminados, como acontece por exemplo em caso de poliomielite e de hepatite A. Como é obvio, a aplicação de injecções em deficientes condições higiénicas, como acontece por exemplo com os toxicodependentes que administram drogas por via parentérica, envolve sempre um grande risco de contágio, o que justifica o facto de esta ser a forma de contágio mais significativa do vírus da hepatite B e do causador da SIDA. Por fim, existem vírus prejudiciais para o ser humano que, como também infectam animais, podem agir como vectores, como é o caso, por exemplo, da raiva, cujo contágio se efectua, na maioria das vezes, através da mordedura de cães, ou de febres hemorrágicas virais, quando os agentes causadores penetram no organismo humano através da picada de insectos.

[...]

Artigos relacionados
> Mecanismos das infecções
> Agentes infecciosos
> Bactérias
> Fungos
> Protozoários
> Helmintes (vermes parasitários)
> Hepatite viral
> SIDA
> Testes serológicos
> Febres hemorrágicas virais
> Infecções provocadas por vírus
> Sarampo
> Rubéola
> Varicela
> Parotidite

(Disponível em: https://www.medipedia.pt/home/home.php?module=artigoEnc&id=566. Acesso em: 10/5/2020.)

Blue Planet Studio/Shutterstock

1 O verbete é um texto geralmente utilizado como fonte para fins de estudo e pesquisa. A respeito do verbete lido, responda:

a) Qual é o objetivo principal do texto?

b) O verbete está organizado em três partes, com subtítulos. Na 1ª parte, "Generalidades", a definição começa apresentando o que o vírus não é. Em que trecho do 1º parágrafo há uma definição do termo?

c) Qual é o outro nome, usado como sinônimo do termo de entrada do verbete, e que ajuda a defini-lo e explicar como ele atua?

2 As enciclopédias podem ser gerais, reunindo conceitos e termos de todas as áreas do conhecimento, ou podem ser específicas, destinadas a um tema ou a uma área de conhecimento.

a) Qual é o campo ou área de conhecimento da enciclopédia da qual foi extraído o verbete lido?

b) Levante hipóteses: Quem produz os verbetes dessa enciclopédia?

3 Em verbetes, é comum se fazer uso de uma linguagem que inclui termos e conceitos científicos ou termos técnicos e especializados. Identifique, no verbete, palavras e expressões próprias da linguagem científica ou especializada.

4 Na definição geral, o termo *sobrevivência* está entre aspas. Depois, em "Defesas contra os vírus", a forma verbal *exploram* também está entre aspas.

a) Por que esses termos estão marcados com aspas?

b) Tendo em vista o objetivo do verbete enciclopédico, levante hipóteses: Por que foram empregados alguns termos como esses analisados nos itens *a* e *b*?

c) Conclua: O texto foi escrito apenas para leitores especialistas ou foi produzido para um público amplo e heterogêneo? Por quê?

5 Além da definição geral, que outras informações há no texto sobre o termo de entrada do verbete no trecho lido?

6 Geralmente, os verbetes seguem uma estrutura similar: o termo de entrada em destaque, seguido de uma primeira definição objetiva, que pode ser ampliada e desdobrada com informações complementares. Também é comum os verbetes registrarem outros termos relacionados, durante o texto ou ao final, para o leitor interessado complementar a informação.

a) O verbete lido segue essa estrutura?

b) Os termos relacionados, ao final do verbete, aparecem em azul. Por quê?

c) Consulte uma enciclopédia impressa. Como essa relação aparece?

7 Observe a linguagem do verbete:

a) Que tempo e modo predominam entre as formas verbais empregadas?

b) Em que pessoa do discurso estão empregados os verbos do texto?

c) Nesse gênero, esse tempo verbal e a pessoa indicada nos itens *a* e *b* produzem que efeito de sentido: a ideia de uma verdade universal ou algo que está em contestação ou construção?

d) Que variedade linguística foi empregada?

e) Considerando-se o assunto desenvolvido e o veículo em que o texto foi publicado, pode-se afirmar que a linguagem adotada é adequada à situação?

8 Os verbetes, além da parte verbal, podem apresentar também ilustrações, gráficos, infográficos, mapas, etc., que facilitam a compreensão dos conceitos. O texto em estudo apresenta esses recursos?

9 Reúna-se com seus colegas de grupo e, juntos, concluam: Quais são as características básicas do verbete enciclopédico? Ao responder, considerem os seguintes critérios: finalidade do gênero, perfil dos interlocutores, suporte e veículo, tema, estrutura e linguagem.

Produzindo o verbete enciclopédico

Ao final desta unidade, no **Projeto**, você e seus colegas produzirão uma revista de divulgação científica e uma enciclopédia digital, ambas sobre saúde em uma perspectiva interdisciplinar. Para compor a enciclopédia, que será divulgada na revista e apresentará definições de conceitos relacionados à saúde, será necessário que vocês produzam verbetes.

Releiam as resenhas e os artigos de divulgação científica produzidos por vocês. Façam uma seleção de conceitos e termos especializados que podem ser definidos e aprofundados por meio de um verbete enciclopédico. Após uma primeira lista, compartilhem com a turma e definam quais serão os termos de entrada da enciclopédia, eliminando repetições e estabelecendo relações entre os termos para a construção dos *links*.

Façam pesquisas sobre os termos escolhidos em revistas de divulgação científica, livros didáticos e enciclopédias. A turma pode produzir os verbetes de maneira colaborativa: cada um do grupo traz contribuições, vocês escrevem uma primeira versão, todos leem e sugerem alterações. Ferramentas digitais, como o Google

O que é *Wiki*?

Wiki é um nome genérico de *websites* colaborativos, ou seja, aqueles cujo conteúdo pode ser modificado pelos usuários. O termo foi criado em 1994 pelo programador americano Ward Cunningham, que desenvolveu o primeiro *software* Wiki e o batizou de WikiWikiWeb.

Evan Lorne/Shutterstock

O *site* mais conhecido que se utiliza desse recurso é a Wikipédia, enciclopédia digital e colaborativa.

A Wikipédia funciona da seguinte maneira: os usuários podem criar, editar ou alterar verbetes. Contudo, os verbetes passam por revisões e alterações da comunidade de administradores da Wikipédia, que decide se aceita ou não as alterações feitas. Além disso, existem normas de conduta que devem ser seguidas. Apesar disso, é sempre recomendado checar informações encontradas na Wikipédia, já que algum equívoco pode ainda não ter sido identificado e excluído do *site*.

Docs (disponível no Google Drive) ou um ambiente Wiki, permitem que a produção colaborativa seja feita *on-line* e que as alterações sejam registradas, além de permitirem o diálogo entre os usuários que estejam *on-line* no mesmo momento para que possam trocar ideias sobre a produção do texto.

Após a produção e a revisão, vocês também vão reunir todos os verbetes em uma enciclopédia digital com a temática da saúde.

Planejamento do texto

Para produzir os verbetes, sigam estas orientações:

- Pesquisem em revistas de divulgação científica, livros didáticos e outras enciclopédias o termo, palavra ou expressão de entrada do verbete.
- Anotem as possíveis definições, origem, história, exemplos, algumas curiosidades e personalidades envolvidas.
- Se houver imagens, mapas, gráficos, infográficos ou outros recursos relacionados, façam cópias e anotem as fontes.
- Planejem o texto, tendo em vista o público-alvo: a comunidade escolar, em geral — alunos de outras turmas, pais, professores e funcionários.
- Com base nas informações pesquisadas, escrevam o verbete. Sigam algumas características do gênero estudadas: termo de entrada em destaque, definição, desenvolvimento do verbete com expansões, remissões ao final.
- Empreguem verbos na 3ª pessoa e no presente do indicativo.
- Empreguem uma linguagem simplificada, clara e objetiva, explicando, quando necessário, termos técnicos e especializados.

Reprodução/https://cienciahoje.org.br

Revisão e reescrita

Ao terminarem a primeira versão dos verbetes, revisem cada um deles, observando:

- se o termo de entrada é objetivamente definido no início do texto;
- se há informações complementares, como origem, história, exemplos, marcos importantes e personalidades envolvidas;
- se o termo de entrada está em destaque;
- se os verbos estão conjugados no presente do indicativo e em 3ª pessoa;
- se a linguagem empregada está clara e objetiva, adequada ao público em geral, não especialista no assunto;
- se os *links* entre os verbetes funcionam corretamente.

Após a revisão, divulguem a enciclopédia na escola.

Perspectivas

Infográfico e a divulgação científica

No final do ano de 2019, um novo vírus começou a infectar os seres humanos na China. Em 2020, esse vírus causou uma pandemia (veja boxe ao lado). Chamado de coronavírus, ele levou milhões de pessoas ao isolamento social e milhares à internação e à morte.

Para explicar à população o que é a Covid-19, doença provocada pelo coronavírus, como é transmitida e como se prevenir, muitos textos de divulgação científica foram produzidos. Leia o infográfico sobre a transmissão da Covid-19, publicado em perfil de rede social desenvolvido pela Fiocruz (Fundação Oswaldo Cruz, instituição de pesquisa e desenvolvimento em ciências) e pelo CNPq (Conselho Nacional de Desenvolvimento Científico e Tecnológico).

> **Pandemia**
>
> Pode ser definida como a rápida expansão de uma doença infecciosa em grande parte da população em uma extensa região geográfica, como um continente inteiro ou o planeta. Exemplos de pandemia que já atingiram o mundo todo são a cólera e a gripe espanhola. No serviço de *streaming* Netflix, há uma série documental intitulada *Pandemia*, que aborda como profissionais lidam com os vírus e trabalham para evitar pandemias.

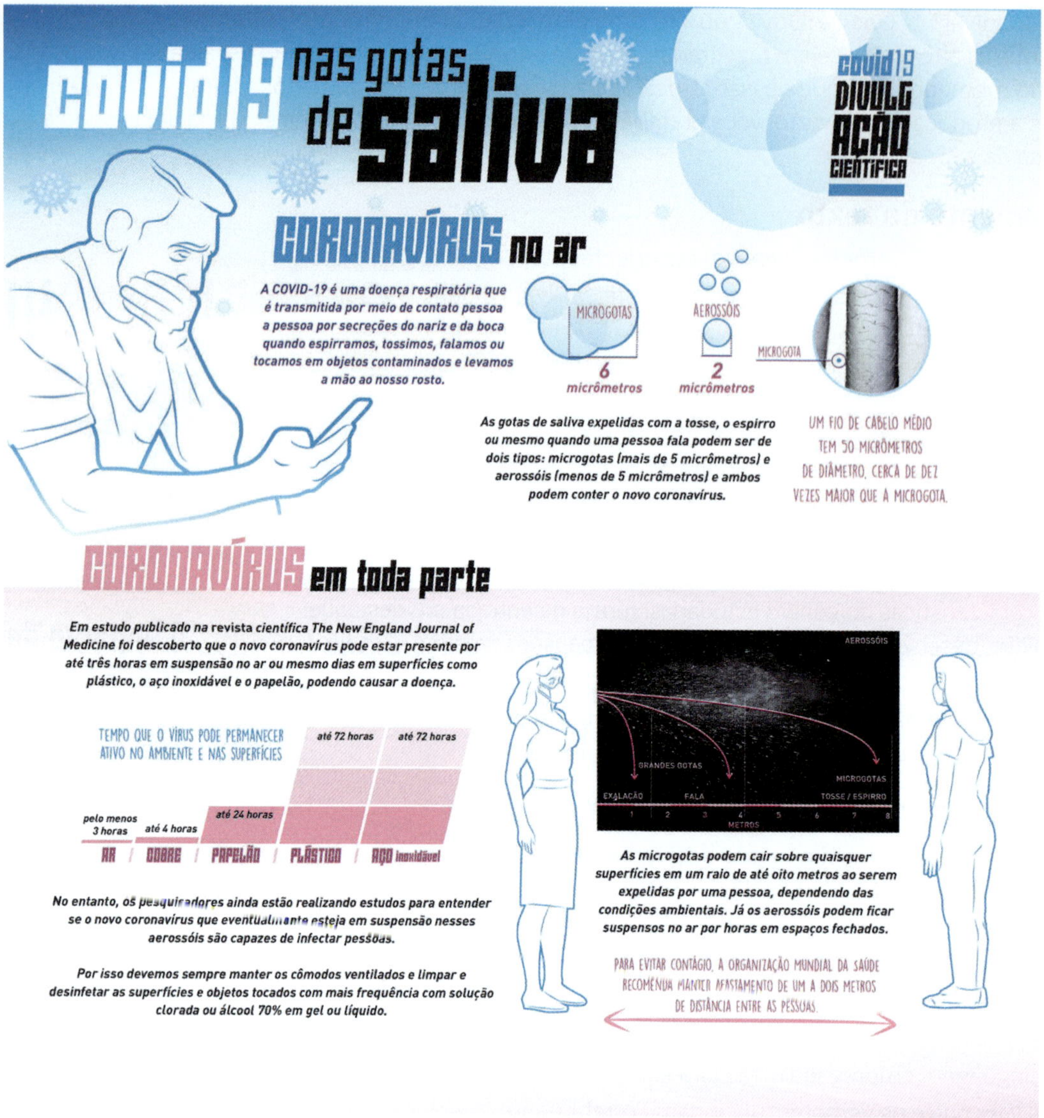

(Disponível em: https://www.instagram.com/p/B_fvOWYJs5U/. Acesso em: 9/5/2020.)

1 O infográfico é um texto composto de diferentes linguagens que tem como finalidade explicar algum fenômeno, acontecimento ou dados diversos.

a) Qual é o título do infográfico lido?

b) Qual é o objetivo desse infográfico?

2 O infográfico é dividido em duas partes principais.

a) Quais são elas?

b) Quais são os recursos usados para distinguir as duas partes?

3 Para explicar termos especializados, como *microgotas* e *aerossóis*, o texto utiliza textos verbais e imagens.

a) Qual é a comparação feita para que o leitor compreenda os conceitos?

b) Quais recursos de ilustração foram utilizados na composição dessas imagens?

c) De que forma essas imagens contribuem para a construção de sentidos do texto?

d) Por que é importante entender onde está o vírus e o tamanho de partículas em que ele pode se alojar e ser transmitido?

4 O infográfico apresenta dois gráficos.

a) O que o gráfico em barras explica?

b) O que o gráfico de curva mostra?

5 O infográfico também apresenta vozes de autoridade. Identifique as vozes presentes no infográfico. Depois responda: Por que elas são utilizadas nesse texto?

Vocês e seus colegas poderão produzir infográficos sobre o tema escolhido para a produção do artigo de divulgação científica e do verbete, neste capítulo, e enriquecer as publicações na revista de divulgação científica da classe. Peçam orientações para professores de Arte, Informática e Matemática.

CAPÍTULO 61

O texto dissertativo-argumentativo para vestibulares, exames e concursos

Trabalhando o gênero

Moacyr Lopes Junior/Folhapress

Estudantes prestando a prova do Enem.

Durante décadas, as aulas de produção de texto nas escolas brasileiras limitaram-se ao trabalho com três tipos de texto: a narração, a descrição e a dissertação. Com a introdução do estudo dos gêneros do discurso, entretanto, as aulas começaram a se aproximar mais das práticas textuais desenvolvidas na sociedade e passaram a ter o objetivo de instrumentalizar os alunos para atuar socialmente.

A *dissertação* é um texto que circula essencialmente na escola e em instituições a ela vinculadas, pois é exigida em alguns vestibulares e concursos variados do país, e também nas provas do Enem, como meio de avaliação da competência linguístico-discursiva do estudante. Compreender a estrutura e o funcionamento do texto dissertativo, portanto, ajuda você a se preparar para os exames que deverá realizar no final do ensino médio.

Dissertar é o mesmo que explanar sobre um tema, desenvolvê-lo. Em princípio, o texto dissertativo não tem como finalidade a persuasão, e sim a transmissão de conhecimentos. Apesar disso, os temas propostos para o texto dissertativo na esfera escolar são muitas vezes polêmicos e é comum que exijam um posicionamento argumentativo do autor. Por essa razão, o que se espera do estudante é que analise e discuta o tema apresentado, defenda seu ponto de vista e, às vezes, também proponha soluções possíveis para o problema analisado.

A dissertação escolar convencional tem uma estrutura geral composta de três partes — a tese (ou ideia principal), o desenvolvimento e a conclusão —, que coincidem com a estrutura da maior parte dos gêneros argumentativos, como o debate regrado e o artigo de opinião. Por isso, se você se saiu bem na produção do artigo de opinião, provavelmente não terá dificuldades para desenvolver dissertações.

A seguir você vai conhecer o tema proposto na prova de redação do Enem no ano de 2018.

Este capítulo favorece o desenvolvimento das habilidades

EM13LGG101
EM13LGG103
EM13LGG104
EM13LGG204
EM13LGG302
EM13LGG303
EM13LGG304
EM13LGG305
EM13LGG402
EM13LP01
EM13LP02
EM13LP03
EM13LP04
EM13LP05
EM13LP06
EM13LP11
EM13LP12
EM13LP15

INSTRUÇÕES PARA A REDAÇÃO

1. O rascunho da redação deve ser feito no espaço apropriado.
2. O Texto definitivo deve ser escrito à tinta, na folha própria, em até 30 linhas.
3. A redação que apresentar cópia dos textos da Proposta de Redação ou do Caderno de Questões terá o número de linhas copiadas desconsiderado para efeito de correção.
4. **Receberá nota zero, em qualquer das situações expressas a seguir, a redação que:**

4.1. tiver até 7 (sete) linhas escritas, sendo considerada "texto insuficiente".
4.2. fugir ao tema ou que não atender ao tipo dissertativo-argumentativo.
4.3. apresentar parte do texto deliberadamente desconectada do tema proposto.

TEXTOS MOTIVADORES

TEXTO 1

Às segundas-feiras pela manhã, os usuários de um serviço de música digital recebem uma lista personalizada de músicas que lhes permite descobrir novidades. Assim como os sistemas de outros aplicativos e redes sociais, este cérebro artificial consegue traçar um retrato automatizado do gosto de seus assinantes e constrói uma máquina de sugestões que não costuma falhar. O sistema se baseia em um algoritmo cuja evolução e usos aplicados ao consumo cultural são infinitos. De fato, plataformas de transmissão de vídeos on-line começam a desenhar suas séries de sucesso rastreando o banco de dados gerado por todos os movimentos dos usuários para analisar o que os satisfaz. O algoritmo constrói assim um universo cultural adequado e complacente com o gosto do consumidor, que pode avançar até chegar sempre a lugares reconhecíveis. Dessa forma, a filtragem de informações feita pelas redes sociais ou pelos sistemas de busca pode moldar nossa maneira de pensar. E esse é o problema principal: a ilusão de liberdade de escolha que muitas vezes é gerada pelos algoritmos.

VERDÚ, Daniel. **O gosto na era do algoritmo**. Disponível em: https://brasil.elpais.com. Acesso em: 11 jun. 2018 (adaptado).

TEXTO 2

Nos sistemas dos gigantes da internet, a filtragem de dados é transferida para um exército de moderadores em empresas localizadas do Oriente Médio ao Sul da Ásia, que têm um papel importante no controle daquilo que deve ser eliminado da rede social, a partir de sinalizações dos usuários. Mas a informação é então processada por um algoritmo, que tem a decisão final. Os algoritmos são literais. Em poucas palavras, são uma opinião embrulhada em código. E estamos caminhando para um estágio em que é a máquina que decide qual notícia deve ou não ser lida.

PEPE ESCOBAR. **A silenciosa ditadura do algoritmo**. Disponível em: http://outraspalavras.net. Acesso em: 5 jun. 2017 (adaptado).

TEXTO 3

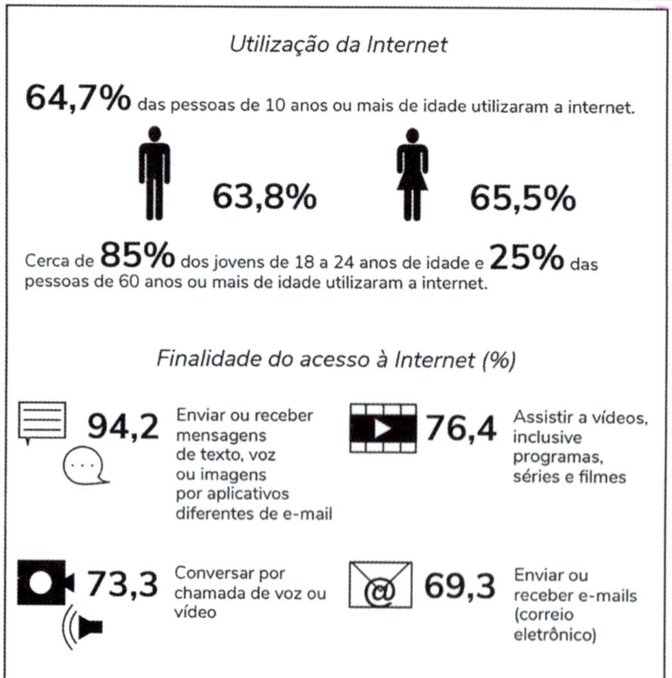

Internet no Brasil em 2016. Disponível em: www.ibge.gov.br. Acesso em: 18 jun. 2018 (adaptado).

Reprodução/Enem, 2019.

TEXTO 4

Mudanças sutis nas informações às quais somos expostos podem transformar nosso comportamento. As redes têm selecionado as notícias sob títulos chamativos como "*trending topics*" ou critérios como "relevância". Mas nós praticamente não sabemos como isso tudo é filtrado. Quanto mais informações relevantes tivermos nas pontas dos dedos, melhor equipados estamos para tomar decisões. No entanto, surgem algumas tensões fundamentais: entre a conveniência e a deliberação; entre o que o usuário deseja e o que é melhor para ele; entre a transparência e o lado comercial. Quanto mais os sistemas souberem sobre você em comparação ao que você sabe sobre eles, há mais riscos de suas escolhas se tornarem apenas uma série de reações a "cutucadas" invisíveis. O que está em jogo não é tanto a questão "homem versus máquina", mas sim a disputa "decisão informada versus obediência influenciada".

CHATFIELD, Tom. *Como a internet influencia secretamente nossas escolhas*. Disponível em: www.bbc.com. Acesso em: 3 jun. 2017 (adaptado).

PROPOSTA DE REDAÇÃO

A partir da leitura dos textos motivadores e com base nos conhecimentos construídos ao longo de sua formação, redija um texto dissertativo-argumentativo em modalidade escrita formal da língua portuguesa sobre o tema "Manipulação do comportamento do usuário pelo controle de dados na internet", apresentando proposta de intervenção que respeite os direitos humanos. Selecione, organize e relacione, de forma coerente e coesa, argumentos e fatos para defesa de seu ponto de vista.

(Disponível em: http://download.inep.gov.br/educacao_basica/enem/downloads/2019/redacao_enem2019_cartilha_participante.pdf. Acesso em: 28/4/2020.)

1 Em situações de exame, é sempre importante observar atentamente as instruções para realização daquela prova específica, pois essas orientações costumam variar entre os diferentes concursos. Além das instruções contidas na própria prova, há editais e manuais para orientação dos estudantes. Leia com atenção as instruções da prova e a proposta, troque ideias com os colegas e o professor e, oralmente, comente como seria avaliado:

a) um texto constituído integralmente de cópia de partes dos textos motivadores;

b) um conto integralmente dentro do tema da prova;

c) um texto dissertativo-argumentativo que tenha como foco a discussão geral sobre o acesso da população brasileira à internet;

d) um texto dissertativo-argumentativo integralmente dentro do tema da prova que não apresente proposta de intervenção.

2 É muito comum que as provas de redação atuais contenham textos motivadores para auxiliar o aluno a construir sua argumentação. Sobre os textos motivadores da prova em estudo:

a) Qual deles se limita a apresentar dados relacionados ao tema em discussão? Justifique sua resposta.

b) Em relação ao enunciado da proposta, qual é o ponto de vista dos demais textos motivadores sobre a "manipulação do comportamento do usuário pelo controle de dados da internet"? Justifique sua resposta com elementos dos textos.

fizkes/Shutterstock

Agora você vai ler uma redação que tirou nota 1000 no Enem 2018 e consta como texto exemplar na cartilha do participante publicada pelo Inep.

No filme "Matrix", clássico do gênero ficção científica, o protagonista Neo é confrontado pela descoberta de que o mundo em que vive é, na realidade, uma ilusão construída a fim de manipular o comportamento dos seres humanos, que, imersos em máquinas que mantêm seus corpos sob controle, são explorados por um sistema distópico dominado pela tecnologia. Embora seja uma obra ficcional, o filme apresenta características que se assemelham ao atual contexto brasileiro, pois, assim como na obra, os mecanismos tecnológicos têm contribuído para a alienação dos cidadãos, sujeitando-os aos filtros de informações impostos pela mídia, o que influencia negativamente seus padrões de consumo e sua autonomia intelectual.

Em princípio, cabe analisar o papel da internet no controle do comportamento sob a perspectiva do sociólogo contemporâneo Zygmunt Bauman. Segundo o autor, o crescente desenvolvimento tecnológico, aliado ao incentivo ao consumo desenfreado, resulta numa sociedade que anseia constantemente por produtos novos e por informações atualizadas. Nesse contexto, possibilita-se a ascensão, no meio virtual, de empresas que se utilizam de algoritmos programados para selecionar o conteúdo a ser exibido aos internautas com base em seu perfil socioeconômico, oferecendo anúncios de produtos e de serviços condizentes com suas recentes pesquisas em sites de busca ou de compras. Verifica-se, portanto, o impacto da mídia virtual na criação de necessidades que fomentam o consumo entre os cidadãos.

Ademais, a influência do meio virtual atinge também o âmbito intelectual. Isso ocorre na medida em que, ao ter acesso apenas ao conteúdo previamente selecionado de acordo com seu perfil na internet, o indivíduo perde contato com pontos de vista que divergem do seu, o que compromete significativamente a construção de seu senso crítico e de sua capacidade de diálogo. Dessa maneira, surge uma massa de internautas alienados e despreocupados em checar a procedência das informações que recebem, o que torna ambiente virtual propício à disseminação das chamadas "fake news".

Assim, faz-se necessária a atuação do Ministério da Educação, em parceria com a mídia, na educação da população — especialmente dos jovens, público mais atingido pela influência digital — acerca da necessidade do posicionamento crítico quanto ao conteúdo exposto e sugerido na internet. Isso deve ocorrer por meio da promoção de palestras, que, ao serem ministradas em escolas e universidades, orientem os brasileiros no sentido de buscar informação em fontes variadas, possibilitando a construção de senso crítico. Além disso, cabe às entidades em governamentais a elaboração de medidas que minimizem os efeitos das propagandas que visam incentivar o consumismo.

Dessa forma, será possível tornar o meio virtual um ambiente mais seguro e democrático para a população brasileira.

(Disponível em: http://download.inep.gov.br/educacao_basica/enem/downloads/2019/redacao_enem2019_cartilha_participante.pdf. Acesso em: 29/4/2020.)

3 Considerando a sua leitura anterior da proposta, numere os parágrafos da redação e indique em quais partes dela se encontra(m):

a) a leitura dos textos motivadores;

b) os conhecimentos construídos ao longo da formação da autora do texto;

c) a proposta de intervenção que respeita os direitos humanos.

4 Há, no texto dissertativo, três partes essenciais: uma *introdução*, na qual é exposta a tese ou a ideia principal que resume o ponto de vista do autor acerca do tema; o *desenvolvimento*, constituído pelos parágrafos que explicam e fundamentam a tese; e a *conclusão*. Identifique:

a) o parágrafo em que é feita a introdução do texto.

b) os parágrafos que constituem o desenvolvimento do texto.

c) o(s) parágrafo(s) de conclusão.

5 Releia o parágrafo em que é feita a introdução do texto.

a) Existem diferentes formas de construir a introdução de um texto dissertativo-argumentativo. Troque ideias com os colegas e o professor e deduza: Qual estratégia a autora do texto em estudo utilizou para introduzir sua redação?

b) Qual é a tese defendida pela autora?

6 O desenvolvimento é formado pelos parágrafos que fundamentam a tese. Geralmente, em cada parágrafo é apresentado e desenvolvido um argumento. Cada argumento pode ser desenvolvido por meio de procedimentos como:

everything possible/Shutterstock

- comparação
- alusão histórica
- citação
- definição
- exemplificação

- oposição ou contraste
- apresentação de dados estatísticos
- relação de causa e efeito

a) Identifique argumentos que poderiam ser desenvolvidos com base nas informações dos textos motivadores da prova em estudo, classificando-os segundo esses procedimentos.

b) Reconheça no desenvolvimento da redação em estudo ao menos dois trechos nos quais é feito o uso de algum desses procedimentos.

7 O texto dissertativo-argumentativo faz uso de dois tipos básicos de conclusão: a conclusão-resumo, que retoma as ideias do texto, e a conclusão-sugestão, em que são feitas propostas para a solução de problemas.

a) Que tipo de conclusão o texto em estudo apresenta?

b) Qual é a relação dessa conclusão com as instruções da prova de redação do Enem?

8 Observe a linguagem do texto.

a) Que tempo e modos verbais são predominantes?

b) Identifique palavras e expressões responsáveis por estabelecer relações de coesão e coerência entre as frases e os períodos do texto.

c) Qual é a variedade linguística empregada?

d) A linguagem é predominantemente pessoal ou impessoal? Justifique sua resposta com base na pessoa do discurso, nas formas verbais e nos pronomes empregados.

e) O texto revela maior preocupação com a expressividade, com a emotividade ou com a precisão das informações?

9 Reúna-se com seus colegas de grupo e, juntos, concluam: Quais são as características básicas de um texto dissertativo-argumentativo? Respondam levando em conta os seguintes critérios: finalidade do texto, perfil dos interlocutores, suporte/veículo, tema, estrutura e linguagem.

Produzindo o texto dissertativo-argumentativo

Ao final desta unidade, vocês vão produzir uma revista de divulgação científica, que conterá uma seção sobre a redação no Enem e nos vestibulares. Para compor essa seção, vocês escreverão textos dissertativo-argumentativos e farão uma seleção anônima entre os textos da classe.

Organizem-se com o professor para o processo de seleção, dividindo a classe em grupos, de forma que cada grupo avalie determinada quantidade de textos produzidos por alunos de outros grupos. A fim de organizar uma avaliação justa e objetiva, considerem os seguintes critérios na leitura:

Critério	Não cumpriu (nota 0)	Cumpriu minimamente (nota 2,5)	Cumpriu de forma mediana (nota 5,0)	Cumpriu satisfatoriamente (nota 7,5)	Cumpriu com excelência (nota 10)
1. Adequação ao tema					
2. Desenvolvimento com argumentos relevantes e bem-fundamentados					
3. Utilização dos textos motivadores e de repertório cultural					
4. Coesão entre as partes do texto					
5. Qualidade e detalhamento da proposta de intervenção					

Os textos mais bem-avaliados serão selecionados para integrar a revista.

Como base para a produção do seu texto, leia, a seguir, a proposta do Enem 2019. Considere as instruções e o enunciado da proposta, bem como os textos motivadores.

INSTRUÇÕES PARA A REDAÇÃO

1. O rascunho da redação deve ser feito no espaço apropriado.
2. O texto definitivo deve ser escrito à tinta preta, na folha própria, em até 30 linhas.
3. A redação que apresentar cópia dos textos da Proposta de Redação ou do Caderno de Questões terá o número de linhas copiadas desconsiderado para a contagem de linhas.
4. **Receberá nota zero, em qualquer das situações expressas a seguir, a redação que:**

4.1. tiver até 7 (sete) linhas escritas, sendo considerada "texto insuficiente".
4.2. fugir ao tema ou que não atender ao tipo dissertativo-argumentativo.
4.3. apresentar parte do texto deliberadamente desconectada do tema proposto.
4.4. apresentar nome, assinatura, rubrica ou outras formas de identificação no espaço destinado ao texto.

TEXTOS MOTIVADORES

TEXTO 1

Os impactos negativos do exagero da tecnologia não ficam restritos aos aspectos comportamentais e emocionais. Há também a ameaça do sedentarismo. Uma pesquisa da Universidade Estadual de Campinas (Unicamp) avaliou os hábitos de 21 voluntários com idade entre 8 e 12 anos e constatou que 14 deles não praticavam nenhuma atividade física. Na sala de aula a história também desanda. "A luz emitida pelo visor reduz a produção de melatonina, hormônio indutor do sono", observa uma das pesquisadoras responsáveis. Sem a substância, fica difícil adormecer e há maior risco de despertar na madrugada. "O sono de má qualidade interfere na concretização das memórias e do aprendizado do dia", aponta uma neuropediatra.

Disponível em: https://saude.abril.com.br. Acesso em: 3 de jun. 2019 (adaptado).

TEXTO 2

Riscos e benefícios das novas tecnologias para crianças

Segundo a Academia Americana de Pediatria (AAP), há claras evidências de que as mídias digitais contribuem substancialmente para diferentes problemas de saúde, como a obesidade e comportamentos agressivos e/ou alienados. Por outro lado, a AAP reconhece os benefícios da tecnologia na aprendizagem e nos relacionamentos sociais, a partir da interatividade possibilitada pelos diferentes dispositivos de mídia digital.

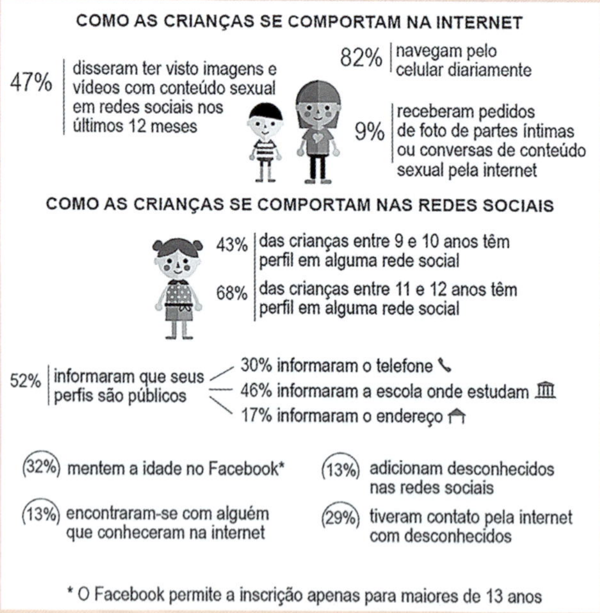

As novas tecnologias de comunicação alteraram a forma de acesso e armazenamento da memória, pois, através de imagens, sons e movimentos apresentados nos dispositivos eletrônicos de comunicação é possível fixar conteúdos, armazenar sentimentos, aprendizagens e lembranças que não necessariamente foram vivenciadas presencialmente pelos espectadores. As mídias digitais propiciam experiências culturais através de interações diversificadas, permitindo as crianças apropriarem-se do conteúdo e da comunicação baseados em suas necessidades, motivações e interesse.

Disponível em: http://blog.smp.org.br. Acesso em: 3 jun. 2019 (adaptado).

PROPOSTA DE REDAÇÃO

A partir da leitura dos textos motivadores e com base nos conhecimentos construídos ao longo de sua formação, redija texto dissertativo-argumentativo em modalidade escrita formal da língua portuguesa sobre o tema "Combate ao uso indiscriminado das tecnologias digitais de informação por crianças", apresentando proposta de intervenção, que respeite os direitos humanos. Selecione, organize e relacione, de forma coerente e coesa, argumentos e fatos para defesa de seu ponto de vista.

(Disponível em: http://download.inep.gov.br/educacao_basica/enem/ppl/2019/provas/BAIXA_PPL_1_DIA_CADERNO_1_AZUL.pdf. Acesso em: 30/4/2020.)

Planejamento do texto

Ao escrever sua redação, leve em conta as orientações a seguir.

- Empregue uma linguagem formal e impessoal e de acordo com as regras da norma-padrão.
- Leia a proposta e certifique-se de qual é o enunciado que apresenta claramente o recorte do tema, para garantir que você o aborde com o foco correto.
- Leia com atenção os textos motivadores e anote ideias de argumentos que os tomem por base e que você considere mais interessantes para desenvolver o tema.
- Busque referências em seu repertório cultural (ideias de cientistas, grandes autores, filmes, textos literários, canções, fatos históricos, etc.) que possam ser relacionadas ao tema e contribuam para a fundamentação de seus argumentos.
- Pense em um enunciado (formado por uma ou mais frases) capaz de introduzir o texto e expressar a ideia principal (a tese) que pretende defender e anote-o.
- Entre os argumentos que anotou, escolha aqueles que podem fundamentar a ideia principal de modo mais consistente. Em vez de quantidade, dê preferência à qualidade e à profundidade dos argumentos.
- Como se trata de uma proposta de redação do Enem, é importante, conforme solicitado, que o seu texto contenha uma proposta de intervenção, que pode ser feita ao longo do texto ou na conclusão.
- Pense na melhor forma de concluir seu texto: ou retomando o que foi exposto e confirmando a ideia principal, fazendo uma citação de algum escritor ou alguém importante na área relativa ao tema debatido, ou, se ainda não fez proposta de intervenção, elaborando uma proposta detalhada e factível, de acordo com o tema em discussão.
- Desenvolva previamente um esquema para visualizar a estrutura, bem como o conjunto e a concatenação das ideias que você pretende desenvolver.

- Dê ao texto um título que desperte o interesse do leitor.

Revisão e reescrita

Antes de fazer a versão final de sua dissertação, releia-a, observando:

- se você tratou, de fato, do tema proposto e adotou um ponto de vista claro sobre ele;
- se o texto apresenta uma tese que resume o ponto de vista defendido por você;
- se você utilizou recursos coesivos adequados para ligar as ideias desenvolvidas no texto;
- se os argumentos são bem-desenvolvidos;
- se você elaborou uma proposta de intervenção clara, objetiva e bastante detalhada;
- se a conclusão retoma o ponto de vista defendido, confirmando-o, ou se apresenta a proposta de intervenção;
- se o título dado ao texto é, além de atraente, coerente com as ideias desenvolvidas;
- se o texto como um todo é persuasivo;
- se a linguagem está de acordo com a norma-padrão e com o grau de formalidade adequado à situação de exame;
- se o texto respeita o limite de 30 linhas estabelecido pelas instruções da proposta.

Faça as alterações necessárias e passe o texto a limpo.

CAPÍTULO 62

Como desenvolver as partes de um texto dissertativo-argumentativo

Trabalhando o gênero

wavebreakmedia/Shutterstock

No capítulo anterior, você analisou uma proposta e uma redação do Enem e viu que o texto dissertativo-argumentativo é com frequência exigido em exames, processos seletivos e vestibulares, com poucas diferenças, considerando as instruções específicas de cada prova.

A fim de ampliar seus recursos de expressão nessa modalidade de texto, neste capítulo você vai retomar e aprofundar esse trabalho, examinando em detalhes diferentes estratégias para se desenvolver cada uma das partes de uma dissertação.

Não há uma regra ou um modelo único para a construção de um texto dissertativo-argumentativo. As possibilidades para iniciar, desenvolver ou concluir um texto desse tipo são muitas e dependem do tema, do conhecimento que se tem dele, do conjunto de ideias que se pretende desenvolver, do enfoque que se deseja dar a elas e da criatividade de quem escreve.

A seguir estão relacionadas diferentes estratégias de construção das partes do texto dissertativo-argumentativo. Elas não são estanques, podem se combinar e complementar, ou um mesmo recurso pode ser explorado em diferentes partes do texto. Conhecer e analisar esses procedimentos pode ajudar você a ter mais desenvoltura para produzir novos textos e evitar o famoso "branco" diante da folha de redação vazia.

Este capítulo favorece o desenvolvimento das habilidades

EM13LGG101
EM13LGG103
EM13LGG104
EM13LGG204
EM13LGG302
EM13LGG303
EM13LGG304
EM13LGG305
EM13LGG402
EM13LP01
EM13LP02
EM13LP03
EM13LP04
EM13LP05
EM13LP06
EM13LP11
EM13LP12
EM13LP15

Tipos de introdução do texto dissertativo-argumentativo

A introdução pode ser construída por um ou mais parágrafos. Quando o texto é construído pelo método dedutivo (do geral para o particular), é nela que se lança a *tese* ou *ideia principal* a ser desenvolvida no texto.

Os principais tipos de introdução são os relacionados a seguir.

Formulação de uma tese a partir de uma declaração inicial

> O cérebro humano busca por padrões, repetições de causas e efeitos que fazem o mundo parecer previsível e ordenado. Aprimorado por razão, lógica e coerência, este processo psíquico é crucial para nossa adaptação a qualquer meio. Embora divergentes, ciência e o misticismo são crias desta busca. Porém tudo se complicou ainda mais quando a curiosidade foi em direção ao átomo.
>
> (Luciano Magalhães Melo. *Folha de S.Paulo*, 9/8/2019. Disponível em: https://www1.folha.uol.com.br/colunas/luciano-melo/2019/08/a-fisica-quantica-desafia-nosso-cerebro-mas-nao-justifica-esoterismo.shtml. Acesso em: 8/5/2020.)

Nesse parágrafo, o autor primeiramente apresenta uma característica do cérebro humano para, a partir dessa informação, formular a tese em torno da qual o texto será desenvolvido nos parágrafos seguintes: ciência e misticismo são parte dessa característica humana e algumas vezes se sobrepõem, mas precisam ser diferenciados.

Interrogação

> Nesta semana de volta às aulas, que tal aproveitar para pensar em algo mais do que o alívio de ver crianças e adolescentes voltarem à rotina? Nós, pais, participamos, de verdade, da vida escolar dos nossos filhos? Quantas vezes no último semestre fomos à escola? Não apenas buscar na porta ou em festinhas, mas conversar com seus professores, conhecer seus colegas, ver o que eles aprendem e produzem enquanto passam horas fora de casa? Não importa a idade do estudante, as pesquisas são claras em dizer que a atuação dos pais melhora o desempenho escolar e até a relação familiar.
>
> (Renata Cafardo. *O Estado de S. Paulo*, 2/8/2019. Disponível em: https://educacao.estadao.com.br/noticias/geral,os-pais-e-a-volta-as-aulas,70002953944. Acesso em: 8/5/2020.)

Nesse tipo de introdução, o autor formula uma ou mais perguntas sobre o tema. Essas perguntas podem ser retóricas, isto é, são utilizadas como uma forma de suscitar no leitor a reflexão sobre o tema, tal como no trecho lido, e, nesse caso, não necessariamente serão respondidas ao longo do texto. Ou podem ser questões que servirão como guia para o texto, e, nesse caso, ele próprio deve dar respostas a elas ao longo do texto, de forma que nenhuma pergunta fique sem resposta. É o que se verifica neste exemplo:

> Só neste ano, o Ministério da Agricultura já registrou e liberou a comercialização de 382 novos agrotóxicos. Estamos caminhando para bater o recorde dos 450 registros feitos em 2018 — no total, o Brasil tem mais de 2.300 produtos desse tipo registrados — indo na contramão da tendência mundial de diminuir o número de pesticidas. Esta situação traz à tona uma dúvida comum a muitos consumidores: os agrotóxicos trazem riscos à nossa saúde?
>
> (Hélio Mattar. *Folha de S.Paulo*, 28/10/2019. Disponível em: https://www1.folha.uol.com.br/colunas/helio-mattar/2019/10/os-agrotoxicos-a-nossa-saude-e-a-natureza.shtml. Acesso em: 8/5/2020.)

Bogdan Wankowicz/Shutterstock

Exemplo

> A reunião de pais ia bem, todos concordando com as explicações da professora sobre os métodos de ensino e progressos da turma, até que se falou de lição de casa. Um pai levantou a lebre, disse que o filho fazia a tarefa em poucos minutos e que, por isso, achava que a atividade extraclasse era insuficiente. Outro alegou que a filha "podia mais" do que estava sendo pedido para casa. Falavam de crianças de 7 anos, que acabaram de se alfabetizar.
>
> (Renata Cafardo. *O Estado de S. Paulo*, 23/6/2019. Disponível em: https://educacao.estadao.com.br/noticias/geral,o-dilema-da-licao-de-casa,70002883760. Acesso em: 8/5/2020.)

Para introduzir e situar a tese do texto — de que quantidade de lição de casa não está necessariamente relacionada a qualidade do ensino —, a autora dá o exemplo de uma situação de reunião de pais na escola.

Essa introdução é ilustrativa e simbólica e pode ser retomada diversas vezes. Nas redações para o vestibular, entretanto, é preciso tomar cuidado para que a narrativa do exemplo não seja longa demais e prejudique o desenvolvimento da argumentação.

Citação

> **Norman Mailer** foi um genial jornalista e escritor norte-americano (1923-2007). Junto a **Truman Capote** (1924-1984), faz parte de uma geração que aliava boa investigação com talento descritivo incrível. Lendo um prefácio de Patrick Pessoa ao texto de Ana Kutner (*Passarinho*, editora Cobogó), encontrei esta citação de outro grande autor, Gore Vidal: "Eu era um aristocrata refinado de Manhattan. Norman Mailer era um judeu pobre do Brooklyn. Ele teve todas as facilidades que eu não tive para se tornar um grande artista". Parece uma piada, porém é uma intuição genial.
>
> (Leandro Karnal. *O Estado de S. Paulo*, 1/2/2020. Disponível em: https://cultura.estadao.com.br/noticias/geral,a-areia-que-forma-a-perola,70003214989. Acesso em: 8/5/2020.)

Nessa introdução, o autor constrói sua tese a partir de uma citação, o que confere maior credibilidade ao seu ponto de vista, pois ele se apoia na palavra de outrem, que podem ser pensadores e intelectuais como no texto apresentado, ou ainda uma autoridade no assunto, ou documentos e órgãos oficiais de imprensa.

Roteiro

> Dois princípios importantes são levados em conta por quem se propõe produzir impactos reais na área de políticas públicas. Em primeiro lugar, basear estratégias em evidências científicas aumenta as chances de que elas produzam impactos positivos.
>
> Em segundo, números não choram, e, portanto, é preciso, além de analisar dados, escutar as pessoas — em especial, as que têm maiores dificuldades para acessar direitos básicos em nosso país.
>
> (Ilona Szabó de Carvalho. *Folha de S.Paulo*, 6/11/2019. Disponível em: https://www1.folha.uol.com.br/colunas/ilona-szabo/2019/11/numeros-nao-choram.shtml. Acesso em: 8/5/2020.)

Nesse tipo de introdução, o autor anuncia o que pretende desenvolver e a forma como vai fazê-lo. Na introdução acima, o roteiro fornecido pela autora identifica dois princípios que norteiam a questão a ser discutida no texto, os quais ela desenvolve ao longo de sua argumentação.

Tipos de argumento do texto dissertativo-argumentativo

Comparação

Estabelece o confronto entre duas realidades diferentes, seja no tempo, seja no espaço, seja quanto a características físicas, etc. Veja o exemplo:

> Hoje LA [Los Angeles] tem 70% de sua área ocupada por vias e estacionamentos para carros. Apenas 0,8% das pessoas utilizam a bicicleta como meio de transporte. No outro extremo, temos Copenhague, com seus 1.000 km de ciclovias e 40% da população se locomovendo de bicicleta, com incentivos públicos para que este número ainda aumente. Lá, a câmera do cineasta sueco registra as queixas e incômodos de um motorista de táxi, em posição minoritária na capital das bicicletas.
>
> (Raquel Rolnik. *Folha de S.Paulo*, 15/6/2015. Disponível em: https://www1.folha.uol.com.br/colunas/raquelrolnik/2015/06/1642126-cidades-carros-e-bicicletas.shtml. Acesso em: 8/5/2020.)

monticello/Shutterstock

Nesse caso, compara-se o porcentual de vias, de ciclovias e de usuários de bicicleta nas cidades de Los Angeles (EUA) e de Copenhague (Dinamarca).

Alusão histórica

O autor retoma acontecimentos do passado para explicar fatos do presente. Veja o exemplo:

> Desde a eletrificação do mundo, que praticamente definiu a Segunda Revolução Industrial, assumimos que praticamente em qualquer lugar teremos energia elétrica à nossa disposição. De fato, segundo as Nações Unidas a quase totalidade dos cerca de 12% da população mundial ainda privados de eletricidade em 2016 viviam em áreas rurais, em particular nos países em desenvolvimento. Mais do que um insumo para nossos equipamentos, eletrodomésticos, máquinas e cidades, a geração de energia tornou-se uma dependência incontornável imposta por um mundo ancorado em vastas redes de comunicação de dados.
>
> (Guy Perelmuter. *O Estado de S. Paulo*, 6/2/2020. Disponível em: https://economia.estadao.com.br/noticias/geral,os-caminhos-da-energia,70003186589. Acesso em: 8/5/2020.)

Argumentos com provas concretas

Consistem na apresentação de números, dados estatísticos, resultados de enquetes, cifras relativas a investimentos, despesas e lucros, renda *per capita*, valores de dívida externa, índices de mortalidade infantil, aumento ou diminuição dos casos de Aids, etc. Veja um exemplo em que se usam resultados de pesquisa:

> Estudo global feito na última década pela empresa AVG Technologies revela, por exemplo, que 48% dos pais brasileiros admitem usar celular ou tablet no jantar. Mais: 65% deles reconhecem se distrair com o aparelho enquanto conversam com os filhos — consideram essa atitude um de seus piores hábitos —, e 40% enviam mensagens instantâneas a algum parente na mesma casa! Não é impressionante? Realmente, precisamos admitir que nossas relações interpessoais e familiares têm sido mediadas pelas tecnologias. Para o bem e para o mal.
>
> (Rosely Sayão. *O Estado de S. Paulo*, 29/12/2019. Disponível em: https://educacao.estadao.com.br/noticias/geral,decada-em-frente-a-tela,70003138601. Acesso em: 8/5/2020.)

Argumentos consensuais

São aqueles em que certas "verdades" aceitas por todos são utilizadas. Consistem em afirmações que geralmente não dependem de comprovação, como "Todo ser humano precisa de uma boa alimentação e lazer", "A poluição diminui a qualidade de vida nas grandes cidades", etc.

Argumentos de autoridade ou de exemplo

Apresentam o ponto de vista ou sugerem a imitação das ações de uma autoridade ou uma pessoa conhecida na área do assunto em discussão. Consistem em frases célebres ou em trechos de escritos de cientistas, técnicos, artistas, filósofos, políticos, etc., citados em discurso direto, discurso indireto ou discurso segundo. No caso de citação em discurso indireto, menciona-se o nome da pessoa e faz-se um resumo de suas ideias. Quando transcrita em discurso direto, a citação deve vir entre aspas, com a indicação do autor. Em discurso segundo, usam-se expressões como *segundo fulano, de acordo com fulano*... e faz-se um resumo de suas ideias. Veja um exemplo:

> Faraday é famoso por ter explicado os fenômenos eletromagnéticos, ou seja, a relação entre correntes elétricas e campos magnéticos (parte da Física que permitiu a invenção do motor elétrico e dos geradores de eletricidade). Em 1859, Faraday demonstrou que a razão de os patins deslizarem tão facilmente sobre o gelo é o fato de haver uma camada de água (gelo derretido) entre o patim e o gelo, que funcionaria como uma espécie de lubrificante. Desde então duas questões têm preocupado gerações de físicos: qual fenômeno faz o gelo derreter sob os patins e como a água, que é um péssimo lubrificante, diminui tanto o atrito entre o patim e o gelo.
>
> (Fernando Reinach. *O Estado de S. Paulo*, 11/1/2020. Disponível em: https://ciencia.estadao.com.br/noticias/geral,como-patinamos-no-gelo,70003152752. Acesso em: 8/5/2020.)

Argumentos de presença

Consistem em ilustrar com histórias, lendas ou parábolas a tese que se quer defender. No texto a seguir, sobre a distinção entre necessidade e desejo, o autor ilustrou sua tese recorrendo a um fato de um país asiático.

> Para explicar a diferença entre necessidade e desejo, uma parábola: Num país asiático, durante uma campanha de controle da natalidade, os camponeses mais pobres que aceitassem passar por uma vasectomia poderiam escolher entre dois prêmios: um saco de arroz ou um radinho de pilhas.
>
> Quase todos escolheram o radinho, apesar da fome, e devo confessar que tenho simpatia por aqueles camponeses.
>
> (Contardo Calligaris. *Folha de S.Paulo*. Disponível em: https://www1.folha.uol.com.br/colunas/contardocalligaris/2015/05/1631415-desejo-e-necessidade.shtml. Acesso em: 8/5/2020.)

Argumentos de retorção

O autor utiliza os próprios argumentos de interlocutor para refutá-los. Para justificar a redução da maioridade penal, um deputado afirma que um cidadão de 16 anos é capaz de distinguir o certo do errado. Veja como o autor do texto a seguir desmonta esse argumento:

> A lógica de Laerte Bessa naufraga, contudo, quando restringe o controle do comportamento a elementos cognitivos. Assim como o conhecimento de que o cigarro prejudica a saúde não impede o fumante de manter o hábito, apenas saber que algo é errado não basta para afastar jovens de encrencas.
>
> (Editorial. *Folha de S.Paulo*. Disponível em: https://www1.folha.uol.com.br/fsp/opiniao/222715-amadurecer-o-debate.shtml. Acesso em: 8/5/2020.)

Tipos de conclusão do texto dissertativo-argumentativo

A conclusão de um texto dissertativo-argumentativo geralmente ocupa o último ou os dois últimos parágrafos do texto. Ela pode ser construída a partir de pelo menos cinco procedimentos básicos, relacionados a seguir.

Síntese

> Da mesma forma que os atletas pressionam seus teclados em busca da jogada perfeita, que hoje rende milhões de visualizações e dólares, seus feitos desencadeiam reações que mobilizam o mercado milionário do entretenimento, provando que jogo é coisa séria.
>
> (Katia Rubio. *Folha de S.Paulo*, 12/10/2019. Disponível em: https://www1.folha.uol.com.br/colunas/katia-rubio/2019/10/a-politica-dos-e-nos-jogos-eletronicos.shtml. Acesso em: 8/5/2020.)

Gorodenkoff/Shutterstock

Nesse parágrafo, a autora faz uma síntese dos aspectos que abordou no desenvolvimento do texto, salientando a valorização dos *gamers* como atletas profissionais, tendo em vista os efeitos dessa nova profissão, abordada no texto. Observe que os argumentos não são retomados por inteiro, pois isso tornaria o texto repetitivo. A retomada, nesse caso, deve ser feita de forma sintética, evitando-se a mera repetição de palavras e frases.

Embora não seja obrigatório, é comum haver um elemento de coesão entre as demais partes do texto e a conclusão. Às vezes, esse elemento fica subentendido, como ocorreu no parágrafo acima, que poderia ter sido introduzido por uma palavra ou expressão, como *assim*, *portanto*, *desse modo*, *diante disso*, *nesse sentido*, entre outras.

Agregação

Bloomberg/Getty Images

> Talvez o século XX tenha sido o que mais evidenciou o poder da imagem. Os meios de comunicação de massa serviram a interesses de governos autoritários. O nazismo lançou mão de todo um aparato de propaganda para insuflar a população e difundir suas crenças e ideias. Assim o fizeram tantos outros, como os EUA por meio de Disney, de Hollywood e do "american way of life". Assim o fazem as grandes corporações contemporâneas, elegendo e difundindo ícones e símbolos para gravar suas marcas em nossas cabeças. E assim, de imagem a imagem, caminha a humanidade.
>
> (Candidato da Fuvest. Disponível em: https://vestibular.uol.com.br/ultimas-noticias/fuvest-2010-melhores-redacoes-05.jhtm. Acesso em: 8/5/2020.)

Nesse tipo de conclusão, finaliza-se com uma palavra ou frase que tenha um valor mais abrangente, isto é, apresenta-se uma ideia capaz de reunir todos os aspectos abordados anteriormente. Na conclusão acima, o autor amplia sua análise sobre o poder da imagem no século XX, desmembrando sua ação em três frentes: a política, a ideológica e a do consumo.

Proposta

> Para resolver esse problema, o receituário é conhecido. Ao invés de gritarmos bravatas uns para os outros, é urgente pensar em políticas públicas competentes que conectem a educação a um mercado de trabalho em transformação acelerada. Isso envolve investir em educação de qualidade para o século 21, inclusive em ensino técnico, especialmente profissionalizando o trabalho dos professores e tornando a escola mais significativa para os jovens. Mas isso não será suficiente se não criarmos bons programas para iniciar os jovens no mundo do empreendedorismo e do emprego.
>
> (Claudia Costin. *Folha de S.Paulo*, 28/2/2020. Disponível em: https://www1.folha.uol.com.br/colunas/claudia-costin/2020/02/os-jovens-a-crise-e-o-trabalho.shtml. Acesso em: 8/5/2020.)

Nesse tipo de conclusão, o autor faz propostas ou sugestões para que o problema em análise seja resolvido. Quanto mais concretas forem as propostas, evitando-se sugestões vagas, como "É preciso que todos tomem consciência", ou "Somente quando cada um de nós fizer sua parte", mais persuasivo será o texto como um todo.

No texto acima, em que se discute a privatização das escolas públicas, a autora se posiciona contra a provocação verbal para resolver a polêmica abordada no texto e sugere que se pensem políticas públicas que conectem a educação e o mercado de trabalho, bem como maior investimento em educação, na formação de professores e na transformação da escola em uma instituição mais significativa para os jovens. Por fim, sugere também a criação de "programas para iniciar os jovens no mundo do empreendedorismo e do emprego", encerrando uma proposta clara, objetiva e específica, que considera o contexto da discussão.

Pergunta

> Afinal, se for possível "plantar" na mente sensações que sejam indistinguíveis daquelas geradas pelos sentidos, nossa própria identidade e o livre-arbítrio podem tornar-se ficção. Na irônica frase de Millôr Fernandes, "livre pensar é só pensar", garantia-se liberdade desde que restrita apenas a pensamentos. Hoje, até nessa última forma corre-se risco. Ao menos o "pensar" continuará livre?
>
> (Demi Getschko. *O Estado de S. Paulo*, 18/2/2020. Disponível em: https://link.estadao.com.br/noticias/geral,o-ultimo-bastiao,70003201064. Acesso em: 8/5/2020.)

Nesse tipo de conclusão, a pergunta é puramente retórica, pois sua resposta, direta ou indiretamente, já foi apresentada. No texto de que faz parte a conclusão acima, por exemplo, o leitor é instigado a pensar sobre aparelhos e dispositivos que poderiam controlar a mente humana. Assim, o autor usa a conclusão para questionar a existência do livre-arbítrio nesse contexto, citando a frase de Millôr e lançando a pergunta que ratifica seu primeiro questionamento e a provocação ao leitor.

Surpresa

Ou, numa mistura maligna de arrogância e ignorância — talvez simplesmente porque não temos nada melhor a fazer —, vamos deletar as palavras que nos incomodam, os costumes que nos irritam, as pessoas que nos atrapalham e, quem sabe, iniciar uma campanha de queima de livros. De autores, seria um segundo passo. E assim caminhará para trás, velozmente, o que temos de humanidade.

(Lya Luft. "Vamos queimar os dicionários." *Veja*, 14/3/2012.)

Laerte Silvino/Arquivo da editora

Nesse texto, no qual é discutida a censura a um dicionário por trazer o sentido pejorativo da palavra *cigano*, a autora, de forma irônica, enumera uma série de ações para abolir tudo o que nos incomoda.

Na conclusão-surpresa, além da ironia e do humor, pode haver a citação de escritores, filósofos, estadistas, compositores e outros, de forma literal ou em forma de paródia. Pode haver também uma pequena história, uma piada, um pensamento que ilustre tudo o que se desenvolveu ou atribua novos sentidos ao texto.

Exercícios

Você vai ler a seguir uma proposta do vestibular da Fuvest e uma redação que recebeu nota máxima nesse exame. Observe como as estratégias que você aprendeu neste capítulo são utilizadas pela autora em diferentes momentos do texto, por vezes combinadas entre si.

Esta é a reprodução (aqui, sem as marcas normais dos anunciantes, que foram substituídas por **X**) de um anúncio publicitário real, colhido em uma revista, publicada no ano de 2012.

Como toda mensagem, esse anúncio, formado pela relação entre imagem e texto, carrega pressupostos e implicações: se o observarmos bem, veremos que ele expressa uma determinada mentalidade, projeta uma dada visão de mundo, manifesta uma certa escolha de valores e assim por diante.

Redija uma dissertação em prosa, na qual você interprete e discuta a mensagem contida nesse anúncio, considerando os aspectos mencionados no parágrafo anterior e, se quiser, também outros aspectos que julgue relevantes. Procure argumentar de modo a deixar claro seu ponto de vista sobre o assunto.

Instruções:

- A redação deve obedecer à norma-padrão da língua portuguesa.
- Escreva, no mínimo, 20 e, no máximo, 30 linhas, com letra legível.
- Dê um título a sua redação.

(Disponível em: https://acervo.fuvest.br/fuvest/2013/fuv2013_2fase_dia1.pdf. Acesso em: 14/5/2020.)

Reprodução/Fuvest, 2013.

Tenho, logo existo

No mito das sereias, o irresistível canto dessas criaturas atrai os marinheiros em direção aos rochedos que circundam a ilha em que elas estão entrincheiradas, inevitavelmente sendo o naufrágio das embarcações o desfecho. A música emitida por esses seres tem análogo na contemporaneidade: o capitalismo. Esse modo de produção apresenta três desencadeamentos que também levam o homem à ruína: o consumismo, a valorização do ter em detrimento do ser e a efemeridade das relações.

O consumismo é o responsável pela profusão de galerias e shopping centers que permeia a sociedade atual. Comprar tornou-se o principal passatempo — tal qual ilustram seriados como "Gossip Girl" — e também a raiz dos demais problemas capitalistas. A hipervalorização da aquisição de produtos originou a "escravidão moderna" de pessoas em fábricas, empregada como solução para baratear custos e ampliar a produção, e os golpes de lojas sediadas na rede a consumidores ávidos por descontos monumentais, irreais. Apesar disso, o dinheiro passou a comprar felicidade.

Empresas capitalistas desenvolvem novos produtos constantemente e o prazer instantâneo proporcionado por uma nova televisão ou geladeira acaba por superpor-se ao deleite duradouro de uma amizade. Assim, o nível de felicidade atribuído a uma pessoa baseia-se primordialmente em suas posses, e não em sua essência. Essa lógica inédita também norteia o estabelecimento de novos laços entre as pessoas, afora tendo a paridade econômica entre seus integrantes como pedra angular. Rarefazem-se amizades como a entre os personagens Berta, uma menina pobre, e Linda e Afonso, ricos irmãos, da obra alencariana "Til".

Essa nova característica das relações sociais é acompanhada pela efemeridade. Segundo o sociólogo polonês Zygmund Bauman, a sociedade líquida contemporânea solubiliza os laços entre as pessoas. De fato, a manutenção da relação entre dois indivíduos está sujeita à continuidade de ambos no mesmo patamar econômico. A ascensão financeira de uma das pessoas imediatamente a alçará a uma nova categoria de sociedade e, consequentemente, ao relacionamento com indivíduos mais pujantes, como ilustra a trajetória de antigos premiados pela Mega Sena.

O capitalismo inerente à maioria das nações contemporâneas trouxe consequências aterradoras para seus cidadãos. A felicidade atribuída ao ato de comprar desencadeou diversas mazelas atuais, entre elas a sobreposição do "ter" em relação ao "ser". Assim, tendo seu valor intrínseco associado às posses, as pessoas começaram a relacionar-se de forma efêmera, em um mundo onde apenas os endinheirados vivem prazerosamente. Se Descartes vivesse no século XXI, alteraria sua afirmação para "Tenho, logo existo".

(Disponível em: http://download.uol.com.br/vestibular2/fuvest2013_melhores_redacoes/exemplo27.jpg. Acesso em: 8/5/2020.)

1 Releia o primeiro parágrafo do texto.

a) Considerando os diferentes recursos que você estudou neste capítulo, descreva a forma por meio da qual a autora do texto introduz sua abordagem sobre o tema.

b) Qual é a tese defendida nesse texto e como ela se relaciona com a proposta do vestibular?

2 Identifique, no desenvolvimento do texto em estudo, argumentos construídos com base nestes procedimentos:

a) citação de autoridade;

b) exemplos de fatos da sociedade;

c) exemplos de filmes ou textos literários;

d) fatos consensuais.

3 Releia os seguintes trechos:

I. "A hipervalorização da aquisição de produtos originou a 'escravidão moderna' de pessoas em fábricas, empregada como solução para baratear custos e ampliar a produção, e os golpes de lojas sediadas na rede a consumidores ávidos por descontos monumentais, irreais. Apesar disso, o dinheiro passou a comprar felicidade."

II. "Empresas capitalistas desenvolvem novos produtos constantemente e o prazer instantâneo proporcionado por uma nova televisão ou geladeira acaba por superpor-se ao deleite duradouro de uma amizade."

III. "a manutenção da relação entre dois indivíduos está sujeita à continuidade de ambos no mesmo patamar econômico. A ascensão financeira de uma das pessoas imediatamente a alçará a uma nova categoria de sociedade e, consequentemente, ao relacionamento com indivíduos mais pujantes"

a) Quais desses trechos são construídos com base em uma relação de causa e efeito?

b) Qual desses trechos é construído com base em uma relação de oposição e contraste?

4 Releia o parágrafo de conclusão do texto em estudo.

a) Qual ideia retomada na conclusão dialoga diretamente com a proposta da prova?

b) Além de sintetizar a argumentação desenvolvida ao longo do texto, a autora encerra sua redação com outra estratégia de conclusão que você estudou neste capítulo. Identifique-a e justifique sua resposta.

Produzindo o texto dissertativo-argumentativo

Ao final desta unidade, você e seus colegas vão produzir uma revista de divulgação científica, que tem como função propagar conhecimentos e descobertas da ciência. Leia a proposta a seguir, do vestibular da Fuvest.

TEXTO 1

Reprodução/Fuvest, 2020.

Luis Fernando Verissimo, *As cobras: Antologia Definitiva*.

TEXTO 2

Somente numa sociedade onde exista um clima cultural, em que o impulso à curiosidade e o amor à descoberta sejam compreendidos e cultivados, pode a ciência florescer. Somente quando a ciência se torna profundamente enraizada como um elemento cultural da sociedade é que pode ser mantida e desenvolvida uma tecnologia progressista e inovadora, tornando-se, então, possível uma associação íntima e vital entre ciência e tecnologia. Essa associação é uma característica da nossa época e certamente essencial para a manutenção de uma civilização com os níveis presentes de população e qualidade de vida.

Oscar Sala, *O papel da ciência na sociedade*. 1974. Disponível em http://www.revistas.usp.br/revhistoria. Adaptado.

TEXTO 3

Quanta do latim
Plural de quantum
Quando quase não há
Quantidade que se medir
Qualidade que se expressar
Fragmento infinitésimo
Quase que apenas mental
Quantum granulado no mel
Quantum ondulado no sal
Mel de urânio, sal de rádio
Qualquer coisa quase ideal

Cântico dos cânticos
Quântico dos quânticos
Canto de louvor
De amor ao vento
Vento arte do ar
Balançando o corpo da flor
Levando o veleiro pro mar
Vento de calor
De pensamento em chamas
Inspiração
Arte de criar o saber

Arte, descoberta, invenção
Teoria em grego quer dizer
O ser em contemplação
Sei que a arte é irmã da ciência
Ambas filhas de um Deus fugaz
Que faz num momento
E no mesmo momento desfaz
Esse vago Deus por trás do mundo
Por detrás do detrás
Cântico dos cânticos
Quântico dos quânticos

Gilberto Gil, Quanta. 1997.

TEXTO 4

Nós criamos uma civilização global em que os elementos mais cruciais — o transporte, as comunicações e todas as outras indústrias, a agricultura, a medicina, a educação, o entretenimento, a proteção ao meio ambiente e até a importante instituição democrática do voto — dependem profundamente da ciência e da tecnologia. Também criamos uma ordem em que quase ninguém compreende a ciência e a tecnologia. É uma receita para o desastre. Podemos escapar ilesos por algum tempo, porém mais cedo ou mais tarde essa mistura inflamável de ignorância e poder vai explodir na nossa cara.

Carl Sagan, 1996.

TEXTO 5

Algo muito estranho está acontecendo no mundo atual. Vivemos melhor que qualquer outra geração anterior. Pessoas são saudáveis graças às ciências da saúde. Moram em residências robustas, produto da engenharia. Usam eletricidade, domada pelo homem devido ao seu conhecimento de química e física. Paradoxalmente, essas mesmas pessoas ligam seus computadores, tablets e celulares para adquirir e disseminar informações que rejeitam a mesma ciência que é tão presente em suas vidas. Vivemos num mundo em que pessoas usam a ciência para negar a ciência.

Alicia Kowaltowski, *Usando a ciência para negar a ciência*. 2019. Disponível em https://www.nexojornal.com.br/. Adaptado.

Considerando as ideias apresentadas nos textos e também outras informações que julgar pertinentes, redija uma dissertação em prosa, na qual você exponha seu ponto de vista sobre o tema: **o papel da ciência no mundo contemporâneo**.

(Disponível em: https://www.fuvest.br/wp-content/uploads/fuv2020_2fase_dia_1.pdf. Acesso em: 14/5/2020.)

Produza um texto dissertativo-argumentativo com base na proposta da Fuvest, considerando que ele irá compor a abertura da revista. Para definir quais textos serão publicados, vocês podem fazer um processo semelhante ao que fizeram no capítulo 61, adaptando o quadro de critérios da página 641 a essa nova proposta.

Utilize as estratégias estudadas neste capítulo para elaborar a introdução, o desenvolvimento e a conclusão do seu texto. Se quiser, conforme viu nos exemplos de textos estudados, você pode combinar e intercalar diferentes recursos a fim de construir um texto claro, objetivo e que exponha seu ponto de vista de forma bem-fundamentada.

Para planejar e revisar seu texto, consulte as orientações da página 643 do capítulo 61, lembrando que, embora o texto dissertativo tenha um formato relativamente fixo, você deve sempre atentar para as instruções específicas de cada nova proposta de redação que realiza.

Projeto

Divulgando saúde e ciência

Ao longo desta unidade, você pesquisou sobre o tema *saúde* em uma perspectiva interdisciplinar: história da saúde; diferenças culturais em relação à saúde; alimentação e saúde; poluição, preservação do meio ambiente e saúde; envelhecimento e saúde; exercício físico e saúde; pandemias. Com base em seus estudos e pesquisas, você produziu textos de diversos gêneros: resumo, resenha, seminário, artigo de divulgação científica, verbete enciclopédico e texto dissertativo-argumentativo. Com essas produções e mais algumas, você e seus colegas irão organizar uma revista interdisciplinar de divulgação científica e uma enciclopédia, ambas relacionadas ao tema *saúde*.

Escolham juntos títulos atraentes para a revista e para a enciclopédia, definindo um tipo de letra e um formato de escrita fixos, que funcionem como uma marca registrada das publicações de vocês. Também planejem a melhor forma de divulgação da revista e da enciclopédia: se haverá uma cerimônia de lançamento, como o público será informado ou convidado, se serão enviados comunicados por *e-mail*, se vocês farão postagens em redes sociais, se afixarão cartazes na escola, etc.

A proposta é que a revista seja impressa e a enciclopédia, digital e interativa.

Este projeto favorece o desenvolvimento das habilidades

EM13LGG101	EM13LGG104	EM13LGG105	EM13LGG301	EM13LGG603	EM13LGG701
EM13LGG703	EM13LP01	EM13LP15	EM13LP18	EM13LP34	EM3LP37

1. Reunindo e organizando os textos para a revista

Geralmente, as revistas são organizadas em seções, de acordo com o gênero, a finalidade e os temas dos textos. Decidam se vão dividir a revista em seções por gênero ou por temas. Retomem os textos produzidos, releiam-nos e revisem, se necessário.

Revejam o trabalho realizado na seção **Perspectivas**, criem e publiquem infográficos em uma seção especial ou acompanhando artigos e resenhas com temas relacionados.

Além disso, criem uma seção especial intitulada: "A redação nos vestibulares e no Enem". Lá, vocês podem publicar alguns dos textos produzidos no capítulo 61, além de textos informativos sobre alguns exames de seleção das universidades, de possíveis temas que podem ser cobrados nas provas de redação e outras atualidades das ciências que podem aparecer em questões de vestibulares e no Enem.

2. Seleção de textos dissertativo-argumentativos

Organizem duas votações: uma para selecionar alguns textos dissertativo-argumentativos produzidos no capítulo 61 para compor a seção sobre a redação no Vestibular e no Enem.

As dissertações que vocês produziram no capítulo 62, com base na proposta da Fuvest cujo tema é "o papel da ciência no mundo contemporâneo", abordam uma discussão diretamente relacionada à divulgação científica. Portanto, podem compor a revista com a função de *editoriais*. Para fazer a seleção desses textos, vocês podem mobilizar toda a classe ou solicitar ajuda de uma banca composta por professores da escola.

Lembrem que um editorial expressa o posicionamento de um veículo de comunicação ou de uma empresa jornalística. Por isso, os textos selecionados para serem publicados com essa função devem refletir a diversidade de posicionamentos da classe.

O restante do trabalho pode ser feito em grupos ou equipes, divididos por aptidão e interesse.

3. Trabalhando em equipe

Eis as etapas que envolvem a produção e a divulgação da revista científica, da enciclopédia:

Formatação do material para a revista

O grupo cuida da parte digital do trabalho, dos programas que serão utilizados para a diagramação do material e como ela será feita: número de colunas, tamanho do corpo, tipo de letra, uso de molduras, fundos com textura ou cor, etc.

Monkey Business Images/Shutterstock

Edição do material para a revista

O grupo cuida da parte editorial do trabalho, definindo qual será o texto principal da capa, quais outros devem aparecer em destaque, qual será a ordem das seções, etc. Também é responsável pela elaboração de créditos, informando o tipo de participação de cada aluno e pela impressão da revista.

Imagens: fotos, ilustrações, fotomontagens

O grupo fica responsável pelas imagens da revista e cuida de questões como os *layouts* da capa, a quarta capa e o editorial, o número de imagens para cada texto, a seleção e a distribuição dos infográficos na revista.

Formatação e edição do material para a enciclopédia

O grupo deve reunir, formatar e fazer a diagramação de todos os verbetes; pensar e discutir um projeto gráfico para a enciclopédia digital, definindo qual programa Wiki será utilizado; como processar o material, de modo que ele esteja pronto para ser digitalizado e postado na ferramenta digital escolhida; como serão feitos os *links* entre os verbetes e quais imagens podem ilustrar cada verbete.

Criação de *vlog* científico

Reprodução/Nerdologia

- Caso a turma tenha interesse, pode ser criado um canal de vídeos no YouTube ou um perfil em rede social ou outra plataforma, a fim de divulgar as pesquisas feitas pela turma por meio de vídeos.
- Vocês podem aproveitar os seminários e transformá-los em roteiros para a gravação dos vídeos.
- Há no YouTube diversos canais de divulgação científica nos quais vocês podem se inspirar, como Nerdologia, Ciência Todo Dia, Manual do Mundo, Drauzio Varella.

Em dia com o Enem e o vestibular

1 (UNICAMP-SP)

Você está participando de um curso sobre o livro O sentimento de si: corpo, emoção e consciência, de autoria do neurocientista António Damásio. Uma das avaliações do curso consiste na produção de um texto de divulgação científica a ser publicado em um blog do curso. O objetivo do seu texto será o de divulgar as ideias do autor para um público mais amplo, especialmente para alunos do ensino médio. Você deverá escrever o seu texto **sobre o tema da indução das emoções**, baseado no excerto abaixo, incluindo:

a) uma explicação sobre indutores de emoção com exemplos do próprio texto;
b) uma breve narrativa que exemplifique processos de indução de emoções;
c) uma finalização baseada no fechamento do texto original.

Lembre-se de que o **texto de divulgação científica** deverá ter um título adequado aos conteúdos tratados.

O induzir das emoções

As emoções acontecem em dois tipos de circunstâncias. O primeiro tipo de circunstâncias tem lugar quando o organismo processa determinados objetos ou situações através de um dos seus dispositivos sensoriais, por exemplo, quando o organismo avista um rosto ou um local familiar. O segundo tipo de circunstâncias tem lugar quando a mente de um organismo recorda certos objetos e situações e os representa, como imagens, no processo do pensamento, por exemplo, a recordação do rosto de uma amiga ou o fato de esta ter acabado de falecer.

Um fato que se torna óbvio ao considerarmos as emoções é que certas espécies de objetos ou acontecimentos tendem a estar mais sistematicamente ligadas a determinado tipo de emoção que a outros. As classes de estímulos que provocam alegria, medo ou tristeza tendem a fazê-lo de forma consistente no mesmo indivíduo e em indivíduos que compartilham os mesmos antecedentes culturais. Apesar de todas as possíveis variações na expressão de uma emoção, e apesar do fato de podermos ter emoções mistas, existe uma correspondência aproximada entre classes de indutores de emoção e o resultante estado emocional. Ao longo da evolução, os organismos adquiriram os meios para responder a determinados estímulos — sobretudo aos que são potencialmente úteis ou perigosos sob o ponto de vista da sobrevivência — através de um conjunto de respostas a que chamamos emoção.

Também é importante notar que enquanto o mecanismo biológico das emoções é largamente predeterminado, os indutores de emoção são externos e não fazem parte desse mecanismo. Os estímulos que causam a emoção não se encontram, de modo algum, confinados aos que ajudaram a formar nosso cérebro emocional ao longo da evolução e que podem induzir emoção desde os primeiros dias de vida. À medida que se desenvolvem e interagem, os organismos ganham experiência factual e emocional com diversos objetos e situações do ambiente, tendo assim uma oportunidade de associar muitos objetos e situações que poderiam ter permanecido emocionalmente neutros, com os objetos e as situações que causam emoções naturalmente. A forma de aprendizagem conhecida por condicionamento é uma das maneiras de obter esta associação. Uma casa parecida com a que o leitor viveu uma infância feliz pode fazê-lo sentir-se feliz, embora nada de especialmente bom ainda se tenha passado na casa. Do mesmo modo, o rosto de uma belíssima desconhecida, que se assemelha ao de uma pessoa ligada a um acontecimento terrível, pode causar-lhe desconforto ou irritação. Pode até nunca chegar a perceber por quê.

A consequência de concedermos um valor emocional aos objetos que não estavam biologicamente destinados a receber essa carga emocional é tornar infinita a lista de estímulos que, potencialmente, podem induzir emoções. De uma forma ou de outra, a maior parte dos objetos e das situações conduzem a alguma reação emocional, embora uns em maior escala que outros. A reação emocional pode ser fraca ou forte — e, felizmente para nós, é fraca na maior parte das vezes — mas mesmo assim está sempre presente. A emoção e o mecanismo biológico que lhe é subjacente são os companheiros obrigatórios do comportamento, consciente ou não. Um certo grau de emoção acompanha, forçosamente, o pensamento sobre nós mesmos ou sobre o que nos rodeia.

(Adaptado de António Damásio. *O sentimento de si: corpo, emoção e consciência*. Lisboa: Círculo de Leitores, 2013, p. 79-81.)

2 (UNICAMP-SP)

Você é um(a) escritor(a) que publica uma crônica em uma revista semanal. Sempre se viu como uma pessoa livre de preconceitos e sempre apoiou a igualdade de gêneros. Hoje, porém, ao ler uma matéria no *El País*, você se deu conta de que, certa vez, vivenciou um episódio em que considerou normal uma das atitudes listadas nessa matéria, as quais, segundo Ianko López, revelam o *micromachismo* enraizado em nossa sociedade.

Diante da sua tomada de consciência, você decidiu que esse será o tema da sua crônica desta semana. Identificou, então, entre as atitudes listadas (excerto 1) a que corresponde à situação que você vivenciou. Em sua crônica, você deve, tal como fez Chimamanda Ngozi Adichie (excerto 2): a) narrar o episódio vivenciado por você, b) relacioná-lo à atitude *micromachismo* escolhida e c) expor suas reflexões sobre os sentimentos que o reconhecimento dessa atitude despertou em você.

Crônica é um gênero textual que aborda temas do cotidiano. Normalmente é veiculada em jornais e revistas. O cronista trata de situações corriqueiras sob uma ótica particular.

Para redigir o seu texto, leve em conta os excertos apresentados a seguir.

TEXTO 1

As atitudes machistas mais flagrantes são claras para nós. Aquelas que, de forma manifesta e constante, colocam a mulher em uma posição inferior ao homem em contextos sociais, econômicos, jurídicos e familiares. Aquelas que consideram que o homem e a mulher nascem com objetivos e ambições diferentes na vida. No entanto, apesar das reivindicações históricas dos anos 1970 e da crescente conscientização em relação ao machismo em todos os âmbitos culturais e políticos nos últimos anos, há pequenos resquícios que continuam interiorizados em muitos de nós. São sequelas da nossa educação e dos produtos culturais que nos formaram como pessoas e que fazem com que, apesar de criticarmos e denunciarmos o machismo, ainda possamos cair em algumas de suas armadilhas sem perceber. O micromachismo, como vem sendo chamado nos últimos cinco anos, se manifesta em formas de discriminação muito sutis que acontecem todos os dias, até mesmo nos ambientes mais progressistas. Segue uma lista baseada em exemplos que demonstram que talvez tenhamos entendido o grosso das reivindicações feministas, mas ainda precisamos ler as letras miúdas.

1. Achei necessário explicar algo a uma mulher sem que ela me pedisse, pelo simples fato de ser mulher.
2. Comentei com um amigo que ficou cuidando dos filhos: "Hoje te deixaram de babá."
3. Perguntei a uma mulher se ela estava "naqueles dias" quando me respondeu com indiferença ou desprezo.
4. Disse que "ajudo" nas tarefas do lar, subentendendo que esse é um trabalho da mulher em que eu estou ajudando, e não participando em condições de igualdade.
5. Em meu trabalho ou entre amigos, só chamo os homens para jogar futebol, pressupondo que as mulheres não querem jogar.
6. Perguntei a uma mulher quando vai ter filhos, mas nunca perguntei o mesmo a um homem.
7. Pago todos os meus jantares com mulheres acreditando que é o que se espera de mim.
8. Descrevi uma mulher como "pouco feminina".
9. Usei a palavra "provocante" para descrever a roupa de uma mulher.
10. Comentei que "essas não são formas para uma moça falar."
11. Na televisão, aprecio homens ácidos e divertidos e mulheres bonitas.
12. Fiz o comentário "Ela é uma mulher forte", subentendendo que as mulheres, em geral, são fracas.
13. Deixo meu filho adolescente ficar na rua até as 3 da madrugada, mas obrigo minha filha a voltar antes da meia-noite.

(Adaptado de Ianko López, Micromachismos: se é homem e faz alguma destas coisas, deve repensar seu comportamento. Disponível em El País. https://brasil.elpais.com/brasil/2018/03/07/politica/ 1520426823_220468.html. Acessado em 28/06/2019.)

TEXTO 2

Quando eu estava no primário, em Nsukka, uma cidade universitária no sudeste da Nigéria, no começo do ano letivo, a professora anunciou que iria dar uma prova e quem tirasse a nota mais alta seria o monitor da classe. Ser monitor era muito importante. Ele podia anotar, diariamente, o nome dos colegas baderneiros, o que por si só já era ter um poder enorme; além disso, ele podia circular pela sala empunhando uma vara, patrulhando a turma do fundão. É claro que o monitor não podia usar a vara. Mas era uma ideia empolgante para uma criança de nove anos, como eu. Eu queria muito ser a monitora da minha classe. E tirei a nota mais alta. Mas, para minha surpresa, a professora disse que o monitor seria um menino. Ela havia se esquecido de esclarecer esse ponto, achou que fosse óbvio. Um garoto tirou a segunda nota mais alta. *Ele* seria o monitor. O mais interessante é que o menino era uma alma bondosa e doce, que não tinha o menor interesse em vigiar a classe com uma vara. Mas eu era menina e ele, menino, e ele foi escolhido. Nunca me esqueci desse episódio. Se repetimos uma coisa várias vezes, ela se torna normal. Se vemos uma coisa com frequência, ela se torna normal. Se só os meninos são escolhidos como monitores da classe, então em algum momento nós todos vamos achar, mesmo que inconscientemente, que só um menino pode ser o monitor da classe. Se só os homens ocupam cargos de chefia nas empresas, começamos a achar "normal" que esses cargos de chefia só sejam ocupados por homens. Eu tendo a cometer o erro de achar que uma coisa óbvia para mim também é óbvia para todo mundo. Um dia estava conversando com meu querido amigo Louis, que é um homem brilhante e progressista, e ele me disse: "Não entendo quando você diz que as coisas são diferentes e mais difíceis para as mulheres. Talvez fosse verdade no passado, mas não é mais. Hoje as mulheres têm tudo o que querem." Oi? Como o Louis não enxergava o que para mim era tão óbvio?

(Adaptado de Chimamanda Ngozi Adichie. *Sejamos todos feministas*. Tradução de Christina Baum. São Paulo: Companhia das Letras, 2015, p. 15-17.)

3 (ITA-SP) Com base em um ou mais itens da coletânea e em seus conhecimentos, argumente sobre a questão abaixo.

Em que medida o conhecimento tecnocientífico segue princípios ético morais?

TEXTO 1

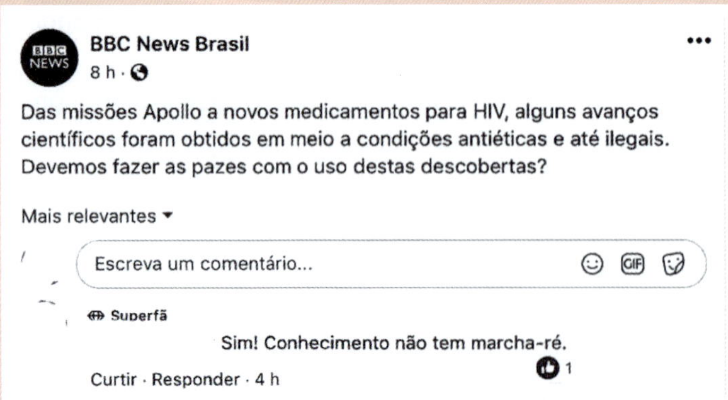
BBC News Brasil
8 h ·
Das missões Apollo a novos medicamentos para HIV, alguns avanços científicos foram obtidos em meio a condições antiéticas e até ilegais. Devemos fazer as pazes com o uso destas descobertas?
Mais relevantes
Escreva um comentário...
Superfã
Sim! Conhecimento não tem marcha-ré.
Curtir · Responder · 4 h
1

Reprodução/ITA, 2019.

Fonte: https://www.facebook.com/bbcnewsbrasil/posts/10156477015187816. Publicado em 28/07/2019. Adaptado. Acessado em 28/07/2019.

TEXTO 2

Fonte: Sidney Harris. *A ciência ri: o melhor de Sidney Harris*. *Seleção e tradução Jesus de Paula Assis*. São Paulo: Editora UNESP, 2007, p. 61.

TEXTO 3

Em 2015, o cientista Stephen Hawking respondeu a um internauta que lhe perguntara sobre riscos de uma eventual inteligência artificial maligna:

Se as máquinas produzirem tudo de que precisamos, o resultado dependerá de como as coisas são distribuídas. Todo mundo poderá aproveitar uma vida de lazer luxuoso se a riqueza produzida pela máquina for compartilhada, ou a maior parte das pessoas pode se tornar miserável se os donos das máquinas conseguirem se posicionar contra a redistribuição da riqueza. Até agora, a tendência tem sido para a segunda opção, com a tecnologia aumentando a desigualdade.

Apud: https://olhardigital.com.br/noticia/stephen-hawking-explica-o-risco-da-evolucao-dainteligencia-artificial/52029. Publicado em 08/10/2015. Acessado em 17/08/2019.

TEXTO 4

"A França anunciou um Concurso Internacional de Arquitetura para reconstruir a torre central (popularmente conhecida como 'agulha' ou 'flecha') da Catedral de Notre-Dame de Paris, depois que ela desmoronou em um grande incêndio no dia 15 de abril. O primeiro-ministro francês, Édouard Philippe, disse que o concurso garantirá que o marco arquitetônico danificado receba uma nova torre 'adaptada às técnicas e desafios de nossos tempos'.

A execução do plano de reconstrução será uma questão de talento. São poucos os especialistas em construção em pedra, mas felizmente, esforços recentes para reconstruir catedrais garantiram um grupo de profissionais habilidosos na área, a partir de reparos como o da Catedral De Nidaros, em Trondheim, na Noruega e a Catedral York Minster, na Inglaterra. Em adição à competência dos profissionais, a reconstrução de Notre-Dame também será beneficiada pela tecnologia moderna. Em 2010, o historiador de arte Andrew Tallon realizou um *scan* a laser do interior da catedral, que fornece uma planta virtual àqueles que irão reconstruir o monumento.

Reprodução/ITA, 2019.

Reprodução/ITA, 2019.

Reprodução/ITA, 2019.

Reprodução/ITA, 2019.

Reprodução/ITA, 2019.

Reprodução/ITA, 2019.

Outros recursos tecnológicos também podem auxiliar a equipe de reconstrução a construir uma estrutura mais forte e resiliente. Ao substituir as estruturas de madeira, os construtores podem considerar utilizar materiais mais modernos para evitar o apodrecimento. Máquinas de roteamento computadorizadas podem duplicar os detalhes complexos de modo que não seria possível décadas atrás. Membros estruturais escondidos podem fortalecer os 'ossos' de Notre-Dame. Novas formas de impermeabilização podem oferecer camadas adicionais de proteção."

Fonte: https://www.caubr.gov.br/catedral-notre-dame-franca-anuncia-concurso-de-arquiteturapara-reconstruir-torre/. Publicado em 17/04/2019. Adaptado. Acessado em 20/07/2019.

Fonte das imagens: https://internacional.estadao.com.br/noticias/geral,de-vista-panoramica-ateto-de-vidro-saiba-como-os-arquitetos-estao-imaginando-a-nova-notre-dame,70002827347. Publicado em 13/05/2019. Acessado em 17/08/2019.

BNCC do Ensino Médio: habilidades da área de Linguagens e suas tecnologias

(EM13LGG101) Compreender e analisar processos de produção e circulação de discursos, nas diferentes linguagens, para fazer escolhas fundamentadas em função de interesses pessoais e coletivos.

(EM13LGG102) Analisar visões de mundo, conflitos de interesse, preconceitos e ideologias presentes nos discursos veiculados nas diferentes mídias, ampliando suas possibilidades de explicação, interpretação e intervenção crítica da/na realidade.

(EM13LGG103) Analisar o funcionamento das linguagens, para interpretar e produzir criticamente discursos em textos de diversas semioses (visuais, verbais, sonoras, gestuais).

(EM13LGG104) Utilizar as diferentes linguagens, levando em conta seus funcionamentos, para a compreensão e produção de textos e discursos em diversos campos de atuação social.

(EM13LGG105) Analisar e experimentar diversos processos de remidiação de produções multissemióticas, multimídia e transmídia, desenvolvendo diferentes modos de participação e intervenção social.

(EM13LGG201) Utilizar as diversas linguagens (artísticas, corporais e verbais) em diferentes contextos, valorizando-as como fenômeno social, cultural, histórico, variável, heterogêneo e sensível aos contextos de uso.

(EM13LGG202) Analisar interesses, relações de poder e perspectivas de mundo nos discursos das diversas práticas de linguagem (artísticas, corporais e verbais), compreendendo criticamente o modo como circulam, constituem-se e (re)produzem significação e ideologias.

(EM13LGG203) Analisar os diálogos e os processos de disputa por legitimidade nas práticas de linguagem e em suas produções (artísticas, corporais e verbais).

(EM13LGG204) Dialogar e produzir entendimento mútuo, nas diversas linguagens (artísticas, corporais e verbais), com vistas ao interesse comum pautado em princípios e valores de equidade assentados na democracia e nos Direitos Humanos.

(EM13LGG301) Participar de processos de produção individual e colaborativa em diferentes linguagens (artísticas, corporais e verbais), levando em conta suas formas e seus funcionamentos, para produzir sentidos em diferentes contextos.

(EM13LGG302) Posicionar-se criticamente diante de diversas visões de mundo presentes nos discursos em diferentes linguagens, levando em conta seus contextos de produção e de circulação.

(EM13LGG303) Debater questões polêmicas de relevância social, analisando diferentes argumentos e opiniões, para formular, negociar e sustentar posições, frente à análise de perspectivas distintas.

(EM13LGG304) Formular propostas, intervir e tomar decisões que levem em conta o bem comum e os Direitos Humanos, a consciência socioambiental e o consumo responsável em âmbito local, regional e global.

(EM13LGG305) Mapear e criar, por meio de práticas de linguagem, possibilidades de atuação social, política, artística e cultural para enfrentar desafios contemporâneos, discutindo princípios e objetivos dessa atuação de maneira crítica, criativa, solidária e ética.

(EM13LGG401) Analisar criticamente textos de modo a compreender e caracterizar as línguas como fenômeno (geo)político, histórico, social, cultural, variável, heterogêneo e sensível aos contextos de uso.

(EM13LGG402) Empregar, nas interações sociais, a variedade e o estilo de língua adequados à situação comunicativa, ao(s) interlocutor(es) e ao gênero do discurso, respeitando os usos das línguas por esse(s) interlocutor(es) e sem preconceito linguístico.

(EM13LGG502) Analisar criticamente preconceitos, estereótipos e relações de poder presentes nas práticas corporais, adotando posicionamento contrário a qualquer manifestação de injustiça e desrespeito a direitos humanos e valores democráticos.

(EM13LGG601) Apropriar-se do patrimônio artístico de diferentes tempos e lugares, compreendendo a sua diversidade, bem como os processos de legitimação das manifestações artísticas na sociedade, desenvolvendo visão crítica e histórica.

(EM13LGG602) Fruir e apreciar esteticamente diversas manifestações artísticas e culturais, das locais às mundiais, assim como delas participar, de modo a aguçar continuamente a sensibilidade, a imaginação e a criatividade.

(EM13LGG603) Expressar-se e atuar em processos de criação autorais individuais e coletivos nas diferentes linguagens artísticas (artes visuais, audiovisual, dança, música e teatro) e nas intersecções entre elas, recorrendo a referências estéticas e culturais, conhecimentos de naturezas diversas (artísticos, históricos, sociais e políticos) e experiências individuais e coletivas.

(EM13LGG604) Relacionar as práticas artísticas às diferentes dimensões da vida social, cultural, política e econômica e identificar o processo de construção histórica dessas práticas.

(EM13LGG701) Explorar tecnologias digitais da informação e comunicação (TDIC), compreendendo seus princípios e funcionalidades, e utilizá-las de modo ético, criativo, responsável e adequado a práticas de linguagem em diferentes contextos.

(EM13LGG702) Avaliar o impacto das tecnologias digitais da informação e comunicação (TDIC) na formação do sujeito e em suas práticas sociais, para fazer uso crítico dessa mídia em práticas de seleção, compreensão e produção de discursos em ambiente digital.

(EM13LGG703) Utilizar diferentes linguagens, mídias e ferramentas digitais em processos de produção coletiva, colaborativa e projetos autorais em ambientes digitais.

(EM13LGG704) Apropriar-se criticamente de processos de pesquisa e busca de informação, por meio de ferramentas e dos novos formatos de produção e distribuição do conhecimento na cultura de rede.

(EM13LP01) Relacionar o texto, tanto na produção como na leitura/escuta, com suas condições de produção e seu contexto sócio-histórico de circulação (leitor/audiência previstos, objetivos, pontos de vista e perspectivas, papel social do autor, época, gênero do discurso etc.), de forma a ampliar as possibilidades de construção de sentidos e de análise crítica e produzir textos adequados a diferentes situações.

(EM13LP02) Estabelecer relações entre as partes do texto, tanto na produção como na leitura/escuta, considerando a construção composicional e o estilo do gênero, usando/reconhecendo adequadamente elementos e recursos coesivos diversos que contribuam para a coerência, a continuidade do texto e sua progressão temática, e organizando informações, tendo em vista as condições de produção e as relações lógico-discursivas envolvidas (causa/efeito ou consequência; tese/argumentos; problema/solução; definição/exemplos etc.).

(EM13LP03) Analisar relações de intertextualidade e interdiscursividade que permitam a explicitação de relações dialógicas, a identificação de posicionamentos ou de perspectivas, a compreensão de paráfrases, paródias e estilizações, entre outras possibilidades.

(EM13LP04) Estabelecer relações de interdiscursividade e intertextualidade para explicitar, sustentar e conferir consistência a posicionamentos e para construir e corroborar explicações e relatos, fazendo uso de citações e paráfrases devidamente marcadas.

(EM13LP05) Analisar, em textos argumentativos, os posicionamentos assumidos, os movimentos argumentativos (sustentação, refutação/contra-argumentação e negociação) e os argumentos utilizados para sustentá-los, para avaliar sua força e eficácia, e posicionar-se criticamente diante da questão discutida e/ou dos argumentos utilizados, recorrendo aos mecanismos linguísticos necessários.

(EM13LP06) Analisar efeitos de sentido decorrentes de usos expressivos da linguagem, da escolha de determinadas palavras ou expressões e da ordenação, combinação e contraposição de palavras, dentre outros, para ampliar as possibilidades de construção de sentidos e de uso crítico da língua.

(EM13LP07) Analisar, em textos de diferentes gêneros, marcas que expressam a posição do enunciador frente àquilo que é dito: uso de diferentes modalidades (epistêmica, deôntica e apreciativa) e de diferentes recursos gramaticais que operam como modalizadores (verbos modais, tempos e modos verbais, expressões modais, adjetivos, locuções ou orações adjetivas, advérbios, locuções ou orações adverbiais, entonação etc.), uso de estratégias de impessoalização (uso de terceira pessoa e de voz passiva etc.), com vistas ao incremento da compreensão e da criticidade e ao manejo adequado desses elementos nos textos produzidos, considerando os contextos de produção.

(EM13LP08) Analisar elementos e aspectos da sintaxe do português, como a ordem dos constituintes da sentença (e os efeito que causam sua inversão), a estrutura dos sintagmas, as categorias sintáticas, os processos de coordenação e subordinação (e os efeitos de seus usos) e a sintaxe de concordância e de regência, de modo a potencializar os processos de compreensão e produção de textos e a possibilitar escolhas adequadas à situação comunicativa.

(EM13LP09) Comparar o tratamento dado pela gramática tradicional e pelas gramáticas de uso contemporâneas em relação a diferentes tópicos gramaticais, de forma a perceber as diferenças de abordagem e o fenômeno da variação linguística e analisar motivações que levam ao predomínio do ensino da norma-padrão na escola.

(EM13LP10) Analisar o fenômeno da variação linguística, em seus diferentes níveis (variações fonético-fonológica, lexical, sintática, semântica e estilístico-pragmática) e em suas diferentes dimensões (regional, histórica, social, situacional, ocupacional, etária etc.), de forma a ampliar a compreensão sobre a natureza viva e dinâmica da língua e sobre o fenômeno da constituição de variedades linguísticas de prestígio e estigmatizadas, e a fundamentar o respeito às variedades linguísticas e o combate a preconceitos linguísticos.

(EM13LP11) Fazer curadoria de informação, tendo em vista diferentes propósitos e projetos discursivos.

(EM13LP12) Selecionar informações, dados e argumentos em fontes confiáveis, impressas e digitais, e utilizá-los de forma referenciada, para que o texto a ser produzido tenha um nível de aprofundamento adequado (para além do senso comum) e contemple a sustentação das posições defendidas.

(EM13LP13) Analisar, a partir de referências contextuais, estéticas e culturais, efeitos de sentido decorrentes de escolhas de elementos sonoros (volume, timbre, intensidade, pausas, ritmo, efeitos sonoros, sincronização etc.) e de suas relações com o verbal, levando-os em conta na produção de áudios, para ampliar as possibilidades de construção de sentidos e de apreciação.

(EM13LP14) Analisar, a partir de referências contextuais, estéticas e culturais, efeitos de sentido decorrentes de escolhas e composição das imagens (enquadramento, ângulo/vetor, foco/profundidade de campo, iluminação, cor, linhas, formas etc.) e de sua sequenciação (disposição e transição, movimentos de câmera, *remix*, entre outros), das *performances* (movimentos do corpo, gestos, ocupação do espaço cênico), dos elementos sonoros (entonação, trilha sonora, sampleamento etc.) e das relações desses elementos com o verbal, levando em conta esses efeitos nas produções de imagens e vídeos, para ampliar as possibilidades de construção de sentidos e de apreciação.

(EM13LP15) Planejar, produzir, revisar, editar, reescrever e avaliar textos escritos e multissemióticos, considerando sua adequação às condições de produção do texto, no que diz respeito ao lugar social a ser assumido e à imagem que se pretende passar a respeito de si mesmo, ao leitor pretendido, ao veículo e mídia em que o texto ou produção cultural vai circular, ao contexto imediato e sócio-histórico mais geral, ao gênero textual em questão e suas regularidades, à variedade linguística apropriada a esse contexto e ao uso do conhecimento dos aspectos notacionais (ortografia padrão, pontuação adequada, mecanismos de concordância nominal e verbal, regência verbal etc.), sempre que o contexto o exigir.

(EM13LP16) Produzir e analisar textos orais, considerando sua adequação aos contextos de produção, à forma composicional e ao estilo do gênero em questão, à clareza, à progressão temática e à variedade linguística empregada, como também aos elementos relacionados à fala (modulação de voz, entonação, ritmo, altura e intensidade, respiração etc.) e à cinestesia (postura corporal, movimentos e gestualidade significativa, expressão facial, contato de olho com plateia etc.).

(EM13LP17) Elaborar roteiros para a produção de vídeos variados (*vlog*, videoclipe, videominuto, documentário etc.), apresentações teatrais, narrativas multimídia e transmídia, *podcasts*, *playlists* comentadas etc., para ampliar as possibilidades de produção de sentidos e engajar-se em práticas autorais e coletivas.

(EM13LP18) Utilizar *softwares* de edição de textos, fotos, vídeos e áudio, além de ferramentas e ambientes colaborativos para criar textos e produções multissemióticas com finalidades diversas, explorando os recursos e efeitos disponíveis e apropriando-se de práticas colaborativas de escrita, de construção coletiva do conhecimento e de desenvolvimento de projetos.

(EM13LP19) Apresentar-se por meio de textos multimodais diversos (perfis variados, *gifs* biográficos, *biodata*, currículo *web*, videocurrículo etc.) e de ferramentas digitais (ferramenta de *gif*, *wiki*, *site* etc.), para falar de si mesmo de formas variadas, considerando diferentes situações e objetivos.

(EM13LP20) Compartilhar gostos, interesses, práticas culturais, temas/problemas/questões que despertam maior interesse ou preocupação, respeitando e valorizando diferenças, como forma de identificar afinidades e interesses comuns, como também de organizar e/ou participar de grupos, clubes, oficinas e afins.

(EM13LP21) Produzir, de forma colaborativa, e socializar *playlists* comentadas de preferências culturais e de entretenimento, revistas culturais, fanzines, *e-zines* ou publicações afins que divulguem, comentem e avaliem músicas, *games*, séries, filmes, quadrinhos, livros, peças, exposições, espetáculos de dança etc., de forma a compartilhar gostos, identificar afinidades, fomentar comunidades etc.

(EM13LP22) Construir e/ou atualizar, de forma colaborativa, registros dinâmicos (mapas, *wiki* etc.) de profissões e ocupações de seu interesse (áreas de atuação, dados sobre formação, fazeres, produções, depoimentos de profissionais etc.) que possibilitem vislumbrar trajetórias pessoais e profissionais.

(EM13LP23) Analisar criticamente o histórico e o discurso político de candidatos, propagandas políticas, políticas públicas, programas e propostas de governo, de forma a participar do debate político e tomar decisões conscientes e fundamentadas.

(EM13LP24) Analisar formas não institucionalizadas de participação social, sobretudo as vinculadas a manifestações artísticas, produções culturais, intervenções urbanas e formas de expressão típica das culturas juvenis que pretendam expor uma problemática ou promover uma reflexão/ação, posicionando-se em relação a essas produções e manifestações.

(EM13LP25) Participar de reuniões na escola (conselho de escola e de classe, grêmio livre etc.), agremiações, coletivos ou movimentos, entre outros, em debates, assembleias, fóruns de discussão etc., exercitando a escuta atenta, respeitando seu turno e tempo de fala, posicionando-se de forma fundamentada, respeitosa e ética diante da apresentação de propostas e defesas de opiniões, usando estratégias linguísticas típicas de negociação e de apoio e/ou de consideração do discurso do outro (como solicitar esclarecimento, detalhamento, fazer referência direta ou retomar a fala do outro, parafraseando-a para endossá-la, enfatizá-la, complementá-la ou enfraquecê-la), considerando propostas alternativas e reformulando seu posicionamento, quando for o caso, com vistas ao entendimento e ao bem comum.

(EM13LP26) Relacionar textos e documentos legais e normativos de âmbito universal, nacional, local ou escolar que envolvam a definição de direitos e deveres – em especial, os voltados a adolescentes e jovens – aos seus contextos de produção, identificando ou inferindo possíveis motivações e finalidades, como forma de ampliar a compreensão desses direitos e deveres.

(EM13LP27) Engajar-se na busca de solução para problemas que envolvam a coletividade, denunciando o desrespeito a direitos, organizando e/ou participando de discussões, campanhas e debates, produzindo textos reivindicatórios, normativos, entre outras possibilidades, como forma de fomentar os princípios democráticos e uma atuação pautada pela ética da responsabilidade, pelo consumo consciente e pela consciência socioambiental.

(EM13LP28) Organizar situações de estudo e utilizar procedimentos e estratégias de leitura adequados aos objetivos e à natureza do conhecimento em questão.

(EM13LP29) Resumir e resenhar textos, por meio do uso de paráfrases, de marcas do discurso reportado e de citações, para uso em textos de divulgação de estudos e pesquisas.

(EM13LP30) Realizar pesquisas de diferentes tipos (bibliográfica, de campo, experimento científico, levantamento de dados etc.), usando fontes abertas e confiáveis, registrando o processo e comunicando os resultados, tendo em vista os objetivos pretendidos e demais elementos do contexto de produção, como forma de compreender como o conhecimento científico é produzido e apropriar-se dos procedimentos e dos gêneros textuais envolvidos na realização de pesquisas.

(EM13LP31) Compreender criticamente textos de divulgação científica orais, escritos e multissemióticos de diferentes áreas do conhecimento, identificando sua organização tópica e a hierarquização das informações, identificando e descartando fontes não confiáveis e problematizando enfoques tendenciosos ou superficiais.

(EM13LP32) Selecionar informações e dados necessários para uma dada pesquisa (sem excedê-los) em diferentes fontes (orais, impressas, digitais etc.) e comparar autonomamente esses conteúdos, levando em conta seus contextos de produção, referências e índices de confiabilidade, e percebendo coincidências, complementaridades, contradições, erros ou imprecisões conceituais e de dados, de forma a compreender e posicionar-se criticamente sobre esses conteúdos e estabelecer recortes precisos.

(EM13LP33) Selecionar, elaborar e utilizar instrumentos de coleta de dados e informações (questionários, enquetes, mapeamentos, opinários) e de tratamento e análise dos conteúdos obtidos, que atendam adequadamente a diferentes objetivos de pesquisa.

(EM13LP34) Produzir textos para a divulgação do conhecimento e de resultados de levantamentos e pesquisas – texto monográfico, ensaio, artigo de divulgação científica, verbete de enciclopédia (colaborativa ou não), infográfico (estático ou animado), relato de experimento, relatório, relatório multimidiático de campo, reportagem científica, *podcast* ou *vlog* científico, apresentações orais, seminários, comunicações em mesas-redondas, mapas dinâmicos etc. –, considerando o contexto de produção e utilizando os conhecimentos sobre os gêneros de divulgação científica, de forma a engajar-se em processos significativos de socialização e divulgação do conhecimento.

(EM13LP35) Utilizar adequadamente ferramentas de apoio a apresentações orais, escolhendo e usando tipos e tamanhos de fontes que permitam boa visualização, topicalizando e/ou organizando o conteúdo em itens, inserindo de forma adequada imagens, gráficos, tabelas, formas e elementos gráficos, dimensionando a quantidade de texto e imagem por *slide* e usando, de forma harmônica, recursos (efeitos de transição, *slides* mestres, *layouts* personalizados, gravação de áudios em *slides* etc.).

(EM13LP36) Analisar os interesses que movem o campo jornalístico, os impactos das novas tecnologias digitais de informação e comunicação e da *Web* 2.0 no campo e as condições que fazem da informação uma mercadoria e da checagem de informação uma prática (e um serviço) essencial, adotando atitude analítica e crítica diante dos textos jornalísticos.

(EM13LP37) Conhecer e analisar diferentes projetos editoriais – institucionais, privados, públicos, financiados, independentes etc. –, de forma a ampliar o repertório de escolhas possíveis de fontes de informação e opinião, reconhecendo o papel da mídia plural para a consolidação da democracia.

(EM13LP38) Analisar os diferentes graus de parcialidade/imparcialidade (no limite, a não neutralidade) em textos noticiosos, comparando relatos de diferentes fontes e analisando o recorte feito de fatos/dados e os efeitos de sentido provocados pelas escolhas realizadas pelo autor do texto, de forma a manter uma atitude crítica diante dos textos jornalísticos e tornar-se consciente das escolhas feitas como produtor.

(EM13LP39) Usar procedimentos de checagem de fatos noticiados e fotos publicadas (verificar/avaliar veículo, fonte, data e local da publicação, autoria, URL, formatação; comparar diferentes fontes; consultar ferramentas e *sites* checadores etc.), de forma a combater a proliferação de notícias falsas (*fake news*).

(EM13LP40) Analisar o fenômeno da pós-verdade – discutindo as condições e os mecanismos de disseminação de *fake news* e também exemplos, causas e consequências desse fenômeno e da prevalência de crenças e opiniões sobre fatos –, de forma a adotar atitude crítica em relação ao fenômeno e desenvolver uma postura flexível que permita rever crenças e opiniões quando fatos apurados as contradisserem.

(EM13LP41) Analisar os processos humanos e automáticos de curadoria que operam nas redes sociais e outros domínios da internet, comparando os *feeds* de diferentes páginas de redes sociais e discutindo os efeitos desses modelos de curadoria, de forma a ampliar as possibilidades de trato com o diferente e minimizar o efeito bolha e a manipulação de terceiros.

(EM13LP42) Acompanhar, analisar e discutir a cobertura da mídia diante de acontecimentos e questões de relevância social, local e global, comparando diferentes enfoques e perspectivas, por meio do uso de ferramentas de curadoria (como agregadores de conteúdo) e da consulta a serviços e fontes de checagem e curadoria de informação, de forma a aprofundar o entendimento sobre um determinado fato ou questão, identificar o enfoque preponderante da mídia e manter-se implicado, de forma crítica, com os fatos e as questões que afetam a coletividade.

(EM13LP43) Atuar de forma fundamentada, ética e crítica na produção e no compartilhamento de comentários, textos noticiosos e de opinião, memes, *gifs*, remixes variados etc. em redes sociais ou outros ambientes digitais.

(EM13LP44) Analisar formas contemporâneas de publicidade em contexto digital (*advergame*, anúncios em vídeos, *social advertising*, *unboxing*, narrativa mercadológica, entre outras) e peças de campanhas publicitárias e políticas (cartazes, folhetos, anúncios, propagandas em diferentes mídias, *spots*, *jingles* etc.), identificando valores e representações de situações, grupos e configurações sociais veiculadas, desconstruindo estereótipos, destacando estratégias de engajamento e viralização e explicando os mecanismos de persuasão utilizados e os efeitos de sentido provocados pelas escolhas feitas em termos de elementos e recursos linguístico-discursivos, imagéticos, sonoros, gestuais e espaciais, entre outros.

(EM13LP45) Analisar, discutir, produzir e socializar, tendo em vista temas e acontecimentos de interesse local ou global, notícias, fotodenúncias, fotorreportagens, reportagens multimidiáticas, documentários, infográficos, podcasts noticiosos, artigos de opinião, críticas da mídia, *vlogs* de opinião, textos de apresentação e apreciação de produções culturais (resenhas, ensaios etc.) e outros gêneros próprios das formas de expressão das culturas juvenis (*vlogs* e *podcasts* culturais, *gameplay* etc.), em várias mídias, vivenciando de forma significativa o papel de repórter, analista, crítico, editorialista ou articulista, leitor, vlogueiro e *booktuber*, entre outros.

(EM13LP46) Compartilhar sentidos construídos na leitura/escuta de textos literários, percebendo diferenças e eventuais tensões entre as formas pessoais e as coletivas de apreensão desses textos, para exercitar o diálogo cultural e aguçar a perspectiva crítica.

(EM13LP47) Participar de eventos (saraus, competições orais, audições, mostras, festivais, feiras culturais e literárias, rodas e clubes de leitura, cooperativas culturais, jograis, repentes, *slams* etc.), inclusive para socializar obras da própria autoria (poemas, contos e suas variedades, roteiros e microrroteiros, videominutos, *playlists* comentadas de música etc.) e/ou interpretar obras de outros, inserindo-se nas diferentes práticas culturais de seu tempo.

(EM13LP48) Identificar assimilações, rupturas e permanências no processo de constituição da literatura brasileira e ao longo de sua trajetória, por meio da leitura e análise de obras fundamentais do cânone ocidental, em especial da literatura portuguesa, para perceber a historicidade de matrizes e procedimentos estéticos.

(EM13LP49) Perceber as peculiaridades estruturais e estilísticas de diferentes gêneros literários (a apreensão pessoal do cotidiano nas crônicas, a manifestação livre e subjetiva do eu lírico diante do mundo nos poemas, a múltipla perspectiva da vida humana e social dos romances, a dimensão política e social de textos da literatura marginal e da periferia etc.) para experimentar os diferentes ângulos de apreensão do indivíduo e do mundo pela literatura.

(EM13LP50) Analisar relações intertextuais e interdiscursivas entre obras de diferentes autores e gêneros literários de um mesmo momento histórico e de momentos históricos diversos, explorando os modos como a literatura e as artes em geral se constituem, dialogam e se retroalimentam.

(EM13LP51) Selecionar obras do repertório artístico-literário contemporâneo à disposição segundo suas predileções, de modo a constituir um acervo pessoal e dele se apropriar para se inserir e intervir com autonomia e criticidade no meio cultural.

(EM13LP52) Analisar obras significativas das literaturas brasileiras e de outros países e povos, em especial a portuguesa, a indígena, a africana e a latino-americana, com base em ferramentas da crítica literária (estrutura da composição, estilo, aspectos discursivos) ou outros critérios relacionados a diferentes matrizes culturais, considerando o contexto de produção (visões de mundo, diálogos com outros textos, inserções em movimentos estéticos e culturais etc.) e o modo como dialogam com o presente.

(EM13LP53) Produzir apresentações e comentários apreciativos e críticos sobre livros, filmes, discos, canções, espetáculos de teatro e dança, exposições etc. (resenhas, *vlogs* e *podcasts* literários e artísticos, *playlists* comentadas, fanzines, *e-zines* etc.).

(EM13LP54) Criar obras autorais, em diferentes gêneros e mídias – mediante seleção e apropriação de recursos textuais e expressivos do repertório artístico – e/ou produções derivadas (paródias, estilizações, *fanfics*, *fanclipes* etc.), como forma de dialogar crítica e/ou subjetivamente com o texto literário.

Bibliografia

ANTUNES, Irandé. Avaliação da produção textual no ensino médio. *In*: BUNZEN, C.; MENDONÇA, Márcia (org.). *Português no ensino médio e formação do professor*. São Paulo: Parábola Editorial, 2006.

ARAÚJO, Júlio César. *Internet & ensino:* novos gêneros, outros desafios. Rio de Janeiro: Lucerna, 2007.

ARGAN, Giulio Carlo. *Arte moderna.* São Paulo: Companhia das Letras, 1993.

AUERBACH, Erich. *Introdução aos estudos literários.* São Paulo: Cultrix, 1972.

BAGNO, M. *Gramática de bolso do português brasileiro.* São Paulo: Parábola, 2013.

BAKHTIN, Mikhail. *Estética da criação verbal.* São Paulo: Martins Fontes, 1997.

BAKHTIN, Mikhail. *Marxismo e filosofia da linguagem.* São Paulo: Hucitec, 1979.

BARBOSA, Jaqueline Peixoto. Outras mídias e linguagens na escola. *In*: *Materiais didáticos:* escolha e uso. Boletim 14, agosto de 2005. TV Escola — Salto para o futuro. MEC. Disponível em: http://tvbrasil.org.br/fotos/salto/series/151007MateriaisDidaticos.pdf.

BECHARA, Evanildo. *Moderna gramática portuguesa.* 37. ed. Rio de Janeiro: Lucerna, 2004.

BOSI, Alfredo. *História concisa da literatura brasileira.* São Paulo: Cultrix, 1972.

BRANDÃO, Helena Nagamine (org.). *Gêneros do discurso na escola.* São Paulo: Cortez, 2000. v. 5.

BRASIL. Ministério da Educação; Secretaria de Educação Básica; União Nacional dos Dirigentes Municipais da Educação; Conselho Nacional de Secretarias de Educação. MEC; SEB; Undime; Consed. *Base Nacional Comum Curricular.* Versão final. Brasília, 2018. Disponível em: http://basenacionalcomum.mec.gov.br/images/BNCC_EI_EF_110518_versaofinal_site.pdf.

BUNZEN, C.; MENDONÇA, M. *Português no ensino médio e formação do professor.* São Paulo: Parábola, 2006.

BUZATO, Marcelo. *Letramentos digitais e formação dos professores.* Disponível em: www.educared.org/educa/img_conteudo/marcelobuzato.pdf.

CANDIDO, Antonio. *Formação da literatura brasileira.* Belo Horizonte: Itatiaia; São Paulo: Edusp, 1975.

CANDIDO, A.; CASTELLO, J. A. *Presença da literatura brasileira.* São Paulo: Difel, 1968. 3 v.

CASTILHO, Ataliba T. *Gramática do português brasileiro.* São Paulo: Contexto, 2010.

COSCARELLI, Carla V. (org.). *Tecnologias para aprender.* São Paulo: Parábola, 2016.

FRIEDRICH, Hugo. *Estrutura da lírica moderna.* São Paulo: Duas Cidades, 1978.

GONÇALVES, Marcos Augusto. *1922 — A semana que não terminou.* São Paulo: Companhia das Letras, 2012.

GUINSBURG, J. (org.). *O Romantismo.* São Paulo: Perspectiva; Secretaria da Cultura, Ciência e Tecnologia, 1978.

HAUSER, Arnold. *História social da literatura e da arte.* São Paulo: Mestre Jou, 1982. 2 v.

ILARI, Rodolfo. *A linguística e o ensino da língua portuguesa.* 4. ed. São Paulo: Martins Fontes, 1992.

ILARI, Rodolfo. *Introdução à semântica:* brincando com a gramática. São Paulo: Contexto, 2001.

ILARI, Rodolfo. *Introdução ao estudo do léxico:* brincando com as palavras. São Paulo: Contexto, 2002.

ILARI, Rodolfo; BASSO, Renato. *O português da gente — A língua que estudamos, a língua que falamos.* São Paulo: Contexto, 2006.

KLEIMAN, A. Modelos de letramento e as práticas de alfabetização na escola. *In*: KLEIMAN, A. (org.). *Os significados do letramento:* uma nova perspectiva sobre a prática social da escrita. Campinas: Mercado de Letras, 1995. p. 15-16.

KLEIMAN, A.; SEPULVEDA, C. *Oficina de gramática:* metalinguagem para principiantes. Campinas: Pontes, 2012.

KOCH, Ingedore G. V. *A coerência textual.* São Paulo: Contexto, 1991.

MARCUSCHI, Luiz Antônio. *Produção textual, análise de gêneros e compreensão.* São Paulo: Parábola, 2011.

MENDONÇA, Márcia. *Análise linguística no ensino médio:* um novo olhar, um outro objeto. *In*: BUNZEN, C.; MENDONÇA, M. *Português no ensino médio e formação do professor.* São Paulo: Parábola, 2006.

NEVES, Maria Helena de Moura. *A gramática revelada em textos.* São Paulo: Editora Unesp, 2018.

NEVES, Maria Helena de Moura. *Guia de uso do português.* São Paulo: Editora Unesp, 2003.

NEVES, Maria Helena de Moura. *Que gramática estudar na escola:* norma e uso na língua portuguesa. São Paulo: Contexto, 2004.

PAULINO, Graça. *Tipos de textos, modos de leitura.* Belo Horizonte: Formato, 2001.

PERINI, Mário A. *Gramática descritiva do português.* 2. ed. São Paulo: Ática, 1993.

POSSENTI, Sírio. *Por que (não) ensinar gramática na escola.* Campinas: Mercado de Letras, 1996.

POSSENTI, Sírio. *Questões de linguagem:* passeio gramatical dirigido. São Paulo: Parábola, 2011.

RIBEIRO, Ana Elisa; JESUS, L. M. *Produção de fanfictions e escrita colaborativa:* uma proposta de adaptação para a sala de aula. Scripta (PUCMG), v. 23, p. 93-108, 2019.

ROJO, R. *Escol@ conectada:* os multiletramentos e as TICs. São Paulo: Parábola, 2013.

ROJO, Roxane (org.). *A prática de linguagem em sala de aula.* São Paulo: Educ/Campinas: Mercado de Letras, 2000.

ROJO, Roxane; MOURA, Eduardo (org.). *Multiletramentos na escola.* São Paulo: Parábola, 2012.

ROJO, R. H. R.; MOURA, E. *Letramentos, mídias, linguagens.* São Paulo: Parábola, 2019.

RONCARI, Luiz. *Literatura brasileira:* dos primeiros cronistas aos últimos românticos. São Paulo: Edusp/FDE, 1995.

SARAIVA, Antônio José; LOPES, Oscar. *História da literatura portuguesa.* 12. ed. Porto: Porto, 1982.

SCHNEUWLY, Bernard; DOLZ, Joaquim. *Os gêneros orais e escritos na escola.* Tradução e organização de Roxane Rojo e Glaís Cordeiro. Campinas: Mercado de Letras, 2004.

TRASK, Robert L. *Dicionário de linguagem e linguística.* São Paulo: Contexto, 2006.

LINGUAGENS
E SUAS TECNOLOGIAS

conecte LIVE

WILLIAM CEREJA

Professor graduado em Português e Linguística e licenciado em Português pela Universidade de São Paulo (USP).

Mestre em Teoria Literária pela Universidade de São Paulo (USP).

Doutor em Linguística Aplicada e Análise do Discurso pela Pontifícia Universidade Católica (PUC-SP).

Professor da rede particular de ensino em São Paulo, capital.

CAROLINA DIAS VIANNA

Professora graduada e licenciada em Português pela Universidade Estadual de Campinas (Unicamp).

Mestre em Linguística Aplicada pela Universidade Estadual de Campinas (Unicamp).

Doutora em Linguística Aplicada pela Universidade Estadual de Campinas (Unicamp).

Professora das redes pública e particular de ensino nos Estados de São Paulo e Minas Gerais.

Língua Portuguesa

Caderno de Atividades

ATIVIDADES COMPLEMENTARES

Editora Saraiva

Editora Saraiva

Presidência: Mario Ghio Júnior
Direção de soluções educacionais: Camila Montero Vaz Cardoso
Direção editorial: Lidiane Vivaldini Olo
Gerência editorial: Viviane Carpegiani
Gestão de área: Julio Cesar Augustus de Paula Santos
Gestão e coordenação de área: Noé G. Ribeiro
Edição: Daniella Skezo Zerbinatti, Fernanda Carvalho, Mônica Rodrigues de Lima e Paula Junqueira
Planejamento e controle de produção: Flávio Matuguma (ger.), Juliana Batista, Felipe Nogueira, Juliana Gonçalves e Anny Lima
Revisão: Kátia Scaff Marques (coord.), Brenda T. M. Morais, Claudia Virgilio, Daniela Lima, Malvina Tomáz e Ricardo Miyake
Arte: André Gomes Vitale (ger.), Catherine Saori Ishihara (coord.), Fábio Cavalcante (edit. arte)
Diagramação: Type Editores
Iconografia e tratamento de imagem: André Gomes Vitale (ger.), Claudia Bertolazzi e Denise Kremer (coord.), Camila Losimfeldt (pesquisa iconográfica) e Fernanda Crevin (tratamento de imagens)
Licenciamento de conteúdos de terceiros: Roberta Bento (ger.); Jenis Oh (coord.), Liliane Rodrigues, Flávia Zambon e Raísa Maris Reina (analistas de licenciamento)
Ilustrações: Erika Lourenço, Filipe Rocha, Gustavo Ramos, Mariângela Haddad, Nelson Provazi, Rico, Roberto Weigand, Weberson Santiago
Design: Erik Taketa (coord.) e Adilson Casarotti (proj. gráfico e capa)
Foto de capa: ©Casé Cb2Crew/Acervo do artista / Liam Norris/Getty Images / VaLiza/Shutterstock

---

Avenida Paulista, 901, 6º andar – Bela Vista
São Paulo – SP – CEP 01310-200
http://www.somoseducacao.com.br

Dados Internacionais de Catalogação na Publicação (CIP)

Cereja, William
Conecte live : Língua portuguesa : volume único / William Cereja, Carolina Dias Vianna. -- 1. ed. -- São Paulo : Saraiva, 2020. (Conecte)

ISBN 978-85-4723-730-1 (aluno)
ISBN 978-85-4723-731-8 (professor)

1. Língua portuguesa (Ensino Médio) I. Título II. Vianna, Carolina Dias III. Série

20-2109 CDD 469.07

Angélica Ilacqua CRB-8/7057

2023
Código da obra CL 524977
CAE 726753 (AL) / 726754 (PR)
1ª edição
8ª impressão

Impressão e acabamento: EGB Editora Gráfica Bernardi Ltda.

Uma publicação SOMOS EDUCAÇÃO

Conheça seu Caderno de Atividades

Este caderno foi elaborado especialmente para você, estudante do Ensino Médio, que deseja praticar o que aprendeu durante as aulas e se qualificar para as provas do Enem e de vestibulares.

O material foi estruturado para que você consiga utilizá-lo de forma autônoma, em seus estudos individuais além do horário escolar, ou sob orientação de seu professor, que poderá lhe sugerir atividades complementares às do livro.

Flip!

Gire o seu livro e tenha acesso a uma seleção de questões do Enem e de vestibulares de todo o Brasil.

plurall

No Plurall, você encontrará as resoluções em vídeo das questões propostas.

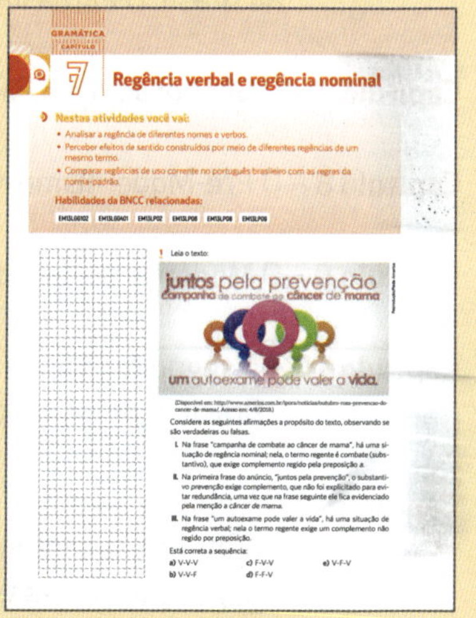

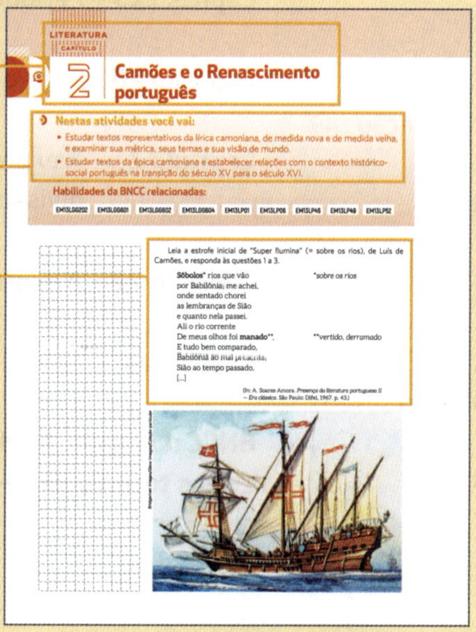

Atividades organizadas por capítulo, seguindo a estrutura do livro.

Aqui você encontra os objetivos de aprendizagem relacionados às atividades.

Em continuidade ao trabalho do livro, as atividades dão suporte ao desenvolvimento das habilidades da BNCC indicadas.

Atividades

Os principais conceitos trabalhados no livro são retomados em atividades que permitem a aplicação dos conhecimentos aprendidos durante o Ensino Médio.

Consulte as respostas das atividades no final do material.

Sumário

Literatura

Gramática

1 A produção literária medieval

Nestas atividades você vai:

- Ter contato com a novela de cavalaria medieval e reconhecer nela a expressão do amor cortês.
- Ler cantigas líricas trovadorescas, de amigo e de amor, e reconhecer nelas traços que as caracterizam considerando o eu lírico, a ambientação e a estrutura formal das cantigas.
- Ler cantigas satíricas trovadorescas e observar nelas o tipo de sátira que promovem, a identificação ou não da pessoa satirizada e aspectos da linguagem poética.

Habilidades da BNCC relacionadas:

EM13LGG601 EM13LGG602 EM13LGG604 EM13LP01 EM13LP06 EM13LP46 EM13LP49 EM13LP52

1 Leia um fragmento de *A demanda do Santo Graal*:

> [...]
>
> Quando o cavaleiro ficou desarmado, começou a pensar muito. E depois que pensou muito tempo, deu um grande suspiro; depois começou a chorar a muito grandes soluços de modo que aqueles que o escutavam ficaram espantados. Depois começou a fazer seu lamento e a dizer:
>
> — Ai, amor! Vós me tendes morto e maltratado. Eu bem cuidava que bem e alegria viessem de vós; e ora vejo que não vem senão pena e mal e pesar e toda a desventura.
>
> Depois também disse:
>
> — Ai, cavaleiro desgraçado e infeliz e pobre, por que meteste teu coração em tão alto lugar onde nada podes ter? Por que a vi por minha morte e por minha confusão? Pois morrerei por bem amar e nunca terei do amor por galardão, senão a morte.
>
> [...]
>
> (Heitor Megale (org.). São Paulo: Companhia das Letras, 2008. p. 353-354.)

No fragmento lido, o discurso e o comportamento do cavaleiro refletem uma atitude típica de certas cantigas trovadorescas. Trata-se:

a) do lamento pelo distanciamento físico do ser amado representado nas cantigas de amigo.

b) da expressão do sofrimento pela inacessibilidade da mulher, como nas cantigas de amor.

c) do exagero da expressão amorosa como forma de ridicularizar certos trovadores nas cantigas de maldizer.

d) do emprego de uma linguagem ambígua para criticar alguém cujo nome é omitido, semelhante às cantigas de escárnio.

e) do papel feminino assumido pelo trovador para falar do namorado, como acontece nas cantigas de amigo.

2 Leia a cantiga a seguir.

Vaiamos, irmãa, vaiamos dormir	*vamos*
(en) nas **ribas** do lago, **u** eu andar vi	*margens, onde*
a las aves meu amigo.	*meu namorado caçando aves*
Vaiamos, irmãa, vaiamos **folgar**	*descansar*
(en) nas ribas do lago, u eu vi andar	
a las aves meu amigo.	
En nas ribas do lago, u eu andar vi,	
seu arco na mãao a las aves ferir,	
a las aves meu amigo.	
En nas ribas do lago, u eu vi andar,	
seu arco na mãao a las aves **tirar**,	*atirar*
a las aves meu amigo.	
Seu arco na mãao as aves ferir,	
a las que cantavam **leixa-las guarir**,	*deixando partir*
a las aves meu amigo.	
Seu arco na mãao as aves tirar,	
a las que cantavam non nas quer matar	
a las aves meu amigo.	

(Fernando Esguio. *In*: Segismundo Spina. *A lírica trovadoresca*. Rio de Janeiro: Grifo; São Paulo: Edusp, 1972. p. 369.)

Nessa cantiga de amigo, há vários elementos responsáveis pela musicalidade e pela facilidade de memorização. Desses elementos, só **não** encontramos na cantiga:

a) o *refrão*, verso que se repete no final de cada estrofe.

b) o *par de estrofes* ou estrofes que se repetem com o emprego de termos sinônimos.

c) o *leixa-pren*, encadeamento entre estrofes pares e ímpares, com o segundo verso de uma estrofe sendo o primeiro de outra estrofe.

d) a repetição de estruturas sintáticas, como em "Vaiamos, irmãa, vaiamos dormir/ Vaiamos, irmãa, vaiamos folgar".

e) *versos brancos*, sem *rima* nos finais das linhas.

3 Leia esta estrofe de uma cantiga de Dom Joan Garcia de Guilhade:

[...]	[...]
Ai dona fea! se Deus me [perdon!	*Ai dona feia! que Deus me [perdoe!*
e pois havedes tan gran [coraçon	*porque você tem um grande [coração*
que vos eu loe en esta razon,	*eu deveria louvá-la,*
vos quero já loar toda via;	*e quero louvá-la sempre;*
e vedes qual será a loaçon:	*e veja qual será a louvação:*
dona fea, velha e sandia!	*dona feia, velha e louca!*

(Massaud Moisés. *A literatura portuguesa através dos textos*. São Paulo: Cultrix, 1988. p. 29-30.)

O que caracteriza essa cantiga é:

a) a identificação do receptor com que o eu lírico dialoga.

b) a presença da vassalagem amorosa.

c) o emprego da ironia, pois o eu lírico faz o contrário do que afirma.

d) a dama que não atende ao que deseja o trovador.

e) o atributo feminino de perfeição física e moral.

4 A relação *servo/senhor feudal*, em que este tem a posse da vida daquele, aparece reproduzida no relacionamento amoroso do seguinte fragmento de cantiga:

a) "No mundo non me sei parelha,
mentre me for como me vai,
ca já moiro por vós — e ai!
mia senhor branca e vermelha
[...]"

(Paio Soares de Taveirós. *In*: Segismundo Spina. *Presença da literatura portuguesa*. Rio de Janeiro: Bertrand Brant, 2006.)

b) "Ondas do mar de Vigo,
se vistes meu amigo!
e ai Deus, se verrá cedo!"

(Martim Codax. *In*: *Cantares dos trovadores galego-portugueses, cit.*)

c) "Ca ven meu amigo,
e vem san' e vivo:
e irei, madr', a Vigo."

(Martim Codax. *In*: José J. Nunes. *Cantigas de amigo dos trovadores galego-portugueses, cit.*)

d) "Rui Queimado morreu con amor
en seus cantares, por Sancta Maria,
por ua dona que gran bem queria,
e, por se meter por mais trobador,
porque lh'ela non quis [o] bem fazer,
fez-s'el en seus cantares morrer,
mas ressurgiu depois ao tercer dia!
[...]"

(Pero Garcia Burgalês. *In*: J. J. Nunes. *Crestomatia arcaica*. 3. ed. Lisboa: Clássica, 1943.)

e) "Ua dona, non digu'eu qual,
non agoirou ogano mal
polas oitavas de Natal:
ia por sa missa oir
e ouv'um corvo carnaçal,
e non quis da casa sair."

(João Airas de Santiago. *In*: Natália Correia. *Cantares dos trovadores galego-portugueses, cit.*)

Bridgeman/Fotoarena/Galeria de Arte de Manchester, Reino Unido

Quando maçãs eram douradas e músicas eram doces, mas verão se foi (1906), de John Melhuish Strudwick.

2 Camões e o Renascimento português

Nestas atividades você vai:

- Estudar textos representativos da lírica camoniana, de medida nova e de medida velha, e examinar sua métrica, seus temas e sua visão de mundo.
- Estudar textos da épica camoniana e estabelecer relações com o contexto histórico-social português na transição do século XV para o século XVI.

Habilidades da BNCC relacionadas:

EM13LGG202 EM13LGG601 EM13LGG602 EM13LGG604 EM13LP01 EM13LP06 EM13LP46 EM13LP49 EM13LP52

Leia a estrofe inicial de "Super flumina" (= sobre os rios), de Luís de Camões, e responda às questões 1 a 3.

Sôbolos* rios que vão
por Babilônia, me achei,
onde sentado chorei
as lembranças de Sião
e quanto nela passei.
Ali o rio corrente
De meus olhos foi **manado****,
E tudo bem comparado,
Babilônia ao mal presente,
Sião ao tempo passado.
[...]

*sobre os rios

**vertido, derramado

(In: A. Soares Amora. *Presença da literatura portuguesa II — Era clássica*. São Paulo: Difel, 1967. p. 43.)

Bridgeman Images/Glow Images/Coleção particular

1 Na estrofe, a oposição espacial remete a outra oposição, menos concreta. Trata-se de:

a) um tempo passado de sofrimento e um tempo presente de ventura.

b) um tempo passado venturoso e um tempo presente de amargura.

c) um rio real identificado geograficamente e um rio de lágrimas metafórico.

d) um tempo de navegação dos portugueses ("sobre os rios") e do período de exílio no Oriente.

e) um tempo de juventude e devassidão e do tempo presente de realização de sonhos.

2 É possível situar o poema na chamada lírica tradicional camoniana porque, formalmente:

a) foi composto com versos *decassílabos*.

b) utiliza a forma do *soneto*.

c) emprega versos *livres*.

d) não apresenta esquema de *rimas*.

e) é composto de versos *redondilhos*.

3 Quanto à preocupação temática, percebe-se que o eu lírico:

a) descreve a natureza como cenário de um encontro amoroso.

b) utiliza a natureza como confidente.

c) reflete sobre a instabilidade da vida e do mundo.

d) lamenta seu amor por uma mulher inacessível.

e) mostra amargura com a partida da amada.

4 Leia atentamente um fragmento do episódio do gigante Adamastor, de *Os lusíadas*.

E disse: Ó gente ousada, mais que quantas
No mundo cometeram grandes cousas,
Tu, que por guerras cruas, tais e tantas,
E por trabalhos vãos nunca repousas,
Pois os vedados términos quebrantas
E navegar meus longos mares ousas,
Que eu tanto tempo há que guardo e tenho,
Nunca arados de estranho ou próprio lenho:

Pois vens ver os segredos escondidos
Da natureza e do úmido elemento,
A nenhum grande humano concedidos
De nobre ou de imortal merecimento.
[...]

(*Idem*, p. 60.)

Embora irritado com a ousadia dos navegantes, o discurso de Adamastor desfila elogios aos portugueses. Isso só **não** ocorre na seguinte passagem:

a) "Ó gente ousada, mais que quantas / No mundo cometeram grandes cousas, [...]"

b) "[...] os vedados términos quebrantas [...]"

c) "[...] navegar meus longos mares ousas,"

d) "[...] tanto tempo há que guardo e tenho [...]"

e) "[...] vens ver os segredos escondidos [...] / A nenhum grande humano concedidos"

Leia o soneto de Camões abaixo e responda às questões 5 e 6.

Busque Amor novas artes, novo engenho,
para matar-me, e novas esquivanças;
que não pode tirar-me as esperanças,
que mal me tirará o que eu não tenho.

Olhai de que esperanças me mantenho!
Vede que perigosas seguranças!
Que não temo contrastes nem mudanças,
andando em bravo mar, perdido o lenho.

Mas, conquanto não pode haver desgosto
onde esperança falta, lá me esconde
Amor um mal, que mata e não se vê.

Que dias há que na alma me tem posto
um não sei quê, que nasce não sei onde,
vem não sei como, e dói não sei por quê.

(In: A. Soares Amora. *Presença da literatura portuguesa II – Era clássica*. São Paulo: Difel, 1967. p. 37.)

5 Nos dois primeiros versos, compreende-se que o agente do verbo *buscar* é:

a) Amor.

b) esquivanças.

c) engenho.

d) artes.

e) esquivanças e artes.

6 No último terceto, o eu lírico descreve o que sente. Esse sentimento é caracterizado como:

a) inteligível.

b) maléfico.

c) racional.

d) concebível.

e) indefinível.

Leia o texto teórico a seguir, a respeito do Classicismo, e responda às questões 7 e 8.

> [...] A arte clássica é racionalista por excelência: "Haja a Razão lugar, seja entendida", como afirma Antônio Ferreira [...]. O racionalismo clássico não significa de modo algum ausência de emoção e sentimento, apenas pressupõe que a Razão exerça sobre eles uma espécie de controle, de policiamento, a fim de evitar que se derramem. Estabelece-se, ou deseja-se, um equilíbrio entre Razão e Imaginação, no afã de criar uma arte universal e impessoal. [...]. O clássico procura entender a impressionante harmonia do Universo, e dela participar, utilizando o único meio possível para isso, a Razão ou a Inteligência. É a estética do Cosmos, em contraposição à do romântico, que [...] defendia uma arte que lhe exprimisse o microcosmos, quer dizer, o seu "eu" interior.
>
> [...]

(Massaud Moisés. *A literatura portuguesa*. São Paulo: Cultrix, 1973. p. 63-64.)

7 Tomando o texto teórico como base, é possível afirmar que, no soneto "Busque Amor", Camões disseca o tema amoroso como um sentimento exterior a si. Para isso, ao discorrer sobre o tema, emprega em várias passagens o conectivo *que* (= porque), justificando cada afirmação anterior. Esse procedimento só **não** se explica com a intenção do eu lírico de:

a) manter os sentimentos sob controle.

b) restabelecer o equilíbrio com o emprego do raciocínio.

c) manter a coerência lógica e a coesão do discurso.

d) fazer a retomada consequente da afirmação anterior.

e) expor de maneira desencontrada seu eu interior.

8 O eu lírico conclui que sua total falta de esperança em relação ao amor o torna imune a uma nova decepção. No entanto, nos tercetos, ele declara que essa imunidade pode ter exceção. A palavra responsável por introduzir essa situação excepcional é:

a) mas.

b) onde.

c) que.

d) conquanto.

e) como.

LITERATURA

CAPÍTULO

3 O Barroco

Nestas atividades você vai:

- Ler e interpretar textos lírico-religiosos e lírico-amorosos do poeta Gregório de Matos, identificando neles aspectos formais e temáticos próprios da estética barroca.
- Ler e interpretar textos da poesia satírica de Gregório de Matos, observando relações entre os textos e o contexto sócio-histórico do Brasil-Colônia, bem como aspectos formais e linguísticos específicos desse gênero na obra do poeta baiano.

Habilidades da BNCC relacionadas:

EM13LGG102 EM13LGG601 EM13LGG602 EM13LGG604 EM13LP01

EM13LP02 EM13LP06 EM13LP46 EM13LP48 EM13LP52

Leia os tercetos de um soneto de Gregório de Matos:

Goza, goza da flor da mocidade,
Que o tempo trota a toda ligeireza,
E imprime em toda a flor sua pisada.

Oh não aguardes, que a madura idade
Te converta essa flor, essa beleza,
Em terra, em cinza, em pó, em sombra, em nada.

(In: *Antologia da poesia barroca brasileira*, cit., p. 79.)

1 Sobre o texto, é adequado o que se afirma em:

a) Critica, do ponto de vista religioso, a vaidade feminina.

b) Exalta a "madura idade" (racional) em oposição à "mocidade" (passional).

c) Estimula uma vida virtuosa como forma de salvação.

d) Enobrece a beleza espiritual (eterna) em contraste com a beleza física (perecível).

e) Ilustra a fugacidade da vida e a necessidade de aproveitá-la.

2 A tragédia da existência, presente no poema, é resumida por:

a) metáforas que explicam o concreto por imagens abstratas.

b) hipérboles, com o exagero como recurso para alertar o receptor.

c) comparações que explicam a vida, da origem a seu final.

d) termos opostos, como é típico do estilo barroco.

e) uma gradação que segue do concreto ao abstrato.

Leia o soneto a seguir, de Gregório de Matos, e responda às questões 3 e 4.

No dia de Quarta-feira de Cinzas

Que és terra, homem, e em terra hás de tornar-te,
Te lembra hoje Deus por sua Igreja;
De pó te faz espelho, em que se veja
A vil matéria, de que quis formar-te.

Lembra-te Deus, que és pó para humilhar-te,
E como o teu baixel sempre fraqueja
Nos mares da vaidade, onde peleja,
Te põe à vista a terra, onde salvar-te.

Alerta, alerta, pois, que o vento berra.
Se assopra a vaidade e incha o pano,
Na proa a terra tens, amaina e ferra.

Todo o lenho mortal, baixel humano,
Se busca a salvação, tome hoje terra,
Que a terra de hoje é porto soberano.

(*In*: *Barroco*. São Paulo: Harbra, 2009. p. 17.)

3 O soneto alude à liturgia da Quarta-feira de Cinzas, que consiste em benzer o fiel fazendo-lhe na testa uma cruz de cinzas no primeiro dia da Quaresma. Para expor o sentido desse ato, o eu lírico joga com o significado das palavras. Assim, leia o que se afirma a respeito de algumas palavras do soneto.

I. No primeiro verso, a palavra *terra* equivale a "pó" nas duas ocorrências.

II. Em "põe à vista a terra" (v. 8) e "Na proa a terra tens" (v. 11), a palavra *terra* significa "terra firme, solo".

III. Nos dois versos finais, *terra* corresponde à cinza recebida na liturgia.

IV. A palavra *baixel* (= barco), dos versos 6 e 12, corresponde a "homem".

Está adequado o que se afirma em:

a) I e II.

b) III e IV.

c) II e III.

d) I, II, III e IV.

e) apenas I.

4 A respeito do poema, está **inadequado** o que se diz em:

a) Há valorização do homem como criatura criada por Deus.

b) O estilo barroco manteve uma forma poética consagrada no Classicismo.

c) Apresenta-se a fragmentação do homem que vive "nos mares da vaidade" (v. 7), mas deseja atingir o "porto soberano" (v. 14).

d) O poema tematiza valores religiosos retomados da Idade Média (o teocentrismo).

e) A expressão "vil matéria" (v. 4) expressa a insignificância do homem diante de Deus, reforçada no verso 5.

Leia o soneto a seguir e responda às questões 5 e 6.

ACHANDO-SE UM BRAÇO PERDIDO DO MENINO DEUS DE N. S. DAS MARAVILHAS, QUE DESTACARAM INFIÉIS NA SÉ DA BAHIA

Soneto

O todo sem a parte não é todo;
A parte sem o todo não é parte;
Mas se a parte o faz todo, sendo parte,
Não se diga que é parte, sendo todo.

Em todo o sacramento está Deus todo,
E todo assiste inteiro em qualquer parte,
E feito em partes todo em toda a parte,
Em qualquer parte sempre fica todo.

O braço de Jesus não seja parte,
Pois que feito Jesus em partes todo,
Assiste cada parte em sua parte.

Não se sabendo parte deste todo,
Um braço que lhe acharam, sendo parte,
Nos diz as partes todas deste todo.

(Gregório de Matos. *Poemas escolhidos*. São Paulo: Cultrix, 1976.)

5 Leia com atenção as afirmações abaixo.

I. O soneto valoriza cada parte do corpo inteiro de Cristo.

II. O poeta considera sagradas apenas as partes e não o todo.

III. O texto é satírico e humaniza a figura divina de Cristo.

Assinale a alternativa correta a respeito das afirmações.

a) Apenas I está correta.

b) Apenas II está correta.

c) Todas estão corretas.

d) Apenas I e II estão corretas.

e) Apenas III está correta.

6 A discussão a respeito da relação entre todo e parte feita no poema é motivada por um ato praticado por "infiéis".

a) Qual conclusão sobre essa relação é apresentada no final do poema?

b) Quais versos melhor correspondem a essa conclusão?

7 Leia os três fragmentos a seguir.

Texto 1

A cada canto um grande conselheiro,
Que nos quer governar cabana e vinha;
Não sabem governar sua cozinha,
E podem governar o mundo inteiro.
[...]

(Gregório de Matos. *In*: A. Candido e J. A. Castello. *Presença da literatura brasileira — I, cit.*, p. 81.)

Texto 2

A certo fidalgo caramuru

[...]
Tenha embora um avô nascido lá,
Cá tem três pela costa do Cairu,
E o principal se diz Paraguaçu,
Descendente este tal de um Guinamá.
Que é fidalgo nos ossos cremos nós,
Pois nisso consistia o mor brasão
Daqueles que comiam seus avós.
[...]

(*Idem*, p. 81.)

Texto 3

O açúcar já se acabou?.......................... Baixou
E o dinheiro se extinguiu?.................... Subiu
Logo já convalesceu?............................ Morreu.
À Bahia aconteceu
o que a um doente acontece,
cai na cama, o mal lhe cresce,
Baixou, Subiu, e Morreu.
[...]

(*Antologia da poesia barroca brasileira, cit.*, p. 42.)

Sobre os textos lidos há apenas uma informação **inadequada**. Indique-a.

a) Os três textos são exemplos da poesia satírica de Gregório de Matos.

b) O texto 1 critica a incompetência dos administradores designados pela metrópole.

c) O texto 2 emprega uma linguagem que mescla termos indígenas, africanos e locais para ironizar um falso fidalgo.

d) No texto 3, há referência à exploração econômica feita pelos colonizadores na Bahia.

e) Os textos seguem o modelo de sátira cultivado pelos escritores barrocos de Portugal e da Espanha.

4 O Arcadismo em Portugal e no Brasil

Nestas atividades você vai:

- Ler e interpretar poemas árcades do poeta português Manuel Maria de Bocage, identificando traços que revelam a transição do poeta do Arcadismo para o Romantismo.
- Ler e interpretar poemas líricos dos poetas árcades brasileiros, observando relações entre esses textos e o Arcadismo, bem como entre eles e a natureza brasileira.
- Ler e interpretar textos da épica árcade nacional, notadamente de Santa Rita Durão e Basílio da Gama, comparando-os entre si e observando suas relações com elementos nacionais, como o índio e a natureza brasileira.

Habilidades da BNCC relacionadas:

EM13LGG102 EM13LGG103 EM13LGG202 EM13LGG601 EM13LGG602
EM13LGG604 EM13LP01 EM13LP06 EM13LP46 EM13LP48 EM13LP52

Leia o soneto de Bocage a seguir e responda às questões 1 e 2.

Olha, Marília, as flautas dos pastores
Que bem que soam, como estão cadentes!
Olha o Tejo a sorrir-se! Olha, não sentes
Os Zéfiros brincar por entre as flores?

Vê como ali beijando-se os Amores
Incitam nossos ósculos ardentes!
Ei-las de planta em planta as inocentes,
As vagas borboletas de mil cores!

Naquele arbusto o rouxinol suspira,
Ora nas folhas a abelhinha para,
Ora nos ares sussurrando gira:

Que alegre campo! Que manhã tão clara!
Mas ah! Tudo o que vês, se eu te não vira,
Mais tristeza que a noite me causara.

(*Sonetos completos de Bocage*, cit., p. 16.)

1 A passagem do soneto que destoa da convenção árcade e caracteriza o eu lírico como pré-romântico é:

a) "Que alegre campo! Que manhã tão clara!"

b) "Olha, Marília, as flautas dos pastores / Que bem que soam [...]"

c) "[...] se eu te não vira / Mais tristeza que a noite me causara."

d) "[...] não sentes / Os Zéfiros brincar por entre as flores?"

e) "[...] os Amores / Incitam nossos ósculos ardentes."

2 A respeito do soneto é **inadequado** o que se afirma em:

a) O termo *tudo*, no penúltimo verso, resume o que foi anteriormente descrito e amplia o que o eu lírico perde sem a visão da amada.

b) No terceto final, as formas verbais *vira* e *causara* correspondem, respectivamente, a *visse* e *causaria*.

c) O emprego de frases exclamativas sugerem uma emoção contida por parte do eu lírico de explicar as mais profundas questões humanas.

d) Identificam-se no soneto os aspectos árcades do *locus amoenus*, do ambiente bucólico e pastoril e de elementos da mitologia greco-latina.

e) O soneto pode ser considerado pré-romântico, pois aí se encontra o procedimento de persuasão da figura feminina pelo eu lírico.

Leia atentamente o soneto abaixo e responda às questões 3 e 4.

Nos campos o vilão sem sustos passa,
Inquieto na corte o nobre mora;
O que é ser infeliz aquele ignora,
Este encontra nas pompas a desgraça:

Aquele canta e ri; não se embaraça
Com essas coisas vãs que o mundo adora:
Este (oh cega ambição!) mil vezes chora,
Porque não acha bem que o satisfaça:

Aquele dorme em paz no chão deitado,
Este no ebúrneo leito precioso
Nutre, exaspera velador cuidado:

Triste, sai do palácio majestoso;
Se hás de ser cortesão, mas desgraçado,
Antes ser camponês, e venturoso!

(*Sonetos completos de Bocage*, cit., p. 71.)

3 O soneto aborda o tema do *fugere urbem*, apresentando uma oposição entre aspectos característicos da vida rural e da vida urbana. Dos pares relacionados a seguir, **não** há esse contraste em:

a) campos / corte.

b) vilão / camponês.

c) venturoso / desgraçado.

d) sem ambição / insatisfeito.

e) tranquilo / cheio de cuidados.

4 A busca pelo campo, defendida no soneto, assenta-se no ideal neoclássico da *aurea mediocritas*. Em qual verso esse ideal é explicitado?

a) "encontra nas pompas a desgraça"

b) "Este [dorme] no ebúrneo leito precioso"

c) "Inquieto na corte o nobre mora"

d) "dorme em paz no chão deitado"

e) "essas coisas vãs que o mundo adora"

5 Observe a pintura:

A vendedora de amores (1763), de Joseph Vien.

A cena retratada na tela, vista no conjunto, permite associar a obra ao estilo neoclássico. Atente para as seguintes afirmações a respeito da tela de Vien:

I. O jogo entre claro e escuro prevalece e o caráter da cena é teocêntrico.

II. As linhas verticais na parede e as expressões humanas sérias são típicas do Neoclassicismo.

III. Trajes sóbrios, como os das pessoas à direita, e cenário requintado são característicos do Neoclassicismo.

a) Apenas I está correta.

b) I e II estão corretas.

c) Apenas III está correta.

d) II e III estão corretas.

e) Todas estão corretas.

6 A tela de Vien é do século XVIII. Que aspecto da cena nela retratado sugere a necessidade do produto oferecido pela vendedora?

a) As cores usadas pela pessoa sentada na cadeira, que indicam luto.

b) A feição da pessoa sentada, que indica tristeza, solidão.

c) A nobreza do lugar, que combina com o produto.

d) A posição da vendedora, pois ela indica urgência na venda.

e) A disposição dos móveis, que indica o lugar em que ficarão as estatuetas (os amores).

7 Leia um trecho das *Cartas chilenas*, em que Critilo apresenta a figura do governador Luís da Cunha Menezes:

Já leste, Doroteu, a *Dom Quixote*?
Pois eis aqui, amigo, o seu retrato;
mas diverso nos fins, que o doido Mancha
forceja por vencer os maus gigantes
que ao mundo são molestos, e este chefe
forceja por suster no seu distrito
aqueles que se mostram mais velhacos.
[...]

(*Presença da literatura brasileira — I*, *cit.*, p. 202.)

A comparação com *Dom Quixote* se baseia em uma semelhança e em um contraste que são, respectivamente:

a) a loucura e os objetivos.

b) a gordura e as boas intenções.

c) a terra de origem e o combate à corrupção.

d) o poder político e a área de atuação.

e) a ficcionalidade e a honestidade.

Leia os fragmentos dos poemas épicos *O Uraguai* e *Caramuru* e responda às questões 8 e 9:

Texto 1

Este lugar delicioso, e triste,
cansada de viver, tinha escolhido
para morrer a mísera Lindoia.
Lá reclinada, como que dormia,
na branda relva, e nas mimosas flores,
tinha a face na mão, e a mão no tronco
de um fúnebre cipreste, que espalhava
melancólica sombra. [...]

(Basílio da Gama. *O Uraguai*. *In*: *Antologia da poesia árcade brasileira*. Organização de Pablo Simpson. São Paulo: Nacional/Lazuli, 2007. p. 69.)

Texto 2

Perde o lume dos olhos, pasma e treme,
Pálida a cor, o aspecto moribundo;
Com mão já sem vigor, soltando o leme,
Entre as salsas escumas desce ao fundo.
Mas na onda do mar, que, irado, freme,
Tornando a aparecer desde o profundo,
— Ah! Diogo cruel! — disse com mágoa, —
E, sem mais vista ser, sorveu-se n'água.

(Santa Rita Durão. *Caramuru*. Rio de Janeiro: Agir, 1961. p. 86.)

8 O *habitat* de Lindoia, personagem indígena, é a natureza. Qual é o único fragmento, dos apresentados a seguir, que corresponde ao *locus amoenus* dos árcades?

a) "lugar delicioso, e triste"

b) "na branda relva, e nas mimosas flores"

c) "tronco de um fúnebre cipreste"

d) "melancólica sombra"

e) [lugar] "escolhido para morrer"

9 Observe os dois textos em relação à versificação.

a) Qual deles segue o modelo camoniano?

b) Comprove sua resposta com duas características que aproximem o texto da versificação de *Os lusíadas*.

O Romantismo em Portugal e no Brasil

Nestas atividades você vai:

- Ler e interpretar textos, em prosa e verso, do Romantismo português e do brasileiro, identificando traços próprios do respectivo movimento literário em suas diferentes manifestações, levando em conta especificidades do contexto português e do brasileiro, bem como as diferenças entre as principais gerações e autores do referido período.

Habilidades da BNCC relacionadas:

EM13LGG102 EM13LG103 EM13LGG202 EM13LGG601 EM13LGG602 EM13LGG604

EM13LP01 EM13LP06 EM13LP46 EM13LP48 EM13LP49 EM13LP52

Leia o texto a seguir e responda às questões 1 e 2.

"Simão, meu esposo. Sei tudo... Está conosco a morte. Olha que te escrevo sem lágrimas. A minha agonia começou há sete meses. Deus é bom, que me poupou ao crime. Ouvi a notícia da tua próxima morte, e então compreendi por que estou morrendo hora a hora. Aqui está o nosso fim, Simão!... Olha as nossas esperanças! Quando tu me dizias os teus sonhos de felicidade, e eu te dizia os meus!... Por que não merecemos nós o que tanta gente tem?... Assim acabaria tudo, Simão? Não posso crê-lo! A eternidade apresenta-se-me tenebrosa, porque a esperança era a luz que me guiava de ti para a fé. Mas não pode findar assim o nosso destino. Vê se podes segurar o último fio da tua vida a uma esperança qualquer. Ver-nos-emos num outro mundo, Simão? Terei eu merecido a Deus contemplar-te? Eu rezo, suplico, mas desfaleço na fé, quando me lembram as últimas agonias do teu martírio. [...]"

(Camilo Castelo Branco. *Amor de perdição*. São Paulo: Saraiva, 2009. p. 100.)

1 No trecho da novela *Amor de perdição*, de Camilo Castelo Branco, a personagem revela ao amado seus sentimentos e sua desesperança. O meio que ela utiliza para isso é evidenciado no seguinte trecho:

a) "Ouvi a notícia da tua próxima morte" (transmissão radiofônica)

b) "tu me dizias os teus sonhos de felicidade, e eu te dizia os meus!..." (linguagem oral)

c) "Eu rezo, suplico" (prece religiosa)

d) "segurar o último fio da tua vida" (contato telefônico)

e) "Olha que te escrevo sem lágrimas." (carta)

2 Muitas palavras e expressões do texto revelam traços típicos do Romantismo. Isso só **não** ocorre em:

a) tom melodramático: "estou morrendo hora a hora"

b) reencontro na eternidade: "Ver-nos-emos num outro mundo, Simão?"

c) gosto pelo fúnebre: "me lembram as últimas agonias do teu martírio"

d) subjetivismo: "a esperança era a luz que me guiava"

e) equilíbrio emocional: "Aqui está o nosso fim, Simão!"

Leia o texto a seguir e responda às questões 3 e 4.

[...]

Para onde mais travada e acesa andava a peleja se encaminhou o Lidador. Os cristãos afrouxavam diante daquela multidão d'infiéis, entre os quais mal se enxergavam as cruzes vermelhas pintadas nas cimeiras dos portugueses. Dous cavaleiros, porém, com vulto feroz, os olhos turvados de cólera, e as armaduras crivadas de golpes, sustinham todo o peso da batalha. Eram estes o Espadeiro e Mem Moniz. Quando o Fronteiro assim os viu oferecidos a certa morte, algumas lágrimas lhe caíram pelas faces, e, esporeando o ginete, com a espada erguida, abriu caminho por entre infiéis e cristãos e chegou aonde os dous, cada um com seu montante nas mãos, faziam larga praça no meio dos inimigos.

[...]

(Alexandre Herculano. *Lendas e narrativas*. In: *Obras*, *cit*., v. 1, p. 832.)

3 Está presente no texto:

a) a denúncia das injustiças sociais.

b) a liberdade formal.

c) a análise psicológica.

d) a valorização da origem medieval.

e) a presença da mitologia clássica.

4 Em "os viu oferecidos a **certa** morte", a palavra destacada tem o sentido de:

a) determinada.

b) justa.

c) exata.

d) inevitável.

e) alguma.

Leia este poema, de Álvares de Azevedo, e responda às questões 5 e 6.

Pálida à luz da lâmpada sombria,
Sobre o leito de flores reclinada,
Como a lua por noite embalsamada,
Entre as nuvens do amor ela dormia!

Era a virgem do mar, na escuma fria
Pela maré das águas embalada!
Era um anjo entre nuvens d'alvorada
Que em sonhos se banhava e se esquecia!

Era mais bela! o seio palpitando...
Negros olhos as pálpebras abrindo...
Formas nuas no leito resvalando...

Não te rias de mim, meu anjo lindo!
Por ti – as noites eu velei chorando,
Por ti – nos sonhos morrerei sorrindo!

(*Lira dos vinte anos*. São Paulo: FTD, 1994. p. 72.)

5 Sobre esse poema, **não** é adequado dizer que:

a) há elementos que traduzem oposições, como *luz* e *sombria*, *chorando* e *sorrindo*.

b) segue o postulado romântico da liberdade formal para bem expressar as emoções.

c) a função emotiva está reforçada pelos sinais de pontuação.

d) há aliteração com o som /l/ nos versos 1 e 2 e com o som /s/ no verso 8.

e) o eu lírico se apresenta na última estrofe, com a ocorrência de pronomes de 1ª pessoa.

6 Considere o que se diz a respeito do poema:

I. As palavras *virgem*, no verso 5, e *anjo*, nos versos 7 e 12, conotam a pureza da mulher descrita.

II. A presença de elementos da natureza relacionados com a afetividade denota influência da primeira geração romântica sobre o poeta.

III. No último verso há referência à *morte*, tema recorrente na poética do autor.

Está adequado o que se afirma em:

a) I, II e III.

b) I e II.

c) II e III.

d) I e III.

e) I apenas.

Textos para as questões 7 e 8.

Texto 1

[...]
No meio das tabas de amenos verdores,
Cercadas de troncos — cobertos de flores,
Alteiam-se os tetos d'altiva nação;
São muitos seus filhos, nos ânimos fortes,
Temíveis na guerra, que em densas coortes
Assombram das matas a imensa extensão.

São rudos, severos, sedentos de glória,
Já prélios incitam, já cantam vitória,
Já meigos atendem à voz do cantor:
São todos Timbiras, guerreiros valentes!
Seu nome lá voa na boca das gentes,
Condão de prodígios, de glória e terror!
[...]

("I-Juca-Pirama". Gonçalves Dias. *In*: *Antologia da poesia romântica brasileira*. São Paulo: Nacional/Lazuli, 2007. p. 46.)

Texto 2

[...]

O rouco búzio dos pitiguaras estruge pela floresta. O grande Jacaúna, senhor das praias do mar, chegava do rio das garças com seus melhores guerreiros.

Os pitiguaras recebem o primeiro ímpeto do inimigo nas pontas eriçadas de suas flechas, que eles despedem do arco aos molhos, como o cuandu os espinhos do seu corpo. Logo após soa a pocema, estreita-se o espaço, e a luta se trava face a face.

[...]

(José de Alencar. *Iracema*, *cit*., p. 40.)

7 Os fragmentos lidos, respectivamente da poesia de Gonçalves Dias e da prosa de José de Alencar, são representativos do *indianismo*. A essa tendência do Romantismo brasileiro só **não** diz respeito:

a) um empenho dos intelectuais do país em afirmar uma identidade nacional.

b) a associação do indígena idealizado com características naturais do povo brasileiro.

c) o uso de imaginação e de sentimentalismo na criação de personagens inspiradas em modelos clássicos.

d) a associação entre o primitivismo e os valores morais do cristianismo.

e) a associação entre o ideal do "bom selvagem" e os valores de nobreza representados pelos cavaleiros medievais.

8 Sobre os textos, pode-se afirmar que:

a) empregam termos que identificam o ambiente e a atividade indígena.

b) mostram empenho em traçar uma visão realista da vida indígena.

c) objetivam apresentar o indígena como selvagem e cruel.

d) denunciam o massacre dos povos indígenas ocorrido durante a colonização.

e) utilizam linguagem próxima da prosa.

Os textos a seguir foram extraídos de *Memórias de um sargento de milícias*, de Manuel Antônio de Almeida. Leia-os e responda às questões 9 e 10.

Texto 1

Como sempre acontece a quem tem muito onde escolher, o pequeno, a quem o padrinho queria fazer clérigo mandando-o a Coimbra, a quem a madrinha queria fazer artista metendo-o na Conceição, a quem D. Maria queria fazer rábula arranjando-o em algum cartório, e a quem enfim cada conhecido ou amigo queria dar um destino que julgava mais conveniente às inclinações que nele descobria, o pequeno, dizemos, tendo tantas coisas boas, escolheu a pior possível: nem foi para Coimbra, nem para a Conceição, nem para cartório algum; não fez nenhuma destas coisas, nem também outra qualquer: constituiu-se um completo vadio, vadio mestre, vadio tipo.

(São Paulo: FTD, 1992. p. 74.)

Texto 2

[...] Era a sobrinha de D. Maria já muito desenvolvida, porém que, tendo perdido as graças de menina, ainda não tinha adquirido a beleza de moça: era alta, magra, pálida; andava com o queixo enterrado no peito, trazia as pálpebras sempre baixas, e olhava a furto; tinha os braços finos e compridos; o cabelo, cortado, dava-lhe apenas até o pescoço, e como andava mal penteada e trazia a cabeça sempre baixa, uma grande porção lhe caía sobre a testa e olhos, como uma viseira. [...]

(*Idem*, p. 75.)

9 Considerando a descrição das personagens, é correta a afirmação:

a) A personagem feminina é caracterizada como uma figura romântica, e a personagem masculina, como um herói.

b) Como há idealização das personagens, a obra pode ser classificada como romântica.

c) A obra pode ser classificada como realista, em razão do modo como é caracterizado o casal protagonista da história.

d) A personagem feminina é descrita sem idealização, e a figura masculina é caracterizada como um malandro.

e) Não haverá, para as personagens, um final feliz.

10 Na caracterização das personagens, há gradação nas seguintes passagens:

a) clérigo, artista, rábula.

b) Coimbra, Conceição, cartório.

c) alta, magra, pálida.

d) vadio, vadio mestre, vadio tipo.

e) queixo enterrado no peito, pálpebras baixas, olhava a furto.

6 O Realismo-Naturalismo em Portugal e no Brasil. O Parnasianismo no Brasil

Nestas atividades você vai:

- Ler e interpretar textos dos principais escritores do Realismo português, observando seus temas, sua linguagem e seus procedimentos estéticos, adequados ou não aos pressupostos do Realismo.
- Ler e interpretar textos de autores brasileiros ligados ao Realismo, ao Naturalismo e ao Parnasianismo, observando aspectos como introspecção psicológica, determinismo social, crítica social, descritivismo, objetividade, perfeccionismo formal, etc.

Habilidades da BNCC relacionadas:

EM13LGG102 EM13LGG103 EM13LGG202 EM13LGG302 EM13LGG601 EM13LGG602 EM13LGG604

EM13LP01 EM13LP02 EM13LP06 EM13LP46 EM13LP48 EM13LP49 EM13LP52

O soneto a seguir pertence à obra *Odes modernas*, de Antero de Quental. Leia-o e responda às questões 1 e 2.

A um poeta

Tu, que dormes, espírito sereno,
Posto à sombra dos cedros seculares,
Como um levita à sombra dos altares,
Longe da luta e do fragor terreno,

Acorda! é tempo! O Sol, já alto e pleno,
Afugentou as larvas tumulares...
Para surgir do seio desses mares,
Um Mundo novo espera só um aceno...

Escuta! é a grande voz das multidões!
São teus irmãos, que se erguem! são canções...
Mas de guerra... e são vozes de rebate!

Ergue-te, pois, soldado do Futuro
E dos raios de luz do sonho puro,
Sonhador, faze espada de combate!

(*In*: *Poesia e prosa*. Seleção, prefácio e notas de Carlos Felipe Moisés. São Paulo: Cultrix, 1974. p. 83-84.)

cedro: árvore de grande porte.
fragor: ruído forte.
levita: sacerdote da antiga Jerusalém.
rebate: ataque, combate.

1 As imagens do *Sol* (v. 5) e dos *raios de luz* (v. 13) representam, no contexto do soneto:

a) as ideias da filosofia e da ciência da época do autor.

b) o afastamento da ideia romântica de morte.

c) as armas para a luta de reconstrução social.

d) a retomada dos conceitos árcades.

e) a vivência do sonho.

2 O emissor dirige-se a *um poeta* do Romantismo e o incentiva a dar novo rumo a sua prática poética. Entre as expressões relacionadas a seguir, indique a que **não** faz parte do ideário romântico:

a) "dormes [...] à sombra dos cedros seculares"

b) "Longe da luta e do fragor terreno"

c) "Como um levita à sombra dos altares"

d) "as larvas tumulares..."

e) "soldado do Futuro"

O poema a seguir é parte do livro *O sentimento de um ocidental,* de Cesário Verde. Leia-o e responda às questões 3 a 5.

Horas mortas

[...]

E nestes nebulosos corredores
Nauseiam-me, surgindo, os ventres das tabernas;
Na volta, com saudade, e aos bordos sobre as pernas,
Cantam, de braço dado, uns tristes bebedores.

Eu não receio, todavia, os roubos;
Afastam-se, à distância, os dúbios caminhantes;
E sujos, sem ladrar, ósseos, febris, errantes,
Amareladamente, os cães parecem lobos.

E os guardas, que revistam as escadas,
Caminham de lanterna e servem de chaveiros;
Por cima, as imorais, nos seus roupões ligeiros,
Tossem, fumando, sobre a pedra das sacadas.

E, enorme, nesta massa irregular
De prédios sepulcrais, com dimensões de montes,
A Dor humana busca os amplos horizontes,
E tem marés, de fel, como um sinistro mar!

(*Poesia*. Rio de Janeiro: Agir, 1975. p. 53-54.)

bordo: zigue-zague.

dúbio: incerto, ambíguo.

sepulcral: tumular.

3 Quanto aos procedimentos de construção do poema, pode-se afirmar que o eu lírico:

I. percorre a cidade de madrugada, registrando *flashes* durante essa caminhada.

II. capta, nessa excursão, elementos humanos e arquitetônicos de ruas da cidade.

III. apresenta de forma degradante os elementos que capta.

IV. registra esses elementos de maneira objetiva, sem interferir, em momento algum, emitindo juízos e impressões pessoais.

Está adequado o que se afirma em:

a) I, II, III e IV.

b) I, II e III apenas.

c) I, III e IV apenas.

d) I, II e IV apenas.

e) II e IV apenas.

4 A alternativa a seguir que melhor descreve a poesia de Cesário Verde e a relaciona a uma das tendências estéticas do final do século XIX e início do século XX é a que a caracteriza por:

a) decomposição e geometrização das formas naturais, negando o realismo visual e as leis da perspectiva, tendendo a representar os objetos em sua totalidade, como se fossem contemplados simultaneamente por todos os lados, como deseja o Cubismo.

b) expressar de maneira vaga, fluida e delicada impressões subjetivas ou sensoriais, como objetiva o Impressionismo.

c) ativar o inconsciente e o irracional, o sonho e os estados mórbidos, valendo-se frequentemente da psicanálise, como pretende o Surrealismo.

d) recorrer ao subjetivismo como meio de expressão de sentimentos e estados de alma, como deseja o Romantismo.

e) deformar ou exagerar a realidade por meios que expressam os sentimentos e a percepção de maneira intensa e direta, retratando as inquietações do ser humano, como pretende o Expressionismo.

5 Observe a pintura abaixo.

Edvard Munch/Museu Nacional de Arte, Oslo, Noruega

O grito (1893), de Edvard Munch.

A passagem do poema de Cesário Verde que melhor se relaciona com a pintura acima é:

a) "Nauseiam-me, surgindo, os ventres das tabernas"

b) "A Dor humana busca os amplos horizontes"

c) "Afastam-se, à distância, os dúbios caminhantes"

d) "as imorais [...] / Tossem, fumando, sobre a pedra das sacadas"

e) "Amareladamente, os cães parecem lobos"

Leia os textos a seguir e responda às questões 6 e 7.

Texto 1

[...]

Era muito bem-feita de quadris e de ombros. Espartilhada, como estava naquele momento, a volta enérgica da cintura e a suave protuberância dos seios produziam nos sentidos de quem a contemplava de perto uma deliciosa impressão artística.

Sentia-se-lhe dentro das mangas dos vestidos a trêmula candura dos braços; e os pulsos apareciam nus, muito brancos, chamalotados de veiazinhas azuis, que se prolongavam serpeando. Tinha as mãos finas e bem-tratadas, os dedos longos e roliços, a palma cor-de-rosa e as unhas curvas como o bico de um papagaio.

Sem ser verdadeiramente bonita de rosto, era muito simpática e graciosa. Tez macia, de uma palidez fresca de camélia; olhos escuros, um pouco preguiçosos, bem-guarnecidos e penetrantes; nariz curto, um nadinha arrebitado, beiços polpudos e viçosos, à maneira de uma fruta que provoca o apetite e dá vontade de morder. Usava o cabelo cofiado em franjas sobre a testa, e, quando queria ver ao longe, tinha de costume apertar as pálpebras e abrir ligeiramente a boca.

[...]

(Aluísio Azevedo. *Casa de pensão*. São Paulo: Martins, 1970. p. 87.)

Texto 2

[...]

Naquele tempo contava apenas uns quinze ou dezesseis anos; era talvez a mais atrevida criatura da nossa raça, e, com certeza, a mais voluntariosa. Não digo que já lhe coubesse a primazia da beleza, entre as mocinhas do tempo, porque isto não é romance, em que o autor sobredoura a realidade e fecha os olhos às sardas e espinhas; mas também não digo que lhe maculasse o rosto nenhuma sarda ou espinha, não. Era bonita, fresca, saía das mãos da natureza, cheia daquele feitiço, precário e eterno, que o indivíduo passa a outro indivíduo, para os fins secretos da criação. Era isto Virgília, e era clara, muito clara, faceira, ignorante, pueril, cheia de uns ímpetos misteriosos; muita preguiça e alguma devoção — devoção, ou talvez medo; creio que medo.

Aí tem o leitor, em poucas linhas, o retrato físico e moral da pessoa que devia influir mais tarde na minha vida; era aquilo com dezesseis anos. [...]

(Machado de Assis. *Memórias póstumas de Brás Cubas.* São Paulo: Saraiva, 2008. p. 66-67.)

Xando P./Folhapress

6 Sobre os textos, que descrevem personagens femininas, é possível afirmar:

a) Apresentam uma visão idealizadora da realidade, caracterizando a mulher como modelo de perfeição.

b) Há um perfil romântico da mulher ideal, focalizada em seu mundo interior.

c) De olho na realidade, o primeiro texto apresenta a mulher em seu aspecto físico e sensual, enquanto o segundo salienta o aspecto psicológico.

d) Observa-se, neles, a presença de um narrador-personagem atraído pela figura feminina.

e) A visão da realidade é norteada, em ambos, pelo apelo sensual, com o narrador ressaltando os aspectos físicos da personagem feminina.

7 Sobre o texto 2, pode-se afirmar que o narrador:

a) é observador, narrando em 3ª pessoa.

b) emprega a perspectiva romântica como forma de descrever.

c) assume, ao descrever, a postura naturalista.

d) faz comentários sobre o que descreve, dialogando com o leitor.

e) em nenhum momento desqualifica a personagem.

Há, a seguir, os quartetos de dois sonetos: um é de Olavo Bilac e o outro é de Antero de Quental. Leia-os e responda às questões 8 e 9.

Texto 1

A um poeta

Longe do estéril turbilhão da rua,
Beneditino, escreve! No aconchego
Do claustro, na paciência e no sossego,
Trabalha, e teima, e lima, e sofre, e sua!

Mas que na forma se disfarce o emprego
Do esforço; e a trama viva se construa
De tal modo, que a imagem fique nua,
Rica mas sóbria, como um templo grego.

[...]

(Olavo Bilac. *In*: Antonio Candido e José A. Castello. *Presença da literatura brasileira*. São Paulo: Difel, 1968. v. 2, p. 259.)

Texto 2

A um poeta

Tu, que dormes, espírito sereno,
Posto à sombra dos cedros seculares,
Como um levita à sombra dos altares,
Longe da luta e do fragor terreno,

Acorda! é tempo! O sol, já alto e pleno,
Afugentou as larvas tumulares...
Para surgir do seio desses mares,
Um mundo novo espera só um aceno...
[...]

(Antero de Quental. *In*: *Poesia e prosa*. São Paulo: Cultrix, 1974. p. 83.)

8 Os sonetos foram escritos no período do Realismo português e do brasileiro. Têm como destinatário um poeta a quem apresentam sua concepção de poesia. Após a leitura, pode-se afirmar adequadamente que, em ambos os textos:

a) as questões sociais devem ser o ponto de partida da poesia.

b) a forma deve predominar em relação ao tema.

c) para produzir poesia, o poeta deve ouvir o clamor do povo.

d) o poeta deve se isolar da sociedade para produzir sua obra.

e) a poesia é uma forma de comunicação.

9 Olavo Bilac afirma, no poema "Profissão de fé": "Invejo o ourives quando escrevo". No texto 1, o trecho que mais se aproxima dessa ideia é:

a) "Trabalha, e teima, e lima, e sofre, e sua!"

b) "[...] na forma se disfarce o emprego / Do esforço [...]"

c) "[...] No aconchego / Do claustro [...]"

d) "[...] que a imagem fique nua [...] / Rica mas sóbria [...]"

e) "[...] na paciência e no sossego,"

Filipe Rocha/Arquivo da editora

7 O Simbolismo em Portugal e no Brasil

Nestas atividades você vai:

- Ler e interpretar textos do Simbolismo português e do brasileiro, identificando traços próprios do respectivo movimento literário em suas diferentes manifestações, levando em conta especificidades do contexto português e do brasileiro.

Habilidades da BNCC relacionadas:

EM13LGG102 EM13LGG202 EM13LGG204 EM13LGG302 EM13LGG601 EM13LGG602 EM13LGG604
EM13LP01 EM13LP02 EM13LP06 EM13LP46 EM13LP48 EM13LP49 EM13LP52

Leia o soneto a seguir, de Eugênio de Castro, e responda às questões 1 e 2.

Ao cair da noite

Numa das margens do saudoso rio,
Contemplo a outra que sorri defronte:
Lá, sob o Sol, que baixa no horizonte,
Verdes belezas, enlevado, espio.

— Ali (digo eu), será menos sombrio
O viver que me põe rugas na fronte...
E erguendo-me, atravesso então a ponte,
Com meu bordão, cheio de fome e frio.

Chego. Desilusão! Da margem verde
Eis que o encanto, de súbito, se perde:
Bem mais bela era a margem que eu deixei!

Quero voltar atrás. Noite fechada!
E a ponte, pelas águas destroçada,
Por mais que a procurasse, não a achei!

(In: *Presença da literatura portuguesa — Simbolismo*. São Paulo: Difel, 1974. v. 4, p. 49.)

1 Na poesia do Simbolismo, quase sempre está presente o tema da "dor de existir". Em qual das imagens abaixo, extraídas do soneto, esse tema se manifesta?

a) "sombrio o viver"

b) "margens do saudoso rio"

c) "sob o Sol, que baixa no horizonte"

d) "atravesso então a ponte"

e) "Verdes belezas, enlevado, espio"

2 A destruição da ponte pelas águas sugere, no contexto do soneto:

a) a impossibilidade de retorno ao passado.

b) a frustração pelo ideal não alcançado.

c) a dificuldade de comunicação de sua poesia.

d) o choque com o futuro.

e) a ideia de que o eu lírico deve seguir sempre em frente.

Leia, a seguir, um soneto do poeta português Antônio Nobre e responda às questões 3 e 4.

Ó Virgens que passais ao Sol-poente,
Pelas estradas ermas, a cantar!
Eu quero ouvir uma canção ardente,
Que me transporte ao meu perdido Lar.

Cantai-me, nessa voz onipotente,
O Sol que tomba, aureolando o mar,
A fartura da seara reluzente,
O vinho, a Graça, a formosura, o luar!

Cantai! Cantai as límpidas cantigas!
Das ruínas do meu Lar desaterrai
Todas aquelas ilusões antigas

Que eu vi morrer num sonho, como um ai.
Ó suaves e frescas raparigas,
Adormecei-me nessa voz... Cantai!

(In: *Presença da literatura portuguesa*, cit., p. 68-69.)

3 Leia o que se afirma sobre o soneto:

I. É construído apenas com imagens visuais, contrariando a tendência musical do Simbolismo.

II. Para o eu lírico, a música é um instrumento de transporte ao mundo ideal.

III. O eu lírico desenvolve o tema do ideal perdido.

É adequado o que se afirma em:

a) I e II apenas.

b) I, II e III.

c) II e III apenas.

d) I e III apenas.

e) III apenas.

4 Sobre a linguagem do soneto, é **inadequado** o que se afirma em:

a) Na segunda estrofe, o eu lírico apresenta imagens de um mundo ideal.

b) O verbo *adormecer*, no último verso, sugere que o mundo ideal é alcançado apenas no estado de sonho.

c) Em "canção ardente" e "límpidas cantigas" há *sinestesias*, com o cruzamento, respectivamente, de audição e tato e de visão e audição.

d) A pontuação do soneto revela o predomínio da razão sobre a emoção.

e) O emprego de maiúsculas dá valor absoluto a certos termos, elevando-os do mundo comum.

5 Leia este soneto de Alphonsus de Guimaraens:

Hão de chorar por ela os cinamomos,
Murchando as flores ao tombar do dia.
Dos laranjais hão de cair os pomos,
Lembrando-se daquela que os colhia.

As estrelas dirão — "Ai! nada somos,
Pois ela se morreu silente e fria..."
E pondo os olhos nela como pomos,
Hão de chorar a irmã que lhes sorria.

A lua, que lhe foi mãe carinhosa,
Que a viu nascer e amar, há de envolvê-la
Entre lírios e pétalas de rosa.

Os meus sonhos de amor serão defuntos...
E os arcanjos dirão no azul ao vê-la,
Pensando em mim: — "Por que não vieram juntos?"

(Alphonsus de Guimaraens. *In*: Alfredo Bosi. *História concisa da literatura brasileira*. São Paulo: Cultrix, 1975. p. 313.)

Na evocação que faz da amada morta, o eu lírico:

a) expressa um sentimento de saudade.

b) relembra cenas passadas.

c) descreve manifestações pesarosas da natureza.

d) prevê acontecimentos futuros.

e) manifesta desejos ardentes.

O Pré-Modernismo no Brasil

Nestas atividades você vai:

- Ler e interpretar textos do Pré-Modernismo brasileiro, em prosa e verso, observando o interesse dessa produção literária de transição pelo homem brasileiro, por temas nacionais e pelo emprego de uma linguagem mais próxima da fala do nosso povo.

Habilidades da BNCC relacionadas:

EM13LGG102 EM13LGG103 EM13LGG601 EM13LGG602 EM13LGG604 EM13LP01 EM13LP02 EM13LP06 EM13LP46 EM13LP48 EM13LP49 EM13LP52

Leia o fragmento extraído de *Triste fim de Policarpo Quaresma*, de Lima Barreto. A seguir, responda às questões 1 e 2.

[...]

Havia um ano a esta parte que se dedicava ao tupi-guarani. Todas as manhãs, antes que a "Aurora, com seus dedos rosados abrisse caminho ao louro Febo", ele se atracava até ao almoço com o Montoya, *Arte y diccionario de la lengua guaraní ó más bien tupí*, e estudava o jargão caboclo com afinco e paixão. Na repartição, os pequenos empregados, amanuenses e escreventes, tendo notícia desse seu estudo do idioma tupiniquim, deram não se sabe por quê em chamá-lo — Ubirajara. Certa vez, o escrevente Azevedo, ao assinar o ponto, distraído, sem reparar quem lhe estava às costas, disse em tom chocarreiro: "Você já viu que hoje o Ubirajara está tardando?"

Quaresma era considerado no Arsenal: a sua idade, a sua ilustração, a modéstia e honestidade do seu viver impunham-no ao respeito de todos. Sentindo que a alcunha lhe era dirigida, não perdeu a dignidade, não prorrompeu em doestos e insultos. Endireitou-se, concertou o *pince-nez*, levantou o dedo indicador no ar e respondeu:

— Senhor Azevedo, não seja leviano. Não queira levar ao ridículo aqueles que trabalham em silêncio, para a grandeza e a emancipação da Pátria.

[...]

(Lima Barreto. *Triste fim de Policarpo Quaresma*. São Paulo: Saraiva, 2007. p. 14.)

1 A fala de Quaresma, no final do texto, justifica o estudo do tupi-guarani porque:

a) por ser a língua dos nativos, seria genuinamente nacional.

b) permitiria a compreensão da cultura de nossos antepassados.

c) o conhecimento, qualquer que seja, favorece a elevação intelectual da população de um país.

d) a autonomia de uma nação principia por sua emancipação linguística.

e) é uma maneira de trabalhar em segredo pela libertação do país.

2 Sobre o fragmento, é **incorreto** afirmar que ele apresenta:

a) uma descrição do amanhecer típica da poesia clássica.

b) uma referência à fonte utilizada pela personagem para conhecimento da língua indígena.

c) uma alusão ao Romantismo indianista.

d) o emprego das expressões "jargão caboclo" e "idioma tupiniquim" como sinônimas da língua em estudo.

e) uma resposta injuriosa da personagem ao seu detrator.

Os textos a seguir foram extraídos do conto "Urupês", de Monteiro Lobato, e do poema "Juca Mulato" (1917), de Menotti del Picchia.

Texto 1

[...]

Um terreirinho descalvado rodeia a casa. O mato o beira. Nem árvores frutíferas, nem horta, nem flores — nada revelador de permanência.

Há mil razões para isso: porque não é sua a terra; porque se o "tocarem" não ficará nada que a outrem aproveite; porque para frutas há o mato; porque a "criação" come; porque...

[...]

Jeca, interpelado, olha para o morro coberto de moirões, olha para o terreiro nu, coça a cabeça e cuspilha.

— "Não paga a pena."

Todo o inconsciente filosofar do caboclo grulha nessa palavra atravessada de fatalismo e modorra. Nada paga a pena. Nem culturas, nem comodidades. De qualquer jeito se vive.

[...]

(Monteiro Lobato. *Urupês*. São Paulo: Brasiliense, 1977. p. 149-150. Ortografia atualizada.)

Texto 2

[...]
Juca Mulato pensa: a vida era-lhe um nada...
Uns alqueires de chão; o cabo de uma enxada;
Um cavalo pigarço; uma pinga da boa;
O cafezal verdoengo; o sol quente e inclemente...

Nessa noite, porém, parece-lhe mais quente,
O olhar indiferente
Da filha da patroa...

"Vamos, Juca Mulato, estás doido?" Entretanto,
tem a noite lunar arrepios de susto;
parece respirar a fronde de um arbusto,
o ar é como um bafo, a água corrente, um pranto.
Tudo cria uma vida espiritual, violenta.
O ar morno lhe fala; o aroma suave o tenta...
"Que diabo!" Volve aos céus as pupilas, à toa,
e vê, na lua, o olhar da filha da patroa...

Olha a mata; lá está! O horizonte lho esboça;
Pressente-o em cada moita; enxerga-o em cada poça;
E ele vibra, e ele sonha, e ele anseia, impotente,
Esse olhar que passou, longínquo e indiferente!

V

Juca Mulato cisma. Olha a lua e estremece.
Dentro dele, um desejo abre-se em flor e cresce
E ele pensa, ao sentir esses sonhos ignotos,
Que a alma é como uma planta, os sonhos como brotos,
Vão rebentando nela e se abrindo em floradas...
Franjam de ouro, o ocidente, as chamas das queimadas.
[...]

(Disponível em: www.academia.org.br/abl/media/poesia11.pdf. Acesso em: 8/7/2020.)

3 Após a leitura dos textos, é **adequado** afirmar que:

a) a região em que são ambientadas as personagens é semelhante.

b) Juca Mulato é caracterizado de maneira objetiva, exterior, genérica.

c) Jeca Tatu é caracterizado de forma subjetiva, particularizada, a partir do que pensa, imagina e sente.

d) Jeca Tatu é apresentado como um sonhador.

e) Juca Mulato é apresentado como conformado com a precariedade e avesso ao trabalho.

4 Está **incorreto** o que se afirma em:

a) Em "Juca Mulato", a personificação da natureza corresponde ao estado emocional da personagem.

b) O emprego de alguns termos entre aspas, por Monteiro Lobato, assinala expressões extraídas do universo do caboclo.

c) Ambos os textos, embora com perspectivas diferentes, põem em foco a figura do homem do povo.

d) No conto "Urupês", a representação crítica do caboclo é acompanhada das causas sociais profundas de seu comportamento.

e) Em "Juca Mulato", o enfoque da personagem apresenta uma retomada de aspectos do Romantismo.

9 O Modernismo em Portugal e no Brasil

Nestas atividades você vai:

- Ler e interpretar textos do Modernismo português, em especial de Mário de Sá-Carneiro e José Régio, representantes da revista *Orpheu* e *Presença*, respectivamente, à luz da implantação do Modernismo em Portugal e de suas relações com as correntes de vanguarda europeias.

Habilidades da BNCC relacionadas:

EM13LGG102 EM13LGG202 EM13LGG302 EM13LGG601 EM13LGG602 EM13LGG604 EM13LP01 EM13LP02 EM13LP06 EM13LP46 EM13LP48 EM13LP49 EM13LP52

1 Leia as seguintes afirmações sobre as estéticas de vanguarda que surgiram na Europa no início do século XX e a influência que tiveram na literatura. A seguir, assinale a proposição **inadequada**.

a) As técnicas de pintura cubista correspondem na literatura à fragmentação da realidade e à superposição e simultaneidade de planos, utilizadas como meios para captar diferentes perspectivas da realidade.

b) O Futurismo defendia, entre outras propostas, a disposição das "palavras em liberdade", o verso livre, as alterações sintáticas.

c) O Expressionismo cultua o belo e a organização clássica das frases e dá preferência a temas que expressam o mundo interior do poeta, no qual prevalecem sentimentos de amor, de saudade, de medo.

d) O Dadaísmo se caracteriza pela agressividade, pela irreverência, pela livre associação de palavras, pela técnica da "escrita automática" e pela invenção de palavras por meio da exploração de seu significante.

e) O Surrealismo se caracteriza pela escrita automática e pela exploração do imaginário extraído do sonho, da loucura e dos impulsos sexuais.

Leia o trecho inicial do poema "Dispersão", de Mário de Sá-Carneiro, e responda às questões 2 e 3.

Perdi-me dentro de mim
Porque eu era labirinto,
E hoje, quando me sinto,
É com saudade de mim.

Passei pela minha vida
Um astro doido a sonhar.
Na ânsia de ultrapassar,
Nem dei pela minha vida...

Para mim é sempre ontem,
Não tenho amanhã nem hoje:
O tempo que aos outros foge
Cai sobre mim feito ontem.
[...]

(In: Massaud Moisés. *Presença da literatura portuguesa – Modernismo*. São Paulo: Difel, 1971. p. 58.)

Amadeo de Souza-Cardoso/ Coleção José Ernesto de Souza-Cardoso, Mancelos

2 O eu lírico faz uma avaliação de sua trajetória de vida. A propósito dessa avaliação, é **adequado** afirmar que ele:

a) trata exclusivamente de sua vida pregressa.

b) enxerga a si mesmo como um ser sem passado.

c) vê perspectiva apenas em sua vida futura.

d) percebe-se completo apenas no presente.

e) sente falta de sua identidade perdida.

3 Leia o que se afirma a respeito do poema.

I. O título "Dispersão" se relaciona com a perda de identidade do eu lírico.

II. Os tempos verbais correspondem à ideia de segmentação temporal a que se refere o eu lírico.

III. A terceira estrofe confirma que o eu lírico evoluiu com o passar do tempo.

Está **adequado** o que se afirma em:

a) I, II e III.

b) I e II.

c) II e III.

d) I, apenas.

e) II, apenas.

4 Leia o trecho inicial do poema "Cântico negro", de José Régio.

"Vem por aqui" — dizem-me alguns com olhos doces,
Estendendo-me os braços, e seguros
De que seria bom que eu os ouvisse
Quando me dizem: "vem por aqui"!
Eu olho-os com olhos lassos,
(Há, nos meus olhos, ironias e cansaços)
E cruzo os braços,
E nunca vou por ali...

(*Poemas de Deus e do diabo*. Porto: Brasília, 1972, p. 31.)

A propósito do trecho, está **inadequado** o que se afirma em:

a) O uso de aspas identifica, no poema, o discurso de terceiros.

b) A frase que está entre parênteses corresponde a um desabafo do eu lírico.

c) Em "olhos doces" e "estendendo-me os braços", o eu lírico faz referência ao gestual persuasivo de seus interlocutores.

d) O termo *alguns* se aplica aos que desejam que suas regras e seus valores sejam sempre acatados como verdades absolutas.

e) Os termos *aqui* e *ali*, no poema, denotam apenas lugar.

10 A segunda fase do Modernismo no Brasil. A prosa e a poesia de 30

Nestas atividades você vai:

- Ler e interpretar textos, em prosa e verso, da 2ª fase do Modernismo brasileiro, em especial de Carlos Drummond de Andrade, Vinicius de Moraes e Mário Faustino, observando os temas e os procedimentos formais próprios do contexto histórico brasileiro entre 1930 e 1945.

Habilidades da BNCC relacionadas:

EM13LGG102 EM13LGG202 EM13LGG203 EM13LGG302 EM13LGG601 EM13LGG602 EM13LGG604

EM13LP01 EM13LP02 EM13LP06 EM13LP10 EM13LP46 EM13LP48 EM13LP49 EM13LP52

O texto que segue é de Mário Faustino, poeta que viveu de 1930 a 1962. Leia-o e responda às questões 1 e 2.

Soneto antigo

Esse estoque de amor que acumulei
Ninguém veio comprar a preço justo.
Preparei meu castelo para um rei
Que mal me olhou, passando, e a quanto custo.

Meu tesouro amoroso há muito as traças
Comeram, secundadas por ladrões.
A luz abandonou as ondas lassas
De refletir um sol que só se põe

Sozinho. Agora vou por meus infernos
Sem fantasma buscar entre fantasmas.
E marcho contra o vento, sobre eternos

Desertos sem retorno, onde olharás
Mas sem o ver, estrela cega, o rastro
Que até aqui deixei, seguindo um astro.

(In: Benedito Nunes (org.). *Os melhores poemas de Mário Faustino*. São Paulo: Global. p. 44.)

1 A presença, no poema, de expressões como "fantasmas", "traças comeram", "ladrões" e "desertos sem retorno" nos levam a inferir que o tema do poema é:

a) paixão.

b) arte.

c) solidão.

d) morte.

e) a própria poesia.

2 Na terceira estrofe do poema, o eu lírico afirma: "Agora vou por meus infernos". Contudo, em outro momento, ele se refere a um lugar diferente, de sentido oposto a "inferno". Que expressão representa a oposição a "infernos"?

a) "vento"

b) "Desertos"

c) "castelo"

d) "sol que só se põe"

e) "entre fantasmas"

3 No poema a seguir, é relatada uma conversa entre duas moças que falam sobre o casamento de uma delas.

O bom marido

Nunca vou esquecer a palavra ingrediente
no plural.
À tarde, Arabela conversava
com Teresa, na sala de visitas.
Passei perto, ouvi:
— Custódio tem todos os ingredientes
para ser bom marido.
Se me pedir a mão, papai não nega.

— Quais são os ingredientes?
a outra lhe pergunta.
Arabela sorri, sem responder.
Guardo a palavra com cuidado,
corro ao dicionário:
continua o mistério.

(Carlos Drummond de Andrade. *In*: *Nova reunião*. Rio de Janeiro: José Olympio, 1987.)

O "mistério" a que se refere o eu lírico, no poema, diz respeito a:

a) quem seria o marido.

b) aceitação ou não, pelo pai de Arabela, do pedido de casamento.

c) o que significa "bom", no título.

d) o significado de "ingredientes".

e) quando Custódio pedirá a mão da moça.

Texto para as questões 4 e 5:

O operário em construção

E o Diabo, levando-o a um alto monte, mostrou-lhe num momento de tempo todos os reinos do mundo. E disse-lhe o Diabo: — Dar-te-ei todo este poder e a sua glória, porque a mim me foi entregue e dou-o a quem quero; portanto, se tu me adorares, tudo será teu. E Jesus, respondendo, disse-lhe: — Vai-te, Satanás; porque está escrito: adorarás o Senhor teu Deus e só a Ele servirás.

Lucas, Cap. V, vs. 5-8.

Era ele que erguia casas
Onde antes só havia chão.
Como um pássaro sem asas
Ele subia com as casas
Que lhe brotavam da mão.
Mas tudo desconhecia
De sua grande missão:
Não sabia, por exemplo
Que a casa de um homem é um templo
Um templo sem religião
Como tampouco sabia
Que a casa que ele fazia
Sendo a sua liberdade
Era a sua escravidão.
De fato, como podia
Um operário em construção
Compreender por que um tijolo
Valia mais do que um pão?
Tijolos ele empilhava
Com pá, cimento e esquadria
Quanto ao pão, ele o comia...
Mas fosse comer tijolo!
E assim o operário ia
Com suor e com cimento
Erguendo uma casa aqui
Adiante um apartamento
[...]
Mas ele desconhecia
Esse fato extraordinário:
Que o operário faz a coisa
E a coisa faz o operário.
De forma que, certo dia
À mesa, ao cortar o pão
O operário foi tomado
De uma súbita emoção
Ao constatar assombrado
Que tudo naquela mesa
— Garrafa, prato, facão —
Era ele quem os fazia
Ele, um humilde operário,
Um operário em construção.

Olhou em torno: gamela
Banco, enxerga, caldeirão
Vidro, parede, janela
Casa, cidade, nação!
Tudo, tudo o que existia
Era ele quem o fazia
Ele, um humilde operário
Um operário que sabia
Exercer a profissão. [...]

(Vinícius de Moraes. *Obra completa*. Rio de Janeiro: Nova Aguilar, 1986.)

4 Um dos pilares do pensamento socialista era a denúncia da alienação produzida pelo trabalho no modo de produção capitalista. De acordo com esse pensamento, quem vende sua força de trabalho acaba por perder a noção da realidade e de si mesmo. No poema, qual verso melhor registra o instante em que o operário percebe sua importância social?

a) "Era a sua escravidão."
b) "Mas ele desconhecia"
c) "Ao constatar assombrado"
d) "Ele, um humilde operário,"
e) "Como um pássaro sem asas"

5 Ao final da leitura do poema, concluímos que, ao longo dos versos, há mais do que prédios ou casas em "construção". Afinal, o que também se constrói no poema?

a) oração e insubordinação
b) identidade e consciência
c) rebeldia e fé
d) sedução e socialismo
e) arte e riqueza

11 A poesia e a prosa dos anos 1940-50. A literatura contemporânea em língua portuguesa

Nestas atividades você vai:

- Ler e interpretar textos, em prosa e verso, da literatura contemporânea em língua portuguesa, como Manoel de Barros, Marina Colasanti, Patrícia Melo e João Cabral de Melo Neto, observando as principais tendências temáticas e formais desse período que vai de 1945 até os dias atuais.

Habilidades da BNCC relacionadas:

EM13LGG102 EM13LGG202 EM13LGG302 EM13LGG601 EM13LGG602 EM13LGG604 EM13LP01 EM13LP02 EM13LP06 EM13LP46 EM13LP48 EM13LP49 EM13LP52

1 Leia o seguinte trecho do romance *Budapeste*, de Chico Buarque:

> [...] No princípio ela até gostou, ficou lisonjeada quando eu lhe disse que estava escrevendo um livro nela. Depois deu pra ter ciúme, deu pra me recusar seu corpo, disse que eu só a procurava a fim de escrever nela, e o livro ia pelo sétimo capítulo quando ela me abandonou. Sem ela, perdi o fio do novelo, voltei ao prefácio, meu conhecimento da língua regrediu, pensei até em largar tudo e ir embora para Hamburgo. Passava os dias catatônico diante de uma folha de papel em branco, eu tinha me viciado em Teresa. Experimentei escrever alguma coisa em mim mesmo, mas não era tão bom, então fui a Copacabana procurar as putas. Pagava para escrever nelas, e talvez lhes pagasse além do devido, pois elas simulavam orgasmos que me roubavam toda a concentração. [...]

(Chico Buarque. *Budapeste*. São Paulo: Cia. das Letras, 2004.)

De modo inusitado, a narrativa relata a tentativa, feita pelo personagem-narrador, de produzir um livro escrevendo no corpo de uma mulher. Se mulheres podem equivaler a folhas de papel, o ato de escrever equivaleria a quê?

a) fotografar
b) despir
c) amar
d) odiar
e) plantar

Texto para as questões 2 e 3:

XX

O Tejo é mais belo que o rio que corre pela minha aldeia.
Mas o Tejo não é mais belo que o rio que corre pela minha aldeia.
Porque o Tejo não é o rio que corre pela minha aldeia.

O Tejo tem grandes navios
E navega nele ainda,
Para aqueles que veem em tudo o que lá não está,
A memória das naus.

O Tejo desce de Espanha
E o Tejo entra no mar em Portugal.
Toda a gente sabe isso.
Mas poucos sabem qual é o rio da minha aldeia
E para onde ele vai
E donde ele vem.
E por isso, porque pertence a menos gente,
É mais livre e maior o rio da minha aldeia.

Pelo Tejo vai-se para o mundo
Para além do Tejo há a América
E a fortuna daqueles que a encontram.
Ninguém nunca pensou no que há para além
Do rio da minha aldeia.

O rio da minha aldeia não faz pensar em nada.
Quem está ao pé dele está só ao pé dele.

(Alberto Caeiro. *O guardador de rebanhos*. Rio de Janeiro: Nova Aguilar, 1986.)

2 O eu lírico afirma preferir o rio de sua aldeia. Por que ele tem essa preferência?

a) Pela beleza do rio da aldeia.
b) O Tejo vem da Espanha e o rio da aldeia é português.
c) O rio da aldeia está próximo dele, enquanto o Tejo está longe.
d) O rio da aldeia vai para a América.
e) O Tejo não o faz pensar em nada, ao contrário do rio da aldeia.

3 Que sentido o emprego da conjunção *mas* na primeira estrofe confere à comparação entre os dois rios?

a) Os dois rios formam um único na imaginação do eu lírico.
b) O rio da aldeia se sobrepõe ao Tejo.
c) A importância do rio da aldeia é minimizada.
d) O Tejo é descrito como um rio histórico.
e) Nenhum dos dois rios é importante para o eu lírico.

Texto para as questões 4 e 5:

Educação

Durante algum tempo tentou ensiná-lo a fazer pipi no lugar certo. Esfregava-lhe o nariz na poça amarela, batia com jornal e, duas vezes ao dia, o levava a passear. Mas o homem relutava em aprender. E o cachorro não teve outro remédio senão mantê-lo para sempre trancado no banheiro.

(Marina Colasanti. *Zooilógico – Minicontos fantásticos*. Rio de Janeiro: Nórdica, 1985.)

4 A leitura do texto "Educação" produz estranheza, advinda da possibilidade do descompromisso com a racionalidade, por tratar-se de texto literário. O que, na trama lida, produz essa estranheza?

a) Bater com jornal.

b) Inversão do ponto de vista a respeito da relação homem-animal.

c) O pipi não é feito no lugar certo.

d) O texto induz o leitor a achar que o cachorro é desobediente.

e) O homem precisou prender o cão no banheiro para sempre.

5 O subtítulo do livro de Marina Colasanti, do qual foi retirado o texto lido, é *Minicontos fantásticos*. Que elemento presente no texto leva o leitor a considerá-lo, de fato, um pequeno conto?

a) a estrutura, em versos, de uma só estrofe

b) o caráter lírico, assim como de um autorrelato

c) o conflito

d) um fato cotidiano narrado com humor

e) narrativa em 3ª pessoa contendo crítica social

Texto para as questões 6 e 7:

ENCONTRA DOIS HOMENS CARREGANDO
UM DEFUNTO NUMA REDE,
AOS GRITOS DE: "Ó IRMÃOS DAS ALMAS!
IRMÃOS DAS ALMAS!
NÃO FUI EU QUE MATEI NÃO!"

– A quem estais carregando,
irmãos das almas,
embrulhado nessa rede?
dizei que eu saiba.

– A um defunto de nada,
irmão das almas,
que há muitas horas viaja
à sua morada.

— E sabeis quem era ele,
irmãos das almas,
sabeis como ele se chama
ou se chamava?
— Severino Lavrador,
irmão das almas,
Severino Lavrador,
mas já não lavra.

— E de onde que o estais trazendo,
irmãos das almas,
onde foi que começou
vossa jornada?
— Onde a Caatinga é mais seca,
irmão das almas,
onde uma terra que não dá
nem planta brava.
— E foi morrida essa morte,
irmãos das almas,
essa foi morte morrida
ou foi matada?
— Até que não foi morrida,
irmão das almas,
esta foi morte matada,
numa emboscada.

(João Cabral de Melo Neto. *Obra completa*. Rio de Janeiro: Nova Aguilar, 1994.)

6 O texto é um trecho de *Morte e vida severina*, de 1956, auto de Natal em que é contada a história de Severino, um retirante que parte do sertão de Pernambuco para Recife em busca de uma situação melhor para viver. No caminho, o sertanejo vai encontrando outros tantos Severinos e tomando conhecimento de suas vidas sofridas.

Em qual verso é possível notar que o poeta faz referência ao sertão do Nordeste?

a) "Onde a Caatinga é mais seca,"

b) "embrulhado nessa rede?"

c) "Até que não foi morrida,"

d) "irmãos das almas"

e) "que há muitas horas viaja"

7 No contexto do poema, qual é o sentido da expressão "morte morrida"?

a) assassinato

b) acidente

c) morte natural

d) suicídio

e) loucura

GRAMÁTICA

CAPÍTULO

1 Linguagem, comunicação e interação

Nestas atividades você vai:

- Aprender e debater conceitos de língua.
- Verificar como as funções da linguagem se manifestam em diferentes textos.

Habilidades da BNCC relacionadas:

EM13LGG102 EM13LP02 EM13LP06

Leia os seguintes trechos de texto.

Texto 1

Até hoje, muita gente acha que o nome *língua* só pode ser aplicado às línguas de cultura escrita da Europa e de algumas poucas civilizações milenares (árabe, hebraica, chinesa, japonesa), enquanto os índios da América, os negros da África e os aborígenes da Oceania usam algum tipo de sistema de comunicação pobre, rudimentar e tosco, que recebe diversos rótulos pejorativos: *gíria*, *jargão*, *caçanje*, *calão*, [...] entre outros.

A língua é rica, é múltipla, é híbrida, [...] é variável, é mutante.

(Marcos Bagno. *Não é errado falar assim! – Em defesa do português brasileiro.* São Paulo: Parábola, 2009. p. 16, 37.)

Texto 2

Para atribuir à língua o primeiro lugar no estudo da linguagem, pode-se, enfim, fazer valer o argumento de que a faculdade — natural ou não — de articular palavras não se exerce senão com ajuda de instrumento criado e fornecido pela coletividade; não é, então, ilusório dizer que é a língua que faz a unidade da linguagem.

(Ferdinand de Saussure. *Curso de linguística geral.* São Paulo: Cultrix, 1999. p. 18.)

1 Os dois trechos referem-se a concepções de língua. Com base neles, pode-se considerar língua como:

I. conjunto de normas que regem o bem falar e o bem escrever.

II. sistema linguístico utilizado por determinada comunidade falante.

III. patrimônio cultural de determinado povo e que deve ser preservado.

IV. idioma puro que identifica uma nação.

V. atividade social, heterogênea e em constante transformação.

VI. manifestação psíquica, de natureza abstrata e particular do falante.

Estão em consonância com afirmações dos trechos, as concepções:

a) II, III e V.

b) I, IV e VI.

c) I, II e III.

d) II, III e VI.

e) Todas, exceto a VI.

2 Leia o texto:

Fim

O professor Jones vinha trabalhando na teoria do tempo havia muitos anos.

— E descobri a equação-chave — ele disse um dia a sua filha. — O tempo é um campo. Esta máquina que construí pode manipular — e até inverter — esse campo.

Premindo um botão enquanto falava, acrescentou: — Isto deveria fazer com que o tempo corresse ao contrário contrário ao corresse tempo o que com fazer deveria isto: acrescentou, falava enquanto botão um premindo. Campo esse — inverter até e — manipular pode construí que máquina esta. Campo um é tempo o. — Filha sua a dia um disse ele — chave-equação a descobri e. Anos muitos havia tempo do teoria na trabalhando vinha Jones professor o. Fim

(Fredric Brown. "Fim". Disponível em: www.diversita.com.br/2008/07/23/fim-um-conto-de-fredric-brown/. Acesso em: 10/3/2018.)

O trabalho com a linguagem nesse miniconto evidencia a presença das seguintes funções da linguagem:

a) fática e referencial.

b) poética e emotiva.

c) conativa e fática.

d) metalinguística e conativa.

e) metalinguística e poética.

3 Leia os textos:

Texto 1

A propaganda é a técnica de criar opinião pública favorável a um determinado produto, serviço, instituição ou ideia, visando orientar o comportamento humano das massas num determinado sentido.

(Código de Ética dos Profissionais da Propaganda no Brasil. Disponível em: http://appbrasil.org.br/app-brasil/servicos-e-manuais/codigo-de-etica-dos-profissionais-de-propaganda/. Acesso em: 9/3/2018.)

Texto 2

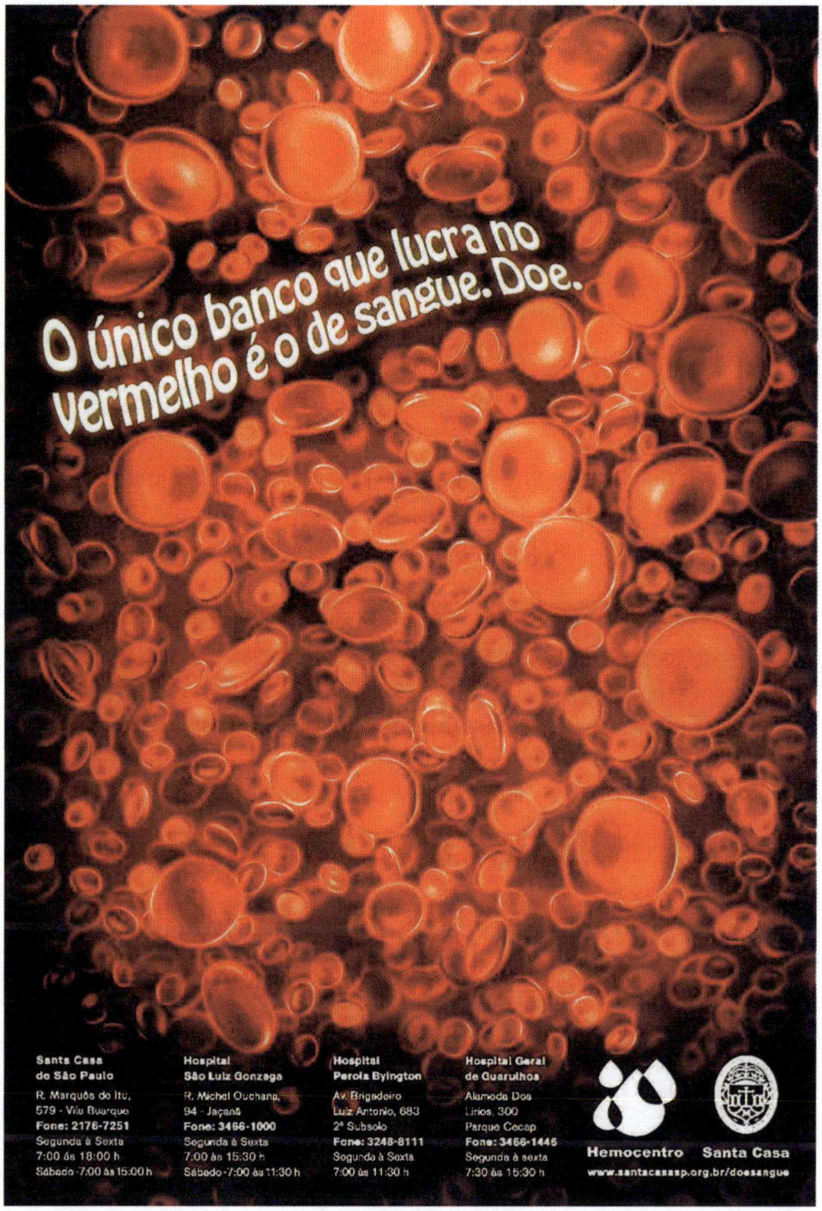

(Disponível em: https://br.pinterest.com/explore/campanhas-publicit%C3%A1rias/. Acesso em: 9/3/2018.)

A definição dada no texto 1 relaciona-se com o texto 2 na medida em que:

a) designa ordem e obriga o leitor a uma mudança de comportamento.

b) confirma a função conativa presente nos textos publicitários.

c) sensibiliza o leitor por meio da linguagem poética.

d) apresenta informações necessárias para o estabelecimento do processo de comunicação bem-sucedido.

e) orienta o comportamento humano a partir da criação de uma campanha favorável a uma ideia.

2 Texto e discurso — Intertexto e interdiscurso

Nestas atividades você vai:

- Observar como se constroem a coesão e a coerência em diferentes textos.
- Identificar e discutir relações de intertexto e interdiscurso.

Habilidades da BNCC relacionadas:

EM13LGG102 EM13LP02 EM13LP03 EM13LP04 EM13LP06

1 Releia as duas frases que compõem a manchete, isoladamente:

Crimes crescem
Rio investiga cada vez menos

Agência O Globo/Acervo da agência

www.oglobo.com.br

O GLOBO

IRINEU MARINHO (1876-1925) RIO DE JANEIRO, TERÇA-FEIRA, 19 DE JUNHO DE 2007 • ANO LXXXII • Nº 26.979 ROBERTO MARINHO (1904-2003)

Cargos de confiança vão subir até 139%

• Medida provisória editada ontem pelo presidente Lula aumenta em até 139,75% os salários de quem tem cargo comissionado no governo federal. O reajuste, retroativo a 1º de junho, beneficia 21.563 cargos de confiança e terá um impacto de R$ 277 milhões na folha deste ano. Ano que vem, o custo será de R$ 475,6 milhões. **Página 12**

Pan tumultua cariocas no Brasileiro

IMPUNIDADE O BRASIL VIVE O CRIME SEM CASTIGO

Crimes crescem, mas Rio investiga cada vez menos

Número de processos cai em 38 das 88 varas criminais do estado

• Apesar dos crescentes índices de violência no estado, o número de processos caiu em 38 das 88 varas criminais fluminenses, segundo levantamento do Tribunal de Justiça do Rio entre 2005 e 2006. Caso esse ritmo continue, algumas varas correm o risco de fechar nos próximos anos, por falta de réus a serem julgados. A aparente contradição tem uma explicação, segundo o desembargador Geraldo Prado, ex-titular da 37ª Vara Criminal: a incapacidade da polícia de investigar e concluir inquéritos com qualidade suficiente para serem transformados em processos. Com a investigação deficiente, as varas criminais no estado dependem cada vez mais das prisões em flagrante delito. Para enfrentar o problema, a Procuradoria de Justiça do Estado, em convênio com o Tribunal de Justiça, criou em maio uma força-tarefa para acelerar a investigação em 8.200 inquéritos que estão parados. **Página 3 e editorial "Solução à vista"**

(Disponível em: https://descomplica.com.br/blog/portugues/lista-conjuncoes/. Acesso em: 2/4/2018.)

a) Essas duas frases, colocadas lado a lado dessa forma, podem causar estranheza em relação à coerência. Justifique essa afirmação.

b) A conjunção "mas" que liga as duas frases é essencial para a constituição da coesão e da coerência da manchete. Qual relação de sentido ela estabelece entre as duas frases?

c) Identifique, no corpo do texto, outra expressão que confirma essa relação de sentido.

2 A intertextualidade, a interdiscursividade e a paródia não ocorrem apenas em enunciados escritos. Observe as imagens a seguir.

O grito (1893), de Edvard Munch.

(Imagem extraída de: Mauricio de Sousa. *História em quadrões com a Turma da Mônica*. v. 2. São Paulo: Globo, 2010. p. 32.)

(Urban Arts. Disponível em: www.urbanarts.com.br/eliza-e-piu-em-o-grito-de-edvard-munch-11863/p. Acesso em: 3 abr. 2018.)

Há várias releituras da obra *O grito*, de Edvard Munch. Pode-se afirmar que:

I. as imagens 2 e 3 estabelecem relação intertextual com o texto original.

II. a imagem 3 estabelece uma relação interdiscursiva por subverter o texto citado.

III. a imagem 2 é uma paródia da imagem 3.

IV. a imagem 3 é uma paródia da imagem 2.

V. a imagem 2 constitui uma paródia do texto citado.

São corretas as afirmações:

a) II, III e IV.

b) I, II e III.

c) I, III e IV.

d) I, II e V.

e) III, IV e V.

3 Leia o excerto a seguir.

> [Os sonetos de Camões] apresentam pontos de contato naquilo que diz respeito à estética clássica. Em primeiro lugar, pelo fato de obedecerem ao *princípio da imitação*, quer dizer, da aceitação de modelos preexistentes à elaboração da obra de arte, sejam eles os escritos greco-latinos, sejam os quinhentistas. [...] E o acatamento de moldes pressupunha, inclusive, o empréstimo de versos inteiros ou de temas.
>
> (Massaud Moisés. *A literatura portuguesa através dos textos*. 26. ed. Cultrix: São Paulo, 1998.)

A imitação a que recorria Camões poderia ser considerada intertextualidade e interdiscursividade? Por quê?

3 As variedades linguísticas

Nestas atividades você vai:

- Discutir o fenômeno da variação linguística.
- Debater sobre o preconceito linguístico.
- Estabelecer relações entre as partes verbal e não verbal de um texto.
- Construir relações de sentido entre as diferentes partes dos textos.

Habilidades da BNCC relacionadas:

EM13LGG102 EM13LGG401 EM13LP02 EM13LP06 EM13LP09 EM13LP10

Leia a tira a seguir e responda às perguntas 1 a 4.

© Angeli/Folha de S.Paulo 29.06.1998/Fotoarena

(Angeli. *Luke & Tranta – Sangue bom*. São Paulo: Devir/Jacarandá, 2000. p. 17.)

1 O texto apresenta pessoas se cumprimentando. Pela forma com que estabelecem a interação, pode-se afirmar que:

a) são pessoas que trabalham juntas.

b) são pessoas que não sabem falar.

c) são pessoas que empregam a norma culta adequadamente.

d) são pessoas que pertencem ao mesmo grupo social.

e) são pessoas que reforçam o preconceito linguístico.

2 No último quadrinho, uma personagem pergunta à amiga a opinião sobre o Orelha. A amiga diz que ele é "cabeça". A expressão é empregada no texto para designar alguém:

a) inteligente.

b) com cabeça grande.

c) líder de grupo.

d) estudioso.

e) arrogante.

3 O fator surpreendente da tira se encontra no último quadrinho. Por quê?

4 O texto constrói seu efeito de humor com base em elementos relacionados à variação linguística. Que tipo de variação predomina na história?

5 Leia os três enunciados a seguir.

> Médico debocha de paciente na internet: "Não existe peleumonia"
>
> (Disponível em: http://g1.globo.com/sp/campinas-regiao/noticia/2016/07/medico-debocha-de-paciente-na-internet-nao-existe-peleumonia.html. Acesso em: 21/3/2018.)

> Estão assassinando a última flor do Lácio.

> Como alguém espera ser levado a sério se não fala direito?

Assinale as afirmações abaixo que se contrapõem aos posicionamentos explicitados nesses enunciados.

a) "O poder do preconceito linguístico, hoje no Brasil, se revela principalmente nos meios de comunicação, que dão amplo espaço nos jornais, nas revistas, na televisão, no rádio, na internet etc. para a divulgação de noções de *certo* e *errado* que só fazem reproduzir uma série de queixas e lamúrias sobre a 'decadência' da língua que vêm sendo repetidas incansavelmente por séculos a fio [...]"

(Marcos Bagno. *Não é errado falar assim! — Em defesa do português brasileiro*. São Paulo: Parábola, 2009. p. 19-20.)

b) "O fato é que a ausência de perspectiva e a preguiça de leitura se refletem na vida do usuário brasileiro da língua. Ele comete erros, impropriedades, idiotismos, solecismos, barbarismos e, principalmente, barbaridades."

(Luís Antonio Giron.)

c) "Que língua falamos? A resposta veio das terras lusitanas. Falamos o caipirês. Sem nenhum compromisso com a gramática portuguesa. Vale tudo [...]."

(Dad Squarisi.)

d) "No fundo, o preconceito linguístico é um preconceito social. É uma discriminação sem fundamento que atinge falantes inferiorizados por alguma razão e por algum fato histórico. Nós o compreenderíamos melhor se nos déssemos conta de que 'falar bem' é uma regra da mesma natureza das regras de etiqueta, das regras de comportamento social. Os que dizemos que falam errado são apenas cidadãos que seguem outras regras e que não têm poder para ditar quais são as elegantes."

(Sírio Possenti. Disponível em: www.cienciahoje.org.br/noticia/v/ler/id/3137/n/preconceito_linguistico. Acesso em: 24/3/2018.)

e) "Ninguém de bom-senso discorda de que a expressão popular tem validade como forma de comunicação. Só que é preciso que se reconheça que a língua culta reúne infinitamente mais qualidades e valores. Ela é a única que consegue produzir e traduzir os pensamentos que circulam no mundo da filosofia, da literatura, das artes e das ciências."

(Evanildo Bechara. Disponível em: https://veja.abril.com.br/blog/reinaldo/ontem-desanquei-um-academico-hoje-aplaudo-um-outro/. Acesso em: 21/3/2018.)

Leia a crônica de Sérgio Rodrigues e responda às questões 6 a 8.

Preconceito linguístico na balada

— E aí, gato, nós vai pra sua casa ou pra minha?

— O quê?! Hahaha, ufa, você quase me pegou.

— Como assim, quase te peguei?

— Falando desse jeito aí, "nós vai". Sabe como é, a gente acaba de se conhecer... Por meio segundo eu pensei que fosse sério.

— E se fosse sério?

— Deixa pra lá, minha linda. Lá em casa tem um prosecco na geladeira esperando a gente.

— Não, vamos com calma que agora é sério mesmo. Você está sendo submetido a um teste, atenção: e se eu fosse o tipo de mulher que fala "nós vai", "dez real", "os livro", isso ia fazer diferença?

— Nossa, mas é lógico, né? Tremenda gata bem-vestida, maior pinta de universitária... Aliás, você é universitária?

— Não interessa o que eu sou, estou indo pegar um táxi.

— Ei, espera aí! O que é que eu fiz de errado?

— Ah, nada. Só se revelou um porco chauvinista linguístico, como tantos que existem por aí. Uma pena, tão bonitinho...

[...]

— Mas isso é uma completa maluquice! A gente estava no maior clima bom, não faça uma coisa dessas.

— Boa noite.

— Escuta, espera, me dá uma chance. Você quer que eu peço desculpas?

— "Que eu peça desculpas", animal! Cadê o subjuntivo?

— Hã?

— Quer ser um elitista preconceituoso, pelo menos aprende a falar direito.

(Disponível em: https://veja.abril.com.br/blog/sobre-palavras/preconceito-linguistico-na-balada/. Acesso em: 24/3/2018.)

6 A crônica retrata uma situação em que um casal conversa. É correto afirmar:

a) Os personagens em diálogo são um homem e uma mulher, representados, respectivamente, pelos vocativos: "E aí, *gato*, [...]" "Deixa pra lá, *minha linda* [...]".

b) O rapaz demonstra ter preconceito linguístico.

c) A moça não tem conhecimento da norma-padrão.

d) Os dois permaneceram em clima de romance.

e) O rapaz associa o bem falar ao bem-vestir.

f) A moça demonstra ter domínio da variedade urbana de prestígio.

7 O título corresponde ao que é lido na crônica. Isso se justifica porque:

a) refere-se a uma discussão comum entre casais.

b) informa que o casal não está em sintonia amorosa.

c) dá a impressão de que é o homem quem fala errado.

d) antecipa o assunto abordado e a situação de comunicação.

e) indica que os namorados nem sempre se conhecem.

8 Estabelecendo um paralelo entre as regras do jogo do amor cortês do Trovadorismo e a situação vivenciada na crônica, pode-se afirmar que a única característica presente no texto contemporâneo e na cantiga de amor é:

a) submissão absoluta à amada.

b) pela amada, o pretendente despreza regras e títulos sociais.

c) promessa de fidelidade.

d) prudência para não abalar a reputação da dama.

e) a mulher é vista como bela.

4 Estrutura e formação de palavras

Nestas atividades você vai:

- Identificar morfemas e seus significados.
- Analisar diferentes processos de formação de palavras.

Habilidades da BNCC relacionadas:

EM13LGG102 EM13LP02 EM13LP06

O poeta árcade retoma o modelo clássico. Leia o poema, de Cláudio Manuel da Costa, e responda às questões.

IX

Pouco importa, formosa Daliana,
Que fugindo de ouvir me, o fuso tomes;
Se quanto mais me afliges, e consomes,
Tanto te adoro mais, bela serrana.

Ou já fujas do abrigo da cabana,
Ou sobre os altos montes mais te assomes,
Faremos imortais os nossos nomes,
Eu por ser firme, tu por ser tirana.

Um obséquio, que foi de amor rendido,
Bem pode ser, pastora, desprezado;
Mas nunca se verá desvanecido:

Sim, que para lisonja do cuidado,
Testemunhas serão de meu gemido
Este monte, este vale, aquele prado.

(Disponível em: www.dominiopublico.gov.br/download/texto/bv000071.pdf. Acesso em: 21/4/2018).

1 As marcas classicistas no poema podem ser afirmadas por:

a) composição em forma de soneto.

b) invocação ao convencionalismo amoroso.

c) defesa da razão.

d) idealização da vida no campo.

e) lírica bucólica.

2 Em qual alternativa os morfemas que compõem a palavra *serrana* estão segmentados adequadamente?

a) serra - *na* radical; *serra* - tema.

b) serr - radical; *an* - sufixo; *a* - desinência de gênero.

c) *err* - radical; *s* - prefixo; *na* - sufixo.

d) *serro* - tema; *na* - prefixo.

e) *serr* - tema; *a* - vogal temática; *na* - sufixo.

Leia o poema a seguir, de Bocage, e responda às questões.

Aquela que na esfera luminosa,
precedendo a manhã, qual astro brilha,
Mãe dos amores, das espumas filha,
Que o mar na concha azul passeia airosa,

Apenas viu sorrir Nise formosa,
A quem dos corações o deus se humilha,
Do cinto desatando a áurea presilha,
No regaço lho pôs, leda e mimosa.

"Não te é (lhe diz), bem sei, não te é preciso;
Para atrair vontades à ternura,
Basta-te um gesto, basta-te um sorriso:

"Mas deves possuí-lo, ó ninfa pura,
Como troféu que dê ao mundo aviso
De que Vênus te cede em formosura."

(*Poemas escolhidos*. 2. ed. São Paulo: Cultrix, 1982. p. 30.)

3 Assinale as alternativas que revelam as características do poema e do poeta.

a) Nise encarna o ideal de mulher, distante e imaterial.

b) O eu lírico se coloca em desespero emocional.

c) Predomina o pessimismo existencial.

d) Há a presença de figuras mitológicas.

e) Revela-se o poeta satírico e erótico.

f) A lírica é marcada pelo soneto.

4 Leia as palavras a seguir e, em cada sequência, identifique o processo de formação de palavras.

a) mar marítimo marinheiro marinho marujo

b) deus endeusar

c) alma desalmado

5 Leia as frases e classifique as reduções empregadas de acordo com os tipos:

(A) Sigla

(B) Abreviação

(C) Abreviatura

a) Eles moram em Borá, SP. ( )

b) O IBGE acaba de divulgar pesquisa revelando que a pobreza aumentou no Brasil. ( )

c) Comprei só meio quilo de carne. ( )

d) O metrô está lotado. ( )

e) O Sr. José é um homem honrado. ( )

f) Lembre-se de mencionar o CEP no envelope. ( )

GRAMÁTICA

CAPÍTULO

5 Concordância nominal e verbal

Nestas atividades você vai:

- Analisar regras de concordância da norma-padrão.
- Analisar o fenômeno da hipercorreção relacionado à concordância.

Habilidades da BNCC relacionadas:

EM13LGG102 EM13LP02 EM13LP06 EM13LP08 EM13LP09

1 Analise o seguinte trecho do artigo de opinião "Refugiados — descaso das autoridades" e assinale a alternativa correta.

Segundo dados do Exército, o número de refugiados que cruzam a fronteira de Pacaraima, no extremo norte do País, subiu de 500 para 800, ou seja, todos os dias 800 venezuelanos ingressam no território brasileiro. Ainda assim, esse número não representa a realidade, já que existem muitas rotas clandestinas na região que são usadas pelos contrabandistas de armas e drogas.

Segundo informações do Grupo Rede Amazônica, cresce o número de venezuelanos aliciados pelo tráfico de drogas e pelas redes de prostituição. A situação é gravíssima. Está instalado o caos social, uma bomba-relógio pronta para explodir a qualquer momento. [...]

(Disponível em: https://opiniao.estadao.com.br/noticias/geral,refugiados-descaso-das-autoridades,70002474124. Acesso em: 27/8/2018.)

a) No trecho "o número de refugiados que cruzam a fronteira de Pacaraima" a forma verbal *cruzam* não está de acordo com a norma-padrão, já que deveria concordar com *número*, ficando no plural.

b) No trecho "cresce o número de venezuelanos aliciados", o adjetivo deveria vir no singular, já que se refere à palavra *número*.

c) O trecho "subiu de 500 para 800" deveria ser redigido, de acordo com a norma-padrão, "subiram de 500 para 800", pois a forma verbal concorda com *refugiados*.

d) Uma possível reformulação do trecho "A situação é gravíssima" seria "A situação são gravíssimas", já que, com o verbo *ser* o sujeito deve sempre concordar com o predicativo.

e) Se substituirmos a forma verbal *existem* do trecho "já que existem muitas rotas clandestinas na região" por *há*, a concordância estaria de acordo com a norma-padrão.

2 Leia a tira a seguir e assinale a alternativa correta.

(Jim Davis. *Garfield numa boa*. Porto Alegre: L&PM, 2010. p. 26.)

a) No 3º quadrinho, John reclama que esperava mais convidados. Poderíamos trocar *haveria* por *existiria* sem necessidade de alterar a concordância.

b) O verbo *haver* foi utilizado no sentido de "ter"; assim, a concordância não está de acordo com a norma-padrão.

c) O verbo *haver* foi utilizado incorretamente, pois a situação descrita é informal, coloquial, e tal verbo só deve ser utilizado em situações formais.

d) O verbo *haver*, com sentido de "existir", é impessoal, por isso a forma verbal está no singular.

e) John achou que dando uma festa se sentiria melhor; isso se comprova no último quadrinho, já que seus amigos são seu gato e seu cachorro.

3 Leia o seguinte trecho do artigo "Hipercorreção", de Pasquale Cipro Neto.

Em entrevista concedida ao "Jornal Hoje", da Globo, altíssima figura do Legislativo falava sobre o vai não vai do PFL e a possível influência disso na pauta do Congresso. "Faremos o possível para que não hajam atrasos nas votações", disse o prócer.

Já afirmei várias vezes neste espaço que quem fala merece todos os descontos do mundo. Se o pronunciamento se dá no rádio ou na TV, ao vivo, o desconto deve ser ainda maior. Não se pode negar, no entanto, o papel de modelo que certas figuras públicas exercem. No caso do político, cujo discurso era recheado de termos difíceis ("procrastinar" era um deles), não é exagero supor que quem o ouviu dizer "para que não hajam atrasos" possa tomá-lo como exemplo a seguir e, numa prova ou concurso, dê como culta uma construção errônea e pague com a reprovação ou eliminação.

(Disponível em: https://www1.folha.uol.com.br/fsp/cotidian/ff0703200202.htm. Acesso em: 27/8/2018.)

a) Reescreva o trecho em questão, explicando a mudança ocorrida e o motivo dela.

b) O texto se chama "Hipercorreção", que é um fenômeno linguístico em que se corrige além do necessário, em uma tentativa de se aproximar ao máximo da norma-padrão. Assim, comente por que se pode dizer que o político realizou uma hipercorreção em seu texto.

6 A pontuação

Nestas atividades você vai:

- Analisar a pontuação em textos de diferentes gêneros.
- Perceber efeitos de sentido construídos por meio de sinais de pontuação.
- Estabelecer relações entre as partes verbal e não verbal de um texto.
- Comparar determinados usos de sinais de pontuação com as regras da norma-padrão.
- Empregar os sinais de pontuação segundo as regras da norma-padrão.

Habilidades da BNCC relacionadas:

EM13LGG102 EM13LGG401 EM13LP02 EM13LP06 EM13LP08 EM13LP09

Leia o texto a seguir.

SECOM/Secretaria de Direitos Humanos

(Disponível em: http://www.secom.gov.br/atuacao/publicidade/imagens/cartaz.jpg/view. Acesso em: 23/8/2018.)

1 Sobre o uso do ponto final na construção do anúncio, julgue as assertivas a seguir como verdadeiras (V) ou falsas (F).

I. Cada uma das declarações isoladas pelo ponto final expressa uma atitude a ser adotada pelo leitor a fim de proteger as crianças e os adolescentes de situações de violência.

II. Os pontos poderiam ser substituídos por vírgulas, pois as orações em questão podem ser classificadas como coordenadas assindéticas.

III. O uso do ponto após as duas orações da parte superior do texto evidencia o fato de que elas correspondem às posturas ilustradas pelos macaquinhos logo abaixo.

Assinale a alternativa correta:

a) V — V — V

b) V — F — V

c) F — F — V

d) F — V — V

e) F — F — F

2 Observe:

(Disponível em: http://www.itanhaem.sp.gov.br/noticias/2017-01-13-Campanha-busca-conscientizar-populacao-sobre-o-descarte-correto-de-lixos.php. Acesso em: 23/8/2018.)

Com relação ao uso da vírgula na construção do texto, responda às seguintes questões.

a) De acordo com as recomendações da gramática normativa para o uso da vírgula, a pontuação do texto está inadequada. Por quê?

____

____

____

b) Reescreva o texto, de modo a sanar o problema, mantendo o uso da vírgula.

____

____

____

3 No fragmento de texto a seguir, foram suprimidos todos os sinais de pontuação. Pontue-o de maneira apropriada, de modo a preservar o sentido.

A cena é clássica quase sempre que um determinado produto é lançado uma enxurrada de pessoas simplesmente resolve abandonar aquele que possuem para ter o modelo atualizado uma vez que o antigo já não satisfaz mais como antes Assim produtos que ainda poderiam ser usados naturalmente acabam virando descarte fácil entre os consumidores.

(Rodrigo Berté. Os males do consumo desenfreado. Disponível em: https://www.gazetadopovo.com.br/opiniao/artigos/os-males-do-consumo-desenfreado-4l782thsoedaqjeov7zh3ttu6. Texto adaptado. Acesso em: 26/8/2018.)

7 Regência verbal e regência nominal

Nestas atividades você vai:

- Analisar a regência de diferentes nomes e verbos.
- Perceber efeitos de sentido construídos por meio de diferentes regências de um mesmo termo.
- Comparar regências de uso corrente no português brasileiro com as regras da norma-padrão.

Habilidades da BNCC relacionadas:

EM13LGG102 EM13LGG401 EM13LP02 EM13LP06 EM13LP08 EM13LP09

1 Leia o texto:

Reprodução/Rede Amerios

(Disponível em: http://www.amerios.com.br/ipora/noticias/outubro-rosa-prevencao-do-cancer-de-mama/. Acesso em: 4/8/2018.)

Considere as seguintes afirmações a propósito do texto, observando se são verdadeiras ou falsas.

I. Na frase "campanha de combate ao câncer de mama", há uma situação de regência nominal; nela, o termo regente é *combate* (substantivo), que exige complemento regido pela preposição *a*.

II. Na primeira frase do anúncio, "juntos pela prevenção", o substantivo *prevenção* exige complemento, que não foi explicitado para evitar redundância, uma vez que na frase seguinte ele fica evidenciado pela menção a *câncer de mama*.

III. Na frase "um autoexame pode valer a vida", há uma situação de regência verbal; nela o termo regente exige um complemento não regido por preposição.

Está correta a sequência:

a) V-V-V
b) V-V-F
c) F-V-V
d) F-F-V
e) V-F-V

2 Observe a seguinte propaganda.

Tribunal Superior do Trabalho (TST)/Associação Brasileira de Agências de Publicidade (Abap)

(Disponível em: http://www.trt6.jus.br/portal/noticias/2018/06/12/nao-leve-na-brincadeira-trabalho-infantil-e-ilegal-denuncie. Acesso em: 4/8/2018.)

Assinale o enunciado em que o verbo *levar* tem o mesmo sentido do observado no texto da campanha:

a) As professoras levaram os alunos ao museu esta semana.

b) O rapaz nunca esqueceu o fora que levou da primeira namorada.

c) As autoridades não levaram a sério o apelo da população.

d) Como não fez o trabalho com cuidado, o rapaz levou uma bronca.

e) Eu levei pães e bolos ao piquenique ontem.

3 Considere a regência verbal e a regência nominal nas frases a seguir.

I. Estou certo que você conseguirá um emprego antes do fim do ano.

II. João namora com Carolina há mais de quatro anos.

III. Aquele pediatra é o único no qual confio.

IV. As vítimas têm certeza de que o criminoso agiu de forma premeditada.

Quais dessas frases contêm formas que não obedecem à regência tradicional da norma-padrão, mas que foram incorporadas aos usos cotidianos da língua, mesmo por variedades urbanas de prestígio?

a) I, II e III.

b) II e III.

c) II, III e IV.

d) I e II.

e) I, II, III c IV.

Colocação pronominal

Nestas atividades você vai:

- Comparar a colocação pronominal de uso corrente no português brasileiro e no português europeu.
- Construir relações de sentido entre as diferentes partes dos textos.
- Comparar a colocação pronominal de uso corrente no português brasileiro com as regras da norma-padrão.
- Perceber efeitos de sentido construídos por meio do uso de diferentes formas de colocação pronominal.

Habilidades da BNCC relacionadas:

EM13LGG102 EM13LGG401 EM13LP02 EM13LP06 EM13LP08 EM13LP09

Leia o texto:

Próclise, ênclise e mesóclise

A semelhança entre Camões e Deborah Secco
ROBERTO KAZ

Deborah Secco está contente com o novo visual. Pelo menos é o que se conclui pela edição 690 da *Caras* portuguesa, publicada no início de novembro. "Está a ser um presente andar com o cabelo desalinhado", diz ela, dando preferência ao verbo no infinitivo, como faziam Camões e Eça, e como fazem as atrizes brasileiras cuja fama se estende para além-mar e Trás-os-Montes. As declarações não terminam aí: "Talvez por imaturidade, tentamos mudar as pessoas ou mudarmo-nos a nós próprios e, com o tempo, tenho aprendido que ninguém muda ninguém", revela a atriz, o que leva o leitor a uma conclusão insofismável: Deborah Secco usa ênclises.

[...]

(Disponível em: https://piaui.folha.uol.com.br/materia/proclise-enclise-e-mesoclise/. Acesso em: 9/8/2018.)

1 No texto, o autor destaca algumas passagens de uma entrevista que a atriz brasileira Deborah Secco concedeu à revista *Caras* portuguesa. Caso não tivesse sido mencionado que se trata da edição portuguesa da revista, a linguagem utilizada pela atriz causaria estranheza? Por quê?

2 Sem grande rigor, pode-se dizer que sofisma é uma mentira ou um raciocínio que parece verdadeiro, mas é formulado com o objetivo de enganar. Relacione essa informação à seguinte passagem do texto:

"o que leva o leitor a uma conclusão insofismável: Deborah Secco usa ênclises."

a) Por que, provavelmente, o autor do texto chama a atenção do leitor para um fato que aparentemente não tem relação com o teor das declarações dadas pela atriz na entrevista?

b) Ao chamar de "conclusão insofismável" a dedução de que a atriz usa ênclises, o autor do texto foi irônico? Por quê?

c) Levante hipóteses: O que teria levado a atriz a fazer uso da ênclise na entrevista?

3 Observe a tira a seguir, de Wil Teixeira.

(Disponível em: http://blogs.odiario.com/wilteixeira/page/26/. Acesso em: 9/8/2018.)

a) No 2º quadrinho da tira, o pronome oblíquo átono *me* está colocado procliticamente ao verbo. Discuta se a colocação do pronome está de acordo com a norma-padrão e com a situação social retratada pelos quadrinhos.

b) Do ponto de vista do uso social, você considera inapropriada, na situação, a colocação pronominal feita pelo entrevistador no 2º quadrinho? Por quê?

9 Introdução à semântica

Nestas atividades você vai:

- Analisar os sentidos construídos por palavras sinônimas em diferentes contextos.
- Construir conjuntos com palavras tendo em vista os conceitos de campo semântico e hiperônimos.
- Analisar os diferentes efeitos de sentido de construções ambíguas.

Habilidades da BNCC relacionadas:

EM13LGG102 EM13LP02 EM13LP06

1 Leia os pares de palavras a seguir e complete os enunciados com adequação.

careca - calvo	colóquio - conversa
peito - mama	xepa - migalhas
esquerdo - canhoto	imaginação - invenção

a) Ricardo ficou ______________. O pneu do carro está ______________.

b) Ela está com um cisto na ______________. Quero meio quilo de ______________ de frango.

c) O banheiro fica do lado ______________. Aquela carteira é para ______________.

d) A professora se apresentou no ______________. A ______________ com os pais foi boa.

e) Comprei o abacate na ______________. A desigualdade leva muitas pessoas a viver de ______________.

f) A ______________ é a capacidade humana de criar. A ______________ de Santos Dumont é motivo de orgulho nacional.

2 Leia as palavras a seguir.

lagartixa	couve-flor	fogo	beterraba
alicate	martelo	brócolis	pimentão
camaleão	tartaruga	jacaré	caranguejo
trena	chave de fenda	pinha	

a) Agrupe as palavras em campos semânticos, ou seja, por hipônimos.

b) Há três palavras que não pertencem a esses campos semânticos. Quais são?

c) A partir do agrupamento, identifique os hiperônimos.

3 Leia os textos a seguir e justifique a ambiguidade empregada neles.

Marina dá aval ao PSB para encaminhar sua candidatura

Marina afirmou que não se oporia aos "processos do partido". Para PT, ela irá "colar" em Aécio nas pesquisas

(Disponível em: https://epocanegocios.globo.com/Informacao/Acao/noticia/2014/08/marina-da-aval-ao-psb-para-encaminhar-sua-candidatura.html. Acesso em: 4/4/2018.)

Reprodução/S.O.S Mata Atlântica

5 de junho é o **Dia Mundial do Meio Ambiente**.
É uma grande oportunidade para você mostrar que não é um filho desnaturado:
acesse **www.sosmatatlantica.org.br ou ligue (11) 3055 7888**,
conheça nossos projetos e afilie-se. A mãe natureza será eternamente grata.
Fundação S.O.S MATA ATLÂNTICA

(Disponível em: https://micarlamichelle.wordpress.com/2015/09/28/1o-ano-efeitos-de-sentido-o-duplo-sentido-e-a-ambiguidade/. Acesso em: 4/4/2018.)

Leia este poema de Camões e responda às questões:

Mote

Descalça vai para a fonte
Lianor pela verdura;
Vai fermosa, e não segura.

Leva na cabeça o pote,
O testo nas mãos de prata,
Cinta de fina escarlata,
Sainho de chamelote;
Traz a vasquinha de cote,
Mais branca que a neve pura.
Vai fermosa e não segura.

Descobre a touca a garganta,
Cabelos de ouro entrançado
Fita de cor de encarnado,
Tão linda que o mundo espanta.
Chove nela graça tanta,
Que dá graça à fermosura.
Vai fermosa e não segura.

(*Lírica*. São Paulo: Cultrix, 1976.)

4 Sobre o poema, podemos afirmar:

a) A lírica amorosa é a temática nuclear.

b) O amor platônico prevalece.

c) É composto de redondilhas maiores.

d) É marcado por metáforas e antíteses.

e) Há exploração da musicalidade, manifestada principalmente pelas rimas.

5 São sinônimos de *testo*, *cote* e *encarnado*, respectivamente:

a) testa, almoço e incorporado.

b) tampa, de costas e cor de sangue.

c) pote, de costura e encorpado.

d) tampa de pote, de uso cotidiano e vermelho.

GRAMÁTICA

CAPÍTULO 10

Figuras de linguagem

Nestas atividades você vai:

- Identificar figuras de linguagem empregadas em textos de diferentes gêneros.
- Relacionar o emprego das figuras de linguagem com determinados gêneros nos quais elas cumprem um papel fundamental, como o poema e o anúncio publicitário, entre outros.

Habilidades da BNCC relacionadas:

EM13LGG102 EM13LP02 EM13LP06

1 Leia a tira, de Fernando Gonsales:

© Fernando Gonsales/Acervo do cartunista

(*Níquel Náusea. A vaca foi pro brejo atrás do carro na frente dos bois.* São Paulo: Devir, 2010. p. 3.)

O efeito de humor da tira se dá a partir do emprego do(a):

a) metáfora.
b) metonímia.
c) gradação.
d) paradoxo.
e) ironia.

2 Leia as estrofes a seguir e identifique as figuras de linguagem:

Poema circense

Atirei meu coração às areias do circo como se atira ao
mar uma âncora aflita. Ninguém bateu palmas.
[...]

(José Paulo Paes. *In*: Vários autores. *Verso livre — Poemas.* São Paulo: Boa Companhia, 2012. p. 64.)

Poema dos olhos da amada

Ó minha amada
Que olhos os teus
São cais noturnos
Cheios de adeus
São docas mansas
Trilhando Luzes
Que brilham longe
Longe nos breus...

(Vinícius de Moraes. *In*: Vários autores. *Verso livre: poemas*. São Paulo: Boa Companhia, 2012. p. 53).

---

3 Associe os recursos estilísticos empregados nos textos a seguir às figuras de linguagem indicadas no final do exercício.

a) **Carrego comigo**

Carrego comigo
há dezenas de anos
há centenas de anos
o pequeno embrulho.
[...]

(Carlos Drummond de Andrade. *Nova reunião — 23 livros de poesia*. São Paulo: Companhia das Letras, 2015. p. 107.)

b) **Quando eu me for**

Quando eu me for, os caminhos continuarão andando...
E os meus sapatos também!
Porque os quartos, as casas que habitamos,
Todas, todas as coisas que foram nossas na vida
Possuem igualmente os seus fantasmas próprios,
Para alucinarem as nossas noites de insônia!

(Mário Quintana. *Velório sem defunto*. (org.) Tania Franco Carvalhal. 2. ed. São Paulo: Globo, 2009. p. 99.)

( ) eufemismo
( ) hipérbole

4 Identifique o tipo de metonímia presente nos enunciados a seguir:

a) A mulher bebeu duas xícaras de café.

______

b) O bronze badalou à meia-noite.

______

c) Criança tem direito à educação.

______

d) Visitamos Monet na Pinacoteca.

______

O fragmento a seguir é da obra *Auto da compadecida*, de Ariano Suassuna. O texto de Suassuna dialoga com o teatro de Gil Vicente na forma e na temática. Leia o diálogo entre Padre João, vigário que atende a todos os pedidos do coronel mediante contribuições à igreja, e Antônio Morais, o coronel autoritário. Em seguida, responda às questões.

ANTÔNIO MORAIS, voltando
Ah, padre, estava aí? Procurei-o por toda parte.

PADRE, da igreja.
Ora quanta honra! Uma pessoa como Antônio Morais na igreja! Há quanto tempo esses pés não cruzam os umbrais da casa de Deus!

ANTÔNIO MORAIS
Seria melhor dizer logo que faz muito tempo que não venho à missa.

PADRE
Qual o quê, eu sei de suas ocupações, de sua saúde...

ANTÔNIO MORAIS
Ocupações? O senhor sabe muito bem que não trabalho e que minha saúde é perfeita.

PADRE, amarelo
Ah, é?

ANTÔNIO MORAIS
Os donos de terras é que perderam hoje em dia o senso de sua autoridade. Veem-se senhores trabalhando em suas terras como qualquer foreiro. Mas comigo as coisas são como antigamente, a velha ociosidade senhorial.

PADRE
É o que eu vivo dizendo, do jeito que as coisas vão, é o fim do mundo. Mas que coisa o trouxe aqui? Já sei, não diga, o bichinho está doente, não é?

(*Auto da compadecida*. São Paulo: Agir, 2005.)

5 Na fala do padre "Há quanto tempo esses pés não cruzam os umbrais da casa de Deus!", a figura de linguagem em destaque é:

a) metáfora.
b) hipérbole.
c) metonímia.
d) paradoxo.
e) ironia.

6 Na fala do padre "é o fim do mundo", a figura de linguagem empregada é:

a) hipérbole.
b) assíndeto.
c) polissíndeto.
d) anáfora.
e) eufemismo.

11 O substantivo

Nestas atividades você vai:

- Estabelecer relações entre as partes verbal e não verbal de um texto.
- Comparar os sentidos construídos por substantivos concretos e abstratos.
- Aprender o sentido de alguns substantivos coletivos.
- Aprender a formação do plural de alguns substantivos compostos.
- Analisar os efeitos de sentido construídos pelo emprego de substantivos no texto.

Habilidades da BNCC relacionadas:

EM13LP02 EM13LP06

Leia a tira:

(Quino. *Mafalda* 2. São Paulo: Martins Fontes, 2006. p. 8.)

1 Mafalda acaba de acordar. Que aspectos da parte não verbal da tira confirmam essa afirmação?

2 No último quadrinho há uma referência temporal. Em que época do ano provavelmente se passa a história? Justifique sua resposta.

3 Nos três primeiros quadrinhos, Mafalda parece alegre.

a) Que motivos haveria para ela estar alegre?

____

____

b) Observe o último quadrinho. Como ela se sente agora? O que a faz mudar de opinião?

____

____

____

____

4 Na tira, foram empregados vários substantivos: fome, pobreza, mundo, armas, filhinha, gente, ano.

a) Quais deles são concretos?

____

____

b) Quais são abstratos?

____

5 Os substantivos abstratos e o substantivo concreto *armas* cumprem um papel relevante na construção dos sentidos da tira. Explique por quê.

____

____

____

6 Complete as frases com um dos substantivos coletivos:

arquipélago   cancioneiro   júri   pinacoteca   enxoval

a) A exposição de Anita Malfatti poderá ser apreciada na ____________ Municipal.

b) O ____________ do bebê já está pronto.

c) O ____________ do Bailique localiza-se no Amapá e é formado por oito ilhas.

d) ____________ cigano inspira mostra multicultural no Sul do país.

e) Estudantes de Direito organizaram um ____________ simulado como trabalho de conclusão de curso.

7 Assinale a alternativa em que o plural dos substantivos compostos está correto.

a) pés-de-meias, terça-feiras, peixes-boi
b) guardas-roupas, abaixo-assinados, grão-duques
c) carros-pipas, porta-bandeiras, pisca-piscas
d) vales-transportes, altos-relevos, cartão-postais
e) tique-taques, guarda-noturnos, bananas-maçã

Leia o texto, de Ricardo Ramos:

Circuito fechado

Filipe Rocha/Arquivo da editora

Chinelos, vaso, descarga. Pia, sabonete. Água. Escova, creme dental, água, espuma, creme de barbear, pincel, espuma, gilete, água, cortina, sabonete, água fria, água quente, toalha. Creme para cabelo, pente. Cueca, camisa, abotoaduras, calça, meias, sapatos, gravata, paletó. Carteira, níqueis, documentos, caneta, chaves, lenço, relógio, maço de cigarros, caixa de fósforos. Jornal. Mesa, cadeiras, xícara e pires, prato, bule, talheres, guardanapo. Quadros. Pasta, carro. Cigarro, fósforo. Mesa e poltrona, cadeira, cinzeiro, papéis, telefone, agenda, copo com lápis, canetas, bloco de notas, espátula, pastas, caixas de entrada, de saída, vaso com plantas, quadros, papéis, cigarro, fósforo. Bandeja, xícara pequena. Cigarro e fósforo. Papéis, telefone, relatórios, cartas, notas, vales, cheques, memorandos, bilhetes, telefone, papéis. Relógio. Mesa, cavalete, cinzeiros, cadeiras, esboços de anúncios, fotos, cigarro, fósforo, bloco de papel, caneta, projetor de filmes, xícara, cartaz, lápis, cigarro, fósforo, quadro-negro, giz, papel. Mictório, pia, água. Táxi. Mesa, toalha, cadeiras, copos, pratos, talheres, garrafa, guardanapo, xícara. Maço de cigarros, caixa de fósforos. Escova de dentes, pasta, água. Mesa e poltrona, papéis, telefone, revista, copo de papel, cigarro, fósforo, telefone interno, externo, papéis, prova de anúncio, caneta e papel, relógio, papel, pasta, cigarro, fósforo, papel e caneta, telefone, caneta e papel, telefone, papéis, folheto, xícara, jornal, cigarro, fósforo, papel e caneta. Carro. Maço de cigarros, caixa de fósforos. Paletó, gravata. Poltrona, copo, revista. Quadros. Mesa, cadeiras, pratos, talheres, copos, guardanapos. Xícaras. Cigarro e fósforo. Poltrona, livro. Cigarro e fósforo. Televisor, poltrona. Cigarro e fósforo. Abotoaduras, camisa, sapatos, meias, calça, cueca, pijama, chinelos. Vaso, descarga, pia, água, escova, creme dental, espuma, água. Chinelos. Coberta, cama, travesseiro.

(Disponível em: http://www.pead.letras.ufrj.br/tema07/coerenciaecoesao.html. Acesso em: 2/5/2018.)

8 É possível afirmar que o texto tem sentido porque:

a) a disposição das palavras revela um círculo vicioso.

b) o encadeamento das palavras não apresenta sequência lógica de acontecimentos.

c) as palavras estabelecem uma relação semântica entre si.

d) a organização das palavras demonstra a rotina do personagem.

e) o título revela repetição das atividades exercidas pelo personagem.

9 Localize no texto elementos que identificam situação de trabalho.

____

____

____

10 Identifique as palavras que demonstram que o personagem sai de um espaço para outro.

____

11 O texto é construído predominantemente por palavras de uma única classe gramatical.

a) Qual é ela?

____

b) Em que medida o uso reiterado dessa classe de palavras no texto reflete a vida do ser humano na sociedade contemporânea?

____

____

____

____

____

____

____

CAPÍTULO 12

Os determinantes do substantivo: adjetivo, artigo e numeral

Nestas atividades você vai:

- Analisar os efeitos de sentido construídos pelo emprego de determinantes do substantivo em textos de diferentes gêneros.
- Conhecer alguns adjetivos pátrios.
- Analisar a concordância entre o substantivo e seus determinantes de acordo com a norma-padrão.
- Conhecer os graus comparativo e superlativo do adjetivo.
- Estabelecer relações entre as partes verbal e não verbal de um texto.

Habilidades da BNCC relacionadas:

EM13LP02 EM13LP06

Leia o anúncio abaixo, que homenageia o Dia do Publicitário, e responda às questões 1 a 4.

Reprodução/DMPA Comunicações de SC

(Disponível em: https://acontecendoaqui.com.br/propaganda/dmpa-usa-imagens-icones-para-comemorar-o-dia-do-publicitario. Acesso em: 4/5/2018.)

1 Extraia do texto os adjetivos e as locuções adjetivas.

2 Observe este enunciado:

"É fazer todo mundo usar as legítimas."

a) A palavra *legítimo* normalmente é empregada como adjetivo. No enunciado, *legítimas* desempenha esse papel? Justifique sua resposta.

b) A frase "[Publicidade] é fazer todo mundo usar as legítimas" estabelece uma relação intertextual com um conhecido anúncio publicitário. De que modo é construída essa relação?

3 O enunciado "Fazer publicidade é muito mais que descrever um produto" menciona um dos recursos utilizados pela publicidade para atingir seus objetivos: a descrição do produto.

a) Do ponto de vista gramatical, de que modo o adjetivo contribui para o uso dessa estratégia persuasiva?

b) Esse recurso foi utilizado no enunciado que consta no interior da forma de uma sandália? Justifique sua resposta com exemplos.

4 A expressão *não tem cheiro* poderia ser substituída por um adjetivo com sentido equivalente. Qual seria o adjetivo e como ficaria o enunciado, caso ele fosse utilizado?

____

____

5 Complete os enunciados com os adjetivos pátrios adequados:

a) A primeira guerra ____________________ ocorreu em 1894. (chinês e japonês)

b) Os reinos ____________________ foram marcados pela imposição cristã. (inglês e germânicos antigos)

c) O jornal ____________________ anunciou a posse da nova ministra. (austríaco e brasileiro)

d) Nossa cultura recebeu influências ____________________. (grego e latino)

e) As relações diplomáticas ____________________ sempre foram cordiais. (africano e brasileiro)

f) Os eventos ____________________ marcaram as comemorações entre os dois países. (francês e suíço)

g) O restaurante ____________________ oferece pratos deliciosos. (italiano e espanhol)

6 Assinale as alternativas em que o emprego do gênero e do plural dos adjetivos estão corretos:

a) As crianças estavam bastante agitadas no parque.

b) Os ternos na lavanderia eram todos azul-marinho.

c) Os instrumentos médicos-cirugiões foram esterilizados.

d) Aquelas camisetas verde-limão são modernas.

7 Nos enunciados a seguir, o adjetivo está no grau comparativo.

I. A prova do vestibular deste ano estava mais difícil do que a do ano passado.

II. Júlia é tão linda quanto a irmã.

III. O exame final foi mais rigoroso do que a prova inicial.

IV. A abordagem dele foi menos delicada do que a realizada pelo diretor.

a) Em qual delas o adjetivo está no comparativo de igualdade?

b) Em qual delas o adjetivo está no comparativo de superioridade?

c) Em qual delas o adjetivo está no comparativo de inferioridade?

8 Assinale o(s) enunciado(s) em que há superlativo relativo.

a) A mais linda modelo do mundo é brasileira.

b) A competição foi extremamente cansativa.

c) Tiago Splitter, jogador de basquete, é altíssimo.

d) Aquela atendente era a menos agradável de todas.

e) Os moradores em situação de rua vivem em condições paupérrimas.

Leia a tira a seguir e responda às questões 9 a 12.

(Fernando Gonsales. *Níquel Náusea – A perereca da vizinha*. São Paulo: Devir, 2005. p. 21.)

9 Observe o cenário do 1º quadrinho.

a) Aparentemente, onde os personagens parecem estar?

b) O que se descobre no 2º quadrinho?

10 O humor da tira está no último quadrinho. Em que ele consiste?

11 De acordo com o contexto, a palavra *um*, em "Um duende!", é artigo indefinido ou é numeral? Justifique sua resposta.

12 Em "É o *primeiro* parque temático", em uma das falas do 2º quadrinho, como se classifica a palavra em destaque?

13 O pronome

Nestas atividades você vai:

- Estabelecer relações entre as partes verbal e não verbal de um texto.
- Identificar os referentes de determinadas formas pronominais em diferentes contextos.
- Relacionar o emprego de pronomes à construção da coesão em um texto.

Habilidades da BNCC relacionadas:

EM13LP02 EM13LP06

Observe o anúncio:

Reprodução/Abril

(Disponível em: http://tudosobreleitura.blogspot.com/2010/07/cartaz-o-que-leitura-pode-fazer-por.html. Acesso em: 23/8/2018.)

1 O anúncio faz parte de uma campanha de incentivo à leitura desenvolvida pelo Grupo Abril e entidades parceiras. Sobre os recursos linguísticos empregados para a elaboração do texto, assinale a única alternativa **incorreta**:

a) O anúncio é direcionado, sobretudo, a jovens em idade escolar, o que justifica o uso de uma linguagem mais informal, composta de expressões como "[...] para você *se dar melhor* nos estudos e na vida" e "*Liga* seu senso crítico *na tomada*".

b) Na elaboração da lista de benefícios proporcionados pela leitura, todos os verbos são flexionados na terceira pessoa do singular (ele/ela), pois concordam com o sujeito *leitura*. A manutenção dessa estrutura reforça a importância do hábito e facilita, para o leitor, a percepção da relação entre a leitura e os benefícios mencionados.

c) No texto, o diálogo com o interlocutor é iniciado pela pergunta "O que a leitura pode fazer por você?", que sugere uma resposta a um possível questionamento feito pelos jovens; ou seja, a campanha usa como um pressuposto o fato de que, talvez, muitos jovens não tenham o hábito de ler porque desconhecem os benefícios que essa atividade pode proporcionar.

d) A organização do texto em uma estrutura de lista é uma importante estratégia de persuasão, pois subverte a noção subjetiva de que a leitura é um *hobby*, um passatempo, apenas. Ao atribuir, quantitativa e qualitativamente benefícios ao ato de ler, o produtor do texto consegue dar à leitura um caráter "funcional", prático; ou seja, ajuda a convencer o leitor de que a leitura é, também, uma ferramenta para a realização de tarefas do cotidiano.

e) O anúncio investe em uma linguagem de caráter científico para persuadir o leitor. Parte da informação de que "Bastam 15 minutos por dia mergulhado nos livros para você se dar melhor nos estudos e na vida" e, em seguida, elenca nove benefícios proporcionados pela leitura, os quais podem ser comprovados através de estudos e pesquisas sobre o tema.

2 Na construção do texto da campanha, é fundamental para o propósito comunicativo do anúncio o uso do pronome *você*. Sabendo disso, responda:

a) O pronome em questão faz referência a que pessoa do discurso? O que essa pessoa representa no ato de interlocução?

b) Considerando que a propaganda, gênero em questão, tem caráter persuasivo, podemos afirmar que o uso do pronome é uma das estratégias do produtor para que o texto cumpra sua função? Justifique.

3 Leia a charge:

(Disponível em: https://gazetadocerrado.com.br/imagens/charge/. Acesso em: 5/7/2018.)

A propósito da construção de sentidos na charge, assinale a alternativa **incorreta**:

a) A personagem critica o fato de que o tratamento linguístico dispensado no nosso país a pessoas integrantes de diferentes categorias não é condizente com a importância do papel dessas pessoas na sociedade.

b) A fala da personagem principal permite inferir que treinadores de futebol e corruptos, embora tenham papéis sociais distintos, são igualmente superestimados na sociedade, o que pode ser constatado pelo tratamento linguístico dispensado a eles.

c) A fala da personagem sugere que professores e corruptos recebem, socialmente, tratamento linguístico inadequado, pois, de acordo com esse tratamento, estes são superestimados e aqueles são subestimados.

d) A personagem critica o fato de que, no país em que vive, corruptos recebem um tratamento linguístico inadequado; embora não fique expresso claramente em sua fala, é possível inferir, a partir do uso social corrente do pronome *Vossa Excelência*, que ela se refere a políticos e autoridades públicas como corruptos.

e) Ao usar o pronome de tratamento *comadre* para se referir à sua interlocutora, a personagem evidencia sua condição social, fato que justifica seu desconhecimento do uso adequado dos pronomes de tratamento e, consequentemente, torna infundada a crítica que ela faz.

14 O verbo

Nestas atividades você vai:

- Identificar e analisar os efeitos de sentido do emprego de diferentes tempos e modos verbais.
- Identificar verbos irregulares e anômalos e saber empregá-los de acordo com a norma-padrão.
- Analisar os efeitos de sentido construídos pelo emprego de verbos em textos de diferentes gêneros.
- Estabelecer relações entre as partes verbal e não verbal de um texto.

Habilidades da BNCC relacionadas:

EM13LP02 EM13LP06

Leia os quadrinhos a seguir e responda às questões 1 a 5.

(Ziraldo. *Curta o Menino Maluquinho... — Em histórias rapidinhas*. São Paulo: Globo, 2006. p. 17.)

1 Identifique nos quadrinhos verbos empregados no:

a) pretérito perfeito do indicativo;

b) presente do indicativo;

c) pretérito imperfeito do indicativo.

2 Identifique nos quadrinhos um verbo anômalo e um verbo irregular.

3 Nos quadrinhos lidos, predominam verbos. Por que isso ocorre?

4 Oscar Schmidt foi considerado um dos melhores jogadores de basquete do mundo. Qual é a relação estabelecida entre o título dos quadrinhos, Oscar e o desempenho de Junim?

5 O humor da história está no último quadrinho. Por quê?

Leia o anúncio a seguir e responda às questões 6 e 7.

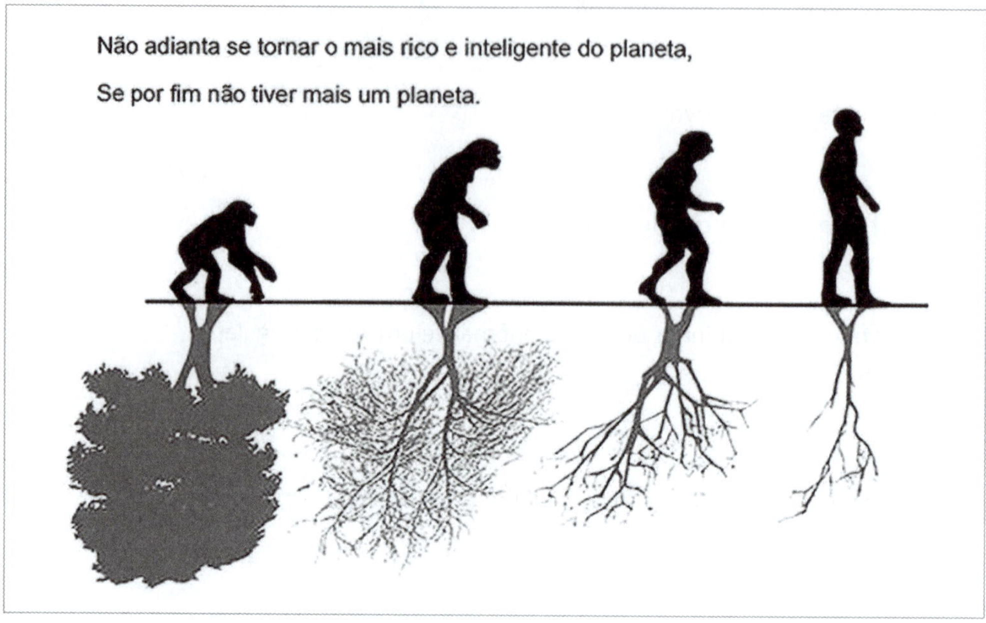

(Disponível em: http://eebmajorciprianodealmeida.blogspot.com.br/2015/04/anuncio-publicitario.html. Acesso em: 19/5/2018.)

6 O anúncio estabelece uma relação entre a evolução antropológica do ser humano, de acordo com a teoria evolucionista, e sua evolução financeira e mental. Qual é essa relação, no contexto?

7 No enunciado "Se por fim não tiver mais um planeta":

a) Em que tempo e modo está a forma verbal *tiver*?

b) Esse tempo e esse modo dão ideia de condição. Explique a relação entre essa ideia e o enunciado.

8 Leia o texto:

A mais popular modalidade de automobilismo do mundo e a categoria mais avançada do esporte a motor, a Fórmula 1, teve seu primeiro campeonato mundial realizado em 1950 e, desde então, os carros e pilotos foram se aperfeiçoando para conquistarem o primeiro lugar no pódio. Nesse tempo, vários recordes foram estabelecidos e [à] medida que as corridas acontecem, mais e mais recordes são quebrados. [...]

(Disponível em: https://mundotop10.com/top-10-pilotos-formula-1-mais-voltas-consecutivas-na-lideranca/. Acesso em: 19/5/2018.)

Identifique no texto:

a) um verbo no particípio:

b) uma locução verbal:

c) um verbo na voz passiva:

d) um verbo no infinitivo pessoal:

Leia, a seguir, o cartaz de uma campanha desenvolvida pelo Parque Nacional de Boa Nova, da Bahia:

Reprodução/Parque Nacional de Boa Nova - BA

(Disponível em: http://cheirinhodemato.blogspot.com.br/2012/03/blog-post.html. Acesso em: 15/5/2018.)

9 Identifique os verbos presentes no texto verbal do cartaz e as pessoas, os tempos e os modos em que eles estão.

10 Um dos recursos presentes no anúncio é o uso de verbos no imperativo. Por que isso ocorre?

11 Qual objetivo o responsável pelo cartaz tinha em vista ao empregar esse recurso?

12 Leia as estrofes a seguir, de Fernando Pessoa:

Andorinha que vais alta,
Por que não me vens trazer
Qualquer coisa que me falta
E que te não sei dizer?

O moinho que mói o trigo
Mexe-o o vento ou a água,
Mas o que tenho comigo
Mexe-o apenas a mágoa.

(*In*: Sueli Barros Cassal (org.). Fernando Pessoa – Poesias. Porto Alegre: L&PM Pocket, 2011. p. 130.)

No primeiro e no segundo verso da primeira estrofe:

a) A quem o eu lírico se dirige?

b) Em que pessoa o eu lírico trata o seu interlocutor: na 2ª ou na 3ª?

c) As formas dos verbos *ir* e *vir* estão em qual pessoa, tempo e modo?

O advérbio

Nestas atividades você vai:

- Estabelecer relações entre as partes verbal e não verbal de um texto.
- Analisar os efeitos de sentido construídos pelo emprego de expressões adverbiais em textos de diferentes gêneros.
- Conhecer os valores semânticos produzidos por advérbios e expressões adverbiais.

Habilidades da BNCC relacionadas:

EM13LP02 EM13LP06

Observe o anúncio a seguir e responda às questões 1 e 2.

(Disponível em: http://g1.globo.com/brasil/noticia/2014/02/governo-lanca-campanha-para-evitar-acidentes-de-transito-no-carnaval.html. Acesso em: 28/5/2018.)

1 A propósito dos recursos utilizados na construção de sentidos do anúncio, considere as seguintes afirmações.

I. Na parte verbal do anúncio, identificamos dois recursos expressivos: o uso do verbo no modo imperativo com o advérbio de negação, em "Não seja" e "não precisa", como meio de levar o leitor/observador a perceber a postura socialmente irresponsável ilustrada no texto, e o uso do advérbio *assim*, que orienta o olhar do leitor/observador para a força expressiva da imagem.

II. O uso de cores contribui para o caráter persuasivo do anúncio. A imagem desbotada da foto do acidente remete à situação da perda da vida, do viço, da alegria, em contraste com o colorido típico do carnaval. E as cores amarelo, branco e preto na parte inferior remetem a sinalizações de trânsito que em geral indicam proibição ou interdição.

III. Na imagem da parte superior do anúncio, os três elementos dispostos em uma via pública representam as ideias-chave da campanha: um carro danificado por colisão (trânsito), uma garrafa de cerveja quebrada (álcool) e um pandeiro danificado e sujo de sangue (carnaval).

Está(ão) correta(s):

a) somente I e II.

b) somente II e III.

c) somente I e III.

d) I, II e III.

e) somente I.

2 Imagine que foi solicitado a você que reescrevesse a frase "Seu carnaval não precisa terminar *assim*", substituindo o advérbio *assim* por outro de valor semântico equivalente. Considerando-se o contexto da campanha a que o anúncio está vinculado e a relação entre o texto verbal e a imagem, qual é a opção mais adequada?

a) Seu carnaval não precisa terminar rapidamente.

b) Seu carnaval não precisa terminar tragicamente.

c) Seu carnaval não precisa terminar de jeito nenhum.

d) Seu carnaval não precisa terminar agora.

e) Seu carnaval não precisa terminar efetivamente.

3 Leia a charge:

(Jean Galvão. Disponível em: http://umbrasil.com/charges/charge-05022018/. Acesso em: 28/5/2018.)

Na charge, vemos um ônibus escolar atolado na lama. Diante da situação, o motorista decide telefonar para pedir ajuda.

a) A quem o motorista pede ajuda? Como essa ajuda é representada?

b) Na segunda cena da charge, dois homens empurram o ônibus escolar em direções contrárias. Como podemos interpretar essa ação dos homens no contexto da charge?

c) Na fala dos personagens que empurram o ônibus, o uso de um advérbio é fundamental para o sentido da charge. Identifique esse advérbio, classifique-o e explique o papel que ele exerce na construção do sentido da charge.

16 Palavras relacionais: a preposição, a conjunção e a interjeição

Nestas atividades você vai:

- Estabelecer relações entre as partes verbal e não verbal de um texto.
- Analisar os efeitos de sentido construídos pelo emprego de diferentes preposições para ligar palavras de um texto.
- Analisar os valores semânticos de conjunções em contextos diversos.

Habilidades da BNCC relacionadas:

EM13LP02 EM13LP06

Leia a capa de revista a seguir, publicada um pouco antes do início da Copa do Mundo de Futebol de 2018.

Reprodução/Editora Abril

(Disponível em: www.vercapas.com.br/capa/veja.html. Acesso em: 11/6/2018.)

1 Sobre a relação entre o enunciado principal ("Uma copa de alma russa") e os demais recursos verbo-visuais empregados na capa da revista, podemos afirmar que:

a) ao retratar o treinador da seleção brasileira, Tite, como um czar russo, e dois de seus principais jogadores, Neymar e Gabriel Jesus, como soldados do exército russo, a capa da revista ironiza o fato de que a seleção brasileira detém o poder no que diz respeito ao futebol, pois a Rússia é um país que não tem tradição no esporte.

b) a "alma russa" sugerida no enunciado é representada pela postura bélica que os jogadores da seleção brasileira costumam adotar em campo; essa percepção é reforçada pelo fato de que os dois principais jogadores da seleção brasileira são retratados usando uniformes militares russos.

c) no enunciado "Uma copa *de* alma russa", a preposição sugere uma ligação entre o torneio de futebol e o comportamento dos russos; essa interpretação pode ser confirmada pela chamada, na capa, para uma matéria em que os perfis do técnico da seleção brasileira e de dois de seus principais jogadores são comparados a personagens de obras de autores russos clássicos; além disso, na capa, são usados outros elementos que remetem à Rússia, como os figurinos de Tite, Neymar e Gabriel Jesus e a Catedral de São Basílio, que serve de fundo para a ilustração.

d) a ligação entre a copa e a Rússia, país-sede do campeonato, fica evidente na construção do enunciado principal, pois o uso da preposição *de* evidencia uma relação de posse; o fato de ter sido usada uma preposição com esse valor semântico indica que, segundo a revista, a seleção brasileira teria condições de ser campeã, pois a copa é representada pelos jogadores Neymar e Gabriel Jesus e pelo técnico Tite; já a alma russa está presente nos figurinos dos jogadores — que vestem uniformes militares russos — e do técnico — que é retratado usando as vestimentas de um czar.

e) apesar de o enunciado evidenciar a presença da "alma russa" na copa, a expressão facial dos jogadores, que são retratados fazendo gracejos, indicam que o campeonato, na verdade, tem a alma descontraída dos brasileiros.

2 Leia a tira:

(Disponível em: https://tirasarmandinho.tumblr.com/. Acesso em: 6/6/2018.)

a) É correto afirmar que o significado da palavra *cola* é o mesmo para os dois personagens? Justifique sua resposta.

b) No período "Eu até tinha... *mas* abriu na mochila!", como se classifica sintática e semanticamente a conjunção em destaque?

3 Na frase "Os estudantes não se prepararam para a prova e tiraram notas baixas", a conjunção em destaque se classifica, quanto ao seu valor semântico, como:

a) aditiva.

b) adversativa.

c) alternativa.

d) conclusiva.

e) explicativa.

4 Leia com atenção os textos abaixo.

Leonardo Colosso/Folhapress

(Disponível em: www.pensador.com/frase/NTk2MDE0/. Acesso em: 9/6/2018.)

O que é Oxente?

Oxente é uma interjeição utilizada com o significado de admiração, surpresa ou mesmo estranheza. O termo é bastante popular na região nordeste do Brasil, onde se pode ouvir oxente nas mais diversas situações de comunicação.

O Nordeste é muito rico em interjeições desse tipo, como, por exemplo, arre-égua!, vixe!, vice!, oxe!, eita!, que podem adquirir diversos significados dependendo da ocasião e do tom de voz usado.

(Disponível em: www.significados.com.br/oxente/. Acesso em: 9/6/2018.)

Sobre a relação que se pode estabelecer entre os textos, assinale a alternativa **correta**:

a) A comparação feita por Ariano Suassuna pode ser entendida como uma afirmação da variante linguística nordestina em relação aos estrangeirismos usados por brasileiros em situações de interação, pois, do ponto de vista semântico, as expressões *oxente* e *ok* não são equivalentes.

b) Considerando o sentido com que a expressão *oxente* é empregada no Nordeste e a citação do escritor paraibano Ariano Suassuna, concluímos que *oxente* e *ok* são expressões que têm o mesmo valor semântico.

c) Tanto *oxente* quanto *ok* podem ser classificadas como interjeições, pois ambas as palavras servem para expressar sentimentos diversos, de acordo com as situações de uso.

d) O escritor Ariano Suassuna enaltece a expressão *oxente* em detrimento de *ok* porque, enquanto a primeira tem apenas um significado (está tudo bem, tudo certo), a segunda se mostra mais versátil, pois pode assumir diferentes sentidos, de acordo com o contexto de uso.

e) Assim como *oxente*, o termo *ok* é usado, geralmente, para expressar espanto diante de uma situação. Todavia, para enaltecer a linguagem utilizada no Nordeste, o escritor paraibano Ariano Suassuna prefere adotar a expressão em português.

GRAMÁTICA

CAPÍTULO

17 O sujeito e o predicado

Nestas atividades você vai:

- Estabelecer relações entre as partes verbal e não verbal de um texto.
- Identificar diferentes tipos de sujeito.
- Identificar a predicação de diferentes formas verbais e seus complementos.
- Identificar diferentes tipos de predicado.

Habilidades da BNCC relacionadas:

EM13LP02 EM13LP06 EM13LP08

O texto a seguir servirá de base para as questões propostas. Leia-o com atenção.

Reprodução/Editora Três

(Disponível em: https://www.vercapas.com.br. Acesso em: 11/7/2018.)

1 Sobre os recursos utilizados na produção da capa da revista, assinale a alternativa correta:

a) O enunciado em destaque perde sua força retórica por não fazer uso de um verbo. A frase, essencialmente nominal, não sensibiliza o leitor por indicar ausência de ação.

b) O drama anunciado na frase em destaque é reforçado pelo uso predominante da cor preta, que faz referência à ideia de luto, consternação. No entanto, a mensagem se torna incoerente em razão do uso de uma fotografia em que os meninos aparecem sorrindo, indicando que a situação não apresentava gravidade.

c) O enunciado em destaque na capa pode ser classificado como uma frase nominal, pois seu sentido depende do subtítulo e da fotografia que integram a composição. Sozinho, o enunciado não teria autonomia de sentido.

d) O enunciado, somado ao uso da fotografia e das cores — preto e vermelho —, confere à capa um tom sensacionalista. A escolha do termo *drama*, que traz consigo uma carga semântica fúnebre, e o significado social das cores, que indicam luto e sangue, respectivamente, tornam a mensagem mais apelativa do que sensível.

e) O enunciado que constitui a capa traz consigo um valor semântico amplo. Ao fazer referência ao drama vivido pelas crianças, agrega diversos fatores, como as condições físicas e psicológicas do grupo, o medo em relação às condições ambientais dentro e fora da caverna e a insegurança em relação à eficiência das técnicas de resgate a serem utilizadas. A força semântica do termo *drama* é reforçada pelo fundo preto sobre o qual foram usadas letras brancas e a fotografia do grupo centralizada.

2 Imagine que você é o editor da revista cuja capa analisamos na questão 1 e modifique o enunciado em destaque atendendo a estas exigências:

a) Transforme-o em uma oração.

____

____

b) Transforme-o em um período composto.

____

____

3 O subtítulo da chamada, na capa da revista, diz o seguinte:

"O mundo acompanha consternado as tentativas de resgate dos 12 garotos e um adulto isolados no fundo de uma gruta praticamente submersa na Tailândia. Quais os planos para salvá-los e como trabalham as equipes de mergulhadores que se esforçam para mantê-los vivos e saudáveis"

Sobre esse texto, analise as assertivas abaixo e julgue-as verdadeiras ou falsas.

I. No primeiro período do texto, identificamos o uso de um sujeito simples, *o mundo*, com o qual concorda a forma verbal *acompanha*.

II. Do ponto de vista sintático, podemos classificar as formas verbais *salvá-los* e *mantê-los* como verbos transitivos cujos complementos — os objetos diretos — fazem referência a *12 garotos e um adulto*, em ambos os casos.

III. No primeiro período do texto, identificamos a presença de um sujeito composto, cujos núcleos são *garotos* e *adulto*.

IV. O segundo período do texto é composto de duas orações apenas.

Estão corretas:

a) I e II.

b) I, II e III.

c) III e IV.

d) Apenas a I.

e) II, III e IV.

Leia com atenção a charge a seguir e responda às questões 4 a 7.

(Junião. Disponível em: http://penseconsciente2017.blogspot.com/. Acesso em: 27/7/2018.)

4 A charge chama a atenção para um problema social contemporâneo; no entanto, utiliza uma referência mitológica. Qual é essa referência?

5 Que relações de sentido se estabelecem entre a referência descrita na questão anterior e a crítica social construída na charge?

6 Identifique as formas verbais presentes no texto e suas respectivas relações de transitividade.

____

7 A que ou a quem se referem os termos destacados?

a) Recicla-*me*:

____

b) *Te* devoro:

____

____

8 Leia a tirinha a seguir, de Alexandre Beck.

(Disponível em: https://tirasarmandinho.tumblr.com/. Acesso em: 26/7/2018.)

Julgue as afirmativas a seguir como verdadeiras (V) ou falsas (F).

a) No primeiro quadrinho, a oração que constitui a cena apresenta um predicado nominal.

b) No segundo quadrinho, o termo *indefesas* é classificado como predicativo do objeto.

c) O termo *os macacos* é classificado como sujeito apenas da oração que integra o primeiro quadrinho.

d) Nesta tirinha, em todas as orações, o predicado é classificado como nominal.

9 Assinale a alternativa cujo termo em destaque é um *predicativo do sujeito*:

a) O elenco está *ansioso* pela estreia do espetáculo.

b) Durante o discurso, o prefeito considerou *irrepreensível* a atuação da guarda municipal.

c) Acreditei que ele não viria mais. Já tinha dado nosso encontro *como perdido*.

d) Naquela ocasião, considerei *vãs* suas tentativas de reconciliação.

e) O *vaidoso* jurado não admitiu que sua nota fosse questionada.

10 Assinale as alternativas cujas orações apresentam um *predicado verbal*:

a) Fiquei surpresa com a reação dos convidados.

b) A porta estava entreaberta durante toda a reunião.

c) Todos consideraram os serviços do evento excelentes.

d) O réu apresentou provas concretas de sua inocência.

e) A família reuniu-se em torno da mesa para o banquete.

GRAMÁTICA

CAPÍTULO

18 Complemento nominal, adjunto adnominal, adjunto adverbial, aposto e vocativo

Nestas atividades você vai:

- Analisar o valor sintático e semântico de determinadas expressões de um texto.
- Analisar efeitos de sentido construídos por determinadas expressões em um texto.
- Estabelecer relações entre as partes verbal e não verbal de um texto.
- Identificar as relações sintáticas e semânticas estabelecidas entre termos de um texto.

Habilidades da BNCC relacionadas:

EM13LP02 EM13LP06 EM13LP08

Observe o anúncio de uma campanha de conscientização reproduzido a seguir.

Reprodução/http://www.tse.jus.br/imprensa/campanhas-publicitarias

(Disponível em: www.tse.jus.br/imprensa/campanhas-publicitarias. Acesso em: 27/7/2018.)

1 No texto da campanha do TSE, ao estimular ações mais conscientes por parte dos eleitores, a estrutura verbal *onde se quer ir* recebe especificações referentes ao lugar em que a ação expressa pode ocorrer. Quais são essas especificações?

2 As duas expressões têm o mesmo valor sintático? E semântico?

3 Estabeleça relações entre a parte verbal e a não verbal do texto. Há sintonia entre elas? Justifique sua resposta.

4 Levante hipóteses: Qual é a importância do uso de adjunto adverbial na construção do sentido desse texto?

Leia a tira e responda às questões 5 a 7.

© Alexandre Beck/Acervo do cartunista

(Alexandre Beck. Disponível em: https://tirasarmandinho.tumblr.com/. Acesso em: 23/7/2018.)

5 No diálogo entre os personagens, no segundo e no terceiro quadrinho, são utilizados termos que se associam às palavras *vida* e *planeta*. Identifique-os e defina a que classe gramatical pertencem.

6 Sintaticamente, que função desempenham? Justifique sua resposta.

7 Levante hipóteses: A exclusão desses termos comprometeria a construção de sentidos da tirinha? Justifique.

Leia este cartum:

8 No cartum, a construção do humor é feita com base na discrepância entre o discurso e o contexto. Explique como se dá essa discrepância.

____

____

____

____

9 Na situação de comunicação retratada, os dois falantes realçam seus interlocutores por meio do emprego de vocativos.

a) Qual é o vocativo empregado pela mãe?

____

b) E pelo filho?

____

10 Vocativo e sujeito são categorias sintáticas diferentes.

a) Qual é o sujeito da oração que constitui a fala da mãe?

____

b) Qual é o sujeito da oração "Agora não posso, mãe!"?

____

19 Período composto

Nestas atividades você vai:

- Identificar diferentes estruturas de período composto.
- Construir períodos compostos e analisá-los sintaticamente.
- Analisar os efeitos de sentido construídos pelas expressões que conectam as orações de um período composto.
- Estabelecer relações entre as partes verbal e não verbal de um texto.

Habilidades da BNCC relacionadas:

EM13LP02 EM13LP06 EM13LP08

Texto para as questões 1 e 2:

Ministério da Saúde/Prefeitura Municipal de Vitória da Conquista

(Disponível em: http://www.pmvc.ba.gov.br/vacinacao-antirrabica-prefeitura-da-inicio-a-campanha-em-vitoria-da-conquista/. Acesso em: 7/8/2018.)

1 A propósito do texto, assinale a alternativa correta:

a) O objetivo do texto de campanha acima é informar que há muitos casos de raiva no Brasil.

b) Há no texto ao menos uma oração subordinada adjetiva restritiva.

c) No período "Proteja e vacine seus animais contra a raiva", há ao menos uma oração subordinada substantiva completiva nominal.

d) Não há nenhum período composto no texto de campanha lido.

e) Caso fossem unidos pela conjunção aditiva *e*, os períodos "A raiva mata" e "Proteja seu animal" resultariam em um período composto por subordinação.

2 De acordo com o conteúdo do texto de campanha lido:

a) complete a oração a seguir.

É essencial que

____

____

____

____

b) Como se classifica a oração que você criou?

____

____

3 Leia a tira a seguir e assinale a alternativa correta.

(Disponível em: https://acporto.wordpress.com/tag/armandinho/. Acesso em: 15/8/2018.)

a) Na tira, *por mais que* expressa uma ideia de proporcionalidade, podendo ser substituída, sem prejuízo de sentido, por *ao passo que*.

b) A palavra *para* tem significados diferentes em suas duas ocorrências.

c) A ideia de finalidade pode ser vista no último quadrinho, levando-nos a compreender que a utopia tem o objetivo de nos levar a caminhar.

d) Na tira, *por mais que* expressa uma ideia de causa, deixando evidente que para alcançar é necessário caminhar.

e) No texto, não há orações subordinadas adverbiais, somente orações coordenadas, algo comum em tiras.

4 Analise a seguinte campanha publicitária e assinale a alternativa correta quanto às afirmações.

(Disponível em: http://bibliotecasoaresbasto.blogspot.com/2015/06/da-vid-o-livro-campanha-de-doacao-de.html. Acesso em: 15/8/2018.)

I. A conjunção *se* tem valor condicional, já que introduz possíveis condições para se ofertar livros para a biblioteca escolar em questão.

II. Uma possível transformação em período composto do texto da campanha seria: "Se você tem livros de literatura infantojuvenil em casa, se eles estão há muito tempo sem serem lidos, se você precisa de espaço para colocar livros mais recentes e quer fazer a diferença oferecendo cultura, então ofereça livros.".

III. Não se pode utilizar imperativo em orações adverbiais; dessa forma, não podemos considerar que a conjunção *se* esteja introduzindo uma ideia de condição.

a) I e II.

b) II e III.

c) Somente I.

d) Somente III.

e) I, II e III.

20 Sons e letras

Nestas atividades você vai:

- Identificar as relações entre letra e fonema na constituição de diferentes palavras.
- Identificar e classificar diferentes tipos de encontros vocálicos e consonantais.
- Identificar e classificar palavras de acordo com a posição da sílaba tônica.

Habilidades da BNCC relacionadas:

EM13LP02 EM13LP06

Leia o poema, de Paulo Leminski, e responda às questões 1 a 4:

gardênias e hortênsias
não façam nada
que me lembre
que a este mundo eu pertença

deixem-me pensar
que tudo não passa
de uma terrível coincidência

(*In*: Fred Góes e Álvaro Martins (org.). *Melhores poemas*. 6. ed. São Paulo: Global, 2002. p. 14.)

Neirfy/Shutterstock

1 Apresente a quantidade de letras e fonemas das palavras a seguir.

a) façam

b) passa

c) coincidência

2 Retire do texto cinco palavras paroxítonas.

3 Reescreva as palavras a seguir, destacando os ditongos.

a) gardênias

b) hortênsias

c) coincidência

4 Assinale a alternativa em que todas as palavras apresentam dígrafo:

a) lembre, terrível, passa, pensar, nada

b) pensar, faça, nada, tudo, lembre

c) pertença, hortênsia, terrível, passa, pensar

d) não, que, lembre, de, passa

e) gardênias, não, que, passa, lembre

5 De acordo com a prosódia, assinale a alternativa em que todas as palavras são oxítonas:

a) Nobel, mister, condor

b) rubrica, gratuito, libido

c) ínterim, álibi, arquétipo

d) ibero, protótipo, necropsia

e) sutil, ruim, ônix

21 A expressão escrita: ortografia — divisão silábica

Nestas atividades você vai:

- Escrever utilizando as regras ortográficas do português brasileiro.
- Compreender determinadas regras que regem a ortografia.
- Identificar e diferenciar palavras homônimas e parônimas.
- Separar sílabas de diferentes palavras de acordo com as regras da norma-padrão.

Habilidades da BNCC relacionadas:

EM13LP02 EM13LP06

1 Assinale a alternativa em que todas as palavras estão com a grafia adequada.

a) gerjelim, Sergipe, álgebra, girafa

b) lojista, lojística, lage, trage

c) majestade, cerejeira, miragem, ferrujem

d) jiboia, carijó, laranja, acarajé

2 De acordo com sua resposta à questão anterior, a regra que a justifica é:

____

____

3 Complete as palavras com *x* ou *ch*:

gua ______ e	me ______ a	cai ______ ão
capri ______ ar	______ enofobia	preen ______ ido
me ______ erica	en ______ oval	en ______ er
desfe ______ o	debo ______ e	______ alé
______ ale	ro ______ a (pedra)	ro ______ a (cor)

4 Identifique a justificativa adequada para o uso do *s* ou do *z* nas palavras a seguir.

(A) Indica nacionalidade, profissão, títulos, estado social.

(B) Sufixo que indica "cheio".

(C) Substantivos abstratos derivados de adjetivos.

(D) Verbo formado a partir de nome + sufixo *-izar*.

( ) certeza	( ) dengoso	( ) sacerdotisa	( ) agonizar
( ) utilizar	( ) insensatez	( ) inglês	( ) cheiroso
( ) sutileza	( ) portuguesa	( ) amenizar	( ) aridez

5 Assinale as frases corretas e faça as adequações nas incorretas:

a) A adolescente está afim daquele garoto. ______

b) Ele foi mau no exame. ______

c) Nesse momento, o elevador vinha debaixo. ______

d) Ao invés de ajudar, fica reclamando de tudo. ______

e) Minha formatura foi a um ano. ______

f) O paciente está mal. ______

g) A porta ficou meio aberta. ______

h) O tio dela chegou há dois dias. ______

6 Reescreva as frases, completando-as com *por que*, *por quê*, *porque* ou *porquê*:

a) Eles não foram viajar ______ estava chovendo muito.

b) Não entendi ______ você não quis receber o presente.

c) ______ o motorista não sinalizou que o carro estava quebrado?

d) A coordenação não liberou o uso da quadra ______?

e) Não sei o ______ da confusão.

7 Empregue uma das formas indicadas entre parênteses:

a) O ______ de segurança contra o prefeito foi emitido. (mandado / mandato)

b) Minha ______ em João Pessoa foi tranquila. (estada / estadia)

c) O ______ de rock ocorreu no Teatro Municipal. (concerto / conserto)

d) A ______ do terreno foi lavrada em cartório. (cessão / seção / sessão)

e) É preciso ter bom ______ nessas horas. (censo / senso)

f) O assaltante foi preso em ______. (fragrante / flagrante)

g) Aquele ______ é reservado a pessoas com necessidades especiais. (acento / assento)

h) Nosso ______ foi cordial. (comprimento / cumprimento)

i) Meus olhos estão ______. (dilatados / delatados)

j) O ______ do deputado foi ______. (mandato / mandado; caçado / cassado)

8 Indique os itens em que todas as palavras estão separadas de acordo com as regras de divisão silábica:

a) Pa-ra-guai; joi-a; ra-i-nha; di-nhei-ro

b) a-que-la; prai-a; du-e-lo; quei-jo

c) ân-si-a; car-ro; chu-ve-i-ro; ca-u-le

d) co-lhei-ta; trei-no; teia; as-si-na-tu-ra

e) pai-zi-nho; ca-sa-doi-ro; pa-da-ri-a; ba-bi-lô-ni-o

f) sa-cri-fí-ci-o; pi-sci-na; ex-tra-or-di-ná-ri-o; raiz

9 Leia o fragmento do "Sermão da Sexagésima", de Padre Antônio Vieira:

O trigo que semeou o pregador evanjélico, diz Cristo, que é a palavra de Deus. Os espinhos, as pedras, o caminho, e a terra boa, em que o trigo caiu, são os diversos corações dos homens. Os espinhos são os corações embaraçados com cuidados, com riquezas, com delícias; e neste afoga-se a palavra de Deus. As pedras são os corações duros e obstinados; e neste seca-se a palavra de Deus, e se nasce, não cria raízes. Os caminhos são os corações inquietos e perturbados com a passajem e tropel das coisas do mundo, umas que vão, outras que vêm, outras que atravessam, e todas passam; e nestes é pisada a palavra de Deus, porque ou a desatendem, ou a desprezam. Finalmente, a terra boa são os corações bons, ou os homens de bom coração; e nestes prende e frutifica a palavra divina, com tanta fecundidade e abundância, que se colhe cento por um [...]

(*In*: Massaud Moisés. *A literatura portuguesa através dos textos*. 26. ed. São Paulo: Cultrix, 1998. p. 173.)

Pelo fragmento, é possível deduzir que o autor recorre a uma:

a) analogia entre diversos tipos de terra e as várias formas de recepção da palavra de Deus, explicando uma parábola bíblica.

b) comparação entre plantação de trigo e disseminação da autoridade de Cristo, influência do estilo renascentista no Barroco.

c) personificação dos elementos inanimados de modo a reforçar o aspecto teocêntrico do sermão.

d) ligação entre elementos alegóricos e uma narrativa ficcional como recurso antropocêntrico característico do Barroco.

10 Sobre o "Sermão da Sexagésima", é certo afirmar:

a) instrui os pregadores sobre a técnica da pregação.

b) aborda o tema da escravidão.

c) o assunto é extraído de passagens bíblicas.

d) revela o estilo claro, simples e didático do autor.

11 No fragmento, há duas palavras cujas grafias estão incorretas. Localize-as e faça a correção.

____

____

12 A divisão silábica adequada das palavras *caiu, cria, delícia, inquietos* e *cuidados* é:

a) ca-i-u; cri-a; de-lí-ci-a; in-qui-e-to; cu-i-da-dos.

b) ca-iu; cri-a; de-lí-cia; in-qui-e-to; cui-da-dos.

c) ca-i-u; cri-a; de-lí-cia; in-quie-to; cu-i-da-dos.

d) ca-iu; cria; de-lí-ci-a; in-qui-e-to; cui-da-dos.

e) ca-iu; cri-a; de-lí-ci-a; in-quie-to; cui-da-dos.

22 A expressão escrita: acentuação

Nestas atividades você vai:

- Aplicar as diferentes regras de acentuação.
- Justificar a acentuação de diferentes palavras de acordo com as regras da norma-padrão.

Habilidades da BNCC relacionadas:

EM13LP02 EM13LP06

1 Leia o texto a seguir.

O milagre

Dias maravilhosos em que os jornais vêm cheios de poesia... e do lábio do amigo brotam palavras e eterno encanto... Dias mágicos... em que burgueses espiam, através das vidraças dos escritórios, a graça gratuita das nuvens...

(Mário Quintana. *Sapato furado.* São Paulo: Global, 2006. p. 15.)

Aleksandr Khakimullin/Alamy/Fotoarena

Retire do texto as palavras acentuadas e justifique a regra de acentuação empregada.

____

____

____

____

____

____

2 Escreva as formas verbais adequadas nas frases a seguir:

Júlia nunca ______________ nos ajudar. (poder – pretérito perfeito)

Eles ______________ dinheiro para comprar a casa. (ter – 3ª pessoa do plural)

Os professores ______________ na discussão para evitar o desrespeito. (intervir – 3ª pessoa do plural)

3 Assinale a alternativa em que todas as palavras foram acentuadas pela mesma regra:

a) ácaro, pólen, tórax, ímã

b) mágoa, baú, jóquei, só

c) júri, tórax, útil, caráter

d) têm, ninguém, vê, táxi

e) plástico, saúde, cajá, câmara

4 Leia o poema, de Gregório de Matos:

É a vaidade, Fábio, nesta vida,
Rosa, que da manhã lisonjeada,
Púrpuras mil, com ambição dourada,
Airosa rompe, arrasta presumida.

É planta, que de abril favorecida,
Por mares de soberba desatada,
Florida galeota empavesada,
Sulca ufana, navega destemida.

É nau enfim, que em breve ligeireza,
Com presunção de Fênix generosa,
Galhardias apresta, alentos preza:

Mas ser planta, ser rosa, nau vistosa
De que importa, se aguarda sem defesa
Penha a nau, ferro a planta, tarde a rosa?

(*In*: Alfredo Bosi. *História concisa da literatura brasileira*. 41. ed. São Paulo: Cultrix, 2003. p. 39.)

Das vertentes cultivadas por Gregório de Matos, o poema se destaca pela lírica filosófica porque nele predomina:

a) a ambição amorosa, oscilando entre o desejo carnal e a pureza espiritual.

b) a crítica metafórica aos senhores de engenho.

c) a idealização da beleza e da juventude da amada.

d) a consciência da efemeridade da vida e do tempo.

e) a frustração diante dos acontecimentos.

5 Assinale os pares de palavras cujas regras são as mesmas que justificam a acentuação de *Fábio* e *fênix*, respectivamente:

a) lógica, chá

b) saúde, tórax

c) jóquei, armazém

d) cátedra, saída

e) água, afável

6 Considerando sua resposta à questão anterior, escreva as regras que regem a acentuação nos pares de palavras.

____

____

____

____

Respostas

Literatura

Capítulo 1 – A produção literária medieval

1 b 2 e 3 c 4 a

Capítulo 2 – Camões e o Renascimento português

1 b 3 c 5 a 7 e
2 e 4 d 6 e 8 d

Capítulo 3 – O Barroco

1 e 2 e 3 d 4 a 5 a

6 a) Por ser uma representação divina, um braço arrancado do corpo não pode ser considerado parte, e sim todo; pelo seu valor místico, a peça, embora sendo uma parte, contém tudo o que há na representação inteira.

b) Dois versos expressam essa ideia: "Não se diga que é parte, sendo todo" e "O braço de Jesus não seja parte".

7 e

Capítulo 4 – O Arcadismo em Portugal e no Brasil

1 c 3 b 5 d 7 a
2 e 4 d 6 b 8 b

9 a) A epopeia *Caramuru* segue o modelo camoniano.

b) Versos decassílabos e estrofes de oitava-rima: ABABABCC. No poema *O Uraguai*, os versos são decassílabos, mas brancos (sem rima), e não há divisão em estrofes.

Capítulo 5 – O Romantismo em Portugal e no Brasil

1 e 4 d
2 e 5 b
3 d 6 d
7 c 9 d
8 a 10 d

Capítulo 6 – O Realismo-Naturalismo em Portugal e no Brasil. O Parnasianismo no Brasil

1 a 3 b 5 b 7 d 9 a
2 e 4 e 6 c 8 e

Capítulo 7 – O Simbolismo em Portugal e no Brasil

1 a 4 d
2 b 5 c
3 c

Capítulo 8 – O Pré-Modernismo no Brasil

1 a 3 a
2 e 4 d

Capítulo 9 – O Modernismo em Portugal e no Brasil

1 c 3 b
2 e 4 e

Capítulo 10 – A segunda fase do Modernismo no Brasil. A prosa e a poesia de 30

1 c 2 c 3 d 4 c 5 b

Capítulo 11 – A poesia e a prosa dos anos 1940-50. A literatura contemporânea em língua portuguesa

1 c 5 c
2 c 6 a
3 b 7 c
4 b

Gramática

Capítulo 1 – Linguagem, comunicação e interação

1 a **2** e **3** b

Capítulo 2 – Texto e discurso – Intertexto e interdiscurso

1 **a)** Se os crimes crescem, o esperado é que haja mais investigações e não menos, conforme salientado na segunda frase.

b) Uma relação de oposição.

c) A expressão "apesar de".

2 d

3 Sim, pois a intertextualidade e a interdiscursividade pressupõem a citação de um texto ou discurso em outro texto e discurso. Embora sejam termos modernos, é possível afirmar que Camões já empregava o recurso da intertextualidade e da interdiscursividade.

Capítulo 3 – As variedades linguísticas

1 d **2** a

3 Porque Orelha é considerado inteligente, como se os personagens tivessem mantido uma longa conversa; no entanto, só trocaram cumprimentos.

4 A gíria é a variação predominante.

5 a, d **6** a, b, e, f **7** d **8** e

Capítulo 4 – Estrutura e formação de palavras

1 a, b, d, e **2** b **3** a, d, f

4 **a)** Derivação sufixal.

b) Derivação parassintética.

c) Derivação parassintética.

5 **a)** C; **b)** A; **c)** B; **d)** B; **e)** C; **f)** A

Capítulo 5 – Concordância nominal e verbal

1 e **2** d

3 **a)** "Faremos o possível para que não haja atrasos."

A mudança ocorrida no verbo *haver* se deve ao fato de que ele é impessoal. Assim, deve permanecer no singular.

b) É possível notar que o político quis enfatizar que os atrasos não deveriam ocorrer; porém, como é uma prática comum nesse âmbito, buscou deixar sua fala rebuscada, colocando toda ela no plural, o que acabou levando ao desvio da norma-padrão.

Capítulo 6 – A pontuação

1 a

2 **a)** Não se recomenda o uso da vírgula entre sujeito e predicado.

b) É apenas um pequeno lixo, mas pode causar um grande problema.

3 A cena é clássica: quase sempre que um determinado produto é lançado, uma enxurrada de pessoas simplesmente resolve abandonar aquele que possuem para ter o modelo atualizado, uma vez que o antigo já não satisfaz mais como antes. Assim, produtos que ainda poderiam ser usados naturalmente acabam virando descarte fácil entre os consumidores.

Capítulo 7 – Regência verbal e regência nominal

1 a **2** c **3** d

Capítulo 8 – Colocação pronominal

1 Provavelmente sim, porque a atriz usa duas construções incomuns na linguagem coloquial adotada no Brasil: o verbo no infinitivo, em vez do gerúndio, e o pronome oblíquo átono depois do verbo, ou seja, a ênclise.

2 **a)** Como o conteúdo das declarações da atriz é banal, de pouca relevância, o que chamou mais a atenção do autor foi o fato de uma atriz brasileira fazer uso de uma construção linguística formal, incomum na fala coloquial dos brasileiros.

b) Sim. Ao utilizar a expressão "conclusão insofismável", o autor cria a expectativa de que vai abordar um assunto profundo, relacionado ao conteúdo da fala da atriz; no entanto, ele apenas chama a atenção para um uso pouco comum da colocação pronominal na fala brasileira.

c) O emprego da ênclise é comum no português coloquial lusitano; logo, a atriz procurou adequar seu discurso aos interlocutores.

3 **a)** Rigorosamente, de acordo com as regras vigentes da gramática normativa, não há fator que obrigue a próclise; logo, por esse critério, a colocação esperada seria "parece-me...". Contudo, a colocação proclítica está perfeitamente de acordo com o português brasileiro, mesmo em situações mais formais, como a de uma entrevista, em que é necessário utilizar uma variedade linguística de prestígio.

b) Não, pois, apesar de não haver familiaridade entre os interlocutores e de a situação apresentar certo nível de formalidade, esse uso é bastante recorrente na linguagem cotidiana dos brasileiros, incluindo os meios de comunicação, de modo que não representa uma inadequação.

Capítulo 9 – Introdução à semântica

1 **a)** careca/calvo; careca
b) mama; peito
c) esquerdo; canhoto
d) colóquio; conversa
e) xepa; migalhas
f) imaginação; invenção

2 **a)** camaleão, tartaruga, jacaré, lagartixa / alicate, trena, martelo, chave de fenda / couve-flor, beterraba, brócolis, pimentão

b) caranguejo, fogo, pinha

c) Répteis, ferramentas e hortaliças, respectivamente.

3 No primeiro texto, a ambiguidade causa problema de construção. A candidatura que será encaminhada é de Marina ou do PSB?

No segundo texto, a ambiguidade é empregada como recurso de expressão, sugerindo inicialmente um xingamento, quando, na verdade, o efeito de sentido é de ser um filho da mãe natureza.

4 a, c, d, e

5 d

Capítulo 10 – Figuras de linguagem

1 e

2 **Poema circense**: Comparação ("como se atira ao mar"), metáfora/metonímia ("Atirei meu coração")
Poema dos olhos da amada: Metáforas

3 b; a

4 **a)** Continente pelo conteúdo.
b) Matéria pelo objeto.
c) Singular pelo plural.
d) Autor pela obra.

5 c

6 a

Capítulo 11 – O substantivo

1 O fato de ela estar na cama no 1º quadrinho e se dirigir ao pai, que toma café no 3º quadrinho.

2 No início de ano, porque ela menciona a mudança de ano.

3 **a)** Na virada do ano, é comum as pessoas fazerem promessas de um mundo melhor.

b) Ela fica triste ao perceber que a mudança de ano não foi suficiente para que o mundo melhorasse; assim, ela se sente enganada e frustrada.

4 **a)** mundo, armas, filhinha, gente, ano
b) fome, pobreza

5 Porque são eles — a fome, a pobreza e as armas — a expressão da realidade que é rejeitada por Mafalda.

6 **a)** Pinacoteca
b) enxoval
c) arquipélago
d) Cancioneiro
e) júri

7 c

8 c; d; e

9 Papéis, telefone, relatórios, cartas, notas, vales, cheques, memorandos, bilhetes.

10 carro, táxi

11 **a)** Substantivo.

b) O uso reiterado do substantivo sugere que o ser humano, em sua rotina, está cercado de objetos, de coisas, sugerindo o fenômeno da *coisificação* ou *reificação*, isto é, o homem se confundindo com as coisas a ponto de ele próprio se transformar nelas.

Capítulo 12 – Os determinantes do substantivo: adjetivo, artigo e numeral

1 de borracha, branca, com a borda azul

2 **a)** Não. No enunciado, a palavra *legítimas* assume papel de substantivo, uma vez que está precedida de artigo.

b) O *slogan* das sandálias Havaianas é "Havaianas, as legítimas". Portanto, a palavra *legítimas* é a responsável por estabelecer a relação intertextual.

3 **a)** O adjetivo contribui para qualificar positivamente o produto anunciado, destacando suas qualidades.

b) Sim, ao descrever os atributos da sandália são empregados adjetivos e locuções adjetivas: de borracha, branca, com a borda azul.

4 Inodoro. Ficaria "Sandália [...] inodora".

5 **a)** sino-japonesa
b) anglo-saxões
c) austro-brasileiro
d) greco-latinas
e) afro-brasileiras
f) franco-suíços
g) ítalo-espanhol

6 a; b; d

7 **a)** II; **b)** I, III **c)** IV

8 a; d

9 **a)** Em uma floresta.

b) Descobre-se que os personagens estão em um parque temático.

10 O visitante não compreende que a figura de gorro vermelho não é um duende, e sim um ator, um profissional fantasiado de duende, que trabalha no parque de diversões.

11 É artigo indefinido, pois indica um ser qualquer entre vários da mesma espécie.

12 numeral adjetivo ordinal

Capítulo 13 – O pronome

1 e

2 **a)** Embora seja um pronome que concorda com o verbo em 3ª pessoa, refere-se diretamente ao locutário ou interlocutor; logo, do ponto de vista das pessoas do discurso, é um pronome que pertence à 2ª pessoa, equivalente a *tu*.

b) Sim. Ao optar pelo uso de um pronome que faz referência à segunda pessoa do discurso, o produtor estabelece uma interação direta com seu interlocutor, o leitor do texto. Dessa forma, ele leva o leitor a perceber que o investimento do seu tempo em leitura pode lhe trazer inúmeros benefícios, tanto na vida pessoal quanto profissional.

3 e

Capítulo 14 – O verbo

1 **a)** passei, fiz, pulei, enterrei, teve

b) passa

c) sabia

2 ter: irregular e anômalo; fazer, saber: irregulares

3 Porque a situação retratada é um jogo de basquete. Assim, os verbos indicam jogadas, ou seja, ações próprias do jogo.

4 Junim é baixinho porque ainda é criança; no entanto, quando crescer, poderá atingir uma altura e um desempenho que lhe permitam ser um jogador de basquete talvez muito bom, como o jogador Oscar.

5 Porque, nos quadrinhos anteriores, Junim aparentemente obtinha sucesso nas jogadas, mas, no último, é mostrado que a cesta não estava no alto, como nas quadras de basquete, e sim no chão, pois se tratava, na realidade, de um cesto de lixo.

6 À medida que o ser humano evolui em inteligência e riqueza, ele destrói o meio ambiente.

7 **a)** No futuro do presente do subjuntivo.

b) Para o desenvolvimento financeiro e mental do ser humano valer a pena, há a condição de que o planeta não seja destruído.

8 **a)** realizado

b) foram se aperfeiçoando

c) foram estabelecidos

d) conquistarem

9 *gosta*: 3ª pessoa do singular, presente do indicativo; *quebre*: 3ª pessoa do singular, imperativo afirmativo; *plante*: 3ª pessoa do singular, imperativo afirmativo

10 Porque verbos no imperativo se dirigem diretamente ao leitor, envolvendo-o e criando as condições para persuadi-lo.

11 Convencer o leitor a não aprisionar pássaros em gaiolas.

12 **a)** Dirige-se a uma andorinha.

b) Na 2ª pessoa (tu).

c) Estão na 2ª pessoa do singular do presente do indicativo.

Capítulo 15 – O advérbio

1 d

2 b

3 **a)** Na primeira cena, o motorista pede ajuda ao poder público, que são o município e o Estado. Na cena seguinte, a ajuda é representada pelos dois homens de terno e gravata, vestimenta comumente associada a políticos.

b) Um homem representa o município, e o outro, o Estado, e cada um quer se isentar da responsabilidade pelas dificuldades relacionadas à educação (representadas pelo ônibus escolar atolado na lama). Um empurra o problema para o outro e, como ninguém se responsabiliza, o problema não é resolvido.

c) Trata-se do advérbio *lá*, que é de lugar. Como indica um lugar distante de quem fala, indeterminado, o advérbio representa a intenção dos representantes do poder público de se eximirem da responsabilidade sobre a educação, empurrando o problema para longe de si.

Capítulo 16 – Palavras relacionais: a preposição, a conjunção e a interjeição

1 c

2 **a)** Não; Pudim se refere à palavra cola com o sentido de trapacear na prova, enquanto Armandinho entende cola como uma substância que faz materiais aderirem. Essa diferença fica evidente no último quadrinho, na fala do personagem Armandinho, quando ele diz "Eu até tinha... mas abriu na mochila!".

b) Conjunção subordinativa adversativa.

3 d

4 a

Capítulo 17 – O sujeito e o predicado

1 e

2 **a)** O drama das crianças que ficaram presas na caverna.

b) O drama das crianças que ficaram presas na caverna e dos profissionais que trabalham no seu resgate.

3 a

4 O texto faz menção à figura mitológica da esfinge, que devorava a todos que não conseguissem resolver seus enigmas.

5 Assim como a esfinge devorava os que não respondiam corretamente aos seus questionamentos, a destinação inadequada dos resíduos sólidos pode causar danos aos seus responsáveis.

6 Recicla: transitivo direto; devoro: transitivo direto.

7 **a)** Ao lixo.

b) Aos interlocutores do texto; àqueles que causaram o problema do lixo.

8 **a)** F; **b)** F; **c)** F; **d)** F

9 a

10 d; e

Capítulo 18 – Complemento nominal, adjunto adnominal, adjunto adverbial, aposto e vocativo

1 As especificações são expressas pelos termos *na vida* e *nas urnas*.

2 Ambas desempenham a função sintática de adjunto adverbial de lugar, porém, em termos semânticos, saber aonde se quer ir na vida diz respeito às escolhas relativas à vivência pessoal (formação acadêmica, profissional, relações afetivas, etc.). Já a segunda especificação, saber aonde se quer ir nas urnas, diz respeito às escolhas que afetam a vivência coletiva, já que implica optar por determinada proposta de governo.

3 Sim, porque a imagem, por meio da representação de um aplicativo de localização, como GPS, faz referência ao senso de orientação, extremamente necessário aos que desejam completar uma determinada trajetória. Da mesma forma, o texto verbal faz alusão à importância de traçar bem as rotas a seguir a partir das escolhas eleitorais.

4 O uso do adjunto adverbial de lugar situa o leitor quanto à importância da especificidade das ações, de maneira a constituir valor argumentativo para persuadi-lo a aderir à ideia apresentada.

5 *Sua* e *meu*; ambos são pronomes possessivos.

6 Adjunto adnominal, pois estão relacionados aos substantivos que desempenham função de núcleo do objeto indireto, no segundo quadrinho, e do predicativo do sujeito, no terceiro.

7 Sim. A exclusão dos pronomes *sua* e *meu* das falas das personagens implicaria perda da força argumentativa que a oposição de valor de posse estabelecido pelos pronomes confere ao texto.

8 Supõe-se que a participação em uma passeata ocorra de forma presencial, e não de forma virtual, como faz o garoto.

9 **a)** Filho. **b)** Mãe.

10 **a)** O jantar.

b) Sujeito desinencial (eu).

Capítulo 19 – Período composto

1 b

2 **a)** Sugestão de resposta: É essencial que se vacinem os animais. / É essencial que os animais sejam vacinados.

b) Oração subordinada substantiva subjetiva.

3 c

4 a

Capítulo 20 – Sons e letras

1 **a)** 5 letras e 5 fonemas

b) 5 letras e 4 fonemas

c) 12 letras e 10 fonemas

2 gardênias, hortênsias, faça, nada, lembre, este, mundo, pertença, deixem, tudo, passa, terrível, coincidência

3 **a)** gardên**ia**s

b) hortêns**ia**s

c) coincidênc**ia**

4 c

5 a

Capítulo 21 – A expressão escrita: ortografia – divisão silábica

1 d

2 Emprega-se *j* nas palavras de origem árabe, africana e indígena.

3 guache; mecha; caixão; caprichar; xenofobia; preenchido; mexerica; enxoval; encher; desfecho; deboche; chalé; xale; rocha (pedra); roxa (cor)

4 (C); (B); (A); (D)
(D); (C); (A); (B)
(C); (A); (D); (C)

5 a) a fim
b) mal
c) de baixo
d) em vez de
e) há
f) (correta)
g) (correta)
h) (correta)

6 a) porque
b) por que
c) Por que
d) por quê
e) porquê

7 a) mandado
b) estada
c) concerto
d) cessão
e) senso
f) flagrante
g) assento
h) cumprimento
i) dilatados
j) mandato; cassado

8 a; b; e 9 a 10 a; c; d

11 evanjélico - evangélico; passajem - passagem

12 b

Capítulo 22 – A expressão escrita: acentuação

1 vêm: acento diferencial

lábio, escritórios: paroxítonas terminadas em ditongo oral (ou proparoxítonas)

mágicos: proparoxítona

através: oxítona terminada em *es*

2 pôde; têm; intervêm

3 c 4 d 5 e

6 Acentuam-se as paroxítonas terminadas por ditongo oral ou todas as proparoxítonas; acentuam-se as paroxítonas terminadas em *l* e *x*.

BNCC do Ensino Médio: habilidades de Linguagens e suas tecnologias — Língua Portuguesa

(EM13LGG101) Compreender e analisar processos de produção e circulação de discursos, nas diferentes linguagens, para fazer escolhas fundamentadas em função de interesses pessoais e coletivos.

(EM13LGG102) Analisar visões de mundo, conflitos de interesse, preconceitos e ideologias presentes nos discursos veiculados nas diferentes mídias, ampliando as suas possibilidades de explicação e interpretação crítica da/na realidade.

(EM13LGG103) Analisar o funcionamento das linguagens, para interpretar e produzir criticamente discursos em textos de diversas semioses (visuais, verbais, sonoras, gestuais).

(EM13LGG104) Utilizar as diferentes linguagens, levando em conta seus funcionamentos, para a compreensão e produção de textos e discursos em diversos campos de atuação social.

(EM13LGG105) Analisar e experimentar diversos processos de remidiação de produções multissemióticas, multimídia e transmídia, desenvolvendo diferentes modos de participação e intervenção social.

(EM13LGG201) Utilizar as diversas linguagens (artísticas, corporais e verbais) em diferentes contextos, valorizando-as como fenômeno social, cultural, histórico, variável, heterogêneo e sensível aos contextos de uso.

(EM13LGG202) Analisar interesses, relações de poder e perspectivas de mundo nos discursos das diversas práticas de linguagem (artísticas, corporais e verbais), compreendendo criticamente o modo como circulam, constituem-se e (re)produzem significação e ideologias.

(EM13LGG203) Analisar os diálogos e os processos de disputa por legitimidade nas práticas de linguagem e suas produções (artísticas, corporais e verbais).

(EM13LGG204) Dialogar e produzir entendimento mútuo, nas diversas linguagens (artísticas, corporais e verbais), com vistas ao interesse comum pautado em princípios e valores de equidade assentados na democracia e nos Direitos Humanos.

(EM13LGG301) Participar de processos de produção individual e colaborativa em diferentes linguagens (artísticas, corporais e verbais), levando em conta suas formas e seus funcionamentos, para produzir sentidos em diferentes contextos.

(EM13LGG302) Posicionar-se criticamente diante de diversas visões de mundo presentes nos discursos em diferentes linguagens, levando em conta seus contextos de produção e de circulação.

(EM13LGG303) Debater questões polêmicas de relevância social, analisando diferentes argumentos e opiniões, para formular, negociar e sustentar posições, frente à análise de perspectivas distintas.

(EM13LGG304) Formular propostas, intervir e tomar decisões que levem em conta o bem comum e os Direitos Humanos, a consciência socioambiental e o consumo responsável em âmbito local, regional e global.

(EM13LGG401) Analisar criticamente textos de modo a compreender e caracterizar as línguas como fenômeno (geo)político, histórico, social, variável, heterogêneo e sensível aos contextos de uso.

(EM13LGG402) Empregar, nas interações sociais, a variedade e o estilo de língua adequados à situação comunicativa, ao(s) interlocutor(es) e ao gênero do discurso, respeitando os usos das línguas por esse(s) interlocutor(es) e sem preconceito linguístico.

(EM13LGG403) Fazer uso do inglês como língua do mundo global, levando em conta a multiplicidade e variedade de usos, usuários e funções dessa língua no mundo contemporâneo.

(EM13LGG501) Selecionar e utilizar movimentos corporais de forma consciente e intencional para interagir socialmente em práticas corporais, de modo a estabelecer relações construtivas, empáticas, éticas e de respeito às diferenças.

(EM13LGG502) Analisar criticamente preconceitos, estereótipos e relações de poder presentes nas práticas corporais, adotando posicionamento contrário a qualquer manifestação de injustiça e desrespeito a direitos humanos e valores democráticos.

(EM13LGG503) Vivenciar práticas corporais e significá-las em seu projeto de vida, como forma de autoconhecimento, autocuidado com o corpo e com a saúde, socialização e entretenimento.

(EM13LGG601) Apropriar-se do patrimônio artístico de diferentes tempos e lugares, compreendendo a sua diversidade, bem como os processos de legitimação das manifestações artísticas na sociedade, desenvolvendo visão crítica e histórica.

(EM13LGG602) Fruir e apreciar esteticamente diversas manifestações artísticas e culturais, das locais às mundiais, assim como delas participar, de modo a aguçar continuamente a sensibilidade, a imaginação e a criatividade.

(EM13LGG603) Expressar-se e atuar em processos de criação autorais individuais e coletivos nas diferentes linguagens artísticas (artes visuais, audiovisual, dança, música e teatro) e nas intersecções entre elas, recorrendo a referências estéticas e culturais, conhecimentos de naturezas diversas (artísticos, históricos, sociais e políticos) e experiências individuais e coletivas.

(EM13LGG604) Relacionar as práticas artísticas às diferentes dimensões da vida social, cultural, política e econômica e identificar o processo de construção histórica dessas práticas.

(EM13LGG701) Explorar tecnologias digitais da informação e comunicação (TDIC), compreendendo seus princípios e funcionalidades, e utilizá-las de modo ético, criativo, responsável e adequado a práticas de linguagem em diferentes contextos.

(EM13LGG702) Avaliar o impacto das tecnologias digitais da informação e comunicação (TDIC) na formação do sujeito e em suas práticas sociais, para fazer uso crítico dessa mídia em práticas de seleção, compreensão e produção de discursos em ambiente digital.

(EM13LGG703) Utilizar diferentes linguagens, mídias e ferramentas digitais em processos de produção coletiva, colaborativa e projetos autorais em ambientes digitais.

(EM13LGG704) Apropriar-se criticamente de processos de pesquisa e busca de informação, por meio de ferramentas e dos novos formatos de produção e distribuição do conhecimento na cultura de rede.

(EM13LP01) Relacionar o texto, tanto na produção como na leitura/escuta, com suas condições de produção e seu contexto sócio-histórico de circulação (leitor/audiência previstos, objetivos, pontos de vista e perspectivas, papel social do autor, época, gênero do discurso etc.), de forma a ampliar as possibilidades de construção de sentidos e de análise crítica e produzir textos adequados a diferentes situações.

(EM13LP02) Estabelecer relações entre as partes do texto, tanto na produção como na leitura/escuta, considerando a construção composicional e o estilo do gênero, usando/reconhecendo adequadamente elementos e recursos coesivos diversos que contribuam para a coerência, a continuidade do texto e sua progressão temática, e organizando informações, tendo em vista as condições de produção e as relações lógico-discursivas envolvidas (causa/efeito ou consequência; tese/argumentos; problema/solução; definição/exemplos etc.).

(EM13LP03) Analisar relações de intertextualidade e interdiscursividade que permitam a explicitação de relações dialógicas, a identificação de posicionamentos ou de perspectivas, a compreensão de paráfrases, paródias e estilizações, entre outras possibilidades.

(EM13LP04) Estabelecer relações de interdiscursividade e intertextualidade para explicitar, sustentar e conferir consistência a posicionamentos e para construir e corroborar explicações e relatos, fazendo uso de citações e paráfrases devidamente marcadas.

(EM13LP05) Analisar, em textos argumentativos, os posicionamentos assumidos, os movimentos argumentativos (sustentação, refutação/contra-argumentação e negociação) e os argumentos utilizados para sustentá-los, para avaliar sua força e eficácia, e posicionar-se criticamente diante da questão discutida e/ou dos argumentos utilizados, recorrendo aos mecanismos linguísticos necessários.

(EM13LP06) Analisar efeitos de sentido decorrentes de usos expressivos da linguagem, da escolha de determinadas palavras ou expressões e da ordenação, combinação e contraposição de palavras, dentre outros, para ampliar as possibilidades de construção de sentidos e de uso crítico da língua.

(EM13LP07) Analisar, em textos de diferentes gêneros, marcas que expressam a posição do enunciador frente àquilo que é dito: uso de diferentes modalidades (epistêmica, deôntica e apreciativa) e de diferentes recursos gramaticais que operam como modalizadores (verbos modais, tempos e modos verbais, expressões modais, adjetivos, locuções ou orações adjetivas, advérbios, locuções ou orações adverbiais, entonação etc.), uso de estratégias de impessoalização (uso de terceira pessoa e de voz passiva etc.), com vistas ao incremento da compreensão e da criticidade e ao manejo adequado desses elementos nos textos produzidos, considerando os contextos de produção.

(EM13LP08) Analisar elementos e aspectos da sintaxe do português, como a ordem dos constituintes da sentença (e os efeitos que causam sua inversão), a estrutura dos sintagmas, as categorias sintáticas, os processos de coordenação e subordinação (e os efeitos de seus usos) e a sintaxe de concordância e de regência, de modo a potencializar os processos de compreensão e produção de textos e a possibilitar escolhas adequadas à situação comunicativa.

(EM13LP09) Comparar o tratamento dado pela gramática tradicional e pelas gramáticas de uso contemporâneas em relação a diferentes tópicos gramaticais, de forma a perceber as diferenças de abordagem e o fenômeno da variação linguística e analisar motivações que levam ao predomínio do ensino da norma-padrão na escola.

(EM13LP10) Analisar o fenômeno da variação linguística, em seus diferentes níveis (variações fonético-fonológica, lexical, sintática, semântica e estilístico-pragmática) e em suas diferentes dimensões (regional, histórica, social, situacional, ocupacional, etária etc.), de forma a ampliar a compreensão sobre a natureza viva e dinâmica da língua e sobre o fenômeno da constituição de variedades linguísticas de prestígio e estigmatizadas, e a fundamentar o respeito às variedades linguísticas e o combate a preconceitos linguísticos.

(EM13LP11) Fazer curadoria de informação, tendo em vista diferentes propósitos e projetos discursivos.

(EM13LP12) Selecionar informações, dados e argumentos em fontes confiáveis, impressas e digitais, e utilizá-los de forma referenciada, para que o texto a ser produzido tenha um nível de aprofundamento adequado (para além do senso comum) e contemple a sustentação das posições defendidas.

(EM13LP13) Analisar, a partir de referências contextuais, estéticas e culturais, efeitos de sentido decorrentes de escolhas de elementos sonoros (volume, timbre, intensidade, pausas, ritmo, efeitos sonoros, sincronização etc.) e de suas relações com o verbal, levando-os em conta na produção de áudios, para ampliar as possibilidades de construção de sentidos e de apreciação.

(EM13LP14) Analisar, a partir de referências contextuais, estéticas e culturais, efeitos de sentido decorrentes de escolhas e composição das imagens (enquadramento, ângulo/vetor, foco/profundidade de campo, iluminação, cor, linhas, formas etc.) e de sua sequenciação (disposição e transição, movimentos de câmera, remix, entre outros), das performances (movimentos do corpo, gestos, ocupação do espaço cênico), dos elementos sonoros (entonação, trilha sonora, sampleamento etc.) e das relações desses elementos com o verbal, levando em conta esses efeitos nas produções de imagens e vídeos, para ampliar as possibilidades de construção de sentidos e de apreciação.

(EM13LP15) Planejar, produzir, revisar, editar, reescrever e avaliar textos escritos e multissemióticos, considerando sua adequação às condições de produção do texto, no que diz respeito ao lugar social a ser assumido e à imagem que se pretende passar a respeito de si mesmo, ao leitor pretendido, ao veículo e mídia em que o texto ou produção cultural vai circular, ao contexto imediato e sócio-histórico mais geral, ao gênero textual em questão e suas regularidades, à variedade linguística apropriada a esse contexto e ao uso do conhecimento dos aspectos notacionais (ortografia padrão, pontuação adequada, mecanismos de concordância nominal e verbal, regência verbal etc.), sempre que o contexto o exigir.

(EM13LP16) Produzir e analisar textos orais, considerando sua adequação aos contextos de produção, à forma composicional e ao estilo do gênero em questão, à clareza, à progressão temática e à variedade linguística empregada, como também aos elementos relacionados à fala (modulação de voz, entonação, ritmo, altura e intensidade, respiração etc.) e à cinestesia (postura corporal, movimentos e gestualidade significativa, expressão facial, contato de olho com plateia etc.).

(EM13LP17) Elaborar roteiros para a produção de vídeos variados (*vlog*, videoclipe, videominuto, documentário etc.), apresentações teatrais, narrativas multimídia e transmídia, *podcasts*, *playlists* comentadas etc., para ampliar as possibilidades de produção de sentidos e engajar-se em práticas autorais e coletivas.

(EM13LP18) Utilizar *softwares* de edição de textos, fotos, vídeos e áudio, além de ferramentas e ambientes colaborativos para criar textos e produções multissemióticas com finalidades diversas, explorando os recursos e efeitos disponíveis e apropriando-se de práticas colaborativas de escrita, de construção coletiva do conhecimento e de desenvolvimento de projetos.

(EM13LP19) Apresentar-se por meio de textos multimodais diversos (perfis variados, *gifs* biográficos, *biodata*, currículo *web*, videocurrículo etc.) e de ferramentas digitais (ferramenta de *gif*, *wiki*, *site* etc.), para falar de si mesmo de formas variadas, considerando diferentes situações e objetivos.

(EM13LP20) Compartilhar gostos, interesses, práticas culturais, temas/problemas/questões que despertam maior interesse ou preocupação, respeitando e valorizando diferenças, como forma de identificar afinidades e interesses comuns, como também de organizar e/ou participar de grupos, clubes, oficinas e afins.

(EM13LP21) Produzir, de forma colaborativa, e socializar *playlists* comentadas de preferências culturais e de entretenimento, revistas culturais, fanzines, *e-zines* ou publicações afins que divulguem, comentem e avaliem músicas, games, séries, filmes, quadrinhos, livros, peças, exposições, espetáculos de dança etc., de forma a compartilhar gostos, identificar afinidades, fomentar comunidades etc.

(EM13LP22) Construir e/ou atualizar, de forma colaborativa, registros dinâmicos (mapas, *wiki* etc.) de profissões e ocupações de seu interesse (áreas de atuação, dados sobre formação, fazeres, produções, depoimentos de profissionais etc.) que possibilitem vislumbrar trajetórias pessoais e profissionais.

(EM13LP23) Analisar criticamente o histórico e o discurso político de candidatos, propagandas políticas, políticas públicas, programas e propostas de governo, de forma a participar do debate político e tomar decisões conscientes e fundamentadas.

(EM13LP24) Analisar formas não institucionalizadas de participação social, sobretudo as vinculadas a manifestações artísticas, produções culturais, intervenções urbanas e formas de expressão típica das culturas juvenis que pretendam expor uma problemática ou promover uma reflexão/ação, posicionando-se em relação a essas produções e manifestações.

(EM13LP25) Participar de reuniões na escola (conselho de escola e de classe, grêmio livre etc.), agremiações, coletivos ou movimentos, entre outros, em debates, assembleias, fóruns de discussão etc., exercitando a escuta atenta, respeitando seu turno e tempo de fala, posicionando-se de forma fundamentada, respeitosa e ética diante da apresentação de propostas e defesas de opiniões, usando estratégias linguísticas típicas de negociação e de apoio e/ou de consideração do discurso do outro (como solicitar esclarecimento, detalhamento, fazer referência direta ou retomar a fala do outro, parafraseando-a para endossá-la, enfatizá-la, complementá-la ou enfraquecê-la), considerando propostas alternativas e reformulando seu posicionamento, quando for caso, com vistas ao entendimento e ao bem comum.

(EM13LP26) Relacionar textos e documentos legais e normativos de âmbito universal, nacional, local ou escolar que envolvam a definição de direitos e deveres — em especial, os voltados a adolescentes e jovens — aos seus contextos de produção, identificando ou inferindo possíveis motivações e finalidades, como forma de ampliar a compreensão desses direitos e deveres.

(EM13LP27) Engajar-se na busca de solução para problemas que envolvam a coletividade, denunciando o desrespeito a direitos, organizando e/ou participando de discussões, campanhas e debates, produzindo textos reivindicatórios, normativos, entre outras possibilidades, como forma de fomentar os princípios democráticos e uma atuação pautada pela ética da responsabilidade, pelo consumo consciente e pela consciência socioambiental.

(EM13LP28) Organizar situações de estudo e utilizar procedimentos e estratégias de leitura adequados aos objetivos e à natureza do conhecimento em questão.

(EM13LP29) Resumir e resenhar textos, por meio do uso de paráfrases, de marcas do discurso reportado e de citações, para uso em textos de divulgação de estudos e pesquisas.

(EM13LP30) Realizar pesquisas de diferentes tipos (bibliográfica, de campo, experimento científico, levantamento de dados etc.), usando fontes abertas e confiáveis, registrando o processo e comunicando os resultados, tendo em vista os objetivos pretendidos e demais elementos do contexto de produção, como forma de compreender como o conhecimento científico é produzido e apropriar-se dos procedimentos e dos gêneros textuais envolvidos na realização de pesquisas.

(EM13LP31) Compreender criticamente textos de divulgação científica orais, escritos e multissemióticos de diferentes áreas do conhecimento, identificando sua organização tópica e a hierarquização das informações, identificando e descartando fontes não confiáveis e problematizando enfoques tendenciosos ou superficiais.

(EM13LP32) Selecionar informações e dados necessários para uma dada pesquisa (sem excedê-los) em diferentes fontes (orais, impressas, digitais etc.) e comparar autonomamente esses conteúdos, levando em conta seus contextos de produção, referências e índices de confiabilidade, e percebendo coincidências, complementaridades, contradições, erros ou imprecisões conceituais e de dados, de forma a compreender e posicionar-se criticamente sobre esses conteúdos e estabelecer recortes precisos.

(EM13LP33) Selecionar, elaborar e utilizar instrumentos de coleta de dados e informações (questionários, enquetes, mapeamentos, opinários) e de tratamento e análise dos conteúdos obtidos, que atendam adequadamente a diferentes objetivos de pesquisa.

(EM13LP34) Produzir textos para a divulgação do conhecimento e de resultados de levantamentos e pesquisas — texto monográfico, ensaio, artigo de divulgação científica, verbete de enciclopédia (colaborativa ou não), infográfico (estático ou animado), relato de experimento, relatório, relatório multimidiático de campo, reportagem científica, *podcast* ou *vlog* científico, apresentações orais, seminários, comunicações em mesas redondas, mapas dinâmicos etc. —, considerando o contexto de produção e utilizando os conhecimentos sobre os gêneros de divulgação científica, de forma a engajar-se em processos significativos de socialização e divulgação do conhecimento.

(EM13LP35) Utilizar adequadamente ferramentas de apoio a apresentações orais, escolhendo e usando tipos e tamanhos de fontes que permitam boa visualização, topicalizando e/ou organizando o conteúdo em itens, inserindo de forma adequada imagens, gráficos, tabelas, formas e elementos gráficos, dimensionando a quantidade de texto e imagem por *slide* e usando, de forma harmônica, recursos (efeitos de transição, *slides* mestres, *layouts* personalizados, gravação de áudios em *slides* etc.).

(EM13LP36) Analisar os interesses que movem o campo jornalístico, os impactos das novas tecnologias digitais de informação e comunicação e da *Web* 2.0 no campo e as condições que fazem da informação uma mercadoria e da checagem de informação uma prática (e um serviço) essencial, adotando atitude analítica e crítica diante dos textos jornalísticos.

(EM13LP37) Conhecer e analisar diferentes projetos editoriais — institucionais, privados, públicos, financiados, independentes etc. —, de forma a ampliar o repertório de escolhas possíveis de fontes de informação e opinião, reconhecendo o papel da mídia plural para a consolidação da democracia.

(EM13LP38) Analisar os diferentes graus de parcialidade/imparcialidade (no limite, a não neutralidade) em textos noticiosos, comparando relatos de diferentes fontes e analisando o recorte feito de fatos/dados e os efeitos de sentido provocados pelas escolhas realizadas pelo autor do texto, de forma a manter uma atitude crítica diante dos textos jornalísticos e tornar-se consciente das escolhas feitas como produtor.

(EM13LP39) Usar procedimentos de checagem de fatos noticiados e fotos publicadas (verificar/avaliar veículo, fonte, data e local da publicação, autoria, URL, formatação; comparar diferentes fontes; consultar ferramentas e *sites* checadores etc.), de forma a combater a proliferação de notícias falsas (*fake news*).

(EM13LP40) Analisar o fenômeno da pós-verdade – discutindo as condições e os mecanismos de disseminação de *fake news* e também exemplos, causas e consequências desse fenômeno e da prevalência de crenças e opiniões sobre fatos —, de forma a adotar atitude crítica em relação ao fenômeno e desenvolver uma postura flexível que permita rever crenças e opiniões quando fatos apurados as contradisserem.

(EM13LP41) Analisar os processos humanos e automáticos de curadoria que operam nas redes sociais e outros domínios da internet, comparando os *feeds* de diferentes páginas de redes sociais e discutindo os efeitos desses modelos de curadoria, de forma a ampliar as possibilidades de trato com o diferente e minimizar o efeito bolha e a manipulação de terceiros.

(EM13LP42) Acompanhar, analisar e discutir a cobertura da mídia diante de acontecimentos e questões de relevância social, local e global, comparando diferentes enfoques e perspectivas, por meio do uso de ferramentas de curadoria (como agregadores de conteúdo) e da consulta a serviços e fontes de checagem e curadoria de informação, de forma a aprofundar o entendimento sobre um determinado fato ou questão, identificar o enfoque preponderante da mídia e manter-se implicado, de forma crítica, com os fatos e as questões que afetam a coletividade.

(EM13LP43) Atuar de forma fundamentada, ética e crítica na produção e no compartilhamento de comentários, textos noticiosos e de opinião, memes, *gifs*, remixes variados etc. em redes sociais ou outros ambientes digitais.

(EM13LP44) Analisar formas contemporâneas de publicidade em contexto digital (*advergame*, anúncios em vídeos, social *advertising*, *unboxing*, narrativa mercadológica, entre outras), e peças de campanhas publicitárias e políticas (cartazes, folhetos, anúncios, propagandas em diferentes mídias, *spots*, *jingles* etc.), identificando valores e representações de situações, grupos e configurações sociais veiculadas, desconstruindo estereótipos, destacando estratégias de engajamento e viralização e explicando os mecanismos de persuasão utilizados e os efeitos de sentido provocados pelas escolhas feitas em termos de elementos e recursos linguístico-discursivos, imagéticos, sonoros, gestuais e espaciais, entre outros.

(EM13LP45) Analisar, discutir, produzir e socializar, tendo em vista temas e acontecimentos de interesse local ou global, notícias, fotodenúncias, fotorreportagens, reportagens multimidiáticas, documentários, infográficos, *podcasts* noticiosos, artigos de opinião, críticas da mídia, *vlogs* de opinião, textos de apresentação e apreciação de produções culturais (resenhas, ensaios etc.) e outros gêneros próprios das formas de expressão das culturas juvenis (*vlogs* e *podcasts* culturais, *gameplay* etc.), em várias mídias, vivenciando de forma significativa o papel de repórter, analista, crítico, editorialista ou articulista, leitor, vlogueiro e *booktuber*, entre outros.

(EM13LP46) Compartilhar sentidos construídos na leitura/escuta de textos literários, percebendo diferenças e eventuais tensões entre as formas pessoais e as coletivas de apreensão desses textos, para exercitar o diálogo cultural e aguçar a perspectiva crítica.

(EM13LP47) Participar de eventos (saraus, competições orais, audições, mostras, festivais, feiras culturais e literárias, rodas e clubes de leitura, cooperativas culturais, jograis, repentes, *slams* etc.), inclusive para socializar obras da própria autoria (poemas, contos e suas variedades, roteiros e microrroteiros, videominutos, *playlists* comentadas de música etc.) e/ou interpretar obras de outros, inserindo-se nas diferentes práticas culturais de seu tempo.

(EM13LP48) Identificar assimilações, rupturas e permanências no processo de constituição da literatura brasileira e ao longo de sua trajetória, por meio da leitura e análise de obras fundamentais do cânone ocidental, em especial da literatura portuguesa, para perceber a historicidade de matrizes e procedimentos estéticos.

(EM13LP49) Perceber as peculiaridades estruturais e estilísticas de diferentes gêneros literários (a apreensão pessoal do cotidiano nas crônicas, a manifestação livre e subjetiva do eu lírico diante do mundo nos poemas, a múltipla perspectiva da vida humana e social dos romances, a dimensão política e social de textos da literatura marginal e da periferia etc.) para experimentar os diferentes ângulos de apreensão do indivíduo e do mundo pela literatura.

(EM13LP50) Analisar relações intertextuais e interdiscursivas entre obras de diferentes autores e gêneros literários de um mesmo momento histórico e de momentos históricos diversos, explorando os modos como a literatura e as artes em geral se constituem, dialogam e se retroalimentam.

(EM13LP51) Selecionar obras do repertório artístico-literário contemporâneo à disposição segundo suas predileções, de modo a constituir um acervo pessoal e dele se apropriar para se inserir e intervir com autonomia e criticidade no meio cultural.

(EM13LP52) Analisar obras significativas das literaturas brasileiras e de outros países e povos, em especial a portuguesa, a indígena, a africana e a latino-americana, com base em ferramentas da crítica literária (estrutura da composição, estilo, aspectos discursivos) ou outros critérios relacionados a diferentes matrizes culturais, considerando o contexto de produção (visões de mundo, diálogos com outros textos, inserções em movimentos estéticos e culturais etc.) e o modo como dialogam com o presente.

(EM13LP53) Produzir apresentações e comentários apreciativos e críticos sobre livros, filmes, discos, canções, espetáculos de teatro e dança, exposições etc. (resenhas, *vlogs* e *podcasts* literários e artísticos, *playlists* comentadas, fanzines, *e-zines* etc.).

LINGUAGENS
E SUAS TECNOLOGIAS

conecte
LIVE

WILLIAM CEREJA

Professor graduado em Português e Linguística e licenciado em Português pela Universidade de São Paulo (USP).

Mestre em Teoria Literária pela Universidade de São Paulo (USP).

Doutor em Linguística Aplicada e Análise do Discurso pela Pontifícia Universidade Católica (PUC-SP).

Professor da rede particular de ensino em São Paulo, capital.

CAROLINA DIAS VIANNA

Professora graduada e licenciada em Português pela Universidade Estadual de Campinas (Unicamp).

Mestre em Linguística Aplicada pela Universidade Estadual de Campinas (Unicamp).

Doutora em Linguística Aplicada pela Universidade Estadual de Campinas (Unicamp).

Professora das redes pública e particular de ensino nos Estados de São Paulo e Minas Gerais.

Língua Portuguesa

Caderno de Revisão

Editora Saraiva

LINGUAGENS
E SUAS TECNOLOGIAS

conecte LIVE

WILLIAM CEREJA

Professor graduado em Português e Linguística e licenciado em Português pela Universidade de São Paulo (USP).

Mestre em Teoria Literária pela Universidade de São Paulo (USP).

Doutor em Linguística Aplicada e Análise do Discurso pela Pontifícia Universidade Católica (PUC-SP).

Professor da rede particular de ensino em São Paulo, capital.

CAROLINA DIAS VIANNA

Professora graduada e licenciada em Português pela Universidade Estadual de Campinas (Unicamp).

Mestre em Linguística Aplicada pela Universidade Estadual de Campinas (Unicamp).

Doutora em Linguística Aplicada pela Universidade Estadual de Campinas (Unicamp).

Professora das redes pública e particular de ensino nos Estados de São Paulo e Minas Gerais.

Língua Portuguesa

Caderno de Atividades

ENEM E VESTIBULARES

Editora Saraiva

Editora Saraiva

Presidência: Mario Ghio Júnior
Direção de soluções educacionais: Camila Montero Vaz Cardoso
Direção editorial: Lidiane Vivaldini Olo
Gerência editorial: Viviane Carpegiani
Gestão de área: Julio Cesar Augustus de Paula Santos
Gestão e coordenação de área: Noé G. Ribeiro
Edição: Daniella Skezo Zerbinatti, Fernanda Carvalho, Mônica Rodrigues de Lima e Paula Junqueira
Planejamento e controle de produção: Flávio Matuguma (ger.), Juliana Batista, Felipe Nogueira, Juliana Gonçalves e Anny Lima
Revisão: Kátia Scaff Marques (coord.), Brenda T. M. Morais, Claudia Virgilio, Daniela Lima, Malvina Tomáz e Ricardo Miyake
Arte: André Gomes Vitale (ger.), Catherine Saori Ishihara (coord.), Fábio Cavalcante (edit. arte)
Diagramação: Type Editores
Iconografia e tratamento de imagem: André Gomes Vitale (ger.), Claudia Bertolazzi e Denise Kremer (coord.), Camila Losimfeldt (pesquisa iconográfica) e Fernanda Crevin (tratamento de imagens)
Licenciamento de conteúdos de terceiros: Roberta Bento (ger.); Jenis Oh (coord.), Liliane Rodrigues, Flávia Zambon e Raísa Maris Reina (analistas de licenciamento)
Ilustrações: Erika Lourenço, Filipe Rocha, Gustavo Ramos, Mariângela Haddad, Nelson Provazi, Rico, Roberto Weigand, Weberson Santiago
Design: Erik Taketa (coord.) e Adilson Casarotti (proj. gráfico e capa)
Foto de capa: ©Casé Cb2Crew/Acervo do artista / Liam Norris/Getty Images / VaLiza/Shutterstock

Avenida Paulista, 901, 6º andar – Bela Vista
São Paulo – SP – CEP 01310-200
http://www.somoseducacao.com.br

Dados Internacionais de Catalogação na Publicação (CIP)

Cereja, William
Conecte live : Língua portuguesa : volume único / William Cereja, Carolina Dias Vianna. -- 1. ed. -- São Paulo : Saraiva, 2020. (Conecte)

ISBN 978-85-4723-730-1 (aluno)
ISBN 978-85-4723-731-8 (professor)

1. Língua portuguesa (Ensino Médio) I. Título II. Vianna, Carolina Dias III. Série

20-2109 CDD 469.07

Angélica Ilacqua CRB-8/7057

2023
Código da obra CL 524977
CAE 726753 (AL) / 726754 (PR)
1ª edição
8ª impressão

Impressão e acabamento: EGB Editora Grafica Bernardi Ltda.

Uma publicação SOMOS EDUCAÇÃO

Conheça seu Caderno de Atividades

Este caderno foi elaborado especialmente para você, estudante do Ensino Médio, que deseja praticar o que aprendeu durante as aulas e se qualificar para as provas do Enem e de vestibulares.

O material foi estruturado para que você consiga utilizá-lo de forma autônoma, em seus estudos individuais além do horário escolar, ou sob orientação de seu professor, que poderá lhe sugerir atividades complementares às do livro.

Flip!

Gire o seu livro e tenha acesso a atividades complementares especialmente elaboradas para este caderno.

plurall

No Plurall, você encontrará as resoluções em vídeo das questões propostas.

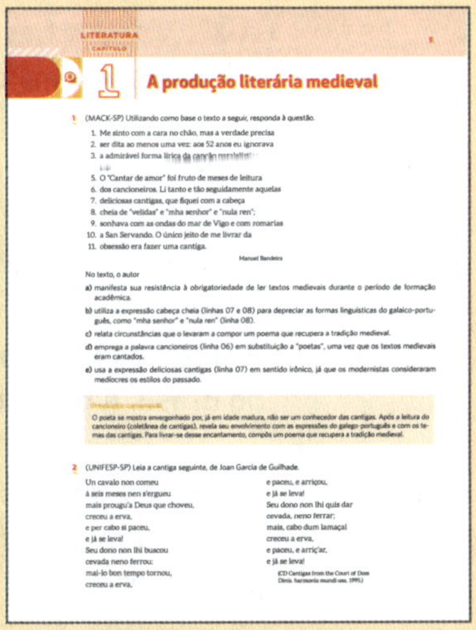

Enem e vestibulares

Aqui você encontra questões selecionadas do Enem e de vestibulares das principais instituições do país, organizadas por temas estudados ao longo do Ensino Médio.

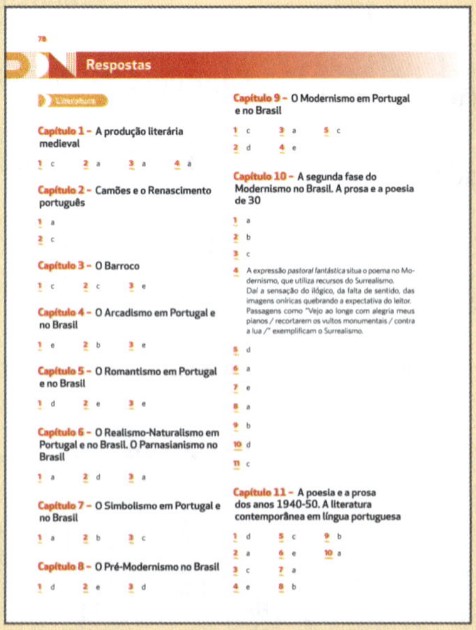

Consulte as respostas das questões propostas no final do material.

Sumário

1 A produção literária medieval

1 (MACK-SP) Utilizando como base o texto a seguir, responda à questão.

1. Me sinto com a cara no chão, mas a verdade precisa
2. ser dita ao menos uma vez: aos 52 anos eu ignorava
3. a admirável forma lírica da canção paralelística
4. (...).
5. O "Cantar de amor" foi fruto de meses de leitura
6. dos cancioneiros. Li tanto e tão seguidamente aquelas
7. deliciosas cantigas, que fiquei com a cabeça
8. cheia de "velidas" e "mha senhor" e "nula ren";
9. sonhava com as ondas do mar de Vigo e com romarias
10. a San Servando. O único jeito de me livrar da
11. obsessão era fazer uma cantiga.

Manuel Bandeira

No texto, o autor

a) manifesta sua resistência à obrigatoriedade de ler textos medievais durante o período de formação acadêmica.

b) utiliza a expressão cabeça cheia (linhas 07 e 08) para depreciar as formas linguísticas do galaico-português, como "mha senhor" e "nula ren" (linha 08).

c) relata circunstâncias que o levaram a compor um poema que recupera a tradição medieval.

d) emprega a palavra cancioneiros (linha 06) em substituição a "poetas", uma vez que os textos medievais eram cantados.

e) usa a expressão deliciosas cantigas (linha 07) em sentido irônico, já que os modernistas consideraram medíocres os estilos do passado.

Resolução comentada

O poeta se mostra envergonhado por, já em idade madura, não ser um conhecedor das cantigas. Após a leitura do cancioneiro (coletânea de cantigas), revela seu envolvimento com as expressões do galego-português e com os temas das cantigas. Para livrar-se desse encantamento, compôs um poema que recupera a tradição medieval.

2 (UNIFESP-SP) Leia a cantiga seguinte, de Joan Garcia de Guilhade.

Un cavalo non comeu
á seis meses nen s'ergueu
mais prougu'a Deus que choveu,
creceu a erva,
e per cabo si paceu,
e já se leva!
Seu dono non lhi buscou
cevada neno ferrou:
mai-lo bon tempo tornou,
creceu a erva,
e paceu, e arriçou,
e já se leva!
Seu dono non lhi quis dar
cevada, neno ferrar;
mais, cabo dum lamaçal
creceu a erva,
e paceu, e arriç'ar,
e já se leva!

(CD Cantigas from the Court of Dom Dinis. harmonia mundi usa, 1995.)

A leitura permite afirmar que se trata de uma cantiga de

a) escárnio, em que se critica a atitude do dono do cavalo, que dele não cuidara, mas, graças ao bom tempo e à chuva, o mato cresceu e o animal pôde recuperar-se sozinho.

b) amor, em que se mostra o amor de Deus com o cavalo que, abandonado pelo dono, comeu a erva que cresceu graças à chuva e ao bom tempo.

c) escárnio, na qual se conta a divertida história do cavalo que, graças ao bom tempo e à chuva, alimentou-se, recuperou-se e pôde, então, fugir do dono que o maltratava.

d) amigo, em que se mostra que o dono do cavalo não lhe buscou cevada nem o ferrou por causa do mau tempo e da chuva que Deus mandou, mas mesmo assim o cavalo pôde recuperar-se.

e) maldizer, satirizando a atitude do dono que ferrou o cavalo, mas esqueceu-se de alimentá-lo, deixando-o entregue à própria sorte para obter alimento.

3 (UNIFESP-SP) Leia o texto de Gil Vicente.

DIABO — Essa dama, é ela vossa?

FRADE — Por minha a tenho eu e sempre a tive de meu.

DIABO — Fizeste bem, que é fermosa! E não vos punham lá grosa nesse convento santo?

FRADE — E eles fazem outro tanto!

DIABO — Que cousa tão preciosa!

No trecho da peça de Gil Vicente, fica evidente uma

a) visão bastante crítica dos hábitos da sociedade da época. Está clara a censura à hipocrisia do religioso, que se aparta daquilo que prega.

b) concepção de sociedade decadente, mas que ainda guarda alguns valores essenciais, como é o caso da relação entre o frade e o catolicismo.

c) postura de repúdio à imoralidade da mulher que se põe a tentar o frade, que a ridiculariza em função de sua fé católica inabalável.

d) visão moralista da sociedade. Para ele, os valores deveriam ser resgatados e a presença do frade é um indicativo de apego à fé cristã.

e) crítica ao frade religioso que optou em vida por ter uma mulher, contrariando a fé cristã, o que, como ele afirma, não acontecia com os outros frades do convento.

4 (MACK-SP) Assinale a alternativa incorreta a respeito do Trovadorismo em Portugal.

a) Durante o Trovadorismo, ocorreu a separação entre poesia e a música.

b) Muitas cantigas trovadorescas foram reunidas em livros ou coletânea que receberam o nome de cancioneiros.

c) Nas cantigas de amor, há o reflexo do relacionamento entre o senhor e vassalo na sociedade feudal: distância e extrema submissão.

d) Nas cantigas de amigo, o trovador escreve o poema do ponto de vista feminino.

e) A influência dos trovadores provençais é nítida nas cantigas de amor galego-portuguesas.

Camões e o Renascimento português

1 (UNIFESP-SP) Leia o soneto do poeta Luís Vaz de Camões (1525?-1580) para responder:

Sete anos de pastor Jacob servia
Labão, pai de Raquel, serrana bela;
mas não servia ao pai, servia a ela,
e a ela só por prêmio pretendia.
Os dias, na esperança de um só dia,
passava, contentando-se com vê-la;
porém o pai, usando de cautela,
em lugar de Raquel lhe dava Lia.
Vendo o triste pastor que com enganos
lhe fora assi negada a sua pastora,
como se a não tivera merecida,
começa de servir outros sete anos,
dizendo: "Mais servira, se não fora
para tão longo amor tão curta a vida".

(Luís Vaz de Camões. *Sonetos*, 2001.)

De acordo com a história narrada pelo soneto,

a) Labão engana Jacob, entregando-lhe a filha Lia, em vez de Raquel.
b) Labão aceita ceder Lia a Jacob, se este lhe entregar Raquel.
c) Labão obriga Jacob a trabalhar mais sete anos para obter o amor de Lia.
d) Jacob descumpre o acordo feito com Labão, negando-lhe a filha Raquel.
e) Jacob morre antes de completar os sete anos de trabalho, não obtendo o amor de Raquel.

Resolução comentada

Inicialmente, é necessário estabelecer os papéis das personagens envolvidas no enredo, fazendo a leitura atenta do soneto: o pastor Jacob trabalha para Labão, que é pai de duas filhas: Lia e Raquel, a preferida de Jacob. No entanto, após sete anos de trabalho Labão engana o pastor e lhe entrega Lia. Pacientemente, Jacob se dispõe a trabalhar mais sete anos, para, um dia, conseguir o amor de Raquel. Os dois versos finais da segunda estrofe destacam o logro, confirmando a alternativa *a* como correta. Camões inspirou-se no texto bíblico "Os dois casamentos de Jacó", extraído do Antigo Testamento, Gênesis, XXIX, 20. A divergência do soneto em relação ao texto bíblico se dá pela intenção do poeta de exaltar a constância amorosa e o amor eterno.

2 (ENEM)

LXXVIII (Camões, 1525?-1580)

Leda serenidade deleitosa,
Que representa em terra um paraíso;
Entre rubis e perlas doce riso;
Debaixo de ouro e neve cor-de-rosa;
Presença moderada e graciosa,
Onde ensinando estão despejo e siso
Que se pode por arte e por aviso,
Como por natureza, ser fermosa;
Fala de quem a morte e a vida pende,
Rara, suave; enfim, Senhora, vossa;
Repouso nela alegre e comedido:
Estas as armas são com que me rende
E me cativa Amor; mas não que possa
Despojar-me da glória de rendido.

(Luís de Camões. *Obra completa*. Rio de Janeiro: Nova Aguilar, 2008.)

R. Sanzio (1483-1520). *A mulher com o unicórnio*. Roma, Galleria Borghese. Disponível em: www.arquipelagos.pt. Acesso em: 29 fev. 2012.

A pintura e o poema, embora sendo produtos de duas linguagens artísticas diferentes, participaram do mesmo contexto social e cultural de produção pelo fato de ambos:

a) apresentarem um retrato realista, evidenciado pelo unicórnio presente na pintura e pelos adjetivos usados no poema.

b) valorizarem o excesso de enfeites na apresentação pessoal e na variação de atitudes da mulher, evidenciadas pelos adjetivos do poema.

c) apresentarem um retrato ideal de mulher marcado pela sobriedade e o equilíbrio, evidenciados pela postura, expressão e vestimenta da moça e os adjetivos usados no poema.

d) desprezarem o conceito medieval da idealização da mulher como base da produção artística, evidenciado pelos adjetivos usados no poema.

e) apresentarem um retrato ideal de mulher marcado pela emotividade e o conflito interior, evidenciados pela expressão da moça e pelos adjetivos do poema.

CAPÍTULO 3

O Barroco

1 (ENEM)

Quando Deus redimiu da tirania
Da mão do Faraó endurecido
O Povo Hebreu amado, e esclarecido,
Páscoa ficou da redenção o dia.

Páscoa de flores, dia de alegria
Àquele povo foi tão afligido
O dia, em que por Deus foi redimido;
Ergo sois vós, Senhor, Deus da Bahia.

Pois mandado pela Alta Majestade
Nos remiu de tão triste cativeiro,
Nos livrou de tão vil calamidade.

Quem pode ser senão um verdadeiro
Deus, que veio estirpar desta cidade
o Faraó do povo brasileiro.

DAMASCENO, D. (Org.). *Melhores poemas*: Gregório de Matos. São Paulo: Globo, 2006.

Com uma elaboração de linguagem e uma visão de mundo que apresentam princípios barrocos, o soneto de Gregório de Matos apresenta temática expressa por:

a) visão cética sobre as relações sociais.

b) preocupação com a identidade brasileira.

c) crítica velada à forma de governo vigente.

d) reflexão sobre os dogmas do cristianismo.

e) questionamento das práticas pagãs na Bahia.

(UNESP-SP) Leia o excerto do "Sermão do bom ladrão", de Antônio Vieira (1608-1697), para responder às questões de 2 e 3.

Navegava Alexandre [Magno] em uma poderosa armada pelo Mar Eritreu a conquistar a Índia; e como fosse trazido à sua presença um pirata, que por ali andava roubando os pescadores, repreendeu-o muito Alexandre de andar em tão mau ofício; porém ele, que não era medroso nem lerdo, respondeu assim: "Basta, Senhor, que eu, porque roubo em uma barca, sou ladrão, e vós, porque roubais em uma armada, sois imperador?". Assim é. O roubar pouco é culpa, o roubar muito é grandeza: o roubar com pouco poder faz os piratas, o roubar com muito, os Alexandres. Mas Sêneca, que sabia bem distinguir as qualidades, e interpretar as significações, a uns e outros, definiu com o mesmo nome: [...] Se o rei de Macedônia, ou qualquer outro, fizer o que faz o ladrão e o pirata; o ladrão, o pirata e o rei, todos têm o mesmo lugar, e merecem o mesmo nome.

Quando li isto em Sêneca, não me admirei tanto de que um filósofo estoico se atrevesse a escrever uma tal sentença em Roma, reinando nela Nero; o que mais me admirou, e quase envergonhou, foi que os nossos oradores evangélicos em tempo de príncipes católicos, ou para a emenda, ou para a cautela, não preguem a mesma doutrina. Saibam estes eloquentes mudos que mais ofendem os reis com o que calam

que com o que disserem; porque a confiança com que isto se diz é sinal que lhes não toca, e que se não podem ofender; e a cautela com que se cala é argumento de que se ofenderão, porque lhes pode tocar. [...]

Suponho, finalmente, que os ladrões de que falo não são aqueles miseráveis, a quem a pobreza e vileza de sua fortuna condenou a este gênero de vida, porque a mesma sua miséria ou escusa ou alivia o seu pecado [...]. O ladrão que furta para comer não vai nem leva ao Inferno: os que não só vão, mas levam, de que eu trato, são os ladrões de maior calibre e de mais alta esfera [...]. Não são só ladrões, diz o santo [São Basílio Magno], os que cortam bolsas, ou espreitam os que se vão banhar, para lhes colher a roupa; os ladrões que mais própria e dignamente merecem este título são aqueles a quem os reis encomendam os exércitos e legiões, ou o governo das províncias, ou a administração das cidades, os quais já com manha, já com força, roubam e despojam os povos. Os outros ladrões roubam um homem, estes roubam cidades e reinos: os outros furtam debaixo do seu risco, estes sem temor, nem perigo: os outros, se furtam, são enforcados: estes furtam e enforcam.

(Essencial, 2011.)

2 Em um trecho do "Sermão da Sexagésima", Antônio Vieira critica o chamado estilo cultista de alguns oradores sacros de sua época nos seguintes termos: "Basta que não havemos de ver num sermão duas palavras em paz? Todas hão de estar sempre em fronteira com o seu contrário?" Palavras "em fronteira com o seu contrário", contudo, também foram empregadas por Vieira, conforme se verifica na expressão destacada em:

a) "Navegava Alexandre [Magno] em uma **poderosa armada** pelo Mar Eritreu a conquistar a Índia"

b) "O ladrão que furta para comer não vai nem leva ao Inferno: os que não só vão, mas levam, de que eu trato, são os ladrões de maior calibre e de mais **alta esfera**"

c) "Saibam estes **eloquentes mudos** que mais ofendem os reis com o que calam que com o que disserem"

d) "Quando li isto em Sêneca, não me admirei tanto de que um **filósofo estoico** se atrevesse a escrever uma tal sentença em Roma, reinando nela Nero"

e) "Os **outros ladrões** roubam um homem, estes roubam cidades e reinos"

3 No segundo parágrafo, Antônio Vieira torna explícito seu descontentamento com:

a) o filósofo Sêneca.

b) os príncipes católicos.

c) o imperador Nero.

d) a doutrina estoica.

e) os oradores evangélicos.

4 O Arcadismo em Portugal e no Brasil

1 (ENEM)

Soneto VII

Onde estou? Este sítio desconheço:
Quem fez tão diferente aquele prado?
Tudo outra natureza tem tomado;
E em contemplá-lo tímido esmoreço.
Uma fonte aqui houve; eu não me esqueço
De estar a ela um dia reclinado:
Ali em vale um monte está mudado:
Quanto pode dos anos o progresso!
Árvores aqui vi tão florescentes
Que faziam perpétua a primavera:
Nem troncos vejo agora decadentes.
Eu me engano: a região esta não era;
Mas que venho a estranhar, se estão presentes
Meus males, com que tudo degenera.

COSTA, C. M. *Poemas*. Disponível em: www.dominiopublico.gov.br. Acesso em: 7 jul. 2012.

No soneto de Cláudio Manuel da Costa, a contemplação da paisagem permite ao eu lírico uma reflexão em que transparece uma

a) angústia provocada pela sensação de solidão.
b) resignação diante das mudanças do meio ambiente.
c) dúvida existencial em face do espaço desconhecido.
d) intenção de recriar o passado por meio da paisagem.
e) empatia entre os sofrimentos do eu e a agonia da terra.

Resolução comentada

O eu lírico contempla a paisagem e percebe que há, entre eles, uma identificação emotiva, pois ambos, com o passar do tempo e o sofrimento, perderam suas qualidades primitivas, sofreram uma degradação.

2 (UFPB-PB) No *Romanceiro da Inconfidência*, Cecília Meireles recria poeticamente os acontecimentos históricos de Minas Gerais, ocorridos no final do século XVIII. Nesta mesma época, circulavam, em Vila Rica, as *Cartas Chilenas*, atribuídas a Tomás Antônio Gonzaga. O fragmento a seguir foi extraído da Carta 2 em que Critilo (Gonzaga), dirigindo-se ao seu amigo Doroteu (Cláudio Manuel da Costa), narra o comportamento do Fanfarrão Minésio (Luís da Cunha Meneses, governador de Minas).

Aquele, Doroteu, que não é Santo
Mas quer fingir-se Santo aos outros homens,
Pratica muito mais, do que pratica,
Quem segue os são caminhos da verdade.

Mal se põe nas Igrejas, de joelhos,
Abre os braços em cruz, a terra beija,
Entorta o seu pescoço, fecha os olhos,
Faz que chora, suspira, fere o peito;
E executa outras muitas macaquices,
Estando em parte, onde o mundo as veja.

(GONZAGA, Tomás Antônio. *Cartas Chilenas*. São Paulo: Companhia das Letras, 1995, p. 68-69).

Considerando as informações apresentadas e esse fragmento poético, é correto afirmar:

a) O autor descreve as atitudes do governador de Minas sem fazer uso de um tom irônico.

b) O autor critica algumas atitudes do governador de Minas, julgando-as dissimuladas.

c) O autor descreve, com humor, o comportamento do governador de Minas, sem apresentar um posicionamento crítico.

d) O tom satírico, presente nas *Cartas Chilenas*, não é observado nesse fragmento, pois, aqui, há apenas a descrição das práticas religiosas do Fanfarrão Minésio.

e) O autor chama a atenção para o fato de que o governador de Minas age com fervor, longe dos olhos dos fiéis.

3 (MACK-SP)

Ornemos nossas testas com as flores,
e façamos de feno um brando leito;
prendamo-nos, Marília, em laço estreito,
gozemos do prazer de sãos amores (...)
(...) aproveite-se o tempo, antes que faça
o estrago de roubar ao corpo as forças
e ao semblante a graça!

Tomás Antônio Gonzaga

Nos versos acima,

a) o eu lírico, ao lamentar as transformações notadas em seu corpo e alma pela passagem do tempo, revela-se amoroso homem de meia-idade.

b) que retomam tema e estrutura de uma "canção de amigo", está expresso o estado de alma de quem sente a ausência do ser amado.

c) nomeia-se diretamente a figura ironizada pelo eu lírico, a mulher a quem se poderiam fazer convites amorosos mais ousados.

d) em que se notam diálogo e estrutura paralelística, o ponto de vista dominante é o do amante que vê seus sentimentos antagônicos refletidos na natureza.

e) a natureza é o espaço onde o amado se sente à vontade para expressar diretamente à amada suas inclinações sensuais.

5 O Romantismo em Portugal e no Brasil

1 (ENEM)

Quem não se recorda de Aurélia Camargo, que atravessou o firmamento da Corte como brilhante meteoro e apagou-se de repente no meio do deslumbramento que produzira seu fulgor?

Tinha ela dezoito anos quando apareceu a primeira vez na sociedade. Não a conheciam; e logo buscaram todos com avidez informações acerca da grande novidade do dia.

Dizia-se muita coisa que não repetirei agora, pois a seu tempo saberemos a verdade, sem os comentos malévolos de que usam vesti-la os noveleiros.

Aurélia era órfã; tinha em sua companhia uma velha parenta, viúva, D. Firmina Mascarenhas, que sempre a acompanhava na sociedade.

Mas essa parenta não passava de mãe de encomenda, para condescender com os escrúpulos da sociedade brasileira, que naquele tempo não tinha admitido ainda certa emancipação feminina.

Guardando com a viúva as deferências devidas à idade, a moça não declinava um instante do firme propósito de governar sua casa e dirigir suas ações como entendesse.

Constava também que Aurélia tinha um tutor; mas essa entidade desconhecida, a julgar pelo caráter da pupila, não devia exercer maior influência em sua vontade, do que a velha parenta.

ALENCAR, J. *Senhora*. São Paulo: Ática, 2006.

O romance *Senhora*, de José de Alencar, foi publicado em 1875. No fragmento transcrito, a presença de D. Firmina Mascarenhas como "parenta" de Aurélia Camargo assimila práticas e convenções sociais inseridas no contexto do Romantismo, pois:

a) o trabalho ficcional do narrador desvaloriza a mulher ao retratar a condição feminina na sociedade brasileira da época.

b) o trabalho ficcional do narrador mascara os hábitos sociais no enredo de seu romance.

c) as características da sociedade em que Aurélia vivia são remodeladas na imaginação do narrador romântico.

d) o narrador evidencia o cerceamento sexista à autoridade da mulher, financeiramente independente.

e) o narrador incorporou em sua ficção hábitos muito avançados para a sociedade daquele período histórico.

Resolução comentada

José de Alencar apresenta a personagem Aurélia como uma parente distante, pois a moça solteira, de acordo com as convenções sociais da época, não deveria frequentar a sociedade desacompanhada; o mesmo se pode dizer em relação ao que se pensava sobre a capacidade de a mulher gerir os seus bens, necessitando de um tutor. Ao mostrar como a personagem era obrigada a isso para "manter as aparências", o autor revela a restrição imposta ao sexo feminino, mesmo sendo financeiramente independente, como era o caso de Aurélia.

2 (ENEM)

Soneto

Oh! Páginas da vida que eu amava,
Rompei-vos! nunca mais! tão desgraçado!...
Ardei, lembranças doces do passado!
Quero rir-me de tudo que eu amava!
E que doido que eu fui! como eu pensava

Em mãe, amor de irmã! em sossegado
Adormecer na vida acalentado
Pelos lábios que eu tímido beijava!
Embora — é meu destino. Em treva densa
Dentro do peito a existência finda
Pressinto a morte na fatal doença!
A mim a solidão da noite infinda!
Possa dormir o trovador sem crença.
Perdoa minha mãe — eu te amo ainda!

(AZEVEDO, A. *Lira dos vinte anos*. São Paulo: Martins Fontes, 1996.)

A produção de Álvares de Azevedo situa-se na década de 1850, período conhecido na literatura brasileira como Ultrarromantismo. Nesse poema, a força expressiva da exacerbação romântica identifica-se com o(a)

a) amor materno, que surge como possibilidade de salvação para o eu lírico.

b) saudosismo da infância, indicado pela menção às figuras da mãe e da irmã.

c) construção de versos irônicos e sarcásticos, apenas com aparência melancólica.

d) presença do tédio sentido pelo eu lírico, indicado pelo seu desejo de dormir.

e) fixação do eu lírico pela ideia da morte, o que o leva a sentir um tormento constante.

3 (ENEM)

TEXTO I

A canção do africano

Lá na úmida senzala,
Sentado na estreita sala,
Junto ao braseiro, no chão,
Entoa o escravo o seu canto,
E ao cantar correm-lhe em pranto
Saudades do seu torrão...
De um lado, uma negra escrava
Os olhos no filho crava,
Que tem no colo a embalar...
E à meia-voz lá responde
Ao canto, e o filhinho esconde,
Talvez p'ra não o escutar!
"Minha terra é lá bem longe,
Das bandas de onde o sol vem;
Esta terra é mais bonita,
Mas à outra eu quero bem."

ALVES, C. *Poesias completas*. Rio de Janeiro: Ediouro, 1995 (fragmento).

TEXTO II

No caso da Literatura Brasileira, se é verdade que prevalecem as reformas radicais, elas têm acontecido mais no âmbito de movimentos literários do que de gerações literárias. A poesia de Castro Alves em relação à de Gonçalves Dias não é a de negação radical, mas de superação, dentro do mesmo espírito romântico.

MELO NETO, J. C. *Obra completa*. Rio de Janeiro: Nova Aguilar, 2003 (fragmento).

O fragmento do poema de Castro Alves exemplifica a afirmação de João Cabral de Melo Neto porque:

a) exalta o nacionalismo, embora lhe imprima um fundo ideológico retórico.

b) canta a paisagem local, no entanto, defende ideais do liberalismo.

c) mantém o canto saudosista da terra pátria, mas renova o tema amoroso.

d) explora a subjetividade do eu lírico, ainda que tematize a injustiça social.

e) inova na abordagem de aspecto social, mas mantém a visão lírica da terra pátria.

O Realismo-Naturalismo em Portugal e no Brasil. O Parnasianismo no Brasil

1 (ENEM)

Mal secreto

Se a cólera que espuma, a dor que mora
N'alma, e destrói cada ilusão que nasce,
Tudo o que punge, tudo o que devora
O coração, no rosto se estampasse;
Se se pudesse, o espírito que chora,
Ver através da máscara da face,
Quanta gente, talvez, que inveja agora
Nos causa, então piedade nos causasse!
Quanta gente que ri, talvez, consigo
Guarda um atroz, recôndito inimigo,
Como invisível chaga cancerosa!
Quanta gente que ri, talvez existe,
Cuja ventura única consiste
Em parecer aos outros venturosa!

(CORREIA, R. In: PATRIOTA, M. *Para compreender Raimundo Correia.* Brasília: Alhambra, 1995.)

Coerente com a proposta parnasiana de cuidado formal e racionalidade na condução temática, o soneto de Raimundo Correia reflete sobre a forma como as emoções do indivíduo são julgadas em sociedade. Na concepção do eu lírico, esse julgamento revela que:

a) a necessidade de ser socialmente aceito leva o indivíduo a agir de forma dissimulada.

b) o sofrimento íntimo torna-se mais ameno quando compartilhado por um grupo social.

c) a capacidade de perdoar e aceitar as diferenças neutraliza o sentimento de inveja.

d) o instinto de solidariedade conduz o indivíduo a apiedar-se do próximo.

e) a transfiguração da angústia em alegria é um artifício nocivo ao convívio social.

Resolução comentada

O poema apresenta a oposição entre essência e aparência. No convívio com o grupo, o indivíduo sente-se obrigado a demonstrar um comportamento positivo, entusiasmado, feliz e vencedor, ocultando suas derrotas, angústias e tristezas. Para ser aceito pelo grupo, deve aparentar algo que não sente, algo que não é.

2 (ENEM)

Capítulo LIV — A pêndula

Saí dali a saborear o beijo. Não pude dormir; estirei-me na cama, é certo, mas foi o mesmo que nada. Ouvi as horas todas da noite. Usualmente, quando eu perdia o sono, o bater da pêndula fazia-me muito mal; esse tique-taque soturno, vagaroso e seco parecia dizer a cada golpe que eu ia ter um instante menos de vida. Imaginava então um velho diabo, sentado entre dois sacos, o da vida e o da morte, e a contá-las assim:

— Outra de menos...
— Outra de menos...
— Outra de menos...
— Outra de menos...

O mais singular é que, se o relógio parava, eu dava-lhe corda, para que ele não deixasse de bater nunca, e eu pudesse contar todos os meus instantes perdidos. Invenções há, que se transformam ou acabam; as mesmas instituições morrem; o relógio é definitivo e perpétuo. O derradeiro homem, ao despedir-se do sol frio e gasto, há de ter um relógio na algibeira, para saber a hora exata em que morre.

Naquela noite não padeci essa triste sensação de enfado, mas outra, e deleitosa. As fantasias tumultuavam-me cá dentro, vinham umas sobre outras, à semelhança de devotas que se abalroam para ver o anjo-cantor das procissões. Não ouvia os instantes perdidos, mas os minutos ganhados.

ASSIS, M. *Memórias póstumas de Brás Cubas*. Rio de Janeiro: Nova Aguilar, 1992 (fragmento).

O capítulo apresenta o instante em que Brás Cubas revive a sensação do beijo trocado com Virgília, casada com Lobo Neves. Nesse contexto, a metáfora do relógio desconstrói certos paradigmas românticos, porque

a) o narrador e Virgília não têm percepção do tempo em seus encontros adúlteros.

b) como "defunto autor", Brás Cubas reconhece a inutilidade de tentar acompanhar o fluxo do tempo.

c) na contagem das horas, o narrador metaforiza o desejo de triunfar e acumular riquezas.

d) o relógio representa a materialização do tempo e redireciona o comportamento idealista de Brás Cubas.

e) o narrador compara a duração do sabor do beijo à perpetuidade do relógio.

3 (ENEM)

O mulato

Ana Rosa cresceu; aprendera de cor a gramática do Sotero dos Reis; lera alguma coisa; sabia rudimentos de francês e tocava modinhas sentimentais ao violão e ao piano. Não era estúpida; tinha a intuição perfeita da virtude, um modo bonito, e por vezes lamentara não ser mais instruída. Conhecia muitos trabalhos de agulha; bordava como poucas, e dispunha de uma gargantazinha de contralto que fazia gosto de ouvir. Uma só palavra boiava à superfície dos seus pensamentos: "Mulato". E crescia, crescia, transformando-se em tenebrosa nuvem, que escondia todo o seu passado. Ideia parasita, que estrangulava todas as outras ideias. — Mulato! Esta só palavra explicava-lhe agora todos os mesquinhos escrúpulos, que a sociedade do Maranhão usara para com ele. Explicava tudo: a frieza de certas famílias a quem visitara; as reticências dos que lhe falavam de seus antepassados; a reserva e a cautela dos que, em sua presença, discutiam questões de raça e de sangue.

AZEVEDO, A. *O Mulato*. São Paulo: Ática, 1996 (fragmento)

O texto de Aluísio Azevedo é representativo do Naturalismo, vigente no final do século XIX. Nesse fragmento, o narrador expressa fidelidade ao discurso naturalista, pois:

a) relaciona a posição social a padrões de comportamento e à condição de raça.

b) apresenta os homens e as mulheres melhores do que eram no século XIX.

c) mostra a pouca cultura feminina e a distribuição de saberes entre homens e mulheres.

d) ilustra os diferentes modos que um indivíduo tinha de ascender socialmente.

e) critica a educação oferecida às mulheres e os maus-tratos dispensados aos negros.

7 O Simbolismo em Portugal e no Brasil

1 (ENEM)

Vida obscura

Ninguém sentiu o teu espasmo obscuro
ó ser humilde entre os humildes seres,
embriagado, tonto de prazeres,
o mundo para ti foi negro e duro.
Atravessaste no silêncio escuro
a vida presa a trágicos deveres
e chegaste ao saber de altos saberes
tornando-te mais simples e mais puro.
Ninguém te viu o sofrimento inquieto,
magoado, oculto e aterrador, secreto,
que o coração te apunhalou no mundo,
Mas eu que sempre te segui os passos
sei que a cruz infernal prendeu-te os braços
e o teu suspiro como foi profundo!

(SOUSA, C. **Obra completa**. Rio de Janeiro: Nova Aguilar, 1961)

Com uma obra densa e expressiva no Simbolismo brasileiro, Cruz e Sousa transpôs para seu lirismo uma sensibilidade em conflito com a realidade vivenciada. No soneto, essa percepção traduz-se em:

a) sofrimento tácito diante dos limites impostos pela discriminação.

b) tendência latente ao vício como resposta ao isolamento social.

c) extenuação condicionada a uma rotina de tarefas degradantes.

d) frustração amorosa canalizada para as atividades intelectuais.

e) vocação religiosa manifesta na aproximação com a fé cristã.

Resolução comentada

O poema expressa o sofrimento e a discriminação que marcaram a vida do poeta. Toda a obra de Cruz e Sousa revela, além da angústia metafísica e do desejo de fugir da realidade, a consciência do preconceito racial que o poeta pessoalmente vivia. Portanto, a alternativa *a* traduz o sentimento expresso no soneto.

2 (PUC-PR) Leia o poema a seguir, de Cruz e Sousa, para responder à questão.

Sinfonias do ocaso

Musselinosas como brumas diurnas
descem do ocaso as sombras harmoniosas,
sombras veladas e musselinosas para as
profundas solidões noturnas.
Sacrários virgens, sacrossantas urnas,
os céus resplendem de sidéreas rosas,
da Lua e das Estrelas majestosas

iluminando a escuridão das furnas.
Ah! por estes sinfônicos ocasos
a terra exala aromas de áureos vasos,
incensos de turíbulos divinos.
Os plenilúnios mórbidos vaporam...
E como que no Azul plangem e choram
cítaras, harpas, bandolins, violinos...

I. O uso de maiúsculas no poema remete a uma característica da poesia simbolista.

II. A temática do soneto não é simbolista.

III. A sinestesia está presente nos tercetos do soneto.

IV. Os versos "Ó Formas alvas, brancas, Formas claras/De luares, de neves, de neblinas", do poema Antífona, apresentam vocabulário que remete ao mesmo campo semântico de brumas e plenilúnios.

a) Apenas as assertivas I e II estão corretas.
b) Apenas as assertivas I, III e IV estão corretas.
c) Apenas a assertiva I está correta.
d) Todas as assertivas estão corretas.
e) Apenas a assertiva II está correta.

3 (UFMT-MT) Embora dispensasse, como o parnasiano, uma atenção especial ao cuidado com a linguagem, o poeta simbolista imprimiu ao seu texto marcas que diferenciaram esses movimentos.

Busca palavras límpidas e castas,
novas e raras, de clarões ruidosos,
dentre as ondas mais pródigas, mais vastas
dos sentimentos mais maravilhosos.

Enche de estranhas vibrações sonoras
a tua Estrofe, majestosamente...
Põe nela todo o incêndio das auroras
Para torná-la emocional e ardente.
Derrama luz e cânticos e poemas
no verso, e torna-o musical e doce,
como se o coração nessas supremas
Estrofes, puro e diluído fosse.

Da leitura do texto, trecho de um poema de Cruz e Sousa, principal nome da poesia simbolista brasileira, infere-se que o autor não propõe ao poeta buscar a palavra ou a expressão:

a) evocadora de sensações e emoções indefiníveis.
b) portadora de uma musicalidade que imprima ritmo e doçura ao verso.
c) exata, capaz de com a maior nitidez descrever um objeto.
d) sinestésica, conforme exemplifica empregando clarões ruidosos.
e) capaz de fundir, num só ato perceptivo, duas ou mais sensações.

O Pré-Modernismo no Brasil

1 (ENEM)

TEXTO I

Versos de amor

A um poeta erótico

Oposto ideal ao meu ideal conservas.
Diverso é, pois, o ponto outro de vista
Consoante o qual, observo o amor, do egoísta
Modo de ver, consoante o qual, o observas.

Porque o amor, tal como eu o estou amando,
É Espírito, é éter, é substância fluida,
É assim como o ar que a gente pega e cuida,
Cuida, entretanto, não o estar pegando!

É a transubstanciação de instintos rudes,
Imponderabilíssima, e impalpável,
Que anda acima da carne miserável
Como anda a garça acima dos açudes!

ANJOS, A. *Obra completa*. Rio de Janeiro: Nova Aguilar, 1996 (fragmento).

TEXTO II

Arte de amar

Se queres sentir a felicidade de amar, esquece a tua alma.
A alma é que estraga o amor.
Só em Deus ela pode encontrar satisfação.
Não noutra alma. Só em Deus — ou fora do mundo.
As almas são incomunicáveis.
Deixa o teu corpo entender-se com outro corpo.
Porque os corpos se entendem, mas as almas não.

(BANDEIRA, M. *Estrela da vida inteira*. Rio de Janeiro: Nova Fronteira, 1993.)

Os Textos I e II apresentam diferentes pontos de vista sobre o tema amor. Apesar disso, ambos definem esse sentimento a partir da oposição entre:

a) satisfação e insatisfação.

b) egoísmo e generosidade.

c) felicidade e sofrimento.

d) corpo e espírito.

e) ideal e real.

Resolução comentada

O poeta pré-modernista Augusto dos Anjos entende o amor como um sentimento espiritual, como "substância fluida", difícil de apreender, opondo seu modo de sentir ao de um "poeta erótico" a quem dedica o poema. Já o poeta modernista Manuel Bandeira considera que as almas são incomunicáveis e, portanto, o amor deve se manter no nível físico, porque os corpos se entendem. Assim, a oposição entre os conceitos dos poetas se manifesta na preponderância do corpo ou do espírito na relação amorosa.

2 (ENEM)

E tudo era silêncio, e mistério... Corriam... corriam. E o mundo parecia sem fim, e a terra do Amor mergulhada, sumida na névoa incomensurável... E Milkau, num sofrimento devorador, ia vendo que tudo era o mesmo; horas e horas, fatigados de voar, e nada variava, e nada lhe aparecia... Corriam... corriam...

ARANHA, G. *Canaã*. São Paulo: Ática, 1998 (fragmento).

O sonho da terra prometida revela-se como valor humano que faz parte do imaginário literário brasileiro desde a chegada dos portugueses. Ao descrever a situação final das personagens Milkau e Maria, Graça Aranha resgata esse desejo por meio de uma perspectiva:

a) subjetiva, pois valoriza a visão exótica da pátria brasileira.

b) simbólica, pois descreve o amor de um estrangeiro pelo Brasil.

c) idealizada, pois relata o sonho de uma pátria acolhedora de todos.

d) realista, pois traz dados de uma terra geograficamente situada.

e) crítica, pois retrata o desespero de quem não alcançou sua terra.

3 (ENEM)

Negrinha era uma pobre órfã de sete anos. Preta? Não; fusca, mulatinha escura, de cabelos ruços e olhos assustados. Nascera na senzala, de mãe escrava, e seus primeiros anos vivera-os pelos cantos escuros da cozinha, sobre velha esteira e trapos imundos. Sempre escondida, que a patroa não gostava de crianças. Excelente senhora, a patroa. Gorda, rica, dona do mundo, amimada dos padres, com lugar certo na igreja e camarote de luxo reservado no céu. Entaladas as banhas no trono (uma cadeira de balanço na sala de jantar), ali bordava, recebia as amigas e o vigário, dando audiências, discutindo o tempo. Uma virtuosa senhora em suma – "dama de grandes virtudes apostólicas, esteio da religião e da moral", dizia o reverendo. Ótima, a dona Inácia. Mas não admitia choro de criança. Ai! Punha-lhe os nervos em carne viva. [...] A excelente dona Inácia era mestra na arte de judiar de crianças. Vinha da escravidão, fora senhora de escravos – e daquelas ferozes, amigas de ouvir cantar o bolo e estalar o bacalhau. Nunca se afizera ao regime novo – essa indecência de negro igual.

LOBATO, M. Negrinha. In: MORICONE, I. *Os cem melhores contos brasileiros do século*. Rio de Janeiro: Objetiva, 2000 (fragmento).

A narrativa focaliza um momento histórico-social de valores contraditórios. Essa contradição infere-se, no contexto, pela:

a) falta de aproximação entre a menina e a senhora, preocupada com as amigas.

b) receptividade da senhora para com os padres, mas deselegante para com as beatas.

c) ironia do padre a respeito da senhora, que era perversa com as crianças.

d) resistência da senhora em aceitar a liberdade dos negros, evidenciada no final do texto.

e) rejeição aos criados por parte da senhora, que preferia tratá-los com castigos.

O Modernismo em Portugal e no Brasil

1 (UNIFESP-SP) Leia o poema **Prece**, de Fernando Pessoa.

Senhor, a noite veio e a alma é vil.
Tanta foi a tormenta e a vontade!
Restam-nos hoje, no silêncio hostil,
O mar universal e a saudade.
Mas a chama, que a vida em nós criou,
Se ainda há vida ainda não é finda.

O frio morto em cinzas a ocultou:
A mão do vento pode erguê-la ainda.
Dá o sopro, a aragem - ou desgraça ou ânsia -,
Com que a chama do esforço se remoça,
E outra vez conquistaremos a Distância
— Do mar ou outra, mas que seja nossa!

(Fernando Pessoa. *Mensagem*, 1995.)

Extraído do livro *Mensagem*, o poema pode ser considerado nacionalista, na medida em que o eu lírico

a) apresenta Portugal como uma nação decadente, que não faz jus ao seu passado de heroísmo e glórias.
b) inspira-se no passado de heroísmo do povo português que, no presente, já não acredita na sua história.
c) busca reviver o sonho de uma nação grandiosa, cantando um Portugal almejado por seus feitos gloriosos.
d) reconhece o desejo de o povo português glorificar seus heróis, o que não foi possível até o seu presente.
e) descreve o Portugal de seu tempo como uma nação gloriosa e marcada por histórias de heroísmo.

Resolução comentada

O nacionalismo do eu lírico se expressa na crença de que o passado de glórias de Portugal está apenas oculto e pode a qualquer momento ser revivido, sendo o seu poema uma das formas de encaminhar essa retomada.

2 (ENEM)

TEXTO I

SEVERINI, G. **A hieroglífica dinâmica do Bal Tabarin**. Óleo sobre tela, 161,6 × 156,2 cm. Museu de Arte Moderna, Nova Iorque, 1912. Disponível em: www.moma.org. Acesso em: 18 maio 2013.

TEXTO II

A existência dos homens criadores modernos é muito mais condensada e mais complicada do que a das pessoas dos séculos precedentes. A coisa representada, por imagem, fica menos fixa, o objeto por si mesmo se expõe menos do que antes. Uma paisagem rasgada por um automóvel, ou por um trem, perde em valor descritivo, mas ganha em valor sintético. O homem moderno registra cem vezes mais impressões do que o artista do século XVIII.

LEGÉR, F. *Funções da pintura*. São Paulo. Nobel, 1989.

A vanguarda europeia, evidenciada pela obra e pelo texto, expressa os ideais e a estética do

a) Cubismo, que questionava o uso da perspectiva por meio da fragmentação geométrica.

b) Expressionismo alemão, que criticava a arte acadêmica, usando a deformação das figuras.

c) Dadaísmo, que rejeitava a instituição artística, propondo a antiarte.

d) Futurismo, que propunha uma nova estética, baseada nos valores da vida moderna.

e) Neoplasticismo, que buscava o equilíbrio plástico, com utilização da direção horizontal e vertical.

3 (ENEM)

O bonde abre a viagem,
No banco ninguém,
Estou só, stou sem.
Depois sobe um homem,
No banco sentou,
Companheiro vou.
O bonde está cheio,
De novo porém
Não sou mais ninguém.

ANDRADE, M. *Poesias completas*. Belo Horizonte: Vila Rica, 1993.

O desenvolvimento das grandes cidades e a consequente concentração populacional nos centros urbanos geraram mudanças importantes no comportamento dos indivíduos em sociedade. No poema de Mário de Andrade, publicado na década de 1940, a vida na metrópole aparece representada pela contraposição entre

a) a solidão e a multidão.

b) a carência e a satisfação.

c) a mobilidade e a lentidão.

d) a amizade e a indiferença.

e) a mudança e a estagnação.

4 (ENEM)

Vei, a Sol

Ora, o pássaro careceu de fazer necessidade, fez e o herói ficou escorrendo sujeira de urubu. Já era de madrugadinha e o tempo estava inteiramente frio. Macunaíma acordou tremendo, todo lambuzado. Assim mesmo examinou bem a pedra mirim da ilhota para vê si não havia alguma cova com dinheiro enterrado. Não havia não. Nem a correntinha encantada de prata que indica pro escolhido, tesouro de holandês. Havia só as formigas jaquitaguas ruivinhas.

Então passou Caiuanogue, a estrela da manhã. Macunaíma já meio enjoado de tanto viver pediu pra ela que o carregasse pro céu.

Caiuanogue foi se chegando porém o herói fedia muito.

— Vá tomar banho! — ela fez. E foi-se embora.

Assim nasceu a expressão "Vá tomar banho" que os brasileiros empregam se referindo a certos imigrantes europeus.

(ANDRADE, M. **Macunaíma**: o herói sem nenhum caráter. Rio de Janeiro: Agir, 2008.)

O fragmento de texto faz parte do capítulo VII, intitulado "Vei, a Sol", do livro *Macunaíma*, de Mário de Andrade, pertencente à primeira fase do Modernismo brasileiro. Considerando a linguagem empregada pelo narrador, é possível identificar

a) resquícios do discurso naturalista usado pelos escritores do século XIX.

b) ausência de linearidade no tratamento do tempo, recurso comum ao texto narrativo da primeira fase modernista.

c) referência à fauna como meio de denunciar o primitivismo e o atraso de algumas regiões do país.

d) descrição preconceituosa dos tipos populares brasileiros, representados por Macunaíma e Caiuanogue.

e) uso da linguagem coloquial e de temáticas do lendário brasileiro como meio de valorização da cultura popular nacional.

5 (UNEMAT-MS)

Meninos Carvoeiros

Os meninos carvoeiros
Passam a caminho da cidade.
— Eh, carvoeiro!
E vão tocando os animais com um relho enorme.

Os burros são magrinhos e velhos.
Cada um leva seis sacos de carvão de lenha.
A aniagem é toda remendada.
Os carvões caem.
(Pela boca da noite vem uma velhinha que os recolhe,
[dobrando-se com um gemido.)

— Eh, carvoeiro! Só mesmo estas crianças raquíticas
Vão bem com estes burrinhos descadeirados.
A madrugada ingênua parece feita para eles...
Pequenina, ingênua miséria!
Adoráveis carvoeirinhos que trabalhais como se brincásseis!

— Eh, carvoeiro!

Quando voltam, vêm mordendo num pão encarvoado.
Encarapitados nas alimárias,
Apostando corrida,
Dançando, bamboleando nas cangalhas como espantalhos
[desamparados!

(BANDEIRA, Manuel. *Antologia Poética*. 10ª ed.
Rio de Janeiro: José Olympio Editora, 1978.)

O poema aborda um grave problema social, que é o trabalho infantil. A gravidade do tema está coerente com um dos versos cuja conjugação verbal destoa da aparente descontração dos meninos. Assinale-o.

a) "E vão tocando os animais com um relho enorme".

b) "Vão bem com estes burrinhos descadeirados".

c) "Adoráveis carvoeirinhos que trabalhais como se brincásseis!".

d) "Quando voltam, vêm mordendo num pão encarvoado".

e) "Apostando corrida".

CAPÍTULO 10

A segunda fase do Modernismo no Brasil. A prosa e a poesia de 30

1 (ENEM)

Tenho visto criaturas que trabalham demais e não progridem. Conheço indivíduos preguiçosos que têm faro: quando a ocasião chega, desenroscam-se, abrem a boca e engolem tudo. Eu não sou preguiçoso. Fui feliz nas primeiras tentativas e obriguei a fortuna a ser-me favorável nas seguintes. Depois da morte do Mendonça, derrubei a cerca, naturalmente, e levei-a para além do ponto em que estava no tempo de Salustiano Padilha. Houve reclamações. Minhas senhoras, Seu Mendonça pintou o diabo enquanto viveu. Mas agora é isto. E quem não gostar, paciência, vá à justiça. Como a justiça era cara, não foram à justiça. E eu, o caminho aplainado, invadi a terra do Fidélis, paralítico de um braço e a dos Gama, que pandegavam no Recife, estudando direito. Respeitei o engenho do Dr. Magalhães, juiz. Violências miúdas passaram despercebidas. As questões mais sérias foram ganhas no foro, graças às chicanas de João Nogueira. Efetuei transações arriscadas, endividei-me, importei maquinismos e não prestei atenção aos que me censuravam por querer abarcar o mundo com as pernas. Iniciei a pomicultura e a avicultura. Para levar os meus produtos ao mercado, comecei uma estrada de rodagem. Azevedo Gondim compôs sobre ela dois artigos, chamou-me patriota, citou Ford e Delmiro Gouveia. Costa Brito também publicou uma nota na Gazeta, elogiando-me e elogiando o chefe político local. Em consequência mordeu-me cem mil réis.

(*São Bernardo*. Rio de Janeiro: Record, 1990.)

O trecho, de *São Bernardo*, apresenta um relato de Paulo Honório, narrador-personagem, sobre a expansão de suas terras. De acordo com esse relato, o processo de prosperidade que o beneficiou evidencia que ele

a) revela-se um empreendedor capitalista pragmático que busca o êxito em suas realizações a qualquer custo, ignorando princípios éticos e valores humanitários.

b) procura adequar sua atividade produtiva e função de empresário às regras do Estado democrático de direito, ajustando o interesse pessoal ao bem da sociedade.

c) relata aos seus interlocutores fatos que lhe ocorreram em um passado distante, e enumera ações que põem em evidência as suas muitas virtudes de homem do campo.

d) demonstra ser um homem honrado, patriota e audacioso, atributos ressaltados pela realização de ações que se ajustam ao princípio de que os fins justificam os meios.

e) amplia o seu patrimônio graças ao esforço pessoal, contando com a sorte e a capacidade de iniciativa, sendo um exemplo de empreendedor com responsabilidade social.

Resolução comentada

De acordo com o relato do narrador-personagem, os meios empregados por ele para conseguir a prosperidade visavam apenas aos interesses pessoais passando por cima da ética e dos valores humanitários: invasão de terras, desconsideração da situação das pessoas sem recursos para reagir, uso de recursos ilícitos para obter vitórias na justiça, emprego de dinheiro ou da força para satisfazer seus interesses.

2 (ENEM)

Do amor à pátria

São doces os caminhos que levam de volta à pátria. Não à pátria amada de verdes mares bravios, a mirar em berço esplêndido o esplendor do Cruzeiro do Sul; mas a uma outra mais íntima, pacífica e habitual — uma cuja terra se comeu em criança, uma onde se foi menino ansioso por crescer, uma onde se cresceu em sofrimentos e esperanças plantando canções, amores e filhos ao sabor das estações.

(MORAES, V. *Poesia completa e prosa*. Rio de Janeiro: Nova Aguilar, 1987.)

O nacionalismo constitui tema recorrente na literatura romântica e na modernista. No trecho, a representação da pátria ganha contornos peculiares porque

a) o amor àquilo que a pátria oferece é grandioso e eloquente.

b) os elementos valorizados são intimistas e de dimensão subjetiva.

c) o olhar sobre a pátria é ingênuo e comprometido pela inércia.

d) o patriotismo literário tradicional é subvertido e motivo de ironia.

e) a natureza é determinante na percepção do valor da pátria.

3 (ENEM)

Anoitecer

A Dolores

É a hora em que o sino toca,
mas aqui não há sinos;
há somente buzinas,
sirenes roucas, apitos
uivando escuro segredo;
desta hora tenho medo.
[...]
É a hora do descanso,
mas o descanso vem tarde,
o corpo não pede sono,
depois de tanto rodar;
pede paz — morte — mergulho
no poço mais ermo e quedo;
desta hora tenho medo.
Hora de delicadeza,
agasalho, sombra, silêncio.
Haverá disso no mundo?
É antes a hora dos corvos,
bicando em mim, meu passado,
meu futuro, meu degredo;
desta hora, sim, tenho medo.

ANDRADE, C. D. *A rosa do povo*.
Rio de Janeiro: Record, 2005 (fragmento).

Com base no contexto da Segunda Guerra Mundial, o livro *A rosa do povo* revela desdobramentos da visão poética. No fragmento, a expressividade lírica demonstra um(a)

a) defesa da esperança como forma de superação das atrocidades da guerra.

b) desejo de resistência às formas de opressão e medo produzidas pela guerra.

c) olhar pessimista das instituições humanas e sociais.

d) exortação à solidariedade para a reconstrução dos espaços urbanos bombardeados.

e) espírito de contestação capaz de subverter a condição de vítima dos povos afetados.

4 (UNESP-SP) Leia o poema de Murilo Mendes (1901-1975) para responder:

O pastor pianista

Soltaram os pianos na planície deserta
Onde as sombras dos pássaros vêm beber.
Eu sou o pastor pianista,
Vejo ao longe com alegria meus pianos
Recortarem os vultos monumentais
Contra a lua.

Acompanhado pelas rosas migradoras
Apascento os pianos: gritam
E transmitem o antigo clamor do homem

apascentar: vigiar no pasto; pastorear.

Que reclamando a contemplação,
Sonha e provoca a harmonia,
Trabalha mesmo à força,
E pelo vento nas folhagens,
Pelos planetas, pelo andar das mulheres,
Pelo amor e seus contrastes,
Comunica-se com os deuses.

(*As metamorfoses*, 2015.)

O crítico literário Antonio Candido caracteriza esse poema como uma "pastoral fantástica". Tal caracterização alude a qual escola literária? Justifique sua resposta.

5 (ENEM)

Texto I

Agora Fabiano conseguia arranjar as ideias. O que o segurava era a família. Vivia preso como um novilho amarrado ao mourão, suportando ferro quente. Se não fosse isso, um soldado amarelo não lhe pisava o pé não. (...) Tinha aqueles cambões pendurados ao pescoço. Deveria continuar a arrastá-los? Sinha Vitória dormia mal na cama de varas. Os meninos eram uns brutos, como o pai. Quando crescessem, guardariam as reses de um patrão invisível, seriam pisados, maltratados, machucados por um soldado amarelo.

(Graciliano Ramos. **Vidas Secas**. São Paulo: Martins, 23. ed., 1969, p. 75.)

Texto II

Para Graciliano, o roceiro pobre é um outro, enigmático, impermeável. Não há solução fácil para uma tentativa de incorporação dessa figura no campo da ficção. É lidando com o impasse, ao invés de fáceis soluções, que Graciliano vai criar *Vidas Secas*, elaborando uma linguagem, uma estrutura romanesca, uma constituição de narrador em que narrador e criaturas se tocam, mas não se identificam. Em grande medida, o debate acontece porque, para a intelectualidade brasileira naquele momento, o pobre, a despeito de aparecer idealizado em certos aspectos, ainda é visto como um ser humano de segunda categoria, simples demais, incapaz de ter pensamentos demasiadamente complexos. O que *Vidas Secas* faz é, com pretenso não envolvimento da voz que controla a narrativa, dar conta de uma riqueza humana de que essas pessoas seriam plenamente capazes.

(Luís Bueno. Guimarães, Clarice e antes. In: **Teresa**. São Paulo: USP, nº. 2, 2001, p. 254.)

A partir do trecho de *Vidas Secas* (texto I) e das informações do texto II, relativas às concepções artísticas do romance social de 1930, avalie as seguintes afirmativas.

I. O pobre, antes tratado de forma exótica e folclórica pelo regionalismo pitoresco, transforma-se em protagonista privilegiado do romance social de 30.

II. A incorporação do pobre e de outros marginalizados indica a tendência da ficção brasileira da década de 30 de tentar superar a grande distância entre o intelectual e as camadas populares.

III. Graciliano Ramos e os demais autores da década de 30 conseguiram, com suas obras, modificar a posição social do sertanejo na realidade nacional.

É correto apenas o que se afirma em:

a) I.
b) II.
c) III.
d) I e II.
e) II e III.

6 No texto II, verifica-se que o autor utiliza

a) linguagem predominantemente formal, para problematizar, na composição de *Vidas Secas*, a relação entre o escritor e o personagem popular.
b) linguagem inovadora, visto que, sem abandonar a linguagem formal, dirige-se diretamente ao leitor.
c) linguagem coloquial, para narrar coerentemente uma história que apresenta o roceiro pobre de forma pitoresca.
d) linguagem formal com recursos retóricos próprios do texto literário em prosa, para analisar determinado momento da literatura brasileira.
e) linguagem regionalista, para transmitir informações sobre literatura, valendo-se de coloquialismo, para facilitar o entendimento do texto.

7 (ENEM)

"A velha Totonha de quando em vez batia no engenho. E era um acontecimento para a meninada... Que talento ela possuía para contar as suas histórias, com um jeito admirável de falar em nome de todos os personagens, sem nenhum dente na boca, e com uma voz que dava todos os tons às palavras!

Havia sempre rei e rainha, nos seus contos, e forca e adivinhações. E muito da vida, com as suas maldades e as suas grandezas, a gente encontrava naqueles heróis e naqueles intrigantes, que eram sempre castigados com mortes horríveis! O que fazia a velha Totonha mais curiosa era a cor local que ela punha nos seus descritivos. Quando ela queria pintar um reino era como se estivesse falando dum engenho fabuloso. Os rios e florestas por onde andavam os seus personagens se pareciam muito com a Paraíba e a Mata do Rolo. O seu Barba-Azul era um senhor de engenho de Pernambuco."

José Lins do Rego. *Menino de Engenho*. Rio de Janeiro: José Olympio, 1980, p. 49-51 (com adaptações).

Na construção da personagem "velha Totonha", é possível identificar traços que revelam marcas do processo de colonização e de civilização do país. Considerando o texto acima, infere-se que a velha Totonha:

a) tira o seu sustento da produção da literatura, apesar de suas condições de vida e de trabalho, que denotam que ela enfrenta situação econômica muito adversa.

b) compõe, em suas histórias, narrativas épicas e realistas da história do país colonizado, livres da influência de temas e modelos não representativos da realidade nacional.

c) retrata, na constituição do espaço dos contos, a civilização urbana europeia em concomitância com a representação literária de engenhos, rios e florestas do Brasil.

d) aproxima-se, ao incluir elementos fabulosos nos contos, do próprio romancista, o qual pretende retratar a realidade brasileira de forma tão grandiosa quanto a europeia.

e) imprime marcas da realidade local a suas narrativas, que têm como modelo e origem as fontes da literatura e da cultura europeia universalizada.

8 Percebe-se que, no texto lido na questão anterior:

a) o narrador expressa, em linguagem culta, a visão da personagem infantil.

b) o narrador emprega a primeira pessoa para narrar as memórias da personagem.

c) o narrador emprega linguagem infantil para dar verossimilhança às suas lembranças.

d) quem narra o texto é a velha Totonha, a quem a personagem empresta a palavra.

e) há a mescla da fala infantil da personagem com a fala culta do narrador adulto.

9 (FUVEST-SP) Considere as seguintes comparações entre *Vidas secas*, de Graciliano Ramos, e *Capitães da areia*, de Jorge Amado:

I. Quanto à relação desses livros com o contexto histórico em que foram produzidos, verifica-se que ambos são tributários da radicalização político-ideológica subsequente, no Brasil, à Revolução de 1930.

II. Embora os dois livros comportem uma consciência crítica do valor da linguagem no processo de dominação social, em *Vidas secas*, essa consciência relaciona-se ao emprego de um estilo conciso e até ascético, o que já não ocorre na composição de *Capitães da areia*.

III. Por diferentes que sejam essas obras, uma e outra conduzem a um final em que se anuncia a redenção social das personagens oprimidas, em um futuro mundo reconciliado, de felicidade coletiva.

Está correto o que se afirma em

a) I, somente. **b)** I e II, somente. **c)** III, somente. **d)** II e III, somente. **e)** I, II e III.

10 (ENEM)

Essas moças tinham o vezo de afirmar o contrário do que desejavam. Notei a singularidade quando principiaram a elogiar o meu paletó cor de macaco. Examinavam-no sérias, achavam o pano e os aviamentos de qualidade superior, o feitio admirável. Envaideci-me: nunca havia reparado em tais vantagens. Mas os gabos se prolongaram, trouxeram-me desconfiança. Percebi afinal que elas zombavam e não me susceptibilizei. Longe disso: achei curiosa aquela maneira de falar pelo avesso, diferente das grosserias a que me habituara. Em geral me diziam com franqueza que a roupa não me assentava no corpo, sobrava nos sovacos.

(RAMOS, G. *Infância*.)

Por meio de recursos linguísticos, os textos mobilizam estratégias para introduzir e retomar ideias, promovendo a progressão do tema. No fragmento transcrito, um novo aspecto do tema é introduzido pela expressão

a) "a singularidade". **b)** "tais vantagens". **c)** "os gabos". **d)** "Longe disso". **e)** "Em geral".

11 Em relação ao texto da questão anterior, o que o narrador percebe na linguagem das "moças" caracteriza um recurso de linguagem que se denomina:

a) metáfora. **b)** hipérbole. **c)** ironia. **d)** pleonasmo. **e)** eufemismo.

11 A poesia e a prosa dos anos 1940-50. A literatura contemporânea em língua portuguesa

1 (ENEM)

À garrafa

Contigo adquiro a astúcia
de conter e de conter-me.
Teu estreito gargalo
é uma lição de angústia.
Por translúcida pões
o dentro fora e o fora dentro
para que a forma se cumpra
e o espaço ressoe.
Até que, farta da constante
prisão da forma, saltes
da mão para o chão
e te estilhaces, suicida,
numa explosão
de diamantes.

PAES, J. P. *Prosas seguidas de odes mínimas*. São Paulo: Cia. das Letras, 1992.

A reflexão acerca do fazer poético é um dos mais marcantes atributos da produção literária contemporânea, que, no poema de José Paulo Paes, se expressa por um(a)

a) reconhecimento, pelo eu lírico, de suas limitações no processo criativo, manifesto na expressão "Por translúcida pões".

b) subserviência aos princípios do rigor formal e dos cuidados com a precisão metafórica, como se observa em "prisão da forma".

c) visão progressivamente pessimista, em face da impossibilidade da criação poética, conforme expressa o verso "e te estilhaces, suicida".

d) processo de contenção, amadurecimento e transformação da palavra, representado pelos versos "numa explosão / de diamantes".

e) necessidade premente de libertação da prisão representada pela poesia, simbolicamente comparada à "garrafa" a ser "estilhaçada".

Resolução comentada

O eu lírico descreve a construção do poema, fazendo uma analogia com a garrafa, que contém em si a sua forma. Daí a maneira contida na escolha da palavra exata, traduzindo já na parte física o seu sentido, até que a garrafa salte ao chão como o poema deixa a mão do poeta e, aos olhos do leitor, apresente uma explosão de sentidos, seus múltiplos significados.

2 (ENEM)

A lavadeira começou a viver como uma serviçal que impõe respeito e não mais como escrava. Mas essa regalia súbita foi efêmera. Meus irmãos, nos frequentes deslizes que adulteravam este novo relacionamento, eram dardejados pelo olhar severo de Emilie; eles nunca suportaram de bom grado que uma índia passasse a comer na mesa da sala, usando os mesmos talheres e pratos, e comprimindo com os lábios

o mesmo cristal dos copos e a mesma porcelana das xícaras de café. Uma espécie de asco e repulsa tingia-lhes o rosto, já não comiam com a mesma saciedade e recusavam-se a elogiar os pastéis de picadinho de carneiro, os folheados de nata e tâmara, e o arroz com amêndoas, dourado, exalando um cheiro de cebola tostada. Aquela mulher, sentada e muda, com o rosto rastreado de rugas, era capaz de tirar o sabor e o odor dos alimentos e de suprimir a voz e o gesto como se o seu silêncio ou a sua presença que era só silêncio impedisse o outro de viver.

(HATOUM, M. *Relato de um certo Oriente*. São Paulo: Companhia das Letras, 2000.)

Ao apresentar uma situação de tensão em família, o narrador destila, nesse fragmento, uma percepção das relações humanas e sociais demarcada pelo

a) predomínio dos estigmas de classe e de raça sobre a intimidade da convivência.

b) discurso da manutenção de uma ética doméstica contra a subversão dos valores.

c) desejo de superação do passado de escassez em prol do presente de abastança.

d) sentimento de insubordinação à autoridade representada pela matriarca da família.

e) rancor com a ingratidão e a hipocrisia geradas pelas mudanças nas regras da casa.

3 (ENEM)

O homem disse, Está a chover, e depois, Quem é você, Não sou daqui, Anda à procura de comida, Sim, há quatro dias que não comemos, E como sabe que são quatro dias, É um cálculo, Está sozinha, Estou com o meu marido e uns companheiros, Quantos são, Ao todo, sete, Se estão a pensar em ficar conosco, tirem daí o sentido, já somos muitos, Só estamos de passagem, Donde vêm, Estivemos internados desde que a cegueira começou, Ah, sim, a quarentena, não serviu de nada, Por que diz isso, Deixaram-nos sair, Houve um incêndio e nesse momento percebemos que os soldados que nos vigiavam tinham desaparecido, E saíram, Sim, Os vossos soldados devem ter sido dos últimos a cegar, toda a gente está cega, Toda a gente, a cidade toda, o país,

Ensaio sobre a cegueira. São Paulo: Companhia das Letras, 1995.

A cena retrata as experiências das personagens em um país atingido por uma epidemia. No diálogo, a violação de determinadas regras de pontuação:

a) revela uma incompatibilidade entre o sistema de pontuação convencional e a produção do gênero romance.

b) provoca uma leitura equivocada das frases interrogativas e prejudica a verossimilhança.

c) singulariza o estilo do autor e auxilia na representação do ambiente caótico.

d) representa uma exceção às regras do sistema de pontuação canônica.

e) colabora para a construção da identidade do narrador pouco escolarizado.

(FUVEST-SP) Leia o texto a seguir e responda às questões 4 e 5.

"Será que eu enriqueceria este relato se usasse alguns difíceis termos técnicos? Mas aí que está: esta história não tem nenhuma técnica, nem de estilo, ela é ao deus-dará. Eu que também não mancharia por nada deste mundo com palavras brilhantes e falsas uma vida parca como a da datilógrafa."

(Clarice Lispector, *A hora da estrela*)

4 Em *A hora da estrela*, o narrador questiona-se quanto ao modo e, até, à possibilidade de narrar a história. De acordo com o trecho acima, isso deriva do fato de ser ele um narrador:

a) iniciante, que não domina as técnicas necessárias ao relato literário.

b) pós-moderno, para quem as preocupações de estilo são ultrapassadas.

c) impessoal, que aspira a um grau de objetividade máxima ao relato.

d) objetivista, que se preocupa apenas com a precisão técnica do relato.

e) autocrítico, que percebe a inadequação de um estilo sofisticado para narrar a vida popular.

5 "A ação desta história terá como resultado minha transfiguração em outrem [...]".

Neste excerto de *A hora da estrela*, o narrador expressa uma de suas tendências mais marcantes, que irá reiterar ao longo de todo o livro. Entre os trechos abaixo, o único que **não** expressa tendência correspondente é:

a) "Vejo a nordestina se olhando ao espelho e [...] no espelho aparece o meu rosto cansado e barbudo. Tanto nós nos intertrocamos".

b) "é paixão minha ser o outro. No caso a outra".

c) "Enquanto isso, Macabéa no chão parecia se tornar cada vez mais uma Macabéa, como se chegasse a si mesma".

d) "Queiram os deuses que eu nunca descreva o lázaro porque senão eu me cobriria de lepra".

e) "Eu te conheço até o osso por intermédio de uma encantação que vem de mim para ti".

6 (ENEM)

Famigerado

Com arranco, [o sertanejo] calou-se. Como arrependido de ter começado assim, de evidente. Contra que aí estava com o fígado em más margens; pensava, pensava. Cabismeditado. Do que, se resolveu. Levantou as feições. Se é que se riu: aquela crueldade de dentes. Encarar, não me encarava, só se fito à meia esguelha. Latejava-lhe um orgulho indeciso. Redigiu seu monologar. O que frouxo falava: de outras, diversas pessoas e coisas, da Serra, do São Ão, travados assuntos, insequentes, como dificultação. A conversa era para teias de aranha. Eu tinha de entender-lhe as mínimas entonações, seguir seus propósitos e silêncios. Assim no fechar-se com o jogo, sonso, no me iludir, ele enigmava. E, pá:

— "Vosmecê agora me faça a boa obra de me ensinar o que é mesmo que é: fasmisgerado... faz-me-gerado... falmisgeraldo... familhas-gerado...?

(ROSA, J. G. *Primeiras estórias*. Rio de Janeiro: Nova Fronteira, 1988.)

A linguagem peculiar é um dos aspectos que conferem a Guimarães Rosa um lugar de destaque na literatura brasileira. No fragmento lido, a tensão entre a personagem e o narrador se estabelece porque

a) o narrador se cala, pensa e monologa, tentando assim evitar a perigosa pergunta de seu interlocutor.

b) o sertanejo emprega um discurso cifrado, com enigmas, como se vê em "a conversa era para teias de aranha".

c) entre os dois homens cria-se uma comunicação impossível, decorrente de suas diferenças socioculturais.

d) a fala do sertanejo é interrompida pelo gesto de impaciência do narrador, decidido a mudar o assunto da conversa.

e) a palavra desconhecida adquire o poder de gerar conflito e separar as personagens em planos incomunicáveis.

7 (ENEM)

Antiode

Poesia, não será esse
o sentido em que
ainda te escrevo:
flor! (Te escrevo:

flor! Não uma
flor, nem aquela
flor-virtude – em
disfarçados urinóis).

Flor é a palavra
flor, verso inscrito
no verso, como as
manhãs no tempo.

Flor é o salto
da ave para o voo;
o salto fora do sono
quando seu tecido

se rompe; é uma explosão
posta a funcionar,
como uma máquina,
uma jarra de flores.

(Melo Neto, J. C. **Psicologia da composição**. RJ: Nova Fronteira, 1997 (fragmento).)

A poesia é marcada pela recriação do objeto por meio da linguagem, sem necessariamente explicá-lo. Nesse fragmento de João Cabral de Melo Neto, poeta da geração de 1945, o sujeito lírico propõe a recriação poética de

a) uma palavra, a partir de imagens com as quais ela pode ser comparada, a fim de assumir novos significados.

b) um urinol, em referência às artes visuais ligadas às vanguardas do início do século XX.

c) uma ave, que compõe, com seus movimentos, uma imagem historicamente ligada à palavra poética.

d) uma máquina, levando em consideração a relevância do discurso técnico-científico pós-Revolução Industrial.

e) um tecido, visto que sua composição depende de elementos intrínsecos ao eu lírico.

8 (FUVEST-SP)

Sarapalha — Ô calorão, Primo!... E que dor de cabeça excomungada! — É um instantinho e passa... É só ter paciência... — É... passa... passa... passa... Passam umas mulheres vestidas de cor de água, sem olhos na cara, para não terem de olhar a gente... Só ela é que não passa, Primo Argemiro!... E eu já estou cansado de procurar, no meio das outras... Não vem!... Foi, rio abaixo, com o outro... Foram p'r'os infernos!... — Não foi, Primo Ribeiro. Não foram pelo rio... Foi trem-de-ferro que levou... — Não foi no rio, eu sei... No rio ninguém não anda... Só a maleita é quem sobe e desce, olhando seus mosquitinhos e pondo neles a benção... Mas, na estória... Como é mesmo a estória, Primo? Como é?... — O senhor bem que sabe, Primo... Tem paciência, que não é bom variar... — Mas, a estória, Primo!... Como é?... Conta outra vez... — O senhor já sabe as palavras todas de cabeça... "Foi o moço-bonito que apareceu, vestido com roupa de dia-de-domingo e com a viola enfeitada de fitas... E chamou a moça p'ra ir se fugir com ele"... — Espera, Primo, elas estão passando... Vão umas atrás das outras... Cada qual mais bonita... Mas eu não quero, nenhuma!... Quero só ela... Luísa... — Prima Luísa... — Espera um pouco, deixa ver se eu vejo... Me ajuda, Primo! Me ajuda a ver... — Não é nada, Primo Ribeiro... Deixa disso! — Não é mesmo não... — Pois então?! — Conta o resto da estória!... — ..."Então, a moça, que não sabia que o moço-bonito era o capeta, ajuntou suas roupinhas melhores numa trouxa, e foi com ele na canoa, descendo o rio..."

(Guimarães Rosa, *Sagarana*.)

No texto de Sarapalha, constitui exemplo de personificação o seguinte trecho:

a) "No rio ninguém não anda".

b) "só a maleita é quem sobe e desce".

c) "O senhor já sabe as palavras todas de cabeça".

d) "e com a viola enfeitada de fitas".

e) "ajuntou suas roupinhas melhores numa trouxa".

9 (UFU-MG) Leia o fragmento a seguir, extraído da narrativa "Amor", de Clarice Lispector.

Sua precaução reduzia-se a tomar cuidado na hora perigosa da tarde, quando a casa estava vazia sem precisar mais dela, o sol alto, cada membro da família distribuído nas suas funções. Olhando os móveis limpos, seu coração se apertava um pouco em espanto. Mas na sua vida não havia lugar para que sentisse ternura pelo seu espanto – ela o abafava com a mesma habilidade que as lides em casa lhe haviam transmitido. Saía então para fazer compras ou levar objetos para consertar, cuidando do lar e da família à revelia deles. Quando voltasse era o fim da tarde e as crianças vindas do colégio exigiam-na. Assim chegaria a noite, com sua tranquila vibração. De manhã acordaria aureolada pelos calmos deveres. Encontrava os móveis de novo empoeirados e sujos, como se voltassem arrependidos. Quanto a ela mesma, fazia obscuramente parte das raízes negras e suaves do mundo. E alimentava anonimamente a vida. Estava bom assim. Assim ela o quisera e escolhera.

Marque a alternativa que NÃO condiz com a leitura da narrativa.

a) A existência da personagem Ana corresponde à consciência do oculto e do relativo do ser. O grande perigo é a percepção do cotidiano vazio à sua volta.

b) Ana "alimentava anonimamente a vida" ao imprimir no seu dia a dia uma percepção profunda e positiva de si mesma.

c) Ana se agarrava aos objetos, às tarefas e aos deveres para afogar seu desejo de viver e de encontrar um mundo que poderia lhe trazer prazer e, ao mesmo tempo, sofrimento.

d) A frase "Sua precaução reduzia-se a tomar cuidado na hora perigosa da tarde" configura-se como uma tensão que é recorrente nos enredos clariceanos.

10 (ENEM)

Receita

Tome-se um poeta não cansado,
Uma nuvem de sonho e uma flor,
Três gotas de tristeza, um tom dourado,
Uma veia sangrando de pavor.
Quando a massa já ferve e se retorce
Deita-se a luz dum corpo de mulher,
Duma pitada de morte se reforce,
Que um amor de poeta assim requer.

SARAMAGO, J. **Os poemas possíveis**. Alfragide: Caminho, 1997.

Os gêneros textuais caracterizam-se por serem relativamente estáveis e podem reconfigurar-se em função do propósito comunicativo. Esse texto constitui uma mescla de gêneros, pois

a) introduz procedimentos prescritivos na composição do poema.

b) explicita as etapas essenciais à preparação de uma receita.

c) explora elementos temáticos presentes em uma receita.

d) apresenta organização estrutural típica de um poema.

e) utiliza linguagem figurada na construção do poema.

1 Linguagem, comunicação e interação

1 (ENEM)

Texto I

A língua ticuna é o idioma mais falado entre os indígenas brasileiros. De acordo com o pesquisador Aryon Rodrigues, há 40 mil índios que falam o idioma. A maioria mora ao longo do Rio Solimões, no Alto Amazonas. É a maior nação indígena do Brasil, sendo também encontrada no Peru e na Colômbia. Os ticunas falam uma língua considerada isolada, que não mantém semelhança com nenhuma outra língua indígena e apresenta complexidades em sua fonologia e sintaxe. Sua característica principal é o uso de diferentes alturas na voz.

O uso intensivo da língua não chega a ser ameaçado pela proximidade de cidades ou mesmo pela convivência com falantes de outras línguas no interior da própria área ticuna: nas aldeias, esses outros falantes são minoritários e acabam por se submeter à realidade ticuna, razão pela qual, talvez, não representem uma ameaça linguística.

Língua Portuguesa, n. 52, fev. 2010 (adaptado)

Texto II

Riqueza da língua

"O inglês está destinado a ser uma língua mundial em sentido mais amplo do que o latim foi na era passada e o francês é na presente", dizia o presidente americano John Adams no século XVIII. A profecia se cumpriu, o inglês é hoje a língua franca da globalização. No extremo oposto da economia linguística mundial, estão as línguas de pequenas comunidades declinantes. Calcula-se que hoje se falem de 6 000 a 7 000 línguas no mundo todo. Quase metade delas deve desaparecer nos próximos 100 anos, A última edição do Ethnologue — o mais abrangente estudo sobre as línguas mundiais —, de 2005, listava 516 línguas em risco de extinção.

Veja, n. 36, set 2007 (adaptado).

Os textos tratam de línguas de culturas completamente diferentes, cujas realidades se aproximam em função do(a)

a) Semelhança no modo de expansão.

b) Preferência de uso na modalidade falada.

c) Modo de organização das regras sintáticas.

d) Predomínio em relação às outras línguas de contato.

e) Fato de motivarem o desaparecimento de línguas minoritárias.

Resolução comentada

Os textos tematizam duas línguas de culturas diferentes, as quais conseguem predominar sobre as demais com as quais mantêm contato. Assim, a alternativa correta é a *d*, pois afirma a predominância dessas línguas em relação às outras línguas de contato.

2 (ENEM)

A língua tupi no Brasil

Há 300 anos, morar na vila de São Paulo de Piratininga (peixe seco, em tupi) era quase sinônimo de falar língua de índio. Em cada cinco habitantes da cidade, só dois conheciam o português. Por isso, em 1698, o governador da província, Artur de Sá e Meneses, implorou a Portugal que só mandasse padres que soubessem "a língua geral dos índios", pois "aquela gente não se explica em outro idioma".

Derivado do dialeto de São Vicente, o tupi de São Paulo se desenvolveu e se espalhou no século XVII, graças ao isolamento geográfico da cidade e à atividade pouco cristã dos mamelucos paulistas: as bandeiras, expedições ao Sertão em busca de escravos índios. Muitos bandeirantes nem sequer falavam o português ou se expressavam mal. Domingos Jorge Velho, o paulista que destruiu o Quilombo dos Palmares em 1694, foi descrito pelo bispo de Pernambuco como "um bárbaro que nem falar sabe". Em suas andanças, essa gente batizou lugares como Avanhandava (lugar onde o índio corre), Pindamonhangaba (lugar de fazer anzol) e Itu (cachoeira). E acabou inventando uma nova língua.

"Os escravos dos bandeirantes vinham de mais de 100 tribos diferentes", conta o historiador e antropólogo John Monteiro, da Universidade Estadual de Campinas. "Isso mudou o tupi paulista, que, além da influência do português, ainda recebia palavras de outros idiomas." O resultado da mistura ficou conhecido como língua geral do sul, uma espécie de tupi facilitado.

ÂNGELO, C. Disponível em: <http://super.abril.com.br>. Acesso em: 8 ago. 2012. (Adaptado).

O texto trata de aspectos sócio-históricos da formação linguística nacional. Quanto ao papel do tupi na formação do português brasileiro, depreende-se que essa língua indígena

a) contribuiu efetivamente para o léxico, com nomes relativos aos traços característicos dos lugares designados.

b) originou o português falado em São Paulo no século XVII, em cuja base gramatical também está a fala de variadas etnias indígenas.

c) desenvolveu-se sob influência dos trabalhos de catequese dos padres portugueses, vindos de Lisboa.

d) misturou-se aos falares africanos, em razão das interações entre portugueses e negros nas investidas contra o Quilombo dos Palmares.

e) expandiu-se paralelamente ao português falado pelo colonizador, e juntos originaram a língua dos bandeirantes paulistas

3 (UFRJ-RJ)

Mama África, / a minha mãe é mãe solteira / e tem que fazer / mamadeira todo dia / além de trabalhar / como empacotadeira / nas Casas Bahia / (...) /

Mama África tem tanto o que fazer / além de cuidar neném / além de fazer denguim / filhinho tem que entender / mama África vai e vem / mas não se afasta de você / (...) /

Quando mama sai de casa / seus filhos se olodunzam / rola o maior jazz / mama tem calo nos pés / mama precisa de paz / mama não quer brincar mais / filhinho dá um tempo / é tanto contratempo / no ritmo de vida / de mama /

Deve ser legal / ser negão no Senegal / deve ser legal / ser negão no Senegal / deve ser legal / ser negão no Senegal / Mama África / a minha mãe / a minha mãe

Chico César.

Mama África, Chico César (1995).

Em relação aos versos finais da canção Mama África — "Deve ser legal / ser negão no Senegal" —, destaca-se a forma inovadora e imprevista utilizada pelo compositor paraibano para elaborar e transmitir sua mensagem. Chico César faz o uso talentoso de combinações sonoras e rítmicas, que resultam num jogo envolvente de imagens e ideias. Por essa razão, é correto afirmar que a função da linguagem que predomina nesses versos é a função:

a) metalinguística.

b) conativa.

c) referencial.

d) poética.

e) emotiva.

2 Texto e discurso – Intertexto e interdiscurso

1 (ENEM)

Texto I

Ditado popular é uma frase sentenciosa, concisa, de verdade comprovada, baseada na secular experiência do povo, exposta de forma poética, contendo uma norma de conduta ou qualquer outro ensinamento.

WEITZEL, A. H. **Folclore literário e linguístico.**
Juiz de Fora: Esdeva, 1984 (fragmento).

Texto II

Rindo brincalhona, dando-lhe tapinhas nas costas, prima Constança disse isto, dorme no assunto, ouça o travesseiro, não tem melhor conselheiro. Enquanto prima Biela dormia no assunto, toda a casa se alvoroçava. [Prima Constança] ia rezar, pedir a Deus para iluminar prima Biela. Mas ia também tomar suas providências. Casamento e mortalha, no céu se talha. Deus escreve direito por linhas tortas. O que for soará. Dizia os ditados todos, procurando interpretar os desígnios de Deus, transformar os seus desejos nos desígnios de Deus. Se achava um instrumento de Deus.

DOURADO, A. **Uma vida em segredo.**
Rio de Janeiro: Francisco Alves, 1990 (fragmento).

O uso que prima Constança faz dos ditados populares, no Texto II, constitui uma maneira de utilizar o tipo de saber definido no Texto I, porque

a) cita-os pela força do hábito.

b) aceita-os como verdade absoluta.

c) aciona-os para justificar suas ações.

d) toma-os para solucionar um problema.

e) considera-os como uma orientação divina.

Resolução comentada

A penúltima linha do texto II traz a informação de que prima Constança iria "[...] transformar os seus desejos nos desígnios de Deus. Se achava um instrumento de Deus.", ou seja, sendo os ditados populares considerados, conforme atesta o texto I, sentenças baseadas na experiência secular do povo, assumindo um caráter de verdade comprovada, a personagem os aciona para justificar suas ações, para legitimá-las utilizando o argumento de que sua conduta seria motivada pela verdade e pela convicção de que ela seria um instrumento de Deus.

2 (ENEM) Quem não passou pela experiência de estar lendo um texto e defrontar-se com passagens lidas em outros? Os textos conversam entre si em um diálogo constante. Esse fenômeno tem a denominação de intertextualidade. Leia os seguintes textos:

Texto 1

Quando nasci, um anjo torto
Desses que vivem na sombra
Disse: Vai, Carlos! Ser "gauche na vida"

ANDRADE, Carlos Drummond de. *Alguma poesia.*
Rio de Janeiro: Aguilar, 1964.

Texto 2

Quando nasci veio um anjo safado
O chato dum querubim
E decretou que eu tava predestinado
A ser errado assim
Já de saída a minha estrada entortou
Mas vou até o fim.

BUARQUE, Chico. *Letra e música*.
São Paulo: Companhia das Letras, 1989.

Texto 3

Quando nasci um anjo esbelto
Desses que tocam trombeta, anunciou:
Vai carregar bandeira.
Carga muito pesada pra mulher
Essa espécie ainda envergonhada.

PRADO, Adélia. *Bagagem*.
Rio de Janeiro: Guanabara, 1986.

Adélia Prado e Chico Buarque estabelecem intertextualidade em relação a Carlos Drummond de Andrade por:

a) reiteração de imagens
b) oposição de ideias
c) falta de criatividade
d) negação dos versos
e) ausência de recursos

3 (ENEM)

Desabafo

Desculpem-me, mas não dá pra fazer uma cronicazinha divertida hoje. Simplesmente não dá. Não tem como disfarçar: esta é uma típica manhã de segunda-feira. A começar pela luz acesa da sala que esqueci ontem à noite. Seis recados para serem respondidos na secretária eletrônica. Recados chatos. Contas para pagar que venceram ontem. Estou nervoso. Estou zangado.

CARNEIRO, J. E. **Veja**, 11 set. 2002 (fragmento)

Nos textos em geral, é comum a manifestação simultânea de várias funções da linguagem, com o predomínio, entretanto, de uma sobre as outras. No fragmento da crônica *Desabafo*, a função da linguagem predominante é a emotiva ou expressiva, pois

a) o discurso do enunciador tem como foco o próprio código.
b) a atitude do enunciador se sobrepõe àquilo que está sendo dito.
c) o interlocutor é o foco do enunciador na construção da mensagem.
d) o referente é o elemento que se sobressai em detrimento dos demais.
e) o enunciador tem como objetivo principal a manutenção da comunicação.

3 As variedades linguísticas

1 (ENEM)

Zé Araújo começou a cantar num tom triste, dizendo aos curiosos que começaram a chegar que uma mulher tinha se ajoelhado aos pés da santa cruz e jurado em nome de Jesus um grande amor, mas jurou e não cumpriu, fingiu e me enganou, pra mim você mentiu, pra Deus você pecou, o coração tem razões que a própria razão desconhece, faz promessas e juras, depois esquece.

O caboclo estava triste e inspirado. Depois dessa canção que arrepiou os cabelos da Neusa, emendou com uma valsa mais arretada ainda, cheia de palavras difíceis, mas bonita que só a gota serena. Era a história de uma boneca encantadora vista numa vitrine de cristal sobre o soberbo pedestal. Zé Araújo fechava os olhos e soltava a voz:

Seus cabelos tinham a cor/ Do sol a irradiar/ Fulvos raios de amor/ Seus olhos eram circúnvagos/ Do romantismo azul dos lagos/ Mãos liriais, uns braços divinais,/ Um corpo alvo sem par/ E os pés muito pequenos./ Enfim eu vi nesta boneca/ Uma perfeita Vênus.

CASTRO, N. L. *As pelejas de Ojuara: o homem que desafiou o diabo.* São Paulo: Arx, 2006 (adaptado).

O comentário do narrador do romance "[...] emendou com uma valsa mais arretada ainda, cheia de palavras difíceis, mas bonita que só a gota serena" relaciona-se ao fato de que essa valsa é representativa de uma variedade linguística

a) detentora de grande prestígio social.

b) específica da modalidade oral da língua.

c) previsível para o contexto social da narrativa.

d) constituída de construções sintáticas complexas.

e) valorizadora do conteúdo em detrimento da forma.

Resolução comentada

O narrador menciona que a valsa é "cheia de palavras difíceis", revelando uma admiração por uma variedade que não é a dele, mas um modo de falar de prestígio. Assim, a alternativa correta é a *a*, pois os versos citados da valsa representam uma variedade que detém grande prestígio social.

2 (ENEM)

Naquela manhã de céu limpo e ar leve, devido à chuva torrencial da noite anterior, saí a caminhar com o sol ainda escondido para tomar tenência dos primeiros movimentos da vida na roça. Num demorou nem um tiquinho e o cheiro intenso do café passado por Dona Linda me invadiu as narinas e fez a fome se acordar daquela rema letárgica derivada da longa noite de sono. Levei as mãos até a água que corria pela bica feita de bambu e o contato gelado foi de arrepiar. Mas fui em frente e levei as mãos em concha até o rosto. Com o impacto, recuei e me faltou o fôlego por alguns instantes, mas o despertar foi imediato. Já aceso, entrei na cozinha na buscação de derrubar a fome e me acercar do aconchego do calor do fogão à lenha. Foi quando dei reparo da figura esguia e discreta de uma senhora acompanhada de um garoto aparentando uns cinco anos de idade já aboletada na ponta da mesa em proseio íntimo com a dona da casa. Depois de um vigoroso "Bom dia!", de um vaporoso aperto de mãos nas apresentações de praxe, fiquei sabendo que Dona Flor de Maio levava o filho Adão para tratamento das feridas que pipocavam por seu corpo, provocando pequenas pústulas de bordas avermelhadas.

GUIÃO, M. Disponível em: www.revistaecologico.com.br. Acesso em: 10 mar. 2014 (adaptado).

A variedade linguística da narrativa é adequada à descrição dos fatos. Por isso, a escolha de determinadas palavras e expressões usadas no texto está a serviço da

a) localização dos eventos de fala no tempo ficcional.

b) composição da verossimilhança do ambiente retratado.

c) restrição do papel do narrador à observação das cenas relatadas.

d) construção mística das personagens femininas pelo autor do texto.

e) caracterização das preferências linguísticas da personagem masculina.

3 (UNICAMP-SP) No dia 21 de setembro de 2015, Sérgio Rodrigues, crítico literário, comentou que apontar um erro de português no título do filme *Que horas ela volta?* "revela visão curta sobre como a língua funciona". E justifica:

"O título do filme, tirado da fala de um personagem, está em registro coloquial. *Que ano você nasceu? Que série você estuda?* e frases do gênero são familiares a todos os brasileiros, mesmo com alto grau de escolaridade. Será preciso reafirmar a esta altura do século 21 que obras de arte têm liberdade para *transgressões* muito maiores?

Pretender que uma obra de ficção tenha o mesmo grau de formalidade de um editorial de jornal ou relatório de firma revela um jeito autoritário de compreender o funcionamento não só da língua, mas da arte também."

(Adaptado do blog Melhor Dizendo. Post completo disponível em http://www.melhordizendo.com/a-que-horas-ela-volta-em-que-ano-estamos-mesmo/. Acessado em 08/06/2016.)

Entre os excertos de estudiosos da linguagem reproduzidos a seguir, assinale aquele que corrobora os comentários do post.

a) Numa sociedade estruturada de maneira complexa, a linguagem de um dado grupo social reflete-o tão bem como suas outras formas de comportamento.

(Mattoso Câmara Jr., 1975, p. 10.)

b) A linguagem exigida, especialmente nas aulas de língua portuguesa, corresponde a um modelo próprio das classes dominantes e das categorias sociais a elas vinculadas.

(Camacho, 1985, p. 4.)

c) Não existe nenhuma justificativa ética, política, pedagógica ou científica para continuar condenando como erros os usos linguísticos que estão firmados no português brasileiro.

(Bagno, 2007, p. 161.)

d) Aquele que aprendeu a refletir sobre a linguagem é capaz de compreender uma gramática — que nada mais é do que o resultado de uma (longa) reflexão sobre a língua.

(Geraldi, 1996, p. 64.)

Os excertos são adaptados de textos dos autores referenciados abaixo:

BAGNO, Marcos. *Nada na língua é por acaso*: por uma pedagogia da variação linguística. São Paulo: Editorial, 2007.

CAMACHO, Roberto Gomes. *O sistema escolar e o ensino da língua portuguesa*. São Paulo: Alfa, 29, p. 1-7, 1985.

GERALDI, João Wanderley. *Linguagem e ensino*: exercícios de militância e divulgação. Campinas: Mercado das Letras; Associação de Leitura do Brasil, 1996.

MATTOSO CÂMARA JR., Joaquim. *História da Linguística*. Petrópolis, Rio de Janeiro: Vozes, 1975.

4 Estrutura e formação de palavras

1 (UFRGS-RS)

A notícia saiu no *The Wall Street Journal*: a "ansiedade [1]superou a depressão como problema [2]de saúde mental predominante nos EUA". Para justificar o absurdo, o autor da matéria recorre a [3]um psicoterapeuta e a um [4]sociólogo. O primeiro descreve "ansiedade como [5]condição dos privilegiados" que, livres de ameaças reais, se dão ao luxo de "olhar para dentro" e criar medos irracionais; o segundo diz que "vivemos na era mais segura da humanidade" e, no entanto, "desperdiçamos bilhões de dólares [6]em medos bem mais ampliados do que seria [7]justificável". Sem meias palavras, [8]os peritos dizem algo mais ou menos assim: os americanos estão nadando em [9]riqueza e, como não têm do que se queixar, adquiriram o costume neurótico [10]de [11]desentocar medos [12]irracionais para projetá-los no [13]admirável mundo novo ao redor.

A explicação impressiona pela ingenuidade ou pela má-fé. Ninguém contrai o [14]"Mau hábito" [15]de olhar para [16]dentro de si do dia para a noite. A obsessão consigo não é um efeito colateral [17]do modo de vida atual; é um dos seus mais [18]indispensáveis ingredientes. O crescimento exagerado do interesse pelo "mundo interno" e pelo [19]corpo é a [20]contrapartida do desinteresse ou hostilidade pelo "mundo externo" e pelos outros. Diz o [21]catecismo: só confie em seu corpo e sua mente. [22]O resto é [23]concorrente; o resto está sempre cobiçando e disputando seu emprego, seu sucesso, seu patrimônio e sua saúde. Sentir medo e ansiedade, em condições semelhantes, é um estado emocional perfeitamente racional e inteligível.

Em bom português, sentir-se condenado a [24]jamais ter repouso físico ou [25]mental, sob pena de perder a saúde, a [26]longevidade, a forma física, o desempenho [27]sexual, o emprego, a casa, a segurança na velhice, pode ser um inferno em vida para os pobres ou para os ricos. Os [28]candidatos à ansiedade são, assim, bem mais numerosos e bem menos ociosos do que pensam o [29]psicoterapeuta e o sociólogo.

(Adaptado de: COSTA, J.F. A ansiedade da opulência. *Folha de São Paulo*, 19 de março de 2000.)

Abaixo são feitas três afirmações sobre a formação de palavras do texto.

I. As palavras "justificável" (ref. 7) e "admirável" (ref. 13) são adjetivos formados a partir de verbos.

II. As palavras "irracionais" (ref. 12) e "indispensáveis" (ref. 18) apresentam o mesmo prefixo.

III. Nas palavras "mental" (ref. 25) e "sexual" (ref. 27), o sufixo utilizado forma adjetivos a partir de substantivos.

Quais estão corretas?

a) Apenas I.

b) Apenas II.

c) Apenas I e III.

d) Apenas II e III.

e) I, II e III.

2 (UERJ-RJ)

O futuro era lindo

A informação seria livre. Todo o saber do mundo seria compartilhado, bem como a música, o cinema, a literatura e a ciência. O custo seria zero. O espaço seria infinito. A velocidade, estonteante. A solidariedade e a colaboração seriam os valores supremos. A criatividade, o único poder verdadeiro. O bem triunfaria sobre os males do capitalismo. O sistema de representação se tornaria obsoleto. Todos os seres humanos teriam oportunidades iguais em qualquer lugar do planeta. Todos seriam empreendedores e inventivos. Todos poderiam se expressar livremente. Censura, nunca mais. As fronteiras deixariam de existir. As distâncias se tornariam irrelevantes. O inimaginável seria possível. O sonho, qualquer sonho, poderia se tornar realidade.

Livre, grátis, inovador, coletivo, palavras-chave do novo mundo que a internet inaugurou. Por anos esquecemos que a internet foi uma invenção militar, criada para manter o poder de quem já o tinha. Por anos fingimos que transformar produtos físicos em produtos virtuais era algo ecologicamente correto, esquecendo que a fabricação de computadores e celulares, com a obsolescência embutida em seu DNA, demanda o consumo de quantidades vexatórias de combustíveis fósseis, de produtos químicos e de água, sem falar no volume assombroso de lixo não reciclado em que resultam, incluindo lixo tóxico.

Ninguém imaginou que o poder e o dinheiro se tornariam tão concentrados em megahipercorporações norte-americanas como o Google, que iriam destruir para sempre tantas indústrias e atividades em tão pouco tempo. Ninguém previu que os mesmos Estados Unidos, graças às maravilhas da internet sempre tão aberta e juvenil, se consolidariam como os maiores espiões do mundo, humilhando potências como a Alemanha e também o Brasil, impondo os métodos de sua inteligência militar sobre a população mundial, e guiando ao arrepio da justiça os bebês engenheiros nota dez em matemática mas ignorantes completos em matéria de ética, política e em boas maneiras.

Ninguém previu a febre das notícias inventadas, a civilização de perfis falsos, as enxurradas de vírus, os arrastões de números de cartão de crédito, a empulhação dos resultados numéricos falseados por robôs ou gerados por trabalhadores mal pagos em países do terceiro mundo, o fim da privacidade, o terrorismo eletrônico, inclusive de Estado.

Marion Strecker, adaptado de *Folha de São Paulo*, 29/07/2014.

O termo **megahipercorporações** é formado por um processo que enfatiza o tamanho e o poder das corporações econômicas atuais. Essa ênfase é produzida pelo emprego de:

a) sufixos de caráter aumentativo

b) prefixos com sentido semelhante

c) radicais de combinação obrigatória

d) desinências de significado específico

3 (UNICAMP-SP) Os textos abaixo foram retirados da coluna "Caras e bocas", do Caderno Aliás, do jornal *O Estado de São Paulo*:

"A intenção é **salvar** o Brasil." Ana Paula Logulho, professora e entusiasta da segunda "Marcha da Família com Deus pela Liberdade", que pede uma intervenção militar no país e pretendeu reeditar, no sábado, a passeata de 19 de março de 1964, na capital paulista, contra o governo do Presidente João Goulart.

"Será um evento **esculhambativo** em homenagem ao outro de São Paulo." José Caldas, organizador da "Marcha com Deus e o Diabo na Terra do Sol", convocada pelo Facebook para o mesmo dia, no Rio de Janeiro.

O Estado de São Paulo, 23/03/2014, Caderno Aliás, E4. Negritos presentes no original.

a) Descreva o processo de formação de palavras envolvido em "esculhambativo", apontando o tipo de transformação ocorrida no vocábulo.

b) Discorra sobre a diferença entre as expressões "evento esculhambado" e "evento esculhambativo", considerando as relações de sentido existentes entre os dois textos acima.

Disponível em: http://www.comvest.unicamp.br/vest2015/F2/provas/redport.pdf.

Resolução comentada

a) Trata-se de uma derivação sufixal: *esculhambativo* é uma palavra formada pelo acréscimo de um sufixo (-ivo) ao verbo *esculhambar*.

b) Apesar de derivarem do mesmo verbo (esculhambar), os adjetivos mencionados diferem quanto ao significado. Evento *esculhambado* é sinônimo de desorganizado, desmoralizado; já evento *esculhambativo* é aquele que desmoraliza, satiriza (o evento anterior).

4 (ENEM)

Devemos dar apoio emocional específico, trabalhando o sentimento de culpa que as mães têm de infectar o filho. O principal problema que vivenciamos é quanto ao aleitamento materno. Além do sentimento muito forte manifestado pelas gestantes de amamentar seus filhos, existem as cobranças da família, que exige explicações pela recusa em amamentar, sem falar nas companheiras na maternidade que estão amamentando. Esses conflitos constituem nosso maior desafio. Assim, criamos a técnica de mamadeirar. O que é isso? É substituir o seio materno por amor, oferecendo a mamadeira, e não o peito!

PADOIN, S. M. M. et al. (Org.) *Experiências interdisciplinares em Aids: interfaces de uma epidemia.* Santa Maria: UFSM, 2006 (adaptado).

O texto é o relato de uma enfermeira no cuidado de gestantes e mães soropositivas. Nesse relato, em meio ao drama de mães que não devem amamentar seus recém-nascidos, observa-se um recurso da língua portuguesa, presente no uso da palavra "mamadeirar", que consiste

a) na manifestação do preconceito linguístico.

b) na recorrência a um neologismo.

c) no registro coloquial da linguagem.

d) na expressividade da ambiguidade lexical.

e) na contribuição da justaposição na formação de palavras.

5 (UNIFESP-SP) Leia um trecho do artigo "Reflexões sobre o tempo e a origem do Universo", do físico brasileiro Marcelo Gleiser, para responder à questão.

Qualquer discussão sobre o tempo deve começar com uma análise de sua estrutura, que, por falta de melhor expressão, devemos chamar de "temporal". É comum dividirmos o tempo em passado, presente e futuro. O passado é o que vem antes do presente e o futuro é o que vem depois. Já o presente é o "agora", o instante atual.

Isso tudo parece bastante óbvio, mas não é. Para definirmos passado e futuro, precisamos definir o presente. Mas, segundo nossa separação estrutural, o presente não pode ter duração no tempo, pois nesse caso poderíamos definir um período no seu passado e no seu futuro. Portanto, para sermos coerentes em nossas definições, o presente não pode ter duração no tempo. Ou seja, o presente não existe!

A discussão acima nos leva a outra questão, a da origem do tempo. Se o tempo teve uma origem, então existiu um momento no passado em que ele passou a existir. Segundo nossas modernas teorias cosmogônicas, que visam explicar a origem do Universo, esse momento especial é o momento da origem do Universo "clássico". A expressão "clássico" é usada em contraste com "quântico", a área da física que lida com fenômenos atômicos e subatômicos.

[...]

As descobertas de Einstein mudaram profundamente nossa concepção do tempo. Em sua teoria da relatividade geral, ele mostrou que a presença de massa (ou de energia) também influencia a passagem do tempo, embora esse efeito seja irrelevante em nosso dia a dia. O tempo relativístico adquire uma plasticidade definida pela realidade física à sua volta. A coisa se complica quando usamos a relatividade geral para descrever a origem do Universo.

(*Folha de S. Paulo*, 07.06.1998.)

O processo de formação de palavras verificado em "estrutural" (2º parágrafo) também está presente em

a) "futuro" (1º parágrafo).

b) "portanto" (2º parágrafo).

c) "momento" (3º parágrafo).

d) "plasticidade" (4º parágrafo).

e) "origem" (3º parágrafo).

5 Concordância nominal e verbal

1 (FUVEST-SP)

Desde pequeno, tive tendência para personificar as coisas. Tia Tula, que achava que mormaço fazia mal, sempre gritava: "Vem pra dentro, menino, olha o mormaço!" Mas eu ouvia o mormaço com M maiúsculo. Mormaço, para mim, era um velho que pegava crianças! Ia pra dentro logo. E ainda hoje, quando leio que alguém se viu perseguido pelo clamor público, vejo com estes olhos o Sr. Clamor Público, magro, arquejante, de preto, brandindo um guarda-chuva, com um gogó protuberante que se abaixa e levanta no excitamento da perseguição. E já estava devidamente grandezinho, pois devia contar uns trinta anos, quando me fui, com um grupo de colegas, a ver o lançamento da pedra fundamental da ponte Uruguaiana-Libres, ocasião de grandes solenidades, com os presidentes Justo e Getúlio, e gente muita, tanto assim que fomos alojados os do meu grupo num casarão que creio fosse a Prefeitura, com os demais jornalistas do Brasil e Argentina. Era como um alojamento de quartel, com breve espaço entre as camas e todas as portas e janelas abertas, tudo com os alegres incômodos e duvidosos encantos de uma coletividade democrática. Pois lá pelas tantas da noite, como eu pressentisse, em meu entredormir, um vulto junto à minha cama, sentei-me estremunhado e olhei atônito para um tipo de chiru, ali parado, de bigodes caídos, pala pendente e chapéu descido sobre os olhos. Diante da minha muda interrogação, ele resolveu explicar-se, com a devida calma:

— Pois é! Não vê que eu sou o sereno...

Mário Quintana, *As cem melhores crônicas brasileiras*.

chiru: que ou aquele que tem pele morena, traços acaboclados (regionalismo: Sul do Brasil).

estremunhado: mal acordado.

Considerando que "silepse é a concordância que se faz não com a forma gramatical das palavras, mas com seu sentido, com a ideia que elas representam", indique o fragmento em que essa figura de linguagem se manifesta.

a) "olha o mormaço".

b) "pois devia contar uns trinta anos".

c) "fomos alojados os do meu grupo".

d) "com os demais jornalistas do Brasil".

e) "pala pendente e chapéu descido sobre os olhos".

Resolução comentada

Mário Quintana expõe, em seu texto, impressões sobre personificações que fez em sua vida, como a do Mormaço, a do Clamor Público e a do Sereno. Ao narrar uma solenidade em que esteve presente, relata que foi alojado com pessoas do seu grupo. Assim, o autor se inclui no grupo e utiliza a construção "fomos alojados os do meu grupo", considerando a ideia de estar no grupo. Essa é a razão por que utiliza a 1ª pessoa do plural e não a 3ª pessoa do plural, como era de esperar (foram alojados os do meu grupo).

2 (ENEM)

A substituição do haver por ter em construções existenciais, no português do Brasil, corresponde a um dos processos mais característicos da história da língua portuguesa, paralelo ao que já ocorrera em relação à ampliação do domínio de ter na área semântica de "posse", no final da fase arcaica. Mattos e Silva (2001:136) analisa as vitórias de ter sobre haver e discute a emergência de ter existencial, tomando por base a obra pedagógica de João de Barros. Em textos escritos nos anos quarenta e cinquenta do século XVI, encontram-se evidências, embora raras, tanto de ter "existencial", não mencionado pelos clássicos estudos de sintaxe histórica, quanto de haver como verbo existencial com concordância, lembrado por Ivo Castro, e anotado como "novidade" no século XVIII por Said Ali.

Como se vê, nada é categórico e um purismo estreito só revela um conhecimento deficiente da língua. Há mais perguntas que respostas. Pode-se conceber uma norma única e prescritiva? É válido confundir o bom uso e a norma da própria língua e dessa forma fazer uma avaliação crítica e hierarquizante de outros usos e, através deles, dos usuários? Substitui-se uma norma por outra?

CALLOU, D. A propósito de norma, correção e preconceito linguístico: do presente para o passado. In: *Cadernos de Letras da UFF*, n. 36, 2008. Disponível em: www.uff.br. Acesso em: 26 fev. 2012 (adaptado).

Para a autora, a substituição de "haver" por "ter" em diferentes contextos evidencia que

a) o estabelecimento de uma norma prescinde de uma pesquisa histórica.

b) os estudos clássicos de sintaxe histórica enfatizam a variação e a mudança na língua.

c) a avaliação crítica e hierarquizante dos usos da língua fundamenta a definição da norma.

d) a adoção de uma única norma revela uma atitude adequada para os estudos linguísticos.

e) os comportamentos puristas são prejudiciais à compreensão da constituição linguística.

3 (UNESP-SP) As questões a seguir focalizam um trecho do Código de Defesa do Consumidor (Lei nº. 8.078 de 11 de setembro de 1990).

Art. 6º São direitos básicos do consumidor:

I. a proteção da vida, saúde e segurança contra os riscos provocados por práticas no fornecimento de produtos e serviços considerados perigosos ou nocivos;

II. a educação e divulgação sobre o consumo adequado dos produtos e serviços, asseguradas a liberdade de escolha e a igualdade nas contratações;

III. a informação adequada e clara sobre os diferentes produtos e serviços, com especificação correta de quantidade, características, composição, qualidade, tributos incidentes e preço, bem como sobre os riscos que apresentem;

IV. a proteção contra a publicidade enganosa e abusiva, métodos comerciais coercitivos ou desleais, bem como contra práticas e cláusulas abusivas ou impostas no fornecimento de produtos e serviços;

V. a modificação das cláusulas contratuais que estabeleçam prestações desproporcionais ou sua revisão em razão de fatos supervenientes que as tornem excessivamente onerosas;

VI. a efetiva prevenção e reparação de danos patrimoniais e morais, individuais, coletivos e difusos;

VII. o acesso aos órgãos judiciários e administrativos com vistas à prevenção ou reparação de danos patrimoniais e morais, individuais, coletivos ou difusos, assegurada a proteção jurídica, administrativa e técnica aos necessitados;

VIII. a facilitação da defesa de seus direitos, inclusive com a inversão do ônus da prova, a seu favor, no processo civil, quando, a critério do juiz, for verossímil a alegação ou quando for ele hipossuficiente, segundo as regras ordinárias de experiências;

IX. a adequada e eficaz prestação dos serviços públicos em geral.

Art. 7º Os direitos previstos neste código não excluem outros decorrentes de tratados ou convenções internacionais de que o Brasil seja signatário, da legislação interna ordinária, de regulamentos expedidos pelas autoridades administrativas competentes, bem como dos que derivem dos princípios gerais do direito, analogia, costumes e equidade.

Parágrafo único. Tendo mais de um autor a ofensa, todos responderão solidariamente pela reparação dos danos previstos nas normas de consumo.

(www.planalto.gov.br)

Nos trechos "**asseguradas** a liberdade de escolha e a igualdade das contratações" (inciso II) e "**assegurada** a proteção jurídica, administrativa e técnica aos necessitados" (inciso VII), a análise das concordâncias dos adjetivos em destaque permite afirmar que

a) apenas a primeira ocorrência está correta.

b) apenas a segunda ocorrência está correta.

c) as duas ocorrências são aceitáveis, mas não corretas.

d) as duas ocorrências estão incorretas.

e) as duas ocorrências estão corretas.

6 A pontuação

1 (FUVEST-SP) Leia o seguinte texto, que trata das diferenças entre fala e escrita:

Talvez ainda mais digno de atenção seja o desaparecimento [na escrita] da mímica e das inflexões ou variações do tom da voz. A sua falta tem de ser suprida por outros recursos.

É, neste sentido, que se torna altamente instrutiva a velha anedota, que nos conta a indignação de um rico fazendeiro ao receber de seu filho um telegrama com a frase singela – "mande-me dinheiro", que ele lia e relia emprestando-lhe um tom rude e imperativo. O bom homem não era tão néscio quanto a anedota dá a entender: estava no direito de exigir da formulação verbal uma qualidade que lhe fizesse sentir a atitude filial de carinho e respeito e de refugar uma frase que, sem a ajuda de gestos e entoação adequada, soa à leitura espontaneamente como ríspida e seca.

J. Mattoso Câmara Jr., *Manual de expressão oral e escrita*. Adaptado.

a) Considerando-se que o verbo da frase do telegrama está no imperativo, se essa mesma frase fosse dita em uma conversa telefônica, haveria possibilidade de o pai entendê-la de modo diferente? Explique.

b) Reescreva a frase do telegrama, acrescentando-lhe, no máximo, três palavras e a pontuação adequada, de modo a atender a exigência do pai, mencionada no texto.

Resolução comentada

É importante perceber que, para representar a fala na escrita, nos valemos dos sinais de pontuação, essenciais para marcar entonações diferentes. Na resposta da letra *b*, notamos que a palavra *pai* é acompanhada da vírgula, para deixar claro que é um vocativo, algo típico da oralidade e presente em diálogos. Como o filho está fazendo um pedido, seria de esperar que, para marcar a gentileza, fizesse o pedido em forma de pergunta. Assim, a expressão *por favor* seria seguida de ponto de interrogação.

2 (ENEM)

Quem procura a essência de um conto no espaço que fica entre a obra e seu autor comete um erro: é muito melhor procurar não no terreno que fica entre o escritor e sua obra, mas justamente no terreno que fica entre o texto e seu leitor.

OZ, A. *De amor e trevas*.
São Paulo: Cia. das Letras. 2005 (fragmento).

A progressão temática de um texto pode ser estruturada por meio de diferentes recursos coesivos, entre os quais se destaca a pontuação. Nesse texto, o emprego dos dois-pontos caracteriza uma operação textual realizada com a finalidade de

a) comparar elementos opostos.

b) relacionar informações gradativas.

c) intensificar um problema conceitual.

d) introduzir um argumento esclarecedor.

e) assinalar uma consequência hipotética.

3 (UEL-PR) Leia o texto a seguir e responda à questão.

O promotor de justiça Alexandre Couto Joppert foi afastado temporariamente da banca examinadora de um concurso para o Ministério Público do Estado do Rio de Janeiro e será alvo de uma investigação da própria Promotoria. Examinador de Direito Penal, durante uma prova oral, ele narrou um caso hipotético de estupro coletivo e disse que o criminoso que praticou a conjunção carnal "ficou com a melhor parte, dependendo da vítima". A prova é aberta ao público e algumas pessoas gravaram a afirmação do promotor. "Um (criminoso) segura, outro aponta a arma, outro guarnece a porta da casa, outro mantém a conjunção — ficou com a melhor parte, dependendo da vítima — mantém a conjunção carnal e o outro fica com o carro ligado pra assegurar a fuga", narrou o promotor. Divulgada em redes sociais, a afirmação causou revolta. Muitas pessoas acusam o promotor de difundir a cultura do estupro. Em nota, o procurador-geral de Justiça do Estado do Rio de Janeiro, Marfan Martins Vieira, informou ter instaurado inquérito para apurar a conduta do promotor, além de afastá-lo da banca examinadora "até a conclusão da apuração dos fatos". Autor de livros jurídicos, Joppert atua na Assessoria de Atribuição Originária em Matéria Criminal do Ministério Público, setor subordinado à Subprocuradoria-Geral de Justiça de Assuntos Institucionais e Judiciais. O promotor divulgou nota em que afirma ter sido mal interpretado, já que se referia ao ponto de vista do criminoso. "Ao me referir ao fato do executor do ato sexual coercitivo ter ficado com a melhor parte", estava tratando da "opinião hipotética do próprio praticante daquele odioso crime contra a dignidade sexual".

Adaptado de: GRELLET, F. Polêmica sobre estupro afasta promotor. *Folha de Londrina*. 24 jun. 2016. Geral. p. 7.

Acerca da pontuação utilizada no texto, considere as afirmativas a seguir.

I. Em "Examinador de Direito Penal, durante uma prova oral, ele narrou", as vírgulas isolam uma circunstância de tempo.

II. Em "Um (criminoso) segura, outro aponta a arma, outro guarnece", as vírgulas são empregadas para marcar uma enumeração de ações.

III. Em "Em nota, o procurador-geral de Justiça", a vírgula antecipa o uso do discurso direto.

IV. Em "Autor de livros jurídicos, Joppert atua", a vírgula é utilizada para separar informações sobre pessoas diferentes.

Assinale a alternativa correta.

a) Somente as afirmativas I e II são corretas.

b) Somente as afirmativas I e IV são corretas.

c) Somente as afirmativas III e IV são corretas.

d) Somente as afirmativas I, II e III são corretas.

e) Somente as afirmativas II, III e IV são corretas.

7 Regência verbal e regência nominal

1 (FGV-SP) Assinale a alternativa que NÃO OBEDECE à norma culta em relação à REGÊNCIA.

a) Constava que o maestro, nos momentos em que mais dependia dos violinos, tinha um tique nervoso que denunciava sua preocupação.

b) As normas a que todos obedeciam chamavam-se Gerais. As Especiais eram aquelas a que poucos obedeciam.

c) Na história da cantora, desde criança, várias vezes apareciam referências a ela ser a menina que ninguém na escola gostava.

d) O salário que eles recebiam num mês mal dava para cobrir as despesas básicas da família. Costumava-se dizer que sobrava mês no final do salário.

e) Tinha esperanças de que o mensageiro trouxesse brevemente as notícias de que mais precisava.

Resolução comentada

De acordo com a norma culta, o verbo *gostar*, com sentido de *apreciar*, é classificado como transitivo indireto, exigindo, portanto, o uso da preposição *de*; sendo assim, a forma adequada seria: "Na história da cantora, desde criança, várias vezes apareciam referências a ela ser a menina *de que* ninguém na escola gostava".

2 (FGV-SP)

O filme Cazuza — O tempo não para me deixou numa espécie de felicidade pensativa. Tento explicar por quê.

Cazuza mordeu a vida com todos os dentes. A doença e a morte parecem ter-se vingado de sua paixão exagerada de viver. É impossível sair da sala de cinema sem se perguntar mais uma vez: o que vale mais, a preservação de nossas forças, que garantiria uma vida mais longa, ou a livre procura da máxima intensidade e variedade de experiências?

Digo que a pergunta se apresenta "mais uma vez" porque a questão é hoje trivial e, ao mesmo tempo, persecutória. (...) Obedecemos a uma proliferação de regras que são ditadas pelos progressos da prevenção. Ninguém imagina que comer banha, fumar, tomar pinga, transar sem camisinha e combinar, sei lá, nitratos com Viagra seja uma boa ideia. De fato não é. À primeira vista, parece lógico que concordemos sem hesitação sobre o seguinte: não há ou não deveria haver prazeres que valham um risco de vida ou, simplesmente, que valham o risco de encurtar a vida. De que adiantaria um prazer que, por assim dizer, cortasse o galho sobre o qual estou sentado?

Os jovens têm uma razão básica para desconfiar de uma moral prudente e um pouco avara que sugere que escolhamos sempre os tempos suplementares. É que a morte lhes parece distante, uma coisa com a qual a gente se preocupará mais tarde, muito mais tarde. Mas sua vontade de caminhar na corda bamba e sem rede não é apenas a inconsciência de quem pode esquecer que "o tempo não para". É também (e talvez sobretudo) um questionamento que nos desafia: para disciplinar a experiência, será que temos outras razões que não sejam só a decisão de durar um pouco mais?

(Contardo Calligaris, Folha de S. Paulo)

Considere as seguintes frases:

I. O autor do texto assistiu ao filme sobre Cazuza.

II. O filme provocou-lhe uma viva e complexa reação.

III. Sua reação mereceu uma análise.

O período em que as frases anteriores estão articuladas de modo correto e coerente é:

a) Tendo assistido ao filme sobre Cazuza, este provocou o autor do texto numa reação tão viva e complexa que lhe mereceu uma análise.

b) Mereceu uma análise, a viva e complexa reação, provocadas pelo filme que o autor do texto assistiu sobre Cazuza.

c) A reação que provocou no autor do texto o filme sobre Cazuza foi tão viva e complexa que mereceu uma análise.

d) Foi viva e complexa a reação, que aliás mereceu uma análise, provocado pelo filme sobre Cazuza, que o autor assistiu.

e) O filme sobre Cazuza que foi assistido pelo autor provocou-lhe uma reação viva e complexa, que a sua análise foi merecida.

3 (UFV-MG) Assinale a alternativa que preenche **corretamente** as lacunas abaixo:

A enfermeira procede .... exame do paciente.
O gerente visa .... cheque do cliente.
A equipe visa .... primeiro lugar no campeonato.
O conferencista aludiu .... fato.
Não podendo lutar, preferiu morrer .... viver.

a) ao, o, ao, ao, a

b) ao, ao, o, a, do que

c) ao, a, o, o, que

d) o, a, ao, ao, à

e) a, ao, o, ao, que

4 (UFF-RJ) Assinale a frase que apresenta um erro de regência verbal.

a) Esse autor tem ideias com que todos simpatizamos.

b) Eis a ordem de que nos insurgimos.

c) Aludiram a incidentes de que já ninguém se lembrava.

d) Qual o cargo a que aspiras?

e) Há fatos que nunca esquecemos.

Colocação pronominal

1 (ENEM) A colocação pronominal é a posição que os pronomes pessoais oblíquos átonos ocupam na frase em relação ao verbo a que se referem. São pronomes oblíquos átonos: me, te, se, o, os, a, as, lhe, lhes, nos e vos. Esses pronomes podem assumir três posições na oração em relação ao verbo. Próclise, quando o pronome é colocado antes do verbo, devido a partículas atrativas, como o pronome relativo. Ênclise, quando o pronome é colocado depois do verbo, o que acontece quando este estiver no imperativo afirmativo ou no infinitivo impessoal regido da preposição "a" ou quando o verbo estiver no gerúndio. Mesóclise, usada quando o verbo estiver flexionado no futuro do presente ou no futuro do pretérito.

A mesóclise é um tipo de colocação pronominal raro no uso coloquial da língua portuguesa. No entanto, ainda é encontrada em contextos mais formais, como se observa em:

a) Não lhe negou que era um improviso.

b) Faz muito tempo que lhe falei essas coisas.

c) Nunca um homem se achou em mais apertado lance.

d) Referia-se à D. Evarista ou tê-la-ia encontrado em algum outro autor?

e) Acabou de chegar dizendo-lhe que precisava retornar ao serviço imediatamente.

Resolução comentada

Verifica-se a presença da mesóclise no enunciado correspondente à alternativa *d*, que apresenta o pronome oblíquo átono colocado no meio do verbo, flexionado no futuro do pretérito (*tê-la-ia*).

2 (FUVEST-SP) Leia este trecho de texto:

> "[...] há uma tendência maciça para reconhecer o caráter ampliado das mudanças econômicas e tecnológicas que afetariam, com maior ou menor impacto, todas as sociedades do planeta, justificando o termo *globalização* [...]."

Substituindo por pronome pessoal oblíquo o complemento de afetariam, na mesma frase em que ocorre, obtém-se:

a) afetá-las-iam.

b) afetariam-nas.

c) as afetariam.

d) lhes afetariam.

e) afetar-lhes-iam.

3 (UFAM-AM) Considere esta frase:

> Não leia estes manuscritos e não os ponha no cofre.

Conservando a pessoa e o número, ela ficará assim no imperativo afirmativo:

a) Lede estes manuscritos e ponde-os no cofre.

b) Lê estes manuscritos e os ponha no cofre.

c) Leia estes manuscritos e ponha-os no cofre.

d) Leia estes manuscritos e os põe no cofre.

e) Lê estes manuscritos e põe-nos no cofre.

9 Introdução à semântica

1 (ENEM) No ano passado, o governo promoveu uma campanha a fim de reduzir os índices de violência. Noticiando o fato, um jornal publicou a seguinte manchete:

Campanha contra a violência do governo do estado entra em nova fase

A manchete tem um duplo sentido, e isso dificulta o entendimento. Considerando o objetivo da notícia, esse problema poderia ter sido evitado com a seguinte redação:

a) Campanha contra o governo do Estado e a violência entram em nova fase.

b) A violência do governo do Estado entra em nova fase de Campanha.

c) Campanha contra o governo do Estado entra em nova fase de violência.

d) A violência da campanha do governo do Estado entra em nova fase.

e) Campanha do governo do Estado contra a violência entra em nova fase.

Resolução comentada

A maneira como o enunciado foi construído dá margem a duas possibilidades de interpretação: a de que o governo do Estado estaria agindo com violência e que, por isso, foi criada uma campanha para combatê-lo; e a de que o governo do Estado seria o responsável pela criação de uma campanha de combate à violência. A letra e propõe uma alternativa de redação que põe fim à ambiguidade, ao estabelecer uma relação de posse entre o governo do Estado e a campanha por meio do uso da preposição *do* e do deslocamento da expressão *contra a violência*, de modo a eliminar a duplicidade de sentido.

2 (ENEM)

Reprodução/ENEM, 2012.

(Disponível em: www.ivancabral.com. Acesso em: 27 fev. 2012.)

O efeito de sentido da charge é provocado pela combinação de informações visuais e recursos linguísticos. No contexto da ilustração, a frase proferida recorre à

a) polissemia, ou seja, aos múltiplos sentidos da expressão "rede social" para transmitir a ideia que pretende veicular.

b) ironia para conferir um novo significado ao termo "outra coisa".

c) homonímia para opor, a partir do advérbio de lugar, o espaço da população pobre e o espaço da população rica.

d) personificação para opor o mundo real pobre ao mundo virtual rico.

e) antonímia para comparar a rede mundial de computadores com a rede caseira de descanso da família.

3 (FUVEST-SP) Leia o seguinte texto, que faz parte de um anúncio de um produto alimentício:

Em respeito a sua natureza, só trabalhamos com o melhor da natureza

Selecionamos só o que a natureza tem de melhor para levar até a sua casa. Porque faz parte da natureza dos nossos consumidores querer produtos saborosos, nutritivos e, acima de tudo, confiáveis.

www.destakjornal.com.br, 13/05/2013. Adaptado.

Procurando dar maior expressividade ao texto, seu autor

a) serve-se do procedimento textual da sinonímia.

b) recorre à reiteração de vocábulos homônimos.

c) explora o caráter polissêmico das palavras.

d) mescla as linguagens científica e jornalística.

e) emprega vocábulos iguais na forma, mas de sentidos contrários.

4 (FUVEST-SP)

(Equilíbrio, *Folha de S. Paulo*, 21/05/2013.)

A tirinha tematiza questões de gênero (masculino e feminino), com base na oposição entre

a) permanência e transitoriedade.

b) sinceridade e hipocrisia.

c) complacência e intolerância.

d) compromisso e omissão.

e) ousadia e recato.

10 Figuras de linguagem

1 (ENEM)

Reprodução/ENEM, 2004.

Nessa tirinha, a personagem faz referência a uma das mais conhecidas figuras de linguagem para

a) condenar a prática de exercícios físicos.

b) valorizar aspectos da vida moderna.

c) desestimular o uso das bicicletas.

d) caracterizar o diálogo entre gerações.

e) criticar a falta de perspectiva do pai.

Resolução comentada

A personagem faz uma associação indireta entre o exercício físico praticado pelo pai, que consiste em pedalar uma bicicleta fixada no chão, com as situações vividas por ele em outras esferas da vida. O pai, provavelmente, empreende esforços para alcançar seus objetivos, mas não consegue obter êxito em seus propósitos. Essa intersecção, entre a inércia resultante do exercício na bicicleta e a morosidade da vida do pai, serve como justificativa para a metáfora à qual o menino faz referência em sua declaração.

2 (ENEM)

Cidade grande

Que beleza, Montes Claros.
Como cresceu Montes Claros.
Quanta indústria em Montes Claros.
Montes Claros cresceu tanto,
ficou urbe tão notória,
prima-rica do Rio de Janeiro,
que já tem cinco favelas
por enquanto, e mais promete.

(Carlos Drummond de Andrade)

Entre os recursos expressivos empregados no texto, destaca-se a

a) metalinguagem, que consiste em fazer a linguagem referir-se à própria linguagem.

b) intertextualidade, na qual o texto retoma e reelabora outros textos.

c) ironia, que consiste em se dizer o contrário do que se pensa, com intenção crítica.

d) denotação, caracterizada pelo uso das palavras em seu sentido próprio e objetivo.

e) prosopopeia, que consiste em personificar coisas inanimadas, atribuindo-lhes vida.

3 (UFPE-PE)

Descoberta da Literatura

No dia a dia do engenho/ toda a semana, durante/
cochichavam-me em segredo:/ saiu um novo romance./
E da feira do domingo/ me traziam conspirantes/
para que os lesse e explicasse/ um romance de barbante./
Sentados na roda morta/ de um carro de boi, sem jante,/
ouviam o folheto guenzo,/ o seu leitor semelhante,/
com as peripécias de espanto/ preditas pelos feirantes./
Embora as coisas contadas/ e todo o mirabolante,/
em nada ou pouco variassem/ nos crimes, no amor, nos lances,/
e soassem como sabidas/ de outros folhetos migrantes,/
a tensão era tão densa,/ subia tão alarmante,/
que o leitor que lia aquilo/ como puro alto-falante,/
e, sem querer, imantara/ todos ali, circunstantes,/
receava que confundissem/ o de perto com o distante,/
o ali com o espaço mágico,/ seu franzino com gigante,/
e que o acabasse tomando/ pelo autor imaginante/
ou tivesse que afrontar/ as brabezas do brigante./ (...)

João Cabral de Melo Neto

Sobre as figuras de linguagem usadas no texto, relacione as duas colunas abaixo:

1ª COLUNA	2ª COLUNA
(1) Romance de barbante	( ) Pleonasmo
(2) Roda morta; folheto guenzo	( ) Metáfora
(3) Como puro alto-falante	( ) Comparação
(4) Perto/distante/mágico/Franzino/gigante	( ) Metonímia
(5) Cochichavam-me em segredo	( ) Antítese

A ordem correta é:

a) 1, 2, 3, 4, 5
b) 5, 2, 3, 1, 4
c) 3, 1, 4, 5, 2
d) 2, 1, 3, 4, 5
e) 2, 4, 5, 3, 1

4 (ENEM)

O açúcar

O branco açúcar que adoçará meu café
nesta manhã de Ipanema
não foi produzido por mim
nem surgiu dentro do açucareiro por milagre.

Vejo-o puro
e afável ao paladar
como beijo de moça, água
na pele, flor
que se dissolve na boca. Mas este açúcar
não foi feito por mim.

Este açúcar veio
da mercearia da esquina e tampouco o fez o Oliveira, dono da mercearia.
Este açúcar veio
de uma usina de açúcar em Pernambuco
ou no Estado do Rio
e tampouco o fez o dono da usina.

Este açúcar era cana
e veio dos canaviais extensos
que não nascem por acaso
no regaço do vale.

(...)

Em usinas escuras,
homens de vida amarga e dura
produziram este açúcar
branco e puro
com que adoço meu café esta manhã em Ipanema.

Ferreira Gullar. **Toda Poesia**. Rio de Janeiro: Civilização Brasileira, 1980, p. 227-8.

A antítese que configura uma imagem da divisão social do trabalho na sociedade brasileira é expressa poeticamente na oposição entre a doçura do branco açúcar e

a) o trabalho do dono da mercearia de onde veio o açúcar.

b) o beijo de moça, a água na pele e a flor que se dissolve na boca.

c) o trabalho do dono do engenho em Pernambuco, onde se produz o açúcar.

d) a beleza dos extensos canaviais que nascem no regaço do vale.

e) o trabalho dos homens de vida amarga em usinas escuras.

11 O substantivo

(CESGRANRIO-RJ)

TEXTO

O que é motivação?

Estar equilibrado é estar no meio, nem tanto para lá, nem tanto para cá. Só encontramos o equilíbrio quando conseguimos manter-nos no meio da situação. Um equilibrista sabe que seu ponto de equilíbrio é o meio do pé. Todos nós somos equilibristas, sabemos conduzir a vida pelo meio. A responsabilidade é algo que nos é cobrado, e mesmo a responsabilidade pode ser tratada com equilíbrio. Nada na vida encontramos pronto. Tudo temos de construir. Se queremos viajar, mesmo que seja só na imaginação, devemos construir nossa viagem. É necessário transformar as coisas que vivemos em algo que seja bom para nós e é incrível quanta coisa se pode fazer a partir de nosso pensamento. Para ter amigos, temos de buscar equilibristas como nós. Para termos um emprego, precisamos nos equilibrar como um equilibrista. Muitas vezes as pessoas não podem ouvir-nos, pensam que viver em equilíbrio é algo distante da realidade, por isso somos diferentes e às vezes nos sentimos sozinhos. O segredo é: "Equilibrar-se dentro do possível..."

CHICARELI, Márcia. Disponível em: http://www.sitedoescritor.com.br. Acesso em: 15 maio 2007. (adaptado).

1 O substantivo abstrato que NÃO sintetiza o conceito de equilíbrio no primeiro parágrafo do texto é:

a) ponderação. b) arrojo. c) habilidade. d) controle. e) harmonia.

Resolução comentada

A questão é composta de um texto, seguido do comando que traduz aquilo que se espera do candidato, e por fim são apresentadas as alternativas, entre as quais apenas uma deverá ser assinalada. Neste caso, a letra *b* é a correta porque a palavra *arrojo* é um substantivo abstrato (nomeia uma qualidade ou um estado) e seu sentido é contrário ao da palavra *equilíbrio*; logo, não poderia substituí-la no primeiro parágrafo do texto.

É possível observar que, para responder corretamente à questão, é necessário que o estudante tenha conhecimento sobre a classe gramatical dos substantivos, especialmente o *substantivo abstrato*. Além do conhecimento específico do conteúdo gramatical, dois procedimentos foram necessários: testar as hipóteses oferecidas nas alternativas e inferir ou concluir aquela que responderia corretamente ao que foi solicitado.

Em síntese, o aluno precisa dominar conceitos linguísticos e saber aplicá-los em diferentes situações comunicativas.

2 (ENEM)

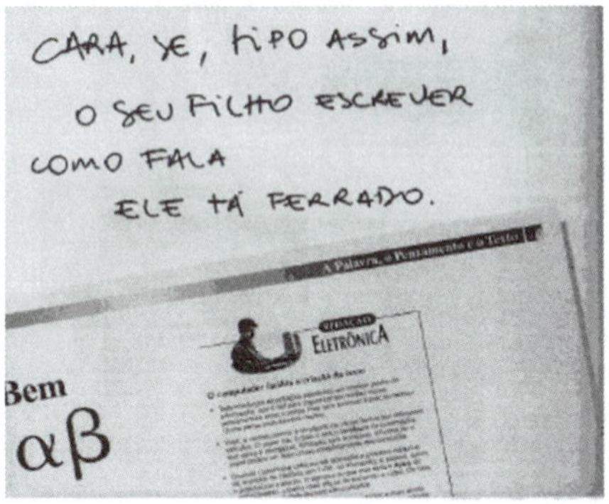

Reprodução/ENEM, 2009

Veja, 7 maio 1997.

Na parte superior do anúncio, há um comentário escrito à mão que aborda a questão das atividades linguísticas e sua relação com as modalidades oral e escrita da língua.

Esse comentário deixa evidente uma posição crítica quanto a usos que se fazem da linguagem, enfatizando ser necessário

a) implementar a fala, tendo em vista maior desenvoltura, naturalidade e segurança no uso da língua.

b) conhecer gêneros mais formais da modalidade oral para a obtenção de clareza na comunicação oral e escrita.

c) dominar as diferentes variedades do registro oral da língua portuguesa para escrever com adequação, eficiência e correção.

d) empregar vocabulário adequado e usar regras da norma padrão da língua em se tratando da modalidade escrita.

e) utilizar recursos mais expressivos e menos desgastados da variedade padrão da língua para se expressar com alguma segurança e sucesso.

CAPÍTULO 12

Os determinantes do substantivo: adjetivo, artigo e numeral

(COPEVE/UFA-AL) Leia o texto para responder às questões:

Futurolândia

George Jetson não poderia desejar TV mais bacana que esta. Chama-se *Satellite* e foi criada pela empresa norte-americana Mercury 7. Possui monitor de 14 polegadas e repousa sobre uma esfera de alumínio polido. Os tubos de plástico ABS conduzem a fiação para duas esferas: na menor, vermelha, está instalado o alto-falante; na maior, com um globo terrestre, fica o sensor do controle remoto. O resultado é absolutamente inovador.

Carta Capital, São Paulo, 19 mar. 1997.

1 Quanto ao termo *bacana*

a) é um substantivo que indica qualidade positiva.

b) é um adjetivo que indica qualidade positiva, pertencente à gíria brasileira.

c) é gíria, usada sempre no sentido de grã-fino.

d) pertence à gíria americana e foi introduzido no Brasil na década de 50.

e) é conotativo; no sentido denotativo, significa forasteiro.

2 O melhor sinônimo de *polido* é

a) luzidio

b) macio

c) envernizado

d) antigo

e) educado

Resolução comentada

A resolução correta da primeira questão pressupõe o domínio do conceito de adjetivo e o reconhecimento de sua aplicação em um texto. Na 2ª questão exige-se que o aluno demonstre a compreensão das relações de sentido em virtude da escolha de determinado adjetivo. Conclui-se que as alternativas corretas são, respectivamente, *b* e *a*. Para responder corretamente às questões 1 e 2, faz-se necessário conhecimento sobre a classe gramatical dos adjetivos e sobre as relações de sentido que eles podem estabelecer em diferentes enunciados, contextos e gêneros.

3 (ENEM)

O sedutor médio

Vamos juntar
Nossas rendas e
expectativas de vida
querida,
o que me dizes?
Ter 2, 3 filhos
e ser meio felizes?

VERISSIMO, L. F. *Poesia numa hora dessas?!*
Rio de Janeiro: Objetiva, 2002.

No poema O sedutor médio, é possível reconhecer a presença de posições críticas

a) nos três primeiros versos, em que "juntar expectativas de vida" significa que, juntos, os cônjuges poderiam viver mais, o que faz do casamento uma convenção benéfica.

b) na mensagem veiculada pelo poema, em que os valores da sociedade são ironizados, o que é acentuado pelo uso do adjetivo "médio" no título e do advérbio "meio" no verso final.

c) no verso "e ser meio felizes?", em que "meio" é sinônimo de metade, ou seja, no casamento, apenas um dos cônjuges se sentiria realizado.

d) nos dois primeiros versos, em que "juntar rendas" indica que o sujeito poético passa por dificuldades financeiras e almeja os rendimentos da mulher.

e) no título, em que o adjetivo "médio" qualifica o sujeito poético como desinteressante ao sexo oposto e inábil em termos de conquistas amorosas.

4 (FUVEST-SP) Leia o seguinte trecho de uma entrevista concedida pelo ministro do Supremo Tribunal Federal, Joaquim Barbosa:

Entrevistador: — O protagonismo do STF dos últimos tempos tem usurpado as funções do Congresso?

Entrevistado: — Temos uma Constituição muito boa, mas excessivamente detalhista, com um número imenso de dispositivos e, por isso, suscetível a fomentar interpretações e toda sorte de litígios. Também temos um sistema de jurisdição constitucional, talvez único no mundo, com um rol enorme de agentes e instituições dotadas da prerrogativa ou de competência para trazer questões ao Supremo. É um leque considerável de interesses, de visões, que acaba causando a intervenção do STF nas mais diversas questões, nas mais diferentes áreas, inclusive dando margem a esse tipo de acusação. Nossas decisões não deveriam passar de duzentas, trezentas por ano. Hoje, são analisados cinquenta mil, sessenta mil processos. É uma insanidade.

Veja, 15/06/2011.

No trecho "dotadas da prerrogativa ou de competência", a presença de artigo antes do primeiro substantivo e a sua ausência antes do segundo fazem que o sentido de cada um desses substantivos seja, respectivamente,

a) figurado e próprio.

b) abstrato e concreto.

c) específico e genérico.

d) técnico e comum.

e) lato e estrito.

GRAMÁTICA

CAPÍTULO

13 O pronome

1 (ENEM)

Há qualquer coisa de especial nisso de botar a cara na janela em crônica de jornal — eu não fazia isso há muitos anos, enquanto me escondia em poesia e ficção. Crônica algumas vezes também é feita, intencionalmente, para provocar. Além do mais, em certos dias mesmo o escritor mais escolado não está lá grande coisa. Tem os que mostram sua cara escrevendo para reclamar: moderna demais, antiquada demais. Alguns discorrem sobre o assunto, e é gostoso compartilhar ideias. Há os textos que parecem passar despercebidos, outros rendem um montão de recados: "Você escreveu exatamente o que eu sinto", "Isso é exatamente o que falo com meus pacientes", "É isso que digo para meus pais", "Comentei com minha namorada". Os estímulos são valiosos pra quem nesses tempos andava meio assim: é como me botarem no colo — também eu preciso. Na verdade, nunca fui tão posta no colo por leitores como na janela do jornal. De modo que está sendo ótima, essa brincadeira séria, com alguns textos que iam acabar neste livro, outros espalhados por aí. Porque eu levo a sério ser sério... mesmo quando parece que estou brincando: essa é uma das maravilhas de escrever. Como escrevi há muitos anos e continua sendo a minha verdade: palavras são meu jeito mais secreto de calar.

LUFT, L. *Pensar é transgredir*. Rio de Janeiro: Record, 2004.

Os textos fazem uso constante de recursos que permitem a articulação entre suas partes. Quanto à construção do fragmento, o elemento

a) "nisso" introduz o fragmento "botar a cara na janela em crônica de jornal".

b) "assim" é uma paráfrase de "é como me botarem no colo".

c) "isso" remete a escondia em poesia e ficção.

d) "alguns" antecipa a informação "É isso que digo para meus pais".

e) "essa" recupera a informação anterior "janela do jornal".

Resolução comentada

Para resolver corretamente a questão, o aluno precisa identificar, em um texto do gênero crônica, a possibilidade de utilização de pronomes demonstrativos para antecipar termos que serão mencionados posteriormente.

A alternativa *a* está correta, pois o pronome demonstrativo *isso* (nisso = em + isso) refere-se à sua imediata continuação ("botar a cara na janela em crônica de jornal") e, portanto, foi utilizado para introduzir esse fragmento.

2 (ENEM)

O senhor

Carta a uma jovem que, estando em uma roda em que dava aos presentes o tratamento de você, se dirigiu ao autor chamando-o "o senhor":

Senhora:

Aquele a quem chamastes senhor aqui está, de peito magoado e cara triste, para vos dizer que senhor ele não é, de nada, nem de ninguém.

Bem o sabeis, por certo, que a única nobreza do plebeu está em não querer esconder sua condição, e esta nobreza tenho eu. Assim, se entre tantos senhores ricos e nobres a quem chamáveis você escolhestes a mim para tratar de senhor, é bem de ver que só poderíeis ter encontrado essa senhoria nas rugas de mi-

nha testa e na prata de meus cabelos. Senhor de muitos anos, eis aí; o território onde eu mando é no país do tempo que foi. Essa palavra "senhor", no meio de uma frase, ergueu entre nós um muro frio e triste.

Vi o muro e calei: não é de muito, eu juro, que me acontece essa tristeza; mas também não era a vez primeira.

BRAGA, R. *A borboleta amarela*. Rio de Janeiro: Record, 1991.

A escolha do tratamento que se queira atribuir a alguém geralmente considera as situações específicas de uso social. A violação desse princípio causou um mal-estar no autor da carta. O trecho que descreve essa violação é:

a) "Essa palavra, 'senhor', no meio de uma frase ergueu entre nós um muro frio e triste."

b) "A única nobreza do plebeu está em não querer esconder a sua condição."

c) "Só poderíeis ter encontrado essa senhoria nas rugas de minha testa."

d) "O território onde eu mando é no país do tempo que foi."

e) "Não é de muito, eu juro, que acontece essa tristeza; mas também não era a vez primeira."

3 (ENEM)

Texto

Influenza A (Gripe Suína):

Se você esteve ou manteve contato com pessoas da área de risco e apresenta os seguintes sintomas:

- Febre alta repentina e superior a 38 graus.
- Tosse.
- Dor de cabeça.
- Dores musculares e nas articulações.
- Dificuldade respiratória.

Entre em contato imediatamente com o Disque Epidemiologia: **0800-283-2255.**

Evite a contaminação:

- Quando tossir ou espirrar, cubra sua boca e nariz com lenço descartável. Caso não o tenha utilize o antebraço. Se utilizar as mãos lave-as rapidamente com água e sabão.
- O uso de máscaras é indicado para prevenir contaminações.

BRASIL. Ministério da Saúde, 2009 (adaptado).

Os principais recursos utilizados para envolvimento e adesão do leitor à campanha institucional incluem

a) o emprego de enumeração de itens e apresentação de títulos expressivos.

b) o uso de orações subordinadas condicionais e temporais.

c) o emprego de pronomes como "você" e "sua" e o uso do imperativo.

d) a construção de figuras metafóricas e o uso de repetição.

e) o fornecimento de número de telefone gratuito para contato.

GRAMÁTICA

CAPÍTULO

14 O verbo

1 (ACAFE-SC) Sobre concordância verbal e nominal, assinale a alternativa **correta**.

a) Salvo melhor juízo, não foi levada em consideração as disposições estabelecidas pelo regimento do curso.

b) Listam-se, em anexo, todas as disciplinas do segundo semestre, entre as quais encaixam-se, no meu plano de formação, as duas primeiras.

c) Nesse caso, lista-se primeiramente os 11 princípios de Goebbels conforme consta nas páginas mais recente do Guilherme Afif Domingos.

d) Como cumpro todos os requisitos previstos no Art. 16, não fica claro os motivos pelos quais eu não recebi a bolsa.

Resolução comentada

O sujeito de *listam-se* é *todas as disciplinas do segundo semestre* e o sujeito de *encaixam-se* é *as duas primeiras*. Nas duas orações, o verbo está na voz passiva sintética e o pronome *se* é partícula apassivadora. Portanto, a concordância está correta.

2 (UNICAMP-SP)

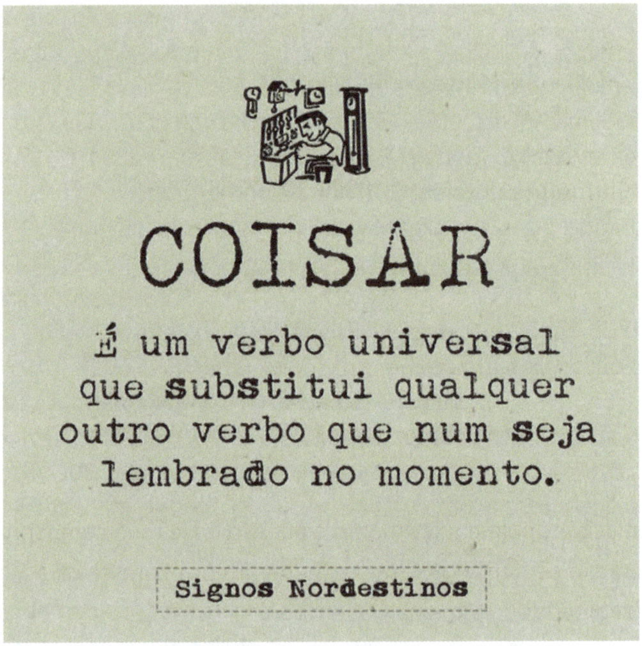

Do ponto de vista da norma culta, é correto afirmar que "coisar" é

a) uma palavra resultante da atribuição do sentido conotativo de um verbo qualquer ao substantivo "coisa".

b) uma palavra resultante do processo de sufixação que transforma o substantivo "coisa" no verbo "coisar".

c) uma palavra que, graças a seu sentido universal, pode ser usada em substituição a todo e qualquer verbo não lembrado.

d) uma palavra que resulta da transformação do substantivo "coisa" em verbo "coisar", reiterando um esquecimento.

3 (ITA-SP) Texto: **A mídia realmente tem o poder de manipular as pessoas?**

Por Francisco Fernandes Ladeira

À primeira vista, a resposta para a pergunta que intitula este artigo parece simples e óbvia: sim, a mídia é um poderoso instrumento de manipulação. A ideia de que o frágil cidadão comum é impotente frente aos gigantescos e poderosos conglomerados da comunicação é bastante atrativa intelectualmente. Influentes nomes, como Adorno e Horkheimer, os primeiros pensadores a realizar análises mais sistemáticas sobre o tema, concluíram que os meios de comunicação em larga escala moldavam e direcionavam as opiniões de seus receptores. Segundo eles, o rádio torna todos os ouvintes iguais ao sujeitá-los, autoritariamente, aos idênticos programas das várias estações. No livro Televisão e Consciência de Classe, Sarah Chucid Da Viá afirma que o vídeo apresenta um conjunto de imagens trabalhadas, cuja apreensão é momentânea, de forma a persuadir rápida e transitoriamente o grande público. Por sua vez, o psicólogo social Gustav Le Bon considerava que, nas massas, o indivíduo deixava de ser ele próprio para ser um autômato sem vontade e os juízos aceitos pelas multidões seriam sempre impostos e nunca discutidos. Assim, fomentou-se a concepção de que a mídia seria capaz de manipular incondicionalmente uma audiência submissa, passiva e acrítica.

Todavia, como bons cidadãos céticos, devemos duvidar (ou ao menos manter certa ressalva) de proposições imediatistas e aparentemente fáceis. As relações entre mídia e público são demasiadamente complexas, vão muito além de uma simples análise behaviorista de estímulo/resposta. As mensagens transmitidas pelos grandes veículos de comunicação não são recebidas automaticamente e da mesma maneira por todos os indivíduos. Na maioria das vezes, o discurso midiático perde seu significado original na controversa relação emissor/receptor. Cada indivíduo está envolto em uma "bolha ideológica", apanágio de seu próprio processo de individuação, que condiciona sua maneira de interpretar e agir sobre o mundo. Todos nós, ao entramos em contato com o mundo exterior, construímos representações sobre a realidade. Cada um de nós forma juízos de valor a respeito dos vários âmbitos do real, seus personagens, acontecimentos e fenômenos e, consequentemente, acreditamos que esses juízos correspondem à "verdade". [...].

[...] A mídia é apenas um, entre vários quadros ou grupos de referência, aos quais um indivíduo recorre como argumento para formular suas opiniões. Nesse sentido, competem com os veículos de comunicação como quadros ou grupos de referência fatores subjetivos/psicológicos (história familiar, trajetória pessoal, predisposição intelectual), o contexto social (renda, sexo, idade, grau de instrução, etnia, religião) e o ambiente informacional (associação comunitária, trabalho, igreja). "Os vários tipos de receptor situam-se numa complexa rede de referências em que a comunicação interpessoal e a midiática se completam e modificam", afirmou a cientista social Alessandra Aldé em seu livro A construção da política: democracia, cidadania e meios de comunicação de massa. Evidentemente, o peso de cada quadro de referência tende a variar de acordo com a realidade individual. Seguindo essa linha de raciocínio, no original estudo Muito Além do Jardim Botânico, Carlos Eduardo Lins da Silva constatou como telespectadores do Jornal Nacional acionam seus mecanismos de defesa, individuais ou coletivos, para filtrar as informações veiculadas, traduzindo-as segundo seus próprios valores. "A síntese e as conclusões que um telespectador vai realizar depois de assistir a um telejornal não podem ser antecipadas por ninguém; nem por quem produziu o telejornal, nem por quem assistiu ao mesmo tempo que aquele telespectador", inferiu Carlos Eduardo.

Adaptado de: http://observatoriodaimprensa.com.br/imprensa-em-questao/a-midia-realmente-tem-o-poder-de-manipular-as-pessoas/. (Publicado em 14/04/2015, na edição 846. Acesso em: 13/07/2016.)

Assinale a opção em que o verbo destacado está na voz passiva pronominal.

a) Assim, **fomentou-se** a concepção de que a mídia seria capaz de manipular incondicionalmente uma audiência submissa, passiva e acrítica. (linhas 11 e 12)

b) As mensagens transmitidas pelos grandes veículos de comunicação não **são recebidas** automaticamente e da mesma maneira por todos os indivíduos. (linhas 16 e 17)

c) "Os vários tipos de receptor **situam-se** numa complexa rede de referências [...]" (linhas 28 e 29)

d) "[...] complexa rede de referências em que a comunicação interpessoal e a midiática **se completam** e modificam" [...] (linhas 29 e 30)

e) "A síntese e as conclusões que um telespectador vai realizar depois de assistir a um telejornal não **podem ser antecipadas** por ninguém; [...]" (linhas 35 e 36)

15 O advérbio

1 (ITA-SP)

Texto

Proibido para menos de 50 anos. Nos últimos meses, em meio ao debate sobre as reformas na Previdência, um ponto acabou despertando a atenção. Afinal existem empregos para quem tem mais de 50 anos? Pendurar as chuteiras nem sempre é fácil. Às vezes, pode significar uma quebra tão grande na rotina que afeta até mesmo o emocional. Foi a partir de uma experiência familiar nesta linha que o paulistano Mórris Litvak criou a startup MaturiJobs. Trata-se de uma agência virtual de empregos especializada em profissionais com mais de 50 anos.

(*Revista Isto é Dinheiro, Mercado de trabalho. Maio/2017. p. 6*)

<u>Às vezes</u>, pode significar uma quebra tão grande na rotina que afeta <u>até mesmo</u> o emocional.

As expressões em destaque introduzem respectivamente os valores semânticos de:

a) ambiguidade e conformidade
b) eventualidade e gradação
c) causa e consequência
d) dúvida e exclusão
e) temporalidade e finalidade

Resolução comentada

Nessa questão, solicita-se a aplicação dos conhecimentos sobre advérbios e locuções adverbiais, que modalizam o sentido dos verbos atribuindo a eles circunstâncias ou contextos específicos. Na frase apresentada, as locuções adverbiais indicam os sentidos de *eventualidade* e *gradação*. Logo, a alternativa correta é a *b*.

2 (UNIFESP-SP) Considere a charge e as afirmações.

Reprodução/UNIFESP, 2010

I. O advérbio *já*, indicativo de tempo, atribui à frase o sentido de mudança.

II. Entende-se pela frase da charge que a população de idosos atingiu um patamar inédito no país.

III. Observando a imagem, tem-se que a fila de velhinhos esperando um lugar no banco sugere o aumento de idosos no país.

Está correto o que se afirma em:

a) I apenas.
b) II apenas.
c) I e II apenas.
d) II e III apenas.
e) I, II e III.

3 (ACAFE-SC)

Texto

Desemprego no Brasil continua crescendo. Infelizmente, mais uma triste notícia para o brasileiro que já enfrenta tantos problemas. É que no primeiro trimestre deste ano a taxa de desemprego chegou a 10,9% conforme revelou a Pesquisa Nacional por Amostra de Domicílios Contínua. Os dados foram divulgados nesta sexta-feira, dia 29, pelo IBGE – Instituto Brasileiro de Geografia e Estatística, sendo este o pior resultado já obtido em toda história da pesquisa, que começou em 2012. E como o país atravessa uma grave crise política, a economia sente diretamente os efeitos, e a tendência é que a situação continue piorando, pelo menos nos próximos meses, já que não há um projeto para tirar o país do caos em que se encontra.

Apesar da notícia ruim, este resultado já era esperado pela maioria dos analistas de mercado, e não era muito difícil saber que o desemprego continuaria crescendo, já que o país encontra-se estagnado, muitas empresas fechando as portas e as que se mantêm abertas não fazem novos investimentos por precaução, já que a crise não dá sinais de que vai melhorar.

Em 2015, no quarto trimestre, a taxa de desemprego chegou a 9,0%, e já naquela época foi alertado a todos os trabalhadores para que não fizessem dívidas porque o começo deste ano seria difícil, e muitas empresas poderiam demitir, como de fato aconteceu. Se levarmos em conta os últimos resultados desta pesquisa e compararmos com os atuais, veremos que conseguir um trabalho ou manter-se no emprego está cada vez mais difícil.

Já são 11,089 milhões de trabalhadores brasileiros desempregados e, o que é pior, para os próximos meses estima-se que este número cresça ainda mais.

E à medida que aumenta o número de trabalhadores em busca de um novo emprego, cai o número de vagas disponíveis no mercado. Mais de 1,3 milhão de vagas de emprego foram fechadas só no primeiro trimestre deste ano, e o número de demitidos não para de aumentar.

Disponível em: http://br.blastingnews.com/economia/2016/04/desempregochega-a-11-1-milhoes-de-brasileiros-e-a-situacao-podeagravar-ainda-mais-00899885.html. Acesso em: 30/04/2016. Fragmento adaptado.

Assinale a alternativa em que o(s) termo(s) destacado(s) em negrito pode(m) ser substituído(s) pelo(s) termo(s) que está/estão entre parênteses e o sentido se mantém igual ao do texto.

a) "[...] e a tendência é **que a situação continue piorando** (de que a situação continua piorando), pelo menos nos próximos meses, **já que não há** (se bem que não haja) um projeto para tirar o país do caos em que se encontra."

b) "**Apesar da notícia ruim** (a não ser que a notícia seja ruim), este resultado já era esperado pela maioria dos analistas de mercado [...]"

c) "Mais de 1,3 milhão de vagas de emprego foram fechadas **só** (apenas) no primeiro trimestre deste ano, e o número de **demitidos** (exonerados) não para de aumentar."

d) "**Se levarmos em conta** (Embora devêssemos levar em consideração) os últimos resultados desta pesquisa e **compararmos** (devêssemos comparar) com os atuais [...]"

16 Palavras relacionais: a preposição, a conjunção e a interjeição

1 (UNIFESP-SP) Leia um trecho do artigo "Reflexões sobre o tempo e a origem do Universo", do físico brasileiro Marcelo Gleiser, para responder à questão.

Qualquer discussão sobre o tempo deve começar com uma análise de sua estrutura, que, por falta de melhor expressão, devemos chamar de "temporal". É comum dividirmos o tempo em passado, presente e futuro. O passado é o que vem antes do presente e o futuro é o que vem depois. Já o presente é o "agora", o instante atual.

Isso tudo parece bastante óbvio, mas não é. Para definirmos passado e futuro, precisamos definir o presente. Mas, segundo nossa separação estrutural, o presente não pode ter duração no tempo, pois nesse caso poderíamos definir um período no seu passado e no seu futuro. Portanto, para sermos coerentes em nossas definições, o presente não pode ter duração no tempo. Ou seja, o presente não existe!

A discussão acima nos leva a outra questão, a da origem do tempo. Se o tempo teve uma origem, então existiu um momento no passado em que ele passou a existir. Segundo nossas modernas teorias cosmogônicas, que visam explicar a origem do Universo, esse momento especial é o momento da origem do Universo "clássico". A expressão "clássico" é usada em contraste com "quântico", a área da física que lida com fenômenos atômicos e subatômicos.

As descobertas de Einstein mudaram profundamente nossa concepção do tempo. Em sua teoria da relatividade geral, ele mostrou que a presença de massa (ou de energia) também influencia a passagem do tempo, embora esse efeito seja irrelevante em nosso dia a dia. O tempo relativístico adquire uma plasticidade definida pela realidade física à sua volta. A coisa se complica quando usamos a relatividade geral para descrever a origem do Universo.

(*Folha de S. Paulo*, 07.06.1998.)

Em "[Einstein] mostrou que a presença de massa (ou de energia) também influencia a passagem do tempo, **embora** esse efeito seja irrelevante em nosso dia a dia." (4º parágrafo), a conjunção destacada pode ser substituída, sem prejuízo para o sentido do texto, por:

a) visto que.

b) a menos que.

c) ainda que.

d) a fim de que.

e) desde que.

Resolução comentada

A conjunção *embora* é concessiva; assim, pode ser substituída por outra de mesmo valor semântico, como *ainda que*.

2 (ENEM)

O mundo é grande

O mundo é grande e cabe
Nesta janela sobre o mar.
O mar é grande e cabe
Na cama e no colchão de amar.
O amor é grande e cabe
No breve espaço de beijar

ANDRADE, Carlos Drummond de. *Poesia e prosa*. Rio de Janeiro. Nova Aguilar, 1983.

Neste poema, o poeta realizou uma opção estilística: a reiteração de determinadas construções e expressões linguísticas, como o uso da mesma conjunção para estabelecer a relação entre as frases. Essa conjunção estabelece, entre as ideias relacionadas, um sentido de

a) oposição.

b) comparação.

c) conclusão.

d) alternância.

e) finalidade.

3 (UNIFESP-SP) Em "Perguntei **a** minha cozinheira o que pensava sobre o assunto", o termo em destaque constitui

a) um pronome.

b) uma conjunção.

c) um advérbio.

d) um artigo.

e) uma preposição.

17 O sujeito e o predicado

1 (AMAN-RJ) Assinale a oração em que o termo ou expressão grifados exerce a função de Objeto Indireto.

a) Cumprimentei-*as* respeitosamente.

b) Perderam-*na* para sempre.

c) Amava mais *a ele* que aos outros.

d) Eu culpo a tudo e *a todos*.

e) Obedeceu-*lhe* prontamente.

Resolução comentada

Em todas as opções, os termos grifados exercem função de objeto direto. Em *c* e *d* esse objeto direto se apresenta preposicionado. Apenas em *e*, o termo *lhe* exerce a função sintática de objeto indireto.

2 (ENEM)

VERÍSSIMO, L. F. *As cobras em: Se Deus existe que eu seja atingido por um raio*. Porto Alegre: L&PM, 1997.

O humor da tira decorre da reação de uma das cobras com relação ao uso de pronome pessoal reto, em vez de pronome oblíquo. De acordo com a norma padrão da língua, esse uso é inadequado, pois

a) contraria o uso previsto para o registro oral da língua.

b) contraria a marcação das funções sintáticas de sujeito e objeto.

c) gera inadequação na concordância com o verbo.

d) gera ambiguidade na leitura do texto.

e) apresenta dupla marcação de sujeito.

18 Complemento nominal, adjunto adnominal, adjunto adverbial, aposto e vocativo

1 (UNIFESP-SP)

De tudo que é nego torto
Do mangue e do cais do porto
Ela já foi namorada
O seu corpo é dos errantes
Dos cegos, dos retirantes
É de quem não tem mais nada
Dá-se assim desde menina
Na garagem, na cantina
Atrás do tanque, no mato
É a rainha dos detentos
Das loucas, dos lazarentos
Dos moleques do internato
E também vai amiúde
Co'os velhinhos sem saúde
E as viúvas sem porvir
Ela é um poço de bondade
E é por isso que a cidade
Vive sempre a repetir
Joga pedra na Geni
Joga pedra na Geni
Ela é feita pra apanhar
Ela é boa de cuspir
Ela dá pra qualquer um
Maldita Geni

(Chico Buarque. *Geni e o zepelim.*)

Indique a alternativa que apresenta a função sintática do verso *De tudo que é nego torto.*

a) Adjunto adverbial de modo.
b) Objeto indireto.
c) Predicativo do sujeito.
d) Adjunto adnominal.
e) Complemento nominal.

Resolução comentada

O excerto faz parte do período "De tudo que é nego torto / Do mangue e do cais do porto / Ela já foi namorada" a que corresponderia, na ordem direta: *ela já foi namorada de tudo que é nego torto do mangue e do cais do porto.* Assim, *De tudo que é nego torto* é complemento do substantivo *namorada*, regido de preposição; portanto, é complemento nominal, como se enuncia no item e.

2 (ITA-SP)

Litania dos Pobres

Cruz e Souza

Os miseráveis, os rotos
São as flores dos esgotos

São espectros implacáveis
Os rotos, os miseráveis.

São prantos negros de furnas
Caladas, mudas, soturnas.

São os grandes visionários
Dos abismos tumultuários.

As sombras das sombras mortas,
Cegos, a tatear nas portas.

Procurando os céus, aflitos
E varando os céus de gritos.

Inúteis, cansados braços
Mãos inquietas, estendidas.

Analise as opções e assinale a alternativa incorreta.

a) 'de gritos' (v. 12) se liga sintaticamente a varando (v. 12) e não a céu (v. 12).

b) 'de gritos' (v. 12) é adjunto adnominal.

c) Os adjetivos do verso 6 concordam com 'furnas' (v. 5) mas são qualificativos indiretos de os 'miseráveis' (v. 1).

d) 'varando' (v. 12) tem a mesma classificação sintática que 'procurando' (v. 11)

e) 'As sombras das sombras' (v. 9) é um exagero poético, uma hipérbole.

3 (IFSP-SP) No verso — *Ai, madre, moiro d'amor!* — a função sintática do termo *madre* é a seguinte:

a) sujeito.

b) objeto direto.

c) adjunto adnominal.

d) vocativo.

e) aposto.

4 (UFAL-SP) Assinale como VERDADEIRAS as frases em que os termos em destaque estão CLASSIFICADOS corretamente e como FALSAS aquelas em que isso não ocorre.

( ) Estivemos com o diretor que consideramos **o mais sensato** dentre todos os demais — predicativo do objeto.

( ) Haverá de ser necessário que todos se empenhem no cumprimento **das ordens** — objeto indireto.

( ) Encontramos os documentos, **os quais** usaremos para as informações solicitadas — objeto direto.

( ) Seriam **necessárias** condições diferentes dessa que nos foi oferecida — adjunto adnominal.

( ) Todos se admiraram **da má vontade** demonstrada pelo aluno — complemento nominal.

5 (ENEM)

Fazer 70 anos

Fazer 70 anos não é simples.
A vida exige, para o conseguirmos,
perdas e perdas no íntimo do ser,
como, em volta do ser, mil outras perdas.
[...]
Ó José Carlos, irmão-em-Escorpião!
Nós o conseguimos...
E sorrimos
de uma vitória comprada por que preço?
Quem jamais o saberá?

ANDRADE, C. D. *Amar se aprende amando.*
São Paulo: Círculo do Livro, 1992 (fragmento).

O pronome oblíquo "o", nos versos "A vida exige, para o conseguirmos" e "Nós o conseguimos", garante a progressão temática e o encadeamento textual, recuperando o segmento

a) "Ó José Carlos".

b) "perdas e perdas".

c) "A vida exige".

d) "Fazer 70 anos".

e) "irmão-em-Escorpião".

6 (FCMSC-SP) Observe as duas frases seguintes:

I. O proprietário da farmácia saiu.

II. O proprietário saiu da farmácia.

Sobre elas são feitas as seguintes considerações:

I. Na I, "da farmácia" é adjunto adnominal.

II. Na II, "da farmácia" é adjunto adverbial.

III. Ambas as frases têm exatamente o mesmo significado.

IV. Tanto em I como em II, "da farmácia" tem a mesma função sintática.

Destas quatro considerações:

a) apenas uma é verdadeira.

b) apenas duas são verdadeiras.

c) apenas três são verdadeiras.

d) as quatro são verdadeiras.

7 (UFU-MG) Assinale a frase em que o objeto direto é pleonástico:

a) A borboleta negra, encontrei-a à noite, no quarto.

b) Eu a sacudi de novo.

c) Fiquei a contemplar o cadáver com alguma simpatia.

d) Um golpe de toalha rematou a aventura.

e) Vi dali o retrato de meu pai.

8 (FTM-ARACAJU) Das expressões destacadas abaixo, com as ideias de tempo ou lugar, a única que tem a função sintática do adjunto adverbial é:

a) "Já ouvi os poetas **de Aracaju**".

b) "atravessar **os subúrbios escuros e sujos**".

c) "passar **a noite de inverno** debaixo da ponte".

d) "Queria agora caminhar com os ladrões **pela noite**".

e) "sentindo no coração as pancadas dos pés das mulheres **da noite**".

19 Período composto

1 (ENEM)

O Flamengo começou a partida no ataque, **enquanto** o Botafogo procurava fazer uma forte marcação no meio campo e tentar lançamentos para Victor Simões, isolado entre os zagueiros rubro-negros. **Mesmo** com mais posse de bola, o time dirigido por Cuca tinha grande dificuldade de chegar a área alvinegra **por causa do** bloqueio montado pelo Botafogo na frente da sua área.

No entanto, na primeira chance rubro-negra, saiu o gol. **Após** cruzamento da direita de Ibson, a zaga alvinegra rebateu a bola de cabeça para o meio da área. Kléberson apareceu na jogada e cabeceou por cima do goleiro Renan. Ronaldo Angelim apareceu nas costas da defesa e empurrou para o fundo da rede quase que em cima da linha: Flamengo 1 a 0.

Disponível em: http://momentodofutebol.blogspot.com (adaptado).

O texto, que narra uma parte do jogo final do Campeonato Carioca de futebol, realizado em 2009, contém vários conectivos, sendo que

a) **após** é conectivo de causa, já que apresenta o motivo de a zaga alvinegra ter rebatido a bola de cabeça.

b) **enquanto** tem um significado alternativo, porque conecta duas opções possíveis para serem aplicadas no jogo.

c) **no entanto** tem significado de tempo, porque ordena os fatos observados no jogo em ordem cronológica de ocorrência.

d) **mesmo** traz ideia de concessão, já que "com mais posse de bola", ter dificuldade não é algo naturalmente esperado.

e) **por causa de** indica consequência, porque as tentativas de ataque do Flamengo motivaram o Botafogo a fazer um bloqueio.

Resolução comentada

A alternativa correta é a *d*, pois a ideia apresentada pela conjunção *mesmo* é de concessão, já que há uma quebra de expectativa. O que se esperava é que o time não teria dificuldade, já que tinha mais posse de bola. Para facilitar, poderíamos substituir a conjunção por *apesar de*, e a ideia se manteria.

A alternativa *a* está incorreta, pois *após* é um conectivo de tempo, assim como *enquanto*, da alternativa *b*.

No entanto expressa uma oposição e não tempo, como aparece na alternativa *c*; *por causa de* indica causa e não consequência (alternativa *e*).

A questão exige conhecimento dos conectivos que fazem parte tanto de orações subordinadas como de orações coordenadas.

2 (UFRJ-RJ)

O que sonhei ser e não fui

Aos sete anos, projetava que minha vida estaria resolvida aos 37. Administraria somente a felicidade. Dei o prazo de três décadas para não me preocupar. Talvez o paraíso naquela época fosse cabular temas, não ir à escola, muito menos ser submetido às provas. Não mirabolava encargos, superações e dificuldades. Até porque a vida adulta é distante, uma velhice para criança.

Recordo a atmosfera do que imaginava. A sensação de alívio do futuro. A felicidade seria estável e permanente. Era uma fórmula que deveria encontrar e adotá-la no restante dos dias. Algo como a receita de galinha recheada da avó.

Uma vez feito o prato, ele se repetiria eternamente. Não enxergava o estado provisório e fugaz do sentimento, um clarão que nos ajuda a suportar depois o escuro. Hoje entendo que a felicidade é rara, relampeia, olhamos onde estão nossas coisas e seguimos tateando com mais facilidade.

Não sou sinônimo de sucesso. Moro provisoriamente na residência materna, tenho duas separações, sequer possuo algum imóvel. Deixei duas vidas, duas casas, tudo que construí e acumulei ficou para trás. Caso não tivesse me divorciado, estaria confortável e poderia investir na Bolsa de Valores. Guardo a biblioteca em centenas de caixas na garagem, não há como consultar os livros. Os rendimentos são subjetivos, provados pelos extratos bancários.

Mas não pretendo ser diferente, não entrarei no apartamento de amigos ricos e fingirei igualdade. Não peço emprestados outros mundos para aliviar o meu. Estou contaminado das manias para mudar.

Apesar da fragilidade, não me coloco como um coitado, uma vítima de decisões erradas. A cada mês, sou obrigado a inventar um salário. É assustador e delicioso. Eu perco meu emprego todos os dias. Enviúvo compromissos e caso com expectativas. A rotina não é interrompida por finais de semana. Domingo e terça-feira são iguais. Não me formei em medicina para justificar plantões, ocupo a família com minhas desocupações.

Espumo águas paradas. Qualquer desastre não é trágico. Qualquer desmemória não é o fim. Sou rápido o suficiente para me digitar de novo. Desde o início. Não desmereço as frases porque já foram escritas.

Os filhos não se acostumaram com a atmosfera instável, acham que sofro à toa e que me alegro ainda mais à toa. A namorada tenta esclarecer as extravagâncias. Na casa dela, não consigo relaxar. Passo aspirador, lustro mesas, lavo a louça e dobro as roupas para brincar que é minha casa. Ela enlouquece, mas sua ternura atrapalha a raiva. Sinto saudade de varrer a rua. Saudade não é arrependimento.

Há gente que se gaba em dizer que cumpriu o sonho dos sete anos. Seguiram à risca a ambição de pequenos.

Eu fico com dó da coerência. Desse jogador de futebol que não admitiu a confusão vocacional. Dessa bailarina que não desobedeceu ao contexto. Desse cantor que não reparou na encruzilhada.

Nossa cultura valoriza demais o planejamento. Como se a linha reta fosse uma virtude.

Eu não fui o que minha infância traçou. Aquilo era fantasia. O que sei fazer é recomeçar e frustrar condicionamentos

Para um escritor, seria uma enorme falta de criatividade ser o que imaginei quando criança.

(CARPINEJAR, Fabrício. Mulher perdigueira: crônicas. Rio de Janeiro: Bertrand Brasil, 2010.)

Na elaboração de um texto, é possível explorar os mecanismos da coordenação e da subordinação na estruturação discursiva com o intuito de conferir vigor à expressão.

Explique de que modo a estruturação do sétimo e do décimo parágrafos da crônica de Fabrício Carpinejar, transcritos abaixo, está em sintonia com o conteúdo.

(7º parágrafo) "Espumo águas paradas. Qualquer desastre não é trágico. Qualquer desmemória não é o fim. Sou rápido o suficiente para me digitar de novo. Desde o início. Não desmereço as frases porque já foram escritas."

(10º parágrafo) "Eu fico com dó da coerência. Desse jogador de futebol que não admitiu a confusão vocacional. Dessa bailarina que não desobedeceu ao contexto. Desse cantor que não reparou na encruzilhada."

3 (UNESP-SP)

Idealismo e Realismo

Eu sou pois associado a estes dois movimentos, e se ainda ignoro o que seja a ideia nova, sei pouco mais ou menos o que chamam aí a escola realista. Creio que em Portugal e no Brasil se chama realismo, termo já velho em 1840, ao movimento artístico que em França e em Inglaterra é conhecido por "naturalismo" ou "arte experimental". Aceitemos, porém, realismo, como a alcunha familiar e amiga pela qual o Brasil e Portugal conhecem uma certa fase na evolução da arte.

[...]

Não — perdoem-me — não há escola realista. Escola é a imitação sistemática dos processos dum mestre. Pressupõe uma origem individual, uma retórica ou uma maneira consagrada. Ora o naturalismo não nasceu da estética peculiar dum artista; é um movimento geral da arte, num certo momento da sua evolução. A sua maneira não está consagrada, porque cada temperamento individual tem a sua maneira própria: Daudet é tão diferente de Flaubert, como Zola é diferente de Dickens. Dizer "escola realista" é tão grotesco como dizer "escola republicana". O naturalismo é a forma científica que toma a arte, como a república é a forma política que toma a democracia, como o positivismo é a forma experimental que toma a filosofia.

Tudo isto se prende e se reduz a esta fórmula geral: que fora da observação dos factos e da experiência dos fenômenos, o espírito não pode obter nenhuma soma de verdade.

Outrora uma novela romântica, em lugar de estudar o homem, inventava-o. Hoje o romance estuda-o na sua realidade social. Outrora no drama, no romance, concebia-se o jogo das paixões a priori; hoje, analisa-se a posteriori, por processos tão exactos como os da própria fisiologia. Desde que se descobriu que a lei que rege os corpos brutos é a mesma que rege os seres vivos, que a constituição intrínseca duma pedra obedeceu às mesmas leis que a constituição do espírito duma donzela, que há no mundo uma fenomenalidade única, que a lei que rege os movimentos dos mundos não difere da lei que rege as paixões humanas, o romance, em lugar de imaginar, tinha simplesmente de observar. O verdadeiro autor do naturalismo não é pois Zola — é Claude Bernard. A arte tornou-se o estudo dos fenômenos vivos e não a idealização das imaginações inatas...

(Eça de Queirós. "Cartas Inéditas de Fradique Mendes". In: *Obras de Eça de Queirós*.)

Os processos de coordenação e de subordinação, quando surgem de modo recorrente ao longo de um mesmo período, podem produzir sequências bastante simétricas, que facilitam não apenas a compreensão, mas também o reconhecimento da própria estrutura sintática adotada. Releia o último período do segundo parágrafo do fragmento de Eça de Queirós e, a seguir,

a) indique o substantivo que, repetido simetricamente ao longo do período, apresenta sempre a mesma função sintática nas orações em que se insere;

b) fazendo as eliminações de conectivos que julgar necessárias e alterando a pontuação, transforme esse período composto por coordenação e subordinação em três períodos compostos por subordinação também simétricos.

20 Sons e letras

(UFSM-RS) Texto para as questões 1 e 2:

"Os mensaleiros, os sanguessugas, os corruptos de todas as grandezas continuam aí, expondo suas *caras de pau* envernizadas, afrontando os que pensam e agem honestamente. Tudo isso, entretanto, não é motivo para anular o voto ou votar em branco."

(Sergio Blattes. *Diário de Santa Maria*. 03 de agosto de 2006.)

1 A palavra SANGUESSUGA possui 11 letras, 8 fonemas e 3 dígrafos; DEMOCRACIA tem 10 letras, 1 encontro consonantal e 1 hiato. Relacione as duas colunas a seguir e depois assinale a alternativa com a sequência correta.

1. república	( ) 9 fonemas, 1 dígrafo
2. hábito	( ) 7 fonemas, 2 dígrafos
3. reeleição	( ) 8 fonemas, 1 dígrafo, 1 encontro consonantal
4. candidatos	( ) 9 fonemas, 1 encontro consonantal
5. corrupção	( ) 9 fonemas, 2 ditongos, 1 hiato
6. excessivo	( ) 5 fonemas

a) 6 - 4 - 1 - 5 - 3 - 2
b) 2 - 4 - 5 - 6 - 3 - 1
c) 5 - 1 - 6 - 4 - 2 - 3
d) 4 - 6 - 5 - 1 - 3 - 2
e) 3 - 5 - 2 - 6 - 4 - 1

2 Usualmente, uma expressão linguística é usada para falar de coisas, mas também pode ser mencionada, isto é, podemos falar a respeito dela. Com base nessa distinção, é correto afirmar que o modo como as palavras *sanguessuga*, *fonemas* e *dígrafos* estão sendo empregadas no enunciado da questão anterior chama-se, respectivamente:

a) menção - uso - uso
b) uso - menção - uso
c) uso - menção -menção
d) uso - uso - menção
e) menção - menção - uso

3 (UnB-DF) Marque a opção em que todas as palavras apresentam dígrafo:

a) fixo - auxílio - tóxico - exame
b) enxergar - luxo - bucho - olho
c) bicho - passo - carro - banho
d) choque - sintaxe - unha - coxa

21 A expressão escrita: ortografia - divisão silábica

(UEPG) Texto para a questão 1.

Tenha uma atitude saudável livre do cigarro.

Fazer exercícios físicos, como correr, nadar, andar de bicicleta e até dançar, é muito bom para a saúde e contribui para o bem-estar. Isso porque, ao se exercitar, o organismo libera endorfinas, substâncias que dão a sensação de prazer, melhorando o humor e a disposição. A atividade física também é uma aliada de quem quer parar de fumar, reduzindo os sintomas da abstinência, como insônia, inquietação, fome excessiva e estresse. Além disso, melhora a autoestima, acelera o metabolismo e ajuda na digestão. Você também sente os efeitos no corpo. Bastam 20 minutos sem cigarro para a pressão sanguínea e a pulsação voltarem ao normal. Três semanas depois, a respiração fica mais fácil e a circulação melhora. Portanto, tome uma atitude saudável. Pratique exercícios e largue o cigarro. Sua saúde agradece.

Adaptado de: *Revista Saúde é Vital*. no 342 – Edição de Aniversário – Editora Abril, outubro de 2011, p. 27.

1 Com relação à divisão silábica, assinale o que for correto.

a) Ci-gar-ro, ex-ces-si-va, fas-ci-nar, des-çam. Em todas as palavras foram separadas as letras dos dígrafos.

b) Subs-tân-cia, abs-ti-nên-cia, pers-pi-caz; abso-lu-to. Todas as palavras seguem a mesma regra de divisão silábica.

c) In-qui-e-ta-ção, bai-a-no, sa-ú-de, fri-a-gem. As vogais que representam o hiato foram separadas.

d) Con-tri-bui, san-guí-nea, e-xer-cí-cios, quan-do. Não se separam as letras que representam um ditongo.

e) Sa-gu-ão, dis-po-si-ção, cá-ri-e, es-tres-se. Todas as palavras seguem regras diferentes de divisão silábica.

2 (IFSC) Leia atentamente o Texto 1.

TEXTO 1

Apesar do apoio popular, é bastante difícil que ocorram alterações na forma de punir adolescentes infratores no médio prazo. Isso porque a maioridade penal em 18 anos (estabelecida pelo artigo 228 da Constituição Federal) é considerada um direito fundamental dos adolescentes. Por isso, Ministério Público Federal, Ordem dos Advogados do Brasil e especialistas argumentam que o artigo se trata de uma cláusula pétrea, que não pode ser alterada.

"É uma cláusula imutável. Para alterar a maioridade penal seria necessário fazer uma nova constituição", diz Melina Fachin, professora de Direito Constitucional da UFPR.

Ainda que Câmara e Senado tenham interpretações diferentes e aprovem uma das Propostas de Emenda à Constituição (PECs), alterando o artigo 228 da Carta Magna, a decisão se estenderia ao Supremo Tribunal Federal.

Outra alternativa seria mudar pontos do ECA [Estatuto da Criança e do Adolescente], prevendo outras formas e períodos de punição aos menores de 18 anos. MPF e OAB também já se manifestaram contra a hipótese. "O ECA é uma norma infraconstitucional. Então, sua alteração também seria inconstitucional, porque haveria conflito com o que a Constituição disciplina", observa Melina.

Além do viés constitucional, o doutor em sociologia e coordenador do Núcleo de Estudos de Violência da UFPR, Pedro Bodê, defende o ECA e questiona as intenções de alteração na legislação. "Mais uma vez, o jovem é tornado em bode expiatório da derrocada dos governos e falência das políticas públicas que eles representam. É transformar a vítima em réu", afirma.

O deputado Fernando Francischini (PEN) discorda e se apega ao clamor público para justificar a redução. "A Constituição é feita para proteger a população. A gente não pode dizer que a Constituição é imutável, se a própria população quer mudá-la."

Fonte: Câmara dos Deputados e Senado Federal.

(Disponível em: http://www.gazetadopovo.com.br/vida-e-cidadania/90-apoiam-reducao-da-idade-penalc8e24o0vlosyiway5n00aryvi/. Acesso em: 27 maio de 2015.)

Considerando as palavras adolescentes, derrocada, necessário e professora, é CORRETO afirmar:

a) As palavras derrocada e professora têm o mesmo número de sílabas.

b) Todas as palavras são substantivos abstratos.

c) A divisão silábica correta de adolescentes é: a-do-le-scen-tes, pois não se separam os encontros consonantais.

d) Adolescentes é um substantivo sobrecomum.

e) Todas as afirmativas estão corretas.

(CEFET-BA) Leia o texto 1 para responder à questão 3.

Texto 1

Calvin e Haroldo – Bill Watterson.

3 Contemple as palavras retiradas da tirinha de Calvin apresentada no texto 1: **pudesse** (quadrinho 1), **ensolarado** (quadrinho 2), **isso** (quadrinho 3) e **suponha** (quadrinho 3).

A alternativa que apresenta, correta e sequencialmente, o número correto de sílabas das palavras grifadas é

a) 3 sílabas / 5 sílabas / 2 sílabas / 3 sílabas

b) 2 sílabas / 3 sílabas / 2 sílabas / 3 sílabas

c) 3 sílabas / 5 sílabas / 3 sílabas / 2 sílabas

d) 2 sílabas / 4 sílabas / 2 sílabas / 2 sílabas

e) 3 sílabas / 4 sílabas / 3 sílabas / 2 sílabas

22 A expressão escrita: acentuação

(UEPG) Textos para a questão 1.

Texto 1: Meter a língua onde não é chamado

Outro dia eu disse para as minhas filhas que o telefone estava escangalhado. Nada escangalha mais, no máximo não funciona. Me acharam, sem usar tamanho e tão cansativo polissílabo, um completo mocorongo. Como sempre, estavam certas. Eu tenho visto mulheres de botox, homens que escondem a idade, tenho visto todas as formas de burlar a passagem do tempo, mas o que sai da boca tem data. Cuidado cinquentões com o ato falho de pedir um ferro de engomar, achar tudo chinfrim, reclamar do galalau que senta na sua frente no cinema e a mania de dizer que a fila do banco está morrinha. Esse papo, por mais que você curta música techno e endívias, denuncia de que década você veio.

Adaptado de: Joaquim Ferreira dos Santos. Disponível em http://www.releituras.com/jfsantos_menu.asp. Acesso em 23 de julho de 2012.

Texto 2: Rato de sebo

Adaptado de: Custódio. Disponível em http://www.releituras.com/ratodesebo69.asp. Acesso em 23 de julho de 2012.

1 Sobre o Novo Acordo Ortográfico, assinale o que for correto.

01) No texto 1, a palavra "galalau", em "reclamar do galalau que senta na sua frente no cinema", era acentuada antes do Novo Acordo Ortográfico.

02) No texto 2, o da charge, a palavra "sarau", em "Ontem fui a um sarau supimpa", era acentuada antes do acordo que vigora atualmente.

04) Na charge, em "O véio tirou a maior onda", a palavra "véio" (uma variante de "velho") não levaria acento na atual ortografia.

08) No texto de Joaquim Ferreira dos Santos aparece uma palavra cujo sinal gráfico foi abolido no Novo Acordo, a não ser em palavras derivadas de nomes próprios estrangeiros.

16) A regra que norteava a acentuação de palavras, como "máximo", "polissílabo", "música" e "década", todas do primeiro texto, não sofreu alteração no Novo Acordo Ortográfico.

2 (FGV) Leia o texto.

Como bem mostra João Adolfo Hansen, no prefácio, Samuel Beckett atinge a história nessas eliminações da voz. Como matéria manuseada, ______________ que está no meio, entre o dentro e o fora, entre o crânio e o mundo, só resta falar, "continuar a tagarelice aterrorizada dos condenados ao silêncio". Recusando, contudo, todas as determinações, conceitos e os pretensos sentidos, impedindo que a voz se torne universal; esvaziá-la, até torná-la estéril, entulho do fracasso histórico do *sensos communis* e do *linguistic turn*: para Beckett, verso e reverso de uma vida historicamente danificada.

(*Jornal de Resenhas*, número 4, agosto de 2009)

a) A lacuna do texto deve ser preenchida com *a voz* ou *à voz*? Justifique a sua resposta.

b) Considerando as palavras *recondito, femur, hifens, paul, bacharel* e *aljofar*, transcreva e acentue aquelas que, a exemplo de *estéril*, devem receber acento gráfico por serem paroxítonas.

3 (CESGRANRIO-RJ) A dupla de palavras em que ambas devem ser acentuadas graficamente na sílaba destacada é:

a) **fa**cil - tro**pe**ço

b) Itai**pu** - dor**men**cia

c) ju**iz** - Ra**ul**

d) vi**ril** - juri**ti**

e) **se**rio - **te**dio

4 (UFSM-RS) Observe o trecho: "a maior parte dos eleitores (cerca de 30 milhões) tem entre 25 e 34 anos, mas seguida de perto pelos que têm entre 45 e 59 anos". O verbo *ter* aparece duas vezes, uma sem acento gráfico e outra com acento. A segunda forma é acentuada:

a) porque é uma palavra monossílaba átona.

b) porque é uma oxítona terminada em "-em".

c) para concordar com "a maior parte".

d) para concordar com "entre 45 e 59 anos".

e) para indicar a flexão da terceira pessoa do plural.

5 (UNIFESP-SP, adaptada) Indique a alternativa em que todas as palavras são acentuadas graficamente, segundo a mesma regra.

a) estômago, colégio, fábrica, lâmpada, inflexível.

b) Virgílio, fúria, carícias, matéria, colégio.

c) trópicos, lábios, fúria, máquinas, elétricas.

d) sério, cérebro, Virgílio, sábio, lógico.

e) Ésquilo, carícia, Virgílio, átomos, êmbolo.

6 (UNIFOR-CE) Por que se escrevem *diários*?

A série em que a acentuação de todas as palavras obedece à mesma regra da palavra destacada na frase acima é:

a) importância - ingênua - escritório

b) públicos - ninguém - literárias

c) político - frequência - caráter

d) íntima - destruí - contrários

e) histórico - justificá-los - páginas

7 (ITA-SP, adaptada) Assinale a sequência de palavras acentuadas pela mesma regra gramatical.

a) cenário, circunstância, hífen, água.

b) está, já, café, jacá.

c) eletrônica, gênero, bônus, ônibus.

d) cenário, águia, referência, série.

Respostas

Literatura

Capítulo 1 – A produção literária medieval

1 c **2** a **3** a **4** a

Capítulo 2 – Camões e o Renascimento português

1 a

2 c

Capítulo 3 – O Barroco

1 c **2** c **3** e

Capítulo 4 – O Arcadismo em Portugal e no Brasil

1 e **2** b **3** e

Capítulo 5 – O Romantismo em Portugal e no Brasil

1 d **2** e **3** e

Capítulo 6 – O Realismo-Naturalismo em Portugal e no Brasil. O Parnasianismo no Brasil

1 a **2** d **3** a

Capítulo 7 – O Simbolismo em Portugal e no Brasil

1 a **2** b **3** c

Capítulo 8 – O Pré-Modernismo no Brasil

1 d **2** e **3** d

Capítulo 9 – O Modernismo em Portugal e no Brasil

1 c **3** a **5** c

2 d **4** e

Capítulo 10 – A segunda fase do Modernismo no Brasil. A prosa e a poesia de 30

1 a

2 b

3 c

4 A expressão *pastoral fantástica* situa o poema no Modernismo, que utiliza recursos do Surrealismo.
Daí a sensação do ilógico, da falta de sentido, das imagens oníricas quebrando a expectativa do leitor.
Passagens como "Vejo ao longe com alegria meus pianos / recortarem os vultos monumentais / contra a lua /" exemplificam o Surrealismo.

5 d

6 a

7 e

8 a

9 b

10 d

11 c

Capítulo 11 – A poesia e a prosa dos anos 1940-50. A literatura contemporânea em língua portuguesa

1 d **5** c **9** b

2 a **6** e **10** a

3 c **7** a

4 e **8** b

Gramática

Capítulo 1 – Linguagem, comunicação e interação

1 d **2** a **3** d

Capítulo 2 – Texto e discurso – Intertexto e interdiscurso

1 c **2** a **3** b

Capítulo 3 – As variedades linguísticas

1 a **2** b **3** c

Capítulo 4 – Estrutura e formação de palavras

1 e

2 b

É correta a opção *b*, pois o termo *megahipercorporações* é formado pelos prefixos de origem grega *mega-* e *hiper-*, que expressam noção semântica de "grande quantidade", enfatizando o tamanho e o poder das corporações econômicas atuais.

3 **a)** Trata-se de uma derivação sufixal: *esculhambativo* é uma palavra formada pelo acréscimo de um sufixo (-ivo) ao verbo *esculhambar*.

b) Apesar de derivarem do mesmo verbo (esculhambar), os adjetivos mencionados diferem quanto ao significado. Evento *esculhambado* é sinônimo de desorganizado, desmoralizado; já evento *esculhambativo* é aquele que desmoraliza, satiriza (o evento anterior).

4 b

5 d

Capítulo 5 – Concordância nominal e verbal

1 c **2** e **3** e

Capítulo 6 – A pontuação

1 **a)** Sim; caso a conversa entre pai e filho se desse por telefone, a entonação utilizada haveria de desfazer o tom imperativo que a frase escrita possui, já que poderia soar mais carinhoso, gentil.

b) Sugestão: Pai, mande-me dinheiro, por favor?

2 d

3 a

Capítulo 7 – Regência verbal e regência nominal

1 c **2** c **3** a **4** b

Capítulo 8 – Colocação pronominal

1 d **2** c **3** c

Capítulo 9 – Introdução à semântica

1 e **2** a **3** c **4** a

Capítulo 10 – Figuras de linguagem

1 e **2** c **3** b **4** e

Capítulo 11 – O substantivo

1 b **2** d

Capítulo 12 – Os determinantes do substantivo: adjetivo, artigo e numeral

1 b **2** a **3** b **4** c

Capítulo 13 – O pronome

1 a **2** a **3** c

Capítulo 14 – O verbo

1 b **2** b **3** a

Capítulo 15 – O advérbio

1 b **2** e **3** c

Capítulo 16 – Palavras relacionais: a preposição, a conjunção e a interjeição

1 c **2** a **3** e

Capítulo 17 – O sujeito e o predicado

1 e **2** b

Capítulo 18 – Complemento nominal, adjunto adnominal, adjunto adverbial, aposto e vocativo

1 e

2 b

3 d

4 V, F, V, F, F

5 d

6 b

7 a

8 d

Capítulo 19 – Período composto

1 d

2 No 7º parágrafo, sobressai a coordenação, que confere vigor à expressão da necessidade de mudança/movimento na vida ou reinvenção da vida, explicitada particularmente na passagem "Espumo águas paradas.". No 10º parágrafo, aparecem subordinação e coordenação. A subordinação dos três termos preposicionados ("Desse jogador [...] vocacional.", "Dessa bailarina [...] ao contexto." e "Desse cantor [...] na encruzilhada.") a um substantivo do primeiro período é estruturada por meio de uma pontuação diferente da esperada. Com essa estruturação, ressalta-se a necessidade do inesperado, de uma aparente incoerência. A coordenação, por sua vez, cria um paralelismo que assegura o entendimento de uma sequência de exemplos para o tipo de coerência que causa dó.

3 **a)** O substantivo é *forma* (que funciona sintaticamente como núcleo do predicativo do sujeito e é retomado pelo pronome relativo *que*, na expressão "é a forma [...] que").

b) O naturalismo é a forma científica que toma a arte. A república é a forma política que toma a democracia. O positivismo é a forma experimental que toma a filosofia.

Capítulo 20 – Sons e letras

1 d **2** a **3** c

Capítulo 21 – A expressão escrita: ortografia – divisão silábica

1 a, c, d

2 a

3 a

Capítulo 22 – A expressão escrita: acentuação

1 04, 08, 16

2 **a)** Deve ser preenchida com *à voz*, pois se trata de complemento verbal da forma verbal *resta falar*.

b) São acentuados, por serem paroxítonas, *fêmur* e *aljôfar*.

3 e

4 e

5 b

6 a

7 d

Editora Saraiva

Presidência: Mario Ghio Júnior
Direção de soluções educacionais: Camila Montero Vaz Cardoso
Direção editorial: Lidiane Vivaldini Olo
Gerência editorial: Viviane Carpegiani
Gestão de área: Julio Cesar Augustus de Paula Santos
Gestão e coordenação de área: Noé G. Ribeiro
Edição: Daniella Skezo Zerbinatti, Fernanda Carvalho, Mônica Rodrigues de Lima e Paula Junqueira
Planejamento e controle de produção: Flávio Matuguma (ger.), Juliana Batista, Felipe Nogueira, Juliana Gonçalves e Anny Lima
Revisão: Kátia Scaff Marques (coord.), Brenda T. M. Morais, Claudia Virgilio, Daniela Lima, Malvina Tomáz e Ricardo Miyake
Arte: André Gomes Vitale (ger.), Catherine Saori Ishihara (coord.), Fábio Cavalcante (edit. arte)
Diagramação: Type Editores
Iconografia e tratamento de imagem: André Gomes Vitale (ger.), Claudia Bertolazzi e Denise Kremer (coord.), Camila Losimfeldt (pesquisa iconográfica) e Fernanda Crevin (tratamento de imagens)
Licenciamento de conteúdos de terceiros: Roberta Bento (ger.); Jenis Oh (coord.), Liliane Rodrigues, Flávia Zambon e Raísa Maris Reina (analistas de licenciamento)
Ilustrações: Erika Lourenço, Filipe Rocha, Gustavo Ramos, Mariângela Haddad, Nelson Provazi, Rico, Roberto Weigand, Weberson Santiago
Design: Erik Taketa (coord.) e Adilson Casarotti (proj. gráfico e capa)
Foto de capa: ©Casé Cb2Crew/Acervo do artista / Liam Norris/Getty Images / VaLiza/Shutterstock

Dados Internacionais de Catalogação na Publicação (CIP)

Cereja, William
Conecte live : Lingua portuguesa : volume único / William Cereja, Carolina Dias Vianna. -- 1. ed. -- São Paulo : Saraiva, 2020. (Conecte)

ISBN 978-85-4723-730-1 (aluno)
ISBN 978-85-4723-731-8 (professor)

1. Lingua portuguesa (Ensino Médio) I. Titulo II. Vianna, Carolina Dias III. Série

20-2109 CDD 469.07

Angélica Ilacqua CRB-8/7057

2023
Código da obra CL 524977
CAE 726753 (AL) / 726754 (PR)
1ª edição
8ª impressão

Impressão e acabamento: EGB Editora Gráfica Bernardi Ltda.

Uma publicação SOMOS EDUCAÇÃO

Conheça seu Caderno de Revisão

Este Caderno de Revisão foi elaborado para que, sempre que precisar, você possa retomar os conceitos estudados em todos os anos do Ensino Médio. Resumos com os principais tópicos da teoria o ajudarão a se preparar para o Enem e para exames e vestibulares do Brasil.

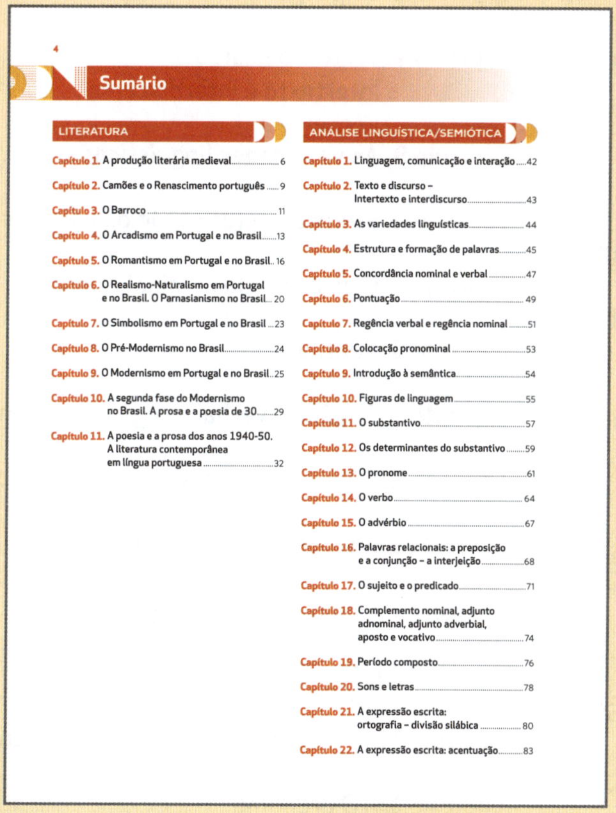

4

Sumário

Sumário

No sumário você encontra os assuntos que estudou organizados por grandes temas.

Anotações

Após o resumo teórico você tem a possibilidade de registrar esquemas, elaborar questões e fazer anotações sobre o que estudou.

O resumo teórico aparece de modo conciso e com ênfase nos principais tópicos do seu livro.

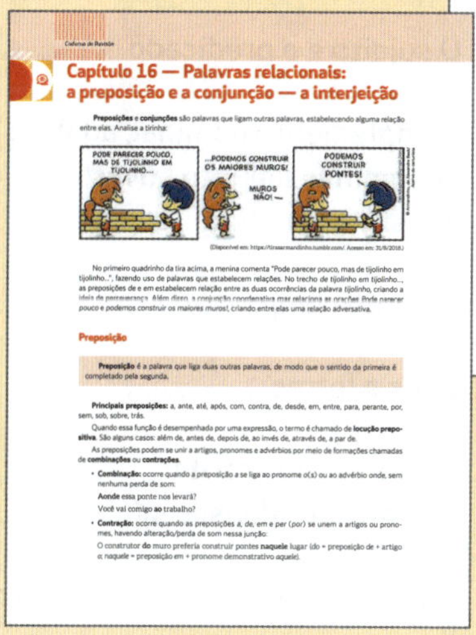

Sumário

LITERATURA

ANÁLISE LINGUÍSTICA/SEMIÓTICA

Literatura

Capítulo 1 — A produção literária medieval

O Trovadorismo — primeira época medieval (séc. XII a XIV)

Granger/Glow Images

O **trovador** era o compositor das *cantigas*, gênero poético da primeira época medieval.

Feitas para serem cantadas com acompanhamento musical e dança, destacavam-se dois tipos de cantigas líricas — a *cantiga de amor* e a *cantiga de amigo* — e dois tipos de cantigas satíricas — a de *escárnio* e a de *maldizer*.

A **cantiga de amor** segue o modelo da Provença, região ao sul da França, e expressa o sentimento amoroso sem identificação de tempo e lugar. A **cantiga de amigo**, originária da própria Península Ibérica, expressa os sentimentos de forma mais espontânea, com referência a hábitos sociais e aspectos da natureza. Na *cantiga de amor* há expressão dos sentimentos de forma mais aprofundada; na *cantiga de amigo* há maior musicalidade, graças à repetição de palavras, versos ou construções sintáticas — os **paralelismos** —, que contribuíam com a memorização das cantigas.

As *cantigas satíricas* de **escárnio** e de **maldizer**, voltadas para a crítica de costumes, representaram a formação de uma cultura laica, ainda que com fortes traços da concepção teocêntrica de mundo do homem medieval, e a celebração da vida aristocrática das cortes portuguesas.

Momento histórico

Entre os séculos XII e XIV, ocorrem profundas transformações no contexto histórico-cultural europeu: a formação de uma consciência nacionalista e a autonomia de vários povos; a solidificação de línguas populares, em geral oriundas do latim; a ascensão da cavalaria feudal, beneficiada pelas cruzadas (1096-1291), o estabelecimento de certos padrões de comportamento e certos valores culturais, artísticos e literários (com a produção das **novelas de cavalaria**) nos séculos XII e XIII; o florescimento de uma rica cultura laica até a decadência da cavalaria e a ascensão da burguesia comercial (a partir do século XIV).

O Trovadorismo em Portugal

1143 — Portugal conquista sua autonomia política e inicia o processo de desenvolvimento de uma língua própria, distinta do galego-português, e de ampliação da liberdade em relação à cultura (o cristianismo) e à língua oficial (o latim), impostas pela Igreja.

Século XII — Surgem as primeiras produções literárias portuguesas em galego-português, no período denominado **Trovadorismo**.

Os autores dessas produções (as cantigas) são os *trovadores* (pertencentes à nobreza ou ao clero), os *segreis* (da baixa nobreza) e os *jograis* (de origem popular).

O marco inicial desse período é a "Cantiga da Ribeirinha" ou "Cantiga da Guarvaia" (1189 ou 1198), de Paio Soares de Taveirós.

Produção literária

- **Poesia:** constituída pelas cantigas, conservadas nos chamados *cancioneiros*: Os cancioneiros mais importantes são: o *Cancioneiro da Ajuda*, o *Cancioneiro da Vaticana* e o *Cancioneiro da Biblioteca Nacional* ou *Colocci-Brancutti*).
  A poesia se dividia em *lírica* e *satírica*.
  Lírica — cantiga de amor e *cantiga de amigo*.
  Satírica — cantiga de escárnio (uma pessoa não identificada é satirizada de forma indireta, com ironia, trocadilhos e ambiguidades) e *cantiga de maldizer* (uma pessoa identificada é satirizada com linguagem agressiva, às vezes obscena).
- **Prosa:** *novelas de cavalaria* — ciclo bretão ou arturiano (com o rei Artur e os cavaleiros da Távola Redonda); ciclo carolíngio (com Carlos Magno e os doze pares de França); ciclo clássico (com figuras e acontecimentos da Antiguidade clássica). Além da novela *Amadis de Gaula*, as de maior prestígio são *Tristão e Isolda* e *A demanda do Santo Graal*.
  Além das novelas de cavalaria, as outras produções em prosa eram as *hagiografias* (relatos da vida dos santos), os *cronicões* e os *nobiliários* — registro de acontecimentos e das linhagens de reis e nobres.
- **Teatro:** *mistérios* (encenações de passagens bíblicas da vida de Jesus Cristo), *milagres* (representações da vida dos santos), *moralidades* (peças curtas com alegorias personificando ideias, vícios e virtudes) e *sotties* (representações com intenção crítica, envolvendo como protagonistas parvos e tolos).

Segunda época medieval (século XV e início do século XVI)

Época de transição do mundo medieval para o mundo moderno, que se inicia com o Renascimento, no século XVI.

Momento histórico

Portugal vive novo contexto político e social, com a solidificação do Estado e de uma língua e de uma cultura independentes, com o crescimento de uma burguesia comercial movida por interesses voltados para assuntos mais práticos, como política, navegação e expansão comercial.

Destaca-se nesse período a criação da imprensa (meados do século XV), que deu impulso à produção e à transmissão de textos em prosa.

D. João, o Mestre de Avis, apoiado pela burguesia, promove a expansão mercantilista portuguesa, marcada pela Tomada de Ceuta (1415), no norte da África, e pelas grandes navegações à África, à Ásia e à América.

A prosa e o teatro ganharam o primeiro plano, seguidos pela poesia palaciana, agora sem acompanhamento musical. A língua portuguesa se separa do galego; ganha forma própria, torna-se uma língua mais estruturada a partir do século XVI (o português moderno).

Produção literária

Momento de transição entre o Trovadorismo e o Renascimento do século XVI, a literatura inova-se, embora mantenha alguns aspectos do período anterior.

A produção literária da segunda época medieval estava assim distribuída:

- **Poesia:** Ressurge a partir de 1450, com o rei D. Afonso V como protetor das letras e com uma vida cultural mais prestigiada nas cortes. Daí o nome: *poesia palaciana*. Distanciada do acompanhamento musical, do canto e da dança, lida ou declamada, aprimora sua técnica, extraindo a musicalidade das próprias palavras. No plano formal, emprega as *redondilhas menor* e *maior*

(com cinco ou sete sílabas) e recorre a ambiguidades, jogos de palavras, aliterações e figuras de linguagem.
Quanto à disposição dos versos e das estrofes, destacam-se o *vilancete* (um mote de dois ou três versos e uma glosa de sete), a *cantiga* (um mote de quatro ou cinco versos e uma glosa de oito a dez) e a *esparsa* (única estrofe de oito a dezesseis versos).
No plano amoroso, a produção poética pode mostrar uma visão idealizada e platônica da mulher e também certa sensualidade e intimidade em relação a ela.
Foi coligida pelo poeta Garcia de Resende e publicada na obra *Cancioneiro Geral*, em 1516.

- **Prosa historiográfica:** São crônicas que relatam os acontecimentos históricos de Portugal. O principal cronista da época foi Fernão Lopes, que conciliava as técnicas narrativas (descrição de personagens, tensão dramática) com certa imparcialidade no tratamento dos fatos históricos, enfocando não só a vida da nobreza, mas atribuindo ao povo importância no processo de mudanças políticas do país. As principais crônicas de Fernão Lopes são: *Crônica de El-Rei D. Pedro*, *Crônica de El-Rei D. Fernando* e *Crônica de El-Rei D. João*.

- **Teatro:** Gil Vicente inicia em Portugal o teatro leigo com a apresentação, em 1502, do *Monólogo do vaqueiro* ou *Auto da visitação* (em lugar de homenagear o nascimento de Cristo, como era tradição, homenageia o nascimento do futuro rei D. João III).
Apesar de influenciado pela tradição religiosa, o teatro vicentino não é de caráter teocêntrico. Sua principal preocupação é retratar o homem na vida em sociedade, criticando-lhe os costumes, com vistas a reformá-los. Sua dramaturgia rústica, sem vínculo com a lei das três unidades que caracterizava o teatro clássico (greco-latino), revela elaboração habilidosa dos diálogos e missão moralizadora e reformadora, satirizando as classes ou grupos sociais de seu tempo.
Na produção de Gil Vicente, destacam-se os *autos*, as *farsas*, o *teatro romanesco* e as *fantasias alegóricas*, escritas para representação nas festas palacianas.

Capítulo 2 — Camões e o Renascimento português

Renascimento — Produção artística europeia inspirada pela cultura da Antiguidade greco-latina. Fim da Idade Média e transição para a Idade Moderna (séculos XV e XVI).

Fatores históricos:

- Crise do feudalismo, desenvolvimento da economia mercantil e ascensão da burguesia, crescimento urbano e chegada ao Oriente por mar.
- Invenção da imprensa e expansão do conhecimento, descobertas geográficas e cosmográficas, evolução da matemática e da astronomia.

Características:

- Racionalismo — atitude científica para domínio da natureza.
- Humanismo — interesse pelo homem, busca da perfeição e do domínio da natureza.
- Reforma religiosa (1571) — choque da nova realidade com princípios da Igreja.

O Classicismo em Portugal

- Renascimento econômico e político entre os séculos XV e XVI.
- Expansão marítima e comercial.
- Espírito aventureiro das viagens marítimas e dos descobrimentos.

Renascimento literário

- 1527 — Retorno de Sá de Miranda da Itália. "Doce estilo novo", a *medida nova* e formas fixas: soneto, écloga, elegia, ode, epístola, epitalâmio e epopeia.
- Busca de expressão da nacionalidade, do povo português e seu passado histórico recente.

Produção literária

- Poesia: Luís de Camões (lírica e épica) e Sá de Miranda (lírica).
- Prosa: Bernardim Ribeiro (novela), João de Barros (novela e crônica histórica) e Fernão Mendes Pinto (literatura de viagens).
- Teatro: Antônio Ferreira.

Luís de Camões (Lisboa, 1525-1580)

Poesia épica

- *A obra* — *Os lusíadas* (viagem de Vasco da Gama às Índias em 1498).
- *O herói* — o povo português.
- *Maravilhoso pagão* (deuses da antiguidade greco-latina) e *maravilhoso cristão* (Deus e santos e milagres do cristianismo).
- *Conflito dos deuses* — *Baco* e *Netuno* (contrários aos portugueses) e *Vênus* e *Marte* (favoráveis aos portugueses).
- *Influência das epopeias clássicas* — *Ilíada* e *Odisseia* (do grego Homero) e Eneida (do latino Virgílio).
- *Estrutura do poema* — 1 102 estrofes em oitava-rima distribuídas em dez cantos e em três partes: introdução, narração e epílogo.

Introdução (dezoito estrofes do Canto I):

- proposição (estrofes 1 a 3) — Vai cantar no poema os feitos dos portugueses.
- invocação (estrofes 4 e 5) — Pede inspiração às Tágides, ninfas do rio Tejo.
- dedicatória (estrofes 6 a 18) — Oferece a D. Sebastião, rei de Portugal.

Narração (estrofe 19 do Canto I à estrofe 144 do Canto X): Relato da viagem, de Portugal às Índias, contornando o cabo das Tormentas no sul da África.

Principais episódios: a morte de Inês de Castro, o velho da praia do Restelo, o gigante Adamastor e a Ilha dos Amores.

Epílogo (estrofes 145 a 156 do Canto X) — Conclusão do poema em tom melancólico.

Poesia lírica

Medida velha — Inspirada na tradição medieval, utiliza versos em redondilha maior e menor.

- Estrutura da poesia palaciana: *mote* (ideia central); *glosas* ou *voltas* (desenvolvimento do mote).
- Conteúdo: partida do namorado, a solidão, a confidência e o sofrimento amoroso, o ambiente rural, a mulher inacessível.

Medida nova — Inspirada no humanismo e no Renascimento italianos.

- Verso decassílabo.
- Tipos: soneto, écloga, ode, oitava, elegia.
- Temas:

Lírica amorosa: amor neoplatônico, amor sensual, o sofrimento amoroso, a natureza (confidente do amante que sofre).

Lírica filosófica: o desconcerto do mundo, a passagem do tempo, a instabilidade dos sentimentos e das coisas.

Capítulo 3 — O Barroco

O Barroco em Portugal

Momento histórico

Em 1580, Portugal sofre o impacto de dois acontecimentos: a morte de Luís de Camões e a passagem do país para o domínio espanhol, após a morte de D. Sebastião, em 1578. Esses fatos determinaram o esforço dos portugueses em preservar sua cultura e sua língua, reverenciando personagens e escritores do passado recente (Vasco da Gama, D. Sebastião, Camões).

Por outro lado, a Contrarreforma dá origem a uma ampla produção de caráter religioso. A atuação da Companhia de Jesus e do tribunal da Inquisição, instaurado em meados do século XVI, completa o quadro desse período, marcado pela religiosidade e pela austeridade.

Produção literária

- **Prosa:** Pe. Antônio Vieira, Pe. Manuel Bernardes, Francisco Manuel de Melo, Sóror Mariana Alcoforado (sermões, cartas, prosa religiosa e moralística).
- **Poesia:** Francisco Rodrigues Lobo e Sóror Violante do Céu.
- **Teatro:** Antônio José da Silva e Francisco Manuel de Melo.

Pe. Antônio Vieira

Principal expressão do Barroco em Portugal, sua obra pertence também à literatura brasileira. Com 7 anos veio para o Brasil e, na Bahia, estudou com os jesuítas, tendo ingressado na ordem da Companhia de Jesus. A maior parte de sua obra foi escrita no Brasil e está relacionada com as atividades que desempenhou como religioso, como conselheiro de D. João IV, rei de Portugal, e como mediador e representante de Portugal em relações econômicas e políticas com outros países.

Além da pregação religiosa, pôs seus sermões a serviço das causas políticas que defendia. Indispôs-se com comerciantes, com colonos que escravizavam índios e até com a Inquisição. Pregou a índios, brancos e negros, a brasileiros, africanos e portugueses. Suas ideias foram postas em prática por meio da catequese e da defesa do índio. Por ocasião da invasão holandesa na Bahia, conclamou a população a defender a cidade.

Aliando sua formação jesuítica à estética barroca, produziu sermões que se tornaram a expressão máxima do Barroco em prosa sacra e uma das principais expressões ideológicas e literárias da Contrarreforma. Pregou no Brasil, na Itália e em Portugal. Dos seus mais de duzentos sermões e quinhentas cartas destacam-se:

- "Sermão da sexagésima": proferido na Capela Real de Lisboa em 1655, tematiza a arte de pregar.
- "Sermão pelo bom sucesso das armas de Portugal contra as de Holanda": proferido na Bahia em 1640, coloca-se contrário à invasão holandesa.
- "Sermão de Santo Antônio (aos peixes)": proferido no Maranhão em 1654, ataca a escravização de índios.
- "Sermão do mandato": proferido na Capela Real de Lisboa em 1645, desenvolve o tema do amor místico.

O Barroco no Brasil

Momento histórico

Em 1580, Portugal e suas colônias ultramarinas, incluindo o Brasil, passaram ao domínio espanhol por um período de sessenta anos. A Espanha se tornou país dominante e centro da Contrarreforma e da Companhia de Jesus, ordem religiosa de maior atuação na época, inclusive na esfera do ensino. A ideologia católica, fortalecida pelo Concílio de Trento (1545 a 1563), atua em Portugal revigorando a Santa Inquisição, estabelecida ali desde 1540.

O Brasil era o grande produtor de cana-de-açúcar, atraindo colonos portugueses, a maioria sem instrução escolar, em busca de enriquecimento rápido, vivendo num ambiente de escravização do negro e de perseguição ao índio.

Desenvolvimento do Barroco no Brasil

Na colônia, advogados, religiosos ou homens de letras são responsáveis pelo nascimento de uma literatura brasileira ainda presa a modelos lusitanos e sem um público consumidor das letras. Os que escreviam o faziam para combater o espírito de exploração colonialista, para moralizar a população por meio da doutrina religiosa ou para expressar sentimentos pessoais profundos.

Entre 1720 e 1750, o Barroco no Brasil ganha grande impulso com a fundação de várias academias literárias por toda colônia. Nas artes plásticas, esse desenvolvimento só aconteceu no século XVIII, com a descoberta do ouro em Minas Gerais e a construção de igrejas de estilo barroco.

O Barroco no Brasil tem seu marco em 1601, com o poema *Prosopopeia*, de Bento Teixeira. Inspirado no modelo camoniano, o poema exalta a vida e as obras do donatário da capitania de Pernambuco.

Produção literária

- **Poesia:** Gregório de Matos, Bento Teixeira, Botelho de Oliveira e Frei Itaparica.
- **Prosa:** Pe. Antônio Vieira, Sebastião da Rocha Pita e Nuno Marques Pereira.

Gregório de Matos

Poesia lírica

- **amorosa:** é marcada pelo dualismo amoroso carne/espírito.
- **filosófica:** reflete sobre o desconcerto do mundo, as frustrações humanas diante da realidade, a transitoriedade da vida, a instabilidade das coisas.
- **religiosa:** aborda temas como o amor a Deus, a culpa e o arrependimento, o pecado e o perdão.

A sátira

A poesia satírica de Gregório de Matos foge aos padrões preestabelecidos pelo Barroco ibérico e se volta para a realidade baiana do século XVII, desferindo críticas a todas as classes sociais, o que lhe valeu o apelido de "Boca do Inferno". Tinha a percepção da exploração colonialista empreendida pelos portugueses na colônia e a criticava duramente. Emprega na sátira uma língua portuguesa diversificada, brasileira, com termos indígenas e africanos, palavrões, gírias e expressões locais.

Capítulo 4 — O Arcadismo em Portugal e no Brasil

O Arcadismo em Portugal

Momento histórico

O século XVII é um período de declínio político e econômico e o século XVIII se destaca pelo advento das ideias *iluministas*, adotadas por intelectuais e artistas, além dos reis D. João V e seu sucessor, D. José I, que desejavam modernizar o país.

Reformas políticas, econômicas, educacionais e culturais foram promovidas pelo Marquês de Pombal e contavam com o apoio de intelectuais e cientistas portugueses, entre eles o Pe. Luís Antônio Verney (*Verdadeiro método de estudar*, 1746), que atacou a orientação jesuítica vigente na educação e criticou a arte barroca e seus adeptos.

As academias

Como decorrência desse período cultural foi criada a *Arcádia Lusitana*, em 1756, marco inicial do Arcadismo em Portugal.

Arcádia era o nome de região montanhosa da Grécia e se relaciona, na mitologia clássica, com o pastoreio e a vida campestre. No século XVIII, em reação contra os exageros do Barroco, os poetas chamaram de *arcádias* os locais onde se reuniam, visando restaurar a simplicidade e o equilíbrio da poesia greco-latina.

As academias literárias eram agremiações que promoviam o debate sobre a criação artística, avaliavam criticamente a produção de seus filiados e facilitavam a produção de obras.

Portugal teve duas importantes academias árcades: a *Arcádia Lusitana*, que deu início ao movimento árcade em Portugal, e a *Nova Arcádia* (1790), que teve entre seus membros o maior poeta português do século XVIII: Bocage.

Os árcades adotavam pseudônimos pastoris, tomados da literatura ou da mitologia clássicas, além de uma série de regras e temas: *inutilia truncat* ("cortar o inútil"), rejeitar os exageros verbais; *fugere urbem* ("fugir da cidade"), deixar a corte, em busca da simplicidade do campo; *aurea mediocritas* ("o meio-termo de ouro"), equilíbrio entre a simplicidade material e a riqueza espiritual como fórmula para a felicidade; *locus amoenus* ("lugar ameno"), ambiente agradável na natureza; *carpe diem* ("aproveita o dia"), usufruir o momento presente em razão da fugacidade da vida.

O gênero literário predominante no Arcadismo português foi a poesia, embora tenha havido criação em todos os gêneros.

Produção literária

- **Poesia:** Cruz e Silva, Correia Garção, Reis Quita, Nicolau Tolentino, Filinto Elísio, Marquesa de Alorna, Bocage.
- **Prosa:** Correia Garção, Luís Antônio Verney.
- **Teatro:** Cruz e Silva, Correia Garção, Reis Quita, Manuel de Figueiredo.

Bocage

Manuel Maria du Bocage, retratado pelo pintor João Elói do Amaral.

Bocage (1765-1805) adotou o pseudônimo árcade de Elmano Sadino (*Elmano*, anagrama de Manoel; *Sadino*, relativo ao rio Sado, que corta a cidade de Setúbal, onde nasceu o poeta).

Imitou a vida de seu modelo, Camões: teve aventuras amorosas e experiências nas colônias portuguesas da Índia e da China, lutou em guerras, naufragou, foi preso e terminou a vida na miséria.

Destacou-se na poesia *lírica*, embora tenha escrito também poesia *erótica* e *satírica*.

Na fase inicial de sua poesia, utiliza formas e temas próprios do Arcadismo, ou como eram prescritos pela academia *Nova Arcádia*, da qual fez parte: o ambiente bucólico, o ideal de vida simples e feliz no campo, a presença de figuras mitológicas, a simplicidade da linguagem e a clareza das ideias.

Contudo, a adesão de Bocage ao Arcadismo convencional não resiste à inquietação do poeta; segue-se um conjunto de poemas em que aflora o subjetivismo, a expressão aberta de emoções e do pessimismo existencial, aproximando-o do período literário seguinte, o *Romantismo*.

Assim, a obra poética de Bocage, em sua totalidade, não é árcade nem romântica. É uma obra de transição, que apresenta simultaneamente aspectos dos dois momentos literários.

O Arcadismo no Brasil

Momento histórico

No século XVIII, há grande crescimento das cidades mineiras em razão da extração do ouro. Os jovens brasileiros de camadas privilegiadas da sociedade eram mandados a Coimbra para concluir seus estudos. Em Portugal, conheciam as novidades políticas e culturais introduzidas pelo ministro Marquês de Pombal, adepto de ideias do *Iluminismo*. Além disso, a independência dos Estados Unidos da América (1776) levou intelectuais e escritores a sonhar com a independência do Brasil. Tais sonhos culminaram com a frustrada Inconfidência Mineira (1789), que leva à prisão Cláudio Manuel da Costa (que lá morreu), Alvarenga Peixoto, Tomás Antônio Gonzaga e vários outros e ao enforcamento de Tiradentes.

O Arcadismo na colônia

O Arcadismo foi trazido de Portugal pelos intelectuais brasileiros e apresenta duas tendências principais em relação ao que aqui foi produzido. A primeira tendência foi a obediência aos princípios das academias literárias portuguesas ou a inspiração em autores clássicos, como Camões, Petrarca e Horácio, eliminando da criação aspectos pessoais ou locais. Uma segunda tendência caracterizou-se por tratar os modelos árcades com certa liberdade: a apresentação de uma natureza mais bruta e selvagem (Cláudio Manuel da Costa); a presença do índio (Basílio da Gama e Santa Rita Durão); a expressão mais espontânea e menos convencional dos sentimentos (Tomás Antônio Gonzaga). Esses elementos serão mais tarde recuperados e aprofundados pelo Romantismo, que buscou definir uma identidade nacional em nossa literatura. Além disso, durante o século XVIII, há forte influência barroca, com a construção das igrejas de Ouro Preto.

No Brasil, o início do Arcadismo se deu com a publicação de *Obras poéticas* (1768), de Cláudio Manuel da Costa.

Produção literária

- **Poesia lírica:** Cláudio Manuel da Costa (*Obras poéticas*), Tomás Antônio Gonzaga (*Marília de Dirceu*), Silva Alvarenga (*Glaura*).
- **Poesia épica:** Basílio da Gama (*O Uraguai*), Santa Rita Durão (*Caramuru*), Cláudio Manuel da Costa (*Vila Rica*).
- **Poesia satírica:** Tomás Antônio Gonzaga (*Cartas chilenas*).
- **Poesia encomiástica ou laudatória:** Silva Alvarenga e Alvarenga Peixoto.

Cláudio Manuel da Costa

Poesia lírica — Destacam-se o tema da desilusão amorosa e da ausência da amada e o ideal da mulher inalcançável. Os sonetos têm afinidade com a lírica de Camões e trazem elementos da paisagem local: a paisagem agreste, o ribeirão do Carmo, os vaqueiros.

Poesia épica — Escreveu o poema *Vila Rica*, que trata da incursão dos bandeirantes, da fundação da cidade e de revoltas locais.

Tomás Antônio Gonzaga

Poesia lírica — Apresenta inovações em relação ao Arcadismo, apontando para uma transição ao Romantismo. Sua poesia é mais emotiva e espontânea e retrata a figura feminina mais próxima do real. O distanciamento da amada, descrito numa segunda fase de sua poesia, é reflexo da realidade, pois o poeta se encontrava preso.

Poesia satírica — As *Cartas chilenas*, em forma de poema, circularam pela cidade de Vila Rica em 1787-1788. Eram cartas assinadas por *Critilo* e tinham como destinatário *Doroteu;* satirizavam os desmandos de Luís da Cunha Meneses, governador da capitania de Minas entre 1783 e 1788, nas *Cartas* chamado de *Fanfarrão Minésio.*

Basílio da Gama

Poesia épica — *O Uraguai* (1769) tem como tema a luta de portugueses e espanhóis contra índios e jesuítas que, instalados nas missões jesuíticas do atual Rio Grande do Sul, não aceitavam as decisões do Tratado de Madri. A narrativa é feita em cinco cantos, com versos brancos (sem rima) e sem estrofação. A valorização do índio e da natureza selvagem do Brasil corresponde ao ideal de vida primitiva e natural cultivado pelos iluministas e pelos árcades, além de apontar para um *nativismo* que será desenvolvido pelo Romantismo brasileiro.

Santa Rita Durão

Poesia épica — *Caramuru* (1781) segue o modelo camoniano em número de cantos, estrutura de estrofes, versos e rimas. Além da mitologia cristã, apresenta a mitologia pagã, representada por deuses indígenas; descreve a natureza brasileira e o indígena, seus costumes e instituições. O poema narra as aventuras do náufrago português Diogo Álvares Correia, chamado de *Caramuru.*

Capítulo 5 — O Romantismo em Portugal e no Brasil

O Romantismo em Portugal

Momento histórico

A revolução de 1820, que teve a participação de vários setores da burguesia portuguesa, levou os liberais portugueses ao poder. A revolução, porém, só se consolidou por volta de 1834, com o confisco dos bens da nobreza, a expulsão dos religiosos e a distribuição das terras dos nobres vencidos. Entretanto, o embate entre liberais e conservadores perdurou por muitos anos, com a alternância de uns e outros no poder. Desse embate resultou o exílio de políticos, intelectuais e artistas, como Almeida Garrett e Alexandre Herculano.

O Romantismo português nasceu identificado com o liberalismo português e com o espírito revolucionário que envolveu a sociedade portuguesa no século XIX.

A obra *Camões*, de Almeida Garrett, publicada em 1825, é considerada o marco inicial do Romantismo em Portugal.

Primeira geração romântica

A primeira geração romântica se caracteriza pelo empenho em implantar o Romantismo no país. Há uma busca pelas raízes nacionais, como em Almeida Garrett, e pela introdução do romance histórico em Portugal, como em Alexandre Herculano.

Almeida Garrett (1799-1854)

- **Poesia:** *Camões, D. Branca, Flores sem fruto, Folhas caídas.*
- **Prosa:** *Arco de Santana, Viagens na minha terra.*
- **Teatro:** *Catão, Mérope, Um auto de Gil Vicente, Frei Luís de Sousa.*

Alexandre Herculano (1810-1877)

- **Poesia:** *A voz do profeta, A harpa do crente.*
- **Prosa:** *Eurico, o presbítero, O monge de Cister, Lendas e narrativas, O bobo.*

Segunda geração romântica

A segunda geração romântica representa a maturidade do movimento romântico e a sua superação, em vista da presença de características já realistas na sua produção literária, como se observa na novela passional de Camilo Castelo Branco.

Camilo Castelo Branco (1825-1890)

- **Prosa:** Novela passional — *Amor de perdição, Amor de salvação, O romance de um homem rico.* Novela satírica — *Coração, cabeça e estômago, A queda de um anjo.* Novela histórica: *O judeu.* Novela de mistério — *Mistérios de Lisboa.* Novela com influência naturalista: *A brasileira dos Prazins, A corja, Eusébio Macário.*

Júlio Diniz (1839-1871)

- **Prosa:** *As pupilas do senhor reitor, A morgadinha dos canaviais, Os fidalgos da Casa Mourisca.*

O Romantismo no Brasil

Momento histórico

Na primeira metade do século XIX, a Coroa portuguesa muda-se para o Brasil (1808) e eleva a colônia à categoria de Reino Unido, ao lado de Portugal e Algarves. Em decorrência desse fato, a colônia passa por uma série de mudanças: criam-se escolas de nível superior, fundam-se museus e bibliotecas públicas, instalam-se tipografias e surge uma imprensa regular.

Algumas condições necessárias para o surgimento de uma produção literária mais consistente aparecem com a dinamização da vida cultural e a formação de um público leitor.

Em 1822, ocorre a independência política, e os intelectuais e artistas da época passam a se dedicar ao projeto de criar uma cultura brasileira identificada com as raízes históricas, linguísticas e culturais do país.

A poesia do Romantismo no Brasil

O Romantismo representa uma reação à tradição clássica da poesia e assume o sentido de um movimento anticolonialista e antilusitano.

A publicação da obra *Suspiros poéticos e saudades* (1836), de Gonçalves de Magalhães, é considerada o marco inicial do Romantismo no Brasil.

Tradicionalmente, são apontadas três gerações de poetas românticos:

- **Primeira geração:** nacionalista, indianista e religiosa.

  Poesia lírica: Gonçalves de Magalhães (*Suspiros poéticos e saudades*, em cujo prólogo o autor anuncia o movimento romântico); e Gonçalves Dias ("Olhos verdes", "Leito de folhas verdes", "Marabá"). Os autores dessa geração apresentam equilíbrio na linguagem e temas como natureza, amor, solidão, religião, pátria, índio e medievalismo.

  Poesia épica: Gonçalves de Magalhães (*A confederação dos tamoios*) e Gonçalves Dias ("I-Juca-Pirama", "Os timbiras"). O índio é o herói, representando nossa nacionalidade.

- **Segunda geração:** marcada pelo ultrarromantismo ou "mal do século". Nas décadas de 1850 e 1860, jovens poetas de São Paulo e do Rio de Janeiro, desvinculados do compromisso com a nacionalidade e descrentes dos ideais e valores que levaram à Revolução Francesa, leitores de Musset e Byron, reúnem-se em um grupo que deu origem à poesia romântica conhecida como Ultrarromantismo.

  Poesia lírica: Álvares de Azevedo (1831-1852), autor de *Lira dos vinte anos*, é a principal expressão da geração ultrarromântica. A primeira e a terceira parte dessa obra mostram um poeta adolescente, casto, sentimental e ingênuo: a face de Ariel, do bem. Na segunda parte, o poeta introduz o leitor no mundo de Caliban. Retrata um mundo decadente, povoado de personagens à margem da sociedade.

  Pode-se considerar, ainda, uma terceira face da poesia de Álvares de Azevedo: a da *ironia*, em que o poeta satiriza pontos da temática ultrarromântica de sua geração, como a excessiva idealização da mulher e do amor.

  Além de Álvares de Azevedo, os principais representantes dessa geração são Casimiro de Abreu (1839-1860), autor de *As primaveras*, Fagundes Varela (1841-1875), autor de *Cantos e fantasias* e *Cantos meridionais*, e Junqueira Freire (1832-1855), autor de *Inspirações do claustro*.

- **Terceira geração:** condoreira ou poesia de cunho político e social. Surge nas décadas de 1860 e 1870, mais voltada para os problemas sociais e para uma nova forma de tratar a questão amorosa.
  O principal representante dessa geração é Castro Alves (*Espumas flutuantes*, *Os escravos*, *A cachoeira de Paulo Afonso*).

  Poesia social: retrata a escravidão dos negros. Emprega linguagem grandiosa, com hipérboles e espaços amplos, como o mar, o céu, o infinito, o deserto. Busca os altos voos, daí o nome de *condoreirismo*. "O navio negreiro" e "Vozes d'África" (de *Os escravos*) são poemas épico-dramáticos representativos dessa poesia.

  Poesia lírica: abandona o amor convencional e abstrato dos clássicos e o amor cheio de medo e culpa dos românticos. A mulher é quase sempre um ser corporificado, participa do envolvimento amoroso; o amor é uma experiência concreta, fonte tanto de felicidade e prazer quanto de dor.

A prosa do Romantismo no Brasil

O romance brasileiro surge no contexto histórico da primeira metade do século XIX como um instrumento no processo de descoberta do país e da busca da identidade nacional. Esse projeto exigia dos escritores o reconhecimento de nossa gente, de nossa língua e tradições, além de nossas diferenças regionais e culturais. Por essa razão, o romance se voltou para os espaços nacionais, determinando o surgimento do *romance indianista e histórico* (a vida primitiva), do *romance regional* (a vida rural) e *do romance urbano* (a vida citadina).

Produção literária

Romance indianista: José de Alencar — *O guarani* (1857), *Iracema* (1865), *Ubirajara* (1874). No primeiro, o índio Peri vive próximo da família de D. Antônio de Mariz, dedicando-se com devoção e fidelidade a Cecília; em *Iracema*, o português Martim vive entre os índios, é amigo de Poti e amado por Iracema; em *Ubirajara*, retrata-se a vida entre os próprios índios.

Romance regional

- Centro-Oeste: Visconde de Taunay (1843-1899) — *Inocência* (1872), *Retirada da Laguna* (1871). *Inocência* narra a história de amor impossível que envolve Cirino, prático de farmácia e médico no sertão, e Inocência, jovem da região, já prometida a outro pretendente. A obra se distingue pelo equilíbrio entre realidade e ficção, entre valores românticos e valores da realidade bruta do sertão, entre linguagem culta e linguagem regional.
- Sul: José de Alencar — *O gaúcho* (1870). A ação se situa às vésperas da Guerra dos Farrapos (1835) e, além dos acontecimentos políticos que abalaram o Rio Grande do Sul, a obra narra o envolvimento sentimental de Manuel Canho (sobrinho de Bento Gonçalves) com Catita, filha do dono de uma pousada. Alencar procura ressaltar a integração do gaúcho com a natureza dos pampas.
- Nordeste: Franklin Távora (1842-1888) — *O Cabeleira* (1876). É uma crônica histórica na qual é personagem o famoso cangaceiro José Gomes, o Cabeleira, que, junto com outros malfeitores, aterrorizou as populações das cidades pernambucanas no século XVIII.

Romance urbano

- Joaquim Manuel de Macedo (1820-1882) — *A Moreninha* (1844). Nesse livro, considerado o primeiro romance brasileiro, o autor utilizou os ingredientes necessários para satisfazer o gosto do leitor da época: a comicidade, o namoro difícil ou impossível, a dúvida entre o dever e o desejo, a revelação surpreendente de uma identidade autorizando uma ação que seria proibida e as brincadeiras de estudantes e uma linguagem mais inclinada para o tom coloquial.

- Manuel Antônio de Almeida (1831-1861) — *Memórias de um sargento de milícias* (1852-1853). Situada na época de D. João VI, a obra apresenta procedimentos que fogem ao padrão da prosa romântica: o protagonista (Leonardo) não é herói nem vilão, mas um malandro simpático que entra em enrascadas das quais se safa pela intervenção de pessoas que o conhecem; não há idealização da mulher, do amor ou da natureza, aproximando da realidade as situações retratadas; a linguagem é próxima da jornalística, deixando em segundo plano a metaforização que caracteriza a prosa romântica.

- José de Alencar — *Lucíola* (1862), *Diva* (1864) e *Senhora* (1875). Esses três romances, que constituem a série "perfis femininos", contêm os ingredientes próprios do romance urbano romântico, como intrigas amorosas, chantagens, amores impossíveis e peripécias e aprofundam certos temas sensíveis naquele contexto social. No primeiro, é discutida a prostituição nas altas camadas sociais; em *Diva*, o interesse se volta para a personagem feminina de personalidade forte e, em *Senhora*, são abordados o casamento por interesse, a independência feminina e a ascensão social a qualquer preço.

A prosa gótica: Álvares de Azevedo — *Noite na taverna* (1855). No primeiro capítulo, um narrador em terceira pessoa apresenta o ambiente: uma taverna, povoada de bêbados e loucos, onde alguns homens conversam e bebem. Cada um deles conta um episódio fantástico de sua vida, envolvendo amor e morte, vícios e crimes.

Capítulo 6 — O Realismo-Naturalismo em Portugal e no Brasil. O Parnasianismo no Brasil

O Realismo-Naturalismo em Portugal

Momento histórico

Na segunda metade do século XIX, a sociedade europeia vive o progresso científico e tecnológico advindo da Revolução Industrial. De um lado, temos a burguesia industrial beneficiada economicamente e, de outro, o operariado com elevada carga de trabalho sem a contrapartida financeira.

Reprodução/Galerie Neue Meister, Dresden, Alemanha.

Britadores de pedra (1849), de Courbet.

Em alguns países ocorrem, em 1848, movimentos sociais com ideias liberais, nacionalistas e socialistas. Karl Marx e F. Engels publicam o *Manifesto comunista* (1848), defendendo uma sociedade igualitária.

No campo científico-filosófico, destacam-se algumas correntes: o *positivismo*, de Augusto Comte (o conhecimento baseado na observação do mundo físico); o *determinismo*, de H. Taine (o homem como ser determinado pelo meio, pela raça e pelo momento histórico); o *darwinismo*, de Charles Darwin (a *seleção natural*: a natureza seleciona os seres vivos mais aptos à sobrevivência).

Portugal conheceu, com a consolidação do liberalismo a partir de 1850, um período de estabilidade política, de progresso material e de intercâmbio com o restante da Europa, recebendo notícias das novas correntes científicas, filosóficas e literárias.

Nesse contexto, surgem na literatura o Realismo e o Naturalismo, ambos voltados para a realidade. O Realismo observa e analisa a realidade, descrevendo costumes, relações sociais, conflitos interiores do ser humano e crise das instituições (Estado, Igreja, família, casamento). O Naturalismo, por sua vez, não só observa e analisa a realidade, mas também a documenta, disseca-a de uma ótica rigorosamente científica a partir das teorias que circulavam na época. Tornam-se tema da literatura todos os assuntos ligados ao homem — inclusive os repulsivos e bestiais —, ganhando destaque, principalmente, os aglomerados humanos e as camadas mais pobres da população.

A Questão Coimbrã e as Conferências do Cassino Lisbonense

O Realismo em Portugal surge em 1865, quando ocorre a Questão Coimbrã, polêmica entre Antônio Feliciano de Castilho, poeta árcade representante do academismo e do tradicionalismo, e Antero de Quental, representante de um grupo de novos poetas de Coimbra, criticados como exibicionistas e obscurantistas. A resposta de Antero de Quental é feita em carta aberta, intitulada "Bom senso e bom gosto".

Em 1870, o grupo de amigos participantes da Questão Coimbrã se reencontra em Lisboa e trava debates acerca da renovação cultural portuguesa. Nasce a iniciativa das chamadas Conferências Democráticas, realizadas no Cassino Lisbonense, com o objetivo de reformar a sociedade portuguesa. Após duas conferências de Antero de Quental e uma de Eça de Queirós, são proibidas pelo governo, sob a alegação de que atacavam a religião e as instituições do Estado.

Apesar da proibição, o Realismo já se encontrava instaurado em Portugal.

Produção literária

Poesia

- **Poesia realista propriamente dita:** Antero de Quental, Guerra Junqueiro, Gomes Leal, Teófilo Braga (crítica social e engajamento político).
- **Poesia do cotidiano:** Cesário Verde (incorpora aspectos da realidade urbana).
- **Poesia metafísica:** Antero de Quental (indagação em torno da existência, da morte e de Deus).
- **Poesia parnasiana:** João da Penha (resgate da tradição clássica).

Prosa

Na prosa de ficção, destacou-se Eça de Queirós, autor das obras *O crime do padre Amaro; O primo Basílio; Os Maias; A ilustre casa de Ramires, A capital, A relíquia, A cidade e as serras*, entre outras.

Realismo, Naturalismo e Parnasianismo no Brasil

Tanto o Realismo quanto o Naturalismo defendem o primado da objetividade contra a subjetividade e a evasão romântica. Enquanto o Realismo se preocupa com a constituição psicossocial e cultural que explicaria o comportamento do ser humano, para o Naturalismo suas causas deveriam ser pesquisadas na relação com o entorno, nos instintos e na hereditariedade.

Momento histórico

No Brasil, a política e a sociedade são marcadas por acontecimentos de importância no quarto final do século XIX. Há a Abolição da escravatura, o final da monarquia e o início do período republicano. É um momento de produção intelectual que extrapola a ficção, surgindo a crítica literária, os estudos históricos e o pensamento filosófico. O país acompanha a série de transformações que ocorriam na Europa e que levaram ao abandono do Romantismo e à ascensão do Realismo. Há influência crescente do positivismo, avanço das ciências e debates sobre formas mais democráticas de governo.

A Guerra do Paraguai (1864-1870) e outros conflitos desencadeiam insatisfação com a política monarquista, fortalecem ideias republicanas e abolicionistas, como forma de se estabelecer nova relação de trabalho num país que aspirava à industrialização. No entanto, a implantação de ideias liberais nem sempre concilia os interesses econômicos com os aspectos éticos que defendem, pois permanecem ainda a sociedade escravista, a tradição das elites e o analfabetismo, quase como condição para a manutenção da economia agrária.

Essas crises reorientam as formas românticas de representação da realidade, com a literatura e as artes registrando o mundo de maneira mais objetiva, voltada para o presente e para as novas relações sociais. Para isso, há a influência do positivismo, do evolucionismo e do determinismo, além das teorias socialistas de Marx e Engels. Na França, a literatura se manifestou em três movimentos literários distintos: o Realismo, com a publicação de *Madame Bovary* (1857), de Gustave Flaubert; o Naturalismo, com a publicação de *Thérèse Raquin* (1867), de Émile Zola; e o Parnasianismo, com a publicação, a partir de 1866, das antologias de poesia intituladas *Parnasse contemporain*.

Essas três tendências apresentam alguns aspectos em comum: o combate ao Romantismo, o resgate do objetivismo e o gosto pelas descrições. Pode-se dizer que o Naturalismo é uma espécie de Realismo científico, enquanto o Parnasianismo é um retorno ao estilo clássico, abandonado pelos poetas românticos.

Produção literária

O ano de 1881 é apontado como o marco inicial, ao mesmo tempo, do Realismo, com a publicação de *Memórias póstumas de Brás Cubas*, de Machado de Assis, e do Naturalismo, com a publicação de *O mulato*, de Aluísio Azevedo.

As principais obras do Realismo, do Naturalismo e do Parnasianismo no Brasil são:

- **Realismo:**
  Machado de Assis — Primeira fase: *Ressurreição, Helena, A mão e a luva, Iaiá Garcia*. Segunda fase: *Memórias póstumas de Brás Cubas* (1881), *Quincas Borba, Dom Casmurro, Esaú e Jacó* e *Memorial de Aires*. Contos: *Contos fluminenses* (1869) e *Papéis avulsos* (1882).
  Raul Pompeia (1863-1895). Prosa — *Uma tragédia no Amazonas* (1880), *O Ateneu* (1880). Poesia — *Canções sem metro* (1881).

- **Naturalismo:**
  Aluísio Azevedo — *O mulato, O cortiço* (1890), *Casa de pensão* (1894).
  Rodolfo Teófilo — *A fome* (1881).
  Inglês de Sousa — *O missionário* (1882).
  Júlio Ribeiro — *A carne* (1888).
  Adolfo Caminha — *A normalista* (1892), *O bom crioulo* (1895).
  Domingos Olímpio — *Luzia-Homem* (1903).
  Manuel de Oliveira Paiva — *Dona Guidinha do Poço* (1952 — publicação póstuma).

- **Parnasianismo:**
  Olavo Bilac (1865-1918) — *Poesias* (1888). Valorização da forma e presença do subjetivismo.
  Raimundo Correia (1860-1911). Fase romântica — *Primeiros sonhos* (1879). Fase parnasiana — *Sinfonias* (1883); *Versos e versões* (1887). Pessimismo e reflexões de ordem moral e social.
  Alberto de Oliveira (1857-1937) — *Meridionais* (1884), *Versos e rimas* (1895). Descritivismo, defesa da "arte pela arte" e inspiração nos modelos clássicos.

Capítulo 7 — O Simbolismo em Portugal e no Brasil

A linguagem simbolista é etérea, fluida, quase inapreensível e vem se contrapor ao objetivismo do racionalismo e do cientificismo do século XIX, considerados incapazes de explicar as mais profundas questões humanas.

Reprodução/Museu Van Gogh, Amsterdã, Holanda.

Trigal com corvos, de Van Gogh.

Momento histórico

No final do século XIX, Portugal vive um período de pessimismo e frustração, relacionado a causas históricas, agravado por crises econômicas e financeiras. Sob ameaças da Inglaterra, que culminaram com o Ultimato de 1890, viu cair por terra o projeto de ampliar as possessões na África e dominar toda a faixa de terra que liga os oceanos Atlântico e Índico. Em 1891, ocorre o fracasso da primeira insurreição de caráter republicano, a que se segue uma crise política com a desintegração de partidos políticos, ditaduras e regicídio que se estende até a República, em 1910.

O Brasil vinha da Abolição (1888) e da República (1889), assistindo às contradições entre a ideologia e a prática do Partido Liberal.

Nesse ambiente, surge o Simbolismo em Portugal, com a publicação de *Oaristos* (1890), de Eugênio de Castro, e no Brasil, com a publicação, em 1893, de *Missal* (prosa) e de *Broquéis* (poesia), de Cruz e Sousa.

Produção literária em Portugal

- Eugênio de Castro — *Oaristos* (1890): Atualização da literatura portuguesa sob a influência dos poetas franceses Verlaine, Rimbaud e Mallarmé.
- Antônio Nobre — *Só* (1892): Ligado à tradição romântica por certos temas, mas associado ao Simbolismo pela tristeza, pelo sofrimento e pela fatalidade; na linguagem há fragmentação, coloquialidade, fluxo de consciência e imagens surpreendentes.
- Camilo Pessanha — *Clepsidra* (1920): Musicalidade, presença de elipses, sinestesias, metáforas, símbolos, ambiguidades, fragmentação e riqueza de imagens auditivas e visuais; temas de concepção pessimista diante da vida: a mágoa, a dor e a morte.

Produção literária no Brasil

- Cruz e Sousa — *Missal* e *Broquéis* (1893), *Faróis* (1900), *Últimos sonetos* (1905): Culto da noite, satanismo, pessimismo, morte, poesia meditativa e filosófica, busca de transcendência da realidade e de integração com o cosmos, gosto pelo soneto, verbalismo requintado, força das imagens, obsessão pela cor branca, sonoridade das palavras, emprego de maiúsculas para dar valor absoluto a certos termos.
- Alphonsus de Guimaraens (1870-1921) — Em sua obra, ressalta o tema da morte da mulher amada, a literatura gótica ou macabra, a atmosfera mística e litúrgica; o emprego do verso decassílabo e da redondilha maior, da tradição popular, medieval e romântica.
- Pedro Kilkerry (1885-1917) — *Re-visão de Kilkerry* (compilação publicada em 1970): Sintaxe audaciosa, figuras surpreendentes, humor e musicalidade.

Capítulo 8 — O Pré-Modernismo no Brasil

Momento histórico

No final do século XIX e primeiras décadas do século XX, período em que o Brasil sai da *República da Espada*, com o governo de militares de 1889 a 1894, para a *República do Café com Leite*, com presidentes ligados às oligarquias rurais (cafeicultores paulistas e pecuaristas mineiros) de 1894 a 1930, há muita tensão no país em razão da hegemonia da grande propriedade rural.

Entre os muitos focos de tensão, destacam-se a *Revolta da Armada* no Rio de Janeiro (1893); a *Revolta de Canudos* no sertão da Bahia (1896-1897); o ciclo do cangaço no Nordeste; o fanatismo religioso com Padre Cícero no Ceará (de 1911 a 1915); a *Revolta da Vacina* no Rio de Janeiro (1904); a *Questão do Contestado* em Santa Catarina (1912-1916); a *Revolta da Chibata* no Rio de Janeiro (1910); greves operárias em São Paulo (1917).

Os autores *pré-modernistas* surgem ainda presos aos modelos do romance realista-naturalista e da poesia simbolista, mas terão um olhar crítico sobre as tensões da sociedade brasileira desse período.

A literatura pré-modernista

Graça Aranha retrata em seu romance *Canaã* a imigração alemã no Espírito Santo; Euclides da Cunha aborda, em *Os sertões*, o tema da guerra e o messianismo em Canudos; Lima Barreto analisa as populações suburbanas do Rio de Janeiro; Monteiro Lobato descreve a miséria do caboclo e a decadência das cidades do Vale do Paraíba, em São Paulo. A exceção está na poesia de Augusto dos Anjos, que, afastado das questões sociais, une originalmente o Simbolismo com o cientificismo naturalista.

Acervo Iconographia/Reminiscências

Euclides da Cunha.

Produção literária

- Euclides da Cunha (1866-1909) — *Os sertões* (1902). Obra híbrida que transita entre a literatura, a história e a ciência.
- Lima Barreto (1881-1922) — *Recordações do escrivão Isaías Caminha* (1909) e *Triste fim de Policarpo Quaresma* (1915). Esse último narra os ideais e a frustração do funcionário público Policarpo Quaresma, nacionalista fanático.
- Monteiro Lobato (1882-1948) — *Urupês, Ideias de Jeca Tatu, Cidades mortas* (1919) e *Negrinha* (1920). O autor renova a literatura infantil com as personagens do Sítio do Picapau Amarelo.
- Augusto dos Anjos (1884-1914) — *Eu* (1912). Os poemas de sua única obra chamam a atenção pela agressividade do vocabulário e pelos temas inquietantes.

Capítulo 9 — O Modernismo em Portugal e no Brasil

O Modernismo em Portugal

Momento histórico

Na segunda década do século XX, Portugal vivia um período de intensa mudança política e cultural. Em 1910, ocorrem a queda da monarquia e a proclamação da República. Há o agravamento das questões sociais, em decorrência da Primeira Guerra Mundial (1914). Duas facções: a republicana e a antirrepublicana, formada por setores conservadores, monarquistas e integralistas, se opõem fortemente. O integralismo, movimento de extrema direita, chega ao poder em 1926. Em 1928, Salazar assume o poder e instaura uma ditadura que só termina em 1974, com a Revolução dos Cravos.

No aspecto cultural, Portugal recebe a influência das estéticas de vanguarda que surgem na Europa:

1907 — *Cubismo*. Novas experiências com a perspectiva, a decomposição dos objetos em diferentes planos geométricos e ângulos retos, espaços múltiplos e descontínuos. Introdução da técnica da colagem, com o uso de figuras, jornais, madeira, etc. Na literatura, a fragmentação da realidade, superposição e simultaneidade de planos, de assuntos, espaços e tempos diferentes, nova disposição espacial e gráfica do poema. O movimento surgiu na França, com o quadro *Les demoiselles d'Avignon*, de Pablo Picasso.

1909 — *Futurismo*. Exaltação das novas tecnologias. Publicação do *Manifesto Futurista* e do *Manifesto Técnico da Literatura Futurista* por Marinetti. Destruição da sintaxe e disposição das "palavras em liberdade", uso do verso livre.

1910 — *Expressionismo*. A obra de arte como reflexo direto do mundo interior do artista, com ênfase na *expressão*, isto é, na união de forma e conteúdo para dar vazão às sensações do artista. A arte assume caráter mais social, denunciando os horrores da guerra e as condições desumanas de vida. Na literatura, há a fragmentação da linguagem e despreocupação com os aspectos formais tradicionais da poesia: estrofes, rimas ou musicalidade. Denuncia a fome e os valores do mundo burguês.

1916 — *Dadaísmo*. Surge a partir do clima de instabilidade criado pela guerra e pela atmosfera de decadência da civilização ocidental. Postura de irreverência, deboche, agressividade e ilogismo nos textos. Montagens e colagens com diferentes materiais e a técnica do *ready-made* (desenvolvida por Marcel Duchamp), que satiriza o mercantilismo da sociedade capitalista e consiste em retirar o objeto de seu uso cotidiano e dar-lhe o *status* de objeto de arte. Na literatura, caracteriza-se pela agressividade e rejeição de todo tipo de racionalização e equilíbrio, pela associação de palavras (técnica da "escrita automática", mais tarde assimilada pelo Surrealismo) e invenção de palavras.

1924 — *Surrealismo*. Arte não subordinada à lógica. Volta-se para o inconsciente, incorporando elementos da psicanálise, como o sonho, a loucura, e os impulsos sexuais. Retoma as experiências com a "escrita automática".

Panorama do Modernismo em Portugal

1915 — *Primeira geração*. Fundação da revista *Orpheu*. Tendências artísticas diversificadas, desde os valores simbolistas e decadentistas do final do século XIX até a reformulação desses valores, orientada pelas propostas do Futurismo e do Cubismo. Fizeram parte dessa primeira geração: Fernando Pessoa, Mário de Sá-Carneiro e Almada Negreiros, entre outros.

1927 — *Segunda geração*. Revista *Presença*. Deu continuidade à atuação da geração anterior e pretendia realizar uma discussão mais profunda sobre a teoria da literatura e novas formas de expressão. Procurava contribuir para a superação da cultura burguesa, mas sem propostas de intervenção social. Seus principais representantes foram: José Régio, Branquinho da Fonseca, Miguel Torga, João Gaspar Simões e Adolfo Casais Monteiro.

Final da década de 1930 — *Neorrealismo*. Propunha uma literatura engajada, voltada para a discussão dos problemas sociais, em oposição à literatura "descompromissada" dos escritores vinculados à revista *Presença*. Seus principais representantes foram: Ferreira de Castro, Fernando Namora, Alves Redol, Manuel da Fonseca e Carlos Oliveira.

Após a década de 1950 — *Existencialismo*. O questionamento sobre a condição humana ultrapassa o terreno do discurso engajado do *Neorrealismo*. Vergílio Ferreira é o principal representante dessa ampliação da prosa neorrealista.

Produção literária

Primeira geração

- Fernando Pessoa ele mesmo: *Cancioneiro* (poesia lírica; retoma elementos da tradição portuguesa, discute o fazer poético e a questão da sinceridade poética, apresenta o *sensacionismo* e o *interseccionismo* nos poemas de "Chuva oblíqua"); *Mensagem* (poemas de caráter épico; retoma por meio de símbolos a história de Portugal); *Na floresta do alheamento, O marinheiro, Primeiro Fausto* (poemas dramáticos).
- Heterônimos de Fernando Pessoa — Alberto Caeiro: *O guardador de rebanhos, O pastor amoroso* e *Poemas inconjuntos*. Ricardo Reis: *Odes de Ricardo Reis*. Álvaro de Campos: Poesias de Álvaro de Campos (poesia com influência futurista, sobre a infância e a inadaptação ao mundo).
- Mário de Sá-Carneiro (1890-1916): *Dispersão* (poesia); *Amizade* (teatro); *Princípio e Céu em fogo* (novelas); *A confissão de Lúcio* (narrativa). Sentimento de frustração e de autodestruição, personagens em desagregação, busca de um outro eu interior.

Segunda geração

- José Régio (1901-1969): *Poemas de Deus e do diabo, As encruzilhadas de Deus, Mas Deus é grande* (poesia); *Jogo da cabra cega, Davam grandes passeios aos domingos, A velha casa* (romances); *Jacob e o anjo, Benilde ou a virgem-mãe* (teatro). Abordagem introspectiva e psicanalítica, sondagem dos conflitos e das aspirações do homem em sua relação com o mundo; o ser humano dividido entre o bem e o mal, entre o espírito e a matéria, entre Deus e o diabo.
- Miguel Torga (1907): *Rampa, Abismo, O outro livro de Job* (poesia); *Pão ázimo, Bichos, Vindima* (prosa). Apego à terra natal e interrogação sobre o drama da condição humana.

Prosa neorrealista e existencialista

- Ferreira de Castro (1898-1974): *Emigrantes, Selva* (romances). Denúncia da violência e da desumanidade de homens contra homens.
- Fernando Namora (1919): *Retalhos da vida de um médico, Casa da Malta, O trigo e o joio* (romances). Realismo psicológico e tônica social.
- Alves Redol (1911-1969): *Gaibéus* (romance). Denuncia a opressão e as precárias condições de vida dos camponeses do norte de Portugal.
- Manuel da Fonseca (1911): *Seara de vento* (romance). A vida rude e agressiva decorrente da escravização à terra.
- Carlos Oliveira (1921): *Pequenos burgueses, Uma abelha na chuva* (romances). Focaliza grandes massas de pessoas exploradas por uma minoria.
- José Cardoso Pires (1925-1998): *Os caminheiros e outros contos, História de amor, O hóspede de Job, O delfim*. Organiza a realidade em classes conflitantes em razão das diferenças sociais e econômicas, análise interna das personagens, o cotidiano de luta pela sobrevivência.
- Vergílio Ferreira (1916-1996): *Mudança, Aparição, Alegria breve* (romances). Análise da sociedade portuguesa e das relações humanas, o drama existencial do homem moderno.

O Modernismo no Brasil — Primeira fase

Oswald e Mário de Andrade, Manuel Bandeira e Antônio de Alcântara Machado são os principais representantes da primeira fase do Modernismo (1922-1930).

Momento histórico

A partir do final do século XIX, começa a ocorrer significativa transformação da sociedade brasileira. Os processos de urbanização se intensificam, imigrantes europeus chegam ao Centro-Sul, escravos alforriados se deslocam e passam a viver marginalizados, a classe média e a classe operária se ampliam.

Observa-se também: declínio da cultura canavieira no Nordeste e ascensão da cultura cafeeira paulista; predomínio político das oligarquias rurais e crescimento de novas camadas sociais sem representação junto ao poder oficial; grande influência da Primeira Guerra Mundial (1914-1918) no crescimento industrial, no conjunto da economia, nos costumes e nas relações políticas; mentalidade renovadora na educação e nas artes e questionamento da legitimidade do sistema político dominado pela oligarquia rural.

São momentos importantes que marcaram a década em que ocorreu a Semana de Arte Moderna:

- 1922 — Centenário da Independência; levante político-militar tenentista; fundação do Partido Comunista.
- 1925 — Formação da Coluna Prestes.
- 1929 — Crise econômica decorrente do *crack* da Bolsa de Nova Iorque; crise na exportação de café e abalo da oligarquia rural brasileira.

Primeira fase do Modernismo no Brasil

Oficialmente, considera-se como marco inicial do Modernismo no Brasil a Semana de Arte Moderna, realizada em 1922, em São Paulo.

São vistos como momentos importantes anteriores a 1922:

- 1911 — Lançamento da revista de artes *O Pirralho*, criada por Oswald de Andrade e Emílio de Menezes.
- 1913 — Exposição de obras do pintor Lasar Segall.
- 1915 — Participação de Ronald de Carvalho na criação da revista *Orpheu*, Portugal.
- 1917 — Publicação das obras *Há uma gota de sangue em cada poema*, de Mário de Andrade, *Cinza das horas*, de Manuel Bandeira, e *Juca Mulato*, de Menotti del Picchia; exposição de pinturas de Anita Malfatti; crítica negativa de Monteiro Lobato ("Paranoia ou mistificação") e publicação de crítica negativa no jornal *O Estado de S. Paulo*.
- 1921 — Graça Aranha, escritor consagrado e membro da Academia Brasileira de Letras, retorna da Europa entusiasmado com as vanguardas artísticas europeias e apoia o grupo modernista de São Paulo.

A *Semana de Arte Moderna* ocorre nos dias 13, 15 e 17 de fevereiro, no Teatro Municipal de São Paulo. O evento, constituído por exposição de artes plásticas, conferências, leitura de poemas, dança e música, representou a confluência das várias tendências de renovação da arte, uniu artistas de diversos lugares pelo país e de diferentes áreas de atuação, além de ter possibilitado o intercâmbio de ideias e técnicas, atualizando-as em relação à Europa.

Posteriormente à realização da Semana de Arte Moderna, destacam-se:

- Lançamento, em 1924, por Oswald de Andrade, do *Manifesto da Poesia Pau-Brasil*, que origina o movimento Pau-Brasil. O movimento propunha a criação de uma "poesia brasileira de exportação": primitivista, com revisão crítica do nosso passado histórico e cultural e o emprego de uma língua brasileira (sem sarcasmo, sem erudição), da síntese e da surpresa.
- Constituição do movimento Verde-Amarelismo, de Menotti del Picchia, Plínio Salgado, Guilherme de Almeida e Cassiano Ricardo. Surgindo em oposição ao movimento Pau-Brasil, defendia um nacionalismo ufanista, com inclinação para o nazifascismo e, em 1927, transformou-se na Escola da Anta, que adotou a anta e o índio tupi como símbolos.
- Lançamento, em 1928, por Oswald de Andrade, Tarsila do Amaral e Raul Bopp, do movimento Antropofagia. Inspirado no quadro *Abaporu*, o movimento se opunha à Escola da Anta; propunha a "devoração simbólica" da cultura estrangeira, com o aproveitamento de suas inovações, sem perder a nossa identidade cultural. Era porta-voz dos antropófagos a *Revista de Antropofagia*, da qual também participava Antônio de Alcântara Machado.

Produção literária

- Poesia — Oswald de Andrade: *Pau-Brasil, Primeiro caderno de poesia do aluno Oswald de Andrade, Poesias reunidas*. Mário de Andrade: *Pauliceia desvairada, Losango cáqui, Clã do Jabuti, Remate de males*. Manuel Bandeira: *Carnaval, Ritmo dissoluto, Libertinagem, Estrela da manhã*.
- Prosa — Oswald de Andrade: *Os condenados, Memórias sentimentais de João Miramar, Estrela de absinto, Serafim Ponte Grande, A escada vermelha, Os condenados*. Mário de Andrade: *Primeiro andar* (contos), *Amar, verbo intransitivo* (romance), *Macunaíma* (rapsódia), *Contos novos*. Antônio de Alcântara Machado: *Brás, Bexiga e Barra Funda, Laranja da China*.
- Teatro — Oswald de Andrade: *O homem e o cavalo, A morta, O Rei da Vela*.

Capítulo 10 — A segunda fase do Modernismo no Brasil. A prosa e a poesia de 30

O romance de 1930

Os romances desse período representam o regionalismo nordestino (da seca, da cana-de-açúcar e do cacau) e regionalismo sulista (a reconstituição da história da região).

Momento histórico

A década de 1930 é marcada por vários fatos significativos nos âmbitos político, econômico e social:

- no exterior — reflexos da crise de 1929 na Bolsa de Nova Iorque; ascensão do nazismo e do fascismo; combate ao socialismo; Segunda Guerra Mundial (1939-1945).
- no Brasil — crise cafeeira; Ascensão de Getúlio Vargas ao poder (1930); Intentona Comunista (1935); o Estado Novo (1937-1945).

Esse quadro político-econômico brasileiro e internacional exigiu uma tomada de posição ideológica de artistas e intelectuais, que se voltaram para a captação direta dos fatos, revelando problemas e formas de vida de populações de várias regiões do país, sendo a literatura o veículo de expressão das desigualdades e da realidade social.

A ficção de 30

A bagaceira (1928), de José Américo de Almeida, e *O quinze* (1930), de Rachel de Queiroz, introduzem uma nova fase do romance nordestino com denúncia das dificuldades do trabalhador rural, as desgraças da seca e da migração, da ignorância e da miséria. Temas novos são explorados por outros autores que surgem a seguir, como o cangaço, o coronelismo, o fanatismo religioso, a luta pela terra, a crise dos engenhos, desenvolvidos por Graciliano Ramos, José Lins do Rego e Jorge Amado. No sul do país, o regionalismo se manifestou na ficção histórica de Érico Veríssimo.

Eder Chiodetto/Folhapress

Rachel de Queiroz.

Produção literária

- José Américo de Almeida (1887-1980) — *A bagaceira* (1928). Retrata o drama dos retirantes.
- Rachel de Queiroz (1910-2003) — *O quinze* (aborda a grande seca de 1915, a migração de uma família, os efeitos da seca e a autonomia feminina num mundo patriarcal), *João Miguel* (1932), *Caminhos de pedra* (1937), *As três Marias* (1939), crônicas e teatro.
- Graciliano Ramos (1892-1953) — *Caetés* (1933), *São Bernardo* (1934), *Angústia* (1936), *Vidas secas* (1938), contos, crônicas, literatura infantil e impressões de viagem.

- José Lins do Rego (1901-1957) — *Menino de engenho* (1932), *Doidinho* (1933), *Banguê* (1934), *O moleque Ricardo* (1934), *Usina* (1936), *Pureza* (1937), *Pedra Bonita* (1938), *Riacho Doce* (1939), *Água-mãe* (1941), *Fogo morto* (1943), *Eurídice* (1947), *Cangaceiros* (1953).
- Jorge Amado (1912-2001) — *O País do Carnaval* (1931), *Cacau* (1933), *Suor* (1934), *Jubiabá* (1935), *Mar Morto* (1936), *Capitães da areia* (1937), *Terras do Sem-fim* (1942), *São Jorge dos Ilhéus* (1944), *Seara vermelha* (1946), *Os subterrâneos da liberdade* (1952), *Gabriela, cravo e canela* (1958) e outros.
- Érico Veríssimo (1905-1975) — *Clarissa* (1933), *Caminhos cruzados* (1935), *Música ao longe* (1935), *Um lugar ao sol* (1936), *Saga* (1940), *Olhai os lírios do campo* (1938), *O resto é silêncio*, *O tempo e o vento* (O continente — O retrato — O arquipélago), *O senhor embaixador* (1965), *O prisioneiro* (1967), *Incidente em Antares* (1971).
- Dionélio Machado (1895-1985) — *Os ratos* (1935), *O louco do Cati* (1942), *Desolação* (1944) e *Deuses econômicos* (1966). Focaliza de forma intimista personagens urbanos, na linha da introspecção psicológica.

A poesia de 1930

A poesia dessa geração, além da manutenção das conquistas formais do primeiro Modernismo, como o verso livre, afirma sua autonomia para lançar mão de formas poéticas consagradas pela tradição. Foi fundamentalmente uma poesia de questionamento: da existência humana, das inquietações social, religiosa, filosófica e amorosa.

Carlos Drummond de Andrade (1902-1987) cultivou uma poesia com várias fases: da inadaptação ao mundo, o pessimismo, o individualismo, o isolamento e a reflexão existencial até as preocupações com os problemas sociais gerados pelo contexto histórico; e ainda à reflexão filosófica e a poesia nominal, com exploração de recursos fônicos, visuais e gráficos do texto, até o destaque ao universo da memória.

Jorge de Lima (1893-1953) e Murilo Mendes (1901-1975) refletem sobre a condição do homem no mundo, procurando saídas na poesia metafísica e religiosa. Jorge de Lima, após fase parnasiana, adere à poesia modernista, para em seguida apresentar a paisagem nordestina, a infância, a miséria do povo e a consciência social. Muitas vezes tomou a raça negra como tema, denunciando sua exploração e captando sua linguagem, seu modo de pensar e agir. Converteu-se ao catolicismo, defendendo a causa cristã e desenvolveu uma poesia neobarroca. Murilo Mendes, depois de ter sido da primeira geração de modernistas, passou pelo Surrealismo, pela poesia social e pelo neobarroquismo e se dedicou ao experimentalismo linguístico.

Cecília Meireles (1901-1964) filiou-se à tradição poética luso-brasileira, evidenciando, pelo caráter fluido e etéreo e pela orientação espiritualista e orientalista, inclinação pelo neossimbolismo.

Vinícius de Moraes (1913-1980) vai da transcendência espiritual ao amor sensual, passando pela preocupação social, como se sua orientação temática fosse sempre o amor: a Deus, à mulher e aos homens.

Produção literária

- Carlos Drummond de Andrade — Poesia: *Alguma poesia*; *Brejo das almas*; *Sentimento do mundo*; *Poesias*; *A rosa do povo*; *Claro enigma*; *Viola de bolso* (I e II); *Fazendeiro do ar*; *Vida passada a limpo*; *Lição de coisas*; *José*; *Boitempo*; *Farewell*. Prosa: *Fala, amendoeira*; *A bolsa e a vida*; *Quadrante 1 e 2*; *Cadeira de balanço*.

- Murilo Mendes — Poesia: *Poemas; História do Brasil; Tempo e eternidade* (com Jorge de Lima); *A poesia em pânico; O visionário; As metamorfoses; Mundo enigma; Poesia liberdade; Janela do caos; Contemplação de Ouro Preto; Siciliana; Tempo espanhol; Convergência*. Prosa: *O discípulo de Emaús; A idade do serrote* (memórias).
- Jorge de Lima — Poesia: *XIV alexandrinos; O mundo do menino impossível; Poemas; Novos poemas; Tempo e eternidade* (com Murilo Mendes); *A túnica inconsútil; Poemas negros; Livro de sonetos; Obra poética* (mais *Anunciação e encontro de Mira-Celi*); *Invenção de Orfeu*. Prosa: *Salomão e as mulheres; O anjo; Colunga; Mulher obscura; Guerra dentro do beco.*
- Cecília Meireles — Poesia: *Espectros; Nunca mais e Poema dos poemas; Baladas para El-Rei; Viagem; Vaga música; Mar absoluto; Retrato natural; Amor em Leonoreta; 12 noturnos da Holanda; O aeronauta; Romanceiro da Inconfidência; Pequeno oratório de Santa Clara; Canções; Giroflê, giroflá; Solombra; Ou isto ou aquilo.*
- Vinícius de Moraes — Poesia: *O caminho para a distância; Forma e exegese; Ariana, a mulher; Novos poemas; Cinco elegias; Poemas, sonetos e baladas; Pátria minha; Livro de sonetos; Novos poemas II; Para viver um grande amor* (poesia e prosa); *A arca de Noé*. Prosa: *Para uma menina com uma flor*. Teatro: *Orfeu da Conceição.*

Capítulo 11 — A poesia e a prosa dos anos 1940-50. A literatura contemporânea em língua portuguesa

Os anos 1940-50. Poesia e prosa

A pesquisa estética e a renovação das formas de expressão literária, tanto na poesia quanto na prosa, são os traços distintivos da geração de 1940-1950, especialmente de Clarice Lispector, João Guimarães Rosa e João Cabral de Melo Neto.

Guimarães Rosa, em caricatura de Carvall.

Momento histórico

- 1944 — O Brasil envia tropas à Itália durante a Segunda Guerra Mundial.
- 1945 — Renúncia de Getúlio Vargas após anos de ditadura e eleição de Eurico Gaspar Dutra para presidente da República.
- 1946 — Promulgação da nova Constituição.
- 1949 — Aliança com os Estados Unidos na Guerra Fria. É proibida a atuação de partidos de esquerda no país.
- 1951 — Getúlio Vargas retorna ao poder pelo voto direto. Retomada da política nacionalista e populista do Estado Novo.
- 1953 — Criação da Petrobras e instituição do monopólio estatal na produção do petróleo.
- 1954 — Suicídio de Getúlio Vargas.
- 1956-1961 — Eleição e governo de Juscelino Kubitschek. Construção de Brasília, inaugurada em 1960. Fixação do plano de metas do governo: "50 anos em 5". Industrialização e entrada de capital estrangeiro. Geração de energia, transporte e indústria de base. Empreendimentos na área de comunicações, grande crescimento urbano.

A poesia e a prosa nos anos 1940-50

Nesse período, as publicações que surgiram indicavam uma nova direção da literatura. Os novos escritores não propunham a ruptura com as conquistas do Modernismo de 1922 e 1930 nem defendiam as diretrizes dessas gerações. Caracterizavam-se principalmente pela maturidade literária e pelas pesquisas em torno da linguagem.

Clarice Lispector, na contramão dos modelos narrativos tradicionais, revitalizou os limites entre a poesia e a prosa. Sua narrativa quebra a sequência narrativa, funde a prosa à poesia com o emprego de imagens, metáforas, antíteses, paradoxos, símbolos, sonoridades, etc. Apresenta o "fluxo de consciência" das personagens e, também, a "epifania", uma revelação que pode ocorrer para a personagem a partir de fatos banais do cotidiano.

João Guimarães Rosa segue a tradição regionalista, explorada desde nosso Romantismo, mas renova essa tradição e eleva nossa literatura a um de seus níveis mais altos, em razão da originalidade da linguagem e de suas técnicas narrativas, recriando na literatura a fala do sertanejo tanto no plano do vocabulário como no plano da construção e da melodia das frases.

João Cabral de Melo Neto, por sua vez, procura fazer com que a linguagem do poema não apenas se refira a um objeto, mas imite-o, sugira-o, estabelecendo uma ruptura profunda com a poesia romântica. A poesia deixa de ser considerada fruto da inspiração ou de estados emocionais, como o amor, a alegria, o devaneio, e passa a ser vista como produto de uma tarefa racional, laboriosa, até que o poema atinja sua forma mais adequada. Além disso, o poeta se interessou pelos problemas sociais do Nordeste e por temas relacionados à arte.

Nesse período, surgem também na poesia: Alphonsus de Guimaraens Filho, Péricles Eugênio da Silva Ramos, Geir Campos, José Paulo Paes, Paulo Bonfim. Na prosa: Lygia Fagundes Telles (que retoma a sondagem psicológica), Mário Palmério (no regionalismo) e, focalizando o espaço urbano, Rubem Braga (crônicas), Dalton Trevisan e Carlos Heitor Cony (contos e romances).

Produção literária

Poesia

- João Cabral de Melo Neto — *Pedra do sono* (com orientação surrealista); *O engenheiro* (geometrização e exatidão da linguagem), *O cão sem plumas*, *O rio*, *Quaderna*, *Morte e vida severina*, *A educação pela pedra*, *Museu de tudo*, *A escola das facas*, *Poesia crítica*, *Agrestes*, *Sevilha andando*. Em suas principais obras, destacam-se três traços fundamentais: preocupação com a realidade social do Nordeste, reflexão sobre a criação artística e aprimoramento da linguagem objeto.

Prosa

- Clarice Lispector — *Perto do coração selvagem*, *O lustre*, *Laços de família* (contos), *A paixão segundo G.H.*, *Uma aprendizagem ou O livro dos prazeres*, *Água viva*, *A hora da estrela*, *A bela e a fera* (contos). No gênero infantil: *O mistério do coelho pensante*, *A mulher que matou os peixes*, *A vida íntima de Laura*.
- João Guimarães Rosa — *Sagarana* (contos), *Corpo de baile* (novelas), *Grande sertão: veredas* (romance), *Primeiras estórias* e *Tutameia — Terceiras estórias* (contos); *Manuelzão e Miguilim*, *No Urubuquaquá, no Pinhém* e *Noites do sertão* (as três partes de *Corpo de baile*).

A literatura contemporânea em língua portuguesa

Momento histórico

- 1950 a 1964 — Período de euforia política e econômica no Brasil, especialmente durante o governo de Juscelino Kubitschek (1956-1961), que promoveu eficiente política desenvolvimentista.
- 1964 — Início do regime militar.
- 1968 — Promulgação do Ato Institucional nº 5 (AI-5); exílio de políticos e artistas e instituição da censura prévia a eventos culturais.
- 1974 — A Revolução dos Cravos pôs fim a 48 anos de salazarismo, em Portugal.
- 1975 — Com a Revolução dos Cravos, as colônias portuguesas na África alcançaram a independência política.

Tendências e autores

Portugal

Prosa

Desde a década de 1960, convivem na literatura portuguesa várias tendências, como o Neorrealismo e o Surrealismo. Após 1974, duas tendências: a literatura de guerra, de escritores que participaram nos conflitos ocorridos nas colônias portuguesas na África, como António Lobo Antunes, Wanda Ramos, Francisco Assis Pacheco e Martins Garcia, e a literatura de fundo histórico, marcada pelo resgate crítico, explícito ou alegórico, da história de Portugal, de José Saramago, José Cardoso Pires, Augusto Abelaira e Jorge de Sena.

Poesia

Na segunda metade do século XX, a poesia é caracterizada pela diversidade estética: poesia filosófica (Fernando Echevarría), metalinguística (António Ramos Rosa), experimentalista (E.M. de Melo e Castro) e lírica (Ruy Belo).

Expressão dessa diversidade é a revista *Cadernos de Poesia* (1940-1952), publicação sem dependência de escolas, grupos literários, estéticas, doutrinas, fórmulas ou programas. Entre seus participantes estão Tomás Kim, Sophia de Mello Breyner Andersen, Eugênio de Andrade e Jorge de Sena. Nos anos 1950, circulam várias publicações de poesia e crítica literária responsáveis pela revelação de nomes importantes da poesia portuguesa atual: Egito Gonçalves, António Ramos Rosa, Sebastião Gama e David Mourão-Ferreira.

Em 1948, foi fundado o Grupo Surrealista de Lisboa: Alexandre O'Neil, Mário Cesariny, José-Augusto França, Antônio Domingues, Fernando Azevedo, Moniz Pereira e António Pedro. As propostas de André Breton: o automatismo psíquico, a escrita automática e a pesquisa em torno do desejo e do inconsciente.

Após 1970, a produção poética revela orientações estéticas variadas, sem vínculo com plataformas de grupos ou gerações. Nela se fazem presentes influências de Fernando Pessoa e Almada Negreiros, do Surrealismo e do experimentalismo, que une a palavra à música, às artes plásticas e ao cinema. Nessa esfera estão Manuel Antonio Pina, António Osório, José Augusto Seabra, Mauro Cláudio, Nuno Júdice, Al Berto, Orlando Neves, Margarida Vale de Gato e Filipa Leal.

Países africanos de língua portuguesa

Quando da independência política das colônias africanas (1975), a produção literária escrita era restrita a uma elite, pequena parcela de sua população era alfabetizada. No entanto, havia nesses países uma tradição literária oral, composta por poemas, lendas e narrativas, provérbios e músicas. Coube às primeiras gerações de escritores africanos superar a oposição entre oratura (literatura oral) e literatura (escrita) e construir uma literatura nacional extraída da tradição oral.

Angola

A literatura como forma de resistência política e cultural à opressão do colonizador português, influenciada pelas propostas estéticas do Modernismo brasileiro de 1922 e pelas obras de Jorge Amado em que o negro figura como protagonista.

No final da década de 1940 e início da década de 1950, após o final da guerra na Europa, a literatura angolana vive momento produtivo, de afirmação de sua nacionalidade: lançamento do movimento *Vamos descobrir Angola*, em 1948, de António Jacinto, Viriato da Cruz e Agostinho Neto. Discussão da identidade nacional e valorização da redescoberta do país, resgate de suas lendas, seus provérbios e suas adivinhas.

Após 1974, com a eclosão das guerras nas colônias africanas, seus escritores passaram a produzir uma literatura social e engajada, alguns deles participando da política e envolvendo-se na guerra de libertação, como António Jacinto, Agostinho Neto e Viriato da Cruz. Além desses, destacam-se na literatura angolana Pepetela, João Melo, Arlindo Barbeiros, José Luandino Vieira, Boaventura Cardoso, Manuel Rui, Rui Duarte de Carvalho, Ondjaki e José Eduardo Agualusa.

Moçambique

As primeiras manifestações literárias na imprensa dão início a uma fase da literatura que vai da década de 1920 até o final da década de 1940. Durante esse período, os escritores lidam com a aculturação portuguesa e com a questão de qual língua deveriam usar em seus escritos: a do colonizador português ou uma das várias línguas nativas de Moçambique?

Nos anos 1950, surgiu um movimento com o intuito de levar a uma identidade nacional, no qual se destacam João Dias, Luís Bernardo Honwana, Orlando Mendes, José Craveirinha, Noêmia de Souza, Rui Nogar, Rui Guerra e Rui Knopfli.

De 1964, ano do início da luta armada de libertação nacional, até 1975, ano da conquista da independência, a literatura voltou-se para os fatos históricos e para a exaltação da luta armada e da revolução. Após esse período, surgem obras e escritores de qualidade. Poeta José Craveirinha, Mia Couto, Paulina Chiziane, Ungulani Ba Ka Khosa, Eduardo White, Luís Carlos Petraquim e Nelson Saúte.

Cabo Verde

A literatura surge, como nas demais ex-colônias, diretamente relacionada com a questão da identidade nacional.

Os principais marcos da literatura cabo-verdiana são: a obra *Arquipélago* (1935), de Jorge Barbosa, e a revista *Claridade* (1936), de arte e letras, que se propunha a redescobrir Cabo Verde. Participaram dessa revista Baltasar Lopes, Manuel Lopes, Ovídio Martins e Arnaldo França. A partir dela surgem outras publicações, como *Certeza*, que discutia o Neorrealismo e questões políticas e sociais e contou com a participação de Arnaldo França, Teixeira de Souza, Orlanda Amarílis, Teobaldo Virgínio, Antônio Aurélio Gonçalves e Manuel Ferreira, o *Suplemento cultural* da revista *Cabo Verde*, e as revistas *Raízes* e *Ponto e vírgula*, ao redor das quais os escritores cabo-verdianos têm-se organizado. No contexto da literatura cabo-verdiana contemporânea destacam-se: Osvaldo Osório, Armênio Vieira, Germano Almeida, Daniel Felipe, Vera Duarte e Davi Hopffer.

São Tomé e Príncipe e Guiné-Bissau

No contexto desses países africanos de língua portuguesa, pode-se citar a literatura de Albertina Bragança, de São Tomé e Príncipe, e de Odete Costa Semedo, de Guiné-Bissau.

Brasil

Poesia

A poesia contemporânea mantém um diálogo com a poesia surgida com o Modernismo de 1922 e revela duas vertentes: uma mais lírica e subjetiva (representada por Mário de Andrade, Manuel Bandeira e Carlos Drummond de Andrade) e outra mais objetiva, experimental e formalista (alinhada com Oswald de Andrade, João Cabral de Melo Neto e a poesia concreta).

As principais manifestações da produção poética brasileira das últimas décadas são:

- Década de 1950 — Surgimento do *Concretismo*, influenciando poetas, artistas plásticos e compositores das décadas seguintes. As ideias fundamentais desse movimento foram expostas na revista-livro *Noigandres*, fundada em 1952 por Décio Pignatari, Augusto e Haroldo de Campos, e na *Exposição Nacional de Arte Concreta* de 1956 e 1957 (São Paulo e Rio de Janeiro), que contou com pinturas, esculturas e pôsteres com os poemas concretos dos fundadores da revista e de Ferreira Gullar, Wlademir Dias Pinto e Ronaldo Azeredo. Influenciado pelo Futurismo e pelo Cubismo, o *Concretismo* propunha a construção de poemas-objeto, sem nenhuma relação subjetiva ou psicológica com seu autor.

Em 1958, o manifesto Plano Piloto para Poesia Concreta dava por encerrado o ciclo histórico do verso e propunha que as palavras deviam ocupar o espaço da página e estabelecer relação direta com elementos geométricos, gráficos e visuais. Nos anos seguintes, surgiram outros movimentos da poesia visual: o *Neoconcretismo* (Ferreira Gullar, Hélio Oiticica e Lygia Clark); o *poema-processo* (Wladimir Dias Pinto); o *poema-práxis* (Mário Chamie) e a poesia visual das décadas de 1970 e 1980 (Philadelpho Menezes, Tadeu Jungle e João Bandeira).

- Décadas de 1960 e 1970 — Prevalece a poesia social e engajada, em razão do contexto internacional e da instauração do regime militar brasileiro (1964). Com a implantação do regime militar, acentuou-se o engajamento de escritores, artistas e compositores, como Ferreira Gullar, Thiago de Mello, Afonso Romano de Sant'anna, Gianfrancesco Guarnieri, José Celso Martinez Correa, Chico Buarque e Caetano Veloso.
- A poesia marginal de 1970 e 1980 — Nessa época, destacam-se os poetas que cuidavam da produção, divulgação e distribuição de seus trabalhos, a criação de revistas e jornais literários, folhetos mimeografados, pôsteres poéticos, cartazes, caixas de poemas, antologias impressas em pequenas gráficas, "chuva de poesia" (1980) com poemas impressos lançados do alto de um edifício no centro de São Paulo, além de trabalhos divulgados em ruas, bares, portas de teatro e cinema, com declamações, *happenings*, *shows* musicais e venda direta ao consumidor. Destacaram-se: Waly Salomão, Torquato Neto, Chacal, Roberto Piva, Rodrigo Haro, Cláudio Willer, Sebastião Leite Uchoa, Hilda Hilst, Cacaso, Paulo Leminski. Caracteriza-se por um lirismo mais espontâneo e próximo do cotidiano, cujas fontes são os experimentos do Concretismo, os *beatniks* norte-americanos (Allen Ginsberg e Jack Kerouac) e os modernistas da geração de 1922 (Bandeira e Oswald de Andrade).
- Do fim do século XX ao início do XXI — Poesia influenciada pela poesia marginal e por poetas como Drummond, João Cabral e Manuel Bandeira. Pesquisa formal e apuro da linguagem conferem uma marca de qualidade à produção de alguns desses poetas contemporâneos, enquanto outros se destacam pela realização de experimentos que envolvem o cruzamento da poesia com outras linguagens (vídeo, foto, música). Em relação aos temas, vão da vida nos centros urbanos à discussão metalinguística. Entre os poetas da atualidade, destacam-se Carlito Azevedo, Fernando Paixão, Frederico Barbosa, Tarso de Melo, Antônio Risério, Angélica Freitas, Alberto Martins, Marcos Siscar, Antônio Cícero, Arnaldo Antunes e Fabrício Carpinejar.

Prosa

A partir da década de 1960, consolidou-se o abandono da abordagem realista, seguindo a tendência da geração de 1940-1950. A visão de um mundo fragmentado manifestou-se na prosa de ficção com a ruptura da narrativa linear e totalizante e a opção pela narrativa fragmentada, desordenada, sem foco narrativo definido.

Na crônica (em jornais e revistas), cada vez mais próxima do universo da ficção, destacam-se Luis Fernando Verissimo, Jô Soares, Marcos Rey, Walcyr Carrasco, Moacyr Scliar, Carlos Heitor Cony, Mário Prata, Fernando Sabino, Fernando Bonassi, Marcelo Rubens Paiva, Ruy Castro, Xico Sá e Antonio Prata.

No conto, que vai da narrativa tradicional (linear e objetiva, com princípio, meio e fim) à simples evocação, ao instantâneo fotográfico, rico de sugestão, atmosfera poética e significação humana, destacam-se Lygia Fagundes Telles, Osman Lins, Murilo Rubião, Moacyr Scliar, Dalton Trevisan, José J. Veiga, Rubem Fonseca, João Antônio, Milton Hatoum, Sérgio Sant'anna, Caio Fernando Abreu, Fernando Bonassi, Marcelino Freire, André Sant'anna, Veronica Stigger.

No romance, destacam-se: a) a ficção regionalista — o homem no ambiente da zona rural, com seus problemas geográficos e sociais —, como a produzida por João Ubaldo Ribeiro, Márcio de Souza, Francisco Dantas, José Clemente Pozenato, Nélida Piñon, Antônio Callado, José Cândido de Carvalho e Milton Hatoum; b) a ficção intimista — da indagação interior, da introspecção psicológica, dos problemas psicológicos, de metafísicos e da convivência —, como a desenvolvida por Fernando Sabino, Aníbal Machado, Lygia Fagundes Telles, Raduan Nassar, Chico Buarque, Cristóvão Tezza, Bernardo de Carvalho, Ronaldo Correia de Brito, Daniel Galera, João Gilberto Noll, Santiago Nazarian e Andrea Del Fuego; c) o romance policial, apresentado por Rubem Fonseca, Patrícia Melo, Luiz Alfredo Garcia-Roza, Tony Bellotto; d) o romance histórico, produzido por Ana Miranda, José Roberto Torero, Rubem Fonseca, Moacyr Scliar, Fernando Morais.

A partir da década de 1970, são produzidos romances em que a ficção se mistura com memórias, autobiografias, relatos de viagem, testemunhos e documentários, como em Fernando Gabeira, Roberto Drummond, Dráuzio Varella, Luiz Alberto Mendes, Caco Barcelos, Paulo Lins e Ferréz, além do Realismo fantástico, do Surrealismo e da paródia, como em Josué Guimarães, José J. Veiga, Osman Lins, Ignácio de Loyola Brandão, João Ubaldo Ribeiro e Antônio Torres; também são focalizadas populações urbanas marginalizadas em grandes cidades, como em Rubem Fonseca e Luiz Ruffatto.

Anotações

Anotações

Anotações

Análise linguística/ semiótica

Capítulo 1 — Linguagem, comunicação e interação

Linguagem: processo comunicativo por meio do qual as pessoas interagem entre si.

Modalidades de linguagem:

- Verbal: tem a palavra como unidade básica, pode ser oral/falada ou escrita.
- Não verbal: possui outros tipos de unidades: imagem, gesto, movimento.
- Multimodal: reúne diferentes linguagens.
- Digital: armazena e transmite informações por meio eletrônico.

Interlocutores: pessoas que participam da interação por meio de linguagem(ns).

Língua: fenômeno social que resulta na interação verbal entre interlocutores e se manifesta por meio de enunciados, cujos sentidos são construídos pelos interlocutores no processo interativo.

Código: convenção estabelecida por um grupo de pessoas com base em um conhecimento compartilhado. Ex.: línguas, símbolos, sinais de trânsito, etc.

Língua como sistema de signos:

Saussure: signo linguístico → significante (imagem acústica do conceito)
Saussure: signo linguístico → significado (conceito)

Teoria da comunicação:

Roman Jakobson: para compreender o processo de comunicação é preciso considerar diversos elementos. A cada elemento corresponde uma função da linguagem.

referente

função referencial

locutor ———— **mensagem** ———— **locutário**

função emotiva — função poética — função conativa

canal

função fática

código

função metalinguística

Capítulo 2 — Texto e discurso — Intertexto e interdiscurso

Uma situação comunicativa prevê a relação entre locutor e locutário, que interagem por meio da linguagem, materializada socialmente por meio dos textos. Para compreender melhor essa relação, precisamos retomar os seguintes conceitos:

- **Linguagem:** processo comunicativo que permite a interação entre os sujeitos na sociedade.
- **Interlocutores:** são as pessoas que participam do processo de interação por meio da linguagem.
- **Enunciado:** é tudo o que o locutor enuncia, isto é, tudo o que ele diz ao locutário numa situação concreta de interação pela linguagem.
- **Texto verbal:** é uma unidade linguística concreta que é percebida pela audição (na fala) ou pela visão (na escrita) e tem sentido e intencionalidade comunicativa.
- **Discurso:** é a atividade comunicativa capaz de gerar sentido desenvolvida entre interlocutores. Além do enunciado verbal, engloba elementos extraverbais, isto é, elementos que estão na situação de produção e que também participam da construção do sentido do texto.

Textualidade, coesão e coerência

A construção de um texto envolve, por parte de seu produtor, ou locutor, a observação dos aspectos que compõem o contexto de produção, isto é, elementos como o perfil dos interlocutores, o suporte no qual o texto será veiculado, a esfera de circulação e a estrutura e a linguagem mais apropriadas para a finalidade comunicativa. Sendo assim, um texto não pode ser um amontoado de frases soltas desconexas. Para ter uma unidade de sentido, para ser um todo coerente, é necessário que o texto apresente **textualidade**, ou seja, que apresente conexões gramaticais e articulação de ideias. Esses princípios, que contribuem para a textualidade, podem ser assim definidos:

- **Coesão textual:** são as conexões gramaticais, explícitas ou não, existentes entre palavras, orações, frases, parágrafos e partes maiores de um texto.
- **Coerência textual:** é a estruturação lógico-semântica de um texto, isto é, a articulação de ideias que faz com que numa situação discursiva palavras e frases componham um todo significativo para os interlocutores.

Intertextualidade, interdiscursividade e paródia

Em uma situação de comunicação, a construção dos sentidos se dá, também, pela relação dialógica entre textos/discursos produzidos em diferentes contextos históricos, sociais e culturais. Esse diálogo entre textos, que pode ser intencional, consciente ou não, pode ser classificado de acordo com os seguintes conceitos:

- **Intertextualidade:** é a relação entre dois textos caracterizada por um fazer referência a outro(s), de forma explícita ou implícita.
- **Interdiscursividade:** é a relação entre dois discursos caracterizada por um fazer referência a outro(s), de forma explícita ou implícita.
- **Paródia:** é um tipo de relação intertextual em que um texto imita outro(s) geralmente com o objetivo de fazer-lhe uma crítica ou inverter ou distorcer suas ideias.

Capítulo 3 — As variedades linguísticas

- **Variedades linguísticas:** são as variações que uma língua apresenta, de acordo com as condições sociais, culturais, regionais e históricas em que é utilizada.
- **Norma-padrão:** é uma referência, uma espécie de modelo ou lei que normatiza o uso da língua.
- **Variedades urbanas de prestígio:** chamada por alguns de norma culta, são as variedades usadas por grupos sociais de centros urbanos que detêm certo prestígio social.
- **Dialetos:** são variedades originadas das diferenças de região ou território, de idade, de sexo, de classes ou grupos sociais e da própria evolução histórica da língua.
- **Registros:** são variações que ocorrem de acordo com o grau de formalidade existente na situação de comunicação. O nível de formalidade pode variar independentemente de os textos produzidos serem orais ou escritos: o gênero oral *debate*, por exemplo, é mais formal do que a *fofoca* e o gênero escrito *bilhete* é menos formal do que uma *tese*.
- **Gírias:** são variedades normalmente criadas por um grupo social, como dos fãs de *rap*, *funk*; dos surfistas, dos skatistas, etc.
- **Jargões:** gírias restritas a um grupo profissional como o dos advogados, dos jornalistas, dos médicos.
- **Preconceito linguístico:** discriminação infundada a modos de falar diferentes das variedades urbanas de prestígio.

Capítulo 4 — Estrutura e formação de palavras

Estrutura de palavras

Morfema é cada uma das unidades portadoras de sentido presentes em uma palavra.

Morfemas que contribuem para a formação de palavras:

- **Radical:** informa o significado básico da palavra, a partir do qual se podem formar várias palavras (**flor**, **flor**zinha, **flor**icultura, **flor**ir, **flor**escer, etc.). Palavras que possuem o mesmo radical são *cognatas*.
- **Afixos:** agregam-se ao radical, modificando seu sentido básico:

  — **Prefixo:** posiciona-se antes do radical (**re**florestar, **des**florada, etc.).

  — **Sufixo:** posiciona-se depois do radical (flor**ida**, flor**eira**, etc.).
- **Vogal temática:**

  — **Em verbos:** une o radical às desinências e indica a qual conjugação o verbo pertence (**-a** — 1ª conjugação: and-**a**-mos; **-e** — 2ª conjugação: corr-**e**-mos; **-i** — 3ª conjugação: divid-**i**-mos).

  — **Em nomes:** **-a**: escol-**a**; **-e**: dent-**e**; **-o**: am-**o**-r.
- **Tema:** é a parte formada pelo radical com a vogal temática (caix**a**). São atemáticas as palavras oxítonas terminadas em *a, e, i, o, u* (*guaraná, boné, abacaxi, toró, baú,* etc.) e as palavras terminadas em consoantes.
- **Desinências:** colocam-se após os radicais e são de dois tipos:

  — **Nominais:** informam o gênero e o número (dançarin-**a**-**s**: **a** — gênero feminino; **s** — número plural).

  — **Verbais:** informam o modo, o tempo, o número e a pessoa dos verbos (dança-**re**-**mos**: **re** — indicativo, futuro do presente; **mos** — 1ª pessoa do plural).
- **Vogais e consoantes de ligação:** elementos que aparecem no interior das palavras, contribuindo para a pronúncia ou ligando morfemas: inset**i**cida: inset (radical) + **i** (vogal de ligação) + cida (sufixo); cafe**t**eira: cafe (radical) + **t** (consoante de ligação) + eira (sufixo).

Formação de palavras

Na língua portuguesa, as palavras são formadas por vários processos.

Processos de formação de palavras:

- **Derivação:** formação de palavra a partir de outra palavra, chamada *primitiva*, por meio do acréscimo de morfemas que lhe configuram sentido diferente (vender — primitiva; vended**or** — derivada).

  Os processos de derivação são de vários tipos:

  — **derivação prefixal:** ocorre quando há o acréscimo de um prefixo à palavra primitiva (**des**amor, **in**feliz, **re**ver).

  — **derivação sufixal:** ocorre quando há o acréscimo de um sufixo à palavra primitiva (amor**oso**, feliz**mente**, carr**inho**).

  — **derivação parassintética:** ocorre quando há o acréscimo simultâneo de um prefixo e um sufixo ao radical (**es**quen**tar**, **a**madure**cer**, **re**jeit**ar**). Atenção, na derivação parassintética, deve haver acréscimo simultâneo do prefixo e do sufixo; o simples acréscimo de um ou outro não forma uma palavra.

— **derivação prefixal** ou **sufixal:** ocorre quando há o acréscimo não simultâneo de um prefixo e um sufixo (**des**leal**dade**).

— **derivação regressiva** ou **deverbal:** ocorre quando há redução da palavra primitiva (ajuda — de ajudar, trabalho — de trabalhar).

— **derivação imprópria:** não ocorrem modificações na estrutura da palavra primitiva, e sim mudança de classe gramatical (**Não** vou com você ao cinema — advérbio; O **não** é uma palavra difícil — substantivo).

- **Composição:** formação de palavras resultante da união de dois ou mais radicais.

  Conforme o modo como se dá a fusão dos elementos componentes, a composição pode ser de três tipos:

  — **composição por justaposição:** não há modificações nos radicais que formam a nova palavra (quinta-feira, passatempo).

  — **composição por aglutinação:** há modificações nos radicais que formam a nova palavra; as alterações podem ocorrer em apenas um ou em todos os radicais formadores da palavra (planalto: plano + alto, vinagre: vinho + acre).

  — **hibridismo:** a palavra é formada por elementos de línguas diferentes (automóvel: auto — grego + móvel — latino; goleiro: gol — do inglês *goal* + eiro — latino).

- **Onomatopeias:** representação de sons e ruídos (ding-dong, atchim).

- **Redução:** diminuição da palavra ou termo, a fim de reduzir tempo e espaço e otimizar a comunicação. Pode se apresentar na forma de:

  — **siglas** (CD — *compact disc*, RG — registro geral, CEP — código de endereçamento postal).

- **Abreviações** (tevê — televisão, foto — fotografia).

  — **abreviaturas** (sr. — senhor, MS — Mato Grosso do Sul).

- **Empréstimos:** palavras de origem estrangeira (*selfie*, *print*).

- **Gírias:** expressões de origem popular que produzem sentido específico no grupo em que são utilizadas.

- **Jargões:** gírias que se restringem a um grupo profissional.

Capítulo 5 — Concordância nominal e verbal

A **concordância nominal** é a concordância entre o nome (substantivo) e seus modificadores (artigo, pronome, numeral, adjetivo) quanto ao gênero (masculino ou feminino) e ao número (plural ou singular). Como regra geral da concordância na norma-padrão, os **modificadores concordam com o substantivo**.

Existem algumas construções que geram dúvida quanto à concordância indicada pela gramática normativa. Vejamos:

Adjetivo depois de dois ou mais substantivos	
Substantivos de mesmo gênero: o adjetivo vai para o plural ou concorda com o mais próximo.	**Substantivo de gêneros diferentes:** o adjetivo vai para o masculino plural ou concorda com o substantivo mais próximo.

Adjetivo anteposto a dois substantivos comuns
Deve concordar com o adjetivo mais próximo.

Adjetivo anteposto a substantivos próprios
O adjetivo deve aparecer no plural.

Substantivo modificado por dois adjetivos	
A concordância pode ser de três formas:	· no **singular**: a cultura brasileira e portuguesa. · no **plural**: as culturas brasileira e portuguesa. · no **singular** com a repetição do artigo: a cultura brasileira e a portuguesa.

É bom, é proibido, é necessário	
A expressão acompanhada pelo determinante (artigo ou pronome) deve concordar com o determinante: É proibida a entrada de pessoas não autorizadas.	A expressão que estiver sem determinante deve permanecer invariável: É proibido entrada de pessoas não autorizadas.

A **concordância verbal** é a concordância entre o sujeito e o verbo quanto ao número (singular e plural) e à pessoa (1ª, 2ª e 3ª). Assim, a regra geral **da concordância na norma-padrão** é que o **verbo concorda com o sujeito da oração**.

Quando **o sujeito é composto**, existem algumas regras específicas da gramática normativa, que são:

- Quando o sujeito composto estiver antes do verbo, deve ficar no plural.
- Quando o sujeito vier depois do verbo, deve ficar no plural ou concordar com o núcleo do sujeito que estiver mais próximo ao verbo.

- Quando os núcleos do sujeito constituírem uma gradação, o verbo fica no singular.
- Quando um pronome indefinido (tudo, nada, ninguém, alguém) resumir os núcleos do sujeito, o verbo deve ficar no singular.
- Quando o sujeito for representado por uma das expressões *um e outro*, *nem um nem outro*, *nem... nem*, o verbo fica no singular ou no plural.
- Quando o sujeito é formado por infinitivos, o verbo fica no singular. Se os infinitivos forem antônimos, o verbo deve ir para o plural.
- Quando o sujeito composto é ligado por *com*, o verbo fica no singular ou no plural, dependendo da ênfase que se quer dar.
- Quando os núcleos do sujeito são representados por pronomes pessoais do caso reto, o verbo deve ficar no plural.

Existem alguns verbos que têm regras específicas de concordância na norma-padrão:

Os verbos *soar*, *bater* e *dar*, quando fazem referência às horas do dia, devem concordar com o número de horas.

Os verbos *haver* e *fazer* podem ser impessoais. Quando isso ocorre, devem permanecer no singular. Se fizerem parte de uma locução verbal, o verbo auxiliar também ficará na terceira pessoa do singular.

O emprego do verbo *ser* obedece às seguintes regras:

- Quando o sujeito é um dos pronomes — o, isto, isso, aquilo, tudo —, concorda com o predicativo.
- Nos casos em que o sujeito ou o predicativo é constituído por um pronome pessoal ou nome de pessoa, a concordância se dá com a pessoa gramatical.
- Quando a oração se inicia com os pronomes interrogativos (Que, Quem), concorda com o sujeito.
- Quando o sujeito é uma expressão numérica que dá ideia de conjunto, fica no singular.
- Fazendo referência ao dia do mês, admite duas construções, no singular ou no plural.

Capítulo 6 — Pontuação

A **pontuação** marca na escrita as diferenças de entonação, contribuindo para tornar mais preciso o sentido que se quer dar ao texto. Os principais sinais de pontuação e seus usos estão descritos abaixo.

Emprega-se a **vírgula**:

- para separar termos que exercem a mesma função sintática — núcleos do *sujeito composto*, de *complementos* e *adjuntos* —, quando não vêm unidos por *e*, *ou* e *nem*;
- para isolar o *aposto*;
- para isolar o *adjunto adverbial*, quando ele é extenso ou quando se quer destacá-lo;
- para isolar o *vocativo*;
- para isolar expressões explicativas, como *isto é*, *por exemplo*, *ou melhor*, *a saber*, *ou seja*, etc.;
- para isolar o nome de um lugar anteposto à data.

Atenção

Não se recomenda empregar a vírgula entre o sujeito e o predicado e entre o verbo e seus complementos, a não ser que haja termo ou oração intercalados.

Em relação às **orações**, nas **coordenadas** emprega-se a vírgula para separar:

- as orações *coordenadas assindéticas*;
- as orações *coordenadas sindéticas*, com exceção das introduzidas pela conjunção *e*.

Observação

Quando as coordenadas sindéticas aditivas forem compostas de sujeitos diferentes ou quando a conjunção for repetida várias vezes, a vírgula pode ser utilizada.

Em relação às **subordinadas substantivas**, somente as orações *subordinadas substantivas apositivas* devem ser separadas por vírgulas (ou dois-pontos) da oração principal.

Considerando as **subordinadas adjetivas**, somente as orações *subordinadas adjetivas explicativas* devem ser separadas por vírgula da oração principal.

As orações **subordinadas adverbiais** são separadas por vírgula:

- opcionalmente, se vierem após a oração principal;
- obrigatoriamente, se vierem *antepostas* ou *intercaladas* à oração principal;
- obrigatoriamente, quando forem reduzidas de gerúndio, particípio e infinitivo.

Emprega-se o **ponto e vírgula**:

- antes das orações sindéticas adversativas e conclusivas, quando apresentarem a conjunção deslocada;
- para separar orações, desde que a segunda contenha zeugma;
- para separar itens dos enunciados enumerativos.

Emprega-se o **ponto** no final de frases *declarativas*.

Emprega-se o **ponto de interrogação** no final de frases *interrogativas* diretas.

Emprega-se o **ponto de exclamação** no final de frases *exclamativas* com a finalidade de indicar estados emocionais, como espanto, surpresa, dor, alegria, súplica, etc.

O sinal de **dois-pontos** é usado para introduzir palavras, expressões, orações ou citações que servem para enumerar ou esclarecer o que se afirmou anteriormente.

As **aspas** são usadas no início e no final de citações:

- para destacar palavras estrangeiras, neologismos, gírias;
- para indicar mudança de interlocutor nos diálogos;
- quando o termo não é muito preciso para o contexto;
- para marcar ironia.

Os **parênteses** são empregados para separar, em um período, palavras ou frases explicativas e nas indicações bibliográficas.

O **travessão** é empregado:

- para indicar a mudança de interlocutor nos diálogos;
- para isolar a fala da personagem da fala do narrador;
- para destacar ou isolar palavras ou expressões no interior de frases.

As **reticências** indicam a interrupção da frase, feita com a finalidade de sugerir:

- dúvida, hesitação ou surpresa;
- prolongamento da frase;
- interrupção de pensamento ou sugestão para que o leitor complete o raciocínio;
- destaque a uma palavra ou expressão;
- supressão de trecho em textos.

Capítulo 7 — Regência verbal e regência nominal

Quando um termo — verbo ou nome — exige a presença de outro, ele se chama *regente* ou *subordinante*; os que completam a significação desse termo chamam-se *regidos* ou *subordinados*. Quando o termo regente é um verbo, ocorre **regência verbal**. Quando o termo regente é um nome — substantivo, adjetivo, advérbio —, ocorre **regência nominal**.

Regência verbal

VERBO	CLASSIFICAÇÃO	SIGNIFICADO	EXEMPLO
aspirar	VTD	sorver, respirar	O jornalista aspirava ao prêmio Pulitzer.
	VTI	pretender, desejar	Pacientes com tuberculose eram aconselhados a aspirar o ar da montanha.
agradar	VTD	acarinhar, afagar	Maria agradou o pai com uma viagem.
	VTI	ser agradável, cair no agrado (exige a preposição *a*)	O *show* agradou ao público.
chamar	VTD	convocar, fazer vir	Chamei toda a turma para o seu aniversário.
	VTI	invocar (exige a preposição *por*)	A mãe chamou diversas vezes pelo filho.
	VTD ou VTI	cognominar, qualificar, denominar + predicativo do objeto	Por ser vaidoso, chamavam-lhe de estrela sempre.
chegar e ir	VI	(exigem a preposição *a* quando indicam lugar)	Cheguei ao local do encontro com antecedência. Fui ao dentista hoje à tarde.
esquecer e lembrar	VTD	(quando não pronominais)	Esqueci/Lembrei a data do seu aniversário.
	VTI	(quando pronominais, exigem a preposição *de*)	Lembrei-me das nossas férias em Lisboa.
	VTI	cair no esquecimento/ vir à lembrança	Esqueceram-me os livros em cima da mesa.
informar	VTD	dar notícias, esclarecer	O jornal informou a notícia em primeira mão.
	VTDI		O médico informou o resultado do exame ao paciente.
morar e residir	VI	(exigem adjunto adverbial com a preposição *em*)	Moro em Belo Horizonte. Resido em Campinas.
obedecer e desobedecer	VTI	(exigem a preposição *a*)	É necessário obedecer às normas do clube. O eletricista desobedeceu às instruções de segurança.

pagar e perdoar	VTD	(quando o objeto é coisa)	Paguei a conta de telefone ontem.
	VTI	(quando o objeto é pessoa)	Perdoei aos meus pais.
	VTDI		Paguei ao banco tudo o que devia. Perdoei o insulto à memória de meu pai.
preferir	VTDI	querer antes, escolher entre duas coisas	Prefiro abacate a mamão.
	VTD	dar primazia a, determinar-se por	Ela prefere o silêncio.
querer	VTD	desejar	Eu queria o vestido vermelho da vitrine.
	VTI	estimar, querer bem (exige a preposição *a*)	Eu lhe quero muito bem.
simpatizar e antipatizar	VTI	(exigem a preposição *com*; não são pronominais)	Simpatizei com eles desde o primeiro dia. Ela antipatizou comigo à primeira vista.
visar	VTD	mirar, pôr visto	O arqueiro visou o alvo e disparou.
	VTI	ter em vista, pretender (exige a preposição *a*)	Ela visava ao cargo de gerente.

Regência de alguns nomes	
a	acessível, adequado, alheio, análogo, apto, avesso, benéfico, cego, conforme, contíguo, desatento, desfavorável, desleal, equivalente, fiel, grato, guerra, hostil, idêntico, inacessível, inerente, indiferente, infiel, insensível, nocivo, obediente, odioso, oposto, peculiar, pernicioso, próximo (de), superior, surdo (de), visível
de	amante, amigo, ansioso, ávido, capaz, cobiçoso, comum, contemporâneo, curioso, devoto, diferente, digno, dessemelhante, dotado, duro, estreito, fértil, fraco, incerto, indigno, inocente, menor, natural, nobre, orgulhoso, pálido, passível, pobre, pródigo (em), temeroso, vazio, vizinho
com	afável, amoroso, aparentado, compatível, conforme, cruel, cuidadoso, descontente, furioso (de), inconsequente, ingrato, intolerante, liberal, misericordioso, orgulhoso, parecido (a), rente (a, de)
contra	desrespeito, manifestação, queixa
em	constante, cúmplice, diligente, entendido, erudito, exato, fecundo, fértil, fraco, forte, hábil, impossibilidade (de), incansável, incerto, inconstante, indeciso, lento, morador, parco (de), perito, prático, sábio, sito, último (de, a), único
entre	convênio, união
para	apto, bom, diligente, disposição, essencial, idôneo, incapaz, inútil, odioso, pronto (em), próprio (de), útil
para com	afável, amoroso, capaz, cruel, intolerante, orgulhoso
por	ansioso, querido (de), responsável, respeito (a, de)
sobre	dúvida, influência, triunfo

Capítulo 8 — Colocação pronominal

Os pronomes pessoais oblíquos átonos *me, te, se, lhe(s), o(s), a(s), nos* e *vos* podem estar em três posições em relação ao verbo ao qual se ligam:

- quando o pronome é usado antes do verbo, essa colocação é chamada de **próclise**;
- quando é colocado depois, chama-se **ênclise**;
- quando vem no meio do verbo, a colocação é chamada de **mesóclise**.

Colocação pronominal	
Próclise	Jamais *nos* encontramos novamente depois daquela festa.
Ênclise	Dediquei-*lhe* os melhores anos de minha vida.
Mesóclise	A missa realizar-*se*-á às 19 horas, na próxima quarta-feira.

Capítulo 9 — Introdução à semântica

Semântica é a parte da gramática que estuda os aspectos relacionados ao sentido das palavras e enunciados. Alguns dos aspectos estudados pela semântica são: sinonímia, antonímia, campo semântico, hiponímia, hiperonímia e polissemia. A seguir, apresentamos alguns dos conceitos relacionados à significação das palavras.

- **Sinônimos:** são palavras de sentidos aproximados que podem ser substituídas uma pela outra em contextos diferentes.
- **Antônimos:** são palavras de sentidos contrários.
- **Campo semântico:** consiste em um universo de palavras que apresentam familiaridade por manterem relações de sentido.
- **Hipônimos e hiperônimos:** são palavras pertencentes a um mesmo campo semântico, sendo o *hipônimo* uma palavra de sentido mais específico e o *hiperônimo* uma palavra de sentido mais genérico.
- **Polissemia:** é a propriedade que uma palavra tem de apresentar vários sentidos.
- **Ambiguidade:** é a duplicidade de sentidos que pode haver em um texto, verbal ou não verbal.

Capítulo 10 — Figuras de linguagem

Figuras de linguagem são formas de expressão que consistem no emprego de palavras em sentido figurado, isto é, em um sentido diferente daquele em que convencionalmente são empregadas.

Figuras de linguagem relacionadas ao sentido

- **Comparação:** consiste em aproximar dois seres em razão de alguma semelhança existente entre eles, de modo que as características de um sejam atribuídas ao outro, de modo expresso, direto:

  A criança, apesar da pouca idade, já se comportava como um líder.

- **Metáfora:** consiste no emprego de uma palavra em um sentido que não lhe é comum ou próprio, sendo esse novo sentido resultante de uma relação de semelhança, de intersecção entre dois termos:

  A minha alma é um bicho acuado, ameaçado de morte.

- **Metonímia:** consiste na substituição de uma palavra por outra em razão de haver entre elas uma relação de interdependência, de inclusão, de implicação. A ocorrência da metonímia pode se dar em razão da substituição *do autor pela obra, da parte pelo todo, da marca pelo produto, da matéria pelo objeto*, entre outros casos:

  Lutei incessantemente para conquistar um teto para os meus filhos.

- **Antítese:** consiste no emprego de palavras que se opõem quanto ao sentido:

  Aprecio a alegria melancólica que transmite o seu olhar.

- **Paradoxo:** consiste no emprego de palavras ou expressões que, embora opostas quanto ao sentido, se fundem em um enunciado:

  Ser mãe é padecer no paraíso.

- **Personificação ou prosopopeia:** consiste em atribuir linguagem, sentimentos e ações próprias dos seres humanos a seres inanimados ou irracionais:

  Até as flores do jardim reclamavam a sua ausência.

- **Hipérbole:** consiste em expressar uma ideia com exagero:

  Estava tão ansiosa pelo resultado da prova que havia uma bomba dentro do meu peito.

- **Eufemismo:** consiste no emprego de uma palavra ou expressão no lugar de outra palavra ou expressão considerada desagradável ou chocante:

  Infelizmente, meu avô partiu para a eternidade cedo demais.

- **Ironia:** consiste em afirmar o contrário do que se quer dizer:

  Sua promessa é verdadeira como uma nota de três reais.

Figuras de linguagem relacionadas à sintaxe

- **Assíndeto:** ocorre quando há omissão da conjunção e entre termos da oração:

  Chorou, gritou, implorou por ajuda, mas nada adiantou.

- **Polissíndeto:** é o uso repetido de conjunções coordenativas:

  Luísa recorreu aos amigos, à família e à vizinhança e ninguém quis resgatar os gatos.

- **Anáfora:** consiste na repetição de palavras, geralmente no início de versos ou de orações:

  Poderíamos ter tido empatia. Poderíamos ter feito a denúncia. Poderíamos ter evitado o crime. Em vez disso, nos calamos.

- **Gradação:** consiste na disposição de palavras ou expressões em uma sequência que dá ideia de progressão:

  Virou a cabeça para o lado, encostou-a na vidraça e olhou entediada para a rua.

Capítulo 11 — O substantivo

Os seres (visíveis ou não, animados ou não), os objetos, os lugares, as ações, os estados, os sentimentos, os desejos, as ideias, tudo tem um nome.

As palavras que nomeiam integram a classe gramatical dos **substantivos**.

Assim, são substantivos palavras como *carro, bola, fada, casamento, moça, Brasil, couve-flor, pulo, honestidade, amor*.

Flexão do substantivo

Quanto ao *gênero gramatical*, o substantivo pode ser masculino e feminino. Em grande parte, os substantivos têm formas diferentes para designar o gênero (substantivos **biformes**): candidato/candidata, freguês/freguesa, rei/rainha, ator/atriz, cidadão/cidadã, conde/condessa, réu/ré. Os substantivos que apresentam apenas uma forma para os dois gêneros são chamados de **uniformes** ou **comuns de dois gêneros**: o/a pianista, o/a estudante. Ainda em relação ao gênero, há substantivos **sobrecomuns**, como: a criança, o gênio, a testemunha, o ídolo, a vítima; além dos **epicenos** (nomeiam alguns animais): a cobra, o beija-flor.

Os substantivos também flexionam-se quanto ao *número*: singular e plural.

No caso dos substantivos simples, o plural é marcado pelo acréscimo do *-s*.

Há ocorrências em que o plural é feito de modo diferente:

- com o acréscimo do *-es* nas palavras terminadas em *-r*, *-s* ou *-z*: colheres, gases, raízes.
- com a troca do *-l* final das palavras por *-is*: anéis.

Quanto aos substantivos compostos, temos:

- Pluralizam-se as *palavras variáveis* (substantivo e adjetivo) e os *nomes dos dias da semana*: caras-pintadas, segundas-feiras, tenentes-coronéis, pequenos-burgueses, primeiros-ministros, batatas-doces.
- Pode-se pluralizar apenas a primeira palavra ou as duas *quando a segunda funcionar como especificadora*: sambas-enredo ou sambas-enredos; homens-bomba ou homens-bombas.
- Pluraliza-se o segundo elemento com *palavras repetidas*: pega-pegas, corre-corres, tico-ticos.
- Não se pluralizam as *palavras invariáveis que compõem os substantivos compostos* (advérbio e interjeição), nem *verbos*, nem o *adjetivo grã(o)*: guarda-sóis, grã-finas, beija-flores, vaga-lumes, abaixo-assinados.

Os substantivos podem variar quanto ao *grau* e originar novas palavras.

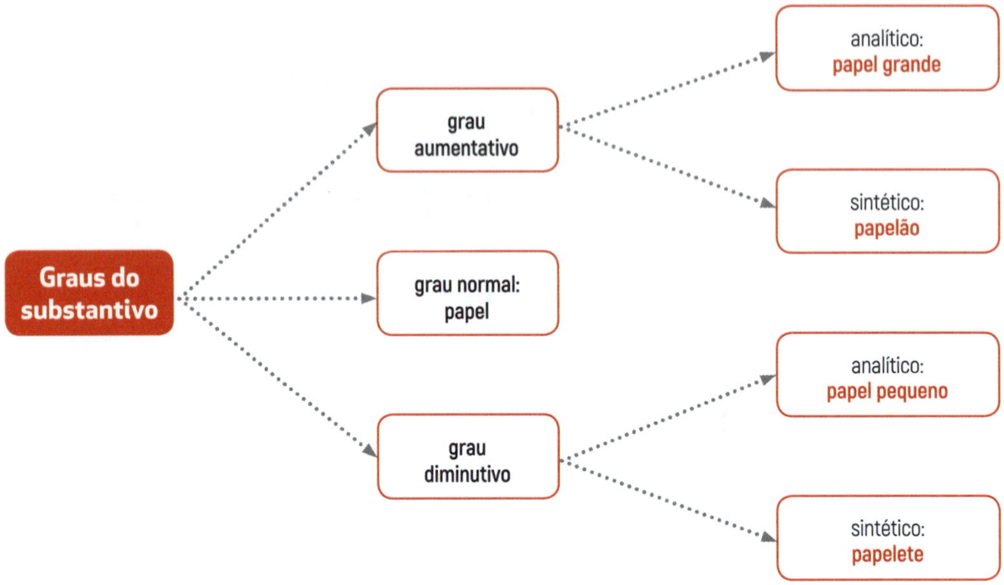

Os substantivos são classificados de acordo com sua estrutura, formação, abrangência ou especificidade e quanto à natureza do que designam.

Classificação	Definição — Exemplos
comuns	referem-se a qualquer ser de uma espécie: homem, corpo, moço.
próprios	nomeiam um ser em particular, pessoas, lugares, etc.: Arnaldo, Salvador.
concretos	nomeiam seres de existência própria: corpo, rosto.
abstratos	nomeiam ações, qualidades, estados, sentimentos: fome, medo.
coletivos	designam a pluralidade de seres da mesma espécie: cardume, biblioteca.

Capítulo 12 — Os determinantes do substantivo

O substantivo pode ser acompanhado por palavras com diferentes papéis: qualificar, determinar, especificar, indicar quantidade ou ordem, definir, indefinir, generalizar, etc. Essas palavras são normalmente conhecidas como *determinantes* ou *modificadores* do substantivo e pertencem à classe morfológica dos adjetivos, artigos e numerais. Reveja cada uma delas.

Adjetivos e locuções adjetivas

Adjetivo é a palavra que determina o substantivo, atribuindo-lhe características, qualidades e estados provisórios, particularizando-o.

Assim, *carismático, antipático, fiel, infiel, alegre, triste* são adjetivos.

Locuções adjetivas: são formadas por duas ou mais palavras com valor de um adjetivo: *de mãe* (materno), *de pai* (paterno), *do dedo* (digital), *de boi* (bovino), *da manhã* (matinal), *da tarde* (vespertino), *da noite* (noturno).

Classificação dos adjetivos	
PRIMITIVOS (GERAM OUTROS ADJETIVOS)	fiel, triste, bom, calmo, belo, verde
DERIVADOS (DERIVAM DE OUTROS ADJETIVOS)	infiel, tristonho, bondoso, calmante, belíssimo, esverdeado
SIMPLES (CONSTITUÍDOS DE UM SÓ RADICAL)	claro, escuro, baixo, alto, novo, velho
COMPOSTOS (CONSTITUÍDOS DE MAIS DE UM RADICAL)	castanho-claro, azul-marinho, azul-celeste, surdo-mudo
PÁTRIOS (EVOCAM A ORIGEM)	brasileiro, amazonense, mato-grossense, aracajuano ou aracajuense, carioca, paulistano, soteropolitano ou salvadorense

Flexão dos adjetivos	
GÊNERO (MASCULINO / FEMININO)	• Para formar o feminino, troca-se a vogal *o* pela vogal *a* ou acrescenta-se *a* no final da palavra: lind*o*/lind*a*. Os *adjetivos compostos* formam o feminino flexionando apenas o segundo termo: sócio-histórico/sócio-histórica. Há casos em que, para ambos os gêneros, há uma *única forma*: breve, vulgar, pior, melhor, árabe, feliz, capaz, etc. (*adjetivos uniformes*).
NÚMERO (SINGULAR / PLURAL)	• Os adjetivos simples fazem o plural com a adição do *s* ao final da palavra: claros. Há, entretanto, adjetivos que fazem o plural trocando-se o *l* por *eis* ou *éis* (fusível/fusíveis, fiel/fi*éis*); acrescentando-se *es* aos adjetivos terminados em *r*, *s* ou *z*: interior/interior*es*, inglês/ingles*es*, capaz/capaz*es*. • Os adjetivos compostos formam o plural flexionando-se apenas o segundo termo: humanos, saudáveis, felizes, afro-europeus.

<table>
<tr><th colspan="4">Flexão dos adjetivos</th></tr>
<tr><td rowspan="5">GRAU
(quantidade ou intensidade)</td><td>comparativo</td><td colspan="2">de igualdade: tão... quanto/como;
de superioridade: mais... (do) que...
de inferioridade: menos... (do) que...</td></tr>
<tr><td rowspan="4">superlativo</td><td rowspan="2">relativo</td><td>de superioridade: o mais... de...</td></tr>
<tr><td>de inferioridade: o menos... de...</td></tr>
<tr><td rowspan="2">absoluto</td><td>analíticos: muito (bastante, extremamente, bem)...</td></tr>
<tr><td>sintéticos: inteligentíssimo, agradabilíssimo</td></tr>
</table>

Os adjetivos *bom, mau, grande* e *pequeno* formam o comparativo de modo especial:

Adjetivo	Comparativo de superioridade	Superlativo	
		ABSOLUTO	RELATIVO
bom	melhor	ótimo	o melhor
mau	pior	péssimo	o pior
grande	maior	máximo	o maior
pequeno	menor	mínimo	o menor

Os adjetivos podem desempenhar as funções sintáticas de predicativo do sujeito e predicativo do objeto, além de adjunto adnominal.

Artigo

Artigo é a palavra que antecede o substantivo, definindo-o ou indefinindo-o.

Há dois tipos de artigos: os *definidos* (*o, a, os, as*) e os *indefinidos* (*um, uma, uns, umas*). Sintaticamente, os artigos desempenham a função de adjunto adnominal.

Numeral

Numeral é a palavra que expressa quantidade exata de pessoas ou coisas ou a posição que elas ocupam em determinada sequência.

Os numerais podem ser:

- **cardinais** — indicam quantidade: onze dias, mil avisos.
- **ordinais** — indicam uma série, ordem, posição: décimo primeiro dia, milésimo aviso.
- **multiplicativos** — indicam multiplicação: dobro, triplo, quádruplo, quíntuplo, sêxtuplo.
- **fracionários** — indicam divisão: um terço, dois quartos.
- **coletivos** — mesmo no singular designam o número exato de seres que compõem um conjunto: dupla, quarteto, dezena, dúzia, década, centena.

Os numerais podem se referir a substantivos ou substituí-los. Quando se referem a um substantivo, são *numerais adjetivos* (*duas* casas); quando o substituem, são *numerais substantivos* (as *duas*).

Capítulo 13 — O pronome

Pronomes são palavras que fazem referência às pessoas do discurso, substituindo ou acompanhando outras palavras. Além de substantivos, os pronomes podem também remeter a orações e frases.

Os pronomes que substituem substantivos são denominados **pronomes substantivos**, já os que acompanham os substantivos chamam-se **pronomes adjetivos**.

Pronomes pessoais

Indicam as pessoas do discurso. Os **retos** exercem a função de sujeito ou predicativo do sujeito. Os **oblíquos**, a de complemento. O pronome oblíquo que se refere ao mesmo ser indicado pelo pronome reto é chamado de **pronome reflexivo**.

RETO	OBLÍQUO	
	ÁTONO	TÔNICO
eu	me	mim, comigo
tu	te	contigo
ele, ela	se, o, a, lhe	si, ele, ela, consigo
nós	nos	nós, conosco
vós	vos	vós, convosco
eles, elas	se, os, as, lhes	si, eles, elas, consigo

Pronomes de tratamento

São empregados para tratar de modo íntimo, familiar ou cerimonioso o interlocutor.

TRATAMENTO	ABREVIATURA	SITUAÇÕES DE USO
você	v.	pessoas com quem temos intimidade
Vossa Alteza	V. A.	príncipes, duques
Vossa Eminência	V. Em.ª	cardeais
Vossa Excelência	V. Ex.ª	altas autoridades do governo e das forças armadas
Vossa Magnificência	V. Mag.ª	reitores de universidades
Vossa Majestade	V. M.	reis, imperadores
Vossa Santidade	V. S.	papa
Vossa Senhoria	V. S.ª	funcionários públicos graduados, oficiais (até coronel) e pessoas de cerimônia
senhor, senhora	sr., sra.	geralmente pessoas mais velhas que nós ou a quem queremos tratar com distanciamento e respeito; a forma *senhorita*, já caindo em desuso, é empregada para moças solteiras.

Pronomes possessivos

Indicam posse em relação às pessoas do discurso. Quando substituem substantivos, chamam-se **pronomes possessivos substantivos**; quando acompanham substantivos, são chamados de **pronomes possessivos adjetivos**.

		SINGULAR		PLURAL	
NÚMERO	PESSOA	MASCULINO	FEMININO	MASCULINO	FEMININO
Singular	1ª	meu	minha	meus	minhas
	2ª	teu	tua	teus	tuas
	3ª	seu	sua	seus	suas
Plural	1ª	nosso	nossa	nossos	nossas
	2ª	vosso	vossa	vossos	vossas
	3ª	seu	sua	seus	suas

Pronomes demonstrativos

Situam pessoas ou coisas em relação às pessoas do discurso. Essa localização pode se dar no tempo, no espaço ou no próprio texto. Quando ocupam o lugar de um substantivo, são **pronomes demonstrativos substantivos**; quando acompanham um substantivo, são **pronomes demonstrativos adjetivos**.

PESSOA	VARIÁVEIS				INVARIÁVEIS
	MASCULINO		FEMININO		
	SINGULAR	PLURAL	SINGULAR	PLURAL	
1ª	este	estes	esta	estas	isto
2ª	esse	esses	essas	essas	isso
3ª	aquele	aqueles	aquela	aquelas	aquilo

Atenção

São também pronomes demonstrativos *o, a, os* e *as* quando equivalem a *isto, isso, aquele, aquela, aqueles, aquelas; mesmo* e *próprio*, quando reforçam pronomes pessoais ou fazem referência a algo expresso anteriormente; *tal* e *semelhante*, quando equivalem a *esse, essa, aquela*.

Pronomes indefinidos

Fazem referências vagas, imprecisas e genéricas a substantivos. Podem sofrer flexão de gênero e número ou serem invariáveis. Podem ser **pronomes substantivos** e **pronomes adjetivos**.

VARIÁVEIS	INVARIÁVEIS
algum, nenhum, todo, outro, muito, pouco, certo, vário, tanto, quanto, qualquer, qual	alguém, ninguém, tudo, outrem, nada, cada, algo, que, quem

Atenção

Os pronomes indefinidos também podem aparecer na forma de locuções: *cada qual, cada um, qualquer um, seja qual for, todo aquele que*, etc.

Pronomes interrogativos

São pronomes indefinidos *que, quem, quanto*(a), *qual* e (o) *que* quando empregados em frases interrogativas. Aparecem tanto em perguntas diretas quanto indiretas e podem ser empregados como **pronome substantivo** ou como **pronome adjetivo**.

VARIÁVEIS	INVARIÁVEIS
qual, quais, quanto, quanta, quantos, quantas	que, quem

Pronomes relativos

São aqueles que ligam orações e se referem a um termo anterior – o antecedente. Podem ser precedidos ou não de preposições.

VARIÁVEIS				INVARIÁVEIS
MASCULINO		FEMININO		
Singular	**Plural**	**Singular**	**Plural**	
o qual	os quais	a qual	as quais	que
cujo	cujos	cuja	cujas	quem
quanto	quantos	quanta	quantas	onde

Capítulo 14 — O verbo

Do ponto de vista semântico, o **verbo** é a palavra que contém a noção de ação, processo, fenômeno meteorológico ou estado; em relação à sintaxe, exerce a função de núcleo do predicado das orações.

Os verbos flexionam-se em número, pessoa, modo, tempo e voz.

Número — indica se o sujeito gramatical é singular ou plural.

Pessoa — indica o emissor, o destinatário e o ser sobre o qual se fala. As pessoas do verbo são as mesmas pessoas do discurso no singular ou no plural:

	Pessoas	Singular	Plural
1ª	quem fala	eu	nós
2ª	com quem se fala	tu	vós
3ª	de quem ou do que se fala	ele/ela	eles/elas

Modo — indica a atitude do emissor quanto ao fato por ele enunciado, que pode ser de certeza (modo *indicativo*), de dúvida, temor, desejo (modo *subjuntivo*) e de ordem, conselho ou pedido (modo *imperativo*).

Tempo — localiza a ação, processo ou fenômeno meteorológico em relação ao momento da fala.

No *modo indicativo*, os tempos são: presente, pretérito imperfeito, futuro do presente e futuro do pretérito.

No *modo subjuntivo*, os tempos são: presente, pretérito imperfeito e futuro.

No *modo imperativo*, o tempo é o presente e não há flexão de 1ª pessoa.

Voz — indica se o sujeito gramatical é agente, paciente ou, ao mesmo tempo, agente e paciente da ação. Assim temos as seguintes vozes verbais:

- **Ativa:** Aos 16 anos eu votei.
- **Passiva**
  - **analítica:** Os manifestantes foram feridos no confronto.
  - **sintética:** Feriram-se os manifestantes no confronto.
- **Reflexiva:** As crianças se feriram com o brinquedo.

Além dessas categorias, é importante considerar o aspecto verbal, que fornece mais detalhes a respeito da duração da ação, se é unitária, momentânea, prolongada, habitual, etc.

Quando uma expressão é formada por mais de um verbo e tem valor de apenas um, como em "A aluna pôde emitir sua opinião", recebe a denominação de **locução verbal**.

Formas nominais do verbo

Os verbos apresentam três formas nominais, que podem desempenhar a função de nomes (substantivo e adjetivo): o infinitivo (*amar*), o gerúndio (*amando*) e o particípio (*amado*).

Atenção

Algumas formas nominais do verbo podem exercer outras funções sintáticas: o infinitivo pode ser sujeito, objeto direto ou predicativo (recordar é *viver*), o particípio passado pode ter a função de adjunto adnominal (*povo silenciado*) ou sujeito (os *silenciados* ganharam voz nas redes sociais).

Classificação dos verbos

Em relação à *flexão*, os verbos podem ser: regulares, irregulares, anômalos, defectivos ou abundantes; quanto à *função*, podem ser principais e auxiliares.

- **Regulares:** mantêm o radical quando flexionados e suas desinências variam de acordo com o modelo de conjugação: *falar, vender, partir.*
- **Irregulares:** quando flexionados, o radical sofre alterações ou suas terminações se diferenciam do modelo: *dar, estar, caber, pôr, pedir, rir.*
- **Anômalos:** ao serem flexionados, apresentam alterações mais profundas do que os verbos irregulares: *ir, ser.*
- **Defectivos:** ao serem conjugados não apresentam todos os tempos, modos ou pessoas: *adequar, colorir, doer, reaver, explodir, falir, esculpir.*
- **Abundantes:** apresentam mais de uma forma equivalente: *corrigido* e *correto, elegido* e *eleito, expelido* e *expulso.* Apresentam duas formas no particípio, uma regular e a outra irregular.

Formação dos tempos verbais simples

Na formação dos tempos verbais, tomam-se como base os tempos primitivos: o *presente*, o *pretérito perfeito do indicativo* e o *infinitivo impessoal.*

O *presente do subjuntivo* é derivado do *presente do indicativo.* Na 1ª conjugação, troca-se a vogal final desse tempo por -e; na 2ª e na 3ª conjugação, troca-se a vogal final da 1ª pessoa do presente do indicativo por -*a*: falo (1ª pessoa do presente do indicativo) ⟶ fale (1ª pessoa do presente do subjuntivo). Exceções: *haver, ir, ser, estar, querer* e *saber.*

O *imperativo afirmativo* e o *imperativo negativo* são derivados do *presente do indicativo* e do *presente do subjuntivo.* No imperativo, não há a 1ª pessoa do singular; as formas da 2ª pessoa, do singular e do plural, originam-se do *presente do indicativo* sem -s; as demais são as mesmas do *presente do subjuntivo*:

falas (2ª pessoa do singular do presente do indicativo - *s*) ⟶ fala (tu)

falais (2ª pessoa do singular do presente do subjuntivo - *s*) ⟶ falai

No *imperativo negativo*, as formas de todas as pessoas coincidem com as do *presente do subjuntivo.*

Os tempos derivados do pretérito perfeito do indicativo são:

- o *pretérito mais-que-perfeito do indicativo*, juntando-se ao tema as desinências *-ra, -ras, -ra, -ramos, -reis, -ram;*
- o *pretérito imperfeito do subjuntivo*, juntando-se ao tema as desinências *-sse, -sses, -sse, -ssemos, -sseis, -ssem;*
- o *futuro do subjuntivo*, acrescentando-se ao tema as desinências *-r, -res, -r, -rmos, -rdes, -rem.*

Os tempos derivados do infinitivo impessoal são:

- o *futuro do presente do indicativo*, juntando-se ao tema as desinências: *-rei, -rás, -rá, -remos, -reis, -rão;*
- o *futuro do pretérito do indicativo*, juntando-se ao tema as desinências: *-ria, -rias, -ria, -ríamos, -ríeis, -riam;*
- o *infinitivo pessoal*, juntando-se ao tema as desinências *-es* (2ª pessoa do singular) e *-mos, -des, -em* (respectivamente, 1ª, 2ª e 3ª pessoa do plural), em todas as conjugações;
- o *pretérito imperfeito do indicativo*, juntando-se, na 1ª conjugação, as desinências *-va, -vas, -va, -vamos, -veis, -vam*; e, na 2ª e na 3ª conjugação, as desinências *-ia, -ias, -ia, -íamos, -íeis, -iam.*

Os verbos *dizer, fazer, trazer* e derivados perdem o *-ze* no futuro do presente e no futuro do pretérito.

Os verbos *ser, ter, vir* e *pôr* assumem, no pretérito imperfeito do indicativo, respetivamente, as formas: *era, eras...; tinha, tinhas...; vinha, vinhas...; punha, punhas...*

Formação dos tempos verbais compostos

Modo indicativo

TEMPO	COMPOSIÇÃO	EXEMPLO
PRETÉRITO PERFEITO COMPOSTO	presente do indicativo do verbo auxiliar *ter* + particípio do verbo principal	tenho dito
PRETÉRITO MAIS-QUE-PERFEITO COMPOSTO	imperfeito do indicativo do verbo auxiliar *ter* ou *haver* + particípio do verbo principal	tinha dito
FUTURO DO PRESENTE COMPOSTO	futuro do presente simples do verbo auxiliar *ter* ou *haver* + particípio do verbo principal	terei dito
FUTURO DO PRETÉRITO COMPOSTO	futuro do pretérito simples do verbo auxiliar *ter* ou *haver* + particípio do verbo principal	teria dito

Modo subjuntivo

TEMPO	COMPOSIÇÃO	EXEMPLO
PRETÉRITO PERFEITO COMPOSTO	presente do subjuntivo do verbo auxiliar *ter* ou *haver* + particípio do verbo principal	tenha dito
PRETÉRITO MAIS-QUE-PERFEITO COMPOSTO	imperfeito do subjuntivo do verbo auxiliar *ter* ou *haver* + particípio do verbo principal	tivesse dito
FUTURO COMPOSTO	futuro do subjuntivo do verbo auxiliar *ter* ou *haver* + particípio do verbo principal	tiver dito

Formas nominais compostas

TEMPO	COMPOSIÇÃO	EXEMPLO
INFINITIVO IMPESSOAL COMPOSTO	infinitivo impessoal do verbo *ter* ou *haver* + particípio do verbo principal	ter dito
INFINITIVO PESSOAL COMPOSTO	infinitivo pessoal do verbo *ter* ou *haver* + particípio do verbo principal	ter dito, teres dito
GERÚNDIO COMPOSTO	gerúndio do verbo auxiliar *ter* ou *haver* + particípio do verbo principal	tendo dito

Capítulo 15 — O advérbio

Advérbio é a palavra que indica as circunstâncias em que se dá a ação verbal. A expressão composta de duas ou mais palavras que têm valor de advérbio é denominada **locução adverbial**.

Os advérbios modalizam os verbos a que se referem nas orações. Assim classificamos os advérbios e as locuções adverbiais em diferentes tipos, conforme o sentido que apresentam ou a circunstância que indicam.

Tempo	*ontem, hoje, agora, antes, depois, breve, cedo, logo, à noite, à tarde*
Lugar	*aqui, lá, abaixo, acima, longe, fora, dentro, ali, além, aquém*
Modo	*bem, mal, assim, depressa, devagar, à vontade, de mansinho, em silêncio* e quase todos os advérbios terminados em *-mente*, como *tranquilamente, felizmente, repentinamente*
Dúvida	*possivelmente, porventura, talvez, quiçá, provavelmente*
Afirmação	*sim, decerto, certamente, realmente, efetivamente, seguramente, sem dúvida, por certo*
Negação	*não, nem, nunca, tampouco, absolutamente, de modo algum*
Intensidade	*muito, pouco, bastante, menos, excessivamente, completamente, demasiadamente, levemente*

Importante

1. Os advérbios de intensidade podem determinar, além de verbos, adjetivos ou outros advérbios.
2. Os advérbios não variam em gênero ou número. A variação de **grau** ocorre de modo semelhante ao que se dá com os adjetivos:

Comparativo			Superlativo
DE IGUALDADE	DE SUPERIORIDADE	DE INFERIORIDADE	**analítico** – muito + adv.: Ela canta muito alto
tão + adv. + como (quanto)	mais + adv. + que (do que)	menos + adv. + que (do que)	**sintético** – formado com sufixos: Ela canta alt*íssimo*.
	melhor	pior	

Capítulo 16 — Palavras relacionais: a preposição e a conjunção — a interjeição

Preposições e **conjunções** são palavras que ligam outras palavras, estabelecendo alguma relação entre elas. Analise a tirinha:

© Armandinho, de Alexandre Beck/ Acervo do cartunista

(Disponível em: https://tirasarmandinho.tumblr.com/. Acesso em: 31/8/2018.)

No primeiro quadrinho da tira acima, a menina comenta "Pode parecer pouco, mas de tijolinho em tijolinho...", fazendo uso de palavras que estabelecem relações. No trecho *de tijolinho em tijolinho...*, as preposições *de* e *em* estabelecem relação entre as duas ocorrências da palavra *tijolinho*, criando a ideia de perseverança. Além disso, a conjunção coordenativa *mas* relaciona as orações *Pode parecer pouco* e *podemos construir os maiores muros!*, criando entre elas uma relação adversativa.

Preposição

Preposição é a palavra que liga duas outras palavras, de modo que o sentido da primeira é completado pela segunda.

Principais preposições: a, ante, até, após, com, contra, de, desde, em, entre, para, perante, por, sem, sob, sobre, trás.

Quando essa função é desempenhada por uma expressão, o termo é chamado de **locução prepositiva**. São alguns casos: além de, antes de, depois de, ao invés de, através de, a par de.

As preposições podem se unir a artigos, pronomes e advérbios por meio de formações chamadas de **combinações** ou **contrações**.

- **Combinação:** ocorre quando a preposição *a* se liga ao pronome *o*(s) ou ao advérbio *onde*, sem nenhuma perda de som:

  Aonde essa ponte nos levará?

  Você vai comigo **ao** trabalho?

- **Contração:** ocorre quando as preposições *a*, *de*, *em* e *per* (*por*) se unem a artigos ou pronomes, havendo alteração/perda de som nessa junção:

  O construtor **do** muro preferia construir pontes **naquele** lugar (*do* = preposição *de* + artigo *o*; *naquele* = preposição *em* + pronome demonstrativo *aquele*).

Valores semânticos da preposição

De acordo com a relação que as preposições estabelecem entre as palavras, as preposições exprimem variados valores semânticos. Os principais são:

- **posse:** Ele é o dono *do* muro.
- **lugar:** Dormiram *na* rua aquela noite.
- **meio:** Chegaram ali *de* navio.
- **matéria:** Muro *de* tijolos.
- **companhia:** Quero construir *com* você.
- **finalidade:** Pontes *para* a integração.
- **assunto:** Conversamos *sobre* o amor.
- **instrumento:** Construiu *com* tijolos e amor.
- **modo:** Arrumou tudo *com* cuidado.
- **causa:** As pessoas fugiram *de* medo.
- **oposição:** A população protestou *contra* a segregação.
- **tempo:** Ficamos lá *até* o amanhecer.
- **origem:** Todos vinham *da* América Latina.

Conjunção

Conjunção é a palavra que estabelece relação entre duas orações ou dois termos de mesmo valor sintático.

Classificação das conjunções

As **conjunções coordenativas** ligam palavras ou orações de mesmo valor sintático. As conjunções coordenativas podem ser:

- **aditivas** (e, nem): A garota não ajuda *nem* atrapalha.
- **adversativas** (mas, porém, contudo, todavia, entretanto): Podemos construir muros, *mas* preferimos fazer pontes.
- **alternativas** (ou, ou... ou; já... já...; quer... quer): *Ou* gastamos nossos recursos construindo pontes, *ou* construiremos muros cada vez mais altos.
- **conclusivas** (logo, pois, portanto, por isso): Construímos muros, *por isso* vivemos em guerra.
- **explicativas** (que, porque, porquanto, pois): Façamos pontes, *porque* elas nos unem.

As **conjunções subordinativas** inserem uma oração na outra, estabelecendo entre elas uma relação de dependência sintática. Dividem-se em *integrantes* e *adverbiais*.

As **conjunções integrantes** *que* e *se* introduzem orações substantivas e indicam que a oração subordinada por elas introduzida completa ou integra o sentido da principal:

Espero **que** você construa pontes. Não sei **se** ficará tudo bem.

As **conjunções adverbiais** indicam que a oração subordinada introduzida por elas exerce a função de adjunto adverbial da oração principal. Classificam-se, de acordo com seu valor semântico, em:

- **causais:** *Como* o muro era alto, não conseguimos passar.
- **comparativas:** Os pais ficaram mais angustiados *do que* as crianças (ficaram) com o afastamento.
- **concessivas:** *Mesmo que* construam muros, não vamos nos afastar.
- **condicionais:** *Se* aceitarmos o diálogo, tudo irá melhorar.
- **conformativas:** Na viagem, nem tudo correu *como* haviam previsto.
- **consecutivas:** Lutaram tanto *que* ficaram exaustos.
- **finais:** É preciso abrir caminhos *para que* haja paz.
- **proporcionais:** *Enquanto* o tempo passa, ficamos mais acomodados com as injustiças.
- **temporais:** *Antes que* a injustiça aumente, devemos encontrar um consenso.

Interjeição

Interjeição é a palavra que expressa emoções, apelos, sentimentos, sensações, estados de espírito.

Duas ou mais palavras que, juntas, desempenham o papel de interjeição constituem uma **locução interjetiva**.

Capítulo 17 — O sujeito e o predicado

O **sujeito** e o **predicado** constituem os elementos essenciais da oração.

Nas orações em que está presente, o **sujeito** é o termo que concorda com o verbo; constitui o assunto de que se fala na oração; pode ser o agente da ação verbal e normalmente tem como núcleo um substantivo, um pronome ou uma palavra substantivada.

Leia a tira:

(Disponível em: http://paulo-matheus.blogspot.com/2012/08/30-tirinhas-niquel-nausea.html. Acesso em: 27/8/2018.)

No primeiro quadrinho da tirinha, o rapaz comenta "Eu não vou pagar esse preço na ração de gato!", apresentando um sujeito explícito (*Eu*) para a locução verbal *vou pagar*. Por ter um único núcleo, esse sujeito se classifica como *simples*. No segundo quadrinho, quando o entregador pergunta "Foi daqui que pediram três pizzas de atum?", o sujeito da forma verbal *pediram* não está explícito e não pode ser determinado. Alguém pediu, mas não se sabe quem. Esse tipo de sujeito se classifica, portanto, como *indeterminado*. Retome a seguir os **tipos de sujeito**.

- **Sujeito simples:** sujeito determinado que possui um único núcleo:

  Custava muito caro a *comida* de gato.

  Gatos adoram atum.

  Aqueles *animais* estavam famintos.

  Comer bem é uma alegria.

  Chegaram as *pizzas* de atum.

- **Sujeito composto:** sujeito determinado que possui dois ou mais núcleos, ou seja, mais de um vocábulo relacionado ao verbo:

  Pizza de atum e *ração* são opções de comida para gatos.

  Eu e os *gatos* gostamos muito de *pizza*.

  Comer e *dormir* são as atividades preferidas dos gatos.

- **Sujeito desinencial:** é o sujeito implícito, que pode ser identificado pela desinência verbal ou pelo contexto:

  Comemos três *pizzas* de atum (Nós).

  Compraste a ração do gato? (Tu).

  O rapaz pediu a *pizza* e a comeu rapidamente. (sujeito da primeira oração: O rapaz — sujeito simples; sujeito da segunda oração: Ele — sujeito desinencial, retomando o sujeito da primeira oração).

- **Sujeito indeterminado:** ocorre quando não se quer ou não se pode identificar claramente a quem o predicado se refere. Há uma referência imprecisa ao sujeito. A indeterminação do sujeito pode ser verificada em dois casos:
  — com verbo na *3ª pessoa do plural*, desde que não haja referência anterior a esse sujeito:
  Pediram *pizza* aqui?
  Andam falando mal dos gatos.
  — com verbo na *3ª pessoa do singular* acompanhado do *pronome* **se** (índice de indeterminação do sujeito):
  Acredita-se em tudo da internet.
  Precisou-se de muita *pizza* para o jantar.
  Vive-se muito bem nesta casa.

Atenção

Quando o *se* é índice de indeterminação do sujeito?
A construção do verbo com o pronome *se*, que atua como *índice de indeterminação do sujeito*, ocorre com verbos que não apresentam complemento direto (verbos intransitivos, transitivos indiretos e de ligação). O verbo fica na terceira pessoa do singular.

- **Oração sem sujeito:** ocorre na presença de verbos impessoais:
  — verbos que indicam *fenômenos da natureza*:
  Choveu muito semana passada.
  No verão, anoitece tarde.
  — verbo ***haver*** no sentido de *"existir"* e *"acontecer"*:
  Havia muitos gatos à mesa.
  Houve algum problema aqui?
  — verbos ***haver*** e ***fazer*** indicando *tempo decorrido*:
  Há dez minutos chegou a *pizza*.
  Faz duas horas que estamos esperando.
  — verbos ***fazer***, ***estar*** e ***ser*** indicando *fenômeno natural* ou *tempo*:
  Faz muito calor aqui.
  Já está muito tarde.
  Agora são 8 horas.

O **predicado** é o termo que transmite alguma informação sobre o sujeito. No primeiro quadrinho da tira apresentada anteriormente, o predicado — *não vou pagar esse preço na ração do gato* — informa a ação relacionada ao sujeito *Eu*. Portanto, classifica-se como *predicado verbal*. Retome a seguir os **tipos de predicado**.

- **Predicado verbal:** informa uma ação ou acontecimento relacionado ao sujeito. Apresenta verbo significativo (transitivo ou intransitivo):
  Eu vou comprar pizza de atum hoje.
  Gatos gostam mais de pizza do que de ração.
  O verbo (ou locução verbal) significativo (intransitivo ou transitivo) é o núcleo do predicado verbal.

  Complementos do verbo transitivo no predicado verbal:
  — **Objeto direto:** é o termo que se liga diretamente a um verbo transitivo, sem preposição:
  Os gatos detestam a ração.
  O homem olhou a ração e a rejeitou.

O objeto direto pode ser preposicionado quando um verbo transitivo direto se liga a um objeto direto com preposição, que é utilizada por uma questão estilística, e não por exigência do verbo:

Os gatos devoraram daquela *pizza* com satisfação.

— **Objeto indireto:** é o termo que se liga indiretamente ao verbo transitivo, por meio de preposição exigida pelo verbo:

Os gatos gostaram da pizza de atum.

Atenção

1. Quando o verbo é transitivo direto e indireto, ele apresenta dois objetos, um direto e um indireto:
   O vendedor ofereceu-lhes uma pizza grátis (*lhes* — objeto indireto; *uma pizza grátis* — objeto direto).
2. Pronomes oblíquos átonos exercem função sintática de objeto. Os pronomes de 3ª pessoa têm funções fixas (*o, a, os, as* funcionam como objeto direto e *lhe, lhes* funcionam como objeto indireto). Nos demais casos, para classificá-los como direto ou indireto, é preciso analisar o verbo que eles complementam:
   Ele *me* chamou na porta (*me* — objeto direto).
   Ele *me* ofereceu um pedaço de *pizza* (*me = para mim* — objeto indireto).
3. Quando o termo que funciona como objeto recebe ênfase através de pronome oblíquo com o mesmo sentido e a mesma função, chamamos de objeto direto ou indireto pleonástico:
   Essa ração, eu a detesto.

- **Predicado nominal:** por informar um estado, o predicado nominal contém um verbo de ligação:
  Os gatos estavam excitados com a pizza.
  O dono do gato ficou assustado com o preço da ração.
  O núcleo do predicado nominal é o predicativo do sujeito, ou seja, a característica atribuída ao sujeito, mas ligada a ele por meio do verbo de ligação:
  As *pizzas* pareciam deliciosas.
- **Predicado verbo-nominal:** como informa uma ação e um estado, esse tipo de predicado apresenta dois núcleos: um verbo significativo e um predicativo (do sujeito ou do objeto):
  As *pizzas* chegaram frias (dois núcleos: *chegaram* – verbo intransitivo; *frias* – predicativo do sujeito).
  Ele nunca via os gatos tão ansiosos (dois núcleos: *via* – verbo transitivo direto; *ansiosos* – predicativo do objeto).

  Tipos de predicativo:

  — **Predicativo do sujeito:** indica qualidades ou estados atribuídos ao sujeito da oração:
  O entregador estava *apressado* (acrescenta característica ao sujeito – *entregador*).

  — **Predicativo do objeto:** atribui características como qualidade ou estado ao objeto direto ou indireto:
  Ninguém esperava uma *pizza* estragada (acrescenta característica ao objeto direto – *pizza*).
  O acontecimento os deixou *decepcionados* (acrescenta uma característica ao objeto direto – *os*).

Capítulo 18 — Complemento nominal, adjunto adnominal, adjunto adverbial, aposto e vocativo

Complemento nominal é um termo integrante da oração. **Adjunto adnominal**, **adjunto adverbial**, **aposto** e **vocativo** constituem os elementos acessórios da oração. Analise as ocorrências desses termos nesta tira:

© Alexandre Beck/Acervo do cartunista

(Disponível em: https://tirasarmandinho.tumblr.com/. Acesso em: 31/8/2018.)

No primeiro quadrinho da tira acima, fazendo referência ao dia 8 de março, a garotinha afirma que é "um dia para lembrar da luta das mulheres, no mundo todo...", e usa o adjunto adnominal *das mulheres* para acrescentar uma informação ao substantivo *luta* (luta das mulheres). Já no segundo quadrinho, o termo *por condições dignas de trabalho, igualdade de direitos e justiça* complementa o substantivo *luta*, ou seja, é o alvo sobre o qual recai a ação de lutar. Como *luta* é um nome, o termo é um complemento nominal. Dentro do complemento nominal há os adjuntos adnominais *de trabalho* e *de direitos e justiça*, que modificam, respectivamente, os substantivos *condições* e *igualdade*. No último quadrinho, emprega o adjunto adverbial *pela frente*, atribuindo circunstância de tempo ao verbo *temos*. Vamos retomar a seguir esses termos da oração.

- **Complemento nominal** é o termo integrante da oração que se liga a um nome (substantivo, adjetivo ou advérbio), complementando seu sentido. O complemento nominal é normalmente regido de preposição:

  A luta por condições dignas. (o CN *por condições dignas* complementa o sentido do substantivo *luta*).

- **Adjunto adnominal** é o termo acessório da oração que determina, especifica ou explica um substantivo, não importando a função sintática que este exerça:

  As mulheres *brasileiras* vão continuar lutando por *todos os seus* direitos. (*as* e *brasileiras* referem-se ao substantivo *mulheres*; *todos*, *os* e *seus* informam algo sobre *direitos*).

A luta *das mulheres* depende também *da* ajuda *dos homens*. (*a* e *das mulheres* acrescentam informação à *luta*, enquanto *a* e *dos homens* referem-se a *ajuda*.)

Artigos, adjetivos, locuções adjetivas, pronomes adjetivos e numerais podem exercer a função sintática de adjunto adnominal.

Atenção

Quando a função do adjunto adnominal é exercida por uma locução adjetiva, pode haver dúvida para diferenciar o complemento nominal do adjunto adnominal, devido à presença da preposição nos dois casos. Se o termo introduzido por preposição estiver se referindo a um substantivo, classifica-se como adjunto adnominal quando simbolizar o agente e como complemento nominal se for o alvo. Veja o exemplo:

O / ataque / *das mulheres* / *ao preconceito* / é muito importante.
adj. adn. subst. adj. adn. compl. nominal

Nesse caso, *as mulheres* praticam a ação de *atacar*, enquanto *o preconceito* sofre *o ataque*.

Complementos nominais e adjuntos adnominais podem aparecer tanto no sujeito quanto no predicado.

- **Adjunto adverbial** é o termo acessório da oração que indica uma circunstância do processo verbal ou intensifica o sentido de adjetivo, verbo ou advérbio:

  Agora, as mulheres precisam juntar suas bandeiras e carregá-las *com muita união*. (*Agora* acrescenta a circunstância de tempo ao verbo *juntar*; *com união* acrescenta a circunstância de modo ao verbo *carregar* e *muito* intensifica a locução adverbial *com união*).

  As principais circunstâncias expressas pelos adjuntos adverbiais são: tempo, lugar, modo, afirmação, negação, dúvida, intensidade, meio, instrumento, companhia, causa, fim ou finalidade, matéria, concessão e assunto.

- **Aposto** é o termo que retoma outro termo da oração para explicá-lo, ampliá-lo, desenvolvê-lo ou resumi-lo:

  8 de março, *dia internacional da mulher*, é uma data que representa uma conquista mundial. (a expressão *dia internacional da mulher* retoma o termo *8 de março*, para explicá-lo).

  Geralmente o aposto é destacado por vírgulas, dois-pontos ou travessões.

- **Vocativo** é o termo que não estabelece relação sintática com outros termos da oração. Não pertence ao sujeito nem ao predicado, e é usado para atrair a atenção da segunda pessoa do discurso, com quem se fala:

  Mulheres, vamos à luta!

  O vocativo deve ser isolado por vírgula(s).

Capítulo 19 — Período composto

O período composto pode ser construído de duas maneiras: por **coordenação** ou por **subordinação**.

As **orações coordenadas** não dependem sintaticamente uma da outra, podendo conter conjunção (sindética) ou não (assindética).

As **orações coordenadas sindéticas** apresentam conjunções que expressam o tipo de relação existente entre as orações. O quadro abaixo sintetiza o tipo de oração e as principais conjunções e traz um exemplo.

Classificação	Principais conjunções	Exemplo
Aditiva	e, não só... mas também, nem	Não dancei nem curti a festa.
Adversativa	mas, porém, entretanto, todavia, no entanto	Fui ao *shopping*, mas não encontrei um presente.
Explicativa	pois, porque	Não fui à festa porque não comprei um presente.
Alternativa	ou, ou... ou, quer... quer, seja... seja	Ou vou à praia ou guardo dinheiro.
Conclusiva	logo, portanto, por isso	Economizei, portanto vou à praia.

As **orações subordinadas** são divididas em três grandes grupos: **substantivas**, **adjetivas** e **adverbiais**, de acordo com a função sintática que estabelecem com a oração principal.

As orações **subordinadas substantivas** são ligadas à oração principal pelas conjunções **que** ou **se** e podem ser classificadas da seguinte maneira:

Classificação	Exemplo
Subjetiva (sujeito)	É fundamental que você estude.
Objetiva direta (objeto direto)	Ele informou que viria.
Objetiva indireta (objeto indireto)	A garota precisa de que o pacote chegue.
Predicativa (predicativo do sujeito)	A realidade é que estamos felizes.
Completiva nominal (complemento nominal)	Temos medo de que ele apareça.
Apositiva (aposto)	Todo o mundo deseja o mesmo: que a paz prevaleça.

As **orações subordinadas adjetivas** são ligadas à oração principal por pronome relativo (*que*, *o qual* — e suas flexões —, *quem*, *cujo*, *onde*) e podem ser de dois tipos: explicativa e restritiva.

Classificação	Exemplo
Explicativa (com vírgula)	Os atletas, que gostam de correr, estão animados.
Restritiva (sem vírgula)	Os atletas que gostam de correr estão animados.

As **orações subordinadas adverbiais** são constituídas por conjunções bem específicas, que definem sua classificação. Veja no quadro a seguir.

Classificação	Principais conjunções	Exemplo
Causal	porque, desde que, como, que, já que	Como não o encontrei, resolvi aparecer.
Comparativa	assim como, tal qual, tão ou tanto como, mais que ou do que, como	Ela brilha tanto como o sol.
Concessiva	embora, ainda que, mesmo que	Embora eu tenha estudado, não me saí muito bem.
Condicional	se, caso, desde que	Se a chuva parar, podemos ir ao parque.
Conformativa	como, conforme, segundo, consoante	Conforme o que orientou o professor, devemos entregar o trabalho manuscrito.
Consecutiva	tanto... que, tamanho... que, tal... que, tão... que	Meu esforço foi tamanho que gabaritei a prova.
Final	para que, a fim de que, por que, que	Guardei dinheiro para comprar uma roupa nova.
Proporcional	à proporção que, à medida que, ao passo que, quanto mais/menos... mais/menos, quanto mais/menos... tanto mais/menos	Quanto mais penso em férias, mais elas parecem distantes.
Temporal	quando, enquanto, ao mesmo tempo que, antes que, depois que	Enquanto estiver atento, continuarei o curso.

Capítulo 20 — Sons e letras

Leia as palavras abaixo e observe a pronúncia e a escrita delas.

fixa ficha fita finta

Fixa é pronunciado /fiksa/; *ficha* /fiʃa/, fita /fita/ e finta /fĩta/. *Fixa* tem 4 letras e sua pronúncia é representada por 5 fonemas; *ficha* e *finta* têm, cada uma, 5 letras e a pronúncia representada por 4 fonemas e *fila* tem 4 letras e sua pronúncia representada por 4 fonemas. O único traço que distingue a pronúncia das palavras *fixa*, *ficha* e *fita* é o fonema entre os sons vocálicos /i/ e /a/, e o único traço que distingue a pronúncia das palavras *fita* e *finta* é a nasalização do /i/. Esses fenômenos linguísticos são estudados pela **Fonologia**.

Fonologia é a parte da gramática que estuda os sons da língua quanto à sua função no sistema de comunicação linguística e quanto à sua organização e classificação. Cuida dos aspectos relacionados à divisão silábica, à ortografia e à acentuação das palavras, bem como indica a forma de pronunciar certas palavras, de acordo com a norma-padrão da língua.

Os **fonemas** representam as menores unidades sonoras das palavras. E a representação dessas unidades na escrita ortográfica é feita pelas **letras**.

Leia esta estrofe de um poema, de Arnaldo Antunes, para estudar outros aspectos relacionados à Fonologia:

Olho o olho do outro,
Penso o que ele pensa.
Voltar a mim é a minha
Diferença.

(*Psia*. São Paulo: Iluminuras, 1998.)

Observe as palavras *penso* e *pensa*, que são compostas por 4 fonemas. A oposição dos fonemas /u/ e /a/, no final das palavras, constrói significados diferentes. O fonema exerce duas funções: constituir palavras e, em oposição a outros fonemas, distinguir uma palavra da outra.

Os fonemas se classificam em:

- **vogal:** fonema produzido por uma corrente de ar que, vinda dos pulmões, passa livremente pela boca. Funciona como base da sílaba. Exemplo: *pensa* /pẽsa/.
- **semivogal:** fonema produzido como vogal, porém pronunciado mais fraco, com baixa intensidade; por isso, não constitui sílaba sozinho e sempre acompanha uma vogal. Exemplo: outro /o**u**-tru/ = **o** vogal; /w/ semivogal. Semivogais são os sons *i* e *u*, representados pelos símbolos /y/ e /w/, mas na escrita podem corresponder a mais de uma letra. Exemplo: mágoa = /magwa/.

Os fonemas vocálicos podem ser **orais** — quando em sua produção o ar sai exclusivamente pela boca: *ele* /eli/ — e **nasais** — quando em sua produção o ar sai simultaneamente pela boca e pelo nariz: *penso* /pẽsu/.

Já o fonema que encontra obstáculos quando a corrente de ar sai dos pulmões é denominado **consoante**.

Quando um fonema ou grupo de fonemas é pronunciado numa só emissão de voz, temos a **sílaba**. A base da sílaba é a vogal; sem ela não há sílaba. Pode ser: **tônica** (pronunciada com mais intensidade) e **átona** (pronunciada com menos intensidade). Exemplo: mágico - MÁ-gi-co: uma sílaba tônica seguida de duas sílabas átonas.

Quanto ao número de sílabas, as palavras podem ser classificadas em:

- **monossílaba:** uma sílaba: *pé*.
- **dissílaba:** duas sílabas: *mi-nha*.
- **trissílaba:** três sílabas: *má-gi-co*.
- **polissílaba:** mais de três sílabas: *pa-ra-le-lo*.

Em relação à posição da sílaba tônica, as palavras se classificam em:

- **oxítona:** a sílaba tônica é a última: *ma*-**ré**.
- **paroxítona:** a sílaba tônica é a penúltima: *di-fe*-**ren**-*ça*.
- **proparoxítona:** a sílaba tônica é a antepenúltima: **má**-*gi-co*.

Existem palavras que apresentam o encontro de duas ou mais vogais e de duas consoantes.

Os **encontros vocálicos** são a união de fonemas vocálicos — vogais e semivogais — em uma mesma sílaba ou em sílabas diferentes. Em português existem três tipos de encontros vocálicos:

- **hiato:** encontro de duas vogais, que ficam em sílabas diferentes. Exemplo: *sa-ú-de* (vogal e vogal).
- **ditongo:** encontro de uma vogal e uma semivogal, que ficam juntas na sílaba. Exemplo: *dei-xa*.
- **tritongo:** encontro de semivogal + vogal + semivogal, que ficam juntas na sílaba. Exemplo: *i-guais*.

Os **encontros consonantais** são agrupamentos de consoantes em uma palavra. Exemplo: ou-**tr**o.

Já os **dígrafos** correspondem à combinação de duas letras que representam um único fonema: lh, nh, qu, gu, rr, ss, sc, sç /s/ am, an /ã/, em, en /ẽ/, im in /ĩ/, om, on /õ/, um, un /ũ/.

Exemplo: olho /oʃo/ minha /mina/

A Fonologia também estuda a pronúncia e a acentuação das palavras.

Observe a pronúncia das palavras: *olho* e *olhos*. No singular, pronunciamos *olho* /ô/ fechado; no plural, *olhos* /ó/ aberto. A **ortoepia** trata da pronúncia dos fonemas e das palavras, recomendada pela norma-padrão.

Agora observe a pronúncia da palavra *recorde*. É comum a pronúncia *RÉcorde*, com /é/ aberto; no entanto, a **prosódia** recomendada pela norma-padrão é *reCORde*. A **prosódia** trata da acentuação e da entoação adequada dos fonemas, de acordo com a norma-padrão.

Capítulo 21 — A expressão escrita: ortografia — divisão silábica

Ortografia

Ortografia é a parte da fonologia que se ocupa das questões notacionais da língua. Trata-se do conjunto de regras da gramática normativa que define a escrita correta das palavras.

Leia as palavras a seguir.

1. ca**j**u **j**erimum **j**enipapo can**j**ica
2. est**ágio** col**égio** lit**ígio** rel**ógio** ref**úgio**
3. homen**agem** vert**igem** pen**ugem**
4. laran**j**a laran**j**eira ca**j**u ca**j**ueiro
5. exi**g**ir exi**g**ência tin**g**ido tin**g**ir

Observe que há uma regularidade no emprego do **j** ou do **g**:

Emprego de j: nas palavras de origem árabe, africana e indígena (1) e nas palavras derivadas de outras que já possuem **j** no radical (4).

Emprego de g: nas terminações *-ágio, -égio, -ígio, -ógio, -úgio* (2); geralmente nas terminações *-agem, -igem, -ugem* (3), com exceção de *pajem* e *lambujem*; e nas palavras derivadas de outras que já possuem **g** (5).

Agora observe este grupo de palavras:

6. baixo eixo feixe faixa
7. mexicano mexerica mexer
8. enxada enxoval enxurrada
9. flecha salsicha chapéu bicho ficha chefe recheado

Observe que **empregamos o *x*** geralmente depois de ditongo (6), com exceção de *recauchutar* e derivados; depois de *me-* (7), com exceção de *mecha*; e depois de *en-* (8), com exceção de: *encher, encharcar, enchumaçar*.

O emprego de *ch* só ocorre por razões etimológicas (9).

Observe agora o próximo grupo de palavras:

camponesa beleza princesa palidez francês cheiroso animalizar
certeza analisar orgulhosa basear poetisa agonizar

Emprego de s: nos sufixos -*ês*, -*esa* e -*isa*, usados na formação de palavras que indicam nacionalidade, profissão, estado social, títulos: *franc**ês***, *campon**esa***, *poet**isa***, *princ**esa***; e nos sufixos -*oso* e -*osa* ("cheio de") em adjetivos: *orgulh**osa***, *cheir**oso***. Também são escritos com s os verbos que já apresentam s no radical e são formados a partir de um nome com acréscimo de -*ar*: *análise* + *ar* = anali**sar**.

Emprego de z: nos sufixos -*ez*, -*eza*, em substantivos abstratos derivados de adjetivos: *pali**dez*** (*pálido*), *bel**eza***, *cert**eza***; e nos verbos formados a partir da soma de nome (substantivo ou adjetivo) + sufixo -*izar*: *animal* + *izar* = *anima**lizar***.

Observe outras questões notacionais da língua:

A fim de: indica finalidade: Ele estava a fim de dançar.

Afim: semelhante, com afinidade: Exigimos formação em cursos afins.

Ao invés de: ao contrário de: Ao invés de apagar, acendeu.

Em vez de: em lugar de: Em lugar de falar, omitiu-se.

Debaixo: em posição inferior: O brinquedo ficou debaixo da estante.

De baixo: indica origem: A água vinha de baixo.

Há: tempo passado e flexão do verbo *haver*: Há cinco dias que não nos falamos.

A: tempo futuro e em referência a distância: Daqui a três dias vou viajar. A praia fica a 500 metros.

Mal: oposto de bem: Ele se deu mal.

Mau: oposto de bom: Trabalhar com um mau profissional compromete o projeto.

Mas: porém, contudo, todavia: Ela não foi à reunião, mas justificou a ausência.

Mais: indica quantidade; é o contrário de *menos*; intensidade: Gastei mais do que podia.

Meio: equivalente a *um pouco* (advérbio): Estou meio cansada.

Meia: equivalente a *metade* (adjetivo): Compre meio quilo de batata daqui a meia hora.

Emprego da palavra *porque*

Observe as frases a seguir.

Por que você não veio ao churrasco?
Quero saber *por que* você não veio ao churrasco.
Não sei *por que* ele não veio.
A situação *por que* passei só eu sei.
Eu não fui *porque* estava muito doente.
Você não veio, *por quê*?
Não sei o *porquê* de ele não ter vindo ao churrasco.

Note que:

- **por que** é empregado em frases interrogativas diretas e indiretas, quando há a ideia subentendida de *motivo*, *razão*, em substituição a *para que* ou *pelo qual*, *pela qual*, *pelos quais*, *pelas quais* e em títulos.
- **porque** é empregado quando equivaler a *pois* e em respostas.
- **por quê** é empregado em fim de frase ou sozinho.
- **porquê** é empregado quando for substantivado, sinônimo de *motivo*, *razão*.

Parônimos e homônimos

Leia as manchetes de jornais:

RIO GRANDE DO NORTE

Motorista filma infração de trânsito no RN, mas também comete irregularidades; veja vídeo

(Disponível em: https://g1.globo.com/rn/rio-grande-do-norte/noticia/motorista-filma-infracao-de-transito-no-rn-mas-tambem-comete-irregularidades-veja-video.ghtml. Acesso em: 11/4/2018.)

Agência Brasil

Inflação para famílias de menor renda avança em março

(Disponível em: http://agenciabrasil.ebc.com.br/economia/noticia/2018-04/inflacao-para-familias-de-menor-renda-avanca-em-marco. Acesso em: 11/4/2018.)

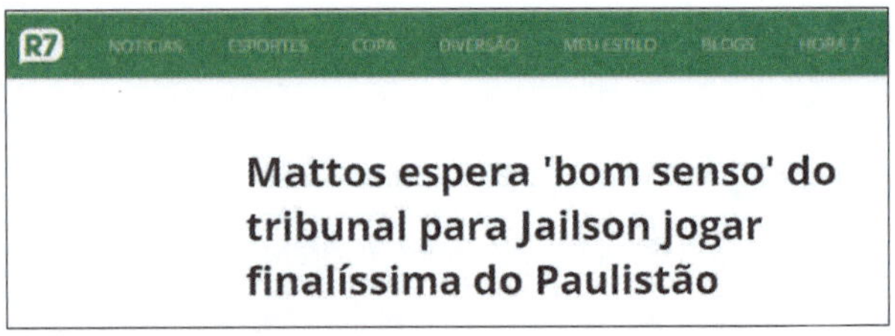
R7

Mattos espera 'bom senso' do tribunal para Jailson jogar finalíssima do Paulistão

(Disponível em: https://esportes.r7.com/futebol/mattos-espera-bom-senso-do-tribunal-para-jailson-jogar-finalissima-do-paulistao-03042018. Acesso em: 11/4/2018.)

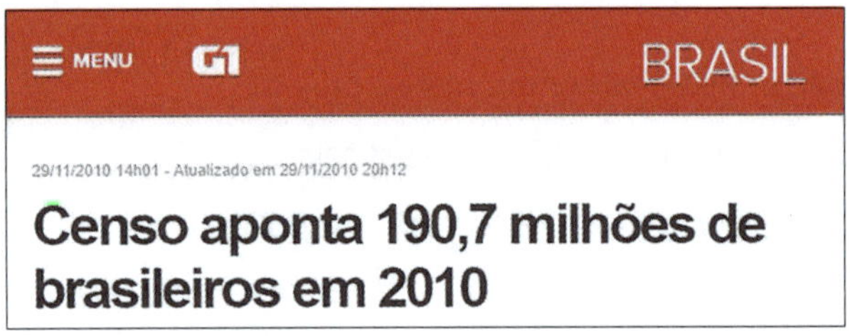
MENU G1 BRASIL

29/11/2010 14h01 - Atualizado em 29/11/2010 20h12

Censo aponta 190,7 milhões de brasileiros em 2010

(Disponível em: http://g1.globo.com/brasil/noticia/2010/11/censo-aponta-1907-milhoes-de-brasileiros-em-2010.html. Acesso em: 11/4/2018.)

Observe que as palavras *infração* e *inflação* são semelhantes na grafia e na pronúncia, mas têm significados diferentes; portanto, são **parônimas**. Note que *senso* e *censo* são diferentes na grafia e no significado, mas semelhantes na pronúncia; são palavras **homônimas**.

Divisão silábica

Leia este texto, de Arnaldo Antunes:

O tem-
po todo
o tem-
po passa

(*As coisas*. São Paulo: Iluminuras, 2011.)

O poeta separa a palavra *tempo* para dar uma pausa no poema e intensificar a ideia de que o tempo passa. A divisão de uma palavra em sílabas, além do uso mais comum — em final de linha —, pode, em determinados contextos, criar efeitos de sentido.

Lembramos que não se separam: os ditongos, os tritongos, os dígrafos *lh, nh, ch, qu, gu*, encontros consonantais constituídos de *consoante* + *r* e *consoante* + *l* (no entanto, quando o *r* e o *l* dos grupos consonantais *br* e *bl* são pronunciados separadamente, compõem sílabas distintas: *sub-lo-car*) e consoantes não seguidas de vogal. Mas se separam: os hiatos, os dígrafos *rr, ss, sc, sç, xc*, os encontros consonantais *cc* e *cç* e os prefixos *bis, dis, cis, trans* e *ex*.

Capítulo 22 — A expressão escrita: acentuação

Observe estas palavras:

silencio silêncio ânimo animo

Como se vê nos exemplos, algumas palavras recebem acento gráfico e outras não, embora todas tenham uma sílaba com maior intensidade sonora. Assim, existem dois tipos de acento: o tônico e o gráfico.

O **acento tônico** corresponde à maior intensidade sonora com que se pronuncia uma das sílabas das palavras, a *sílaba tônica*: si-len-CI-o; si-LÊN-cio.

O **acento gráfico** é um sinal utilizado para indicar a sílaba tônica de determinadas palavras. O papel desse acento é evitar, na escrita, possíveis confusões quanto à leitura e à compreensão de certas palavras: si-LÊN-cio.

Regras de acentuação gráfica

1. Acentuam-se os **monossílabos tônicos** terminados em *a*(*s*), *e*(*s*), *o*(*s*) e em ditongos abertos *éi*(s), *éu*(s) e *ói*(s). **Monossílabos tônicos** são as palavras de uma sílaba que têm sonoridade forte, geralmente substantivos, adjetivos, advérbios e alguns pronomes. Já os **monossílabos átonos** são aquelas palavras que têm menor intensidade, como artigos, preposições e algumas conjunções (mas, lhes, nos).
Exemplos:

lá ré nós réis céu sóis

2. Acentuam-se também as palavras **oxítonas** terminadas em *a*(s), *e*(s), *o*(s) e *em*(ens) e nos ditongos abertos *éi*(s), *éu*(s) e *ói*(s):

sofá você avô ninguém carretéis Montevidéu anzóis

Agora leia as palavras a seguir. São todas **paroxítonas**, mas nem todas são acentuadas:

incríve**l** próto**n** márti**r** láte**x** órf**ã** bênç**ãos** táx**i** pôn**ei**
fór**um** ôn**us** fórce**ps** histór**ia** item polens amigo pezinho

3. As paroxítonas acentuadas são aquelas terminadas em *l*, *n*, *r*, *x*, *ã*(s), *ão*(s), *i*(s), *ei*(s), *um*(*uns*), *us*, *ps* e em ditongo oral. No último caso, como em *história*, dependendo de como a palavra é pronunciada, ela também pode ser considerada proparoxítona.

4. Nas palavras oxítonas e paroxítonas formadas por **hiatos**, acentuam-se as vogais *i* e *u* tônicas seguidas ou não de *s*. No entanto, quando seguidas de *nh* na sílaba seguinte, a vogal *i* tônica não é acentuada:

país balaústre rainha

5. Em relação às **proparoxítonas**, todas são acentuadas:

autódromo acadêmico gráfico música

Existem também as palavras que recebem o **acento diferencial** para não se confundirem com outras:

- o verbo *pôr* para se diferenciar da preposição *por*:
  Vou *pôr* acento nesta palavra.
  Não foi *por* você.
- a forma verbal *pôde* (pretérito perfeito) para se diferenciar de *pode* (presente):
  Ele não *pôde* buscá-lo ontem na rodoviária.
  Ele *pode* fazer isso por você.
- as formas verbais de *vir* e *ter* e seus derivados na 3ª pessoa do plural do presente do indicativo para se diferenciarem da 3ª pessoa do singular:

ele *vem* - eles *vêm* ele *tem* - eles *têm* ele *retém* - eles *retêm*

No entanto, o plural dos verbos *crer*, *ler*, *ver* e *dar* não é acentuado.

ele *crê* - eles *creem*

Em 2009, houve a **reforma ortográfica** firmada pelos países lusófonos.
As mudanças no Brasil foram pequenas:

- O trema deixou de existir: *tranquila*.
- Os ditongos abertos *ei* e *oi* em paroxítonas não são mais acentuados: *ideia*.
- As vogais *i* e *u* tônicas precedidas de ditongo em paroxítonas não são acentuadas: *feiura*.
- Os hiatos formados pelas vogais iguais *ee* e *oo* também não são acentuados: *leem*, *Mooca*.

Anotações

Anotações

Anotações

Anotações